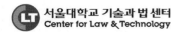
서울대학교 기술과 법 센터
Center for Law & Technology

상표법 주해 Ⅰ

TRADEMARK LAW COMMENTARY

■ 편집대표 정상조 ■

博 英 社

머 리 말

지구상에서 가장 비싼 상표는 '애플(Apple)'이다. 애플의 가치는 미화 1,841억 달러(한화 약 202조원)에 달하는 것으로 평가되고 있는데, 그 가치는 애플의 주식시가총액의 25%에 해당되는 비중을 가진다. 필자는 이와 같이 막대한 경제적 가치와 비중을 차지하는 상표에 관해서 그 법률적 쟁점들을 체계적으로 정리하고 분석해보고 싶었다. 특히 고대에 상품의 교역과 함께 상표가 사용되기 시작한 이래 오늘날까지 계속 사용되고 있지만, 상표의 기능과 상표법의 법목적은 상당한 변화를 겪어왔다. 이러한 상표제도 진화의 역사 속에서 오늘날 우리 상표법제도의 실제 모습과 중요한 논점들을 객관적으로 설명하고, 향후 전개될 시장의 변화와 상표법제도의 효율적인 대응에 도움이 될 수 있는 단행본/주해서를 펴내고 싶었다.

이미 저작권법, 특허법, 디자인보호법에 관한 주해서를 출판한 바 있는데, 상표법에 관한 체계적이고 객관적인 쟁점의 정리도 주해서의 형식으로 추진하는 것이 바람직하다고 생각되었다. 이에 필자는 2010년경 서울대 법대 박준석 교수와 함께 상표법 주해서를 기획하기 시작했고, 설범식 부장판사와 함께 집필자 선정과 조문 분담 그리고 원고 집필 등 일련의 주해서 출판작업을 추진했다. 상표법 조문별로 국내 최고의 전문가로 하여금 객관적인 논점의 정리와 분석을 분담할 수 있도록 하기 위해서, 12명의 교수, 21명의 판사, 10명의 변호사 그리고 4명의 특허청공무원을 포함해서 총47명의 필자분을 섭외하고 원고 집필에 착수했다. 그러나, 그 동안 수차례에 걸친 상표법 개정이 있었고, 상표법 개정에 따른 주해서 원고의 반복되는 수정 필요성으로 인해서 주해서 출판이 순차 연기되어 왔다. 상표법 해설에 필연적으로 수반되는 부정경쟁방지법에 관한 전문 개정의 가능성이 제기되고 있지만, 더 이상 상표법 주해서 출판을 늦추기 어렵다고 판단되어, 이제까지 가다듬어 오던 주해서 원고수정을 마감하고 그 출판에 이르게 되었다. 이에 효율적인 출판 작업을 위하여 전지원 부장판사가 편집에 합류하였다.

　　1인의 저자에 의해서 쓰여진 교과서와 달리, 상표법 주해서는 각 조문별 최고의 전문가들이 모여서 객관적이고 체계적인 정리와 분석을 해놓은 역작이라고 자부할 수 있다. 특히 집필자들의 구성에서 쉽게 알 수 있듯이, 학계와 실무계 그리고 재조와 재야 전문가들이 함께 모여서 수차례의 원고 수정을 거쳐서 완성해낸 주해서라고 하는 점을 강조하고 싶다. 따라서, 7년 동안의 원고집필과 수정이라고 하는 오랜 기다림 끝에 세상으로 나오게 된 『상표법 주해』는 우리나라 상표법 전문가들의 다양한 시각과 상당한 고민 및 경험이 축적된 작품이라고 자랑하고 싶다. 우리 상표법이 직면한 어떠한 쟁점이나 문제가 제기되더라도, 『상표법 주해』가 적확하고 속 시원한 대답을 제시해줄 수 있을 것으로 기대한다.

　　기나긴 세월 동안 상표법이 개정될 때마다 그에 맞추어 열과 성을 다하여 묵묵히 원고수정을 계속해 주신 집필자분들께 감사와 경의를 표한다. 그리고 저작권법, 특허법, 디자인보호법 주해서에 이어, 이번 『상표법 주해』의 출판에까지 많은 지원을 해준 박영사 안종만 회장, 조성호 이사에게 감사드린다.

2018년 2월
관악캠퍼스 연구실에서
편집대표 정상조

상표법 주해 편저자

편집대표 : 정상조 (서울대학교 법학전문대학원 교수)
　　주무 : 설범식 (서울고등법원 부장판사)
　　도움 : 전지원 (대전고등법원 부장판사)

상표법 주해 집필자 명단

강경태 (변호사)
고재홍 (전 특허심판원 심판관, 변리사)
곽부규 (변호사)
권동주 (특허법원 고법판사)
김기영 (서울동부지방법원 부장판사)
김동준 (충남대 법학전문대학원 교수)
김병식 (청주지방법원 부장판사)
김병일 (한양대학교 법학전문대학원 교수)
김승곤 (수원지방법원 여주지원 부장판사)
김　신 (전주지방법원 부장판사)
김용덕 (대전지방법원 홍성지원장)
김운호 (변호사)
김종석 (변호사)
김창권 (대법원 재판연구관)
김철환 (변호사)
김태현 (대구고등법원 고법판사)
나종갑 (연세대학교 법학전문대학원 교수)
문선영 (숙명여자대학교 법학과 교수)
박길채 (전 특허심판원 심판관, 변리사)

박민정 (변호사)

박원규 (서울중앙지방법원 부장판사)

박익환 (경희대학교 법학전문대학원 교수)

박정희 (변호사)

박정훈 (광주고등법원 고법판사)

박종학 (서울남부지방법원 부장판사)

박준석 (서울대학교 법학전문대학원 교수)

박태일 (대전지방법원 부장판사)

설범식 (서울고등법원 부장판사)

성창익 (변호사)

손영식 (특허심판원 심판장)

손천우 (대법원 재판연구관)

염호준 (사법정책연구원 부장판사)

우라옥 (서울서부지방법원 부장판사)

유영선 (변호사)

윤주탁 (특허법원 판사)

윤태식 (서울중앙지방법원 부장판사)

이규호 (중앙대학교 법학전문대학원 교수)

이대희 (고려대학교 법학전문대학원 교수)

이해완 (성균관대학교 법학전문대학원 교수)

전지원 (대전고등법원 부장판사)

정상조 (서울대학교 법학전문대학원 교수)

정태호 (원광대학교 법학전문대학원 교수)

차형렬 (특허심판원 수석심판관)

최성준 (전 방송통신위원회 위원장, 변호사)

한규현 (서울고등법원 부장판사)

한동수 (변호사)

홍정표 (국민대학교 교수)

(이상, 가나다 순)

차　례

제1장 총　칙

제 2 장   상표등록요건 및 상표등록출원

제33조(상표등록의 요건)

제 3 장 심   사

제 4 장 상표등록료 및 상표등록 등

제 7 장 심 판

제 8 장 재심 및 소송

제 9 장 「표장의 국제등록에 관한 마드리드 협정에 대한 의정서」에 따른 국제출원

제1절 국제출원 등

제2절 국제상표등록출원에 관한 특례

제3절 상표등록출원의 특례

제 10 장   상품분류전환의 등록

제11장 보 칙

제12장 벌 칙

제1장
총 칙

제1조(목적)
　이 법은 상표를 보호함으로써 상표사용자의 업무상의 신용유지를 도모하여 산업발전에 이바지함과 아울러 수요자의 이익을 보호함을 목적으로 한다.

<소 목 차>

Ⅰ. 서론

　　상표법 제1조는 "상표를 보호함으로써 상표사용자의 업무상의 신용유지를 도모하여 산업발전에 이바지함과 아울러 수요자의 이익을 보호함"을 목적으로 한다고 규정하고 있다. 다시 말해서, 상표법은 상표사용자의 신용유지와 수요자의 이익보호를 궁극적인 목적으로 삼고 있지만, "상표보호"라고 하는 수단을 통해서 목적을 실현한다고 하는 데 특징이 있고 그 입법목적이 있다. 문제의 핵심은 "상표사용자의 신용유지"와 "수요자의 이익보호"라고 하는 두가지 목적이 모순 내지 충돌되는 경우에 어느 목적을 더 우선시할 것인지 그리고 "상표"의 경제적 기능이 다양한데 우리 법은 "상표"의 어떠한 측면과 기능을 더 중시해야 하는지에 관한 논의에 집중된다.

　　상표의 기능이 무엇인지에 대해서는 시대별로 많은 변화가 있어 왔고, 상표

사용자의 신용유지와 수요자의 이익보호 가운데 무엇을 더 우선시하는지에 대해서도 역사적으로 많은 변화를 경험해 왔다. 우리나라 상표법의 연혁은 그러한 역사적 변화를 압축해서 반영하고 있는 것으로 보인다. 따라서, 아래에서는 상표법의 기원과 연혁을 살펴봄으로써 상표법의 목적조항을 재조명한다.

Ⅱ. 상표법제도 기원과 연혁

1. 상표법제도의 기원

자급자족의 시대에는 상표가 필요없지만, 우리 인류가 상품의 교환을 시작하면서 자신이 생산한 상품에 자신만의 고유한 기호를 사용하기 시작했다. 고대 이집트의 유물을 보면 종교 또는 미신에 근거해서 표시한 일정한 기호들이 보이고, 그리스와 로마의 도자기에는 도공 특유의 표지(potters marks)가 나타난다. 중세에는 자신의 상품이 운송사고 또는 재난 등에 대비하고 소유권을 주장하기 위한 목적으로 자신의 이름이나 고유한 기호를 사용하기도 했다. 방목하는 자신의 말이나 소에 대한 소유권을 확실하게 표시하기 위해서 낙인을 찍는 것과 비슷한 용도의 표지라고 볼 수 있다.

중세에 들어와서 길드조직이 활발해지면서, 특히 영국에서 길드조직의 운영에 있어서 상표가 중요한 기능을 수행하게 되었다.[1] 다시 말해서, 각 지역의 길드조직이 자신의 제품의 품질을 중시하고 그에 관한 명성을 축적해가면서, 그 길드조직이 속한 지역의 이름에 신용과 명성이 쌓이게 되었다. 각 지역의 길드는 자신의 명성을 유지하기 위해서 그 조합원 자격을 규제하고 조합원으로 하여금 각자 자신의 제품에 상표를 부착하도록 요구했다. 품질이 조악한 상품을 만든 업자를 제재함으로써 길드 단위의 집합적 신용과 명성을 발전 유지하기 위해서 상표를 사용한 것이다. 이러한 상표는 품질통제 및 책임소재를 분명히 하기 위한 것이고, 개인업자의 명성이라거나 소비자의 보호를 위한 것이 아니라서 오늘날의 상표와는 상당한 기능상 차이가 있었다. 오히려 길드조직은 그 조합원 간의 상호 경쟁을 엄격히 금지하고 있었다. 그후 길드조직이 사라지고 산업혁명과 더불어 자유로운 거래가 활성화되면서 출처표시로서의 상표가 보편화 되었다.

---

1) 이하 Schechter, Frank I. The Historical Foundations of the Law Relating to Trademarks (Columbia Legal Studies, New York 1925): Mark P. McKenna, The Normative Foundations of Trademark Law, 97 Trademark Rep. 1126 (2007), p.1135에서 재인용.

특허법이나 저작권법과는 달리 상표법이라고 하는 성문법은 비교적 늦게 등장했다. 상표에 관한 법제도는 영국의 사칭(詐稱: passing off)행위 또는 프랑스 등 대륙법계의 불법행위에 관한 판례로부터 출발해서 그 판례의 내용이 서서히 성문법으로 흡수되고 등록상표를 중심으로 한 상표법으로 발전해왔다. 특히 20세기에 들어와서 교통과 통신의 발전으로 인해서 광고 및 판매전략이 눈부신 변화를 겪게 되고, 그에 따라서 상표의 기능과 상표권의 보호범위도 확대되어 왔다. 이하에서는 영국 등 국가별 상표법의 연혁과 변화를 살펴본다.

2. 영국 상표법의 연혁

근대적인 모습의 상표법의 기원에 대해서는 논란이 있을 수 있지만[2] 1617년 영국의 Southern v. How[3] 사건에서 Doderidge 판사가 제시한 방론이 "사칭행위(passing off)"라고 하는 부정경쟁방지법리의 기원이 되었고, 이후 사칭에 관한 법리는 계속 진화되어 상표법의 중요한 근간이 되었다. 사칭행위의 법리는 간단히 말해서 "자신의 상품을 타인의 상품인 것처럼 기망적인 판매행위를 해서는 안 된다"고 하는 바람직한 거래질서를 유지하기 위한 법리이다. 원고의 신용이 보호받을 가치가 있고 피고가 소비자에게 사칭행위를 했고 그 결과로 원고에게 손해가 발생한 경우에 원고는 손해배상청구 등의 구제수단을 갖게 된다.[4]

그후 기망적인 출처표시를 규제하기 위한 법률로 1862년 "상품표지법(The Merchandise Marks Act)"이 제정되었다. 1905년에는 상표사용의 의도만으로 상표등록을 가능하게 하고 출원공개를 명문화하게 되었고, 1938년 상표법은 "연합

---

2) Doderidge 판사가 Southern v. How 사건에서 1584년에 유명의류업자의 명성을 도용한 행위에 대해서 책임을 인정한 JG v. Sandforth 판결을 인용해서 사칭행위법리의 출발점은 Samford 판결이라고 보는 견해도 있다: Keith M. Stolte, How Early Did Anglo-American Trademark Law Begin? An Answer to Schechter's Conundrum, 88 Trademark Rep. 564 (1998).

3) 79 Eng. Rep. 1243 (K.B. 1617): James M. Treece, Developments in the Law of Trademarks and Service Marks-Contributions of the Common Law, the Federal Act, State Statutes and the Restatement of Torts, 58 Cal. L. Rev. 885 (1970)에서 재인용.

4) Perry v Truefitt (1842) 6 Beav. 66; 49 ER 749 사건에서, 향수전문가 겸 미용사인 원고 Perry는 "Perry's Medicated Mexican Balm"이라는 이름으로 두발관리용 화장품을 제조판매 했는데, 그와 경쟁관계에 있는 피고 Truefitt이 그와 아주 유사한 성분과 성능의 제품을 만들어서 "Truefitt's Medicated Mexican Balm"이라는 이름으로 판매했다. 원고는 피고의 판매가 사칭판매라고 주장했지만, 법원은 "Medicated Mexican Balm"이 동일하다는 사실만으로는 사칭행위가 성립할 수 없다고 원고청구를 기각하면서도 사칭의 불법행위법리를 명확히 제시한 바 있다.

상표(associated trademarks)"라거나 "방어상표(defensive marks)"에 관한 규정을 두게 되었다. 1986년 개정된 상표법은 서비스상표에 관한 명문의 규정을 두게 되었고, EC 지침에 따라서 1994년 개정 상표법은 다양한 종류의 상표가 보호대상에 포함되게 되었다.

3. 미국 상표법의 연혁

영국에서 탄생한 사칭행위의 법리는 미국에서 부정경쟁방지의 법리로 발전되었다. 미국에서의 상표보호는 부정경쟁방지의 법리에서 출발해서[5] 주법에 따른 상표등록으로 발전하고, 그리고 1870년 연방차원의 상표법이 제정되기에 이르렀다. 그러나 최초의 연방상표법은 위헌으로 판정되는 수모를 겪었다. 동법하에서 상표사용의 금지를 청구한 사안에서, 연방의회가 상표법을 제정할 수 있는 근거로 연방헌법 제1장 제8조 제8항 "지식재산권 조항"[6]을 생각해볼 수 있지만, 상표가 발명이나 저작물이라고는 보기 어렵기 때문에, 이 사건을 담당한 연방법원은 연방의회가 헌법상 정당한 권한없이 제정한 상표법을 위헌이라고 판시했다.[7] 그 이후 미국연방대법원은 연방의회가 상표법을 제정할 수 있는 보다 설득력 있는 근거로 "통상 조항(Commerce Clause)"[8]을 검토했으나, 연방상표법이 주간통상, 외국과의 통상, 또는 원주민 인디언과의 통상에 한정되지 않고 모든 상표에 광범위하게 적용되는 연방법률이라고 판단했고, 따라서 1870년 상표법은 헌법상 통상조항의 권한을 벗어나서 헌법에 반하는 법률이라고 판시했다.[9]

연방상표법을 위헌으로 판시한 연방대법원의 판결 이후, 연방의회는 외국과의 통상 또는 원주민 인디언과의 통상에 사용되는 상표만을 대상으로 한 상표법을 제정했다. 연방차원의 상표법이 헌법상 유효한 법률로 제정되었지만, 동

---

5) Mark P. McKenna, The Normative Foundations of Trademark Law, 97 Trademark Rep. 1126 (2007), p.1145.

6) Article I, Section 8, Clause 8 of the United States Constitution: "The United States Congress shall have power to promote the Progress of Science and useful Arts, by securing for limited Times to Authors and Inventors the exclusive Right to their respective Writings and Discoveries."

7) Leidersdorf v. Flint, 15 F.Cas. 260, 261 (1878): Ross Housewright, Early Development of American Trademark Law (M.I.M.S. 2007), p.9에서 재인용.

8) Article I, Section 8, Clause 3 of the United States Constitution: "The United States Congress shall have power to regulate Commerce with Foreign Nations, and among the Several States, and with the Indian Tribes."

9) Trade-Mark Cases, 100 U.S. 82: Ross Housewright, Early Development of American Trademark Law (M.I.M.S. 2007), p.12에서 재인용.

법의 적용대상이 되는 상표의 권리범위는 외국과의 통상이나 원주민 인디언과의 통상에 한정되는 극히 제한된 권리범위만을 인정받게 되는 불합리한 결과를 직면하게 되었다. 따라서, 연방의회는 연방법원과 특허청 그리고 변호사 등으로 상표법위원회를 구성해서 개선방안을 모색했고, 그 결과 상표는 상거래와 절대적으로 불가분의 밀접한 관계를 가지고 있다는 점 그리고 상표권의 침해는 그 침해발생지가 어디인가에 관계없이 상표권의 침해는 외국과의 통상뿐만 아니라 주간통상에 대한 신뢰를 심각하게 해하는 결과를 초래한다는 점을 인정하게 되었다. 1905년 연방의회는 외국과의 통상이나 원주민 인디언과의 통상에 이용되는 상표 뿐만아니라 주간통상에 이용되는 상표까지 포함한 상표의 등록을 내용으로 하는 연방상표법을 제정하게 되었다.

오늘날의 상표법의 근간은 1946년 제정된 Lanham Act에 의해서 마련되었다. 미국의 상표법은 영국에서와 마찬가지로 상표사용을 전제로 한 상표보호로부터 출발했고, Lanham Act 제정당시에도 출처혼동을 전제로 해서만 상표권침해가 인정되었다. Lanham Act는 출처혼동방지를 통한 수요자보호에 충실한 연방상표법으로 제정된 것이다. 출처혼동의 방지에 충실한 판례와 학설은 그 당시 소위 법현실주의(Legal realism)와 궤를 같이하는 해석론인 데 반해서, 그후 60년대와 70년대에는 비판법학(Critical legal studies)의 영향을 받아서 독점규제가 강화되기 시작하고 그 영향을 받은 해석론이 나오게 된다.[10] 즉, 상표권의 지나친 보호에 대해서 독점규제법 위반이라고 하는 주장이 강하게 제기되기 시작한 것이다. 대표적인 사건으로 미국연방거래위원회(FTC)는 레몬주스가공산업에서 시장지배적 지위를 가진 Borden으로 하여금 그 기업의 유효한 상표 "ReaLemon"를 경쟁업체들에게 10년간 무상의 상표사용을 허락해줄 것을 명했다.[11] 시장독점의 핵심에 상표권이 자리잡고 있었다고 하는 점을 명백히 했다.

그러나, 곧이어 Chicago 학파의 등장과 더불어 80년대부터 독점규제도 약화되고 상표사용자의 신용과 명성을 재산으로 보호하는 것이 경제적으로 더 효율적이라고 하는 주장이 제기되기 시작했다. 수요자의 보호보다는 상표권자의 보호를 더 중시하고, 출처혼동의 방지뿐만 아니라 상표의 재산적 가치의 보호도 마찬가지로 중시하게 된 것이다. 그러한 영향으로 1988년 개정 상표법은 상표

---

10) Daniel M. McClure, Trademarks and Competition: The Recent History, 59-SPG Law & Contemp. Probs. 13 (1996).
11) In the Matter of Borden, Inc., 92 F.T.C. 669, 1978 WL 206108.

사용의 입증없이 그 의도만으로 상표의 등록을 허용하게 되었다.[12] 또한, 상거
래가 활발한 일리노이와 뉴욕 등의 많은 주의회는 이미 상표가치의 희석화를
금지하는 내용의 주상표법 개정을 했고,[13] 연방의회는 1995년 연방차원의 상표
희석화를 금지하는 상표법개정을 하게 되었다.[14]

4. 프랑스 상표법의 연혁

프랑스는 민법전에 불법행위에 관한 상세한 규정이 있는데,[15] 상표를 재산
권의 보호대상으로 보호하는 것은 아니지만 출처혼동의 다양한 행위를 불법행
위로 보고 그에 대한 구제수단을 부여해왔다. 또한, 19세기 초부터 타업체의 명
칭을 도용하는 사칭행위를 범죄로 규정하고 처벌하기 위한 법률을 제정한 바
있다.[16] 사칭행위에 대한 규제는 상표의 사용을 전제로 하고 있는데, 상표사용
여부와 무관하게 일정한 심사를 통해서 상표등록을 허용하고 상표를 보호하는
근대적인 의미의 상표법은 1857년에 비로소 제정되었다.[17] 그 이후 커다란 변
화는 유럽연합의 지침에 따라서 1991년 법개정에 의해서 저명상표, 입체상표,
소리상표 등의 보호와 출원공개 등에 관한 규정이 도입되었다.

5. 독일 상표법의 연혁

독일의 상표보호법[18]은 1874년에 처음으로 제정되었지만 실질적인 심사에
입각한 상표등록제도는 1894년에 제정된 상표보호법[19]에서부터 시작되었다. 그
러나, 오늘날의 상표법의 근간은 1936년에 개정된 상표법에 의해서 마련되었
다.[20] 그후, 상표등록출원공개가 시작되고, 5년 이상 상표불사용시 등록취소제
도, 서비스상표제도, 상표등록이전제도, 등록 후 이의신청제도 등이 도입되고 상
표의 개념도 확대되어 왔다.

---

12) The Trademark Law Revision Act of 1988 (Pub. L. No. 100-667, 102 Stat. 3935).
13) Robert G. Bone, Schechter's Ideas in Historical Context and Dilution's Rocky Road, 24
    Santa Clara Computer & High Tech. L.J. 469 (2008), p.497.
14) The Federal Trademark Dilution Act of 1995; 15 U.S.C. ss 1125 (c)(1),1127 (1994).
15) Code Civil, Articles 1382-1384.
16) "Factory, Manufacture and Workplace Act" of April 20, 1803, (Article 16); Criminal Acts
    of 1810 (Article 142) and 1824 (Article 433).
17) "Manufacture and Goods Mark Act."
18) Gesetz der Markenschutz.
19) Gesetz zum Schutz der Warenbezeichnungen.
20) Warenzeichengesetz

6. 우리 상표법의 연혁

우리 민족이 명성을 중시하기 때문에, 고려 및 조선시대에 장인의 명성을 존중하는 관행이나 그 명성의 도용에 관한 분쟁사례가 있었을 것으로 짐작되지만 그러한 관행이나 사례가 우리나라 상표법의 입법이나 해석에 영향을 미친 바는 거의 없는 것으로 보인다.

한일합병 직후 일본이 일본의 민법, 특허법, 상표법 등을 우리나라에 시행한 바 있지만, 우리 국회가 스스로 제정한 상표법은 1949년에 등장한다. 미군정의 수요에 따라서 특허법21)과 상표법22)은 해방 직후 비교적 일찍 제정된 것으로 보인다.23) 일제하 일본 상표법에 따라서 이루어진 상표등록은 모두 효력을 상실하되, 해방 후 제정된 우리 상표법 시행 후 1년 이내에 다시 등록출원한 경우에 한해서 우리 상표법하에서 유효하게 등록된 것으로 간주한다고 하는 경과규정을 두게 되었다.24)

상표법이 제정된 후 30년간 그 활용은 그리 많지 않았고,25) 몇차례의 상표법 개정에도 불구하고 그리 커다란 변화는 없었다. 그러나 70년대 말부터 상표등록 건수도 급증하고, 상표제도의 국제화에 부응하기 위해서 1980년 상표법 개정으로 새로운 단체표장제도 및 상표등록출원의 우선권주장제도를 도입하고 통상사용권의 설정요건을 완화하게 되었다.26) 특허법, 저작권법, 의장법, 부정경쟁방지법의 경우와 마찬가지로, 상표법도 1986년 12월 31일 개정되었는데, 상표의 통상사용권 설정에 있어서 상표권자와 사용권자 간에 요구되어 온 지정상품의 품질의 동일성 보장에 대한 규정을 삭제함으로써 상표사용의 원활화를 기하

---

21) 군정법령(軍政法令) 제91호에 의해서 공표된 1946년 특허법은 대한민국 국회에 의해서 그대로 대한민국 특허법으로 제정되었다. 대한민국 국회가 처음으로 제정한 특허법[법률 제238호] 제1조는 법목적을 규정하는 대신 "본 법은 1946년 특허법이라 칭함"이라고 규정하고 있다.

22) 상표법 [법률 제71호, 1949.11.28., 제정].

23) 저작권법은 1957년에 그리고 부정경쟁방지법, 의장법, 실용신안법은 1961년에 각각 제정되었다.

24) 상표법 [법률 제71호, 1949.11.28., 제정] 제38조(부칙).

25) 50년대에는 연간 상표등록이 천건 미만이었고, 60년 말에는 연간 2천여건이 등록되었는데, 78년 7천500여건의 상표등록에 이어서 그 이후 정치경제적으로 예외적인 상황이 있는 해를 제외하고는 지속적으로 상표등록이 활성화되어 2013년 10만건을 상회하는 상표등록이 이루어진 바 있다: 특허청 지식재산권 통계
(http://www.kipo.go.kr/kpo/user.tdf?a=user.html.HtmlApp&c=3043&catmenu=m04_05_02_02).

26) 법률 제3326호, 1980.12.31., 일부개정.

고, 사용권자가 상표권자의 등록상표를 불성실하게 사용함으로써 상표권자의 상품의 품질 또는 출처와 오인·혼동하게 할 염려가 있을 때에는 심판에 의하여 그 상표등록 또는 사용권등록을 취소할 수 있도록 했다.27)

그후 경제의 발전 및 국제교류의 확대로 상표기능의 강화 및 국제화의 필요성이 증대됨에 따라, 상표의 이전을 보다 용이하게 개선하고,28) 상표권소멸 후 제3자에 의한 상표등록출원요건 및 상표권의 갱신등록출원요건을 완화하는 내용의 개정이 이루어졌다.29) 1995년에는 우리 헌법재판소가 특허청의 심판절차에 의한 심결이 특허청의 행정공무원에 의한 것으로서 법관에 의한 재판이라고 볼 수 없다는 점을 확인하고, 그 당시 특허법 제186조에 규정된 심판절차는 헌법상 국민에게 보장된 "법관에 의한" 재판을 받을 권리의 본질적 내용을 침해하는 위헌규정이라고 하는 헌법불합치 결정을 내렸다. 이러한 논의를 반영하여 상표법은 기존의 항고심판제도를 폐지하고 특허심판원을 신설해서 그 심결에 불복하는 소송은 특허법원에 제기하도록 하는 내용의 개정을 보게 되었다.30) 같은 해에 우리나라는 "무역관련지적재산권협정(WTO/TRIPs)"에 가입하고 동 협정에서 인정하고 있는 색채상표제도를 도입하기 위한 상표법개정을 했다.31)

1997년 개정된 상표법은 연합상표제도의 폐지, 입체상표제도의 도입, 그리고 등록단계의 희석화방지 등 상당히 많은 변화를 가져다 주었다.32) 2001년에는 상표법조약(Trademark Law Treaty)에 부응하기 위한 법개정이 이루어졌다.33) 2004년에는 지리적 표시를 단체표장으로 등록할 수 있게 하는 상표법 개정이,34) 그리고 2007년에는 색채상표·홀로그램상표·동작(動作)상표 그 밖에 시각적으로 인식할 수 있는 모든 유형의 상표를 등록할 수 있게 하는 상표법 개정35)이 이루어졌다.

2011년에는 「대한민국과 유럽연합 및 그 회원국 간의 자유무역협정」의 합의사항을 반영하기 위하여 동 자유무역협정에 따라 보호되는 타인의 지리적 표

---

27) 법률 제3892호, 1986.12.31., 일부개정.
28) 법률 제4210호, 1990.1.13., 전부개정.
29) 법률 제4597호, 1993.12.10., 일부개정.
30) 법률 제4895호, 1995.1.5., 일부개정.
31) 법률 제5083호, 1995.12.29., 일부개정.
32) 법률 제5355호, 1997.8.22., 일부개정.
33) 법률 제6414호, 2001.2.3., 일부개정.
34) 법률 제7290호, 2004.12.31., 일부개정.
35) 법률 제8190호, 2007.1.3., 일부개정.

시와 동일하거나 유사한 상표의 등록을 거절하는 근거를 신설하고, 상표권 또는 전용사용권 침해행위에 대한 몰수 대상 품목에 침해물의 제작에 사용된 재료를 추가하는 상표법 개정36) 그리고 「대한민국과 미합중국 간의 자유무역협정 및 대한민국과 미합중국 간의 자유무역협정에 관한 서한교환」의 합의사항에 따라 소리·냄새를 상표의 범위에 포함하고, 상품에 대한 정확한 품질정보를 제공할 수 있도록 증명표장제도를 도입하며, 전용상표사용권 등록제도를 폐지하여 등록하지 아니한 전용사용권도 그 효력이 발생하도록 하는 내용의 상표법 개정을 하게 되었다.37)

최근에는 수요자 간에 현저하게 인식되어 있는 상표의 희석화 방지를 위한 보다 명시적인 조항을 두고, 계약 및 업무상 관계 등으로 타인이 상표를 사용하거나 상표사용을 준비 중임을 알고 있는 자가 정당한 권원없이 같은 상표를 먼저 출원한 경우 부등록사유에 포함시키는 개정을 한 바 있고,38) 2016년에는 상표의 개념정의를 간결하게 정비하는 등 상표법의 전부개정을 한 바 있다. 이제 우리 상표법상 상표란 그 구성이나 표현방식에 상관없이 상품이나 서비스의 출처를 나타내기 위하여 사용하는 모든 표시라고 말할 수 있다. 상표권자의 권리와 경쟁업자의 이익 그리고 소비자 후생의 균형점을 찾는 합리적인 해석론과 판례축적으로 상표법이 그 법목적을 잘 실현해 나갈지 지켜봐야 할 일이다.

Ⅲ. 상표법의 지위

1. 상표법의 헌법적 근거

헌법은 상표법을 비롯한 우리나라의 모든 법률이 추구해야 할 근본적인 가치와 질서를 규정하고 있다. 바꿔 말하자면, 상표법은 우리의 헌법적 가치와 질서 가운데 일부를 반영 내지 실현하는 것이고, 상표법의 목적도 그러한 헌법적 가치와 질서를 반영 내지 실현할 수 있도록 해석되어야 한다. 국내에서는 상표법의 역사가 일천해서 그러한 논의가 심각하게 제기된 바 없지만, 우리 헌법은 상표법을 비롯한 지식재산권법 제정의 근거가 될 수 있는 규정들을 두고 있다. 대한민국헌법 제22조는 국가의 간섭을 받지 아니하고 학문과 예술의 자유를 누릴 수 있

---

36) 법률 제10811호, 2011.6.30., 일부개정.
37) 법률 제11113호, 2011.12.2., 일부개정.
38) 법률 제12751호, 2014.6.11., 일부개정.

다고 하는 소극적 의미의 기본권뿐만 아니라, 저작자·발명가·과학기술자와 예술가의 권리를 법률로써 보호한다고 규정함으로써 학문과 예술의 발전을 도모하기 위한 보다 적극적인 내용의 기본권도 부여하고 있다.[39] 따라서, 지식재산권법은 헌법 제22조의 학문과 예술의 발전을 도모하기 위하여 저작자, 발명가, 과학기술자, 또는 예술가에게 부여한 일련의 권리를 규정한 법률이라고 말할 수 있다.

그러나, 지식재산권법을 자세히 들여다보면 상표법과 특허법 및 저작권법의 역할이 상당히 다르다는 것을 확인해볼 수 있다. 다시 말해서, 지식재산권법 가운데 특허법이나 저작권법은 발명이나 창작의 산물을 직접적으로 보호하기 위한 배타적 권리를 부여하고 있는데 반해서, 상표법이나 부정경쟁방지법은 출처혼동의 방지와 공정한 경쟁질서의 유지를 도모하고 동시에 상표보유자의 상당한 노력과 투자의 결과 형성된 신용과 명성을 보호하기 위한 법이다. 혁신과 창작을 유도하는 것은 간접적으로 기대할 수 있을 뿐이다. 따라서, 상표법의 해석과 운용에 있어서 헌법 제22조는 별다른 도움을 주지 못한다. 특허권과 저작권은 발명과 창작의 산물에 대한 독점적인 지배를 가능하게 해주지만, 상표권은 수요자들의 출처혼동을 방지하고 정확한 상품정보를 제공함으로써 경쟁을 촉진하는 기능을 수행한다는 점에서 커다란 차이가 있다.[40] 따라서, 상표법이 추구하는 출처혼동의 방지를 통한 수요자 이익보호와 상표사용자의 신용과 명성의 보호는 오히려 헌법 제119조 이하의 경제질서에 관한 규정에서 그 근거와 범위 및 한계를 찾아보아야 할 것이다. 즉, 우리 헌법은 제119조에서 대한민국의 경제질서는 개인과 기업의 경제상의 자유와 창의를 존중함을 기본으로 한다고 규정하고, 더 나아가 제124조에서 건전한 소비행위를 계도하고 생산품의 품질향상을 촉구하기 위한 소비자보호운동을 법률이 정하는 바에 의하여 보장한다고 규정하고 있다. 물론, 헌법상 경제질서에 관한 규정을 보더라도 상표법 해석에 직접적인 도움을 주는 지침을 찾기는 어렵다. 다만, 우리 헌법이 경제상의 자유와 창의를 존중하는 경제질서를 추구하고 있고, 경제상의 자유와 창의는 긴장과 갈등의 관계에 있을 수 있다는 점을 고려해서 가장 효율적이고 바람직한 균형점을 모색해야 한다는 점은 명백하다. 우리 상표법의 해석에 있어서도 역동적인 경제활동의 주체로서의 상표사용자의 신용과 명성을 보호하되 그 보호범위가

---

39) 丁相朝, 知的財産權法(홍문사, 2013), 35.
40) John F. Coverdale, Trademarks and Generic Words: An Effect-On-Competition Test, 51 U. Chi. L. Rev. 868 (1984).

경제상의 자유와 창의를 존중하고 건전한 소비행위 및 품질향상에 기여한다고 하는 헌법상 경제질서에 부합되는 방향으로 해석되어야 할 것이다.

2. 부정경쟁방지법과의 관계

상표법의 기원과 연혁을 보면, 상표법은 사칭행위 또는 출처혼동을 중심으로 한 부정경쟁행위의 규제로부터 시작되었다. 이러한 기원과 연혁으로 인해서, 상표법과 부정경쟁방지법은 많은 유사점과 차이점을 가지고 있다. 상표법은 등록을 전제로 해서 상표를 보호하는데 반해서, 부정경쟁방지법은 아무런 심사나 등록절차를 거치지 않고 주지성 등의 일정한 요건을 갖춘 출처표시의 무단이용으로 인한 출처혼동 등의 일정한 유형의 부정경쟁행위를 금지함으로써 그러한 출처표시를 보호하고 있다. 상품이나 서비스의 출처표시의 보호 또는 상품주체 및 영업주체의 신용과 명성 그리고 그에 관한 소비자의 신뢰보호 및 품질보증이라는 기능에 있어서는 상표법과 부정경쟁방지법이 아주 유사하다.41) 그러나, 어떠한 경우에 그리고 어떠한 범위에서 상표의 신용과 명성 및 소비자의 신뢰를 보호할 것인가 등의 구체적인 내용과 방법에 있어서 양법은 상당한 차이가 있다.

기본적으로 상품이나 서비스의 출처표시라고 하는 넓은 의미의 상표에는 그 상품이나 서비스의 신용과 명성이 화체되어 재산적 가치를 가지고 공정한 시장질서를 형성해 주기 때문에, 그러한 상표를 허락없이 사용함으로써 타인의 명성을 도용하는 것은 위법한 행위로 불법행위에 해당된다고 볼 수 있을 것이다. 다만 구체적으로 어떠한 경우에 그리고 어떠한 범위에서 상표의 명성이 존재하고 보호할 가치가 있는 것인지가 불명확하기 때문에, 부정경쟁방지법은 상품이나 서비스의 출처표시가 수요자간에 널리 인식되고 있는지 여부 즉 상표의 주지성과 출처혼동이라거나 원산지·품질의 오인을 요건으로 해서 일정한 유형의 부정경쟁행위에 대해서 손해배상청구권과 침해금지청구권 및 신용회복청구권 등의 구제수단을 부여해 주고 있다. 이와 같이 사회적으로 위법성이 명백한 일정한 유형의 행위를 금지하고 그에 대한 구제수단을 부여하는 것에 의해서 상표보호의 기초는 형성된 것이고 이것이 상표법 제정의 출발점이 되기도 했다. 다시 말해서, 주지의 상표를 무단으로 도용함으로써 출처혼동을 초래하는 일련

---

41) 부정경쟁방지법은 상품이나 서비스의 출처표시뿐만 아니라 영업비밀도 보호하고 있기 때문에 그러한 한도에서 그 전체적인 기능은 상표법의 기능과 다르지만, 상품이나 서비스의 출처표시를 보호하는 기능에 한정해서 비교해 본다면 동일한 기능을 상이한 방법으로 수행하고 있다고 말할 수 있다: 헌법재판소 2001. 9. 27. 99헌바77

의 행위를 금지하고 그에 대해 적절한 구제수단을 부여함으로써 주지상표의 재
산적 가치를 보호하고 공정한 시장질서를 유지할 수 있게 되는데, 이러한 사칭
불법행위(passing off)이론 또는 부정경쟁방지법(unfair competition)이론이 선진외국
에서의 상표권보호의 출발점이었고 상표법 제정의 토대가 된 것이다.[42]

불법행위이론 또는 부정경쟁방지법이론은 상표보호의 기본적 수요는 충족
시켜줄 수 있지만 그 요건으로서 요구되는 위법성 또는 주지성과 출처혼동의
여부 등의 판단이 어렵고 분쟁의 대상이 되기 쉬워서 법원에 가서야 비로소 해
결되는 불명확성과 불확실성을 내포하고 있다. 따라서 계속 반복되는 거래관계
에서 명확성과 예측가능성을 높여주기 위해서, 일정한 요건을 갖춘 상표는 그
요건의 충족여부를 심사한 후 등록을 해주고 등록된 상표의 보유자는 전국적으
로 일정한 효력을 가지는 상표권을 취득하게 해주는 상표법이 제정되게 되었
다.[43] 우리나라에서는 부정경쟁방지법이나 상표법 모두 성문법의 형태로 제정
되어서 양법의 관계에 대해 많은 논란이 있지만, 영미의 입법례를 보면 보통법
(common law) 또는 각주의 주법에 의해서 상표가 보호되어 오다가 상표법이 성
문법 또는 연방법으로 제정되면서 부정경쟁방지법 이론이 거의 상표법에 흡수
되었다. 예컨대, 미국의 연방상표법은 부정경쟁방지의 법리와 등록상표권의 보
호에 관한 규정을 모두 함께 포함해서 두고 있고, 어느 주에 독특한 부정경쟁방
지법이 존재하더라도 그와 충돌되는 연방상표법에 우선할 수는 없다.

우리나라에서는 판례법과 성문법 또는 주법과 연방법의 구별이라거나 상표
법 발전의 역사가 없고 상표법과 부정경쟁방지법이 별도의 성문법으로 제정되
었다. 부정경쟁방지법이 소비자보호와 공정한 경쟁질서의 확보라고 하는 측면
이 강하다는 점에서 상표법과 구별된다고 보는 견해도 있으나, 앞에서 설명한
부정경쟁방지법의 상표보호의 기능이 연혁적으로 상표법의 그것과 다를 바 없
고, 현실적으로도 부정경쟁방지법에 상표희석화금지에 관한 규정이 도입됨으로

---

42) Paul Goldstein, Copyright, Patent, Trademark and Related State Doctrines(Foundation
   Press, 2000), p. 55, 340.
43) 우리나라 부정경쟁방지법에서 주지의 상표에 대해 부여되는 보호가 전국적인 보호인지
   여부에 대해서는 대법원의 입장을 알 수 없으나, 대법원 판례는 한결같이 부정경쟁방지법
   제 2 조의 '국내에 널리 인식된 상표, 상호'라 함은 국내 전역에 걸쳐 모든 사람들에게 주
   지되어 있음을 요하는 것이 아니고, 국내의 일정한 지역적 범위 안에서 거래자 또는 수요
   자들 사이에 알려진 정도로써 족하다고 해석하고 있으므로(대법원 1995. 7. 14. 선고 94도
   399 판결), 주지의 상표에 주어지는 보호의 지역적 범위도 한정될 수 있음을 전제로 한 것
   이라고 보여진다. 따라서 이론적으로는 지역적으로 한정된 주지성을 갖춘 동일한 상표가
   두 개 이상의 상이한 지역에서 병존할 수 있다고 생각된다.

써 소비자의 출처혼동방지 이상으로 상표의 명성과 신용을 사적 재산으로 보호한다고 하는 측면이 중시되게 되었다. 부정경쟁방지법하에서 구제수단을 원용할 수 있는 청구권자도 '영업상의 이익이 침해될 우려가 있다고 인정하는 자'에 한정되어 있고, 소비자 또는 소비자단체는 배제되어 있다.[44] 부정경쟁방지법이 상표보유자의 보호를 주된 목적으로 삼고 있다는 점에서 상표법과 다를 바 없다. 따라서 부정경쟁방지법과 상표법의 관계에 대해서, 이제 더 이상 기능상의 차이를 강조하는 것보다는 일반법과 특별법의 관계로 보는 것이 더 타당한 해석론을 이끌어 낼 수 있다. 부정경쟁방지법은 널리 출처표시를 보호하는 일반법이라고 말할 수 있다. 다른 한편, 상표법은 상표의 심사 및 등록을 전제로 해서 전국적으로 일정한 효력을 가진 상표권을 부여해 줌으로써 상표의 효율적인 보호를 가능하게 해준다는 점에서 상표법이 특별법적인 지위에 있다. 따라서 상표법과 부정경쟁방지법의 관계가 문제시되고 양법의 적용결과가 모순되는 경우에는 특별법에 해당되는 상표법이 우선 적용되고 부정경쟁방지법은 보충적인 지위에 있는 것으로 해석된다.[45]

Ⅳ. 상표법의 목적

1. 상표의 보호

상표법은 상표를 보호함으로써 상표사용자의 업무상의 신용유지를 도모하여 산업발전에 이바지함과 아울러 수요자의 이익을 보호하는 것을 그 법목적으로 한다. 상표법은 "상표보호"라고 하는 수단을 통해서 그 법목적을 실현한다고 선언하고 있지만, 출처표시(Source identifier)라고 하는 상표 자체를 보호하는 것인지 아니면 신용과 명성(Goodwill)이라고 하는 상표의 가치를 보호할 것인가에 관한 어려운 철학적, 정책적, 해석론적 문제가 기다리고 있다. 특히, "상표"의 경제적 기능이 다양한데 우리 법은 "상표"의 어떠한 측면과 기능을 더 중시해야 하는지에 따라서 "상표보호"의 구체적인 내용과 범위가 달라질 수 있다.

상표는 출처표시, 정보제공, 품질보증, 신용표지, 광고 등의 기능을 갖고 있다. 기본적으로, 상표는 수요자로 하여금 선호하는 상품이나 서비스를 쉽게 확

---

44) 윤병각, 불정경쟁행위의 유형과 구제방법, 재판자료 제57집(법원도서관, 1992년), 555.

45) 부정경쟁방지법 제15조는 특별법관계를 규정하고 있으나, 현실적으로 특별법관계 만으로 해결하기 어려운 문제들이 많고, 이에 관한 판례 소개는 제15조에 관한 해설 참고.

인할 수 있게 해주고 그와 다른 상품이나 서비스와 구별할 수 있게 해주는 출처표시의 기능을 갖고 있다. 이러한 출처표시로서의 상표는 수요자로 하여금 유사상품을 구매해볼 필요없이 자신이 선호하는 상품이나 서비스에 관한 정확한 정보를 손쉽게 확인할 수 있게 해주고, 결과적으로 정보탐색(Search costs) 내지 거래비용(Transaction costs)이 최소화되는 사회적 효용을 갖는다.[46] 이러한 출처표시 및 정보제공의 기능을 갖는 상표는 상품이나 서비스의 품질에 관한 정보교환을 활성화하고 광고를 용이하게 해주기도 한다.

수요자의 시각에서 보면, 상표가 구매결정시 품질과 출처에 관한 가장 신뢰할만한 정보를 제공하는 것이다. 다른 한편, 상표사용자의 시각에서 보면, 상표가 자신의 상품이나 서비스의 품질에 대한 수요자의 신뢰와 명성을 반영한 것이라고 말할 수 있다. 상표사용자로서는 자신의 상표가 나타내는 신뢰와 명성을 높이고 싶고, 따라서 자신의 상품이나 서비스의 품질을 향상시키기 위한 노력과 적극적으로 홍보하려고 하는 의욕을 갖게 될 것이다.

이상에서 살펴본 상표의 기능이 수요자의 이익과 상표사용자의 신용유지를 모두 추구하는 데 기여한다면 바람직할 것이다. 그러나, 상표의 다양한 기능 가운데 무엇을 더 중시하는지에 따라서 수요자의 이익과 기업의 이익 가운데 누구의 이익을 더 중시하는지의 판단에 영향을 미치게 된다. 전통적으로 상표는 출처표시와 정보제공 및 품질보증의 기능을 갖고 있다고 보았고 따라서 출처혼동의 방지를 통해서 수요자의 이익을 보호하는 것이 더 중시되어 왔다. 그러한 전통적인 견해와는 달리, 상표의 신용표지로서의 기능을 강조하면서 출처혼동 여부에 관계없이 기업의 이익을 더 중시하면 부수적으로 수요자의 이익보호가 수반된다고 보는 견해가 있다. 전통적인 견해에 의하면, 영국의 사칭행위의 법리가 출처표시의 혼동을 방지함으로써 수요자의 이익을 보호하는 것이라고 하는 상표법의 역사적 기원이 강조되고 있다. 이러한 전통적인 견해에 대한 반론으로는 영국의 사칭행위의 법리도 상거래가 활발해진 산업혁명 후반기에 오면서 "기망의 의도"라고 하는 주관적 요소를 무시하면서 상표사용자의 재산적 이익을 보호하는 경향을 보여주고 있다는 점이 강력한 근거로 제시되고 있다.[47] 특히 상표사용자의 이익을 중시하는 견해에 의하면, 상표에 의해서 표시되는 상

---

46) Mark A. Lemley, The Modern Lanham Act and the Death of Common Sense, 108 Yale L.J. 1687 (1999).

47) César Ramirez-Montes, A Re-Examination of the Original Foundations of Anglo-American Trademark Law, 14 Marq. Intell. Prop. L. Rev. 91 (2010), pp.110-119.

표사용자의 명성과 신용 자체가 재산(property)으로서 보호될 가치가 있다고 보고, 그러한 명성과 신용을 훼손하거나 약화시키는 소위 "희석화(dilution)"를 규제하는 것이 당연한 논리적 귀결이 된다.[48]

2. 상표사용자의 신용유지

상표법은 상표를 보호함으로써 "상표사용자의 업무상의 신용유지"를 도모하여 산업발전에 이바지함을 목적으로 한다고 규정하고 있다. 기업의 신용은 그 기업가치 가운데 가장 중요한 가치를 가진 것으로 평가되고 있고,[49] 우리 상표법은 상표를 통해서 그러한 재산적 가치를 가진 신용을 보호한다고 규정한 것이다. 그러나, 현실적으로 기업의 신용이 재산적 가치를 가지고 있다고 하는 것과 그러한 신용을 상표법이 보호해야 하는가라고 하는 문제는 별개의 문제이기 때문에 아직까지도 상표법 해석상 논쟁의 대상이 되고 있다.[50] 특히 상표사용자의 신용 보호가 표현의 자유 또는 시장에서의 경쟁을 위축시킬 수 있는 부작용이 있기 때문에, 어떠한 범위에서 신용을 보호해줄 것인가에 관한 논의는 21세기 상표법의 가장 커다란 화두가 되고 있다.

더욱 어려운 문제는 '신용(Goodwill)'이란 무엇인지 그 개념을 명확히 하기 어렵다는 점이다. 신용은 동일한 상품을 반복적으로 구입하게 하거나 동일한 기업을 선호하는 경향을 뜻한다고 하는 결과론적 설명이 있는데, 이는 그 효과에 대한 설명은 될 수 있지만 상표법의 해석에 직접적인 도움이 되는 개념으로는 부족하다. 회계학적으로는 유형자산(tangible assets)의 가치를 초과하는 기업가치를 의미한다. 다른 한편, 신용이란 특정 상품이나 기업이 누리는 명성(reputation)을 뜻한다고 보는 심리학적 설명이 있다. 심리학적 의미의 신용 즉 명성은 우리 상표법상 상표부등록사유 가운데 하나로 잘 반영되어 있다. 즉, 상표법 제34조 제1항은 "수요자들에게 현저하게 인식되어 있는 타인의 상품이나 영업과 혼동을 일으키게 하거나 그 식별력 또는 명성을 손상시킬 염려가 있는 상표"의 등록을 금지하고 있다. 다시 말해서, 다른 상표의 식별력이나 명성을 손상시킬 염

---

48) Robert G. Bone, Hunting Goodwill: A History of the Concept of Goodwill in Trademark Law, 86 B.U. L. Rev. 547 (2006), p.568.

49) KPMG, Intangible Assets and Goodwill in the context of Business Combinations (2010), pp.10-11.

50) Stacey L. Dogan & Mark A. Lemley, Trademarks and Consumer Search Costs on the Internet, 41 Hous. L. Rev. 777 (2004).

려가 있는 상표는 설사 출처혼동의 우려가 없더라도, 상표법은 그 등록을 금지함으로써 상표사용자의 신용과 명성을 보호하고 있는 것이다. 상표법은 상표의 등록단계에서 상표사용자의 명성을 보호하고 있는 데 반해서, 부정경쟁방지법은 상표희석화를 부정경쟁행위의 한가지 유형으로 열거함으로써 상표의 침해단계에서 상표사용자의 명성을 보호해주고 있다.[51] 이제, 어떠한 범위에서 명성을 보호할 것인지의 문제가 향후 중요하고도 어려운 과제로 남게 되었다.

3. 수요자의 이익보호

상표법은 상표사용자의 신용유지와 수요자의 이익보호를 그 법목적의 양대 축으로 삼고 있다. 특히 출처혼동의 방지를 통한 수요자의 이익보호는 상표법의 기원에서 살펴본 바와 같이 상표법 탄생의 배경이고 원인이라고 말할 수 있다. 부정경쟁방지법은 출처혼동을 부정경쟁행위의 핵심적인 요건으로 규정하고 있고, 우리 상표법도 저명상표와의 출처혼동을 부등록사유의 하나로 열거하고 있다.[52] 또한 상표법의 해석상 상표의 등록기준 및 침해여부의 판단에 있어서 출처혼동을 초래할 정도로 상표 또는 상품이 서로 유사한지 여부를 중요한 기준으로 삼고 있어서,[53] 실질적으로 상표법이 출처혼동의 방지를 통한 수요자 이익의 보호라고 하는 법목적이 반영되고 있다.

상표법의 역사를 보면 출처혼동의 방지로부터 출발해서 "혼동(confusion)"의 개념이 점차적으로 확대되어 왔다. 동일한 종류의 상품에 있어서는 단순한 출처혼동(source confusion)만 문제되겠지만, 상품의 종류가 다른 경우에는 상표사용자가 다른 종류의 상품의 출처는 아니더라도 그에 대한 허락이나 지원 등의 후원을 한 것이 아닌가 하는 "후원관계의 혼동(sponsorship confusion)"이 문제된다. 본래 출처혼동은 상품의 구매당시의 혼동(point-of-purchase confusion)이 수요자 이익보호에 가장 중요한 문제가 되어 왔지만, 최근에는 구매 이전 "최초관심의 혼동(initial interest confusion)" 또는 구매 이후의 일반 공중에 의한 "사후혼동(post-sale confusion)"도 문제되고 있다.[54]

〈정상조〉

---

51) 부정경쟁방지 및 영업비밀보호에 관한 법률 제2조 제1호 다목.
52) 부정경쟁방지 및 영업비밀보호에 관한 법률 제2조 제1호 및 상표법 제34조 제1항 11호.
53) 대법원 1990.6.8. 선고 90후274 판결; 대법원 1999. 7. 23. 선고 98후2382 판결.
54) Robert G. Bone, Schechter's Ideas in Historical Context and Dilution's Rocky Road, 24 Santa Clara Computer & High Tech. L.J. 469 (2008).

[제2조 전론(前論)] 상표의 개념

<소 목 차>

Ⅰ. 사회경제생활과 상표

1. 소통 및 정보전달수단으로서의 상표

상표는 인간의 사회경제활동과 더불어 발전하여 왔고, 사회생활에 있어서 하나의 소통수단으로 상표가 존재하였다. 상품의 거래에 따라 그 상품의 출처표시로서 상표가 사용되었다. 즉, 인간이 상품을 거래하기 시작하면서 상품에 대한 정보전달 수단으로서 상표가 필요하였다고 할 수 있다. 상표는 상품에 대한 정확한 정보를 제공하는 수단으로 발전해 왔다. 상품에 대한 정보는 상품 그 자체에 대한 정보뿐만 아니라 상품의 제조자나 판매자에 대한 정보를 포함한다. 결국 상표는 거래의 신속성에 기여하여 대량 소비사회의 기반이 되고 있다고 할 수 있다.

상거래 이전에도 물품을 생산하기 시작하면서 옷이나 그릇 등의 물품을 생

---

* 본 전론은 필자의 미국상표법연구, 글누리, 2006(특히, 24-30면, 39-54면, 279-281면)과 본 '상표법 주해'의 전론으로 저술하여 "커먼로상 상표법의 형성: 영국을 중심으로," 지식재산연구, 10권 3호, 한국지식재산연구원, 2015(69-79면)으로 먼저 발표한 논문을 발췌하거나 수정 게시한 부분을 포함하고 있다.

산하던 사람들은 단어나 기호 등으로 자신이 제조한 물품을 특정하고자 하였다. 이와 같은 물품의 출처를 나타내는 표지는 4~5000년 이전의 동아시아, 중동지역 등에서 찾아 볼 수 있다.[1] 이집트나 메소포타미아 그리고 로마에서는 벽돌이나 기와 등에서 왕이나 군주의 이름을 딴 표지가 존재했다. 뿐만 아니라 특정 건축물의 건축 목적 등을 나타내는 표지도 나타나고, 특정한 벽돌이나 기와의 원재료인 진흙의 출처를 표시하기 위한 표지도 있었고 벽돌이나 기와를 제조한 사람의 이름도 표시되었다. 이와 같이 표장은 해당 표장이 사용된 물건에 대한 정보전달 수단으로서 오랫동안 사용되어 왔다. 우리나라를 포함한 동양에서는 서예작품이나 미술작품에 작자를 나타내는 문구나 표지 그리고 낙관을 사용하였다. 이러한 것은 출처표지의 역할을 하였는데, 출처를 나타내는 표지가 상거래와 관련 없이 사회 전반에 사용되었음을 나타내는 예이다. 이와 같은 예는 인간이 사회생활을 하는 데 표지가 필요했음을 보여주고 있다. 특히 상거래가 있는 곳에서는 상품의 출처를 나타내는 상표도 존재했다.

"거래가 없으면 상표도 없다(No trade no trademark)."란 말처럼 상거래에 있어서는 상표가 필수적으로 요구된다. 상표란 상거래에서 자기 상품을 표시하여 타인의 상품과 구별되게 하는 것을 의미한다. 그러나 앞서 언급한 바와 같이 자신이 제조한 물품에 대하여 표지를 하는 것은 상거래 목적을 위해서 사용되기도 하였지만 상거래 밖에서도 사용되었다. 자신의 그림이나 저술에도 그것을 행한 사람에 대한 정보를 전달하기 위한 수단으로서 일정한 표식을 하였다. 인간이 사는 사회에서는 이러한 정보제공수단으로서 출처를 나타내는 표지는 하나의 필요한 인간생활관계로 존재하였다. 사회적 생활관계 즉, 사회적 사실관계로서의 상표는 법제도로서의 상표와는 구별된다.

상표는 특정 물품 또는 사항을 나타내기 위하여 사용하는 일체의 감각적 표현 수단을 말한다. 따라서 감각적 표현수단에 의하여 제공하는 정보를 인간이 인식할 수 있으면 상표가 될 수 있다. 감각적 표현수단은 시각적인 것뿐만 아니라 미각, 후각, 청각, 촉각 및 지각을 포함한다. 따라서 맛, 소리, 향기 등 인간의 감각기관으로 인지할 수 있는 모든 것이 표장이 될 수 있다. 인간이 사회생활을 하는 데 필수적인 소통과 정보전달 수단으로서 표장이 발생하였고, 상거래의 발전은 이러한 사회적 사실관계를 상표제도로 발전시켰다.

소통과 정보제공을 하는 사회적 사실관계로서의 상표는 전 세계적으로 어

---

1) Merges, et. al., Intellectual Property in the New Technological Age, 733 (5th ed. 2010).

느 정도는 공통된다고 할 수 있지만, 법제도로서의 상표는 법에서 정한 것으로 서 등록절차 등 법적 보호요건을 갖춘 것만을 상표라고 하고 있으므로 사회적 사실관계로서의 상표와 구별된다. 다만 사회적 사실관계로서의 상표는 그 사회 의 언어, 통념이나 관습 등에 의해서 차이가 발생할 수 있고, 실제거래에서 인 식되는 상표를 의미하므로 상표제도(trademark institution)와는 다른 것이라 할 수 있다. 즉 법적 영역의 존재와는 무관하게 식별력의 표지로서 존재하는 사실상의 상표를 의미한다.

　　상표법의 발전도 이러한 정보전달 수단에 대한 보호로부터 시작하였다고 할 수 있다. 역사 속에서 상품의 출처표지로 나타나는 각종의 표장들은 해당 물품 의 제조자나 소유자 또는 품질 등을 나타내는 수단이었다. 예컨대, 중세의 난파 선에서 나타나는 상인표(merchants marks)는 선적된 물품의 소유자 표시(property marks)의 목적으로 사용되었다. 중세 길드에서 사용되었던 표장은 제조자를 나 타내거나 상품의 품질을 알리는 목적으로 사용되었다.

　　뿐만 아니라 저급의 상품으로부터 시민을 보호하기 위하여 상품을 품질을 통제하는 국왕의 명령이나 의회가 제정한 법도 상품의 정보를 정확하게 전달하 기 위한 것이었다. 1266년 영국의 헨리3세가 제정한 Statutum de Pistoribus는 "제빵업자는 만일 무게가 잘못된 경우에 누가 잘못했는지 알 수 있도록 자신이 만들고 판매하는 모든 빵덩어리에 대한 자신의 적절한 표시를 해야 한다.([A] Baker must set his owne proper marke upon every loafe of bread that hee maketh and selleth, to the end that if any bread be faultie in weight, it may bee then knowne in whom the fault is)"고 규정한 제빵업자들이 빵의 부피를 늘리는 방법으로 소비자 를 기망하는 것을 방지하기 위한 형사처벌법이다. 이 법의 목적도 제빵업자가 생산한 빵에 대한 정보를 정확하게 전달하기 위한 것이었다. 그 이후에도 상품 에 대한 허위의 정보전달은 엄하게 처벌되었다. 맥주(ale)나 맥주통(barrels)에 대 한 규제뿐만 아니라 금과 은의 세공2)에 있어서도 조악한 상품을 만드는 것을 처벌하였다. 자신의 상품에 대한 허위표시 및 광고(false representation)를 금지하 는 법제도는 현재 부정경쟁방지법3)과 표시·광고의 공정화에 관한 법률에 존재

---

2) Statute of 28 Edw. I c. 20: Statutes of the Realm, I, 410-1.

3) 2016년 적용 부정경쟁방지 및 영업비밀보호에 관한 법률(이하 "부정경쟁방지법") 제2조 제1호 라, 마, 바목.

　　라. 상품이나 그 광고에 의하여 또는 공중이 알 수 있는 방법으로 거래상의 서류 또는 통 신에 거짓의 원산지의 표지를 하거나 이러한 표지를 한 상품을 판매·반포 또는 수입

한다.4)

  이러한 허위의 상품정보의 전달을 금지하는 부정경쟁방지법은 상품에 대한 정보 그 자체뿐만 아니라 제조자나 판매자 등을 허위로 전달하는 것에 대해서도 확장되었다. 물론 상표법 발전 초기에는 제조업자나 상인이 사용하는 표장에 대한 권리가 인정되지 않았으므로 자신의 상품을 타인의 상품으로 사칭하는 사칭모용행위(passing off)는 법적으로 보호되지 않았다. 따라서 제조업자나 상인에게는 아무런 권리도 인정되지 않았다. 다만, 이러한 사칭모용행위는 소비자에 대한 허위정보를 제공하는 것으로 소비자 기망에 해당하였으므로 소비자에 대한 불법행위로 인정되었고, 소비자가 소송을 제기하는 수밖에 없었다.

  그러나 점차 허위표시행위에 대하여 상표권자에게 허위표시에 대한 소를 인정하게 되었다.5) 이는 상표에 대한 법적 패러다임의 변경을 의미한다. 상표는 정보제공을 위한 수단에서 상표권자의 신용(goodwill)이 체화된 자산(asset)으로 재산법에 의한 보호를 받게 되었음을 의미한다. 따라서 상표보호를 위한 법리도 소비자 기망이란 불법행위에서 재산권 침해로 변경되었다. 1777년 Carbrier v. Anderson 사건에서 Lord Mansfield는 William Ⅲ 법(Statute of William Ⅲ)을 위반하여 원고의 이름을 자신이 제조한 시계에 표시한 피고에게 100파운드의 배상을 명하였다. 1783년 Singlton v. Bolton 사건6)에서 Lord Mansfield는 자신이 제조한 약품을 원고의 이름과 상표 아래 판매한 피고에 대하여 원고의 기망소송을 인정하였다. 이는 상표 사용자의 상표권에 대한 인식변화를 의미한다. 그리하여 1860년대 이후에 상표권은 재산권으로 변화하게 된다. 1870년대에는 서방 각국에서 재산법에 기초한 상표법을 제정하였다.7)

  상표가 재산으로서 보호받게 되었다고 하여 정보전달기능이 소멸된 것은

          · 수출하여 원산지를 오인(誤認)하게 하는 행위
    마. 상품이나 그 광고에 의하여 또는 공중이 알 수 있는 방법으로 거래상의 서류 또는 통신에 그 상품이 생산·제조 또는 가공된 지역 외의 곳에서 생산 또는 가공된 듯이 오인하게 하는 표지를 하거나 이러한 표지를 한 상품을 판매·반포 또는 수입·수출하는 행위
    바. 타인의 상품을 사칭(詐稱)하거나 상품 또는 그 광고에 상품의 품질, 내용, 제조방법, 용도 또는 수량을 오인하게 하는 선전 또는 표지를 하거나 이러한 방법이나 표지로써 상품을 판매·반포 또는 수입·수출하는 행위
  4) 표시·광고의 공정화에 관한 법률 제3조 참조.
  5) Carbrier v. Anderson, (1824) 3 B & C 541.
  6) Singleton v. Boulton, 3 Doug. 293, 99 Eng Rep. 661 (1783).
  7) 영국에서는 1862년 Sheffield Bill로 알려진 상표법이 하원에 제출되었다. 본 법안은 상표권을 재산권으로 규정하고 양도를 인정하였다.

아니다. 여전히 상표의 정보전달 기능은 중요하다. 특히 대량 소비사회에서는 상표는 익명의 출처를 나타내기 때문에 정보전달 기능은 더 중요해졌다. 상표는 점차 상품에 대한 관계뿐만 아니라 상표자체의 정보전달 기능이 중요해졌다. 이리하여 상표 자체의 정보전달 기능을 중요시하는 법이론도 나타났다.8) 이러한 법 이론은 예컨대 유명상표와 혼동을 일으키거나 동일 유사한 상표의 상표등록을 거부하는 법제도에 이미 반영되어 있다.

사회적 사실관계를 반영하여 상표를 인정하는 법제도는 사용주의에 의한 상표법 제도라 할 수 있다. 우리나라와 같은 등록주의 하에서 상표는 상표법 제2조 제1항에 정의하고 있으므로 상표법에서 정의된 것 이외의 상표는 상표법에서 인정하지 않는다. 우리법은 상표가 될 수 있는 것을 "기호·문자·도형·입체적 형상·색채·홀로그램·동작 또는 이들을 결합한 것"과 "그 밖에 시각적으로 인식할 수 있는 것"이라고 명시적으로 한정하여 정의하고 있었으므로 시각적으로 인식할 수 있는 것 이외에는 상표가 될 수 없었다. 예컨대, 소리나 향기 등은 현행 우리법상으로는 상표가 될 수 없었다.9) 그러나 한미 FTA의 영향으로 표장이 될 수 있는 것을 비시각적 표장에도 확장하여 시각적인 인식대상으로 한정하였던 것을 포기하였다. 2016년 개정 상표법은 기존에 인정되던 시각적으로 인식할 수 있는 표장 이외에 "소리·냄새 등 시각적으로 인식할 수 없는 것 중 기호·문자·도형 또는 그 밖의 시각적인 방법으로 사실적(寫實的)으로 표현한 것"10)을 표장이 될 수 있는 것으로 추가하였다.

한편 이러한 상표의 정의에 관한 조항은 2016년 상표법의 개정으로 획기적인 변화를 맞게 된다. 2016년 개정 상표법은 ""표장(標章)"이란 기호·문자·도형·소리·냄새, 입체적 형상, 홀로그램·동작 또는 색채 등으로서 그 구성이나 표현방식에 상관없이 상품의 출처(出處)를 나타내기 위하여 사용하는 모든 표시를 말한다."고 규정하여11) 인간의 인식기관에 의하여 상품의 출처로 인식할 수 있는 모든 것을 표장으로 할 수 있도록 규정하였다.

사용주의 상표법하에서 상표는 자타상품을 식별하기 위해서 사용하는 일체

---

8) Frank I. Schechter, The Rational Basis of Trademark Protection, 40 Harv. L. Rev. 813, 823 (1926-1927).

9) 후술하는 바와 같이 한미 FTA상으로는 시각적으로 인식할 것을 요구하지 않음으로써 소리나 향기 등이 상표가 될 수 있다.

10) 2016년 개정 전 상표법 제2조 제1항 다목.

11) 상표법 제2조 제1항 제2호.

의 인식적인 수단을 상표로 인정한다. 따라서 사용주의 상표법제도는 사회적 사
실관계를 상표법제도로 수용하기가 쉽다. 예컨대, 사용주의를 취하고 있는 미국
상표법상 상표가 될 수 있는 것은 사실상 제한이 없다. 미국법상 상표가 될 수
있는 것은 "any word, name, symbol, or device, or any combination"라고 규정되
어 있다.12) 식별력이 있으면 무엇이든지(any device or any symbol) 상표가 될 수
있다. 즉 사용주의하의 상표법은 사실상 존재하는 모든 정보전달 수단을 상표법
영역으로 흡수한 것이다. 따라서 이러한 사용주의 상표제도하에서는 "제조자 또
는 상인이 다른 사람이 생산 또는 판매하는 것으로부터 자신의 상품을 특정하
고 구별하기 위하여 그리고 가사 출처가 알려지지 않았을지라도 출처를 표시하
기 위하여 채택한 단어, 이름, 심벌, 장치 또는 이들을 결합한 것(any word, name,
symbol, device or any combination thereof adopted by a manufacturer or merchant to
identify his goods and distinguish them from those manufactured or sold by others and
to indicate the source of the goods, even if that source is unknown")이라고 정의된다.
사용주의하에서 사실상의 상표가 제도상의 상표로 인식될 수 있다는 점은 단일
색채의 상표성이 문제된 Qualitex v. Jacobson Prods Co. 사건13)에서 대법관
Breyer이 작성한 판결문에서도 알 수 있다. 대법관 Breyer는

> 랜햄법의 문언은 가장 광의로 일반적인 것을 기술하고 있다. 랜햄법은 상표
> 는 어떤 단어, 이름, 심볼, 또는 도구 또는 그들의 조합을 포함하는 것으로 규정
> 하고 있다. 인간은 의미를 전달할 수 있는 심볼 또는 도구 등 거의 모든 것을
> 사용할 수 있으므로 문언적으로 보면 위 규정은 제한적이지 않다. 만일 형상,
> 음악 또는 향기가 심볼의 역할을 한다면 누구든지 색채가 동일한 것을 하지 못
> 할까 의문을 제기할 수 있다.

라고 하여 의미를 전달할 수 있는 모든 것이 표장이 될 수 있으므로 소리나 향

---

12) 15 U.S.C. § 1127.
13) Qualitex v. Jacobson Prods Co.514 U.S. 159 (1995).
   The language of the Lanham Act describes that universe in the broadest of terms. It says
   that trademarks "includ[e] any word, name, symbol, or device, or any combination thereof."
   Since human beings might use as a "symbol" or "device" almost anything at all that is ca-
   pable of carrying meaning, this language, read literally, is not restrictive. ⋯. If a shape, a
   sound, and a fragrance can act as symbols why, one might ask, can a color not do the
   same?

기뿐만 아니라 색채도 표장이 될 수 있다고 한다. 즉 사실상 의미전달이 될 수 있는 것 다시 말하면 사실상 인식가능한 것은 표장으로 사용할 수 있다는 것이다. 이는 사회생활에서 사실상 인식이 가능한 것은 상품의 표장으로 사용할 수 있다는 것을 의미한다.

　　다만 사용주의 상표제도하에서도 인지할 수 있는 모든 것이 상표법상 상표가 될 수 있는 것은 아니다. 예컨대 해당 상품에 대한 일반명칭이나 관용명칭은 식별력이 발생해도 상표로서 인정받지 못한다.14) 이러한 식별력은 사실상의 식별력이 발생한 것으로서 상표로서 배타성은 없지만, 그 상표와 혼동이 발생하는 행위는 부정경쟁행위로서 보호받을 수 있다.15) 사실상 식별력이 발생한 일반명칭은 사회적 사실관계로서의 상표라고 할 수 있다. 즉 상품과의 관계상 또는 정책상 특정한 표장은 상표로서 인정받지 못하게 된다. 이러한 경우에 사실상의 상표와 법상의 상표는 괴리가 있을 수 있다. 그러나 엄격하게 말하면 해당상품의 일반명칭이나 관용명칭은 출처표시로서의 기능은 없다고 할 수 있다. 이러한 표장이 사실상 식별력이 발생하는 것은 해당상품의 일반명칭이나 관용명칭의 의미가 아닌 다른 요소들 예컨대, 글자의 형상, 색채, 포장 또는 상품의 특이성 때문이지 일반명칭이나 관용명칭의 사용에 의하여 사실상 식별력이 발생하는 것은 아니다. 예컨대, 상품 '사과'에 대한 표장 '사과'는 아무런 특이성을 발생하지 않는다. 예컨대 'Thermos'와 'thermos'는16) 'Thermos'의 첫 자를 대문자로 사용한 점에 특이성이 있는 것이다.

　　상표는 동태적인 것이기 때문에 사회변화에 따라 실제적으로 상표로 사용되는 사회적 사실관계에 따라 법적으로 보호가 되지 않던 사회적 사실관계로서의 상표가 법적으로 보호되기도 하고 보호가 되지 않기도 한다. 전자는 이차적 의미를 취득하여 상표로서 인정되는 경우와 같이 식별력이 없던 상표가 법적인

---

14) 우리나라에서는 이에 대하여 학설과 판례가 대립된다. 특히 기술적 명칭과 관련한 경우에는 상호충돌되어 보이는 대법원 판례가 다수 존재한다. 예컨대, 대법원 1987.6.23. 선고 86후4 판결(물파스 사건)과 대법원 1992. 5. 12. 선고 88후974 판결(새우깡 사건).

15) King-Seeley Thermos Co. v. Aladdin Industries, Inc., 321 F. 2d 577 (2nd Cir. 1963). 본 사건에서 법원은 약 75%의 소비자들은 진공보온용기의 상표인 "THERMOS"를 일반명칭으로 이해하고, 약 12%는 상표로서 이해하고, 약 11%는 "vacuum bottle"이라는 용어를 사용한다는 사실을 인정하고 상표가 일반명칭화 되었다고 판시했다. 그러나 법원은 피고가 원고와 같이 "Thermos"라고 사용하는 경우에는 소비자들에게 혼동이 발생하여 부정경쟁행위가 되므로, 원고에게 여전히 "Thermos"라고 쓸 수 있도록 하고, 피고에게는 "Thermos"가 아닌 "thermos"를 쓰도록 하고 있다. (사실상 식별력에 대하여는 후술함.)

16) King-Seeley Thermos Co. v. Aladdin Industries, Inc., 321 F. 2d 577 (2nd Cir. 1963).

식별력을 취득한 경우이고, 후자는 식별력이 있던 상표가 일반명칭화된 경우이다. 이러한 현상이 발생하는 것은 상표의 의미는 사회경제적인 변화에 따라 변화하기 때문이다. 미국의 연방대법관 Holmes는 "단어는 불변의 무가치한 것이 아니라 생각의 표현이고 단어가 사용되는 시대와 환경에 따라서 그 의미와 내용이 많이 변화한다(A word is not a crystal, transparent and unchanged, it is the skin of a living thought and may vary greatly in color and content according to the circumstances and the times in which it is used")고 하여17) 이러한 동태적인 상표 현실을 표현하였다.

또한 WTO/TRIPs 협정 제15조 제1항도 "어떤 사업의 상품 또는 서비스를 다른 사업의 상품 또는 서비스로부터 식별시킬 수 있는 표지 또는 표지의 결합은 상표를 구성할 수 있다."라고 하고 있는바, 이는 사회경제적 변화에 따라 상표가 변화할 수 있음을 나타내어 상표의 동태성을 인정한 것이라 할 수 있다. 우리나라 대법원도 "상표의 식별력은 상표가 가지고 있는 관념, 상품과의 관계, 당해 상품이 거래되는 시장의 성질, 거래 실태 및 거래 방법, 상품의 속성, 수요자의 구성, 상표 사용의 정도 등에 따라 달라질 수 있는 상대적·유동적인 것이므로, 이는 상표의 유사 여부와 동일한 시점을 기준으로 그 유무와 강약을 판단하여야 한다."라고 하여18) 같은 취지에 입각하여 판시하고 있다.

최근에는 경제생활의 증가와 정보전달매체의 발달로 인하여 정보전달 수단이 다양화 되고 이에 따라 상품의 정보를 전달하는 표장도 다양화 되는 경향을 띠고 있다. 이에 따라 상품정보를 전달하는 사회적 사실관계로서의 표장이 다양화 되고 있으므로 사회적 사실관계로서의 표장이 법적인 표장으로 수용되는 경향이 강하다. 즉 고전적인 표장으로 인정되던 2차원적인 평면상표뿐만 아니라 입체상표가 법적인 표장으로 수용이 되고, 시각적 인식대상인 표장뿐만 아니라 소리, 향기 등 후각이나 청각적으로 인식할 수 있는 표장들도 법적인 표장으로 수용되고 있다.

사회적 사실로서의 상표는 상표법상 상표뿐만 아니라 상표법상 상표로서의 효력을 인정받지 못하는 자타상품의 식별표지로서 상표의 기능을 하는 것을 포

---

17) Towne v. Eisner, 245 U.S. 418, 419, 38 S. Ct. 158, 159, 62 L. Ed. 540 (1917).
   "A word is not a crystal, transparent and unchanged, it is the skin of a living thought and may vary greatly in color and content according to the circumstances and the times in which it is used." Id.
18) 대법원 2014. 3. 20. 선고 2011후3698판결.

함한다. 법적으로 인식되는 상표는 상표법에 의하여 등록된 상표뿐만 아니라 부정경쟁방지 및 영업비밀보호에 관한 법률에 의하여 인식되는 상표를 포함한다. 예컨대, 현재 상표가 사용되는 상품과의 관계상 상표법상의 표장으로 인정받지 못하는 것으로는 일반명칭, 관용명칭, 기술적 명칭이 있다. 또한 상표법상 표장이 될 수 없는 소리, 맛, 향기나 동작 등도 인지적으로 수용될 수 있어 식별수단으로 사용될 수 있다. 따라서 이러한 식별수단이 상품에 사용되는 경우에는 자타상품의 식별력이 발생하므로 식별력의 표지로 사용될 수 있다.

상표법상 상표는 상표법 제89조의 배타적 효력(적극적 효력)과 제107조의 금지적 효력(소극적 효력)이 존재하지만, 그 외의 상표, 즉 등록되지 않은 상표에 대해서는 그러한 효력을 부여하지 않는다. 상표법상의 상표는 상표법상 등록절차를 통하여 상표등록을 마친 것이다. 그러나 상표법에 의한 등록상표가 아닌 상표나 사회적 사실관계로서의 상표가 법적 보호 밖에 있는 것은 아니다. 부정경쟁방지 및 영업비밀보호에 관한 법률은 사실상 상표를 보호하는 역할을 한다. 즉 상표법에 의해서 등록한 상표뿐만 아니라 등록하지 않은 상표 등을 사용하거나 사용한 상품에 대해서 그 상품 주체에 혼동을 일으키게 하는 행위를 부정경쟁행위로 인정하여 법적보호를 하고 있다. 다만 부정경쟁방지법은 상표법과 같이 배타적 효력을 인정하지 않는다. 상표법 제2조는 배타적 효력이 인정되는 상표법상 상표를 정의하는 조항이다.

사회적 사실관계로서의 상표와 상표법상의 상표에 차이가 발생하는 이유는 인지적 활동과 식별력 표지로서 표장은 사회·경제적 생활관계에서 발생하지만 이를 법제도로서 수용하는 것은 정책적 차원의 문제로 볼 수 있기 때문이다. "아세틸살리실산(Acetyl-Salicylic-Acid)"에 대한 "아스피린"은 상표이었으나, 일반명칭화 되어 현재 우리나라[19]나 미국에서는 일반명칭(관용명칭)으로 인정된다.[20] 따라서 상표법상 등록상표가 될 수 없다.[21] 그러나 등록상표가 될 수 없다고 하더라도 "아스피린"을 타인의 상품과 혼동적으로 사용하는 경우에는 불공정경쟁행위가 될 수 있다.[22] 다만 아스피린이 우리나라나 미국에서는 일반명칭으로 사용된다고 하더라도 다른 국가에서는 식별력 있는 상표일 수 있다. 예컨대 캐나

---

19) 대법원 1977. 5. 10. 선고 76다1721 판결.
20) United Drug Co. v. Theodore Rectanus Co., 248 U.S. 90 (1918).
21) 특정상품의 일반명칭상표가 현 상표법 제33조 제2항에 의해 상표등록 할 수 있는지는 논란이 있다.
22) United Drug Co. v. Theodore Rectanus Co., 248 U.S. 90 (1918).

다에서 아스피린은 "acetylsalicylic acid tablets(아세틸살리실산정(錠))"에 대한 유
효한 등록상표이다.23) 따라서 한국에서 일반명칭으로 사용된 아스피린이 캐나
다에 수출되는 경우에 상표침해가 발생할 수 있다. 아스피린 상표의 예는 상표
법상의 상표와 사회적 사실관계로서의 상표의 차이를 나타낸다. 한국과 미국에
서는 일반명칭으로 인정되고 캐나다에서는 유효한 상표로 인정되는 것은 사회
적 사실관계로서의 상표와 상표법상의 상표가 차이가 날 수 있을 뿐만 아니라
상표는 사회·경제적 생활관계의 변화에 따라 변화할 수 있다는 것을 나타낸다.

2. 경제와 자유경쟁의 원칙

현대의 상표법은 상표를 재산권으로 구성하고 있다. 상표권은 상표를 상품
의 사용에 독점하는 권리이다.24) 상표 사용에 대한 '독점'은 배타적 권리를 창
설한다. 상표권이 배타적 권리라는 것은 상표권은 재산권이라는 것을 의미한다.
상표제도는 자유경쟁의 산물이라 할 수 있다. 우리 헌법 제119조 제1항은
"대한민국의 경제질서는 개인과 기업의 경제상의 자유와 창의를 존중함을 기본으
로 한다."라고 하여 자유경제질서에 입각하고 있음을 천명하고 있다. 그리고 동조
제2항은 "국가는 균형있는 국민경제의 성장 및 안정과 적정한 소득의 분배를 유
지하고, 시장의 지배와 경제력의 남용을 방지하며 경제 주체 간의 조화를 통한
경제의 민주화를 위하여 경제에 관한 규제와 조정을 할 수 있다."라고 하여 수정
자본주의 원칙에 의하여 국가는 경제에 대하여 규제와 조정을 할 수 있음을 확인
하고 있는바, 상표법은 이러한 헌법상의 국가의 규제와 조정 권한에 그 근거를
갖는다고 할 수 있다.25) 이러한 점에서 보면 공정거래법(anti-trust law)이나 불공정

---

23) 캐나다 지적재산권청(Canadian Intellectual Property Office) Registration Number:
    TMDA6889.
24) 상표법 제89조 참조.
25) 상표법의 헌법상 근거가 학문의 자유조항인 헌법 제22조 제2항이라고 하는 견해도 있으
    나(육종수, 헌법상 무체재산권의 보장, 공법연구, 15집 (1987) 참조), 헌법 제22조 제2항은
    "저작자·발명가·과학기술자와 예술가의 권리는 법률로써 보호한다."라고 하고 있으므로
    저작자·발명가·과학기술자와 예술가의 권리를 보호하는 저작권법과 특허법의 근거조항
    이 되지만, 그러한 저작이나 발명 등과 전연 관계없는 상표권의 근거조항으로 보는 것은
    무리이다. 아마도 상표가 저작이나 특허와 같은 지적재산권이라는 범주라고 판단하여 그
    근거를 같이한다고 판단한 것 같으나, 상표가 저작권 또는 특허와 성격이 전연 다른 점을
    고려하지 못한 견해라고 생각된다. 헌법재판소 1993. 11. 25. 선고 92헌마87 결정은 과학
    기술자의 특별보호를 명시한 헌법 제22조 제2항은 과학·기술의 자유롭고 창조적인 연구
    개발을 촉진하여 이론과 실제의 양면에 있어 그 연구와 소산을 보호함으로써 문화창달을
    제고하는데 그 목적이 있다고 함으로써 상표보호와는 관련성이 없다는 것을 묵시적으로

경쟁법(law of unfair competition; 이하 "부정경쟁방지법"과 같은 의미로 혼용함) 또는 상표법(trademark law) 모두가 경쟁을 촉진하는 법이 된다. 공정거래법은 자유롭게 경쟁할 수 있는 경쟁시장을 확립하고 경쟁을 보장하는데 초점이 있고, 불공정경쟁법이나 상표법은 경쟁의 내용 내지 질에 그 초점이 있다고 할 수 있다.

3. 불공정경쟁법 및 상표법의 형성과 본질

가. 불공정경쟁법의 형성과 본질

상표법은 재산법으로 인정된다. 현행 우리 상표법 제89조는 등록상표의 지정상품에 대한 사용에 대하여 독점, 즉 배타성을 인정하고 있는 바와 같이 현대의 상표법은 상표의 상품에 대한 사용에 대하여 배타성을 인정하고 있기 때문이다. 자유로운 시장질서에 의하여 자유경쟁이 기본원칙이지만 자유경쟁을 저해하는 행위는 금지될 필요가 있었다. 비교적 일찍이 불공정경쟁법이 형성되었던 영국과 이를 계수한 미국에서는 자유경쟁을 저해하는 것 중의 하나가 자신의 상품을 타인의 상품으로 가장하는 소비자 사기나 기망이다. 이러한 소비자에 대한 사기나 기망은 소비자를 혼동시키는 불법행위(torts)로 인식되었고, 후에 불공정경쟁행위(unfair competition practice)로 인식되었다.[26] 이러한 사기나 기망행위는 소비자에 대한 불법행위를 구성하였지만, 추후에 상표사용자의 상표라는 재산에 대한 침해행위로 인식되게 되었다.

독일이나 프랑스에서 상표법의 형성과정에서 불공정경쟁법과의 관련성이 상대적으로 적게 나타나고 있다. 영국이나 미국 등의 커먼로 국가에서는 불공정경쟁법을 통하여 상표법이 형성되어 왔다. 독일은 상표법이 불공정경쟁법보다 먼저 입법되었고, 불공정경쟁행위에 대해서는 방임되었다. 뿐만 아니라 독일은 형식주의의 영향을 받아 상표등록을 하여야만 상표보호를 하였다. 선의의 선사용은 보호받지 못했다.

영미법에서 상표법리의 형성이 활발하였던 것은 산업혁명에 의한 산업화의 영향이 큰 것으로 생각된다. 물론 산업혁명이전에도 상표와 같은 표장이 사용되었지만, 길드를 중심으로 한 상품표(production mark)와 같은 것을 의미하였고, 현재와 같은 상품의 출처와 식별표지로서의 상표(trademarks)는 상품의 대량생산이

인정하고 있다.

26) 물론 이러한 역사는 상표법이 확립된 서유럽과 미국을 중심으로 한 역사이다. 또한 독일과 같은 서유럽국가에서도 불공정경쟁법이 존재하지 않았다가 나중에 입법된 국가도 있다.

가능하였던 산업혁명을 이후로 발전하게 된 것으로 보인다. 따라서 산업화가 비교적 빨랐던 영국에서 상표에 관한 법리가 발전할 수 있었던 것으로 생각된다.

커먼로상 상표보호는 불공정경쟁법리에 의한 불법행위법에 의해서 이루어져 왔다. 즉 소비자에 대한 기망행위로서 불법행위로 인정되었을 뿐 상표사용자의 상표에 대한 권리는 인정되지 않았다. 그러나 점차 상표사용자의 권리가 인정되었다. 영미법상 상표가 상표권자의 재산적 권리로 인식되게 된 것은 형평(equity) 내지 형평법(law of equity)의 영향이 크다. 즉 커먼로(common law)를 바탕으로 발전해온 상표에 관한 법은 불법행위법을 거쳐 부정경쟁법리(law of unfair competition)의 형성에 영향을 미쳤고, 형평법리(equity, law of equity)를 바탕으로 발전해온 상표에 관한 법은 상표를 재산권적으로 인식하는 상표법(law of trademarks)의 형성에 영향을 미쳤다고 볼 수 있다. 재산법의 특징으로 인정되는 금지명령은 형평법리를 바탕으로 형성된 법제도이기 때문이다. 그러나 불공정경쟁법과 상표법은 다른 길을 걸어 온 것이 아니라 상표침해에 대하여 보호제도로서 같은 길을 걸어 왔기 때문에 법제도로서 불공정경쟁법과 상표법이 상호 공유하는 원리가 많이 존재한다.

영국에서는 커먼로(common law)상으로 상표사용자의 독자적인 권리가 인정되지 않았는데, 타인의 상품을 자기의 상품인 것처럼 하는 사칭모용행위(passing off)는 소비자에 대한 기망행위로서 소비자에 대한 불법행위가 되었다. 즉 소비자가 사기로 인한 손해배상을 청구할 수 있었지만, 상표사용자의 상표모용자에 대한 청구는 인정되지 않았다.27) 즉 이 시기의 불공정경쟁법은 소비자(the public)를 보호하기 위한 법제도이었다.28)

법원은 커먼로상의 사칭모용행위(passing off)와 허위표시법리(misrepresentation)에 의하여 소비자를 보호하기 시작하였다. 허위표시법리에 의한 경우에 상표사용자는 소비자와 함께 상표모용자에게 소를 제기할 수 있게 되었고, 소비자를 대신하여 손해배상청구를 할 수 있었다. 허위표시로 인한 소송을 제기하기 위해서는 상표모용자에게 소비자를 기망하려는 고의가 필요했다. 따라서 사칭행위나 허위표시법리는 커먼로(common law)상의 권리의 성격을 가졌다.

이와 같이 초기에는 상표사용자의 상표모용자에 대한 청구는 상표모용자의

---

27) Southern v. How, 2 Pophan, 144, 79 Eng. Rep. 1244 (1618); Blanchard v. Hill, 2 Atk 484, 26 Eng. Rep 692 (1742).

28) 다만, 불공정경쟁법이 상표사용자를 보호하기 위한 제도로 보는 판결도 있다. Carso v. Ury, 39 Fed. Rep. 5; 5 LRA 614 (CA Mo, 2 Sep 1889).

소비자기망의사가 있어야 성립할 수 있었다. 그러나 법원은 점차 소비자기망의사를 요구하지 않기 시작하였다. 법원은 상표침해에 대한 영구적 금지명령(perpetual injunction)을 인정하는 데 있어서 상표모용자의 소비자 기망 의사는 필요 없다고 판결하기 시작했다. 이러한 법리에 의하면 상표침해는 침해자의 주관적인 침해 의사에 관계없이 침해행위 그 자체에서 인정될 수 있었으므로 상표에 대한 권리는 재산권적인 것으로 이해되기 시작하였다. 예컨대 우리나라 민법 제213조 및 제214조의 물권적 청구권에서 침해자의 고의나 과실을 요구하지 않는 것과 같다.29) 이러한 법리를 인정한 판결은 Millington v. Fox 사건30)이다. 다만 Millington v. Fox 사건 이후에도 주관적 요건을 요구한 판결들이 존재하였지만,31) 점차로 상표침해의 고의나 과실을 요구하지 않게 되었다. 그리하여 상표보호법리는 불법행위법에서 재산법으로 변화하게 된다. 이러한 법리의 변화는 영국이나 미국이나 같다. 1905년 미국은 상표침해사건에서 기망의 의도라는 주관적 요건 대신 혼동가능성(likelihood of confusion)이라는 객관적 요건을 요구하였다.

커먼로상 상표법은 불법행위법으로부터 출발하여 재산법화 한 것이다. 우리나라에서도 불공정경쟁법은 불법행위법 원칙에 기반하고 있고, 상표법은 재산법에 기반하고 있다는 것은 일반적으로 인식되고 있다. 그러나 상표에 대한 권리는 연혁적으로 처음부터 재산권으로 구성된 것은 아니었다. 영미법에서는 상표법은 불공정경쟁법으로부터 발전하여 왔다. 즉 상표침해는 불법행위법상 불공정경쟁행위가 되었고 후에 상표침해에 대하여 형평법상의 금지명령이 인정되면서 재산법인 상표법이 형성되었다. 그러나 대륙법에서는 영미법과는 사정이 달라 불공정경쟁법과 상표법은 달리 발전하여 왔다. 물론 대륙법에서도 부정경쟁행위는 상표침해행위도 포함하고 있으므로 완전히 다른 법 원리로서 발전해온 것은 아니다.32)

---

29) 상표법상 금지청구권에서 침해자의 고의나 과실을 요구하지 않는 것과 같은 법리이다. 물론 특허법이나 저작권법상의 금지청구권도 같다.

30) Millington v. Fox, 3 Mylne & Cr. 338 (1838).

31) Perry v. Truefitt, 6 Beav. 66, 49 Eng. Rep. 749 (1842).

32) 프랑스에서는 특수한 불법행위 유형으로서 불공정경쟁법(law of unfair competition)으로 형성되어 왔다. 이에 반하여 독일은 1880년 독일 대법원이 법에 의하여 금지된 것 이외에는 모두 허용된다고 함으로써 부정경쟁에 대하여 민법의 불법행위법 적용을 하지 않았다. 이에 따라 독일에서는 1896년 프랑스 판례법을 참조하여 부정경쟁방지법(Gesetz zur Bekämpfung des unlauteren Wettbewerbs)을 제정하고 1909년 부정경쟁행위의 일반조항을 둔 개정법을 마련했다. 일본에서는 부정경쟁방지법을 제정하여 불공정경쟁행위를 금지시

헌법상 자유경제질서원칙에 입각하여 경제주체는 자유경쟁을 할 수 있지만, 불공정경쟁에 대해서는 국가가 규제할 수 있다. 경쟁행위가 타인의 법익을 침해하여 민법상 불법행위를 구성하는 경우에는 불법행위책임을 지게 된다. 그러한 불법행위 중에서 특정한 경우만을 정하여 부정경쟁행위(unfair competition)로 인정하고 있다. 즉 부정경쟁행위는 특수한 불법행위라고 할 수 있다.[33] 우리나라 부정경쟁방지법이 부정경쟁행위를 한정적으로 열거하고 있는 것도 이와 같은 이유에서라고 할 수 있다.[34] 다만, 우리나라도 2015년부터 부정경쟁행위의 정의에 부정취득 및 사용행위(misappropriation)[35]를 새롭게 도입하였다. 앞으로 부정경쟁행위의 일반조항과 민법상 불법행위의 구별이 문제가 될 수 있다.[36] 이는

키고 있다. 우리나라를 포함하여 일본과 같이 불공정경쟁행위를 한정적으로 나열하는 경우와 독일과 스위스 등과 같이 불공정경쟁행위의 일반조항을 두는 법제가 있었다. 그러나 우리나라도 부정경쟁행위에 "그 밖에 타인의 상당한 투자나 노력으로 만들어진 성과 등을 공정한 상거래 관행이나 경쟁질서에 반하는 방법으로 자신의 영업을 위하여 무단으로 사용함으로써 타인의 경제적 이익을 침해하는 행위"라는 규정을 두었다(부정경쟁방지법 제2조 제1항 차목, 2015.1.28.시행 법률 제13081호). 미국은 불공정경쟁행위는 연방법이 적용되는 경우 외에는 주법으로 존재하고 있고, 주법은 커먼로에서 발전된 것으로서 불공정경쟁행위는 유형별로 나누어져 일반 불법행위의 특별법 형태로 존재한다.

33) 미국은 불공정행위를 불법행위(torts) 및 상사불법행위(commercial torts)라고 이해하였으나, 최근에는 불공정경쟁법(law of unfair competition)이라는 독자적인 법체계로 구성하고 있다. 다만 불공정경쟁법도 불법행위법의 특별법으로 이해하고 있다. 미국에서 불공정경쟁법은 불법행위를 기반으로 하였으나, 1979년 간행된 2차 리스테이트먼트 불법행위(the Restatement of Torts)편에서는 불공정경쟁법은 불법행위법과 구별되는 특수한 법영역이라는 이유로 배제되었다. 1995년에 불공정경쟁법을 불법행위법에 기초하는 불법행위법과 독립한 독자적인 법 영역으로 인정하여 리스테이트먼트 불공정경쟁편(Restatement (Third) of Unfair Competition (1995))을 간행하였다.

34) 부정경쟁방지법 제2조 제1항. 부정경쟁행위의 일반조항을 두고 있는 독일 부정경쟁방지법(Gesetz gegen den Unlauteren Wettbewerb; UWG) 제1조는 '업무상 거래에서 부정경쟁목적으로 선량한 풍속에 어긋나는 행위를 하는 자에 대해서는 그 행위의 금지 및 손해배상을 청구할 수 있다'라고 규정하고 있다.

35) 부정경쟁방지법 제2항 제1호 차목. 본 조항의 의미를 학계나 하급심 판결은 대체로 부정경쟁행위의 일반적 정의조항(일반조항)으로 이해하고 있는 것으로 보인다. (예컨대, 서울고등법원 2016. 5. 12. 선고 2015나2044777 판결("서울연인단팥빵" 사건) 그러나 본 조항은 부정경쟁행위에 대한 일반 조항이 아니라 부정경쟁행위의 하나인 부정취득 및 사용행위(misappropriation)로 이해하는 것이 옳다고 보인다. 나종갑, "부정경쟁행위의 본질론과 무임승차행위의 한계-한 우산속 바람 꽃, 너도바람꽃, 나도바람꽃" 지식재산연구 제53집, 한국지식재산학회, 2017, 37면 이하.

36) 부정경쟁방지법은 통합될 수 있는 하나의 행위에 기한 부정경쟁방지법을 구성한 것이 아니라 사칭모용행위(passing off; palming off), 허위표시 및 기망적 광고(misrepresentation and false advertising), 상업적 경멸(commercial disparagement) 및 부정취득 및 사용(misappropriation) 등의 이질적인 행위를 하나의 부정경쟁행위법 아래 구성한 것이다. 그래서 부정경쟁방지법을 우산(umbrella)에 비유한다. 하나의 우산 아래 이질적인 행위가 모여

개별적 사안을 통해 구체화될 것이다. 부정경쟁행위와 민법상의 일반 불법행위와의 차이 중의 하나는 금지명령이 인정되는지 여부이다. 민법상의 일반불법행위에 대해서는 금전적 손해배상만이 인정되는 데 비하여 부정경쟁행위는 금전적 손해배상[37]뿐만 아니라 금지명령도 인정된다.[38]

나. 상표법의 형성과 본질

부정경쟁행위가 불법행위임에 반하여 상표법은 등록상표에 대하여 배타성(독점성)을 인정하고 있어 상표권은 재산권으로 이해된다. 부정경쟁방지법상 보호되는 상품표지나 영업표지에 대해서는 상표법 제89조에 규정된 독점적 배타적 사용권에 관한 규정이 없다. 이는 부정경쟁행위가 불법행위를 기본 법리로 하고 있으므로 당연한 것이라 하겠다.

다만 재산법인 상표법은 상표침해행위에 대하여, 불법행위법인 부정경쟁방지법은 부정경쟁행위에 대하여 모두 금지청구권을 인정하고 있으나, 금지청구권의 성격은 서로 다르다. 상표법은 재산법이므로 재산권에 기한 금지청구권이고 부정경쟁행위에 대한 금지청구권은 불법행위에 기한 금지청구권이 된다. 즉 상표권에 기한 금지청구권은 상표권의 배타적 영역의 침해를 금지하는 일반적이고 추상적인 권리라고 할 수 있고, 부정경쟁행위에 기한 금지청구권은 특정한 부정경쟁행위(불법행위) 자체를 금지하는 개별적이고 구체적인 권리라 할 수 있다.

결론적으로 특정한 행위(예컨대, 상표침해행위)가 문제될 때 특별법인 상표법이 먼저 적용되고 그 다음 부정경쟁방지법(부정경쟁방지법 제15조 참조) 그리고 민법상의 불법행위법 순으로 적용된다. 다만, 2015년 개정으로 부정경쟁행위 중 부정취득조항이 추가되었는바,[39] 위 조항의 성격이 문제될 것이지만, 민법의 불법행위보다 우선 적용되는 것은 명백하다. 대법원도 "부정경쟁방지법 제15조는 상표법 등에 부정경쟁방지법 제2조 내지 제6조, 제10조 내지 제14조 및 제18조 제1항의 규정과 다른 규정이 있는 경우에는 그 법에 의한다고 규정하고 있는바, 그 규정의 취지는 상표법 등에 부정경쟁방지법의 위 규정들과 다른 규정이 있

서 부정경쟁행위를 구성하는 법체계를 가졌기 때문이다. 따라서 부정경쟁행위는 경제사회의 변화에 따라 새로운 것들이 추가되기도 한다. 최근에는 희석화(dilution)나 트레이드 드레스(trade dress) 보호가 부정경쟁방지법의 영역에 포함되었다. 최근 문제되는 아이디어 보호도 이러한 맥락에서 이해할 수 있다.

37) 부정경쟁방지법 제5조.
38) 부정경쟁방지법 제4조.
39) 부정경쟁방지법 제2조 제1호 차목.

는 경우에는 그 법에 의하도록 한 것에 지나지 아니하므로, 상표법 등 다른 법률에 의하여 보호되는 권리일지라도 그 법에 저촉되지 아니하는 범위 안에서는 부정경쟁방지법을 적용할 수 있다."라고 하여 부정경쟁방지법이 일반법이고 상표법이 특별법임을 인정하고 있다.[40]

그러한 법의 적용이 되지 않는 영역, 즉 상표침해행위나 부정경쟁행위 그리고 그 밖의 민법상 불법행위가 되지 않는 행위들은 자유경쟁의 영역이다. 이러한 영역의 구분은 불공정경쟁법과 상표법이 형성된 역사와 관련되어 있다.

Ⅱ. 상표법의 연혁

1. 중세까지

상표(trademarks)는 상품거래의 역사와 같이한다. 다만, 상표의 기원은 상품의 소유를 나타내기 위한 것에서 시작되었으므로 상거래가 활성화되기 이전에도 존재하였다고 할 수 있다. 즉, 상품거래와 별도로 고전적 의미의 상표로 볼 수 있는 것들이 존재하였다. 상표의 기원으로 볼 수 있는 것들은 물품에 대하여 표식을 하는 것(marking)으로부터 찾을 수 있다. 그림이나 도자기의 낙관, 가축에 대한 화인, 벽돌이나 기와나 타일의 각인 등이 이에 해당한다.

영어의 브랜드('brand')는 낙인(烙印)을 의미하고 또한 낙인을 찍는 것('to burn')과 낙인을 찍다라는 의미를 가지고 있다.[41] 그리하여 브랜드(brand)는 영구적이라는 의미로서 브랜드 명('brand name')으로 존재하게 되었다.[42] 일상생활에서 상표(trademarks)를 대신하여 브랜드(brand)나 브랜드 명(brand name)이라는 용어를 많이 사용하는데, 브랜드(brand)나 브랜드 명(brand name)은 구어적인 표현으로서 법적용어는 상표(trademarks)라고 할 수 있다.[43] 브랜드(brand)나 브랜드 명(brand name)은 상표(trademarks)뿐만 아니라 광고이미지나 기업이미지 등을 포함하여 사용하고 있다.

4~5,000여전부터 페르시아, 인도, 중국, 이집트 등에서 표장이 발견된다. 그

---

40) 대법원 1996. 5. 13.자 96마217 결정.
41) 영어 brand는 노르웨이어로 brandr이고, brand는 이러한 용어적 기원을 갖는다.
42) Sidney A. Diamond, "The Historical Development of Trademarks", 65 Trademark Rep., 222, 223 (1975).
43) J. Thomas McCarthy, McCarthy on Trademarks & Unfair Competition, v.1, Thomson Reuters, v.1, §4.18 (2004).

이후 서기 500년 이후 중세가 시작되는 시기는 암흑시대로서 표장(mark)은 劍
(검)이나 무기에 사용된 경우를 제외하고는 거의 존재하지 않았다. 10세기경에
난파나 좌초된 선박에 선적된 물품 등에 대하여 소유자표시(property marks)를 하
기 위한 목적으로 상인표(merchants marks)가 등장했다. 또한 현재의 상표와 더
밀접한 관련이 있는 상품표(production marks)도 나타났다. 소유자표시(property
marks)는 상품을 선박에 선적하기 전에 상인에 의하여 소유자를 표시하기 위해
서 부착되었다. 이러한 상인표(merchants marks)는 해적이나 난파된 선박으로부터
상품을 회수하였을 때 그 소유자를 나타내기 위해 사용되었다. 상품표(production
marks)는 장인에 의하여 사용되었고 그 출처를 나타내기 위해서 사용되었다는
점에서 현재의 상표와 밀접한 관련이 있다. 14세기부터 16세기의 중세는 상표
의 부활시기로 인정된다. 중세에는 길드를 중심으로 표장(marks)을 사용하는 것
이 일반화 됐고, 이러한 종류의 표장은 상품의 제조자를 표시하는 상품표
(production marks)이었는데, 길드는 이러한 상품표 사용을 엄격히 규제하였다. 인
표(personal marks)는 개인을 특정하기 위해서 사용된 것으로 편지 등의 압인(seal)
등이 그 예이다. 인표(personal marks)인 하우스 표(house marks)는 특정 건물에 거
주하는 가족을 나타냈다. 하우스 표(house marks)는 상표로도 사용되었다. 소유자
표시(property marks)는 물품의 소유자를 특정하기 위해 사용됐다. 이러한 소유자
표시는 소유자를 나타내는 것으로 상거래에서 자타상품을 구별하기 위한 출처
표시로 사용되는 것이 아니었으므로 엄밀한 의미에서 상표라고는 할 수 없다.[44]
그렇지만 이러한 표장들이 상표로 발전되었음을 부정할 수 없다. 특히 길드는
상품의 품질을 담보하기 위해서 표장사용을 강제했다.[45] 길드가 그 제조자를 특
정하기 위해서 강제한 표장은 상품의 품질(goodwill)을 유지하고, 그 품질을 유지
하지 못하거나 길드 규약에 위반한 제조자를 찾기 위해서 사용되었다. 또한 길
드가 사용한 상품표(production marks)는 길드 구성원이 아닌 사람에 의한 표장사
용을 제한하는 역할을 하였으므로 이러한 종류의 표장은 길드의 독점을 강화시
킨 것으로 평가된다.[46]

---

44) 예컨대, 등기부 등본을 보라. 소유자를 나타내고 있을 뿐이다. 소유자 표시도 소유자를
　　표시하기 위한 것일 뿐 거래에서 상품의 출처표시로 사용된 것은 아니다.
45) 길드는 상거래를 특정지역으로 한정하고, 표장을 사용하여 이를 어긴 자를 처벌했다. 이
　　는 고전적인 독점행위(monopoly)이다.
46) Daniel McClure, Trademarks and Unfair Competition: A Critical History of Legal
　　Thought, 69 TMR 305, 311 (1979).

앞서 본 바와 같이 1266년 영국의 헨리 3세는 제빵업자들의 표장사용을 강제하는 법("Statutum de Pistoribus")을 제정했다.[47] 위 법은 빵의 사이즈를 부풀린 제빵업자를 처벌하는 형사법이었다. 위 법에 따르면 모든 제빵업자는 각각의 종류의 빵에 대하여 표장을 사용하도록 하였고, 그 표장은 법을 위반한 제빵업자를 특정하는 데 사용되었다.[48] 그 이후에도 제빵업자들에 대하여 표장을 사용하도록 하는 방법으로 빵 사이즈에 대한 규제를 하였고 이에 위반한 자는 벌금에 처했다. 위와 같은 제빵업자에 대한 규제는 영국에서 보편적이고 지속적으로 시행되었다.[49] 또한 맥주(ale)나 맥주통(barrels) 대한 규제도 시행되었다.[50] 1300년 에드워드 I세(Edward I) 때 영국에서는 런던의 금세공업자들에게 금(金)과 은(銀)의 합금의 비율을 정하면서 은 접시에 표범의 머리를 새기도록 하는 규제가 시행되었다.[51] 이와 같은 규제와 표장 사용을 하도록 한 것은 소비자들을 조악한 합금으로 된 상품으로부터 보호하기 위해서였다. 이리하여 1300년대 이후에는 유럽에서 표장을 사용토록 하는 것이 많은 부분에서 나타나기 시작했다. 16세기에 프랑스와 영국에서는 표장위조범에 대해서 사형을 처하도록 하였다. 중세에 길드를 중심으로 한 표장의 사용강제는 상품의 출처뿐만 아니라 품질보증(goodwill)을 하도록 하는 의미가 있었다. 이 시기의 상표는 소비자가 조악한 저급의 상품을 구별하도록 하고, 다른 한편으로 저급의 상품을 생산 판매한 자를 처벌하도록 하는 상품표(production marks)의 성격을 강하게 가졌다. 또한 상표는 자신의 상품의 출처와 품질을 보증하기 위하여 자발적으로 사용한 것이 아닌 열등한 상품을 구별하고 처벌하기 위하여 법에 의한 규제에 의하여 사용되었던 경찰표(police mark)의 성격을 가졌다.

2. 중세이후

대량생산을 특징으로 하는 산업혁명 이후에 상품의 유통은 상표사용의 증

---

47) "[A] Baker must set his owne proper marke upon every loafe of bread that hee maketh and selleth, to the end that if any bread be faultie in weight, it may bee then knowne in whom the fault is."

48) Frank I. Schechter, The Historical Foundations of the Law Relating to Trade-marks, 49-50 (1925).

49) Frank I. Schechter, The Historical Foundations of the Law Relating to Trade-marks, 50 이하 (1925).

50) Frank I. Schechter, The Historical Foundations of the Law Relating to Trade-marks, 50, 각주 1, 및 56 이하 참조(1925).

51) Statute of 28 Edw. I c. 20: Stattutes of the Realm, I, 410-1.

가를 가져왔고, 소비자와 상품의 출처와는 단절을 가져오게 된다. 따라서 상표
를 통한 상품광고에 의해서 상품의 출처기능의 강화가 필요했다. 이러한 사회경
제환경의 변화로 상표관련 법제도들이 만들어지게 된다. 19세기에 들어와 성문
의 상표법이 제정되기 시작했다. 1803년 프랑스에서 16개 조항으로 이루어진
세계 최초의 성문 상표법인 공장, 제조장 및 작업장 법(Factory, Manufacture and
Workplace Act)[52]가 제정되었다.

가. 영국

영국은 커먼로와 형평법리에 기초한 상표법리를 발전시켰다. 커먼로상의
구제는 손해배상(damages)이고, 형평법리에 기초한 구제는 금지명령(injunction)이
다. 영국은 사칭모용행위(passing off)를 소비자 기망행위로 인정하여 소비자에
대한 사기를 인정하는 커먼로상의 불공정경쟁법(law of unfair competition)을 발달
시켰고, 후에 형평법리에 기초하여 재산법원리를 수용한 상표법을 완성했다. 그
러나 상표법 발전의 초기에는 "다른 사람의 제품인 것처럼(passing off goods of
one producer as those of another)" 하여 소비자를 오인·혼동케 하는 행위는 커먼
로상 불법행위인 'palming off'[53]로 인정하였을 뿐[54] 상표사용자의 상표에 대한
권리는 인정하지 않았다.

영국에서 상표에 관하여 문헌에 기록된 최초의 판례로 알려진 사건은[55] 보석

---

52) the Factory, Manufacture and Workplace Act of April 20, 1803.
53) palming off의 정의는 통일되지 않고 다양하나 대체로 같은 의미로서 자신의 상품을 타
인의 상품인 것처럼 하는 행위를 의미한다. Reddaway v. Banha 사건에서 "nobody has any
right to represent his goods as the goods of somebody else…"라 하였고(Reddaway v. Banha
AC 199, 13 RPC 21, 20 [1896]), Perry v. Truefitt 사건에서는 "A man is not to sell his
goods under the pretence that they are the goods of another man"라고 하여 타인의 상품인
것처럼 자신의 상품을 판매할 수는 없다고 한다. (Perry v. Truefitt, 6 Beav. 66, 49 ER 749
(1842)) 초기에는 'pass off'라는 용어를 사용하였으나 (Perry v. Truefitt, 6 Beav. 66, 49 ER
749 (1842)) 후에 passing off로 변경하여 사용하였다. "palming off"도 사용한다.
54) Arthur R. Miller & Michael H. Davis, Intellectual Property: Patent, Trademarks, and
Copyright in a Nutshell, 156 (2000, 3rd Ed.).
55) Southern v. How 사건은 보석위조에 관한 사건으로서, 판례집마다 그 판결년도도 1590
년, 1616년, 1618년 또는 1619년으로 언급되기도 한다. 커먼로상 최초의 상표관련 판례가
어떤 판례인지에 대해서는 문헌상 불확실하여 논쟁이 있다. 최근에 1584년의 Sandfort's
Case라고 주장하는 견해가 있다. Keith M. Stolte, How Early Did Anglo-American
Trademark Law Begin? An Answer to Schechter's Conundrum, 8 Fordham I.P., MEDIA &
ENT. L. J. 505 (1998). 상표법 문헌의 고전으로 일컬어지는 James L. Hopkins, Law of
Unfair Trade (1900, 1997, reprinted ed.)에서는 Southern v. How 사건은 1590년 판결된 것
으로 언급하고 있다(Id. 6.). 많은 학자들이 Hopkins의 문헌을 인용하여 최초의 상표사건은
Southern v. How 사건이라고 하고 있다. 아마도 문헌상으로 기록된 판례는 Southern v.

위조가 문제된 Southern v. How 사건56) 판결에서 선례(precedent)로 언급된 1584년
의 J.G. v. Samford 사건57)이라 한다. J.G. v. Samford 사건은 피륙업자(clothier)인
원고가 자신의 직물에 대하여 많은 명성을 얻었고, 자신의 직물에 자신만의 표장
(mark)을 사용하기 시작하였는데 피고가 피고의 상품을 원고의 상품인 것처럼 하
여 원고의 표장과 동일한 표장(mark)을 피고의 상품에 부착 판매하여 소비자를 기
망하자, 원고가 소를 제기한 것이었다. 커먼로 법원(the Court of Common Pleas)은
상표의 원래 사용자인 원고의 청구를 기각하였다고 알려져 있다.58)

    상표에 대한 아무런 권리를 인정하지 않는 법원의 태도는 지속되고 있었다.
영국에서 두 번째 상표사건이라고 알려진 Blanchard v. Hill 사건59)에서 Lord60)
Hardwicke는 "[I] knew no instance of restraining one trader from making use of
the same mark with another"(나는 한 사람이 다른 사람이 사용하는 상표와 같은 상
표를 사용하는 것을 금지할 수 있는 경우를 알지 못한다)라고 하여61) 상표사용자에
게 상표모용자에 대한 아무런 권리를 인정하지 않았다.62) 다만, Lord Hardwicke
는 피고가 자신의 열등한 상품에 기망적인 표장을 사용하여 원고의 상품인 것처
럼 의도하여 소비자를 기망하였다면 금지명령을 인정할 수 있음을 시사했다.63)

    Blanchard v. Hill 사건 판결로부터 40여 년이 지난 후에 상표모용에 대한
법원의 태도는 이전과는 다른 모습을 보였다. 상표침해에 대한 권리인정에 소극
적인 형평 법원과 달리 커먼로 법원(the Common Law Court)은 상표모용에 대한
불법행위를 인정하기 시작하였다. 1777년 Carbrier v. Anderson 사건에서 커먼로

    How 사건이 아닌가 한다. 물론 Southern v. How 사건의 방론으로 언급된 사건이 있으므로
    그 사건(Sandforth's Case)이 최초의 판례일 수 있다.
56) Southern v. How, 2 Popham, 144 (1618), 79 Eng. Rep. 1244 (K.B. 1907).
57) 이 선례가 J.G. v. Samford 사건(Sandforth's Case)으로 알려져 있다. 본 사건의 정확한 명
    칭은 확실하지 않으나 J.G. v. Samford 사건으로 명명된다. 다른 한편으로는 Sandford's
    case로 명명되기도 한다. 또한 그 판결이 이루어진 연도가 엘리자베스 22년(1580년)이나
    33년(1590년)으로 언급되기도 하여 불명확하다.
58) 그러나 본 사건은 해당 옷의 소비자가 제기한 것으로 언급하고, 원고의 청구가 인정되었
    다고 하는 판례집도 있다.
59) Blanchard v. Hill, 2 Atk 484, 26 ER 692 (1742).
60) 영국의 대법원의 기능은 상원(the United Kingdom Parliament)의 일부인 House of Lords
    에 있다. Lord Chancellor는 605년에 창설되어 약 1398년간 존재하였던 것으로써 상원의
    장, 법무장관, 대법원장의 기능을 함께 가지고 있다. 따라서 Lord Hardwicke는 우리나라의
    대법관(the Law Lords, the Law Lords는 12명으로 구성됨)에 해당한다.
61) Blanchard v. Hill, 2 Atk 484, 26 ER 692 (1742).
62) Merges, et. al., Intellectual Property in the New Technological Age, 526 (1997) 참조.
63) James L. Hopkins, Law of Unfair Trade, 2 (1900, 1997, reprinted ed.).

법원(the Court of King's Bench)의 Lord Mansfield는 윌리엄 3세법(Statute of William Ⅲ)에 의해 자신이 만든 시계에 원고의 이름(Carbrier)을 사용한 피고에게 100파운드를 배상할 것을 명하였다.[64]

1783년 Singleton v. Boulton 사건에서 Lord Mansfield는 피고가 원고의 상표로 약품을 판매한 경우에는 사기(fraud)를 원인으로 한 소를 제기할 수 있다는 것을 인정하였다. Lord Mansfield는 "만일 피고가 원고의 이름이나 상표를 사용하여 피고의 약품을 판매하였다면, 사기로 인한 소송을 제기할 수 있다(if the defendant had sold a medicine of his own under the plaintiff's name or mark, there would be fraud for which an action would lie.)."고 판시하였다. 다만 Lord Mansfield는 피고가 약품의 발명자의 이름("Dr. Johnson's Yellow Ointment")으로 판매한 사실에 대하여 피고가 원고를 기만(defraud)하였다는 증거가 없다고 하면서 원고의 청구를 기각하였다.[65] 이 사건은 원고가 위의 표장에 대하여 소를 제기할 수 있는 실체적 권리를 가지지 못하였기 때문에 피고가 해당 표장을 사용하는 것에 대하여 커먼로상이나 형평법리상의 권리 주장을 할 수 없었다고 이해된다.[66] 왜냐하면, 피고가 사용한 표장("Dr. Johnson's Yellow Ointment")만으로는 passing off가 성립할 수 없었기 때문이다. 약품의 원래 발명자의 이름을 사용한 것은 일반 명칭이거나 기술명칭이 될 수 있었고, 원고 Singleton은 해당 표장에 대하여 권리를 갖지 못한 것으로 생각된다. 다만 위 사건에서 Lord Mansfield가 사기(fraud)로 인한 소송을 제기할 수 있다고 언급한 것은 장차 커먼로 법원에서 상표모용을 인정할 가능성을 나타낸 것이라 할 수 있다.

1824년 Sykes v. Sykes 사건[67]에서 상표모용행위를 인정하여 상표권자의 권리침해로 인정하였다. 이 사건 원고는 소비자들로부터 좋은 평가를 받고 있던 자신의 상품에 "Sykes Patent"라고 표시하였는데, 피고가 품질이 떨어지는 상품에 같은 방법으로 같은 표시를 하였다. 소매업자들이 이와 같은 사정을 알면서도 피고의 상품을 원고의 상품이라고 하면서 판매하였다. 이에 손해를 본 원고가 피고를 상대로 소를 제기하였다. 판사는 배심원에게 "피고가 문제된 표장을

---

64) Frank I. Schechter, The Historical Foundations of the Law Relating to Trade-Marks 1, 137(1925) 참조.

65) Singleton v. Boulton, 3 Doug. 293, 99 Eng Rep. 661 (1783).

66) Lord Mansfield는 "The only other ground on which the action could be maintained was that of property in the plaintiff, which was not pretended, there being no patent, nor any letters of administration."라고 판시했다.

67) Sykes v. Sykes, 107 Eng. Rep. 834 (King's Bench 1824).

Sykes v. Sykes 사건에서 문제된 상품[1]

사용하여 자신이 제조한 상품을 원고가 제조한 상품인 것처럼 소비자를 기망하기 위한 의도"였는지 여부를 판단하기를 요구하였고, 배심원은 결국 원고의 주장을 인정하였다. 이에 피고가 항소하였는데, 판매상들은 피고가 제조한 상품임을 알고 있었으므로 배심원의 판단은 사실인정이 잘못되었다고 주장하였다. Abbott 판사는 피고가 원고의 상품으로 판매한 것은 아니지만 원고가 제조한 상품인 것처럼 하기 위해 자신이 제조한 상품에 "Sykes Patent"라고 표시한 것은 분명하고 또한 소매상들도 소비자들에게 원고의 상품으로 판매하도록 하기 위한 것이 분명하다고 판시하여 피고의 주장을 배척하였다. 본 사건은 커먼로상 상표에 대한 권리와 피고의 상표모용이 상표사용자에 대한 부정경쟁행위가 성립됨을 인정한 판결로 매우 가치가 있다.

커먼로에 의한 상표권자의 구제는 계속되었다. 1833년 Blofeld v. Payne 사건[68]에서 커먼로 법원은 원고의 상표침해가 인정되기 위해 원고는 피고가 문제된 상표를 열등한 상품에 사용하였다는 점이나 피고의 행위로 인하여 특별한 손해를 입었음을 입증할 필요가 없다고 판시하였다. 이 사건은 피고가 자신의 숫돌을 원고가 제조한 숫돌인 것처럼 원고의 포장(packing)을 사용하여 판매하여 원고가 passing off를 주장한 사건이었다. the Court of King's Bench는 커먼로 법원의 판결을 지지하였다.

이와 같은 커먼로 법원의 상표권자에 대한 권리인정에 따라 점차 형평법원의 태도는 이전과 달라져 있었다.[69] 1816년 Day v. Day 사건에서 처음으로 금

68) Blofeld v. Payne, (1833) B & Ad 410.
69) 이 시기에 커먼로 법원과 형평법원의 합체경향도 상표권자의 권리인정의 한 원인이 되

지명령이 인정되었다. 이 사건에서 형평법원은 구두약에 원고의 표장을 사용한 피고에게 더 이상 그러한 표장을 사용하지 못하도록 금지명령을 선고하였다.[70) 1838년 Millington v. Fox 사건[71)에서 Lord Cottenham는 상표침해행위에 대하여 금지명령을 인정하면서 상표침해에 대한 영구적 금지명령(perpetual injunction)을 인정하는 데 있어서 피고의 기망의사는 필요없다고 하였다. 따라서 상표침해는 침해자의 주관적인 의사에 관계없이 침해행위 그 자체에서 인정될 수 있었으므로 상표에 대한 권리는 재산권적인 것으로 이해되기 시작하였다.

　1836년 Knott v. Morgan 사건[72)에서 Lord Langdale은 원고의 "London Conveyance Company"를 모방하여 승합마차 서비스를 제공한 피고에게 금지명령을 인정하였다. 그러나 그러한 경향에도 불구하고, 이듬해인 1842년의 Perry v. Truefitt 사건[73)에서 상표에 대한 상표권자의 권리는 부인되었다. 위 사건에서 Lord Langdale은 "It does not seem to me that a man can acquire property merely in a name or mark(사람이 이름이나 표장에 재산권을 취득하는 것으로 보이지 않는다)."라고 하여 상품의 표장이나 이름에 대하여 아무런 권리를 인정하지 않았다. 그러나 이후 판결에서 Lord Langdale은 금지명령을 인정하였다. Croft v. Day사건[74)에서 Lord Langdale은 Day의 조카가 상표의 사용권이 있는 경우라도 타인의 상품과 혼동스럽게 사용하는 것을 금지했다. 1801년 Charles Day와 Martin이 구두약을 제조하기 위해 조합을 결성하였는데, Martin이 자신의 이름을 사용할 권리와 함께 그 영업에 대한 자신의 권리를 Day에게 양도하였고, 그 후에 Day와 Martin이 사망하였는데 유언집행자에 의해서 그 영업은 "Day and Martin"의 이름으로 계속되었다. Day의 조카가 Martin으로부터 그 이름을 계속 사용할 권리를 취득하여, 예전에 Day와 Martin과 유언집행자가 사용하는 구두약 용기와 유사한 구두약 용기에 Day and Martin이라는 상표로 상품을 판매하였다. 법원은 Day의 조카가 구두약을 자신의 이름과 정당하게 취득한 이름을 사용하여 영업을 할 권리가 있지만, 그러한 경우라도 소비자에게 타인의 상품과 혼동을 가져오는 것은 안 된다고 판시했다. 그 이외에도 Franks v Weaver 사

　　었다고 생각된다.
70) Graeme B. Dinwoodie & Mark D. Janis, Trademark Law and Theory: A Handbook of Contemporary Research, 9 (2009).
71) Millington v. Fox, 3 Mylne & Cr. 338 (1838).
72) Knott v. Morgan, (1836) 2 Keen 213.
73) Perry v. Truefitt, 6 Beav. 66, 49 ER 749 (1842).
74) Croft v. Day, 7 beav. 84; 49 Eng. Rep. 994 (Ch., 1843).

건75)과 Holloway v. Holloway 사건76)에서 Lord Langdale은 금지명령을 인정하였다.

타인의 상표모용은 커먼로상 그 상표의 사용자에 대한 불법행위(torts)로 부정경쟁행위가 성립할 수 있어서 상표사용자에 대한 커먼로상의 구제가 가능하였고, 이러한 커먼로상의 구제는 형평법원에도 그 영향을 미쳤다고 할 수 있다. 물론 Perry v. Truefitt 사건에서는 금지명령이 부인되었지만, 그 이후 금지명령의 인정은 영국 형평법원의 태도 변화를 인식할 수 있게 한다. 영미법에서는 이러한 역사적 사건들을 통하여 상표 침해에 대한 금지명령이 인정되어 상표권이 재산권화되기 시작하였다.

상표침해에 대한 사회적 인식과 법원의 태도 변화에 따라 영국은 1862년 기망적인 표장의 사용을 금지하는 상품표법(Merchandise Marks Act)을 제정하고, 1875년에는 상표등록에 관한 상표법(Trade Mark Registration Act)을 제정하였고, 1887년에 외국에서 영국상품을 모조하여 영국과 유럽에서 판매되는 것을 금지하기 위하여 1887년 상품법(the Merchandise Marks Act 1887 of England)을 제정했다. 또한 1905년에 1875년 법보다 진일보한 상표법을 제정하였다.

나. 프랑스

선례(precedent)가 중요시되는 커먼로 전통과는 달리 대륙법에서는 상표에 관한 분쟁 사례가 알려지지 않고 있다. 그 대신에 대륙법에서는 성문법의 제정에 의하여 상표를 보호하였다. 1590년대부터 1610년대 사이에 영국에서 최초의 상표관련분쟁이 보고되고 있지만, 세계 최초의 성문의 상표법은 프랑스에서 제정되었다. 프랑스에서는 1803년 공장, 제조장 및 작업장법(Factory, Manufacture and Workplace Act)77)에 의해서 타인의 인장(seal)을 자기의 것처럼 하는 passing off를 금지하고 이를 위반하는 경우에는 형사처벌하였다. 1809년에 두 번째 공장, 제조장 및 작업장법(Factory, Manufacture and Workplace Act)을 제정하여 다른 재산과 같이 보호되도록 하였다. 1810년과 1824년에 형벌법(the Criminal Acts of 1810 and 1824)이 제정되었다. 1810년 법은 142개 조문, 그리고 1824년 법은 433개 조문으로 구성되었고 다른 사람의 표장을 허위로 사용하거나 상품에 관련된 표장을 기망적으로 사용하는 경우에 형사처벌하였다.

---

75) Franks v Weaver, (1847) 10 Beav 297.
76) Holloway v. Holloway, (1850) 13 Beav 209.
77) the Factory, Manufacture and Workplace Act of April 20, 1803.

19세기 후반부터는 근대적인 상표등록제도가 도입됐다. 1857년 프랑스는 Loi sur les marques de fabrique et de commerce(Manufacture and Goods Mark Act of 1857)를 제정하여 심사주의와 사용주의에 기반한 상표등록제도를 도입하여 그 이전에 존재하던 사용주의 원칙을 대체했다.[78] 이는 최초의 상표등록제도로 인정된다. 위 법은 1890년과 1944년에 개정되었다가 1964년 법의 제정으로 폐지되었다. 1964년 법에 의하여 프랑스는 순수한 등록주의로 변경하여 표장의 등록과 불사용에 의한 취소제도를 두고 있었다. 또한 1964년 법에 의하여 서비스마크제도를 도입했다. 1991년 1월 4일 단일법전으로서의 지적재산법전(Code de la propriete intellectuelle, "CPI")을 제정하여, 종래 개별법으로서 유지되고 있었던 저작권법, 특허법, 상표법을 하나의 지적재산권법으로 제정하여 통합적인 법체제를 유지하고 있다. 프랑스 지적재산법전(CPI)은 제7권 "상표 및 식별표지의 보호"에 상표뿐만 아니라 지리적 명칭의 보호에 관해서도 함께 규정하고 있다.

프랑스는 1896년 부정경쟁(Concurrence Deloyale)이라는 개념을 도입하였고 부정경쟁행위를 민법의 특별법으로 제정하였다. 부정경쟁행위 유형을 한정적으로 열거하고 있는 우리나라[79]와는 달리 프랑스는 부정경쟁행위를 민법상 불법행위로 파악하여 그 보호의 범위를 확장시키고 있다.[80] 또한 1810년과 1824년 형법은 타인의 이름을 오용하는 경우 또는 제조분야를 오용하는 경우에 형사처벌하도록 했다.[81] 현재, 프랑스는 상표법으로 상표의 직접적 침해만을 보호하고 부정경쟁소송으로 상표가치에 대한 침해를 보호하고 있다.[82] 프랑스의 상표법은 상표사용 또는 상표등록에 의한 절대적 재산법으로 구성되었다는 데 그 특징이 있다.[83]

---

78) Duguid, Pau, French Connections: The International Propagation of Trademarks in the Nineteenth Century, 10 Enterprise & Society 3, 24-25(2009).

79) 부정경쟁방지법 제2조 제1호 가 내지 자목 참조.

80) 양대승, "프랑스의 상표보호제도에 관한 연구", 비교사법, 제15권 제2호(통권41호) (2009), 568-569.

81) 영국에서는 사칭모용행위와 허위표시 법리에 의해서 불공정경쟁행위를 접근했지만 프랑스에서는 불공정경쟁은 민법상의 불법행위의 한 유형으로 인식되었다. 프랑스법원은 프랑스민법 제1382조와 1383조에 기반하여 불공정경쟁법 원칙을 발전시켰다. 정호열, 부정경쟁방지법론, 삼지원(1993) 24 이하 참조.

82) 양대승(주 80) 568-569.

83) Friedrich-KarlBeier, Basic Features of Anglo-American, French and German Trademark Law, IIC 1975, 285, 296.

다. 독일

독일의 경우에는 독일 최초의 상표법으로 인정되는 1874년 11월 30일 상표보호법(Gesetz der Markenschutz)을 제정하여 상업등기부(Handels Register)에 의한 등록제도와 심사제도를 도입했다.[84] 1894년 5월 12일 심사제도를 유지한 상품표지보호법(Gesetz zum Schutz der Warenbezeichungen)을 제정했다.

독일에서는 상표법에 의하여 소비자기망행위가 규제된다고 판단하여 불공정경쟁행위를 방임하는 태도를 취하였다.[85] 즉, 독일에서는 1896년 부정경쟁방지법(UWG)이 제정되기 이전에 법원은 상표보호법에 의한 상표보호 이외에 부정경쟁을 사실상 무제한으로 허용하여 부정경쟁법리에 의한 상표침해 법리는 형성될 여지가 없었던 것으로 판단된다.[86] 따라서 영국이나 미국에서 보이는 불공정경쟁법으로부터 상표법의 발전과정은 독일에서는 생략되었다고 할 수 있다. 그러한 과정이 생략되어 한때 독일 법원에서 부정경쟁방지법과 상표법의 체계적 지위나 법적개념은 인정되지 않은 것으로 보인다. 1909년 독일 부정경쟁방지법(UWG)하에서 독일법원은 상표법은 경쟁법의 일부분으로 인식하였을 뿐만 아니라 부정경쟁방지법이 상표법의 상위법이라는 생각을 가지고 있었다.[87] 그러나 독일법원에서도 점차 등록한 상표는 배타성을 가지는 것으로 인식되어 상표법은 불공정경쟁법과 분화되었다고 할 수 있다.[88]

독일은 1894년 제정된 상품표지보호법을 폐지하고 1936년 상표법(Warenzeichen-gesetz)을 제정한다. 본 법에서는 등록제도를 유지하였지만 사용에 의한 식별력을 취득한 경우에 상표등록이 허용되었다. 또한 선등록자의 반대가 없는 경우에 상표가 등록될 수 있었다. 그러나 상표출원에 대한 공개제도는 채택하지 않았다. 세계 2차 대전으로 인하여 1945년부터 1948년까지 상표법이 부재하였던 기간이 있었지만 1948년 7월 5일 특허, 실용신안 및 상표등록을 위한 출원소 설치에 관한 법률이 시행되고, 이에 따라 동년 10월부터 산업재산권접수소에 상표등록이

---

84) 독일의 1874년 상표보호법이 심사주의를 취하였다는 견해와 무심사주의를 취하였다는 견해가 있다. 심사주의를 취하였다는 견해는 최병규, "독일상표법의 연혁/지리적표시보호 및 유럽공동체상표", 지적소유권법연구, 지적소유권법학회, 제3권(1999), 96; 무심사주의를 취하였다는 견해는 網野誠, 商標(제6판), 有斐閣(2001), 12.

85) 정호열(주 81), 24 이하; Volker Emmerich(정호열 역), 부정경쟁법, 삼지원(1996), 30 이하 참조.

86) 정호열(주 81), 24 이하; Volker Emmerich(정호열 역)(주 85), 30 이하 참조.

87) 최병규(주 84), 96-97.

88) 최병규(주 84), 97.

허용되었다.[89] 산업재산권 접수소는 1949년 10월에 특허청이 개설될 때까지 유지되었다. 1957년 상표등록제도를 변경하여 출원에 따라 공개제도를 채택했다. 1967년에는 사용주의에 기초한 심사제도를 도입하였고, 등록상표가 5년 이상 사용되지 않는 경우에는 상표등록을 취소할 수 있도록 했다. 1979년 상표법개정으로 서비스표 제도를 도입했다. 그리고 독일 통일에 따라 1992년 5월 1일 산업재산권확장법(the Industrial Property Right Expansion Law)이 제정되었다. 유럽통합으로 인하여 1994년 독일 상표법(Markengesetz)이 제정되어 1967년 제정된 구 상표법을 대체하였다.[90]

라. 미국

미국의 경우 초기에는 영국과 같이 커먼로상의 불공정경쟁법(law of unfair competition)에 의하여 상표보호제도를 발달시켰다. 남북전쟁(Civil War) 이전에는 상표의 사용은 일반적인 것이 아니었다. 상표의 필요성은 면화산업과 범포(sailcloth, 帆布)산업을 중심으로 제기되었다. 1789에 제정된 법(Act of the General Court)은 범포는 동일한 표지를 부착하도록 하였고, 알면서 타인의 표지를 사용한 경우에는 그 상품은 몰수되고 그 상품가치의 3배를 배상하도록 하였다.[91] 1791년경 Samuel Breck와 보스톤의 제조업자들이 범포(sailcloth, 帆布)에 부착한 상표에 대하여 배타적 권리를 인정하여 달라는 청원에 의하여 국무장관이던 토마스 제퍼슨(Thomas Jefferson)이 상표에 대하여 재산권 권리를 인정하는 연방상표법의 제정을 시도하였으나 연방의회는 연방상표법을 제정하지는 않았다. 1837년 매사추세스(Massachusetts) 주에서 판결된 Thomson v. Winchester 사건[92]은 미국에서 상표에 관한 가장 오래된 주 법원 사건(state case)으로 알려져 있다. 연방법원에 의한 상표사건은 1844년에 다루어졌다. 최초의 연방상표사건으로 알려진 Taylor v. Carpenter 사건[93]에서 연방순회법원의 Story 판사는 상표침해

---

89) 최병규(주 84), 97.

90) 독일의 1994년 상표법에 대해서는 Kay-Uwe Jonas, Revision of the German Trademark Law, 94 TMR, 605 (1994) 참조.

91) Act of the General Court (February 3, 1789), § 5. "That all goods which may be manufactured by the said Corporation, shall have a label of lead affixed to the one end thereof, which shall have the same impression with the seal of the said Corporation and that if any person shall knowingly use a like seal or label with that used by said Corporation, with a view of vending or disposing thereof, every person so offending shall forfeit and pay treble the value of such goods, to be used for and recovered for the use of the said Corporation, by action of debt, in any court of record proper to try the same."

92) Thomson v. Winchester, 36 Mass. (19 Pick.) 214, 31 Am. Dec. 135 (1837).

에 대하여 최초로 금지명령을 인정하였다. 1847년 Partridge v. Menck 사건94)에서 법원은 타인의 상표를 모방하는 것은 소비자를 기만하고 상표사용자의 신용(goodwill)을 약탈("pirate")하는 것인바, 피고의 소비자 기만과 원고가 축적한 신용(goodwill)의 약탈은 금지되어야 한다고 하였다.95)

　　남북전쟁 후 산업혁명을 통하여 기술이 발전하고 상거래의 규모도 확장되어 감에 따라 상품의 제조자(manufacturers)들은 상거래에 있어서 자신의 상품의 출처를 특정할 필요성과 자신들의 동일성(identity)을 침해하는 행위로부터 자신들의 이익을 보호할 필요성을 알게 되었다. 이에 1870년 미국은 최초의 연방상표법을 제정하였다. 이 연방상표법은 1876년에 일부 수정이 되었다. 그러나 연방대법원은 상표사건(the Trade Mark Cases)96)에서 헌법의 특허 및 저작권조항(Patent and Copyright Clause)은 상표에 관한 근거규정이 될 수 없으므로 연방상표법이 그 근거를 위 조항에 둔 것은 헌법에 위반된다고 판결하였다. 그 후 상품제조업자들이 상표법을 제정할 것을 요구하여 1881년 상표법이 제정되고,97) 1905년에 상표법이 수정이 되었다.98) 1920년에는 The Inter-American Convention of 1910 for the Protection of Industrial Property를 이행하기 위하여 1905년 상표법의 수정법이 제정되었다.99)

　　2차 세계대전 후, 경제는 신기술과 새로운 통신수단의 발전에 힘입어 상거래가 발전되었고 이에 따라 상표도 그 수요가 증가하였다. 이러한 수요증가는 상표의 기능에 대한 관심도 불러 일으켰다. 텍사스 주 출신의 의원인 프리츠 랜햄(Fritz Lanham)도 상표에 대하여 관심을 갖게 되어 1946년 그는 상표등록을 장려하고 불공정한 경쟁행위로부터의 상표보호를 목적으로 한 법안을 제출하였다. 그가 제출한 법은 상표를 "제조업자나 상인들이 자신들의 상품을 특정하고 다른 제조업자나 상인들이 제조 판매하는 상품들로부터 자신들의 상품을 구별하기 위하여 채택한 단어, 이름, 심벌, 장치 또는 이들을 결합한 것(any word, name, symbol, device or any combination thereof adopted by a manufacturer or merchant to

---

93) Taylor v. Carpenter, United States Circuit Court, District of Massachusetts, 3 Story 458.
94) Partridge v. Menck, 5 N.Y. Leg. Obs. 94 (N.Y. Ch. 1847).
95) 다만 법원은 이 사건에서 문제된 원고와 피고의 각 성냥박스 상표는 서로 다른 점이 인정된다고 하여 원고의 청구를 기각하였다.
96) *In re* Trademark Cases, 100 U.S. 82 (1879).
97) 21 Stat 502 (the Trade-Mark Act of 1881).
98) 33 Stat 724.
99) 41 Stat 533.

identify his goods and distinguish them from those manufactured or sold by others)"이
라고 규정하였다. 한편 1947년 매사추세스에서는 미국에서 최초의 희석화방지
법이 제정되었다.[100]

　　1950년대에는 텔레비전에 의한 정보유통의 발전과 함께 시장에 출시된 상
품에 대하여 소비자들이 정보를 쉽게 취득하게 되었다. 이 시기에 많은 상표출
원이 있었다. 이 시기에는 특허청장(Commissioner of Patent Office)에게 심사관의
결정에 대한 항고계 심판(ex parte appeal)이나 당사자계 심판(inter partes appeal)이
증가하기 시작하였다. 1958년에는 특허청장에 대한 항고제도를 폐지하고 상표
심판원(Trademark Trial and Appeal Board; TTBA)을 창설함으로써 항고사건의 적체
를 해소하고자 하였다. 상표심판원의 결정은 특허청의 최종결정이었고, 위 결정
에 대하여는 법원에 항소할 수 있었다.

　　1962년 Fleischmann Distilling Corp. v. Maier Brewing Company 사건에서
미국 대법원은, 랜햄법(Lanham Act)은 상표침해소송에서 승소한 당사자에게 변
호사비용을 받을 수 있는 권리를 부여하지 않았다고 판결하였다. 위 판결 이전
에 미국법원은 명시적 규정없이 승소한 당사자가 변호사비용도 같이 배상받도
록 판결하고 있었다. 의회는 상표침해나 불공정경쟁행위는 특히 악의적인 경쟁
자들에 의하여 행하여지는 것이라고 판단하여 1975년에는 예외적인 경우에 변
호사 비용도 배상받을 수 있도록 랜햄법을 개정하여 입법적으로 Fleischmann
Distilling Corp. 사건 판결을 변경하였다. 의회는 특허청이 특허와 상표등록을
관할하면서 명칭을 '특허청'이라고 하는 것은 잘못이라고 판단하여 1975년 특
허청(Patent Office)을 특허상표청(Patent and Trademark Office)으로 변경하였다. 미
국은 1988년까지 순수한 사용주의 원칙에 입각하였으나, 1988년 상표법의 수정
으로 사용의사에 의한 등록(intend to use)제도를 도입하였다. 그리고 새로운 개념
도 도입하여 추정적 사용(constructive use)[101]에 의한 우선권제도를 신설하였다.
1996년 1월 미국대통령은 연방상표희석화법(Federal Trademark Dilution Act of
1995; FTDA)[102]에 서명하였다. 위 법은 유명상표(famous trademark) 소유자에 대
하여 유명상표와 동일 또는 유사상품이나 동일 또는 유사상표를 사용함으로써
유명상표의 식별력을 약화시키는, 즉 상표희석화를 하는 자에 대한 상표침해소

---

100) Act of May 2, 1947, ch. 307, § 7(a), 1947 Mass. Acts 300.

101) 15 U.S.C. § 1057(c).

102) 연방상표희석화법은 15 USC §1125(c)으로 입법화되어 1996.1.16. 발효되었다. 다만 희석
　　화 조항은 2006년에 개정되어 발효되었다. 해당부분에서 설명한다.

송을 허용했다.

마. 일본

일본은 1884년 선출원주의를 채택한 상표법을 제정하였다. 메이지 유신에 의하여 일본은 산업혁명을 이루어 시장경제체제로 변화를 시도했다. 산업혁명을 이루기 위해서는 특허와 상표와 같은 산업재산권 제도의 수립이 필요했다. 초대 특허청장이 되었던 타가하시 고레키요(高橋是淸)는 일본 상표제도 확립에 있어서 중심적인 역할을 하였다. 1876년과 1878년 9개조로 구성된 상표등록령이 입안되었지만 시행되지는 못했다. 입법의 실패는 이해관계가 얽힌 당사자들 때문이었다. 오사카 상공회의소는 위와 같은 입법을 찬성하였지만 동경 상공회의소는 반대하였다. 1881년 발생한 비단위조품의 수출사건은 동경상공회의소가 상표법령의 입법에 반대하던 자신들의 태도를 변경하던 계기가 되어, 오히려 상표보호법령의 입안을 촉구하게 되었다. 1881년 오사카 상공회의소는 재무대신이 수상에게 제출한 상표령의 입안을 지지하였다. 명치 17년인 1884년 일본은 24개 조문으로 된 선출원주의와 등록주의의 상표령을 제정하였다. 본령의 제정 과정에서 당시 미국의 선사용주의와 독일의 선등록주의 제도 중에서 어느 제도를 채택할 것인가에 대하여 격심한 논쟁이 있었다. 동경 상공회의소는 독일식 선등록주의를 따르는 경우에는 간상(奸商)들에 의해 상표가 선점되어 선량한 상인들이 피해를 볼 수 있다는 것을 근거로 선사용주의를 주장했지만, 오사카 상공회의소는 선등록주의를 주장한 일본 정부를 지지했다.103) 결국 일본 정부는 정부가 지지한 선등록주의를 관철하였다. 상표등록령은 지역대리인에 의하여 농상공대신에게 상표출원서를 제출하도록 하였지만, 1888년 개정으로 농상공대신에게 직접 제출하도록 하였다. 등록된 상표에 대하여 상표공보에 게재하는 공시제도가 1888년에 처음 실시되었다. 1888년에 심사관에 의한 심사, 부등록 사유의 명시, 심판제도 등이 도입되었다. 1899년에는 파리조약에 따라 령(regulation)이 아닌 법(law)에 의하여 상표법이 제정되었다. 1899년 제정된 상표법에는 결정계 심결에 대한 소의 제기, 동일인의 유사상표 이전금지와 등록원부에의 등록의무를 규정하고 있는 데, 이는 뒤에 연합상표제도가 되었다.104) 1996년 일본은 상표법을 대폭 개정하였는바,105) 한 건의 출원서에 다수의 지정상품을 지정할

---

103) 정완섭, "1996년도 개정된 일본의 상표등록제도 해설", 특허청보 제40권(1996.9), 12.
104) 정완섭(주 103), 13.
105) 일본은 1994년 5월 25일 개최된 제29회 공업소유권심의회(통상산업부 장관의 상설 자문

수 있는 다류출원제도, 상표권존속기간갱신등록에 대하여 갱신시 실체심사를 하는 '출원'제도를 폐지하고 '신청'만에 의한 등록갱신과, 존속기간만료일 전 또는 후 6월 이내에 '신청'할 수 있도록 한 상표 갱신 시의 실체심사를 폐지하고, 상표사용사실의 입증 없이 갱신의사만으로 상표등록을 갱신할 수 있는 사용사실확인 제도의 폐지, 입체상표제도의 도입과 연합상표제도의 폐지 등을 하여 국제화에 대비하였다. 그 후에도 지속적으로 상표법은 개정되었다.

(6) 우리나라

우리나라는 1908년 미국 워싱턴에서 미국과 일본 간의 "한국에서의 발명 의장 상표 및 저작권 보호에 관한 미일조약"을 체결하여 일본인의 기득권을 보호하고자 순종의 칙령으로 상표령(칙령 제198호)을 공포하여, 최초의 상표관련 법령을 마련했다. 일제강점기에는 상표령이 일본칙령에 의해서 폐지되고 일본의 상표법이 우리나라에도 적용되도록 했다. 해방 이후에는 미국 군정법령 제44호에 따라 특허원을 설치하고 미국 군정법령 제91호에 의해서 상표관련사항을 포함한 특허법을 제정하여 시행하였고, 1949년 11월 28일 법률 제71호로 대한민국 건국이후 최초의 상표법을 제정하여 공포하였다.

최초의 상표법은 미국과 같이 선사용주의에 의한 등록제도를 채택하였다. 즉 출원된 상표에 대한 권리가 경합하는 경우에는 선사용자가 우선하고, 선사용자를 확정할 수 없을 때에는 선출원자가 우선하도록 했다. 보호대상은 상표, 영업표 및 업무표장이다. 등록 시에는 심사를 하도록 했다. 상표의 양도 시에는 영업과 함께 이전하도록 하였고, 영업이 폐지된 경우에는 상표도 자동으로 소멸하도록 했다. 상표의 유효기간은 현재와 같이 10년이고, 갱신등록을 할 수 있었다. 최초의 상표법이 사용주의를 취하였지만, 1958년 상표법 개정 시에 선출원주의를 취함으로써 선사용주의는 포기되었다.

1980년에는 단체표장을 추가하고 영업표를 서어비스표로 개칭하였다. 또한 조약에 의한 우선권제도와 출원시의 특례제도를 신설했다. 1995년에는 WTO/TRIPs 협정에 따라 색채상표 제도를 도입하여 색채도 상표의 구성요소가 될 수 있도록 하였다. 1997년 개정 시에는 입체상표 제도를 도입했다.

기관) 총회에서 "최근의 국제정세에 따른 상표제도의 행방"을 당면한 심의사항으로 결정하고, 1995년 5월 18일 동위원회 산하『상표문제 검토 소위원회는 "공업소유권 심의회 상표문제 검토 소위원회 보고서"와 같은 해 12월 13일 "공업소유권심의회 상표법 등의 개정에 관한 답신(答申)"을 공표하였다. 1996년 상표법은 위 "답신(答申)"을 기반으로 법안화된 것으로서 1997.4.1.부터 시행하였다. 정완섭(주 103), 14 참조.

Ⅲ. 상표의 본질과 보호대상

1. 신용(goodwill)

신용(goodwill)은 상표보호에 있어서 핵심개념이다. 사용주의하에서 신용은 상표법 이론의 핵심이다. 물론 출원에 의한 등록주의를 취하는 우리나라 상표법에서도 신용은 상표법의 핵심이다. 상표법은 상표의 '사용'을 바탕으로 형성된 법 체계이기 때문이다.

신용이 없는 상표는 상표보호대상이 되지 못한다. 신용은 브랜드 그 자체의 신뢰성(reliability)과 좋은 품질(high quality) 등 특정한 브랜드에 관하여 소비자가 가지는 긍정적인 정보(positive information)를 나타내는 브랜드 신용(brand goodwill), 소비자들이 특정 브랜드를 좋아하는 경우, 그들이 그 특정 브랜드를 소유하는 회사에 대한 긍정적인 평가를 그 회사의 다른 제품들까지 일반화시키는 회사신용(firm goodwill)과 상표 자체에 내재되어 있는 내재적 신용(inherent good)으로 분류된다.106) 브랜드 신용이 가장 작은 개념이고 내재적 신용이 가장 큰 개념이다.

상표에 대한 재산권적 보호는 재산권의 보호대상인 신용(goodwill) 개념을 필요로 했다. 신용개념은 품질 보증기능을 바탕으로 형성되었고 재산권적 보호는 금지명령을 인정하게 되었다. 이에 반하여 커먼로상의 상표침해에 대한 구제는 출처표시 기능을 중심으로 출처표시를 허위로 표시한 경우에 사기행위를 인정하고 불법행위법에 기한 부정경쟁행위법(law of unfair competition)을 형성하였다. Partridge v. Menck 사건107)에서 법원은 타인의 상표를 모방하는 것은 소비자를 기만하고 상표사용자의 신용(goodwill)을 약탈(pirate)하는 것이라고 하여 피고의 소비자 기만과 원고가 축적한 신용(goodwill)의 약탈은 금지되어야 한다고 하였다.

상표의 출처표시기능은, 상표권자가 당해 상표에 갖는 영업상의 신용(goodwill)과 관련되게 되었다. 거래가 지속되는 경우에 그 거래되는 상품의 상표에 대하여 고객이 호의적인 반응을 보이게 되는데, 이 경우 상표권자는 그 상표에 대하여 소비자의 신용이라는 일정한 가치를 인정받게 된다. 상인에게 상표의

---

106) Robert G. Bone, Hunting Goodwill: A History Of The Concept Of Goodwill In Trademark Law 86 B. U. L. Rev. 547, 551 (June. 2006).
107) Partridge v. Menck, 5 N.Y. Leg. Obs. 94 (N.Y. Ch. 1847).

궁극적인 목적은 자신의 상표를 통하여 소비자의 주의를 환기시켜 자신의 상품을 구입하도록 하는 것이다. 즉, 제조업자와 상인의 고객흡입력을 상표를 통하여 높이는 것이다.108) Prestonettes, Inc. v. Coty 사건109)에서 미국 연방대법원의 Holmes 대법관은 상표는 상표를 채택했다는 것만이 아니라 사용을 통하여 보호받을 가치가 발생하게 되고 상표는 절대적 권리가 아니라, 단지 상표의 사용에 의하여 형성되는 신용(goodwill)을 보호하여 소비자의 혼동을 방지하기 위한 것이라고 하였다. 상표는 표장이나 단어 그 자체를 보호하는 것은 아니다. 즉 상표는 상품의 출처뿐만 아니라 상표에 의하여 형성된 신용(goodwill)에 대한 소비자의 혼동을 방지하기 위한 것이라는 점을 인정하고 있다. 소비자와 지속적인 거래는 상표로 하여금 저절로 그 상표가 지니는 힘과 영향력을 가지도록 한다. 이러한 영향력은 소비자로 하여금 특정의 상표를 다른 상표와 구분하도록 하고, 소비자의 반복적인 구매를 가능하게 한다.110)

1860년 이전에는 상품거래가 지역적인 기반을 배경으로 하고 있었기 때문에 신용도 특정인이나 특정한 거래에 형성되었다.111) 그러나 1860년부터 1920년 사이에 상거래는 전국적인 광고와 상품거래가 가능했던 우편판매를 기반으로 매우 확장되었고, 이러한 거래는 상표에 더욱 의존하게 되었다.112) 또한 1920년대부터 1940년대까지 광고기법의 비약적인 발전으로 인하여 기업들은 광고에 의하여 회사의 신용을 형성하고 조절할 수 있었다. 인터넷을 통한 상거래가 활성화된 최근에는 더욱 더 상표에 의존할 수밖에 없게 되었다.

1980년대 이후에도 지속적으로 상표보호는 강화되었고 상표보호의 기반은 신용(goodwill)에 의존하고 있다. 희석화 이론이나 구입 전 혼동(pre-purchase confusion), 구입 후 혼동(post-purchase confusion) 모두 신용침해를 기반으로 하고 있다.113)

---

108) 신용은 상표에 대한 소비자의 인식과 그 상표의 고객흡입력을 나타내는 용어로 "고객의 호의적인 태도와 후원관계"라고 정의된다. 윤선희, 상표법, 법문사(2007), 161.

109) Prestonettes, Inc. v. Coty, 264 U.S. 359 (1924). Restatement (Third) of Unfair Competition § 14, cmt. a (1995).

110) Grover C. Grismore, The Assignment of Trade Marks and Trade Names, 30 Mich. L. Rev. 489, 492 (1931-1932).

111) Robert G. Bone, Hunting Goodwill: A History Of The Concept Of Goodwill In Trademark Law 86 B. U. L. Rev. 547, 575-76 (June. 2006).

112) Pamela Walker Laird, Advertising Progress: American Business and the Rise of Consumer Marketing, 27-29 (1998).

113) Robert G. Bone, Hunting Goodwill: A History Of The Concept Of Goodwill In Trademark Law 86 B. U. L. Rev. 547, 603-04. 우리나라에서 사후적 혼동을 인정한 판결로는 대법원 2012. 12. 13. 선고 2011도6797판결.(다만 본 판결은 부정경쟁행위에 관한 판결이다.).

　　상표법은 상품과의 관계가 단절된 단어나 표장 자체를 보호하는 것이 아니
므로 표장 그 자체를 재산권으로 인정할 수 없었다.114) 또한 초기에 금지명령은
직접적이고 경쟁적인 사용을 금하는 제한된 지역에 대한 것이었기 때문에 재산
권의 절대성이나 배타성과 일치하지 않았다.115) 그리하여 표장(marks)은 하나의
도구이고116) 상표권의 목적은 표장(marks)이 지닌 신용(goodwill)이라고 이해하게
되었다.117) 따라서 상표보호에 있어서 신용과 표장은 분리할 수 없는 관계이다.
20세기에는 상표권의 목적은 신용(goodwill)의 보호라고 보는 것이 일반적인 법
리로 수용되었다.118)

　　상표법 형성 초기에는 상표나 자산의 이전과 동시에 그 상표나 자산에 관
련하여 발생한 신용(goodwill)도 함께 이전하여야 했다. 상표를 신용과 분리하여
양도할 수 있다면 원래 양수한 상표가 사용되던 상품의 품질과 동일한 상품에
양수한 상표를 사용하지 않는 경우에는 상표의 양도 전후의 상품의 품질에 대
한 소비자의 혼동이 발생하기 때문이다.119) 신용(goodwill)법리 형성 초기에는 신
용(goodwill)이란 유체물에 종속(appurtenant)된 것을 의미했으므로 유체물의 양도
나 이전 없이 신용만의 양도는 불가능하였다.120) 그러나 신용(goodwill)은 유체물

---

114) Trade-Mark Cases, 100 U.S. 82, 94 (1879).
115) Kidd v. Johnson, 100 U.S. 617, 619 (1879).
116) Rosenberg Bros. & Co. v. Elliott, 7 F.2d 962, 965 (3d Cir. 1925). 상표는 순전히 신용
　　 (good will)을 보호하는 것으로 취급된다. 그리고 상표는 존재하는 사업과 관련 없이 재산
　　 권의 대상이 아니다.: Hilson Co. v. Foster, 80 F. 896, 897 (S.D.N.Y. 1897). 제조업자의 상
　　 품이 현명하고 지속적인 광고로 유명하게 된다면, 신용(goodwill)은 보호받을 자격이 주어
　　 진다.
117) Hanover Star Milling Co. v. Metcalf, 240 U.S. 403, 413 (1916).
118) James L. Hopkins, Law of Unfair Trade 26 (1900, 1997, reprinted ed.). 상표의 기능은 특정
　　 한 거래자의 제품으로서 상품을 지정하기 위한 것이고, 그의 신용을 보호하기 위한 것이다.
119) PepsiCo, Inc. v. Grapette Co., 416 F.2d 285, 287-88 (8th Cir. 1969). 상표양도의 원칙에
　　 내재되어 있는 것은 소비자기만의 보호를 인정하는 것이다. ; Glow Indus. v. Lopez, 273
　　 F. Supp. 2d 1095, 1107 (C.D. Cal. 2003). 소비자 혼동이나 기만을 피하기 위하여, 신용은
　　 표장에 의하여 상징화되는 제품 또는 서비스업의 연속성을 유지하기 위하여 상표양도에
　　 수반되어야 한다.
120) 블랙스톤의 절대적 재산법론은 예외가 있었지만 기본적으로는 19세기 초까지 유지되었
　　 다. 블랙스톤은 재산권이란 외부의 물체에 대하여 절대적인 지배권("that sole and despotic
　　 dominion which one man claims and exercises over the external things of the world, in total
　　 exclusion of the right of any other individual in the universe")이라고 하였다. 커먼로는 제
　　 한적인 재산권을 인정하여 블랙스톤의 견해와 달랐는데, 블랙스톤은 재산권이 유체물에
　　 관련된 경우에 본질적 한계{예컨대 ferae naturae (Of a wild nature)}가 있다고 하여 커먼
　　 로상의 제한적 재산권을 설명하였다. Blackstone에 관해서는 Robert D. Stacey, Sir William
　　 Blackstone and the Common Law (2000) 참조.

에 종속한다는 개념은 Metropolitan National Bank of New York v. St. Louis Dispatch Co. 사건121)에서 변경이 되었다.122) 위 사건에서는 미조리주 세인트 루이스(St. Louis)에 소재한 두 신문사가 합병을 하였는데 소멸한 회사의 신용(goodwill)이 새로운 회사에 이전될 수 있는가가 문제가 되었다. 미국 연방대법원은 신용(goodwill)은 유체물에 종속하는 것이 아니어서 영업장소(place of business)가 아닌 상호(trade name)에 있으므로 합병으로 소멸된 신문사의 신용(goodwill)이 새로운 회사에 이전된다고 하였다. 이 사건에 의하여 신용(goodwill)은 무체물인 상호에 종속된다는 것을 인정하게 되었고, 무체물인 상표(trademarks)나 상호(trade name) 등에 발생할 수 있게 되었다. 그 후 Washburn v. National Wallpaper Co. 사건123)에서도 법원은 신용(goodwill)은 유체물에 종속된 것이 아니므로 영업장소를 이전하더라도 새로운 영업장소에 신용(goodwill)이 이전될 수 있다고 했다.124) 초기에 신용은 유형의 자산에 부착된 것으로 이해했으나125) 점차 무형의 자산인 상표에도 부착되는 것으로 이해하였다.126)

다만 상표권의 이전은 허용되지 않았다. 상표권의 이전은 상품의 출처를 변동시키는 것이므로 특정한 상표에 발생한 소비자의 신용에 대한 혼동이 발생하기 때문이다. 그러나 점차 상표를 이전하더라도 신용이 유지될 수 있고 소비자에게는 혼동이 발생하지 않는다면 양도가 허용될 수 있다는 법리가 형성되었다.127) 즉 신용과 함께 표장이 양도된다면 그 표장을 누가 사용하든 종전과 동일한 품질을 표시다고 생각하는 합리적인 소비자를 혼동으로부터 방지할 수 있기 때문이다.128) 따라서 상표권의 이전은 상표권에 부속된 신용(goodwill)의 이전

---

121) Metropolitan National Bank of New York v. St. Louis Dispatch Co., 149 U.S. 436 (1893).
122) 가치에 대하여 독립하여 재산권을 인정한 것은 Wetherbee v. Green, 22 Mich. 311 (1871) 사건이다.
123) Washburn v. National Wallpaper Co, 81 F. 17 (2nd Cir. 1897).
124) Brett v. Ebel, 29 A.D. 256, 258-59 (N.Y. App. Div. 1898). 재산권은 물리적인 것이 아닌 신용 속에 존재한다.
125) American Steel Foundries v. Robertson, 269 U.S 372 (1926); Pepsi Co, Inc. v. Grapette Co., 416 F.2d 285 (8th Cir. 1969). {Peppy라는 상표를 이전하면서 이에 대한 자산(asset)을 동시에 이전하지 않는 경우에는 무효라고 한다.}
126) Restatement도 전통적으로 신용(goodwill)은 물리적인 재산에 종속하는 것이었지만, 현재는 물리적인 재산으로 분리되어 양도된다는 점을 인정하고 있다. Restatement (third) of Unfair Competition § 34 comment (b).
127) Money Store v. Harriscorp Fin., Inc., 689 F.2d 666, 678 (7th Cir. 1982). {양수인이 양도인의 서비스업과 전혀 다른 서비스업(different service)을 제공하지 않는다면, 서비스표 양도는 유효하다.}
128) Marshak v. Green, 746 F.2d 927, 929 (2d Cir. 1984). (상표는 신용의 상징이므로 상표는

과 함께 하여야 한다. 신용(goodwill)과 함께 이전하지 않는 상표의 양도는 유효
하지 않다. 상표는 신용과 함께 존재하는 것이기 때문이다.[129] 랜햄법도 상표양
도시에 신용도 양도될 것을 요구하고 있다.[130] 또한 이러한 법리는 상표의 사용
권 설정에도 반영되어 있다. 상표의 양도와 같이 상표 사용권 설정은 상품의 출
처변동으로 인하여 신용에 대한 소비자의 혼동이 발생한다는 이유로 허용되지
않았다. 그러나 사용권을 설정하여 사용권자가 상품을 생산하더라도 동일한 상
품의 품질이 유지된다면 신용(goodwill)에 대한 소비자의 신뢰를 보호할 수 있다
는 법리하에서 신용의 유지조건으로 라이센스가 허용된다. 우리나라 상표법은
"상표권의 이전으로 유사한 등록상표가 각각 다른 상표권자에게 속하게 되고
그 중 1인이 자기의 등록상표의 지정상품과 동일·유사한 상품에 부정경쟁을 목
적으로 자기의 등록상표를 사용함으로써 수요자에게 상품의 품질을 오인하거나
타인의 업무와 관련된 상품과 혼동을 불러 일으키게 한 경우"에는 상표취소사
유로 하고 있다.[131] 본 조항은 상표의 이전시에 상품의 품질이 유지되도록 하여
이전되는 상표에 부착되어 있는 신용이 유지되도록 요구한 조항이다.

　　상표의 사용권설정을 하는 경우에 상표에 존재하는 신용이 유지되어야 한
다는 법리는 상표의 사용권 설정을 할 경우에 품질보증(quality control)을 하도
록 요구하고 있는 상표법 조항에도 나타나 있다.[132] 우리 상표법은 취소사유로
"전용사용권자 또는 통상사용권자가 지정상품 또는 이와 유사한 상품에 등록상
표 또는 이와 유사한 상표를 사용함으로써 수요자에게 상품의 품질을 오인하게
하거나 타인의 업무와 관련된 상품과의 혼동을 불러일으키게 한 경우. 다만, 상
표권자가 상당한 주의를 한 경우는 제외한다."라고 규정하고 있다. 품질보증
(quality control)은 상표의 사용허락의 경우에 상표소유자는 상표의 사용자(licensee)

　　상표가 상징하는 신용과 분리하여 양도될 수 없다.)
129) Marshak v. Green, 746 F.2d 927, 929 (2d Cir. 1984).　Mister Donut of Am. v. Mr.
　　　Donut, Inc., 418 F.2d 838, 842 (9th Cir. 1969). (상표만으로 권리가 형성될 수 없다는 것은
　　　확립된 원칙이다. 따라서 표장이 상징하는 사업과 분리하여 어떤 권리도 양도될 수 없다.)
130) 15 U.S.C. §1060(a)(1) "A registered mark or a mark for which an application to register
　　　has been filed shall be assignable with the good will of the business in which the mark is
　　　used,…"
131) 상표법 제119조 제1항 제2호. 다만 부정경쟁의 목적이 존재하여야 하는데, 신용유지는
　　　상표의 이전 시에 객관적으로 유지되어야 하는 요건이므로 부정경쟁의 목적이라는 주관적
　　　인 요건을 요구한 것은 상표법리에 맞지 않는다. 부정경쟁의 목적에 관계없이 상표의 이전
　　　시에 상표의 신용은 유지되어야 하기 때문이다.
132) 상표법 제119조 제1항 제2호.

의 상품의 질과 성질에 대한 충분한 통제를 하여야 하는 것을 의미한다. 상표의
사용권 허락에 의해서 상표의 사용허락을 받은 자가 상품을 생산하더라도 상품의
품질을 유지시켜 동일한 상표를 부착한 상품에 대한 신용(goodwill)을 보호하고자
한 것이다.133)

　　우리나라 최초의 상표법은 "상표는 그 등록여부를 불문하고 영업과 가치하
지 아니하면 이전할 수 없다."라고 규정하고 있었다.134) 본 조항은 최초의 상표
법이 사용주의를 취하고 있었으므로135) 그에 따라 상표에 체화된 신용(goodwill)
을 유지하기 위한 당연한 법리를 수용한 것으로 보인다.

　　파리조약은 상표의 양도 시에 신용의 이전도 수반되어야 한다는 원칙에 충
실하다. 파리조약은 "조약가맹국의 법에 따라서, 표장의 양도는 표장이 속하는
영업(business) 또는 신용(goodwill)의 이전이 동시에 발생하는 경우에만 유효하다.
그리고 그 타당성의 인정은 양도된 표장을 가지는 상품을 어느 나라에서 제조
할 수 있는 또는 팔 수 있는 독점적 권리와 함께, 같은 나라에 있는 사업 또는
신용의 부분(portion of the business or goodwill)이 양수인에게 이전되는 경우로 충
분하다."라고 규정하고 있다.136) 상표의 양도가능성은 인정하지만, 양도가 유효
하기 위해서는 그 상표의 신용이나 그 상표가 사용되는 영업이 같이 이전되어
야 한다는 것이다. 후문은 상표독립의 원칙에 따라 개별적 국가에서 상표양도를
할 수 있음을 규정하고 있다. TRIPs 협정은 "가맹국들은 상표양도의 조건을 결
정할 수 있는데, 이것은 등록상표소유자가 상표가 속하는 사업의 이전과 함께
혹은 이전 없이(with or without the transfer of the business), 그의 상표를 이전할 권
리를 가지는 것으로 이해되어진다."라고 규정하고 있다.137) 영업의 이전 없이
상표만을 이전할 수 있다고 규정하고 있는바, 이 경우에도 신용의 이전은 수반
되어야 한다.138) 왜냐하면, 신용의 이전(the transfer of goodwill)에 관하여는 언급
하고 있지 않으므로 이에 대해서는 여전히 파리협약 제6조의4(1)의 규정이 적용

---

133) Kentucky Fried Chicken Corp. v. Diversified Packaging Corp., 549 F.2d 368 (5th Cir.
　　　1977).
134) 상표법 [1949.11.28, 제정, 법률 제71호, 1949.11.28, 시행] 제16조 제1항.
135) 상표법 [1949.11.28, 제정, 법률 제71호, 1949.11.28, 시행] 제3조 참조.
136) 파리조약 제6조(Article 6).
137) TRIPs협정 제21조.
138) 상표법조약 제11조 제4항 제4호는 "권리자가 영업 또는 관련신용의 전부 또는 일부를
　　　신권리자에게 양도한 취지의 표시 및 그 증거의 제출"을 요구할 수 없도록 규정하고 있지
　　　만, 상표법 조약이 절차통일화에 관한 조약이므로 상표실체법상의 원칙을 변경하였다고
　　　할 수는 없다.

되기 때문이다.139)

　　우리 대법원도 상표의 사용이 없는 경우에 손해배상도 부인한다. 이 사건은
서울 중구 신당동 소재 광희시장에서 의류판매업에 종사하는 피고가 2001. 8.경
부터 2001. 11. 20.까지 사이에 일본인인 원고가 의류 등을 지정상품으로 하여
우리나라와 일본 특허청에 각 등록한 상표인 "X-GIRL"에 대한 정당한 사용권
한 없이 이를 위조한 상표가 부착된 티셔츠 등 의류를 일본 보따리상들에게 판
매하였다. 원고는 피고의 판매행위 기간 동안 일본 내에서는 위 상표를 부착한
제품을 생산·판매하여 왔지만 대한민국 내에서는 그 생산·판매 등 영업활동을
하지 않았다. 원고는 피고가 일본의 보따리상에게 자신의 상표가 부착된 상품을
판매한다는 사실을 알고 우리나라에서 위조상품의 출처를 조사하는 등 단속활
동을 하였다. 원심법원은 피고가 침해물품의 판매행위를 하는 동안 상표권자인
원고가 대한민국 내에서 상표를 사용하여 제품을 생산·판매하는 등의 영업활동
을 하지 않았으므로 그에 따른 영업상 손해도 없었다는 이유로 손해배상청구는
이유 없다고 하였다.140) 대법원은 원심판결을 지지하였다.141)

　　우리 법원은 영업활동을 하지 않았으므로 피고의 침해행위로 인하여 원고
의 상품판매의 감소, 즉 소극적 손해가 발생하지 않았다고 본 것이다. 그러나
원고의 상표사용사실이 없다는 이유로 손해배상청구를 기각한 것은 문제된 상
표는 사용사실이 없기 때문에 신용(goodwill)이 형성될 수 없고, 신용이 없으므로
결국 손해도 없다고 할 수 있다. 즉 손해는 결국 신용에 대한 손해를 의미하게
된다. 일본 최고재판소는 등록상표와 유사한 표장을 제3자가 그 제조 판매하는
상품에 상표로 사용한 경우라도 당해 상표에 고객흡인력, 즉 신용이 전혀 없고,
등록상표와 유사한 표장을 사용하는 것이 제3자의 상품매상에 기여하고 있지
않는 것이 명백한 경우에는 상표권자에게 실시료 상당의 손해발생도 없다고 판
시하였다.142)

---

139) 특허청, WTO TRIPS 협정 조문별 해설 (2004) 117.
140) 서울고법 2003. 10. 29. 선고 2002나65044 판결. 이 사건 원고는 침해행위에 대한 단속활
　　동을 하였으므로 상표를 사용한 것이라고 주장 하였다. 그러나 서울고법은 원고가 대한민
　　국에서 상표권을 등록하고 그 침해행위에 대한 단속활동을 벌여 왔다 해도 이를 제품의
　　생산·판매 또는 그와 유사한 내용의 영업활동에 해당하는 것으로 볼 수 없다고 했다. 상
　　표의 사용은 상품과 관련하여 판단하여야 하는데, 상표에 대한 단속을 하였다는 것만으로
　　상표를 사용한 것으로는 볼 수 없을 것이다.
141) 대법원 2004. 7. 22. 선고 2003다62910 판결.
142) 일본 최고재판소, 1997. 3. 11. 平제6年3(才) 제1102호 법정 판결('小僧초밥'사건).

신용(goodwill)은 표장이나 영업실체에 형성되는 것이므로 표장 그 자체나 영업실체와는 구분된다.[143] 신용은 상표의 사용에 의하여 형성되는 것이므로 원칙적으로 상표사용이 없어도 상표와 상품과의 관계에서 형성되는 식별력 (distinctiveness)[144]은 신용과 구별된다. 즉 식별력은 원칙적으로 상표의 선택에 의하여 선택된 상표와 그 상표가 사용될 상품과의 관계에서 발생한다.

2. 혼동 이론(confusion theory)과 희석화 이론(dilution theory)

19세기 후반과 20세기 초반까지의 대부분의 판결들은 상표권침해에 직접적인 경쟁 상품에 대한 출처혼동행위(passing off)로부터 상표를 보호하였다.[145] 그러나, 20세기가 되자 변화를 보이기 시작했다. 즉 경쟁상품이 아닌 이종상품에도 상표를 보호하고자 하는 판례들과 희석화 이론의 등장이었다. 희석화 이론에 대응하는 전통적인 혼동이론은 상표는 상품에 대한 사용에 종속(appurtenant)한다는 원칙 아래 확립되었다. 혼동은 상표가 사용되는 상품과의 관계에서 발생하고, 따라서 혼동이론에서는 상표가 사용되는 상품을 떠나서는 존재할 수 없다. 그러나 희석화 이론에서는 상품과 관련없이 상표 독자적으로(in gross) 상표에 형성된 가치(goodwill)에 대한 침해가 발생한다. 상표는 상품을 떠나서 상표 독자적으로도 보호될 수 있다고 한다.[146]

1898년 Eastman Photographic Material Co. v. John Griffith Corp. 사건[147]에

---

143) 1 J. Thomas McCarthy, McCarthy on Trademarks and Unfair Competition §2:15 (4th ed. 2004); Irene Calboli, Trademark Assignment "With Goodwill": A Concept Whose Time Has Gone. 57 Fla. L. Rev. 771, 811-812 (Sep. 2005).

144) 뒤에서 설명하는 바와 같이 식별력의 의의에 대해서는 견해가 대립되고 있다. ⅰ) 외관구성설은 표장의 식별력은 기호·문자·도형 또는 입체적 형상 등의 '표장의 명료성'을 의미한다고 보고, ⅱ) 자타상품식별설은 상표는 자타상품의 식별표지이므로 식별력은 실거래사회에서 자기의 상품과 타인의 상품을 구별하게 하는 힘이라고 보고, ⅲ) 독점적응설은 상표제도의 근본 취지에 비추어 자타상품식별력이 없거나 특정인에게 독점적 권리를 부여하는 것이 공익상으로 부당한지 여부에 의하여야 한다는 견해이다. 다수설과 판례의 주류적 태도는 자타상품식별설과 독점적응설을 절충하고 있다. 문삼섭, 상표법(제2판), 세창출판사(2004), 186-187.

145) Harold F. Baker, The Monopoly Concept of Trade-Marks and Trade-Names and "Free Ride" Theory of Unfair Competition, 17 Geo. Wash. L. Rev. 112, 112-13 (1948).

146) 희석화 이론을 정리한 F. Schechter는 혼동의 발생과 관계없이 유명상표의 독특성 (uniqueness)은 독자적인 재산으로 보호되어야 한다고 한다. Frank I. Schechter, The Rational Basis of Trademark Protection, 40 Harv. L. Rev. 813, 823 (1926-1927) 참조.

147) Eastman Photographic Material Co. v. John Griffith Corp. (Eastman Kodak Co. v. Kodak Cycle Co., 15 R.P.C. 105(Ch. D. 1898).

서 영국 법원은 자전거에 KODAK이라는 상표를 사용하더라도 소비자가 혼동을
할 것 같지는 않지만 원래의 KODAK 상표의 가치를 희석화시키는 경우에는 소
비자나 KODAK 상표의 소유자인 Eastman 회사에게 손해를 가하는 것이라고
판단하였다. 1917년 Aunt Jemima Mills Co. v. Rigney & Co. 사건148)에서 미국
의 제2연방순회법원은 밀가루 상표에 대한 "Aunt Jemima"를 시럽에 사용하는
경우에 상표침해가 발생할 수 있는 유사상품이라고 하여 비경쟁상품149) 사이에
서도 상표침해가능성을 인정하였다("Aunt Jemima doctrine").

이러한 경향은 독일에서도 발생하였다. 독일에서는 1924년 유명한 구강세
척제의 상표인 Odol에서 문제가 되었다.150) 구강세척제 Odol의 상표소유자는
철제제품에 대하여 등록된 같은 Odol 상표를 취소하고자 하였다. 법원은 Odol
을 비경쟁적 상품에 대하여 사용하는 것은 "선량한 풍속에 위반하는 것(gegen
die guten Sitten)"이라고 하였다.151) 법원은 소비자들이 Odol이라는 상표를 접하
였을 때 원고의 Odol을 연상시킬 것이고 이는 좋은 품질의 상품이라는 인식을
할 것이라는 것이다. 상표권의 확장은 주로 후원관계의 혼동(sponsorship con-
fusion), 명성에 대한 손상(reputation injury), 미래시장의 상실(foreclosure of a future
market), 희석(dilution) 그리고 부정취득(misappropriation) 개념의 도입에 의하여 이
루어졌다.

그러나 동일 상품에 대하여 소비자들은 단지 유명상표가 부착되었다는 이
유만으로 더 높은 비용을 지불할 수도 있을 뿐만 아니라 시장에 존재하는 강한
상표는 신생기업의 해당 시장진입을 어렵게 하여 경쟁을 제한할 수 있다. 이러
한 부정적인 결과는 최종적으로 상품의 소비자에게 돌아가게 되므로 상표권의
확장에 대하여 비판이 제기되어 왔다.152) 1940년대와 1950년대에 점차적으로
상표독점과 브랜드 충성도가 반경쟁적인 결과를 가져올 수 있다는 우려가 제기

---

148) Aunt Jemima Mills Co. v. Rigney & Co., 247 F. 407 (2nd Cir.1917) *cert. denied*, 245
U.S. 672, 38 S.Ct. 222, 62 L.Ed. 540 (1918).
149) 밀가루와 시럽은 대체재(경재상품)가 아닌 보완재이다.
150) Frank I. Schechter, The Rational Basis of Trademark Protection, 40 Harv. L. Rev. 813,
831-832 (1926-1927).
151) *Id.*, 831.
152) Mark A. Lemley, The Modern Lanham Act and the Death of Common Sense, 108 Yale
L. J. 1687 (1999); Robert N. Klieger, Trademark Dilution: The Whittling Away of the
Rational Basis for Trademark Protection, 58 U. Pitt. L. Rev. 789 (1997); Kenneth L. Port,
The "Unnatural" Expansion of Trademark Rights: Is a Federal Dilution Statute Necessary?
18 Seton Hall Legis. J. 43 (1994).

되고, Leaned Hand 판사와 연방대법관 Jerome Frank로 대표되는 상표의 반경쟁적 효과를 우려하는 견해들은 구체적인 경제적 손해가 발생한 경우에 상표침해에 대한 구제를 인정하고자 했다.[153] 일부의 법원과 학자들은 상표권은 상품광고에 대한 투자를 보호하는 것이 아닐 뿐만 아니라, 광고를 보호한다면 소비자의 상품선택을 왜곡할 수 있고, 결국 경쟁을 저해할 것이라고 우려했다.[154]

희석화 이론은 부정경쟁행위의 형성에 수용되었고 상표법에는 소극적으로 상표등록을 저지하는 근거로 도입되었다. 아직 상표권의 효력은 혼동이론을 바탕으로 한다. 다만 최근 대법원은 상표권의 등록과 효력에 있어서 희석화 이론에 의한 것으로 판단되는 판결을 하였다. 본 장의 마지막 부분인 "상표보호의 확대" 부분에서 살펴본다.

3. 식별력(distinctiveness)

가. 식별력의 의의

식별력은 상표가 자타상품을 구별하는 힘이다. 따라서 식별력이 없는 경우에는 자타상품을 구별할 수 없으므로 상표적격성이 없다. 식별력은 표장자체의 관념, 상품과 표장과의 관계, 표장의 사용실태와 광고 여부, 수요자와 시장에서의 표장에 대한 인식 등에 의해 상대적으로 결정된다. 상표에 식별력을 요구하는 이유는 식별력이 없는 경우에 상표에 의해서 자타상품을 구별할 수 없기 때문이고, 식별력이 없는 표장을 상표로 사용할 수 없는 이유는 그러한 표장을 사용할 수 있는 것은 자유경쟁을 위하여 경쟁자도 자유사용을 할 수 있어야 하는 만인 공유의 권리(publici juris)이기 때문이다.[155]

---

153) National Fruit Product Co. v. Dwinell-Wright Co., 47 F. Supp. 499, 506-07 (D. Mass. 1942). Robert G. Bone, Hunting Goodwill: A History Of The Concept Of Goodwill In Trademark Law 86 B. U. L. Rev. 547, 599 (June. 2006).

154) S.C. Johnson & Son, Inc. v. Johnson, 116 F.2d 427, 429 (2d Cir. 1940). Smith v. Chanel, Inc. 402 F.2d 562, 567 (9th Cir. 1968). "To the extent that advertising of this type succeeds, it is suggested, the trademark is endowed with sales appeal independent of the quality or price of the product to which it is attached; economically irrational elements are introduced into consumer choices; and the trademark owner is insulated from the normal pressures of price and quality competition. In consequence the competitive system fails to perform its function of allocating available resources efficiently." Id.

155) 우리 대법원도 우리은행사건에서 ""등록서비스표 **우리은행**"의 등록을 허용한다면 '우리'라는 단어에 대한 일반인의 자유로운 사용을 방해함으로써 사회 일반의 공익을 해하여 공공의 질서를 위반하고…"라고 하여 같은 취지의 판시를 하고 있다(대법원 2009. 5. 28. 선고 2007후3301 판결). 다만 이 사건에서 법원은 원래의 주된 의미(original/primary

상표법상 식별력은 법적 보호를 부여하는 것이므로 규범적인 의미이다. 법적 의미의 식별력과 구별되는 것이 사실상의 식별력이다. 사실상의 식별력(de facto distinctiveness)은 상표법상의 보호대상이 아니다.

나. 식별력의 본질에 관한 학설

앞서 각주에서 언급한 바와 같이 식별력의 본질에 관하여 상표를 구성하는 표장의 외관구성의 명료성이라는 외관구성설, 상표라는 독점을 허용할 수 있는지 여부라는 독점적응성설 그리고 상품을 구별시켜주는 자타상품식별력설이 존재한다.

외관구성설(外觀構成說)은 상표는 상품을 표창함을 목적으로 하므로 상표를 구성하고 있는 문자와 도형 자체가 거래상 일반수요자의 주의를 불러일으키고, 다른 상인의 상표와 오인, 혼동을 피할 수 있을 정도로 외관상 명료한 상표가 상표로서 적격이 있다고 한다. 따라서 상표를 구성하고 있는 문자·도형이 그 자체가 수요자의 주의를 불러일으킬 만큼 특별하고 현저한 것이어야 하며, 식별력의 본질은 상표자체가 갖는 외관의 명료성이라고 한다. 결국 상표의 정보전달을 감각적으로 인식할 수 있는지 여부가 식별력의 본질이라고 하는 견해라 할 수 있다. 예컨대 상표법 제33조 제1항 제6호에 규정된 "간단하고 흔히 있는 표장"은 그 외관구성이 식별력이 있을 만한 특징적 요소가 없다는 이유에 의하여 자타상품을 식별할 수 있는 능력을 부정한다고 볼 수 있다. 대법원이

> 이 사건 출원서비스표(1996. 5. 14. 출원, 출원번호 제5186호, 이하 '본원서비스표'라고 한다)는 두터운 붓으로 굵게 그린 듯한 불연속적인 둥근 테두리 모양으로 다소 도형화한 점은 있으나 우리나라의 특유한 문자 문화에 비추어 볼 때 일반 수요자나 거래자들에게는 전체적으로 보아 단순히 붓글씨로 쓴 한글 자음의 'ㅇ(이응)'으로 인식될 뿐이고, '혁신을 위한 부단한 노력과 첨단기술의 총아'라는 원고 회사의 기업이미지가 직감되는 것으로는 보여지지 아니하여 누구의 업무에 관련된 서비스인지 식별하기 어려운 표장이라 할 것이고,…

라고 한 원심판결156)을 지지한 것157)은 외관구성설의 입장에서 판시한 것으로

---

    meaning)와 이차적 의미(secondary meaning)를 구분하지 못하는 잘못을 범하고 있다.

156) 특허법원 1999. 5. 20. 선고 98허9376 판결.
157) 대법원 1999. 9. 17. 선고 99후1645 판결.

볼 수 있다.

자타상품식별력설(自他商品識別力說)에 따르면 상표는 자타상품의 식별표지이므로 식별력이란 실거래사회에서 자기의 상품과 타인의 상품을 구분할 수 있게 하는 능력이라고 한다. 즉 상표의 본질은 거래상의 자타상품을 식별하도록 하는 것에 있으므로 상표의 식별력은 상표의 외관 자체보다는 해당 상표가 거래상 특정 출처를 표시할 수 있는지에 있다고 한다. 결국 상표의 외관 구성이 불명료하더라도 상표의 사용에 의하여 식별력을 획득한 경우에는 사용에 의한 식별력의 취득이 인정되어 상표등록을 허용한다. 일반명칭이나 관용명칭의 경우에는 식별력이 발생하지 않기 때문에 상표로서 부적당하다. 기술적 명칭의 경우나 외관 구성상 식별력이 없는 경우에도 오랫동안 사용에 의하여 자타상품을 구별할 수 있는 식별력이 발생하면 상표등록을 할 수 있는 경우가 발생한다. 특허법원이 **K2** 상표는 간단하고 흔히 있는 표장 또는 현저한 지리적 표시이어서 식별력이 없는 상표라는 취지를 바탕으로 사용에 의하여 식별력을 취득하였다고 인정하기에 부족하다는 취지의 판시를 한 사건[158]의 상고심에서 대법원은

> 원고 회사는 "K2"와 동일성이 인정되는 상표들을 장기간에 걸쳐 사용하였을 뿐만 아니라 2002년경부터 이 사건 등록상표의 등록결정일까지 '**K2**' 상표를 3년 6개월간 계속적·중점적으로 사용함으로써 이 사건 등록상표의 등록결정일인 2004. 10. 16. 무렵 등산화, 안전화 및 기타 등산용품에 관한 거래자 및 수요자의 대다수에게 '**K2**' 상표는 원고 회사의 상표로 인식되기에 이르렀다고 할 것이어서, 사용에 의한 식별력을 취득하였다고 할 것이다.

라고 판시[159]하였다. 이와 같은 판결은 간단하고 흔히 있는 표장으로서 그 외관 구성이 식별력이 없더라도 사용에 의하여 자타상품에 대한 식별력이 발생하였는지에 따라 상표등록을 허용한 것으로서 자타상품식별력설의 입장에 의한 것이라고 할 수 있다.

독점적응성설(獨占適應性說)은 특정인에게 독점적 권리를 부여하는 것이 공

---

158) 특허법원 2006. 7. 7. 선고 2005허9930 판결.
159) 대법원 2008. 9. 25. 선고 2006후2288 판결. 같은 취지 대법원 2014. 3. 20. 선고 2011후
    3698 전원합의체 판결(뉴발란스 사건), 대법원 2006. 5. 25. 선고 2006도577 판결 등.

익상 부당하지 아니한 상표가 등록적격을 갖는다는 견해로서 해당 상표를 특정인에게 독점시키는 것이 상표제도의 취지에 비추어 타당한 것인가 여부에 따라 결정하여야 하여야 한다고 한다. 즉 식별력을 독점할 수 있는지 여부는 공익상 결정되는 것이므로 상표의 등록적격성도 해당 표장에 대한 독점을 허용할 수 있는지에 의하여 결정된다고 한다. 대법원이

> [상표법] 제6조 제1항 제3호는 '상품의 산지, 품질, 원재료, 효능, 용도, 수량, 형상, 가격, 생산방법, 가공방법, 사용방법 또는 시기를 보통으로 표시하는 방법으로 표시한 표장만으로 된 상표는 상표등록을 받을 수 없다'라고 규정하고 있는바, 위 규정의 취지는 그와 같은 기술적(記述的) 표장은 통상 상품의 유통과정에서 필요한 표시이므로 누구라도 이를 사용할 필요가 있고, 또한 그 사용을 원하기 때문에 이를 특정인에게 독점·배타적으로 사용하게 할 수 없다는 공익상의 요청과 이와 같은 상표를 허용할 경우에는 타인의 동종상품과의 관계에서 식별이 어렵다는 점에 그 이유가 있다

고 판시[160]하여, 독점적응성설에 의하여 경쟁자의 사용의 필요성과 이에 의한 공익상의 입장에서 식별력을 이해하였다. 다만, 마지막 부분에 언급한 식별이 어렵다고 한 것은 자타상품식별력설에 근거한 것이다.

식별력의 본질적인 의미는 자타상품을 식별할 수 있는 능력을 의미한다. 외관구성설은 식별력의 본질적인 의미보다는 시각적인 표장에서 식별력을 구성하는 것을 말하는 것이다. 즉 식별력은 표장의 외관을 구성하는 것에서 식별력이 발생한다는 것으로서, 식별력의 본질에 대한 것은 아니라고 할 수 있다. 즉 오인, 혼동을 피할 수 있을 정도로 외관상 명료한 상표가 자타상품을 구별하는 식별력을 발생시킨다는 의미로 이해할 수 있다. 그리고 독점적응성설은 식별력의 본질을 말하는 것이 아니라 희소한 자원이나 공중에게 유보되어 있는 자원, 즉 공중의 영역(the public domain)에 있는 자원은 상표권을 인정할 수 없다는 것을 의미한다. 왜냐하면 그러한 자원을 독점하면 공중이 사용할 자원이 남아 있지 않기 때문이다. 예컨대, 일반명칭이나 기술명칭, 희소한 자원 등은 특정인이 독점하면, 공중이 사용할 것이 남아있지 않기 때문에 독점에 친하지 않다는 의미로 이해할 수 있다. 예컨대 미국 법원은

---

160) 대법원 2000. 2. 22. 선고, 99후2440 판결. 대법원 2004. 8. 16. 선고 2002후1140 판결 등. 독점부적응성설은 John Locke의 철학을 바탕으로 한다.

　　자신의 생각, 느낌 및 진실을 전달하는 데 있어서 영어 단어, 그리고 아라비아 숫자 등과 같은 알파벳은 사람에게 그의 육체가 즐기는 데 있어서 공기, 빛 그리고 물과 같은 것이다. 누구도 그로부터 그것들을 박탈할 수 없다. 그것들은 인간들 모두가 권리에 대한 동등한 지분과 지위를 가지는 공유물이다. 이와 같은 분수에서 누구든지 마실 수 있지만 어느 누구도 배타적인 권리를 가질 수 없다.[161]

　　라고 하여 기술적 명칭에 대하여 상표로서 인정하지 않는 것은 표현의 자유를 보장하기 위한 것으로서 인류의 공통자산이므로 어느 누구도 사용가능하지만 배타적인 권리를 가질 수는 없다고 하고 있다. 이는 독점부적응성설과 같은 맥락으로 희소자원은 만인의 공유재산으로서 특정인에게 독점을 시키면 공중에게 해가 된다는 것을 강조한 견해로 식별력의 본질보다는 상표의 사유화, 즉 독점의 정당성에 관한 이론이라고 할 수 있다. 그렇다면, 식별력의 본질은 자타상품을 식별하는 능력으로 이해할 수 있다. 다만, 식별력은 자타상품을 식별할 수 있는 능력이지만 최종적으로 식별력을 인정하거나 식별력이 발생하는 것은 여러 요소에 의하여 결정된다고 할 수 있다. 상표를 구성하는 표장은 인간의 감각을 통해서 인식되므로 식별력은 표장의 외관구성의 특징적 요소를 무시할 수 없다. 따라서 외관구성은 식별력을 발생시키는 데 매우 중요한 역할을 한다. 뿐만 아니라 상표로 선택된 표장을 식별할 수 있는지 여부와 이를 특정인에게 독점을 허용할 수 있는 정당성이 있는지 여부를 모두 고려하여야 한다. 희소한 자원에 대하여 독점을 허용한다면 공중이 사용할 자원이 남지 않기 때문이다. 따라서 각 학설에서 주장하는 요소 모두를 고려하여 식별력을 인정할 것인지 판단하여야 한다.[162]

---

161) Avery & Sons v. Meikle & Co., 81 Ky. 73, 90 (1883).
　　The alphabet, English vocabulary, and Arabic numerals, are to man, in conveying his thoughts, feelings, and the truth, what air, light, and water are to him in the enjoyment of his physical being. Neither can be taken from him. They are the common property of mankind, in which all have an equal share and character of interest. From these fountains whosoever will may drink, but an exclusive right to do so cannot be acquired by any.

162) 우리나라에서는 대체로 자타상품식별력설과 독점적응성설을 고려하여 이해하여야 한다는 입장을 보이고 있다. 강동세, 사용에 의한 식별력을 취득한 상표의 효력, 법조(2007. 6.), 111; 문삼섭(주 144), 185-186 등. 그러나 이와 같은 견해는 위 세 가지 학설이 한편으로 식별력의 본질에 관한 것이 아니라는 점을 고려하면, 수긍이 되는 점이 있다. 다만, 세 가지 학설의 본질적인 문제는 검토하여 판단하여야 할 것이다.

다. 식별력과 상표 분류

상표를 그 상표가 사용되는 상품과의 본질적인 관계에서 발생하는 식별력에 의하여 일반/관용명칭표장(generic marks), 기술적 표장(descriptive marks), 암시표장(suggestive marks), 임의선택표장(arbitrary marks), 창작/조어표장(fanciful/coined marks)으로 나누는 경우에 일반/관용표장, 기술적 표장은 본질적인 식별력이 없고, 암시표장, 임의선택표장, 창작/조어표장은 본질적인 식별력이 있다고 한다.

일반/관용명칭표장은 그 상품의 일반명칭과 관용명칭을 상표로 사용하는 것을 말한다. 예컨대, 사과가 상품인 경우에 사과의 일반명칭인 사과를 상표로 사용하는 것이다. 관용명칭은 해당 상품에 대하여 상거래에서 관용적으로 사용하는 경우를 말한다. 영미법에서는 보통 일반명칭에 관용명칭을 포함시킨다. 우리나라에서는 상표가 일반명칭화된 경우(genericism)에 관용명칭이라고 하거나, 해당 업계에서 그 상품에 보통으로 통용되는 명칭을 상표로 한 것을 말한다. 예컨대, 정종(쌀로 빚은 술)과 같이 특정상품의 상표이었다가, 일반명칭화된 경우나, 스낵종류의 과자에 사용하는 '깡'[163]과 같은 것을 관용명칭이라고 한다. 우리법상 일반명칭과 관용명칭은 사실상 동일하게 취급한다.

기술적 표장은 그 상품에 대한 기술(descript)을 하는 것으로 해당 상품의 산지·품질·원재료·효능·용도·수량·포장의 형상을 포함한 형상·가격·생산방법·가공방법·사용방법 또는 시기를 사용한 상표를 의미한다. 암시표장은 표장이 직접적으로 해당 상품을 직접적으로 기술하는 것이 아니라 간접적으로 연관/연상관계에 있는 것을 말한다. 임의선택상표는 상품 컴퓨터에 상표로서 사과(apple)와 같이 일반명칭을 그 명칭과 직간접적이나 연상관계가 없는 상품에 사용하는 것을 말한다. 창작/조어상표는 기존에 존재하지 않는 표장을 창작하거나 조어(造語)하는 경우를 말한다. 대표적으로는 카메라 상표에 사용하였던 KODAK, 콜라에 PEPSI 등이 있다. 즉, 사전에 존재하지 않았던 단어를 창작한 경우이다. 창작/조어상표는 새롭게 만들어진 것이므로 그 언어가 가지는 본질적인 의미(original/primary meaning)가 없는 경우를 말한다. 우리나라에서는 표의문자인 한자뿐만 아니라 한글을 사용한다는 언어의 특이성으로 인하여 외국에서의 창작/조어상표의 법리가 그대로 통용된다고 할 수는 없다. 왜냐하면 한자에서 온 한글은 글자마다 의미를 가지고 있기 때문에 영어의 창작/조어와는 다르

---

163) '깡'이 관용명칭이라는 점에 대해서는 대법원 1992. 5. 12. 선고 88후974, 88후981, 88후998 판결 참조.

기 때문이다. 우리 법에서의 창작/조어상표 여부의 기준은 창작/조어된 상표의 의미가 존재하는지 여부라고 할 수 있다.[164]

　　이와 같은 분류에 따르면 일반/관용명칭표장은 식별력이 없고, 기술적 표장, 암시표장, 임의선택표장, 창작/조어표장의 순으로 식별력이 높다. 일반명칭과 관용명칭은 이차적 의미가 발생하였다고 하더라도 상표등록을 허용하지 않는다. 다만 상표가 일반명칭화되었다가 다시 상표성을 회복하는 경우는 있을 수 있다.[165] 기술적 표장은 상품에 대해서 기술적(descriptive)으로 사용되어야 하기 때문에 특정인이 독점할 수 있는 상표가 될 수 없다. 다만, 어떤 상품의 출처를 특정하는 이차적 의미(secondary meaning)가 발생한 경우에는 그 이차적 의미를 독점할 수 있다. 즉 상표등록을 할 수 있다.[166] 그러나 독점을 하는 것은 이차적 의미에 한정되고 주된 의미(primary meaning)는 기술적인 의미이기 때문에 여전히 공중의 사용에 유보(the public domain)되어 있다. 암시표장의 경우에는 본질적인 식별력이 있으므로 곧바로 상표로 등록할 수 있다. 암시표장과 임의선택표장, 창작/조어표장은 본질적인 식별력이 있으므로 상표적격성이 발생한다. 본질적으로 식별력 있는 상표를 "Technical Trademarks"라고 하고, 일반명칭표장이나 기술적 명칭처럼 본질적으로 식별력이 없는 상표를 "Non-Technical Trademarks"라고 한다.

　　i) 일반/관용명칭표장(generic marks), ii) 기술적 표장(descriptive marks), iii) 암시표장(suggestive marks), iv) 임의선택표장(arbitrary marks), v) 창작/조어표장(fanciful/coined marks)으로 분류하는 방식은 미국의 제2순회법원이 Abercrombie & Fitch Co. v. Hunting World, Inc. 사건에서 적용한 방식이다.[167] 본 분류방식

---

164) 대법원 2005. 10. 28. 선고 2004후271 판결("일인칭 대명사 '나'와 부사 '홀로'를 합성하여 만든 조어로서 국어사전에도 수록되지 아니한 단어라 할지라도 위 각 구성단어가 합쳐져 본래의 의미를 잃어버리고 새로운 관념을 형성한다고는 보이지 아니하므로 일반 수요자나 거래자들은 이 사건 등록서비스표를 '자기 혼자서' 또는 '나 혼자서' 나아가 '나 혼자의 힘으로'라는 의미로 관념할 것…).

165) 상표이었다가 일반명칭화된 상표가 상표성을 회복한 상표는 재봉틀 상표인 SINGER와 고무제품상표인 GOODYEAR를 들 수 있다. McCarthy, 2 McCarthy on Trademarks and Unfair Competition § 12:31 , 12-126~127. Marc C. Levy, From Genericism to Trademark Significance: Deconstructing the De Facto Secondary Meaning Doctrine, 95 Trademark Rptr 1197, 1206 (2005) 참고.

166) 상표법 제33조 제2항.

167) 본 분류는 Abercrombie & Fitch Co. v. Hunting World, Inc., 537 F. 2d 4, 9 (2nd. Cir. 1976) 사건에서 확립된 분류방식으로 많은 법원과 학자들의 지지를 받았었다. Abercrombie Test라고 한다. 원래 Abercrombie Test는 식별력에 따라 i) 일반/관용명칭표장(generic marks), ii) 기술적 표장(descriptive marks), iii) 암시표장(suggestive marks), iv) 임의선택표장(arbitrary marks), 창작/조어표장(fanciful/coined marks)으로 나누었다.

은 많이 통용되기는 하지만 미국에서도 통일된 방식은 아니다.[168] 제1, 5, 9 및 10순회법원에서 이 방식을 따르고 있다.[169] 제2순회법원과 더불어 지적재산권 분야에서 리더역할을 하고 있고, 보수적인 판결을 주도하는 제7순회법원의 경우에는 i) 일반/관용명칭표장(generic marks/common descriptive marks), ii) 기술적 표장(merely descriptive marks), iii) 암시표장(suggestive marks), iv) 임의선택표장(arbitrary marks) 및 창작/조어표장(fanciful/coined marks)으로 분류하고 있다.[170] 제11순회법원의 경우에는 i) 일반/관용명칭표장(generic marks) 및 기술적 표장(descriptive marks), ii) 암시표장(suggestive marks), iii) 임의선택표장(arbitrary marks) 및 iv) 창작/조어표장(fanciful/coined marks)으로 분류하고 있다.[171]

　　상표의 식별력은 원칙적으로 상표의 선택에 의하여 발생한다고 함은 앞서 언급하였다. 상품에 대한 상표의 선택에 의하여 발생한 식별력을 본질적 식별력(inherent distinctiveness)이라고 한다. 물론 예외적으로 식별력이 없더라도 식별력은 상표의 사용에 의하여 발생하기도 한다.[172] 사용에 의하여 발생하는 식별력을 사용에 의한 식별력 또는 후천적 식별력(acquired distinctiveness)이라고 한다. 현행 우리 상표법 제33조 제1항은 본질적인 식별력이 없는 상표에 대해서만 상표등록부적격 사유로 규정하고 있다. 다만 해당상품에 대한 기술적 명칭은 본질적인 식별력은 없으나, 이차적 의미가 발생한 경우에는 상표로 등록할 수 있다. 해당 상품의 기술적 명칭으로 된 상표 이외에도 우리 상표법 제33조 제2항에 적용되는 동조 제4항 내지 제6항의 상표들도 후천적인 식별력을 취득하면 상표등록을 할 수 있다. 종전 우리 상표법 제33조 제2항에 규정된 특별현저성은 이차적 의미의 다른 표현이고, 특별현저성이 발생한 기술적 표장은 상표등록을 할 수 있도록 규정하고 있고 있었으나, 2014년 상표법의 개정에 의하여 "상표등록

---

168) 다만, 최근의 한 연구에 따르면 331개의 상표침해에 대한 지방법원 사건 중에서 191개 사건(57.7%)만이 Abercrombie Test의 분류방식을 따랐다고 한다. Barton Beebe, An Empirical Study of the Multifactor Test for Trademark Infringement, 95 Cal. L. Rev. 1581, 1634-40 (2006).

169) S.S. Kresge Co. v. United Factory Outlet, Inc., 598 F.2d 694 (1st Cir. 1979); Soweco, Inc. v. Shell Oil Co., 617 F.2d 1178 (5th Cir. 1980); Surgicenters of America, Inc. v. Medical Dental Surgeries Co., 601 F.2d 1011 (9th Cir. 1979); Educational Dev. Corp. v. Economy Co., 562 F.ed 26 (10th Cir. 1977).

170) Miller Brewing Co. v. G Heileman Brewing Co., 561F.2d 75 (7th Cir. 1977).

171) Freedom Savings & Loan Assn. v. Way, 757 F.2d 1176 (11th Cir.), cert. denied 474 US 845(1985); Safeway Stores, Inc., v, Safeway Discount Drugs, Inc., 675 F.2d 1160 (11th Cir. 1982).

172) 상표법 제33조 참조.

출원 전부터 그 상표를 사용한 결과 수요자 간에 특정인의 상품에 관한 출처를 표시하는 것으로 식별할 수 있게 된 경우"에 그 상표를 사용한 상품에 한정하여 상표등록을 받을 수 있도록 하여, '현저하게'라는 의미를 삭제하고 식별할 수 있게 된 것으로 변경하였다. 이는 '현저하게'라는 용어로 인하여 해석상 여러 가지 어려움이 있었기 때문이라고 할 수 있다. '현저하게'라는 용어는 인식도의 정도이고, 이것이 결국 식별력을 의미하기 때문이다. 견해에 따라서는 '식별력'이란 용어는 인식도의 정도를 낮춘 것으로서 사용에 의한 상표취득을 용이하게 하여 중소기업을 보호하기 위한 것이라고 설명하는 경우도 있으나, '현저하게'라는 의미는 결국 식별력을 취득한 것을 의미하는 것과 서로 다른 의미가 아니라고 생각된다.[173]

라. 식별력과 창작성 및 신규성의 차이

상표권의 범위와 한계에 있어 상표권의 성질을 저작권이나 특허권과 구별하는 기준으로 창작성(originality)을 든다. 상표권은 특허권이나 저작권과는 달리 이미 존재하는 표장을 채택하는 것이므로 창작성이 없다는 것이다.[174] 그러나 상표권은 식별력을 보호하는 것으로서 식별력은 상표의 선택[175]이나 사용[176]에 의해서 생성된다. 즉 상표권은 상표의 선택 자체를 보호하는 것은 아니다.

저작권과 특허권은 새로운 것을 요구한다는 점에서 같다. 저작권법에서는 창작성(original)을 요구하고 특허법에서는 신규성(novelty)을 요구한다. 저작권법에서는 저작자에게만 새로운 것이면 충분한 주관적인 신규성을 요구하고, 특허법에서는 모두에게 새로울 것을 요구하는 객관적이고 보편적인 신규성을 요구한다.[177] 따라서 타인의 저작물과 동일한 저작물이더라도 타인의 저작물을 복제한

---

173) 구 상표법(1990.1.13. 법률 제4210호로 개정되기 전의 것. 제2조 제1항은 "① 이 법에서 상표라 함은 ... 자기의 상품을 타 업자의 상품과 식별시키기 위하여 사용하는 기호·문자·도형 또는 이들의 결합(이하 '표장'이라 한다)으로서 특별현저한 것을 말한다."라고 규정하고 있었는데, 여기서 특별현저한 것은 식별력이 있는 것의 다른 표현에 불과하다. 일본 상표법 제3조 제2항 참조. 일본 상표법은 "인식할 수 있는 것"으로 규정하고 있는 것이 참고가 될 것 같다.

174) 정필운, 헌법 제22조 제2항 연구, 법학연구20권 1호(2010), 223. 다만 상표권은 지적, 정신적 창작물이 아니어서 헌법적 보호근거가 제22조 제2항이 아닌 제23조라는 견해[박성호, 지적재산권에 관한 헌법 제22조 제2항의 의미와 내용, 법학논총 24집 1호(2007.04), 106.]에 동의한다.

175) 상표법 제33조 제1항.

176) 상표법 제33조 제2항.

177) 저작권보다 특허권의 신규성(창조성)이 더 크다고 설명하나, 그 성격이 다른 것으로 보아야 한다. 따라서 저작권은 동일한 표현이라도 타인의 것을 가져온 것이 아니면 충분하지

것이 아닌 스스로 창작한 것이면 저작권이 인정되지만, 특허에 있어서는 동일한
것이면 스스로 창작한 발명이더라도 신규성이 부인된다. 상표도 새로울 것을 요
구하지만, 그 의미는 저작권이나 특허권과는 다르다. 상표에서 새로움은 식별력
으로 나타난다. 상표는 상표가 될 표장의 선택에 의하여 식별력이 발생한다.

마. 식별력의 강약

표장의 선택에 의해서 창작되는 상표의 식별력이 강하면 강할수록 그 상표
는 더 보호된다. 창작/조어상표의 경우에는 상표를 새롭게 창작한 것이므로 식
별력도 가장 강하다. 이렇게 창작된 식별력은 새로운 것이라 할 수 있다. 그러
나 특정상품에 대한 일반명칭/관용명칭의 경우에는 그 상품의 명칭을 보통의 방
법으로 사용하는 것이므로 아무런 식별력이 창조되지 않는다. 따라서 보호할 식
별력이 없다. 기술명칭의 경우에는 그 상품에 대한 서술적인 내용을 상표로 사
용하는 것이므로 타인도 동일한 상품에 대해서 그 서술적인 표현을 사용하여야
한다. 따라서 기술명칭도 그 상품에 대해서 보통으로 사용하는 방법으로 사용하
는 한 식별력이 발생하지 않는다. 그러나 관용명칭을 포함한 일반명칭이나 기술
적 명칭이라고 하더라도 해당 상표를 계속적으로 사용하면 소비자들은 여러 가
지 요인들[178]에 의하여 해당상표를 출처표시로 인식하는 경우가 발생한다.

암시표장은 본질적인 식별력이 있지만, 식별력의 정도는 창작/조어표장보다
낮다. 그리고 임의선택표장은 창작/조어표장보다는 식별력이 적지만 암시표장보
다는 식별력이 많다.

창작이나 조어를 하여 식별력을 창작하였으므로 창작/조어상표는 많이 보호
되지만, 그 상품에 대한 일반명칭이나 기술적인 명칭을 상표로 사용한 경우에는
식별력이 거의 없으므로 상표로서 부적당하다. 상표는 채택하였다는 것 자체를
보호하는 것[179]이 아니라 선택에 의해서 창조되는 식별력을 보호하는 것이다.
따라서 식별력이 높은 창작/조어상표가 많이 보호되는 것이다. 이러한 의미에서
상표로 보호받기 위해서는 신규성 또는 창작성이 필요한 것인데, 상표에서는 식

만, 특허권의 신규성은 보편적이기 때문에 외국에서 이미 개시된 것이면 신규성이 없다고
할 수 있다.

178) 예컨대, 상표의 디자인이나 표장의 디자인 또는 시장에서 경쟁상품의 존재 여부 등이다.
① 상품의 출처로서의 소비자의 인식, ② 광고, ③ 경쟁상품의 존부, ④ 독점적 사용기간,
⑤ 상표와 포장의 디자인 등을 들 수 있을 것이다.

179) Prestonettes, Inc. v. Coty, 264 U.S. 359 (1924). Restatement (Third) of Unfair Competition
§ 14, cmt. a (1995); 정필운(주 174), 223.

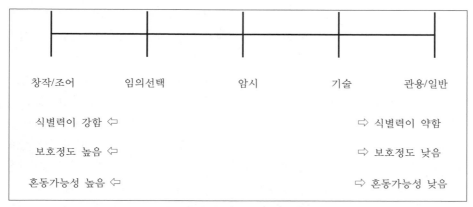

[그림] 식별력의 정도와 보호정도

별력을 의미한다고 할 것이다. 창작/조어상표는 혼동가능성이 높고, 관용/일반명 칭상표는 혼동가능성이 낮다. 이를 반대로 해석하는 견해들도 있지만, 이는 규범 적인 혼동가능성과 사실상의 인식가능성 내지 구별가능성을 동일시 한 결과이 다. 혼동가능성은 침해가능성을 의미하는 것으로 goodwill이나 식별력이 높은 상 표가 침해가능성이 높은데, 이는 혼동가능성이 높다는 것을 의미한다.180)

4. 원래의 주된 의미(original/primary meaning), 이차적 의미(secondary meaning) 및 공중의 영역(the public domain)

표장이 가지고 있는 주된 의미(primary meaning)는 표장이 가지는 본래의 속 성이나 의미이다. 따라서 원래의 의미(original meaning)와 같은 의미이다. 이차적 의미(secondary meaning)181)는 표장이 가지는 본래의 속성이나 의미는 아니지만 어떤 영업이나 상품을 특정하는 속성이나 의미이다. 상표법 제33조 제1항 제3 호의 경우에 기술적 명칭은 식별력이 없어 상표등록을 허용하지 않도록 규정되 어 있는데, 동호의 기술적 명칭으로 사용하는 경우란 결국 주된 의미로 사용하 는 경우에 해당한다. 동항 제1호와 제2호의 그 상품에 대한 보통명칭이나 관용 명칭 모두 명칭의 본래적 의미로 사용되어야 하는 언어들이다.

그리고 현 상표법 제90조182) 제1항 제2호에 규정된 "등록상표의 지정상품

---

180) 예컨대, 재산이 많은 사람과 없는 사람 중에 누가 침해가능성이 높은가를 생각해 보라.
181) 주된 의미에 대응하여 종된 의미라고 사용할 수도 있다. 또한 주된 의미는 이차적 의미 에 대응하여 일차적 의미라고 사용할 수도 있다.
182) 2016년 개정 전 상표법 제51조.

과 동일 또는 유사한 상품의 보통명칭·산지·품질·원재료·효능·용도·수량·
형상(포장의 형상을 포함한다)·가격 또는 생산방법·가공방법·사용방법 및 시기
를 보통으로 사용하는 방법으로 표시하는 상표"도 주된 의미로 사용하는 경우
에 상표권의 범위에 해당하지 않음을 규정하고 있는 것이다. '보통으로 사용하
는 방법'이란 본래적 의미로 사용하는 것이기 때문이다. 그리고 동항 제3호의
그 상품의 일반명칭이나 관용명칭을 상표로 사용하는 경우에도 주된 의미로 사
용하는 경우에 해당한다. 그리고 현저한 지리적 명칭 등 제33조 제1항에서 상표
부등록 사유로 규정하는 것들에 대해서 상표로서 그 사용에 대한 독점을 인정
한다면 진실을 말할 권리, 즉 표현의 자유가 위협을 받을 수 있기 때문이다.

결국 주된 의미란 진실을 말하는 것과 관련되어 있고, 이러한 진실을 말하
는 권리는 표현의 자유에 의해서 보호되어야 한다. 따라서 상표법 제33조 제1항
에서 식별력이 없는 상표를 상표부등록 사유로 규정하고 있고, 제55조에서 등록
거절 사유[183], 제90조의 상표권의 권리범위제외[184] 및 제117조의 등록무효사
유[185]로 규정하여 헌법상 자유권적 기본질서를 보호하고 있는 것이다. 이러한
규정들에 의하여 자유사용이 인정되는 영역은 공중의 영역(the public domain)으
로 남아 있는 것이다.

우리 대법원도 진실을 말하는 경우에는 상표권 침해를 부인하였다. 대법원은

상표는 기본적으로 당해 상표가 부착된 상품의 출처가 특정한 영업주체임
을 나타내는 상품출처표시기능과 이에 수반되는 품질보증기능이 주된 기능이라
는 점 등에 비추어 볼 때, 병행수입업자가 위와 같이 소극적으로 상표를 사용하
는 것에 그치지 아니하고 나아가 적극적으로 상표권자의 상표를 사용하여 광고
·선전행위를 하더라도 그로 인하여 위와 같은 상표의 기능을 훼손할 우려가 없
고 국내 일반 수요자들에게 상품의 출처나 품질에 관하여 오인·혼동을 불러일
으킬 가능성도 없다면, 이러한 행위는 실질적으로 상표권침해의 위법성이 있다
고 볼 수 없을 것이므로, 상표권자는 상표권에 기하여 그 침해의 금지나 침해행
위를 조성한 물건의 폐기 등을 청구할 수 없다고 봄이 상당하다고 할 것이
다.[186]

---

183) 2016 개정 전 상표법 제23조.
184) 2016 개정 전 상표법 제51조.
185) 2016 개정 전 상표법 제71조.
186) 대법원 2002. 9. 24. 선고 99다42322 판결.

라고 하고 있다. 본 사건에서 병행수입업자는 출처표시로서 상표를 사용한 것이
므로 앞서 공중의 영역(the public domain)은 진실을 말하는 한 출처표시까지 확
장되어 있는 것이다. 다만 진실을 말하는 것으로서 타인의 상표를 사용하더라도
타인의 상표와 혼동을 가져와서는 안 된다. 해당 표장의 사용상 어느 정도 혼동
이 발생하는 것은 불가피하지만 수인한도를 넘는 경우에는 혼동을 야기하는 행
위에 대하여 부정경쟁행위가 성립할 수 있다.

    역사적으로 주된 의미와 이차적 의미는 이러한 진실을 말할 권리와 상표권
을 보호하는 역할을 하면서 상표법 발전에 기여했다. Delaware & Hudson Canal
Co. v. Clark 사건[187]에서 미국 연방대법원은 석탄산지를 상표로 사용하는 것에
대해서 "소비자들은 실수할 수 있지만 소비자들은 허위표시에 의하여 기망을 당
하는 것은 아니므로 형평[법]은 진실을 말하는 것을 금지할 수 없다(Purchasers
may be mistaken, but they are not deceived by false representations, and equity will not
enjoin against telling the truth.)"라고 판시하여, 해당 상품에 대하여 기술적 명칭인
산지표시의 사용은 진실을 말하는 것이므로 그 산지표시가 타인의 상표라 하더
라도 제3자는 그 산지표시를 사용할 수 있다고 하였다. 즉 해당 상품의 산지표
시에 대해서 독점을 인정하지 않았다. Elgin National Watch Co. v. Illinois
Watch Case Co. 사건[188]에서 미국 연방대법원은 "출처, 제조 또는 소유관계를
나타내지 않고 단지 상품이 제조 또는 생산된 장소를 기술하는 단어는 상표로
서 독점될 수 없다는 것은 확고히 확립된 원칙이다."라고 하여 해당 상품의 산
지에 대하여는 특정인에 의한 독점을 허용할 수 없기 때문에 상표로 인정될 수
없다고 했다. 리스테이트먼트는 소비자들은 지리적 명칭을 특정인과 관련시키
거나 또는 상품의 출처로서보다는 지역적으로 기술하는 것으로 인식하고 있고,
지리적 명칭에 대한 독점은 경쟁자들이 상품이나 서비스의 출처나 위치를 강조
할 수 있는 권리를 침해할뿐더러, 지리적 명칭은 그 수가 적기 때문이 이를 특
정인이 독점하는 것은 다른 기술적 명칭을 전유하는 것보다 더 많은 영향을 미
친다고 한다. 그리하여 시계가 스위스산, 와인이 캘리포니아산, 단풍나무 시럽이

---

187) Delaware & Hudson Canal Co. v. Clark, 80 U.S. (wall) 311 (1872).
188) Elgin National Watch Co. v. Illinois Watch Case Co., 179 U.S. 665 (1901). "[T]he gen-
    eral rule is thoroughly establish that words that do not in and of themselves indicate any-
    thing in the nature of origin, manufacture or ownership, but are merely descriptive of the
    place where an article is manufactured or produced, cannot be monopolized as a trademark."
    Id. 673.

버몬트산이라는 것에 대해서 소비자들이 관심이 많으므로 판매자들에게 그 사용의 필요성이 있고, 따라서 상표로서의 가치가 높지만, 오히려 판매자들은 그 지리적 명칭의 침해에 대한 불필요한 위험이 없이 그들의 영업장소나 그들의 상품의 지역적 출처를 표시할 자유를 인정할 필요성이 더 높다고 한다.[189] 즉 기술적 명칭에 대해서는 독점을 허용할 수 없고 만인이 진실을 표현하는 데 사용되어야 하는 것은 원래의 주된 의미로 사용되어야 한다는 것을 의미한다. 기술적 명칭이 상표로 사용될 수 있다는 것은 이차적 의미로서 출처표시로 사용될 수 있다는 것이다. 따라서 이차적 의미가 발생되었다고 하더라도 여전히 그 상표는 주된 의미를 가지고 있고, 공중은 여전히 원래의 주된 의미를 사용할 수 있는 것이다.[190] 예컨대 물파스나 새우깡은 주된 의미와 이차적 의미가 병존하고 있다. 주된 의미는 새우로 만든 과자와 물을 혼합한 파스라는 의미이고, 이와 더불어 특정회사가 만든 (새우로 만든) 과자[191]와 (물을 혼합한) 파스[192]라는 출처표시로서의 이차적 의미가 병존하고 있는 것이다. "새우깡을 먹고 싶다."라고 할 때의 의미는 주된 의미로서 새우를 원재료로 만든 과자를 의미할 수도 있고, 특정회사가 만든 새우를 원재료로 만든 과자를 의미할 수도 있다. 이러한 경우에 둘 중의 어떤 의미인지는 문맥이나 상황에 따라서 판단할 일이다. 이러한 상표를 사용하는 자는 자기의 상표와 구별할 수 없다고 하여 공중의 언어사용을 금지할 수는 없다. 이러한 위험은 식별력이 부족한 상표를 상품에 대하여 사용한 사용자의 책임이기 때문이다.[193]

그러나 이에 대해서는 반대설이 존재한다.[194] 2016년 개정 상표법 제33조

---

189) Restatement (Third) of Unfair Competition § 14 cmt. (d).
190) KP Permanent Make-Up, Inc. v. Lasting Impression I, Inc. 543 U.S. 111, 122 (2004); 2. J. McCarthy, Trademarks and Unfair Competition § 11:45, p. 11–90 (4th ed. 2004). 대법원 1987. 6. 23. 선고 86후4 판결; 대법원 1997. 5. 30. 선고 96다56382 판결; 대법원 2010. 5. 13. 선고 2009다47340 판결; 대법원 2010. 6. 10. 선고 2010도2536 판결; 대법원 2011. 5. 26. 선고 2009후3572 판결; 대법원 2011. 2. 24. 선고 2010후3264 판결.
191) 대법원 1992. 5. 12. 선고 88후974 판결.
192) 대법원 1987. 6. 23. 선고 86후4 판결.
193) 강동세(주 162), 125-127.
194) 이동흡, "상표의 특별현저성," 지적소유권에 관한 제문제(하) , 재판자료(제57집), 법원행정처(1992.12), 28; 김대원, "사용에 의한 식별력 판단기준과 이에 의해 등록된 상표권의 효력", 창작과 권리 (제28호), 세창출판사(2002. 9), 72; 송영식 외 2, 지적소유권법(하), (육법사(2003) 124-125, n 74; 사법연수원, 상표법(2003), 70; 일부 판례도 같은 취지이다(대법원 1992. 5. 12. 선고 88후974, 981, 998 판결; 대법원 1996. 5. 13.자 96마217 결정; 대법원 1992. 5. 12. 선고 91후97 판결; 대법원 1992. 5. 12. 선고 91후103 판결; 대법원 2012. 11. 29. 선고 2011후774 판결; 대법원 2013. 3. 28. 선고 2011후835 판결, 특허법원 2000. 8.

제2항에 의하여 상표로서 등록되었다면 상표권자에게 그 기술적 명칭에 대하여 독점배타적인 권리를 인정하여야 하고, 상표권자는 기술적 명칭에 대한 배타적인 권리에 기초하여 타인이 자신의 기술적 명칭인 상표와 동일·유사한 상표를 사용하는 경우에 이를 금지할 수 있다고 해석한다. 따라서 이러한 견해에 따르면 제33조 제2항에 의하여 이차적 의미가 발생하여 등록된 상표에는 2016년 개정 상표법 제90조의 상표권의 효력제한 조항이 적용되지 않는다.

　　앞서 언급한 바와 같이 해당 상품의 기술적 명칭의 경우에 원래의 주된 의미와 이차적 의미가 동시에 존재한다. 이차적 의미란 상표의 속성, 즉 출처를 특정짓는 것을 의미한다. 상표적 사용이 이에 해당한다. 즉 상표적 사용이란 출처표시로서의 사용을 말하는데, 상표법은 ""상표"란 자기의 상품(지리적 표시가 사용되는 상품의 경우를 제외하고는 서비스 또는 서비스의 제공에 관련된 물건을 포함한다. 이하 같다)과 타인의 상품을 식별하기 위하여 사용하는 표장(標章)을 말한다."라고 규정하여,195) 출처표시로서의 상표적 사용을 상표로 정의하고 있다. 영미법에서 주된 의미와 이차적 의미라는 용어를 사용하는 것은 언어의 본래적 의미의 사용과 출처표시로서의 사용의 의미를 이해하기 쉽게 하여 양자를 구별할 수 있게 해준다. 그러나 기존 우리 상표법상의 특별현저성은 그러한 의미를 파악하는 데 쉽지 않다.196)

　　우리 대법원도 "타인의 등록상표를 이용한 경우라고 하더라도 그것이 상표의 본질적인 기능이라고 할 수 있는 출처표시를 위한 것이 아니어서 상표의 사용으로 인식될 수 없는 경우에는 등록상표의 상표권을 침해한 행위로 볼 수 없다."라고 하여 출처표시로 사용하는 것을 상표적 사용이라고 한다.197) 따라서 디자인적 사용,198) 용도표시 등 상품이나 상품의 속성에 대하여 기술적인 설명에 해당하는 경우199)에는 출처표시로 사용하는 경우가 아니므로 상표적 사용이 아니다. 현 상표법 제89조에 규정된, 등록상표를 지정상품에 '사용'할 권리를 독점한다고 할 때의 '사용'은 상표적 사용을 의미한다. 따라서 출처표시로서의 사용이 아닌 기술적인 사용, 일반명칭, 관용명칭으로서의 사용은 상표적 사용이

---

　　11. 선고 99허9861 판결 등).
195) 상표법 제2조 제1항 제1호.
196) 2014년 상표법 개정(법률 제12751호)으로 현저하게는 삭제되어 식별력으로 변경되었다.
197) 대법원 2003. 4. 11. 선고 2002도3445 판결.
198) 대법원 1997. 2. 14. 선고 96도1424 판결; 대법원 2004. 10. 15. 선고 2004도5034 판결.
199) 대법원 2001. 7. 13. 선고 2001도1355 판결; 대법원 2003. 10. 10. 선고 2002다63640 판결 등.

아니므로 상표권의 효력을 받지 않는다.[200]

현행 우리 상표법 제33조 제2항은 "그 상표를 사용한 결과 수요자 간에 특정인의 상품에 관한 출처를 표시하는 것으로 식별할 수 있게 된 경우에는 그 상표를 사용한 상품에 한정하여 상표등록을 받을 수 있다."라고 규정한다. 이는 2016년 개정 전 상표법 제6조 제2항이 상표를 사용하여 수요자 간에 그 상표가 누구의 업무에 관련된 상품을 표시하는 것인가 현저하게 인식되어 있는 것은 그 상표를 사용한 상품을 지정상품으로 하여 상표등록을 할 수 있도록 규정한 것을 변경한 것이다. 개정 전 상표법상 현저하게 인식되었다는 의미는 이차적 의미가 발생하였다는 의미이다. 예컨대, "새우깡"의 경우에 지정상품의 원재료 표시인 "새우"라는 문자와 과자업계에서 과자의 관용화된 표장이라고 인정되는 "깡"이라는 문자가 결합된 것이므로 "새우깡" 주된 의미는 새우로 만든 과자라는 의미이다.[201] 따라서 이러한 경우에는 상표법 제33조 제2항의 식별력이 없으므로 상표등록을 할 수 없다.[202] 그러나 이러한 상표라도 장기간 사용하여 식별력을 취득한 경우에는 상표법 제33조 제2항에 의하여 상표등록을 할 수 있다. 여기에서 식별력이란 소비자들이 새우깡의 출처를 특정한 제조자 내지 판매자와 연관시키는 것을 의미한다. 결국 식별력과 이차적 의미는 같은 의미라고 할 수 있다. 개정전 상표법 제6조 제2항에 규정되었던 특별현저성도 이차적 의미와 같은 의미라고 할 수 있다.[203]

식별력이 발생한 경우, 즉 이차적 의미가 발생한 경우에도 주된 의미 내지

---

200) 2016년 개정 상표법 제90조 제1항은 이러한 비상표적 사용을 규정하고 있는 것이다. 이 점에서도 제90조는 상표권의 제한이 아니라 상표권의 범위 밖에 있는 것을 의미하게 된다. 상표법 제90조에 지명적 상표 사용(nominative fair use)이 포함되는지에 대하여 견해가 대립된다. 일본과 EU 등은 우리 상표법 제90조에 상응하는 규정에 대하여 상표적 사용을 포함한다고 하고 있다. 제90조 제1항 제2호는 '보통으로 사용하는 방법'이라고 규정하고 있는데 이는 문언상으로는 비상표적 사용을 의미한다고 보인다. 우리 대법원은 한때, 보통으로 사용하는 방법에 대하여 상표적 사용을 포함하는 것(nominative fair use)으로 본 판례들이 있다(대법원 1999. 12. 7.선고 99도3997판결; 대법원 1998. 5. 22. 선고 98도401판결; 대법원 1995. 5. 12.선고 94후1930판결 등). 법원은 지명적 상표 사용에 대하여 공정사용법리를 인정한 사례도 있다(대법원 2002. 9. 24. 선고 99다42322 판결. 버버리 사건).

201) 대법원 1992. 5. 12. 선고 88후974, 88후981, 88후998 판결 참조.

202) 대법원 1992. 5. 12. 선고 88후974, 88후981, 88후998 판결 참조.

203) 사실 우리 법원은 특별현저성이라는 의미 때문에 사용에 의하여 식별력을 취득한 상표에 대하여 상표법 제90조의 제한이 없다고 판시하는 것으로 보인다. 즉 "특별현저"한 정도로 식별력을 취득하였으므로 주지 또는 저명상표와 같은 보호를 받아야 하기 때문에 상표권의 제한도 받지 않는다고 해석한 것으로 판단된다. 그렇지만 이와 같은 해석은 앞서 언급한 바와 같이 상표법의 기본 원리에 어긋난다.

원래적 의미는 새우로 만든 과자라는 기술적인 의미이다. 이차적 의미가 발생한 경우에도 여전히 주된 의미로서 사용할 수 있다. 언어의 주된 의미는 만인이 사용할 수 있는 만인의 재산이기 때문이다. 따라서 새우깡 상표에 식별력이 발생하여 특정 출처와 관련짓는다고 하더라도 이는 이차적 의미일 뿐이다. 경쟁자가 사용하는 '삼양새우깡' 상표에서 '새우깡'은 주된 의미로 사용하는 것으로서 새우로 만든 과자라는 기술적 의미로 이해된다. 따라서 '새우깡'에 대해서 사용에 의해 특별현저성을 취득하여 등록한 상표는 '삼양새우깡' 중의 '새우깡' 부분에도 그 효력이 미친다고 할 것이므로 (가)호 표장이 '새우깡' 부분 이외에 상품출처 표시인 '삼양'이 결합되어 있다 하더라도 특별현저성이 있는 '새우깡' 부분이 동일하여 양 상표는 서로 유사한 상표이고 (가)호 표장은 등록상표의 권리범위에 속한다고 판시한 것은[204] 2016년 개정 전의 우리 상표법 제6조 제2항에서 표현하는 특별현저성의 의미를 오해한 것이라고 볼 수밖에 없다. 즉 특별현저성(식별력, 이차적 의미)이 발생하면 주된 의미를 상실하는 것[205]으로 판단하고 있으나 이는 타당하지 않다. 본 사안에서 '삼양'을 결합시킨 것은 새우깡이라는 '새우로 만든 과자'를 '삼양'이라는 회사에서 만든 것임을 표시한 것으로 인식되므로 여기서 새우깡이라는 의미는 주된 의미로 사용한 것이라 할 수 있다. 또한 혼동의 목적으로 사용한 것으로 보이지 않는다. 만일 '삼양'을 제외하고 '새우깡'이라고 표시하였다면, 사용행태에 따라 상표침해와 부정경쟁행위가 될 수 있다.

위 사례에서 만일 '특별현저성'을 '이차적 의미'라고 이해하였다면 위와 같은 결과를 초래하지 않을 수도 있었다고 보인다. 주된 의미는 여전히 새우를 원재료로 만든 과자라는 기술적 의미로 이해되는 것이므로 공중은 주된 의미를 계속 사용할 수 있다.[206]

이와 같은 문제점은 2007. 7. 11. 선고한 '우리은행'사건에서 더 분명해진다.[207] 대법원은 우리은행 사건에서도 이와 같이 판결하고 있다.[208] 우리은행

---

204) 대법원 1992. 5. 12. 선고 88후974, 88후981, 88후998 판결 참조.
205) 전효숙, "상표와 상품의 동일유사," 특허소송연구, 특허법원(2000), 307; 송영식, "약한 상표의 유사범위", 민사판례연구(1), 한국사법행정학회(1978), 339.
206) 2016 개정 전 상표법 제51조 참조. 다만 우리 판례는 제51조의 적용과 관련하여 다른 견해를 취하고 있다.
207) 물론 이러한 오해는 여러 사건에서 보인다. 대표적으로 재능교육 사건에 관한 대법원 1996. 5. 13.자 96마217 결정이다.
208) 우리은행 사건은 다음과 같이 3개의 판결이 있다.

서비스표는209)

> 도형과 한글 '우리은행'이 좌, 우로 결합된 서비스표인바, 그 중 '우리은행'의 '우리'는 '말하는 이가 자기와 듣는 이, 또는 자기와 듣는 이를 포함한 여러 사람을 가리키는 일인칭 대명사', '말하는 이가 자기보다 높지 아니한 사람을 상대하여 자기를 포함한 여러 사람을 가리키는 일인칭 대명사', '말하는 이가 자기보다 높지 아니한 사람을 상대하여 어떤 대상이 자기와 친밀한 관계임을 나타낼 때 쓰는 말' 등으로 누구나 흔히 사용하는 말이어서 표장으로서의 식별력을 인정하기 어렵고, '은행'은 그 지정서비스업의 표시이어서 식별력이 없으며, 그 결합에 의하여 '우리'와 '은행'이 결합한 것 이상의 새로운 관념을 도출하거나 새로운 식별력을 형성하는 것도 아니어서 그 문자 부분의 식별력을 인정하기 어렵다.210)

라고 판시했다. 다른 한편으로 대법원은

> "도형은 파란색 원 바탕에 가운데의 흰색 부분 상단이 하단과 달리 위쪽으로 갈수록 반원 형상으로 퍼져나가면서 파란색으로 짙어지는 형태를 띠고 있어서 전체적으로 색채와 농도의 조절을 통하여 해가 솟아오르면서 빛이 퍼져나가는 듯한 입체감을 주고 있고, 그 도형 부분이 간단하고 흔히 있는 형태도 아니어서 문자 부분과는 구별되는 독자적인 식별력을 가진다고 할 것이므로, 이 사건 등록서비스표는 그 도형 부분의 식별력으로 인하여 상표법 제6조211) 제1항 제7호의 수요자가 누구의 업무에 관련된 서비스업을 표시하는 것인가를 식별할 수 없는 서비스표에 해당하지 않는다.212)

특허법원	대법원	관련된 서비스표	비 고
2007. 7. 11. 선고 2005허9886	2009. 5. 28. 선고 2007후3301	우리은행	
2007. 7. 11. 선고 2005허9954	2009. 5. 28. 선고 2007후3318	우리은행 Woori Bank	
2007. 7. 11. 선고 2005허9961	2009. 5. 28. 선고 2007후3325	우리은행	도형과 문자가 파란색인 결합표장임

209) 등록서비스표(등록번호 제96318호)

210) 대법원 2009. 5. 28. 선고 2007후3325 판결.
211) 상표법 제33조.
212) 대법원 2009. 5. 28. 선고 2007후3325 판결.

라고 하여 전체적으로 식별력을 인정하고 있다. 그러나 대법원은

> 우리 언어에 있어 가장 보편적이고 기본적인 인칭대명사로서, 만일 이 단어의 사용이 제한되거나 그 뜻에 혼란이 일어난다면 보편적, 일상적 생활에 지장을 받을 정도로 일반인에게 필수 불가결한 단어"로서 "어느 누구든지 아무 제약 없이 자유로이 사용할 수 있어야 할 뿐 아니라 위에서 본 바와 같은 위 단어의 일상생활에서의 기능과 비중에 비추어 이를 아무 제약 없이 자유롭고 혼란 없이 사용할 수 있어야 한다는 요구는 단순한 개인적 차원이나 특정된 부분적 영역을 넘는 일반 공공의 이익에 속하는 것이라고 봄이 상당하다.

라고 하였다. 그리하여 대법원은

> 이 사건 등록서비스표의 문자 부분인 '우리은행'(이하 '서비스표 은행'이라 한다)은 자신과 관련이 있는 은행을 나타내는 일상적인 용어인 '우리 은행'(이하 '일상용어 은행'이라 한다)과 외관이 거의 동일하여 그 자체만으로는 구별이 어렵고 그 용법 또한 유사한 상황에서 사용되는 경우가 많아, 위 두 용어가 혼용될 경우 그 언급되고 있는 용어가 서비스표 은행과 일상용어 은행 중 어느 쪽을 의미하는 것인지에 관한 혼란을 피할 수 없고, 그러한 혼란을 주지 않으려면 별도의 부가적인 설명을 덧붙이거나 '우리'라는 용어를 대체할 수 있는 적절한 단어를 찾아 사용하는 번거로움을 겪어야 할 것이며, 특히 동일한 업종에 종사하는 사람에게는 그러한 불편과 제약이 가중되어 그 업무수행에도 상당한 지장을 받게 될 것으로 보인다. 이러한 결과는 '우리'라는 단어에 대한 일반인의 자유로운 사용을 방해하는 것이어서 '우리은행'을 포함하는 이 사건 등록서비스표의 사용은 위에서 본 사회 일반의 공익을 해하여 공공의 질서를 위반하는 것이라 하겠고, 나아가 그와 같은 서비스표의 등록을 허용한다면 지정된 업종에 관련된 사람이 모두 누려야 할 '우리'라는 용어에 대한 이익을 그 등록권자에게 독점시키거나 특별한 혜택을 줌으로써 공정한 서비스업의 유통질서에도 반하는 것으로 판단된다. 따라서 이 사건 등록서비스표는 구 상표법 제7조[213] 제1항 제4호에 해당하는 것으로서 등록을 받을 수 없는 서비스표에 해당한다고 보아야 할 것이다

---

213) 상표법 제34조에 해당함.

라고 하였다. 결국 대법원은 '우리은행'에 대하여 이차적 의미를 인정하여 2016
년 개정 상표법 제33조 제2항에 의한 상표권을 인정한다면[214], 상표권자가 '우
리은행'에 대하여 상표권을 독점함으로써 공중(the public)은 공중의 영역(the pub-
lic domain)에 있는 우리은행이라는 기술적 의미의 언어를 사용할 수 없음을 걱
정한 것으로 보인다. 그러나 이는 이차적 의미와 주된 의미를 구별하지 못한 결
과가 아닌가 하는 의심이 든다.

주된 의미와 이차적 의미를 구분하지 않는 판결은 Coffee Bean 사건[215]에
서도 지속되었다. 대법원은

> 피고의 출원상표의 등록결정시인 2009. 9. 1. 무렵에는 선사용서비스표들이
> 거래사회에서 오랜 기간 사용된 결과 선사용서비스표들의 구성 중 애초 식별력
> 이 없었거나 미약하였던 'coffee bean' 부분이 수요자 간에 누구의 업무에 관련
> 된 서비스업을 표시하는 것인가 현저하게 인식되어 있었다고 볼 여지가 충분히
> 있다.
> 그렇다면 이 사건 등록상표가 상표법 제7조 제1항 제11호의 '수요자를 기만
> 할 염려가 있는 상표'에 해당하는지 여부를 판단함에 있어서는 선사용서비스표
> 들의 구성 중 이 사건 등록상표의 등록결정 시에 식별력을 취득한 'coffee bean'
> 부분을 그 사용서비스업인 '커피전문점경영업, 커피전문점체인업'에 관하여 요
> 부로 보아 상표의 유사 여부를 살피고 등록상표가 수요자를 기만할 염려가 있
> 는 상표에 해당하는지 여부를 판단할 수 있다 할 것이다.

라고 하였다.[216] 이 사건에서 원고는 문자 "Coffee Bean"이 포함되어 있는 문자

---

214) 원심판결인 특허법원 2007. 7. 11. 선고 2005허9961 판결은 "우리은행에 대한 브랜드 인
지도 및 식별력을 조사한 결과, 국민은행 다음으로 인지도가 높았고, 전체 응답자의 78.7%
가 '우리은행'을 특정 은행으로 인식하고 있었으며, 일반적인 용어인 우리 은행과 혼동유
발 가능성이 있다고 응답한 비율은 6.1%에 불과한 사실을 각각 인정할 수 있고 반증이 없
는바, 위 인정사실에 나타나는 이 사건 등록서비스표의 사용경과와 광고현황, 영업점 수,
영업실적 등을 종합하여 보면, 이 사건 등록서비스표는 피고의 사용에 의하여 위 등록결정
일 무렵에는… 일반 수요자 및 거래자들이 피고의 서비스업이라는 출처를 인식하기에 이
르렀으므로 식별력을 취득하였다고 할 것이다."라고 판시하여 이차적 의미의 취득을 인정
하고 있다.
215) 대법원 2013. 3. 28. 선고 2011후835 판결.
216) 이 사건은 오히려 역혼동(reverse confusion)이 의심되는 사건이다. 다만, 부정경쟁행위로
서 역혼동은 우리 부정경쟁방지법이 혼동이 발생하는 요건으로 유명성을 요구하고 있어
서, 부정경쟁행위가 성립하지는 않는다고 보인다. 그러나 상표법상 등록한 상표라는 점에
서 오히려 등록 상표권 침해행위가 발생할 수도 있지만, coffee bean 부분이 상표의 요부가

와 도형으로 구성된 상표 **🕭The Coffee Bean,** 및 를 등록한 후에 지속적으로 사용한 결과 "Coffee Bean" 부분에 식별력을 취득하였다. 피고가 "coffee bean" 부분이 포함된 상표("Coffee Bean Cantabile")를 등록하였는데, 피고 출원상표의 등록여부결정시점에 원고가 사용한 등록상표 중 식별력이 없던 "Coffee Bean" 부분이 사용에 의한 식별력을 취득하였으므로, 구 상표법 제7조 제1항 제11호에 의하여 피고 등록상표는 원고의 식별력 발생부분과 동일·유사하여 수요자기망상표가 된다고 한 것이다.

그러나 식별력이 없는 기술적 명칭에 대하여 원고가 상표적으로 사용하여 식별력이 발생하였더라도 이는 원고의 상표적 사용에 대하여 식별력이 발생하였을 뿐, 상표적 사용이 아닌 피고의 기술적인 사용까지 효력이 발생하지 않는다는 점을 간과한 것이라고 하지 않을 수 없다. 여기에서 기술적인 사용은 공중의 영역에 있는 언어의 원래의 주된 의미로서 사용한 것을 의미한다.

McCarthy의 저서를 인용해 보면 주된 의미(primary meaning)와 이차적 의미(secondary meaning)의 구분이 명확해진다.

보호받는 표장으로서 기술적인 용어는 보호받기 위해서 이차적 의미를 입증하여야 한다. 그러한 [이차적 의미가 있다는 점의] 입증이 충분하다고 가정하고, 그 단어나 심볼은 두 가지 의미를 가지게 된다. (a) 원고가 이미 이전부터 사용해왔던 그 단어의 옛, 기본적인 기술적 의미 (2) 원고의 상품이나 서비스를 구별하고 특징짓는 새로운, 이차적 의미이다. 법적으로 보호되는 표장의 가치는 이전의 기술적인 단어를 둘러싸고 있는 이차적 의미라는 반그림자 내지 가장자리이다. 원고[상표권자]는 주된 기술적인 표장의 사용에 대해서는 아무런 배타적인 권리를 가지지 않는다. 원고가 제한할 수 있는 사용은 구매자들의 혼동가능성이 있는 다른 사람의 상표적 사용이다. 세상은 여전히 그 단어의 옛날, 주되고 기술적인 의미를 사용할 자유가 있다. 다만 그러한 자유사용이 상품이나 서비스의 출처에 대한 혼동이 없어야 한다. 따라서 이차적 의미가 있는 기술적인 단어의 침해로 주장된 경우, 피고는 상표적으로 사용한 것이 아니라 일반적으로 기술적, 형용적으로 사용한 것으로 상표침해나 부정경쟁이 아니라는 것을 주장할 수 있다.

아니라는 점에서 상표침해는 발생하지 않을 것이라고 판단된다. 물론 상표법 제34조 제1항 제7호의 등록상표의 권리범위에도 해당되지 않으므로 후출원상표의 등록거부사유도 되지 않는다.

자유경쟁과 단어의 자유사용이란 정책은 상표법은 기술적인 의미로 어떤 단어를 상업적으로 사용하는 것을 금지할 수 없다는 것이라고 규정한다:

그 원칙은 매우 중요하다. 왜냐하면 상표소유자가 배타적으로 주장하는 것에 대항하여 광의의 의미로 사회가 기술적인 의미로 단어나 이미지를 사용하는 권리를 보호하기 때문이다.[217]

'우리은행' 서비스표에 대해서 법원이 문자만으로는 본질적인 식별력을 인정하지 않는 것은 타당한 결론이다. '우리'라는 의미는 소유의 의미로서 인칭대명사이므로 기술적인 의미[218]이거나 간단하거나 흔히 있는 표장에 해당하여 식별력이 없는 경우[219]이다.[220] 따라서 어떠한 상품이나 서비스에 사용하더라도 본질적인 식별력은 없다고 하여야 할 것이다. 대법원은 "이 사건 등록서비스표는 그 도형 부분의 식별력으로 인하여 상표법 제6조[221] 제1항 제7호의 수요자

---

217) MCCARTHY § 11:45 (번역문, 원문에서 각주표시 생략).

To be used as a protectable mark, a "descriptive" term requires proof of secondary meaning to be protected. Assuming such proof to be sufficient, the word or symbol has two meanings: (1) its old, primary descriptive meaning which existed prior to plaintiff's usage and (2) its new, secondary, trademark meaning as identifying and distinguishing only plaintiff's goods or services.

The only aspect of the mark which is given legal protection is that penumbra or fringe of secondary meaning which surrounds the old descriptive word. Plaintiff has no legal claim to an exclusive right in the primary, descriptive usage of the mark. The only kind of use plaintiff can prevent is use by others in a trademark sense such that there is a likelihood of confusion by buyers. The world is still free to use the word in its old, primary and descriptive sense, so long as such use will not tend to confuse customers as to the source of goods or services. Thus, when charged with the alleged infringement of a descriptive term that has secondary meaning, defendant may raise the defense that it is not using the term as a mark, but merely as a common descriptive adjective, and hence is not guilty of trademark infringement or unfair competition.

The policies of free competition and free use of language dictate that trademark law cannot forbid the commercial use of terms in their descriptive sense:

The principle is of great importance because it protects the right of society at large to use words or images in their primary descriptive sense, as against the claims of a trademark owner to exclusivity.

218) 상표법 제33조 제1항 제3호.
219) 상표법 제33조 제1항 제6호.
220) 만일 상표법 제33조 제1항 제1호 내지 제6호가 적용되는 경우에 동항 제7호의 적용은 없다고 보인다. 왜냐하면 제7호는 "제1호 내지 제6호외에 수요자가 누구의 업무에 관련된 상품을 표시하는 것인가를 식별할 수 없는 상표"라고 규정하여 1 내지 6호 사유가 적용되지 않는 예비적인 경우를 대비한 조항이기 때문이다.
221) 상표법 제33조.

가 누구의 업무에 관련된 서비스업을 표시하는 것인가를 식별할 수 없는 서비스표에 해당하지 않는다."라고 하여 식별력 있는 도형과 식별력 없는 문자의 결합에 의하여 전체적인 식별력을 취득하였음을 인정하고 있다. 따라서 '우리은행'을 상표(서비스표)로 사용함에는 아무런 부족이 없다. 그러나 대법원은 문자부분으로 이루어진 "우리은행"의 경우에는 식별력이 없는 "우리"와 "은행"이 결합된 것으로 그 결합에 의하여 새로운 관념을 도출하거나 새로운 식별력을 형성하는 것도 아니므로 제6조[222] 제1항 제7호의 '수요자가 누구의 업무에 관련된 서비스업을 표시하는 것인가'를 식별할 수 없는 서비스표에 해당한다고 하고 있으나 제6조 제2항의 사용에 의한 식별력은 취득될 수 있음을 인정하고 있다.[223]

　　식별력이 없는 경우에도 2016년 개정 상표법 제33조 제2항에 의하여 사용에 의하여 식별력이 발생한 경우에는 상표등록이 가능하다. "우리"는 그 사용대상으로 서비스의 주체인 "은행"과의 관계에서 일반명칭이나 관용명칭은 아니다. "우리"라는 명칭은 동조 동항 제5호의 흔히 있는 명칭이거나 제7호의 수요자가 누구의 업무에 관련된 상품을 표시하는 것인가를 식별할 수 없는 상표에 해당한다고 할 수 있다. 따라서 제33조 제2항에 의하여 사용에 의하여 식별력이 발생하였을 경우에 상표등록을 할 수 있다.[224] 제33조 제2항에 의한 상표권을 인정하는 경우에 이는 이차적 의미의 발생에 의한 상표권을 인정하는 것이고, 여기에서 이차적 의미란 원심판결이 언급하는 바와 같이 소비자의 브랜드 인지를 의미하는 것으로서 우리은행을 특정은행으로 인식하고 있는 것을 의미한다. 이는 이미 "이 사건 등록서비스표는 그 도형 부분의 식별력으로 인하여 상표법 제6조[225] 제1항 제7호의 수요자가 누구의 업무에 관련된 서비스업을 표시하는 것인가를 식별할 수 없는 서비스표에 해당하지 않는다."라고 하여 도형과 함께하여 식별력이 발생하였다고 하고 있으므로 문제가 되지 않을뿐더러 문자부분만으로도 특별현저성, 즉 이차적 의미가 발생하였음이 원심법원에서 인정되었다.[226]

---

222) 상표법 제33조.
223) 대법원 2009. 5. 28. 선고 2007후3301 판결.
224) 상표법 제33조 제2항은 동조 제1항 제7호의 표장을 그 적용대상으로 규정하고 있지 않으나, "우리"라는 명칭은 흔히 있는 명칭이라고 할 수 있으므로 제2항의 적용대상이다.
225) 상표법 제33조.
226) 이 사건의 원고도 피고가 사용하는 '우리은행' 서비스표가 2016년 개정 상표법 제33조 제2항의 사용에 의한 식별력을 취득할 수 있음을 인정하고 있고(다만, 이는 법률상 자백으로 법적효력이 인정될 수 있는 사실에 대한 재판상 자백과는 달리 법적효력은 인정되지

대법원은 '우리은행'을 상표로 인정하는 경우에 "'우리은행'(이하 '서비스표 은행'이라 한다)은 자신과 관련이 있는 은행을 나타내는 일상적인 용어인 '우리은행'(이하 '일상용어 은행'이라 한다)과 외관이 거의 동일하여 그 자체만으로는 구별이 어렵고 그 용법 또한 유사한 상황에서 사용되는 경우가 많아, 위 두 용어가 혼용될 경우 그 언급되고 있는 용어가 서비스표 은행과 일상용어 은행 중 어느 쪽을 의미하는 것인지에 관한 혼란을 피할 수 없고,"라고 하여 소비자에 대한 혼동이 발생되고, 또한 "그와 같은 서비스표의 등록을 허용한다면 지정된 업종에 관련된 사람이 모두 누려야 할 '우리'라는 용어에 대한 이익을 그 등록권자에게 독점시키거나 특별한 혜택을 줌으로써 공정한 서비스업의 유통질서에도 반하는 것으로 판단된다"라는 이유로 이건 상표는 현 상표법 제34조 제1항 제4호의 공공질서 위반상표에 해당한다는 것이다. 그러나 이는 첫째, 상표는 표장자체나 언어 자체에 대하여 독점을 부여하는 것이 아니라는 것이 간과되었다.227) 둘째, 주된 의미와 이차적 의미를 구분하지 못한 결과로 보인다. '우리은행'에 대해서 이차적 의미 발생에 의한 상표등록을 허용하는 경우에도 은행을 나타내는 일상적인 용어인 '우리은행'을 사용하는 것은 주된 의미로 사용하는 것이다. 기술적 상표의 경우에 이차적 의미가 발생하여 상표등록을 허용하더라도 기술적 의미는 주된 의미로서 공중의 재산이므로 공중은 언제든지 자유로이 사용할 수 있다. 공중이 사용할 수 있는 권리는 공중의 기본권적인 자유권이다. 따라서 '우리은행'에 대하여 이차적 의미가 발생하여 상표등록을 허용하더라도 공중은 은행을 나타내는 일상적인 용어인 '우리은행'을 주된 의미로 사용할 수 있는 것이다. 즉 독점의 문제는 발생하지 않는다. 수요자가 "우리은행"이라고 하였을 경우에 이는 주된 의미의 '우리은행'이 될 수 있고, 이차적 의미가 발생

않는다. 법의 해석은 법원의 권한이기 때문에 자백이 성립하지 않기 때문이다), 법원도 사용에 의한 식별력의 취득을 인정하고 있다(특허법원 2007. 7. 11. 선고, 2005허9886). 원심판결은 "피고의 사용에 의하여 위 등록결정일 무렵에는… 일반 수요자 및 거래자들이 피고의 서비스업이라는 출처를 인식하기에 이르렀으므로 식별력을 취득하였다고 할 것이다."라고 판시하여 식별력 취득을 인정하고 있다(특허법원 2007. 7. 11. 선고 2005허9961 참조).

227) Prestonettes, Inc., v. Coty, 264 U.S. 359 (1924). "Then what new rights does the trade-mark confer? It does not confer a right to prohibit the use of the word or words. It is not a copyright. The argument drawn from the language of the Trade-Mark Act does not seem to us to need discussion. A trade-mark only gives the right to prohibit the use of it so far as to protect the owner's good will against the sale of another's product as his." Id., 368.

한 서비스표를 의미하는 '우리은행'이 될 수 있다. 이는 상황에 따라 판단할 일이다. 주된 의미와 이차적 의미가 동시에 존재하는 것은 상표법의 기본 법리일 뿐만 아니라 현행 우리 상표법 제90조 제1항 제2호에서 이점을 확인하고 있다.228) 셋째, 앞서 본 논거의 논리필연적 결과로, 기술적 명칭의 상표 사용은 출처표시로서의 상표적 사용과 기술적 의미로 사용하는 비상표적 사용으로 구별되는데 주된 의미로서의 사용은 비상표적 사용이고 이차적 의미로서의 사용은 상표적 사용이라는 점이 간과되었다. 넷째, 지식재산권법의 기본 원리는 창작적 요소를 보호한다는 것이다. 창작의 정도가 높으면 강하게 보호하고, 창작의 요소가 낮으면 약하게 보호한다. 상표법도 예외가 아니다. 논자에 따라서는 상표법은 창작법이 아니라고 하나, 강한 지적, 정신적 창작물이 아니라는 의미이지 창작적 요소가 없다는 취지는 아니다. 상표에서의 창작성이란 식별력을 말한다. 창작/조어상표의 경우에는 해당 표장에서 발생하는 식별력이 강하므로 강한 보호를 하여 준다. 그 반면에 일반/관용명칭의 경우에는 본질적인 식별력이 존재하지 않으므로 상표로서 보호하지 않는다. 기술적 명칭의 경우에도 본질적인 식별력은 존재하지 않지만 사용에 의하여 식별력이 발생한 경우에 상표로서 보호한다. 식별력이 강하지 않으므로 보호정도도 매우 낮을 수밖에 없다. 따라서 우리은행이 상표로서 등록되더라도 그 보호정도는 크지 않다.

　　나아가 우리은행 사건에서 대법원이 '우리'라는 용어에 대한 독점을 우려한 것이라면 일반명칭이나 관용명칭에 대해서도 같은 태도를 유지하여야 한다. 즉, 일반명칭이나 관용명칭에 대해서는 제33조 제2항에 의한 상표등록을 부정하여야 한다. 앞서 언급한 바와 같이 현재 우리나라에서는 일반명칭이나 관용명칭에 대해서 제33조 제2항에 의한 상표등록이 허용된다고 하는 견해가 있고, 대법원 판례는 확실하지 않지만 긍정적이라고 할 수 있다. 그러나 우리은행 사건에서 대법원이 보여준 논리라면 이를 부정하는 것이 타당하다. 왜냐하면 일반명칭이나 관용명칭은 만인이 공유하여야 할 인류의 자산이기 때문에 특정인이 독점을 하는 것은 공서양속에 반하기 때문이다.229) 판결과 같은 결론에 이르더라도 제

---

228) 상표법 제89조의 상표권에 대한 해설부분에서 언급하는 바와 같이, 우리은행 사건이 상표의 기본 법리를 무시한 결과가 된 것은 상표법 제33조 제2항에 의하여 식별력이 발생하여 등록한 상표는 제90조의 제한을 받지 않는다는 판례 때문일 수도 있다. 그러나 상표법 제33조 제2항에 따라 등록한 상표는 제90조에 규정된 상표권의 제한을 받지 않는다는 판례는 상표법 제90조의 법리를 잘못 이해한 것으로 생각된다.

229) 그러나 한편 대법원은 상표법 제33조 제1항 제7호에 해당하는 상표의 경우에도 제33조 제2항에 의한 상표등록을 인정하고 있으나 제7호 사유는 개별적으로 파악하여 제33조 제2

34조 제1항 제4호의 공서양속위반의 문제가 아닌 제33조 제1항의 독점부적응성설에 의한 식별력의 부존재 문제로 보는 것이 더 논리적이고 근본적인 해결책이다. 물론 기술적 의미로 보더라도 공중의 해당 명칭 사용에 문제가 발생하는 것은 아니다.

진정상품을 병행수입하는 자도 그 상품의 상표를 사용할 수 있어야 한다. 대법원은 '버버리' 사건[230]에서

> 병행수입업자가 위와 같이 소극적으로 상표를 사용하는 것에 그치지 아니하고 나아가 적극적으로 상표권자의 상표를 사용하여 광고·선전행위를 하더라도 그로 인하여 위와 같은 상표의 기능을 훼손할 우려가 없고 국내 일반 수요자들에게 상품의 출처나 품질에 관하여 오인·혼동을 불러일으킬 가능성도 없다면, 이러한 행위는 실질적으로 상표권 침해의 위법성이 있다고 볼 수 없을 것이므로, 상표권자는 상표권에 기하여 그 침해의 금지나 침해행위를 조성한 물건의 폐기 등을 청구할 수 없다고 봄이 상당하다.

라고 하였는바, 진정상품의 병행수업업자가 그 물품의 상표를 사용할 수 있는 것은 그 상품에 대하여 진실을 말하는 것이기 때문이다.[231] 상표권도 때에 따라서는 진실을 말하는 권리에 우선할 수 없다. 다만 그러한 진실을 말하는 정도를 벗어나 소비자에게 혼동을 발생시키는 행위는 진실을 말하는 자유권의 범위를 넘는 것이므로 부정경쟁행위가 될 수 있다.[232]

항이 적용될지 여부를 결정하여야 한다. 대법원 2003. 7. 11. 선고 2001후2863 판결은 "상표법 제6조(2016년 개정 상표법 제33조) 제1항 제7호는 같은 조 제1항 제1호 내지 제6호에 해당하지 아니하는 상표라도 자기의 상품과 타인의 상품 사이의 출처를 식별할 수 없는, 즉 특별현저성이 없는 상표는 등록을 받을 수 없다는 것을 의미할 뿐이므로, 어떤 표장이 그 사용 상태를 고려하지 않고 그 자체의 관념이나 지정상품과의 관계 등만을 객관적으로 살펴볼 때에는 특별현저성이 없는 것으로 보이더라도, 출원인이 그 표장을 사용한 결과 수요자나 거래자 사이에 그 표장이 누구의 업무에 관련된 상품을 표시하는 것으로 현저하게 인식되기에 이른 경우에는 특별한 사정이 없는 한 그 표장은 상표법 제6조 제1항 제7호의 특별현저성이 없는 상표에 해당하지 않게 되고, 그 결과 상표등록을 받는 데 아무런 지장이 없으며(대법원 2001. 4. 10. 선고 2001후58 판결 참조), 상표법 제6조 제2항에 상표법 제6조 제1항 제7호가 포함되어 있지 않다는 사정만으로 이를 달리 볼 것은 아니다."라고 판시하고 있다.

230) 대법원 2002.9.24. 선고 99다42322 판결.
231) 이를 지명적 공정사용(nominative fair use)라고 함은 앞서 지적했다.
232) 대법원 2002. 9. 24. 선고 99다42322 판결 참조. 2016년 개정 상표법 제90조 제3항 및 제99조 제1항 제1호 및 제3호 참조.

5. 사실상 이차적 의미(de facto secondary meaning)

이차적 의미는 법적인 의미와 사실상의 의미로 구분될 수 있다. 법적 의미의 이차적 의미는 상표법에 의하여 식별력으로 인정된다. 따라서 식별력이 없는 상표라도 사용에 의해서 이차적 의미가 발생한 경우에는 상표법 제33조[233] 제2항에 의해서 상표등록을 할 수 있다. 그러나 식별력이 발생하더라도 상표법 제33조 제2항에 의해서 상표등록을 할 수 없는 상표가 있는데 이러한 경우에는 사실상 이차적 의미가 발생한 경우라고 할 수 있다. 이는 상표가 사회생활의 일부로서 사용되어 사회적 의미를 갖기 때문이다. 그러나 법적인 의미에서는 이를 식별력이라고 인정하지 않을 수 있다. 다만, 사실상 이차적 의미란 상표가 사용되는 해당상품의 일반명칭이나 관용명칭이 아닌 일반명칭이나 관용명칭을 구성하는 문자의 특이성이나 상품 등의 특이성으로 발생하는 것이라는 점은 앞서 설명하였다.[234]

사실상 이차적 의미가 발생하였지만 상표법상 등록을 할 수 없어 상표법에 의한 권리가 발생하지 않는 상표라도 부정경쟁방지법에 의해서 보호될 수 있다. 예컨대, 일반명칭에 대해서는 법적 의미의 식별력이 인정되지 않지만, 사실상의 식별력은 인정될 수 있다. 일반명칭을 상품의 출처표시로 사용하여 자타상품의 식별력이 발생하는 경우에 이는 사실상 이차적 의미(de facto secondary meaning)가 발생한 것으로서 상표법적으로 평가되는 식별력, 법적 식별력이라 할 수 없다.[235] 따라서 상표법 제33조 제2항에서 규정하는 의미의 식별력은 아니다. 이

---

233) 2016년 개정 전 상표법 제6조.

234) 물론 특이성의 정도가 문자와 관계없이 발생하는 경우에는 그 특이성에서 식별력이 발생할 수 있다. 예컨대, 도형으로 구성된 일반명칭인데, 일반명칭으로 인식이 되지 않는 경우이다. 대법원 2002. 6. 11. 선고 2000후2569 판결 ("필기체로 표기된 'Jazz' 부분의 도안화 정도가 문자의 기술적 또는 설명적인 의미를 직감할 수 없을 만큼 문자인식력을 압도하여 일반인의 특별한 주의를 끌 정도이므로 출원상표는 전체적으로 '지정상품의 품질·효능을 보통으로 사용하는 방법으로 표시하는' 표장이라고 단정할 수 없다.").

235) 일반명칭에는 사용에 의하여 법적인 이차적 의미가 발생하지 않는다는 보는 것이 미국의 판례와 통설이라고 할 수 있다. McCharthy 교수는 "특정 단어가 일단 상품의 종류를 지칭하는 것이었다면, 이차적 의미가 발생하였다고 입증하여 법적 보호를 받을 수 있는 방법(증거)은 없다(Once determined to be a generic designation of a class of goods, no amount of evidence of purported secondary meaning can give legal protection to that generic term)"라고 한다. 1 J. MCCARTHY, Trademarks and Unfair Competition 15:7, 534; Abercrombie & Fitch Cov. V. Hunting World, Inc., 537 F. 2d 4, 9 (2d. Cir. 1976); CES Publishing Corp. v. St. Regis Publications Inc., 531 F. 2d 11, 13 (2d Cir. 1975); Millar Brewing Co. v. Falstaff Brewing Corp. 655 F.2d 5, 8-9 (1981); Soweco Inc. v, Shell Oil

러한 사실상의 이차적 의미가 발생한 경우에는 부정경쟁방지법에 의해서 보호
받을 수 있다. 부정경쟁방지법은 혼동으로부터 보호하는 것이다. 사실상 이차적
의미가 발생한 상표나 서비스표에 대하여 타인이 상품이나 서비스의 출처의 혼
동이 발생하게 하면 이는 부정경쟁행위가 된다. 예컨대 아스피린과 같이 일방명
칭 상표에 대하여 상품주체에 대하여 혼동을 발생시키는 경우가 이에 해당한다
고 할 수 있다.236) 뿐만 아니라 상표의 공정사용에 해당하여 상표침해가 발생하
지 않더라도 상품주체의 혼동이 발생하는 경우에는 부정경쟁행위가 성립된다.
이점에 대하여 버버리 사건에서 대법원은

> 병행수입업자가 적극적으로 상표권자의 상표를 사용하여 광고·선전행위를
> 한 것이 실질적으로 상표권 침해의 위법성이 있다고 볼 수 없어 상표권 침해가
> 성립하지 아니한다고 하더라도, 그 사용태양 등에 비추어 영업표지로서의 기능
> 을 갖는 경우에는 일반 수요자들로 하여금 병행수입업자가 외국 본사의 국내
> 공인 대리점 등으로 오인하게 할 우려가 있으므로, 이러한 사용행위는 부정경쟁
> 방지및영업비밀보호에관한법률 제2조 제1호 (나)목 소정의 영업주체혼동행위에
> 해당되어 허용될 수 없다.237)

라고 하여, 부정경쟁행위가 성립할 수 있음을 인정하였다. 그러나 부정경쟁행위
가 발생하는 영역이 매우 협소할 수밖에 없다. 진실을 말하는 표현의 자유가 우
선적으로 보장되어야 하기 때문이다.

일반명칭에 대해서도 식별력의 발생에 의해서 상표법 제33조 제2항에 따라
상표등록을 할 수 있다는 견해238)도 있는데, 이러한 견해는 사실상의 식별력과 법
적인 식별력의 구분을 인정하지 않는 것이라고 할 수 있다. 그러나 일반명칭은 만
인의 공유재산권(publici juris)이므로 사유화를 인정할 수 없고, 매우 희소한 자원이

Co., 617 F.2d 1178, 1185 n 20(5th Cir. 1980) Purolator, Inc. v. EFRA Distribs., 687 F.2d
554, 562 (1st Cir. 1982) G. & C. Merriam Co. v. Saalfield, 198 F. 369, 373 (6th Cir.
1912), *cert. denied*, 243 U.S. 651 (1917) Robert P. Merges 외 3, Intellectual Property in
the New Technological Age, 567 (1997); Arthur R. Miller 외1, Intellectual Property: Patents,
Trademarks, and Copyright in a Nutshell, 175-177 (3rd Ed. 2000). Restatement (Third) of
Unfair Competition, 15, cmt. a (ALI 1995). W.E. Bassett Co. v. Revon, Inc., 435 F.2d 656
(2nd Cir. 1970).

236) 부정경쟁방지법 제2조 제1항 제1호.
237) 대법원 2002. 9. 24. 선고 99다42322 판결(버버리 사건).
238) 각주 194 참조.

라는 공익적인 이유도 법적인 이차적 의미의 발생을 부정하는 근거가 된다. 뿐만 아니라 해당상품의 일반명칭이나 관용명칭 그 자체만으로는 사실상의 식별력도 발생할 수 없다고 함은 앞서 언급한 바와 같다. 현재 우리상표법 제33조 제2항도 제1항 제1호 일반명칭과 관용명칭을 제외함으로서 이러한 취지로 규정하고 있다.

6. 상표(trademarks), 표장(marks) 및 라벨(label)

상품의 출처를 표시하기 위해서 사용되는 관념적인 상표와 상표로 사용하는 표장과 상표와 표장으로 사용될 수 있는 사실적이고 물리적인 라벨(label)이나 상표견본은 구별된다. 그리고 이러한 외형의 물체에 나타나 있는 라벨이나 상표견본에 나타나 있는 문자, 기호 등의 표시가 표장(標章, marks)[239]을 구성한다. 그리고 표장을 이용하여 자타상품을 식별하기 위하여 사용하는 것이 상표(trademarks)이다. 즉 상표란 상품에 사용될 때 그 의의가 발생하는 것이다.

상표는 사회적 사실관계를 규범적 또는 관념적 의미로 인식한 것이기 때문에 표장이나 라벨과 구별된다. 예컨대, KODAK 상표와 동일한 모양의 외형의 물체에 문자표지가 만들어진 경우, 이는 라벨이다. 기념품으로 상표와 동일하게 만들어진 경우도 이에 해당한다. 물론 이러한 외형의 물체에 나타나 있는 라벨이 관념적인 표장이 되고, 표장이 상품에 사용되어 상품의 출처표시로 인식될 때 상표라고 할 수 있다. 그리고 라벨은 상표로 사용될 수 있는 하나의 표장이 될 수 있을 뿐 같은 것은 아니라고 할 것이다.

상표법시행규칙 제36조 제1항 제1호는 상표등록출원서에 첨부되어야 하는 것으로 '상표견본'을 규정하고 있다. 이 경우에 상표견본은 물리적인 의미로서 라벨이라 할 수 있다. 상표견본은 물리적이고 사실적인 것이기 때문에 상표라고 할 수는 없다. 라벨이나 상표견본만이 독자적인 유통대상에 해당할 수 있다.[240] 이런 경우에는 상표 라벨 그 자체는 상품에 사용되는 것이 아니므로 독자적으로 유통되는 상품 그 자체이지 상표라고 할 수는 없다.

이러한 구별이 의미 있는 이유는 우리 상표법 제108조[241] 때문이다. 상표법 제108조는 "타인의 등록상표와 동일 또는 유사한 상표를 그 지정상품과 동일

---

239) 상표법 제2조 제1항 제2호에 규정된 표장은 "기호·문자·도형·소리·냄새, 입체적 형상, 홀로그램·동작 또는 색채 등으로서 그 구성이나 표현방식에 상관없이 상품의 출처(出處)를 나타내기 위하여 사용하는 모든 표시"를 의미한다.

240) 대법원 1999. 6. 25. 선고 98후58 판결 참조. 본 판결은 독자적인 유통대상이 아닌 물품에 있는 상표는 상표라고 할 수 없다고 판시하고 있다.

241) 2016 개정 전 상표법 제66조.

또는 유사한 상품에 사용하거나 사용하게 할 목적으로 교부·판매·위조·모조 또는 소지하는 행위"(제1항 제2호) 및 "타인의 등록상표를 위조 또는 모조하거나 위조 또는 모조하게 할 목적으로 그 용구를 제작·교부·판매 또는 소지하는 행위"(제1항 제3호)는 상표권 또는 전용사용권을 침해한 것으로 본다고 규정하고 있다. 제2항에서 '사용하게 할 목적으로 교부·판매·위조·모조 또는 소지하는 행위'와 '그 용구를 제작·교부·판매 또는 소지하는 행위'의 목적물이 정확하게 상표인지 표장인지 또는 라벨인지를 명확히 할 필요가 있다. 위 규정상으로는 '상표'라고 되어 있으므로 라벨을 유통시킨 경우에는 위 조항에 해당하지 않는다고 할 수 있다. 그러나 상품에 사용하게 할 목적으로 교부 등을 하는 행위나 그 용구를 제작·교부·판매 또는 소지하는 행위의 대상은 라벨 또는 상표견본이라고 생각된다. 왜냐하면 위 조항이 의도하고자 했던 것은 라벨을 사용하여 등록상표와 동일 또는 유사한 상표를 그 지정상품과 동일 또는 유사한 상품에 사용하게 하는 것을 상표침해로 간주하고자 한 것으로 판단되기 때문에 상표적 사용을 하기 위한 라벨만이 본조에 해당한다고 할 수 있기 때문이다.

　　참고로 미국에서는 유사한 문제가 발생한 적이 있다. U.S. v. Giles 사건242)에서 제10순회법원은 유명상표의 상표라벨과 상표메달을 위조한 혐의로 기소된 피고인에 대하여 무죄를 선고하였다. 법원은 18 U.S.C. §2320은 상품에 부착되지 않은 상표라벨의 불법거래를 금지하지 않고 있으므로 상품에 사용하지 않는 위조된 상표라벨의 취득이나 유통행위 등은 1996년 법 위반이 아니라고 판결하였다. 이 사건 피고인 Donald Ralph Sonny Giles는 조지아주 애틀란타에 "Fabulous Fakes"라는 회사를 운영하고 있었다. 피고인의 회사는 핸드백, 벨트, 시계 및 기타 디자이너 스타일의 액서사리와 같은 종류의 상품을 판매하고 있었다. 피고인의 회사는 Dooney & Bourke와 같은 유명상표의 로고가 부착된 가방이나 지갑 등에 부착되는 상표로 부착될 수 있는 상표 라벨 세트("patch set")를 다량으로 도매시장에도 판매하고 있었다. 소비자가 이러한 라벨 세트("patch set")를 구입하여 상표가 없는 지갑이나 가방에 부착하면 Dooney & Bourke의 제품과 같은 위조 상품이 되었다.

　　연방경찰이 수사에 착수하여, Michael Davenport243)이 피고인의 회사로부터 상표세트(patch set)를 구입하는 것처럼 가장하여 피고인에게 접촉하였다. 피고인의 회사는 Michael Davenport에게 1,000개의 위조된 Dooney & Bourke의 라벨

---

242) U.S. v. Giles, 213 F.3d 1247, 1250-51 (10th Cir. 2000).
243) Michael Davenport도 오클라호마에 있는 위조상품의 중간판매상이었다.

세트("patch set")를 오클라호마로 배송하였다. 경찰은 피고인을 18 U.S.C. § 2320
상 불법거래를 한 혐의로 체포하여 기소하였다. 1심 법원(trial court)은 피고인의
무죄항변과 석방요청을 기각하면서 16월의 징역형과 3,000달러의 벌금 및 2년
의 보호관찰(supervised release)을 선고했다.

　　그러나 제10순회법원은 피고인이 판매한 상표 라벨 세트("patch set")는 라벨
이므로 18 U.S.C. §2320상의 '상품'을 구성하지 않고, 18 U.S.C. §2320은 상품
에 관련되지 않은 위조된 라벨의 유통을 금지하지 않는다고 하였다. 따라서 법
원은 라벨 유통만으로는 피고인을 처벌할 수 없다고 하였다.

　　이에 2006년 미국 정부는 Stop Counterfeiting in Manufactured Goods Ac
t[244])와 Protecting American Goods and Services Act of 2005[245])를 제정하고
2006. 3. 16. 부시 대통령이 위 법에 서명·공포하여 효력이 발생하였다. 위 법
은 미국 특허상표청에 등록된 상표나 서비스에 사용되거나 또는 이에 관련하여
만들어지거나(designed) 시장판매되거나(marketed) 또는 달리 의도된(otherwise in-
tended) 경우에 위조상표(counterfeit mark)가 된다고 명시하여[246]) 위조 상표라벨이
반드시 상품에 사용될 것을 요구하지 않았다.

　　타인의 등록상표와 동일 또는 유사한 상표를 그 지정상품과 동일 또는 유
사한 상품에 사용하거나 사용하게 할 목적이 없이 단순히 라벨을 교부·판매·
위조·모조 또는 소지하는 행위만으로는 본조에 해당한다고 할 수 없다고 판단
된다. 예컨대, 장난감용이나 교육용으로 단순히 라벨만을 위조한 경우에는 그
위조한 상표표장이 등록상표와 동일하거나 나아가 그 라벨을 상품에 부착하여
위조상품을 판매한다고 하더라도 본조에 해당하지 않는다고 해야 한다. 그러나
그러한 상표 라벨을 제3자가 구입하여 상품에 부착하여 판매하는 경우에는 위
조상품의 판매라고 하여야 할 필요성이 있다. 따라서 제3자가 이러한 라벨을 상
품에 부착하여 사용하는 경우에 제108조에 해당하는지가 문제될 수 있다. 만일
현행법하에서 위와 같은 제108조의 간접침해행위를 상표 침해죄로 처벌하고자
한다면, 죄형법정주의 및 명확성의 원칙상 그 의미를 명확하고 구체적으로 표현
하여야 할 것이다.[247]) 2016년 개정 상표법에 이러한 문제점이 좀 더 명확하게

---

244) "Stop Counterfeiting in Manufactured Goods Act"는 18 U.S.C. §2320(a),(b),(c),(d),(f),(g)에
　　해당한다.
245) "Protecting American Goods and Services Act of 2005"는 18 U.S.C. §2320(e)에 해당한다.
246) 18 U.S.C. §2320(e)(1)(A)(iii).
247) 상표의 간접침해를 형사처벌할 수 있는지는 명확하지 않을뿐더러 판례도 아직 없다. 다
　　만 특허권의 경우에는 간접침해를 형사처벌할 수 없다는 대법원 판례(대법원 1993. 2. 23.

반영되지 않은 것은 아쉬운 점이다.

7. 상표보호의 확대: 혼동 이론과 희석화 이론

근세기에 있어서 상표법리 확립에 관련되어 가장 영향력 있는 논문 중의 하나인 The Rational Basis of Trademark Protection[248]에서 Frank I. Schechter는, 상표는 상품이나 서비스의 수요창출에 생각보다 더 많은 역할을 한다는 점을 지적하면서, 상표의 기능은 출처표시 이상의 것이라고 했다. Schechter는 판례 분석을 통하여 특히 유명상표의 경우에 소비자는 출처에 대한 관심보다는 상표가 전달하는 정보에 의존하게 된다고 한다. 상표를 통하여 상품의 생산자는 소비자와 소통을 할 수 있게 되고, 이는 법적으로 중요성을 가지게 된다고 한다. Schechter는 소비자가 가지는 상품에 대한 만족도는 미래에서도 그 상품에 대한 신뢰와 소비욕구를 가지게 하므로, 결국 상표는 상품을 판매하고 상표의 식별력이 높을수록 판매력이 높아진다고 한다. 따라서 상표는 전통적인 출처표시의 기능으로부터 정보전달적 기능이 중요시되고, 상표법도 이러한 정보전달적 기능을 보호하여야 한다고 주장했다.

Schechter의 이론을 희석화 이론(dilution theory)이라고 한다. 희석화 이론은 기존의 혼동 이론(confusion theory)과 구별된다. 혼동 이론은 상표는 상표가 사용되는 상품과의 관계에서 그 가치를 인정하고, 상품과 분리되어 상표만의 독자적인 가치를 인정하지 않는다. 전통적인 혼동이론은 상표는 특정한 상품에 사용되는 관계에서만 상표의 가치를 인정한다. 그러나 희석화 이론은 상표가 사용되는 상품과 분리시켜 상표만의 독자적인 가치를 인정한다. 희석화 이론에서 상표만의 독자적인 가치를 인정하는 상표는 모든 상표가 아니라 유명상표(famous trademarks)이다. 희석화 이론에 의하면 유명상표는 상품과 분리되어 유명상표 자체에서 정보를 전달하는 힘이 있다고 한다.

우리나라 상표법은 전통적인 혼동이론에 입각하여 상표권의 효력을 규정하고 있다. 2016년 개정 상표법 제89조[249]는 "상표권자는 지정상품에 관하여 그

선고 92도3350 판결)가 있다. 사실상 폐기된 ACTA(위조상품의 거래방지에 관한 협정) 제 23.2조는 위조라벨의 수입을 형사처벌하도록 규정하고 있었다. 우리법도 이에 대한 대응이 필요하다.

248) Frank I. Schechter, The Rational Basis of Trademark Protection, 40 Harv. L. Rev. 813, 831-832 (1926-1927).

249) 2016년 개정 전 상표법 제50조.

등록상표를 사용할 권리를 독점한다."라고 규정하여 전통적인 혼동이론의 3요소에 입각하고 있다. 즉 우리 상표법상 상표권은 "상표"를 "상품"에 "사용"하는 권리이다. 즉 지정상품 이외에 다른 상품에 사용하는 권리는 부여되지 않았다. 따라서 이종상품에 대한 상표권의 효력은 부여되지 않는다. 그러나 희석화 이론은 상표가 사용된 상품과 동일하거나 유사상품 이외의 다른 상품, 즉 이종상품에 대한 효력도 인정한다. 이종상품에 사용하더라도 유명상표의 정보전달적 가치는 침해된다고 보기 때문이다.

우리 상표법이 혼동이론에 입각하여 규정하고 있다는 것은 상표법 제33조250) 제1항을 보더라도 명확하다. 즉 상표는 특정한 상품과의 관계가 중요한데, 식별력을 규정하고 있는 상표법 제33조 제1항 제1호 내지 제3호는 "그 상품의"라고 하여 상표가 사용되는 상품의 보통명칭, 관용명칭 및 기술명칭은 식별력이 없다고 규정하고 있다. 이는 상표는 그 상표가 사용되는 특정상품과의 관계가 중요하다는 것을 간접적으로 인정하고 있는 것이다. 따라서 상표는 그 상표가 사용되는 상품과의 관계를 고려하지 않을 수 없고, 이는 전통적으로 형성되어온 혼동 이론의 법리가 수용되어 있는 것으로 볼 수 있다.

다만 희석화 이론은 상표법 제34조251)의 부등록사유에 수용되어 있고,252) 부정경쟁방지법에서는 유명상표의 식별력이나 명성을 손상하는 행위를 부정경쟁행위로 규정하여 수용하고 있다.253) 2016년 개정 상표법에서 희석화 이론은 적극적으로 상표권의 효력에 도입되어 있는 것이 아니라 소극적으로 타인의 상표등록을 거절할 수 있도록 도입되어 있는 것이다.

다만, 희석화 이론과 현재의 상표보호 확대 경향에 대해서는 언어의 독점을 우려하는 등 비판적인 견해254)와 희석화 이론은 변화된 상표의 기능을 수용할 수 있다는 견해 등이 있다.255) 상표보호의 확대는 한편으로 상표권자의 재산권의 확대를 가져오지만, 다른 한편으로는 일반 공중이 누리는 자유권에 대한 제

---

250) 2016년 개정 전 상표법 제6조.
251) 2016년 개정 전 상표법 제7조.
252) 2016년 개정 전 상표법 제7조 제1항 제10호 및 제12호 참조. 본 조항들은 동일 또는 유사상품 관련성을 요구하지 않고 있다.
253) 부정경쟁방지법 제1항 제1호 다목 참조.
254) Mark A. Lemley, The Modern Lanham Act and the Death of Common Sense, 108 Yale L.J. 1687-1688 (1999); Robert G. Bone, Hunting Goodwill: A History of the Concept of Goodwill in Trademark Law, 86 B.U. L. Rev. 547 (2006) 등.
255) Mark P. McKenna, Testing Modern Trademark Law's Theory of Harm. 95 Iowa L. Rev. 63 (2009).

한을 가져올 수 있다. 따라서 희석화 이론에 의해서 상표보호를 확대하기 위해서는 상표의 역할에 대한 재검토와 위와 같은 문제점에 대한 사전 논의가 선행되어야 할 것이다.256)

　그럼에도 불구하고 부정경쟁행위가 아닌 상표법상 상표등록에 있어서 희석화 이론을 수용하고 있는 것으로 보이는 판례가 있다. 대법원은

　　　상표법 제6조 제1항 제4호는 현저한 지리적 명칭·그 약어 또는 지도만으로 된 상표는 등록을 받을 수 없다고 규정하고 있다. 이와 같은 상표는 그 현저성과 주지성 때문에 상표의 식별력을 인정할 수 없어 어느 특정 개인에게만 독점 사용권을 부여하지 않으려는 데 그 규정의 취지가 있다. 이에 비추어 보면, 상표법 제6조 제1항 제4호의 규정은 현저한 지리적 명칭 등이 다른 식별력 없는 표장과 결합되어 있는 경우에도 적용될 수 있기는 하나, 그러한 결합에 의하여 본래의 현저한 지리적 명칭 등을 떠나 새로운 관념을 낳거나 새로운 식별력을 형성하는 경우에는 위 법조항의 적용이 배제된다.257)

라고 판시하고 있다("서울대학교 판결"). 본 판결은 "현저한 지리적 명칭 등이 다른 식별력 없는 표장과 결합되어 있는 경우에도 적용될 수 있기는 하나, 그러한 결합에 의하여 본래의 현저한 지리적 명칭 등을 떠나 새로운 관념을 낳거나 새로운 식별력을 형성하는 경우에는 위 법조항의 적용이 배제된다."라고 하고 있다. 결과적으로 판결의 효력에 따라 상표등록을 한다면 상표의 유명성에 의하여 상표등록을 인정하는 것으로서 언어의 독점이 발생하는 것이다.

　본 판결은 기존의 대법원 판결과 배치되는 것으로 판단된다. 대법원은

　　"[경남대학교] 산학협력단이 등록서비스표 " 경남대학교 KYUNGNAM UNIVERSITY 慶南大學校 "의 등록권리자인 [경남대학교] 학교법인을 상대로 등록서비스표가 상표법 제6조 제1항 제4호, 제7호 등에 해당한다는 이유로 등록무효심판청구를 한 사안에서, 등록서비스표의 구성 중 '경남대학교' 부분은 그 자체로는 현저한 지리적 명칭인 '경상남도'의 약어인 '경남'과 보통명칭인 '대학교'를 표시한 것에 지나지 않아 식별력이 있다고 할 수 없으나, 오랜 기간 지정서비스업에 사용된 결과 등록결정일 무렵에

---

256) Jennifer E. Rothman, Initial Interest Confusion: Standing at the Crossroads of Trademark Law, 27 Cardozo L. Rev. 105, 190 (2005).
257) 대법원 2015. 1. 29. 선고 2014후2283 판결.

는 수요자 사이에 그 표장이 [경남대학교] 학교법인의 업무에 관련된 서비스업을 표시하는 것으로 현저하게 인식되기에 이르렀으므로 그 표장이 사용된 지정서비스업에 관하여 식별력을 가지게 되었다258)"

라고 판시한 바가 있다. '경남'은 현저한 지리적 명칭이지만, 사용에 의하여 식별력을 취득할 수 있다고 한 것으로서 앞서의 서울대학교 판결과는 다른 입장이다.

서울대학교 판결은 유명성에 의하여 현저한 지리적 명칭성을 부인한 판결이다. 상표법 제33조 제1항 제4호는 기존의 혼동이론 체계에 따른 규정으로서 현저한 지리적 명칭은 상표등록여부를 결정함에 있어서 그 사용상품과 관련없이 현저한 지리적 명칭인지 여부의 사실판단만이 문제가 된다. 그러나 동 판결은 "서울대학교"는, 물론 현저한 지리적 명칭을 떠나 새로운 관념을 낳거나 새로운 식별력을 형성하는 경우라고 하여 현저한 지리적 명칭이 아니라는 점을 애둘러 말하기는 했지만, 어느 상품에 사용하든지 식별력이 있다고 한 것으로서 이런 결과를 명시적으로 부정하는 현저한 지리적 명칭에 관한 상표법 규정259)과 배치되는 판결로 판단된다. 현재 희석화 이론은 유명상표를 부정경쟁법으로 보호하거나 소극적으로 유명상표를 희석화하는 상표를 상표등록거절사유로서 규정하고 있지만, 위 서울대학교 판결은 더 나아가 적극적으로 희석화 이론을 상표등록의 허용 논거로 도입한 획기적인 판결이라고 할 수 있겠다. 그리하여 "서울대학교"라는 명칭은 특정 대학교에서만 사용할 수 있다. 그 표장의 사용상품을 불문하게 된 것이다. 그러나 이는 획기적인 만큼 법에 명시적으로 규정된 조항에 대한 법원의 법령해석권한을 넘는 것이다. 상표등록을 허용하는 적극적인 희석화 법리의 도입은 입법에 의하여 해결할 문제이지 판결로서 해결할 수 있는 문제가 아니다. 이것이 국회의 입법권을 침해하는 판결로 보이는 이유이다.

Ⅳ. 상표의 기능

전통적으로 상표는 출처표시와 품질보증기능을 가지고 있다. 그리고 대중매체의 발전과 상거래의 확장으로 광고선전기능을 가지고 있다고 할 수 있다.

---

258) 대법원 2012. 11. 15. 선고 2011후1982 판결.
259) 상표법 제33조 제1항 제4호.

상표법리의 형성은 출처표시와 품질보증기능을 기반으로 하고 있다.

최근에는 상표의 정보전달기능이 중시되고 있다. 전통적인 출처표시기능과 품질보호기능 모두 상품에 대한 정보를 전달하는 것이지만 종래의 정보전달은 그 상표가 사용되는 상품과 관련한 정보전달에 그 중심이 있었다. 혼동이론은 이러한 입장을 바탕으로 한다. 혼동 이론은 in gross/appurtenant dichotomy에 충실하게 된다. 따라서 혼동 이론에서는 상품과 분리되어 상표 그 자체만의 기능은 인정하지 않을뿐더러 그러한 상표의 기능은 보호되지 않는다. 그러나 현재는 정보전달은 상표 자체가 가지는 정보전달기능을 중시하는 경향이다. 상품과 분리되어 상표 자체가 정보전달적 기능을 하고 있고, 그러한 정보전달적 기능은 보호되어야 한다는 것이다. 희석화 이론은 상표자체의 정보전달적 기능을 중시한 이론이다. 따라서 희석화 이론은 상표와 그 상표가 사용되는 상품이 불가분의 관계에 있다는 in gross/appurtenant dichotomy를 중시하지 않는다.

또한 상표는 상표권자 보호는 물론 소비자 보호를 하는 기능을 가지고 있다. 상표에 대한 법리자체가 소비자 보호에서 출발하여 현재에는 상표권자를 보호하고 있지만, 여전히 소비자 보호기능은 상표보호의 출발점이다. 우리 상표법 제1조는 "이 법은 상표를 보호함으로써 상표사용자의 업무상의 신용유지를 도모하여 산업발전에 이바지함과 아울러 수요자의 이익을 보호함을 목적으로 한다."라고 하여 상표권자보호와 소비자[260] 보호에 그 목적이 있음을 나타내고 있다. 따라서 상표는 소비자를 보호하는 기능을 수행하여야 한다.

상표의 기능과 목적이 소비자 보호인지 또는 상표권자 보호인지 문제는 상표권의 법리 형성에 있어서 매우 중요한 역할을 한다. 만일 상표권자 보호가 주된 목적이라면 상표권의 배타성이 강하게 보호되고, 부정사용에 의한 기망으로부터 소비자 보호가 중시되는 것이라면 소비자에 대한 기망적 행위가 없는 경우에는 상표권침해가 인정되지 않는다고 하게 된다. 이는 상표법 제89조와 제90조 사이의 관계와 범위 설정에 매우 중요한 요소가 된다. 예컨대 소비자 보호에 중점을 두는 경우에는 상품에 대한 설명적인 사용(descriptive use)은 소비자 기망이 없기 때문에 타인상표를 설명적으로 사용하더라도 상표침해라고 볼 수 없으나 상표권자 보호에 중점을 둔다면 소비자 기망이 없더라도 설명적 사용이 상표침해를 구성할 수 있다. 예컨대 타인의 상표를 그대로 사용한 상태에서 그 타

---

260) 상표법은 수요자라는 용어를 사용한다. 이는 공정거래법영역과 구분하고자 하는 것으로 보이나, 소비자나 수요자는 같은 의미로 이해하기로 한다.

인의 상품을 재포장하여 판매하는 행위는 어느 관점을 중요시하느냐에 따라 결론이 달라질 수 있다. 실제로 미국연방대법원은 타인의 향수를 소포장으로 나누어 판매하는 경우에 소비자로 하여금 혼동방지조치를 취하는 한 상표권침해가 아니라고 하였다.261) 이에 대하여 일본 지방법원은 등록상표의 사용은 상표권자 고유의 권한이므로 상표권침해라고 한 바 있다.262)

〈나종갑〉

---

261) Prestonettes, Inc., v. Coty, 264 U.S. 359 (1924).
262) 대판지재(大阪地裁) 소화 51.8.4 판결, 김원오, "상표법상 '상표의 사용'을 둘러싼 법적 쟁점과 과제" 정보법학(제14권 1호), 정보법학회(2011), 28에서 재인용.

제2조(정의)
① 이 법에서 사용하는 용어의 뜻은 다음과 같다.
1. "상표"란 자기의 상품(지리적 표시가 사용되는 상품의 경우를 제외하고는 서비스 또는 서비스의 제공에 관련된 물건을 포함한다. 이하 같다.)과 타인의 상품을 식별하기 위하여 사용하는 표장(標章)을 말한다.
2. "표장(標章)"이란 기호·문자·도형·소리·냄새, 입체적 형상, 홀로그램·동작 또는 색채 등으로서 그 구성이나 표현방식에 상관없이 상품의 출처(出處)를 나타내기 위하여 사용하는 모든 표시를 말한다.

〈소 목 차〉

Ⅰ. 본조의 취지

1. 상표의 정의

본조는 상표법상의 상표의 정의에 관한 규정이다. 상표는 상표법의 적용을 받는 규범적인 상표뿐만 아니라 사실상 상품의 식별표지로 사용되는 관념적인 상표를 포함한다. 상표법상 상표는 상표법 제2조에 정의되어 있는 바와 같이 "자기의 상품과 타인의 상품을 식별하기 위하여 사용하는 표장"을 말한다. 그리고 여기서 상품은 서비스와 해당 서비스의 제공에 관련된 물건을 포함한다.[1] 이와 같은 상표는 등록을 전제로 상표법상 상표로서 보호를 받을 수 있다.

상표법을 포함한 지적재산권은 준물권의 일종이다. 상표법은 제89조에서

---

* 본 장은 필자의 미국상표법연구, 글누리, 2006(특히, 128-185면) 발췌하거나 수정 게시한 부분을 포함하고 있다.

1) 본조는 종전에 상표와 서비스표를 구분하여 정의하던 것을 상표의 정의에 서비스표를 포함시켰다.

"상표권자는 지정상품에 관하여 그 등록상표를 사용할 권리를 독점한다. 다만, 그 상표권에 관하여 전용사용권을 설정한 때에는 제95조 제3항 전용사용권자가 등록상표를 사용할 권리를 독점하는 범위에서는 그러하지 아니하다."라고 규정하고 있다. 상표권자는 지정상품에 관하여 그 등록상표를 사용할 권리를 독점하고 독점에 의하여 배타적인 권리가 발생하므로 상표권은 물권과 같다. 따라서 상표권은 준물권의 하나이다.

2. 표장의 정의

본조는 표장이 될 수 있는 것을 규정하고 있다. 표장(標章)은 기호, 문자, 도형, 소리, 냄새, 입체적 형상, 홀로그램·동작 또는 색채 등으로서 그 구성이나 표현방식에 상관없이 상품의 출처(出處)를 나타내기 위하여 사용하는 모든 표시를 의미한다.[2] 인간의 감각기관을 통하여 상품의 출처표지로 사용되는 것이 표장이고, 자타상품을 식별하기 위하여 사용하는 표장이 상표가 된다.

이러한 표장의 개념은 이전의 표장의 개념과 차이가 있다. 이전에는 표장이 될 수 있는 것을 한정적으로 나열하는 방식을 취했지만, 2016년 상표법 전면 개정(2016. 2. 29. 법률 제 14033호)으로 출처표시를 위하여 사용하는 모든 표시라고 규정하여 표장의 대상을 모든 종류의 표지로 개방하였다.

Ⅱ. 상표의 개념과 정의

1. 상표의 개념

가. 표장적격성

상표는 제조자나 판매자 등이 자신의 상품의 출처표시나 다른 제조자나 판매자 등의 상품과 구별하기 위해서 사용하는 표장을 말한다. 우리 상표법은 상표란 자기의 상품과 타인의 상품을 식별하기 위하여 사용하는 표장(標章)을 말한다고 정의하고 있다. 여기에서 자기의 상품은 지리적 표시가 사용되는 상품을 제외하고 서비스 또는 서비스의 제공에 관련된 물건을 포함한다. 또한 상표는 자타상품을 식별하기 위하여 사용하는 좁은 의미의 상표, 즉 브랜드 네임(brand names)(예컨대, 과자에 대한 '새우깡')뿐만 아니라 서비스를 특정하기 위해서 사용하는 서비스 표(service marks), 단체의 영업에 관련된 상품이나 서비스를 특정하

---

2) 상표법 제2조 제1항 제2호.

기 위해 사용하는 단체표장(collective marks), 비영리목적의 영업을 특정하기 위해서 사용하는 업무표장(non-business marks) 그리고 상품의 특정 품질·명성 또는 그 밖의 특성의 지리적 근원을 특정하기 위해서 사용하는 지리적표시 단체표장(geographical indications)을 포함한다.

상표법 제89조는 "상표권자는 지정상품에 관하여 그 등록상표를 사용할 권리를 독점한다."라고 규정하여 상표권의 핵심은 '상표'를 '상품'에 '사용'하는 권리라는 점을 명확히 하고 있다. 즉 상표는 상품을 떠나서는 독점을 할 수 없다. 상표의 개념은 상표권을 확정하는 데 있어서도 중요하다.

상표의 개념은 사회경제적 발전에 따라 변화를 해왔다. 1949년 11월 28일부터 시행된 대한민국 최초의 상표법[3]상 상표의 개념은 "상품을 표시하는 것으로서 생산, 제조, 가공, 증명 또는 판매업자가 자기의 상품을 타업자의 상품과 식별시키기 위하여 사용하는 기호, 문자, 도형 또는 그 결합의 특별현저한 것을 말한다."라고 규정되어 있었다.[4] 현재의 서비스표에 해당하는 영업표는 "영업을 하는 자가 광고, 포장물, 용기, 문방구 기타 사무용품 등에 표시하는 것으로서 자기의 영업을 일반에게 식별시키기 위하여 사용하는 기호, 문자, 도형 또는 그 결합의 특별 현저한 것을 말한다."라고 규정하고 있었다.[5] 1980년 파리조약에 가입하면서 1981. 9. 1.부터 상표법 개정[6]에 의하여 영업표의 명칭을 서어비스표로 변경하였다. 그리하여 서어비스표란 "서어비스업를 하는 자가 자기의 서어비스업을 다른 자의 서어비스업과 식별시키기 위하여 사용하는 표장으로서 특별현저한 것을 말한다."라고 정의하였다.[7] 1990년 개정법에서는 서비스표라고 그 용어를 변경하였다.[8]

2016년 전면 개정되기 전의 상표법에 규정된 상표의 정의는 상품을 생산·가공 또는 판매하는 것을 업으로 영위하는 자가 자기의 업무에 관련된 상품을 타인의 상품과 식별되도록 하기 위하여 사용하는 표장을 의미했다. 이 경우 업으로 사용한다는 것은 계속반복적인 사용의 의사를 가지고 일정한 사업을 영위하는 것을 말하는데, 반드시 영리행위를 할 것을 요건으로 하지는 않는다. 비영

---

3) 상표법 법률 제71호. 본 법 이전에 1922.1.11.부터 시행된 조선총독부법률 제99호 상표법이 존재하였고, 시행일이 불상인 조선총독부법률 제15호 상표법이 있었다.
4) 상표법 법률 제71호 제1조 제1항.
5) 상표법 법률 제71호 제1조 제2항.
6) 상표법 법률 제3326호, 1980.12.31.개정, 제2조 제2항.
7) 상표법 법률 제3326호, 1980.12.31.개정, 제2조 제2항.
8) 상표법 법률 제4210호, 1990.1.13. 개정, 제2조 제1항 제2호.

리법인인 경우에도 상표를 등록할 수 있다. 물론 비영리인 경우에도 업무표장 등록도 가능하다. 업무표장과는 별개로 상표등록의 주체가 될 수 있다. 개정법 에 의하여 '업으로 영위'한다는 개념상의 제한은 삭제되고 자타상품의 식별표지 로서 사용되는 모든 표시를 상표로 정의하게 되었다. 따라서 '업'으로 사용하는 지 여부에 불문한다. 제3자의 타인의 등록상표 사용이 지속적인 경우가 아니더 라도 상표에 해당한다. 이러한 경우에는 그 제3자의 타인의 등록상표의 사용이 상표법상 사용의 개념9)에 포함되는지 여부가 상표침해여부를 판단하는 데 중요 한 요소가 될 것이다.

나. 물권법정주의

배타적 권리를 창설하는 물권은 물권법정주의에 의하여 법률 또는 관습법 에 의하는 외에는 임의로 창설하지 못한다.10) 물권은 배타적이고 독점적인 지배 권이기 때문에 누구나 물권을 창설할 수 있도록 한다면 제3자가 예기치 못한 손해를 입을 수 있을 뿐만 아니라 거래를 안전하게 할 수 없다. 사인(私人)이 임 의로 창설한 물권은 공시방법이 없을 뿐만 아니라 임의로 창설하는 모든 물권 을 공시하는 것은 기술적으로 매우 어렵기 때문에 법에 의하여 물권의 종류와 내용을 확정한 것이다. 물권법정주의는 강행법규이고, 물권법정주의를 위반하는 법률행위는 무효이다. 상표권도 물권과 같이 배타적 권리를 수반하므로 준물권 이라고 할 수 있다. 요즈음 문제되는 퍼블리시티(publicity)도 법에 명시적으로 규 정되지 않았기 때문에 그 물권성이 문제가 되는 것이다.11)

상표와 표장의 정의 규정은 이러한 취지를 담고 있다. 즉 상표권은 지정상 품에 관하여 그 등록상표를 배타적으로 사용할 수 있는 권리이므로 본 조항상

---

9) 상표법 제2조 제1항 제11호 및 제2항 참조.
10) 민법 제185조(물권의 종류) 물권은 법률 또는 관습법에 의하는 외에는 임의로 창설하지 못한다.
11) 서울고법 2002. 4. 16. 선고 2000나42061 판결 표장사용금지등(살피건대, 우리나라에서 도 근래에 이르러 연예, 스포츠 산업 및 광고산업의 급격한 발달로 유명인의 성명이나 초 상 등을 광고에 이용하게 됨으로써 그에 따른 분쟁이 적지 않게 일어나고 있으므로 이를 규율하기 위하여, 앞서 본 바와 같은 퍼블리시티권이라는 새로운 권리 개념을 인정할 필요 성은 수긍할 수 있다고 할 것이다. 그러나 성문법주의를 취하고 있는 우리나라에서 법률, 조약 등 실정법이나 확립된 관습법 등의 근거 없이 필요성이 있다는 사정만으로 물권과 유사한 독점·배타적 재산권인 퍼블리시티권을 인정하기는 어렵다고 할 것이며, 퍼블리시 티권의 성립요건, 양도·상속성, 보호대상과 존속기간, 침해가 있는 경우의 구제수단 등을 구체적으로 규정하는 법률적인 근거가 마련되어야만 비로소 원고가 주장하는 바와 같은 퍼블리시티권을 인정할 수 있을 것이다).

상표는 자타상품을 식별하기 위하여 사용하는 표장을 말하고, 표장은 "기호·문자·도형·소리·냄새, 입체적 형상, 홀로그램·동작 또는 색채 등으로서 그 구성이나 표현방식에 상관없이 상품의 출처(出處)를 나타내기 위하여 사용하는 모든 표시"를 말한다. 상표와 표장에 관한 정의조항은 2016년 상표법 개정에 의하여 이전과 확연히 다른 모습을 하고 있다. 2016년 개정 전의 우리 상표법은 상표가 될 수 있는 표장은 "기호·문자·도형·입체적 형상·색채·홀로그램·동작 또는 이들을 결합한 것"[12]과 "그 밖에 시각적으로 인식할 수 있는 것"(동호 나목)으로서 시각적으로 인지할 수 있는 것으로 한정하고 있었다. 그런데 한미 FTA 제18.2조 제1항은 "어떠한 당사국도 등록의 요건으로 표지가 시각적으로 인식가능할 것을 요구할 수 없으며, 어떠한 당사국도 상표를 구성하는 표지가 소리 또는 향기라는 이유만으로 상표의 등록을 거부할 수 없다."라고 규정하여 한미 FTA상으로 시각적 인식가능성은 포기되었다. 이에 2011년 우리 상표법을 개정 (2011. 7. 21. 법률 제10885호)하여 시각적 인식가능성은 포기되고, 소리·냄새 등 시각적으로 인식할 수 없는 것이더라도 기호·문자·도형 또는 그 밖의 시각적인 방법으로 사실적(寫實的)으로 표현할 수 있는 것은 표장이 될 수 있도록 하였다. 그러나 2016년 개정법에 의하여 사실적으로 표현할 수 있을 것을 요구하는 제한도 삭제되었다. 법에 명시되지 않은 표장은 물권법정주의 원칙에 의하여 상표로 인정될 수 없지만, 현재는 인식가능한 모든 형태의 표장이 상표가 될 수 있다고 할 수 있다.

필자의 생각으로, 상표법에 있어서 물권법정주의적 요소가 더 선명하게 나타나는 것은 "상표의 사용"이라고 생각된다. 상표법 제2조 제1항 제11호 및 동조 제2항은 상표의 사용의 정의를 명확하게 규정하고 있다. 상표의 사용이라 함은 다음 중 1에 해당하는 것을 말하는바, i) 상품 또는 상품의 포장에 상표를 표시하는 행위, ii) 상품 또는 상품의 포장에 상표를 표시한 것을 양도(讓渡) 또는 인도하거나 양도 또는 인도할 목적으로 전시(展示)·수출 또는 수입하는 행위, 그리고 iii) 상품에 관한 광고·정가표(定價表)·거래서류, 그 밖의 수단에 상표를 표시하고 전시하거나 널리 알리는 행위, iv) 표장의 형상이나 소리 또는 냄새로 상표를 표시하는 행위와 v) 전기통신회선을 통하여 제공되는 정보에 전자적 방법으로 표시하는 행위를 포함한다.

이와 같이 명시적으로 인정된 상표의 사용행위 이외에 나머지 행위는 상표

---

12) 상표법 제2조 제1항 제1호 가목.

권자의 독점적인 권리에 포함되지 않는다. 왜냐하면 상표의 사용은 물권법정주의와 같이 배타성이 있는 상표권의 범위를 명시한 것으로서 법에서 규정한 이외의 행위를 상표의 사용행위로 인정하는 것은 법 이외로써 배타적인 물권을 창설하는 것과 같은 결과를 가져오기 때문이다. 이러한 점은 특허법과 비교해보면 더 선명하게 나타난다. 상표의 사용에 '수출'이 명시적으로 규정되어 있지만, 특허법은 발명의 실시에 수출을 규정하고 있지 않으므로 특허권의 범위에 수출할 권리를 가지고 있는지 문제된다. 이는 특허정책의 연혁적인 이유에서 시작되었지만13) 지금은 물권법정주의와 관련되어 있다. 물권법정주의 원칙을 그대로 유추적용한다면 발명의 실시에는 수출을 포함시킬 수 없다고 보인다. 물론 국내에서 특허의 실시권의 범위에 수출을 포함하는지 여부를 물권법정주의와 관련하여 논하는 견해는 없는 것으로 보인다. 일본은 특허법상 특허권의 실시의 범위에 수출을 명시하고 있다.14) 그러나 현재 우리나라 특허법과 같이, 수출이 명시되어 있지 않았던 때에 '수출'은 특허법상 실시가 아니지만 수출은 양도개념에 포함되는 것으로 해석하여 특허발명의 실시에 명시적으로 규정되어 있는 양도에 포함되는 것으로 이해하고 있었다.15) 따라서 그 당시 일본 특허법에 특허실시의 범위에 수출이 명정되지는 않았지만 특허권자가 특허물품을 수출할 권

---

13) 특허법 제2조 제3호. 특허권자의 권리에 수출이 포함되지 않은 것은 특허제도의 연혁적인 원인에 기한다. 즉 특허는 외국의 기술을 수입하기 위한 수단으로 이용되었으므로 수입은 당연히 특허권자의 권리에 포함되었으나 기술을 가진 국가에서는 외국으로 기술이 수출되는 것을 원하지 않았고 오히려 수출한 경우에는 오히려 형사처벌했다. 뿐만 아니라 이러한 정책은 신규성의 의의에도 반영되었다. 초기에는 신규성의 의미는 국내적인 것을 의미했다. 이는 앞서 외국의 기술 도입문제와 관련된 것인데 외국에서는 신규하지 않더라도 국내에서는 신규하기만 하면 특허를 보호되었다. 이는 영국이 미국에서 원료를 들여와 가공을 한 다음 미국으로 수출하는 정책과도 일치했다. 영국은 기술자체가 미국으로 수출되는 것을 원하지 않았으므로 신규성을 국내적으로 한정한 것과 일치했다. 따라서 특허권자에게는 수출권을 부여하지 않았다. 이에 반하여 상품은 외국으로 수출되어야 했으므로 특허와는 달리 상표권자에게 수출권을 부여하는 것은 장려될 수밖에 없었다.
14) 일본 특허법 (平成 23년 6월 8일 법률 제63호) 제2조 제3호 이 법률에서 발명에 관하여「실시」란, 다음에 언급한 행위를 말한다.
   1. 물건(프로그램 등을 포함한다. 이하 동일)의 발명에 있어서는, 그 물건의 생산, 사용, 양도 등(양도 및 대여하는 것과, 그 물건이 프로그램 등인 경우에는, 전기통신 회선을 통한 제공을 포함한다. 이하 동일) 수출 또는 수입 또는 양도 등의 청약(양도 등을 위한 전시를 포함한다. 이하 동일)을 하는 행위
   2. 방법의 발명에 있어서는, 그 방법의 사용을 한 행위
   3. 물건을 생산한 방법의 발명에 있어서는, 전호에 언급한 것 외에, 그 방법에 의하고 생산한 물건의 사용, 양도 등. 수출 또는 수입 또는 양도 등의 청약을 하는 행위
15) 吉藤幸朔 외 1, 특허법개설(13판), YOUME특허법률사무소 역(2000), 494.

리를 가지고 있다고 이해하고 있었다. 우리나라도 그 당시의 일본의 견해와 같이 특허권의 실시의 범위에 수출이 포함되어 있지는 않지만, 양도나 생산에 포함된 것으로 보는 견해가 있다.[16] 그러나 상표의 사용을 정의하는 상표법 규정이나 특허의 실시를 정의하는 특허법규정은 물권적인 권리인 상표권이나 특허권의 범위를 정하는 것이므로 물권법정주의 원칙이 적용되어야 한다고 생각된다. 따라서 첫째, 특허권의 실시의 범위에는 명시적으로 수출이 배제되어 있고, 상표권의 사용의 범위에는 명시적으로 수출이 포함되어 있으므로 반대해석상 특허권의 범위에는 수출할 권리가 포함되지 않았다고 하여야 하고, 둘째, 물권법정주의 원칙이 유추적용되어 특허권의 범위에는 수출할 권리가 포함되지 않는다고 하여야 할 것이다.[17] 수출이 특허권의 범위에 포함되어야 한다면 일본과 같이 법에 이를 명시하여야 한다.

　　나아가 특허권이나 상표권의 범위 문제는 공정거래법의 특허권이나 상표권의 남용과 관련하여 끼워팔기(tying)의 문제가 발생하기 때문에 중요한 쟁점이 된다. 따라서 상표권자가 사용권을 설정하여 주면서 사용권의 범위에 수출을 포함시키는 경우에는 자신의 권리범위 내에서 사용권을 설정하여 주는 것이므로 상표권의 남용문제는 발생하지 않는다. 그러나 특허권의 경우에는 실시의 범위에 명시되지 않은 수출을 실시권의 범위에 포함시키는 경우에는 끼워팔기의 문제가 발생하는 것이다.

　　미국의 경우에도 특허침해행위를 규정하고 있는 35 U.S.C. §271 (a)항[18])에

---

16) 이종완, 특허법론, 대한변리사회(2004), 631; 박희섭, 김원오, 특허법원론, 세창출판사 (2005), 398(일반적인 수출은 생산 또는 양도 형태의 실시에 해당하는 것으로 보고, 외국생 산물품을 국내 반입없이 외국으로 인도하는 경우에도 양도에 포함되지만, 대금결제가 외국에서 행해지는 경우에는 양도에 포함되지 않는다고 해석한다).

17) 송영식 외 6인, 송영식 지적소유권법(상), 육법사(2008), 477(박영규 집필). 동 견해는 실제로 수출은 국내에서의 생산·사용·양도·수입을 수반하므로 그 점에서 권리침해로 해결되는 경우가 많을 것이라고 한다.

18) 미국특허법 제271조 (a)항은 미국에서 특허권의 존속기간 중에 특허발명을 허가 없이 제조, 사용, 판매의 신청, 판매, 또는 국내로 수입하는 행위, (b)항은 적극적으로 특허권의 침해를 유인한 자의 특허권 침해자로서의 책임, (c)항은 특허받은 물건 또는 특허받은 방법을 실시하기 위하여 사용되는 중요한 물건에 대한 침해 의도에 따른 판매행위를 기여침해로 규정, (g)항은 방법특허침해에 의하여 제조된 물건의 수입에 관한 책임, (f)항 (1)호는 특허발명의 구성요소의 전부 또는 주요부품을 미국 내 또는 해외에 허가 없이 공급하거나 공급을 야기한 자에 대하여 미국 외에서 그와 같은 구성요소들의 적극적인 결합을 유인하는 경우에, 그 결합행위가 미국 내에서 특허권을 침해하는 경우에 특허권 침해자로서 책임, (f)항 (2)호는 특허발명에만 실시하는 물품을 특허발명의 구성부품을 미국이나 해외에 허가없이 공급하거나 공급을 야기한 자에 대하여 전체 또는 부분적으로는 비결합 상태의

는 수출이 포함되어 있지 않다.[19] Johns Hopkins University v. Cellpro, Inc. 사건[20]에서 연방항소법원은 미국특허법은 미국에서의 수출이나 외국에서의 사용을 침해로 인정하지 않는다고 하였다. 따라서 특허물품이나 부품을 수출하는 행위는 특허침해행위로 인정하지 않았다. 또한 Deepsouth Packing Co. v. Laitram Corp. 사건[21]에서 특허물품의 부품 모두를 생산하고 각각 포장하여 외국에 수출하여 판매한 행위는 미국내에서 제조나 판매를 하지 않았기 때문에 특허침해에 해당하지 않는다고 판시했다. 이에 1984년 미국은 35 U.S.C. §271 (f) 조항을 신설하여 (i) 특허발명이 복수의 구성요소(component; 복수의 장치, 구조, 방법, 기능, 물질 또는 이들의 결합)로 이루어지고, (ii) 미국 내에서 혹은 미국으로부터 공급하는 행위 또는 공급을 야기하는 행위(supplies or causes to be supplied in or from the United States)를 침해로 명시하였다.[22] 최근 미국 연방대법원은 Microsoft Corp.

부품이 그 부품이 특허된 발명에 사용되도록 만들어졌음을 알고 또한 미국내에서 결합되면 특허를 침해하는 것과 같은 방식으로 해외에서 결합되도록 의도한 경우의 특허권 침해자로서 책임을 규정하고 있다.

19) 35 U.S.C. §271 Infringement of patent.
 (a) Except as otherwise provided in this title, whoever without authority makes, uses, offers to sell, or sells any patented invention, within the United States, or imports into the United States any patented invention during the term of the patent therefor, infringes the patent.

20) Johns Hopkins University v. Cellpro, Inc., 152 F.3d 1342 (Fed Cir. 1993).

21) Deepsouth Packing Co. v. Laitram Corp., 406 U.S, 518 (1972). "The statute makes it clear that it is not an infringement to make or use a patented product outside of the United States." Id. 527. Paper Converting Mach. Co. v. Magna-Graphics Corp., 745 F.2d 11, 16, 223 USPQ 591, 594 (Fed.Cir.1984) "[B]y the terms of the patent grant, no activity other than the unauthorized making, using, or selling of the claimed invention can constitute direct infringement of a patent, no matter how great the adverse impact of that activity on the economic value of a patent." Id.

22) 35 U.S.C. §271
 (f) Infringement of patent. (1) Whoever without authority supplies or causes to be supplied in or from the United States all or a substantial portion of the components of a patented invention, where such components are uncombined in whole or in part, in such manner as to actively induce the combination of such components outside of the United States in a manner that would infringe the patent if such combination occurred within the United States, shall be liable as an infringer.
 (2) Whoever without authority supplies or causes to be supplied in or from the United States any component of a patented invention that is especially made or especially adapted for use in the invention and not a staple article or commodity of commerce suitable for substantial noninfringing use, where such component is uncombined in whole or in part, knowing that such component is so made or adapted and intending that such component will be combined outside of the United States in a manner that would infringe

v. AT&T Corp. 사건23)에서 "추상적인 윈도우가 아닌(not Windows in the abstract)" 윈도우의 복제물은 미국특허법 제271 (f)의 구성요소이고, 추상화된 윈도우는 설계도와 같은 것으로서 설계도는 장비조합이 가능한 구성요소는 아니라고 하면서 음성처리를 하도록 윈도우가 결합되는 경우에는 (f)항이 적용되지만 외국에서 마스터버전의 복사는 외국에서 행해진 것이므로 미국에서 공급한 것이 아니므로 위 (f)항이 적용되지 않는다고 하였다. 결국 미국에서도 특허법에 수출이 명시되지 않았으므로 특허권자의 수출할 권리는 특허권의 일부로서 부여되지 않았다고 해석하고 있고, 수출을 특허권의 범위로 포함하기 위해서 35 U.S.C. §271 (f)를 명정한 것이다. 그 외 35 U.S.C. §271 (f)에서 명정하지 않은 범위의 수출은 특허권의 침해가 아니므로 특허권의 권리범위가 아니다. 이와 같은 해석은 우리나라에서 물권법정주의를 유추적용한 결과와 같다.

미국에서는 특허권의 라이선싱에 있어 수출할 권리를 적극적으로 부여하는 경우에 공정거래법상의 끼워팔기 문제가 발생할 것을 염려하여 라이선서가 라이선시에게 부여하는 권리에 수출할 수 있는 권리를 적극적으로 부여하지 않는다. 이러한 경우 라이선서는 라이선시가 수출하는 것을 방해하지 않는다는 내용으로 소극적으로 권리부여조항(grant clause)을 규정하기도 한다.

저작권의 경우에는 특허권의 실시나 상표권의 사용과는 다른 구조로 저작재산권의 범위가 규정되어 있으므로24) 특허법과 상표법과 같은 이유가 적용되지는 않을 것이다. 수출과 수입을 배포권의 범위 내로 이해할 수도 있지만,25) 물권법정주의의 원칙을 유추적용한다면 수출입이 저작재산권의 범위에서 제외된다고 해석하는 것도 가능하므로 수출입을 포함하는지 여부는 저작권법에 명시하는 것이 바람직하다.

따라서 본조상 상표의 사용에 대한 정의 규정은 배타적 권리인 상표권의 범위를 명확히 한다는 점에서 그 의의가 있다. 본 규정은 유체재산권의 물권법정주의와 대응되는 규정으로서 그 의의가 있다고 할 수 있다.

---

the patent if such combination occurred within the United States, shall be liable as an infringer.

23) Microsoft Corp. v. AT&T Corp., 550 U.S. 437 (2007).

24) 저작재산권은 저작권법 제16조(복제권), 제17조(공연권), 제18조(공중송신권), 제19조(전시권), 제20조(배포권), 제21조(대여권), 제22조(2차적저작물작성권)으로 구성된다.

25) 관세법은 저작권과 저작인접권 침해물품의 수출입행위를 금지하고 있다. 관세법 제235조 참조. 다만 본 규정은 저작권의 이용허락의 범위를 결정하는 데는 적용되지 않을뿐더러 이용허락을 받아 생산된 물품의 수출입에 대해서는 적용할 수 없다고 생각된다.

2. 표장적격

가. 연혁

대한민국 최초의 상표법[26]은 상표란 "상품을 표시하는 것으로서 생산, 제조, 가공, 증명 또는 판매업자가 자기의 상품을 타업자의 상품과 식별시키기 위하여 사용하는 기호, 문자, 도형 또는 그 결합의 특별현저한 것을 말한다."라고 규정했고, 영업표란 "영업을 하는 자가 광고, 포장물, 용기, 문방구 기타 사무용품 등에 표시하는 것으로서 자기의 영업을 일반에게 식별시키기 위하여 사용하는 기호, 문자, 도형 또는 그 결합의 특별 현저한 것을 말한다."라고 규정하고 있었다. 최초의 상표법은 상표의 표장이 될 수 있는 것을, 명시적은 아니었지만, 시각적인 것을 전제로 하고 있었다고 할 수 있다.

2011년 한미 FTA의 국회비준에 따라 상표법을 개정하기 전 상표법은 명시적으로 시각적으로 인식할 수 있는 것만을 한정적으로 상표의 표장으로 인정하고 있었다.[27] 시각적으로 한정된 표장적격성도 상표가 사회적으로 거래되는 실정에 따라 표장 적격의 확대를 가져왔다. 1995년 개정(1995. 12. 29. 법률 제5083호) 시에 색채도 다른 구성요소와 함께하여 상표의 표장이 될 수 있도록 했다. 1997년 개정(1997. 8. 22. 법률 제5355호) 시에는 입체적 형상을 독립적인 상표의 표장이 될 수 있도록 했다. 그러나 앞서 언급한 바와 같이 2011년 12월 우리 국회에서 한미 FTA가 비준되어 표장적격성을 시각적으로 한정하는 것은 더 이상 유지될 수 없게 되었다. 한미 FTA는 "어떠한 당사국도 등록의 요건으로 표지가 시각적으로 인식가능할 것을 요구할 수 없으며, 어떠한 당사국도 상표를 구성하는 표지가 소리 또는 냄새라는 이유만으로 상표의 등록을 거부할 수 없다."[28]라고 규정하고 있으므로 비시각적인 표장도 표장으로 사용할 수 있게 되었다. 한미 FTA를 준수하기 위하여 개정된 상표법(2011. 12. 2.법률 제11113호) 제2조 제1항 제1호 가목은 "기호·문자·도형, 입체적 형상 또는 이들을 결합하거나 이들에 색채를 결합한 것", 나목은 "다른 것과 결합하지 아니한 색채 또는 색채의 조합,

---

26) 상표법, 1949년 11월 287일 법률 제71호.

27) WTO/TRIPs 협정 제15조 제1항은 회원국으로 하여금 상표의 등록요건으로 시각적으로 인식가능할 것을 요구할 수 있도록 하고 있다. 다만 본 규정은 의무규정은 아니므로 시각적으로 인식가능할 것을 요구할 의무는 없다.

28) 한미 FTA 제18.2조 제1항, "어떠한 당사국도 등록의 요건으로 표지가 시각적으로 인식가능할 것을 요구할 수 없으며, 어떠한 당사국도 상표를 구성하는 표지가 소리 또는 냄새라는 이유만으로 상표의 등록을 거부할 수 없다."

홀로그램, 동작 또는 그 밖에 시각적으로 인식할 수 있는 것" 그리고 다목은 "소리·냄새 등 시각적으로 인식할 수 없는 것 중 기호·문자·도형 또는 그 밖의 시각적인 방법으로 사실적(寫實的)으로 표현한 것"을 규정하고 있었다. 가목은 개정 전의 규정이 "기호·문자·도형·입체적 형상·색채·홀로그램·동작 또는 이들을 결합한 것"이라고 규정하고 있었기 때문에 "색채·홀로그램·동작"이 나목으로 분리되어 규정된 것 이외에 별반 차이가 없다. 나목은 다른 것과 결합하지 아니한 색채 또는 색채의 조합, 홀로그램, 동작 또는 그 밖에 시각적으로 인식할 수 있는 것으로서 종전 나목에 규정되어 있던 "그 밖에 시각적으로 인식할 수 있는 것"을 현행법에서 나목에 같이 규정하였다. 그리고 다목은 한미 FTA에 따라 추가된 것이다. 다목에 규정된 "소리·냄새 등 시각적으로 인식할 수 없는 것 중 기호·문자·도형 또는 그 밖의 시각적인 방법으로 사실적(寫實的)으로 표현한 것"은 비시각적 표장(non-visual marks)의 표장적격성을 규정한 것이다. 다목에 의하여 소리·냄새 등 시각적으로 인식할 수 없는 것이더라도 기호·문자·도형 또는 그 밖의 시각적인 방법으로 사실적(寫實的)으로 표현할 수 있어야 한다. 이러한 요건을 부가한 것은 제3자에게 상표를 공시하여 상표권의 범위를 명확히 하는 것과 관련되어 있다. "그 밖의 시각적인 방법으로 사실적(寫實的)으로 표현" 할 수 있어야 한다는 것은 미국보다는 유럽체계를 수용한 것으로 볼 수 있다.

EU 이사회지침29)이나 EU 공동체상표규정30)은 상표를 한 기업의 상품 또는 서비스를 다른 기업의 그것과 식별할 수 있는 표지로서 정의하고, 표장의 구성요소로서 특히 성명을 포함한 문자, 도형, 철자, 숫자 그리고 상품의 형상이나 포장의 형태와 같이 시각적으로(graphically)31) 표현할 수 있는 표지라면 어떠한

---

29) First Directive 89/104/EEC of the Council, of 21 December 1988, to Approximate the Laws of the Member States Relating to Trade Marks. Article 2 - Signs of which a trade mark may consist

A trade mark may consist of any sign capable of being represented graphically, particularly words, including personal names, designs, letters, numerals, the shape of goods or of their packaging, provided that such signs are capable of distinguishing the goods or services of one undertaking from those of other undertakings.

30) COUNCIL REGULATION (EC) No 207/2009 of 26 February 2009 on the Community trade mark, TITLE Ⅱ. THE LAW RELATING TO TRADE MARKS, SEC. 1m art. 4.

A Community trade mark may consist of any signs capable of being represented graphically, particularly words, including personal names, designs, letters, numerals, the shape of goods or of their packaging, provided that such signs are capable of distinguishing the goods or services of one undertaking from those of other undertakings.

31) "graphically"라는 용어를 "시각적으로"라고 번역하였다. 그러나 graphically에는 도면이라

표지라도 공동체상표로서 등록될 수 있도록 넓게 인정하고 있다. 우리 상표법상 "기호·문자·도형 또는 그 밖의 시각적인 방법으로 사실적(寫實的)으로 표현한 것"은 EU 공동체 상표규정의 "사람의 이름, 디자인, 글자, 숫자를 포함하여 특히 단어와 같이 사실적으로 표현될 수 있는 모든 표시(any signs capable of being represented graphically, particularly words, including personal names, designs, letters, numerals)"와 그 의미를 같이 하는 것이라고 할 수 있다. 우리법상 "사실적(寫實的)으로 표현한 것"은 "시각적으로 표현할 수 있는(being represented graphically)"과 같은 의미이다. "사실적(寫實的)"은 "시각적으로(graphically)"와 같은 의미로서 구체적으로 표현하여 제3자도 상표를 인식할 수 있도록 하기 위한 것이다.[32] 이러한 표현은 아래 각론에서 보는 바와 같이 영국, 독일 및 프랑스의 법에도 시각적으로 표현할 수 있을 것을 요구하는 것과 같은 것이라 할 수 있다. 영국과 독일은 1994년 EU 이사회 지침(Directive)[33]에 따라 시각적으로(graphically) 상표를 구체화할 수 있는 경우에 상표등록을 할 수 있도록 하는 내용으로 상표법을 개정하였다.[34]

　　미국에서는 연방규칙(CFR)으로 자세히 문서화된 설명(a detailed written description)을 제출할 것을 요구하고 있으므로 사실적 표현을 할 수 있을 것을 요구하는 우리법과는 표현 형식만 달리할 뿐이다. 미국법상 "자세히 문서화된 설명(a detailed written description)"이나 우리법상 "사실적"이라는 의미를 "graphically"와 같이 '상세하게'라는 의미로 이해한다면 미국법이나 우리법과 차이가 없다고 생각된다. 다만 시각적인 방법으로 사실적으로 표현할 것을 요구한 것을 시각적인 인식수단으로 이해한다면 한미 FTA 규정상 등록 요건으로 표지가 시각적으로

___

는 의미도 포함되어 있다고 생각된다. 다만, 도면도 시각적 표현이기 때문에 시각적 표현이라고 한다.

32) TRIPs협정에서는 "visually"이란 용어를 사용하고 있고, (Trips 협정 제15조 제1항) 특허청 출간의 TRIPs 해설서에는 "visually"를 국문번역한 "시각적으로" 라는 표현을 사용하고 있다. "graphically"를 우리 상표법과 같이 "사실적"이라는 표현으로 번역하기에는 그 사실적이라는 의미가 모호하다. 따라서 "graphically"를 TRIPs 협정과 같이 "시각적으로" 라고 번역하되, 그 의미는 상세하다는 의미로 이해하면 될 것으로 보인다. 예컨대, 향기를 사실적으로 표현하기는 어렵지만, 상세하게 설명하는 것은 가능하다고 보인다. 또한 "visually"를 규정하고 있는 TRIPs 협정 조항은 비시각적 상표(non-visual marks)의 표장적격성에 관하여 규정한 조문이기 때문에 시각적 표현을 요구하는 것은 모순될 수 있다.

33) First Directive 89/104/EEC of the Council, of 21 December 1988, to Approximate the Laws of the Member States Relating to Trade Marks. Article 2 - Signs of which a trade mark may consist.

34) United Kingdom Trademarks Act 1994, art. 1. (1); German Trademark Act §3 (1).

인식가능할 것을 요구할 수 없도록 한 규정[35]을 준수하였는지 문제가 된다.

나. 2016년 개정법

2016년 개정 상표법(2016. 2. 29. 법률 제14033호)(이하 "2016년 개정 상표법") 은 표장적격성을 제한하지 않고 개방형식으로 규정하였다. 즉 ""표장"이란 기호, 문자, 도형, 소리, 냄새, 입체적 형상, 홀로그램·동작 또는 색채 등으로서 그 구성이나 표현방식에 상관없이 상품의 출처(出處)를 나타내기 위하여 사용하는 모든 표시를 말한다."라고 규정하여 출처표시용도로 사용되는 모든 표시를 말한 다고 하여 표장이 될 수 있는 것을 개방적으로 규정하고 있다. 따라서, 전통적 인 시각적 상표 이외에도 청각, 후각 또는 미각 등 모든 감각에 의하여 인식될

구 분	상표견본	설명란 기재	시각적 표현	첨부자료
일반상표	상표견본 1개	임의	불필요	
입체상표	특징을 충분히 나타내는 2장 이상 5장 이하의 도면 또는 입체사진	임의	불필요	사용증거(입체적 형상만으로 된 상표)
색채만으로 된 상표	단일색채나 색채의 조합만으로 채색된 1장의 도면 또는 사진	필수	불필요	사용증거
홀로그램상표	특징을 충분히 나타내는 2장 이상 5장 이하의 도면 또는 사진	필수	불필요	동영상자료(임의)
동작상표	특징을 충분히 나타내는 2장 이상 5장 이하의 도면 또는 사진	필수	불필요	전자적 기록매체 (필수)
소리상표	불필요	필수	필수	사용증거(식별력 없는 소리인 경우) 소리파일, 악보(임의)
냄새상표	불필요	필수	필수	사용증거 냄새견본
기타 시각적 상표	특징을 충분히 나타내는 2장 이상 5장 이하의 도면 또는 사진	필수	불필요	사용증거 동영상자료(임의)
기타 비시각적 상표	불필요	필수	필수	사용증거 기타 자료(임의)

표: 출원서의 상표유형별 기재사항[36]

---

35) 한미 FTA 제18.2조 제1항.
36) 특허청 상표심사기준 제3장 상표등록출원서류 1.1.4. 출원서의 상표유형별 기재사항에서 발췌(2016년판).

수 있는 표장은 상표적격성이 있다. 상표법에서 시각적 표현 가능성을 요구하지 않게 됨에 따라 실무적으로도 상표출원 시에 상표견본을 제출할 수 있는 경우에는 시각적 표현 사항을 요구하지 않는다.

우리나라와 같은 개방형 규정 방식은 미국 연방상표법이나 EU의 상표지침[37]이 규정하는 방식이다. 미국 연방상표법은 모든 단어, 심볼, 도구 또는 어떤의 조합이든("any word, name, symbol, or device, or any combination....")이라고 규정하여[38] 단어, 이름, 심볼, 또는 도구로 구성된 모든 것 또는 그러한 것들의 결합은 표장적격성이 있다고 규정하고 있다. 이러한 규정하에서는 출처표시로 사용되는 것은 표장(marks)이 될 수 있다. "symbol, or device"에는 시각적인 것뿐만 아니라 청각적인 것과 후각이나 미각을 통하여 나타낼 수 있는 것을 포함한다.

EU의 경우에도 이름을 포함한 특히 단어, 디자인, 글자, 숫자, 상품이나 포장의 형상을 포함하여 시각적으로(graphically) 나타낼 수 있는 표지[39]를 상표가될 수 있는 표장으로 규정하고 있다. 여기서 시각적으로(graphically)란 표장자체를 시각적인 표장으로 제한하는 것이 아니라 후각이나 미각 등에 의하여 인식될 수 있는 표장이라도 등록을 위해서는 시각적으로(graphically) 표현할 수 있어야 한다는 취지로 보인다.

일본 상표법[40]은 "사람의 지각에 의하여 인식 가능한 것으로, 문자, 도형,

---

37) DIRECTIVE 2008/95/EC OF THE EUROPEAN PARLIAMENT AND OF THE COUNCIL of 22 October 2008 to approximate the laws of the Member States relating to trade marks (Directive 2008/95/EC).

38) 15 U.S.C. § 1127.

   ⋯ The term "trademark" includes any word, name, symbol, or device, or any combination thereof -
   (1) used by a person, or
   (2) which a person has a bona fide intention to use in commerce and applies to register on the principal register established by this chapter, to identify and distinguish his or her goods, including a unique product, from those manufactured or sold by others and to indicate the source of the goods, even if that source is unknown.

39) DIRECTIVE 2008/95/EC OF THE EUROPEAN PARLIAMENT AND OF THE COUNCIL of 22 October 2008 to approximate the laws of the Member States relating to trade marks (Directive 2008/95/EC).
   Article 2 Signs of which a trade mark may consist
   A trade mark may consist of any signs capable of being represented graphically, particularly words, including personal names, designs, letters, numerals, the shape of goods or of their packaging, provided that such signs are capable of distinguishing the goods or services of one undertaking from those of other undertakings

40) 평성 27(2015)년 상표법.

기호, 입체적 형상 또는 색채 또는 이러한 결합, 소리 기타 정령으로 정하는 것
(人の知覚によつて認識することができるもののうち、文字、図形、記号、立体的形状
若しくは色彩又はこれらの結合、音その他政令で定めるもの)"을 표장으로 정의하고
있다.41) 일본은 표장이 될 수 있는 것을 제한하는 나열식의 폐쇄적 형식이므로
개정된 우리법과 차이가 있다고 할 수 있다.

다. 기호, 문자, 도형, 소리, 냄새, 입체적 형상

(1) 기호·문자·도형

(가) 기호·문자·도형

기호, 문자, 도형은 상품의 출처표시로 사용되는 전통적인 표장에 해당한다.
대한민국 건국 후의 최초의 상표법인 1949년 상표법 제1조에서도 표장이 될 수
있는 것으로 "기호, 문자, 도형 또는 그 결합"을 규정하고 있었다.42)

문자상표는 한글, 한자, 로마자, 외국어, 숫자 등이 문자로 구성된 경우를
말한다. 외국어의 경우에도 한글과 동등하게 취급된다. 다만 외국에서 상표등록
되었다고 하여 우리나라에서도 반드시 등록될 수는 없다.43) 문자상표의 경우에
는 상품과의 관계상 상품을 기술할 수 있다. 예컨대 상품의 성질이나 상태 등을
기술하는 경우이다. 이러한 경우에는 2016년 상표법 제33조 제1항 제3호에 의
하여 식별력이 없는 경우가 될 수 있다.

(나) 문장, 구호 및 표어(slogan)

문자로 된 상표 중에서 문장으로 되거나 구호 또는 표어(slogan)는 기술적이
라는 이유로 표장적격성을 인정하지 않았다.44) 대법원은 그 문장의 내용이나 방
식 그 밖에 일반수요자의 인식으로 미루어 일반적으로 보이는 구호나 표어로 구
성된 것으로밖에 볼 수 없거나,45) 모든 사람에게 그 사용이 개방되어야 하는 표

---

41) 일본 상표법 제2조 제1항 본문.
42) 상표법, 법률 제71호, 1949.11.28. 제정.
43) 특허법원 2004. 5. 27. 선고 2003허6258 판결 참조. "출원상표가 독일과 캐나다 등에서
   등록되었다 하더라도 상표의 특별현저성 유무 판단은 각 국의 법제, 거래 기타 일반사회
   의 실정 및 시대적 변천에 따라 독자적으로 할 수 있는 것이며, 우리나라 상표법상으로
   는 위와 같은 사정을 참작하여 그 등록적격의 여부를 결정하여야 할 것이므로 우리나라
   와 상표법제 및 일반 사회 실정을 달리하는 독일과 캐나다에서 출원상표가 등록되었다
   는 사유만으로는 우리나라에 있어서도 반드시 그 등록을 허용하여야 하는 이유가 될 수
   없다."
44) 상표등록거절 근거로 2016년 전부 개정 전 상표법 제6조 제1항 제7호의 수요자가 누구
   의 업무에 관련된 상품을 표시하는 것인가를 식별할 수 없는 상표를 들고 있었다.
45) 대법원 1987. 1. 20. 선고 86후85 판결("인류를 아름답게, 사회를 아름답게").

현이므로 공익상 어느 한 사람에게 독점시키는 것은 적절하지 않고,[46] 사실임을 강조하기 위하여 흔히 쓰이는 표현이므로 이와 같은 표장을 그 지정서비스업인 박물관, 미술관 등의 경영업, 특히 세계 각지의 신기한 동·식물, 지리, 풍습, 전통 등을 전시하는 곳에 사용하는 경우에 일반수요자에게 식별력이 없고,[47] 예상하지 않았던 일에 불로소득 등의 이익이 있을 경우에 표현되는 구어체 서술형의 짧은 문장으로서 그 지정상품인 건과자, 비스킷, 호떡 등과의 관계에서 자기의 상표와 타인의 상표를 식별할 수 없고,[48] 주어와 술어로 구성된 짧은 문장의 형식으로서 그 문장 끝에 존대의 뜻을 가진 보조사 '요'가 붙어 있는바, 그 구성의 형식과 의미 내용을 고려할 때 일반수요자나 거래자로서는 이를 거래사회에서 흔히 쓰일 수 있는 광고문안 또는 표어 정도로 인식하기 쉽고, 위 부분들은 상품의 출처보다는 상품구매를 권유하는 압축된 설명문으로 인식될 가능성이 높으며, 국내 잡지광고 등에 나타난 피고 상품의 선전광고 문안을 살펴보더라도 그 광고문안 속에 기재되어 있는 "당신은 소중하니까요"라는 문구는 다른 광고문안의 기재 내용과 함께 '광고카피'로서 기능하고 있을 뿐이고 피고 상품의 출처표시로서 기능하고 있다고는 보이지 않을뿐더러 이와 같은 문구는 모든 사람에게 그 사용이 개방되어야 하는 표현이므로 공익상 어느 한 사람에게 독점시킬 수 없다[49]는 이유 등으로 상표등록을 부정하는 것이 일반적이었다.

물론 대법원이 제시한 상표부등록 근거를 극복한 문장 또는 구호나 표어(slogan)로 된 상표는 상표등록이 가능하다.[50] 왜냐하면 상표법상 문장이나 구호 또는 표어가 표장적격성이 없다는 것을 명시적으로 규정한 경우는 없기 때문이다. 오히려 상표등록이 가능한 표장인 경우에 식별력이 부존재함을 심사관이 입증하도록 하고 있다. 그럼에도 불구하고 대법원의 판례는 거의 일관되게 문장이나 구호 또는 표어상표의 상표등록을 부인하고 있었으므로 문장 또는 구호나 표어로 된 상표에 대해서는 표장으로서의 적격성을 부인하는 결과를 가져왔다. 대법원은 일반적으로 보이는 문장, 문구나 표어로 구성된 것, 모든 사람에게 그

---

46) 대법원 1994. 9. 27. 선고 94후906 판결(It's Magic: 잇스매직). 또한 지정상품인 가스레인지, 가스오븐레인지, 가스그릴 등과의 관계에서 볼 때도 위 문구는 상품의 품질, 효능 등의 특성을 과시하는 의미가 있다고 한다.

47) 대법원 1994. 11. 18. 선고 94후173 판결("Believe It or Not").

48) 대법원 1998. 2. 27. 선고 97후945 판결("이게 웬떡이냐").

49) 대법원 2006. 5. 25. 선고 2004후912 판결("우린 소중하잖아요").

50) 박성수, "여러 개의 단어로 이루어진 문구 상표, 문장 상표의 식별력", 대법원판례해설 73호(2008 하반기), 804.

사용이 개방되어야 하는 표현, 사실임을 강조하기 위하여 흔히 쓰이는 표현, 예상하지 않았던 일에 불로소득 등의 이익이 있을 경우에 표현되는 구어체 서술형의 짧은 문장 및 그 구성의 형식과 의미내용을 고려할 때 일반수요자나 거래자로서는 이를 거래사회에서 흔히 쓰일 수 있는 광고문안 또는 표어 정도로 인식하기 쉽다는 이유를 제시하고 있었다. 이는 당해 문구가 식별력이 없다는 이유보다는 문장, 문구 또는 표어(slogan)이기 때문에 표장적격성이 없다는 전제하에서 상표등록거절의 근거로 식별력을 제시하고 있었다고 할 수 있다. 물론 그렇다면 위와 같은 이유가 아닌 식별력이 없다는 이유를 제시하는 것이 논리적으로 분명하지 않을까 한다. 왜냐하면 식별력과 표장적격성은 별개의 문제이기 때문이다. 표장적격성이 있으면 그 이후에 식별력이 없다는 사실을 심사관이 입증하여야 한다.[51]

일본의 경우도 표어상표는 서비스의 품질, 특징 등을 간결하게 표현하는 단순한 선전문구에 해당하므로 선전문구는 상품 또는 서비스에 사용되어도 특히 보는 사람의 주의를 끌 특징적인 부분이 없어 문구에 의하여서는 자타의 상품 또는 서비스를 식별할 수 없다고 한다.[52] 이러한 견해도 결국은 문구상표는 식별력의 문제가 아닌 일반적으로 표장적격성이 없다는 전제에 있는 견해라고 할 수 있다. 미국의 경우도 문장, 문구 또는 표어(slogan)상표는 표장적격성이 없다는 태도이었으나 현행 연방상표법인 랜햄법(Lanham Act)상으로는 문구나 표어(slogan)상표도 식별력만 있으면 상표가 될 수 있다고 하고 있고,[53] 판례도 식별력의 문제로 보아 식별력이 있으면 등록할 수 있다고 한다.[54]

대법원 2007. 11. 29. 선고 2005후2793 판결은 위와 같은 논리적인 약점을 극복하고 표어 상표는 식별력이 쟁점인 것을 명확히 한 판결로 보인다. 대법원은 "출원상표나 출원서비스표가 여러 개의 단어로 이루어진 문구 혹은 문장으로 구성되었다는 이유만으로 식별력이 없게 되어 제7호에 해당한다고 할 수는 없을 것이고, 나아가 지정상품이나 지정서비스업과 관련하여 볼 때에 그 출처를

---

51) 상표법 제33조는 식별력이 없다는 것을 특허청 심사관이 입증하도록 하고 있다.

52) 工藤莞司「実例で見る商標審査基準の解説」(第5版) 社団法人 発明協会, 103 [박성수 (주 50), 802에서 재인용].

53) 15 U.S.C. 1091 (c).

54) American Enka Corp. v. Marzall, 92 U.S.P.Q. 111 (D.D.C., 1952).("THE FACE OF A FABRIC HANGS BY A THREAD"는 식별력이 있으므로 상표등록가능). Ex Parte Robbins & Myers, Inc., 104 U.S.P.Q. 403 (1955). ("MOVING AIR IS OUR BUSINESS"은 식별력이 있으므로 상표등록가능.)

표시한다고 하기보다는 거래사회에서 흔히 사용되는 표어나 광고문안으로 인식되는 등의 사정이 있어 이를 특정인이 독점적으로 사용하도록 하는 것이 부적절하게 되는 경우에 상표법 제6조[현행 제33조] 제1항 제7호에 의하여 그 등록이 거절되어야 할 것이다."라는 법률적 전제하에서 "이 사건 출원상표/서비스표는 "engineering your competitive edge"와 같이 4개의 영어단어가 한데 어우러진 영어 문구로 구성된 것으로서 우리나라의 영어보급 수준에 비추어 볼 때 일반 수요자나 거래자가 그 의미를 직감할 수 있다고 하기 어려워 그 의미에 기하여 식별력을 부정하기 어렵고, 나아가 설령 일반 수요자나 거래자가 그 의미를 쉽게 인식할 수 있다고 하더라도 '당신의 경쟁력을 가공하여 (높여)준다'는 정도로 인식할 것으로 보이므로, 그 문구 내에 '날'이나 '모서리'를 의미하는 영어 단어 'edge'가 포함되어 있다고 하더라도 그 지정상품 중 '금속절단공구, 절단공구'나 지정서비스업 중 '도구 및 절단장치의 형상화와 관련한 기술 상담업' 등과 관련하여 지정상품이나 지정서비스업의 품질, 용도, 형상 등을 나타내는 기술적인 표장이라거나 혹은 거래계에서 흔히 쓰일 수 있는 표어나 광고문안 정도로 인식될 것이라고 단정하기 어려워 지정상품이나 지정서비스업 등의 출처를 표시하지 못하는 사정이 있다고 하기는 어렵다고 할 것이다."라고 판시하여 표어로 된 표장도 제2조에 규정된 표장적격성이 있다는 전제하에 제33조의 식별력의 문제로 취급하고 있다.

(다) 기호 및 도형

기호와 도형도 표장적격성이 있다. 기호는 수학적 기호나 공학적 기호를 포함하고 도형은 동식물이나 자연물 등을 형상화한 것이다. 기호와 도형도 상품과의 관계에서 기술적일 수 있다. 상품을 기호화한 경우나 도형화한 경우이다. 사실 기호와 도형을 명확히 구분하기가 쉽지 않은 경우가 많다. 예컨대 도형 '☎'는 전화기 기호 내지 도형이라 할 수 있다. 사실 기호와 도형은 동일한 취급을 하므로 개념적으로 구별할 실익은 없다.

2016년 상표법 제33조 제1항의 식별력이 없어 상표등록을 할 수 없는 경우로 제6호에 "간단하고 흔히 있는 표장만으로 된 상표"와 제7호에 "제1호 내지 제6호 외에 수요자가 누구의 업무에 관련된 상품을 표시하는 것인가를 식별할 수 없는 상표"를 들고 있다. 따라서 간단한 기호나 도형은 식별력이 없는 경우에는 상표등록을 할 수 없다.

(2) 입체적 형상

입체적 형상은 1997년 상표법 개정 시에 추가된 것이다.[55] 입체적 형상의 표장적격성이 인정되기 이전에는 2차원의 평면적인 것만이 표장으로 인정받았다. 그러한 입체상표도 법적인 표장으로서 인정되고 있다. 식별력(inherently distinctive)이 있거나 혹은 사용에 의한 식별력(secondary meaning)을 취득하게 되면 상표등록을 할 수 있게 된다.

입체적 형상은 미국 랜햄법(Lanham Act), EU의 지침[56] 및 일본 등 선진국에서 보호되고 있다. 미국에서는 1946년 랜햄법(Lanham Act) 제정 시에 트레이드 드레스 보호에 관련된 명시적인 규정이 없었으므로 법원의 판례에 의하여 보호가 되었다. 트레이드 드레스는 전통적 의미의 상표에 속하지 아니하였으므로 주법(state law)인 커먼로 불공정경쟁법(common law unfair competition)에 의해 트레이드 드레스가 일정한 요건을 충족시키면 보호를 하여 왔다. 연방상표법인 랜햄법(Lanham Act) §45에는 상표를 "문자, 성명, 심벌(symbol) 혹은 장치(device) 또는 이들의 결합"이라고 정의하였는데, 트레이드 드레스는 문자, 성명 등 상표의 요건을 충족하지 않았다. 따라서 트레이드 드레스는 상표로서 등록이 될 수 없는 표장이었다. 트레이드 드레스가 연방차원에서 명시적으로 보호받게 된 것은 1958년 미국특허청이 스카치 위스키 핀치병(Pinch Bottle for Scotch Wiskey)에 대하여 상표등록을 허용하면서부터였다.[57] 미국은 1988년 랜햄법(Lanham Act) §43 (a)항을 전면적으로 개정하여 트레이드 드레스를 연방법 차원에서 보호하였다. 또한 상표 정의 규정의 "any word, name, symbol, or device, or any combination thereof" 중 "any symbol" 또는 "any device"에는 식별력이 있는 표장이면 충분하므로 식별력이 있는 표장 모두 상표적격성이 있다고 판시하기 시작했다.[58] 미국 의회는 1999년 트레이드 드레스와 관련하여 랜햄법(Lanham Act) §2 (e)(5)항을 신설하여 기능적(functional)인 경우에 부등록사유로 하였다.

EU 공동체상표규정에 의하면 상표의 개념은 한 기업의 상품 또는 서비스를 다른 기업의 그것과 식별할 수 있는 표지로서 정의하고 상표의 구성요소로

---

55) 상표법 법률 제5455호, 1997. 8. 22. 일부개정.
56) First Directive 89/104/EEC of the Council, of 21 December 1988, to Approximate the Laws of the Member States Relating to Trade Marks. Article 2–Signs of which a trade mark may consist
57) *Ex parte* Haig & Haig Ltd., 118 USPQ229 (Comm'r Pat. 1958).
58) Qualitex v. Jacobson Prods Co.514 U.S. 159 (1995) 참조.

서 특히 성명을 포함한 문자, 도형, 철자, 숫자 그리고 상품의 형상이나 포장의 형태와 같이 시각적으로(graphically) 표현할 수 있는 표지라면 어떠한 표지도 공동체상표로서 등록될 수 있도록 넓게 인정하고 있으므로[59] 표장이 될 수 있는 것에 "상품이나 상품의 포장의 형상(the shape of goods or of their packaging)"을 포함하고 있다.

그 외 일본도 1996년 상표법의 개정을 통하여 상표의 정의를 "문자, 도형, 기호 내지는 입체적 형상 내지는 이의 결합 또는 색채와 결합"으로 규정하고(일본 상표법 제2조 제1항), 상표의 사용에는 상품 또는 포장의 형상을 표장의 형상으로 하는 것을 포함하는 것으로 규정하여(일본 상표법 제2조 제4항) 입체적 형상도 상표에 포함시키고 있다. 그 외 독일이나 영국 그리고 호주 등도 입체상표를 상표에 포함시키고 있다.[60]

입체적 형상은 미국법상의 트레이드 드레스(trade dress)와 유사하지만 동일한 개념은 아니다. 트레이드 드레스는 입체적 형상보다 더 넓은 개념이다. 예컨대 트레이드 드레스는 물건의 형태(product configuration)뿐만 아니라, 물건의 외형적 느낌(분위기)[61], 서비스를 제공하는 시설의 외형적 느낌(분위기)[62] 및 판매방법[63]까지 포함하는 것으로 이해되고 있다. 그러나 우리나라의 입체상표의 경우에는 순수히 3차원의 입체적인 형상을 의미하는 것으로 이해되고 있다.[64]

디자인과 상표는 배타적, 선택적인 관계에 있는 것이 아니므로 디자인이 될 수 있는 형상이나 모양이라고 하더라도 상표로도 사용될 수 있다. 대법원은 상표의 본질적인 기능이라고 할 수 있는 자타상품의 출처표시를 위하여 사용되는

---

59) COUNCIL REGULATION (EC) No 207/2009 of 26 February 2009 on the Community trade mark, TITLE Ⅱ. THE LAW RELATING TO TRADE MARKS, *SEC. 1m art. 4.*
60) 윤선희, "입체상표에 관한 고찰 – 기능성 · 식별성을 중심으로 –", 한국산업재산법학회지 제9호(2000년), 215 이하 참조.
61) Hartford House, Ltd. v. Hallmark Cards, Inc., 846 F.2d 1268, 1269-1271,1275(10th Cir.),cert. denied 488 U.S. 908 (1988)(series of greeting cards).
62) Two pesos, Inc. v. Taco Cabana, Inc., 505 U.S. 763, 23 U.S.P.Q.2d(BNA) 1081 (1992).
63) John H. Harland Co. v. Clarke Checks, Inc.,711 F.2d 966, 980 (11th Cir. 1983). ("Trade dress" involves the total image of a product and may include features such as size, shape, color or color combinations, texture, graphics, or even particular sales techniques"); 이상정, "트레이드 드레스의 보호에 관한 미국연방대법원의 월마트 판결과 트라픽스 판결에 관한 소고", 창작과 권리(제27호), 세창출판사(2002.6), 42. 다만, 여기에서 판매방법이라는 의미는 방법이 외형적으로 나타난 것, 예컨대 상품의 진열형태, 매장의 배치, 색채의 조화 등을 의미하는 것이지 특허나 영업비밀에서 보호하는 방법 그 자체를 의미하는 것은 아니다.
64) 윤선희(주 60), 217 ["상품의 형상이나 그 상품포장(용기포함)의 형상 등과 같은 「입체적 형상」이 상표의 주요 구성요소가 되는 상표를 말하는 것"].

것으로 볼 수 있는 경우에는 그러한 사용은 상표로서의 사용될 수 있다고 판시했다.[65]

2016년 상표법 제33조 제1항 제3호는 기술적 표장으로서 상품의 형상과 포장의 형상을 들고 있다. 본 규정은 2차원의 평면표시 상품의 형상과 포장의 형상뿐만 아니라 3차원의 입체적 형상을 포함한다. 따라서 입체적 형상이라도 상품의 형상이나 포장의 형상은 기술적인 표장이 될 수 있다. 즉 상품의 형상이나 상품포장의 형상을 보통으로 사용하는 방법으로 표시한 표장만으로 된 입체상표는 소위 기술적인(descriptive) 상표로서 상표등록이 거절되게 된다.

특허청의 상표심사기준은 상품 또는 포장의 「형상표시」라 함은 당해 지정상품과의 관계에서 그 상품 또는 포장의 외형, 모양(무늬를 포함한다) 및 규격 등을 직접적으로 표시하는 것이라고 인정되는 경우에 기술적인 것으로 판단하고, 입체상표의 경우에는 그 상품 또는 포장의 외형이 당해 물품의 일반적 형태를 나타내는 것이라고 인식될 때에는 기술적인 것으로 판단하여 상표등록을 거부하도록 하고 있다.[66]

또한 "형상표시라 함은 단일상품 또는 그 포장(용기를 포함한다)의 외형, 모양, 크기 또는 규격, 무늬, 색깔, 구조 등에 관한 기술적 또는 설명적인 표시(입체상표일 경우에는 그에 관한 도면 또는 사진)를 말한다."[67] 보통 입체적 형상이 상품과 관련 있는 경우에는 그 입체적 형상은 상품의 기능을 확보하기 위하여 또는 심미감을 가져오기 위한 것이므로 상표로서의 표장역할을 하는 것은 아니다. 입체적 형상은 식별력이 있는 것이 아니라 상품 자체의 일부를 구성한다. 따라서 입체적 형상에 나타난 형상이나 모양을 통하여 거래사회에서 당해 지정상품과 관련하여 동종의 상품(상품의 포장 또는 용기를 포함한다)으로 인식될 수 있는 경우에는 그 입체적 형상은 당해 물품의 일반적 형태에 해당하는 것으로서 식별력이 없는 것으로 보고,[68] 위와 같은 입체적 형상에 일부 변형을 가하거나 추

---

65) 특허법원 2003. 7. 25. 선고 2003허1109 판결 및 상고사건으로서 대법원 2004. 10. 28. 선고 2003후2027 판결(쌍학침대사건); 대법원 2000. 12. 26. 선고 98도2743 판결(ADIDAS 사건); 대법원 1997. 2. 14. 선고 96도1424 판결(GARFIELD의 봉제완구); 특허법원 2001. 7. 12. 선고 2000허7403 판결(Cartier 로고 사건); 특허법원 2001. 5. 12. 선고 99허9526 판결(나비도형 사건); 서울고등법원 2004. 5. 12. 선고 2003나57101 판결, 대법원 2004. 9. 23. 심리불속행기각(VL 사건); 대법원 2003. 2. 14. 선고 2002후1324 판결(가구문잡이 사건); 대법원 1996. 9. 6. 선고 96도139 판결(Mickey Mouse 캐릭터) 참조.
66) 특허청 상표심사기준 제8부 제1장 입체상표, 3. 식별력유무에 대한 심사 참조(2016년판).
67) 특허청 상표심사기준 제8조 해석참고자료 10(2014).
68) 특허청 상표심사기준 제8조 해석참고자료 11. 가(2014).

가적인 장식을 하였더라도 그 변형 등이 상품 또는 상품의 포장의 기능이나 심미감을 발휘하는 데 불과한 것으로서 전체적인 형상의 특징을 통하여 거래사회에서 채용할 수 있는 범위를 벗어나지 않는 것으로 인식될 경우에는 당해 입체적 형상은 전체적으로 식별력이 없는 것으로 본다.[69] 식별력이 없는 입체적 형상에 식별력을 가지는 문자나 도형 등이 부가되고 또한 그 부가된 표장이 상품 등의 출처를 표시하는 것이라고 인식될 수 있는 경우에는 전체적으로 식별력이 있다고 할 수 있다. 그러나 부가된 문자나 도형 등이 명백히 상품 등의 출처표시로서 사용되고 있는 것으로 볼 수 없거나 식별력 없는 당해 입체적 형상에 흡수될 정도로 그 표장 전체에서 차지하는 비중이 극히 작을 경우에는 식별력이 없다고 할 수 있다.[70]

일반적으로 상품과 관련 있는 형상은 상품의 기능을 효과적으로 발휘시키거나 또는 심미감을 일으켜 소비자의 구매의욕을 돋구기 위한 의도 등으로 창안되는 것이며, 자타상품을 식별하기 위한 기능을 하기 위한 것은 아니므로 입체상표의 식별력은 이를 제한적으로 인정하게 된다.[71]

입체적 형상이 기술적인 경우에는 식별력이 없으므로 상표등록이 되지 않는다. 다만, 식별력판단에 있어서 상품의 형상과 포장의 형상은 구별하여야 한다. 상품의 형상은 상품 그 자체이므로 상품을 기술하는 역할을 하지만, 포장의 형상은 상품의 기술과는 관계없다. 즉 상품의 형상은 그 자체가 본질적인 식별력을 가질 수 있다. 예컨대 코카콜라 병은 코카콜라라는 상품을 기술하는 데 전연 관련이 없다. 따라서 병 자체의 형상에 독특함이 있는 한 식별력이 있다고 보아야 할 것이다. 즉 상품과의 관계에서 기술적이지 않다. 이러한 점은 미국의 Two Pesos 사건[72]과 Wal-Mart 사건[73)에서 명백히 한 바가 있다. Two Pesos 사건에서 문제된 것은 멕시칸 스타일의 레스토랑의 분위기였고, Wal-Mart 사건에서는 어린이용 옷에 부착된 장식이었다. 멕시칸 스타일의 레스토랑 분위기는 상품포장의 형상과 같이 서비스 자체가 아니라 음식판매서비스를 제공하는 장소였다. 이에 반하여 어린이용 옷에 부착된 장식은 상품 그 자체였다. Wal-Mart 사건에서 법원은 Two Pesos 사건과 구별하여 '제품의 포장'과는 달리 '제품의 형상'은 본

---

69) 특허청 상표심사기준 제8조 해석참고자료 11. 나(2014).
70) 특허청 상표심사기준 제8조 해석참고자료 11. 다(2014).
71) 특허청 상표심사기준 제8조 해석참고자료 11. 라(2014).
72) Two Pesos, Inc. v. Taco Cabana, Inc. 505 U.S. 776 (1992).
73) Wal-Mart Stores, Inc. v. Samara Brothers, Inc., 529 U.S. 205 (2000).

질적으로 식별력이 없으므로 제품의 형상이 보호받기 위해서는 식별력을 입증하거나,74) 이차적 의미를 입증하여야 한다75)고 하였다. 입체상표가 기능적인 경우에는 상표등록이 거부되게 된다.76)

(3) 홀로그램 및 동작

2007년 개정시(2007. 1. 3. 법률 제8190호)에 홀로그램상표(Hologram Marks)와 동작상표(Motion Marks, Movement Marks)가 추가되었다. 홀로그램상표는 "두 개의 레이저광이 서로 만나 일으키는 빛의 간섭효과를 이용하여 사진용 필름과 유사한 표면에 3차원적 이미지를 기록한 것으로 된 상표"를 말한다.77) 동작상표는 "일정한 시간의 흐름에 따라서 변화하는 일련의 그림이나 동적 이미지 등을 기록한 것으로 된 상표"를 말한다.78) 이와 같이 홀로그램과 동작상표를 추가한 것은 상표법에 의해 보호가능한 상표의 범위를 확대하여 상표선택의 범위를 넓히고 상표를 통한 새로운 부가가치를 창출하고자 한 것이다.

1994년 체결된 상표법 조약 제2조는 "(a) 시각적으로 인식할 수 있는 표시로 구성된 표장에 적용한다. 다만 입체표장의 등록을 허용하는 체약당사자는 당해 표장에도 본 조약을 적용할 의무가 있다. (b) 본 조약은 홀로그램 표장과 특히, 소리표장 및 냄새표장과 같이 시각적으로 인식할 수 없는 표장에는 적용하지 아니한다."79)라고 규정하여 홀로그램을 소리표장이나 냄새표장 등 시각적으로 인식할 수 없는 표장과 같이 표장적격성을 인정하는 데 있어서 부정적이었다. 그러나 싱가폴 상표법 개정 조약은 등록가능한 상표의 범위를 시각적으로 인식가능한 표장까지 인정하는 데 적극적이었다. 이에 홀로그램, 색채 및 동작상표를 포함한 비시각적 상표(Non-visible Marks)들에 표장적격성을 확대하는 데 긍정적이었다. 이에 2007년 우리나라도 상표법을 개정하여 홀로그램을 표장으로 할 수 있도록 한 것이다.

미국 상표법상으로 홀로그램의 표장적격성에 대해서 명문규정이 없으나, 다른 상표와 같이 홀로그램도 "symbol" 또는 "device"에 해당하므로 식별력만 있으면 주등록(principle registry)할 수 있다. 따라서 연방상표규칙이나 상표심사기

---

74) Two Pesos, Inc. v. Taco Cabana, Inc. 505 U.S. 763 (1992).
75) Wal-Mart Stores, Inc. v. Samara Brothers, Inc., 529 U.S. 205 (2000).
76) 상표법 제34조 제1항 제15호.
77) 특허청 상표심사기준 제8부 제3장 홀로그램상표 1. 홀로그램상표의 개념 참조(2016년판).
78) 특허청 상표심사기준 제8부 제4장 동작상표 1. 동작상표의 개념 참조(2016년판).
79) 상표법조약 제2조(a).(b)

준에서 등록 가능한 표장으로 인정되고 있다. 다만 소비자들이 상표로서 인식하여야 할 것이다.[80]

영국에서도 상표법상 어떠한 기호도 시각적으로 표현할 수 있다면(any sign capable of being represented graphically) 상표로서 인정할 수 있으므로[81] 홀로그램의 상표등록여부는 결국 시각적 표현방법의 문제로 귀결된다.[82] 프랑스는 법에서 홀로그램 표장을 등록 가능 표장으로 명시하고 있다.[83]

EU 공동체상표규정은 상표를 한 기업의 상품 또는 서비스를 다른 기업의 그것과 식별할 수 있는 표지로서 정의하고 상표의 구성요소로서 특히 성명을 포함한 문자, 도형, 철자, 숫자 그리고 상품의 형상이나 포장의 형태와 같이 시각적으로(graphically) 표현할 수 있는 표지라면 어떠한 표지라도 공동체상표로서 등록될 수 있도록 넓게 인정하고 있다.[84] 따라서 유럽 공동체상표청(Office for Harmonization in the Internal Market, OHIM)은 홀로그램에 대하여 적극적으로 표장적격성을 인정하고 있다. OHIM은 2002년 시각적으로 표시될 수 있기만 하면 냄새나 소리와 같이 그 자체로서는 시각적(graphically)으로 인식될 수 없는 표지

---

80) In re Upper Deck Co., 59 USPQ2d 1688 (TTAB 2001) 참조.

81) United Kingdom Trademarks Act 1994, art. 1. (1).

In this Act a "trade mark" means any sign capable of being represented graphically which is capable of distinguishing goods or services of one undertaking from those of other undertakings.

A trade mark may, in particular, consist of words (including personal names), designs, letters, numerals or the shape of goods or their packaging.

82) 영국 상표등록실무지침(Registry's Work Manual) 제6장은 다음과 같이 시각적 표시의 의미에 대해서 설명하고 있다.

심사관의 관점에서 볼 때, 다음의 경우에 표지는 시각적으로 표시된 것이다.

(a) 보조 용례 등의 필요 없이 출원인이 사용하고 있거나 사용하려 하는 표지가 무엇인지를 당해 시각적 표지만으로 정확하게 결정할 수 있는 경우;

(b) 당해 시각적 표지가 당해 표지만을 표시하고 있어 당해 시각적 표지가 출원인이 사용하고 있거나 사용하려는 표지를 대신할 수 있는 경우;

(c) 등록부를 검색하거나 상표공보를 보는 사람이 당해 시각적 표지를 통하여 당해 상표가 무엇인지를 이해하는 것이 합리적으로 가능한 경우.

83) France, INTELLECTUAL PROPERTY CODE, BOOK VII. Trademarks, Service Marks and Other Distinctive Signs, TITLE I. Trademarks and Service Marks, CHAPTER I. Constituent Elements of Marks, Art. L711-1 c) "Figurative signs such as: devices, labels, seals, selvedges, reliefs, holograms, logos, synthesized images; shapes, particularly those of a product or its packaging, or those that identify a service; arrangements, combinations or shades of color."

84) COUNCIL REGULATION (EC) No 207/2009 of 26 February 2009 on the Community trade mark, TITLE Ⅱ. THE LAW RELATING TO TRADE MARKS, *SEC. 1m art. 4.*

[EU의 홀로그램상표 1][89]

[EU의 홀로그램상표 2][90]

로 구성된 표장의 표장적격성을 부인한 Sieckmann 사건[85]을 바탕으로 홀로그램 등의 비전형상표의 등록과 등록절차를 정비하여 운용하고 있다. OHIM은 화장품, 영상물 및 담배의 포장의 홀로그램에 대해서 상표등록을 허용하였다.

　홀로그램상표는 3차원의 이미지를 광학적으로 저장하고 이를 재현하는 것이 가능한 홀로그램으로 구성되어 보는 각도에 따라 그 형상이 달라지므로 인쇄된 종이에 그 표장을 특정하는 것이 쉽지 않다. 과거 우리나라 상표심사기준은 홀로그램상표의 경우에는 그 상표의 견본을 구성하는 기본적인 자태가 보는 각도에 따라 보이는 것이 전혀 달라질 때에는 1상표 1출원에 위배되는 것으로 인정하였다.[86] 그러나 홀로그램상표의 상표견본은 홀로그램상표의 특징을 충분히 나타내는 2장 이상 5장 이하의 도면 또는 사진으로 작성되어야 하며, 보는 각도에 따라 변화하는 이미지를 정확히 파악할 수 있도록 작성되면 상표등록요건을 충족하는 것으로 인정한다.[87] 홀로그램상표 또는 동작상표에 대하여 비디오테이프 또는 CD-ROM 광디스크 등 전자적인 기록매체만으로 출원된 때에도 도면 또는 사진으로 보정하여야 한다.[88] 홀로그램상표 또는 동작상표에 대하여는 해당 상표견본의 특징을 잘 나타내는 영상을 수록한 비디오테이프 또는 CD-ROM 광디스크 등 전자적 기록매체의 제출을 추가적으로 요구할 수 있다.

　동작상표는 이미지의 움직임을 통하여 상품이나 서비스를 식별하는 표장을 의미한다. 실례로 영화, TV 또는 컴퓨터 스크린상에서 실행되는 연속적인 동작

---

85) Sieckmann v. Deutsches Patent und Markenamt, Rechtssache C-273/00.
86) 상표심사기준 제30조 제4항 참조(2014년).
87) 특허청 상표심사기준 제8부 제3장 홀로그램상표 2. 상표 유형 및 표장에 대한 심사 (2016년 판).
88) 특허청 상표심사기준 제8부 제3장 홀로그램상표 2. 상표 유형 및 표장에 대한 심사 (2016년 판).
89) OHIM Trade mark No: 002117034.
90) OHIM Trade mark No: 001787456.

은 식별력이 있는 경우에 상표로 사용할 수 있다.

　미국 상표법은 동작상표에 관하여 명시적으로 규정하고 있지는 않지만, 상표등록에 대하여 규정한 미연방규칙(CFR)은 냄새와 같이 동작상표의 상표등록이 가능함을 전제로 규율하고 있다. 다른 표장들과 같이 동작상표는 "symbol" 또는 "device"에 해당하므로 식별력만 있으면 동작상표는 원칙적으로 보호적격이 있는 것으로 취급되고 있다.[91] 상표등록을 규정한 연방규칙은 상표를 가장 잘 표현한다고 생각되는 동작의 어느 한 순간을 묘사한 도면이나 동작의 여러 순간을 나타내는 최대 5개의 프레임을 포함한 도면을 제출하도록 하고 있다.[92] 또한 소리나 문자와 결합한 동작상표도 가능함은 물론이다. 미국 특허상표청이 동작상표등록을 위해서 도면을 제출하도록 요구하는 점에서 후술하는 향기나 소리상표와 다르다.

　미국 특허상표청은 다수의 동작상표의 등록을 인정하고 있다. 미국에서 최초로 등록된 동작상표는 1957년에 노스웨스턴 상업은행(Northwestern Bank of Commerce)에 의하여 소리와 동작이 결합되어 등록된 것으로 딱딱한 표면에서 동전이 소리내면서 회전하는 동작을 상표 등록한 것이다.[93] 또한 Columbia 영화사의 횃불을 든 여인과 함께 Columbia의 문자와 무지개가 나타나는 동작화면,[94] 웹브라우저를 제작한 네스케이프사의 네스케이프의 웹브라우저의 실행 시에 혜성 위쪽에 N이라는 글자와 우주에서 다수의 유성이 사선으로 떨어지는 화면[95] 등

---

91) Thomas P. Arden, Protection of Nontraditional Marks, INTA New York 2000, p.3-4; Kirsten Sowade, Markenschutz in den USA aus der Sicht des deutschen Anmelders, Jurawelt Bd. 24, Tenea Berlin, 2003, p.187.

92) 37 C.F.R. §2.52. Types of drawings and format for drawings. Motion marks. If the mark has motion, the drawing may depict a single point in the movement, or the drawing may depict up to five freeze frames showing various points in the movement, whichever best depicts the commercial impression of the mark. The applicant must also describe the mark.

93) USPTO 등록번호 0641872. description of mark(상표설명) "Audio and visual representation of a coin spinning on a hard surface."

94) USPTO 등록번호 1975999. Description of mark (상표설명): The mark consists of a moving image of a flash of light from which rays of light are emitted against a background of sky and clouds. The scene then pans downward to a torch being held by a lady on a pedestal. The word "COLUMBIA" appears across the top running through the torch and then a circular rainbow appears in the sky encircling the lady. (본 상표는 배경이 되는 하늘과 구름쪽으로 불빛이 비치는 번쩍이는 빛의 움직이는 장면으로 이루어진다. 그 후 받침대의 여인이 잡고 있는 횃불 아래쪽으로 [번쩍이는 빛이] 향한다. Columbia라는 단어가 횃불을 가로질러 윗쪽에 나타나고 원형의 무지개가 그 여인을 원형으로 감싸며 하늘에 나타난다).

95) USPTO 등록번호 2077148. Description of mark (상표설명): The mark consists of an animated sequence of images depicting the silhouette of a portion of a planet with an upper

이 동작상표로서 등록되었다.

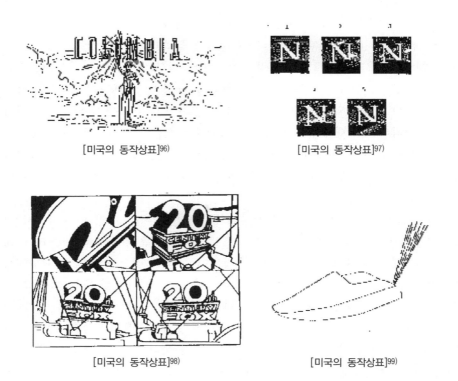

[미국의 동작상표]96)   [미국의 동작상표]97)

[미국의 동작상표]98)   [미국의 동작상표]99)

　　EU 공동체상표규정은 공동체상표는 시각적으로 표현할 수 있는(capable of being represented graphically) 모든 표지, 특히 성명을 포함한 단어, 도안, 문자, 숫자 그리고 상품의 형태나 상품포장의 형태로 구성될 수 있도록 하고 있다.100)

case letter "N" straddling the planet and a series of meteorites passing through the scene, all encompassed within a square frame. The animated sequence is displayed during operation of the software. (본 상표는 행성 위쪽에 서 있는 N이라는 문자와 일부분의 행성의 실루엣 장면과 유성들이 사각형의 그 장면을 꽉 차게 통과하는 일련의 동작으로 묘사되고 이미지로 구성되어 있다. 이러한 일련의 애니메이션은 소프트웨어가 동작되고 있는 동안 보여진다.)

96) USPTO 등록번호 1975999.
97) USPTO 등록번호 2077148.
98) USPTO 등록번호 1339596.
99) USPTO 등록번호 1946170.
100) COUNCIL REGULATION (EC) No 207/2009 of 26 February 2009 on the Community trade mark, TITLE II. THE LAW RELATING TO TRADE MARKS, SEC. 1m art. 4.

식별력이 있고 시각적으로 표현할 수 있는 표장이라면 공동체상표로서 등록될
수 있다. 따라서 동작표장이 시각적으로 표현할 수 있고, 식별력이 있다면 상표
등록이 가능하다.

[EU의 동작상표]101)

[EU의 동작상표]102)

EU 회원국은 자국의 상표법을 EU 상표지침에 일치시켜야 한다. 따라서 EU
회원국에서는 동작상표를 인정하고 있다. EU 회원국인 영국에서도 시각적으로
표현할 수 있는 어떠한 기호도 식별력이 있는 한 상표로서 등록가능하다.103)

101) OHIM Trade mark No: 1864610.
102) OHIM Trade mark No: 2762813.
103) United Kingdom Trademarks Act 1994, art. 1. (1). 영국 상표법은 상표는 사업자의 상품이
    나 서비스를 타사업자의 것과 식별할 수 있게 시각적으로 표현할 수 있는 모든 기호로 정

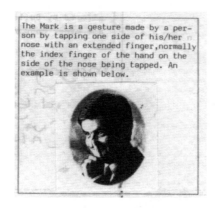

[영국의 동작상표][104]

　　EU 회원국인 독일의 상표법 제3조 제1항도 개인의 성명을 포함하여 문자, 숫자, 소리표지, 상품의 형태 또는 그 외관의 형태를 포함하는 입체적 형상, 및 색채 및 색채의 결합을 포함하는 포장은 어떤 기업의 상품 또는 서비스를 다른 기업의 그것과 식별할 수 있을 때에는 상표로서 보호될 수 있다고 규정하고 있다. 표장이 될 수 있는 것으로 동작상표를 명시하지 않고 있지만, EU 상표규정과 같이 동작상표가 사실적으로 표현될 수 있는 한 상표로서 등록될 수 있다.[105] 실제로도 등록된 사례가 있다.[106]

라. 결합상표

　　결합상표는 기호·문자·도형·입체적 형상·색채·홀로그램·동작이 2개 이상 결합된 경우를 말한다. 2016년 상표법 개정 전에는 표장의 정의규정에 결합상표도 표장의 예시로 포함시켰으나 2016년 개정에 의하여 삭제하였다. 그러나 결합상표는 당연히 상표가 될 수 있는 표장에 포함된다.

　　결합상표란 문자와 색채, 문자와 도형, 도형과 입체적 형상 및 색채 등이 결합된 것을 말한다. 또한 관념이 다른 문자와 문자, 도형과 도형이 결합된 경

　　의하고 있고, 상표의 구성요소로서 단어(성명포함), 도형, 문자, 숫자 또는 상품의 형상이나 포장의 형태를 예시하고 있으므로 동작상표의 경우 움직임을 복수의 그림에 표시하고 설명을 부기하면 상표등록을 받을 수 있다. 다만, 영국은 2016년에 EU 탈퇴를 결정했다.

104) UK IPO Trade Mark Number 2012603.

105) Fezer, Markengesetz, §3 Rn 290; Kirsten Sowade, Markenschutz in den USA aus der Sicht des deutschen Anmelders, Jurawelt Bd. 24, Tenea Berlin, 2003, S. 187.

106) Germany PTP Registernummer/Aktenzeichen:30157686.6; Registernummer/Aktenzeichen:30209487.3.

우뿐만 아니라 색채와 색채가 결합된 경우도 결합상표이다. 결합상표는 상표를 구성하는 전체 문자에 의해 생기는 외관, 호칭 또는 관념에 의해 상표의 유사 여부를 판단하는 것이 원칙이지만 문자들의 결합관계 등에 따라 '독립하여 자타상품을 식별할 수 있는 구성부분'(요부)만으로도 거래에 놓일 수 있다고 인정할 수 있는 경우에는 그 부분을 분리 내지 추출하여 그 부분에 의해 생기는 호칭 또는 관념에 의해 상표의 유사 여부를 판단할 수 있다.[107]

마. 색채

우리 상표법은 색채도 표장이 될 수 있도록 하였다. 색채는 단일색채상표나 결합상표가 되는 것도 문제가 없다. 기호·문자·도형·입체적 형상 등과도 결합하거나 그들의 결합상표에 색채가 가미된 것도 표장이 될 수 있다.[108] 또한 단일색채로 이루어진 상표나 색채만으로 결합된 상표도 가능하다.[109] 색채에 표장적격성을 인정한 것은 색채상표를 인정하는 국제적 경향과 WTO / TRIPs 규정[110]에 따라 1995년 상표법 개정(1995. 12. 29. 법률 제5083호) 시에 규정을 하게 된 것이다. 색채만으로도 표장이 될 수 있도록 한 것은 2007년 개정(2007. 1. 3. 법률 제8190호) 시부터이다. 2011년 상표법 개정으로 색채만의 결합도 표장이 될 수 있도록 명정하였다.

색채는 비교적 최근까지 표장적격성이 인정되지 않았다. 그 이유는 대체로 두 가지인데 하나는 색채고갈론이고 다른 하나는 색조혼동론이다. 색채는 몇 종류가 되지 않아 소수에 의해서 상표등록이 되는 경우에 대부분의 공중은 더 이

---

107) 대법원 2008. 2. 28. 선고 2006후4086 판결; 대법원 2007. 3. 29. 선고 2006후3502 판결; 대법원 2007. 9. 21. 선고 2007후692 판결 등 참조.
108) 상표법 제2조 제1항 제2호.
109) 상표법 제2조 제1항 제2호.
110) TRIPs 제15조 제1항에 의하면 색채와 문자·숫자·도형 등과의 결합은 상표등록을 할 수 있도록 규정하고 있다.
SECTION 2: TRADEMARKS
Article 15 Protectable Subject Matter
Any sign, or any combination of signs, capable of distinguishing the goods or services of one undertaking from those of other undertakings, shall be capable of constituting a trademark. Such signs, in particular words including personal names, letters, numerals, figurative elements and combinations of colours as well as any combination of such signs, shall be eligible for registration as trademarks. Where signs are not inherently capable of distinguishing the relevant goods or services, Members may make registrability depend on distinctiveness acquired through use. Members may require, as a condition of registration, that signs be visually perceptible.

상 자유롭게 그 색채를 사용할 수 없다는 것을 근거로 하는 것이 색채고갈론이다. Campbell Soup Co. v. Armour & Co 사건111)에서 법원은 문제가 된 원고가 제조하는 유명한 수프 캔에 부착된 라벨의 붉은 색과 흰색의 상표성에 대하여 색채의 고갈을 이유로 색채만의 상표는 도형이나 기하학적인 모양 등의 디자인과의 조합에 의하여 현저히 식별되지 않는 한 상표로서 인정되지 않는다고 판시하였다. 색채고갈론에 근거하여 표장적격성을 인정하지 않은 것이다.

색채사이의 구분이 명확하지 않다는 것이 색조혼동론이다. 예컨대 오렌지색의 노란색과 귤의 노란색을 구분하는 것은 쉽지 않은 일이다. 미국법원은 Nutra-Sweet Co. v. Stadt Corp. 사건112)에서 인공감미료인 Nutra-Sweet의 파란색 포장은 Equal의 파란색 표장과 구별할 수 없고 다른 경쟁자로 하여금 자신의 상품을 시장에 인식시키는 것을 방해한다는 이유로 색채의 상표성을 부인하였다.113)

1991년의 Nutra-Sweet Co. v. Stadt Corp. 사건에도 불구하고 이미 1980년대 중반부터 색채의 상표성에 대한 항소법원의 견해는 변화하기 시작하였다. Owens-Corning Fiberglass Corp. 사건114)에서 연방순회법원(CAFC)은 단열을 위하여 핑크색을 쓰는 것은 식별력이 있다고 하여 색채를 상표로서 인정하였다. 이러한 항소법원의 견해대립은 1995년 연방대법원이 Qualitex Co. v. Jacobson Prods. Co. 사건115)에서 단일색채도 이차적 의미(secondary meaning)를 취득한 경우에 상표가 될 수 있다고 판결하여 종결되었다. Qualitex Co. v. Jacobson Prods. Co. 사건에서 원고는 녹금색의 다림질판을 오랜 기간 제조, 판매하였는

---

111) Campbell Soup Co. v. Armour & Co., 81 F Supp 114 (ED Pa 1948), *affd* 175 F2d 795 (CA3 1949), *cert denied* 338 US 847, 94 LEd 518, 70 S Ct 88 (1949).

112) Nutra-Sweet Co. v. Stadt Corp., 917 F.2d 1024 (7th Cir. 1991).

113) 단일색의 상표성을 부인한 사례로는 다음과 같은 사건들이 있다. North Shore Laboratories Corp. v. Cohen, 721 F2d 514(CA5 1983); Dallas Cowboys Cheerleaders, Inc. v. Pussycat Cinema, Ltd., 604 F2d 200 (CA2 1979); Quabaug Rubber Co. v. Fabiano Shoe Co. Inc., 567 F2d 154 (CA1 1977); Volkswagenwerk A.G. v. Rickard, 492 F2d 474 (CA5 1974), on rehg 492 F2d 474 (CA5 1974); Norwich Pharmacal Co. v. Sterling Drug, Inc., 271 F2d 569 (CA2 1959), cert denied 362 US 919, 4 LEd 739, 80 S Ct 671 (1960); Tas-T-Nut Co. v. Variety Nut & Date Co., 245 F2d 3 (CA6 1957); Fram Corp v. Boyd, 230 F2d 931 (CA5 1956); Mershon Co. Inc. v. Pachmayr, 220 F2d 879 (CA9 1955), cert denied 350 US 885, 100 LEd 780, 7 S Ct 139 (1955); Life Savers Corp. v. Curtiss Candy Co., 182 F2d 4 (CA7 1950); Diamond Match Co. v. Saginaw Match Co., 142 F.Rep 727 (CA6 1906), *cert denied* 203 US 589 (1906).

114) In re Owens-Corning Fiberglass Corp., 774 F.2d 1116 (Fed. Cir. 1985).

115) Qualitex Co. v. Jacobson Prods. Co., 514 U.S. 159 (1995).

데, 경쟁자인 피고가 비슷한 색채의 다림질 판을 생산판매하기 시작하자 원고가
소를 제기하였다.

[Qualitex Co. v. Jacobson Prods. Co. 사건에서 문제된 상품[116]]

연방대법원은 단일색채만을 상표로 인정하는 것에 대하여 랜햄법(Lanham
Act)상 어떠한 장애가 없다고 판단하였다. 이러한 연방대법원의 판단에 대하여
색조혼동론과 색채고갈론의 두 가지 반론이 제기되었다. 먼저 단일색채만으로
구성된 색채상표를 인정한다면 색채의 혼동이 발생할 수 있다는 주장에 대하여
연방대법원은 "우리는 색채라는 것은, 이러한 점에서, 특별하다고 믿지 않는다.
법원은 전통적으로 두 가지 단어들, 표어(slogan)들 또는 심벌들이 소비자들을
혼동시킬 만큼 유사한지 여부에 관한 질문들에 대하여 전혀 다른 결정을 하였
다."라고 하면서[117] 단어나 표어 등에 대하여 상표를 허용한다면 당연히 색채에
대하여도 허용되어야 한다고 하였다. 즉 연방대법원은 단어 등도 색채도 혼동이
발생할 수 있지만 상표로 인정하였으므로 색채도 상표가 될 수 있다고 한다.

색채를 상표로 허용하면 색채가 곧 고갈될 것이라는 문제제기에 대해서 연
방대법원은 그러한 경우에는 상표가 기능적이라고 할 수 있으므로 색채의 고갈
문제는 기능성이론에 의하여 상표등록을 거부함으로서 상표의 독점을 방지할
수 있다고 판시했다.[118] 결론적으로 Qualitex Co. v. Jacobson Prods. Co. 사건
판결에 의하면 단일 색채도 이차적 의미가 있는 경우에 상표로서 보호받을 수

---

116) 사진은 http://www.museumofintellectualproperty.org/exhibits/expansion_of_trademark_law.html
    에서 가져옴.

117) "We do not believe, however, that color, in this respect, is special. Courts traditionally de-
    cide quite difficult questions about whether two words or phrases or symbols are sufficiently
    similar, in context, to confuse buyers." Id., 167.

118) Id., 169. Moreover, if that is not so-if a "color depletion" or "color scarcity" problem
    does arise-the trademark doctrine of "functionality" normally would seem available to pre-
    vent the anticompetitive consequences that Jacobson's argument posits, thereby minimizing
    that argument's practical force.

있지만 그 색채는 기능적이지 않아야 한다. 단일 색채는 그 자체로서 상표적격성이 발생하는 것이 아니라 기술적 표장과 같이 이차적 의미가 있는 경우에 한하여 상표적격성이 발생한다.

Qualitex Co. v. Jacobson Prods. Co. 사건은 단일 색채에 대한 판결이므로 색채가 다른 색채와 결합되거나 도형이나 문자와 결합된 경우까지 위 판결의 법리가 적용되는 것은 아니다. 따라서 그러한 경우에는 반드시 이차적 의미가 있어야 상표로서 보호받는 것은 아니다. 또한 색채는 랜햄법(Lanham Act) §43(a)의 요건을 충족하면 트레이드 드레스로서 보호받을 수 있다.

1994년 EU 지침에 따라 개정한 영국 상표법에 의하며 시각적으로 표현할 수 있는 어떠한 표장도 상표가 될 수 있으므로[119] 색채도 상표로서 인정하고 있다.[120] 1994년 개정된 독일 상표법도 명시적으로 색채 및 색채의 결합을 포함하는 외관은 식별이 있는 경우에 보호된다고 하고 있으므로 상표로서 보호된다.[121]

유럽공동체의 경우, 상표적격성을 "시각적으로 표현할 수 있는 표지"라면 상표등록을 허용하고 있으므로 색채도 상표로 등록하는 데 문제가 없다.[122] 유럽상표청 상표심판원은 색채 그 자체가 일반적으로, 공동체 상표규칙 4조하에서 공동체 상표로서 보호될 수 있지만 유럽공동체상표규칙 제7조 제1항 (b)호, (c)호 또는 (d)호에 정하는 절대적 상표부등록사유에 해당하지 않아야 한다고 하였다.[123]

색채에 대하여 상표적격성을 인정한다고 하더라도 색채가 기능적(functional)인 경우, 예컨대 색채가 심미적(aesthetic)이거나 본질적 목적으로 이용되는 경우(utilitarian)에는 상표등록을 할 수 없다. 왜냐하면 색채가 심미적이거나 색채의 본질적 목적으로 이용되는 경우에 있어서 색채는 그 본질적 이용방법으로 사용되어 장식적(decorative)이거나 기능적(functional)으로 이용되는 것이지 색채가 상

---

119) United Kingdom Trademarks Act 1994, art. 1. (1).
120) United Kingdom Registration Number 1372291; 1526441; 1087349 등.
121) German Trademark Act §3 (1).
122) COUNCIL REGULATION (EC) No 207/2009 of 26 February 2009 on the Community trade mark, TITLE II. THE LAW RELATING TO TRADE MARKS, SEC. 1m art. 4.
123) 본 사건은 넓은 보통 명칭인 "오렌지"에는, 밝은 계조부터 어두운 계조, 황색부터 붉은 빛까지 많은 색조가 포함될 수 있다는 이유로, "오렌지"색으로만 구성된 상표라고 했을 뿐 색조(color shade)가 특정된 시각적 표현을 제출하지 않고, 코드·넘버를 표시하지 않은 것을 적법한 상표출원이 아니라는 심사관의 결정을 지지하였다. In re Orange Personal Communications Services Ltd., OHIM Third BoA, Feb.12,1998, Case R7/1997-3,30 IIC 197 [Orange].

품을 식별(distinctive)하기 위하여 이용되는 것은 아니기 때문이다.[124] 기능적인 것을 보호하는 것은 상표가 아니라 특허이다. 만일 기능적인 상표를 보호한다면, 특허심사를 받지 않고 그 기능을 상표등록에 의해서 독점할 수 있기 때문이다.

바. 비시각적 표장(Non-visible Marks): 소리, 냄새, 맛

2011년 12월 상표법 개정(2011. 12. 2. 법률 제11113호)으로 인하여 "소리·냄새 등 시각적으로 인식할 수 없는 것 중 기호·문자·도형 또는 그 밖의 시각적인 방법으로 사실적(寫實的)으로 표현한 것"을 포함하였다. 즉 소리나 냄새 등은 시각적으로 표현되지 않지만, 이를 기호, 문자나 도형 등 시각적 방법으로 사실적으로 인식할 수 있도록 하는 표현에 의하여 표현한 경우에는 상표적격성을 인정하고 있다. 시각적 방법으로 사실적으로 표현하였다는 것의 의미가 명확하지 않아서 논란이 될 수 있었다.

WTO/TRIPs 협정 제15조 제1항은 회원국은 등록요건으로 표지가 시각적으로 인식가능할 것을 요구할 수 있도록 하고 있다. 이에 우리 상표법 제2조 제1항 나목은 "그 밖에 시각적으로 인식할 수 있는 것"을 표장적격성으로 인정하고 있었다. 본 조항은 가목에 보충적인 조항이다. 가목에 표장이 될 수 있는 것으로 나열한 것("기호·문자·도형·입체적 형상·색채·홀로그램·동작 또는 이들을 결합한 것")은 모두 시각적 인식가능성이 있는 것들인데 나목에서 보충적으로 가목에 나열된 것 이외에 시각적으로 인식할 수 있는 것은 상표적격성이 있다고 규정하고 있다.

그러나 한미 FTA 제18.2조 제1항은 "어떠한 당사국도 등록의 요건으로 표지가 시각적으로 인식가능할 것을 요구할 수 없으며, 어떠한 당사국도 상표를 구성하는 표지가 소리 또는 냄새라는 이유만으로 상표의 등록을 거부할 수 없다."라고 규정하여 한미 FTA상으로는 시각적 인식가능성은 포기되었다. 따라서 한미 FTA가 효력이 발생하는 경우에 소리, 향기 등이 표장으로서 등록될 수 있도록 하기 위해 위 조항을 추가하게 된 것이다. 다만 위 조항이 "기호·문자·도형 또는 그 밖의 시각적인 방법으로 사실적(寫實的)으로 표현한 것"이라고 하고 있는데 이는 유럽 국가들이 시각적(graphically)으로 표현할 수 있도록 한 것을

---

124) Brunswick Corp. v. British Seagull, 35 F.3d 1527 (Fed. Cir. 1994), *cert. denied*, 514 U.S. 1049 (1995). (크기를 작게 보이기 위하여 검정색을 사용한 경우에는 상표로서 보호될 수 없다고 한다. 다만 장식적이거나 기능적이더라도 그러한 기능은 사소한 것으로서 부차적인 것이고, 식별력이 있는 경우에는 상표로서 보호받을 수 있다.)

수용한 것으로 볼 수 있다. 다만 이 요건이 시각적으로 인식가능할 것을 요구할 수 없도록 한 한미 FTA규정을 충족하는지는 의문이 제기되었다. 아마도 "기호·문자·도형 또는 그 밖의 시각적인 방법으로 사실적(寫實的)으로 표현한 것"은 상표등록을 하기 위한 구체화 방법이 필요하기 때문이 이를 요구한 것으로 보아야 할 것이다. 소리나 향기가 악보나 설명 등으로 시각적으로 구체화할 수 없다면 상표를 특정할 수 없기 때문에 권리범위를 확정할 수 없으므로 사실상 시각적으로 표현 가능한 등록수단일 것을 법에 명시한 것으로 볼 수 있지 않을까 생각된다.

(1) 소리

미국은 소리상표등록이 가장 활발한 나라이다. 랜햄법(Lanham Act)상 소리(sound)는 명시적으로 상표의 정의에 포함되어 있지 않으나, 소리는 symbol이나 device의 개념에 포함될 수 있으므로 상표로서 등록이 가능하다. 1950년 NBC(NATIONAL BROADCASTING COMPANY)가 3 화음의 차임벨을 서비스표로 등록했다.[125] MGM/UA 영화사(MGM/UA ENTERTAINMENT CO.)는 미국특허상표청에 사자울음소리(the Mark Comprise a Lion Roaring)를 상표 및 서비스표로 등록했다.[126] 그 이외에 미국특허청 등록번호 2799689,[127] 2798332,[128] 2607415, 2573581 등도 소리를 상표로 등록한 것이다. 뉴욕증권거래소(NYSE; New York Stock Exchange, Inc)는 벨소리를 서비스표로 등록했다.[129] 사람이 말하는 단어에 대하여도 상표나 서비스표로서 등록

---

125) USPTO 등록번호 0523616.[이하 미국상표부분은 나종갑, 미국상표법연구, 글누리(2006) 에서 발췌 수정함]

126) USPTO 등록번호 1395550.

127) Description of Mark(상표설명): The sound mark consists of a rapid series of chime-like musical notes written on the treble clef in the key of C major, comprising a progression of the musical notes C, D, F, G, C, and the combined notes A and D.

128) Description of Mark (상표설명): The MUSICMATCH startup sound consists of a 4.4 second musical phrase. The time signature of the phrase is 4/4 with an approximate tempo of 80 bpm. The phrase starts with a pianissimo string chord whose main keys are C5, F#5, and G5. The chord crescendos to forte in ~.8 seconds at which time a 60-80Hz bass note hits. The bass note is sustained for ~.8 seconds. Overlying the string chord are synthesized pizzicato 1/8th note triplets beginning at .4 seconds and ending at ~1.2 seconds. The sequence of notes is D7, C7, A6, G6. While the bass note is sustained(~1 second marker) the string sound, mentioned previously, changes to an A major chord. Using the same string sound, underlying the A major chord is a sequence of 1/8th notes. The sequence is F#4, E4, A4. Finally, using a synthesized pizzicato sound, two quarter notes are sounded. The quarter note tones and second markers are, A4 at 1.8 seconds and D5 at 2.8 seconds, respectively. The sound fades to zero volume starting at 3.5 seconds and ending at 4.4 seconds.

129) USPTO 등록번호 2741129, Description of Mark (상표설명): The mark consists of the

이 가능하므로[130] 유명한 TV 시리즈의 주인공이었던 타잔(Tarzan)의 소리도 상표등록을 하였다.[131] *In re* General Electric Broadcasting Co. Inc. 사건[132]에서 특허상표심판원(TTAB)은 선박의 시계소리(ship's bell clock)에 대하여 상표등록을 허용했다.

　　EU 공동체상표규정은 상표의 구성요소로서 특히 성명을 포함한 문자, 도형, 철자, 숫자 그리고 상품의 형상이나 포장의 형태와 같이 시각적으로 (graphically) 표현할 수 있는 표지일 것을 요구하고 있다.[133] Shield Mark BV v. Joost Kist 사건[134]에서 유럽사법재판소는 소리의 경우 표장적격성으로 명시된 것은 아니지만 자타상품의 식별력이 있고 악보 등 이를 시각적으로 표현할 수 있는 한 상표로서 등록 가능하다고 판결하였다. 본 사건에서는 네덜란드 법원은 피고 Kist의 원고회사(Shield Mark BV)의 소리상표 사용에 대하여 민사책임법에 의한 침해를 인정하였지만 베네룩스 3국의 연합 상표법은 소리상표의 등록을 배제하고 있다는 이유로 상표법에 의한 소리상표침해를 거부하였다. 이에 네덜란드 최고법원에 상고하였는데, 최고법원은 유럽사법재판소에 1988년 First Council Directive 89/104/EEC의 제2조에 대하여 재판을 구하였다. 유럽사법재판소는 제2조 (a)호는 소리상표를 포함하고 있다고 판시했다. 다만, 시각적으로 표현될 것을 요구하고 있다고 하였다. 그리고 제2조의 상표등록요건으로서, 예컨대, 악보, 의성어의 설명, 소노그램(sonogram)과 같은 시각적 표시, 인터넷 접근이 가능한 디지털 음원, 기타 다른 시각적 방법에 의한 음원표시 등이 제2조의 요건에 부합하는지에 대한 평결은 하지 않았다. 결과적으로 원고회사가 사용한 베토벤의 '엘리제를 위하여'의 처음 9개 음에 대한 텍스트 표시(E, D#, E, D#, E, B, D, C, A)와 의성어로서 수탉의 울음소리 "Kukelekuuuuu"는 명확하고 정확하지 않아서 시각적 표현(a graphical representation)을 결여하였다고 평결하였다. 그

---

sound of a brass bell tuned to the pitch D, but with an overtone of D-sharp, struck nine times at a brisk tempo, with the final tone allowed to ring until the sound decays naturally. The rhythmic pattern is eight 16th notes and a quarter note; the total duration, from the striking of the first tone to the end of the decay on the final one, is just over 3 seconds.

130) USPTO 등록번호 1326350은 "The Dreams We Share, We'll Always Remember, Remember With The Music Of Your Life"이라는 단어로 구성되어 있고, 등록번호 1299056은 "At Beneficial You're Good for More" and the sounds "Toot, Toot"로 구성되어 있다. 그 외 1754344 등 참조.

131) USPTO 등록번호 2210506 참조.

132) *In re* General Electric Broadcasting Co. Inc., 199 U.S.P.Q. 560 (T.T.A.B. 1978).

133) COUNCIL REGULATION (EC) No 207/2009 of 26 February 2009 on the Community trade mark, TITLE II. THE LAW RELATING TO TRADE MARKS, SEC. 1m art. 4.

134) Shield Mark BV v. Joost Kist h.o.d.n. Memex (Case C-283/01).

러나 오선지에 표시된 형식은 시각적 표현요건을 충족한다고 하였다.

영국의 경우, 1994년 상표법상 상표는 EU 지침에 따라 한 사업자의 상품이나 서비스를 타사업자의 것과 식별할 수 있도록 시각적으로(graphically) 표현할 수 있는 모든 기호로 정의하고,135) 상표의 구성요소로서 단어(성명포함), 도형, 문자, 숫자 또는 상품이나 포장의 형상을 예시하고 있다.136) 따라서 소리가 자타상품의 식별력이 있고 악보 등 시각적으로(graphically) 표현할 수 있으면 상표로서 등록될 수 있다.137)

EU 회원국인 독일, 프랑스도 EU 지침에 따라 소리의 표장적격성을 인정하고 있다. 독일은 상표법 제3조 제1항에 소리를 표장이 될 수 있는 것(Hörzeichen)으로 예시하고 있다. 독일에서는 1995년의 상표법 시행으로 약 200개의 소리상표가 출원되어, 약 90%가 등록되어 있다고 한다.138) 프랑스의 경우 식별력 있는 소리상표(Audible signs such as: sounds, musical phrases)로서 보호된다.139) 소리표장은 음악의 범주로 표현할 수 있는 것을 조건으로 하여 간단한 음향(simples songs), 악구, 리듬의 연속(sequences rythmique)이 포함되고, 식별력 있는 소리상표는 예컨대, 라디오 방송국 또는 텔레비전의 특정 프로그램의 테마 음악 또는 생산물에 관한 광고의 반주곡(accompagnement de la publicite) 등을 예로 들 수 있다. 또한 부정경쟁법에 의해 보호될 수 있다.140)

(2) 향기

미국 연방상표법에서는 향기나 소리도 표장으로 등록하는 것이 가능하다. 소리와 같이 상품이나 서비스의 출처에 대하여 식별력이 있는 경우 커먼로 또는 연방상표법상 상표로 인정된다. 향기가 상표로서 등록이 될 수 있었던 것은 1990년대가 되어서였다. In re Clarke 사건141)에서 TTAB가 바느질용 및 자수용

---

135) United Kingdom Trademarks Act 1994, art. 1. (1).

136) United Kingdom Trademarks Act 1994, art. 1. (1).

137) 김원오 외2, 비전형적 상표의 효과적인 보호 및 운영방안 연구, 특허청 (2006), 97 이하. 소리상표에 대해서도 일반적인 문자상표와 마찬가지로 당해 상표가 본질적으로 식별력이 있거나 본질적으로 식별력이 없는 표장이더라도 사용에 의하여 식별력을 취득한 경우에는 상표로서 등록을 허용하였으나 1997년 이후에는 소리상표의 등록요건을 보다 엄격히 제한하고 있다고 한다.

138) 김원오 외2(주 137), 99.

139) France, INTELLECTUAL PROPERTY CODE, BOOK VII. Trademarks, Service Marks and Other Distinctive Signs, TITLE I. Trademarks and Service Marks, CHAPTER I. Constituent Elements of Marks, Art. L711-1

140) 김원오 외2(주 137), 99.

141) In re Clarke, 17 U.S.P.Q.2d 1238 (TTAB 1990).

실(sewing thread and embroidery yarn)의 향기에 대하여 상표등록 가능성을 인정하기 시작하면서 부터이다. 랜햄법(Lanham Act)은 향기에 대하여 아무런 규정을 두고 있지 않으나, 연방규칙(CFR)은 향기를 상표로 등록할 수 있음을 전제로 규정하고 있다.[142] 향기는 소리와 같이 device나 symbol에 해당되므로 식별력이 있는 한 상표등록이 가능한 것이다. 그리고 등록절차나 방법은 소리와 같다. 따라서 해당 향기상표의 견본(drawing)의 제출은 필요하지 않으나, 향기상표의 설명(a detailed description of the mark)을 제출하여야 한다.[143] 그러나 일반 상표와 같이 그 등록요건을 충족하여야 하므로 향기를 상표로 등록한 경우는 그 예가 적다. 1991년 바느질용 및 자수용 실(sewing thread and embroidery yarn)의 향기를 상표로 등록한 경우가 있으나[144] 현재에는 유효하게 등록된 상표는 아니다.[145] 위 바느질용 및 자수용 실의 향기상표는 바느질 및 자수용실을 지정상품으로 한 "강하고 신선한 플러머리어 꽃향기(a high impact, fresh, floral fragrance reminiscent of plumeria blossoms)"에 대하여 상표로서 등록한 것이다. 또한 "레이저 프린터, 복사기, 마이크로피치복사기 및 전송복사기의 토너(toner for digital laser printers, photocopiers, microfiche printers and telecopiers)"를 지정상품으로 한 레몬향(a lemon fragrance)과 차량용 윤활유에 대한 아몬드향[146)]에 대하여 등록결정을 하였

---

142) 37 C.F.R. §2.5 TMEP §807.11. "Drawing" of Sound, Scent, or Non-Visual Mark

    37 C.F.R. §2.52(a) (3). Sound, scent, and non-visual marks. The applicant is not required to submit a drawing if the applicant's mark consists only of a sound, a scent, or other completely non-visual matter. For these types of marks, the applicant must submit a detailed written description of the mark.

    The applicant is not required to submit a drawing if the applicant's mark consists solely of a sound, a scent, or other completely non-visual matter. For these types of marks, the applicant must submit a detailed written description of the mark that clearly explains the sound or scent. 37 C.F.R. §2.52(a)(3). If the mark comprises music or words set to music, the applicant may also submit the musical score for the record.

    …

143) 37 C.F.R. §2.5 TMEP §807.11.

144) *In re* Clark, 17 U.S.P.Q.2d 1238 (TTAB 1990).

145) USPTO 등록번호 1639128, 1997. 9. 29. 취소됨.

146) o Serial Number 제75404020호

    상표에 대한 설명: The mark consists of the almond scent of the goods.

    o Serial Number 제75360102호

    상표에 대한 설명: The mark consists of the strawberry scent of the goods.

    o Serial Number 제75360103호

    상표에 대한 설명: The mark consists of the bubble gum scent of the goods.

    o Serial Number 제75360104호

    상표에 대한 설명: The mark consists of the grape scent of the goods.

으나 출원자가 사용사실증명을 제출하지 못하여 최종등록은 하지 못했다.[147]

앞서 본바와 같이 EU는 상표로 등록 적격한 표장을 예시적으로 나열하고 있어 표장적격성을 넓게 인정하고 있다. 향기의 경우에도 자타상품의 식별력이 존재하고 냄새단면도화(odor profiling) 또는 크로마토그래피(chromatography) 등 시각적으로 표현할 수 있는 한 상표로서 등록은 가능하다. 다만, 향기샘플은 안정적이지 못하므로 향기샘플을 보관시키는 것만으로는 시각적 표현가능성을 충족하지 못한다. EU에서는 테니스공에 대해서 "the smell of fresh cut grass"이 상표등록이 된 적이 있지만,[148] 2006년 갱신등록이 거절되었다. 그리고 자동차 연료에 대한 산딸기향(the scent or smell of raspberries)을 등록출원하였지만, 강한 디젤연료향에 대하여 산딸기향은 매우 약해서 상품에 대하여 식별력이 발생하지 않는다는 이유로 등록거절한 심사관의 결정이 지지되었다.[149]

다만 향기상표 등록에 관련하여 구체적인 등록 기준이나 방법이 명확하지는 않다. 2002년 12월 ECJ에서 비전형상표인 향기에 대한 Ralf Sieckmann v. Deutsches Patent und Markenamt 사건[150]에서 표장적격성에 대하여 이정표적인 판결이 이루어졌다. 이 사건 원고는 계피산메틸(methyl cinnamate) 향기에 대하여 "계피향이 있는 과일향(a balsamically fruity with a slight hint of cinnamon)"으로 기술하여 등록 출원을 하였지만, 독일 특허상표청은 상표등록을 거절하였다. 이에 Sieckmann은 독일연방특허법원에 제소하였는데, 연방특허법원은 ECJ에 EC의 상표지침에 따른 평결을 의뢰하였다.

ECJ는 두 가지 쟁점에 대해서 판단하였다. 첫 번째 쟁점은 유럽지침

---

    o Serial Number 제75360105호
     상표에 대한 설명: The mark consists of the citrus scent of the goods.
    o Serial Number 제75360106호
     상표에 대한 설명: The mark consists of the tutti-frutti scent of the goods.
    위의 상표들은 모두 지정상품 제4류 lubricants and motor fuels for land vehicles, aircraft, and watercraft를 지정하고 있다.

147) USPTO serial # 75120036.
   상표에 대한 설명: The mark consists of a lemon fragrance (Serial Number 제75120036호)
   지정상품(제2류): toner for digital laser printers, photocopiers, microfiche printers and telecopiers.

148) Vennootschap onder Firma Senta Aromatic Marketing, CTM Application No. 428870, filed Dec. 11, 1996, registered Oct. 11, 2000.

149) Myles Limited's Application, Appeal No. R0711/1999-3 (OHIM Third Board of Appeal, Dec. 5, 2001.)

150) Sieckmann v German Patent and Trademark Office (case C-273/00).

89/104/EEC의 제2조에 규정된 "시각적으로 표시될 수 있는(graphically represent)" 표지는 "시각적으로 인식(perceived visually)"될 수 없는 표지도 포함할 수 있는 것으로 해석되는지 여부이고, 두 번째 쟁점은 만약 위 첫째 쟁점에서 냄새도 표장 적격성을 인정할 때, 지침 제2조의 시각적으로 표시될 수 있는(graphically represent)이라는 요건은 냄새가 (a) 화학식, (b) 문자에 의한 설명, (c) 향기 샘플 기탁, 또는 (d) 위의 방법 중 몇 가지의 결합에 의해서 충족될 수 있는지 여부였다.

ECJ는 첫 번째 쟁점에 대하여 시각적으로 인식될 수 없는 표지도 지침(Directive) 제2조에서 규정하는 표장에 포함되는 것으로 판단하였다. 다만, 이미지나, 선이나 캐릭터(lines or characters)로 표시되어야 하고 그리고 표지는 명확하고, 정확하고, 자체적으로, 쉽게 접근할 수 있고, 이해하기 쉽고, 지속적이고 객관적이어야 한다고 하였다. 따라서 향기도 지침에서 정하는 표장에 포함된다고 판시하였다.

ECJ는 두 번째 쟁점에 대하여 (a) 물질의 향기를 표현하는 화학공식은 확실히 명확, 정확, 객관적이지 않고,[151] (b) 문자화된 설명은 충분히 명확, 정확, 객관적이지 않고, (c) 향기 샘플의 보관은 시각적 표현이지 않고, 안정적이거나 지속적이지 않다고 판시했다. 즉 설명적 기술만으로는 상표등록이 어렵다는 것이다. 이러한 설명만으로 향기를 특정하기 어렵기 때문이다. 결국 ECJ는 상표등록을 거절한 독일 특허상표청의 결정을 지지했다.

영국도 상표의 정의를 포괄적으로 인정하고 있기 때문에 향기상표의 경우에도 자타상품의 식별력과 시각적으로 표현할 수 있는 한 상표로서 등록은 가능하다.[152] 영국에서는 1994년 다트(dart)에 대한 강한 맥주의 향기(the strong scent of bitter beer applied to flights for darts)[153], 자동차 타이어에 대한 장미향과 여운향기(a floral fragrance/scent reminiscent of roses as applied to tyres)[154]가 상표로 등록되었다.

독일 상표법은 상표의 시각적 표현가능성(being represented graphically)을 요구하기 때문에 향기로 이루어지는 표지가 상표등록을 받을 수 있는지 여부에 대해서 명확하지 않다는 견해도 있지만,[155] 시각적 표현가능성은 독일법뿐만 아니라 프랑스법(capable of graphic representation)[156]과 영국법(being represented

---

151) 화학공식에 대하여 의견을 제출한 영국정부를 비롯하여 일부 견해는 냄새를 인지할 수 있다고 하였다. 그러나 ECJ는 반대 입장이었다.
152) 김원오 외2(주 137), 105.
153) Reg. No. 2000234.
154) Reg. No. 2001416.
155) 김원오 외2(주 137), 105.
156) France, INTELLECTUAL PROPERTY CODE, BOOK VII. Trademarks, Service Marks

graphically)[157]에서 요구하고 있다. 앞서 언급한 바와 같이 시각적 표현가능성은 표장요건이라고 보기보다는 실무상의 등록수단의 요건으로 이해하여야 할 것이다. 맛 상표나 감촉상표도, 원칙적으로, 등록수단이 시각적으로 표현될 수 있는 한 등록할 수 있다고 보아야 할 것이다.[158]

향기를 상표로 등록함에 있어서는 상품에 관련성이 있어야 한다. 향기가 상품에 사용되어 특정한 상품을 나타내는 식별력이 있어야 할 것이다.[159] 향기가 상품으로서 또는 상품의 주된 목적이 향기에 관련하여 판매되는 것이라면 그 향기를 곧바로 상표로 등록할 수 없다. 이는 상품의 기능성에 관련된 것일 뿐만 아니라 향기는 상표가 아니라 상품이기 때문이다. 즉 특정상품, 예컨대 화장품이나 비누는 향기를 기능적으로 필요로 하기 때문에 향기는 그 상품의 전체 또는 일부의 기능을 담당하거나, 향기는 상품 그 자체이므로 상표로서는 부수적인 기능을 하는 것이다.[160] 이러한 경우에는 상표로서 등록하는 것이 제한적일 수밖에 없다. 따라서 향수의 향기를 상표로 등록하기 위해서는 이차적 의미가 있어야 한다.[161] 그러나 상품이 향기와 전혀 관련이 없는 경우, 종이나 펜 또는 앞서 본 자수용 실과 같은 경우에는 향기는 상품의 기능과 관련이 없기 때문에 향기는 곧바로 상품의 식별표지가 될 수 있다. 이러한 경우에는 비누나 화장품보다 상표등록가능성이 높은 편이라고 할 수 있다. 다만 앞서 본 바와 같이 표지로서 등록수단, 즉 시각적 표현가능성은 별개의 문제로 판단하여야 할 것이다.

(3) 맛과 감촉

2016년 개정 상표법상으로 표장적격성에 대한 제한이 없다. 따라서 미각에 의하여 인지할 수 있는 것은 표장이 될 수 있다. 뿐만 아니라 촉각에 의하여 인지할 수 있는 것도 감촉표장(feel marks)이 될 수 있다. 다만, 이론적으로 맛 상표는 상품에 대하여 표장이 될 수 있지만, 서비스에 대해서는 적절한 표장이 될 수 없다고 인정된다. 실제로 EU에서는 Eli Lilly 사건[162]에서 약품에 대한 딸기 맛(Taste of Strawberries) 표장을 출원한 적이 있었다. 그러나 문언에 의한 기술만

and Other Distinctive Signs, TITLE I. Trademarks and Service Marks, CHAPTER I. Constituent Elements of Marks, Art. L711-1

157) United Kingdom Trademarks Act 1994, art. 1. (1).

158) Fezer, Markenrecht (3.Aufl. 2001) §3 Rdnr.279ff; Fezer, Olfaktorische, gustatorische und haptische Marken, WRP 1999, 575 참조.

159) 이는 색채에 대하여 이차적 의미를 요구하는 것과 같다고 할 수 있다.

160) Wal-Mart Stores, Inc. v. Samara Brothers, Inc., 529 U.S. 204 (2000) 참조.

161) Wal-Mart Stores, Inc. v. Samara Brothers, Inc., 529 U.S. 204 (2000) 참조.

162) Eli Lilly, The taste of artificial strawberry flavour, R120/2001-2 (August 4, 2003).

으로는 식별력뿐만 아니라 Sieckmann 요건을 충족하지 못하였다고 판단되었다.163) 베네룩스 국가에서는 종이와 프린트 된 상품에 대한 감초맛(taste of liquorice)이 문언적 서술에 의하여 등록된 바가 있다고 한다.

상품의 표면상의 감촉에 의한 식별력 인정도 가능하다. 점자(braille)는 감촉표장(feel marks)으로 사용될 수 있다. 다만, 다른 비전형 상표와 같이 그 등록방법이 문제가 될 것이지만, 점자의 경우에는 문자와 동등한 것이므로 다른 비전형 상표와는 구별이 된다. 점자가 아닌 감촉인 경우에는 다른 비전형 상표와 동일한 문제, 즉 시각적 표현(graphically represent)이 문제가 될 수 있지만, 그 감촉을 일으키는 외형 자체가 시각적 표현이 될 수 있으므로 시각적 표현요건은 충족할 수 있다. 실제 등록된 예로는 주류의 병에 대한 감촉 상표인 "Textura Superficie Old Parr"를 들 수 있다.164)

미국에서는 감촉표장등록이 활발하였다. 1996년 루이비통은 핸드백 표면에 대한 상표등록을 하였다.165) Dooney & Bourke도 "pebble grained texture"에 대하여 상표등록을 하였다.166) 뿐만 아니라 점자에 대한 상표등록도 허용하였다.167)

(4) 비전형 상표의 등록

상표는 상표권이라는 배타적인 권리를 부여하므로 유체재산권과 같이 명확히 공시하여야 한다. 따라서 등록방법이 가장 문제가 된다고 하겠다. 2016년 개정전 상표법상으로 비시각적 상표라도 기호·문자·도형 또는 그 밖의 시각적인 방법으로 사실적(寫實的)으로 표현할 수 있어야 했다. 시각적인 방법으로 사실적(寫實的)으로 표현할 것을 요구하는 것은 유럽 제도를 수용한 것으로 보인다. 2016년 개정 상표법은 사실적으로 표현하도록 한 요건을 삭제하였다. 그러나 소리나 향기 등 비전형상표는 여전히 그 등록가능성이 문제가 되고, 실제로 시각적으로 표현할 것을 요구할 수 있다. 그 이유는 상표권은 배타적 권리를 설정

---

163) Eli Lilly and Co. v INPI, Court of Appeal of Paris, 4thChamber, October 3, 2003, Recueil Dalloz, Vol. 184 (2004), No. 33, p 2433.

164) Application No. 140058, of December 17, 2003, and registration granted though title No. 29597 of April 28, 2004.

165) U.S. Reg. No. 2,263,903.

166) U.S. Reg. Nos. 2,252,278 and 2,252,280.

167) U.S. Reg. No. 2,058,394(보석에 대한 점자상표), U.S. Reg. Nos. 3,512,464, 3,512,465, 3,495,229, and 3,741,784(가수 스티비 원더의 의류와 공연에 대한 점자상표), Khvanchkara 와인에 대한 촉감상표 등록(Khvanchkara), 크라운 로열 위스키(U.S. Reg. No. 3,137,914), 그 외에도 촉감상표는 다수 등록되었다.

하는 준물권이므로 외부에 그 권리관계를 명확히 공시하여야 하기 때문이다. 아
래에서 설명하는 바와 같이 우리나라 심사실무도 시각적 표현을 요구하고 있다.

　　등록요건으로서 예컨대 소리는 시각적 인식이 아닌 청각적 인식에 의한 것이므
로168) 상표견본 (drawing)을 제출할 수 없다. 미국연방규칙(CFR)은 상표견본(drawing)
대신에 자세히 문서화된 설명(a detailed written description)을 제출할 것을 요구하고
있다. 이러한 경우 "No Drawing"이라는 취지가 기재되어야 하므로,169) 보통 "소리와
같이 기재가 불가능한 경우"("For situations for which no drawing is possible, such as
sound")라고 기술하고, 앞서 언급한 바와 같이 표장설명(description of mark)으로서
소리의 구성에 대하여 설명을 기재한다. 만일 표장이 소리를 만들기 위하여 소리나
단어로 이루어진 경우라면 악보(musical score)를 제출할 수 있다.170)

　　OHIM(Office for Harmonization in the Internal Market)의 심사기준(Examination
Guidelines)은171) 소리상표를 인정하고 있다. 소리상표의 등록방법으로서 기보법
(musical notation)을 예시하고 있다. 다만, 소리가 음악적으로 구성되지 않은 경우
에 소리파일을 첨부하고 오실로그래프(oscillogram)나 소노그램(sonogram)으로 시
각적 표현요건(a graphic representation)을 충족할 수 있다.172)

---

168) 37 C.F.R.§2.52 Types of drawings and format for drawing —
　　　(5) *Description of mark*. If a drawing cannot adequately depict all significant features of
　　　　 the mark, the applicant must also describe the mark —
　　　　　(e) *Sound, scent, and non-visual marks*. An applicant is not required to submit a
　　　　　　 drawing if the mark consists only of a sound, a scent, or other completely
　　　　　　 non-visual matter. For these types of marks, the applicant must submit a detailed
　　　　　　 description of the mark.
169) TMEP §807.11.
170) TMEP §807.11.
171) §8.2. The first step in examination for absolute grounds for refusal is to check that the
　　　trade mark in the application is a sign of which a Community trade mark may consist. The
　　　criterion is that it must consist of any sign capable of being represented graphically, pro-
　　　vided that it is capable of distinguishing the goods or services of one undertaking from
　　　those of other undertakings. The term "sign" is to be interpreted by examiners broadly. The
　　　usual type of signs that are used as trade marks are words, including personal names, de-
　　　signs, letters, numerals, colours, the shape of goods or their packaging, or a combination of
　　　such elements. This list of examples is by no means exhaustive.
　　　　It is possible that sound trade marks may be applied for. If they can be represented
　　　graphically, such as by musical notation, and can distinguish the goods or services of one
　　　undertaking from another they are acceptable under this paragraph.
172) GUIDELINES FOR EXAMINATION IN THE OFFICE FOR HARMONIZATION IN THE
　　　INTERNAL MARKET (TRADE MARKS AND DESIGNS) ON COMMUNITY TRADE
　　　MARKS, PART B, EXAMINATION SECTION 4, 2.1.2.3 Sound marks.

독일에서 소리상표의 출원인은 상표의 이차원의 시각적 표현물 4부와 음향적 재현물을 제출하여야 한다. 프랑스의 경우 소리상표의 출원 절차에 대해서는 기탁 시에, 시각적 표현(representation graphique)이 필요하므로 악보의 제출 등이 필요하다.[173]

앞서 본 바와 같이 EU는 향기상표의 경우에도 상표로서 등록은 가능하지만, 그 시각적 표현(representation graphique) 방법이 명확하지 않다. 앞서 언급한 바와 같이 테니스공에 대해서 "the smell of fresh cut grass"가 상표등록이 된 적도 있지만, 현재 OHIM은 Sieckmann 사건에서 확립된 요건인 사실적 표현가능성의 결여를 이유로 향기로 이루어진 표장에 대해서는 상표등록을 거절하고 있다.[174]

향기에 대한 화학공식이나 크로마토그래피에 의해 향기를 사실적(graphically)으로 표현하는 것은 가능하다는 견해[175]와, 상표의 사실적 표현은 표장 그 자체에서 상표의 정확한 범위를 명확히 하여야 할 뿐만 아니라 통상인이 화학공식이나 크로마토그래피를 보는 것만으로 문제가 되는 상표에 대하여 합리적으로 이해할 수 없으므로 향기는 사실적으로 표현할 수 없다는 견해가 있다.[176]

미국에서 향기상표는 상표의 정의상 "symbol"이나 "device"라는 개념 속에 포함된다고 보고 있어 그 등록을 허용하고 있지만, 향기상표의 등록사례는 매우 드물다.[177] 미국특허상표청은 향기상표의 경우에도 시각적으로 인식할 수 없는 상표이므로 상표의 도면을 제출하지 않고 상표를 자세하게 설명하는 서면만을 제출하도록 요구하고 있다.[178]

맛으로 이루어진 표장에 대해서도 OHIM은 최근에는 시각적으로 표현(graphically represent)이 되지 않았다고 하여 상표등록을 거절하고 있다.[179] 결국

---

173) 김원오 외2(주 137), 99.

174) Shinichi Irie, Study on International Harmonization for Objects of Protection or the like of Trademarks, p.2 (http://www.iip.or.jp/e/e_summary/pdf/detail2001/e13_01.pdf, 마지막 방문 2016.6.3.)

175) 김원오 외2(주 137), 101 참조.

176) Schmidt, Definition of a Trade Mark by the European Trade Marks Regime – A Theoretical Exercise, 30 IIC 738, 742-744(1999).

177) In re Clark 사건 이후, 등록된 사례로 상품분류 16, 문방구(office supplies)에 대한 바닐라향(Reg. No. 3143735)과 라벤다향(Reg. No. 3140693)을 들 수 있다.

178) Trademark Rules of Practice(37 C.F.R§2.52(a)(3); TMEP §807.03(b)).

179) Shinichi Irie, Study on International Harmonization for Objects of Protection or the like of Trademarks. (http://www.iip.or.jp/e/e_summary/pdf/detail2001/e13_01.pdf, 마지막 방문 2016.6.3.)

향기나 맛에 대하여 관념상의 표장적격성보다는 권리범위를 나타낼 적절한 표현수단이 없기 때문에 등록가능성이 낮은 것으로 보아야 할 것이다. 결국 향기 등 비전형상표는 상표적격성보다는 실무적인 상표등록방법이나 등록 수단으로 그 쟁점이 귀결될 것으로 보인다.

이러한 법리는 우리 법에서도 타당하다. 다만, 향수가 상품인 경우 그 향수의 향기는 상품 그 자체로서 등록이 거절되어야 하지만[180], 앞서 언급한 바와 같이 이차적 의미가 발생하는 경우에는 상표등록이 가능하다고 보아야 할 것이다. 그러한 법리는 Wal-Mart Stores, Inc. v. Samara Brothers, Inc. 사건[181]에서 찾아 볼 수 있다. Wal-Mart 사건에서 미국 연방대법원은 '상품의 포장'과는 달리 '상품의 형상'은 그 상품 자체이어서 본질적으로 식별력이 없으므로 제품의 형상이 보호받기 위해서는 식별력을 입증하거나, 이차적 의미를 입증하여야 한다[182]고 하였다. 즉 향수의 향기도 상품 그 자체이므로 본질적인 식별력은 없다고 하여야 할 것이지만, 식별력이 발생하는 경우에는 상표등록이 가능하다고 할 수 있을 것이다. 그러나 앞서 본 바와 같이 우리 상표법상으로도 향기상표의 등록은 향기의 표장적격성의 문제보다는 기술적(技術的)인 문제로서 사실적 표현의 문제로 보아야 할 것이다. 특허청은 냄새상표에 대하여 상표의 설명란에 상표에 대한 설명이 필수적으로 기재하거나 별도의 상표에 대한 설명서를 제출하여야 하며 상표의 설명이 없으면 상표법 제2조 제1항의 상표의 정의에 불합치하는 것으로 인정하여 상표등록을 거절한다.[183] 뿐만 아니라 시각적 표현에 합치하는 냄새견본을 출원서에 첨부하여 제출하여야 한다. 냄새견본은 냄새를 담은 밀폐용기 3통 또는 냄새가 첨가된 패치(향 패치) 30장을 제출하여야 하고 냄새가 쉽게 사라지거나 변하지 않도록 만들어진 밀폐용기 또는 향 패치로 제출하여야 한다. 냄새견본이 제출되지 않으면 상표의 정의에 불합치 하는 것으로 인정하여 상표등록을 거절한다.[184] 냄새상표를 문자·숫자·기호·도형 또는 그 밖의 방법을 통하여 시각적으로 인식하고 특정할 수 있도록 구체적으로 표현한 시각적 표현을 출원서에 반드시 적어야 하고, 이러한 기재가 없으면 상표의 정

---

180) 1994년 향수 Chanel No. 5의 상표 등록이 거절되었다.

181) Wal-Mart Stores, Inc. v. Samara Brothers, Inc., 529 U.S. 205 (2000).

182) Wal-Mart Stores, Inc. v. Samara Brothers, Inc., 529 U.S. 205 (2000).

183) 특허청 상표심사기준 제8부 제7장 냄새상표 1. 상표 유형 및 상표의 설명에 대한 심사 (2016년판).

184) 특허청 상표심사기준 제8부 제7장 냄새상표 1. 상표 유형 및 상표의 설명에 대한 심사 (2016년판).

의에 합치하지 않는 것으로 본다.[185] 냄새상표가 구체적으로 표현되어 있는지의
여부는 냄새의 시각적 표현이 자세하게 기술되어, 시각적 표현만을 보고도 냄새
를 인식하거나 동일하게 재현할 수 있는지를 고려하여 판단하는데 이 경우 냄
새의 시각적 표현이 냄새견본 등이나 다른 문헌을 참고해야만 비로소 냄새를
인식하거나 재현할 수 있다면 구체적이라고 인정하지 않는다.[186]

III. 상품

1. 상품

상표는 상품에 사용하는 것이다. 상표법상 상표란 특정상품, 즉 우리법상으
로는 상표등록시에 지정한 지정상품에 사용하는 것이다. 즉 자타상품을 식별토
록 하는 것이 상표이므로 상품과 상표는 불가분의 관계에 있다(in gross/appurten-
ant dichotomy). 따라서 후술하는 표장 또는 상표 라벨과는 구별된다.

2. 무상의 상품

상표가 사용되는 상품은 상표제도의 목적에 따라 결정되는 상대적인 개념
이다. 상품은 반복적으로 유상의 거래의 대상이 되는 유체물이라 정의한다.[187]
거래의 대상이 되지 않는 무상의 물품(novelty), 예컨대 판매촉진이나 광고를 위
해서 무상으로 교부되는 라이터나 볼펜, 수영복, 티셔츠 잠바, 반바지[188] 또는
상품의 견본[189] 등은 여기에서의 상품에 포함되지 않는다고 해석한다. 대법원도

185) 특허청 상표심사기준 제8부 제7장 냄새상표 1. 냄새의 시각적 표현에 대한 심사(2016년판).
186) 특허청 상표심사기준 제8부 제7장 냄새상표 1. 냄새의 시각적 표현에 대한 심사(2016년판).
187) 대법원 1999. 6. 25. 선고 98후58 판결(종전부터 자신이 발행하여 오던, 영화·음악·연예
    인 등에 관한 정보를 담은 "ROADSHOW, 로드쇼"라는 월간잡지의 독자들에게 보답하고
    그 구매욕을 촉진시키기 위하여 사은품으로 외국의 유명한 영화배우들의 사진을 모아 등록
    상표인 "WINK"라는 제호의 책자를 발행하여 독자들에게 제공한 경우, "WINK"라는 제호
    의 책자는 그 자체가 교환가치를 가지고 거래시장에서 유통될 가능성이 있는 독립된 상거
    래의 목적물이 될 수 없어 '광고매체가 되는 물품'에 해당되므로 "WINK"라는 제호의 책자
    에 이 사건 등록상표가 제호로 사용된 것은 이 사건 등록상표의 사용이라고 할 수 없다).
188) 서울고등법원 1995. 12. 30.자 95라202 결정(판촉활동에 사용할 목적으로 신청인들의 지
    정상품에 속하는 수영복, 티셔츠, 잠바, 반바지 등에 "cass" 또는 "카스"라는 상표를 표시
    하고 맥주 광고임을 표시하는 문자 등도 부가하여 20,000여 장을 제작한 후 피신청인 회
    사와 대리점 직원들에게 무상으로 배포했다. 법원은 판촉물은 독립된 상거래의 목적물인
    상품이 아니라 피신청인의 상품인 카스맥주의 단순한 광고매체에 불과하다고 하여 상품으
    로 인정하지 않았다).
189) 대법원 2004. 5. 28. 선고 2002후123 판결(대법원은 대리점에서 판매되는 즉석건강식품

"'상품'은 그 자체가 교환가치를 가지고 독립된 상거래의 목적물이 되는 물품을 의미한다 할 것이므로, 상품의 선전광고나 판매촉진 또는 고객에 대한 서비스 제공 등의 목적으로 그 상품과 함께 또는 이와 별도로 고객에게 무상으로 배부되어 거래시장에서 유통될 가능성이 없는 이른바 '광고매체가 되는 물품'[190]은 비록 그 물품에 상표가 표시되어 있다고 하더라도, 물품에 표시된 상표 이외의 다른 문자나 도형 등에 의하여 광고하고자 하는 상품의 출처표시로 사용된 것으로 인식할 수 있는 등의 특별한 사정이 없는 한, 그 자체가 교환가치를 가지고 독립된 상거래의 목적물이 되는 물품"이라고 할 수 없다고 하고 있다.[191] 일본의 경우에도 피복, 침구류 등을 지정상품으로 한 등록상표 'BOSS'의 상표권자가, 전자악기 등의 제조판매업자인 피고가 전자악기 등의 선전·광고 및 판매촉진을 위해 'BOSS'라는 상표를 표시한 티셔츠, 트레이닝복 및 점퍼를 자신의 제조·판매에 관계된 전자악기의 구입자에게 직접 또는 판매점을 통해 무상으로 배부하자 상표권침해소송을 제기하였지만, 일본 오사카 지방법원은 독립한 상거래의 대상인 물품이 아니어서 상표법상의 상품에 해당하지 않는다는 법리로 손해배상청구를 기각하였다.[192] 따라서 상품의 판매촉진의 목적으로 제공되는 무상의 사은품은 그 자체가 교환가치를 가지고 거래시장에서 유통될 가능성이 있는 독립된 상거래의 목적물이 될 수 없어, 상표법상 상품으로 인정되지 않는다고 본다. 이러한 물품은 '광고매체가 되는 물품'에 해당된다고 할 수밖에 없으므로 제3자가 광고매체로 이용되는 상품에 등록상표를 사용하는 경우, 상표의 '상품'에 대한 사용이라고 할 수 없다는 것이다. 이러한 상품은 사실 교환가치를 가지고 거래시장에서 유통될 가능성이 없기 때문에 상표법상 상표가 사용되는 '상품'이 아니라는 법리이다.

　　나아가 판촉용이나 광고용 물품에 대한 상표사용은 '상표적 사용'이 아니라고도 할 수 있다고 한다. 상표적 사용이란 출처표시로서의 사용을 의미하는데[193] 판촉용이나 광고용 물품에서 상표를 사용하는 것은 광고로서의 사용이지

　　의 원재료를 보여주기 위해서 곡물마다 별도로 유리용기에 담은 상품견본은 상표법상 상품이 아니라고 했다); 대법원 2010. 9. 9. 선고 2010후1466 판결 참조.
190) 이러한 물품을 novelty(사은품, 증정품)라고도 한다.
191) 대법원 1999. 6. 25. 선고 98후58 판결.
192) 오사카지방재판소, 1976. 2. 24. 판결, 소화49년(ワ) 제393호.
193) 대법원 2005. 6. 10. 선고 2005도1637 판결 참조. "타인의 등록상표와 유사한 표장을 이용한 경우라고 하더라도 그것이 상표의 본질적인 기능이라고 할 수 있는 출처표시를 위한 것이 아니라 상품의 기능을 설명하거나 상품의 기능이 적용되는 기종을 밝히기 위한 것으

그 상품의 출처표시로서 사용하는 것은 아니라고 한다. 통설과 판례는 이러한 상품이 상품에 대한 사용의 법리를 적용한 결과 상표적 사용이 아니라고 하고 있어, 결국 이러한 상표사용은 상표침해가 성립되지 않는다는 법리이다.

그러나 대법원이 언급하는 바와 같이 특별한 사정이 있는 경우에는 판매촉진용으로서 무상 제공되는 것이라고 하여 상표 침해가 발생하지 않는 것이 아니다. 우리 상표법상 상표 사용은 "양도하거나 인도"하는 행위를 포함하고 있다. 판촉용으로 무상제공하는 것은 무상양도 내지는 인도라고 할 수 있다. 따라서 상표의 사용범위에 속한다. 다만, 판촉물은 원칙적으로 상품이 아니므로 상표침해가 발생하지 아니하고, 예외적으로 특별한 사정이 있는 경우에 상표침해가 발생할 수 있다고 하는 것은 앞서 우리 상표법이 무상양도나 인도를 상표의 사용행위로 인정하는 취지와 부합하지 않는다고 생각된다.

뿐만 아니라 판매촉진용으로 제공되는 물품도 사후적으로 거래가 되는 경우가 많다. 즉 무상으로 제공된 물품도 재판매 되면서 유상으로 거래되는 '상품'으로 이용될 수 있다. 따라서 개별사안마다 판단할 문제이지 판매촉진용이라고 하여 모두 상표법상 상표가 사용되는 상품임을 부정할 수는 없다. 실제로 판촉물도 사후적으로 독립적으로 거래가 되는 경우에는 상표침해를 예상할 수도 있다. 따라서 판촉용 상품에 대하여 타인의 등록상표와 동일유사한 상표를 사용하는 경우에 상표침해가 발생함을 부인할 수 없다.

다만, 등록상표의 경우에는 지정상품과 동종상품[194] 또는 유사상품[195]인 경우에 침해가 되므로 해당 판촉물이 그 상표가 사용되는 지정상품과 이종상품인 경우에는 침해가 발생하지는 않을 것이다. 다만 유명상표의 경우에는 이종상품이더라도 부정경쟁행위는 성립할 수 있다.[196] 따라서 이러한 판촉용 상품은 상품성을 부인하는 것보다는 출처혼동의 가능성이 없는 경우에 이를 근거로 상표권 침해를 부인하는 것이 타당하고, 사후적이라도 출처혼동의 가능성이 있다면 상표권 침해를 인정하는 것이 타당하다. 판촉물의 경우에도 독립적으로 거래가 될 수 없을 정도로 무가치한 경우보다는 사후적으로 독립하여 거래가 될 수 있는 경우가 대부분일 것이므로 판촉물도 상표침해를 인정할 가능성이 높아진다.

로서 상표의 사용으로 인식될 수 없는 경우에는 등록상표의 상표권을 침해한 것이라고 할 수 없을 것이다."

194) 상표법 제89조가 적용되는 경우.
195) 상표법 제108조가 적용되는 경우.
196) 부정경쟁행위 및 영업비밀보호에 관한 법률 제2조 제1항 가목 및 다목 참조.

뿐만 아니라 사후적인 혼동이 문제될 경우 예컨대, 일회용 라이터 등에 술집 광고를 부착하여 배포하는 경우에는 사후적으로 독립하여 거래될 가능성은 적다고 보인다. 이러한 물품은 거래비용이 물품가격보다 크기 때문이다. 그러나 그러한 물품도 사후적으로 거래될 가능성이 있고, 판촉물로 배포되는 탁상시계나 손목시계와 같이 거래비용보다 물품비용이 큰 경우 또는 기념품으로서의 수집가치가 있는 경우에는 독립적인 거래의 대상이 될 수 있다. 예컨대, 그러한 물품을 기념물로 소장하고자 하는 수요도 있을 것이고 이때에는 여전히 광고 내지 판촉용 물품이겠지만 그 외에 그 자체가 독립적인 거래의 대상이 될 수 있다. 전자의 경우에는 출처의 혼동은 없겠지만 후자의 경우에는 광고매체가 아닌 독립적인 거래의 대상인 상품이다. 이러한 경우에는 그 상품이 등록상품의 지정상품과 동종이나 유사상품에 대해서 그 등록상표권침해를 인정할 수 있다. 결국 판촉물이 사후적으로 광고용이나 판촉용이 아닌 독립적인 유통가능성이 있는지를 고려하여야 하고 이에 대하여 출처혼동의 가능성이 있는지를 살펴야 할 것이다. 사후적인 유통가능성은 그 물품의 가액이나 그 판촉물의 성질 등이 중요한 기준이 될 것이다. 결국 판촉물에 사용되는 상표도 출처표시기능을 할 수 있고 출처의 혼동을 가져오는 경우에는 상품성을 긍정할 수 있을 것이다. 그리고 위와 같은 광고용이나 판촉용 상품에 관한 법리는 제한적으로 해석하여야 한다. 만일 판촉용으로 판매되는 상품에 그 판촉을 위한 주된 물품의 상표가 아닌 원래의 상표가 부착된 상품이 판촉용 물품으로 교부된다면 상표침해가 발생할 수 있다. 이는 판촉의 범위를 넘어선 것이기 때문이다.

그리고 광고용이나 판촉용 물품은 독립적으로 거래되는 물품이 아니라는 이유로 상표가 사용되는 상품이 아니라고 하여 상표침해를 부정하지만, 우리 상표법은 독립적으로 광고행위 자체를 상표의 사용으로 인정하고 있다. 상표법은 "상품에 관한 광고·정가표(定價表)·거래서류, 그 밖의 수단에 상표를 표시하고 전시하거나 널리 알리는 행위"를 독립적인 상표 사용행위로 규정하고 있으므로[197] 광고매체에 대한 상표사용이 상품에 대한 광고 등이 되는 경우에는 상표의 사용에 해당할 수 있다. 즉 이 경우에는 독립적인 거래에 제공되는 상품에 상표가 사용되어 그 상품이 상표가 사용되는 상품인지 여부가 문제되는 것이 아니다. 그 상품에 대한 상표사용이 상표가 사용되는 상품에 대한 광고가 되는 경우에는 그 상품이 상품인지 여부와 관계없이 상표의 사용으로 인정될 수 있다. 다

---

197) 2016 개정 상표법 제2조 제1항 제11호 다목.

만, 대부분의 경우에는 지정상품이 동일하지 않은 경우가 많을 것이지만, 유사상품인 경우도 있고, 유사상품인 경우에는 상표권침해가 발생할 수 있다. 판촉용으로 사용되는 상품에 특정 상표가 사용되었다고 하더라도 이러한 방법으로 사용된 상표는 그 판촉용 상품의 출처표시기능을 하는 것이 아니기 때문에 상표권침해가 되지 않는 것으로 이해하여야 하지, 광고가 사용된 상품이 무료로 배포되는 것이므로 상표권 침해가 되지 않는다는 논리는 잘못될 수 있다. 또한 광고로 사용된다고 하더라도 광고에 의하여 광고된 상품과 그 상표의 지정상품 사이에 유사관계가 인정된다면 상표권 침해가 발생할 수 있다고 하여야 할 것이다. 문제된 두 상품이 일반 수요자가 상품출처에 혼동을 일으킬 만큼 유사한 상품이고 한 상품의 광고를 그 상품의 상표를 상표권의 대상인 상품에 사용하여 한 경우라면 그 광고한 상품은 상품출처의 혼동을 가져오거나 상표법상 상표 사용의 범위인 상품에 대한 광고로 사용한 것이므로 상표권 침해가 발생할 수 있다.

뿐만 아니라 상표의 유명성에 편승하여 해당 상품을 이용한 광고를 한 경우에는 부정경쟁행위가 성립할 수 있다. 상표법상 상표권은 상품의 동일 또는 유사 범위 내에서 침해가 이루어지지만, 희석화는 상품의 동일 또는 유사성이 문제가 되지 않기 때문이다. 부정경쟁방지 및 영업비밀보호에 관한 법률 제2조 제1항 다목은 "비상업적 사용 등 대통령령으로 정하는 정당한 사유 없이 국내에 널리 인식된 타인의 성명, 상호, 상표, 상품의 용기·포장, 그 밖에 타인의 상품 또는 영업임을 표시한 표지와 동일하거나 유사한 것을 사용하거나 이러한 것을 사용한 상품을 판매·반포 또는 수입·수출하여 타인의 표지의 식별력이나 명성을 손상하는 행위"를 규정하고 있다. 특정 국내에 널리 인식된 상표가 사용된 광고상품이라고 하더라도 무상으로 교부한 것은 위 조항의 반포에 해당될 수 있고, 널리 알려진 상표의 식별력이나 명성을 손상하는 행위가 될 수 있기 때문이다. 판촉 등에 사용하는 가치가 적은 상품 등에 유명한 상표를 사용하는 행위는 그 유명상표의 명성에 기댄 무임승차행위로서 그 유명상표의 가치손상이 발생할 수 있다. 특히 희석화에는 부정경쟁목적이 그 성립요건으로 필요하지 않기 때문에 그 성립가능성이 높다고 할 수 있다.

3. 거래가 금지된 상품

거래가 금지된 마약이나 마리화나 등도 상표가 사용되는 상품이라 할 수 없다. 이러한 물품들은 거래와 소지 자체가 금지되어 있기 때문이라 할 수 있다. 그러나 거래가 금지되어 있다고 하여 항상 상품이 되지 않는 것은 아니다. 그 거래를 금지한 취지를 개별적으로 살펴 판단하여야 한다. 대법원도 "관련 행정법규가 제조·판매 등의 허가 또는 안전검사·품질검사 등을 받지 아니하거나 일정한 기준이나 규격에 미달하는 제품 등의 제조·판매 등을 금지하고 있는 경우, 상표법의 목적과 행정법규의 목적이 반드시 서로 일치하는 것은 아니므로, 상표권자 등이 위와 같은 행정법규에 위반하여 특정 상품을 제조·판매하였다고 하여 그 상품이 독립된 상거래의 목적물이 될 수 있는 물품으로서의 요건을 구비하고 있지 않다거나 국내에서 정상적으로 유통되지 아니한 경우에 해당한다고 일률적으로 결정할 수는 없고, 그 상품의 제조·판매를 규율하는 행정법규의 목적, 특성, 그 상품의 용도, 성질 및 판매형태, 거래실정상 거래자나 일반수요자가 그 상품에 대하여 느끼는 인식 등 여러 사정을 참작하여 상표제도의 목적에 비추어 그 해당 여부를 개별적으로 판단하여야 한다."라고 하면서 레이싱카 완구가 품질경영 및 공산품안전관리법과 동 시행규칙에서 정하고 있는 안전검사대상 공산품임에도 불구하고 이에 대하여 안전검사를 받지 않았다고 하여 독립적인 상거래의 목적물이 될 수 있는 물품이 아니라고 할 수 없다고 판시했다.198) 즉 위와 같은 경우에는 거래자체가 부인되는 것이 아니므로 상품성을 부인할 수는 없다고 본 것으로 이해된다.

그러나 "화장품으로서 이를 제조하기 위하여는 약사법 제26조 제1항의 규정에 의하여 보건사회부장관의 제조 및 품목의 허가를 받아야 하고, 이러한 허가를 받지 아니하고 그와 같은 화장품을 제조한 자, 그 정을 알고 이를 판매하거나 판매할 목적으로 취득한 자 등은 보건범죄단속에 관한 특별조치법 제3조에 의하여 형벌에 처하도록 규정되어 있으므로 피심판청구인이 본건 등록상표를 그 지정상품에 대하여 법률상 정당히 사용하기 위하여는 약사법 제26조 제1항의 규정에 의하여 보건사회부장관의 제조 및 품목의 허가를 받아야 할 것이 명백한 것인데도 그 지정상품에 대한 위 허가를 받은 사실이 없으므로 본건 등록상표의 지정상품은 그의 제조나 판매행위를 할 수 없는 것임은 물론 그 상품에 등록상표를 사용하였다 하여 등록상표를 정당하게 영업에 사용한 것으로 인정할 수 없다"라고 판시했다.199) 의약품의 경우에도 "지정상품이 의약품인 경우 그 등록상표를 지정상품에 법률상 정당히 사용하기 위하여는 그 제조나 수입에

---

198) 대법원 2006. 9. 22. 선고 2005후3406 판결.
199) 대법원 1975. 1. 28. 선고 74후16 판결.

관하여 보건사회부장관의 품목별 허가를 받아야 하므로 그러한 허가를 받지 아니하였다면 신문지상을 통하여 1년 못미쳐 한 차례씩 그 상표를 광고하였다거나 국내의 일부 특정지역에서 그 등록상표를 부착한 지정상품이 판매되었다고 하더라도 상표의 정당한 사용이 있었다고 볼 수 없다."라고 했다.[200] 이는 관련 행정법규가 정당한 거래가 되기 위해서는 보건사회부장관의 허가가 필요하고, 그러한 허가가 없는 경우에는 거래가 금지되므로 그러한 상품에 사용되었다고 하여 상표의 사용으로 볼 수 없다는 취지로 보인다. 상품제작을 위한 금형은 그 상품이 될 수 없지만,[201] 금형자체는 상품이 될 수 있다.

상품은 반복적으로 거래의 대상이 되는 것이므로 그 점에서 서비스와 구별된다. 예컨대, 커피전문점과 같이 드립커피를 판매하는 것은 판매 자체가 서비스이지만, 그 판매되는 대상은 반복적으로 판매되기 때문에 상품이 된다. 이러한 경우에는 서비스와 상품이 동시에 거래되므로 서비스와 상품에 대한 개별적 등록이 가능하다.

4. 부동산과 상품

상품의 요건으로 운반가능한 유체물성을 드는 견해들이 있다.[202] 즉 동산일 것을 요구한다. 운반가능성을 드는 것은 컴퓨터 프로그램과 같은 무체물과의 구별을 위해서 그 요건으로 필요한 것으로 이해되지만 선험적인 것은 아니라고 판단된다. 예컨대 아파트 등도 거래의 대상이 되는 이상 부동산을 상품이 아니라고 할 수는 없을 것으로 보인다. 대법원도 '상품'은 그 자체가 교환가치를 가지고 독립된 상거래의 목적물이 되는 물품을 의미한다고만 하고 있을 뿐이다.[203] 다만, 등록상의 편의를 위하여 분류하는 상품류 구분과는 별개의 문제이므로 상품류에서 구분되지 않아 등록할 수 없는 것과는 구별하여야 할 것으로 보인다. 따라서 인터넷상으로 다운로드되어 판매되는 컴퓨터 프로그램이나, CD-ROM이나 DVD에서 컴퓨터에 설치되어 사용되는 컴퓨터프로그램(Windows, 흐글, MS-OFFICE 등) 및 전자책(e-book) 등도 운반가능성이나 유체물성은 부인되지만 그 무체물이 담겨있는 매체는 상품 분류에 포함되어 상표등록될 수 있다고 보인다. 또한 등록에 의

---

200) 대법원 1990. 7. 10. 선고 89후1240, 1257 판결.
201) 대법원 1982. 2. 23. 선고 80후70 판결.
202) 송영식 외 6인(각주 17), 52; 문삼섭, 상표법(제2판), 세창출판사(2004) 51; 사법연수원, 상표법(2010), 5 등.
203) 대법원 1999. 6. 25. 선고 98후58 판결 참조.

해서 소유권이 공시되는 자동차, 중기 등도 법적 취급은 부동산과 유사하게 취급하지만 상품분류표에 게시되어 상표등록이 가능한 것이다. 따라서 부동산(예컨대 주택)이 상품분류표에 포함된다면[204] 상표등록도 가능하다고 판단된다. 결국 상품인지 여부는 상거래상의 상품으로 거래되는지 여부이지, 운반가능한지 여부는 필요한 요건은 아니라고 판단된다. 또한 부동산인지 동산인지 여부도 상품성 여부를 판단하는 기준은 아니라고 생각된다. 따라서 아파트라는 상품으로 서비스표가 아닌 상표등록을 할 수도 있다고 판단된다.

　　이와 관련하여 파리협약에서는 상표가 사용될 상품의 성질은 상표등록의 장애가 되지 않도록 규정하고 있을뿐더러,[205] WTO/TRIPs 협정도 "상표가 출원될 상품 또는 서비스의 성질은 어떠한 경우에도 상표등록의 장애를 형성하지 아니한다."라고 규정하고 있다.[206] 본 규정은 상품 또는 서비스가 당해 국가 내에서 합법적으로 거래되고 제공될 수 있는지 여부에 따라 등록여부가 결정되는 것은 아니라는 것이다. 예컨대 제조허가를 받아야만 시판 가능한 약품이라도 제조허가전이어서 시판이 불가능한 경우에도 상표등록은 허용하여야 한다는 취지이다.[207] 상표권을 확보하려고 하는 출원인의 요구를 거절할 수 없다는 것이다. 우리 상표법은 상품의 성질을 이유로 등록을 거절할 수는 없고,[208] 관계법령에 의한 상품의 시판이 이루어지지 않는 것을 정당한 이유에 의한 불사용으로 인정하여 불사용 취소 심판을 면할 수 있도록 하고 있으므로[209] 파리협약과 WTO/TRIPs 협정의 위 조항들을 충족하고 있는 것으로 해석한다.[210]

IV. 상표의 사용

　　상표법은 '사용'의 의미를 명확하게 규정하고 있다.[211] (사용에 관한 구체적인 내용은 해당 조문부분에서 설명한다.) 우리 상표법은 등록주의를 취하여 상표법

---

204) 여기서 '상품분류표에 포함된다면'이라는 취지는 부동산도 상품으로 보아야 하겠지만, 현재 특허청의 상표등록업무상 상품취급을 하지 않고 있으므로 '상품취급을 하여 상표등록을 허용한다면'이라는 취지이다.
205) 파리협약 제7조.
206) TRIPs 협정 제15조 제4항.
207) 특허청, WTO/TRIPs 해설, 95.
208) 상표법 제54조 거절결정사유 참조.
209) 상표법 제119조 제1항 제3호.
210) 특허청, WTO/TRIPs 해설, 95,
211) 상표법 제2조 제1항 제11호 및 제2항.

상 상표로 인정받기 위해서는 등록을 하여야 한다. 물론 등록을 하지 않았다고 하여 그 상표가 보호받지 못하는 것은 아니다. 다만, 상표법상의 상표권의 효력 등을 인정받기 위해서는 등록을 하여야 한다. 그러나 상표는 상품에 사용을 하기 위한 것이므로 사용할 의사가 없는 경우에는 상표 등록을 거부할 수 있다.212) 상표사용의사가 없는 경우에는 상표등록을 거부하여야 한다. 만일 상표 사용을 하지 않거나 사용의사가 없음에도 불구하고 상표등록을 받은 경우에는 상표등록무효사유가 된다.213) 특허법원은 사용의사 없이 등록된 상표나 서비스표는 상표법 제2조에서 말하는 표장, 즉 상표나 서비스표가 아니므로 상표나 서비스표 등록을 받을 수 없다고 한다. 상표나 서비스표에 대한 사용의사 유무는 상표나 서비스표 출원인의 주관적, 내면적인 의지에 의하여만 결정할 것이 아니라 외형적으로 드러나는 사정에 의하여 객관적으로 결정하여야 한다는 판례가 있다.214) 따라서 변리사의 자격 외에 다른 자격을 갖추지 못한 등록서비스표권자는 지정서비스업 중 '변호사업, 공인노무사업, 행정사업, 법무사업'에 관하여 객관적인 사용의사가 없으므로 상표법 제54조 제1항 제3호의 무효사유에 해당한다고 한다.215) 그러나 대법원은 서비스의 제공에 특정한 자격을 필요로 하는

---

212) 상표법 제54조 제1항 제3호 참조(2011년 12월 2일 개정 전에는 제3조 단서를 상표등록 거절사유로 하고 있었으나, 동일자 개정으로 제3조 위반을 상표등록 거절사유로 하고 있다. 상표법 제3조는 "국내에서 상표를 사용하는 자 또는 사용하고자 하는 자는 자기의 상표를 등록받을 수 있다."라고 하여 상표를 사용하고 있거나 사용하고자 하는 경우에 상표 등록을 받을 수 있도록 하고 있다).

213) 상표법 제117조 제1항 제1호 참조(상표법 제3조 위반을 무효사유로 들고 있다).

214) 특허법원 2003. 12. 12. 선고 2003허4221 판결. 상고심 판결은 대법원 2005. 10. 28. 선고 2004후271 판결임. 상고심에서는 다른 이유로 상고기각을 했다.

215) 특허법원 2003. 12. 12. 선고 2003허4221 판결. 다만 명시적 규정이 없던 경우에 달리 해석한 판결이 있다. 특허법원 2005. 10. 28. 선고 2005허6191 판결은 "상표법이 제3조 본문에서 "국내에서 상표를 사용하는 자 또는 사용하고자 하는 자는 자기의 상표를 등록받을 수 있다."라고 규정하고 있기는 하나, 상표를 사용하는 자 또는 사용하고자 하는 자가 아닌 사람이 상표등록출원을 한 경우를 별도의 등록거절사유나 등록무효사유로 정하고 있지 않고, 또한 상표법에서는 제41조 제1항에서 "상표권은 설정등록에 의하여 발생한다."라고 규정하면서 제55조, 제57조에서 상표권자가 아닌 전용사용권자나 통상사용권자에 의한 상표의 사용을, 제73조 제1항 제3호에서 상표권자 등이 상표를 사용하지 않은 경우를 등록취소사유로 각 규정하고 있어서, 위와 같은 상표법의 여러 규정의 취지에 비추어 보면, 상표법이 상표권자에게 상표 사용의사가 없는 경우를 상표법 제23조 제1항 제4호의 '표장의 정의에 합치하지 아니하는 경우'에 해당하는 등록무효사유로 규정하고 있다고 보기는 어려우므로, 설령 피고에게 이 사건 등록상표를 사용할 의사가 없다고 하더라도 이 사건 등록상표가 상표법 제23조 제1항 제4호에 해당하는 것은 아니다."라고 한 판결이 있다. 그러나 이러한 규정의 유무에 불구하고 상표란 상표사용을 전제로 하는 것이므로 사용의사가 없는 상표는 상표등록을 허용해서는 안 된다.

서비스업에 대하여 그러한 자격을 갖추지 못한 자가 서비스표를 출원, 등록하는 것이 상표법 제34조 제1항 제4호에서 규정하는 공공의 질서 또는 선량한 풍속을 문란하게 할 염려가 있는 경우에 해당하지 않는다고 하여 상표등록을 할 수 있다고 판시했다.216)

Ⅴ. 서비스표

1. 서비스표의 의의

"서비스표"는 자기의 서비스업을 타인의 서비스업과 식별되도록 하기 위하여 사용하는 표장을 말한다. 상표가 상품에 대하여 사용하는 것임에 대하여 서비스표는 무형의 용역, 즉 서비스에 사용하는 것이다. 다만, 서비스표는 상품이 아닌 서비스(용역)를 특정하기 위하여 사용한다는 점을 제외하고는 상표와 거의 동일한 특징을 가진다. 따라서 2016년 개정 전 상표법은 서비스표에 관하여 상표법에 명시적으로 규정한 것을 제외하는 상표에 관한 규정을 적용한다고 규정하고 있었다.217) 그러나 2016년 개정법은 상표의 정의에 서비스표를 포함시키고 있으므로218) 상표에 관한 규정은 서비스표에 대하여도 그대로 적용된다고 할 수 있다.

상표법 발전 초기에는 상표법은 상품에 사용되는 상표를 대상으로 하였지만, 서비스업의 발전으로 인하여 서비스업에 적용되는 서비스표도 보호할 필요성이 발생하였다. 산업재산권분야에서 서비스표가 국제적으로 권리로 보호되기 시작한 것도 1958년 파리조약 리스본 개정 때부터라고 한다.

파리협약에 의하면 상표와 달리 서비스표의 경우, 동맹국은 이를 보호할 의무는 있지만 등록에 의하여 보호하도록 할 의무는 없었다.219) 그러나 WTO/TRIPs 협정은 서비스표의 경우에도 상표와 동일한 등록 의무가 발생하도록 하고 있다.220)

우리나라는 1949년 제정 상표법부터 영업표에 관한 규정을 두어 "영업을

---

216) 대법원 2005. 10. 28. 선고 2004후271 판결.
217) 개정전 상표법 제2조 제3항. 상표심사기준 제2조 참조[이 기준은 상표법·동시행령·동시행규칙(이하 "법령"이라 한다)과 이 기준에 특별히 정하는 사항을 제외하고는 서비스표, 단체표장, 지리적 표시 단체표장, 업무표장의 심사에 관하여도 이를 적용한다].
218) 상표법 제2조 제1항 제1호.
219) 파리협약 제6조 제6항.
220) WTO/TRIPs 협정 제15조 제1항.

하는 자가 광고, 포장물, 용기, 문방구 기타 사무용품 등에 표시하는 것으로서
자기의 영업을 일반에게 식별시키기 위하여 사용하는 기호, 문자, 도형 또는 그
결합의 특별현저한 것"이라고 정의하고,[221] 서비스표를 보호하고, 상표에 관한
규정을 적용하도록 했다.[222] 1980년 파리조약의 가입으로 "영업표"를 "서어비스
표"로 개칭하였고, 1990년에 "서비스표"로 수정하였다.

　일본의 경우에는 상표와 구분되는 서비스표를 규정하는 것이 아니라 상표
를 상품이나 서비스에 모두 사용하는 것으로 규정하고 있다.[223] 우리법도 상표
에 관한 규정을 서비스표에 적용하므로, 일본과 같은 방식으로 규정하더라도 큰
문제는 없다.

2. 서비스에 대한 상표

　서비스란 예컨대, 특허, 세무 등을 포함한 법률서비스, 운송회사에서 제공하
는 택배서비스, 보험회사에서 제공하는 보험, 음식점에서 제공하는 음식판매, 영
화관의 영화상영, 학원의 교육 등 무형의 노무를 제공하는 것을 말한다. 광고,
은행, 교육, 엔터테인먼트 등과 같이 상품의 생산을 수반하지 않는다.

　앞서 언급한 바와 같이 2016년 개정법은 서비스업에 대하여 서비스표 등록
이 아닌 상표등록으로 변경하였다. 그러나 이 경우에 등록된 상표는 종전의 서비
스표와 다를 바가 없다. 2016년 개정법에 의하여 서비스에 대하여 등록된 상표는
서비스의 제공이 독립하여 상거래의 대상이 되고, 타인의 이익을 위해서 제공되
어야 할 뿐만 아니라 상품판매에 부수하는 타 서비스제공에 부수하는 서비스가
아니어야 상표가 등록될 수 있는 서비스가 된다.[224] 특허법원도 "'서비스업'은 타
인의 이익을 위해서 서비스를 제공하고 그 대가를 받아 자신의 수입으로 하는 것
을 업으로 하는 것을 말하고, 여기에서의 서비스는 타인의 서비스와 구별시키기
위한 식별표지로서 서비스표를 사용할 수 있을 정도로 독립하여 상거래의 대상이

---

221) 상표법(법률 제71호, 1949.11.28 제정) 제1조 제2항.
222) 상표법(법률 제71호, 1949.11.28 제정) 제1조 제3항.
223) 일본상표법 第二条 この法律で「商標」とは、文字、図形、記号若しくは立体的形状若し
　　くはこれらの結合又はこれらと色彩との結合（以下「標章」という。）であつて、次に掲げ
　　るものをいう。
　　一　業として商品を生産し、証明し、又は譲渡する者がその商品について使用をするもの
　　二　業として役務を提供し、又は証明する者がその役務について使用をするもの（前号に
　　掲げるものを除く。）
224) 특허청, 상표법 조문별해설(2007), 10.

되는 것을 말한다"라고 한다.225) 따라서 상품판매에 부수하여 제공되는 서비스, 포장된 상품의 판매에 제공되는 시식 서비스, 책의 판매에 제공되는 책의 내용인 만들기 행사 등은 서비스표가 사용될 수 있는 서비스가 아니다. 또한 2016년 1월 적용되는 상표법시행규칙(2015. 12. 30. 산업통상자원부령 제174호) 제28조에 의한 [별표 1]에 정한 상품류 구분상의 '뉴스보도서비스업'은 '자신이 취재하거나 제3자로부터 얻은 뉴스리포터, 뉴스사진을 신문 또는 정기간행물의 발행사, 방송사, 정보제공업자 등에 제공하고 그 대가를 받아 이를 자신의 수입으로 삼는 것을 업으로 하는 것'을 의미하므로 서비스표권자가 자신이 발행하는 월간잡지에 기사를 게재한 행위가 위 '뉴스공급업'에 해당하지 않을 수 있다.226) 그러나 오프라인상의 월간 잡지 '자동차생활'을 발행·판매하여 오다가 온라인상으로도 대량 보급·활성화하기 위하여 온라인상의 월간잡지사를 자회사로 설립하고 오프라인상의 '자동차생활' 월간 잡지에 게재되었던 자동차관련 기사 등을 매달 정기적으로 제공하는 것에 관한 컨텐츠 제공계약 및 인터넷 사이트 http://www.car1ife.net에 관한 양도계약을 체결하여 온라인잡지사에 자동차생활 관련기사를 유상으로 제공하고, 온라인 잡지회사도 제공받은 뉴스를 제3자들에게 공급해 온 것을 고려하면 해당 서비스업을 영위한 것으로 볼 수 있다.227)

3. 상호, 상표 및 서비스표의 관계

가. 2016 개정전 서비스표 사용의 개념

2016년 상표법 개정에 의하여 서비스표는 상표에 통합되었지만, 2016년 개정 상표법 이전에 출원 등록된 상표와 서비스표는 동시에 존재하고 있다. 이와 같이 등록된 서비스표와 상표 상호간에도 혼동이 발생할 수 있다. 뿐만 아니라 2016년 법에 의하여 상품과 서비스업의 출처표시로 등록된 상표들 사이에서도 혼동이 발생할 수 있다.

2016년 개정 전 상표법상 등록된 서비스표의 효력을, 형식적으로만 본다면, 지정된 서비스업에만 미치는 것이므로 서비스표를 유형물인 상품에 부착하는 행위는 서비스표의 권리범위에 속하지 않게 된다.228) 따라서 다른 사람이 먼저

---

225) 특허법원 2005. 6. 17. 선고 2004허4952 판결.
226) 특허법원 2005. 6. 17. 선고 2004허4952 판결.
227) 대법원 2007. 6. 14. 선고 2005후1905 판결(특허법원 2005. 6. 17. 선고 2004허4952 판결의 파기환송사건).
228) 서울고법 1987. 12. 24. 선고 84나4257(훼미리 햄버거사건).

등록한 상표와 동일 또는 유사한 서비스표를 그 등록상표의 지정상품과 동일 또는 유사한 상품에 부착하여 사용하면 그 서비스표가 상표법 소정의 확정심판에 의하여 무효로 선언되었는지 여부에 관계없이 그 등록상표와 상표권을 침해한다.[229] 그러나 서비스를 제공함에 있어 수반되는 필수적인 물건에 대하여 서비스표 사용을 하는 것은 서비스의 사용범위 내라고 할 수 있다.[230] 따라서 상표법상 '서비스표의 사용'의 개념에는 서비스를 제공하는 장소에 부착한 간판에 서비스표를 표시하는 행위, 지정서비스업에 관한 광고전단, 정가표 또는 거래서류에 서비스표를 표시한 것을 배포·사용하는 행위가 이에 포함될 뿐만 아니라 서비스 제공 시 수요자에게 제공하는 물건에 서비스표를 표시하는 행위, 서비스 제공 시 수요자에게 제공하는 물건에 서비스표를 표시한 것을 사용하여 서비스를 제공하는 행위, 서비스의 제공 시 그 제공에 수반되는 등 필수적으로 관계된 물건에 서비스표를 표시하는 행위도 이에 포함된다.[231] 특허법원은 "등록서비스표와 유사한 표장을 상품에 사용하는 행위가 등록서비스표의 권리범위에 속하기 위해서는 그 상품이 지정서비스업과 관련하여 '서비스표의 사용'의 개념범위 내에 속하는 물건과 서로 동일하거나 유사"하여야 하는바, 등록서비스표 "본죽"의 지정서비스업인 한식점경영업에서의 '서비스표의 사용'의 범위에는 확인대상표장 "본죽"의 사용상품인 '죽용기 포장용 쇼핑백, 죽용기, 젓가락, 냅킨'에 등록서비스표장 "본죽"을 붙이는 행위도 포함된다고 했다.[232] 2016년 개정법은 상표를 사용하는 대상에 상품과 서비스를 동일화하여 이와 같은 문제를 입법적으로 해결하였다. 상표법은 "상품에 관한 광고·정가표(定價表)·거래서류, 그 밖의 수단에 상표를 표시하고 전시하거나 널리 알리는 행위"를 상표의 사용으로 규정하고 있다.[233] 따라서 서비스 제공을 위하여 광고, 정가표나 거래서류 또는 기타 수단에 상표를 사용할 수 있으므로 서비스 제공에 수반되는 냅킨, 포장지, 포장봉투, 젓가락, 냅킨, 제공용기 등에 상표를 표시할 수 있게 되었다.

나. 2016 개정에 따른 상표의 사용과 기등록된 서비스표의 사용

2016년 개정법에 의하면 서비스업을 지정하여 등록된 상표가 선출원 등록

---

229) 서울고법 1987. 12. 24. 선고 84나4257(훼미리 햄버거사건).
230) 이는 2016년 개정전 상표법 제2조 제3항이 서비스표는 상표에 관한 규정을 준용하도록 하였기 때문에 상표사용의 범위는 서비스사용의 범위와 같기 때문이다.
231) 특허법원 2006. 4. 6. 선고 2005허9053 판결(본죽사건).
232) 특허법원 2006. 4. 6. 선고 2005허9053 판결(본죽사건).
233) 상표법 제2조 제1항 제11호 다목.

된 상표와 동일 유사한 경우에 그 지정상품과 동일 유사한 상품이나 그 상품의 제공에 수반되는 물품에 대하여 사용할 경우에도 동일한 문제가 발생한다. 또한 서비스업 중에서 상품과 관계있는 서비스업에 대해서는 특정 상품에 사용되는 표장과 동일 또는 유사한 표장을 그 상품과 밀접한 관련 있는 서비스업에 서비스표로 사용할 경우 일반 수요자는 그 서비스업과 상품의 출처가 동일인인 것으로 혼동을 할 우려가 크다. 특히 서비스의 제공과 상품의 제조·판매가 동일한 업자에 의하여 이루어지고 일반인들이 그렇게 생각하는 경향이 있는 경우에는 상표와 서비스표의 출처 혼동의 우려는 더욱 커진다.234) 예컨대, 주류/요리와 음식판매서비스, 커피와 커피판매, 자동차와 자동차 수리 또는 판매, 전자제품과 전자제품수리/판매서비스 등에서 상표(/서비스표) 사이에 혼동이 발생할 수 있다. 이러한 경우 상표(/서비스표) 침해 이외에 부정경쟁행위가 될 수 있다.

(1) 상표와 서비스표 및 상호의 사용과의 관계

이러한 맥락에서 전기 전자용품의 제조 판매업자가 그 대리점 등을 통하여 유통업이나 판매전략업, 고장수리업 등 관련 서비스업에도 다양하게 진출하고 있는 거래사회의 실정을 고려하면 "삼성수원도매센타"라는 서비스표로 전기 전자용품의 판매 등 관계 서비스업을 영위하는 경우 일반 수요자는 "삼성수원도매센타"를 "삼성전자"의 등록상표권자인 삼성전자 주식회사의 대리점으로 오인하여 그 서비스업의 출처나 신용 및 품질 등에 관하여 혼동할 가능성이 있다고 보아야 한다고 한 대법원 판례가 있다.235) 그러나 본 사건에서 문제된 삼성수원도매센터에서는 정당하게 유통된 삼성전자제품만 판매하였기 때문에 판시와 같은 결론에 도달할지 의문이다.236)

이 사건에서 피고는 기본적으로 삼성수원도매센터를 상호(trade name237))로

---

234) 대법원 1996. 6. 11. 선고 95도1770 판결; 대법원 1999. 2. 23. 선고 98후1587 판결(등록 서비스표의 지정서비스업인 물리치료업 및 건강진단업과 인용상표의 지정상품인 의료기기 사이에 유사성이 없다). (본 사건에는 1990. 1. 13. 법률 제4210호로 전문 개정되기 전 구 상표법이 적용되었다.)

235) 대법원 1996. 6. 11. 선고 95도1770 판결(본 사건은 민사사건이 아닌 형사사건이다).

236) 피고인은 (주)삼성전자의 대리점이 아니면서, 3평정도의 판매장에서 자신의 간판에 위 삼성전자의 등록상표인 "SAMSUNG", 3개의 별모양과 비슷한 위 삼성전자의 로고 및 "삼성수원도매센타"라는 표시를 하고 위 삼성전자가 제조한 상품을 판매했다. 피고인의 영업장은 소규모라서 대리점 자격이 없었다. 위 삼성전자는 서면으로 피고인에게 위 간판의 사용금지를 경고하였다. 피고인은 상표법위반으로 형사기소되었다.

237) trade name은 상호로 번역된다. 그러나 연혁적으로 커먼로에서 trade name은 기술적 상표로서 이차적 의미를 취득한 상표를 의미한 적이 있지만, 현재에는 상호라는 의미로 사용된다.

서 사용한 것으로 보인다. 보통 간판에 표시하는 것은 상호이기도 하지만 서비스표나 상표의 사용행태이다. 이건의 경우에는 '간판'에 '사용'하였기 때문에 상표나 서비스표의 사용과 유사하다. 그러나 상호를 간판에 사용하는 것 자체가 잘못된 것은 아니다. 상호를 어디에 사용하든 그것은 자유이다. 상호사용이 문제가 되는 것은 자신의 동일성(identity)이 아닌 자신이 제공하는 서비스나 제조 판매 등을 하는 상품의 출처로 표시하는 경우이다. 기본적으로 상호는 자신의 헌법상의 기본권인 인격권의 표지로서 사용하는 것이므로 상품의 출처표시인 상표, 즉 재산권보다 우선한다고 보아야 한다. 물론 인격적인 권리라고 하여도 타인의 재산권을 침해하는 것이 정당한 것은 아니다. 그러나 '부정경쟁의 목적'으로 혼동을 발생시켜 재산권인 상표권을 침해한 것이 아니라면 인격적 표지의 사용을 상표권으로 제한할 일은 아니다.238) 대법원은 보령제약 사건에서

> 원판결에 의하면 피고가 그가 경영하는 약국에 「수원보령약국」이라는 상호를 그 판시와 같은 방법으로 그 약국이 있는 곳에 세운 아크릴제 간판과 그 약국 유리창에 표시하고 극장 관람권에 그 약국명을 표시하여 일반수요자에게 배포하고 경기지구 약품판매업자 명부에 피고 경영의 약국 명칭을 「보령」으로 표시하였다는 것인데 피고가 위 상호를 이와 같은 방법으로 사용한 것이 단순히 피고가 경영하는 약국을 일반수요자에게 널리 알리기 위하여 그의 명칭을 광고하고 선전하는 것인지 또는 그렇지 않고 그와 아울러 그 약국에서 판매하는 어느 의약품에 관해서 광고하고 선전하는 것인지 불명확한바, 이렇듯 피고의 위 행위가 피고의 영업 그것만에 관한 것인지 또는 그렇지 않고 그 영업에서 취급하는 어느 상품에 관한 것까지 포함하는 것인지를 명확히 하지 않고는 피고의 그 행위가 상표권 침해라고 할 것인지의 여부를 가리지 못할 것이므로 피고의 위 판시와 같은 행위를 곧 상표권의 침해로 단정할 수 없을 것이고…

라고 판시하여, "삼성수원도매센터"와 같은 사용행태를 상호사용인지 서비스표로서 사용하는 것인지 구분하여야 한다고 한 바 있다. 이 건의 경우에는 "삼성수원도매센터"는 서비스를 나타낸 것임을 나타내는 사실관계가 판결문상 명시된 바가 없어 확인되지는 않지만 상호 사용으로 못 볼 바가 아니다.239)

나아가 자신의 간판에 위 삼성전자의 등록상표인 "SAMSUNG", 3개의 별

---

238) 상표법 제90조 제1항 제1호 참조.
239) 본 사건이 형사사건임을 감안하면, 분명한 판시가 있어야 한다.

모양과 비슷한 위 삼성전자의 로고를 사용한 것으로서 자신의 영업에서 취급하는 삼성전자 제품을 판매하는 '서비스표' 사용으로 볼 수 있는 여지는 있다. 그러나 삼성전자 상품에 대한 '상표'의 무단 사용으로는 인정되지는 않는다.[240] 즉 판결은 상표침해를 인정했지만 상표침해가 성립되지 않는다는 것이다. 뿐만 아니라 대법원 판시와 같이 대리점 관계로 오인한다고 하더라도 이는 상표가 보호하는 상표권이나 서비스표권의 사용범위가 아니다. 그럼에도 불구하고 대법원은 "일반 수요자에게 등록상표권자인 삼성전자 주식회사의 대리점으로 오인케 하여 그 서비스업의 출처나 신용 및 품질 등에 관하여 오인, 혼동을 초래할 가능성이 있다고 보아야 할 것"이라고 하여 등록상표 침해를 인정하고 있다. 그러나 본 판결은 상표권과 서비스표권이 구분된다는 기본적인 법리를 무시한 판결이다.

피고인이 "삼성수원도매센터"를 서비스표나 상표로서 사용한 것이라고 하더라도 이는 권리소진의 원칙이 적용될 수 있고, 권리소진이 되는 경우에는 상표권의 효력이 미치지 아니한다. 따라서 상품에 상표가 표시된 상태로 판매할 수 있다. 우리 대법원은 버버리 사건에서

> 상표는 기본적으로 당해 상표가 부착된 상품의 출처가 특정한 영업주체임을 나타내는 상품출처표시기능과 이에 수반되는 품질보증기능이 주된 기능이라는 점 등에 비추어 볼 때, 병행수입업자가 위와 같이 소극적으로 상표를 사용하는 것에 그치지 아니하고 나아가 적극적으로 상표권자의 상표를 사용하여 광고·선전행위를 하더라도 그로 인하여 위와 같은 상표의 기능을 훼손할 우려가 없고 국내 일반 수요자들에게 상품의 출처나 품질에 관하여 오인·혼동을 불러일으킬 가능성도 없다면, 이러한 행위는 실질적으로 상표권침해의 위법성이 있다고 볼 수 없을 것이므로, 상표권자는 상표권에 기하여 그 침해의 금지나 침해행위를 조성한 물건의 폐기 등을 청구할 수 없다고 봄이 상당하다고 할 것이다.

라고 판시했다.[241] 굳이 위 판시된 권리소진 법리를 언급하지 않더라도, 삼성전

---

240) 자세한 것은 신성기, "등록상표를 서비스표로 사용하는 것은 상표법위반죄가 성립되는지 여부", 대법원판례해설 제25호, 법원도서관(1996), 605 이하 참조(상표와 서비스표 사이에서 출처혼동의 우려가 있어 그 금지권의 효력이 미친다 하더라도 이는 상표나 서비스표의 등록을 거절하고, 등록이 된 권리를 무효로 할 수 있다는 것에 불과하고 형사상의 처벌까지 가능한 것은 아니라고 보아야 하는 것이다).

241) 대법원 2002. 9. 24. 선고 99다42322 판결.

자가 자신의 제품을 유통망에 편입시킨 이상 피고인은 "삼성수원도매센타"에서 자신이 판매하는 상품인 삼성전자의 상표 등을 매장 내에도 사용할 수 있고, 적극적으로 광고를 할 수도 있다. 삼성전자제품을 판매하는 판매자가 "삼성수원도매센타"라는 상호를 내걸고 자신의 삼성전자제품을 판매하는 서비스업을 광고하면서242) 삼성전자 상표가 부착된 상품을 판매하여도 "삼성전자"가 등록한 이사건 상표를 침해하였다고 할 수는 없는 것이다. 상표의 기능 훼손이 문제되는 것이 아니라 삼성전자가 상표사용을 적극적으로 허용, 즉 보증한 것으로 보아야 하기 때문이다.

중간 판매자로서는 OEM으로 제조된 상품이 아닌 한 제조자의 상표가 부착된 상표품을 구입하여 판매하는 것을 전제로 통상적인 상거래가 성립되는 것이라고 볼 수밖에 없다. 본 사건에서 피고인이 불법적으로 삼성전자 제품을 취득하였거나 명시적인 반대 입증이 없는 한 제조자인 삼성과 판매상인 피고인 사이의 관계243)때문에 판매상인 피고인은 상표권자인 제조자의 상품을 상표품으로 하여 판매할 수 있도록 적극적으로 허용한 것으로 보아야 한다.244) 삼성전자는 자신이 제조한 상품을 중간 판매상을 통하여 유통시키는 한, 권리소진원칙을 제한하는 명시적인 계약 없이는245) 중간 판매상에게 상표권 주장이나 침해 주장을 할 수 없다. 그와 같이 해석하는 데 있어서 삼성전자와 중간판매상 사이에는 직접적인 대리점 계약 등의 계약이 필요하지 않다. 왜냐하면 피고인이 삼성전자 제품을 판매하기 때문에 삼성전자는 그러한 피고인과의 관계로부터 이익을 얻고 있기 때문이다.246) 따라서 삼성전자와 판매상인 피고인 사이에는 대리

---

242) 자신이 제공하는 서비스와 상호를 연결시키는 광고를 하였다면 상호를 서비스표로 사용했다고 볼 수 있다고 생각한다.

243) 본 사건에서는 삼성전자와 피고인 사이에 직접적인 계약이 성립한 것이 아니라 삼성전자와 제1매수인간의 판매계약이 존재하고 이 판매에 의하여 권리소진이 된 것으로 판단된다. 다만, 계약에 의하여 권리소진의 원칙을 유보시킬 수 있는지에 대한 우리 판례는 존재하지 않는 것으로 보인다. 본인의 판단으로는 (라이센스)계약에 의하여 권리소진원칙을 유보시킬 수 있다고 생각되지만, 일반 다중에 대한 판매에서는 권리소진을 유보시키는 것은 불가하다고 생각된다. 본 사건에서는, 권리소진이 유보되었는지에 대하여 불명확하지만, 권리소진의 원칙이 유보된 것으로 보이지 않는다.

244) 권리소진원칙을 계약에 의하여 배제할 수 있는지에 대한 우리 판례는 아직 존재하지 않는 것으로 보인다.

245) 권리소진원칙을 계약에 의해서 명시적으로 배제 내지 유보할 수 있다는 전제를 하는 경우이다. 권리소진의 원칙이 배제 내지 유보되어도 최종소비자에게는 권리소진이 된다고 하여야 한다.

246) 삼성전자와 판매상인 피고인 사이에는, 커먼로(common law)에서 말하는, privity가 존재하는 것이다.

점이나 기타 관계에 있는 것으로 보일 수밖에 없을뿐더러, 오히려 그런 관계를 의제하여야 한다. 왜냐하면 그러한 관계가 존재하여야 수요자는 정당한 상품을 구입하는 것이기 때문이다.247)

　　이건 피고인의 상표나 서비스표 사용은 상표의 지명적 공정사용(nominative trademark fair use)에 해당할 수 있다. 지명적 공정사용이란 자신의 상품을 기술하기 위해 타인이 상표를 사용하는 것이다. 우리나라에서도 이러한 취지의 판례가 존재한다.248) 미국에서는 지명적 공정사용을 위하여는 일반적인 공정사용보다 좀 더 엄격한 요건을 요구하여 i) 타인의 상표를 사용할 수밖에 없는 불가피성, ii) 합리적 범위 내에서의 타인의 상표 사용 및 iii) 비혼동이 있어야 공정사용을 인정한다.249) 미국 상표법상의 지명적 공정사용 요건에 비추어 보더라도 삼성전자의 상품을 판매하기 위해 삼성이라는 상표를 사용하여야 하기 때문에 불가피성이 존재하고, 합리적 범위 내의 상표사용이라고 보인다. 전자제품 판매업은 상품을 판매하는 것이므로 삼성의 전자제품(상품)과 피고인의 서비스표인 "삼성수원도매센터" 사이에 혼동이 발생한다고 할 수 없다.250) 권리소진의 원칙에 의하여 또는 명시적이거나251) 묵시적 보증에 의하여 판매상들이 소진된 상표를 자유롭게 사용할 수 있기 때문이다. 뿐만 아니라, 앞서 언급한 바와 같이, 제조자와 중간 판매자의 판매계약에 의하여 판매자가 제조자의 상표품을 판매할 수 있는 권리를 부여한 것으로 봐야 하기 때문이다. "삼성수원도매센터"와 "삼성" 또는 "Samsung"과의 관련성, 즉 후원관계(association)는 삼성전자제품을 판매한다는 판매업과 그 상품사이에 필연적으로 발생하는 관계이다. 그 상호나 서비스표의 사용 행태(본 사건에서는 "삼성수원도매센터")가 어떻든 이러한 관계는 발생한다. 삼성전자의 제품을 판매하고 피고인이 삼성제품을 판매한다는 사실이 진실이기 때문에 이를 혼동관계라고 할 수는 없다. 대리점 관계가 존재하든 그렇지 않든 삼성전자의 제품을 판매하는 것 자체가 진실인 한 문제시돼서

---

247) 만일 그러한 관계가 없다면, 하자담보 책임이나 보증서비스 등을 받을 수 없게 되는 문제가 발생한다.

248) 대법원 1999. 12. 7. 선고 99도3997 판결; 대법원 1998. 5. 22. 선고 98도401판결; 대법원 1995. 5. 12. 선고 94후1930판결.

249) New Kids on the Block v. News America Publishing, Inc., 971 F.2d 302, 306 (9th Cir. 1992) 참조.

250) 신성기(주 240), 612 이하.

251) 위 "삼성수원도매센터" 사건에서는 명시적인 보증, 즉 계약조항이 없기 때문에 문제된 것으로 보인다.

는 안 된다. 삼성전자가 자신의 제품을 직접 판매하지 않고 중간 판매상들을 통하여 판매하는 것 자체에서 삼성전자 상표 등 판매에 필요한 것을 자유롭게 사용할 수 있도록 허용(보증)한 것이기 때문이다. 뿐만 아니라 상표법은 일반명칭과 기술명칭의 상표적격성을 부인함으로써 진실된 표현을 보호하는 법체계를 바탕으로 형성되어 있다. 삼성전자와 판매상 사이의 관계는 대리점 관계일 수도 그렇지 않을 수도 있다. 따라서 대리점 관계가 없더라도 피고인은 삼성전자 상표를 자유롭게 사용할 수 있다. 위 판결에서 대법원은 수요자들이 "삼성수원도매센터"와 삼성전자 사이에 대리점 관계가 있다고 오인한다고 판시하고 있지만, 삼성전자 대리점만 삼성전자 제품을 유통 판매하는 것이 아니므로 삼성전자와 피고인 사이에 대리점 관계가 존재한다는 오인혼동을 문제 삼을 수 없다. 뿐만 아니라 대법원 판결은 삼성전자 제품을 판매하는 모든 판매상이 삼성전자의 대리점인지 여부는 판단 결과에 영향을 미치는 것이 아니라는 점을 간과했다.[252] 왜냐하면 삼성전자가 삼성제품을 유통과정에 놓을 때 삼성과 그 판매상은 삼성제품을 판매할 수 있는 대리점관계나 기타 어떤 관계가 존재하기 때문에 판매상이 삼성제품을 판매할 수 있고, 판매상을 통하여 판매를 하고 있는 삼성전자는 수요자가 삼성전자와 판매상 간에 대리점 관계가 존재한다고 오인을 하더라도 이를 감수한 것으로 보아야 하기 때문이다.[253] 이러한 결론은 판매상이 어떤 상호나 서비스표를 사용한 것인지 여부에 관계없다.

결론적으로 가장 중요한 쟁점은 상호를 상호적으로 사용하는 그 자체를 문제 삼을 수가 없다는 것이다. 인격권의 행사는 재산권의 행사보다 항상 우선할 수밖에 없는 것이기 때문이다. 다만, 문제가 된다면 상호를 상호가 아닌 상표(서비스에 대한 상표)로 사용하는 것이다. 그러나 앞서 본 바와 같이 삼성전자의 상표권은 이 사건과 같은 서비스표적 사용에 대하여 권리가 미치지 않고 기타 삼성전자의 상표침해가 발생하지 않는다는 점은 앞서 지적한 바와 같다.

상표사용이 상표침해를 구성하지 않는다고 하더라도 부정경쟁행위는 성립을 방해할 수 없다. 그러나 삼성제품을 판매하는 관계에서는 판매자와 삼성전자

---

252) 본인은 이 점에 대해서는 판결문에 나와 있지 않기 때문에 정확히 판단할 수는 없지만 그 당시 삼성제품을 판매하는 모든 판매상이 삼성전자의 대리점이었을 것이라고 생각하지 않는다. 피고인을 제외한 모든 판매상이 대리점 관계에 있다고 하더라도 판결문에 나타난 사실만으로 상표법 위반이 되지 않는다고 생각된다.
253) 실제 대리점 관계로 오인하였는지도 불명하고, 대리점 관계로 오인하였다고 하더라도 위에 언급한 바와 같이 상표법 위반과는 전연 무관하다.

와 대리점이나 판매점의 상거래 관계254)가 있고, 수요자들은 삼성전자와 피고인 사이에 형성된 그러한 상거래 관계를 바탕으로 삼성전자 제품을 피고인으로부터 구입하기 때문에 부정경쟁행위를 인정할 수 없다. 뿐만 아니라 피고인이 삼성전자와 대리점 관계가 있다고 적극적으로 기망하였다고 하더라도 그것만으로는 상품주체나 영업주체에 대한 혼동이 발생하지 않으므로 부정경쟁행위가 성립된다고 보이지 않는다. 왜냐하면, 수요자는 진정한 삼성제품을 구입한 것이고, 삼성전자로부터 구입한 것이 아니라 삼성제품을 판매한다는 피고인으로부터 구입한다는 사실을 알고 있기 때문이다. 또한 피고인은 삼성전자의 진정상품을 판매하였을 뿐 허위로 삼성전자의 상품을 제조판매하거나 삼성전자로서 판매행위를 한 것은 전연 없기 때문이다. 부정경쟁행위가 성립하는 혼동(palming off 또는 passing off)이란 자신의 물품(서비스)을 타인의 물품(서비스)으로 가장하거나 타인의 물품(서비스)을 자신의 물품(서비스)으로 가장하는 것이기 때문이다. 후자의 경우에는 특히 역혼동(reverse passing off 또는 reverse palming off)이라고 하기도 한다. 물론 허위광고로 인하여 다른 법을 침해할 수 있을 가능성이 있지만, 이는 해당 법률255)에서 문제 삼을 일이다. 다만, 위 사건에서는 상표법 위반이 문제된 사건임을 주지하고자 한다. 결국 이 사건은 대법원이 상표나 부정경쟁방지법상의 혼동의 개념을 잘못 이해하였거나 무리한 법적용에 의한 결과라고 할 수밖에 없다.

(2) 상표와 상호의 사용과의 관계

상호의 사용에 관하여 수긍이 되지 않는 판결은 또 하나 있다. 대법원은 의약품도매업 및 그 부대사업은 의약품 제조판매업과는 별도로 의약품의 유통, 판매전략 등에 관련된 독립된 서비스를 제공하는 서비스업이므로 서비스업을 영위함에 있어서 자기의 상호("(주)거북이약품")를 보통으로 사용하는 방법으로 표시한 서비스표인 "(주)거북이약품"을 자신의 거래명세서, 거래장 등에 사용한 것은 자신의 서비스와 타인의 서비스를 구별하기 위한 서비스표로서 사용한 것이라고 판시하였다.256) 그런데, 등록상표('TORTOISE")의 지정상품은 "중추신경

---

254) 수요자에게는 대리점인지 판매점인지가 중요하지 않다. 수요자에게는 삼성전자 제품인 지 여부가 문제될 뿐이다.

255) 부정경쟁방지 및 영업비밀보호에 관한 법률에서도 허위광고는 부저경쟁행위로 규정하고 있지만, 그 행위는 동법 제2조 제1호 바목의 "상품의 품질, 내용, 제조방법, 용도 또는 수량 을 오인"하는 행위이므로 본 사건에서의 피고인의 행위와는 관련이 없다. 예컨대, 표시·광 고의 공정화에 관한 법률 제3조 제1항 제1호는 거짓·과장의 표시·광고를 금지하고 있다.

256) 대법원 1993. 12. 21. 선고 92후1844 판결.

계용약제, 말초신경계용약제, 순환기관용약제, 소화기관용약제, 비타민제, 자양강장변질제, 증류수, 접착제, 사향"이고, (주)거북이약품의 서비스업은 의약품도매업 및 그 부대사업이므로 양자가 동일하지는 않지만, (주)거북이약품의 서비스업은 그 대상 서비스가 청구인의 위 지정상품 등을 포함한 의약품에 관한 유통, 판매전략 등에 관련된 것들이므로 취급품목이 동종의 상품에 속하는 것으로서 밀접한 관련이 있으므로 "TORTOISE"와 "(주)거북이약품"은 동일출처로 인식될 혼동가능성이 있으므로 유사하다고 할 수 있다.257) 본 판결은 상호를 보통으로 사용하는 방법의 범위를 정한 것으로 상호를 거래명세서, 거래장 등에 사용한 것은 상호를 보통으로 사용하는 것을 넘어 서비스표적으로 사용한 것이라고 하였다. 그러나 상호(trade name)는 인(人)의 동일성을 표시하는 이름(name)이다. 이름(name)에는 자연인의 이름(personal name)과 법인의 이름(trade name)이 있고, 법인도 인격권의 보호를 받는다. 결국 상호의 사용은 상인의 동일성(identity)을 나타내는 헌법이 보장하는 인격적인 권리258)의 행사이다. 상거래의 주체를 나타내기 위하여 거래명세서나 거래장에 상인의 동일성을 나타내는 상호를 사용하는 것은 헌법상 기본권인 인격권의 행사이다.

　거래서류, 예컨대 거래명세서와 거래장 등에 거래 주체를 표시하는 것이 서비스표로서의 사용으로서 상표권을 침해한다는 것은 매우 당황스런 법해석이다. 물론 상호의 사용은 서비스표의 사용과 유사하고, 상표와도 매우 밀접해 있는 것은 사실이다. 그렇지만, 거래주체의 동일성을 나타내는 헌법상의 기본권인 인격권의 행사가 상표권이라는 재산권을 침해한다는 것은 다시 한번 생각해 봐야 한다. 거래명세서나 거래장 등 거래서류에 거래자의 이름(상호)을 나타내는 것은 당연한 것이다. 이러한 이름의 표시는 상표가 나타나기 이전부터 존재하였고, 상표제도의 역사적 기원이 되었고 출발점이 되었다. 이러한 표시는 소유자 표시(property marks)로서 상품의 소유자를 나타낸다. 소유자 표시는 상표와도 매우 유사하다. 그 소유자 표시가 된 소유물이 유통되면 그 소유자 표시는 상표가 되는 것이다. 당연히 거래서류에도 거래주체인 자신의 이름을 표기할 수 있다. 거래서류에 거래자의 이름이 없는 것은 거래주체가 특정되지 않는 것이므로 거래서류로 인정받지 못한다. 물론 상표법상 상표나 서비스표의 사용의 범위에 거래

---

257) 대법원 1993. 12. 21. 선고 92후1844 판결.

258) 우리 헌법 제10조는 "모든 국민은 인간으로서의 존엄과 가치를 가지며, 행복을 추구할 권리를 가진다. 국가는 개인이 가지는 불가침의 기본적 인권을 확인하고 이를 보장할 의무를 진다."라고 규정하고 있다.

서류에 사용259)하는 것을 명시하였지만, 이는 오히려 인격권인 상호 사용 등과 충돌을 대비하여 물권법정주의에 의하여 준물권인 서비스표권의 범위를 창설한 것으로 보아야 한다. 거래서류에 서비스표나 상표가 사용되었다고 하더라도 이는 상품의 출처표시인 상표이거나 서비스의 출처표시인 서비스표일 뿐 거래주체의 표시는 되지 못한다. 거래주체의 표시는 이름이나 상호로 하여야 하기 때문이다. 상호권은 서비스표권이나 상표권에 우월하는 권리일뿐더러 거래서류에 거래주체의 이름(personal name)이나 상호(trade name)를 명시하여야 하는 것은 거래가 성립하기 위한 필요한 요건이다. 결국 거래서류에 상호를 명기하는 당연한 것이므로 상호권의 내용으로 명시할 필요가 없다. 자신의 이름을 거래서류에 명기하든 자신의 상품에 명기하든260) 그것은 자신의 이름을 보통으로 사용하는 방법으로서 그 이름 사용자의 자유이다.261) 현행 상표법상 "자기의 성명·명칭 또는 상호·초상·서명·인장 또는 저명한 아호·예명·필명과 이들의 저명한 약칭을 상거래 관행에 따라 사용하는 상표"에는 등록상표권의 효력이 제한되도록 규정하여 상거래 관행상 상호사용에 대하여 상표권이나 서비스표권의 효력주장을 제한하였다.262) 이는 상표법의 개정을 통하여 종전 상표법상 상호를 "보통으로 사용하는 방법"에 대한 법원의 해석을 입법적으로 수정하고자 한 것이라고 할 수 있다. 본 사건과 같은 상호의 사용은 상호권의 내용으로서 서비스표권의 침해가 될 수 없지만, 상거래 관행상 상호사용으로 상호권의 사용을 폭넓게 인정하여 상표나 서비스표와의 사용과 충돌되는 것으로 해석되는 것을 방지하기 위한 것이다.

다. 상품과 서비스의 유사성

상표는 상품 그 자체를, 서비스표는 서비스의 출처를 식별시키기 위한 표장으로서 각자 수행하는 기능이 다르므로 상품과 서비스업 사이의 동종·유사성을 지나치게 광범위하게 판단해서는 안 된다.263) 2016년 개정 상표법에 의하여 상품이나 서비스에 대하여 표장이 상표로 일원화 되었다고 하더라도 같다. 즉 지

---

259) 상표법 제2조 제1항 제11호 다목 참조.
260) 자신의 이름을 상품에 사용하는 것(property marks)이 상표의 prototype이었음을 상기하라. 즉 이름이 상표보다 먼저 생성되었고, 이름을 상품에 새긴 것으로부터 상표의 기원이 되었다고 할 수 있다.
261) 유치원생들도 자신의 노트, 자신의 책, 자신의 가방에 자신의 이름을 명기한다. 하물며 거래서류에 자신의 이름을 명기할 수 없다는 것이 이해가 되는가?
262) 상표법 제90조 제1항 제1호.
263) 대법원 1999. 2. 23. 선고 98후1587 판결.

정상품에 대한 등록상표와 지정서비스에 대한 상표의 동종·유사성을 광범위하게 판단할 수 없다. 2016년 개정법에 의하여 특정상표를 등록상표로 하는 지정상품과 지정서비스 사이의 동종·유사성은 서비스와 상품 간의 밀접한 관계 유무, 상품의 제조·판매와 서비스의 제공이 동일 사업자에 의하여 이루어지는 것이 일반적인가, 그리고 일반인이 그와 같이 생각하는 것이 당연하다고 인정되는가, 상품과 서비스의 용도가 일치하는가, 상품의 판매장소와 서비스의 제공 장소가 일치하는가, 수요자의 범위가 일치하는가, 유사한 표장을 사용할 경우 출처의 혼동을 초래할 우려가 있는가 하는 점 등을 따져 보아 거래사회의 통념에 따라 이를 판단하여야 한다.[264] 뿐만 아니라 어느 상표가 2 이상의 서비스업을 지정서비스업으로 하여 등록이 되어 있는 경우에 심판청구인이 서비스표 등록 전부의 무효심판을 청구하는 경우라도 지정서비스업 중 일부에만 무효원인이 있고 다른 지정서비스업에는 무효사유가 없음이 명백한 때에는 무효원인이 있는 지정서비스업에 한하여 등록무효의 심판을 하여 그 부분만 말소하게 하여야 하므로 각 지정서비스업별로 등록무효 여부에 관한 판단을 하여야 한다.[265]

　판례상 상품과 서비스의 유사성이 인정된 사례는[266] 철판특수가공업을 지정영업으로 하는 '대왕공업사'라는 영업표와 선철, 연철, 철판, 동, 아연 등을 지정상품으로 하는 '대왕'이라는 상표,[267] 토목건축서비스업과 아스팔트로 된 방수자재 사이,[268] 서비스표의 지정영업인 직물염색 및 가공업과 인용상표의 지정상품인 모직물, 목면직물, 견직물 자체는 동일하지 아니하나, 직물지는 다양한 무늬로 염색가공되어 생산 판매되는 것이 거래사회의 실정이므로 서비스표의 지정영업인 직물염색가공업에서 사용하는 재료는 직물류이며 염색가공된 제품 역시 직물류일 것이므로 서비스표에서 사용하는 재료 내지 상품과 인용상표의 지정상품,[269] 서비스표의 지정영업은 '요식업, 레스토랑업, 간이식당업, 다방업, 호텔업'인데 반하여 인용상표들의 지정상품은 '빵'이나 '햄, 베이컨, 육포, 소시지, 축산물의 통조림'으로 되어 있어서 양자가 구별되기는 하나, 서비스표의 지

264) 대법원 1999. 2. 23. 선고 98후1587 판결.
265) 대법원 1999. 2. 23. 선고 98후1587 판결.
266) 하광룡, 상표와 서비스표 사이의 동종·유사성의 판단 기준, 대법원판례해석, 38호(1999), 641.
267) 대법원 1971. 9. 28. 선고 70후58 판결.
268) 대법원 1972. 3. 28. 선고 71후22 판결(영업목적에 방수자재판매가 있고 그 영업을 함에 있어서 영업표를 사용하는 경우 출처, 신용에 일반수요자를 기만할 염려가 있음을 인정).
269) 대법원 1986. 3. 25. 선고 85후20 판결.

정영업인 요식업 등에서 인용상표들의 지정상품을 그대로 판매하거나 이를 재료로 하여 식품을 가공하여 판매한다면 일반 수요자나 소비자에게는 위 요식업 등이 인용상표의 권리자에 의하여 경영된다고 오인·혼동할 우려가 있다고 하였다.[270] 대법원은 전기 전자용품과 그 전자용품의 매매 또는 위탁제조 등의 알선업,[271] 귀금속 및 보석디자인업·감정업과 목걸이, 귀걸이, 반지귀금속 사이,[272] 의약품매매알선업 등과 의약품,[273] 전기·전자용품의 판매 등 관계 서비스업과 전기·전자용품[274] 사이에는 유사성이 인정되었다. 그러나 택지공사업 등 건축공사업과 건설현장에 쓰이는 기계기구(도장기계기구 포함)나 덤프트럭 등 사이에는 택지공사업 등 건축공사업은 건설기계·기구 또는 트럭의 생산과 관계되는 것이라고 보기 어렵고, 건축공사에 의하여 완성되는 건축물을 상품이라고 하더라도, 건축공사업과 건설기계기구 등은 그 제공이나 판매가 일반적으로 동일한 사업자에 의하여 행하여지는 것도 아니고, 서비스와 상품의 용도, 상품 판매나 서비스 제공의 장소, 수요자 등 거래의 실정이 서로 다르다는 이유로 유사성이 인정되지 않았다.[275]

〈나종갑〉

---

270) 대법원 1987. 7. 21. 선고 86후167 판결.
271) 대법원 1994. 2. 8. 선고 93후1421, 1438 판결.
272) 대법원 1998. 7. 24. 선고 97후2309 판결.
273) 대법원 1993. 12. 21. 선고 93후1155 판결.
274) 대법원 1996. 6. 11. 선고 95도1770 판결.
275) 대법원 1998.11.13. 선고 97후1986 판결.

제2조(정의)

① 이 법에서 사용하는 용어의 뜻은 다음과 같다.

[제1호~제2호는 앞에서 해설]

3. "단체표장"이란 상품을 생산·제조·가공·판매하거나 서비스를 제공하는 자가 공동으로 설립한 법인이 직접 사용하거나 그 소속 단체원에게 사용하게 하기 위한 표장을 말한다.

4. "지리적 표시"란 상품의 특정 품질·명성 또는 그 밖의 특성이 본질적으로 특정지역에서 비롯된 경우에 그 지역에서 생산·제조 또는 가공된 상품임을 나타내는 표시를 말한다.

5. "동음이의어 지리적 표시"란 같은 상품에 대한 지리적 표시가 타인의 지리적 표시와 발음은 같지만 해당 지역이 다른 지리적 표시를 말한다.

6. "지리적 표시 단체표장"이란 지리적 표시를 사용할 수 있는 상품을 생산·제조 또는 가공하는 자가 공동으로 설립한 법인이 직접 사용하거나 그 소속 단체원에게 사용하게 하기 위한 표장을 말한다.

7. "증명표장"이란 상품의 품질, 원산지, 생산방법 또는 그 밖의 특성을 증명하고 관리하는 것을 업(業)으로 하는 자가 타인의 상품에 대하여 그 상품이 품질, 원산지, 생산방법 또는 그 밖의 특성을 충족한다는 것을 증명하는 데 사용하는 표장을 말한다.

8. "지리적 표시 증명표장"이란 지리적 표시를 증명하는 것을 업으로 하는 자가 타인의 상품에 대하여 그 상품이 정해진 지리적 특성을 충족한다는 것을 증명하는 데 사용하는 표장을 말한다.

9. "업무표장"이란 영리를 목적으로 하지 아니하는 업무를 하는 자가 그 업무를 나타내기 위하여 사용하는 표장을 말한다.

10. "등록상표"란 상표등록을 받은 상표를 말한다.

〈소 목 차〉

Ⅰ. 단체표장(Collective mark)(법 제2조 제1항 제3호)

1. 의의

　　파리협약 제7조의2에 따르면, 본국의 법령에 반하지 않는 단체에 대해 단체
표장의 등록을 허여하도록 하고 있다. 단체표장제도는 우리나라가 1980년 5월 4
일 파리협약에 가입한 것을 계기로 1980년 12월 31일 상표법 개정 시에 신설한
규정이다.[1] 2004년 개정 전의 상표법[2]에 따르면, 법인의 단체표장권은 권리의
소유와 행사가 분리되어 있어 법인은 단체표장을 소유하고 단체의 구성원이 그
표장을 사용하는 것을 감독할 수만 있도록 되어 있었다.[3] 그 당시 단체표장제도
는 일본의 현행 상표법상 단체상표제도(일본 상표법 제7조)와 대동소이하였다. 일
본 상표법에 따르면, 일반 사단법인 그 밖의 사단(법인격 없는 사단 내지 회사를
제외) 또는 사업협동조합 그 밖에 특별법에 의하여 설립된 조합(법인격 없는 조합
은 제외) 또는 이에 상당하는 외국의 법인은 그 구성원에게 사용하게 할 상표에
대하여 단체상표의 상표등록을 받을 수 있다(일본 상표법 제7조 제1항). 일본 상표
법상 단체상표의 목적은 통일상표하에서 복수의 사업자가 제휴하여 상품의 판매
및 서비스의 제공을 행할 수 있도록 하는 것이다.[4] 2004년 상표법 개정[5]을 통해
단체표장권자인 법인도 단체표장을 직접 사용할 수 있도록 하였다. 왜냐하면 단
체표장권자인 법인이 영업의 전문성 확보, 적극적 마케팅 경영 및 상표권의 보
호에 있어 영세한 단체구성원보다는 수월한 위치에 있기 때문이다.[6] 단체표장의
실례로는 영농조합법인 농부의 꿈의 '농부의 꿈'[7], 금산인삼약초 영농조합법인

---

1) 상표법 (법률 제3326호, 1980.12.31, 일부개정, 시행 1981. 9. 1.).
2) 상표법 (법률 제3326호, 1980.12.31, 일부개정, 시행 1981. 9. 1.).
3) 특허청, 「조문별 상표법해설」, 특허청 행정법무팀(2007), 10.
4) 澁谷達紀, 「知的財産法講義 Ⅲ(第2版)」, 有斐閣(2008), 335.
5) 상표법 (법률 제7290호, 2004.12.31, 일부개정, 2005. 7. 1 시행).
6) 특허청(주 3), 10.
7) 상표등록번호 41-0218458-0000(등록결정일: 2011. 10. 05).

의 '（로고）'8), 대월농업협동조합 및 그 밖의 9개 농업협동조합의 '청세米'9) 등이 있다.

2. 단체표장의 구성요건

가. 상품의 의미

여기에서 말하는 '상품'이란 '그 자체가 교환가치를 가지고 독립된 상거래의 목적물이 되는 물품'10) 내지 '운반가능한 유체물로서 반복하여 거래의 대상이 될 수 있는 것'11)을 의미한다. 따라서 상품의 선전광고나 판매촉진 또는 고객에 대한 서비스 제공 등의 목적으로 그 상품과 함께 또는 이와 별도로 고객에게 무상으로 배부되어 거래시장에서 유통될 가능성이 없는 이른바 '광고매체가 되는 물품'은 비록 그 물품에 상표가 표시되어 있다고 하더라도, 물품에 표시된 상표 이외의 다른 문자나 도형 등에 의하여 광고하고자 하는 상품의 출처표시로 사용된 것으로 인식할 수 있는 등의 특별한 사정이 없는 한, 그 자체가 교환가치를 가지고 독립된 상거래의 목적물이 되는 물품으로는 볼 수 없다.12) 그리고 등록상표에 표시된 유리병에 든 '보리, 수수, 옥수수' 등이 판매용 물품이 아니라 대리점에서 거래되는 즉석 건조 건강식품을 이루는 일부 성분의 견본에 불과한 경우에는 성분의 구성 및 비율에 특징이 있는 그 즉석 건조 건강식품과 거래통념상 동일성의 범위 내에 있는 상품이 아니어서 상표법상 상품에 해당하지 않는다.13) 전기, 열, 빛, 향기 및 권리와 같은 무체물, 운반가능성이 없는 부동산, 법적으로 거래가 금지되는 마약, 개인이 소장하고 있는 희귀한 골동품 등도 상표법상 상품에 해당하지 아니한다.14) 하지만, 인터넷상 컴퓨터 네트워크를 통해 다운로드받을 수 있는 컴퓨터프로그램은 상표법상 상품으로 인정되고 있다.15)

---

8) 상표등록번호 40-0884807-0000(등록결정일: 2011. 10. 1).
9) 상표등록번호 40-0761612-0000(등록결정일: 2008. 8. 18).
10) 대법원 1999. 6. 25. 선고 98후58 판결; 대법원 2004. 5. 28. 선고 2002후123 판결.
11) 송영식·이상정·김병일, 「지적재산법(9정판)」, 세창출판사(2008), 172; 특허청(주 3), 8.
12) 대법원 1999. 6. 25. 선고 98후58 판결.
13) 대법원 2004. 5. 28. 선고 2002후123 판결.
14) 특허법원 지적재산소송실무연구회, 「지적재산소송실무」, 박영사(2010), 480.
15) 특허청(주 3), 8.

나. 상품을 생산 · 제조 · 가공 · 판매하는 자

여기에서 '생산'이라 함은 원시산업이든 제조업이든 상관없이 자연물에 인력을 가하여 상품을 만들어 내거나 증가시키는 것을 의미하고, '가공'이라 함은 도장 · 조각과 같이 원료나 생산물에 노력을 가하여 변화를 주는 행위를 의미하고, '판매'라 함은 상품을 판매하는 행위를 통하여 타인에게 양도하는 행위를 의미한다.[16]

2016년 상표법 개정 이전에는 단체표장권의 주체와 관련하여 상품을 생산 · 제조 · 가공 · 증명 또는 판매하는 것 등을 '업으로' 영위하는 자라고 규정하였다. 상품을 생산 · 제조 · 가공 · 증명 또는 판매하는 것 등을 '업으로' 영위하는 자라 함은 상품을 생산 · 제조 · 가공 · 증명 또는 판매하는 사업을 계속적 · 반복적 의사로 행하는 것을 의미하였다.[17] 그런데 2016년 상표법[18]을 개정하여 단체표장권의 주체를 '상품을 생산 · 제조 · 가공 · 판매하는 자'라고 표현하고 있다. 하지만, 그 의미는 2016년 개정 이전의 용어와 별반 차이가 없다. 왜냐하면, '상품'이라는 용어가 영업상 행위에 의한 것임을 보여 주기 때문이다.[19] 그리고 2016년 상표법 개정 이전에는 상품을 증명하는 자도 단체표장권을 받을 수 있도록 규정하였으나, 2016년 상표법 개정을 통해 상품을 증명하는 자는 증명표장권을 받을 수 있게끔 용어를 정리하였다. 참고로 2016년 개정 이전의 상표법상 '증명'이라 함은 상품을 검사하여 품질 · 성분 등을 보증하는 행위를 의미하였다.

다. 서비스를 제공하는 자

여기에서 '서비스'라 함은 (i) 서비스의 제공이 독립하여 상거래의 대상이 되며, (ii) 타인의 이익을 위하여 제공되는 서비스이고, (iii) 서비스의 제공이나 또는 상품의 판매에 부수하는 물품 또는 서비스의 제공이 아닌 경우를 의미한다.[20]

라. 상품을 생산 · 제조 · 가공 · 판매하거나 서비스를 제공하는 자가 '공동으로 설립한 법인'

단체표장은 상품을 생산 · 제조 · 가공 · 판매하는 것 등을 업으로 영위하는 자 또는 서비스를 제공하는 자가 '공동으로 설립한 법인'의 표장을 의미하므로,

---

16) 특허청(주 3), 9.
17) 특허법원 지적재산소송실무연구회(주 14), 479; 특허청(주 3), 8.
18) 상표법 [시행 2016. 9. 1.] [법률 제14033호, 2016.2.29., 전부개정].
19) 송대호, 상표법 전부개정법률안(정부제출안) 검토보고서(2015. 4), 8.
20) 특허청(주 3), 10.

그러한 자가 단독으로 설립한 법인의 경우나 그러한 자가 공동으로 설립한 비법인사단은 여기에 해당하지 아니한다. 단체표장은 자본력과 영업신용도가 낮은 지방특산물을 생산 내지 판매하는 지방의 중소기업 또는 일반공중에게 서비스를 제공하는 동종업자의 조합 등이 단체의 신용을 이용하여 거래의 상대방이나 소비자에게 그 법인 또는 그 감독하에 있는 소속단체원의 영업에 관한 상품이나 서비스의 품질을 보증함으로써 고객흡인력을 획득하기 위하여 사용하는 특수한 표장이므로[21] '공동으로 설립한 법인'의 구성요건을 충족하여야 한다.

마. 그 법인이 직접 사용하거나 그 소속단체원에게 사용하게 하기 위한 표장일 것

단체표장의 경우, 소속단체원뿐만 아니라 그 단체도 단체표장을 사용할 수 있다. 즉 2004년 개정법에서는 법인도 단체표장을 직접 사용할 수 있도록 하였다. 이는 단체표장제도의 활성화를 위하여 단체표장권자인 법인도 단체원을 위하여 단체표장을 부착한 상품의 광고 등의 행위를 할 수 있도록 하기 위한 것으로서, 법인이 영업의 전문성 확보, 적극적 마케팅경영 및 상표권의 보호강화에 있어서 영세한 개별 소속 단체원보다는 더 유리한 위치에 있다고 할 수 있으므로 법인도 단체표장을 사용할 수 있도록 인정하는 것이 상품의 시장 확대에 도움이 될 것으로 보고 개정한 것이었다.

Ⅱ. 지리적 표시(법 제2조 제1항 제4호)[22]

1. 의의

지리적 표시는 지리적 출처를 나타내기 위해 상품에 대해 사용되는 표지를 의미하는데, 이는 품질 중립적 지리적 출처표시와 품질관련 지리적 출처표시로 분류할 수 있다.[23] 품질관련 지리적 출처표시는 원산지명칭(appellations of origin)이라고 한다.[24]

---

21) 송영식·이상정·김병일(주 11), 184.
22) 이 항목에 대한 설명은 이규호, "지리적 표시 단체표장과 지리적 표시 증명표장의 보호에 관한 연구", 「瞭園法學」, 제2권 제3호(2009. 11), 119-148면을 발췌하여 수정·보완한 것이다.
23) 이영주, 「지리적 표시 보호체계의 개선에 관한 연구」, 서강대학교 대학원 법학과 법학박사학위논문(2008), 10.
24) 이영주(주 23), 10.

2. 다자간 국제조약상 지리적 표시의 보호

지리적 표시(geographical indications)란 용어는 무역관련지적재산권협정(TRIPs 협정)에서 최초로 등장하였다.[25] 산업재산권 보호를 위한 파리협약에서는 각 회원국의 출처표시(indication of source) 또는 원산지명칭(appellations of origin)을 내국민과 동등하게 보호하였다. 파리협약에 의한 출처표시는 상품의 품질 등을 고려하지 아니하고 단순히 상품의 지리적 출처를 표시하는 것이었다.[26] '상품의 허위 또는 기만적 출처표시 억제를 위한 마드리드협정(Madrid Agreement for the Repression of False or Deceptive Indications of Source on Goods; 이하 '마드리드협정')'은 마드리드 협정 제1조 제1항에 따라 허위 및 기만적 출처표시의 사용을 금지하고 있다. 원산지명칭의 보호를 위한 리스본협정(Lisbon Agreement for the Protection of Appellations of Origin and Their International Registration in 1958; 이하 '리스본협정'이라 표시)에 따라 보호되는 원산지명칭은 "일정한 상품의 품질이 자연적이거나 인간적인 요소를 포함한 지리적 환경에 기초한 경우에 한하여 그 상품이 특정 지역에서 기원했다는 것을 나타내는 국가, 지역 및 산지의 명칭"을 뜻하는데, (i) 직접적인 지역의 명칭을 사용하여야 하며, (ii) 원산지명칭은 국가, 지역 또는 산지에 관련한 지리적 명칭이어야 하고, (iii) 상품의 품질 또는 특성이 배타적 또는 본질적으로 자연적이며 인위적인 것을 포함하여 지리적 환경에서 기원한 것이어야 한다는 세 가지 요건을 충족하여야 한다.[27]

TRIPs협정 제22조 제1항에 의한 지리적 표시는 "이 협정의 목적상 지리적 표시란 상품의 품질, 명성 또는 그 밖의 특성이 본질적으로 지리적 근원에서 비롯되는 경우, 회원국의 영토 또는 회원국의 지역 또는 지방을 원산지로 하는 상품임을 명시하는 표시이다."라고 정의하고 있다.[28] 따라서 동협정에 따른 지리적 표시는 서비스를 제외한 상품에 한정한다.[29] 미국에 있어 지리적 표시의 예

---

25) WIPO, Intellectual Property Reading Material 442 (1998).
26) 이재칠, "우리나라 지리적 표시 보호제도의 효율화에 대한 연구(상)", 「지식재산 21」, 통권 제72호, 특허청(2002. 5), 119.
27) 리스본협정 제2조 제1항.
28) TRIPs협정 제22조 제1항의 원문은 다음과 같다.
   "indications which identify a good as originating in the territory of a Member, or a region or locality in that territory, where a given quality, reputation or other characteristic of the good is essentially attributable to its geographical origin."
29) D.J. Gervais, The TRIPS Agreement: Drafting History and Analysis 125 (1998).

로는 오렌지의 경우에는 플로리다 주, 감자의 경우에는 아이다호 주 및 사과의 경우에는 워싱턴 주 등이 있다. TRIPs협정에 따르면, 지리적 표시는 지적재산권이다. 그리고 TRIPs협정은 사권만을 다루고 있기 때문에[30] 지리적 표시는 사권에 해당한다.

　　TRIPs협정상 지리적 표시는 리스본협정의 원산지명칭보다 그 범위가 넓고, 파리협약상 출처표시보다는 그 범위가 좁은 것이다.[31] TRIPs협정상 지리적 표시는 리스본협정상 원산지명칭과 비교하여 그 개념에 '명성'이란 요소를 추가하였다.

　　우리나라 상표법은 TRIPs협정 제22조 제1항의 지리적 표시 개념을 그대로 수용한 것이고 농수산물 품질관리법은 농산물, 수산물 및 그 가공품이 특정지역에서 생산된 특산품임을 표시한 지리적 표시에 대해 그 보호대상을 제한하여 보호하고 있다.[32]

3. 양자간 자유무역협정상 지리적 표시의 보호

　　한-EU 자유무역협정(이하 '한-EU FTA'로 표시)에 따르면, 지리적 표시란 "상품의 특정 품질, 명성 또는 그 밖의 특성이 본질적으로 지리적 근원에서 비롯되는 경우, 특정 지역, 지방 또는 국가를 원산지로 하는 상품임을 명시하는 표시"라고 정의하고 있다.

　　한국과 EU 양측은 부속서에 기재된 양측의 지리적 표시(한국: 64개,[33] EU: 162개[34])를 서로 보호하기로 합의하였다. 보호되는 지리적 표시의 범위는 농산물 및 식품(이하 농식품), 포도주(착향 포도주 포함), 증류주로 한정된다. 한-EU FTA에 따라 보호되는 양측의 주요 지리적 표시는 다음과 같다.

　　한국의 경우에는 보성녹차, 순창전통고추장, 이천쌀, 고려홍삼, 진도홍주, 고창복분자 등이 그에 해당하고, EU의 경우에는 보르도, 부르고류, 샴페인, 꼬

---

30) Preamble of Agreement on Trade-Related Aspects of Intellectual Property Rights, art. 22(1), Apr. 15, 1994, Marrakesh Agreement Establishing the World Trade Organization, Annex 1C, Legal Instruments--Results of the Uruguay Round, 1869 U.N.T.S. 299, 33 I.L.M. 1125, 1197.

31) 김병일, "지리적 표시 관련 주요쟁점분석 및 대응방안", 「지식재산21」, 통권 제94호, 특허청(2006년 1월), 2.

32) 이규호(주 22), 123.

33) 농식품 63개, 증류주 1개가 한-EU FTA에 따라 보호된다.

34) 농식품 60개, 포도주 80개, 증류주 22개가 한-EU FTA에 따라 보호된다.

냑, 스카치위스키, 까망베르 드 노르망디(치즈) 등이 그에 해당한다.35)

한-EU FTA의 부속서에 기재된 양국의 지리적 표시는 다음과 같은 행위로부터 보호된다.36)

> (i) 상품의 지리적 출처에 대하여 대중의 오인을 유발하는 방식으로 진정한 산지가 아닌 지역을 원산지로 한다고 표시하거나 암시하는 행위

> (ii) 진정한 산지가 표시되거나, 지리적 표시가 번역 또는 음역되어 사용되거나, 또는 "종류", "유형", "양식", "모조품" 등의 표현이 수반되는 경우에도, 당해 지리적 표시에 나타난 장소를 원산지로 하지 아니하는 유사상품에 지리적 표시를 사용하는 행위

> (iii) 파리협약 제10조의2에서 정하고 있는 불공정경쟁을 구성하는 행위37)

위 (ii)의 유사상품의 범위는 WTO TRIPs협정 제23조에 따라, 포도주의 지리적 표시를 포도주에 쓰는 경우에 증류주의 지리적 표시를 증류주에 쓰는 경우에 준하여 해석하게 된다. 따라서 포도주의 지리적 표시인 샴페인을 TV와 같이 포도주와 유사하지 않은 상품에 사용하는 것은 가능하다.38)

위 세 가지 유형 중 (i) 및 (iii)은 TRIPs협정 제22조 수준의 보호에 해당하나,39) 위 (ii)는 TRIPs협정 제23조 수준의 보호에 해당한다.40)

그리고 한-EU FTA 발효 전에 출원 또는 등록된 상표 및 사용에 의한 확립된 상표 즉 선행상표의 사용은 지리적 표시의 보호와 상관없이 보장하도록 하여 선행상표에 대하여 기득권을 가지고 있는 자를 보호하도록 하였다.41)

---

35) http://www.fta.go.kr/pds/fta_korea/eu/EU_DESC.pdf (방문일자: 2016.10.1).

36) 한-EU FTA 제10.21조 제1항.

37) 파리협약 제10조의2(불공정경쟁)는 산업 및 상업상 정직한 관행에 어긋나는 모든 경쟁행위를 불공정경쟁행위로 정의하여 불공정경쟁에 대하여 회원국에게 효과적인 보호를 부여할 것을 규정하고 있다. 특히 혼동을 야기하는 행위, 허위주장, 대중의 오인을 유발하는 행위를 금지하고 있다.

38) http://www.fta.go.kr/pds/fta_korea/eu/EU_DESC.pdf (방문일자: 2016.10.1).

39) TRIPs협정 제22조는 모든 지리적 표시에 대해 적용되는 것으로서 대중에게 출처를 오인하게 하는 방식으로 지리적 표시를 사용하는 것을 금지하고 있으나, TRIPs협정 제23조는 특히 포도주·증류주 지리적 표시가 표시된 지역에서 유래하지 않은 포도주·증류주에 사용하는 경우, 출처오인 여부를 불문하고, 1) 진정한 원산지가 표시되거나 2) 지리적 표시가 번역되어 사용되거나 또는 3) "종류", "유형", "양식", "모조품" 등의 표현이 수반되는 경우에도 사용을 금지하도록 규정하고 있다.

40) TRIPs협정 제23조는 포도주·증류주 지리적 표시의 경우에만 상품의 출처에 대해 소비자를 오인시키는지 여부와 관계없이 보호를 부여하고 있으나, 한-EU FTA는 농식품에도 동일한 수준의 보호를 부여함으로써, 농식품 지리적 표시의 보호수준을 강화하고 있다.

41) 한-EU FTA 제10.21조 제5항.

협정발효 후 지리적 표시의 보호범위를 침해하는 상표가 유사상품에 출원될 경우에 거절 또는 무효의 대상으로 하고 있다.[42]

다만, 까망베르, 모짜렐라, 에멘탈, 브리 등은 지리적 표시가 아니라 제품의 유형을 나타내는 일반명칭으로서 EU 지리적 표시의 보호와 상관없이 계속 사용할 수 있다. 예컨대 프랑스산 치즈의 지리적 표시인 까망베르 드 노르망디(Camembert de Normandie)의 경우에 지리적 명칭에 해당하는 부분은 "노르망디"이므로 치즈의 종류를 나타내는 "까망베르"는 계속 사용할 수 있다.[43]

한-EU FTA 발효 후에도 합의에 의하여 한-EU FTA에 의하여 보호되는 지리적 표시를 부속서에 추가하는 것이 가능하다.[44] 양측은 상대방의 지리적 표시 추가 요청이 있을 경우에 부당한 지연없이 절차를 진행하기로 합의하였고, 지리적 표시에 관한 협력 및 대화를 위한 작업반을 구성하여 지리적 표시의 추가 및 삭제, 지리적 표시에 관한 입법 및 정책 관련 정보교환 등을 수행하기로 합의하였다.[45]

한편 한미 자유무역협정(이하 '한미 FTA'로 표시) 제18.2조 제2항에서는 "각 당사국은 상표가 증명표장을 포함하도록 규정한다. 각 당사국은 또한 지리적 표시가 상표로서 보호될 자격이 있음을 규정한다."고 규정하고 있고, 한미 FTA 제18.2조 제2항 각주 5에서는 다음과 같이 규정하여 지리적 표시를 보호하고 있다.

"이 장의 목적상, 지리적 표시라 함은 상품의 특정 품질, 명성 또는 그 밖의 특성이 본질적으로 지리적 근원에서 비롯되는 경우, 당사국의 영역이나 당사국 영역의 지역 또는 지방을 원산지로 하는 상품임을 명시하는 표지를 말한다. 어떠한 표지(문자, 숫자, 도형적인 요소 및 단색을 포함하는 색채뿐만 아니라, 지리적 명칭 및 개인의 이름을 포함하는 단어를 포함한다) 또는 표지의 조합도 어떤 형식이든 간에 지리적 표시가 될 자격이 있다. 이 장에서 "원산지"는 제1.4조(정의)에서 그 용어에 부여된 의미를 가지지 아니한다."[46]

---

42) 한-EU FTA 제10.23조.

43) http://www.fta.go.kr/pds/fta_korea/eu/EU_DESC.pdf (방문일자: 2016.10.1).

44) 한-EU FTA 제10.24조.

45) 한-EU FTA 제10.25조.

46) 한미 FTA 제1.4조에 따르면, 원산지라 함은 제4장(섬유 및 의류) 또는 제6장(원산지 규정 및 원산지 절차)에 규정된 원산지 규정상의 요건을 충족하는 것을 말한다고 규정하고 있다.

참고로 동 협정 제6.1조에 따르면, "이 장에 달리 규정된 경우를 제외하고, 각 당사국은

Ⅲ. 동음이의어 지리적 표시(법 제2조 제1항 제5호)

다른 사람의 지리적 표시와 발음상으로는 동일하지만 서로 다른 지역을 지칭하는 동음이의어 지리적 표시는 실질적으로 서로 다른 지역을 지칭하는 것이므로 별도로 보호받아야 한다. 예컨대, 광주라는 지리적 표시는 경기도 광주시일 수도 있고, 광주광역시를 지칭할 수도 있다.

TRIPs 협정 제23조 제3항에서는 "포도주에 대한 동음이의어 지리적 표시(homonymous geographical indication)의 경우 제22조 제4항의 규정을 조건으로 모든 표시에 대해 보호가 부여된다"고 규정하여 포도주에 대하여 동음이의어 지리적 표시를 보호하고 있다. 예컨대 프랑스와 스페인에 보르도라는 지역이 있고 양국의 보르도가 모두 와인을 생산하는 표시로 쓰이는 경우에 두 개의 지리적 표시는 발음으로는 동일하지만 전혀 다른 지역을 지칭하는 것으로서 각각 별도로 보호되어야 한다. 이 경우 양국의 지리적 표시는 프랑스 보르도 와인, 스페인 보르도 와인 등으로 명기하여 수요자의 혼동을 방지할 필요가 있다.[47]

TRIPs 협정 제23조 제3항은 포도주에 대한 지리적 표시만을 적용대상으로 하고 있지만, 본 항의 규정은 모든 상품에 대한 지리적 표시를 적용대상으로 하고 있다.

다음의 경우 상품이 원산지 상품임을 규정한다.
　가. 전적으로 어느 한 쪽 또는 양 당사국의 영역에서 완전하게 획득되거나 생산된 상품의 경우
　나. 전적으로 어느 한 쪽 또는 양 당사국의 영역에서 생산되고,
　　1) 상품의 생산에 사용된 각각의 비원산지 재료가 부속서 4-가(섬유 또는 의류 품목별 원산지 규정) 및 부속서 6-가에 명시된 적용가능한 세번변경을 거치거나,
　　2) 상품이 부속서 4-가 및 부속서 6-가에 명시된 적용가능한 역내가치포함비율이나 그 밖의 요건을 달리 충족시키며, 그리고, 이 장의 그 밖의 모든 적용가능한 요건을 충족시키는 경우, 또는
　다. 원산지 재료로만 전적으로 어느 한 쪽 또는 양 당사국의 영역에서 생산된 경우"라고 규정하고 있다.
47) 특허청(주 3), 13.

IV. 지리적 표시 단체표장(법 제2조 제1항 제6호)

1. 의의

지리적 표시 단체표장이란 지리적 표시를 사용할 수 있는 상품을 생산·제조 또는 가공하는 자가 공동으로 설립한 법인이 직접 사용하거나 그 소속 단체원에게 사용하게 하기 위한 표장을 말한다.[48] 2004년 개정법에서는 지리적 표시 단체표장제도를 도입하여 단체표장과 지리적 표시 단체표장을 구별하였다. 이에 따르면, '지리적표시 단체표장'이란 지리적 표시를 사용할 수 있는 상품을 생산·제조 또는 가공하는 것을 업으로 영위하는 자만으로 구성된 법인이 직접 사용하거나 그 감독하에 있는 소속단체원으로 하여금 자기 영업에 관한 상품에 사용하게 하기 위한 단체표장이다(구 상표법 제2조 제1항 제3호의2). 여기에서 '지리적 표시'란 상품의 특정 품질·명성 그 밖의 특성이 본질적으로 특정지역에서 비롯된 경우에 그 지역에서 생산·제조 또는 가공된 상품임을 나타내는 표시를 의미한다. 2016년 개정 상표법은 용어의 정의를 개정하였지만, 그 의미는 개정 이전의 상표법상 정의와 차이가 나지 아니한다.

전주농림고축산영농조합법인의 '전주농림고축산영농조합',[49] 이천쌀영농조합법인의 ''[50], 모동명산포도영농조합법인의 '모동명산'[51], 장흥무산김생산자협회의 ''[52], 유가찹쌀영농조합법인의 ''[53], 사단법인 안동산약(마)연합회의 ''[54], 안동사과발전협의회의 ''[55] 등이 지리적 표시 단체표장에 해당한다.

---

48) 상표법 제2조 제1항 제3의4호; Jay (Young-June) Yang and Kate (Sang-Eun) Lee, 2 Trademarks Throughout the World §89:4 (2009).
49) 상표등록번호 40-0883113-0000(등록결정일: 2011. 10. 4).
50) 상표등록번호 40-0622877-0000(등록결정일: 2005. 4. 29).
51) 상표등록번호 40-0458141-0000(등록결정일: 1999. 11. 8).
52) 상표등록번호 40-0000111-0000(등록결정일: 2011. 3. 9).
53) 상표등록번호 44-0000101-0000(등록결정일: 2011. 1. 28).
54) 상표등록번호 44-0000027-0000(등록결정일: 2009. 7. 6).
55) 상표등록번호 44-0000051-0000(등록결정일: 2010. 2. 2).

2. 미국에 있어 지리적 표시 단체표장의 보호

가. 의의

(1) 미국에서 지리적 표시의 보호를 비롯한 상표의 등록과 관리는 미국 연방특허상표청이 담당한다. 미국의 지리적 표시의 보호는 유럽연합과는 달리 독자적인 등록제도를 두지 않고 지리적 표시도 상표, 서비스 및 트레이드 드레스(trade dress)와 마찬가지로 권리자에 의한 단체표장의 등록을 허용하고 있다.

(2) 미국에 있어 단체표장은 단체에 의하여 등록되고 오로지 단체 구성원에 의하여 사용되는 것으로 비회원에 의한 상품과 구별하고 그들의 상품을 식별하기 위하여 사용되는 표장이다.[56) 미국에서 인정되는 단체표장의 유형으로는 단체상표(내지 단체서비스표)와 단체회원표장이 존재한다.[57) 전자는 협회, 조합, 협동조합 등 기타 단체에 의해 그 구성원만 사용함으로써 그 구성원의 상품 또는 서비스를 비구성원의 상품·서비스와 구별하기 위해 사용되는 표장이다. 후자는 특정 단체의 회원임을 나타내기 위한 사용되는 표장을 의미한다.[58)

미국에 있어 "IDAHO" 감자,[59) "Washington" 사과,[60) "Vidalia" 양파[61)를 비롯하여 확립된 지역적 브랜드가 존재한다. 이러한 지리적 표시는 연방상표법에 따라 지역적 증명표장(certification marks) 또는 단체표장(collective marks)으로 등록하여 보호받을 수 있다.[62)

(3) 단체표장은 단체의 회원에 의해서만 사용되고 그 상품이나 서비스를 다른 이들로부터 특정하거나 구별한다.[63) 조합, 사단(association) 또는 기타 단체나 조직만이 단체표장을 등록할 수 있다.[64) 단체표장은 증명표장과 마찬가지로 회원들의 제품의 지리적 산지를 증명하는 기능을 수행한다.[65) 영농조합은 회원들

---

56) 15 U.S.C. §1127 (2009).

57) 나종갑, 「미국상표법연구」, 도서출판 글누리(2006), 98-99.

58) Aloe Creme Laboratories, Inc. v. American Society for Aesthetic Plastic Surgery, Inc., 192 U.S.P.Q. 170, 173 1976 WL 21119 (T.T.A.B. 1976); 이영주(주 23), 91-92.

59) U.S. Trademark No. 76,542,379 (filed Sept. 3, 2003).

60) U.S. Trademark No. 73,575,663 (filed Dec. 30, 1985).

61) U.S. Trademark No. 74,026,870 (filed Feb. 2, 1990).

62) J. Thomas McCarthy, 2 McCarthy on Trademarks and Unfair Competition §14:1 (4th ed. 2007).

63) Lanham Act §45, 15 U.S.C. §1127.

64) Lanham Act §45, 15 U.S.C. §1127.

65) 2 McCarthy on Trademarks and Unfair Competition, at §19:99.

의 제품의 지리적 산지를 특정하기 위하여 단체표장으로서 지리적으로 기술적인 용어를 등록할 수 있다. 증명표장과는 달리, 단체표장권자는 그 회원의 제품을 광고하거나 홍보하기 위하여 그 표장을 사용할 수 있을 뿐만 아니라 그 제품을 생산, 제조 및 판매하기 위하여 그 표장을 사용할 수 있다.[66] 하지만 지리적 표장은 상거래에 있어 식별력(distinctiveness)을 획득하지 못하는 한 단체표장으로서 등록될 수 없다.[67] 즉 단체표장의 경우에 미국연방특허상표청(U.S. Patent and Trademark Office)은 그 표장이 상거래에서 식별력을 취득한 경우에만 지리적으로 기술적인 표장을 등록할 수 있다.[68] 영농조합은 그 표장을 상표로 등록함에 있어 곤란에 직면할 것이다.[69] 왜냐하면 영농조합은 그 표장이 지리적으로 기술적인 표장의 식별력을 취득하여야 한다는 요건을 충족하기 위하여 홍보, 선전 및 판촉활동에 상당한 시간과 돈을 투자하여야 하기 때문이다.[70] 그 밖에 생산자는 동일한 기술적인 지리적 표장을 사용하는 무임승차자로부터 피해를 입을 위험에 처해 있다.

나. 미국에서 지리적 표시 증명표장의 보호와의 구별

미국 연방상표법(Lanham Act) 제45조에서는 증명표장을 "증명표장권자 이외의 자에 의하여 사용되는 것으로 증명표장권자가 성실한 의도를 가지고 타인에게 사용하도록 하고 상품의 지역, 산지, 품질 기타 특성을 증명하거나 작업이나 노동이 특정의 단체에 의하여 수행되었음을 증명하기 위하여 사용되는 표장"이라고 정의하고 있다.[71] 증명표장의 목적은 허락 받은 이용자의 상품 또는 서비스가 일정한 특성을 가지고 있거나 일정한 자격 또는 기준을 충족한다는 사실을 구매자에게 알려주는 것이다. 증명표장은 단일의 상업적 출처나 이익의 출처를 나타내는 것이 아니다. 증명표장이 상품에 적용되거나 서비스와 관련되어 사용되는 경우에 증명표장에 의해 전달되는 메시지는 그 상품이나 서비스가 인증자 또는 증명표장권자에 의하여 정해진 방식으로 상품제조자 내지 서비스제공자가 아닌 인증자 또는 증명표장권자에 의하여 조사, 검사, 검증 또는 어떠한

---

66) Id. at §19.101.
67) U.S. Patent & Trademark Office, Trademark Manual of Examining Procedure §1303.02 (4ᵗʰ ed. 2005)(이하 'TMEP'로 표시).
68) Lanham Act §2(e)-(f), 15 U.S.C. 1052(e)-(f)(2000).
69) 2 McCarthy on Trademarks and Unfair Competition, at §15:5.
70) Id. at §15:28.
71) 15 U.S.C. §1127.

방식으로 검토되었다는 사실이다.

증명표장으로서 분류되는 표장은 상품의 특징을 가지고 있다는 사실을 증명하고 증명표장권자는 스스로 사용할 수 없다는 두 가지 요건을 구비하여야 한다. 미국 연방상표법에 의해 미등록인 상태이더라도 판례법에 의해 보호되는 경우가 존재한다. 예컨대 Institute National Appellations v. Brown-Forman Corp. 사건[72]에서 상표심판원(Trademark Trial and Appeal Board)은 지리적 표시에 해당하는 'COGNAC'은 판례법에 의하여 보호되는 증명표장이라고 판단하였다. 'COGNAC'은 미국 소비자들에게 프랑스의 코냑 지방에서 기원한 브랜디의 명칭이고 다른 곳에서 생산된 브랜디와 관련된 명칭이 아니기에 보통명칭이 아니라고 보았고, 아울러 그 지방의 브랜디 생산업자들에 의해 장기간 사용되고 관리되어 왔기 때문에 증명표장에 해당하는 기준에도 부합한다고 판단하였다.

증명표장은 두 가지 점에서 상표와 구별된다. 첫째, 증명표장의 가장 중요한 특징은 그 권리자가 그것을 사용하지 아니한다는 점이다. 둘째, 증명표장은 상업적 출처를 표시하는 것이 아니고 특정인의 상품이나 서비스를 다른 사람의 그것과 구별하는 것이 아니라는 점이다.

증명표장은 증명표장권자에 의해 사용될 수 없다. 왜냐하면 증명표장권자는 그 표장의 사용과 관련된 상품을 제조하거나 서비스를 이행하지 아니하기 때문이다. 증명표장은 그 표장권자의 허락을 얻어 그 표장권자 이외의 단체에 의해서만 사용될 수 있다. 증명표장권자는 인증된 상품 또는 서비스에 대한 타인의 증명표장 사용을 통제한다. 그러한 통제는 그 표장이 등록요건인 특징을 포함하거나 나타내는 상품 또는 서비스에만 적용된다는 사실 또는 인증자 또는 증명표장권자가 그 인증을 위하여 증명하거나 채택한 구체적인 등록요건을 충족하는 것을 보장하기 위한 조치를 취하는 것에 의해 이루어진다.

증명표장은 상품의 특성과 품질을 나타내고 그러한 상품이 특정한 기준을 충족하는 것을 확인한다는 측면에서 출처표시기능을 한다.[73] 다시 말하면, 증명표장은 상품의 질뿐만 아니라 지리적 출처를 증명하기 위하여 사용된다. 그것은 증명표장이 상품이나 서비스의 질, 지역적 또는 기타 특징을 증명하기 위하여 사용되고[74] 증명표장권자는 그 표장의 사용을 통제하여야 하고 등록요건인 기

---

72) 47 U.S.P.Q.2d 1875, 1884 (T.T.A.B. 1998).

73) Alexander Lindey and Michael Landau, 1A Lindey on Entertainment, Publ. & the Arts §2:11.50 (3d ed. 2009).

74) Lanham Act §45, 15 U.S.C. §1127 (2000). 증명표장은 상업적 출처를 가리키기 위한 것

준을 충족하는 자의 상품을 증명하는 것을 차별적으로 거절해서는 아니 된다.[75] 이것이 의미하는 바는 증명표장의 기준을 충족하는 단체는 증명표장을 사용할 수 있다는 것이다.

미국의 경험상 대부분의 경우에 증명표장으로서 지리적 명칭의 사용에 대한 통제를 행사하는 단체는 정부기관이거나 정부의 권한으로 운용되는 기구다. 예컨대 주정부기관인 아이다호 주 감자위원회(State of Idaho Potato Commission)는 아이다호 주에서 자란 감자에 대해 "IDAHO"란 증명표장을 가지고 있다.[76]

지리적 명칭이 증명표장으로 사용된 경우 두 가지 요소가 기본적인 관심사다. 첫째 그 명칭을 사용할 그 지역의 모든 사람의 자유를 유지하는 것이다. 둘째, 그 표장을 사용할 자격을 갖춘 모든 이들에게 해로운 표장을 남용하거나 불법적으로 사용하는 것이다. 일반적으로 말하자면, 사인은 이러한 목적을 만족스럽게 달성하기 위한 최선의 입장에 있지 않다. 특정 지역의 정부는 종종 그 지역의 명칭 사용을 통제할 당국이다. 정부는 직접적으로 또는 그 정부가 권한을 부여한 기구를 통하여 모든 사람의 권리를 보존하고 그 표장의 남용 또는 불법적인 사용을 막을 권한을 가진다.

증명표장으로서 지리적으로 기술적인(descriptive) 단어를 등록하기 위해서는 그 표장의 등록은 상표의 요건을 충족하여야 하나,[77] 그 표장이 상거래에 있어 식별력을 획득하였다는 사실을 증명할 필요는 없다.[78] 일반적으로 "1차적으로 지리적인 기술적 표장(primary geographically descriptive mark)"은 연방상표법 제2조(e)(2)에 따르면 등록이 불가능하다. 하지만 같은 법 제2조(f)에 따라 2차적 의미를 증명함으로써 등록할 수 있다. 하지만 같은 법 제2조(e)(2)에 따르면, "원산지 표시는 제4조에 따라 등록할 수 있다."[79] "원산지 표시(indications of regional origin)"란 단어는 그 지역 자체의 명칭에 제한되지 아니하고 그 표장이 원산지를 증명하기 위한 것인 한 그 지역의 명칭 및 기타 단어로 구성된 용어도 포함한다. 그러한 의미에서 증명표장에 적용될 수 없는 등록거절이유 중 하나는 연방상표법 제2조(e)(2)의 기술적인 지리적 표시의 사유다.[80] 따라서 동일

이 아니다(TMEP, supra note 67).

75) Lanham Act §14(5), 15 U.S.C. §1064(5).
76) U.S. Trademark No. 76,542,379 (filed Sept. 3, 2003).
77) 2 McCarthy on Trademarks and Unfair Competition, at §19.95.
78) TMEP, supra note 67, §1306.02.
79) Lanham Act §2(e)(2).
80) Roquefort v. William Faehndrich, Inc., 303 F.2d 494 (2d Cir. 1962).

한 지역의 농민이 지역적 브랜드를 확립하고자 한다면 증명표장은 지역적 브랜드를 확립하는 유용한 법적 도구가 될 수 있다. 영농조합은 구체적인 지리적 영역 내의 농산물을 증명하기 위하여 증명표장을 사용할 수 있다.[81] 영농조합이 증명표장권자가 되어 그 표장을 사용함으로써 그 조합원의 제품을 광고하거나 홍보할 수 있지만,[82] 그 조합(cooperative)은 조합 자체의 상품이나 서비스를 구별하기 위하여 증명표장을 사용할 수 없다.[83] 더욱이, 영농조합에 속하는 농민이 자신의 식별력 있는 상품을 홍보하고 신용을 보호하기 위하여 그들의 상표로서 지리적 표시를 사용하고자 한다면 증명표장은 적합하지 아니하다.[84] 증명표장이 제품의 질 또는 지역적 산지를 증명하더라도 특정 제조업자와 같이 그 제품의 단일 상업적 출처로서 그 산지를 가리키는 것은 아니다.[85] 따라서 증명표장은 농민이 지역적 브랜드를 상표로서 사용하고자 한다면 그 지역적 브랜드를 확립하기에는 적절한 도구가 아니다.

증명표장에 대한 연방 등록출원은 미국연방특허상표청에 의해 심사된다. 첨부된 사용견본과 기록상 증거는 지리적 표시가 그것이 사용된 상품 또는 서비스의 지리적 출처를 나타내기 위한 증명표장으로서 사용되고 있는지 여부를 판단하기 위하여 검토된다. 이용 가능한 기록 또는 그 밖의 증거가 문제의 구체적인 지리적 표시가 상품 또는 서비스의 보통명칭으로서 주된 중요성을 가지고 있다는 사실을 가리킨다면 등록은 거절될 것이다.[86] FONTINA란 용어는 그 지역 이외의 비인증 상품이 비인증 치즈를 나타내기 위하여 그 용어를 사용한 사실에 비추어 보아 지리적 출처를 가리키는 증명표장이라기보다는 치즈의 종류를 나타내는 보통명칭이라고 판시한 바 있다.

지리적 표시의 사용이 인증자에 의해 통제되고 지리적 출처에 대한 인증자의 기준을 충족하는 상품이나 서비스에 국한한 경우에 그리고 구매자가 그 지리적 표시가 특정 지역에서 생산된 상품이나 제공된 서비스만을 가리키는 것으로

---

81) TMEP, supra note 67, at §1306.01.

82) Lanham Act §14, 15 U.S.C. §1064.

83) Lanham Act §14, 15 U.S.C. §1064(5)(B).

84) Daisuke Kojo, Comment, The Importance of the Geographic Origin of Agricultural Products: a Comparison of Japanese and American Approaches, 14 Mo. Envtl. L. & Pol'y Rev. 275, 307 (2007).

85) Lanham Act §45, 15 U.S.C. §1127.

86) In re Cooperative Produttori Latte E Fontina Valle D'Acosta, 230 U.S.P.Q. 131, 1986 WL 83578 (T.T.A.B. 1986).

이해하는 경우에 그 표시는 지역적 증명표장으로서 기능한다.[87] COGNAC은 프랑스산 브랜디를 가리키는 지리적 표시라고 판시한 바 있다. 등록 이전에 미국 연방특허상표청은 출원인이 증명표장의 사용에 대한 통제를 행사할 권한을 가지고 있지 않다는 사실을 인식하게 된 경우에 등록은 직권으로 거절될 것이다.

  인증자의 기준의 집행에 관해서는 정확성과 높은 기준을 유지하는 데 가장 이해관계가 큰 당사자인 경쟁업자 및 소비자는 인증자가 요구된 질을 유지하도록 보장한다. 물론 미국 연방정부는 다양한 종류의 식품과 음료수에 대한 농업 검사관을 두고 있으나 그것은 전혀 다른 것이다. 지리적 표시 증명표장의 보호와 관련해서는 영향을 받는 자들이 등록에 반대할 수 있거나 등록의 취소를 구할 수 있다.

  농민과 영농조합이 미국에서 새로운 지역적 브랜드를 확립하고자 한다면 증명표장 또는 단체표장으로서 그 표장을 등록하는 데 있어 어려움에 처할 것이다. 증명표장의 경우에 영농조합 자체는 그 조합이 회원으로부터 구입한 농산물을 판매하기 위하여 그 표장을 사용할 수 없다. 왜냐하면 그 조합은 그 제품의 판매에 그 증명표장을 사용할 수 없기 때문이다.[88] 영농조합은 그 회원의 제품을 홍보하고 광고할 뿐만 아니라 영농조합에 또는 영농조합을 통하여 농산물을 판매함으로써 농산물의 홍보를 제고하고 장려하기 위하여 그 표장을 사용한다.[89] 따라서 증명표장은 그 표장권자로서의 영농조합이 새로운 지역적 브랜드를 확립하기에는 적합하지 아니하다.

  하나의 대안은 정부기관에 의하여 증명표장을 등록하는 것이다. 영농조합은 권리자의 인증을 받아 그 제품의 질을 증명하기 위하여 그 표장을 사용할 수 있다. 예컨대 아이다호 주의 영농조합에서는 감자가 특정한 품질 기준을 충족하였다는 것을 확정하기 위하여 감자에 "IDAHO"란 용어를 사용할 수 있다. 하지만 이 경우 정부는 지역적 브랜드를 홍보하는 것을 도와야 한다. 농민이 지역적 브랜드를 확립하고자 한다면 그들의 목적은 지역적 산지를 증명하는 것이 아니라 자신의 상품을 다른 이들의 상품과 구별함으로써 그 상품을 홍보하는 것이다. 따라서 지역적 브랜드는 증명되어야 할 지역적 산지라기보다는 상표이어야 한다.

---

87) Institute National Des Appellations d'Origine v. Brown-Forman Corp., 47 U.S.P.Q.2d 1875, 1998 WL 650076 (T.T.A.B. 1998).
88) Lanham Act §14(5)(B), 15 U.S.C. §1064(5)(B).
89) 7 U.S.C. §291(2000).

3. 유럽에 있어 지리적 표시 단체표장 및 지리적 표시 증명표장의 보호

가. 의의

유럽연합의 지리적 표시에 관한 이사회 규칙은 지리적 표시 등록제도와 전통적 특산품 보증 등록제도 외에도 포도주 및 증류주에 대하여 별도의 지리적 표시의 등록제도를 두고 있다.

유럽연합은 지리적 표시의 보호를 위하여 농산물 및 식품의 지리적 표시 및 원산지명칭에 관한 이사회규칙을 적용하고 있다.[90] 그리고 유럽연합은 전통적 특산품 보증을 받은 농산물 및 식품에 관해서는 별도의 이사회규칙을 두고 있다.[91] 여기에서 전통적 특산품 보증은 전통적인 특징이나 제조방법을 보증하는 것이기에 지역적 고유성보다는 생산방법에서 전통적인 특성이 강조된다. 따라서 전술한 바와 같이 전통적 특산품 보증을 받은 농산물 및 식품에 대해서는 별도의 이사회 규칙에 의해 보호하고 있다. 하지만 그 보호수준과 방법은 농산물 및 식품의 지리적 표시 및 원산지명칭에 관한 유럽공동체 이사회규칙과 별반 다르지 않다.

그리고 포도주의 공통시장 제도에 관한 유럽공동체 이사회규칙,[92] 증류주의 정의, 기술 및 일반적 규정에 관한 유럽공동체 이사회규칙[93] 및 아로마 포도주, 아로마 포도주를 성분으로 한 음료수 및 아로마 포도주 상품 칵테일의 정의, 기술 및 일반규정에 관한 유럽공동체 이사회규칙[94]이 존재한다. 그 밖에 유럽연합의 원산지 표시에 관한 규제로는 가맹국의 식품 라벨, 표시 및 광고에 관한 법의 조정에 관한 유럽 의회 및 위원회 지침,[95] 오인을 일으키는 광고 및 비

---

90) Council Regulation (EC) No. 510/2006 of 20 March 2006 on the Protection of Geographical Indications and Designations of Origin for Agricultural Products and Foodstuffs, available at http://eur-lex.europa.eu/LexUriServ/LexUriServ.do?uri=OJ:L:2006:093:0012:0025:EN:PDF(방문일자: 2016.6.1).

91) Council Regulation No. 509/2006 of 20 March 2006 on Agricultural Products and Foodstuffs as Traditional Specialities Guaranteed.

92) Council Regulation No. 1493/1999 of 17 March 1999 on the Common Organization of the Market in Wine (최종방문일자: 2016.6.15).

93) Council Regulation No. 1576/89 of 29 May 1989 laying down General Rules on the Definition, Description and Presentation of Spirit Drinks(최종방문일자: 2016.6.15).

94) Council Regulation No. 1601/91 of 10 June 1991 laying down General Rules on the Definition, Description and Presentation of Aromatized Wines, Aromatized Wine-Based Drinks and Aromatized Wine-Product Cocktails(최종방문일자: 2016.6.15).

95) Directive 2000/13 of the European Parliament and the Council of 20 March 2000 on the

교 광고에 관한 유럽 의회 및 위원회 지침96)이 있다. 지리적 표시를 규정한 그 밖의 유럽공동체(내지 유럽연합)의 규칙의 예로는 증류주에 대해서는 유럽공동체 규칙 No. 110/2008(Regulation (EC) No 110/2008 of the European Parliament and the Council of 15 January 2008 on the definition, description, presentation, labelling and protection of geographical indications of spirit drinks and repealing Council Regulation (EEC) No 1576/89), 특정 포도주 생산지역의 제품에 관한 원산지명칭, 지리적 표시, 전통적인 명칭, 표기 및 준비를 보호하기 위해서는 유럽공동체 규칙 No. 479/2008의 이행 입법에 해당하는 유럽공동체 규칙 No. 607/2009(Commission Regulation (EC) No 607/2009 of 14 July 2009 laying down certain detailed rules for the implementation of Council Regulation (EC) No 479/2008 as regards protected designations of origin and geographical indications, traditional terms, labelling and presentation of certain wine sector products), 방향포도주에 대해서는 유럽연합 규칙 No. 251/2014(Regulation (EU) No 251/2014 ― definition, description, presentation, labelling and protection of geographical indications of aromatised wine products) 등을 들 수 있다.

    유럽공동체는 1993년 이래 농산물 및 식료품에 대해 지리적 표시를 보호하기 위한 체계를 갖추고 있다. 농산물과 식료품에 대해 지리적 표시와 산지표시의 보호는 1992년 7월 14일의 유럽공동체 이사회규칙(Council Regulation 2081/92 of July 14, 1992)에 의해 최초로 보장되었다. 그 규칙은 공동체 지리적 표시를 획득하는 절차가 제3국의 생산자에게 가능하도록 보장하려는 시도로 1997년 3월 17일97) 및 2003년 4월 8일98) 개정되었다. 하지만, 1992년 유럽 공동체규칙이 TRIPS협정상 내국민대우원칙을 준수하지 아니하였다는 세계무역기구 분쟁해결부의 결정99)이 있은 이후, 유럽이사회는 2006년 3월 20일 새로운 유럽공동체 이사회규칙을 채택하였다.100) 본질적으로 그 체계에 따르면, 출원인이 상품과 그 원산지 사이의 질적인 연관성을 확립한다는 것을 조건으로 특정 상품에

    Approximation of the Laws of the Member States relating to the Labelling, Presentation and Advertising of Foodstuffs(최종방문일자: 2016.6.15).

96) Directive 2006/114 of the European Parliament and of the Council of 12 December 2006 concerning Misleading and Comparative Advertising(최종방문일자: 2016.6.15).

97) Council Regulation (EC) No. 535/97 of March 17, 1997.

98) Council Regulation (EC) No. 692/2003 of April 8, 2003.

99) WT/DS 174R, WT/DS290R (March 15, 2005).

100) Council Regulation (EC) No. 510/2006 of March 20, 2006 (이하 "GI Regulation"으로 표시).

사용된 지리적 명칭의 보호를 허용하고 있다.101) 그 질적 연관성의 요건은 농산물이나 식료품은 산지에 기인하는 특정한 질, 평판, 또는 기타 특성을 가지고 있는 경우에는 충족된다. 지리적 표시 및 원산지102)에 대해 이용가능한 이 체계에 따른 보호는 회원국 중 한 국가에 먼저 출원하고 그 이후에 유럽집행위원회에 출원함으로써 행해진다.103) 유럽집행위원회가 그 출원이 정당화된다고 판단한다면 그 보호는 유럽공동체 전역에서 효력이 생기고 원칙적으로 영속적인 성격을 지닌다.104)

유럽공동체의 지리적 표시 보호 체계는 각국 및 유럽공동체 차원에서 다른 법체계에 의하여 전통적으로 보호되었던 지리적 표시에 대한 보호를 제공한다. 유럽에서 각국의 국내법체계는 원산지 명칭(appellations of origin)을 보호하는 법에 의하여 지리적 표시를 구체적으로 보호하고 있다.105) 지리적 표시와 관련하여 구체적으로 발달하는 것은 아니지만 다수의 다른 체계도 지리적 기호(geographic signs)를 보호하고 있다. 이러한 것은 증명표장,106) 단체표장,107) 부정경쟁법,108) 및 소비자보호법109)에 의하여 제공되는 보호를 포함한다.

업계 대표들은 오랫동안 지리적 표시가 이러한 상이한 체계에 따라 동시에 보호될 수 있다는 사실을 잘 인식하고 있다. 이러한 것 중 좋은 예는 이태리 파마 지역에서 생산되는 건조햄인 PROSCIUTTTO DI PARMA의 제조자가 그 제품의 제조를 위한 구체적인 방법과 기준을 준수하도록 보장하는 이태리법에 따라 성립된 단체인 Consorzio del Prosciutto di Parma에 의해 제공된다.110) 돼지의 옆구리 살로 제조한 그 햄은 식별력 있는 형태, 무게, 색을 가지고 있는 것으로 평가되고 있다. Consorzio는 PARMA HAM111)이란 단어뿐만 아니라 parma

---

101) GI Regulation, Art. 2(1)(b).

102) GI Regulation, Art. 2(1)(b).

103) L. Bently & B. Sherman, Intellectual Property Law ch. 43 (2d ed. 2004).

104) See http://www.europa.eu.int/comm/agriculture/qual/en/1bbaa_en.htm(최종방문일자: 2016.6.18).

105) H. Cohen Jehoram (ed.), Protection of Geographic Denominations of Goods and Services (1980).

106) D. Kitchin, D. Llewelyn, J. Mellor, R. Meade, T. Moody-Stuart, D. Keeling, Kerly's Law of Trade Marks and Trade Names Ch. 12 (14th ed. 2005).

107) Section 49 of the Trade Marks Act 1994 and Schedule 1.

108) C. Wadlow, The Law of Passing Off: Unfair Competition by Misrepresentation 215-216, 291-293, 510-524(3d ed. 2004).

109) See, e.g., Trade Descriptions Act of 1968(United Kingdom); Law of July 14, 1991, on Trade Practices and Consumer Information and Protection ch III, Arts. 16-21 (Belgium).

110) Consorzio del Prosciutto di Parma v. Asda Stores Ltd and Another [1999] F.S.R. 563, 566-567 (Court of Appeal of England and Wales).

ham과 관련하여 유명한 코르넷(보관)에 대해 29류(Class 29)에 대한 공동체 단체 표장,[112] PROSCIUTTO DI PARMA에 대한 영국 증명표장[113] 및 35류 및 42류 의 PROSCIUTTO DI PARMA에 대한 개별 표장[114]인 파마 햄에 대한 산지표지 의 권리자다. 또한 Consorzio는 Marks & Spencer에 대한 소송에서 부정경쟁행 위(passing off)에 의존하였다. 다시 말하지만 여기에서 햄에 사용되는 "Prosciutto di Parma"는 유럽연합 지리적 표시 체계에 따라 보호되는 산지표시(Protected Designation of Origin)로서 이태리 생산업자의 조합에 의해 등록되었다. PDO의 상세한 내용 중 하나는 그 조합의 대표들이 참석한 가운데 이태리 Parma 지역 에서 얇게 썰고 포장하여야 할 것을 요건으로 하였다. Parma 조합은 영국에 소 재하는 슈퍼마켓체인점인 Asada Stores가 포장된 절편으로 되어 있는 햄에 Parma 표지를 붙여 판매하였기 때문에 Parma PDO를 위반하였다고 주장하였다. 그 햄은 뼈를 발라냈으나 얇게 썰지는 않은 진짜 "Parma"햄을 구매한 Hygrade 에 의해 영국에서 절편하여 포장되었다. 그 조합은 Asada Stores가 판매한 햄이 파마 조합의 감독하에 파마에서 절편되어 포장되지 아니하였기 때문에 진품이 아니어서 PDO를 침해하였다고 주장하였다. 그 조합은 절편이 생산지에서만 가 능한 특별한 지식을 요구하고 이것이 파마 햄의 품질을 보증하는 유일한 방법 이었다고 주장하였다. 영국의회는 이 쟁점을 유럽사법재판소로 회부하였다. 유 럽사법재판소는 파마 조합의 승소판결을 선고하였다. 유럽사법재판소는 유럽연 합 지리적 표시 규칙은 이태리가 파마 지역에서 일어난 절편과 포장을 PDO의 이용을 위한 조건을 내거는 것을 막지 못한다고 판시하였다.[115]

나. 유럽에서 지리적 표시 단체표장 및 지리적 표시 증명표장의 보호

지리적 표시가 국내 증명표장에 적용된 경우에는 그 표장은 특정 질을 가진 특정 지역으로부터 제품을 구별하는 명칭을 보호할 수 있다. 예컨대 ROQUEFORT GARANTI D'ORIGINE ET DE QUALITE,[116] PARMIGIANO REGGIANO,[117]

---

111) U.K. T.M. No. 3493781.
112) C.T.M. No. 1116201.
113) U.K. T.M. No. 1457951 (PROSCIUTTO DI PARMA); No. 1457952.
114) U.K.T.M. No. 2249241.
115) Seal, Classic Protectionsim: Thin Ham Provides Thick Protection for Member State Domestic Goods at the Expense of the European Common Market, 12 Tulane J. Int'l. & Comp. L. 545, 563 (2004).
116) U.K.T.M. No. 1578049.
117) Crown, U.K.T.M. No. 2044525.

PARMA HAM PADANO,[118]   HEREFORD CERFIFIED BRITISH BEEF[119] 및
STILTON 치즈[120]를 비롯하여 지리적 위치에 질적 연관성을 가진 명칭을 보호
하는 다수의 영국 증명표장이 존재한다. 증명표장이 특정 지역에 질적 연관성을
가진 명칭을 보호하기 때문에 지리적 표시 보호와 매우 유사하다. 사실, 지리적
표시에 대한 국제적 보호에 대한 논의에서 상당 부분은 전통적인 증명표장체계
가 지리적 표시(geographic signs)의 적합한 보호를 제공한다는 것에 있다.[121] 이
것은 영국의 체계를 비롯하여 다수의 증명표장 체계가 지리적 표시에 적합하게
하기 위하여 특별히 바뀌었다는 사실에 의하여 강화되었다.[122] 이것은 산지를
표시하기 위하여 사용된 표장은 등록받을 수 없다는 전통적인 상표법을 증명표
장과 관련하여 포기하는 방식에 반영되었다.[123]

　　또한 증명표장 체계는 관련 기준이 준수되었는지 여부를 증명하는 기구를
감독하는 방식[124]뿐만 아니라 지리적 표시가 보호되는지 여부를 판단하기 위하
여 사용된 기준을 확정하여 발행할 필요성[125]을 비롯하여 유럽공동체 지리적
표시 체계의 그것과 유사한 규제적 특성을 가지고 있다.

　　또한 지리적 위치에 대한 질적 연관성을 가지는 표시에 대한 증명표장과
공동체 지리적 표시 보호 사이의 유사성을 전제로 할 때, 지리적 표시에 대한
국내 증명표장의 유효성이 지리적 표시 규칙(GI Regulation)의 결과로서 문제되
었다는 사실은 전혀 놀라운 일이 아니다. 이러한 결론은 "Kerly의 상표법과 상
호에 관한 법(Kerly's Law of Trade Marks and Trade Names)"의 13판의 저자에 의
해 뒷받침된다. 그에 의하면, 지리적 표시 규칙이 국내법 체계의 경합을 배제하
는 경우에는 1994년 법 제49조 또는 제50조에 따라 증명표장 또는 단체표장으
로서 영국에 등록된 지리적 표시의 유효성에 영향을 미칠 것이라고 하였다.[126]

---

118) U.K.T.M. No. 1457952 for ham in Class 29.
119) U.K.T.M. No. 1492134 for cheese in Class 29; U.K.T.M. No. 1492138(GRANA);
    U.K.T.M. No. 2129335 (GRANA PADANO D.O.C.).
120) U.K.T.M. No. 2200269.
121) A. Conrad, The Protection of Geographical Indications in the TRIPS Agreement, 81 TMR
    11, 21 (1996).
122) Lionel Bently and Brad Sherman, The Impact of European Geographical Indications on
    National Rights in Member States, 96 Trademark Rep. 859, 877 (2006).
123) Trade Marks Act 1994, sched. 2, para. 3(1).
124) Trade Marks Act 1994, sched. 2, para. 7(1)(b), para. 8.
125) Trade Marks Act 1994, sched. 2. Para. 6(2), para. 10.
126) Kitchin eds, Kerly's Law of Trade Marks and Trade Names, at para. 10-07(13th ed. 2001).

이것이 맞다면, 공동체 지리적 표시로도 보호되는 PROSCIUTTO DI PARMA, PARMIGIANO REGGIANO, PADANO, STILTON 및 ROQUEFORT에 대한 영국 증명표장은 더 이상 유효하지 않을 것이라는 것을 뜻한다.

그와 유사한 주장이 지리적 표시를 보호하기 위하여 빈번하게 사용되는 단체표장으로서 유럽공동체 회원국 각국의 국내법상 단체표장에도 적용된다.[127) 증명표장과 관련하여 단체표장에 적용되는 규정에 대해 다수의 개정이 되었다. 이것은 단체표장이 지리적 표시를 보호한다는 것을 입법부가 의도하였다는 것을 시사한다.[128) 이러한 유사성은 공동체 지리적 표시 규칙이 국내 단체표장의 유효성에 영향을 미친다는 것을 시사하지만 상이한 결론을 지적하는 두 체계 사이에는 다수의 상이점이 존재한다.

그 이유 중 하나는 증명표장권자와는 달리 단체표장권자에 가해지는 규제적 요건이 보다 적다는 점이다. 단체표장이 공동체 지리적 표시 체계에 의하여 영향을 받을 수 없는 또 다른 이유는 공동체 지리적 표시 보호와 협력하여 작용할 수 있다는 사실로부터 발생한다. 유럽공동체 상표규칙 제7(1)(k)는 상표가 유럽공동체규칙(EEC) No. 2081/92에 따라 등록된 산지표시 또는 지리적 표시를 포함하거나 그러한 표시로 구성된 경우에 그 상표는 등록되지 아니한다고 규정하였지만, 지리적 표시 규칙 제13조와 저촉되지 아니한다. 그에 상응하는 공동체 단체표장 요건이 존재하지 아니할 때 국내 단체표장을 당사자가 포기하여야 한다면 이상할 것이다. 유럽공동체 및 회원국의 국내 상표법 체계는 어느 정도 규제적인 경쟁의 아이디어를 전제로 한다. 즉, 개인은 공동체 체계가 보다 나은 가치 보호를 제공하는 경우에는 국내법보다는 공동체 상표를 선택할 것이다. 공동체 지리적 표시 체계가 공동체 단체표장에 대한 유효성이 아니라 회원국 국내의 단체표장의 유효성에 부정적인 영향을 가진다면 그 규제적 경쟁을 손상한다. 따라서 현명한 출원인은 공동체 권리를 적용할 것이다. 왜냐하면 그렇게 하는 것이 보다 효율적이기 때문이 아니라 공동체 권리가 지리적 표시 보호와 함께 존재하기 때문이다. 그럼에도 불구하고 회원국의 국내 단체표장이 공동체 지리적 표시 체계에 의해 영향을 받지 아니한다고 시사하는 또 다른 요인은 파리조약 제7조의2에 따른 회원국의 의무와 관련이 있다. 파리조약 제7조의2에

---

127) SPREEWALDADER GURKEN (U.K.T.M. No. 1519548); PROSCIUTTO DI SAN DANIELE (U.K.T.M. No. 2014280).
128) Trade Marks Act 1994, sched. 1, para. 3.

따르면, 다음과 같이 규정하고 있다.

> "(1) 동맹국은 원산지 국가의 법에 반하지 아니하는 단체가 산업용 시설 또
> 는 상업적 시설을 소유하고 있지 않더라도 그 단체에 속하는 단체표장을 출원
> 하게 하고 보호할 의무가 있다.
> 　각국은 단체표장을 보호할 조건 및 공익에 반한다면 보호를 거절하는 특정
> 조건을 판단한다."

4. 미국과 유럽 제도의 비교

미국에서 지리적 표시는 두 가지 법체계에 의해 보호된다. 즉, 하나는 미국
산 포도주의 원산지 표시(appellations of origin)에 대한 것이고, 다른 하나는 그
출처가 어느 국가인지 여부에 상관없이 모든 유형의 제품에 대해 적용되는 증
명표장 또는 단체표장이다.129) 미국은 지리적 표시를 증명표장 또는 단체표장으
로서 보호할 수 있는 상표법의 일부로서 파악하고 있다.130) 미국은 유럽처럼 동
일한 방법으로 지리적 표시에 대해 배타적인 권리를 부여하는 분리되고 비상표
관련 법을 가지고 있지 아니하다. 하지만, 지리적 표시에 대한 유럽의 시각은
미국의 식료품과 와인 수출업자 및 그들의 변호사에게 지대한 관심사항이다. 왜
냐하면 미국 연방특허상표청과 미국의 농산물단체 및 식료품 단체는 미국에서
널리 일반적인 방법으로 사용된 지리적 식료품 명칭이 지리적 표시로 분류되어
야 하고 더 이상 자유롭게 사용할 수 없다고 선언하기 위하여 유럽연합이 제시
한 제안에 대해 반대하였다. 즉 유럽연합은 TRIPs가 포도주와 증류주에 대해서
만 부여한 확대보호 및 배타성을 취하고 그것을 모든 제품의 지리적 표시에 확
대할 것을 제안하였다.131) 더욱이 2005년에 세계무역기구 분쟁해결부는 지리적
표시의 유럽연합체계에 대한 미국의 이의를 지지하였고 미국 회사가 유럽 제조
업자와 동일하게 유럽 지리적 표시 체계를 사용할 수 있어야 한다고 판단하였
다. 세계무역기구의 분쟁해결부는 또한 등록 지리적 표시를 기존의 상표와 조화

---

129) 2 McCarthy on Trademarks and Unfair Competition §14:21.
130) L. Beresford, Geographical Indications: The Current Landscape, 17 Fordham I.P. Media &
　　 Ent. L.J. 979, 981 (2007).
131) A. Kur & S. Cocks, Nothing But a GI Thing: Geographical Indications under EU Law, 17
　　 Fordham I.P., Media & Ent. L.J. 999, 1010 (2007).

롭게 하는 유럽의 방식에 대한 이의를 고려하였다.

유럽에서 식품의 지리적 표시를 등록하고 보호받기 위해서는 유럽연합은 상표법과 별도의 체계를 가지고 있다.[132] 지리적 표시 규정을 보호하기 위한 상이한 체계는 유럽연합에서 판매되는 포도주의 표지부착,[133] 증류주[134] 및 광천수(mineral water)[135]에 존재한다.

1992년에 유럽연합은 유럽 식품을 홍보하고 표지를 부착하기 위한 세 단계의 체계를 창출하였다.[136] 이 3 단계는 산지표시의 보호(Protected Designation of Origin; PGO), 지리적 표시의 보호(Protected Geographical Indication; PGI), 전통적 특산물의 보증(Traditional Speciality Guaranteed)으로 알려져 있다. 산지표시는 주지의 노하우를 사용하는 지리적 영역에서 생산, 처리 및 준비된 식품을 기술하기 위하여 사용된 용어다. 예컨대 프랑스 치즈의 경우에는 Neufchtel 및 Roquefort가, 이태리 치즈에 대해서는 Fontina 및 Gorgonzola이 바로 그러하다. 지리적 표시의 경우에는 지리적 연관성은 적어도 생산, 처리 또는 준비의 단계 중 하나에서 발생하여야 한다. 그러한 예로는 이태리 올리브 오일의 경우에는 Toscano가, 독일 맥주의 경우에는 Dortmunder Bier가 포함된다. 전통특산물의 보증(traditional specialties guaranteed)은 출처를 가리키는 것이 아니라, 구성 내지 생산방법에서 식료품의 전통적인 특성을 강조한다.[137] 그러한 예로는 이태리 치즈에 대해서는 Mozzarella 및 핀란드 맥주에 대해서는 Sahti를 포함한다. 식료품에 대해서는 700개를 초과하는 지리적 표시가 유럽 체계하에 등록되어 있다. 일단 등록되면, 보호되는 명칭은 보통명칭이 되지 아니한다.[138]

유럽공동체 이사회규칙 제13조에 따르면, 상품의 출처가 풍(style), 유형

---

132) 2 McCarthy on Trademarks and Unfair Competition §14:18.

133) 2002년에 유럽연합은 포도주 표지부착 규정을 새로 채택하였다(EC Regulation No. 753/202. See www. Europa.eu.int.). 미국은 세계무역기국의 기준에 부합되지 않는다는 점과 명확성이 결여되어 있다는 점에 대해 우려를 표명하였다(See www.ustr.gov (U.S. Trade Representative)와 www.useu.be (U.S. Mission to the E.U.)).

134) European Council Regulation No. 1576/89.

135) European Council Regulation No. 692/2003.

136) Council Regulation (EC) No 510/2006 of 20 March 2006; Commission Regulation (EC) No 1898/2006 of 14 December 2006(유럽공동체 이사회규정을 이행하기 위한 상세한 규칙을 담고 있음).

137) Council Regulation (EC) No 509/2006 of 20 March 2006(보증된 전통특산품으로서 농산품과 식품에 대해 규정함).

138) Article 13(2) of Council Regulation (EC) No 510/2006 of 20 March 2006. 이미 보통명칭으로 된 용어는 등록받을 수 없다(동규칙 제13조 제1항).

(type) 또는 방법(method)과 같이 단어에 의하여 표시되거나 단어에 수반하더라도 그 명칭의 사용으로부터 등록된 명칭을 보호한다. 등록된 지리적 표시는 원산지 이외의 식품이 그 명칭을 사용하는 것을 금지할 뿐만 아니라 등록시 기재된 상품 또는 유통의 기준을 충족하지 아니하는 지역의 상품에 그 명칭을 사용하는 것을 금지한다.[139] 등록된 명칭은 또한 상품의 출처 또는 품질에 관해 허위 기재 또는 혼동하게 하는 기재 또는 상품의 진정한 출처에 관해 대중을 오인하게 하는 데 책임이 있는 관행에 대해 보호된다. 이것은 지리적 표시 증명표장 체계를 가진 미국의 법제에 따른 보호에 상응하는 것이다.

유럽연합의 지리적 표시 체계에 따른 지리적 표시의 집행의 한 예로 2003년 유럽사법재판소에 의하여 판단된 Parma Ham 사례를 들 수 있다.[140] 햄에 사용되는 "Prosciutto di Parma"는 유럽연합 지리적 표시 체계에 따라 보호되는 산지표시(Protected Designation of Origin)로서 이태리 생산업자의 조합에 의해 등록되었다. PDO의 상세한 내용 중 하나는 그 조합의 대표들이 참석한 가운데 이태리 Parma 지역에서 얇게 썰고 포장하여야 할 것을 요건으로 하였다. Parma 조합은 영국에 소재하는 슈퍼마켓체인점인 Asada Stores가 포장된 절편으로 되어 있는 햄에 Parma 표지를 붙여 판매하였기 때문에 Parma PDO를 위반하였다고 주장하였다. 그 햄은 뼈를 발라냈으나 얇게 썰지는 않은 진짜 "Parma"햄을 구매한 Hygrade에 의해 영국에서 절편하여 포장되었다. 그 조합은 Asada Stores가 판매한 햄이 파마 조합의 감독하에 파마에서 절편되어 포장되지 아니하였기 때문에 진품이 아니어서 PDO를 침해하였다고 주장하였다. 그 조합은 절편이 생산지에서만 가능한 특별한 지식을 요구하고 이것이 파마 햄의 품질을 보증하는 유일한 방법이었다고 주장하였다. 영국의회는 이 쟁점을 유럽사법재판소로 회부하였다. 유럽사법재판소는 파마 조합의 승소판결을 선고하였다. 유럽사법재판소는 유럽연합 지리적 표시 규칙은 이태리가 파마 지역에서 일어난 절편과 포장을 PDO의 이용을 위한 조건을 내거는 것을 막지 못한다고 판시하였다.[141]

Feta Cheese 사건에서 치즈에 대한 PDO로서 feta라는 지명을 그리스가 등록한 행위를 독일과 덴마크가 보통명칭이라는 이유로 이의를 제기하였다. 이 사

---

139) Evans and Blakeney, The Protection of Geographic Indications after Doha: Quo Vadis?, 9 J. Int'l. Econ. 575, 586 (2006).

140) Case C-108/01, Consorzio de Prosciutto di Parma & Salumifico S. Rita SpA v. Asda Stores Ltd. & Hygrade Foods Ltd., 2 C.M.L.R. 21 (2003).

141) Seal, supra note 115, at 563.

건은 2005년 유럽사법재판소로 회부되었다. 유럽사법재판소는 그리스에서 보호되는 지리적 표시인 'feta'란 지명의 유효성을 지지하면서 치즈의 유형에 사용되는 보통명칭이 아니라고 판시하였다.[142] 따라서 "feta"란 용어는 PDO에서 정의된 방식으로 제조된 그리스의 치즈에만 사용될 수 있었다. 그 이름은 덴마크와 독일에서 제조된 치즈에 대한 명칭으로서는 계속 사용될 수 없었다.

미국과 호주는 세계무역기구에 유럽연합의 지리적 표시 법제에 대해 유럽법제가 미국과 비유럽연합국가를 차별한다고 주장하면서 문제를 제기하였다. 유럽연합의 규칙에 따르면, 유럽연합의 지리적 표시체계와 유사한 법제를 제공하는 국가에서 제조된 상품만이 유럽연합 법제에 따른 보호를 받을 수 있었다. 2005년에 세계무역기구 분쟁해결부는 미국의 이의를 지지하면서 미국 회사들이 유럽연합의 생산업자와 동일한 유럽연합 체계를 사용할 수 있어야 한다고 판시하였다.[143] 더욱이 세계무역기구 분쟁해결부는 유사한 기존의 상표와 지리적 표시가 공존하는 것을 허용하는 유럽연합 규칙이 TRIPs협정 제16.1조에 의하여 보장된 상표권자의 권리에 부합하지는 않지만 동협정 제17조에 의해 정당화된다고 판시하였다.[144] TRIPs협정 제17조는 상표에 의해 부여된 권리에 대한 제한된 예외를 허용하고 있다.[145] 미국과 유럽연합 양자는 WTO 결정에 대해 서로 승리를 주장하였다.[146] 그 결정에 대응하여 2006년 유럽연합은 그 규칙을 개정하였다.[147]

유럽연합은 포도주와 증류주에 대해서만 확대된 보호 및 배타성을 부여하는 TRIPs협정을 모든 상품에 대한 지리적 표시로 확대적용하기 위하여 개정할 것을 제안하였다.[148] 2003년에 미국연방특허상표청(PTO)과 미국 농산품과 식품 관련 단체는 미국에서 보통명칭으로 널리 사용되는 지리적 식품명이 지리적 표

---

142) Germany & Denmark v. Commission of the European Communities, Cases C-465/02 and C-466/02, Grand Chamber of the ECJ (October 25, 2005), available at http://curia.europa.eu/ (방문일자: 2016.9.28); Germany v. Commission of the European Communities (C465/02), 2005 WL 2778558, [2005] E.C.R. 9115, [2006] E.T.M.R. 16, Celex No. 602J465 (ECJ 2005).

143) WTO, European Communities Protection of Trademarks and Geographical Indications for Agricultural Products and Foodstuffs, DS 174 and DS 290 (March 15, 2005), available at www.wto.org (2005 WL 704421)(방문일자: 2016.9.25).

144) WTO 2005 Panel Decision at ¶ 7,687.

145) WTO 2005 Panel Decision at ¶ 7,658 to 7,659.

146) 69 BNA PTC Journal 516 (March 18, 2005).

147) Council Regulation (EC) No. 510/2006 of 20 March 2006.

148) Kur & Cocks, supra note 131, at 1010.

시로 분류되어 자유롭게 사용할 수 없게 된다고 선언하면서 유럽연합이 제시한 제안에 대한 반대목소리를 내었다. 이것은 쉐리 포도주(sherry wine), 파마산 치즈(parmesan cheese), 페타 치즈(feta cheese) 및 볼로냐 고기(bologna meat) 등과 같은 단어를 포함한다. 유럽연합의 생산업자들은 미국에서 보통명칭으로 되어 버린 지리적 표시를 서서히 되찾기를 원한다.149) 상표와 후원의 지리적 표시 사이의 관계는 국제회의 및 국제적 논의의 주제였다. 미국에서는 상표와 지리적 표시 모두 판례법과 등록상표 체계 내에 있기 때문에 선원 여부 및 혼동가능성 여부라는 친숙한 개념에 의해 분쟁은 해결된다. 하지만 유럽연합처럼 지리적 표시가 상표체계 밖에서 보호되는 경우에는 여러 가능한 선원에 관한 규칙이 존재한다. 선원주의에 따라 선출원된 상표는 후원의 지리적 표시에 대해 우선하거나 양자가 공존하는 것이 허용될 수 있다. 이것은 전술한 2005년의 세계무역기구 분쟁해결부 결정의 주제였다.150) 물론 공존은 소비자의 혼동을 초래하거나 지리적 표시가 우선하고 저촉되는 상표권이 무효로 될 것이다.151)

5. 농수산물 품질관리법상 지리적 표시권과의 구별

가. 상표법상 지리적 표시 단체표장

2004년 개정 상표법에서는 지리적 표시 단체표장을 도입하였다. 우리나라는 TRIPs 협정을 충분히 반영하여 지리적 표시로 보호받을 수 있는 상품의 종류를 제한하지 않아 농산물, 수산물 및 그 가공품 외에 수공예품도 지리적 표시로 보호받을 수 있을 것이다.152) 지리적 표시 단체표장의 경우에는 그 지리적 표시를 사용할 수 있는 상품을 생산, 제조 또는 가공하는 자만으로 구성된 법인에 한한다(법 제3조). 그리고 지리적 표시 단체표장의 경우에는 상품의 산지 또는 현저한 지리적 명칭 및 그 약어 또는 지도만으로 된 상표에 해당하는 표장이라도 그 표장이 특정상품에 대한 지리적 표시인 경우에는 그 지리적 표시를 사용한 상품을 지정상품으로 하여 지리적 표시 단체표장등록을 받을 수 있다(법 제33조 제3항).

---

149) Goebel, Geographical Indications and Trademarks — The Road from Doha, 93 Trademark Rptr. 964 (2003).

150) WTO, European Communities Protection of Trademarks and Geographical Indications for Agricultural Products and Foodstuffs, DS 174 and DS 290 (March 15, 2005), available at 2005 WL 704421.

151) Council Regulation No. 692/2003.

152) 윤선희, 「상표법」, 법문사(2007), 140.

나. 농수산물 품질관리법153)상 지리적 표시의 보호154)

동법 제1조에 따르면 "이 법은 농수산물의 적절한 품질관리를 통하여 농수산물의 안전성을 확보하고 상품성을 향상하며 공정하고 투명한 거래를 유도함으로써 농어업인의 소득 증대와 소비자 보호에 이바지하는 것을 목적으로 한다."고 규정하고 있다. 이 법에서 '지리적 표시'라 함은 "농수산물 또는 제13호에 따른 농수산가공품의 명성·품질, 그 밖의 특징이 본질적으로 특정 지역의 지리적 특성에 기인하는 경우 해당 농수산물 또는 농수산가공품이 그 특정 지역에서 생산·제조 및 가공되었음을 나타내는 표시"를 의미한다(동법 제2조 제1항 제8호). "동음이의어 지리적 표시"란 동일한 품목에 대한 지리적표시에 있어서 타인의 지리적표시와 발음은 같지만 해당 지역이 다른 지리적표시를 의미한다(동법 제2조 제1항 제9호). 이 법에서는 지리적 표시권을 인정하고 있다. 이 법에 따른 '지리적표시권'이란 농수산물품질관리법에 따라 등록된 지리적표시(동음이의어 지리적표시를 포함한다)를 배타적으로 사용할 수 있는 지식재산권을 의미한다(동법 제2조 제1항 제10호). 이 법에 따르면, 농수산물 및 농수산가공품의 품질관리 등에 관한 사항을 심의하기 위하여 농림축산식품부장관 또는 해양수산부장관 소속으로 농수산물품질관리심의회를 두고(동법 제3조 제1항), 지리적표시에 관한 사항을 심의한다(동법 제4조 제3호). 동법 제32조 제1항에서는 "농림축산식품부장관 또는 해양수산부장관은 지리적 특성을 가진 농수산물 또는 농수산가공품의 품질 향상과 지역특화산업 육성 및 소비자 보호를 위하여 지리적 표시의 등록 제도를 실시한다."고 규정하면서 아울러 동법 제32조 제4항에서는 농림축산식품부장관 또는 해양수산부장관은 지리적표시 등록신청을 받으면 지리적표시 등록심의 분과위원회의 심의를 거쳐 등록거절사유가 없는 때에는 지리적 표시 등록 신청 공고결정을 하여야 한다고 규정하고 있다. 이 경우 농림축산식품부장관 또는 해양수산부장관은 신청된 지리적표시가 상표법에 따른 타인의 상표와 저촉되는지에 대하여 사전에 특허청장의 의견을 들어야 한다고 규정하고 있다(동법 제32조 제4항 후문). 상표법에 따라 먼저 출원되었거나, 등록된 타인의 상표(지리적표시 단체표장을 포함한다)와 같거나 비슷한 경우에는 등록을 거절하게 된다(동법 제32조 제9항 제2호).

---

153) 법률 제14293호, 2016.12.2. 일부개정(시행 2017. 6. 3.).
154) 대한상표협회, "국내 지리적 표시제도의 통합화 방안 연구", 특허청 용역과제 최종보고서, 2011. 8. 7.

지리적표시 등록을 받은 자는 등록한 품목에 대하여 지리적표시권을 가지는데 (i) 동음이의어 지리적표시(다만, 해당 지리적표시가 특정지역의 상품을 표시하는 것이라고 수요자들이 뚜렷하게 인식하고 있어 해당 상품의 원산지와 다른 지역을 원산지인 것으로 혼동하게 하는 경우는 제외한다.), (ii) 지리적표시 등록신청서 제출 전에 「상표법」에 따라 등록된 상표 또는 출원심사 중인 상표, (iii) 지리적표시 등록신청서 제출 전에 「종자산업법」 및 「식물신품종 보호법」에 따라 등록된 품종 명칭 또는 출원심사 중인 품종 명칭, (iv) 지리적표시 등록을 받은 농수산물 또는 농수산가공품(이하 "지리적표시품"이라 한다)과 동일한 품목에 사용하는 지리적 명칭으로서 등록 대상지역에서 생산되는 농수산물 또는 농수산가공품에 사용하는 지리적 명칭에 해당하면 이해당사자 상호간에 대하여는 그 효력이 미치지 아니한다(동법 제34조 제2항). 지리적표시권자에게는 권리침해의 금지청구권 및 권리침해의 예방청구권(동법 제36조) 그리고 손해배상청구권(동법 제37조) 등이 인정된다. 그 밖에 지리적표시에 관한 심판 및 재심 등을 다루기 위해서 지리적표시보호심판위원회를 두고 있다(동법 제42조). 그리고 지리적표시보호심판위원회에 의한 심결에 대한 소송은 특허법원이 관장하도록 하고 있다(동법 제54조 제1항).

다. 검토

품질보증의 기능면에서 보면 농수산물품질관리법에 의한 인증제도와 유사한 측면이 존재한다.[155] 현재 농수산물품질관리법에서는 지리적표시권을 지식재산권으로 보아 상표법과 대동소이한 규정을 두고 있다. 그런데 상표법은 상품의 표장을 보호하여 사용자의 신용유지와 수요자 보호를 목적으로 하는 반면에 농수산물품질관리법은 우수농수산물 내지 우수농수산가공품의 품질향상과 지역특화산업의 육성을 목적으로 하기에 두 법의 목적이 상이하다. 그리고 상표법에 의한 지정상품에는 제한이 없으나 농산물품질관리법에 의한 등록 대상 상품은 농수산물 및 그 가공품에 한정한다. 그리고 농수산물품질관리법상 지리적표시권의 등록요건은 해당 품목의 우수성이 국내 또는 국외에서 널리 알려진 것이어야 하고[156] 지리적 표시의 해당 지역에서 생산된 농수산물이거나 이를 주원료로 하여 해당지역에서 가공된 것이어야 한다는 것이다. 그렇기 때문에 농수산물품질관리법에 따른 지리적표시권의 등록요건은 상표법의 그것에 비해 엄격하다고 할

---

155) 대한상표협회(주 154), 180면.
156) 대한상표협회(주 154), 145면.

수 있다. 또한 농수산물품질관리법상 지리적 표시권으로 등록되기 위해서는 역사성 요건도 충족하여야 한다는 점에서 상표법상 지리적 표시에 비해 그 등록요건이 까다로우나 존속기간의 제한이 없다는 점에서는 장점도 존재한다.

    사견으로는 지리적표시 증명표장권을 비롯한 지리적 표시에 관한 상표를 모두 상표법에 통일적으로 규율하고 품질관리를 농수산물품질관리법에 일임하여 규정하는 것이 국제조약과의 관계에서 보더라도 타당하다고 생각한다.

V. 증명표장(법 제2조 제1항 제7호)

    "증명표장"이란 상품의 품질, 원산지, 생산방법 또는 그 밖의 특성을 증명하고 관리하는 것을 업(業)으로 하는 자가 타인의 상품에 대하여 그 상품이 품질, 원산지, 생산방법 또는 그 밖의 특성을 충족한다는 것을 증명하는 데 사용하는 표장을 의미한다. 한미 FTA는 상표의 품질보증기능의 강화 등 긍정적인 측면을 고려하여 증명표장제도를 도입하였다. 한미 FTA 제18.2조 제2항에서는 "각 당사국은 상표가 증명표장을 포함하도록 규정한다. 각 당사국은 또한 지리적 표시가 상표로서 보호될 자격이 있음을 규정한다."고 규정하고 있다. 여기에서 '증명표장'이란 소비자의 품질 오인이나 출처의 혼동을 방지할 목적으로 상품이나 서비스업의 특징을 증명하기 위하여 사용하는 상표를 뜻한다.[157) 이 제도는 미국, 영국, 중국, 호주, 독일, 프랑스 등에서 이미 시행중인 것이다. 우리나라는 소비자에게 올바른 상품선택의 정보 및 기준을 제공하며, 각종 인증마크제를 활성화시켜 기업이 우수한 품질의 상품을 생산하도록 유도하기 위하여 한미 FTA에 증명표장제도를 도입하였다.

    상품의 품질, 원산지, 생산방법 또는 그 밖의 특성을 증명하고 관리하는 것을 업으로 할 수 있는 자는 타인의 상품에 대하여 그 상품이 정해진 품질, 원산지, 생산방법 또는 그 밖의 특성을 충족하는 것을 증명하는 데 사용하기 위해서만 증명표장을 등록받을 수 있다. 다만, 자기의 영업에 관한 상품에 사용하려는 경우에는 증명표장의 등록을 받을 수 없다[법 제3조 제3항(구 상표법 제3조의3 제1항)]. 그럼에도 불구하고 상표·단체표장 또는 업무표장을 출원(出願)하거나 등록을 받은 자는 그 상표 등과 동일·유사한 표장을 증명표장으로 등록받을 수 없다(법 제3조 제4항). 증명표장을 출원하거나 등록을 받은 자는 그 증명표장과

---

157) http://www.fta.go.kr/fta_korea/usa/kor/2K_books.pdf (방문일자: 2016.6.20).

동일·유사한 표장을 상표·단체표장 또는 업무표장으로 등록을 받을 수 없다(법 제3조 제5항).

VI. 지리적 표시 증명표장(법 제2조 제1항 제8호)

"지리적 표시 증명표장"이란 지리적 표시를 증명하는 것을 업으로 하는 자가 타인의 상품에 대하여 그 상품이 정해진 지리적 특성을 충족한다는 것을 증명하는 데 사용하는 표장을 말한다(법 제2조 제1항 제8호). 한미 FTA 제18.2조 제2항에서는 "각 당사국은 상표가 증명표장을 포함하도록 규정한다. 각 당사국은 또한 지리적 표시가 상표로서 보호될 자격이 있음을 규정한다."고 규정하고 있다. 지리적 표시 증명표장제도는 한미 자유무역협정에 따른 국내 입법을 이행하기 위하여 도입된 제도다.

VII. 업무표장(법 제2조 제1항 제9호)

국내에서 영리를 목적으로 하지 아니하는 업무를 영위하는 자가 그 업무를 표상하기 위하여 사용하는 표장(상 제2조 제1항 제9호)이 업무표장이다. 공익법인 등을 포함하여 YMCA, YWCA, 보이스카웃, 걸스카웃, 올림픽조직위원회, 적십자 등과 같이 영리를 목적으로 하지 아니하는 업무를 영위하는 자가 타인의 업무로부터 자신의 업무를 식별하도록 하기 위하여 사용하는 표장이 이에 해당한다. 예컨대 재단법인 한국생활용품시험검사소의 업무표장은 [圖]이다.[158] 판례는 업무표장을 타사의 상표와 함께 부착시켜 사용하도록 하고 그 대가로 약간의 수수료를 받은 경우에 영리를 목적으로 한 것이라고 보기 어렵다고 판시하였다.[159] 업무표장을 받고자 하는 자는 상표등록요건 이외에 경영사실을 입증하는 증명서를 첨부하여 업무표장등록출원서를 제출하여야 한다(법 제36조 제6항). 업무의 경영사실을 증명하는 서면은 (i) 법인의 경우에는 정관, (ii) 국가 및 지방자치단체의 경우에는 관련 법령, 조례, 규칙 등이다. 이러한 증명서 제출을 강제하는 것은 업무표장이 영리업무에 사용되는 것을 방지하기 위한 것이다.

---

158) 대법원 1990. 5. 11. 선고 89후483 판결【거절사정】.
159) 대법원 1995. 6. 16. 선고 94도1793 판결【상표법위반】.

Ⅷ. 등록상표(법 제2조 제1항 제10호)

"등록상표"라 함은 상표등록을 받은 상표를 말한다. 상표법에서는 등록상표를 상표와 구별하여 사용하고 있다. 예컨대 상표법 제3조, 제33조 등에서 '상표'는 미등록상태의 상표를 의미하는 데 반해, 상표법 제34조 제1항 제7호 등의 '등록상표'는 상표등록을 받은 상표를 의미한다.

〈이규호〉

제2조(정의)

① 이 법에서 사용하는 용어의 뜻은 다음과 같다.

[1호~제10호는 앞에서 해설]

11. "상표의 사용"이란 다음 각 목의 어느 하나에 해당하는 행위를 말한다.

　가. 상품 또는 상품의 포장에 상표를 표시하는 행위

　나. 상품 또는 상품의 포장에 상표를 표시한 것을 양도 또는 인도하거나 양도 또는 인도할 목적으로 전시·수출 또는 수입하는 행위

　다. 상품에 관한 광고·정가표(定價表)·거래서류, 그 밖의 수단에 상표를 표시하고 전시하거나 널리 알리는 행위

<소 목 차>

Ⅰ. 서론

'상표의 사용'을 만약 상식적인 의미로 이해한다면, 상표법이 보호하는 핵심적 대상인 상표가 가진 가치를 향유하는 일련의 행위를 가리킬 것이다. 그렇지만 엄밀한 법적 의미에 관해서는 우리 상표법 제2조 제1항 제11호 및 제2항을 살펴보아야 한다. 우리 상표법은 제2조 제1항의 가장 첫 머리 정의조항에서 '상표'의 개념을 정의한 데 이어서 같은 조의 위 조항들을 통하여 그것의 사용이 무엇인지까지 자세히 규정하고 있다. 2016. 2. 29. 전면개정된 우리 상표법에서는 구법 제2조 제1항 제7호의 문구1)를 같은 항 제11호에 거의 그대로 옮기고 있다. 참고로 구법 제2조 제2항의 문구는 종전의 내용에 더하여 향후에는 전기통신회선, 즉 현실적으로는 인터넷 공간에서 이루어지는 상표의 사용행위까지

---

1) 이 문구는 원래 1990. 1. 13. 상표법 전면개정 이래 제2조 제1항 제6호로 오랫동안 자리잡고 있었지만, 한미자유무역협정 중의 합의사항을 우리 상표법에 반영하기 위한 2011. 12.2. 개정으로 같은 항 제7호로 위치변경되었던 것이다.

명시적으로 포섭하도록 확장되었는데 이에 관해서는 해당 조항 부분에서 살필 것이다.

　　어쨌든 우리 상표법은 상표법 제2조 제1항 제11호 등에서 '상표의 사용' 개념을 구체적으로 정의한 다음 같은 법 제89조에서 "상표권자는 지정상품에 관하여 그 등록상표를 사용할 권리를 독점한다.'고 하여 상표권자에게 "상표를 사용할 권리", 즉 상표사용권을 부여하고 있다. 특허실시권이나 저작물이용권과는 개념상 분명히 구별되는 독점권인 상표사용권의 범위는 결국 이하에서 고찰하는 '상표의 사용' 개념에 따라 그 폭이 좌우되어 최종적으로 상표침해소송의 향방을 결정짓는 데 중요한 역할을 수행한다. 한편 우리 상표법은 상표권자 등이 정당한 이유 없이 등록상표를 소정기간 동안 사용하지 아니할 경우 당해 등록상표권을 취소할 수 있도록 규정하고 있는데(제119조 상표등록의 취소심판 청구사유 중 제1항 제3호 참조) 이런 취소를 면하려면 당해 상표권자 등이 문제된 등록상표를 '사용'하였음을 다투어야 하고 이때 문제된 상표의 사용이 존재하는지에 관해서는 다름 아니라 상표법 제2조 제1항 제11호 등에서 정한 '상표의 사용' 개념에 따르게 된다.[2] 요컨대 '상표의 사용'이란 상표권 침해 여부의 판단이나 불사용취소의 인정여부 등[3] 상표법상 핵심적인 여러 가지 논의를 진행해 나가는 데 없어서는 안 될 기초개념이다. 물론 상표침해나 상표불사용을 최종적으로 판단하는 데는 관련조문의 다른 문구와 관련된 그 밖의 요건들이 별도로 검토되어야 한다.

　　한편 상표의 사용을 둘러싼 본 주석의 이하 논의는 '부정경쟁방지 및 영업비밀보호에 관한 법률'(이하, 약칭하여 '부정경쟁방지법')에도 거의 그대로 적용된다. 상표법상의 표장(標章)이라는 용어 대신, 부정경쟁방지법에서는 표지(標識)라

---

2) 특허법원 2016. 4. 27. 선고 2015허8028 판결 등 다수의 판결이 아래와 같은 취지로 설시하고 있다. "상표법 제73조(현행법 제119조 대응함, 筆者註) 제1항 제3호는 '상표권자, 전용사용권자 또는 통상사용권자 중 어느 누구도 정당한 이유 없이 등록상표를 그 지정상품에 대하여 취소심판청구일 전 계속하여 3년 이상 국내에서 사용하고 있지 아니한 경우' 심판에 의하여 그 상표등록을 취소할 수 있도록 규정하고 있고, 여기서 상표의 '사용'이라 함은 구 상표법… 제2조 제1항 제6호에서 규정하고 있는 ① 상품 또는 상품의 포장에 상표를 표시하는 행위, ② 상품 또는 상품의 포장에 상표를 표시한 것을 양도 또는 인도하거나 그 목적으로 전시, 수출 또는 수입하는 행위, ③ 상품에 관한 광고, 정가표, 거래서류, 간판 또는 표찰에 상표를 표시하고 전시 또는 반포하는 행위 중 어느 하나에 해당하는 행위를 말한다."

3) 가령 제119조 상표등록의 취소심판 청구사유 중 제1항 제1호 및 제2호에 규정된 부정사용으로 인한 취소 여부의 판단에서도 역시 등록상표의 사용이 있을 것이 중요한 요건이다.

는 상이한 문구를 채용하고 있고, 적극적으로 양도가능한 독점권을 부여하는 상
표법과 달리 부정경쟁방지법에서는 타인이 사용하지 못하도록 소극적으로 규제
할 권리만을 부여하고 있다는 차이점이 있을 뿐, 일단 사용 개념이 정해지면 곧
바로 당해 독점권의 범위가 결정된다는 점에서 공통되기 때문이다.

Ⅱ. 발명의 실시나 저작물의 이용과의 비교

　　상표법상 '상표의 사용' 개념에 대응시킬 수 있는 다른 지재권법(知財權法)
상의 유사개념들로 특허법 상의 '발명의 실시', 저작권법상의 '저작물의 이용'
등이 존재한다. 널리 당해 지재권 산물의 가치를 향유하는 활용행위를 상표법·
특허법·저작권법에서는 사용(使用)·실시(實施)·이용(利用)이라고 각각 그 호칭
을 달리하고 있음은 독자들이 유심히 볼 사항이다. 굳이 이렇게 호칭을 달리한
것은 넓게 보아서는 지재권법이라는 동일 영역에 속하면서도 상표법·특허법·
저작권법에서 각각의 지재권 산물을 활용하는 행위가 서로 다른 특징을 가지고
있기 때문이다.

　　먼저, 상표법·특허법에서는 각각 제2조에서 사용 혹은 실시의 개념을 정의
한 뒤 해당 사용 혹은 실시 전반에 관해 1개의 포괄적인 권리를 상표권자 혹은
특허권자의 독점권으로 부여하는 입법방식을 취하고 있다. "상표권자는 지정상
품에 관하여 그 등록상표를 사용할 권리를 독점한다."고 정한 상표법 규정4)이
나 "특허권자는 업으로서 그 특허발명을 실시할 권리를 독점한다."5)라고 규정
한 특허법 규정에 따라 각각 사용 혹은 실시 전반에 관해 부여되는 상표권 혹
은 특허권이 바로 그것이다. 이런 구조이므로 제2조에서 사용 또는 실시의 개념
을 어떻게 규정하느냐가 다름 아니라 상표권 혹은 특허권의 독점이 미치는 범
위와 직결된다. 반면 그런 법률들과 다르게 저작권법에서는 제2조 정의조항에서
'저작물의 이용'을 정의하고 있지 아니하며, 저작권의 독점이 미치는 범위 역시
이용(利用) 전반에 미치는 것이 아니라 저작권법 입법자가 '복제', '배포' 혹은
'공연', '공중송신' 등 개별·구체적인 표현전달의 수단들로 각각 나누어서 따로
부여한 권리들에만 미친다. 환언하여 '저작물의 이용'에는 분명히 해당하더라도
그 중 일부 영역에는 그 독점권이 미치지 않는다. 가령 책을 읽는 행위는 분명

---

4) 상표법 제89조 본문.
5) 특허법 제94조 본문.

히 당해 어문저작물의 가치를 향유하는 이용행위의 일종이지만 타인이 저작권자
의 허락 없이 책을 읽는 행위 자체는 아무런 문제가 없고, 저작권자는 저작법권
입법자가 독점권을 부여한 복제행위나 배포행위 등과 관련하여서 타인이 행위를
한 때라야 제재를 가할 수 있는 것이다. 이렇게 저작권법에서는 유독 다른 지재
권법인 상표법·특허법에서와 달리, 당해 지재권 산물의 가치를 향유하는 행위
전반을 저작권자가 독점하도록 하는 방식을 취하지 않았다. 그런 방식의 차이가
생긴 이유 설명은 지면제약상 줄이지만,[6] 어쨌든 이런 차이 때문에 저작권법의
경우 가령 저작권법 제2조에서 '저작물의 이용'이란 정의규정을 굳이 둘 필요가
없다.

다음으로 상표법과 특허법 사이에서도 각각의 지재권 산물에 대해 가치를
향유하는 행위를 지칭하는 '사용' 혹은 '실시'의 개념에 미묘하지만 의미 있는
차이가 존재한다. 그것은 상표법에서는, 무형적(無形的) 형태인 발명 그 자체만
으로 독점권의 범위가 규정되는 특허법에서와 달리,[7] 상표 그 자체만이 아니라
상표와 상품과의 결합에 의해 비로소 독점권의 범위가 정해진다.[8] 참고로 이런
차이에 있어서는 저작권법의 성격도 특허법과 마찬가지여서 무형의 표현 그 자
체를 타인이 활용하기만 하면 저작권침해가 성립될 수 있다. 어쨌든 비록 타인
이 같은 상표를 사용하더라도 상표권자의 지정상품과 전혀 다른 상품에 사용한
것이라면 상표권 침해가 성립하지 않음은 두말할 나위가 없다. 그런데 이렇게
상표 자체만이 아니라 그것에 상품이 결합하여서야 무형의 권리가 정해진다는
기본적 특징은 다른 각도에서 보자면, 타인이 당해 상표와 같은 형상(形狀)을 활
용하였다는 것만으로는 권리침해가 성립하지 않는다는 의미이기도 하다. 이것
은, 특허법상 발명이나 저작권법상 저작물이었다면 상대방이 활용한 당해 형상
이 권리자의 발명·저작물과 동일한 것만으로 침해가 성립될 것이었겠지만, 상
표법에서는 상품과 결합되어야 진정한 의미를 가진 존재, 환언하여 출처표시(出
處表示)의 역할을 하는 상표로서 사용하였어야 상표권 침해가 충족된다는 논리
로 연결된다. 상표법은 제2조 제1항 제11호에서 '상표의 사용'을 정의하기에 앞

---

6) 이렇게 차이가 나게 된 이유에 관해 더 자세히는 박준석, "이미지 검색엔진의 인라인 링
   크 등에 따른 복제, 전시, 전송 관련 저작권침해 책임," 민사판례연구 33권(상)—민사판례
   연구회편—, 박영사(2011. 2.) 중 각주 179번 및 박준석, "Cloud Computing의 지적재산권
   문제", 정보법학 제15권 제1호 (2011. 4), 171면 중 각주 73번 등을 각 참조할 것.
7) 앞서 본 특허법 제94조 참조.
8) 앞서 본 상표법 제89조 참조.

서 같은 조 제1호에서 상표의 개념을 정의함에 있어 출처표시의 역할을 할 것을 이미 분명하게 요구하고 있는바, 이런 요청은 '상표의 사용'인지를 정의함에 있어서도 마찬가지로 유지된다. 이는 특허법상 발명과는 다르게 상표 그 자체만으로는 별다른 의미가 없고 상품에 결합되어야 비로소 의미를 가진 존재가 되는 상표의 독특한 특징을 반영한 것이라고 할 것이다.

이상의 내용을 정리하자면, 저작권법에서 거론되는 '저작물 이용'의 경우와 달리 상표법 제2조 제1항 제11호에 정의한 '상표의 사용'에 해당하면 바로 상표 독점권의 침해로 이어지게 된다는 점, 특허법상 발명의 '실시'와 달리 상표의 '사용'이 되려면 당해 상표의 형상 자체를 활용하는데 그치지 않고 상품에 결합된 출처표시로서의 활용행위이어야 한다는 점 등이다. 이런 차이점들이 다른 지재권 법률에서 거론되는 대응개념들과 다르게 상표법상 '상표의 사용' 개념이 가진 특징이다.

Ⅲ. 상표의 사용인지에 관한 기존 논의

1. 논의의 방향

'상표의 사용'에 해당하는지 검토함에 있어, 인터넷공간이 아닌 현실공간(혹은 오프라인공간) 관련 사례들에서는 주로 타인이 상표권자의 표장과 동일·유사한 형상을 활용하였지만 그런 활용이 출처표시로서 쓰인 것은 아니라는 점, 바꾸어 말하면 당해 문제된 활용행위가 출처표시의 의미를 가지고 있느냐가 자주 문제되었다. 일본의 학계에서는 '상표의 사용'의 세부적 쟁점으로 ① 상표의 사용태양이 식별기능을 가져오는가 여부, ② 상품에 관하여 상표가 사용되어야 한다는 관련성 유무, ③ 상품에 상표를 표시하는 행위인지 여부, ④ 그렇게 표시하는 것이 상품인가 서비스인가의 문제, ⑤ 상표법 제2조가 열거한 사용태양의 각호에 해당하는지 여부, ⑥ 상표로서의 사용태양과 그 밖의 사용태양이 공존하는 경우나 그 밖의 한계 등을 상세히 제시하고 있다.[9] 하지만 여기서 세부적 쟁점이라고 지목하는 것들은 상표가 상품에 관한 출처표시로서 쓰인 것인지를 검토하는 문제를 다른 표현이나 세부적인 묘사로 치환한 것에 불과하거나 혹은 그런 문제를 중심으로 상표법 제2조의 구체적 요건을 하나하나 검토하려는 것

---

9) 牧野利秋 外, 「知的財産法の理論と実務 第3巻 商標法·不正競争防止法」, 新日本法規出版株式会社(2007), 3 이하(芹田幸子 집필부분).

에 불과하다. 본 주석에서는 그런 일본의 논리를 따르기보다, '출처표시로서의 사용'이란 쟁점을 중심으로 논의할 것이다.

반면 비교적 근래에 들어 아주 활발하게 다투어졌던 새로운 문제는 인터넷 공간을 둘러싸고 타인이 상표권자의 표장을 눈에 보이지 않게 활용하는 것도 과연 상표법상 사용이 있었다고 볼 것인지 여부, 환언하여 비시각적 상표 사용을 인정할지 여부였다. 인터넷공간을 둘러싼 상표 사용의 문제는 사실 과거에도 거론되었었다. 도메인이름이 처음 등장하였을 때 타인이 웹사이트상에서 경쟁 상품을 판매하는 등의 행위는 일체 하지 않은 채 단지 저명상표와 동일·유사한 도메인이름을 선점(先占)하고 있는 행위의 위법성을 추궁하려는 논의 과정에서 그런 선점 자체가 상표법상 '상표의 사용'인지가 문제된 바 있었다. 또한 웹페이지 구성요소 중 이용자 눈에 보이지 않는 부분인 메타태그(meta-tag) 안에 경쟁업자가 상표권자의 저명상표를 잔뜩 써 넣어, 메타태그가 포함한 용어를 중심으로 검색결과를 나열하던 구식(舊式) 검색엔진의 검색결과 중 상위를 차지하려는 편승행위를 규제하고자 하는 차원에서 메타태그에 권리자의 상표를 임의로 활용하는 것이 과연 '상표의 사용'인지가 검토되었었다.

일단 오프라인의 현실공간을 둘러싼 문제는 적어도 출처표시로서 당해 표장이 쓰인 경우라야 '상표의 사용'이 된다는 대전제에 관해서 판례, 학설상에 아무런 이견이 없고 그 점을 개별 사안들의 상이한 사실관계에 제대로 적용하는 것이 관건이 될 뿐이다. 반면, 인터넷공간을 둘러싼 문제는 과거 도메인이름 및 메타태그에서의 상표 사용 논란에서 출발하여 근래에는 (키워드)검색광고 과정에서 소비자의 눈에 직접 보이지 않게 상표가 활용되는 경우에도 '상표의 사용'이 존재하는지에 관한 논란으로 변화하였다. 특히 후자의 논란은 미국이나 유럽연합, 한국 등에서 한동안 치열하게 다투어졌다. 어쨌든 본 주석의 이하 부분에서는 이런 다툼을 상대적으로 더 자세히 소개할 것이다.

다만 독자들이 유의할 점은 도메인이름, 메타태그, (키워드)검색광고 등으로 구체적 대상을 바꾸어가며 여러 판결례들을 낳으면서 비교적 오랫동안 줄기차게 이어져온 인터넷공간에서의 '상표의 사용' 인정 논란이 최근 몇 년 동안 각국에서 약간 주춤하며 소강상태를 보이고 있다는 사실이다.[10) 그렇지만 위 논란

---

10) 미국의 논의는 2009년 Rescuecom 판결을, 유럽연합의 논의는 2010년 Louis Vuitton 판결을, 한국의 논의는 2012년 VSP 판결(대법원 2010후3073 판결)을 각 분기점으로 이후의 관련 분쟁사례 등장이나 학계의 추가적 논의가 종전보다 많이 주춤한 경향을 보이고 있다.

의 향방이 아직 명확하게 매듭지어진 것은 아니므로, 향후의 관련 판례 등장 등 추가적인 변화를 여전히 주시하고 있을 필요가 있다.

2. 상표침해 사건에서 출처표시로서의 상표사용 등

가. 상표사용 여부 판단에서 출처표시인지 외에 고려할 수 있는 사항들

당해 사용행위가 제2조 제1항 제11호가 정한 '상표의 사용'인지를 판단함에 있어 그것이 출처표시로서의 상표로서 활용되었는지 여부를 판단하는 것이 가장 중요하다. 하지만, 적어도 이론상으로는 다음과 같은 사항들도 더불어 고려될 수 있다.

제2조 제1항 제1호에서 '상표' 개념을 규정함에 있어, 전부개정된 현행법과 다르게 구법에서는 출처표시로서 활용될 것뿐만 아니라 상인의 영리적 활동에서 쓰일 것을 명시적으로 전제하고 있었다.[11] 이런 구법의 문구에 따르자면 문제된 특정 표장의 활용행위가 개인적·비영리적 활용행위라면 그런 표장은 아예 상표일 수가 없어 '상표의 사용' 행위에 해당할 수 없게 된다.[12] 그렇지만 구법하에서도 개인적·비영리적 활용이 문제된 실제 사례는 거의 발견하기 힘들어 이 쟁점은 논의실익이 그다지 없었던 것이다. 나아가 현행법은 이 부분 문구를 삭제하였다.[13] 따라서 이 쟁점은 본 주해서에서 더 언급하지 않는다.

한편, 전부개정된 현행법에서도 상표의 개념 안에 서비스 관련 표장까지 포함시켜 개념의 단순화를 꾀하고 있지만, 구법에서는 상표와 서비스표를 개념상 구별하면서도 '상표의 사용' 등 상표에 적용되는 규정들을 거의 예외 없이 서비스표에도 그대로 적용하도록 하였었다.[14] 그렇지만 구법상 '상표'는 '서비스표'와 대별되어 어디까지나 유형물인 상품에 부착되어 출처표시 역할을 담당하는 것이었기 때문에 '상표의 사용' 개념에 관한 규정들 역시 무형물(無形物)인 서비스에 관련된 서비스표에 그대로 적용하기 곤란한 성질 때문에 해석상의 문제가 있었다. 가령 즉 구 상표법 제2조 제1항 제7항에서 '상품 또는 상품의 포장에

---

11) "상품을 생산·가공 또는 판매하는 것을 업으로 영위하는 자가…" 부분.

12) 이에 관해 자세히는 김원오, "상표법상 '상표의 사용'을 둘러싼 법적 쟁점과 과제", 정보법학 14권 1호(2010), 6.

13) 현행법의 입법주체(특허청, 상표법 전부개정법률안 설명자료, 2016. 2.)는 이 부분 문구를 삭제한 이유에 관해, '상표'라는 용어 중 '상(商)'의 개념만으로도 상인의 영리적 활동을 대상으로 삼는다는 사실이 충분히 드러나기 때문이라고 설명한다(위 설명자료 3면 참조).

14) 구 상표법 제2조 제3항.

상표를 표시하는 행위'를 상표의 사용 중 하나로 정의하고 있지만, 손에 잡히지 않는 서비스 등에 서비스표를 표시한다는 것은 애당초 불가능하다. 그래서 그동 안 우리 판례 등은 다소 무리한 해석론으로 법규의 결함을 메워왔다. 즉 서비스 자체가 아니라 서비스 과정에 제공되는 물건(가령 서비스표인 'OO미용실'을 미용 도구 상에 표시하는 것) 상에 서비스표를 표시하는 것으로 신축적인 해석을 해왔 던 것이다. 이에 관하여 일본 상표법은 이미 오래전인 1991년 개정 법률에서부 터 '서비스 제공에서 그 제공을 받을 자의 이용에 제공되는 물건에 당해 표장을 표시하는 행위' 등 서비스표를 위한 특수한 형태의 사용행위까지 상표의 사용 개념에 명문으로 포섭하여 왔고, 한국에서도 그런 방향의 개정이 필요하다는 주 장[15]이 제기되었었다. 하지만, 이번 전부개정에서는 제2조 제1항 제11호 '상표 의 사용' 개념이 아니라 그 전제인 제11호 '상품'의 개념을 확장하여 문제를 해 결하고자 하였다.

나. 상표침해 사건에서 출처표시로서의 상표사용인지 여부
(1) 개설

출처표시로서 타인의 상표를 사용하는 구체적인 양상은 상표법 제2조 제1 항 제11호에서 "가. 상품 또는 상품의 포장에 상표를 표시하는 행위", "나. 상품 또는 상품의 포장에 상표를 표시한 것을 양도 또는 인도하거나 양도 또는 인도 할 목적으로 전시·수출 또는 수입하는 행위", "다. 상품에 관한 광고·정가표(定 價表)·거래서류, 그 밖의 수단에 상표를 표시하고 전시하거나 널리 알리는 행 위"가 '상표의 사용'의 유형이라고 규정하면서 비교적 잘 제시되고 있다. 이것 들 중 조금이라도 더 문제가 될 만한 것은 가장 나중의 유형, 즉 상품 자체가 아니라 그 광고 등에 상표를 사용하는 경우이다.

한편 타인의 등록상표와 유사한 표장을 이용한 경우라고 하더라도 그것이 설명적인 사용이거나 디자인적 용도로 사용한 것이라면 상표의 사용에 해당되 지 아니한다. 출처표시로서 사용된 것이 아니기 때문이다. 반면 비교광고에서의 사용에 관해서는 한국에서 논란이 진행 중이지만 상표의 사용 자체가 없다고 보기는 어렵고 혼동가능성이 없다는 등 다른 법리에 따라 종국에 침해책임을 부담하지 않는다고 보아야 옳을 것이다.

---

15) 조영선, "상표의 사용개념에 대한 입법론적 고찰", 저스티스(통권 제105호), 한국법학원 (2008. 8.), 147.

(2) 상품 자체가 아니라 그 광고 등에 상표를 사용하는 경우

상표는 상품에 부착되어야 출처표시 기능을 할 수 있음이 원칙적 형태이지만, 상품의 광고 등에 활용되는 경우에도 위와 같은 출처표시 기능을 수행할 수 있다. 이런 문제가 다투어지는 중요한 태양 중 하나로서, 상표가 소정기간 동안 전혀 사용되지 아니함을 이유로 취소심판이 청구된 사안에서 상표권자가 당해 표장을 '사용'하였다고 다투는 사건들을 꼽을 수 있다. 그 과정에서 과연 무엇이 '상표의 사용'인지가 우리 판례를 통하여 보다 분명해졌는데 이런 사례들에서는 불사용 취소 조항만의 특색이 가미되어서인지 '상표의 사용'이 있었음을 인정하는 데 비교적 엄격한 입장을 취한 판례가 다수이다.

먼저 대법원 판례[16]는 "상표의 사용은 상품 또는 상품의 포장에 상표를 붙이는 행위 등 지정상품에 직접적으로 사용하는 경우 뿐만 아니라 … 상품에 관한 광고에 상표를 붙이고 전시 또는 반포하는 행위 즉 상표에 관한 선전, 광고행위 … 를 포함하는 것[17]인바, 상표에 대한 선전, 광고행위는 지정상품에 관련하여 행하여져야 하는 것일 뿐만 아니라 그 지정상품이 국내에서 현실적으로 유통되고 있거나 적어도 유통을 예정, 준비하고 있는 상태에서 행하여진 것이어야 상표의 사용이 있었던 것으로 볼 수 있다"라고 전제한 다음[18] 당해 사안에서는 이 사건 등록상표를 신문에 선전, 광고하였지만 당해 등록상표의 등록번호와 상표를 기재한 다음 그 상표에 관하여 (타인의) 컴퓨터 및 전자오락기구(제39류)를 상표권자의 것으로 오인·혼동하여 현혹되지 말기를 바란다고 기재하고 있을 뿐이어서, 그 광고문안의 취지를 지정상품에 관한 광고라고 하기 어렵고 또 광고 당시 그 지정상품이 현실적으로 유통되고 있거나 적어도 유통을 예정, 준비하고 있는 상태에 있었다고 보기도 어렵다고 보아 결국 당해 상표는 불사용취소를 면할 수 없다고 판단한 예가 존재한다.

또 다른 대법원 판례[19]는 등록상표의 불사용으로 인한 취소여부가 문제된 사안[20]에서 "(당해 불사용 취소 관련, 著者註) 규정은 상표의 사용을 촉진하는 한

---

16) 대법원 1992. 8. 18. 선고 92후209 판결.

17) 문제된 조문은 1990. 1. 13. 상표법 전부개정 이전의 상표법 제2조 제4항 제3호로 "상품에 관한 광고, 정가표, 거래서류, 간판 또는 표찰에 상표를 붙이고 전시 또는 반포하는 행위"로 규정하고 있었다. 이런 문구는 위 전문개정, 그리고 2016년 전부개정된 현행법에서도 큰 변화 없이 유지되고 있는 조항이다.

18) 이 부분 판시에서 바로 아래 대법원 1990. 7. 10. 선고 89후1240,1257 판결을 선례로 원용하고 있다.

19) 대법원 1990. 7. 10. 선고 89후1240, 89후1257 판결.

20) 당해 사건은 1990. 1. 13. 상표법 전부개정 이전의 법률이 적용된 사안이다. 당시 법률

편 불사용상표에 대한 제재적 의미도 포함되는 것으로 해석된다고 할 것인바, 이와 같은 취지에 비추어 볼 때 상표에 대한 선전, 광고행위가 있었다고 하더라도 그 지정상품이 국내에서 일반적, 정상적으로 유통되는 것을 전제로 하여(현실적으로 유통되고 있거나 적어도 유통을 예정, 준비하고 있어야 한다)[21] 선전, 광고행위가 있어야 상표의 사용이 있었던 것으로 볼 수 있는 것이고, 또한 지정상품이 의약품인 경우 그 등록상표를 지정상품에 법률상 정당히 사용하기 위하여는 그 제조나 수입에 관하여 보건사회부장관의 품목별 허가를 받아야 하므로 그러한 허가를 받지 아니하였다면 신문지상을 통하여 1년 못미처에 한 차례씩 그 상표를 광고하였다거나 국내의 일부 특정지역에서 그 등록상표를 부착한 지정상품이 판매되었다고 하더라도 상표의 정당한 사용이 있었다고 볼 수 없다.”고 판단한 것이 있다.

(3) 설명적 사용의 경우

타인의 등록상표와 유사한 표장을 이용한 경우라고 하더라도 그것이 상표의 본질적인 기능이라고 할 수 있는 출처표시를 위한 것이 아니라 가령 상품의 기능을 설명하거나 상품의 기능이 적용되는 기종을 밝히기 위한 것으로서 상표의 사용으로 인식될 수 없는 경우에는 등록상표의 상표권을 침해한 것이라고 할 수 없다.[22]

따라서 피고인이 판매한 원격조정기(리모콘) 표면에 ‘만능eZ 소니전용’이라는 표장을 표기한 것은 ‘여러 가지 기기에 손쉽게 사용될 수 있는 원격조정기로서 소니에서 나온 기기에 사용하기에 적합한 것’이라는 정도의 설명적 의미로 받아들여질 수 있어 위 원격조정기의 용도를 표시하는 것으로 보일 수 있을 뿐, 상표등록된 ‘SONY’와 동일한 상표를 사용한 것으로 볼 수는 없다고 한 사례가 있다.[23]

그와 마찬가지로, 방독마스크 등에 있어 원고가 SCA라는 표장을 상표로 등록하고 있었던 상황에서, 피고 회사가 그 상호(‘삼공’)의 영문명칭의 첫 알파벳인 ‘S’와 방독마스크 부품인 정화통을 의미하는 ‘CANISTER’의 약어인 ‘CA’를

제45조 제1항 제3호에 규정된 등록 상표 불사용 취소 관련 조문은 1990년 전부개정에서 제73조 제1항 제3호로 옮겨졌다가 2016년 재차 전부개정된 현행법에서는 제119조 제1항 제3호에 자리잡고 있다.

21) 이 부분 괄호 안 내용은 著者註가 아니라 판결 원문을 옮긴 것이다.

22) 대법원 2005. 6. 10. 선고 2005도1637 판결.

23) 위 2005도1637 판결.

합한 'SCA'라는 표시 옆에 농도별 등급표시에 해당하는 숫자를 병기하는 형식
으로 가령 'SCA-501', 'SCA-408' 같은 표장을 이용한 것은 방독마스크 정화통
의 종류나 규격 내지 등급표시의 사용일 뿐 자타 상품의 식별표지로서 기능하
는 상표의 사용으로 볼 수 없다고 판단하여 상표권 침해로 인한 손해배상을 부
정한 사례[24]가 있다.

또한 자동차부품인 에어 클리너를 제조하면서 그 포장상자에 에어 클리너
가 사용되는 적용차종을 밝히기 위하여 자동차 제작회사인 현대자동차, 대우자
동차, 기아자동차 주식회사의 등록상표를 표시하였으나 제반 사정에 비추어 부
품 등의 용도설명 등을 위하여 사용한 것에 불과하다는 이유로 그 등록상표를
사용한 것으로 볼 수 없다고 하여 상표권침해의 형사책임을 부정한 사례[25]도
존재한다.

(4) 디자인으로서 당해 표장을 사용한 경우

타인의 등록상표와 유사한 표장을 이용한 경우라고 하더라도 그것이 상표
의 본질적인 기능이라고 할 수 있는 출처표시를 위한 것이 아니라 순전히 디자
인으로서만 사용되는 등으로 상표의 사용으로 인식될 수 없는 경우에는 등록상
표의 상표권을 침해한 행위로 볼 수 없다.[26]

그에 따라 판례[27]는, 원고가 미국의 유명 애니메이션에 등장하는 고양이를
형상화한 상표에 대한 권리자인 상황에서, 피고가 해당 형상의 머리 부분을 봉
제완구로 구현하여 제작, 판매한 행위에 관해 위와 같은 법리에 따라 형사책임
을 부정하고 있다. 마찬가지로 원고가 척주동해비(陟州東海碑)라는 고전 문자체
를 도자기 등에 관한 상표권으로 등록하였더라도, 상대방의 보자기에 새겨진 동
일한 문구는 조선시대부터 존재하면서 주술적 효험이 있다고 믿어져 온 '척주
동해비'의 비문 내용과 필체를 장식적(디자인적) 용도로 새겨 넣은 것일 뿐 피고
도자기의 일반수요자나 거래자들이 그 도자기에 새겨진 글씨나 그림의 모양으
로 상품의 출처를 식별한다고 보기 어렵고, 오히려 도자기에 별도로 새겨진 작
자의 이름, 예명 등에 의하여 그 도자기의 출처를 인식하는 것이 일반적이라는
사정을 들어 침해에 속하지 않는다고 판시한 예[28]가 있다.

---

24) 대법원 2003. 6. 13. 선고 2001다79068 판결.
25) 대법원 2001. 7. 13. 선고 2001도1355 판결.
26) 대법원 1997. 2. 14. 선고 96도1424 판결.
27) 위 96도1424 판결.
28) 대법원 2005. 10. 7. 선고 2004후1458 판결 (권리범위확인 사건임).

　　주의할 것은 상대방이 디자인으로 활용하고 있다 하더라도 그런 디자인으로서의 사용이 경우에 따라 상표로서의 사용도 될 수 있다는 사실이다. 즉 디자인과 상표는 배타적, 선택적인 관계에 있는 것이 아니므로 디자인이 될 수 있는 형상이나 모양이라고 하더라도 그것이 상표의 본질적인 기능이라고 할 수 있는 자타상품의 출처표시를 위하여 사용되는 것으로 볼 수 있는 경우에는 그런 사용은 상표로서의 사용이라고 취급된다.29) 따라서 피고인 갑 주식회사의 대표이사인 피고인 을이 피해자인 영국 버버리 주식회사의 등록상표와 유사한 격자무늬가 사용된 남방셔츠를 판매목적으로 중국에서 수입한 경우 비록 그 셔츠에 'SYMBIOSE'라는 별도의 상표가 부착되어 있다고 하더라도 제반 사정에 비추어 피고인이 수입한 상품의 격자무늬는 디자인으로서 쓰였을 뿐만 아니라 상품의 출처를 표시하기 위하여 상표로서 사용되었다고 인정하여 상표법 위반의 유죄로 처단한 대법원 판례30)가 있다.

(5) 비교광고에서 사용한 경우

　　가령 '삼성TV보다 좋은 OOTV'라는 식의 내용을 담은 비교광고에서 그 내용이 진실한 것이라는 등 다른 문제점이 없다고 가정할 때 과연 이런 비교광고가 상표법상 책임 추궁에 있어 어떤 법리에 의해 허용될 수 있을지는 아직 한국에서 다툼이 있다. 혹자는 아예 상표의 사용에 해당하지 않는다고 하고,31) 혹자는 오인혼동의 염려가 없으므로 적법하다는 취지로 설명한다. 아직 이에 관한 우리 판례는 찾기 어렵다.

　　사견으로, 전자의 견해는 우리 상표법 어디에도 상대방이 '자신의 상품에' 상표를 사용하는 경우라야 제2조가 문제된다고 규정하고 있지 아니한 점에서 흠이 있다고 본다. 즉 비교광고의 주체는 자신이 아닌 상표권자의 상품을 거론하면서 그것에 대해 문제된 상표를 사용하고 있다고 볼 수 있는데 이렇게 비교광고 주체 스스로의 상품이 아니더라도 권리자의 상표를 어떤 상품 위에 사용한 이상 일단 '상표의 사용' 자체가 부정되기는 곤란하다고 사료된다. 비교광고를 접한 소비자들이 비교의 정보를 얻을 뿐 오인혼동이 생길 염려는 없다고 보아 결국 혼동가능성이 없다고 보아 책임추궁에서 제외하는 논리를 취해야 할 것이다.32)

---

29) 대법원 2000. 12. 26. 선고 98도2743 판결.
30) 대법원 2013. 2. 14. 선고 2011도13441 판결.
31) 박성수, "상표의 요건과 상표적 사용(2005. 6. 10. 선고 2005도1637 판결: 공2005하, 1205)", 대법원 판례해설 통권 56호(2005), 50.
32) 다만, 비교대상 상표가 아주 저명한 상표라면 혼동가능성이 없더라도 희석화에 의한 침

Ⅳ. 인터넷상의 상표 사용

1. 다툼이 제기된 배경 등

인터넷공간에서의 상표 사용[33] 관련 분쟁사례임에 불구하고, 바로 앞 항목에서 살펴본 대로 현실공간에서의 상표사용 문제와 거의 흡사한 형태의 사안에 불과한 경우도 존재한다. 가령 상표권자의 상표를 타인이 자기 홈페이지상에서, 출처표시가 아니라 제품설명의 목적으로 등장시키는 경우(앞서 항목들 중 '설명적 사용의 경우'에 대응함)가 그러할 것이다. 그렇지만 인터넷상에서 상표 사용이 인정되는지에 관해 근래 가장 중심이 되었던 다툼은 주로 검색엔진 등에서 타인이 상표권자의 표장을 눈에 보이지 않게 활용하는 것도 상표의 사용에 해당한다고 볼지 여부이다.

앞에서 설명한 대로, 우리 상표법은 제2조 제1항 제11호에서 '상표의 사용' 개념을 구체적으로 정의하고 있으므로 체계상 상표권자의 독점권에 대한 침해가 되려면 위와 같이 정의된 '상표의 사용'에 해당하여야 한다. 그런데 위 정의 규정은 오프라인의 현실공간만을 염두에 둔 결과 '상표의 사용'을 유형물(상품)에 상표를 가시적(可視的)으로 부착하거나 그와 비슷한 경우로 한정하고 있는 것처럼 규정하고 있다. 이 점은 '상표의 사용'을 처음 구체적으로 정의하였던 1973.2.8. 전부개정 법률[34]부터 1990.1.13. 전부개정을 거쳐 2016.2.29. 전부개정에 이르기까지 크게 달라지지 않았다. 한편 미국, 일본, 유럽연합 등의 상표법 중 관련 규정들도 사정이 크게 다르지 않다.

다만 우리 관련 법조문상에서 일부 변화가 있었다면 2011.12.2. 일부개정을 통하여 우리 상표법도 한미자유무역협정의 합의내용에 좇아 소리상표 및 냄새상표 등 비시각적 상표 제도를 도입하게 되었고 이 때문에 상표의 개념이 시각적으로 인식할 수 없는 것들에까지 넓게 확장됨에 따라 자연적으로 '상표의 사용' 개념 역시 반드시 눈에 보이는 사용이어야 한다는 철저한 도식에서 벗어나

해가 거론될 개연성이 있다. 이런 위험을 극복하려면 상표법 제한에 관한 제90조의 사유 중에 비교광고 행위를 추가하는 것도 검토해볼 필요가 있다.

33) '인터넷상의 상표 사용' 부분은 「법조」(법무부, 2010. 12.), 「저스티스」(한국법학원, 2011. 2.), 「사법」(사법발전재단, 2011. 6.)에 순차로 게재된 필자의 시리즈 논문인 "인터넷상에서 '상표의 사용' 개념 및 그 지위"(Ⅰ,Ⅱ,Ⅲ)를 기초로 일부 업데이트한 것이다.

34) 당시 제2조 제3항 참조.

게 되었다는 점이다. 즉 이때부터 우리 상표법은 "상표를 표시하는 행위" 안에 "소리 또는 냄새로 (표시)하는 것"을 포함하게 되었다.[35] 하지만 이런 변화는 소리상표와 냄새상표와 같은 특수한 상표에만 적용하기 위한 문구변화일 뿐 널리 기존의 시각적 상표에 있어서까지 곧장 적용되는 조문으로 수립되었다고 해석하는 데는 혹자가 보기에 따라서는 한계가 있을 수 있다. 혹자의 그런 이해와 반대로 "소리 또는 냄새로 표시하는 것"을 '상표의 사용'으로 인정한 개정 때문에 적어도 한국에서는 소리·냄새가 아닌 시각적 상표에 관해서도 종전과 비교하여 비시각적인 상표의 사용을 인정할 여지가 더욱 커졌음은 본 주해서 중 제2조 제2항 부분에서 설명할 것이다.

어쨌든 우리 상표법의 조문을 엄격하게 해석하는 입장에서는, 비시각적 상표(소리상표나 냄새상표)를 논외로 할 때, 당해 상표를 표시하는 행위 등으로 '상표의 사용'이 이루어지려면 시각적인 제시가 필요하다고 풀이하게 될 것이다. 설령 그렇게 풀이하더라도 오프라인의 현실공간에서는 침해자가 상표권이나 부정경쟁방지법상의 표지에 관한 권리를 침해하려면 거의 언제나[36] 자신의 상품 상에 권리자의 상표를 부착하여 시각적으로 소비자에게 제시하여야 했기 때문에 '상표의 사용' 요건은 쉽게 충족되어 그다지 문제가 될 여지가 없었다. 즉 모방상표 등의 부착 없는 상품을 진정상품(眞正商品)으로 소비자가 오인하는 상황이란 고작해야, 침해자나 그 대리인의 구술(口述)에만 의지하여 소비자가 쉽게 기망당한 경우이거나 혹은 진정한 상표권자가 내건 간판 '안'에서 상대방이 경업을 벌이는 경우일 것인데 이런 상황들은 모두 현실 공간이라면 실제 발생하기 어려운 것들이다.

그러나 인터넷 공간에서는 가령 키워드 검색광고에서와 같이 상표가 가진 고객흡입력을 경쟁업자가 분명히 활용함에도 불구하고 경쟁업자의 광고상에는 권리자의 상표가 직접 사용되지 않을 수 있어 문제가 된다. 경쟁업자에 의한 상표 활용이 직접 눈에 보이지 않음을 중시하여 현행 상표법의 엄격한 문리해석에 따라 아예 '상표의 사용'이 없다고 보아야 할지 아니면 상표법을 지극히 신축적으로 해석하여 일단 상표의 사용은 긍정하고 그 다음 단계인 혼동가능성 여부 판단으로 나아갈지가 다툼의 핵심인 셈이다.

---

35) 2011.12.2. 개정 상표법 중 제2조 제2항 참조. 이는 현행법 제2조 제2항 제1호에 대응한다.
36) 상품 자체가 아니라 그 광고 등에 상표를 사용하는 경우에 다소간의 논란이 되었을 뿐이다.

사실 인터넷 상의 보이지 않는 상표활용행위가 '상표의 사용'에 해당하는지의 논란은 검색광고를 둘러싼 상표활용 실태에서 처음 비롯된 것이 아니다. 비교적 오래전에 도메인 이름의 부당 선점(cyber squatting)에서 그 다툼이 출발하였고 얼마 지나지 않아 웹페이지의 메타태그(meta-tag)[37] 안에 상표를 끼워 넣는 행위가 문제되었었다. 다만 이런 도메인이름이나 메타태그에서의 상표 사용 논란은 현재 일단락된 상황이며 앞으로도 웬만해서는 본격적으로 재현(再現)될 가능성이 없지만, 이런 과거의 다툼들을 살펴보는 과정에서 근래 치열하게 다투어진 검색광고 과정에서의 보이지 않는 상표활용을 '상표의 사용'으로 인정할지 여부에 대해 소중한 시사점을 얻을 수 있다.[38] 그 이유 등은 바로 아래에서 설명한다.

2. 인터넷상의 상표 사용 유무에 관한 과거의 논란들

가. 검토의 필요성

인터넷 등장 이래 상표법과 관련한 법적 분쟁은 도메인이름의 부당 선점(cyber squatting)을 둘러싼 다툼에서 출발하였다. 얼마 후 메타태그 관련분쟁이 등장하였는데, 침해자가 자신의 웹페이지 작성부분 중 이용자의 눈에 보이지 않는 메타태그(meta-tag)에 타인의 상표를 수없이 기재함으로써 검색엔진의 검색결과 중 상위를 점하고자 하는 데서 발생한 다툼이었다.

그런데 이런 도메인이름이나 메타태그를 둘러싼 다툼은, 현재 활발히 논의되고 있는 키워드 검색광고 분쟁과 달리, 새로운 사례의 등장이나 학계의 논의가 뜸한 상황이다.[39] 왜냐하면 다음과 같은 이유 때문이다.

---

37) 인터넷의 웹페이지는 HTML(hyper-text markup language)이라는 세계 공용의 컴퓨터 언어로 작성되어 있는데 이것은 직접 보이는 부분뿐 아니라, 이용자 눈에 보이지 않지만 웹 브라우저나 검색엔진에 의하여 읽혀질 수 있는 일련의 태그(tags)와 마커(markers)로 이루어진다. 태그 중 메타태그(meta-tag)는 크게 해당 웹페이지의 내용을 묘사한 '설명적 메타태그(description meta-tag)' 부분 및 그 키워드를 담은 '키워드 메타태그(keyword meta-tag)' 부분을 가리킨다. 그 중 전자(description meta-tag)는 검색엔진의 검색결과로 제시되어 시각적으로 인식가능해지기도 한다. 더 자세히는 <http://en.wikipedia.org/wiki/Meta_element>.
38) 앞에서 설명한 대로 인터넷상 '상표의 사용' 인정여부 논란은 검색광고를 둘러싼 분쟁사례 이후 각국에서 최근 몇 년간 주춤한 상황이다. 하지만 검색광고 관련하여 '상표의 사용' 인정여부가 확실히 매듭지어진 것이 아니므로 추후 진행상황이 여전히 중요하다.
39) 가령, 한국에서 도메인이름 관련 중요사례로 일컬어지는 hpweb.com 사건(hpweb.com을 먼저 등록했었던 한국인 갑과 미국 휴렛패커드 사이의 분쟁을 말함)에 관해 2011년 5월 26일에야 내려졌던 대법원의 최종판결(2009다15596호)은 이미 2000년에 제소되었던 사건이 2차례의 상고심 파기환송 때문에 늦게 결론이 지어진 것에 불과하다.

먼저 도메인이름 부당선점의 경우 인터넷 등장 초기에는 마치 미국의 서부 개척 시대와 같이 새롭게 열린 사이버 신천지(新天地)에서 좌표 역할을 하는 도메인이름을 선점하기 위한 치열한 경쟁이 벌어졌지만 그런 점유의 배분이 대략 일단락된 상태이고, 뒤늦게 2011년경 포화된 도메인이름 체계를 극복하고자 도메인이름 체계의 최상위도메인(Top Level Domain, gTLD)에 새로운 유형을 도입하였을 시점에는 과거의 선착순 등록제도가 초래하였던 불필요한 분쟁을 피하려고 아예 정당한 상표권자 등에게 해당 도메인이름을 우선적으로 신청할 수 있는 기회를 마련하였기 때문이다.

다음으로 메타태그의 경우 검색결과 중 상위(上位)로 제시될 웹페이지들을 결정함에 있어 해당 웹페이지 중 메타태그에 서술(敍述)된 내용에 주로 의존하였던 구형(舊形) 검색엔진과 달리 이후 기술적으로 개량된[40] 신형 검색엔진은 더 이상 메타태그를 활용한 사술(詐術)에 농락당하지 않기 때문이다. 가령 검색엔진들이 검색결과로 제시할 수많은 웹페이지를 미리 헤집고 돌아다니는 일명 스파이더(spider, 혹은 검색로봇)를 내보냄으로써 색인 작업을 수행하는 원리는 현재 가장 많이 사용되는 검색엔진인 구글(Google)도 마찬가지이지만, 구글은 이미 몇 년 전부터 해당 웹페이지의 메타태그를 검색결과의 순위를 결정하는 데 전혀 반영하지 않고 있어 메타태그를 악용한 침해자의 행동이 더 이상 통하지 않게 되었다.

요컨대, 기술(技術) 발전 등 제반환경의 변화로 도메인이름이나 메타태그 '자체'에 대한 추가적인 법적 논의는 이제 상당부분에서 무의미해졌다는 단언도 가능한 상황이다. 하지만 기술의 변화에 불구하고 상표권 침해 혹은 부정경쟁방지법 위반[41]의 유무 판단, 그 중 가령 타인에게 속한 표지를 임의로 사용하였는지 여부의 판단은 그 기본적인 틀이 변화하지 않는 추상적 법적평가 문제일 수밖에 없다. 그런데 과거 빈발하였던 도메인이름이나 메타태그 관련 사례들은 현실공간과는 성질상 전혀 다른 인터넷 공간에서의 '상표 사용' 유무가 처음으로 문제되었던 소중한 경험이며, 앞으로도 계속 다양한 형태로 등장할 '인터넷상 상표의 사용 유무' 문제를 판단하는 데 직접적인 도움을 받거나 중요한 시사점

---

40) 구글 웹마스터의 이런 설명은 <http://googlewebmastercentral.blogspot.com/2009/09/goo-gle-does-not-use-keywords-meta-tag.html>.

41) 본 주석은 편의상 상표법을 중심으로 설명하고자 이하에서는 상표법과 부정경쟁방지법을 묶어 '상표법 등'으로, 상표법상 상표와 부정경쟁방지법상 표지를 묶어 '상표 등'으로 각 칭한다.

을 제공받을 수 있을 것이다.

나. 도메인이름에서의 상표 사용 논란

(1) 외국에서의 논의

미국에서도 도메인이름 그 자체는 원칙적으로 상표가 아니므로 다른 행위가 결합되지 않는 한 '상표의 사용'이 인정되지 않는다.[42] 아울러 단순히 도메인이름을 부당선점하고 있거나 인터넷사이트를 특정하기 위해 도메인이름을 활용하는 행동도 역시 상표의 사용이 아니다.

하지만 도메인이름이 쓰인 해당 웹사이트의 내용과 결합하여 예외적으로 상표로서 기능할 수 있다는 해석이 지배적이다.[43] 만일 도메인이름을 쓰고 있는 웹사이트상에서 가령 회계법인 혹은 레스토랑 체인을 운영하고 있다면 그 웹사이트는 그런 거래에 대한 광고에 해당할 것이어서 결국 도메인이름도 상표에 해당할 수 있다. 더 나아가 연방제2항소법원의 가장 극단적인 사례는 도메인이름 안에 어떤 단어라도 쓴다면 바로 상표의 사용이 성립된다고 판단하기도 하였다.[44] 한편, 키워드 검색광고와 관련해 연방제2항소법원의 Rescuecom판결[45]에서는 만일 당해 도메인이름이 상품, 서비스의 출처표시기능을 수행한다면 상표로 등록받을 수도 있다고 판시한 바 있다.

한편, 일본의 경우 도메인이름과 관련하여 'mp3.co.jp' 판결[46] 등 몇 개 사례가 존재한다. 이들은 일단 도메인이름 자체는 상표가 아니라고 하면서도, 웹사이트에서 도메인이름의 전부 또는 일부를 표시하여 상품의 판매나 서비스의 제공에 관한 정보를 게재하고 있는 경우라면 도메인이름을 상품 등의 표시로 사용하고 있다고 볼 수 있다고 본다. 결국 미국에서의 입장과 실제로 다르지 않다.

---

42) Lockheed Martin Corp. v. Network Solutions, Inc., 985 F. Supp. 949 (C.D. Cal. 1997), aff'd, 141 F.3d 1316 (9th Cir. 1998) ("도메인이름의 등록은 다른 행동이 없는 한 상표로서 당해 명칭을 사용한 것이 아니다."). Accord Jews for Jesus v. Brodsky, 993 F. Supp. 282 (D.N.J. 1998), aff'd without op., 159 F.3d 1351 (3d Cir. 1998) ("도메인이름의 단순한 등록은 다른 행동이 없는 한 상표의 거래상 사용이 아니다."); Data Concepts, Inc. v. Digital Consulting, Inc., 150 F.3d 620 (6th Cir. 1998) (Merritt, J., concurring: "도메인이름이 단지 인터넷공간에서의 주소를 가리킬 뿐 상품, 서비스의 특정한 출처를 가리키지 않는다면 그것은 상표로서 기능하는 것이 아니다.").

43) J. Thomas McCarthy, op. cit., §25:76 중 p. 2.

44) TCPIP Holding Co., Inc. v. Haar Communications, Inc., 244 F.3d 88 (2d Cir. 2001). 여기서 피고는 'thechildrensplace.com'라는 도메인이름 아래 아무런 활동 없는 웹사이트를 유지하고 있었다.

45) Rescuecom Corp. v. Google, Inc., 562 F.3d 123, 128 (2d Cir. 2009).

46) 東京地裁 平成14.7.15. 平成13(ワ)12318号.

(2) 한국에서의 논의

도메인이름과 관련하여 상표사용 유무가 문제된 우리 대법원의 사례는 일명 'Rollsroyce' 판결[47]과 일명 'Viagra' 판결[48) 2건이 대표적이다. 전자의 사건에서 원고는 영국의 법인으로 'ROLLS-ROYCE' 상표 및 서비스표의 등록을 마친 권리자로 항공기나 자동차 등을 제조판매하는 자였고, 피고는 'rolls-royce.co.kr'라는 도메인이름을 등록한 후 항공기 등에 관하여 다른 관련 웹사이트들을 무료로 소개하는 행위를 하던 자였다. 한편 후자의 사건에서 원고는 발기 치료제에 관한 등록상표 'Viagra' 및 '비아그라'의 권리자이고, 피고는 'viagra.co.kr'라는 도메인이름을 등록한 뒤 생 칡즙 등을 판매하였는데 웹페이지 상에서 '산에 산에'라는 독자적인 상표를 표기하고 있었다.

이런 사안들에 대해 법원은 공통적으로, 도메인이름 자체는 상품의 출처표시로서 기능한다고 할 수 없어 그것을 차지하고 있는 것만으로는 상표법상 상표의 사용이나 부정경쟁방지법상 표지의 사용 어느 것에도 해당되지 않는다고 보았다. 구체적으로 살피자면, 'Rollsroyce' 판결은 피고가 도메인이름 양도의 대가를 원고에게 요구하였을 뿐 웹사이트상에서 원고가 등록한 상표권의 지정상품과 동일 또는 유사한 상품을 취급하거나, 원고의 등록서비스표의 지정서비스업과 동일·유사한 영업을 취급한 사실이 전혀 없다는 점을, 'Viagra' 판결에서는 도메인이름은 원래 숫자로 된 IP주소를 인간이 인식하기 쉽게 문자로 변형한 것일 뿐 상품이나 영업의 표지로서 사용할 목적으로 한 것이 아니라는 점을 각각 그런 부정의 근거로 지적하고 있다.

다만 위 판결들은 예외적으로, 피고가 권리자의 표지와 동일·유사한 도메인이름 하에 상품판매나 영업활동을 하는 경우라면 경우에 따라 표지의 사용이될 수 있음을 인정하고 있다.[49) 그런데 대법원 판결들은 도메인이름의 경우 적어도 해당 웹페이지 상단의 주소창을 통하여 시각적으로 제시된다는 점을 위와 같은 이런 예외 인정의 전제로 삼고 있다고 풀이된다. 비록 위 판결문들의 표현 자체에서는 그 점이 분명하지 않으나, '한글도메인이름'이 문제되었던 일명 '파

---

47) 대법원 2004. 2. 13. 선고 2001다57709 판결.

48) 대법원 2004. 5. 14. 선고 2002다13782 판결.

49) 두 판결의 명확한 판시는 아니지만 그 취지상 그러하다. 그 외 관련 사례로는 서울고등법원 2002. 10. 30. 선고 2002나9860 판결 참조(원고 검색엔진 Altavista와의 이용계약이 종료되었음에도 피고가 여전히 'altavista.co.kr'이라는 도메인이름을 유지하면서 검색서비스를 제공한 사안에 대하여 원고 서비스표에 대한 침해를 긍정한 사안임. 이는 대법원 2002다68492로 진행중 심리불속행 기각되었음).

출박사' 판결50)에서 대법원은 주소창에 계속 표시되는 통상적인 도메인이름과
는 달리 '한글도메인이름'은 피고의 웹사이트 화면에 표시되지 않는다는 점을
서비스표의 사용을 인정한 원심을 파기하는 데 가장 중요한 이유로 적시하고
있기 때문이다.51)

　　아울러 피고가 자신의 별도 상표를 웹페이지 상에서 표기하고 있는 경우라
면 권리자의 상표 자체가 도메인이름에 임의 사용되었더라도 상표로서 사용하
는 것에는 해당되기 어렵다는 입장을 판례는 분명히 하고 있다('Viagra' 판결 참
조52)). 이것은 바꾸어 말하면 해당 도메인이름이 표지의 기능을 분명히 하고 있
음이 인정되더라도, 그것보다 피고의 상품에 더욱 밀착된 또 다른 표지가 있다
면 후자의 표지가 상표이지 권리자의 표지는 간혹 영업표지가 될지는 몰라도
결코 상표가 될 수 없다는 것으로 결국 1개의 상품에 2개 이상의 상표가 부착
될 수 없다는 입장이라고 할 수 있다.

---

50) 대법원 2007. 10. 12. 선고 2007다31174 판결. 이 사건 원고는 가사서비스업 등에 관한
'파출박사'라는 서비스표 권리자인데 경쟁자인 피고가 소외 넷피아에 '파출박사'라는 한글
도메인이름을 자신의 웹사이트(www.pachulpaksa.com)에 연결되도록 서비스를 신청하고 그
웹사이트 상에서 직업정보 제공업을 영위하자 소를 제기하였다. '한글인터넷주소'라고도
불리는 넷피아(Netpia) 제공의 서비스는 서비스신청자로부터 일정한 수수료를 받은 뒤, 넷
피아가 미리 배포한 도우미프로그램이 설치된 컴퓨터의 이용자가 앞서 서비스신청자가 미
리 특정한 한글문구를 일반적인 도메인이름 대신에 인터넷주소창에 입력하면, 이용자를
바로 서비스신청자의 웹사이트로 연결시켜 주게 된다. 그런데 여기서 서비스신청자가 자
신과 경쟁하는 타인의 상표권에 일응 속하는 특정 문구를 신청자 자신의 웹사이트로 연결
하는 경우 법적분쟁이 발생하는 것이다.
51) 즉 파기사유로 "이 사건 한글도메인이름(판결문은 '한글인터넷 도메인이름'이라고 칭하
고 있음, 筆者註)은 최상위도메인이름 등을 입력할 필요 없이 단순히 한글 등의 키워드를
인터넷주소창에 입력하여 원하는 웹사이트에 접속할 수 있도록 만든 인터넷주소로서, 인
터넷주소창에 도메인이름을 입력하여 실행하면 그 웹사이트의 주소창에 도메인이름이 표
시되는 일반적인 도메인이름과 달리 접속단계에서 피고 개설의 웹사이트에 연결하기 위하
여 사용되고 있을 뿐이고 이 사건 한글도메인이름을 인터넷주소창에 입력하고 실행하여
연결되는 피고 개설의 웹사이트 화면에는 이 사건 한글도메인이름이 표시되지 아니하는
점"과 아울러 피고가 웹페이지상에 별도의 서비스표를 표기하고 있는 점을 들고 있다.
52) 일체의 상품판매나 영업행위를 하지 않고 도메인이름을 사실상 단순 점거만 하고 있었
던 'Rollsroyce' 판결의 사안과 달리 'Viagra' 판결의 사안에서는 피고가 영업활동을 하고
있었다. 대법원은 그렇더라도 피고의 웹사이트에서 취급하는 제품에 피고가 도메인이름과
는 별도로 독자적인 '산에 산에' 상표를 부착, 사용하고 있다는 점을 근거로 해당 도메인
이름이 여전히 출처표시로의 상표에 해당할 수 없어 상표법위반은 아니라고 하면서도, 다
만 그와 별개로 도메인이름이 피고영업에 대한 영업표지에는 해당한다고 보아 부정경쟁방
지법상 영업표지의 희석화 책임은 긍정하였다.

다. 메타태그에서의 상표 사용 논란

(1) 개요

미국 법원은 메타태그(meta-tag), 엄밀히는 키워드 메타태그(keyword meta)에서의 '상표의 보이지 않는 사용'에 관해 상표권침해를 긍정하여 왔다. 이에 관한 많은 판결들은 상표의 사용은 간단히 긍정하거나 아예 당연히 전제한 다음 주로 혼동가능성(likelihood of confusion)의 유무판단에 판결의 논의를 집중하여 왔다.

메타태그에서의 상표 사용에 대하여 최초 침해를 긍정하며 예비적 금지명령을 내린 것은 1997년 캘리포니아 북부 연방지방법원의 Playboy v. Calvin Designer Label 판결53)이었지만, 비교적 간략한 설시만을 담고 있을 뿐이다. 이후 연방제9항소법원이 1999년 판단한 Brookfield 판결54)이 지금까지도 메타태그에 관한 대표적인 사례로 거론된다. 하지만, 오로지 메타태그에서의 보이지 않는 사용행위만이 규제된 사례 중 가장 유명한 것은 연방 제7항소법원이 2002년 판단한 Promatek 판결55)이다.56)

---

53) Playboy Enterprises Inc. v. Calvin Designer Label, 985 F.Supp. 1220 (N.D. Cal., Sept. 8, 1997).

54) Brookfield Communications, Inc. v. West Coast Entertainment Corp., 174 F.3d 1036 (9th Cir. 1999). Brookfield는 엔터테인먼트 산업에서 수집한, 영화 산업 개관, 티켓 판매 현황, 개봉 스케줄 등 각종 정보를 담은 소프트웨어를 'MovieBuff'란 명칭으로 판매하고 있었다. 그런데 상대방 West Coast는 500개 이상의 체인점을 가진 미국의 비디오 대여 사업체로 Brookfield보다 앞서 'MovieBuff.com'이라는 도메인 네임을 등록하였고 웹페이지의 메타태그에서도 'Movie Buff'를 사용하였다. 도메인 이름의 부당선점 행위부분에 대한 이 사건 판결문의 판시에서 인정된 '최초관심에서의 혼동이론'이 뒷부분 메타태그에서의 판시에도 대부분 원용되고 있다.

55) Promatek Industries, Ltd. v. Equitrac Corp., 300 F.3d 808 (7Cir., 2002.). 예비적 금지명령을 신청한 Promatek은 'Copitrak'이라는 상표를 가진 복제추적기(가령 로펌, 회계법인 등에서 특정 고객의 의뢰에 따라 행하는 업무상 복제, 팩스, 전화 등 일체의 행적을 추적, 집합하여 나중에 해당 고객에 대한 비용청구에 자동적으로 산입해주는 기기 혹은 시스템)와 부가서비스를 제공하는 업체이고 상대방 Equitrac은 그 경쟁업체였다. Equitrac의 마케팅 책임자의 지시에 따라 웹디자이너는 Equitrac 웹페이지 메타태그에 신청인 상표인 'Copitrak'(실제 쓴 것은 오타 'Copitrack'이었음)을 포함시켰다. Equitrac측이 Promatek의 'Copitrak' 상품에 대한 보수유지서비스를 제공하기도 하였으므로 그렇게 한 것이었지만, Promatek은 이 사실을 알자마자 소송을 제기하였고 결국 승소하였다.

56) 사실 미국에서도 오로지 메타태그에서의 사용만이 문제된 사례는 달리 찾기 어렵다. 이렇게 선례가 아주 희소한 때문인지, 상표의 보이지 않는 사용을 인정하지 않는 상표사용론자들은 Promatek 판결을 '상표법 원칙의 기이한 돌연변이'라고 비판하기도 한다. 이런 비판은 Uli Widmaier, "Use, Liability, and The Structure of Trademark Law", 33 *Hofstra Law Review* 603 (Winter 2004), p. 673.

(2) Brookfield 판결과 Promatek 판결의 내용

Brookfield 판결에서는 메타태그에서의 상표 사용행위뿐만 아니라 도메인 이름의 부당선점도 문제되었고 후자가 오히려 주된 문제로 다루어지고 있다. 여기서 법원은, 메타태그에 원고(신청인)[57] 상표를 사용한 피고 웹사이트가 검색엔진의 검색결과로 이용자에게 제시되었더라도 이용자들이 곧장 피고 웹사이트로 연결되는 것이 아니라 여전히 이용자들에게 결과화면 중의 여러 웹사이트들 중에서 선택할 기회가 있고 나아가 설령 피고 웹사이트에 일단 진입하였더라도 이내 원고의 웹사이트가 아님을 알고 퇴거할 여지가 존재하므로 결국 혼동(confusion)이 존재하지 않는다는 피고 측의 주장을 부정하였다. 그러면서, 이른바 '최초관심에서의 혼동 이론(initial interest confusion)'에 따라 책임을 긍정하는데 판시 대부분을 할애하고 있다. 이 이론은 '판매전 혼동이론(pre-sale confusion)'으로 지칭하기도 한다. 그 호칭이 무엇이든지간에 원래 상품 구매 시점을 기준으로 소비자의 혼동 유무를 문제시하는 상표법의 전통적인 이론을 그런 구매 시점 이전단계, 즉 당해 상품에 대하여 처음 관심을 가지게 된 시점에 존재하던 혼동에까지 확장하자는 것이 위 이론의 취지이다.

반면 그 전제인 '상표의 사용'이 존재하는지에 관하여는 암묵적으로 위와 같은 혼동을 야기하기 위한 묵시적인 전제로 긍정하고 있을 뿐 명시적인 판단은 존재하지 않는다. 즉 판시를 보면 '메타태그에서 타인의 상표를 사용하는 것은 침해자의 가게 앞에 타인의 상표를 부착하고 있는 것과 아주 흡사하다'고 짤막하게 판시한 다음 왜 그런지에 관하여 아주 유명한 비유(고속도로 출구에 상표권자의 광고를 내걸고 그에 유인되어 빠져나온 운전자로 하여금 실제로는 눈앞에 놓인 경쟁자 자신의 가게에서 상품을 구매하게 반강제하는 상황)를 통하여 최초관심에서의 혼동초래행위가 왜 규제되어야 하는지를 설명하고 있을 뿐이다. 요컨대 해석상 논란이 있지만 위 판결은 메타태그에서 보이지 않게 상표를 사용하는 행위도 상표법상 상표의 사용에 해당하는 것을 전제한 입장이라고 이해된다.

한편 Promatek 판결에서 법원은, 피고가 메타태그에 원고의 상표를 사용한 결과 소비자들에게 최초관심에서의 혼동이 생길 수 있으며 혼동에서 가장 중요한 점은 혼동의 지속시간이라기보다 권리자의 신용에 편승하였다는 부분에 있

---

57) 이 사건은 예비적 금지명령(preliminary injunction)에 대한 것이어서 경우에 따라 한국법상으로 '원고'가 아니라 '신청인'(혹은 '채권자')이라고 호칭하여야 하겠으나 편의상 원고라고 칭한다.

으므로 최초관심에서의 혼동도 연방상표법상 위법행위로 규제될 수 있다고 보았다. 그런 혼동은 이내 사라질 수 있어 구매에의 영향이 미미하거나 전혀 영향을 끼치지 않을 수도 있지만 그렇더라도 이미 생긴 상표법 위반사실이 사후에 제거되는 것은 아니라는 것이다.[58] 다만 이와 구별하여, 피고는 원고의 상품에 대한 보수유지서비스를 한다는 사실에 터 잡아 그런 사실을 광고하거나 메타태그에 원고의 상표를 사용할 수 있고, 자신의 웹페이지 등을 통하여 자신의 상품과 원고의 상품을 비교하는 행위를 적법하게 할 수 있다고 판시하면서도,[59] 법원이 지금 문제 삼는 부분은 피고가 마치 원고인 것처럼 소비자들을 기망할 우려가 있도록 메타태그에 원고의 상표를 사용한 행위라고 선을 그었다. 이처럼 Promatek 판결은 앞서 연방제9항소법원의 Brookfield 판결이 제시한 입장을 충실히 따르는데 그치지 아니하고 그 입장을 강화하였다고 평가된다. Brookfield 판결은 메타태그에서의 보이지 않는 사용뿐 아니라 도메인이름에서의 사용도 문제되었으므로 (논자들이 보기에 따라서는) 도메인이름에서의 보이는 사용을 인정하는 데 수반하여 메타태그에서의 보이지 않는 사용도 쉽게 인정한 것이라고 해석할 여지가 있지만, Promatek 판결은 아예 보이지 않는 사용만을 대상으로 침해긍정으로 나아가고 있기 때문이다.

라. 메타태그에 관한 한국과 일본의 판례 동향

한국에서 메타태그에서의 상표 사용이 상표권 침해로 문제된 사례는 찾아보기 힘들다.[60] 다만, 일명 '메타랜드' 사건[61]에서 법원은 앞서 미국의 판결들처럼 곧바로 혼동가능성의 유무를 판단함으로써 묵시적으로 메타태그에서의 사용도 '상표의 사용'임을 전제한 듯한 태도를 보이고 있다.[62]

---

58) 300 F.3d at 812-813.

59) 300 F.3d at 814.

60) 가령 한국의 판결문상 '메타태그'라는 용어가 실제로 등장하고 있는 사례로는 상표권 침해와는 무관한 분쟁사례(대법원 2007. 1. 11. 선고 2006다38369 판결 및 그 하급심 판결들)만이 발견된다.

61) 서울남부지방법원 2004. 4. 29. 선고 2002가합14533 판결(서울고등법원 2004나39629호로 항소심 진행 중 2005. 2. 3. 조정성립).

62) 이는 피고가 원고와 유사한 인터넷쇼핑몰을 운영함에 있어, 상호는 상이한 '마이마켓'이었지만 검색엔진으로 원고 등록서비스표의 일부인 'metaland'로 검색하면 피고 쇼핑몰이 검색되었던 사안이다. 판결문상 '메타태그'란 문구를 쓰고 있지는 않지만 피고의 메타태그상에 'metaland'가 사용된 것으로 추측되는 사안이었다{이런 짐작으로는 최성준, "인터넷상에서의 상표법상 문제점", 저스티스 통권 제87호(2005), 39}. 법원은 서비스표의 사용 유무 부분은 판단하지 아니하고 바로 나아가 "검색엔진 이용자는 그 중 자신이 찾고자 하는 목적에 부합하는 사이트를 선택하는 것이므로, 검색엔진에 검색되었다는 사정만으로 검색

한편 일본의 경우 2005년 오사카 지방법원의 '자동차 110번 (クルマの110番)' 사건에 대한 판결63)이 메타태그에 관한 유일한 사례로 거론된다. 그러나 위 사건은 이른바 '설명적 메타태그(description meta)'가 문제된 것이어서 검색서비스의 검색결과화면 중 요약문구에 피고가 메타태그에 쓴 원고의 상표가 이용자에게 보이는 사안이었다. 따라서 상표의 사용이 별다른 고민 없이 긍정되었다. 결국 위 사건은 경쟁자가 보이지 않게 권리자의 상표를 임의로 활용한 것이 일단 침해요건 중 '상표의 사용'에 해당하는지를 판단한 사건은 아니다. '키워드 메타태그(keyword meta-tag)'에 관해서는 일본의 학설상 그런 유형의 메타태그를 소비자가 인식할 수 없기 때문에 상표의 사용이 아니라는 부정설64)이 다수설이며, 긍정설65)은 소수라고 한다.66)

3. 인터넷상의 상표 사용 유무에 관한 현재의 논란

가. 검색광고를 둘러싼 미국에서의 논란

(1) 2000년 중반 소위 상표사용론의 등장과 그 영향하의 WhenU.com 판결

이미 미국에서는 1995년경 연방법이 명문으로 희석화이론을 채택함으로써67) 저명상표는 예외적으로 혼동이 없는 경우에도 보호될 수 있게 되었을 뿐

엔진 이용자들이 원고의 서비스표와 피고 운영의 위 각 사이트 사이의 인적·조직적 연계가 있다고 오인할 우려가 있다고 보기도" 어렵다고 하여 침해주장을 배척하였다.

63) 大阪地裁 平成17.12.8. 判決 平成16(ワ)12032号. 원고는 자동차 수리업 등을 지정한 표장으로 등록된 "중고차 110번" 권리자였는데 피고회사 등이 역시 차정비업 관련 웹사이트를 운영하면서 설명적 메타태그 안에 "자동차 110번"이라는 문구를 삽입하여 그것이 검색엔진에 의한 결과화면상 요약문구로 제시되자 손해배상소송을 제기하여 승소하였다. 사안에 관해서는 可児 佐和子, "メタタグによる商標権侵害の成否－大阪地裁平成17年12月8日 平成16(ワ)12032 2006.7.19." 日本商標協会 判決研究部会 發表文(2006. 7. 19.) 중 3면 참조.

64) 이런 견해로는 佐藤恵太, "インターネット利用に特有の諸技術と知的財産法", ジュリスト1182号, 2000; 発明協会, 『平成14改正 産業財産権法の解説』(2002); 高橋和之·松井茂樹 編 『インターネットと法』 第3版, 有斐閣(2004) 중 青江秀史·茶園茂樹, "インターネットと知的財産法" 등이 있다.

65) 반대로 "메타태그는 웹페이지의 소스(source) 보기 기능을 통해 인식할 수 있고, 아울러 검색엔진을 통해서 인식할 수 있다고 말할 수 없는 것은 아니며 … 만일 오프라인공간에서였다면 단지 시각적으로 인식되지 않는다고 상표권침해를 부정하기는 곤란하였을 것이다" 라고 하여 긍정설은 土肥一史, "ネットワーク社会と商標", ジュリスト1227号(2002).

66) 이상의 찬반론은 可児 佐和子(주 63), 10에서 인용함.

67) 1995년 연방 희석화 방지법(Federal Trademark Dilution Act, FTDA)을 가리킨다. 이렇게 확장된 상표권의 범위를, 연방대법원은 2003년 Moseley v. V Secret Catalogue, Inc., 537 U.S. 418 판결을 통하여 단순한 식별력손상의 우려(likelihood)가 아니라 실제(actual) 손상이 필요하다고 판시하여 제한하고자 하였지만, 연방의회는 2006년 상표희석화 개정법률

만 아니라, 아울러 통상 식별력을 가진 상표에 대하여도 앞서 연방제9항소법원의 Brookfield 판결이나 제7항소법원의 Promatek 판결의 입장과 같이 '최초관심에서의 혼동 이론'에 터 잡아 보호하는 사례가 점증하였다. 이런 총체적 경향은 독점권의 과잉보호에 이르기 쉽다. 2000년 중반에 이르러, 이런 과잉보호의 우려를 지적하면서 전통적으로 상표권 침해는 직접 자신의 상품 등에 상표를 임의로 부착한 자에 국한하여 인정되었는데 타인의 상품광고에 관해 검색엔진에까지 책임을 확장하는 경향이 부당하다는 주장이 제기되었다. 이것이 소위 상표사용론(trademark use theory)이다.[68]

상표사용론은, 혼동이나 희석화 유무를 따지기 이전에 그 전제조건으로서 '상표의 사용'이 존재하여야 하는데, 상품이나 포장용기, 전시물이나 그에 부착된 표찰, 혹은 성질상 곤란한 경우 당해 상품 등에 관한 문서상에 상표가 고정되었어야(placed on) '거래상 사용'에 해당한다고 분명히 규정하고 있는 연방상표법 제45조[69]에 의하면 그런 고정이 존재하지 않는 인터넷상 활용, 가령 메타태그 혹은 키워드 검색광고 사안이라면 위와 같은 '사용'이 존재하지 않으므로 혼동이나 희석화 유무를 판단할 필요도 없이 곧바로 상표권 침해가 성립하지 않는다는 주장을 제시하였다. 이렇게 함으로써 인터넷상 상표권자의 지나친 독점으로 타인의 공정경쟁이 저해되는 것을 방지할 수 있다는 것이다.

침해자에 의한 권리자의 상표 사용 유무는 사실 그 이전까지의 법원 판단에서 일응 그대로 넘어가거나 적어도 판결문에 자세히 판단되지 아니한 것이 분명하였다. 따라서 상표사용론의 참신한 주장은 미국 법원뿐 아니라 한국[70] 등에 이르기까지 상당한 호응을 불러일으키게 된다. 상표사용론에 충실하게 입각한 대표적인 판결로 거론되는 것이 연방제2항소법원의 2005년 1-800 Contacts 판결[71]이다. 이것은 종전 Brookfield 판결이나 Promatek 판결과 다르게 도메인

(Trademark Dilution Revision Act, TDRA)을 통하여 실제 손상이 없더라도 침해가 인정된다고 분명히 못 박았다.

68) Stacey L. Dogan & Mark A. Lemley, "Trademarks and Consumer Search Costs on The Internet", 41 Houston Law Review 777 (2004), pp. 779-782.

69) 15 U.S.C. § 1127.

70) 이런 이론에 입각한 판결로는 인터넷채널21 사건(혹은 네이버광고대체 사건)에 관한 서울고등법원 2008. 9. 23.자 2008라618 결정 및 서울고등법원 2009. 10. 22. 선고 2009노300 판결 등이 있다.

71) 1-800 Contacts, Inc. v. Whenu.Com, Inc., 414 F.3d 400 (2d Cir., June 27). 원고는 콘택트렌즈 등을 온라인이나 전화 등으로 판매하는 상인이다. 피고의 'Save Now'란 애드웨어를 배포하는데 이것은 이용자의 웹브라우저가 방문하는 사이트를 감시하다가 저장된 목록에

이름이나 메타태그가 아니라 검색광고(search advertising)에서 상표 사용이 있는
지가 문제된 것이었다.

구체적으로 문제된 피고의 행위는, 피고가 배포한 애드웨어(Adware)에서 PC
이용자가 원고 사이트 방문 시 자동적으로 원고경쟁자의 팝업(pop-up)광고를 띄
우는 행위, 그리고 그런 팝업동작을 위해 미리 애드웨어의 목록 속에 원고사이
트의 도메인이름(www.1800contacts.com)을 포함시켜둔 행위 등이다. 항소법원은
상표권침해를 긍정한 1심 판결72)을 파기하면서 2가지 행위 모두 상표의 사용이
아니라고 판단하였다.

항소심은 먼저, 애드웨어 목록 속에 설령 이 사건의 실제와 달리 원고상표
가 포함되었더라도 이는 연방상표법이 요구하는 상품 자체에의 '고정'(place)73)
이 아닌 점, 원고 도메인이름은 목록 속에서 암호화된 형태로 쓰였을 뿐이어
서74) 마치 원고상표인 것처럼 시각적 혼동(visual confusion)을 초래할 수 없는 점
을 들어, 애드웨어 목록 속에서의 활용은 '상표의 사용'이 아니라고 판단하였다.

항소심은 다음으로, 팝업광고를 띄우는 행위 부분에 있어서도 ① 피고가 원
고상표 자체를 보여준(display) 것이 아니며, 팝업창은 원고사이트 배경화면과 분
리되어 일체의 유형적 변화를 끼치지 않고 아울러 WhenU.com의 표지가 부착된
이상 팝업광고가 원고사이트에 직접(on)75) 사용된 것이라고 인정하기 어려운
점, ② 원고 스스로 도메인이름을 우연히 자신의 상표에 유사하게 채택하였기
때문이지 WhenU.com이 상표와 유사함에 착안하여 원고 도메인이름을 목록에
쓰고 있는 것은 아닌 점76) 등을 들어 상표 사용이 아니라고 하였다.

덧붙여 항소심 법원은 이처럼 상표의 사용이 인정되지 않는 이상 설령 부당
편승(free riding)과 같은 (혼동)행위가 있더라도 연방상표법의 규제영역에는 해당

대응하는 사이트 방문 시 대응하는 광고를 팝업 형태로 제시하는 역할을 하는 것이다. 원
고는 피고의 애드웨어가 원고의 사이트를 방문하는 이용자의 PC에 경쟁사의 팝업광고를
띄우는 행위가 연방상표법 위반이라고 제소하였다.

72) 309 F.Supp.2d 467 (S.D.N.Y.2003).

73) 이는 앞서 '상표의 사용'에 관련된 연방상표법상 규정들 중 제45조의 상세내용을 참조할 것.

74) 피고 목록 속에 포함된 것은 정확히 원고상표가 아니라 그와 유사한 원고 도메인이름이
었다. 상표 자체는 아니라도 그와 유사한 이상 별다른 차이가 없다는 원심판단을 비판하면
서, 항소심은 양자 간 차이 때문에 특히 원고 상표 자체에 의해서는 팝업광고가 일어나지
않는다는 점을 중시하였다.

75) 미국 상표법 제32조에서, 상표가 상품 등에 '직접(on which)' 사용되었을 것을 요구하는
문구가 있다.

76) 414 F.3d at 410.

하지 않으며 오히려 상거래관행상 정당한 경쟁행위에 가깝다는 취지로[77] 판단하고 있다. 항소심은 만일 혼동가능성까지 나아가 판단하더라도 PC이용자 스스로 애드웨어를 설치한 이상 혼동가능성도 존재할 수 없음이 분명하다고 보았다.[78]

특히 이 항소심에 대한 상고허가신청이 기각됨으로써[79] 연방대법원도 일견 같은 법적판단을 한 것이라는 그럴듯한 해석까지 더해져 한동안 위 판결은 아주 주목을 받게 되었다. 이후에도 연방제2항소법원의 1-800 Contacts 판결과 같은 입장을 취한 판례가 2항소법원의 관할내 1심법원들에 의하여 몇 개 더 등장하였다.[80]

(2) 상표사용론에 대한 반격과 2009년 Rescuecom 판결 등

한편 미국 판례의 동향을 살피면, 연방제2항소법원의 1-800 Contacts 판결 이전까지 검색광고에서의 상표 사용 유무에 관해 가장 대표적인 사례로 꼽히는 1999년경 Playboy Enterprises v. Netscape 사건[81]에서는 피고 검색엔진이 키워드 광고를 제시하는 행위가 일단 원고의 상표 사용에는 해당함으로 암묵적으로 전제한 뒤 혼동가능성이 있는지 여부 판단에 전적으로 치중하였고 판결의 결론에서는 피고 책임을 부정한 바 있다. 1-800 Contacts 판결 이후에도 상표사용론을 배척하고 키워드 검색광고 사안에서 상표의 사용이 있음을 긍정한 하급법원의 사례가 오히려 다수이다.[82]

---

77) 법원은 잡화점에서 상표권자의 상품을 찾는 소비자들에게 그 상품 바로 옆에 잡화점이 모방한 저렴한 대체상품을 진열하는 행위가 상거래상 허용되는 행위에 불과한 것처럼, WhenU.com도 원고상품을 찾는 인터넷이용자에게 대체렌즈나 할인쿠폰정보를 알려주는 등 동일한 판매전략을 사용하고 있을 뿐이라고 판시하였다. 414 F.3d at 411.

78) 414 F.3d at 411.

79) 546 U.S. 1033 (Nov. 28, 2005).

80) Merck & Co. v. MediPlan Health Consulting Inc., 425 F. Supp. 2d 402, 406 (S.D.N.Y. 2006); Rescuecom Corp. v. Google, Inc., 456 F. Supp. 2d 393, 397-404 (N.D.N.Y. 2006); FragranceNet.com, Inc. v. FragranceX.com, Inc., 493 F. Supp. 2d 545, 546 (E.D.N.Y. 2007). 이는 Greg Lastowka, "Google'S Law", 73 Brooklyn Law Review 1327 (Summer, 2008), pp. 1385-1390에서 잘 요약정리하고 있다.

81) Playboy Enterprises, Inc. V. Netscape Communications Corp., 55 F. Supp. 2d 1070 (C.D. Cal. 1999)

82) 가장 빠른 것은 Geico v. Google, 2005 WL 1903128 (E.D.Va. Aug 08, 2005) 사건이었다. 그 외에도 800-JR Cigar, Inc. v. GoTo.com, Inc., 437 F. Supp. 2d 273 (D.N.J. 2006); Buying for the Home, LLC v. Humble Abode, LLC, 459 F. Supp. 2d 310 (D.N.J. 2006); Edina Realty, Inc. v. TheMLSOnline.com, No. 04-4371, 2006 U.S. Dist. LEXIS 13775 (D. Minn. Mar. 20, 2006); Australian Gold, Inc. v. Hatfield, 436 F.3d 1228 (10th Cir. 2006); Hearts on Fire Co. v. Blue Nile, Inc., 603 F. Supp. 2d 274 (D. Mass. 2009) 등이 있다. 아울러 이들 판결 상당수는 이렇게 상표사용을 긍정한 뒤 최초관심에서의 혼동이론을 침해

특히 주목할 만한 것은 앞서 상표사용론을 지지한 대표적 사례로 꼽히는 2005년 1-800 Contacts 판결을 내렸던 연방제2항소법원조차 2009. 4.에 이르러 Rescuecom 판결[83])을 통하여 상표사용론에 반대하는 입장으로 돌아섰다는 점이다. 위 Rescuecom 판결은 2016년 현재까지도, 검색광고를 둘러싼 사안에서 과연 '상표의 사용'이 있었는지를 판단함에 있어 가장 중요한 선례로 남아있다.

상표사용론의 대표적인 주창자[84])조차 근래에는 미국 판례의 주류적 흐름은 상표사용론의 주장과는 정반대로 치닫고 있음을 자인하고 있는 상황에 이르고 있다.

Rescuecom 판결에서 연방제2항소법원은, 항소법원 자신이 내린 1-800 Contacts 판결을 원용하여 상표의 사용을 부정한 1심을 파기하고 있다.[85]) 그러면서, 1심이 다음 2가지 점에서 1-800 Contacts 판결과 이 사건의 차이를 간과하였다고 비판하고 있다. 첫째, 1-800 Contacts에서는 피고가 팝업의 대상으로 원고의 도메인이름을 활용하였을 뿐 원고상표 자체는 사용한 적이 없고,[86]) 둘째, 애드웨어 목록 중 해당 카테고리에 속한 여러 광고를 무작위로 팝업의 대상으로 삼았을 뿐 이

판단기준으로 삼고 있다.

83) Rescuecom Corp. v. Google, Inc., 562 F.3d 123, (2d Cir. 2009).

84) Stacey L. Dogan, "Beyond Trademark Use", pp. 138-139 및 151-152. 특히 주목할 만한 것은 Dogan교수가 '구글 등 검색엔진이 상표를 사용하지 않았다'라는 주장 속에 적어도 직접침해책임을 부담하여서는 안 된다는 것일 뿐 구글이 간접침해책임을 부담하는 것은 여전히 거론가능하다고 설명한 부분이다. 이는 광고주가 상표사용에 따른 직접침해를 부담할 수 있음을 전제한 것으로 결국 키워드 검색광고 사안에서 적어도 누군가에 의한 상표의 사용이 있음을 우회적으로 인정하고 있는 것이다. 가령 "광고행위자를 직접 침해자로 취급하는 것이 (검색엔진에게 직접침해책임을 부과하는 것보다) 보다 정확하고 현실적인 법적취급이다"라는 위 논문 144면 참조.

85) 앞서 1-800 Contacts 사건에서는 원래 상표 사용을 긍정하였던 원심을 파기하여 항소심이 부정설을 취하였던 것과 반대로, Rescuecom 사건에서는 상표 사용을 부정한 원심을 파기하여 항소심이 긍정설을 취하고 있다. 이것만 보더라도 '상표의 사용'과 관련한 논의가 얼마나 어렵고 애매한 문제인가를 짐작할 수 있다.

86) 여기서 항소심 자신의 1-800 Contacts 판결이 그 판결문 중 11번 각주부분 등에서, 만일 상표자체였다면 달리 평가하였을 것이라고 부연하였음을 강조하고 있다. 그러나 이는 일종의 변명이다. 그런 부연이 덧붙여진 것은 사실이지만, 보다 중요한 본문의 판단에서는 애드웨어 목록 속에서의 활용은 연방상표법이 요구하는 상품 자체에의 '고정'이 아니고 목록 속에서 암호화된 형태로 쓰인 것으로는 시각적 혼동을 초래할 수 없음을 주로 지적하고 있다. 이는 환언하여 활용대상이 상표이든 도메인이름이든지 상관없이, (침해자의 상품 제공행위자체에서) 보이지 않는 표지의 사용은 '상표의 사용'이 아니라는 입장인 것이다. 그런데 이번 Rescuecom 판결에서 항소심은 키워드 검색광고 사안이어서 다소 앞서와 상이하지만 역시 마찬가지로 보이지 않는 표지의 사용이 문제되고 있는 사건에 관하여 상표의 사용이라고 긍정하고 있다. 이는 연방제2항소법원의 변명에 불구하고 근본적인 입장의 변화이다.

사건 피고처럼 원고상표를 원하는 특정상인에게 키워드로 판매하는 행위를 하지 않았다는 것이다.[87] 사실 앞서 1-800 Contacts 판결 자체의 논리에 무리가 있었을 뿐 아니라 이를 다시 뒤집고 회복하려는 연방제2항소법원의 Rescuecom 판결 역시 과거의 무리를 자기변명하려는 부분에서 그 설시에 몇 가지 의문이 있다. 하지만 의미 있는 점은 항소심이 키워드 검색광고의 행태가 마치 오프라인공간에서 경쟁상인의 대체상품을 상표권자의 상품 옆에 진열하는 행위처럼 적법하다는 주장을 배척하는 과정에서, 이 사건 사안은 그와 달리 경쟁상품을 마치 상표권자의 상품인 것처럼 소비자가 믿을 수 있도록 판매업자가 배열하는 행위로서 단지 상품진열(product placement)이라는 이유로 상표사용이 아니라고 할 수 없다고 판시한 부분이다. 이를 선해하자면, 상표상품을 찾는 이용자 앞에 경쟁상품을 들이미는 제시행위에서와 같이, 보이지 않는 상표의 사용을 '상표의 사용'으로 파악하고 있는 것이다.[88] 법원은 나아가 이런 상품진열행위가 더 나아가 혼동가능성 유무의 판단단계에서 그 가능성이 부정되어 최종적으로 침해책임을 면할 수 있을지라도 상표의 사용조차 없다고는 할 수 없음을 분명히 하고 있다.

　　끝으로 연방제2항소법원은 Rescuecom 판결에서 상표침해에 직접 관계된 제32조 (1)항[89] 및 제43조 (a)(1)항[90]상의 '거래상 사용'의 의미에 관해 분석한 장문의 보론(appendix)을 덧붙이고 있다. 여기서 조문간의 상호논리적 해석론[91] 과 연혁적 고찰론[92]을 거친 다음, 등록요건으로 요구되는 '거래상 사용'을 정의

---

87) 이와 관련하여 상표를 키워드 검색광고용으로 '판매하는 행위'가 상표의 사용에 해당하는 지에 관하여는 2010년 당시 미국에서조차 논란이 있다는 설명은 J. Thomas McCarthy, op.cit. 중 §23:11.50 "Infringing use as a trademark", p. 4. 앞서 상표사용론의 입장에서는 당연히 이런 키워드 판매행위가 상표의 사용이 될 수 없다는 입장이다. 참고로 한국에서 문제되었다면 위 상황은 오프라인 공간에서 경쟁업자에게 아직 부착되지 아니한 상표 자체를 생산하여 공급한 행위에 대응하는 것으로 상표법 제108조 제1항 제2호가 침해간주로 보고 규제하고 있을 뿐 제89조에 정한 상표 사용행위에는 해당하지 않을 것이다.

88) 562 F.3d at 130.

89) 15 U.S.C. §1114(1). 여기서는 (a) 상품 등에 직접 혹은 그와 관련하여, 혼동 등의 우려가 있는 판매나 광고행위에서 모조상표를 거래상 사용하거나 (b) 모조상표를 제조한 다음 상품 등의 판매나 광고에 직접 혹은 그와 관련하여 활용되는 포장이나 광고물 등에 위 모조상표를 거래상 사용하는 행위를 침해행위로 규정하고 있다.

90) 15 U.S.C. §1125(a)(1). 상품 등에 직접 혹은 그와 관련하여 혼동 등의 우려가 있는 단어, 상징 등을 거래상 사용하는 행위를 침해로 규정하고 있다.

91) 562 F.3d at 132-33. 여기서 법원은 만일 '성실하게(bona fide)' 사용할 것을 요구한 제45 조가 침해단계에도 적용되게 되면 악의의 침해자는 자신의 불성실(bad faith)을 근거로 오히려 침해책임을 벗게 되는 불합리한 결과가 됨을 지적하고 있다.

92) 특허법이나 저작권법과 달리 연방헌법 제8조(Art. I §8, cl.8)에 따라 연방의회로의 수권 사항에서 제외된 상표 영역에 대하여 연방의회가 소위 연방헌법상 또 다른 조항인

한 제45조의 내용 모두가 침해단계에 적용되는 것은 아니라고 판시하고 있는바, 여기서 직접 '상표사용론'을 거론하여 반박대상으로 삼고 있지는 않지만 그와 분명히 반대된 입장을 취하고 있다.

나. 검색광고를 둘러싼 미국 이외의 국가들에서의 논란

(1) 총론

일본의 동향은 상대적으로 조용한 편이다. 인터넷을 둘러싸고 파생된 법적 문제 전반에 대해 그러하듯이, 일본의 경우 오히려 한국보다 관련 논의나 판례가 드문 것으로 보인다. 다만 2002년 상표법 개정을 통하여 인터넷 등장을 반영한다는 목표로 상품 등의 정보에 상표 등을 붙여 인터넷을 통해 제공하거나 용역을 제공하는 인터넷화면상에 서비스표를 표시하는 행위 등이 새로 '사용'에 해당하게 되었다(일본 상표법 제2조 제3항 제7호 내지 제8호 참조). 아울러 인터넷광고와 '상표의 사용' 문제를 다룬 사례로는 2007년 오사카 지방법원의 '파파야 발효식품(パパイア発酵食品)' 사건93)이 거론된다. 여기서 원고는 피고의 검색엔진(Yahoo Japan)에서 원고 상표문구인 'PS-501'과 'カリカセラピ'(이는 CARICA CELAPI의 일본어 발음에 해당)를 입력할 경우 피고 검색엔진의 광고공간(스폰서 사이트)에 피고가 유치한 광고가 표시되는 것이 상표법상 상표권 침해에 해당한다고 주장하였다. 그러나 법원은 간략한 설시를 통해 원고 상품의 명칭 및 상표를 키워드로 삼아 이용자가 검색한 결과페이지상에 피고의 광고가 게재되었다는 사실이 왜 원고 상표의 사용에 해당하는지 원고가 분명히 하지 못하였고 아울러 피고행위는 일본 상표법 제2조 제3항 각 호에 기재된 표장의 사용의 어느 것에도 해당하지 않는다고 판단하여 결국 상표법에 기한 침해주장을 배척한 바 있다.94)

'commerce' 조항(복수 주에 걸친 거래행위는 연방의회가 규율할 수 있다고 정함)에 근거하여 1881년 연방상표법을 처음 제정한 시점에서 법원의 고찰은 출발하고 있다. 이후 1962년 상표법이 개정되면서 원래 침해단계에 대한 제32조에서는 위치상 서로 관련 없이 동떨어져 있던 'use'와 'commerce' 두 문구가 조문정리과정에서 우연히 'use in commerce'로 합쳐져 마치 그전부터 존재하던 제45조의 동일한 문구와 호응하는 것으로 오해되게 되었다고 분석하고 있다(562 F.3d at 136-37). 그 뒤 1988년 개정을 통해 제45조에서 뒤늦게 '성실하게(bona fide)' 사용할 것을 요구하게 되었다고 한다(562 F.3d at 137). 마지막으로 법원은 제45조에 이미 존재하던 요건인 '고정(placed on)'과 위와 같이 나중에 추가된 '성실하게(bona fide)'라는 요건이 모두 침해단계와 무관한 것은 아니고 전자의 요건은 침해단계에 적용될 것이라고 보았는데, 이는 자신의 선례인 1-800 Contacts 판결이 취한 입장을 존중하는 취지임을 드러내었다(562 F.3d at 139-40).

93) 大阪地裁 平成19.9.13. 判決 平成18(ワ)7458号.

94) 실제로 원고의 상표는 'PS-501'과 'CARICA CELAPI' 등이 횡서된 형태였고, 피고는 그와 유사한 표지를 사용하고 있어 두 표지가 유사한지, 아울러 부정경쟁방지법 보호요건으로 원

그와 달리 프랑스나 독일의 법원에서는 주로 구글을 피고로 삼아 인터넷상 상표의 사용이 쟁점이 된 사건들이 여럿 등장하였다. 그런데 이것을 일일이 살필 필요성은 크지 않다. 그 이유는 첫째, 현재 한국의 관련 입법과 판례 변화에 미치는 영향 면에서 이들의 동향이 미국의 그것과 달리 별로 크지 아니하고,[95] 둘째 이들 국가들에서 피소된 상대방이 거의 예외 없이 미국의 구글인 까닭에 피고가 인터넷상 상표권 침해를 부정하며 제시한 반박논리의 핵심이 다름 아니라 미국에서의 상표사용론에 터잡은 것이므로 굳이 별도로 이를 다시 살필 필요가 적으며,[96] 셋째 이들 국가들의 판례가 비록 외형상 일단 자국 상표법에 근거하고 있는 듯 보이더라도 유럽연합 역내의 상표관련 모든 규범이 유럽공동체상표(Community Trade Mark, CTM)제도를 중심으로 유럽연합 지침(Directive)이나 규정(Council Regulation)에 의하여 통일되고 있으므로 그것들이 더 중요하기 때문이다.

따라서 본 주석에서는 유럽연합 사법재판소(European Court of Justice, ECJ)[97]에서 '유럽연합 공동체상표 규정[98]과 관련하여 '상표의 사용'이 존재하는 지 판단한 2010. 3. 23.자 Louis Vuitton v. Google France 판결을 주로 살피고자 한다.

(2) 유럽연합의 경우

유럽연합 차원에서 상표권에 관한 첫 규범은 지침(Directive) 형태로 정해진 1988년경 일명 '유럽연합 상표지침'(Trademark Directive)이었다. 하지만 회원국들에게 보다 강한 규범력을 가진[99] 유럽연합 공동체상표규정[100]이 1993년에 제정

고의 상표가 주지저명한지 등이 먼저 문제되었고 판결문의 대부분이 이 점에 대한 판단에 치중하고 있어 정작 본 주석의 주제와 관련하여서는 위 본문에서와 같은 판시가 전부이다.

95) 이것은 과거 1-800 Contacts 판결이 내려진 이후 그 상표사용론의 영향 하에 2008년경 인터넷채널21 사건 혹은 네이버광고대체 사건으로 불리는 사건들의 항고심 내지 항소심 (서울고등법원 2008. 9. 23.자 2008라618 결정 및 서울고등법원 2009. 10. 22. 선고 2009노300 판결)이 유사한 입장을 취한 사실, 그보다 나중에 있었던 그 형사상고심 판결(대법원 2010. 9. 30. 2009도12238 판결)은 미국의 상표사용론이나 그에 찬동한 한국에서의 입장에 대한 반대견지에서 이루어진 것임이 간접적으로 확인되고 있는 사실만 보아도 그러하다.

96) 이것은 아래 설명할 Louis Vuitton v. Google France 판결의 내용을 참조할 것.

97) 1952년 유럽공동체(EC) 시절부터 조약에 근거하여 설립된 사법기관으로 유럽연합에 이르는 현재까지 유럽연합지침 등 유럽연합의 관련규범이 체약국 내에서 통일적으로 해석되도록 보장하는 기관이다. 이는 <http://europa.eu/institutions/inst/justice/index_en.htm>.

98) 정식명칭은 'Council Regulation (EC) No 40/94 of 20 December 1993 on the Community trade mark.'

99) 지침(Directive)은 회원각국이 국내법으로 수용할 의무를 이행할 필요가 있음에 반하여 이사회 규정(Council Regulation)은 바로 구속력 있는 법으로 성립하는 것으로 현재 유럽연합법(EU Law)의 가장 기본적인 규범이다. 이는 <http://ec.europa.eu/community_law/introduction/what_regulation_en.htm>.

100) 'Council Regulation (EC) No 40/94 of 20 December 1993 on the Community trade mark'.

되었다. 그 규정 제9조 제1항[101]은 '공동체상표권의 효력'장(章, section)의 첫 조
문인데, 타인이 허락 없이 상표를 자신의 상품 등에 '거래상 사용'하는 행위에
공동체상표권의 효력이 미친다고 규정하는 한편, 같은 제2항[102]에서 표지를 상
품이나 그 포장에 부착하거나 상표 아래서 상품을 공급하거나 거래서류상이나
광고에 상표를 사용하는 행위가 위 제1항에서 금지되는 범위에 속한다고 정하
고 있다.

　　유럽연합 사법재판소가 2010. 3. 23. 내린 Louis Vuitton v. Google France
판결[103]은, 프랑스의 파기원(Cour de cassation, 破棄院)이 이미 자국의 1심과 2심
법원에 의해 피고 구글의 상표권침해책임이 긍정되었던[104] 사건의 상고심 심리
를 정지한 채 유럽연합의 관련 지침과 규정의 의미에 관한 해석을 의뢰(referral)
한데 대한 대답이다. 유럽연합 사법재판소의 이 판결은 다음과 같은 2가지 점에
서 중요하다.

　　첫째, 유럽연합 사법재판소는 키워드 검색광고 사안에서 광고행위자가 직

---

101) 제9조(공동체상표가 부여하는 권리)
　　① 공동체상표는 권리자에게 다음에 관한 독점권을 부여한다. 권리자는 자신의 동의
　　　없이 타인이 다음의 것을 '거래상(in the course of trade)' 사용하지 못하도록 금지
　　　할 권리를 가진다.
　　(a) 공동체상표와 동일한 표지(sign)를 공동체상표의 지정상품 혹은 서비스와 동일한
　　　상품 또는 서비스에 관련하여(in relation to) 사용하는 것
　　(b) 공동체상표와 동일하거나 유사한 일체의 표지를 공동체상표의 지정상품 혹은 서비
　　　스와 동일하거나 유사한 상품 또는 서비스에 사용하여 일반공중에게 혼동을 생기
　　　게 하는 것. 이때 혼동에는 당해 표지와 공동체상표 사이의 견련관계(association)에
　　　대한 혼동도 포함한다.
　　(c) 공동체상표가 유럽연합에서 저명성을 가졌고 만일 당해 표지의 사용이 정당한 이
　　　유 없이 그 저명 공동체상표의 식별력에 부당하게 편승하는 것이거나(takes unfair
　　　advantage) 그 식별력에 손상을 가하는 경우, 공동체상표와 동일하거나 유사한 일
　　　체의 표지를 공동체상표의 지정상품 혹은 서비스와 유사하지 않은 상품 또는 서
　　　비스에 사용하는 것
102) 『② 그 중 다음 행위들은 1항에 따라 금지된다.
　　(a) 표지를 상품이나 그 포장에 부착하는(affixing) 행위;
　　(b) 그 상표 아래서(under the sign) 상품을 공급하거나 유통시키거나 공급·유통 목
　　　적으로 저장하거나 서비스를 그와 같이 제공하거나 공급하는 행위;
　　(c) 그 상표 아래서 상품을 수입하거나 수출하는 행위;
　　(d) 거래서류상, 그리고 광고에 상표를 사용하는 행위』
103) Google France SARL v Louis Vuitton Malletier SA (C-236/08, C-237/08 & C-238/08)
　　[2010]. 이번 판결에서 루이뷔통에 대한 C-236/08 사건 외에 Viaticum社 등에 대한
　　C-237/08 사건, CNRRH 社에 대한 C-238/08 사건이 병합되어 함께 판단되었다.
104) 파리지방법원은 2005. 2. 4.에, 파리항소법원은 2006. 6. 28.에 각각 피고의 책임을 긍정
　　하였다. 이는 위 판결문의 내용 참조.

접침해자이며 구글은 간접침해책임 유무만이 거론될 수 있을 뿐이라고 판단하였다. 이런 판단은 구글 등이 '직접' 침해책임을 (단독으로 혹은 광고행위자와 공동으로) 부담한다는 것을 전제로 논의가 이루어져온 미국 법원의 주류적 판단과는 완전히 대비되는 것이다.

둘째, 어찌되었든 유럽연합 사법재판소도 키워드 검색광고 사안에서 상표의 사용이 존재한다는 점을 분명히 긍정하고 있는 점이 본 주석의 주제와 관련하여 더 중요하다. 유럽연합의 규정도 일견 상품에의 물리적인 부착을 중심으로 규정하고 있음에도 재판소는 유연한 해석을 내린 셈이다.

재판소의 판결내용을 자세히 보면 우선 검색엔진 구글에 관하여, 구글이 인터넷검색서비스제공자(internet referencing service provider) 역할을 하면서 원고상표와 동일한 키워드를 자신의 서버상에 저장하고 그 키워드에 대응하는 광고를 제시하는 역할을 수행한 것만으로는 유럽연합 상표지침 제5조 제2항이나 유럽연합 공동체상표규정 제9조 1항(c)의 규정에 해당하는 상표의 사용이 아니라고 판단하였다. 왜냐하면 구글이 '거래상' 키워드를 저장하고 판매하는 것은 사실이지만 정작 (상표를) '사용'하는 주체는 구글에게 대가를 지급하고 광고서비스를 이용하는 경쟁업자들이기 때문이라고 하고 있다. 구글은 그런 경쟁업자의 광고가 가능하게 기술적 환경을 조성하고 대가를 징수하는 자에 불과하지 그런 광고서비스 제공자를 상표사용자로 볼 수 없다는 것이다.[105]

구글의 경우와 달리, 원고들의 경쟁업자가 키워드 검색광고를 하는 행위는 상품이나 서비스와 관련하여(in relation to) 사용하는 것에 해당한다고 판단하였다. 여기서 광고에 상표가 나타나지 않으므로[106] 사용이 없다는 주장을 배척한 근거로 재판소는, ① 공동체상표규정 제9조 제2항에서 정한 유형 중 키워드 검색광고 사안이 제2항b에 정한 '상표 아래서(under the sign) 상품을 공급하는 행위'와 유사하다는 점, ② 표지를 상품 등에 부착(affixing)할 것을 요구하는 등 제9조 제2항에 정한 유형에 해당하지 않더라도 이 항의 유형들이 1항에 정한 상품 등과 '관련하여(in relation to)' 사용하는 행위를 모두 열거한 것이 아니라 예시한 것에 불과한 점, ③ 새로운 인터넷 환경에서는 키워드 검색광고 사안에서 상표의 사용이 있을 수 있음에도 규정 제9조 제2항은 그런 환경 등장 이전에

---

105) 판결문의 Paragraph 56-57 참조.
106) 병합된 3개 사건 중 루이뷔통 사건 부분에서는 구글 'sponsored link' 광고에 루이뷔통 문구가 드러나 있어 상표사용이 쉽게 긍정되었지만 나머지 2개 사건의 광고에서는 상표가 직접 보이지 않았다.

입법된 규범에 불과하다는 점 등을 들었다.[107] 특히 ③번째 근거와 관련한 보충
설명으로, 키워드 구매자는 당초부터 이용자들이 권리자의 상품을 검색하는 과
정에 자신의 상품도 찾게 할 의도였고 이용자들 역시 그렇게 키워드 구매자의
사이트로 대체상품을 찾아 방문할 수 있게 되는데 이것은 위 지침이나 규정이
정한대로 상품 또는 서비스에 '관련하여' 사용되는 것에 해당한다고 설명하고
있다.[108] 여기서 유럽연합 사법재판소는 비교광고에서의 사용도 이미 오프라인
공간의 사안들에 대한 이전 판결들에서 분명히 상표의 사용에 해당함을 밝힌
적이 있음을 강조하고 있다.[109] 법원은 다만, 그런 광고행위가 항상 상표의 사
용이 되는 것이 아니며, 통상적인 인터넷 이용자가 당해 상품이나 서비스의 출
처가 상표권자나 그와 견련관계에 있는 자인지 아니면 제3자인지를 확인할 수
없거나 확인이 곤란한 경우에 국한된다고 하고 있다.[110]

　　끝으로 구글은 위에서처럼 자신의 (직접) 침해책임은 부담하지 않지만 자신
이 광고를 판매한 경쟁업자의 (직접) 침해행위에 대하여 부수적인 책임을 부담
할 수 있다는 견지에서 과연 구글이 2000년 전자상거래 지침(Directive on elec-
tronic commerce)[111]에 따라 서비스제공자(service provider)[112]의 (간접)책임제한요
건을 구비하였는지를 검토하는 단계 직전까지 나아갔다. 재판소는 만일 구글이
광고를 통한 경쟁업자의 상표권침해에 관하여 인식하였거나 통제할 수 있었던
지위가 아닌 한 위 경쟁업자의 행위로 인한 (간접)침해책임을 부담하지 않을 것

---

107) 판결문의 Para. 62-66 참조.
108) 판결문의 Para. 67-69 참조. 직접 판시한 것은 아니지만 결국 낡은 규정을 해석론으로 보
　　완한다는 취지로 보인다.
109) 판결문의 Para. 70-71 참조. 여기서 O2 Holdings Limited and O2 (UK) Limited v.
　　Hutchison 3G UK Limited, (C-533/06) [2008] 판결과 L'Oréal SA and others v. Bellure
　　NV and others. (Case C-487/07) [2009] 판결을 원용하고 있다.
110) 이 부분을 보더라도 유럽연합의 이 판결도, 상표 사용유무의 판단에 있어 그것이 출처표
　　시라는 상표의 개념요소 때문에 혼동가능성 문제와 완전히 분리되기 어려움을 드러내고
　　있다.
111) '역내시장에서의 전자상거래를 포함한 정보화 사회 서비스의 특정분야에 대한 지침'. 정
　　식명칭은 "Directive 2000/31/EC of the European Parliament and of the Council of 8 June
　　2000 on certain legal aspects of information society services, in particular electronic com-
　　merce, in the Internal Market." 이에 관해 자세히는 박준석, 「인터넷서비스제공자의 책임」,
　　박영사(2006) 중 102-108면 참조.
112) 위 지침은 책임제한을 부여할 서비스제공자의 유형을 서비스유형에 따라 '단순한 도
　　관'(Mere conduit), 캐싱(Caching) 및 호스팅(Hosting)으로 나누어 규정하고 있다. 이번 판결
　　에서는 이 사건 사안과 관련하여 구글이 위 3가지 중 호스팅(Hosting)서비스제공자에 해당
　　한다고 보고 있다.

이라면서도,113) 그에 대한 최종적 판단은 프랑스 자국법원이 판단할 것이라고 마무리하고 있다.

다. 미국이나 유럽연합의 동향이 주는 시사점

통상 상표권 침해분쟁의 핵심은 예전부터 혼동가능성(likelihood of confusion)이었고 이것은 미국, 유럽연합, 일본 등 외국뿐 아니라 한국 역시 마찬가지였다. 그런데, 이상에서 살펴본 대로 인터넷 광고에서 유독 그보다 앞서 '상표의 사용'이 논란이 된 것은 현실공간에서와 달리 인터넷 공간에서는 침해자로 주장된 상대방이 자신의 상품이나 광고상에 권리자의 상표를 부착하거나 시각적으로 제시하지 않고도 상표가 가진 고객흡입력을 활용하는 것이 팝업이나 키워드 검색 방식 등 새로운 기술로 가능해졌기 때문이다. 인터넷이 점차 현실공간에 못지않게 상품이나 서비스 유통에서 아주 중요해지고 있기 때문에 이런 편승행위가 치열한 법적 분쟁을 불렀음은 불문가지이다.

그러나 상표법에서 가진 인터넷의 그런 의미를 한국뿐 아니라 미국, 유럽연합 등 외국에서도 심각하게 고려하여 법에 반영하지는 못하였다.114) 그 때문에 각국 법원이 당면한 첫 문제는 어느 나라의 상표법이나 앞서 세세히 문구를 살펴본 대로 거의 예외 없이 현실공간에서의 상표법적용만을 염두에 두고 '상표의 사용'과 관련하여 상품에의 물리적인 부착 내지 고정, 시각적인 사용 등을 요구하고 있어 그 문구를 그대로 엄격하게 해석해서는 이제는 아주 중요해진 인터넷공간에서의 편승행위를 적어도 현행 상표법으로 규제하기가 곤란하다는 점이었다.

이런 현행 상표법에 대한 각국 법원의 해석에 있어 만일 현실공간에서의 상품거래에 관한 논의라면 상표사용론이나 이에 찬동하는 일부 판례의 입장이

---

113) 위 지침 제14조는 호스팅(Hosting)에 대하여 먼저 제1항에서, 호스팅 서비스제공자가 이용자의 침해행위를 실제 인식(actual knowledge)하였거나 침해행위가 이루어지고 있다고 볼 만한 사실이나 정황을 알고 있었을 때 책임을 부담하지만, 침해행위에 관한 인식이 있거나 그렇게 볼 만한 사실이나 정황을 알고 있었더라도 그것을 제거하거나 그에 대한 접속을 방지하기 위하여 신속히 행동하였을 때에는 책임이 면제된다고 정하고 있다. 다음으로 2항에서 서비스이용자가 서비스제공자의 통제나 권한 아래서 침해행위를 한 때는 위와 같은 면책이 적용되지 않는다고 규정한다.

114) 가령 한국의 경우도 약 40년 전인 1973.2.8. 법률 제2506호로 전문개정된 상표법에서 이미 현행 상표법 제2조 제1항 제11호와 거의 동일한 문구를 구비한 정의조항이 제정된 이래 큰 변경이 없었다. 2011년 소리·냄새상표 도입으로 인한 제2조 제2항의 도입을 논외로 한다면, 현행 상표법 중 가령 위 11호 가목 중 '표시하는 행위'를 '붙이는 행위'로 규정하여 '표시'대신 '붙이다'라는 문구를 쓰고 있었던 점 정도가 차이였다.

더 설득력을 가진다. 종래 현실공간에서는 침해자가 모방상표나 모방서비스표를 침해상품에 부착하거나 간판에 내걸지 않고서는 상표권의 고객흡입력에 편승하기 어렵고115) 소비자 역시 그렇게 부착된 모방상표를 인지하는 순간이 대체로 혼동에 빠지는 시점이기 때문이다. 그러나 인터넷공간에서는 키워드 검색광고에서 보듯이 경쟁업자가 키워드 매입을 통하여 상표권자의 고객흡입력에 편승하기 쉽고, 소비자의 혼동은 시각적 인식과 무관하게 발생할 수 있다. 결국 미국이나 유럽연합의 법원은 이런 실질적인 차이를 형식적 문구에 지나치게 얽매여 무시하기보다, 과감하게 신축적인 해석론을 전개하는 방향으로 나아가고 있음을 앞에서 확인할 수 있다.

본 주석에서 자세히 다룬 미국이나 유럽연합의 판결 내용에서 특히 독자들이 주목하였으면 하는 부분은 다음과 같은 판시이다. 먼저 미국의 Rescuecom 항소심 판결 중, 검색광고에서의 스폰서링크가 현실공간에서 상표권자의 상품과 나란히 배열한 경쟁상품의 진열과 동일하다고 오해될 수 있지만 사실은 그와 달리 경쟁상품을 마치 상표권자의 상품인 것처럼 소비자가 믿을 수 있도록 판매업자가 배열하는 행위는 일단 상표의 사용에는 해당한다는 취지116)의 판시, 다음으로 유럽연합의 Louis Vuitton v. Google 판결 중 소비자가 당해 상품의 출처를 식별하기 곤란하게 만드는 수준의 키워드 검색광고라면 (광고행위자에 의한) 상표의 사용이라는 판시가 그것이다.

이것은 혹자가 '상표의 사용' 유무라는 형식적 판단과정에서 마치 '혼동가능성'이라는 개별적·실체적 판단을 하고 있는 것이라고 오해할 수도 있다. 그러나 이미 각국의 상표법에서 '상표의 사용' 중 일단 '상표'의 개념을 정의하면서 예외 없이 '출처표시'로서의 표지로 한정한 결과 그런 출처표시로서의 상표 사용을 판단하려면 혼동가능성, 환언하여 '출처표시로서의 혼동'이 우려되는지의 판단이 불가분하게 관련되기 때문에 그러할 뿐이다. 이런 사실은 '혼동가능성'이라는 상당히 모호한 개별적인 판단에 들어서지 않고도 '상표의 사용'이라는 비교적 형식적인 틀을 통하여 상표권의 무한한 확장을 제어할 수 있다는 상

---

115) 모방상표 등의 부착 없는 상품을 진정상품(眞正商品)으로 소비자가 오인하는 상황이란 고작해야, 침해자나 그 대리인의 구술(口述)에 쉽게 기망당한 경우이거나 혹은 진정한 상표권자가 내건 간판 '안'에서 경업을 벌이는 경우일 것인데 어느 경우나 현실적으로 발생하기 어렵다.

116) 그렇더라도 최종적인 침해책임의 성립을 위해 혼동가능성이 판단되어야 한다고 보았고, 이후 하급심에서 그런 혼동가능성은 대체로 부정하고 있음도 앞서 보았다.

표사용론의 기본 구상에 큰 흠이 있음을 드러낸다. 아울러 우리의 인터넷채널21 민사사건(혹은 네이버광고대체 민사사건)[117]의 최종결론이 그러하였듯이, 상표의 사용이 있든 없든 상표의 식별력에 편승한 혼동초래행위가 있는 경우 이것을 어느 규범으로든 최종적으로 규제해야 한다는 것은 각국에서 거의 다툼의 여지 가 없는 공통된 입장이다. 이를 고려하면, '상표의 사용'이라는 허들로 당해 행 위의 적절한 적법과 위법범위를 나누겠다는 상표사용론의 취지가 무색해진다.

상표 사용은 혼동가능성과 독립시켜 지나치게 강조하는 것은 곤란하지만, 다 만 그렇다고 아주 무용한 개념은 아니다. 상표의 사용이 충족되면 일응 출처표시 로서의 혼동이 문제될 수 있는 잠재적 영역에 들어선 것이다. 그러나 최종적인 책 임판단을 위해 그런 영역 안이라도 상표가 사용되는 태양에 따라 전혀 개별적이 고 상이하게 결론 내려지는 혼동가능성이라는 지극히 모호하고 난해한 판단과정 이 필요하다.[118] 이것은 실상 아주 막연한 개념에 불과한 '통상적인 소비자'에 의 한 혼동의 가능성을 침해판단에서 최고(最高)이자 최후(最後)[119]의 판단기준으로 선언하고 있는 데서 비롯된 상표법의 숙명이다. 사실 이런 모호하고 난해한 판단 은 상표법 학자나 법관이 거부하고 싶은,[120] 그러나 거부할 수 없는 숙명이기에 그 안에서 언제나 악전고투[121]를 지속해야만 하는 시합장이라고 할 수 있다.

---

117) 인터넷채널21 사건(혹은 네이버광고대체 사건)에 관한 서울고등법원 2008. 9. 23.자 2008 라618 결정 및 서울고등법원 2009. 10. 22. 선고 2009노300 판결.

118) 이것은 마치 도면으로 그려 비유하자면 '상표의 사용'을 온전한 모양의 원형 영역에, 출 처표시에 관한 혼동가능성에서 실제 최종적으로 혼동이 인정되는 경우들을 위 원형 안에 불규칙하게 위치한 무수한 개별 점(혹은 아주 작은 원형)으로 그릴 수 있다.

119) 저작권법이나 특허법에서 소비자(일반공중)란, 논리적으로 권리자에게 독점권을 보장하 는 과정에 그 독점권 보장이 적절한 범위 내에서 이루어지도록 균형을 잡는 데 동원되는 기능적 개념이자, 나중에 그 독점권이 일정기간 뒤 소멸하면 해당 가치물이 최종귀속하는 종착점에 불과하다고도 말할 수 있다. 반면 상표법에서 일반공중이란 처음부터 입법자가 권리자에 대한 독점권 보호 이상으로 염두에 두고 있는 것(가령 상표법이나 부정경쟁방지 법 제1조 목적 참조, 아울러 상표는 그 자체의 가치가 아니라 일반공중이 그것에 대하여 가진 식별력을 보호하는 것임을 참조할 것)이어서 어떤 논리로도 다른 것으로 대체할 수 없다.

120) 혼동가능성 판단으로 나아가지 않을 수 있다는 매력이 상표사용론 지지의 장점 중 하나 였음은 앞서 설명하였다.

121) 특허법이나 저작권법의 논쟁에서와 달리, 상표 및 부정경쟁방지법의 논쟁은 미국, 한국 모두에서 마치 법관이나 학자들 사이에 누가 더 궁극적으로 타당한 지표에 가까운지 다투 고 있는데 정작 지표(地表) 자체가 어디에 있는지 최후까지 확정되지 않는 상황속이라는 느낌을 자주 준다. 추상적 개념을 다루는 법학의 본질상 핵심개념이 일부 모호한 점은 특 허법, 저작권법에서도 역시 피할 수 없는 것이지만 '광의(廣義)의 상표법'에서 항상 더 혼 란스러운 이유는 그런 핵심요소들 상호간의 기본관계조차 그간 논란에 불구하고 명확하게 정리되지 않았기 때문이다. 그 때문에 상표법 영역에서는 어떤 주제이든 깊이 탐구하면 혼

　　상황이 그러함에도 출처표시의 혼동이 존재하는 영역에 해당함을 징표하는데 불과한 '상표의 사용' 개념이 지나치게 강조되어서는 상표법상 가장 중요한 판단기준인 '혼동가능성'의 존재를 무의미하게 하거나[122] 획일적인 처리로 잘못된 결론[123]에 이를 수 있다.

라. 검색광고를 둘러싼 한국에서의 논란 등
(1) 상표법 제2조 등의 해석에 대한 한국의 학설들

　　메타태그 혹은 한글도메인이름에서나 현재 더 문제되는 키워드 검색광고에서와 같이 권리자의 상표가 시각적으로 보이지 않는 '인터넷상 상표의 사용' 문제에 관해, 현행 한국 상표법을 문구 그대로 해석한다면 '상표의 사용'으로 보기 어렵다는 점은 미국 등의 법규와 다르지 않다. 이는 본 조문의 주석 서두에 밝힌 바이다.

　　그럼에도 한국 학설상으로는 메타태그에서의 상표 사용행위가 우리 법상 '상표의 사용'이 될 수 있는지에 관해 미국에서의 주류적 입장과 마찬가지로 긍정설[124]이 다수였던 것으로 보인다. 물론 부정설[125]도 있다.

　　반면 키워드 검색광고에서의 상표 사용 유무에 관해서는 이후 미국에서 등장한 상표사용론의 강한 영향 때문인지 상표법상의 상표 사용이 아니라는 부정

동가능성을 중심으로 결국 거의 모든 개념 요소들이 마치 고구마 줄기처럼 줄줄이 얽혀 등장하게 된다.

122) 가령 상표의 사용 유무를 판단하는 과정에서 사실상 혼동가능성 유무까지 판단해버리는 오류가 이번 인터넷채널21사건의 항소심들에서 극명하게 드러나고 있다.

123) 가령 미국에서 상표사용론의 처음 제창취지 중에는 구글 등 검색엔진이 소비자의 검색 비용을 절감해주는 유용한 공익적 도구이므로 상표의 사용이 없다하여 침해책임을 부정하자는 것인데, 이것을 그대로 추종하여서는 구글 등 검색엔진 사업자의 광고운영행태에 불문하고 언제나 혼동가능성 유무는 볼 것 없이 획일적인 면책이 부여되게 된다. 사업행태에 따라 혼동가능성 유무를 따져 개별적, 구체적 침해판단(저명상표인 경우 희석화 유무 판단도 마찬가지)을 하라는 상표법의 취지와 배치되는 것이다.

124) 최성준(주 62), 41 및 김성호, "메타태그(metatag)의 사용과 상표법상의 문제점," 창작과 권리 제25호(2001년 겨울호), 세창출판사, 31. 이들은 모두 문구상 다소 무리가 있으나 메타태그에서의 사용도 시각적으로 사용하는 것과 동일하게 해석할 필요가 있다는 견해이다. 비슷한 취지로 해석되는 것으로 조정욱, "인터넷상에서의 상표에 대한 법적 연구",『특별법연구』제7권, 박영사(2005. 12), 705-706. 한편 우리 상표법은 상품에 관한 광고에 상표를 표시하는 행위를 상표의 사용으로 보는데, 여기서 광고의 범위에 상표법상 제한이 없으므로 메타태그에서의 사용도 이에 해당한다는 견해로는 서계원, "메타태그 이용의 법적 문제점과 해결방안",『비교법연구』8권 1호, 동국대학교 비교법문화연구소(2007. 8), 77-78 참조.

125) 유대종, "검색광고의 법적 문제에 관한 소고", 인터넷법률 통권 제34호, 법무부(2006. 3.), 4-5.

설이 한국에서의 다수입장이다.126) 특히 부정설의 상당수가 부정경쟁방지법상의 표지 사용에도 해당하지 않는다는 입장으로 이어지고 있다.

절충설로 풀이될 입장도 있다. 이용자가 상표에 대해 시각적인 인식가능성127)을 갖지 못하였다는 것만으로 상표의 사용을 부정하는 것은 결과적으로 시각적으로 나타나지 않은 채 검색엔진의 서비스 과정 내부에서만 해당 상표를 활용하는 방법으로 상표권자의 이익을 침해하는 것을 전면허용하게 되어 부당하므로 이런 특수한 경우에 한하여 상표의 사용 개념을 확장해석하는 것이 불가피하다는 주장이다.128)

반면 키워드 검색광고에서까지 상표사용을 긍정하는 긍정설은 소수만이 취하고 있다.129) 여기서는 상표법상 광고 등에 상표를 '표시'한다는 뜻은 물리적인 부착된(physically affixed) 것에 국한하지 아니하며 목적론적 해석이 가능하다는 취지이다.130)

이와 관련하여 사견으로는, 문구해석상으로는 다소 무리가 있지만 긍정설과 같이 상표 등이 직접 상품 등에 사용되지 않더라도 상표법 제2조의 사용에

---

126) 송영식, 지적소유권법 하, 육법사(2008), 528-529; 남효순 편저, 인터넷과 법률Ⅲ(서울대 법대 전문분야 연구과정 제13권), 박영사(2010) 중 "Google의 키워드광고와 상표권 침해 및 부정경쟁행위"(김기영 집필부분), 497 및 499-500; 유대종(주 125), 7; 김금선, "팝업광고 및 키워드 광고의 위법성에 대한 고찰: 상표법 및 부정경쟁방지법을 중심으로", 석사학위논문, 서울대학교(2009. 2.), 93-95 및 107; 위 학위논문을 간추린 "팝업광고 및 키워드 광고의 위법성에 대한 고찰", 『Law&Technology』(제5권 제1호, 통권 제21호), 서울대학교 기술과법센터(2009) 등. 한편 윤선희, 상표법, 법문사(2007), 308도 같은 취지로 해석된다.

127) 백강진, "인터넷에서의 상표사용의 개념", 『LAW & TECHNOLOGY』(제5권 제5호), 서울대학교 기술과법센터(2009. 9.), 63면에서는, 상표에 대한 소비자의 '인식가능성'은 경우에 따라 (요구되지 않을 수도 있도록) 유연하게 해석가능하다고 하고 있는데, 취지상 '시각적 인식가능성'을 뜻하고 있다.

128) 백강진(주 127), 63-65. 다만 같은 이의 "인터넷 포털을 대상으로 한 대체광고 등 서비스의 적법성 여부 -서울고등법원 2008. 9. 23.자 2008라618 결정(쌍방 재항고)-", 97면은 소극설에 가까운 설명으로 해석되는데 선해하자면 이를 일부 수정하여 나중 글에서 절충적인 입장을 피력하고 있는 것으로 보인다.

129) 송영식(주 126), 237. 국내에서 가장 오랜 권위를 가진 이 교과서는 2008년 새로운 저자의 참여로 변경된 추가부분에서 앞서 각주설명대로 다수설에 가까운 설명을 하고 있다. 하지만, 원래 송영식, 황종환, 이상정, 지적소유권법 하(제5판), 육법사(1998), 213면(다만 여기서는 청각적 광고에 대하여 상표사용인지는 판단을 유보하고 있음) 등에서의 관련쟁점 설명은 줄곧 소수설적 입장이었다. 마찬가지로 김병일, "인터넷 검색엔진의 진화와 법적 쟁점", 84면에서는 "광고주가 자신의 상품을 소비자에게 인식시키려고 타인의 상표를 사용한 것은 사실이며 이때 상표는 상품에 사용되지 않아도 침해가 될 수 있고 키워드 매매는 상표기능에 의한 사용임을 나타내는 증거가 될 수 있다"라고 널리 소수설로 해석될 수 있는 입장을 표명하고 있다.

130) 송영식(주 126), 237.

해당하는 것으로 해석할 필요가 있다고 본다.[131] 미국, 유럽연합 등에서 최종적으로 키워드 검색광고에서까지 상표사용을 긍정하는 판례가 다수입장으로 자리잡고 있고[132] 이들은 공히 한국 상표법과 크게 다르지 않은 자신들의 규정을 신축적으로 해석하고 있음은 이미 설명하였다. 따라서 키워드 검색광고에서 상표사용을 긍정할지 아니면 부정할지 그 입장 차이에 관계없이, 한국의 논자들이라면 신축적 해석론의 필요성이 왜 등장하였는지 등을 잘 알아둘 필요가 있다. 이하에서는 먼저 2012년 대법원이 이 문제에 관한 전향적 입장을 내보인 판결을 내렸다는 점을 설명한 다음, 나아가 위와 같은 신축적 해석이 가능하다는 여러 가지 근거들에 관하여 살펴본다.

　　(2) 종전과 달리 비시각적 상표 사용에 조금은 전향적 입장을 보인 VSP 판결

　　일단 우리 대법원은 2012년에 이 문제와 관련하여 아주 의미 있는 판결을 내렸다. 세칭 VSP 사건에 대한 상고심 판결[133]이 그것이다.

　　이 사건에서 원고는 지정상품을 "전압급승압 방지기, 전압안정장치, 차단기" 등으로 하여 "VSP"란 상표를 등록한 자였다. 그런데 피고는 인터넷 포털사이트인 '다음(daum)'(그 도메인 이름은 www.daum.net이다)으로부터 "VSP"라는 키워드를 구입하였고, 이에 인터넷 사용자가 그 포털사이트의 검색창에 "VSP"를 입력하면 검색결과 화면에 '스폰서링크'로서 "VSP 엔티씨"라는 표제가 나타나고 그 아래 줄에 "서지보호기, 순간정전보상기, 뇌보호시스템"[134]이라는 상품의 종류가 표시되며, 그 다음 줄에 피고 회사의 홈페이지 주소인 "http://www.dipfree.com" 이 나타나고, 그 검색결과 화면에서 다시 "VSP 엔티씨"나 홈페이지 주소 부분을 클릭하면 피고 회사의 홈페이지로 이동하는 방식으로 되어 있는 인터넷 키워드 검색광고가 실시되었다. 피고는 위와 같은 방식의 인터넷 키워드 검색광고 중 그 검색결과 화면에 표시되는 "VSP 엔티씨"가 원고의 위 등록상표에 의한 상표권의 권리범위에 속하지 않는다는 확인을 구하였다. 요컨대 이용자들이 해당 키

---

131) 이와 비슷한 견해로는 홍동오, "주지상표와 유사한 표지를 도메인 이름으로 사용하는 행위 또는 키워드/메타태그 광고에 활용하는 행위가 영업표지 사용에 해당하는지", 변호사 (서울지방변호사회, 2013), 354.

132) 더 자세히는 박준석, "인터넷상에서 '상표의 사용' 개념 및 그 지위─검색광고 등 인터넷 광고에 대한 해외의 논의를 중심으로─", 法曹 통권 제651호, 법무부(2010. 12.) 참조.

133) 대법원 2012. 5. 24. 선고 2010후3073 판결.

134) 서지보호기는 급격한 과전압, 즉 서지(surge)가 생긴 경우 전류 변화를 억제하는 기계를 말하고, 순간정전보상기(Voltage Sag Protector) 및 뇌(腦)보호시스템은 낙뢰 등에 의한 순간 정전으로부터 피해를 방지하기 위한 장치이다(위 판결의 판시임).

워드에 대응하는 권리자의 상품을 찾고자 검색을 시행할 경우 곧장 제시되는 검색결과화면상에는 권리자의 상표를 포함한 스폰서링크가 추상적인 상품명칭과 함께 제시되지만, 그 링크를 클릭하면 연결되는 웹페이지 최종 내용 중에는 권리자의 상표가 표시되지 않았던 사안이었다.

이에 대하여 대법원은 "이 사건 표장이 표시된 인터넷 키워드 검색결과 화면의 내용과 피고 회사 홈페이지로 연결되는 전체적인 화면 구조 등을 살펴보면, 위 인터넷 키워드 검색결과 화면은 이 사건 표장을 붙여 상품에 관한 정보를 일반 소비자에게 시각적으로 알림으로써 광고한 것으로 보기에 충분하다 할 것이다. 따라서 피고가 위와 같이 인터넷 키워드 검색결과 화면에서 이 사건 표장을 표시하여 한 광고행위는 구 상표법(2011. 12. 2. 법률 제11113호로 개정되기 전의 것) 제2조 제1항 제6호 (다)목이 정한 '상품에 관한 광고에 상표를 표시하고 전시하는 행위'에 해당한다 할 것이니, 이 사건 표장은 자타상품의 출처를 표시하는 상표로 사용되었다"고 판단하였다.

평가하건대, 이 사건 판결은 "시각적으로 알림으로써…"라고 언급하여 여전히 상표의 사용을 인정하는 데 시각적 활용을 중시한다는 전통적 입장에서 완전히 벗어나지는 못하고 있다. 하지만, 이 사건에서 권리자의 상표 관련 문구("VSP 엔티씨")가 인터넷이용자에게 보이는 순간 동시에 제시된 것은 상대방의 홈페이지로의 링크주소와 상대방이 판매하는 상품들의 추상적 명칭뿐이었다. 이런 추상적 상품명칭과 동시에 상표가 제시된다는 사실만으로는 당해 상표가 상표법 제2조에 정의된 '상표의 사용'에 해당한다고 보기 어려운 면이 있었음[135]에도 과감한 해석론으로 '상품에 관한 광고에 상표를 표시…'하였다고 인정하고 있는 것이다.

(3) 비시각적 상표 사용을 긍정할 수 있는 논거들

(가) 상표법은 인터넷의 등장을 반영하고 있지 않아 해석론이 아주 유연해야 함

먼저 분명히 할 점은, 미국의 상표사용론이나 국내의 비슷한 입장으로부터의 비판과 달리,[136] 미국에서 상표사용론 비판설이나 국내의 긍정설이 상표의

---

135) 만약 부정경쟁방지법상의 '영업표지' 사용인지가 문제되었다면 앞서 설명한 'Viagra' 판결(대법원 2004. 5. 14. 선고 2002다13782 판결)의 논리를 응용해 이를 인정할 여지가 없지 않을 것이지만, 상표법상 '상표' 사용은 그것과 다른 문제라는 난점이 있었던 것이다.

136) 비판의 요지는 가령 키워드 검색광고에서 상표는 검색엔진 내부에 사용되었을 뿐 소비자가 인식할 수 있는 출처표시로서 사용되지는 않았음에도 반대입장이 이를 간과하고 있다는 취지이다.

사용 유무를 판단함에 있어 상표의 출처표시(出處表示)로서의 기능을 도외시하지는 않는다는 점이다. 출처표시의 기능, 환언하여 식별력(識別力)은 상표의 본질적 요소이고 이것이 결여된 활용을 '상표의 사용'이라고 보는 것은 어불성설이다. 서로 이해가 갈리는 부분은 그것이 아니라, 가령 소비자가 상품상에 부착된 상표를 시각적으로 인식할 수 없는 상황과 같이, 상표가 상품에 직접 쓰이지 않고 단지 거래과정에서 간접적으로 출처표시로서 기능한 경우[137]에 상표의 사용이 있다고 볼지에 관해서이다.

　　다음으로, 만일 현실공간 혹은 오프라인에서의 상품거래에 관한 논의라면 국내 다수설의 입장이 더 설득력을 가진다. 종래 현실공간에서는 침해자가 모방상표나 모방서비스표를 침해상품에 부착하거나 간판에 내걸지 않고서는 상표권의 고객흡입력에 편승하기 어렵고[138] 소비자 역시 그렇게 부착된 모방상표를 인지하는 순간이 대체로 혼동에 빠지는 시점이다. 그러나 인터넷공간에서는 가령 키워드 검색광고(혹은 한글도메인이름)에서 보듯이 경쟁업자가 광고키워드(혹은 한글도메인이름) 매입을 통하여 상표권자의 고객흡입력에 편승하기 쉽고, 소비자의 혼동은 시각적 인식과 무관하게 발생할 수 있다. 이런 면뿐만 아니라 인터넷의 등장이 지재권 전반에 얼마나 큰 변화를 몰고 왔는지는 새삼 강조할 필요도 없다. 그런데 문제는, 우리 상표법 제2조의 '상표의 사용' 정의조항은 입법자가 앞서 현실공간의 실황만을 염두에 두고 약 40년 전에 규범을 수립한 이래 사실상 실질적인 변화가 없었다는 점이다.[139] 그것의 규율대상인 제반 환경의 드라마틱한 변화에도 불구하고 특정한 규범이 여전히 변경되지 않았을 경우 전

---

137) 혹자는 메타태그나 키워드 검색광고에서 경쟁자의 사이트나 광고가 제시되는 것은 출처표시와 아무런 관련이 없다고 주장할지 모르지만, 특정 출처(권리자)를 찾는 소비자에게 대신 경쟁자의 상품을 제시하는 행동이 출처표시와 아무런 관련이 없다고 단정하는 것은 넌센스이다. 결국 경쟁자가 출처표시를 암묵적으로(비시각적으로) 하는 것도 권리자상표를 제시하는 종전의 출처표시 행위와 같게 취급할지가 다투어질 쟁점인 것이다.

138) 앞서 말한 대로, 모방상표 등의 부착 없는 상품을 진정상품(眞正商品)으로 소비자가 오인하는 상황이란 고작해야, 침해자나 그 대리인의 구술(口述)에 쉽게 기망당한 경우이거나 혹은 진정한 상표권자가 내건 간판 '안'에서 경업을 벌이는 경우일 것인데 어느 경우나 현실적으로 발생하기 어렵다.

139) 1973. 2. 8. 법률 제2506호로 전문개정된 상표법에서 이미 현행 상표법 제2조 1항 11호와 크게 다르지 않은 문구를 구비한 정의조항이 제정되었다. 차이가 있다면, 첫째로 2011. 12. 2. 개정으로 소리·냄새상표가 도입됨에 따라 "상표를 표시하는 행위" 안에 "소리 또는 냄새로 (표시)하는 것"을 포함하게 되었다는 점, 둘째 현행 상표법 중 가령 위 11호 가목 중 '....표시하는 행위'를 '붙이는 행위'로 규정하는 등 '표시' 대신 '붙이다'라는 문구를 쓰고 있었던 점 정도이다. 굳이 구별하자면 이렇게 '붙이다'라는 문구는 현행법의 '표시'보다 물리적인 부착(附着)에 더욱 가깝다고 볼 수 있다.

개될 수 있는 법해석의 방향은 크게 두 가지가 존재한다. 변화된 환경하에서도 여전히 같은 기준을 유지하려는 입법자의 결단이 소극적으로 존재하는 것으로 해석하거나, 아니면 제반환경의 변화에 맞추어 예전 그대로인 규범을 최대한 신축적으로 해석하는 것이다. 여기서 필자는 후자의 방향이 타당하다고 본다. 왜냐하면, 우리 상표법 문구들 자체에 많은 흠결이 존재하여 이미 인터넷 등장 이전의 현실공간에서의 적용에서조차 가령 판례는 과거 서비스표에 대한 규정에 관해 법해석의 한계를 완전히 벗어났다고 비판받을 여지마저 있는 해석론을 부득이 동원하여 왔던 점,140) 인터넷 등장에 따라 상표법에 요구되는 변화의 폭이 현실공간에서의 기존 규범 운용실태만을 그대로 유지해나가기에는 아주 곤란한 수준으로 보이는 점 등에 비추어 그러하다. 요컨대 인터넷 환경에서의 '상표의 사용' 유무에 관하여 현행 상표법의 평범한 해석론으로는 물리적인 부착을 염두에 두고 있다고 볼 수도 있으나 이는 부당한 결과에 이를 뿐이므로 아주 신축적인 해석이 불가피하다.

    (나) 상표법이 시각적으로 인식가능한 것만 상표로 인정한다는 점은 그 상표의 사용에서 시각적 활용만이 인정된다는 의미로 직결되지 아니함

    2011. 12. 2. 개정 이전까지 오랫동안 우리 상표법 제2조는 분명히 '시각적으로 인식할 수 있는 것'만 상표로 인정하여 왔는데 그럼에도 시각적으로 인식하지 않는 상태에서 상표를 사용하는 것이 과연 가능한가?

    위 질문에 대답하기에 앞서 다음의 두 가지를 주의할 필요가 있다. 첫째 여기서 '사용'의 대상으로 포착하려는 표지 속에, 당장 눈앞에 어떤 경위로든 보이는 권리자의 상표는 포함되지 않는다는 점이다. 즉, 종종 혼란스런 이해가 있지만, 팝업광고에서 팝업의 바탕화면상에 보여지는 권리자의 상표나 검색결과 화면에 경쟁자 광고 밑에 나란히 제시된 권리자 사이트의 표지는 침해자가 임의로 활용하여 사용하는 표지 자체로 보기 어렵다.141) 가령 팝업광고에 있어 상

---

140) 2016년 전면개정 이전의 상표법은 상표를 대상으로 한 규범들을 서비스표에 그대로 '적용'한다고 정하고 있으나(상표법 제2조 제3항), '상품 또는 상품의 포장에 상표를 표시하는 행위'가 서비스표에 그대로 적용되기는 애당초 불가능하기 때문에 그동안 판례 등은 (혹자의 비판에 따라서는 법해석론의 한계를 넘는) 해석론으로 법규의 결함을 메워왔음은 앞서 설명하였다. 즉 서비스 자체가 아니라 서비스 과정에 제공되는 물건(가령 서비스표인 'OO 미용실'을 미용도구상에 표시하는 것) 상에 서비스표를 표시하는 것으로 '신축적인 해석'을 할 수밖에 없었던 것이다.

141) 이 부분과 관련하여 취지가 다른 대법원 2010. 9. 30. 선고 2009도12238 판결의 입장에는 다소 의문이 있다.

표의 사용이 있음을 설명하는 데 있어 '단일광고이론(Single Advertisement Theory)[142]은 반드시 시각적 사용이 있어야 한다고 전제한 나머지, 바탕화면에서 보여지는 권리자 상표에만 잘못 주목하여 논리적으로 옹색한 설명에 이르고 말았다고 본다. 둘째, 실제로 제시된 경쟁자의 웹사이트나[143] 광고자의 상품광고에[144] 경쟁자 혹은 광고자 자신의 별도 상표가 물리적으로 부착되어 일부 출처표시 기능을 하고 있더라도 여전히 당장은 눈에 보이지 아니하는 권리자의 상표도 함께 사용되는 것으로 취급할 수 있다는 점이다. 즉 광고자가 별도의 상표를 따로 부착하여 그것이 상표로서의 기능을 수행한다는 사실은 광고자가 그에 더하여 또 하나의 상표를 사용할 수 있다고 인정함에 장애가 될 수 없다고 본다. 이런 경우 광고자는 그 자신의 상표와 권리자의 상표를 1개의 상품에 함께 사용하고 있다고 볼 수 있다. 이때 직접 물리적으로 더 가깝게 부착한 상표의 더 강한 인상 때문에 권리자의 상표 사용과 관련하여서는 그로 인한 오인혼동이 생기지 않는다고 보아 최종적으로 침해책임을 부정하는 것은 '상표의 사용' 요건 다음에 별도로 행해지는 혼동가능성 요건의 판단문제에 불과하다.[145]

나아가 앞서 질문에 대답하자면, 상표법이 허용한 상표로 인정되기 위한 범주가 시각적 상표에 국한된다는 사실과 그런 상표의 사용에서 시각적 활용만이 가능하다는 주장은 엄밀히 따져보면 전혀 별개임을 이해할 필요가 있다. 사실 그간 오프라인의 현실공간에서 상표법상 침해가 문제된 사례들에서 나타난 상표의 사용은 거의 예외 없이 표지를 물리적으로 부착(physically affixation)하여 시각적으로 사용한 것이었지만, 그렇다고 현실공간에서 보이지 않는 사용을 전혀

---

142) 이는 원래 팝업광고에서 상표의 사용을 긍정하기 위한 이론 중 하나이다. 즉 3차원의 현실공간에서와 달리 팝업광고 사안은 2차원공간이므로 팝업광고자는 그 광고창과 동일한 2차원 상에 위치한 배경화면이 제시하는 권리자의 표지를 사용한 것이라는 주장이다. 그 이론의 자세한 소개는 Erich D. Schiefelbine, "Stopping a Trojan Horse: Challenging Pop-up Advertisements and Embedded Software Schemes on the Internet Through Unfair Competition Laws", 19 Computer & High Technology Law Journal 409 (March 2003), p.507 이하 <http://chtlj.com/sites/default/files/media/articles/v019/v019.i2.Schiefelbine.pdf>.

143) 메타태그 사안과 같은 때이다.

144) 키워드 검색광고 사안과 같은 때이다.

145) 도메인이름 사안에 관한 다소 상이한 취지의 논평이기는 하지만, 우리 법원은 아직 피고의 웹사이트에서 피고 자신의 표지를 부착하고 있는 경우 사실상 출처표시기능을 수행하는 도메인이름은 전혀 상표로서의 기능을 인정하지 아니하는데 이런 법원의 태도는 부당하다고 비판하면서 해당 상표를 상품과 관련하여 광고적으로 사용한 것에 해당할 수 있다는 견해로는 김원오, "도메인이름의 식별표지로서의 법적 성격", 창작과 권리 제37호(2004년 겨울호), 세창출판사(2004. 12.), 117.

상정하기 불가능한 것은 아니었다.[146] 이미 2011. 12. 2. 개정 전 상표법상으로도 두 상표의 유사 여부를 판단하는 기준으로 시각적 요소인 '외관'뿐 아니라 칭호, 관념 등도 기준으로 동원되었다는 것을 간과하지 말아야 한다. 이는 바꾸어 말하면 외관에 의존하지 아니한 비시각적 활용태양도 그것이 거래실태로 존재하면 침해 유무의 기준으로 삼는다는 의미인 것이다. 즉 상대적으로 드문 예일 뿐[147] 우리 판례상으로 외관이 유사하지 않음에도 칭호, 관념이 각 유사하다는 점을 들어 두 상표의 유사성을 긍정한 예,[148] 심지어 외관, 칭호가 각 유사하지 않고 오직 관념만이 유사한 사안에서 두 상표의 유사성을 긍정한 예[149]가 각각 존재한다. 결국 소비자가 거래 당시 머릿속에 인식하고 있는 상표가 상표법상 상표에 해당하는 요건인 시각적인 것이라면 비록 구체적인 거래에서 시각적으로 제시된 바 없더라도 '상표의 사용'을 인정하는 데 별다른 문제가 없다고 볼 수 있다. '상표의 사용'이려면 원칙적으로 상품 또는 상품의 포장에 상표를 '표시'하는 행위여야 한다고 정의한 상표법 제2조 제1항 제11호의 해석도 마찬가지로 접근하여, 물리적 부착(physically affixation)된 것과 차이 있게 해석하는 것이 합리적이다.

더 나아가, 2011. 12. 2. 상표법 개정으로 소리상표나 냄새상표와 같이 아예 비시각적 요소를 본질로 하는 상표제도가 우리 법에도 도입되었다. 이런 상표들은 당연히 '상표의 사용' 개념을 구성함에 있어서도 원칙적으로 시각적 사용과는 거리가 멀 수밖에 없다. 가령 "상표를 표시하는 행위" 안에 "소리 또는 냄새로 (표시)하는 것"을 포함하게 되었다.[150] 혹자는 이런 규정변화는 소리상표와 냄새상표 등에 국한하는 것일 뿐 시각적 상표에 관해서는 종전과 마찬가지로 시각적으로 상표를 표시하는 행위 등만을 상표의 사용으로 인정하여야 한다고 주장할지도 모른다. 하지만 적어도 분명한 것은 앞으로 상표의 사용 문제를 소리나 냄새상표까지 포함하여 논의하려면 엄밀히 상표사용이 인정되기 위해 '상표가 시각적으로 제시되어야 하는가?'가 아니라 '상표가 당해 상품에 직접 쓰여야 하는가?'를 묻고 답하여야 할 것이라는 엄연한 사실이다. 즉 이후의 논의에

---

146) 가령 시각장애인들이 거래, 소비하는 점자책에 관해 침해자가 해당 상표를 침해한 경우가 상정될 수 있다.

147) 이는 바로 앞서 설명하였듯이 현실공간에서도 이론상 가능하였지만 실제로는 시각적 사용이 주류를 이루었기 때문이다.

148) 대법원 1992. 2. 25. 선고 91후769 판결.

149) 대법원 1986. 6. 24. 선고 85후86 판결.

150) 2011.12.2. 개정 상표법 중 제2조 제2항 참조. 이는 현행법 제2조 제2항 제1호에 대응한다.

서는 새로운 논란, 즉 시각적인 것이든, 냄새 혹은 소리이든지 간에 '당해 상품에 직접 고정되거나 연결되지 아니한 형태의 상표 활용행위가 상표의 사용일 수 있는가?'라는 문제가 대두된 것이다.

이상의 논의를 달리 옮기자면, 메타태그, 한글도메인이름, 혹은 키워드 검색광고 사안에서 이용자의 방문을 유인하는 행위 속에는 모두 보이지 않는 표지의 '사용'행위가 숨어 있다는 것이다. 이용자가 이미 권리자의 상표상품을 찾는 데 대한 응답으로 광고자의 상품광고를 제시한 행위는 그 행위자체가 이미 ① '광고된 상품이 이용자가 요구한 바로 그 상표상품이다' 혹은 ② '이 상품이 비록 그것은 아니지만 이용자가 요구한 그 상표상품보다 권할 만한 것이다' 중 어느 하나를 뜻하는데, 이것은 상표법상 '상품…에 상표를 표시'한 경우(제2조 제1항 제11호 가목 참조)이거나, '상품에 관한 광고…에 상표를 표시'한 경우(같은 다목 참조)로 볼 수 있다. 혹자는 위 ②의 상황에서 경쟁자 자신의 출처표시로서가 아니라 권리자의 상품자체를 상징하는 데 상표를 활용한 것에 불과한데 이때도 출처표시로서의 상표 사용에 해당하는지 의문이 들 수 있겠다. 인터넷상 보이지 않는 상표의 사용을 부정하려는 우리 판례나 학설에서는 비교광고 사안과 마찬가지로 아예 '상표의 사용'이 아닌 것으로 논리구성하려 할 수도 있다. 그러나 정작 우리 상표법의 '상표의 사용'에 관한 제2조 제1항 제11호의 문구는 출처의 표시로서 상표의 사용을 침해자 자신의 출처표시로만 사용함에 한정하고 있지 않다. 따라서 우리 상표법의 규정상 '상표의 사용'이 성립하는 데 반드시 침해자로 주장되는 상대방의 상품 등과 결부되어서만 사용될 필요가 없고 권리자의 상표를 권리자의 상품 등과 결부지어 상대방이 활용하는 것도 일단은 상표의 사용에 해당한다고 봄이 상당하다. 가령 경쟁자에 의한 정당한 비교광고, 소비자들의 상품비평에 등장하는 패러디에서 권리자 상표가 권리자의 상품위에 등장하는 경우들은 (설령 그런 경우들이 최종적으로는 적법하다고 보아 허용될 성질의 행위들이라도) 일단 '상표의 사용'에는 해당된다. 다만 그것들은 다음 단계의 판단이자 보다 중요한 단계인 혼동가능성 유무 판단에서 구제되는 것이다.

(다) 그 외의 근거들

연혁적[151] 고찰방법을 활용하자면 특히 우리 판례 중 일부는 과거에 메타

---

151) 연혁적(沿革的)이라고 칭하는 이유는, 가령 메타태그의 경우 메타태그를 통해 검색엔진을 속이는 경쟁자의 사술(詐術)은 현재 구글 등 발달된 검색엔진이 더 이상 메타태그를 검색순위에 반영하지 않는 까닭에 상표권 분쟁을 낳기 어렵게 되었기 때문이다.

태그나 한글도메인이름 사례에서 의도하였든 의도하지 않았던 간에 소비자에게 해당 상표가 보이지 아니함에도 상표의 사용을 긍정한 경우가 발견된다.152) 메타태그에 관해서는 하급심 판례153) 1건이 있을 뿐이지만, 한글도메인이름 서비스154)와 관련하여서는 대법원의 '장수온돌' 판결155)에서 "피고가 한글도메인이름 서비스를 제공하는 주식회사 넷피아에 이 사건 한글도메인이름을 등록하고, 인터넷 사용자가 웹브라우저의 주소창에 이 사건 한글도메인이름을 입력하여 연결되는 피고 개설의 웹사이트에서 전기침대 등 상품에 관한 정보를 제공하고 판매하는 쇼핑몰을 운영하는 행위는 상표의 사용에 해당"한다고 판시하는 등 복수의 선례가 보이지 않는 상표사용을 긍정하고 있는 듯하다. 위 사건 원고는 '장수온돌' 등의 상표 및 서비스표 권리자로 오랫동안 돌침대를 생산하여 왔는데, 피고가 소외 넷피아에 '장수온돌'이라는 한글 인터넷 도메인이름을 자신의 웹사이트에 연결되도록 서비스를 신청하고 전기침대 등 상품을 판매하자 소송을 제기한 것이었다. 이런 한글도메인이름의 사안에서 권리자의 상표는, 마치 검색광고 사안에서 검색창에 입력하는 상표 문구와 마찬가지로, 이용자가 인터넷주소창에 처음 입력하는 데 그치며 나중에 연결된 경쟁자의 사이트상에서는 상표가 전혀 눈에 드러나지 않음에도 위와 같이 상표의 사용을 긍정한 셈이다.

〈박준석〉

---

152) 이에 관해 더 상세히는 박준석, "인터넷상에서 '상표의 사용' 개념 및 그 지위 Ⅲ", 「사법」(사법발전재단, 2011. 6.), 13면 이하 및 20면 이하를 참조할 것.
153) 서울남부지방법원 2004. 4. 29. 선고 2002가합14533 판결(서울고등법원 2004나39629호로 항소심 진행 중 2005. 2. 3. 조정성립).
154) 그 개념에 관해서는 앞서 '도메인이름에서의 상표 사용 논란' 항목의 각주 부분 참조.
155) 대법원 2008. 9. 25. 선고 2006다51577 판결.

> **제2조(정의)**
> [제1항은 앞에서 해설]
> ② 제1항제11호 각 목에 따른 상표를 표시하는 행위에는 다음 각 호의 어느 하나의 방법으로 표시하는 행위가 포함된다.
> 1. 표장의 형상이나 소리 또는 냄새로 상표를 표시하는 행위
> 2. 전기통신회선을 통하여 제공되는 정보에 전자적 방법으로 표시하는 행위

<소 목 차>

Ⅰ. 조문의 지위 및 연혁

제2조 제2항은 문언에서 확인할 수 있듯이 먼저 제1항 제11호의 내용에 기초하고 있다. 제2조 제1항 제11호는 이른바 '상표의 사용' 개념을 구체적으로 정의하고 있는 조항이다. 그런데 위 정의규정은 처음 수립된 1973. 2. 8. 전부개정 법률[1]부터 1990. 1. 13. 전부개정을 거쳐 2016. 2. 29. 전부개정에 이르기까지 기본적으로 거의 변화가 없었다. 위 정의규정은 오프라인의 현실공간만을 염두에 둔 결과 '상표의 사용'을 유형물(상품)에 상표를 시각적으로 부착하거나 그와 비슷한 경우로 한정하고 있는 것처럼 규정한 듯한 기본 태도를 유지하고 있다.

굳이 차이를 찾는다면 현행 상표법 중 제11호 가목 중 "…상표를 표시하는 행위"라는 문구 부분이 "…상표를 붙이는 행위"라고 규정되어 있는 등 '표시'가 아니라 '붙이다'라는 표현이 쓰이다가 1990년 개정이후 현행법의 문구처럼 바뀌었다는 점이다. 아무래도 '붙이다'라는 문구는 현행법의 '표시'보다 물리적인 부착(附着)에 더욱 가까웠다고 볼 수 있다.

이처럼 외형상 변화가 드물었던 제2조 제1항 제11호의 경우와 비교하자면, 제2조 제2항은 외형상 눈에 뜨이는 변화에 속한다. 원래 제2조 제2항은 1997. 8. 22. 개정 당시 입체상표 제도가 도입되는 것에 맞추어 "제1항 제6호 가목 내지 다목의 규정에 의한 상품, 상품의 포장, 광고, 간판 또는 표찰에 상표를 표시

---

1) 당시 제2조 제3항 참조.

하는 행위에는 상품, 상품의 포장, 광고, 간판 또는 표찰을 표장의 형상으로 하는 것을 포함한다."라는 문구로 신설되었다.

그러던 것이 2011. 12. 2. 한미자유무역협정의 합의사항을 반영하기 위해 이루어진 상표법 개정에서는 소리상표·냄새상표 등 비시각적 상표 제도가 도입됨에 따라 "제1항 제7호 가목부터 다목까지의 규정에 따른 상품, 상품의 포장, 광고, 간판 또는 표찰에 상표를 표시하는 행위에는 상품, 상품의 포장, 광고, 간판 또는 표찰을 표장의 형상이나 소리 또는 냄새로 하는 것을 포함한다"로 수정되었다. 여기서 "소리 또는 냄새로 하는 것"이란 표현은 종전 조문의 수정을 최소화하려다 입법오류에 가까운 실수를 범한 결과물로 본다. 왜냐하면 유형물인 상품, 상품의 포장 등이 표장의 형상, 즉 입체상표에 해당하는 것은 가능할지 몰라도 상품, 상품의 포장 등이 무형(無形)의 소리 또는 냄새에 해당한다는 것은 상정하기 어렵기 때문이다. 당시 입법자의 진의는 현행법과 흡사하게 "소리 또는 냄새로 (표시)하는 것"을 뜻하였다고 선해할 것이다. 어쨌든 2011년 개정법의 해당 추가부분은 다소 논란의 여지가 있지만 우리 상표법상 '상표의 사용'에 관해서도 향후에는 시각적 사용에 국한하지 않고 비시각적 사용까지 포섭하겠다는 방향성을 드러내고 있다.

나아가 2016. 2. 29. 전면개정된 우리 상표법에서는 구법 중 제2조 제2항의 기존 내용에 더하여 전기통신회선, 즉 현실적으로는 인터넷 공간에서 이루어지는 상표의 사용행위까지 향후에는 명시적으로 포섭하도록 내용을 추가하기에 이르렀다.

II. 조문의 의의

제2조 제2항은 제1항 제11호의 내용과 결합하여, 우리 상표법상 핵심개념 중 하나인 '상표의 사용'이 무엇인지에 관한 근거조문이 되고 있다.

'출처표시로서의 상표사용일 것'을 요구하여 설명적 사용이나 디자인으로서의 사용 등은 이에 해당하지 않는다는 논의 등은 제1항 제11호 관련 주석부분에서 이미 언급한 내용이 제2항에도 그대로 타당하다. 뿐만 아니라 외형상으로는 2016년 전면개정으로 추가된 제2조 제2항 제2호에서 "전기통신회선을 통하여 제공되는 정보에 전자적 방법으로 표시하는 행위"를 처음 언급하고 있지만 인터넷 등 전기통신회선에서 이루어지는 '상표의 사용' 문제는 이미 제1항 제11

호와 관련하여 충분히 논의되었고 그런 논의내용이 그대로 적용될 뿐이어서 제2조 제2항 제2호에 큰 의미를 부여하기 어렵다. 따라서 여기서 관련 내용을 반복하여 설명할 필요는 없다고 본다.

그럼 앞서 본 대로 1997. 8. 22. 개정으로 도입된 입체상표에서의 '상표의 사용'에 관해 명확히 하고 있다는 점을 제외하고, 제2조 제2항의 의의는 어디서 찾을 수 있을까? 사견으로는 2011. 12. 2. 개정을 통해 수정된 제2조 제2항의 문구를 통하여 "소리 또는 냄새로 (표시)하는 것"도 종국에는 '상표의 사용'으로 인정함으로써 반드시 눈에 보이는 사용이어야 한다는 그간의 철저한 도식에서 벗어나게 되었다는 점에 가장 큰 의의가 있다고 본다.

여기서 "소리 또는 냄새로 (표시)하는 것" 혹은 현행법의 문구처럼 "소리 또는 냄새로 표시하는 것"이 정확히 무엇을 의미하는지에 관해서는 아직 국내에서 본격적 논의가 이루어지고 있지는 않다. 그래도 억지로 찾아보자면, 소리상표 등 비시각적 상표를 그 상품에 직접 표시하여 사용하는 것은 곤란하다는 견해[2], 그리고 당해 소리나 냄새가 상품이나 포장 등에서 나게 하거나 상품광고 등에 소리나 냄새를 사용하는 것을 뜻한다는 견해[3]를 발견할 수 있다. 여기서 '표시'를 종전처럼 물리적 부착의 뜻으로 새길 경우 전자의 견해에 이르게 되겠지만, 그럴 경우 "소리 또는 냄새로 표시하는 것"이란 현행법의 문구가 무의미한 조문이자 입법적 흠이 있는 것에 그치게 된다. 차라리 선해하여 '표시'를 물리적 부착뿐만 아니라 널리 상품이나 광고와 밀접하게 결부짓는다는 뜻으로 새기는 것이 타당할 것이고 그렇게 선해할 경우 후자의 견해가 합리적인 해석이 된다.

나아가 이렇게 '표시'의 문구를 새기는 것을 비단 제2조 제2항 제1호에 그치지 말고 제2조 제1항 제11호의 동일한 문구들, 가령 '상품 또는 상품의 포장에 상표를 표시하는 행위' 중 '표시'의 해석에도 나란히 적용함으로써 시각적 상표에 있어서도 상품 등에 직접 물리적으로 부착되지 않더라도 상품 등과 밀접하게 결부지어지기만 하면 널리 위 '표시'에 해당한다고 해석하는 것도 불가능하지 않을 것이다. 즉 소리상표 등 비시각적상표 제도가 도입되면서 우리 입법자가 앞으로는 상표의 개념에서 비시각적 상표를 인정할 뿐만 아니라 그 '상표의 사용' 개념에서도 비시각적 사용을 널리 인정하게 된 것이라고 선해하자

---

2) 이인종, 상표법 개론 제6판, 선학사(2015), 132.
3) 박종태, 이지 상표법 제6판, 한빛지적소유권센터(2012), 68.

는 것이다. 요컨대 필자는, "소리 또는 냄새로 표시하는 것"을 '상표의 사용'으로 인정한 개정으로 인하여 적어도 한국에서는 소리·냄새가 아닌 시각적 상표에 관해서까지 종전과 비교하여 비시각적인 상표의 사용을 인정할 수 있는 조문상의 근거가 조금이라도 더 강해졌다고 본다.

　참고로 일본의 경우 우리와 엇비슷하게 상표의 사용에 해당하려면 기본적으로 상품 등에 당해 표장을 붙이는(付する) 행위 등에 속해야 한다고 정의하면서도, 소리상표에 관해서는 당해 상품이나 광고 등 물리적 기록매체에 소리를 기록하는 행위도 표시로 인정한다는 특칙을 두고 있다.4) 하지만 아직 한국은 그런 규정이 없으므로 사정이 다른 것이다.

〈박준석〉

---

4) 일본 상표법 平成 28年5月27日 法律第五一号 제4항 제2호 참조.

> 제2조(정의)
>
> [제1항~제2항은 앞에서 해설]
>
> ③ 단체표장·증명표장 또는 업무표장에 관하여는 이 법에서 특별히 규정한 것을 제외하고는 상표에 관한 규정을 적용한다.
>
> ④ 지리적 표시 증명표장에 관하여는 이 법에서 특별히 규정한 것을 제외하고는 지리적 표시 단체표장에 관한 규정을 적용한다.

<소 목 차>

Ⅰ. 의의

상표법 제2조 제3항은 단체표장, 증명표장 및 업무표장에 관하여 상표관련 규정을 적용할 수 있는 근거를 마련한 규정이다. 이 항에 의하여 단체표장, 증명표장 및 업무표장에 대한 출원, 심사, 권리발생, 심판, 권리침해 등은 상표법에 특별한 규정이 없는 한 상표에 관한 규정이 그대로 적용된다.[1] 단체표장, 증명표장 및 업무표장의 구성요건 내지 성립요건은 상표법 제2조 제1항의 정의규정에 따라 각기 상이할 수밖에 없다.

Ⅱ. 단체표장

1. 의의

상품을 생산·제조·가공·판매하거나 서비스를 제공하는 자가 공동으로 설

---

1) 특허청, 「조문별 상표법해설」, 특허청 행정법무팀(2007), 16.

립한 법인(지리적 표시 단체표장의 경우에는 그 지리적 표시를 사용할 수 있는 상품을 생산·제조 또는 가공하는 자만으로 구성된 법인으로 한정한다)은 자기의 단체표장을 등록받을 수 있다(법 제3조 제2항). 산지표시표장(법 제33조 제1항 제3호) 또는 현저한 지리적 명칭 등으로만 된 상표(법 제33조 제4호)라도 그 표장이 특정 상품에 대한 지리적 표시인 경우에는 그 지리적 표시를 사용한 상품을 지정상품으로 하여 지리적 표시 단체표장등록을 받을 수 있다(법 제33조 제3항). 단체표장에 관해서 상표법에서 특별히 규정한 것을 제외하고는 상표법 중 상표에 관한 규정을 적용한다(법 제2조 제3항). 아래에서는 단체표장에 대해 특별히 규정한 바를 기술하기로 한다.

2. 부등록사유

선출원에 의한 타인의 등록된 지리적 표시 단체표장과 동일·유사한 상표로서 그 지정상품과 동일하다고 인식되어 있는 상품에 사용하는 상표(법 제34조 제1항 제8호)의 경우, 상표의 부등록사유(상표의 소극적 등록요건)로 규정하고 있다. 그리고 세계무역기구 회원국 내의 포도주 또는 증류주의 산지에 관한 지리적 표시로서 구성되거나 그 지리적 표시를 포함하는 상표로서 포도주 또는 증류주에 사용하려는 상표의 경우 부등록사유로 규정하면서도 지리적 표시의 정당한 사용자가 해당 상품을 지정상품으로 하여 상표법 제36조 제5항에 따른 지리적 표시 단체표장등록출원을 한 경우에는 상표등록을 받을 수 있도록 규정하고 있다(법 제34조 제1항 제16호).

(i) 선출원에 의한 타인의 등록된 지리적 표시 단체표장과 동일·유사한 상표로서 그 지정상품과 동일하다고 인식되어 있는 상품에 사용하는 상표(법 제34조 제1항 제8호) 및 (ii) 특정 지역의 상품을 표시하는 것이라고 수요자들에게 널리 인식되어 있는 타인의 지리적 표시와 동일·유사한 상표로서 그 지리적 표시를 사용하는 상품과 동일하다고 인정되어 있는 상품에 사용하는 상표(법 제34조 제1항 제10호)는 동음이의어 지리적 표시 단체표장 상호 간에는 적용하지 아니한다(법 제34조 제4항).

3. 절차적 요건

(i) 동일(동일하다고 인정되는 경우를 포함한다)하지 아니한 상품에 대하여 동일·유사한 표장으로 둘 이상의 지리적 표시 단체표장등록출원 또는 지리적 표

시 단체표장등록출원과 상표등록출원이 있는 경우 및 (ii) 서로 동음이의어 지리
적 표시에 해당하는 표장으로 둘 이상의 지리적 표시 단체표장등록출원이 있는
경우에는 선출원원칙에 관한 규정인 상표법 제35조 제1항 및 제2항은 적용되지
아니한다. 같은 법 제35조 제1항에 따르면, 동일 또는 유사한 상품에 사용할 동
일 또는 유사한 상표에 관하여 다른 날에 2 이상의 상표등록출원이 있는 때에
는 먼저 출원한 자만이 그 상표에 관하여 상표등록을 받을 수 있다고 규정하고
있고, 같은 법 제35조 제2항에 따르면, 동일 또는 유사한 상품에 사용할 동일
또는 유사한 상표에 관하여 같은 날에 2 이상의 상표등록출원이 있는 때에는
출원인의 협의에 의하여 정하여진 하나의 출원인만이 그 상표에 관하여 상표등
록을 받을 수 있다. 협의가 성립하지 아니하거나 협의를 할 수 없는 때에는 특
허청장이 행하는 추첨에 의하여 결정된 하나의 출원인만이 상표등록을 받을 수
있다고 규정하고 있다.

4. 단체표장등록출원절차

　　단체표장등록을 받고자 하는 자는 상표등록출원서(법 제36조 제1항)의 기재
사항 외에 (i) 단체표장을 사용하는 소속 단체원의 가입자격·가입조건 및 탈퇴
에 관한 사항, (ii) 단체표장의 사용조건에 관한 사항, (iii) 단체표장의 사용조건
을 위반한 자에 대한 제재에 관한 사항, (iv) 그 밖에 단체표장의 사용에 관하여
필요한 사항(상표법 시행령 제3조 제1항)을 정한 정관을 첨부한 단체표장등록출원
서를 제출하여야 한다(법 제36조 제1항 내지 제3항). 지리적 표시 단체표장의 경
우에는 상표등록출원서의 기재사항뿐만 아니라 위 (i) 내지 (iv)의 사항을 포함
하여 (v) 상품의 특정 품질·명성 또는 그 밖의 특성, (vi) 지리적 환경과 상품의
특정 품질·명성 또는 그 밖의 특성과의 본질적 연관성, (vii) 지리적 표시의 대
상지역, (viii) 상품의 특정 품질·명성 또는 그 밖의 특성에 대한 자체관리기준
및 유지관리방안을 정한 정관을 첨부한 지리적 표시 단체표장등록출원서를 제
출하여야 한다(상표법 시행령 제3조 제2항). 단체표장등록을 출원한 출원인은 상
표법 제36조 제3항에 따른 정관을 수정한 경우에는 상표법 제40조 제1항 각호
또는 제41조 제1항 각호에서 정한 기간 내에 특허청장에게 수정된 정관을 제출
하여야 한다(법 제43조 제1항). 이 경우 지리적 표시 단체표장을 등록받고자 하는
자는 그 취지를 단체표장등록출원서에 기재하여야 하고, 지리적 표시의 정의에
합치함을 입증할 수 있는 대통령령이 정하는 서류를 함께 제출하여야 한다(법

제36조 제5항). 여기에서 '대통령령이 정하는 서류'라 함은 다음의 서류를 말한다(상표법 시행령 제5조).

    (1) 상품의 특정 품질·명성 또는 그 밖의 특성에 관한 서류
    (2) 지리적 환경과 상품의 특정 품질·명성 또는 그 밖의 특성과의 본질적 연관성에 관한 서류
    (3) 지리적 표시의 대상 지역에 관한 서류

단체표장등록출원은 이전할 수 없다. 다만, 법인의 합병의 경우에는 특허청장의 허가를 받아 이전할 수 있다(법 제48조 제7항).

5. 단체표장등록출원의 심사

특허청장은 「농수산물 품질관리법」에 따른 지리적 표시 등록 대상품목에 대하여 지리적 표시 단체표장이 출원된 경우에는 그 단체표장이 지리적 표시에 해당되는지에 관하여 농림축산식품부장관 또는 해양수산부장관의 의견을 들어야 한다(법 제51조 제3항). 지리적 표시 단체표장등록출원의 경우에 그 소속 단체원의 가입에 관하여 정관에 의하여 단체의 가입을 금지하거나 정관에 충족하기 어려운 가입조건을 규정하는 등 단체의 가입을 실질적으로 허용하지 아니한 경우 및 상표법 제36조 제3항에 따른 정관에 대통령령으로 정하는 단체표장의 사용에 관한 사항의 전부 또는 일부를 적지 아니하였거나 같은 조 제4항에 따른 정관 또는 규약에 대통령령으로 정하는 증명표장의 사용에 관한 사항의 전부 또는 일부를 적지 아니한 경우 등에는 심사관은 그 단체표장등록출원에 대하여 등록거절결정을 하여야 한다(법 제54조 제5호 내지 제6호).

6. 지리적 표시 단체표장권

지리적 표시 단체표장권은 (i) 상표법 제90조 제1항 제1호[2]·제2호(산지에 해당하는 경우를 제외한다)[3] 또는 제5호[4]에 해당하는 상표, (ii) 지리적 표시 등록

---

  2) 자기의 성명·명칭 또는 상호·초상·서명·인장 또는 저명한 아호·예명·필명과 이들의 저명한 약칭을 상거래 관행에 따라 사용하는 상표를 말한다.
  3) 등록상표의 지정상품과 동일·유사한 상품의 보통명칭·산지·품질·원재료·효능·용도·수량·형상·가격 또는 생산방법·가공방법·사용방법 및 시기를 보통으로 사용하는 방법으로 표시하는 상표를 말한다.
  4) 등록상표의 지정상품 또는 그 지정상품 포장의 기능을 확보하는 데 불가결한 형상, 색

단체표장의 지정상품과 동일하다고 인정되어 있는 상품에 대하여 관용하는 상
표, (iii) 지리적 표시 등록단체표장의 지정상품과 동일하다고 인정되어 있는 상
품에 사용하는 지리적 표시로서 해당 지역에서 그 상품을 생산·제조 또는 가공
하는 것을 업으로 영위하는 자가 사용하는 지리적 표시 또는 동음이의어 지리
적 표시, (iv) 선출원에 의한 등록상표가 지리적 표시 등록단체표장과 동일·유
사한 지리적 표시를 포함하고 있는 경우에 상표권자, 전용사용권자 또는 통상사
용권자가 지정상품에 사용하는 등록상표의 경우에 상표권은 그 효력이 미치지
아니한다(법 제90조 제2항 제1호 내지 제4호).

단체표장권은 이전할 수 없다. 다만, 법인의 합병의 경우에는 특허청장의
허가를 받아 이전할 수 있다(법 제93조 제6항). 단체표장권을 목적으로 하는 질권
은 설정할 수 없다(법 제93조 제8항). 단체표장권에 관하여는 전용사용권을 설정
할 수 없다(법 제95조 제2항).

7. 지리적 표시 등록단체표장권자의 보호

(i) 타인의 지리적 표시 등록단체표장과 유사한 상표(동음이의어 지리적 표시
는 제외한다. 이하 같다)를 그 지정상품과 동일하다고 인정되는 상품에 사용하는
행위, (ii) 타인의 지리적 표시 등록단체표장과 동일·유사한 상표를 그 지정상품
과 동일하다고 인정되는 상품에 사용하거나 사용하게 할 목적으로 교부·판매·
위조·모조 또는 소지하는 행위, (iii) 타인의 지리적 표시 등록단체표장을 위조
또는 모조하거나 위조 또는 모조하게 할 목적으로 그 용구를 제작·교부·판매
또는 소지하는 행위, (iv) 타인의 지리적 표시 등록단체표장과 동일·유사한 상
표가 표시된 지정상품과 동일하다고 인정되는 상품을 양도 또는 인도하기 위하
여 소지하는 행위 중 어느 하나에 해당하는 경우에는 지리적 표시 단체표장권
을 침해한 것으로 본다(법 제108조 제2항 제1호 내지 제4호).

8. 심판

이해관계인 또는 심사관은 지리적 표시 단체표장등록이 된 후에 그 등록단
체표장을 구성하는 지리적 표시가 원산지 국가에서 보호가 중단되거나 사용되
지 아니하게 된 경우에는 무효심판을 청구할 수 있다(법 제117조 제1항 제7호).
이 경우 등록상표의 지정상품이 둘 이상인 경우에는 지정상품마다 청구할 수

채, 색채의 조합, 소리 또는 냄새로 된 상표를 말한다.

있다(법 제117조 제1항 본문). 단체표장과 관련하여 (i) 소속 단체원이 그 단체의 정관을 위반하여 단체표장을 타인에게 사용하게 한 경우나 소속 단체원이 그 단체의 정관을 위반하여 단체표장을 사용함으로써 수요자에게 상품의 품질 또는 지리적 출처를 오인하게 하거나 타인의 업무와 관련된 상품과 혼동을 불러일으키게 한 경우(다만, 단체표장권자가 소속 단체원의 감독에 상당한 주의를 한 경우는 제외한다.), (ii) 단체표장의 설정등록 후 제36조 제3항에 따른 정관을 변경함으로써 수요자에게 상품의 품질을 오인하게 하거나 타인의 업무와 관련된 상품과 혼동을 불러일으키게 할 염려가 있는 경우, (iii) 제3자가 단체표장을 사용하여 수요자에게 상품의 품질이나 지리적 출처를 오인하게 하거나 타인의 업무와 관련된 상품과 혼동을 불러일으키게 하였음에도 단체표장권자가 고의로 적절한 조치를 하지 아니한 경우(법 제117조 제1항 제7호 가목 내지 라목)에는 단체표장등록의 무효심판을 청구할 수 있다(법 제117조 제1항 제7호). 또한, (i) 지리적 표시 단체표장과 관련하여 (i) 지리적 표시 단체표장등록출원의 경우에 그 소속 단체원의 가입에 관하여 정관에 의하여 단체의 가입을 금지하거나 정관에 충족하기 어려운 가입조건을 규정하는 등 단체의 가입을 실질적으로 허용하지 아니하거나 그 지리적 표시를 사용할 수 없는 자에게 단체의 가입을 허용한 경우 및 (ii) 지리적 표시 단체표장권자나 그 소속 단체원이 제223조를 위반하여 단체표장을 사용함으로써 수요자에게 상품의 품질을 오인하게 하거나 지리적 출처에 대한 혼동을 불러일으키게 한 경우에도 지리적 표시 단체표장등록무효심판을 청구할 수 있다(법 제117조 제1항 제8호 가목 내지 나목).

9. 국제출원

단체표장등록을 받으려는 자는 상표법 제36조 제1항·제3항에 따른 서류 및 정관을 산업통상자원부령으로 정하는 기간 내에 특허청장에게 제출하여야 한다. 이 경우 지리적 표시 단체표장을 등록받으려는 자는 그 취지를 적은 서류와 상표법 제2조 제1항 제4호에 따른 지리적 표시의 정의에 합치함을 입증할 수 있는 대통령령으로 정하는 서류를 함께 제출하여야 한다(법 제182조 제3항).

10. 동음이의어 지리적 표시 등록단체표장의 표시

둘 이상의 지리적 표시 등록단체표장이 서로 동음이의어 지리적 표시에 해당하는 경우 각 단체표장권자와 그 소속 단체원은 지리적 출처에 대하여 수요자가 혼동하지 아니하도록 하는 표시를 등록단체표장과 함께 사용하여야 한다(법 제223조).

Ⅲ. 증명표장

1. 의의

"증명표장"이란 상품의 품질, 원산지, 생산방법 또는 그 밖의 특성을 증명하고 관리하는 것을 업(業)으로 하는 자가 타인의 상품에 대하여 그 상품이 품질, 원산지, 생산방법 또는 그 밖의 특성을 충족한다는 것을 증명하는 데 사용하는 표장을 말한다(법 제2조 제1항 제7호). 증명표장에 관한 별도의 조문이 없는 한, 상표에 관한 규정을 적용한다. 증명표장에 관한 별도의 규정을 아래에 기술한다.

2. 등록요건

(i) 상표의 적극적 등록요건을 구비하여야 한다(법 제33조 제1항).

(ii) 상표의 소극적 등록요건(=부등록사유)에 해당하지 않아야 한다(법 제34조).

(iii) 상품의 품질, 원산지, 생산방법 또는 그 밖의 특성을 증명하고 관리하는 것을 업으로 할 수 있는 자는 타인의 상품에 대하여 그 상품이 정해진 품질, 원산지, 생산방법 또는 그 밖의 특성을 충족하는 것을 증명하는 데 사용하기 위해서만 증명표장을 등록받을 수 있다. 다만, 자기의 영업에 관한 상품에 사용하려는 경우에는 증명표장의 등록을 받을 수 없다(법 제3조 제3항). 그럼에도 불구하고 상표·단체표장 또는 업무표장을 출원(出願)하거나 등록을 받은 자는 그 상표 등과 동일·유사한 표장을 증명표장으로 등록받을 수 없다(법 제3조 제4항). 증명표장을 출원하거나 등록을 받은 자는 그 증명표장과 동일·유사한 표장을 상표·단체표장 또는 업무표장으로 등록을 받을 수 없다(법 제3조 제5항).

3. 절차

가. 출원단계

증명표장을 받으려는 자는 증명표장등록출원서를 특허청장에게 제출하면서 증명표장등록출원서 이외에 대통령령으로 정하는 증명표장의 사용에 관한 사항을 정한 서류(법인인 경우에는 정관을 말하고, 법인이 아닌 경우에는 규약을 말하며, 이하 "정관 또는 규약"이라 한다)와 증명하려는 상품의 품질, 원산지, 생산방법이나 그 밖의 특성을 증명하고 관리할 수 있음을 증명하는 서류를 지리적 표시 증명표장등록출원서에 첨부하여야 한다(법 제36조 제1항 및 제4항). 증명표장등록을 출원한 출원인은 정관 또는 규약을 수정한 경우에는 상표법 제40조 제1항 각 호 또는 제41조 제1항 각 호에서 정한 기간 내에 특허청장에게 수정된 정관 또는 규약을 제출하여야 한다(법 제43조 제2항). 증명표장등록출원을 한 출원인을 상표등록출원 또는 단체표장등록출원으로 변경할 수 있지만, 지리적 표시 증명표장등록출원을 한 출원인은 그 출원을 상표등록출원 또는 단체표장등록출원으로 변경할 수 없다(법 제44조 제1항 제3호). 증명표장등록출원은 이전할 수 없다. 다만, 해당 증명표장에 대하여 상표법 제3조 제3항에 따른 증명표장의 등록을 받을 수 있는 자에게 그 업무와 함께 이전하는 경우에는 특허청장의 허가를 받아 이전할 수 있다(법 제48조 제8항).

나. 심사단계

(i) 증명표장의 정의에 맞지 아니하는 경우, (ii) 조약에 위반된 경우, (iii) 상표법 제3조, 제27조, 제33조부터 제35조까지, 제38조 제1항, 제48조 제2항 후단, 같은 조 제4항 또는 제6항부터 제8항까지의 규정에 따라 상표등록을 할 수 없는 경우, (iv) 제3조에 따른 증명표장의 등록을 받을 수 있는 자에 해당하지 아니한 경우, (v) 상표법 제36조 제4항에 따른 정관 또는 규약에 대통령령으로 정하는 증명표장의 사용에 관한 사항의 전부 또는 일부를 적지 아니한 경우, (vi) 증명표장등록출원의 경우에 그 증명표장을 사용할 수 있는 자에 대하여 정당한 사유 없이 정관 또는 규약으로 사용을 허락하지 아니하거나 정관 또는 규약에 충족하기 어려운 사용조건을 규정하는 등 실질적으로 사용을 허락하지 아니한 경우에 증명표장등록을 거절하여야 한다(법 제54조).

다. 증명표장권의 변동

증명표장권은 이전할 수 없다. 다만, 해당 증명표장에 대하여 상표법 제3조 제3항에 따라 등록받을 수 있는 자에게 그 업무와 함께 이전할 경우에는 특허청장의 허가를 받아 이전할 수 있다(법 제93조 제7항). 증명표장권을 목적으로 하는 질권은 설정할 수 없다(법 제93조 제8항). 증명표장권에 관하여는 전용사용권을 설정할 수 없다(법 제95조 제2항).

라. 취소심판

증명표장과 관련하여 다음의 경우에는 증명표장등록의 취소심판을 청구할 수 있다.

(i) 증명표장권자가 상표법 제36조 제4항에 따라 제출된 정관 또는 규약을 위반하여 증명표장의 사용을 허락한 경우

(ii) 증명표장권자가 상표법 제3조 제3항 단서를 위반하여 증명표장을 자기의 상품에 대하여 사용하는 경우

(iii) 증명표장의 사용허락을 받은 자가 정관 또는 규약을 위반하여 타인에게 사용하게 한 경우 또는 사용을 허락받은 자가 정관 또는 규약을 위반하여 증명표장을 사용함으로써 수요자에게 상품의 품질, 원산지, 생산방법이나 그 밖의 특성에 관하여 혼동을 불러일으키게 한 경우. 다만, 증명표장권자가 사용을 허락받은 자에 대한 감독에 상당한 주의를 한 경우는 제외한다.

(iv) 증명표장권자가 증명표장의 사용허락을 받지 아니한 제3자가 증명표장을 사용하여 수요자에게 상품의 품질, 원산지, 생산방법이나 그 밖의 상품의 특성에 관한 혼동을 불러일으키게 하였음을 알면서도 적절한 조치를 하지 아니한 경우

(v) 증명표장권자가 그 증명표장을 사용할 수 있는 자에 대하여 정당한 사유 없이 정관 또는 규약으로 사용을 허락하지 아니하거나 정관 또는 규약에 충족하기 어려운 사용조건을 규정하는 등 실질적으로 사용을 허락하지 아니한 경우(법 제119조 제1항 제9호).

Ⅳ. 업무표장

업무표장의 등록을 받을 수 있는 자는 국내에서 영리를 목적으로 하지 아니하는 업무를 영위하는 자에 한정된다(법 제4조). 업무표장에 관해서 상표법에서 특별히 규정한 것을 제외하고는 상표법 중 상표에 관한 규정을 적용한다(법 제2조 제3항). 아래에서는 업무표장에 대해 특별히 규정한 바를 기술하기로 한다.

업무표장을 출원(出願)하거나 등록을 받은 자는 그 상표 등과 동일·유사한 표장을 증명표장으로 등록받을 수 없다(법 제3조 제4항). 국내에서 영리를 목적으로 하지 아니하는 업무를 하는 자는 자기의 업무표장을 등록받을 수 있다(법

제3조 제6항).

　　업무표장등록을 받고자 하는 자는 상표등록출원서(법 제36조 제1항)에 기재할 사항 외에 그 업무의 경영사실을 입증하는 서면을 첨부한 업무표장등록출원서를 제출하여야 한다(법 제36조 제6항).

　　업무표장등록출원은 이를 양도할 수 없다. 다만, 그 업무와 함께 양도하는 경우에는 양도가 가능하다(법 제48조 제6항 제1호). 출원의 변경(법 제44조 제1항)은 업무표장에는 적용되지 아니한다. 즉 업무표장등록출원을 상표등록출원, 서비스표등록출원 또는 단체표장등록출원 중 어느 하나로 변경할 수 없다. 그리고 업무표장권은 양도할 수 없지만, 그 업무와 함께 양도하는 경우에는 양도가 가능하다(법 제93조 제4항). 업무표장권을 목적으로 하는 질권을 설정할 수 없다(법 제93조 제8항). 업무표장권에 대해서는 전용사용권을 설정할 수 없다(법 제95조 제2항). 업무표장에 대해서는 국제출원 등에 관한 규정(법 제167 내지 제178조)은 적용하지 아니한다(법 제179조). 아울러 업무표장에 관한 규정은 국제상표등록출원에 대하여 적용하지 아니한다(법 제181조).

Ⅴ. 지리적 표시 증명표장(제2조 제4항)

　　"지리적 표시 증명표장"이란 지리적 표시를 증명하는 것을 업으로 하는 자가 타인의 상품에 대하여 그 상품이 정해진 지리적 특성을 충족한다는 것을 증명하는 데 사용하는 표장을 말한다(법 제2조 제1항 제8호). 현행 상표법 제33조 제3항에 따르면, 산지(법 제33조 제1항 제3호) 또는 현저한 지리적 명칭이나 그 약어 또는 지도만으로 된 상표(법 제33조 제1항 제4호)에 해당하여 자타상품식별력이 없더라도 그 표장이 특정 상품에 대한 지리적 표시인 경우에는 그 지리적 표시를 사용한 상품을 지정상품으로 하여 지리적 표시 단체표장등록을 받을 수 있다. 이 규정은 지리적 표시 증명표장에도 적용된다(법 제2조 제4항). 하지만, 지리적 표시 증명표장에 대한 별도의 규정이 존재하는 경우에는 지리적 표시 단체표장에 관한 규정을 적용하지 아니한다. 예컨대, 지리적 표시 증명표장등록출원과 관련하여 지리적 표시의 정의에 일치함을 증명할 수 있는 서류를 지리적 표시 증명표장등록출원서에 첨부하도록 한 규정(법 제36조 제5항), 지리적 표시 증명표장등록출원의 출원변경금지(법 제44조 제1항 제3호), 상표등록거절사유로서 지리적 표시 증명표장의 정의에 맞지 아니하는 경우에 해당하여 상표등록

거절결정을 하여야 하는 경우(법 제54조 제1호) 등이 이에 해당한다.

〈이규호〉

제3조(상표등록을 받을 수 있는 자)
　① 국내에서 상표를 사용하는 자 또는 사용하려는 자는 자기의 상표를 등록받을 수 있다. 다만, 특허청 직원과 특허심판원 직원은 상속 또는 유증의 경우를 제외하고는 재직 중에 상표를 등록받을 수 없다.
　② 상품을 생산·제조·가공·판매하거나 서비스를 제공하는 자가 공동으로 설립한 법인(지리적 표시 단체표장의 경우에는 그 지리적 표시를 사용할 수 있는 상품을 생산·제조 또는 가공하는 자만으로 구성된 법인으로 한정한다)은 자기의 단체표장을 등록받을 수 있다.

<소 목 차>

Ⅰ. 의의
Ⅱ. 상표사용 의사 없는 상표의 취급
Ⅲ. 단체표장의 경우

Ⅰ. 의의

　상표를 등록받을 수 있는 자를 "국내에서 상표를 사용하는 자 또는 사용하려는 자"로 제한하고 있어 상표를 출원하는 자는 최소한 상표를 장래에 사용할 의사를 가지고 있어야 한다. 그러나 출원 시에 상표를 사용하는 것을 상표의 등록 요건으로 하고 있지는 아니하다.[1] 따라서 실제 상표를 사용하고 있지 않는 자도 상표를 출원할 수 있다.

Ⅱ. 상표사용 의사 없는 상표의 취급

　그런데 사용하지도 않을 상표까지 과다하게 출원을 하고 이에 대한 권리를 취득함으로써 제3자로 하여금 상표권 선택에 불필요한 제한을 부과하고, 이에 따라 지나치게 등록상표 데이터베이스가 비대화됨으로써 심사관으로서는 그 심사부담이 가중되어 상표 심사가 지연되는 등 저장(貯藏) 상표로 인한 폐해가 커

---

1) 상표권은 등록에 의하여 발생하고 사용사실은 등록요건이 아니다. 이와 달리 상표에 관한 권리가 사용에 의하여 취득되는 사용주의 입법 하에서는 상표의 사용 개념은 상표 등록 요건으로서 중요한 의의를 갖는다. 등록주의 국가인 우리나라도 2011. 12. 2. 상표법 개정을 통하여 사용의 의사가 없을 경우에는 등록거절 및 등록무효 사유로 규정함으로써, 점차 사용주의적 요소를 강화하고 있다.

서 이를 방지하여야 할 필요성이 증대되었다. 이에 따라 2011. 12. 2. 상표법 개
정을 통하여 종래 '특허청 직원과 특허심판원 직원의 상표 등록 금지 규정 위반
행위'에 대해서만 등록거절사유 및 등록무효사유로 규정하였던 것[2]을 고쳐서 상
표사용 의사 없는 상표를 새롭게 등록거절사유 및 등록무효사유로 추가하였다.

　　종래 실무상으로는 출원인에게 상표 사용 의사라는 내심의 의사가 존재하
는지 여부를 심사관이 확인하는 것이 곤란하다는 사정 때문에 상표 출원 시 주
관적인 의사인 사용의사의 유무에 대한 심사가 실제로 이루어지지 않았으나, 위
개정법이 시행된 2012. 3. 15.부터 심사단계에서 사용의사확인제도를 시행하여
심사관이 출원인의 사용의사에 대하여 합리적 의심이 드는 경우 상표법 제3조
위반을 이유로 거절이유통지를 하여 이를 확인할 수 있도록 하고 있다.

　　특허청 상표심사기준(2016. 9. 1. 기준)은 사용의사에 대한 합리적 의심이 드
는 경우로 ① 개인이 대규모 자본 및 시설 등이 필요한 상품을 지정한 경우, ②
견련관계가 없는 비유사 상품의 종류를 다수 지정한 경우, ③ 개인이 법령상 일
정자격 등이 필요한 상품과 관련하여 견련관계가 없는 상품을 2개 이상 지정한
경우, ④ 기타 출원인이 상표를 사용할 의사 없이 상표 선점이나 타인의 상표등
록을 배제할 목적으로 출원하는 것이라고 의심이 드는 경우 등을 예시하고 있
는바, 거절이유 통지를 받은 출원인은 '사업자등록증·상호등기부 등본, 신문·
잡지·카탈로그·전단지 등의 인쇄광고물, 매장의 상품진열사진, 주문전표·납품
서·청구서·영수증 등 거래관련 서류 등'을 제출하여 상표 사용사실을 증명하
거나 또는 '현재 종사하고 있는 사업과 지정상품과의 관련성, 현재 사업과는 관
련성이 없지만 앞으로 지정상품에 새롭게 진출할 구체적인 사업계획 등을 기술
한 상표사용계획서'를 제출하여 상표 사용의사를 증명하여야 한다.

　　이에 대하여 사용의사는 본래 출원인의 주관적·내면적 의사에 해당하고,
이를 지나치게 엄격하게 요구하는 경우 등록주의의 근간이 손상될 수 있으므로,
사용의사가 없다는 사실은 객관적이고 충분한 증거가 있는 경우에 한하여 엄격
한 기준으로 인정되어야 한다는 견해[3]가 있다. 주관적 요건의 미비를 이유로

---

　　2) 2011. 12. 2. 법률 제11113호로 개정되기 전 상표법 제23조(상표등록거절결정 및 거절이
　　　유통지) 제1항 제1호 및 제71조(상표등록의 무효심판) 제1항 제1호는 제3조 단서(특허청
　　　직원 및 특허심판원 직원은 상속 또는 유증의 경우를 제외하고는 재직 중 상표를 등록받
　　　을 수 없다)의 경우에만 등록거절사유 및 등록무효사유로 규정하고 있었을 뿐, 제3조 본문
　　　(국내에서 상표를 사용하는 자 또는 사용하고자 하는 자는 자기의 상표를 등록받을 수 있
　　　다)의 경우를 등록거절사유 및 등록무효사유로 규정하고 있지 아니하였다.
　　3) 박종태, 상표법 제9판, 한빛지적소유권센타(2015), 40,

한 거절 및 등록무효는 주관적 요건 미비가 객관적으로 명확하게 드러나지 않은 한 최대한 신중하여야 할 것이다.

상표 사용의사가 없는 출원의 경우에는 상표법 제54조 제3호에 따라 상표등록 거절이유가 되고, 상표법 제117조 제1항 제1호에 따라 상표등록 무효사유가 된다.

한편 2011. 12. 2. 개정 상표법 부칙 제7조는 이 법 시행당시 종전의 규정에 따라 출원된 상표등록출원에 대하여는 종전의 규정에 따른다고 규정하고 있는 바, 개정법 시행일인 2012. 3. 15. 이전에 출원된 상표의 경우에 상표사용의사가 없을 경우 향후 상표 등록무효 심결을 할 수 있는지가 문제된다.

이에 대하여는 사용의사가 없는 상표의 경우에는 등록거절사유 및 등록무효사유가 된다는 견해[4]가 있다. 그러나 2011. 12. 2. 법률 제1113호로 개정되기 전 구 상표법 제71조는 상표법 제3조 단서[5]의 경우만을 등록거절사유 및 등록무효사유로 규정하고 있으며, 출원 또는 심판단계에서 그 사용의사 없음을 명확히 확인할 방법도 없었으며, 등록된 상표라고 하더라도 상표 등록 후에 등록상표를 정당한 이유 없이 계속하여 3년 이상 국내에서 사용하지 않았을 경우에는 그 상표 등록을 취소할 수 있으므로(상표법 제119조 제1항 제3호), 상표사용의사가 없어 보인다는 이유로 그 등록을 거절하거나 등록을 무효로 함은 곤란하다. 하급심 판례 중에도 상표사용의사가 없는 경우에는 구 상표법 제2조 제1항 제1호 내지 제4호[6]의 규정에 의한 표장의 정의에 합치하지 아니하는 때에 해당한다는 이유로, 구 상표법 제23조 제1항 제4호[7] 에 따른 등록무효 사유가 있다고 하면서 아래와 같이 판단한 사례가 있다.

상표법은 사용주의가 아닌 등록주의를 채택하여 상표권은 등록에 의하여 발생하고 실제로 이를 사용한 사실이 있는지 여부는 상표권 발생의 요건이 아니어서, 국내에서 상표/서비스표를 '사용하는 자'는 물론이고 '사용하고자 하는

---

4) 송영식 외 6인 공저, 지적소유권법 하권, 육법사(2008), 98(김병일 집필). 사용의사 없는 상표의 출원·등록에 대하여 상표개념에 해당하지 아니하는 표장으로서 거절사유, 무효사유로 보아 해결함이 적당하다고 한다.
5) 2011. 12. 2. 법률 제11113호로 개정되기 전 구 상표법 제3조 단서: 다만, 특허청 직원 및 특허심판원직원은 상속 또는 유증의 경우를 제외하고는 재직 중에 상표를 등록받을 수 없다.
6) 현행 상표법 제2조 제1항 상표, 단체표장 등 정의규정.
7) 현행 상표법 제54조 제1호.

자'도 자기의 상표/서비스표를 등록받을 수 있지만(상표법 제3조 본문[8]), 상표/
서비스표 등록을 받고자 하는 자는 적어도 '사용하고자 하는' 의사는 있어야만
할 것이고, 사용하고자 하는 의사가 없이 등록된 상표/서비스표는 상표법 제2조
에서 말하는 표장, 즉 상표/서비스표에 해당하지 아니하여 이를 등록받을 수 없
다고 해석하여야 할 것인바, 상표/서비스표에 대한 사용의사 유무는 상표/서비
스표 출원인의 주관적, 내면적인 의지에 의하여만 결정할 것이 아니라 외형적으
로 드러나는 사정에 의하여 객관적으로 결정하여야 할 것이다. 원고가 이 사건
등록서비스표의 등록결정 시는 물론이고 이 사건 소송의 변론종결 시까지도 변
리사의 자격만을 갖추었을 뿐, 변호사, 공인노무사, 법무사, 행정사의 자격을 갖
추지 못하였다는 사실은 원고가 스스로 인정하고 있는 바이므로, 원고는 객관적
으로 위 서비스업에 대하여는 이를 제공할 자격이 없어 이 사건 등록서비스표
를 사용할 객관적인 의사가 있다고 할 수 없다. 따라서, 이 사건 등록서비스표
의 지정서비스업 중 변호사업, 공인노무사업, 행정사업, 법무사업에 관하여 객
관적인 사용의사가 없는 것으로서 상표법 제23조 제1항 제4호[9]의 무효사유를
가진다(특허법원 2003. 12. 12. 선고 2003허4221 판결).[10]

또한, 판례 중에는 상표사용 의사가 부존재한 경우 등록거절 및 등록무효
사유가 될 수 있다는 입장을 취하면서도 사실상 이를 인정함에 있어서는 객관
적이고 충분한 증거에 의하여 엄격하게 판단하여야 한다고 한 사례도 있다.

상표법 제71조 제1항 제1호는 상표법 제23조 제1항 제4호의 '제2조 제1항
제1호 내지 제4호의 규정에 의한 표장의 정의에 합치하지 아니하는 경우'를 등
록무효사유로 삼고 있고, 상표법 제2조 제1항 제2호는 '서비스표라 함은 서비스
업을 영위하는 자가 자기의 서비스업을 타인의 서비스업과 식별되도록 하기 위
하여 사용하는 표장'이라고 규정하고 있다. 따라서 오로지 제3자에게 서비스표

---

8) 현행 상표법 제3조 제1항 본문.
9) 현행 상표법 제54조 제1호.
10) 이에 대하여 상급심인 대법원(2005. 10. 28. 선고 2004후271 판결)은, 원심 법원이 이 사
건 등록서비스표에 대하여 2001. 2. 3. 법률 제6414호로 개정된 상표법이 아니라 개정 전
의 상표법을 적용하였어야 함에도, '상표법 제2조 제1항 제1호 내지 제4호의 규정에 의한
표장의 정의에 합치하지 아니하는 경우'를 등록무효사유로 새롭게 규정한 위 개정 상표법
을 적용하여 판단한 것은 법령적용을 잘못한 것이라고 판시하였다. 따라서 상표 사용 의사
의 부존재가 위 개정법 제23조 제1항 제4호(현행 상표법 제54조 제1호) 및 제71조 제1항
제1호(현행 상표법 제117조 제1항 제1호) 소정의 등록 무효 사유에 해당하는지 여부에 관
하여 대법원의 실질적인 판단이 이루어지지 않았다.

권을 양도하려는 목적으로 서비스표 등록출원을 하여 등록받은 경우 등과 같이, 등록서비스표가 서비스업을 영위하는 자의 서비스업을 타인의 서비스업과 식별되도록 하기 위하여 사용하는 표장이라고 할 수 없는 경우에는 상표법 제2조 제1항 제2호의 규정에 의한 표장의 정의에 합치하지 아니하는 경우에 해당하여 상표법 제71조 제1항 제1호, 제23조 제1항 제4호에 따라 그 등록이 무효로 되어야 할 것이다.

한편, 상표법 제2조 제3항은 서비스표에 관하여 상표법 중 상표에 관한 규정을 적용하도록 정하고 있는데, 상표법 제3조 본문은 '국내에서 상표를 사용하는 자 또는 사용하고자 하는 자는 자기의 상표를 등록받을 수 있다.'라고 규정하여 상표를 사용하고자 하는 자 역시 상표를 등록받을 수 있도록 정하고 있으므로, 비록 '현재 자기의 서비스업을 타인의 서비스업과 식별되도록 하기 위하여 사용하는 표장'은 아니라고 하더라도 '장차 자기의 서비스업을 타인의 서비스업과 식별되도록 하기 위하여 사용하고자 하는 표장'에 해당하면 상표법 제23조 제1항 제4호, 제2조 제1항 제2호, 제71조 제1항 제1호 소정의 등록무효사유는 없는 것이라고 보아야 한다.

나아가, 상표법 제41조 제1항은 '상표권은 설정등록에 의하여 발생한다.'라고 규정하여 등록주의 원칙을 천명하고 있는 점, 상표법 제9조는 상표등록출원서에 상표 사용의사에 관하여 이를 기재하거나 입증하는 서면을 첨부하도록 요구하고 있지 않은 점, 상표법 제30조는 '심사관은 상표등록출원에 대하여 거절이유를 발견할 수 없을 때에는 상표등록결정을 하여야 한다.'라고 규정하고 있는 점, 상표법 제73조 제1항 제3호가 '상표권자, 전용사용권자 또는 통상사용권자 중 어느 누구도 정당한 이유 없이 등록상표를 그 지정상품에 대하여 취소심판청구일 전 계속하여 3년 이상 국내에서 사용하고 있지 아니한 경우'를 등록취소사유로 규정하고 상표법 제73조 제6항에서 이해관계인이 그 상표등록의 취소심판을 청구할 수 있도록 하여서 상표등록 후 상표의 사용을 간접적으로 강제하고 있는 외에는 상표법이 상표등록 이후의 상표 불사용에 대하여 상표등록을 무효로 하는 별도의 규정을 두고 있지 아니한 점 등에 비추어 보면, '현재 자기의 서비스업을 타인의 서비스업과 식별되도록 하기 위하여 사용하는 표장이 아니라는 점' 및 '장차 자기의 서비스업을 타인의 서비스업과 식별되도록 하기 위하여 사용하고자 하는 표장이 아니라는 점'은 함부로 추정되어서는 아니되고, 객관적이고 충분한 증거에 의하여 명확하게 인정되어야 할 것이다.

그러나 상표 사용 의사에 대하여 상표법 제3조에서 규정을 두고 있음에도 상표법 제3조 본문을 등록무효사유로 삼고 있지 않는 구 상표법(2011. 12. 2. 법률 제11113호로 개정되기 전)하에서 상표 사용 의사가 없는 경우를 상표의 개념 규정과 결부시켜 무효사유를 새롭게 창설하는 것은 해석론으로 적절하지 않다. 구 상표법 적용 상표에 대하여는 상표 불사용 등록취소 제도로 해결하여야 할 것이다. 법원은 같은 취지로 아래와 같이 판단 사례가 있다.

> 상표법이 제3조 본문에서 국내에서 상표를 사용하는 자 또는 사용하고자 하는 자는 자기의 상표를 등록받을 수 있다고 규정하고 있기는 하나, 상표를 사용하는 자 또는 사용하고자 하는 자가 아닌 사람이 상표등록출원을 한 경우를 별도의 등록거절사유나 등록무효사유로 정하고 있지 않고, 또한 상표법에서는 제41조 제1항에서 상표권은 설정등록에 의하여 발생한다고 규정하면서 제55조, 제57조에서 상표권자가 아닌 전용사용권자나 통상사용권자에 의한 상표의 사용을, 제73조 제1항 제3호에서 상표권자 등이 상표를 사용하지 않은 경우를 등록취소사유로 각 규정하고 있어서, 위와 같은 상표법의 여러 규정의 취지에 비추어 보면, 상표법이 상표권자에게 상표 사용의사가 없는 경우를 상표법 제23조 제1항 제4호의 표장의 정의에 합치하지 아니하는 경우에 해당하는 등록무효사유로 규정하고 있다고 보기는 어려우므로, 설령 피고에게 이 사건 등록상표를 사용할 의사가 없다고 하더라도 이 사건 등록상표가 상표법 제23조 제1항 제4호에 해당하는 것은 아니다(특허법원 2005. 10. 28. 선고 2005허6191 판결).[11]

특허청 직원과 특허심판원 직원에 대하여는 상속 또는 유증의 경우 이외에는 재직 중에 상표등록을 받을 수 없다고 규정하여 당해 업무를 처리하고 있는 사람들에 의하여 상표권 부여 과정에서 발생할 수 있는 불공정한 상표권 부여의 여지를 원천적으로 차단하고 있다. 다만 특허청 직원 등에게 상표 등록할 권리 자체가 발생하지 않는 것은 아니라, '재직 중'이라는 일정한 시간적 범위에 한하여 그 권리 행사가 제한되는 것이라 할 것이다. 특허법(제33조 제1항 단서), 실용신안법(제11조) 및 디자인 보호법(제3조)에도 같은 취지에서 동일한 규정을 두고 있다.

---

11) 이 사건은 대법원에 상고되었으나, 상고이유서 부제출로 기각되었다.

III. 단체표장의 경우

단체표장이란 상품을 생산·제조·가공·판매하거나 서비스를 제공하는 자가 공동으로 설립한 법인이 직접 사용하거나 그 소속 단체원에게 사용하게 하기 위한 표장을 말한다(상표법 제2조 제1항 제3호). 단체표장은 법인 자신뿐만 아니라 그의 감독하에 있는 소속 단체원들로 하여금 사용하게 하기 위한 것이라는 점에서 상표와 차이가 있고, 영리를 목적으로 하지 않는 업무표장과도 차이가 있다. 법인격이 없는 조합 및 자연인은 등록을 받을 수 없다.

지리적 표시 단체표장이란 지리적 표시[12]를 사용할 수 있는 상품을 생산·제조 또는 가공하는 자가 공동으로 설립한 법인이 직접 사용하거나 그 소속 단체원에게 사용하게 하기 위한 표장을 말한다(상표법 제2조 제1항 제6호). 2004년 상표법 개정(2004. 12. 31. 법률 제7290호)을 통해 2005년 7월 1일부터 "지리적 표시"를 단체표장으로 등록을 받을 수 있도록 허용하여 보호하고 있다. 지리적 표시 단체표장은 통상의 단체표장과 달리 그 사용대상을 상품으로 한정[13]하고, 업무의 범위 역시 생산, 제조, 가공하는 자로 한정하고 있다.

지리적 표시는 출처표시기능과 품질표시기능을 가지고 있다는 점에서 상표와 유사하나, 상표는 상품을 제공하는 특정 주체를 식별시켜 주는 표장인 데 반하여 지리적 표시는 당해 표시가 사용되고 있는 제품을 생산하는 주체가 위치하고 있는 특정지역을 확인시켜 주는 표장으로 특정 지역 주민의 공유재산적 성격을 가지고 있으므로, 경업자라고 하더라도 지리적 표시의 정의에 합치하게 지리적 표시를 사용하는 사람에 대하여 배타적 효력이 없다.

2011년 상표법 개정(2011. 12. 2. 법률 제11113호)을 통하여 증명표장제도가 신설되면서 제3조 제3항에 '증명표장을 등록받을 수 있는 자'에 관한 규정을 '단체표장의 등록을 받을 수 있는 자'에 관한 규정과 별도로 신설하였다.

〈김운호〉

---

12) "지리적 표시"란 상품의 특정 품질·명성 또는 그 밖의 특성이 본질적으로 특정 지역에서 비롯된 경우에 그 지역에서 생산·제조 또는 가공된 상품임을 나타내는 표시를 말한다(상표법 제2조 제1항 제4호). 다른 지역과 구별되는 품질이나 명성 등의 특성이 그 지역의 기후, 토양, 지형 등의 자연적 조건이나 전통적인 생산법 등의 인적 조건을 포함하는 지리적 환경에서 본질적으로 비롯되는 경우에 그 지역에서 생산, 제조 또는 가공된 상품임을 나타내는 표시를 말한다.
13) 서비스업을 대상으로 하고 있지 않다.

> **제3조(상표등록을 받을 수 있는 자)**
> [제1항~제2항은 앞에서 해설]
> ③ 상품의 품질, 원산지, 생산방법 또는 그 밖의 특성을 증명하고 관리하는 것을 업으로 할 수 있는 자는 타인의 상품에 대하여 그 상품이 정해진 품질, 원산지, 생산방법 또는 그 밖의 특성을 충족하는 것을 증명하는 데 사용하기 위해서만 증명표장을 등록받을 수 있다. 다만, 자기의 영업에 관한 상품에 사용하려는 경우에는 증명표장의 등록을 받을 수 없다.
> ④ 제3항에도 불구하고 상표·단체표장 또는 업무표장을 출원(出願)하거나 등록을 받은 자는 그 상표 등과 동일·유사한 표장을 증명표장으로 등록받을 수 없다.
> ⑤ 증명표장을 출원하거나 등록을 받은 자는 그 증명표장과 동일·유사한 표장을 상표·단체표장 또는 업무표장으로 등록을 받을 수 없다.

I. 의의

증명표장은 두 가지 점에서 상표와 구별된다. 첫째, 증명표장의 가장 중요한 특징은 그 권리자가 그것을 사용하지 아니한다는 점이다. 둘째, 증명표장은 상업적 출처를 표시하는 것이 아니고 특정인의 상품이나 서비스를 다른 사람의 그것과 구별하는 것이 아니라는 점이다.

증명표장은 증명표장권자에 의해 사용될 수 없다. 왜냐하면 증명표장권자는 그 표장의 사용과 관련된 상품을 제조하거나 서비스를 이행하지 아니하기 때문이다. 증명표장은 그 표장권자의 허락을 얻어 그 표장권자 이외의 단체에 의해서만 사용될 수 있다. 증명표장권자는 인증된 상품 또는 서비스에 대한 타인의 증명표장 사용을 통제한다. 그러한 통제는 그 표장이 등록요건인 특징을 포함하거나 나타내는 상품 또는 서비스에만 적용된다는 사실 또는 인증자 또는 증명표장권자가 그 인증을 위하여 증명하거나 채택한 구체적인 등록요건을 충족하는 것을 보장하기 위한 조치를 취하는 것에 의해 이루어진다. 증명표장은 상품의 특성과 품질을 나타내고 그러한 상품이 특정한 기준을 충족하는 것을 확인한다는 측면에서 출처표시기능을 한다.[1] 다시 말하면, 증명표장은 상품의 질뿐만 아니라 지리적 출처를 증명하기 위하여 사용된다. 그것은 증명표장이 상품이나 서비스의 질, 지역적 또는 기타 특징을 증명하기 위하여 사용되고[2] 상업적 출처를 가리키기 위한 것이 아니다.[3] 증명표장권자는 그 표장의 사용을 통제하여야 하고 등록요건인 기준을 충족하는 자의 상품을 증명하는 것을 차별적으로 거절해서는 아니 된다.[4] 이것이 의미하는 바는 증명표장의 기준을 충족하는 단체는 증명표장을 사용할 수 있다는 것이다.

Ⅱ. 단체표장과의 구별

증명표장은 보증기능을 가진 보증표장이나, 단체표장은 보증기능보다 출처기능이 강한 표장이다. 그리고 증명표장은 특정 상품 생산업자 등이 아닌 증명업자가 상품자체에 관하여 일정한 품질성능을 갖추고 있음을 증명하는 표장이다.

Ⅲ. 내용

상품의 품질, 원산지, 생산방법 또는 그 밖의 특성을 증명하고 관리하는 것을 업으로 할 수 있는 자는 타인의 상품에 대하여 그 상품이 정해진 품질, 원산지, 생산방법 또는 그 밖의 특성을 충족하는 것을 증명하는 데 사용하기 위해서만 증명표장을 등록받을 수 있다. 다만, 자기의 영업에 관한 상품에 사용하려는 경우에는 증명표장의 등록을 받을 수 없다(상표법 제3조 제2항). 증명표장권을 자기의 영업을 증명하기 위하여 사용하는 것이 아니고 타인의 상품에 대해 그 상품의 품질 등 특성을 증명하는 데 사용하는 것이고 자기 상품의 품질 등 특성을 증명하는 데 사용하는 것이 아니므로 상표법 제3조 제2항은 증명표장권을 등록받을 수 있는 자를 제한하여 규정하고 있다.

---

1) Alexander Lindey and Michael Landau, 1A Lindey on Entertainment, Publ. & the Arts §2:11.50 (3d ed. 2009).
2) Lanham Act §45, 15 U.S.C. §1127 (2000).
3) U.S. Patent & Trademark Office, Trademark Manual of Examining Procedure (2016)(이하 'TMEP'로 표시).
4) Lanham Act §14(5), 15 U.S.C. §1064(5).

　　아울러 상표·단체표장 또는 업무표장을 출원(出願)하거나 등록을 받은 자
는 그 상표 등과 동일·유사한 표장을 증명표장으로 등록받을 수 없다(법 제3조
제4항). 증명표장을 출원하거나 등록을 받은 자는 그 증명표장과 동일·유사한
표장을 상표·단체표장 또는 업무표장으로 등록을 받을 수 없다(법 제3조 제5항).
상표법 제3조 제4항 내지 제5항은 증명표장권을 출원하거나 등록받은 자와 상
표(단체표장 또는 업무표장)를 출원하거나 등록받은 자 사이의 이해관계 저촉을
방지하기 위한 조문이다. 증명표장은 제3자를 위한 보증기능을 수행하는 데 반
해 상표, 단체표장 또는 업무표장은 자신의 특정 상품, 서비스 또는 업무에 대
한 출처기능을 수행하기 때문이다. 증명표장이 특정 상품의 질 또는 지역적 산
지를 증명하더라도 특정 생산업자 등과 같이 그 상품의 단일 상업적 출처로서
그 산지를 가리키는 것은 아니다.[5] 따라서 증명표장은 농민이 지역적 브랜드를
상표로서 사용하고자 한다면 그 지역적 브랜드를 확립하기에는 적절한 도구가
아니다. 하지만 지방자치단체가 지리적 표시 증명표장권자가 되어 지역 특산품
이 정해진 품질, 원산지, 생산방법 또는 그 밖의 특성을 충족하는 것을 증명하
는 경우에는 지역 주민이 생산 내지 가공하는 농수산물 등에 대한 지역적 브랜
드로 작용할 수 있다.

〈이규호〉

---

5) Lanham Act §45, 15 U.S.C. §1127.

> **제3조(상표등록을 받을 수 있는 자)**
> [제1항~제5항 앞에서 해설]
> ⑥ 국내에서 영리를 목적으로 하지 아니하는 업무를 하는 자는 자기의 업무표장을 등록받을 수 있다.

<소 목 차>

Ⅰ. 의의

"업무표장"이라 함은 영리를 목적으로 하지 아니하는 업무를 하는 자가 그 업무를 나타내기 위하여 사용하는 표장을 말한다(상표법 제2조 제1항 제9호). 상표법은 영리를 목적으로 하는 자에 대하여는 상표 및 단체표장(지리적 표시 단체표장 포함)으로 등록을 하게 한 반면, 대한변호사협회, 대한적십자사, YMCA, 한국소비자보호원 등과 같이 영리를 목적으로 하지 아니하는 업무를 하는 자에 대하여는 업무표장으로 등록을 하게 하고 있다.

상표등록과는 달리 현재 업무를 하는 자에 한하여 업무표장의 등록을 받을 수 있다. 상표법 제36조 제6항은 업무표장 등록을 받으려는 자는 그 업무의 경영사실을 증명하는 서류를 업무표장 등록출원서에 첨부하도록 규정하고 있다. 국내에서 영리를 목적으로 하지 아니한 업무를 하여야 하므로 외국에서만 비영리업무를 하는 자는 등록을 받을 수 없다. 법인뿐만 아니라 자연인도 등록을 받을 수 있다.

Ⅱ. 업무표장의 식별력

업무표장에 관하여 특별히 규정한 것을 제외하면 상표에 관한 규정이 적용되므로, 식별력 유무에 대한 판단도 상표에 관한 기준을 적용한다. 다만 특허청 상표심사기준(2016. 9. 1. 기준)은 업무표장은 비영리기관이 비영리업무에 사용하

는 표장이라는 특성을 고려하여 (i) 공법상의 사단법인 또는 재단법인, 영조물법
인(營造物法人), 법령의 규정에 따라 설립된 공익법인, 국가기관 또는 지방자치
단체에 의하여 공익적 목적으로 설립·운영되는 법인 등에서 자기의 법인명칭과
동일하거나 실질적으로 동일한 표장을 법령이나 정관에 기재된 업무를 지정업
무로 하여 출원하는 경우 및 (ii) 공공단체에 해당하지 아니하는 법인명칭 출원
의 경우 해당 분야에서 3년 이상 타인이 동일·유사한 명칭을 사용하지 않았고,
회원 수·활동실적·알려진 정도 등을 고려할 때 일반수요자가 누구의 업무를
나타내는 표장인지 인식할 수 있게 된 것으로 인정되는 경우에는 식별력을 인
정할 수 있다고 한다. 한편 대법원은 '예술의 전당'이라는 "등록업무표장[1] 및
등록서비스표가 지정업무와 지정서비스업에 관한 품질, 용도 등을 보통으로 사
용하는 방법으로 표시한 상표에 해당한다[2]는 취지로 판단한 것은 정당하다"고
하여 예술의 전당이 등록업무표장과 등록서비스표로서 모두 식별력이 없음을
인정하였다.[3]

Ⅲ. 업무표장의 보호

권한 없이 타인의 업무표장과 동일 또는 유사한 표장을 그 지정업무와 동
일 또는 유사한 업무에 사용하면 타인의 업무표장권에 대한 침해가 성립한다.
대법원은 등록 업무표장의 지정업무와 동일, 유사한 업무를 수행한 이상 피고인
이 그 대가로 약간의 감정수수료를 받았다고 하더라도 업무의 성질을 달리 볼
수 없다는 이유로 영리행위가 가미되어도 업무표장권 침해죄의 성립을 인정한
바 있다.

원심이 유지한 제1심판결이 채용한 증거들을 기록과 대조하여 살펴보면, 사
단법인 한국귀금속보석감정원의 업무표장인 판시 태극 마크의 지정업무는 귀금

---

1) 지정업무로 "한국전통 및 현대예술의 발전, 육성을 위한 계획과 정책수립에 관한 연구
   및 학술발표 업무, 예술분야의 진흥을 위한 각종 공연업무, 지원업무, 예술진흥기금 확보
   를 위한 부대사업업무, 기타 예술분야진흥에 관련된 제반업무, 출판 및 국내외 자료정보수
   집" 등을 지정하였다.
2) 원심법원인 특허법원{2006. 10. 11. 선고 특허법원 2006허1841, 1797, 1810, 1865(병합)
   사건}은 예술의 전당이란 예술 분야의 가장 권위 있는 기관이나 예술 분야의 중심이 되는
   건물 또는 예술에 관련된 활동이나 업무를 담당하는 기관 내지 시설 등을 의미하므로 일
   반 수요자들이 업무표장 및 등록서비스표 "예술의 전당"을 보고 위와 같은 의미를 직감할
   수 있다고 판단하였다.
3) 대법원 2008. 11. 13. 선고 2006후3397 판결.

속 및 보석제품에 대한 품질보증제도 확립지도업, 귀금속 및 보석 가공상품의 품질향상과 유통질서 확립지도업인바, 피고인들이 직할시 귀금속시계판매업감정위원회의 회장 및 검사실장으로서 직할시 지역의 귀금속 및 시계의 부당한 감정을 막고 감정의 권위를 높이기 위한 감정업무를 행하면서 사용하던 판시 무등산 마크와 함께 판시 태극 마크를 그 판시와 같이 귀금속 판매상인들이 가지고 온 금반지 등에 귀금속의 함량을 확인 보증한다는 취지로 각인하여 사용한 행위는 이 사건 등록 업무표장의 지정업무와 동일·유사한 업무를 수행한 것이라 할 것이고, 이러한 각인행위를 행하면서 그 대가로 약간의 감정수수료를 받았다고 하여 위 업무의 성질을 달리 볼 수는 없다 할 것이므로 피고인들의 위 각인행위가 영리행위로서 이 사건 업무표장의 지정업무와 유사하지 않다는 소론 주장은 받아들일 수 없다(대법원 1995. 6. 16. 선고 94도1793 판결).

　　또한 대법원은 권리범위 확인 사건에서 등록업무표장과 대비되는 확인대상표장이 "업무표장"으로 사용되었는지 여부는 사용업무와의 관계, 당해 표장의 사용 태양(표시된 위치, 크기 등), 사용자의 의도와 사용 경위 등을 종합하여 실제 거래계에서 그 표시된 표장이 사용업무의 식별표지로서 사용되고 있는지 여부를 종합하여 판단하여야 한다고 판시하였다.

　　원고가 '기독교대한하나님의성회'라는 교단의 대표총회장으로 표시되어 있는 인터넷 홈페이지의 왼쪽 윗 부분과 아랫 부분에는 " 기독교대한하나님의성회 "와 같은 업무표장이 표기되어 있고, 위 홈페이지의 윗 부분과 왼쪽 중앙 부분에 확인대상표장인 "기하성"이 '기하성 안내, 기하성 소개, 기하성 헌법, 기하성 교리, 기하성 신학, 기하성 선교, 기하성 연감(역사편)' 등과 같이 위 교단의 약칭으로 표기되어 사용되고 있는 점, 위 인터넷 홈페이지의 기하성 소개란에는 위 교단의 주된 업무인 종교를 선교하거나 교단을 알리기 위한 내용이 게재되어 있는 점 등 확인대상표장이 사용된 태양과 경위, 그 의미 및 사용업무인 종교선교업과의 관계 등을 종합하여 볼 때, 확인대상표장은 종교선교업 등 영리를 목적으로 하지 아니하는 업무를 표상하고 그 업무의 출처를 표시하기 위하여 사용된 업무표장이라고 할 것이다(대법원 2010. 9. 9. 선고 2010후1275 판결).

〈김운호〉

> **제4조(미성년자 등의 행위능력)**
> ① 미성년자·피한정후견인(상표권 또는 상표에 관한 권리와 관련된 법정대리인이 있는 경우만 해당한다) 또는 피성년후견인은 법정대리인에 의해서만 상표등록에 관한 출원·청구, 그 밖의 절차(이하 "상표에 관한 절차"라 한다)를 밟을 수 있다. 다만, 미성년자 또는 피한정후견인이 독립하여 법률행위를 할 수 있는 경우에는 그러하지 아니하다.
> ② 제1항의 법정대리인은 후견감독인의 동의 없이 상대방이 청구한 제60조에 따른 상표등록 이의신청(이하 "이의신청"이라 한다)이나 심판 또는 재심에 대한 절차를 밟을 수 있다.

<소 목 차>

Ⅰ. 의의

본조는 미성년자, 피한정후견인 또는 피성년후견인 등 이른바 제한능력자[1]의 상표등록절차에서 행위능력을 제한하는 규정이다. 상표법이 이와 같은 규정을 둔 것은 상표권에 대한 출원·청구 등의 과정에서 행위무능력자를 보호하고, 법적안정성을 도모하기 위한 것이다.

Ⅱ. 제한능력자제도

1. 제도의 취지

일반적으로 법률행위를 하기 위해서는 행위주체가 자신의 행위의 의미를 이해하고 판단할 수 있는 능력이 있어야 하는데, 이를 의사능력 또는 판단능력

---

[1] 2011. 3. 7. 법률 제10429호로 개정된 민법에서는 한정치산자와 금치산자를 폐지하고, 제한능력자로 피한정후견인, 피성년후견인제도를 신설하여 2013. 7. 1.부터 시행되었다.

이라 한다. 사람의 행위가 법률효과를 발생하는 것은 원칙적으로 모든 사람은 자기의 의사에 의해서만 권리를 얻고 의무를 진다는 근대법의 사적 자치의 원칙에 의한 것이다. 이러한 의사능력이 없는 자가 한 행위는 법률상 아무런 효과가 발생하지 않는데, 의사능력이 있는지 여부는 외부에서 확실하게 알기 어려운 내적인 심리적 정신능력이므로, 표의자가 행위 당시에 의사능력이 없었다는 것을 증명해서 보호를 받는다는 것은 매우 어려운 일이고, 행위의 상대방이나 제3자의 입장에서도 행위 당시의 표의자의 의사능력 유무를 확실하게 안다는 것이 곤란하므로, 나중에 의사능력이 없었다는 이유로 그 행위를 무효로 한다면 헤아릴 수 없는 불측의 손해를 입게 된다.2) 재산적 법률관계는 빈번하게 반복해서 행해지므로, 일정한 획일적 기준을 정하여 이 기준을 갖추는 때에는 의사표시자가 단독으로 한 일정한 범위의 법률행위를 일률적으로 무조건 취소할 수 있는 것으로 취급하여 의사표시자의 의사능력을 묻지 않고, 상대방이나 제3자가 미리 알아차리고 손해의 발생을 막을 수 있는 기회를 주고 있는데, 이러한 객관적·획일적 기준(성년연령·법원의 결정 등)에 의하여 법률행위를 할 수 있는지를 정한 것이 바로 행위능력제도 또는 제한능력제도이다.3)

2. 미성년자

가. 원칙

만 19세로 성년이 되므로, 성년에 이르지 않은 자가 미성년자이다. 미성년자가 법률행위를 하기 위해서는 원칙적으로 법정대리인의 동의를 얻어야 하고(민법 제5조 제1항 본문), 이를 위반한 경우에는 그 행위를 취소할 수 있다(제2항).

나. 예외

다만 미성년자가 독립적으로 하더라도 미성년자에게 불리하게 될 염려가 없거나 거래의 안전을 위하여 필요한 경우에는 미성년자라 하더라도 법정대리인의 동의 없이 법률행위를 할 수 있다.

　① 단순히 권리만을 얻거나 또는 의무만을 면하는 행위(민법 제5조 제1항 단서)
　② 처분이 허락된 재산의 처분행위(민법 제6조)
　③ 영업을 허락받은 미성년자의 그 영업에 관한 행위(민법 제8조 제1항)
　④ 혼인을 한 미성년자의 행위(민법 제826조의2). 여기서 성년으로 의제되는

---

2) 곽윤직·김재형, 민법총칙(제9판), 박영사(2013), 110-111.
3) 곽윤직·김재형(주 2), 111.

혼인은 법률혼만을 의미하고, 사실혼을 포함하지 않는다.

⑤ 대리행위. 미성년자의 행위능력 제한은 무능력자 본인의 보호를 위한 것이므로, 타인의 대리인으로서 법률행위를 하는 데 무능력자로서 그 행위능력이 제한되지 않는다(민법 제117조).

⑥ 유언행위(민법 제1061조)

⑦ 근로계약에 따른 임금의 청구(근로기준법 제68조). 친권자나 후견인은 미성년자의 근로계약을 대리할 수 없다(같은 법 제67조).

다. 동의와 허락의 취소 또는 제한

미성년자가 아직 법률행위를 하기 전에는 법정대리인은 그가 한 동의나 일정범위의 재산처분에 대한 허락(민법 제6조)을 취소할 수 있다(민법 제7조). 미성년자는 법정대리인의 동의가 있으면 스스로 법률행위를 할 수 있는데, 소송행위의 경우에는 법정대리인의 동의에 의해서만 할 수 있고, 단독으로 할 수 없다(민사소송법 제55조 본문). 다만 미성년자가 혼인을 하여 성년으로 의제되었을 때, 법정대리인의 허락을 얻어 영업에 관한 법률행위를 하는 경우와 같이 미성년자가 독립하여 법률행위를 할 수 있는 경우에는 그 범위 내에서 소송능력이 인정된다(같은 조 단서).

라. 법정대리인
(1) 법정대리인이 되는 사람

미성년자의 법률행위를 대리하거나 할 수 있는 사람, 즉 미성년자의 보호기관은 첫 번째는 친권자이고, 친권자가 친권을 행사할 수 없는 경우에는 후견인이며 이들을 법정대리인이라고 한다.

미성년자의 친권자는 부모인데 부모의 혼인상태가 계속 중인 경우에는 그 부모가 공동으로 친권을 행사한다(민법 제909조 제1, 2항). 즉, 부모가 공동으로 법정대리인이 되는 것이다. 여기에서 공동으로 행사하여야 한다는 것은 공동대리를 말하는 것이므로 부모 가운데 한쪽이 단독으로 대리나 동의를 한다면 법정대리인으로서의 대리 또는 동의의 효과는 생기지 않게 되고 무권대리가 되며, 동의는 취소할 수 있게 된다.[4] 부모 중의 1인이 사망 등으로 친권을 행사할 수 없거나 이혼절차에서 한쪽을 친권자로 정한 경우, 법원에 의하여 부모 중의 한쪽만이 친권자로 지정된 때에는 부모중의 1인이 법정대리인이 된다.

---

4) 곽윤직 · 김재형(주 2), 120.

미성년자에게 친권자가 없거나, 친권자가 법률행위의 대리권과 재산관리권을 행사할 수 없을 때에는, 미성년후견인이 법정대리인이 된다(민법 제928조). 친권자와 달리 후견인은 피후견인을 대리하여 소송행위를 함에 있어서 후견감독인이 있으면 후견감독인의 동의를 얻어야 한다(민법 제950조 제1항 제5호). 다만, 법정대리인인 후견인이 상대방의 소제기나 상소에 관하여 피고 또는 피상소인으로서 소극적으로 하는 응소행위에 대해서는 후견감독인의 특별수권을 요하지 아니한다(민사소송법 제56조 제1항).

(2) 법정대리인의 권한

(가) 법정대리인은 미성년자를 위하여 법률행위를 대리할 대리권이 있고 미성년자 자신이 하는 법률행위에 대한 동의권 및 일정한 범위를 정한 재산의 처분에 관한 동의권 등이 있다. 동의를 하는 방법은 원칙적으로 방식을 필요로 하지 않지만 후견감독인이 있으면 그 동의를 받아야 한다(민법 제950조 참조). 이 제한을 제외하고는 동의의 방법은 자유이고, 묵시적인 동의도 가능하다.[5] 또한, 동의는 미성년자에게 할 수도 있고 미성년자와 거래하는 상대방에게 할 수도 있다.[6]

(나) 영·유아 등과 같이 미성년자에게 의사능력이 없다고 인정되는 경우에는 동의 또는 허락을 통해 미성년자 스스로 법률행위를 하게 할 수 없으므로 이때에는 법정대리인의 대리에 의한 법률행위만이 가능하다. 미성년자 본인의 행위를 목적으로 하는 채무를 부담하는 행위(예컨대, 운동선수계약, 출연계약 등)를 대리함에는 미성년자 본인의 동의를 받아야 하며(민법 제920조 단서, 제949조 제2항), 법정대리인과 미성년자의 이해가 상반되는 행위(미성년인 자녀의 재산을 친권자인 부모에게 증여 기타 양도하는 행위)에도 법정대리인의 대리권이 제한된다(민법 제921조).

(다) 법정대리인이 동의를 하였다고 하더라도 그 행위에 관하여서만이라도 미성년자가 완전한 행위능력을 가지고 독립하여 법률행위를 할 수 있게 되는 것은 아니므로, 법정대리인은 동의를 한 후에도 미성년자를 대리하여 법률행위

---

5) 미성년자의 법률행위에 있어서 법정대리인의 묵시적 동의나 처분허락이 있다고 볼 수 있는지 여부를 판단함에 있어서는, 미성년자의 연령·지능·직업·경력, 법정대리인과의 동거 여부, 독자적인 소득의 유무와 그 금액, 경제활동의 여부, 계약의 성질·체결경위·내용, 기타 제반 사정을 종합적으로 고려하여야 할 것이고, 위와 같은 법리는 묵시적 동의 또는 처분허락을 받은 재산의 범위 내라면 특별한 사정이 없는 한 신용카드를 이용하여 재화와 용역을 신용구매한 후 사후에 결제하려는 경우와 곧바로 현금구매하는 경우를 달리 볼 필요는 없다(대법원 2007. 11. 16. 선고 2005다71659, 71666, 71673 판결).

6) 곽윤직·김재형(주 2), 121.

를 할 수 있다.[7] 법정대리인은 미성년자가 동의를 얻지 아니하고 행한 법률행위를 취소할 수 있다(민법 제5조 제2항).

3. 피성년후견인

가. 의의

질병, 장애, 노령 또는 그 밖의 사유로 인한 정신적 제약으로 사무를 처리할 능력이 지속적으로 결여된 사람에 대하여 가정법원은 일정한 절차에 따라 성년후견 개시의의 심판을 하여야 하는데(민법 제9조 제1항), 이와 같이 성년후견이 개시된 사람이 피성년후견인이다.

나. 요건

질병, 장애, 노령 그 밖의 사유로 인한 정신적 제약으로 사무를 처리할 능력이 지속적으로 결여된 사람에 해당해야 한다. 종전에 금치산선고의 요건은 심신상실의 상태에 있어야 하는 것이었으나, 성년후견이 개시되려면 정신적 제약이 있고, 그로 인하여 사무처리 능력이 지속적으로 없어야 한다. 이 점에서 사무처리능력이 부족한 사람에 대한 한정후견과 다르다(민법 제12조 제1항). 지속적으로 없다는 것은 장차 상당한 기간 내에 그의 사무처리능력이 회복될 가능성이 없음을 의미한다. 정신적 제약이 있어야 하므로 신체적 장애로 사무처리능력이 없는 경우에는 성년후견 개시의 요건을 충족하지 못한다.

다. 행위능력

피성년후견인의 법률행위는 언제나 취소할 수 있다(민법 제10조 제1항). 피성년후견인은 민법 제9조에 따른 성년후견개시심판의 확정과 동시에 그 행위능력을 제한받기 때문이다. 성년후견인은 피성년후견인을 위한 대리권을 가질뿐이고, 동의권이 없으므로, 성년후견인의 동의를 받은 피성년후견인의 법률행위도 이를 취소할 수 있다.[8] 다만 가정법원은 취소할 수 없는 피성년후견인의 법률행위의 범위를 정할 수 있다(제10조 제2항). 이와 같이 취소할 수 없는 범위를 정한 경우에는 그 범위에서는 피성년후견인의 법률행위라도 취소할 수 없다. 또한 일용품의 구입 등 일상생활에서 필요하고 그 대가가 과도하지 않은 법률행

---

7) 이 점에서 영업허락의 경우와 다르다고 한다. 송덕수, 민법총칙(제2판), 박영사(2013), 209.
8) 윤진수·현소혜, 2013년 개정 민법 해설, 법무부(2013), 35.

위는 성년후견인이 취소할 수 없다(같은 조 제4항). 이러한 거래는 신중한 고려
가 요구되지 않고, 피성년후견인에게 크게 불이익이 생기지도 않으므로, 피성년
후견인의 거래의 자유와 일반거래의 안전을 보호하기 위하여 취소할 수 없도록
한 것이다. 이 규정에 따라 취소할 수 없는 법률행위라는 점은 취소를 막으려는
상대방이 주장·증명하여야 한다.9)

4. 피한정후견인

가. 의의

질병, 장애, 노령 그 밖의 사유로 인한 정신적 제약으로 사무를 처리할 능
력이 부족한 사람에 대하여 가정법원은 일정한 절차에 따라 한정후견개시의 심
판을 하는데(민법 제12조 제1항), 이와 같이 한정후견이 개시된 사람이 피한정후
견인이다.

나. 요건

한정후견은 성년후견과 달리 사무처리능력이 지속적으로 결여된 경우가 아
니라 사무처리능력이 부족한 경우에 개시된다. 정신적 제약으로 사무를 처리할
능력이 부족한 사람이라면 그 부족의 정도를 불문하고 누구나 이용할 수 있는
포괄적이고도 탄력적인 보호유형이므로, 인지능력감퇴가 매우 경미한 정도에
불과한 사람부터 상당한 정도의 정신장애를 가지고 있는 사람까지 다양한 유형
의 사람이 이용할 수 있다.10) 또한 법문상으로는 명백하게 드러나지 않지만 사
무처리능력이 부족한 상태가 당분간 지속되어야 하고, 일시적인 문제가 발생한
경우에는 특정후견으로 보호를 제공해야 할 것이다.

다. 행위능력

피한정후견인은 원칙적으로 유효하게 법률행위를 할 수 있고 예외적으로
가정법원이 피한정후견인의 행위능력을 제한할 수 있도록 하였다(민법 제13조
제1항). 이 점에서 종전의 한정치산자의 행위능력을 대폭 제한한 것과 구별된다.
가정법원은 본인, 배우자, 4촌 이내의 친족, 한정후견인, 한정후견감독인, 검사
또는 지방자치단체의 장의 청구에 의하여 한정후견인의 동의를 필요로 하는 행
위의 범위를 변경할 수 있다(같은 조 제2항). 한정후견인의 동의를 필요로 하는

---

9) 송덕수(주 7), 213.
10) 윤진수·현소혜(주 8), 38-39.

행위에 대하여 한정후견인이 피한정후견인의 이익이 침해될 염려가 있는데도 그 동의를 하지 않는 때에는 가정법원은 피한정후견인의 청구에 의하여 한정후견인의 동의를 갈음하는 허가를 할 수 있다(같은 조 제3항). 한정후견인의 동의가 필요한 법률행위를 피한정후견인이 한정후견인의 동의 없이 하였을 때에는 그 법률행위를 취소할 수 있다(같은 조 제4항).

라. 한정후견인

한정후견을 개시하는 경우에 그 개시 심판을 받은 사람의 한정후견인을 두어야 한다(민법 제959조의2). 피한정후견인의 보호기관으로는 후견인과 후견감독인이 있다. 한정후견인은 가정법원이 직권으로 선임하는데, 성년후견인에 대한 규정이 준용되어 여러 명을 둘 수 있고, 법인도 한정후견인이 될 수 있다. 한편 가정법원은 필요하다고 인정하면 직권으로 또는 피한정후견인, 친족, 한정후견인, 검사, 지방자치단체의 장의 청구에 의하여 한정후견감독인을 선임할 수 있다(민법 제959조의5 제1항).

5. 피특정후견인

가. 의의

질병, 장애, 노령 그 밖의 사유로 인한 정신적 제약으로 일시적 후원 또는 특정한 사무에 관한 후원이 필요한 사람에 대하여 가정법원은 일정한 절차에 따라 특정후견의 심판을 하는데(민법 제14조의2), 이와 같이 특정후견의 심판이 있는 사람이 피특정후견인이다.

나. 요건

질병, 장애, 노령 그 밖의 사유로 인한 정신적 제약으로 일시적 후원 또는 특정한 사무에 관한 후원이 필요한 사람에 해당해야 한다. 정신적 제약은 앞서 살펴본 바와 같지만 특정후견의 경우 사무처리능력의 결여나 부족이 필요한 것은 아니다. 특정후견의 심판을 청구할 수 있는 사람은 본인, 배우자, 4촌 이내의 친족, 미성년후견인, 미성년후견감독인, 검사 또는 지방자치단체의 장이다. 성년후견이나 한정후견이 개시된 경우에는 특정후견을 받을 필요가 없기 때문에 성년후견인이나 한정후견인은 청구권자에 포함되어 있지 않지만, 성년을 앞둔 미성년자는 특정후견의 심판을 받아 후견의 공백이 생기는 것을 막을 수 있다.[11]

---

11) 곽윤직·김재형(주 2), 132.

다. 행위능력

특정후견의 심판을 하는 경우에는 특정후견의 기간 또는 사무의 범위를 정해야 한다(민법 제14조의2 제3항). 특정후견은 1회적·특정적 보호제도이므로 후견의 개시와 종료를 별도로 심판할 필요가 없고, 그 후견으로 처리되어야 할 사무의 성질에 의하여 존속기간이 정해진다.[12]

가정법원은 피특정후견인의 후원을 위하여 필요한 처분을 명할 수 있다(민법 제959조의8). 이 경우 가정법원은 피특정후견인을 후원하거나 대리하기 위한 특정후견인을 선임할 수 있다(민법 제959조의9 제1항). 가정법원은 필요하다고 인정하면 직권으로 또는 피특정후견인, 친족, 특정후견인, 검사, 지방자치단체의 장의 청구에 의하여 특정후견감독인을 선임할 수 있다(민법 제959조의10 제1항). 가정법원은 피특정후견인의 후원을 위하여 필요하다고 인정하면 기간이나 범위를 정하여 특정후견인에게 대리권을 수여하는 심판을 할 수 있고, 특정후견인의 대리권 행사에 가정법원이나 특정후견감독인의 동의를 받도록 명할 수 있다(민법 제959조의11).

Ⅲ. 상표법상 무능력자의 절차능력

1. 행위능력이 문제되는 '상표에 관한 절차'

본조 제1항은 상표에 관한 절차를 상표등록에 관한 출원·청구, 그 밖의 절차라고 규정하고 있다. 상표에 관한 출원·청구, 그 밖의 절차란 상표제도와 관련된 절차 중 출원인, 청구인, 신청인 및 상대방(이하 '출원인 등'이라 한다)이 특허청장, 특허심판원장, 심판장 및 심판관(이하 '특허청장 등'이라 한다)에 대하여 하는 절차로서 아래의 절차를 포함한다.

① 상표에 관한 출원: 상표등록출원, 분할출원, 변경출원, 국제상표등록출원 등
② 상표에 관한 청구: 심사청구, 재심사청구, 각종 심판청구(심사관에 의한 심판청구를 포함한다), 재심청구 등
③ 상표에 관한 기타 절차: 위 ①, ②와 관련하여 출원인 등이 특허청장에게 하는 신청 절차

---

12) 송덕수(주 7), 218.

다만 특허청장 등이 출원인 등에 하는 절차(각종 통지, 요구 등), 특허청 내부의 심사업무처리절차, 일반 민원신청 등은 본조의 상표에 관한 절차에 포함되지 않는다.

또한 여기서 말하는 '상표에 관한 절차'에는 심결에 대한 소에 대한 절차도 포함되지 아니한다.[13]

2. 법정대리인에 의한 대리

가. 원칙

본조 제1항 본문은 미성년자 등 제한능력자가 상표의 출원 기타 절차를 밟을 때에는 민사소송법[14]과 마찬가지로 법정대리인에 의해서 하도록 규정하고 있다. 상표 출원은 여러 단계의 절차를 밟아야 하고, 그 결과를 예측하기 어려우며 불복심판과 불복심판에 대한 취소소송 등 소송절차와 밀접한 관련이 있으므로 소송능력에 대한 규정과 동일하게 볼 필요가 있다. 여기의 제한능력자에는 미성년자, 피성년후견인, 피한정후견인만 해당하고, 피특정후견인은 포함되지 않는다. 다만 피한정후견인의 법정대리인은 '상표권 또는 상표에 관한 권리와 관련된 법정대리인이 있는 경우만'으로 한정하였다. 따라서 가정법원이 민법 제13조 제1항에 따라 한정후견인의 동의를 필요로 하는 행위의 범위에 '상표권 또는 상표에 관한 권리'에 대한 사항을 포함시켜 피한정후견인의 행위능력을 제한한 경우, 위와 같이 제한된 '상표권 또는 상표에 관한 권리'에 대한 사항에 대한 한정후견인이 동의를 할 수 있다.

---

13) 특허법에 대한 대법원 2014. 2. 13. 선고 2013후1573 판결에서 "구 특허법 제3조 제1항에 의하면 '특허에 관한 절차'란 '특허에 관한 출원·청구 기타의 절차'를 말하는데, ① 구 특허법 제5조 제1항, 제2항에서 '특허에 관한 절차'와 '특허법 또는 특허법에 의한 명령에 의하여 행정청이 한 처분에 대한 소의 제기'를 구별하여 규정하고 있는 점, ② '특허에 관한 절차'와 관련된 구 특허법의 제반 규정이 특허청이나 특허심판원에서의 절차에 관한 사항만을 정하고 있는 점, ③ 구 특허법 제15조에서 '특허에 관한 절차'에 관한 기간의 연장 등을 일반적으로 규정하고 있음에도, 구 특허법 제186조에서 '심결에 대한 소'의 제소기간과 그에 대하여 부가기간을 정할 수 있음을 별도로 규정하고 있는 점 등에 비추어 보면, 여기에는 '심결에 대한 소'에 관한 절차는 포함되지 아니한다고 할 것이다"라고 판시하였는데, 유사한 규정을 둔 상표법에도 적용된다고 볼 수 있다.

14) 민사소송법 제51조(당사자능력·소송능력 등에 대한 원칙): 당사자능력, 소송능력, 소송무능력자의 법정대리와 소송행위에 필요한 권한의 수여는 이 법에 특별한 규정이 없으면 민법, 그 밖의 법률에 따른다.
 제55조(제한능력자의 소송능력): 미성년자·한정치산자 또는 금치산자는 법정대리인에 의하여서만 소송행위를 할 수 있다. 다만, 미성년자 또는 한정치산자가 독립하여 법률행위를 할 수 있는 경우에는 그러하지 아니하다.

나. 예외

(1) 본조 제2항은 민사소송법 제55조 단서와 같이 미성년자나 피한정후견인이 독립하여 법률행위를 할 수 있는 경우에는 법정대리인에 의하지 아니하고 상표등록에 관한 출원 등을 할 수 있다고 규정하고 있다. 미성년자에게 친권자가 없거나, 친권자가 법률행위의 대리권과 재산관리권을 행사할 수 없을 때에는, 미성년후견인이 법정대리인이 되고(민법 제928조), 친권자와 달리 후견인은 피후견인을 대리하여 소송행위를 함에 있어서 후견감독인이 있으면 후견감독인의 동의를 얻어야 한다(민법 제950조 제1항 제5호). 또한 피한정후견인은 원칙적으로 유효하게 법률행위를 할 수 있고 예외적으로 가정법원이 피한정후견인의 행위능력을 제한할 수 있으므로(민법 제13조 제1항), 상표등록에 관한 출원 등의 행위가 가정법원의 제한에 해당하지 아니하는 경우에는 유효하게 행위를 할 수 있다고 볼 것이다.

(2) 본조 제2항은 법정대리인은 후견감독인의 동의 없이 상대방이 청구한 상표일부심사등록 이의신청, 심판 또는 재심에 대한 절차를 밟을 수 있다고 규정하여 상대방의 소제기 또는 상소에 관하여 소송능력을 인정한 민사소송법 제56조 제1항과 같은 내용을 규정하고 있다. 여기서 심판은 상표등록무효심판, 권리범위확인심판과 같은 당사자계 심판을 의미하는 것으로 볼 것이고, 거절결정불복심판과 같은 결정계 심판은 이에 해당하지 않는다. 거절결정 등에 불복하는 것을 소극적 행위라고 볼 수는 없기 때문이다.

3. 위반의 효과

상표출원절차에서 법 제4조 제1항의 미성년자 등의 행위능력에 따른 대리권의 범위를 넘어서는 경우 특허청장 또는 특허심판원장은 기간을 정하여 상표에 관한 절차를 밟는 자에게 보정을 명하여야 한다(법 제40조 제1호). 상표에 관한 절차를 밟는 데 필요한 권한의 위임에 흠이 있는 자가 밟은 절차는 보정된 당사자가 추인하면 행위를 한 때로 소급하여 그 효력이 발생한다(법 제9조). 위 보정명령을 받은 자가 지정된 기간 내에 그 보정을 하지 아니하면 상표에 관한 절차를 무효로 할 수 있다(법 제18조 제1항).

심판에 관한 절차에서 법 제4조 제1항의 미성년자 등의 행위능력에 따른 규정에 위반된 경우 심판장은 기간을 정하여 그 보정을 명하고, 그 지정된 기간

내에 보정을 하지 아니하면 결정으로 심판청구서를 각하하여야 한다(법 제127조
제1항, 제2항).

〈손천우〉

> **제5조(법인이 아닌 사단 등)**
>
> 　법인이 아닌 사단 또는 재단으로서 대표자 또는 관리인이 정하여져 있는 경우에는 그 사단 또는 재단의 이름으로 제60조 제1항에 따른 상표등록의 이의신청인(이하 "이의신청인"이라 한다)이나 심판 또는 재심의 당사자가 될 수 있다.

Ⅰ. 의의

　상표에 관한 절차는 상표에 대한 권리 및 의무의 주체가 될 것을 전제로 하기 때문에 원칙적으로 권리능력이 있어야 한다. 그런데 민법은 자연인과 법률에 정하여진 절차에 따라 설립된 사단과 재단에 한하여 권리능력을 인정하고 있으므로, 종중, 종교단체, 학회 등 법인의 모습을 갖추고 있을지라도 법인설립등기를 하지 않은 경우에는 상표에 관한 권리 및 의무의 주체가 될 수 없는 것이 원칙이다. 그러나 실제 사회에는 법인격 없는 여러 종류의 단체가 존재하고 경제적 주체로서 활동하고 있는데, 이에 대해 설립등기 등을 하지 않았다고 하여 권리주체로서의 자격을 일률적으로 부인하는 것은 비현실적이고, 일반 민사거래에서도 일정한 요건하에 권리의무의 주체로서의 자격을 인정하고 있다. 본조는 이와 같이 원칙적으로 권리능력이 없어 상표권을 취득할 수 없는 사단이나 재단이 일정한 요건을 갖추어 단체로서의 실체를 갖춘 경우에는 상표에 관한 절차에서도 독립적인 주체로서의 자격을 인정하는 조문이다.

Ⅱ. 법인격 없는 사단 또는 재단

1. 법인

　자연인 이외에 권리의무의 주체로서 인정되는 것이 법인이다. 법인은 법률의 규정에 좇아 정관으로 정한 목적의 범위 내에서 권리와 의무의 주체가 된다(민법 제34조). 법인은 법률의 규정에 의하지 않고서는 성립하지 못한다(민법 제31조). 법인의 성립을 인정하는 법률에는 민법뿐만 아니라 '공익법인의 설립·운영에 관한 법률'과 같은 특별법이 있다. 학술, 종교, 자선, 기예 기타 영리 아닌 사업을 목적으로 하는 사단 또는 재단은 주무관청의 허가를 얻어 이를 법인으로 할 수 있고(민법 제32조), 이러한 비영리법인에는 사단 또는 재단이 있는데, 비영리사업의 목적을 달성하는 데 필요하여 그의 본질에 반하지 않는 정도의 영리행위를 하는 것은 무관하다. 법인은 주된 사무소의 소재지에서 설립등기를 함으로써 성립한다(민법 제34조). 법인은 의사를 결정하거나 업무를 집행하는 기관과 법인의 기본적인 원칙을 규정한 정관을 갖추어야 하고, 설립목적이나 정관의 변경, 해산 및 청산에 있어서도 민법 제3장에서 정한 절차를 따라야 한다.

법인 중 일정한 목적을 위하여 결합한 사람의 단체 즉 사단을 실체로 하는 법인을 사단법인이라 하고, 일정한 목적을 위하여 바쳐진 재산 즉 재단을 그 실체로 하는 법인은 재단법인이라 한다. 사단법인은 단체의사에 의하여 자율적으로 활동하는 데 대하여, 재단법인은 설립자의 의사에 의하여 타율적으로 구속되는 점이 강하다는 본질적 차이가 있고, 이러한 차이로부터 둘 사이에는 설립행위·목적 또는 정관의 변경·의사결정기관·해산사유 등에서 차이가 있다.[1]

2. 법인격 없는 사단 또는 재단

가. 의의

단체의 실질이 사단인데도 법인격을 갖지 않는 것을 법인격 없는 사단 또는 권리능력 없는 사단이라고 한다. 또한 비영리적 목적을 위하여 재산을 출연하고 관리조직을 갖추어 그 목적을 위해서만 재산을 사용하도록 한 경우에는, 신탁이나 법인의 형식을 취하지 않더라도 사회적으로 독립한 존재를 가지므로 법률상으로도 특별하게 다룰 필요가 있는데, 이를 법인격 없는 재단 또는 권리능력 없는 재단이라 한다.[2] 민법이 사단법인의 설립에 허가주의를 취하고 있고, 주무관청의 허가가 사단법인의 절차적 요건의 하나이며 그러한 허가를 얻지 못한 사단이나 허가를 얻기 전의 사단은 권리능력 없는 사단으로서 존재할 수 있을 뿐이다.[3] 설립자가 행정관청의 허가나 사후의 감독 그 밖의 법적 규제를 받

---

1) 곽윤직·김재형, 민법총칙(제9판), 박영사(2013), 161.
2) 곽윤직·김재형(주 1), 168-169.
3) 곽윤직·김재형(주 1), 163.

는 것을 원하지 않을 경우 법인 아닌 사단으로 남아 있을 가능성이 높게 된다. 사단법인의 기초가 될 수 있는 사회적 실체에는 사단외에 조합도 있는데, 사단과 조합은 단체성의 강약에 의해 구분된다.4) 조합은 단체가 구성원으로부터 독립된 존재이기는 하나, 단체로서의 단일성보다 구성원의 개성이 강하게 나타나고, 단체의 행동은 비법인사단의 경우 단체 자체에 귀속되고 구성원들에게 귀속되지 않지만, 조합의 경우 구성원 전원 또는 그들로부터 대리권이 주어진 자에 의하여 행하여지고, 그 법률효과는 구성원 모두에게 귀속된다.5)

나. 법인격 없는 사단이나 재단의 요건

법인 아닌 사단 또는 재단이라고 할 수 있으려면 단체로서의 조직을 갖추고, 대표의 방법·총회의 운영·재산의 관리 그 밖에 사단으로서 주요한 내용이 정관에 의하여 정해져야 한다. 법인격 없는 사단으로 대표적인 것이 종중이나 종교단체이고, 법인격 없는 재단에는 한정승인을 한 상속재산(민법 제1028조), 상속인 없는 상속재산(민법 제1053조), 공장 및 광업재산 저당법에 따른 공장재단이나 광업재단 등이 있다. 또한, 사단법인의 하부조직의 하나라 하더라도 스스로 위와 같은 단체로서의 실체를 갖추고 독자적인 활동을 하고 있다면 사단법인과는 별개의 독립된 비법인사단으로 볼 것이다.6)

다. 법률관계

(1) 법인격 없는 사단의 사원이 집합체로서 물건을 소유할 때에는 총유로 하고(민법 제275조), 정관 기타 규약에 의하는 외에는 총유물의 관리 및 처분은 사원총회의 결의에 의하며, 각 사원은 정관 기타의 규약에 좇아 총유물을 사용, 수익할 수 있다(민법 제276조). 법인이 아닌 사단이나 재단은 대표자 또는 관리인이 있는 경우에는 그 사단이나 재단의 이름으로 당사자가 될 수 있다(민사소송법 제52조). 따라서 제3자는 법인 아닌 사단 또는 재단에 대한 집행권원으로 사단이나 재단의 고유재산에 대하여 강제집행을 할 수 있다. 법인격 없는 사단이나 재단이 소송상 당사자가 되거나, 대표기관의 권한이나 대표기관의 불법행위로 인한 사단의 배상책임 등에 관해서는 모두 법인에 관한 규정을 적용한다.

(2) 부동산등기법 제26조 제1항은 종중, 문중, 그 밖에 대표자나 관리인이 있는 법인 아닌 사단이나 재단에 속하는 부동산의 등기에 관하여는 그 사단이

---

4) 대법원 1999. 4. 23. 선고 99다4504 판결.
5) 송덕수, 민법총칙(제2판), 박영사(2013), 600.
6) 대법원 2003. 4. 11. 선고 2002다59337 판결 참조.

나 재단을 등기권리자 또는 등기의무자로 한다고 규정하여 법인격 없는 사단이나 재단의 등기능력을 인정하고 있다. 행정심판법 제14조도 법인이 아닌 사단또는 재단으로서 대표자나 관리인이 정하여져 있는 경우에는 그 사단이나 재단의 이름으로 심판청구를 할 수 있다고 규정하여 법인격 없는 사단이나 재단의청구인 능력을 인정하고 있다.

　　(3) 민사소송법 제52조가 비법인사단의 당사자능력을 인정하는 것은 법인이 아니라도 사단으로서의 실체를 갖추고 그 대표자 또는 관리인을 통하여 사회적 활동이나 거래를 하는 경우에는 그로 인하여 발생하는 분쟁은 그 단체가자기 이름으로 당사자가 되어 소송을 통하여 해결하도록 하기 위한 것이므로, 여기서 말하는 사단이라 함은 일정한 목적을 위하여 조직된 다수인의 결합체로서 대외적으로 사단을 대표할 기관에 관한 정함이 있는 단체를 말한다.[7] 비법인사단이 당사자인 사건에 있어서 대표자에게 적법한 대표권이 있는지 여부는소송요건에 관한 것으로서 법원의 직권조사사항이므로 법원으로서는 그 판단의기초자료인 사실과 증거를 직권으로 탐지할 의무까지는 없다 하더라도 이미 제출된 자료에 의하여 그 대표권의 적법성에 의심이 갈만한 사정이 엿보인다면그에 관하여 심리·조사할 의무가 있다고 할 것이다.[8]

III. 법인격 없는 사단이나 재단의 절차능력

1. 의의

　　법 제5조가 법인격 없는 사단이나 재단에 대해 인정한 능력은 상표법상 절차에서 인정되는 당사자능력이므로 법인격 없는 사단이나 재단은 자신의 이름으로 각종 절차의 청구인 또는 피청구인이 될 수 있다. 법인격 없는 사단 또는재단이 상표권 이전약정을 체결한 경우에 문제될 수 있다. 상표권은 설정등록에의해 효력이 발생하므로(법 제82조 제1항), 상표권 이전등록 당시에 법인 설립등기를 마쳐 법인격을 취득하였다면 그 이전등록의 원인이 되는 양도 약정일에양수인이 법인격을 취득하지 못하였더라도 그 이전등록이 당연 무효라고 볼 수는 없을 것이다.[9] 다만 법인격 없는 사단이나 재단은 권리능력을 취득하기 전

---

7) 대법원 1997. 12. 9. 선고 97다18547 판결 참조.
8) 대법원 2009. 1. 30. 선고 2006다60908 판결; 대법원 1997. 10. 10. 선고 96다40578 판결.
9) 특허법원 2003. 2. 20. 선고 2002허6923 판결(미상고 확정).

에는 그 명의로 상표권을 취득할 수는 없다.

본 조는 상표등록의 이의신청인, 심판의 청구인·피청구인 또는 재심의 청구인을 열거하고 있는데, 이와 같은 절차의 경우 상표등록절차 진행상 법인격 없는 사단이나 재단에 당사자능력을 인정하여도 제도의 취지상 무리가 없는 경우로서 예외적으로 인정되는 한정열거사항이라고 해석해야 할 것이다.[10]

2. 절차의 범위

가. 상표등록의 이의신청

상표등록 출원공고가 있는 경우에는 누구든지 출원공고일로부터 2개월 내에 ① 제54조에 따른 상표등록거절결정의 이유에 대한 이의 또는 ② 제87조 제1항에 따른 추가등록거절결정의 거절이유에 해당한다는 것을 이유로 특허청장에게 이의신청을 할 수 있는데(법 제60조 제1항), 이의신청인의 자격을 한정하고 있지 않으므로 법인격 없는 사단 또는 재단도 이의신청을 할 수 있도록 허용하고 있다.

나. 심판의 청구인 및 피청구인

적극적 당사자가 되는 경우로는 등록무효심판, 소극적 권리범위확인심판의 심판청구인이 되는 경우가 해당하고, 소극적 당사자가 되는 경우로는 적극적 권리범위확인심판의 피심판청구인이 되는 경우가 해당된다. 거절결정에 대한 불복심판이나 적극적 권리범위확인심판 등과 같이 출원인이나 상표권자가 할 수 있는 심판에 관해서는 상표출원에 관한 절차능력이 인정되지 아니하고 상표권자나 전용실시권자도 될 수 없으므로 심판 청구가 허용될 수 없을 것이다.

다. 재심의 청구인 및 피청구인

위와 같이 심판의 청구인 또는 피청구인으로서 절차능력이 인정되는 경우에는 그 확정된 심결에 대한 상표법 제157조 이하에 규정된 재심의 청구인 또는 피청구인이 될 수 있는 것은 당연하다.

라. 심결에 대한 소송의 당사자

위와 같이 법인격 없는 사단이나 재단이 적극적·소극적 당사자가 되는 경우로 불리한 심결에 대해서는 상표법 제162조에 제1항, 제2항에 따라 불복청구

---

10) 정상조·박성수 공편, 특허법 주해 Ⅰ, 박영사(2010), 108(최정열 집필부분) 참조.

의 소를 제기할 수 있다. 비법인사단이 당사자인 사건에서 대표자에게 적법한 대표권이 있는지 여부는 소송요건에 관한 것으로서 법원의 직권조사사항이므로, 법원에 판단의 기초자료인 사실과 증거를 직권으로 탐지할 의무까지는 없다 하더라도 이미 제출된 자료에 의하여 대표권의 적법성에 의심이 갈만한 사정이 엿보인다면 그에 관하여 심리·조사할 의무가 있다.11)

　　법인 아닌 사단의 구성원 개인이 심결에 대한 불복의 소를 제기할 수 있는지 문제될 수 있다. 상표법에 관련된 판결은 아니지만, 법인 아닌 사단의 구성원 개인이 총유재산의 보존을 위한 소를 제기할 수 있는지와 관련하여 대법원은 '민법 제276조 제1항은 "총유물의 관리 및 처분은 사원총회의 결의에 의한다", 같은 조 제2항은 "각 사원은 정관 기타의 규약에 좇아 총유물을 사용·수익할 수 있다"라고 규정하고 있을 뿐 공유나 합유의 경우처럼 보존행위는 그 구성원 각자가 할 수 있다는 민법 제265조 단서 또는 민법 제272조 단서와 같은 규정을 두고 있지 아니한바, 이는 법인 아닌 사단의 소유형태인 총유가 공유나 합유에 비하여 단체성이 강하고 구성원 개인들의 총유재산에 대한 지분권이 인정되지 아니하는 데에서 나온 당연한 귀결이라고 할 것이다. 따라서 총유재산에 관한 소송은 법인 아닌 사단이 그 명의로 사원총회의 결의를 거쳐 하거나 또는 그 구성원 전원이 당사자가 되어 필수적 공동소송의 형태로 할 수 있을 뿐 그 사단의 구성원은 설령 그가 사단의 대표자라거나 사원총회의 결의를 거쳤다 하더라도 그 소송의 당사자가 될 수 없고, 이러한 법리는 총유재산의 보존행위로서 소를 제기하는 경우에도 마찬가지라 할 것이다'12)라고 판시한 바 있는데, 심결에 대한 불복청구의 소에서도 마찬가지로 부정적으로 해석해야 할 것이다.

〈손천우〉

---

11) 대법원 2011. 7. 28. 선고 2010다97044 판결.
12) 대법원 2005. 9. 15. 선고 2004다44971 전원합의체 판결.

제6조(재외자의 상표관리인)

① 국내에 주소나 영업소가 없는 자(이하 "재외자"라 한다)는 재외자(법인인 경우에는 그 대표자를 말한다)가 국내에 체류하는 경우를 제외하고는 그 재외자의 상표에 관한 대리인으로서 국내에 주소나 영업소가 있는 자(이하 "상표관리인"이라 한다)에 의해서만 상표에 관한 절차를 밟거나 이 법 또는 이 법에 따른 명령에 따라 행정청이 한 처분에 대하여 소(訴)를 제기할 수 있다.

② 상표관리인은 위임된 권한의 범위에서 상표에 관한 절차 및 이 법 또는 이 법에 따른 명령에 따라 행정청이 한 처분에 관한 소송에서 본인을 대리한다.

〈소 목 차〉

Ⅰ. 의의

본조는 재외자의 절차능력과 재외자의 대리인인 상표관리인의 대리권 범위에 관하여 규정한 것이다. 재외자라 함은 국내에 주소나 영업소가 없는 자를 말하고, 상표관리인이라 함은 재외자에 의하여 위임된, 국내에 주소나 영업소가 있는 대리인을 말한다. 국내에 거주하는 자는 대리인을 선임하지 않아도 되나, 재외자는 본조에 의하여 대리인을 선임해야만 한다.

재외자는 상표관리인에 의하지 아니하면 상표에 관한 절차를 밟거나 상표법 및 상표법에 의한 명령에 의하여 행정청이 한 처분에 대하여 소를 제기할 수 없다. 재외자의 절차능력을 제한하는 것은 재외자가 직접 절차를 진행하는 경우의 번잡을 피하기 위한 것으로서 특허청에서 절차를 편리하고 원활하게 진행하기 위한 것이다.[1]

상표관리인은 본인의 의사에 터 잡아 대리권이 수여된다는 점에서 본질적

---

[1] 특허청, 조문별 특허법해설(2007), 15; 정상조·박성수 공편, 특허법주해 Ⅰ, 박영사(2010), 112(설범식 집필부분); 中山信弘 編著, 注解 特許法(上), 청림서원(2000), 91[靑木康 집필부분] 참조.

으로 임의대리인이라고 할 것이다. 다만 절차능력이 제한되는 자의 절차능력을
보충하여 준다는 특수한 성격도 가지고 있다.

Ⅱ. 입법 연혁

(1) 1949년 제정 상표법(1949. 11. 28 법률 제71호) 제7조에서 "특허법 제5장
각조 대리인과 대표자에 관한 규정은 상표에 대하여 준용한다."라고 규정하였
다. 특허법상 재외자의 대리인 선임강제에 관한 규정은 1946년 군정법령(1946.
10. 5. 군정법령 제91호) 당시부터 규정되어 있었다(제54조 및 제55조). 재외자는
대리인에 의해서만 특허에 관한 절차를 밟도록 하고 대리인을 선임하지 않을
때에는 특정인(전 소유자 또는 전 소유자가 선임한 대리인 등)을 대리인으로 간주
하고 있었다.

(2) 1963년 개정 상표법(1963. 3. 5. 법률 제1295호)에서 제7조 중 "특허법 제
5장 각조"를 "특허법 제18조 내지 제25조의"로 개정하였다. 이는 1961년 제정
된 특허법(1961. 12. 31. 법률 제950호)의 조문 순서에 따른 개정이었다. 특허법
제20조에서 재외자의 대리인의 권한, 대리인의 등록 및 그 효력에 관하여 규정
하였다. 당시에는 재외자의 대리인은 "출원이나 청구 및 기타의 권한이 있는 외
에 본법 또는 본법에 의거하여 발하는 명령에 규정한 절차 기타 민사소송과 고
소에 관하여 본인을 대리한다."라고 규정하여 재외자의 대리인에게 포괄적인 대
리권을 인정하였다.

(3) 1973년 개정 상표법(1973. 2. 8. 법률 제2506호)에서는 다시 제7조를 "특
허법 제16조, 제20조 내지 제41조의 규정은 상표에 대하여 이를 준용한다."로
개정하였다. 한편 같은 날 개정된 특허법(1973. 2. 8. 법률 제2505호)에서 '특허관
리인'이라는 용어가 처음으로 등장하였고, 특허관리인은 "특히 수여된 권한 외
에 일체의 절차 및 이 법률에 의거한 명령의 규정에 의하여 행정청이 한 처분
에 관한 소송에 대하여 본인을 대리한다."라고 규정하였다(특허법 제22조 제2항).

(4) 1990년 개정 상표법(1990. 1. 13. 법률 제4210호)에서는 제5조에 "특허법
제3조 내지 제26조 및 동법 제28조의 규정은 상표에 관하여 이를 준용한다."로
개정하였다. 한편 같은 날 개정된 특허법(1990. 1. 13. 법률 제4207호)에서는 종전
특허법의 내용을 거의 그대로 유지하면서 특허관리인의 등록 및 그 효력에 관
한 사항을 신설하여 특허권자는 특허권 설정등록 시 또는 특허권의 존속기간

중에는 특허관리인을 선임·등록하도록 하였다. 그러나 2001년 개정된 특허법(2001. 2. 3. 법률 제6411호)에서는 당사자의 의사를 존중하여 재외자의 특허관리인도 통상의 임의대리인에 준하여 수여된 범위 안에서 대리권을 행사하도록 하였으며, 재외자의 특허관리인 선임 의무 및 특허관리인 선임등록의 효력에 관한 규정을 삭제하고, 대통령령에 규정되었던 재외자가 특허관리인에 의하지 않고 절차를 밟을 수 있는 경우를 직접 특허법에 규정하였다.

(5) 그 후에도 상표관리인에 관한 규정을 상표법에 별도로 두지 않고 특허법의 특허관리인에 관한 규정을 준용하여 오다가, 2011년 개정 상표법(2011. 12. 2. 법률 제11113호)에서 비로소 독자적으로 규정하였다(제5조의3 신설). 그 규정 형식이나 내용은 특허법 제5조의 그것과 유사하다.

(6) 한편, 2016. 2. 29. 법률 제14033호로 전부 개정된 현행 상표법은 조문체계의 정리에 따라 종전 제5조의3의 규정을 제6조로 이동하고, 내용의 변경 없이 문구만 다듬었다.

Ⅲ. 재외자의 절차능력

1. 재외자

대한민국 국내에 주소나 영업소가 없는 자를 재외자라 한다. 재외자에는 외국인만이 아니라 한국인도 포함한다. 여기서 주소라 함은 생활의 근거가 되는 곳을 말한다(민법 제18조). 국내에 주소는 없고 거소만 있는 경우 재외자라고 할 것인가가 문제되나, 주소를 알 수 없거나 국내에 주소 없는 자에 대하여는 거소를 주소로 보므로(민법 제19조, 제20조), 국내에 거소가 있는 자를 재외자로 볼 것은 아니다.2) 또 영업소라 함은 영업활동의 중심이 되는 장소를 말한다(상법 제614조). 비영리법인이나 법인 아닌 사단의 경우에는 주된 사무소가 영업소를 의미한다고 할 것이다.3)

2. 절차능력의 범위

재외자는 내국인이든 외국인이든 묻지 않고 전술한 요건을 갖추지 않는 한

---

2) 일본 상표법이 준용하는 일본 특허법은 국내에 주소 또는 거소(법인의 경우에는 영업소)를 갖지 않는 자를 재외자로 규정하고 있어(제8조 제1항), 이러한 문제가 없다.

3) 정상조·박성수 공편(주 1), 114.

절차능력이 없는 것으로 취급된다. 즉 재외자는 원칙적으로 상표관리인에 의하지 아니하고는 본인 스스로 상표에 관한 출원·청구 기타의 절차를 밟을 수 없고, 상표법령에 따라 행정청이 한 처분에 대하여 소를 제기할 수 없다.

재외자가 국내에 체류하는 경우에는 상표관리인에 의하지 아니하고 상표에 관한 절차를 밟을 수 있다(본조 제1항). 재외자가 국내에 체류하는 경우라 함은 잠시 여행을 왔을 때 등을 말한다. 즉 재외자가 여행으로 한국에 왔을 때 마침 무효심판의 구술심리가 행하여져 스스로 출석하여 진술하는 것과 같은 경우이다. 그러나 재외자가 국내에 체류하는 동안에 그 절차가 종결되지 아니한 경우에는 상표관리인을 선임하여야 한다. 그것은 스스로 행한 진술 등의 이후의 절차에 대하여는 상표관리인이 행하지 않으면 안 되기 때문이다.[4]

Ⅳ. 상표관리인에 의한 대리

1. 상표관리인

상표관리인이라 함은 재외자에 의하여 위임된, 국내에 주소나 영업소를 가진 대리인을 말한다. 상표절차상의 대리인에는 그 지위가 당사자의 의사에 기초하지 않는 법정대리인과 본인에 의하여 선임되는 임의대리인이 있다. 여기서 말하는 상표관리인은 형식상으로는 임의대리인이지만, 실질적으로는 법정대리인과 같은 기능을 수행한다.[5] 그러나 법정대리인과는 달리 상표관리인이 사망하거나 그의 대리권이 소멸된 때에도 위임에 의한 임의대리인과 마찬가지로 그 절차가 중단되지 않는다(상표법 제22조 제4호, 민사소송법 제235조).

상표관리인의 자격은 변호사나 변리사로 제한하고 있지 아니하므로, 변호

---

4) 정상조·박성수 공편(주 1), 114.
5) 판례(대법원 1997. 3. 25. 선고 96후313, 320 판결)는, "위 보조참가인은 이 사건 등록상표들에 대하여 출원등록에 관한 대리를 하였고, 이 사건 항고심판에 이르기까지 피심판청구인의 대리인이었으며, 또한 이 사건 등록상표들의 상표관리인으로 선임되어 등록되어 있으므로 보조참가신청을 할 이유가 있다는 것이나, 상표관리인이란 재외자를 대리하는 포괄적인 대리권을 가지는 자로서 형식상은 임의대리인이지만 실질적으로는 법정대리인과 같은 기능을 하는 관계로 당사자 본인에 준하여 취급된다고 볼 수 있으므로 위 보조참가인이 무효심판이 청구된 이 사건 등록상표들의 상표관리인이라는 사정만으로는 이 사건 소송의 결과에 제3자로서 법률상의 이해관계가 있다고 할 수 없고, 그 주장하는 다른 사정들도 사실상, 경제상의 이해관계에 지나지 아니하는 것으로 보이므로, 결국 위 보조참가인의 이 사건 보조참가신청은 참가의 요건을 갖추지 못한 부적법한 것이라고 할 것이다"라고 판시한 바 있다.

사나 변리사가 아닌 자도 상표관리인으로 선임될 수 있다.

2. 대리권의 범위

가. 개설

상표관리인에게는 위임된 권한 범위에서 상표에 관한 절차 및 상표법령에 의하여 행정청이 한 처분에 관한 소송에서 본인을 대리할 권한이 있다. 종전에는 재외자의 상표관리인은 특히 수여된 권한 외에 일체의 절차 및 행정청이 한 처분에 관한 소송에 있어서도 대리권을 가지도록 규정되어 있어 재외자가 특히 수여하지 아니한 권한에 대하여도 대리할 수 있었으나, 2001. 2. 3. 특허법의 개정으로 상표관리인도 통상의 위임에 의한 대리인과 같이 수여된 권한에 한하여 대리권을 행사할 수 있도록 함으로써 대리권의 범위에 있어서 재외자의 의견이 반영될 수 있게 되었다.

나. 위임된 권한의 범위에서 대리

여기서 "상표에 관한 절차"라 함은 상표출원 및 특허청 또는 특허심판원에 대하여 하는 상표 청구행위(출원심사청구, 상표이의신청, 심판의 청구, 재심의 청구)를 말하고, 이 절차 중에는 상표법 제8장의 소송(심결 등에 대한 취소소송)에 있어서의 소송절차와 제6장의 상표권자의 보호를 근거로 하는 민사소송절차는 포함하지 않는다.[6]

그리고 "이 법 또는 이 법에 따른 명령에 따라 행정청이 한 처분에 대한 소"라 함은 통상은 행정소송법에서 규정하는 '항고소송'만을 말하고, 따라서 상표법 제162조에서 규정하는 심결 등에 대한 소가 이에 해당한다.[7]

한편, 상표관리인이라 하더라도 임의대리인보다 포괄적인 권한을 가지는 것은 아니다. 상표법 제7조는 국내에 주소나 영업소가 있는 자로부터 상표에 관한 절차를 밟을 것을 위임받은 대리인의 특별 수권사항을 규정하면서 그 대리인에는 상표관리인도 포함한다고 규정하고 있다. 따라서 상표관리인도 특별히 권한을 위임받지 아니하면 출원의 변경, 상표등록출원의 포기 또는 취하, 상표권의 포기, 신청 또는 청구의 취하, 거절결정불복 심판청구, 복대리인의 선임 등의 행위를 할 수 없다.

---

6) 中山信弘 편저(주 1), 55.
7) 中山信弘 편저(주 1), 94.

3. 상표관리인 선임 효과

상표관리인은 재외자의 상표권에 관한 민사소송에 있어서 그 재판관할을 정하는 기준이 된다. 즉 재외자의 상표권 또는 상표에 관한 권리에 관하여 상표관리인이 있으면 그 상표관리인의 주소 또는 영업소를 재산소재지로 보아 그곳이 재산소재지의 특별재판적으로 인정된다. 상표관리인이 없으면 특허청 소재지를 민사소송법 제11조에 따른 재산소재지로 본다(상표법 제15조).

재외자로서 상표관리인이 있으면 그 재외자에게 송달할 서류는 상표관리인에게 송달하여야 한다. 다만, 심사관이 제190조에 따라 국제사무국을 통하여 국제상표등록출원인에게 거절이유를 통지하는 경우에는 그러하지 아니하다(상표법 제220조 제1항). 재외자로서 상표관리인이 없으면 그 재외자에게 송달할 서류는 항공등기우편으로 발송할 수 있고, 서류를 항공등기우편으로 발송한 때에는 그 발송을 한 날에 송달된 것으로 본다(상표법 제220조 제2항, 제3항).

4. 특허관리인 등록제도의 폐지

종래 상표법이 준용하던 2001. 2. 3. 개정 전의 특허법은 제5조 제3항에서, "재외자로서 특허권 또는 특허에 관하여 등록한 권리를 가지는 자는 특허관리인의 선임·변경 또는 그 대리권의 수여·소멸에 관하여 등록하지 아니하면 제3자에게 대항할 수 없다."고 규정하고, 제4항에서 "재외자는 특허권의 설정등록을 할 때 또는 당해 특허권의 존속기간 중에는 제1항의 특허관리인을 선임·등록하여야 한다."고 규정하고 있었으나, 2001년 개정 시 모두 삭제되었다. 2001년 개정 당시 우리나라는 상표제도의 국제화를 위하여 상표법조약(Trademark Law Treaty) 가입을 추진하고 있었는데, 동 조약에서는 대리인에 관하여 체약국은 조약에서 정한 사항 이외의 사항을 요구할 수 없도록 규정하고 있었으며(제4조), 대리인의 등록에 관한 사항은 포함되지 않았다. 이에 따라 상표법조약 가입을 추진하면서 지적재산권법 사이의 조화를 위하여 동 규정을 삭제하게 되었다.[8]

〈설범식〉

---

8) 특허청(주 1), 16.

제7조(대리권의 범위)

국내에 주소 또는 영업소가 있는 자로부터 상표에 관한 절차를 밟을 것을 위임받은 대리인(상표관리인을 포함한다. 이하 같다)은 특별히 권한을 위임받지 아니하면 다음 각 호의 행위를 할 수 없다.

1. 제36조에 따른 상표등록출원(이하 "상표등록출원"이라 한다)의 포기 또는 취하
2. 제44조에 따른 출원의 변경
3. 다음 각 목의 어느 하나에 해당하는 신청 또는 출원의 취하
   가. 제84조에 따른 상표권의 존속기간 갱신등록(이하 "존속기간갱신등록"이라 한다)의 신청(이하 "존속기간갱신등록신청"이라 한다)
   나. 제86조 제1항에 따라 추가로 지정한 상품의 추가등록출원(이하 "지정상품추가등록출원"이라 한다)
   다. 제211조에 따른 상품분류전환 등록(이하 "상품분류전환등록"이라 한다)을 위한 제209조 제2항에 따른 신청(이하 "상품분류전환등록신청"이라 한다)
4. 상표권의 포기
5. 신청의 취하
6. 청구의 취하
7. 제115조 또는 제116조에 따른 심판청구
8. 복대리인(復代理人)의 선임

<소 목 차>

Ⅰ. 의의

민법상 대리는 타인(대리인)이 본인의 이름으로 법률행위(의사표시)를 하거나 또는 의사표시를 받음으로써, 그 법률효과가 직접 본인에게 생기게 하는 제도이고, 상표법상의 대리는 당사자의 이름으로 대리인임을 표시하여 당사자 대신 상표에 관한 절차를 밟아 상표법상의 법률효과가 직접 본인에게 생기게 하

는 제도이다. 상표법상 대리인은 본인의 의사와 무관하게 법률의 규정에 의해 대리권이 발생하는 법정대리인과 본인의 의사에 기하여 대리권이 발생하는 임의대리인으로 구분되고, 임의대리인은 재외자의 상표관리인(제6조), 국내에 주소 또는 영업소가 있는 자로부터 대리권을 위임받은 위임대리인 및 국가를 당사자 또는 참가인으로 하는 소송의 수행자로 지정한 지정대리인(국가를 당사자로 하는 소송에 관한 법률 제5조) 등으로 나뉘는데, 본조는 임의대리인 중 위임대리인의 권한범위와 특별수권사항을 규정한 것이다.

Ⅱ. 위임대리인

1. 수권행위

본조의 대리인은 상표에 관한 절차를 밟기 위해 본인의 의사에 의해 선임된 임의대리인이다. 본인에 의한 대리권수여행위(수권행위)에 의해 임의대리권이 발생한다. 대리인은 본인의 이름으로 상표에 관한 절차를 행하고 그 효과는 본인에게 미치게 되는데, 절차행위의 효과가 자신에게도 미치는 복수당사자의 대표자(법 제13조)와 구분된다. 수권행위는 별다른 방식의 제한이 없으나, 상표에 관한 절차를 밟는 자가 대리인에 의하여 그 절차를 밟으려는 경우에는 특허법 시행규칙 별지 제1호 서식과 같은 위임장을 특허청장 또는 특허심판원장에게 제출하여야 한다.

2. 위임대리인의 자격

위임대리인의 자격에는 법률상 제한이 없다. 변호사나 변리사 아닌 일반인도 대리인이 될 수 있으나, 변리사 아닌 자는 특허청 또는 법원에 대하여 업으로 특허, 실용신안, 디자인 또는 상표에 관한 사항을 대리하고 그 사항에 대한 감정 등의 업무를 대리하지 못한다(변리사법 제2조, 제21조). 한편 민사소송법상 법률에 따라 재판상 행위를 할 수 있는 대리인 외에는 변호사가 아니면 소송대리인이 될 수 없는데(민사소송법 제87조), 변리사법상 변리사는 특허, 실용신안, 디자인 또는 상표에 관한 소송의 대리인이 될 수 있고(변리사법 제8조), 특허심판원의 심결에 대한 소 및 심판청구서와 재심청구서의 각하결정에 대한 소는 특허법원의 전속관할이므로(법 제162조 제1항), 상표에 관한 특허심판원의 심결취소소송에서는 변호사와 변리사에게 소송대리권이 인정된다. 다만 심결취소소송 외에 상표에 관한 침해금지청구, 손해배상청구의 소와 같은 민사소송과 그에 관한 가처분 신청사건에 대해서는 실무상 변리사의 소송대리권은 인정되지 않고 있다. 헌법재판소 2012. 8. 23. 2010헌마740결정은 특허침해소송에서 변리사에게 소송대리권을 허용하지 않은 구 변리사법 제8조에 대해 입법재량의 범위 내로 청구인들의 직업선택의 자유와 평등권을 침해하지 않는다고 판시하였다. 또한 법원조직법 제28조의4 제2호[1])가 개정되어 2016. 1. 1.부터 '특허권, 실용신안권, 디자인권, 상표권, 품종보호권의 지식재산권에 관한 소'의 항소심이 특허법원으로 관할집중되어 시행되고 있는데, 이러한 사건에 대해서도 실무상 변리사의 소송대리권이 인정되지 않고 있다.

3. 위임대리권의 범위

가. 존속범위

출원대리의 위임을 받은 대리인은 등록료의 납부에 이르기까지 일체의 절차를 할 권한을 위임받은 것으로 볼 수 있고, 특허심판원 심판절차에서 대리인의 대리권은 다른 사정이 없는 한 특허심판원이 심결을 하고 그 심결에 대하여 취소소송을 제기할 때까지 존속하는바, 심결취소소송에서 심결을 취소하는 판결이 확정됨에 따라 특허심판원이 심판사건을 다시 심리하게 되는 경우 아직 심결이 없는 상태이므로 종전 심판절차에서의 대리인의 대리권은 다시 부활하고, 당사자가 심결취소소송에서 다른 소송대리인을 선임하였다고 하여 달라지는 것은 아니다. 따라서 심결의 취소에 따라 다시 진행된 심판절차에서 종전 심판절차에서의 대리인에게 한 송달은 당사자에게 한 송달과 마찬가지의 효력이 있다.[2]) 또한 대법원의 파기환송으로 사건이 환송 전 항고심에 계속하게 되었으므로 그 항고심의 소송대리인에게 위 환송번호 심판관지정통지서를 송달하였음은 적법하다고 판시하였다.[3])

다만 재심의 소에서의 변론은 재심 전 절차의 속행이기는 하나 재심의 소는 신소의 제기라는 형식을 취하고 재심 전의 소송과는 일응 분리되어 있는 것

---

1) 민사소송법 제24조 제2항, 제3항에 따른 사건의 항소사건을 특허법원의 심판권의 범위에 포함시켰다.
2) 특허법원 2006. 4. 13. 선고 2006허978 판결(확정).
3) 대법원 1985. 5. 28. 선고 84후102 판결(이 사건은 항고심판소가 설치되었을 시기의 판례로 특허법원이 설치된 이후에는 심급구조가 달라졌음).

이며, 사전 또는 사후의 특별수권이 없는 이상 재심 전의 소송의 소송대리인이
당연히 재심소송의 소송대리인이 되는 것이 아니다.[4]

나. 대리권의 범위

위임대리권은 상표에 관한 절차의 원활과 안정을 도모하기 위해 민법상의
대리와 달리 대리권의 존부와 범위를 명확하게 정할 필요가 있어 대리인의 대
리권은 서면으로 증명해야 하고(법 제8조), 변호사 또는 변리사인 대리인이 갖는
소송대리권의 범위는 제한하지 못한다(법 제14조, 민사소송법 제91조).

위임대리인이 한 상표에 관한 절차는 당사자 본인이 한 것과 동일한 효과
가 생기고 그 효력은 본인에게 미친다. 어떠한 사정을 알았는지 여부는 위임대
리인을 기준으로 판단하면 된다. 위임대리권은 그 권한에 부수하여 필요한 한도
에서 상대방의 의사표시를 수령하는 수령대리권을 포함한다.[5] 위임대리인이 선
임되어 있더라도 당사자 본인이 상표에 관한 절차를 밟을 권한이나 소송절차에
서의 권한이 상실되는 것은 아니고, 위임대리인의 사실상 진술은 당사자가 이를
곧 취소하거나 경정한 때에는 그 효력을 잃는다(법 제14조, 민사소송법 제94조).

상표법 시행규칙 제3조는 상표에 관한 절차를 대리인에 의하여 밟는 경우
에 현재 및 장래의 사건에 대하여 미리 사건을 특정하지 아니하고 포괄위임하
는 것을 허용하고 있다. 포괄위임하려는 자는 특허법 시행규칙 별지 제3호 서식
의 '포괄위임등록 신청서'에 대리권을 증명하는 서류(포괄위임장)를 첨부하여 특
허청장에게 제출하여야 하고, 특허청장은 위 신청에 대해 포괄위임등록번호를
부여하고 그 번호를 신청인에게 통지하여야 한다(제3조 제2항, 제3항).

포괄위임등록을 한 자가 특정한 사건 또는 사항에 대하여 포괄위임의 원용
(援用)을 제한하고자 하거나 포괄위임을 철회하는 경우에는 포괄위임원용제한신
고서(특허법 시행규칙 별지 제2호 서식)나 포괄위임등록철회서(특허법 시행규칙 별
지 제3호 서식)를 특허청장에게 제출하여야 한다(상표법 시행규칙 제4조, 제5조).
한편, 포괄위임등록을 한 대리인의 출원에 대하여 대리인해임신고서가 제출된
경우 해당 출원에 대해 포괄위임원용제한신고서가 제출된 것으로 본다(상표법
시행규칙 제4조 제2호). 포괄위임된 대리인이 특정 사건에 대한 대리인을 사임하
는 경우 또는 포괄위임대리인을 사임하는 경우에는 특허법 시행규칙 별지 제3
호 서식의 '포괄위임등록 철회서'를 제출하여야 한다(상표법 시행규칙 제5조).

---

4) 대법원 1991. 3. 27.자 90마970 결정.
5) 대법원 1994. 2. 8. 선고 93다39379 판결 참조.

Ⅲ. 특별수권사항

위임대리인은 원칙적으로 본인이 할 수 있는 상표에 관한 절차를 모두 대리할 수 있으나, 본인에게 중대한 영향을 초래할 수 있는 절차이거나 본인의 의사를 확인할 필요가 있는 사항에 대해서는 본인 보호의 필요와 대리권의 범위를 명확하게 할 필요성을 감안하여 본인의 특별수권을 받을 필요가 있는 사항을 규정하고 있다. 이러한 특별수권사항은 구체적으로 기재해야 하고, 위임장에 '이 사건 상표출원에 관한 일체의 사항'으로만 기재한 경우에는 특별수권사항을 포함한 것으로 볼 수 없다.6) 수임 당시에 인쇄된 위임장에 의해 소취하의 특별수권을 받은 경우에도 소송대리인이 실제로 소를 취하함에는 다시 본인의 승낙을 받음이 통례이나 이는 본인의 의사를 확인하는 신중한 태도에서 나온 것이라 하겠고, 그러한 통례가 있다 하여 인쇄된 위임장의 소취하의 문구가 의미 없는 예문에 불과하다거나 그로 인한 특별수권의 효력이 없다고는 할 수 없다.7)

1. 법 제36조에 따른 상표등록출원의 포기·취하(제1호), 상표권의 포기(제4호)

상표등록출원은 특허청장의 수리에 의해 특허청에서 계속 심사되고, 상표권등록출원에 관한 거절결정 내지 심결이 확정되거나 상표권이 설정등록됨으로써 절차가 종료된다. 이러한 출원의 계속을 소멸시키기 위한 출원인의 의사표시로서 상표권등록출원의 취하와 포기가 있다. 상표등록출원의 포기는 상표등록을 받을 수 있는 수 있는 권리 내지 상표출원에 의해 발생한 권리를 장래에 향하여 소멸시킨다는 취지의 출원인의 의사표시이고, 상표등록출원의 취하는 현재 계속 중인 상표등록출원을 철회하여 절차의 계속을 종료하겠다는 출원인의 의사표시이다. 민사소송법도 이에 대응되는 청구의 포기와 소의 취하에 대해 소송대리인은 특별수권을 받아야 한다고 규정하고 있다(민사소송법 제90조 제2항). 상표를 출원하려는 자는 상품류의 구분에 따라 1류 이상의 상품을 지정하여 1상표마다 1출원을 해야 하는데(법 제38조 제1항), 그에 따라 지정한 상품 및 지정상품의 추가등록을 받으려는 자가 특허청장에게 제출하는 추가등록출원서에 기

---

6) 특허청 특실심사지침서(2012. 3), 1207 참조.
7) 대법원 1984. 2. 28. 선고 84누4 판결; 특허법원 2002. 4. 12. 선고 2001허5527 판결.

재된 추가로 지정할 상품 및 그 상품류(법 제86조 제2항 제3호)에 대한 추가등록
출원의 취하도 특별수권이 필요하다(법 제7조 제3호 나목).

　　상표권의 포기는 이미 유효하게 성립한 상표권을 장래에 향하여 소멸시키
는 행위로, 상표권의 포기는 포기하였을 때부터 효력이 소멸한다(법 제103조). 포
기여부는 당사자에게 중요한 사항이므로 특별수권사항으로 정한 것이다.

2. 법 제44조에 의한 출원의 변경(제2호)

　　상표등록출원, 단체표장등록출원, 증명표장등록출원을 한 출원인은 이를 다
른 출원으로 변경할 수 있는데, 출원의 변경은 본인의 의사가 중요하기 때문에
특별수권사항으로 정하였다.

3. 신청의 취하(제3호, 제5호), 청구의 취하(제6호)

　　각종 신청이나 청구의 취하는 상표에 관한 절차의 진행을 철회하는 의사표
시이고, 심판청구의 취하는 심판청구가 처음부터 없었던 것으로 보기 때문에(법
제148조 제3항), 본인에게 이해관계가 크므로 특별수권사항으로 정하였다. 여기의
'신청'에는 우선심사신청(법 제53조), 심판관에 대한 제척신청(법 제135조), 참가신
청(법 제142조, 제143조) 등이 있는데, 상표권의 존속기간 갱신등록의 신청(법 제84
조)과 상품분류전환등록의 신청(법 제209조)도 특별수권사항이다(제3호 가, 다목).

　　그리고 '청구'에는 기간연장 청구(법 제17조), 절차의 무효처분취소청구(법
제18조 제2항), 권리침해에 대한 침해금지 및 예방청구(법 제107조), 손해배상청구
(법 제109조), 신용회복청구(법 제113조), 재심청구(법 제157조), 상표등록, 존속기
간갱신등록의 무효심판청구(법 제117조, 제118조), 상표등록의 취소심판(법 제119
조), 권리범위확인심판청구(법 제121조) 등 각종 심판청구 등이 있다. 심판청구의
취하는 심결이 확정될 때까지 할 수 있으나, 상대방으로부터 답변서가 제출된
후에는 상대방의 동의를 얻어야 한다(법 제148조 제1항). 심판청구취하에 대한
동의는 위임대리인에게 특별수권사항인 청구의 취하를 할 수 있는 대리권을 부
여한 경우에는 상대방의 취하에 대한 동의권도 포함되어 있다고 봄이 상당하므
로, 위임대리인이 한 청구의 취하에 대한 동의는 위임대리권의 범위 내의 사항
으로서 본인에게 그 효력이 미친다.[8]

---

　8) 대법원 1984. 3. 13. 선고 82므40 판결.

4. 제115조(보정각하결정에 대한 심판) **또는 제116조**(상표등록거절결정
    에 대한 심판)**에 따른 심판청구**(제7호)

심사관은 상표등록출원인의 보정이 법 제40조 제2항이 정하는 사유[9]에 해
당하지 아니하여 출원의 요지를 변경하는 것일 때에는 결정으로 그 보정을 각
하하여야 하는데(법 제42조 제1항), 이와 같은 보정각하결정을 받은 자가 그 결정
에 불복할 때에는 그 결정을 송달받은 날로부터 30일 이내에 심판을 청구할 수
있고(법 제115조), 상표등록거절결정, 지정상품추가등록거절결정 또는 상품분류
전환등록 거절결정을 받은 자가 불복할 때에도 그 결정등본을 송달받은 날부터
30일 이내에 심판을 청구할 수 있는데(법 제116조), 이는 모두 본인에게 중대한
영향을 미치는 사항이므로 특별수권사항으로 정하였다.

5. 복대리인의 선임(제8호)

위임대리인은 본인과의 신뢰관계를 기초로 선임된 것인데, 복대리인은 본
인이 아닌 대리인이 선임하는 것이어서 본인과의 신뢰관계와 무관하므로, 본인
의 이익을 보호한다는 차원에서 복대리인의 선임을 특별수권사항으로 하였다.
민사소송법도 소송대리인이 대리인을 선임할 경우 특별수권을 받아야 한다고
규정하고 있다(민사소송법 제90조 제2항 제4호).

복대리인은 대리인을 대리하는 것이 아니라 그 권한 내에서 본인을 대리하
고, 제3자에 대하여 대리인과 동일한 권리의무가 있다(민법 제123조).

Ⅳ. 위반의 효과

상표출원절차에서 본조의 특별수권사항에 관하여 대리인이 본인으로부터
특별수권을 얻지 아니한 경우 특허청장 또는 특허심판원장은 기간을 정하여 상
표에 관한 절차를 밟는 자에게 보정을 명하여야 한다(법 제39조 제1호). 상표에
관한 절차를 밟는 데 필요한 권한의 위임에 흠이 있는 자가 밟은 절차는 보정
된 당사자가 추인하면 행위를 한 때로 소급하여 그 효력이 발생한다(법 제9조).

---

9) 상표등록출원의 요지를 변경하지 아니하는 것으로 보는 경우
  1. 지정상품의 범위의 감축, 2. 오기의 정정, 3. 불명료한 기재의 석명, 4. 상표의 부기적
  인 부분의 삭제, 5. 그 밖에 제36조 제2항에 따른 표장에 관한 설명 등 산업통상자원부령
  으로 정하는 사항

위 보정명령을 받은 자가 지정된 기간 내에 그 보정을 하지 아니하면 상표에 관한 절차를 무효로 할 수 있다(법 제18조 제1항).

심판에 관한 절차에서 대리인이 본인으로부터 특별수권을 얻지 아니한 경우 심판장은 기간을 정하여 그 보정을 명하고, 그 지정된 기간 내에 보정을 하지 아니하면 결정으로 심판청구서를 각하하여야 한다(법 제127조 제1항, 제2항).

〈손천우〉

> **제8조(대리권의 증명)**
>
> 　상표에 관한 절차를 밟는 자의 대리인의 대리권은 서면으로 증명하여야 한다.

Ⅰ. 본조의 취지[1]

　　본조는 상표에 관한 절차를 밟는 대리인의 대리권의 존재 여부를 명확하게 하여 이미 진행된 절차가 대리권이 없음을 이유로 상표법 제18조에 따라 무효로 되는 절차상의 혼란과 법률적 불안정을 예방하여 절차의 확실성과 획일성을 기하고자 하는 규정이다. 이러한 취지에서 본조는 임의대리인뿐만 아니라 법정대리인에게 모두 적용된다.

　　민사소송법 제89조 제1항에도 동일한 취지의 규정이 있으나, 변론절차에 의하는 민사소송법의 경우 당사자가 구두로 대리인을 선임하고 법원사무관 등이 이를 조서에 기재한 경우에는 별도의 서면에 의한 대리권의 증명이 불필요하나(민사소송법 제89조 제3항), 상표법에는 이러한 규정이 없다는 차이가 있다.

Ⅱ. 서면에 의한 대리권의 증명

　　법정대리인의 대리권은 법률의 규정에 의하여, 임의대리인의 대리권은 본인의 수권행위(授權行爲)에 의하여 발생한다. 수권행위는 본인을 대신하여 본인의 이름으로 대리인임을 표시하여 상표에 관한 절차를 밟을 수 있는 권한의 발생이라는 효과를 목적으로 하는 절차행위이다. 대리권을 수여함에 있어 특별한 방식은 요구되지 않는다. 다만, 대리권 수여 사실을 증명함에 있어서는 서면에 의하여야 한다. 이것은 대리권의 존재 유무와 대리권의 범위를 명확하게 함으로써 분쟁을 미리 방지하고 상표에 관한 절차의 안정과 신속한 진행을 도모하기 위한 것이다. 대리권을 증명하기 위한 위임장의 양식과 구체적인 기재사항은 상

---

[1] 정상조·박성수 공편, 특허법 주해 Ⅰ, 박영사(2010), 137-140(서영철 집필부분) 참조.

표법 시행규칙 제2조에서 규정하고 있다. 대리권을 증명하여야 하는 상대방은 특허청장 또는 특허심판원장이다. 대리권을 증명하는 서면(위임장)이 첨부되지 아니한 경우, 위임인의 기재가 본인의 성명과 다른 경우, 날인된 인감이 신고된 인감과 일치하지 않은 경우에는 대리권이 증명되지 아니한 경우에 해당한다.

대리권의 존재 여부는 직권조사사항이다.[2] 대리권을 증명하기 위해 제출된 위임장에 기재된 법인 상호와 대표이사의 성명이 법인등기부등본상 변경 전 법인 상호이고 대표이사도 교체되기 전의 것이라면 그 위임장은 대표권한 없는 자에 의하여 작성된 것으로서 대리권을 증명하지 못하고 있는 경우에 해당한다.[3] 대리권을 증명하는 서면은 위조나 변조 여부를 쉽게 식별할 수 있는 원본이어야 하고 특별한 사정이 없는 한 사본은 그 서면에 해당하지 아니하며 팩스를 통하여 출력된 팩스본 위임장 역시 성질상 원본으로 볼 수 없다.[4]

상표에 관한 절차를 대리인에 의하여 밟는 경우에 현재 및 장래의 사건에 대하여 미리 사건을 특정하지 아니하고 포괄하여 위임하는 '포괄위임' 제도가 인정된다(상표법 시행규칙 제3조).

III. 대리권의 증명이 없는 경우

서면에 의한 대리권의 증명이 없는 경우 특허청장, 특허심판원장 및 심판장은 보정을 명하여야 한다. 특허청장 및 특허심판원장은 보정명령을 받은 자가 지정기간 내에 보정하지 아니한 경우에는 상표에 관한 절차를 무효로 할 수 있고(법 제18조 제1항), 만일 보정의 지연으로 손해가 생길 염려가 있는 경우에는 보정하기 전의 당사자나 대리인으로 하여금 일시적으로 상표에 관한 절차를 수행하게 할 수 있다(법 제14조, 민사소송법 제97조, 제59조).

심판장은 보정명령을 받은 자가 지정된 기간에 보정을 하지 아니하면 결정으로 심판청구서를 각하하여야 한다(법 제127조 제2항). 특허청장 또는 특허심판원장은 민사소송법 제89조 제2항을 준용하여(법 제14조) 대리권의 유무에 다툼이 있거나 불분명하고 대리권을 증명하는 서면이 사문서인 경우에 대리인에게 공증인의 인증을 받도록 보정을 명할 수 있다. 대리권 증명에 관한 인증명령을

---

2) 대법원 1997. 9. 22.자 97마1574 결정.
3) 특허법원 1998. 9. 10. 선고 98허1839 판결.
4) 대법원 2004. 4. 27. 선고 2003다29616 판결; 대법원 1995. 2. 28. 선고 94다34579 판결.

할 것인지 여부는 특허청장 등의 재량사항에 속한다고 할 것이나, 상대방이 다투고 있고 또 기록상 그 위임장이 진정하다고 인정할 만한 뚜렷한 증거가 없는 경우에는 그 대리권의 증명에 관하여 인증명령을 하거나 또는 달리 진정하게 대리권을 위임한 것인지의 여부를 심리하는 등 대리권의 흠결 여부에 관하여 조사하여야 한다. 심판대리인으로서 심판을 청구한 자가 특허심판원장 등의 인증명령에도 불구하고 그 대리권을 증명하지 못하는 경우에는 특허심판원장 등은 그 심판이 대리권 없는 자에 의하여 제기된 부적법한 것임을 이유로 각하할 수 있고, 이 때 그 심판비용은 그 심판대리인이 부담하여야 하며, 이는 그 심판대리인이 특허심판원에 대하여 사임의 의사를 표명한 경우에도 마찬가지이다.5)

처음부터 대리권 증명 서면이 제출되지 아니하였거나 제출된 위임장에 흠이 있는 경우, 대리권 증명서면에 공증인의 인증을 받을 것을 명받았으나 이를 이행하지 않은 경우 등 대리권을 서면으로 증명하지 못한 대리인이 행한 상표에 관한 절차는 무권대리인의 행위로서 무효가 된다. 그러나 그 후 당사자 또는 법정대리인이 이를 추인하면 행위 시에 소급하여 유효하게 된다(법 제9조).

〈김신〉

---

5) 대법원 1997. 9. 22.자 97마1574 결정; 대법원 1978. 2. 14. 선고 77다2139 판결 등.

> **제9조(행위능력 등의 흠에 대한 추인)**
>
> 행위능력 또는 법정대리권이 없거나 상표에 관한 절차를 밟는 데 필요한 권한의 위임에 흠이 있는 자가 밟은 절차는 보정된 당사자나 법정대리인이 추인하면 행위를 한 때로 소급하여 그 효력이 발생한다.

〈소 목 차〉

Ⅰ. 본조의 취지[1]

행위능력이 없는 본인이나 무자격 법정대리인 또는 본인의 정당한 수권이 결여된 위임대리인이 밟은 상표에 관한 절차는 추인이 없는 한 무효이다. 본조는 이러한 무효행위를 행위능력을 갖춘 본인이나 적법한 법정대리인 등이 추인하여 유효한 행위로 전환시킬 수 있도록 한 규정이다. 본조의 추인은 원래 무효인 행위를 소급적으로 유효하게 전환하는 것이어서, 일응 유효한 행위이나 취소원인이 내재되어 있어 효력이 불확정한 상태에 있는 것을 확정적으로 유효하게 하는 민법상의 추인과 구별된다.

본조는 행위무능력자나 무권대리인이 밟은 절차라 하더라도 항상 본인에게 불리하지는 않고, 추인을 허용하는 것이 상대방의 기대에도 부합하며, 이미 행한 절차를 언제나 무효로 하고 동일한 절차를 반복하도록 하는 것은 절차의 안정과 경제에 도움이 되지 않는다는 취지에서 인정된 제도로서, 민사소송법 제60조에도 동일한 취지의 규정이 있다.

행위능력의 결여 등으로 상표에 관한 절차가 무효인 사실이 밝혀지면 특허청장 또는 특허심판원장은 기간을 정하여 상표에 관한 절차를 밟는 자에게 보정을 명하여야 하고, 지정된 기간 내에 보정이 되지 않으면 그 상표에 관한 절차를 무효로 할 수 있는데(법 제18조), 이는 특허청장이나 특허심판원장의 입장에서 무효행위의 흠결 처리방법을 규정한 것이고, 본조는 당사자의 입장에서 행

---

1) 정상조·박성수 공편, 특허법 주해 Ⅰ, 박영사(2010), 141-146(서영철 집필부분) 참조.

위능력의 결여 등으로 원래 무효인 상표에 관한 절차를 추인한 경우의 효력에 관한 것이다.

Ⅱ. 추인의 요건

1. 추인권자

행위무능력자나 무권대리인의 행위를 추인할 수 있는 자는 유효하게 상표에 관한 절차를 밟을 수 있는 자이다. 조문에서는 '보정된 당사자나 법정대리인'이라고 규정하고 있다. 여기서 '보정된 당사자나 법정대리인'이란 미성년자가 성년자가 되거나(민법 제4조), 피성년후견인이나 피한정후견인 또는 피특정후견인에 대하여 그 종료의 심판이 있는 경우(민법 제9조 내지 제14조의3)와 같이 행위능력을 취득한 본인, 법정대리인의 동의가 결여된 법률행위에 대하여 나중에 그 동의를 얻은 미성년자(민법 제5조), 후견감독인의 동의 없이 심판 등을 청구한 후 후견감독인의 동의를 얻은 후견인(민법 제950조), 진정한 법정대리인 등을 말한다. 법문에 규정은 없으나, 적법하게 대리권을 수여받은 위임대리인도 이에 해당한다고 할 것이다.

명의신탁자는 실체법상 처분권한을 가지나 명의수탁자의 명의로 상표에 관한 절차를 밟을 권한은 없으므로, 명의수탁자의 대리권 흠결이 문제된 경우 명의신탁자의 지위에서 명의수탁자의 대리권의 흠결을 추인할 권한은 없다.[2]

2. 추인의 대상 — 추인의 불가분성

추인의 대상은 행위능력이 결여된 본인의 행위, 법정대리권이 없거나 수권이 흠결된 임의대리인이 행한 상표에 관한 절차이다.

무효행위의 추인은 무능력자나 무권대리인의 행위 전체에 대하여 일괄적으로 하여야 하고, 그 중 일부에 대하여만 추인하는 것은 절차의 혼란을 방지하기 위해 원칙적으로 허용되지 아니한다(추인의 불가분성).[3] 다만, 일부에 대해서만 추인하는 것이 절차의 혼란을 일으킬 우려가 없고, 절차적 경제에 비추어 적절한 예외적인 경우에는 이를 허용할 수도 있다. 예를 들어, 무권대리인이 본인의 인장을 도용하고 변호사에게 소송을 위임하여 소송을 진행한 결과 승소하였으

---

2) 대법원 1996. 12. 23. 선고 95다22436 판결; 대법원 1990. 12. 11. 선고 90다카4669 판결.
3) 대법원 2008. 8. 21. 선고 2007다79480 판결.

나, 상대방의 항소제기로 소송이 2심에 계속 중 무권대리인이 소를 취하한 경우에 일련의 소송행위 중 소 취하 행위만을 제외하고 나머지 소송행위를 추인하는 것은 소송의 혼란을 일으킬 우려가 없고 소송경제상으로도 적절하여 일부 추인으로 유효하다.4)

3. 추인의 방식

추인의 방식에는 아무런 제한이 없다. 서면이나 말로 할 수 있고, 명시적 또는 묵시적으로도 가능하다. 명시적 추인의 예로는 소송대리인이 당사자 아닌 자로부터 소송위임을 받고 당사자 명의로 답변서와 준비서면 등을 제출한 이후 당사자로부터 적법하게 소송위임을 받아 종전의 소송행위에 대하여 추인한 경우,5) 무효심판을 청구할 당시 원고 종중의 대표자는 甲이었음에도 불구하고 대표권이 없는 乙이 대표자로서 무효심판을 청구하였으나, 그 후 대표자로 된 丙이 특허법원의 소송절차에서 대표권 없는 乙이 행한 심판 및 소송에 있어서의 일체의 행위를 추인하고 이를 상대방에게 통지한 경우6) 등을 들 수 있다. 한편, 묵시적 추인을 인정할 수 있는지 여부가 문제되는데, 묵시적 추인을 인정하려면 단순히 장기간 이의를 제기하지 아니하고 방치한 것만으로는 부족하고, 추인의 대상인 행위가 무효임을 알면서도 유효함을 전제로 기대되는 행위를 하거나 용태를 보이는 등 무효행위를 유효하게 할 의사에서 비롯된 특별한 사정이 있어야 한다.7) 일반 소송과 관련하여 묵시적 추인을 인정한 사례로는, 항소 제기에 관하여 필요한 수권이 흠결된 소송대리인의 항소장 제출이 있은 후 당사자 또는 적법한 소송대리인이 항소심에서 본안에 관하여 변론한 경우,8) 항소심에서 적법한 소송대리인이 대리권이 흠결된 1심 소송대리인의 소송행위 결과를 인용하면서 계속 소송을 수행한 경우,9) 본인의 수권이 흠결된 소송대리인의 상고장 제출이 있은 후 본인 명의로 상고이유서가 제출된 경우10) 등이 있다.

추인의 의사표시는 특허청이나 특허심판원, 무권대리인이나 그 상대방 중

---

4) 대법원 1973. 7. 24. 선고 69다60 판결.
5) 대법원 2000. 1. 21. 선고 99후2532 판결.
6) 특허법원 1999. 5. 13. 선고 98허3482 판결.
7) 대법원 2007. 1. 11. 선고 2006다50055 판결.
8) 대법원 2007. 2. 22. 선고 2006다81653 판결; 대법원 2007. 2. 8. 선고 2006다67893 판결; 대법원 1995. 7. 28. 선고 95다18406 판결.
9) 대법원 1981. 7. 28. 선고 80다2534 판결.
10) 대법원 1962. 10. 11. 선고 62다439 판결.

어느 쪽에 하여도 무방하다.[11]

4. 추인의 시기

추인은 추인의 대상이 되는 절차의 무효처분 등이 확정되기 이전에 가능하다.

Ⅲ. 추인의 효과

추인권자가 무효행위를 추인하면 그 무효행위는 행위 시에 소급하여 유효한 행위로서 그 효력이 발생한다.

〈김신〉

---

11) 대법원 2001. 11. 9. 선고 2001다44291 판결.

> **제10조(대리권의 불소멸)**
> 상표에 관한 절차를 밟는 자의 위임을 받은 대리인의 대리권은 다음 각 호의
> 사유가 있어도 소멸하지 아니한다.
> 1. 본인의 사망이나 행위능력 상실
> 2. 본인인 법인의 합병에 의한 소멸
> 3. 본인인 수탁자의 신탁임무 종료
> 4. 법정대리인의 사망이나 행위능력 상실
> 5. 법정대리인의 대리권 소멸이나 변경

Ⅰ. 본조의 취지[1)]

민법의 대리권 제도는 본인과 대리인 사이의 특별한 신뢰관계를 기초로 하
고 있어 이러한 신뢰관계를 깨뜨리는 사정이 생긴 때에는 대리권이 소멸하는
것으로 규정하고 있다(민법 제127조, 제690조). 즉, '본인의 사망, 대리인의 사망이
나 성년후견의 개시 또는 파산'을 이유로 대리권은 소멸하고(민법 제127조), 임의
대리권은 그 밖에도 '대리권 수여의 원인된 법률관계의 종료, 본인에 의한 수권
행위(授權行爲)의 철회' 등을 이유로 소멸한다(민법 제128조). 그러나 민사소송법
의 소송대리권 제도는 위임사무의 목적 범위가 명확하고, 변호사 대리의 원칙을
채택하고 있어 본인과의 신뢰관계가 깨어지는 일도 적기 때문에 당사자 본인과
승계인의 이익을 고려하면서도 절차의 진행이 방해받지 않도록 '본인의 사망'
등을 대리권의 불소멸 사유로 규정하고 있다(민사소송법 제95조[2)]). 또한, 소멸사
유가 생겨도 상대방에게 통지하지 아니하면 소멸의 효력을 주장할 수 없도록

---

1) 정상조·박성수 공편, 특허법 주해Ⅰ, 박영사(2010), 147-151(서영철 집필부분) 참조.
2) 민사소송법 제95조(소송대리권이 소멸되지 아니하는 경우)
   다음 각 호 가운데 어느 하나에 해당하더라도 소송대리권은 소멸되지 아니한다.
   1. 당사자의 사망 또는 소송능력의 상실
   2. 당사자인 법인의 합병에 의한 소멸
   3. 당사자인 수탁자의 신탁임무의 종료
   4. 법정대리인의 사망, 소송능력의 상실 또는 대리권의 소멸·변경

규정하고 있다(민사소송법 제97조, 제63조).

　　상표법의 위임에 의한 대리권은 민사소송법상 소송대리권과 마찬가지로 대리권의 범위가 서면에 명확하게 정해져 있을 뿐만 아니라, 본인의 이익에 반할 염려가 있는 행위에 대해서는 특별수권을 받도록 규정하고 있어(법 제7조) 본인의 이익을 해칠 염려가 적으며, 상표에 관한 절차의 안정성과 신속하고 원활한 절차진행이 요구되므로, 본조는 민사소송법의 소송대리권 불소멸 사유와 유사하게 위임대리인의 대리권이 소멸되지 아니하는 구체적인 사유를 규정한 것이다.

Ⅱ. 위임에 의한 대리권의 불소멸 및 소멸 사유

　　본조에서 대리권이 소멸하지 아니하는 사유로 규정한 것은 ① 본인의 사망이나 행위능력 상실, ② 본인인 법인의 합병에 의한 소멸, ③ 본인인 수탁자의 신탁임무의 종료, ④ 법정대리인의 사망이나 행위능력 상실 또는 대리권의 소멸이나 변경이다. 이러한 사유는 원래 특허청이나 특허심판원에 계속 중인 상표에 관한 절차의 중단 사유에 해당되나, 절차를 밟을 것을 위임받은 대리인이 있는 경우에는 중단되지 아니한다는 상표법 제22조에 대응하여 소송대리권이 존속되도록 한 것이다. 여기서 대리권이 소멸되지 아니한다는 것은 그 대리인이 위와 같은 중단사유로 인하여 상표에 관한 절차를 승계하게 되는 새로운 소송수행권자로부터 종전과 동일한 내용의 위임을 받은 것과 마찬가지의 대리권을 가진다는 것을 의미한다.[3] 즉, 위임대리인은 ① 본인의 사망의 경우 그 상속인, 본인의 행위능력 상실의 경우 새로운 법정대리인, ② 본인인 법인의 합병에 의한 소멸의 경우 합병에 의해 존속하는 법인, ③ 본인인 수탁자의 신탁임무의 종료의 경우 새로운 수탁자, ④ 법정대리인의 사망이나 행위능력의 상실 또는 대리권의 소멸이나 변경의 경우 새로운 법정대리인 또는 본인의 행위능력 취득에 의하여 법정대리권이 소멸한 경우에는 본인으로부터 각각 종전과 동일한 내용과 범위의 대리권을 수여받은 것과 같이 상표에 관한 절차를 계속 진행할 수 있다. 따라서 본인이 사망한 경우 위임대리인은 상속인 등 사망한 본인의 승계인의 대리인이 되고, 상표에 관한 절차는 대리권이 소멸하기까지 중단되지 아니한다. 만일 위임대리인에게 심결취소소송을 제기할 대리권이 있다면 심결의 송달 후에도 소송절차는 중단되지 아니하며 제소기간이 진행한다. 하지만 위임대리인

---

3) 대법원 2002. 9. 24. 선고 2000다49374 판결 참조.

에게 심결취소소송을 제기할 대리권이 없는 때에는 심결의 송달과 함께 대리권
이 없는 것으로 되어 상표에 관한 절차는 중단된다.[4]

　　상표법은 위임대리인의 대리권이 소멸하지 아니하는 경우만을 규정하고 있
을 뿐 그 대리권이 소멸하는 경우는 규정하고 있지 않으나, 해석상 위임대리인
의 대리권은 ㉠ 대리인의 사망, ㉡ 위임대리인의 자격상실[5], ㉢ 위임사무의 종
료, ㉣ 위임관계의 소멸 등에 의하여 소멸한다. 한편, 복대리인은 본인의 대리인
이므로 복대리인을 선임한 위임대리인의 대리권이 소멸하더라도 그 자격에는
영향이 없다. 그리고 위임대리인의 대리권의 소멸은 상표에 관한 절차의 중단
사유에 해당하지 아니하므로(법 제22조), 위임대리인, 그 상속인 등은 위임인인
본인에게 위임대리인의 사망, 자격상실, 사임 등 대리권 소멸의 취지를 통지하
여야 하며 본인이 상표에 관한 절차를 수행할 수 있을 때까지 대리의무를 면할
수 없다(민법 제691조). 또한, 해임이나 사임은 본인과 임의대리인 사이의 일방적
인 의사표시로 효력이 생기나, 본인 또는 대리인이 상대방에게 대리권 소멸 사
실을 통지하지 아니하면 대리권 소멸의 효력을 주장할 수 없다(법 제14조, 민사
소송법 제97조, 제63조 제1항 본문). 따라서 위임대리인이 특허청이나 특허심판원
에 사임서를 제출하여도 상대방에게 그 사실을 통지하지 아니한 이상 비록 상
대방이 이를 알고 있다고 하더라도, 그 대리인이 하거나 상대방이 그 대리인에
대하여 한 상표에 관한 절차 행위는 유효하다.[6] 다만, 특허청이나 특허심판원에
대리권 소멸사실이 알려진 뒤에는 위임대리인은 상표등록출원의 포기·취하, 상
표권의 포기, 신청의 취하, 청구의 취하 등의 행위를 할 수 없다(법 제7조, 제14
조, 민사소송법 제97조, 제63조 제1항 단서, 제56조 제2항 등 참조).

〈김신〉

---

4) 대법원 1963. 5. 30. 선고 63다123 판결 참조.
5) 변리사법 제4조, 제5조의3 제1호, 제6조의8, 제6조의9 등 참조.
6) 대법원 1998. 2. 19. 선고 95다52710 전원합의체 판결.

> **제11조(개별대리)**
> 상표에 관한 절차를 밟는 자의 대리인이 2인 이상이면 특허청장 또는 특허심판원장에 대하여 각각의 대리인이 본인을 대리한다.

Ⅰ. 본조의 취지[1]

상표법은 대리인의 수를 제한하고 있지 않고, 복대리인의 선임도 인정하고 있는바[2], 이와 같이 대리인이 여럿인 경우(대리인과 복대리인이 같이 있는 경우를 포함한다) 대리의 형태로는 수인의 대리인이 공동으로만 대리권을 행사할 수 있는 '공동대리'와 대리인 각자 본인을 대리할 수 있는 '개별대리'가 있다.

상표에 관한 절차에 있어 수인의 대리인이 공동으로만 대리권을 행사할 수 있다고 한다면 대리인 간의 의견 불일치로 인해 절차의 진행이 지연되고 상대방에게 불필요한 번거로움을 주게 된다. 본조는 상표에 관한 절차의 안정과 신속하고 원활한 진행을 위해 대리인이 2인 이상일 경우에 '개별대리'의 원칙을 규정한 것으로서, 민사소송법 제93조에도 동일한 취지의 규정이 있다.

Ⅱ. 개별대리의 원칙

수인의 대리인이 있는 경우 각자 본인을 대리할 권한이 있다. 물론 수인의 대리인이 반드시 개별적으로 상표에 관한 절차를 밟아야 하는 것은 아니고 공동으로 대리하는 것도 무방하다. 대리인 각자 본인을 대리할 권한이 있으므로 특허청이나 특허심판원은 2인 이상의 대리인 중 1인에 대하여만 송달하면 되고, 공동으로 대리한 여러 대리인 중 1인에게 대리권의 흠결이 있다고 하더라도 다른 대리인에게 적법한 대리권이 있는 한 그 상표에 관한 절차는 유효하다.

---

[1] 정상조·박성수 공편, 특허법 주해Ⅰ, 박영사(2010), 152-154(서영철 집필부분) 참조.
[2] 복대리인은 대리인이 아니라 본인을 대리하며, 본인이나 제3자에 대하여 대리인과 동일한 권리의무가 있다.

상표법 제11조는 민사소송법 제93조 제2항과 달리 당사자가 개별대리의 원칙과 다른 약정을 한 경우 그 약정은 효력을 가지지 아니한다는 규정을 두고 있지는 않다. 그러나 상표법은 대리인에 관하여 특별한 규정이 있는 것을 제외하고는 민사소송법상 소송대리인에 관한 규정을 준용하고 있고(법 제14조), 상표법이나 민사소송법이 수인의 대리인이 있을 경우 개별대리를 원칙으로 규정한 것은 절차의 안정과 신속하고 원활한 절차 진행을 위한 것이며, 이와 다른 약정이 있어도 이를 대외적으로 공시할 방법이 마땅치 않다는 점 등을 고려하면, 비록 상표법 제11조에 개별대리의 원칙과 어긋나는 약정이 무효라는 규정이 없다고 하더라도, 민사소송법 제93조 제2항을 준용하여 상표법 제11조의 개별대리의 원칙과 다른 당사자 사이의 약정은 대외적으로 무효라 할 것이다. 다만, 본인과 공동대리인 사이의 내부관계에서는 유효성을 인정할 수 있을 것이다.

한편, 공동지배인(상법 제12조), 공동대표사원(상법 제208조), 공동대표이사(상법 제389조 제2항)와 같이 법률의 규정에 의하여 공동으로 대리할 수 있도록 된 경우에는 개별대리의 원칙이 제한된다. 그리고 특별수권 사항을 특정의 대리인에게만 부여하는 것은 개별대리권의 제한이 아니므로 유효하다.

여러 대리인의 행위가 서로 모순·저촉되는 경우, 모순되는 행위가 동시에 행해진 경우에는 석명권을 행사하여야 할 것이나, 명백하지 아니하면 어느 것도 효력이 발생하지 않는다고 할 것이다. 그러나 서로 모순되는 행위가 시기를 달리하는 것일 때에는, 앞의 행위가 주장이나 증거신청과 같이 철회 가능한 것이면 뒤의 행위에 의해 철회된 것으로 보고, 앞의 행위가 자백, 청구의 포기, 취하 등과 같이 철회할 수 없는 것이면 뒤의 행위는 효력이 없다. 예를 들어, 심사관의 거절이유통지에 대하여 수인이 각자 보정서를 제출하였다면 각각의 보정서는 모두 유효하고 보정항목별 최종 보정부분에 의하여 심사대상 보정 내용을 확정하여 심사한다.

〈김신〉

제12조(대리인의 선임 또는 교체 명령 등)

① 특허청장 또는 제131조 제1항에 따라 지정된 심판장(이하 "심판장"이라 한다)은 상표에 관한 절차를 밟는 자가 그 절차를 원활히 수행할 수 없거나 구술심리에서 진술할 능력이 없다고 인정되는 등 그 절차를 밟는 데 적당하지 아니하다고 인정되면 대리인에 의하여 그 절차를 밟을 것을 명할 수 있다.

② 특허청장 또는 심판장은 상표에 관한 절차를 밟는 자의 대리인이 그 절차를 원활히 수행할 수 없거나 구술심리에서 진술할 능력이 없다고 인정되는 등 그 절차를 밟는 데 적당하지 아니하다고 인정되면 그 대리인을 바꿀 것을 명할 수 있다.

③ 특허청장 또는 심판장은 제1항 및 제2항의 경우에 변리사에 의하여 대리하게 할 것을 명할 수 있다.

④ 특허청장 또는 심판장은 제1항 또는 제2항에 따라 대리인의 선임 또는 교체명령을 한 경우에는 제1항에 따른 상표에 관한 절차를 밟는 자 또는 제2항에 따른 대리인이 교체되기 전에 특허청장 또는 특허심판원장에 대하여 한 상표에 관한 절차의 전부 또는 일부를 상표에 관한 절차를 밟는 자의 신청에 따라 무효로 할 수 있다.

<소 목 차>

Ⅰ. 본조의 취지[1]

상표법은 상표에 관한 절차를 수행할 자격을 제한하고 있지 않다. 그러므로 본인 스스로 절차를 진행하거나 변리사가 아닌 자에게 위임하여 본인을 대리하게 할 수도 있다. 그러나 상표에 관한 절차는 전문적이고 복잡하며 관행에 따라 진행되는 면도 있어 본인이 직접 절차를 진행하는 데 곤란한 일이 발생하는 경우도 있고, 변리사 아닌 대리인에게 절차의 진행을 맡기는 경우 원활한 절차 진행이 이루어지지 않는 경우가 있을 수 있다. 본조는 이와 같이 본인 또는 대리인이 상표에 관한 절차를 원활히 수행할 수 없거나 구술심리에서 진술할 능력이 없다고 인정되는 등 그 절차를 밟는 데 적당하지 아니하다고 인정되면 특허

---

[1] 정상조·박성수 공편, 특허법 주해Ⅰ, 박영사(2010), 155-158(서영철 집필부분) 참조.

청장 또는 심판장이 본인을 대리할 대리인을 선임하도록 하거나 이미 선임된 대리인을 교체할 것을 명할 수 있고, 각각의 경우에 대리인을 변리사로 선임하도록 할 수 있으며, 대리인의 선임 또는 교체 전에 한 본인 또는 종전의 대리인이 행한 절차의 전부 또는 일부를 무효로 할 수 있도록 규정한 것으로서, 민사소송법 제144조의 변론능력이 없는 사람에 대한 법원의 조치에 관한 규정2)에 대응된다.

Ⅱ. 대리인의 선임 또는 교체 명령

본조에서 대리인의 선임 또는 교체 명령을 할 수 있는 주체는 특허청장 또는 심판장이다. 심사관은 이러한 권한이 없다. 특허청장 또는 심판장의 위와 같은 처분에 대해서는 행정심판법 또는 행정소송법에 따라 불복할 수 있다. 대리인의 선임, 해임 또는 변경 등의 절차는 상표법 시행규칙 제2조에 규정되어 있다.

본조에서 대리인 선임 또는 교체 명령을 할 수 있는 사유는 '절차를 원활히 수행할 수 없거나 구술심리에서 진술할 능력이 없다고 인정되는 등 그 절차를 밟는 데 적당하지 아니하다고 인정되는 때'로서, 절차의 원활, 신속, 확실을 기하는 공익상의 사유를 의미하므로, 단순히 당사자가 제대로 입증 또는 답변을 하지 않고 소극적 태도를 취하고 있거나 심사관의 의견제출 명령에 따라 제출된 의견서가 불충분하다는 정도로는 이에 해당한다고 보기 어렵다.

본조 제1항의 대리인 선임명령을 받는 자는 현재 절차를 밟고 있는 본인 또는 법정대리인과 민사소송법상 법정대리인에 관한 규정이 준용되는 법인의 대표자 또는 관리인이다(민사소송법 제64조). 선임할 대리인은 변리사 자격이 있는 자로 한정되지 않는다.

---

2) 민사소송법 144조(변론능력이 없는 사람에 대한 조치)
　① 법원은 소송관계를 분명하게 하기 위하여 필요한 진술을 할 수 없는 당사자 또는 대리인의 진술을 금지하고, 변론을 계속할 새 기일을 정할 수 있다.
　② 제1항의 규정에 따라 진술을 금지하는 경우에 필요하다고 인정하면 법원은 변호사를 선임하도록 명할 수 있다.
　③ 제1항 또는 제2항의 규정에 따라 대리인에게 진술을 금지하거나 변호사를 선임하도록 명하였을 때에는 본인에게 그 취지를 통지하여야 한다.
　④ 소 또는 상소를 제기한 사람이 제2항의 규정에 따른 명령을 받고도 제1항의 새 기일까지 변호사를 선임하지 아니한 때에는 법원은 결정으로 소 또는 상소를 각하할 수 있다.
　⑤ 제4항의 결정에 대하여는 즉시항고를 할 수 있다.

　　본조 제2항의 대리인 교체명령을 받는 자는 본인 또는 법정대리인, 법인의 대표자 또는 관리인이고, 교체의 대상은 상표에 관한 절차를 밟고 있는 위임에 의한 대리인이다. 위임에 의한 대리인이 변리사인 경우에는 교체 대상이 되지 아니한다는 견해도 있을 수 있으나, 본조가 공익적 규정이고 변리사도 위 사유에 해당할 수 있다는 점을 감안하면 변리사도 교체의 대상이 된다고 보는 것이 타당하다.

　　본조 제3항은 본조 제1항, 제2항에 있어 대리인을 변리사 자격이 있는 자로 한정하여 선임 또는 교체 명령을 할 수 있게 한 것이다. 이는 상표에 관한 절차를 업으로 하는 변리사에 의하여 절차 수행을 하게 함으로써 절차의 원활한 진행을 확실하게 하기 위한 것이다.

　　본조 제4항은 본조 제1항 또는 제2항의 대리인의 선임 또는 교체 명령을 한 경우에 특허청장 또는 심판장은 제1항에 따른 상표에 관한 절차를 밟는 자 또는 제2항에 따른 대리인이 교체되기 전에 특허청장 또는 특허심판원장에 대하여 한 상표에 관한 절차의 전부 또는 일부를 상표에 관한 절차를 밟는 자의 신청에 따라 무효로 할 수 있도록 하고 있다. 이러한 무효처분은 특허청장 또는 심판장의 재량행위이므로 무효처분이 있기 전까지는 유효하다. 이 점은 민사소송법 제144조의 경우 법원이 결정으로 진술금지를 고지하면 당사자 또는 대리인은 당연히 변론능력을 잃게 되어 소송법상 아무런 효력이 없게 되는 것과 차이가 있다.

〈김신〉

> **제13조(복수당사자의 대표)**
> ① 2인 이상이 공동으로 상표등록출원 또는 심판청구를 하고 그 출원 또는 심판에 관계된 절차를 밟을 경우에는 다음 각 호의 어느 하나에 해당하는 사항을 제외하고는 각자가 전원을 대표한다. 다만, 대표자를 선정하여 특허청장 또는 특허심판원장에게 신고한 경우에는 그 대표자가 전원을 대표한다.
> 1. 상표등록출원의 포기 또는 취하
> 2. 제44조에 따른 출원의 변경
> 3. 다음 각 목의 어느 하나에 해당하는 신청 또는 출원의 취하
>   가. 존속기간갱신등록신청
>   나. 지정상품추가등록출원
>   다. 상품분류전환등록신청
> 4. 신청의 취하
> 5. 청구의 취하
> 6. 제115조 또는 제116조에 따른 심판청구
> ② 제1항 각 호 외의 부분 단서에 따라 신고할 경우에는 대표자로 선임된 사실을 서면으로 증명하여야 한다.

<소 목 차>

Ⅰ. 서설

1. 의의

2인 이상이 공동으로 상표등록출원 또는 심판청구를 하고 그 출원 또는 심판에 관계된 절차(이하 '상표에 관한 절차'라고 한다)를 밟을 경우, 모든 당사자로 하여금 모든 절차를 동일하게 밟도록 하는 것은 당사자와 특허청 및 특허심판원 모두에게 불편을 초래하고 절차를 복잡하게 할 우려가 있다. 본조는 복수의 당사자가 공동으로 행하는 상표에 관한 절차를 간소화함으로써 이러한 우려를

해소하려는 데 그 의의가 있다.

　본조 제1항은 본문에서 복수의 당사자가 상표에 관한 절차를 밟을 경우 원칙적으로 각자가 전원을 대표할 수 있도록 하되, 복수의 당사자 전원에게 불이익이 될 수 있거나 당사자 본인의 의사를 확인하는 것이 필요하다고 인정되는 각 호의 행위는 전원이 공동으로 하도록 규정하는 한편, 단서에서는 복수의 당사자가 그들 가운데 대표자를 선정하여 특허청장 또는 특허심판원장에게 신고함으로써 그 대표자로 하여금 당사자 전원을 대표하여 상표에 관한 절차를 수행하게 할 수 있도록 규정하고 있다.

　또한 본조 제2항은 복수의 당사자가 제1항 각 호 외의 부분 단서에 따라 대표자 선정 신고를 할 경우에는 대표자 선임 사실을 서면으로 증명하도록 규정하고 있다.[1]

　본조 제1항의 "2인 이상이 공동으로 상표등록출원 또는 심판청구를 하고 그 출원 또는 심판에 관계된 절차를 밟을 경우"는 2인 이상이 공동으로 상표등록출원 또는 심판청구를 하고 나서 그 이후의 절차를 밟을 때를 의미하는 것으로 해석된다. 따라서 본조가 적용되는 것은 적어도 상표등록출원 또는 심판청구가 이루어진 이후의 절차이고, 상표등록출원 또는 심판청구 그 자체는 본조의 적용대상이 되지 아니한다.[2]

2. 연혁

　1946. 10. 5. 군정법령 제91호로 제정된 구 특허법 제53조는 "수인이 공동하여 특허에 관한 출원 청구 기타 수속을 한 자 또는 특허권의 공유자는 특허국에 대하여 각 인 상호로 대표함. 단, 특히 대표자를 정하고 특허국에 출계할 시는 차를 적용치 않음."이라고 규정하였고, 1949. 11. 28. 법률 제71호로 제정된 상표법 제7조는 앞서 본 구 특허법의 규정을 상표에 대하여 준용하였다.

　1961. 12. 31. 법률 제950호로 제정된 특허법 제25조는 복수당사자의 각자 대표 원칙 및 복수당사자의 대표자에 관한 규정을 두었고, 1963. 3. 5. 법률 제1295호로 개정된 상표법 제7조는 위 특허법 제25조의 규정을 준용하였다.

---

1) 상표법 시행규칙 제6조는 복수당사자의 대표자 선정 및 해임 신고방법에 관하여 상세히 규정하고 있다.
2) 특허청 편, 우리나라 특허법제에 대한 연혁적 고찰, 특허청(2007), 63; 박희섭 · 김원오, 특허법원론(제4판), 세창출판사(2009), 362; 中山新弘 · 小泉直樹 編, 新 · 注解 特許法(上), 靑林書院(2011), 100(森崎博之 · 松山智惠 집필부분).

상표법이 복수당사자의 대표에 관한 특허법의 규정을 준용하는 태도는 그 이후에도 이어져오다가, 2011. 12. 2. 법률 제11113호로 개정된 상표법 제5조의 10으로 본조와 같은 복수당사자의 대표에 관한 규정이 신설되었다.

Ⅱ. 복수당사자의 각자 대표

1. 복수당사자의 각자 대표 원칙

2인 이상 공동으로 상표에 관한 절차를 밟는 복수의 당사자는 본조 제1항 각 호에 규정된 사항을 제외하고는 각자가 전원을 대표한다(각자 대표 원칙). 그러므로 복수의 당사자는 출원절차나 심판절차에서 각자 의견서를 제출하고 출원서 등을 보정하는 등의 절차를 밟을 수 있고, 그 행위의 효력은 당사자 전원에게 미친다.[3]

각자 대표 원칙은 복수의 당사자가 특허청이나 특허심판원에 대하여 행하는 절차뿐만 아니라, 특허청이나 특허심판원이 복수의 당사자에 대하여 행하는 절차에 대해서도 적용된다. 대법원은 "특허법 제11조 제1항에 의하면 2인 이상이 특허에 관한 절차를 밟는 때에는 같은 항 각 호의 1에 해당하는 사유를 제외하고는 각자가 전원을 대표한다고 되어 있으므로, 2인 이상이 공동으로 출원한 특허에 대한 거절결정등본의 송달도 공동출원인 중 1인에 대하여만 이루어지면 전원에 대하여 효과가 발생한다"라고 판시한 바 있고,[4] 특허심판원도 본조의 규정에 근거하여 복수의 당사자 중 1인에 대해서만 심판관련 서류를 송달하고 있다.[5] 일본 특허청의 실무도 이와 같다.[6]

---

3) 정상조·박성수 공편, 특허법 주해 Ⅰ, 박영사(2010), 160(박원규 집필부분).; 中山新弘·小泉直樹 編(주 2), 101(森崎博之·松山智惠 집필부분); 특허심판원 편, 심판편람(제11판), 특허청(2014), 92.

4) 대법원 2005. 5. 27. 선고 2003후182 판결[공2005, 1077].
   다만, 공동출원인 중 1인에 대하여 송달이 이루어지면 다른 공동출원인에게도 송달의 효력이 발생한다는 것이 공동출원인 중 1인에게 실시한 송달이 불능으로 된 경우에 송달을 실시하지 아니한 다른 공동출원인에 대한 송달도 불능으로 보아야 한다는 것을 의미하는 것은 아니라는 점에 주의할 필요가 있다.

5) 이 경우 청구서에 표시된 자 중 첫 번째 기재된 자에게 송달하되 수신인 표시는 "○○ ○ 외 △명"으로 기재하는 것이 실무이다[특허심판원 편(주 3), 431-432.].
   만일, 복수의 당사자가 서류를 송달받기 위한 대표자 1인을 선정하여 특허청장 또는 특허심판원장에게 신고한 경우에는 그 대표자에게 송달해야 한다(상표법 시행령 제18조 제5 항 제3호).

6) 일본의 법원도 이러한 실무를 승인하고 있다[中山新弘·小泉直樹 編(주 2), 101(森崎博

한편, 각자 대표 원칙에 따라 복수의 당사자 각자가 전원을 대표하는 경우, 복수의 당사자의 행위 상호간에 모순·저촉이 발생할 수 있는바,[7] 상표법은 모순·저촉되는 행위 상호간의 관계를 어떻게 조정해야 하는지에 관한 규정을 두고 있지 아니하다.

각자 대표의 원칙을 따르는 이상 복수당사자의 행위 상호간의 모순·저촉은 불가피하게 발생할 수밖에 없으므로 복수당사자의 모순·저촉되는 행위라도 원칙적으로 당사자 전원에 대하여 효력을 갖는 것으로 보아야 할 것이다.[8] 따라서 복수의 당사자가 출원이나 심판절차에서 각각 제출한 의견서의 내용이 상호 모순되는 경우에는 심사관이나 심판관은 이들 의견서의 내용을 전체적으로 살펴 판단의 기초로 삼아야 할 것이고, 앞서 이루어진 행위가 뒤에 이루어진 행위에 의하여 묵시적으로 철회된 것으로 볼 수 있는 경우[9]에는 후에 이루어진 행위만 효력을 갖는 것으로 보아야 할 것이다.

2. 각자 대표 원칙의 예외

본조 제1항 각 호는 각자 대표 원칙이 적용되지 아니하는 사항으로서, 상표등록출원의 포기 또는 취하(제1호), 상표법 제44조에 따른 출원의 변경(제2호), 존속기간갱신등록신청, 지정상품추가등록출원, 상품분류전환등록신청의 취하(제3호), 신청의 취하(제4호), 청구의 취하(제5호), 상표법 제115조에 따른 보정각하결정에 대한 불복심판의 청구, 상표법 제116조에 따른 상표등록거절결정, 지정상품추가등록 거절결정 또는 상품분류전환등록 거절결정에 대한 불복심판의 청구를 규정하고 있다. 본조 제1항 각 호의 사항은 복수의 당사자 중 1인의 행위가 전원에 대하여 불이익이 될 수 있는 것이거나 본인의 의사를 확인하는 것이 필요하다고 인정되는 것으로서, 상표법 제7조 제1·2·3·5·6·7호에 규정된 대리인의 특별수권 사항과 같다.[10]

본조 제1항 각 호에 관한 절차는 원칙적으로 복수당사자 전원이 밟아야만

之·松山智惠 집필부분). 참조].

7) 예컨대, 복수당사자 각자가 상표에 관한 절차에서 제출한 보정서나 의견서의 내용이 모순·저촉되는 경우가 발생할 수 있다.

8) 中山新弘 編, 註解 特許法(上) 3版, 靑林書院(2000), 120(靑木 康 집필부분).

9) 예컨대, 복수당사자 중 1인이 의견서를 제출한 후 그 1인을 포함한 복수당사자 전원이 그와 다른 내용의 의견서를 제출한 경우 등.

10) 본조 제1항 각 호에 규정된 사항에 관한 설명은 이 책 제7조(대리권의 범위)의 해당부분 참조.

효력이 생긴다.[11]

Ⅲ. 복수당사자의 대표자

1. 의의

본조 제1항 단서는, 상표에 관한 절차를 공동으로 밟는 복수당사자가 그들 가운데 대표자를 선정하여 특허청장 또는 특허심판원장에게 신고할 수 있도록 하고 있는바, 이와 같이 선정된 대표자를 '복수당사자의 대표자'라고 한다.

복수당사자의 대표자에 관한 규정은 상표에 관한 절차를 공동으로 밟는 복수당사자가 그들 가운데 특정인을 대표자로 선정하여 그 절차를 수행하도록 함으로써 절차상의 번거로움을 피할 수 있도록 하고, 복수당사자가 각자 행위를 하는 경우 발생할 수 있는 행위들 상호간의 모순·저촉을 회피함으로써 상표에 관한 절차를 명확하게 할 수 있도록 하기 위해서 마련된 것이다.

복수당사자가 그들 가운데 대표자를 선정한 경우에는, 원칙적으로 대표자만이 자신을 선정한 당사자를 대표하여 출원절차나 심판절차를 수행할 권한을 갖고, 대표자를 선정한 당사자는 다른 당사자를 대표하지 못한다(각자 대표 원칙의 예외).[12]

대표자는 2인 이상이 선정될 수 있다.[13] 또한 대표자는 당사자 전원에 의하여 선정될 필요는 없고 일부 당사자에 의해서만 선정될 수도 있다.[14] 대표자로 선정된 사실은 서면으로 증명되어야 한다(본조 제2항).

상표법 제13조 제1항 각 호 외의 부분 단서에 따라 대표자 선정을 신고하려는 경우 선정된 대표자가 「특허법시행규칙」 별지 제2호 서식의 대표자에 관한 신고서(국제출원의 경우 상표법 시행규칙 별지 제1호 서식의 대표자에 관한 신고서)에 선임에 관한 사항을 증명하는 서류 등을 첨부하여 특허청장 또는 특허심판원장에게 제출하여야 한다(상표법시행규칙 제6조 제1항).

---

11) 복수당사자의 대표자가 선정된 경우에 대해서는 아래 Ⅲ. 3. 나.항 참조.

12) 특허법 제11조 제1항 단서는 "다만, 대표자를 선정하여 특허청장 또는 특허심판원장에게 신고하면 그 대표자만이 모두를 대표할 수 있다."라고 규정하고 있다.

13) 특허청 편, 특허·실용신안 심사기준, 특허청(2016. 2.), 1216.

14) 정상조·박성수 공편(주 3), 162(박원규 집필부분).

2. 당사자 본인과 대표자의 관계

당사자 본인과 그가 선정한 대표자 사이의 법적 관계에 관해서는, 민사소송 법상의 선정자와 선정당사자 사이의 관계와 유사한 관계로 보는 견해와 당사자 본인의 위임에 의한 대리관계로 보는 견해가 있다.

본조 제1항 단서의 대표자와 민사소송법상의 선정당사자는 모두 복수의 당 사자 가운데 선정된다는 점에서 서로 유사한 면은 있으나, 본조 제1항 단서의 당사자는 대표자를 선정하더라도 당사자 본인으로서의 지위를 상실하지 아니하 는 반면, 민사소송법상 당사자는 선정당사자를 선정한 이후 당사자 본인으로서 의 지위를 상실하고 선정당사자만이 당사자 본인의 지위를 가지므로(민사소송법 제53조), 본조 제1항 단서의 당사자와 대표자 사이의 관계를 민사소송법상 선정 자와 선정당사자 사이의 관계와 동일하다고 볼 수는 없다.[15]

한편, 본조 제1항 단서의 당사자는 대표자를 선정한 후에도 당사자 본인으 로서의 지위를 상실하지 아니하는 점에서 대리관계에서의 위임인과 유사한 면 은 있으나, 본조 제1항 단서의 대표자는 대리관계에서의 대리인과 달리 반드시 복수당사자 가운데 선정되어야 하고, 대표자가 사망하면 상표에 관한 절차가 중 단되고 새로운 대표자 또는 당사자가 절차를 승계하여야 하므로(상표법 제22조 제6호, 제23조 제5호),[16] 본조 제1항 단서의 복수당사자와 대표자 사이의 관계가 위임에 의한 대리관계와 동일하다고 볼 수도 없다.

그러므로 본조 제1항 단서의 당사자 본인과 대표자 사이의 관계를 민사소 송법상의 선정자와 선정당사자 사이의 관계와 유사한 관계 또는 위임에 의한 대리관계 중 어느 한쪽에 해당하는 것으로 이해하기보다는, 본조 제1항 단서의 규정에 의하여 인정되는 특수한 관계로 이해하는 것이 타당하다고 생각된다(특 수관계설).[17]

3. 대표자의 권한

가. 일반적 권한

복수당사자의 대표자는 자신을 선정한 당사자들을 대표하여 상표에 관한

---

15) 中山新弘·小泉直樹 編(주 2), 103(森崎博之·松山智惠 집필부분).
16) 임의대리인의 사망은 같은 법 제22조 각 호에 규정된 절차의 중단사유에 해당하지 아니 한다.
17) 정상조·박성수 공편(주 3), 163(박원규 집필부분).

절차를 밟을 권한을 갖는다. 복수의 당사자가 수인의 대표자를 선정한 경우에는 그 대표자들 각자가 자신을 선정한 당사자들을 대표한다.[18) 복수의 당사자 중 일부만 대표자를 선정한 경우 그 대표자는 자신을 선정한 당사자들을 대표하지만, 그 대표자가 한 행위의 효력은 복수당사자의 각자 대표원칙이 적용되는 범위 내에서는 당사자 전원에 대하여 효력을 미치는 것으로 보아야 할 것이다.[19)

나. 본조 제1항 각 호의 사항에 관한 대표권

복수당사자 전원에 의하여 선정된 대표자가 당사자의 각자 대표가 허용되는 사항에 관하여 당사자 모두를 대표할 권한을 가짐은 당연하지만, 그 대표자가 본조 제1항 각 호의 각자 대표 원칙의 예외 사항에 관해서도 당사자로부터 별도의 동의나 위임을 받을 필요 없이 당사자 모두를 대표할 권한을 갖는지 여부에 관해서는 아래와 같이 견해가 나뉜다.

(1) 특별수권 불필요설

본조 제1항 단서의 대표자는 복수의 당사자들 가운데 선정되는 자로서 민사소송법상의 선정당사자와 실질적으로 동일한 지위에 있으므로, 당사자로부터 별도의 동의나 위임을 받지 않더라도 자신을 선정한 당사자를 위한 일체의 행위를 할 수 있다고 해석해야 하고, 이와 같이 해석하는 것이 절차의 간소화 및 복수당사자의 행위 상호 간의 모순·저촉 회피라는 복수당사자 대표자 제도의 취지에도 부합한다는 견해이다.[20)

(2) 특별수권 필요설

본조 제1항 단서의 대표자는 당사자 본인으로부터 위임받은 권한의 범위 내에서 그를 대표할 수 있는 지위에 있음에 불과하므로, 대표자가 본조 제1항 각 호의 각자 대표 예외 사항을 행하기 위해서는 당사자 전원으로부터 별도의 동의나 위임을 받아야 한다는 견해이다.[21)

(3) 특허청의 실무

특허청은 공동출원인의 대표자가 본조 제1항 각 호에 기재된 사항에 관한 절차를 수행하기 위해서는 복수당사자 전원의 특별수권이 필요하다고 보고 있

---

18) 황종환, 특허법 제7판, 한빛지적소유권센터(2002), 50.

19) 정상조·박성수 공편(주 3), 164(박원규 집필부분).

20) 황종환, 앞의 책, 53.; 이인종, 특허법개론, 현대고시사(2003), 118. 윤선희, 특허법(제5판), 법문사(2012), 347.

21) 千孝南, 特許法 제11판, 21C 법경사(2005), 122.; 박희섭·김원오(주 2), 364.; 中山新弘·小泉直樹 編(주 2), 103(森崎博之·松山智惠 집필부분).

다.[22] 만일, 공동출원인의 대표자가 특별수권 없이 본조 제1항 각 호에 기재된 사항에 관한 절차를 밟는 경우에는 특허청장은 대표자에게 보정을 명하고, 보정명령에도 불구하고 흠결이 해소되지 아니하면 당해 절차를 무효로 한다.[23]

(4) 검토

상표법은 복수당사자의 대표자가 본조 제1항 각 호의 각자 대표 예외 사항에 대하여 대표권을 갖는지 여부에 관하여 규정하고 있지 아니하므로, 복수당사자의 대표자가 본조 각 호의 각자 대표 예외 사항에 관한 절차를 밟기 위해서 당사자 전원으로부터 별도의 동의 또는 위임을 받아야 하는지 여부는 상표법 등의 관련 규정과 복수당사자 대표자 제도의 취지를 종합적으로 검토하여 결정해야 할 것이다.

생각건대, 본조 제1항 각 호의 각자 대표 예외 사항이 당사자의 이해관계에 중대한 영향을 미치는 사항인 점에 비추어 보면, 이러한 예외 사항에 대해서는 대표자로 하여금 당사자 전원으로부터 특별수권을 받도록 하는 것이 대표자의 권한남용을 방지하고 당사자 전원의 의사를 보다 확실히 할 수 있다는 점에서 바람직하다고 생각된다. 대표자가 본조 제1항 각 호의 각자 대표 예외 사항에 관하여 당사자 전원으로부터 특별수권을 받도록 하면, 상표에 관한 절차가 다소 지연되는 문제가 생길 수는 있으나, 당사자 전원의 의사를 확인하는 과정을 통하여 상표에 관한 절차를 보다 명확하게 하고 장래의 분쟁을 예방할 수 있는 긍정적인 면도 있으므로, 위 사항에 관하여 특별수권이 필요하다고 보는 견해가 반드시 복수당사자의 대표자 제도의 취지에 반하는 것은 아니라 할 것이다.

따라서 복수당사자의 대표자가 본조 제1항 각 호에 기재된 사항을 하기 위해서는 당사자 전원의 특별수권이 필요하다고 봄이 타당하다.[24]

다. 당사자 본인의 절차수행권 인정 여부

당사자가 그들 가운데 대표자를 선정한 경우, 원칙적으로 대표자만이 자신을 선정한 당사자를 대표하여 출원절차나 심판절차를 수행할 권한을 갖고, 대표자를 선정한 당사자는 다른 당사자를 대표할 권한을 갖지 못함은 앞서 본 바와 같다.

그런데 당사자 본인은 대표자를 선정하더라도 당사자로서의 지위를 상실하

---

22) 특허청 편, 상표 심사기준, 특허청(2016. 9.), 62.
23) 특허청 편(주 13), 1216.
24) 정상조·박성수 공편(주 3), 165(박원규 집필부분).

는 것은 아니므로 여전히 상표에 관한 절차를 유효하게 밟을 수 있고, 다만 상표법 제13조 제1항 단서의 각자 대표 예외 규정에 의하여 그 절차의 효과가 전원에게 미치지 못하고 당사자 본인에게만 미치는 것으로 해석하여야 한다는 견해(비제한설)[25]가 있다.

　　하지만 복수당사자의 대표자 제도의 취지 등에 비추어 보면, 대표자가 선정된 경우에는 원칙적으로 대표자만이 독점적인 절차수행권을 갖고 당사자 본인의 절차수행권은 제한되는 것으로 보아야 할 것이고(제한설), 다만, 행위 자체의 성질상 당해 당사자에 대해서만 효력을 미치는 것이 명백하여 복수당사자의 행위 상호간의 모순, 저촉을 일으킬 우려가 없는 예외적인 경우(예컨대, 주소보정 등)에 한하여 당사자 본인이 그 절차를 밟을 수 있다고 해석함이 타당하다.[26] 특허청의 실무도 이와 같다.[27]

〈박원규〉

---

25) 윤선희(주 20), 347; 박희섭·김원오(주 2), 363.
26) 정상조·박성수 공편(주 3), 165-166(박원규 집필부분).
27) 특허청 편(주 13), 1216.

> **제14조(「민사소송법」의 준용)**
> 대리인에 관하여는 이 법에서 특별히 규정한 것을 제외하고는 「민사소송법」
> 제1편 제2장 제4절(제87조부터 제97조까지)을 준용한다.

Ⅰ. 서설

1. 의의

민사소송법 제1편 제2장 제4절은 제87조부터 제97조까지 총 11개 조문에 걸쳐 소송절차의 대리인에 관하여 규정하고 있는바, 상표법 제14조는 상표법상 대리인에 관하여 특별히 규정한 것을 제외하고는 민사소송법 제1편 제2장 제4절의 규정을 준용하도록 하고 있다.

상표법은 제7조 내지 제12조에서 대리권의 범위, 대리권의 증명, 행위능력 등의 흠에 대한 추인, 대리권의 불소멸, 개별대리의 원칙, 대리인의 선임 또는 교체명령 등에 관하여 따로 규정을 두고 있으므로,[1] 상표법상 대리인에 관하여는 위 규정이 우선 적용되고, 위 규정이 적용되지 아니하는 경우에만 민사소송법 제1편 제2장 제4절의 규정이 준용된다.

상표법상 대리인에는 출원절차의 대리인, 심판절차의 대리인뿐만 아니라 소송절차의 대리인도 포함된다.

민사소송법 제1편 제2장 제4절은 소송절차의 대리인에 관하여 규정하고 있으나, 조문의 성질상 소송절차에만 적용될 수 있는 것이 아닌 경우에는 출원절차나 심판절차의 대리인에게도 적용될 수 있는 것으로 보아야 할 것이다.[2]

---

1) 상표법 제7조 내지 제12조에 관한 자세한 내용은 이 책의 해당 조문 부분 참조.
2) 정상조·박성수 공편, 특허법 주해Ⅰ, 박영사(2010), 168(박원규 집필부분).

2. 연혁

본조는 1949. 11. 28. 법률 제71호로 제정된 상표법에는 포함되어 있지 아니하였다. 1973. 2. 8. 법률 제2505호로 전부개정된 특허법 제25조에 본조와 같은 내용의 규정이 신설되자, 같은 날 법률 제2506호로 전부개정된 상표법 제7조는 위 특허법 제25조의 규정을 준용하였다.

상표법이 민사소송법의 준용에 관한 특허법의 규정을 준용하는 태도는 그 이후에도 이어져오다가, 2011. 12. 2. 법률 제11113호로 개정된 상표법 제5조의11로 본조와 같은 규정이 신설되었다.

Ⅱ. 준용규정

1. 소송대리인의 자격과 예외

가. 소송대리인의 자격

민사소송법 제87조는 법률에 따라 재판상 행위를 할 수 있는 대리인 외에는 변호사가 아니면 소송대리를 할 수 없다고 규정하고 있으므로, 상표에 관한 소송절차에서도 일반 민사소송절차와 마찬가지로 비변호사의 소송대리 금지 원칙이 적용된다.

변리사법 제8조는 "변리사는 특허, 실용신안, 디자인 또는 상표에 관한 사항의 소송대리인이 될 수 있다"라고 규정하고 있으나, 동 규정에 의하여 변리사에게 허용되는 소송대리의 범위는 특허심판원의 심결에 대한 취소소송으로 한정되므로, 상표 등에 관한 권리 침해를 청구원인으로 하는 침해금지청구 또는 손해배상청구 등과 같은 민사사건의 소송대리는 허용되지 아니한다.[3)]

민사소송법 제87조는 상표에 관한 소송대리에만 준용되므로, 상표에 관한 출원절차 또는 심판절차에는 비변호사 소송대리 금지 원칙이 적용되지 아니한다.

한편, 변리사법 제21조는 "변리사가 아닌 자는 제2조에 따른 대리 업무를 하지 못한다"고 규정하고 있고, 변리사법 제2조는 변리사의 업무에 관하여 "변리사는 특허청 또는 법원에 대하여 특허, 실용신안, 디자인 또는 상표에 관한 사항을 대리하고 그 사항에 관한 감정(鑑定)과 그 밖의 사무를 수행하는 것을 업(業)으로 한다"라고 규정하고 있으므로, 문언해석상 상표에 관한 출원절차 또

---

3) 대법원 2012. 10. 25. 선고 2010다108104 판결[공2012하, 1911].

는 심판절차의 대리업무는 이를 업으로 하지 아니하는 이상 변리사가 아닌 자도 할 수 있다고 볼 여지가 있다. 특허청은 과거에는 특허, 실용신안, 디자인, 상표 등에 관한 출원절차 또는 심판절차의 대리는 이를 업으로 하지 아니하는 이상 변리사가 아닌 자도 할 수 있다고 보았으나,[4] 현재는 변리사가 아닌 자는 업으로 하는지 여부와 관계없이 변리사법 제2조에 따른 대리업무를 하지 못하는 것으로 견해를 변경한 것으로 보인다.[5]

민사소송법 제87조는 임의대리인의 소송대리인의 자격에 관한 규정이므로, 법정대리인[6]에 관하여는 적용되지 아니한다.

민사소송법 제87조의 "법률에 따라 재판상 행위를 할 수 있는 대리인"이란 법률의 규정에 의하여 본인의 사무에 관하여 재판상의 행위를 할 수 있는 권한이 인정되는 '법률상 소송대리인'을 가리킨다. 상법상의 지배인(상법 제11조), 선장(상법 제749조), 선박관리인(상법 제765조) 및 국가소송수행자와 행정소송수행자(국가를 당사자로 하는 소송에 관한 법률 제3조) 등이 이에 해당한다. 법률상 소송대리인도 본인의 의사에 의하여 지위를 상실할 수 있다는 점에서 성질상 임의대리인에 해당한다고 할 것이나, 본인을 갈음하여 일체의 행위를 할 수 있다는 점에서 법정대리인과 유사한 면이 있다.[7]

나. 예외

단독판사가 심리·재판하는 사건 가운데 그 소송목적의 값이 일정한 금액 이하인 사건에서, 당사자와 밀접한 생활관계를 맺고 있고 일정한 범위 안의 친족관계에 있는 사람 또는 당사자와 고용계약 등으로 그 사건에 관한 통상 사무를 처리·보조하여 오는 등 일정한 관계에 있는 사람은 법원의 허가를 받은 때에는 소송대리인이 될 수 있다(민사소송법 제88조 제1항). 이는 민사소송법 제87조의 비변호사 소송대리 금지 원칙의 예외에 해당한다. 법원으로부터 소송대리 허가를 받을 수 있는 사건의 범위, 대리인의 자격 등에 관한 구체적인 사항은 대법원규칙으로 정한다(같은 조 제2항). 법원은 언제든지 위 소송대리허가를 취

---

4) 특허청 편, 출원방식심사기준, 특허청(2011. 12.), 90.; 특허심판원 편, 심판편람 제10판, 특허청(2011), 136.
5) 특허청 편, 특허·실용신안 심사기준, 특허청(2016. 2.), 15.
6) 법정대리인은 본인의 의사에 의하지 아니하고 대리인이 된 자이다. 법정대리인의 소송대리권의 범위는 민사소송법에 특별한 규정이 없으면 민법, 그 밖의 법률이 정한 바에 따른다(민사소송법 제51조).
7) 이시윤, 신민사소송법, 박영사(2014), 172.

소할 수 있다(같은 조 제3항).

2. 소송대리권의 증명

민사소송법 제89조 제1항은 소송대리인의 권한은 서면으로 증명하여야 한다고 규정하고 있다. 상표에 관한 출원절차나 심판절차에서의 대리권의 증명에 관해서는 상표법 제8조가 별도의 규정을 두고 있으므로,[8] 민사소송법 제89조 제1항은 상표에 관한 소송절차에만 준용된다.

소송대리인의 권한을 증명하는 서면이 사문서인 경우에는 법원은 소송대리인에게 공증인, 그 밖의 공증업무를 보는 사람의 인증을 받도록 명할 수 있다(민사소송법 제89조 제2항).

다만, 당사자 본인이 말로 소송대리인을 선임하고 법원사무관 등이 조서에 그 진술을 적어 놓은 경우에는 민사소송법 제89조 제1항 및 제2항의 규정은 적용되지 아니한다(민사소송법 제89조 제3항).

3. 소송대리권의 범위와 제한 등

가. 소송대리권의 범위

소송대리인은 위임을 받은 사건에 대하여 반소 · 참가 · 강제집행 · 가압류 · 가처분에 관한 소송행위 등 일체의 소송행위와 변제의 영수를 할 수 있다(민사소송법 제90조 제1항). 다만, 소송대리인은 반소의 제기, 소의 취하, 화해, 청구의 포기 · 인낙 또는 민사소송법 제80조의 규정에 따른 독립당사자참가소송에서의 탈퇴, 상소의 제기 또는 취하, 대리인의 선임에 관하여는 본인으로부터 특별한 권한을 따로 받아야 한다(민사소송법 제90조 제2항).

상표에 관한 출원절차나 심판절차에서의 대리권의 범위와 제한에 관해서는 상표법 제7조가 별도의 규정을 두고 있으므로, 민사소송법 제90조는 상표에 관한 소송절차에만 준용된다.

나. 소송대리권의 제한

당사자는 원칙적으로 소송대리인의 소송대리권을 제한할 수 없다(민사소송법 제91조 본문). 이는 절차의 신속 · 원활한 진행을 위한 것이다. 그러므로 당사자가 소송대리권의 수여에 조건이나 기한을 붙이는 것은 허용되지 아니한다. 다

---

8) 상표법 시행규칙 제2조는 특허청장 및 특허심판원장에 대하여 상표에 관한 절차를 밟는 자의 대리인 선임, 해임, 변경에 관한 절차에 관하여 상세히 규정하고 있다.

만, 당사자는 변호사가 아닌 소송대리인에 대해서는 그 대리권을 제한할 수 있다(민사소송법 제91조 단서).

법률에 의하여 재판상 행위를 할 수 있는 법률상 소송대리인의 권한은 개별 법률의 규정에 의하여 따로 정해지므로, 법률상 소송대리인에 대하여는 민사소송법 제90조, 제91조의 규정이 적용되지 아니한다(민사소송법 제92조). 따라서 법률상 소송대리인은 당사자로부터 별도로 권한을 위임받지 아니하더라도 민사소송법 제90조 제2항에 규정된 행위를 할 수 있고, 당사자가 법률상 소송대리인의 권한을 제한한다고 하더라도 그러한 제한은 법률상 소송대리인이 한 행위의 효력에 아무런 영향을 미치지 아니한다.[9]

다. 복수 소송대리인의 각자 대리

소송대리인이 복수인 경우에는 각자가 당사자를 대리한다(민사소송법 제93조 제1항). 당사자가 소송대리인과 제1항의 규정에 어긋나는 약정을 하였더라도 그 약정은 효력이 없다(민사소송법 제93조 제2항).

복수 대리인의 출원절차나 심판절차에서의 각자 대리에 관해서는 상표법 제11조가 별도의 규정을 두고 있으므로, 민사소송법 제93조는 상표에 관한 소송절차에만 준용된다.

4. 당사자의 경정권

민사소송법 제94조는 소송대리인의 사실상 진술은 당사자가 이를 곧 취소하거나 경정한 때에는 그 효력을 잃는다고 규정하고 있다. 본조는 사실관계에 관하여는 통상적으로 당사자 본인의 지식이 대리인의 지식보다 정확하므로 실체적 진실의 합치를 위하여 일정한 요건 아래 당사자에게 대리인이 한 사실관계에 관한 진술을 취소하거나 경정할 권한을 부여한 것이다. 대리인의 진술을 취소하거나 경정할 수 있는 당사자에는 본인뿐만 아니라 법정대리인도 포함된다.[10]

상표법은 심판절차에서의 당사자의 경정권에 관하여 별도로 규정을 두고 있지 않지만, 실체적 진실의 합치 필요성은 심판절차에서도 요청되는 것이므로, 민사소송법 제94조는 소송절차뿐만 아니라 심판절차에도 준용되는 것으로 보아

---

9) 이재성·이시윤·박우동·김상원, 주석 민사소송법(Ⅰ) 제5판, 한국사법행정학회(1997), 556(박우동·강현중 집필부분).

10) 이재성 외 3인(주 9), 558(박우동·강현중 집필부분).

야 할 것이다.[11]

당사자가 취소, 경정할 수 있는 대상은 대리인의 사실상 진술에 한한다. 사실상의 진술이란 청구원인, 항변, 재항변, 적극부인으로 주장된 진술 중 사실(fact)에 관한 진술을 말한다. 자백도 이에 해당한다. 그러나 법률상의 의견진술이나, 사실에 기초한 법률효과의 진술은 이에 해당하지 않는다.[12] 한편, 본조의 '진술'이라 함은 본래 소송절차의 변론기일 또는 준비절차기일에서의 진술을 가리키나, 상표법 제141조에 규정된 구술심리기일에서의 진술도 이에 포함되는 것으로 보아야 할 것이다.

5. 소송대리권의 불소멸

소송대리권은 당사자의 사망 또는 소송능력의 상실, 당사자인 법인의 합병에 의한 소멸, 당사자인 수탁자의 신탁임무 종료, 법정대리인의 사망, 소송능력의 상실 또는 대리권의 소멸·변경으로 인하여 소멸되지 아니한다(민사소송법 제95조).

또한 소송대리권은 일정한 자격에 의하여 자기의 이름으로 남을 위하여 소송당사자가 된 사람[13]이나 민사소송법 제53조의 선정당사자가 자격을 상실한 경우에도 소멸되지 아니한다(민사소송법 제96조 제1항, 제2항).

출원절차나 심판절차에서의 대리권 불소멸에 관해서는 상표법 제10조가 별도의 규정을 두고 있으므로, 민사소송법 제95조는 상표에 관한 소송절차에만 준용된다.

6. 법정대리인에 관한 규정의 준용

민사소송법 제97조는 법정대리에 관한 같은 법 제58조 제2항, 제59조, 제60조 및 제63조의 규정을 소송대리인에 관하여 준용하도록 규정하고 있다.

따라서 소송대리인이 소송행위를 위한 권한을 위임받은 사실을 증명하는 서면은 소송기록에 첨부되어야 하고(민사소송법 제58조 제2항), 소송행위에 필요한 권한의 수여에 흠이 있는 경우 법원은 기간을 정하여 이를 보정하도록 명하여야 하며(민사소송법 제59조 전단), 만일 위 보정이 지연됨으로써 손해가 생길

---

11) 정상조·박성수 공편(주 2), 171(박원규 집필부분).
12) 이재성 외 3인(주 9), 558-559(박우동·강현중 집필부분).
13) 상속재산관리인(민법 제1053조), 유언집행자(민법 제1101조), 구조료 지급에 관한 청구에 있어서의 선장(상법 제894조) 등이 이에 해당한다.

염려가 있는 경우에는 법원은 보정하기 전의 당사자 또는 소송대리인으로 하여
금 일시적으로 소송행위를 하게 할 수 있다(민사소송법 제59조 후단). 소송행위에
필요한 권한의 수여에 흠이 있는 소송대리인이 소송행위를 한 뒤에 당사자나
보정된 소송대리인이 이를 추인한 경우에는, 그 소송행위는 이를 한 때에 소급
하여 효력이 생긴다(민사소송법 제60조).[14] 또한 소송절차 진행 중에 소송대리권
이 소멸한 경우에는 본인 또는 대리인이 상대방에게 소송대리권이 소멸된 사실
을 통지하지 아니하면 소멸의 효력을 주장하지 못한다(민사소송법 제60조).

〈박원규〉

---

14) 출원절차나 심판절차에서의 대리권한 위임의 흠에 대한 추인에 관해서는 상표법 제9조
    가 적용된다.

> **제15조(재외자의 재판관할)**
> 재외자의 상표권 또는 상표에 관한 권리에 관하여 상표관리인이 있으면 그
> 상표관리인의 주소 또는 영업소를, 상표관리인이 없으면 특허청 소재지를
> 「민사소송법」 제11조에 따른 재산이 있는 곳으로 본다.

〈소 목 차〉

Ⅰ. 서설

1. 의의

재판관할은 여러 법원 사이에서 어떤 법원이 어떤 사건을 담당하여 처리하느냐 하는 재판권의 분담관계를 정해 놓은 것인바, 이러한 재판관할 중 소재를 달리하는 같은 종류의 법원 사이의 재판권의 분담관계를 정해 놓은 것을 토지관할이라고 한다.[1] 이러한 토지관할의 발생원인이 되는 관련지점을 재판적이라 하는바, 재판적은 모든 사건에 관하여 토지관할이 생기게 하는 보통재판적과 특정 사건에 관하여 보통재판적 이외의 곳에 토지관할이 생기게 하는 특별재판적으로 나뉜다.[2]

상표법 제15조는 상표권 또는 상표에 관한 권리를 가지는 재외자를 상대방으로 한 소송(즉, 재외자를 피고로 하는 소송)에 있어서의 특별재판적에 관한 규정이다.

민사소송법 제11조는 "대한민국에 주소가 없는 사람 또는 주소를 알 수 없는 사람에 대하여 재산권에 관한 소를 제기하는 경우에는 청구의 목적 또는 담보의 목적이나 압류할 수 있는 피고의 재산이 있는 곳의 법원에 제기할 수 있

---

1) 이시윤, 신민사소송법, 박영사(2014), 86, 96.
2) 이시윤(주 1), 96-97.

다"라고 규정함으로써 일정한 요건을 갖춘 피고의 재산소재지를 특별재판적으로 규정하고 있는바, 위 규정은 상표권 등에 관한 민사소송에도 적용된다. 그런데 상표권 또는 상표에 관한 권리는 이른바 무체재산권이어서 유체재산권과는 달리 재산소재지를 특정하기 어려우므로 민사소송법 제11조를 적용하는 데 어려움이 있었다.

따라서 상표법 제15조는 재외자의 상표권 또는 상표에 관한 권리에 관하여 상표관리인이 있는 경우에는 그 상표관리인의 주소 또는 영업소를, 상표관리인이 없는 경우에는 특허청 소재지를 각각 민사소송법 제11조의 재산소재지로 보도록 규정함으로써, 상표권 또는 상표에 관한 권리를 가지는 재외자를 상대로 소를 제기하려는 사람(원고)으로 하여금 민사소송법 제11조의 특별재판적을 보다 용이하게 확인할 수 있도록 하고 있다.

2. 연혁

1961. 12. 31. 법률 제950호로 제정된 특허법 제26조는 "특허권자가 국내에 주소나 거소가 없는 경우에는 제20조 제2항의 대리인의 주소나 거소에 의하고, 그 대리인도 없을 때에는 특허국 소재지를 민사소송법 제9조의 규정에 의한 재산소재지로 본다"라고 규정하였고, 1973. 2. 8 법률 제2505호로 전부개정된 특허법 제30조는 "특허권자가 국내에 주소나 영업소가 없을 때에는 제22조의 규정에 의한 재외자의 대리인의 주소나 영업소에 의하고, 그 재외자의 대리인이 없을 때에는 특허국소재지를 민사소송법 제9조의 규정에 의한 재산소재지로 본다"라고 규정하였다.

1949. 11. 28. 법률 제71호로 제정된 상표법은 재외자의 재판관할에 관한 규정을 두고 있지 아니하였고, 1973. 2. 8 법률 제2506호로 전부개정된 상표법 제7조는 위 특허법 제30조의 규정을 상표에 대하여 준용한다고 규정하였다.

상표법이 재외자의 재판관할에 관한 특허법의 규정을 준용하는 태도는 그 이후에도 이어져오다가, 2011. 12. 2. 법률 제11113호로 개정된 상표법 제5조의12에 본조와 같은 규정이 신설되었다.

II. 적용요건

1. 재외자

재외자란 국내에 '주소'나 '영업소'가 없는 자를 말한다(상표법 제6조 제1항). 재외자에는 외국인뿐만 아니라 내국인도 포함된다. 재외자는 국내에 주소 또는 영업소가 없는 자이므로, 국내에 주소는 있지만 그 주소를 알 수 없는 자는 재외자에 해당하지 아니한다.[3)]

'주소'는 생활의 근거가 되는 곳이다(민법 제18조).[4)] 여기서 생활의 근거가 되는 곳이란 사람의 생활관계의 중심이 되는 장소로서, 국내에서 생계를 같이하는 가족 및 국내에 소재하는 자산의 유무 등 생활관계의 객관적 사실에 따라 판단해야 한다.[5)] 주소는 두 곳 이상 있을 수 있다.[6)] 법인은 주된 사무소의 소재지 또는 본점의 소재지가 주소로 된다(민법 제36조, 상법 제171조 제1항).

한편, '영업소'는 법인이 사실상 독립하여 주된 영업행위의 전부 또는 일부를 완결할 수 있는 장소를 가리킨다.[7)]

2. 재외자의 상표권 또는 상표에 관한 권리

재외자의 상표권 또는 상표에 관한 권리에는 상표권 그 자체뿐만 아니라, 등록상표에 관한 전용사용권, 통상사용권 및 이러한 권리를 목적으로 하는 질권 등도 포함된다.[8)]

3. 적용되는 사건의 범위

상표법 제15조는 재외자(피고)를 상대로 하여 재외자의 상표권 또는 상표에 관한 권리에 관하여 민사소송을 제기하는 경우에 적용된다. 특허법원의 전속관할에 속하는 심결취소소송의 경우에는 본조가 적용될 여지가 없다.

---

3) 中山新弘·小泉直樹 編, 新·注解 特許法(上), 靑林書院(2011), 105(森崎博之·松山智惠 집필부분).
4) 동조에 관한 자세한 설명은 편집대표 곽윤직, 민법주해[III] 총칙 (3), 박영사(1996), 332 (민형기 집필부분). 참조.
5) 대법원 1990. 8. 14. 선고 89누8064 판결[공1990, 1975].
6) 편집대표 곽윤직(주 4), 332(민형기 집필부분).
7) 대법원 2003. 4. 11. 선고 2002다59337 판결[공2003, 1154].
8) 中山新弘·小泉直樹 編(주 3), 105(森崎博之·松山智惠 집필부분).

　　본조가 적용되는 소송의 예로는, 재외자의 상표권 침해 주장이 있는 경우 침해자로 지목된 자가 재외자를 상대로 제기하는 상표권침해에 대한 금지청구권부존재확인의 소, 선사용권확인의 소, 재외자의 부당한 가처분을 원인으로 한 손해배상청구의 소 등을 들 수 있다.[9]

Ⅲ. 재외자의 특별재판적

1. 상표관리인의 주소 또는 영업소

　　상표관리인은 재외자의 상표에 관한 대리인으로서 국내에 주소 또는 영업소를 가지는 자를 말한다(상표법 제6조 제1항). 재외자는 국내에 체류하는 경우를 제외하고는 상표관리인에 의하지 아니하면 상표에 관한 절차를 밟거나 특허청의 처분 등에 관하여 소송을 제기할 수 없고, 상표관리인은 수여된 권한범위 내에서 상표에 관한 모든 절차 및 특허청의 처분 등에 관한 소송에서 본인을 대리한다(상표법 제6조 제1항, 제2항). 그러므로 재외자의 상표권은 국내에서 상표관리인에 의하여 관리된다고 할 것이다.

　　상표법 제15조는 이러한 점을 고려하여 재외자에게 상표관리인이 있는 경우에는 그 상표관리인의 주소 또는 영업소를 민사소송법 제11조의 재산소재지로 보도록 규정하고 있다.

2. 특허청 소재지

　　상표법 제15조는 재외자에게 상표관리인이 없는 때에는 특허청 소재지를 민사소송법 제11조의 규정에 의한 재산소재지로 본다. 따라서 상표관리인이 없는 재외자를 피고로 하는 상표권 등에 관한 소송에 있어서는 특허청 소재지인 대전이 민사소송법 제11조의 규정에 의한 재산소재지가 된다.

3. 관련 문제

　　특허권, 실용신안권, 디자인권, 상표권, 품종보호권(이하 '특허권 등'이라고 한다)에 관한 소는 민사소송법 제2조부터 제23조까지의 규정에 따른 관할법원 소재지를 관할하는 고등법원이 있는 곳의 지방법원(단, 서울고등법원이 있는 곳의 지방법원은 서울중앙지방법원)의 전속관할에 속한다(민사소송법 제24조 제2항). 또

---

　9) 中山新弘·小泉直樹 編(주 3), 105(森崎博之·松山智惠 집필부분).

한 당사자는 위와 같은 규정에도 불구하고 서울중앙지방법원에 특허권 등에 관한 소를 제기할 수 있다(민사소송법 제24조 제3항). 이러한 소에는 본조에 규정된 재외자를 피고로 하는 상표권 등에 관한 민사소송도 포함된다. 그러므로 예컨대, 원고가 상표관리인의 주소가 부산인 재외자를 피고로 하여 상표권 등에 관한 민사소송을 제기하는 경우 그 관할법원은 부산지방법원 또는 서울중앙지방법원이 된다.

〈박원규〉

> **제16조(기간의 계산)**
>
> 이 법 또는 이 법에 따른 명령에서 정한 기간의 계산은 다음 각 호에 따른다.
>
> 1. 기간의 첫날은 계산에 넣지 아니한다. 다만, 그 기간이 오전 0시부터 시작하는 경우에는 그러하지 아니하다.
> 2. 기간을 월 또는 연으로 정한 경우에는 역(曆)에 따라 계산한다.
> 3. 월 또는 연의 처음부터 기간을 기산(起算)하지 아니하는 경우에는 마지막 월 또는 연에서 그 기산일에 해당하는 날의 전날로 기간이 만료한다. 다만, 기간을 월 또는 연으로 정한 경우에 마지막 월에 해당 일이 없으면 그 월의 마지막 날로 기간이 만료한다.
> 4. 상표에 관한 절차에서 기간의 마지막 날이 공휴일(토요일 및 「근로자의 날 제정에 관한 법률」에 따른 근로자의 날을 포함한다)이면 기간은 그 다음 날로 만료한다.

<소 목 차>

Ⅰ. 의의

이 조항은 상표법 또는 상표법에 따른 명령에 의한 기간의 계산에 대하여 규정하고 있다. 기간이란 어느 시점에서 다른 시점까지의 계속된 시간을 말한다. 기일이 시간의 경과에 있어서의 어느 특정의 시점을 가리키는 것과 달리 기간은 일정하게 계속되는 시간의 흐름을 나타낸다는 점에서 양자는 구별된다. 민법은 기간에 대하여 규정하고 있는데(민법 제1편 제6장 제155조 내지 제161조), 이는 사법관계뿐만 아니라 공법관계 등 모든 법률관계에 공통적으로 적용된다고 해석되고 있다.[1]

이 조항은 상표법에 의한 법정기간 또는 지정기간의 계산에 관한 규정으로

---

1) 곽윤직 편저, 민법주해[Ⅲ] 총칙 (3), 박영사(1995), 378(민형기 집필부분).

민법의 기간 규정에 대한 특칙에 해당되고, 민법 제155조에서 말하는 '법령에 다른 정한 바'에 따라 설치된 규정이다.[2]

그러나 본조 제1호 내지 제3호의 규정은 민법의 특칙으로서 의미를 갖는 것이 아니라 상표법의 완결성을 충족하기 위하여 규정한 것으로 이해된다. 그 구체적 규정내용이 민법의 그것과 다를 바가 없기 때문이다. 다만, 공휴일에 관한 규정인 본조 제4호는 민법과 달리 근로자의 날을 공휴일에 포함하여 규정하고 있으므로 특별한 의의가 있다.

Ⅱ. 입법 연혁

(1) 특허법상의 기간의 계산에 관한 규정은 1946년의 군정법령(1946. 10. 5. 군정법령 제91호) 당시부터 있었다(제3조). 전체적인 내용은 초일불산입의 원칙, 기간의 역에 의한 계산 원칙, 기간의 말일이 공휴일인 경우 익일 만료의 원칙 등 현재의 규정과 비슷하나, 제4호에 관한 규정 내용은 다음과 같이 다소 변천이 있었다.

1961년 제정 특허법(1961. 12. 31. 법률 제950호)에서는 "특허에 관한 출원청구 기타 절차에 관한 기간의 말일이 공휴일에 해당될 때에는 그 익일을 그 기간의 말일로 한다."고 규정하였다가, 1990년 개정 특허법(1990. 1. 13. 법률 제4207호)에서는 '특허에 관한 출원청구 기타 절차에 관한' 부분을 삭제하였다. 그 후 1995년 개정 특허법(1995. 12. 29. 법률 제5080호)에서 '근로자의 날'도 본조에 있어서는 공휴일에 포함되도록 개정하였고, 2001년 개정법(2001. 2. 3. 법률 제6411호)에서는 "특허에 관한 절차에 있어서 기간의 말일이 공휴일에 해당될 때에는 그 익일을 그 기간의 말일로 한다."라고 다시 규정하였다. 2006년 개정법(2006. 3. 3. 법률 제7871호)에서는 '토요일'도 공휴일에 포함되도록 개정하였다.

(2) 상표법은 기간의 계산에 관한 규정을 두지 않고 있다가 1990년 개정 상표법(1990. 1. 3. 법률 제4210호) 제5조(특허법의 준용)에서 "특허법 제3조 내지 제26조…의 규정은 상표에 관하여 준용한다"고 규정하여, 특허법 제14조의 기간의 계산에 관한 규정을 준용하는 형식을 취하였다.

그 후 2011년 개정 상표법(2011. 12. 2. 법률 제11113호)에서 기간의 계산에 관한 특허법 준용규정을 해소하고 상표법 제15조의13(기간의 계산)을 신설하여

---

2) 특허청, 조문별 특허법해설(2007), 30.

독자적으로 규정하였다. 그 규정 형식이나 내용은 특허법 제14조의 그것과 동일
하다.

한편, 2016. 2. 29. 법률 제14033호로 전부 개정된 현행 상표법은 조문체계
의 정리에 따라 종전 제5조의13의 규정을 제16조로 이동하고, 내용의 변경 없
이 문구를 수정하였다.

Ⅲ. 기간의 종류

1. 법정기간과 지정기간

상표법 또는 상표법시행규칙 등 명령에 정해진 기간을 법정기간이라 하고,
특허청장·특허심판원장·심판관 또는 심사관이 개개의 경우에 사정에 따라 정
하는 기간을 지정기간이라 한다.

법정기간의 예로는, 절차의 무효처분 취소청구기간(법 제18조 제2항), 출원의
보정기간(법 제41조), 출원의 분할기간(법 제45조), 조약에 의한 우선권 주장 서면
등 제출기간(법 제46조 제4항, 제5항), 출원일 특례 적용 위한 증명서류 제출기간
(법 제47조 제2항), 거절이유통지에 대한 의견서 제출기간 및 절차진행 신청기간
(법 제55조 제1항, 제3항),[3] 상표등록이의신청기간(법 제60조 제1항), 상표등록이의
신청 이유 등의 보정기간(법 제61조), 상표등록료납부기간(법 제72조 제3항), 상표
권의 존속기간(법 제83조 제1항), 상표권의 존속기간 갱신등록신청기간(법 제84조
제2항), 지정상품의 추가등록 거절이유통지에 대한 의견서제출기간 및 절차진행
신청기간(법 제87조 제2항, 제3항), 보정각하결정에 대한 심판청구기간(법 제115
조), 거절결정에 대한 심판청구기간(법 제116조), 심결기간(법 제149조 제5항), 재
심청구의 기간(법 제159조), 심결 등에 대한 취소소송 제기기간(법 제162조 제3
항), 상품분류전환등록 신청기간(법 제209조 제3항), 상품분류전환등록 거절이유
통지에 대한 의견서제출기간 및 절차진행 신청기간(법 제210조 제2항, 제3항) 등
이 있다.

---

3) 2013. 4. 5. 법률 제11747호로 개정되기 전의 상표법 제23조 제2항은 "심사관은 제1항의
규정에 의하여 상표등록거절결정을 하고자 할 때에는 그 출원인에게 거절이유를 통지하고
기간을 정하여 의견서를 제출할 수 있는 기회를 주어야 한다."고 규정하여 의견서제출기간
이 '지정기간'이었으나 현행 상표법 제55조 제1항은 "심사관은 제54조에 따라 상표등록거
절결정을 하려는 경우에는 출원인에게 미리 거절이유를 통지하여야 한다. 이 경우 출원인
은 산업통상자원부령으로 정하는 기간 내에 거절이유에 대한 의견서를 제출할 수 있다."고
규정하여 그 성격이 '법정기간'으로 바뀌었다.

지정기간의 예로는, 직권수계명령에 따른 수계기간(법 제24조 제4항), 선출원에 있어서 협의결과 신고명령에 따른 신고기간(법 제35조 제4항), 상표등록출원서에 대한 보완명령에 따른 보완기간(법 제37조 제2항), 절차의 보정명령에 따른 보정기간(법 제39조), 상표등록이의신청에 대한 답변서 제출기간(법 제66조 제1항), 심판청구서의 보정기간(법 제127조 제1항), 심판에 있어서 피청구인의 답변서 제출기간(법 제133조 제1항) 등을 들 수 있다.

법정기간은 법정의 사유가 발생한 때부터 진행하고, 지정기간은 지정한 사유가 발생한 때부터 진행한다.

2. 불변기간과 통상기간

법정기간 중 법률에서 불변기간인 취지를 명확하게 규정하고 있는 기간을 불변기간이라고 한다. 심결 등에 대한 불복의 소 제기기간(법 제162조 제3항, 제4항)이 이에 해당한다. 불변기간은 신축할 수 없으나, 이에 대하여 부가기간을 붙이는 것은 허용되는 경우가 있다(법 제162조 제4항 단서).

법정기간 중 불변기간이 아닌 기간을 통상기간이라고 한다. 통상기간 중 이의신청 이유 등의 보정기간(법 제61조), 보정각하결정에 대한 심판의 청구기간(법 제115조), 상표등록거절결정, 지정상품추가등록 거절결정 또는 상품류전환등록 거절결정에 대한 심판청구기간(법 제116조)은 연장이 허용되나(법 제17조 제1항), 그 이외의 통상기간은 연장이 허용되지 아니한다.

3. 행위기간과 중간기간 및 직무기간

기간 내에 일정한 행위를 해야 할 것으로 정해진 기간을 행위기간이라 하고, 당사자의 이익보호를 위하여 유예를 준 기간을 중간기간이라고 한다. 절차의 무효처분 취소청구기간(법 제18조 제2항), 수계기간(법 제24조 제4항), 선출원에 있어서 협의결과 신고기간(법 제35조 제4항) 등 대부분의 법정기간 및 지정기간은 행위기간에 해당하고, 상표권의 존속기간(법 제83조 제1항), 국제등록기초상표권의 존속기간 등의 특례 관련 기간(법 제198조) 등은 중간기간에 해당한다.

행위기간 내에 해야 할 행위를 하지 아니한 때에는 그 행위를 할 수 없음이 원칙이나, 상표법 제127조 제1항에 따른 심판청구서의 보정과 같이 행위기간이 도과된 이후에도 그 해태로 인한 불이익의 처분이 내려지기까지는 그 행위가 가능한 경우도 있다. 행위기간 내에 해야 할 행위를 하지 아니한 경우 불이익한 효과를 수반하는 경우도 있다(법 제24조 제5항, 제35조 제4항, 제46조 제5항).

한편, 심판관 등이 일정한 기간 내에 행위를 할 것을 정한 기간을 직무기간 (법 제149조 제5항)이라고 한다. 직무기간 중에는 훈시규정이 많다. 훈시규정에 해당하는 기간을 넘기더라도 심판관 등의 행위의 효력에는 영향이 없다.

Ⅳ. 기간의 계산

본조는, "상표법 또는 상표법에 따른 명령에서 정한 기간"의 계산에 적용된다. "상표법에 따른 명령"에는 상표법시행령과 상표법시행규칙 등이 있다.

기간의 계산방법으로는 자연적 계산법(Naturalkomputation)과 역법적 계산법 (Zivilkomputation)이 있다.[4] 전자는 자연에서의 시간의 흐름을 순간에서 순간까지 정확하게 계산하는 방법이고, 후자는 역에 따라 계산하는 방법이다. 전자는 정확하나 불편하고, 후자는 부정확하나 편리하다.

상표법에서 정하는 기간의 계산은 대체로 민법의 내용과 동일하나 기간을 시·분·초로 정한 때의 기산방법(민법 제156조)은 규정하지 않고 있다. 이는 상표절차에 있어서 기간계산의 최소 단위를 일(日)로 하고 있기 때문인 것으로 이해된다.[5]

1. 첫날불산입의 원칙(제1호)

제1호는 단수를 버린다는 취지에서 첫날불산입의 원칙을 규정한 것이다. 민법 제157조는 "기간을 日, 週, 月 또는 年으로 정한 때에는 기간의 초일은 산입하지 아니한다."고 규정하고 있는 데 반하여, 본조 제1호는 '기간을 일, 주, 월 또는 년으로 정한 때에는'이라는 한정이 없다. 그러나 이러한 한정이 없다 하더라도 당연히 첫날불산입의 원칙은 '기간을 일, 주, 월 또는 년으로 정한 때'에만 적용된다고 할 것이다. 기간을 시, 분, 초로 정한 때에는 즉시로부터 기산하기 때문이다(민법 제156조).

첫날불산입의 원칙에 따라, "청구일부터 30일 이내"라든가 "송달받은 날부터 30일 이내"라고 정한 경우는, 청구일이나 심결 등본을 송달받은 날은 첫날이므로, 청구일 또는 심결 등본을 송달받은 날 다음날이 기산일이 된다.

---

4) 곽윤직 편저(주 1), 377.
5) 특허청(주 2), 30.

제1호 단서는 첫날에 단수가 없는 경우에는 온전한 하루로 계산한다는 관점에서 첫날불산입의 예외를 규정한 것이다. "기간이 오전 0시부터 시작하는 경우"라 함은 예컨대, 지정기간의 연장기간(법 제17조) 또는 심결이나 결정에 대한 소의 제기기간의 부가기간(법 제162조 제4항 단서) 등이다. 즉, 거절결정에 대한 심판청구에 대하여, 당사자가 재외자인 경우 직권으로 그 기간을 3개월 연장하였다면, 2015년 4월 6일에 거절결정등본의 송달이 있은 경우는 2015년 8월 6일까지 청구하면 된다. 즉 본래의 기간은 첫날불산입의 원칙에 따라 4월 7일부터 기산하여 30일인 5월 6일에 만료하고, 연장기간은 첫날을 산입하기 때문에 5월 7일부터 기산하여 3개월인 8월 6일에 만료한다.

2. 역(曆)에 의한 계산(제2호)

본조 제2호는 기간을 월 또는 년으로 정한 경우에는 역법적 계산방법에 의하여 계산한다고 규정한 것이다. 여기서 말하는 역은 태양력을 일컫는다.[6] 판례도 일자 기재에 있어 일반통념으로 양력을 좇을 경우에는 양력을 표시하지 아니하고 음력을 좇을 경우에는 특히 '음'자를 표시하여 구별하여야 한다고 하여 이를 명백히 하고 있다.[7]

월의 첫날은 1일, 마지막 날은 윤년 여부나 월의 장단에 따라 28일 내지 31일이다. 반년은 6월, 분기는 3월이다.

본호는 기간을 월 또는 년으로 정한 경우에는 역에 의하여 계산한다고만 규정하고 있어, 기간을 주(週)로 정한 경우에는 어느 방법으로 계산하는지 규정하고 있지 아니한바, 이 경우에도 역에 의하여 계산한다(민법 제160조 제1항).

3. 기간의 만료일(제3호)

월 또는 년의 처음부터 기간을 기산(起算)하는 경우에는 그 기간의 만료일을 정하기 쉽다. 역법적 계산방법에 의하여 계산하면, 2월 1일 오전 영시부터 3개월은 4월 30일 오후 12시까지이다.

월 또는 년의 도중으로부터 기간을 기산(起算)하는 경우에는 그 기간의 만료일은 최후의 월 또는 연에 있어서의 기산일에 해당하는 날의 전날이다. 예를 들어 2015년 2월 28일 오전 9시부터 3개월은 2015년 5월 31일에 만료한다.

---

6) 곽윤직 편저(주 1), 383.
7) 대법원 1948. 3. 4. 선고 4280민상238 판결.

월 또는 연으로 정한 경우에 마지막 월에 해당일이 없는 때에는 그 월의 마지막 날로 기간이 만료한다. 예를 들어 2013년 11월 29일 오전 9시부터 3개월이라 하는 경우에는 2014년 2월 28에 기간이 만료된다. 즉, 첫날불산입원칙에 따라 11월 30일이 기산일이 되고 마지막 월인 2014년 2월에 기산일의 전날인 29일이 없으므로 2월의 마지막 날인 28일에 기간이 만료한다.

4. 기간의 마지막 날과 공휴일(제4호)

민법 제161조는 "기간의 말일이 토요일 또는 공휴일에 해당하는 때에는 기간은 그 익일로 만료한다.'고 규정하고 있다. 그러나 본호는 ' … 기간의 말일이 공휴일(토요일 및 근로자의 날 제정에 관한 법률에 의한 근로자의 날을 포함한다)이면 기간은 그 다음 날로 만료한다."고 규정하고 있다.

공휴일이란 일요일 등을 비롯한 일반적인 휴일을 말한다. 공휴일은 관공서의 공휴일에 관한 규정에 따른다. 따라서 모든 국경일[8]이 공휴일은 아니다. 관공서의 공휴일에 관한 규정[9] 제2조[10])에 의하면 공휴일로는 ① 일요일, ② 국경일 중 3·1절(3월 1일), 광복절(8월 15일), 개천절(10월 3일) 및 한글날(10월 9일) ③ 1월 1일, ④ 설날 전날, 설날, 설날 다음날(음력 12월 말일, 1월 1일, 1월 2일), ⑤ 석가탄신일(음력 4월 8일), ⑥ 5월 5일(어린이날), ⑦ 6월 6일(현충일), ⑧ 추석 전날, 추석, 추석 다음날(음력 8월 14일, 15일, 16일), ⑨ 12월 25일(기독탄신일), ⑩

---

8) 국경일에 관한 법률(2014. 12. 30. 법률 제12915호로 개정된 것) 제2조에 의하면, 현재 국경일은 ① 3·1절 3월 1일 ② 제헌절 7월 17일 ③ 광복절 8월 15일 ④ 개천절 10월 3일 ⑤ 한글날 10월 9일 등이다.

9) 2013. 11. 5. 대통령령 제24828호로 개정된 것.

10) 관공서의 공휴일에 관한 규정 제2조(공휴일) 관공서의 공휴일은 다음과 같다. 다만, 재외공관의 공휴일은 우리나라의 국경일중 공휴일과 주재국의 공휴일로 한다.
1. 일요일
2. 국경일 중 3·1절, 광복절, 개천절 및 한글날
3. 1월 1일
4. 설날 전날, 설날, 설날 다음날 (음력 12월 말일, 1월 1일, 2일)
5. 삭제 <2005.6.30>
6. 석가탄신일 (음력 4월 8일)
7. 5월 5일 (어린이날)
8. 6월 6일 (현충일)
9. 추석 전날, 추석, 추석 다음날 (음력 8월 14일, 15일, 16일)
10. 12월 25일 (기독탄신일)
10의 2. 「공직선거법」 제34조에 따른 임기만료에 의한 선거의 선거일
11. 기타 정부에서 수시 지정하는 날

공직선거법 제34조에 따른 임기만료에 의한 선거의 선거일, ⑪ 기타 정부에서 수시 지정하는 날 등이 있다. 따라서 정부에서 지정하는 임시공휴일도 공휴일에 포함된다. 또한 대체공휴일도 공휴일에 해당된다.[11]

토요일과 근로자의 날(5월 1일)은 관공서의 공휴일에 관한 규정에 따른 공휴일이 아니나, 본호에서 특별히 공휴일로 의제하고 있다.

기간의 첫날이 공휴일이라 하더라도 기간은 첫날부터 기산(起算)한다.[12] 공휴일이 기간의 중간에 있는 경우에도 마찬가지이다.

상표에 관한 절차에 있어서 기간의 마지막 날이 공휴일(토요일과 근로자의 날을 포함)이면 그 기간은 그 다음날 만료한다.

〈설범식〉

---

11) 관공서의 공휴일에 관한 규정 제3조(대체공휴일) [본조신설 2013.11.5]
  ① 제2조제4호 또는 제9호에 따른 공휴일이 다른 공휴일과 겹칠 경우 제2조제4호 또는 제9호에 따른 공휴일 다음의 첫 번째 비공휴일을 공휴일로 한다.
  ② 제2조제7호에 따른 공휴일이 토요일이나 다른 공휴일과 겹칠 경우 제2조제7호에 따른 공휴일 다음의 첫 번째 비공휴일을 공휴일로 한다.
12) 곽윤직 편저(주 1), 385.

제17조(기간의 연장 등)

① 특허청장은 당사자의 청구에 의하여 또는 직권으로 다음 각 호의 어느 하나에 해당하는 기간을 30일 이내에서 한 차례 연장할 수 있다. 다만, 도서·벽지 등 교통이 불편한 지역에 있는 자의 경우에는 산업통상자원부령으로 정하는 바에 따라 그 횟수 및 기간을 추가로 연장할 수 있다.

1. 제61조에 따른 이의신청 이유 등의 보정기간
2. 제115조에 따른 보정각하결정에 대한 심판의 청구기간
3. 제116조에 따른 거절결정에 대한 심판의 청구기간

② 특허청장, 특허심판원장, 심판장 또는 제50조에 따른 심사관(이하 "심사관"이라 한다)은 이 법에 따라 상표에 관한 절차를 밟을 기간을 정한 경우에는 상표에 관한 절차를 밟는 자 또는 그 대리인의 청구에 따라 그 기간을 단축 또는 연장하거나 직권으로 그 기간을 연장할 수 있다. 이 경우 특허청장 등은 해당 절차의 이해관계인의 이익이 부당하게 침해되지 아니하도록 단축 또는 연장 여부를 결정하여야 한다.

③ 심판장 또는 심사관은 이 법에 따라 상표에 관한 절차를 밟을 기일을 정하였을 경우에는 상표에 관한 절차를 밟는 자 또는 그 대리인의 청구에 의하여 또는 직권으로 그 기일을 변경할 수 있다.

〈소 목 차〉

Ⅰ. 서설

1. 의의

본조 제1항은 특허청장의 일부 법정기간의 연장에 관하여, 제2항은 특허청장, 특허심판원장, 심판장 또는 심사관의 지정기간 단축과 연장에 관하여, 제3항은 심판장 또는 심사관의 기일변경에 관하여 각각 규정하고 있다.[1]

---

1) 상표법은 그 밖에도 심판장이 도서·벽지 등 교통이 불편한 지역에 있는 자를 위하여 직권으로 30일의 범위에서 심결 등에 대한 소제기 기간의 부가기간(附加其間)을 정할 수 있

본조의 기간연장은 일부 법정기간과 지정기간을, 기간단축은 지정기간을 각각 그 대상으로 한다. 본조의 기일변경은 심사관 또는 심판장이 출원절차나 심판절차에서 심사관, 심판관, 당사자 본인 및 대리인 등이 모여 특정한 행위를 하기 위하여 정한 일시인 기일을 당사자나 대리인의 청구 또는 직권으로 다른 일시로 바꾸어 정하는 것을 가리킨다.

본조는 특허청장·특허심판원장·심판장 또는 제50조에 따른 심사관이 하는 기간의 연장, 단축 및 기일변경에 관한 규정이므로, 법원의 소송절차에는 적용되지 아니한다.[2]

2. 연혁

1949. 11. 28. 법률 제71호로 제정된 상표법은 제12조에서 "특허국장은 청구에 의하여 또는 직권으로써 외국이나 원격 또는 교통이 불편한 지방에 거주하는 자를 위하여 본법에 의한 절차의 법정기간을 연장할 수 있다"는 규정을 두고 있었다.

1973. 2. 8. 법률 제2506호로 전부개정된 상표법 제7조는 같은 날 법률 제2505호로 전부개정된 특허법 제31조의 기간의 연장과 기일의 변경에 관한 규정을 준용하였다.

상표법이 기간의 연장 등에 관한 특허법의 규정을 준용하는 태도는 그 이후에도 이어져오다가, 2011. 12. 2. 법률 제11113호로 개정된 상표법 제5조의14로 본조와 같은 규정이 신설되었다.

II. 법정기간의 연장

본조 제1항은 일부 법정기간의 연장에 관하여 규정하고 있다.

특허청장은 당사자[3]의 청구 또는 직권으로 상표법 제61조에 따른 이의신청이유 등의 보정기간, 같은 법 제115조에 따른 보정각하결정에 대한 심판의 청구기간 및 같은 법 제116조에 따른 거절결정에 대한 심판의 청구기간을 원칙적으로 1회에 한하여 30일 이내에서 연장할 수 있다.

도록 규정하고 있다(법 제162조 제4항 단서, 상표법 시행규칙 제75조).
2) 정상조·박성수 공편, 특허법 주해 I, 박영사(2010), 191(박원규 집필부분).
3) 법정기간 내에 상표에 관한 절차를 밟아야 할 자를 가리킨다.

본항에 의하여 연장되는 법정기간은 위에 열거된 것으로 한정된다.

특허청장이 본항에 열거된 법정기간을 연장할 것인지 여부는 특허청장의 전속적 권한에 속하므로, 당사자의 법정기간 연장청구는 특허청장의 직권발동을 촉구하는 것에 지나지 않는다. 그러므로 특허청장은 당사자의 청구가 있더라도 법정기간의 연장을 승인하여야 할 의무는 없다.[4] 다만 특허청장은 청구인에게 법정기간 연장청구를 승인할 것인지 여부에 대하여 판단한 결과를 통지하는 것이 바람직하다.[5]

한편, 특허청장은 교통이 불편한 지역에 있는 자의 경우에는 산업통상자원부령으로 정하는 바에 따라 그 횟수 및 기간을 추가로 연장할 수 있다(법 제17조 제1항 단서). 동 규정에 따라 특허청장이 추가로 연장할 수 있는 횟수는 1회이고, 그 기간은 30일[6] 이내이다(상표법 시행규칙 제7조).

본항 단서에서 '교통이 불편한 지역'이라 함은 도서·벽지·외국 등과 같이 특허청과의 교통에 불편을 겪는 지역을 가리킨다. 특허청의 실무는 본항 단서를 적용함에 있어서 본인이 재외자인 경우에는 그의 대리인 또는 상표관리인이 교통이 불편한 지역에 있는 자인지 여부에 관계없이 '교통이 불편한 지역에 있는 자'에 해당하는 것으로 보고 법정기간의 연장을 승인하고 있는 것으로 보인다.[7] 일본 특허청의 실무도 사용언어의 문제 등을 이유로 이와 같이 처리하고 있다.[8]

그러나 본항에 의하면 누구든지 1회에 한하여 30일의 범위 내에서 본항에 열거된 법정기간의 연장을 청구할 수 있고, 정보통신기술의 발달로 재외자인 본인과 국내의 대리인 및 상표관리인 사이의 의사소통상의 어려움도 감소하였으므로, 본항 단서의 '교통이 불편한 지역에 있는 자'에 해당하는지 여부는 실제로 상표에 관한 절차를 밟는 자를 기준으로 판단하는 것이 타당하다. 그러므로 당사자 본인이 재외자인 경우에도 그 대리인 또는 상표관리인이 교통이 불편한 지역에 있는 자에 해당하지 아니하다면 원칙적으로 '교통이 불편한 지역에 있

---

4) 中山新弘·小泉直樹 編, 新·注解 特許法(上), 靑林書院(2011), 55(森崎博之·松山智惠 집필부분).
5) 일본의 판례 중에는 당사자의 심판청구기간 연장청구에 대하여 판단하지 아니한 채 심판청구기간 도과를 이유로 당사자의 심판청구를 각하한 것이 위법하다고 본 것이 있다[東京高判 昭39·5·26行集 15卷 5號 797. 참조(中山新弘·小泉直樹 編, 앞의 책, 55에서 재인용)].
6) 본조 제1항에 의한 연장기간 30일과 상표법 시행규칙 제7조에 의한 연장기간 30일을 합산하여 최대 60일까지 연장할 수 있다.
7) 특허심판원 편, 심판편람(제10판), 특허심판원(2011), 499.
8) 中山新弘·小泉直樹 編(주 4), 55(森崎博之·松山智惠 집필부분).

는 자'에 해당하지 않는 것으로 보아야 할 것이다.[9]

특허청장은 기간연장이 허용되지 아니하는 법정기간에 대하여 기간연장신청서가 제출되거나 법정기간이 도과된 후에 기간연장신청서가 제출된 경우에는 당사자에게 소명기회를 부여한 후 반려한다(상표법 시행규칙 제25조 제1항 제14호, 제7호, 제2항).

한편, 본항에 규정된 법정기간의 연장신청은 법정기간 도과 전에 이루어졌지만, 특허청장의 법정기간 연장승인은 법정기간 도과 이후에 이루어진 경우, 그러한 연장승인이 유효한지 여부에 관해서는, 그 효력을 부정하는 견해(부정설)와 긍정하는 견해(긍정설)가 대립하고 있다.

부정설은 기간의 연장은 기간 만료 전에 이루어져야 함이 원칙이고, 대법원이 심결에 대한 소의 제소기간에 대한 부가기간의 지정은 제소기간 내에 이루어져야만 효력이 있다고 판시하고 있는 점[10]을 근거로 법정기간 도과 이후에 이루어진 연장승인의 효력을 부정한다. 반면, 긍정설은 본항에 규정된 법정기간의 연장에 관한 절차는 행정청 내부의 절차이고, 상표법령에 기간연장신청서의 처리기한에 관하여 규정되어 있지 않으며, 특허청이 본항의 기간연장신청을 처리함에 있어서 상당한 기간이 소요되기도 하는 점[11] 등을 근거로 본항의 법정기간의 연장신청이 법정기간 내에 이루어졌다면, 그에 대한 연장승인은 법정기간이 도과한 후에 이루어져도 유효하다고 본다. 특허청의 실무는 긍정설을 따르고 있는 것으로 보인다.[12]

Ⅲ. 지정기간의 연장과 단축

1. 지정기간의 종류

본조 제2항은 특허청장·특허심판원장·심판장 또는 심사관이 상표법에 따

---

9) 정상조·박성수 공편(주 2), 192(박원규 집필부분).
10) 대법원 2008. 9. 11. 선고 2007후4649 판결[공2008하, 1391].
11) 특허료 등의 징수규칙 제2조 제1항 제13호는 본항의 법정기간의 경우 신청수수료를 납부하도록 규정하고 있는바(단, 제소기간의 부가기간지정신청은 수수료 없음), 특허청이 수납기관으로부터 수수료 납부 상황을 확인하는 데 수일이 소요되는 경우도 있다.
12) 특허청은 기간연장 신청시 수수료가 미납된 경우에는 기간을 정하여 보정을 명하고, 지정된 기간 내에 미납 수수료가 납부된 경우에는 정당한 기간연장신청으로 인정하되, 지정기간까지 미납 수수료를 납부하지 아니한 경우에는 해당 기간연장신청을 무효로 한다 [특허청 편, 특허·실용신안 심사기준, 특허청(2016. 2.), 1307. 참조].

라 지정한 기간의 연장과 단축에 관하여 규정하고 있다.

상표법상 특허청장이 지정할 수 있는 기간으로는 제24조 제4항의 수계기간, 제35조 제4항의 협의 결과 신고기간, 제37조 제2항의 보완기간, 제39조의 절차 보완서 제출기간, 제39조의 보정명령에 의한 절차의 보정기간, 제176조의 수수료 미납에 대한 보정기간 등이 있다. 특허심판원장이 지정할 수 있는 기간으로는 제39조의 보정명령에 의한 절차의 보정기간이 있고, 심판장이 지정할 수 있는 기간으로는 제127조 제1항의 심판청구서 등에 대한 보정기간, 제133조 제1항의 답변서 제출기간, 제143조 제2항의 참가신청에 관한 의견서 제출기간, 제144조 제5항의 의견서 제출기간 등이 있으며, 심사관(또는 심사장)이 지정할 수 있는 기간으로는 제55조 제1항 후단, 제63조, 제87조 제2항 후단 및 제210조 제2항 후단에 따른 의견서 제출기간과 제66조의 답변서 제출기간 등이 있다.[13]

2. 지정기간의 연장

특허청장 등은 당사자나 대리인의 청구 또는 직권으로 지정기간을 연장할 수 있으나, 당사자의 지정기간 연장청구는 법정기간의 연장청구와 마찬가지로 특허청장 등의 직권발동을 촉구하는 성질을 갖는 것에 지나지 아니하므로 특허청장 등은 당사자의 연장청구가 있더라도 이를 반드시 승인하여야 할 의무는 없다.

특허청장 등은 그 절차의 이해관계인의 이익이 부당하게 침해되지 아니하도록 지정기간의 연장 여부를 결정하여야 한다(법 제17조 제2항).

특허청장 등이 상표법 제37조 제2항, 제39조 또는 제127조에 의하여 지정할 수 있는 기간은 1개월 이내이고(상표법 시행규칙 제31조 제1항, 제32조 제1항, 제61조), 상표법 제55조 제1항 후단, 제87조 제2항 후단 및 제210조 제2항 후단에 의하여 지정할 수 있는 기간은 2개월 이내이다(상표법 시행규칙 제50조 제2항, 제59조 제2항, 제94조).

3. 지정기간의 단축

본조 제2항은 상표에 관한 절차의 신속한 진행을 필요로 하는 당사자의 요구를 반영하기 위하여, 특허청장·특허심판원장·심판장 또는 심사관이 당사자나 대리인의 청구에 의하여 지정기간을 단축할 수 있도록 규정하고 있다.[14] 지

---

13) 심사장이 지정할 수 있는 기간으로는 상표법 제66조 제1항의 답변서 제출기간이 있다.
14) 법정기간은 당사자의 청구가 있더라도 이를 단축할 수 없다.

정기간의 단축은 당사자의 청구가 있는 경우에만 할 수 있다. 특허청장 등은 그 절차의 이해관계인의 이익이 부당하게 침해되지 아니하도록 지정기간의 단축 여부를 결정하여야 한다(법 제17조 제2항 후문).

4. 절차

본항에 따른 지정기간의 연장(단축) 청구는 특허법시행규칙 별지 제10호 서식의 기간 연장(단축)신청서에 의하여야 한다. 상표법 제40조 또는 제41조에 따른 보정을 하면서 기간의 단축을 신청하려는 경우에는 상표법 시행규칙 별지 제5호 서식의 보정서에 기간단축을 원하는 취지를 표시함으로써 그 신청서를 갈음할 수 있다. 출원인이 지정기간단축신청서를 제출하거나 보정서에 기간단축을 원한다는 취지를 표시하여 제출하는 경우 그 신청서나 보정서를 제출한 날에 지정기간이 만료된 것으로 보고 심사관은 등록여부결정을 할 수 있다.15)

IV. 기일의 변경

심판장 또는 심사관은 당사자나 대리인의 청구에 의하거나 직권으로 상표에 관한 절차에 관하여 지정한 기일을 변경할 수 있다(법 제17조 제3항).

여기에서 기일이란 출원절차나 심판절차에서 심사관, 심판관, 당사자 본인, 대리인 등 관계된 사람이 모여 특정한 행위를 하기 위해 정한 일시이다. 심판장이 지정하는 기일로는 상표법 제141조 제3항의 구술심리기일이 있고, 심사관이 지정하는 기일로는 상표·디자인심사사무취급규정(2016. 8. 29. 특허청훈령 제851호로 개정된 것) 제101조의 면담기일 등이 있다.

심판장 또는 심사관은 당사자나 대리인의 청구 또는 직권으로 지정된 기일을 변경할 수 있으나, 기일의 변경도 앞서 본 기간의 연장 또는 단축의 경우와 마찬가지로 심판장 또는 심사관의 전속적 권한에 속하므로, 당사자의 기일변경 청구는 심판장 또는 심사관의 직권발동을 촉구하는 것에 지나지 않는다. 따라서 심판장 또는 심사관은 당사자의 청구가 있더라도 이를 승인하여야 할 의무는 없다.

〈박원규〉

---

15) 특허청 편, 상표 심사기준, 특허청(2016. 9.), 24.

> **제18조(절차의 무효)**
>
> ① 특허청장 또는 특허심판원장은 제39조(제212조에서 준용하는 경우를 포함한다)에 따른 보정명령을 받은 자가 지정된 기간 내에 그 보정을 하지 아니하면 상표에 관한 절차를 무효로 할 수 있다.
>
> ② 특허청장 또는 특허심판원장은 제1항에 따라 상표에 관한 절차를 무효로 하였더라도 지정된 기간을 지키지 못한 것이 보정명령을 받은 자가 책임질 수 없는 사유에 의한 것으로 인정되는 경우에는 그 사유가 소멸한 날부터 2개월 이내에 보정명령을 받은 자의 청구에 의하여 그 무효처분을 취소할 수 있다. 다만, 지정된 기간의 만료일부터 1년이 지났을 경우에는 그러하지 아니하다.
>
> ③ 특허청장 또는 특허심판원장은 제1항에 따른 무효처분 또는 제2항 본문에 따른 무효처분의 취소처분을 할 경우에는 그 보정명령을 받은 자에게 처분통지서를 송달하여야 한다.

<소 목 차>

Ⅰ. 본조의 연혁

1. 특허에 관한 절차의 무효에 관하여는 1961. 12. 31. 법률 제950호로 제정된 특허법 제28조(기간의 해태와 특허료의 불납)에서 "① 출원, 청구 및 기타의 절차를 밟은 자가 그 후의 행위에 대하여 지정기간을 해태하거나 등록을 받을 때에 납부하여야 할 특허료의 납부를 하지 아니한 때에는 본법에 따로 규정이 있는 경우를 제외하고는 특허국장은 그 출원, 청구 및 기타의 절차를 무효로 할 수 있다. ② 전항의 규정에 의하여 출원, 청구 및 기타의 절차가 무효로 된 경우에도 그 기간의 해태가 천재, 지변 기타 불가피한 것으로 인정될 때에는 그 사유가 그친 날로부터 14일 이내, 그 기간만료 후 1년 이내에 청구에 의하여 특허국장은 그 해태의 결과를 면제하게 할 수 있다."라고 규정되었다.

그 후 1973. 2. 8. 법률 제2505호로 전문개정된 특허법 제32조(기간의 해태와 특허료의 불납)에서 "① 출원청구 및 기타의 절차를 밟은 자가 그 후의 행위에 대하여 지정기간을 해태하거나 등록을 받을 때에 납부하여야 할 특허료의 납부를 하지 아니한 때에는 이 법에 따로 규정이 있는 경우를 제외하고는 특허국장은 그 출원청구 및 기타의 절차를 무효로 할 수 있다. ② 전항의 규정에 의하여 출원·청구 및 기타의 절차가 무효로 된 경우에도 그 기간의 해태가 천재·지변 기타 불가피한 것으로 인정될 때에는 그 사유가 그친 날로부터 14일 이내, 그 기간만료 후 1년 이내에 청구에 의하여 특허국장은 그 해태의 결과를 면제하게 할 수 있다."라고 규정되었다가 1976. 12. 31. 법률 제2957호로 개정된 특허법 제32조에서 '특허국장'이 '특허청장'으로 변경되었다.

그 후 1990. 1. 13. 법률 제4207호로 전문개정된 특허법 제16조에서 "① 특허청장은 제46조의 규정에 의하여 보정명령을 받은 자가 지정된 기간 내에 그 보정을 하지 아니하거나 특허권의 설정등록을 받은 자가 제79조 제2항의 규정에 의하여 상공부령이 정하는 기간 내에 특허료를 납부하지 아니한 경우에는 그 특허에 관한 절차를 무효로 할 수 있다. ② 특허청장은 제1항의 규정에 의하여 그 절차가 무효로 된 경우에는 그 기간의 해태가 천재·지변 기타 불가피한 사유에 의한 것으로 인정될 때에는 그 사유가 소멸한 날부터 14일 이내에 또는 그 기간이 만료된 후 1년 이내에 청구에 의하여 그 무효처분을 취소할 수 있다."라고 변경되었다가 1993. 3. 6. 법률 제4541호로 개정된 특허법에서 '상공부령'이 '상공자원부령'으로 바뀌었고, 1993. 12. 10. 법률 제4594호로 개정된 특허법에서 '특허권의 설정등록을 받은 자'가 '특허권의 설정등록을 받으려고 하는 자'로 바뀌었으며, 1995. 1. 5. 법률 제4892호로 개정된 특허법에서 '상공자원부령'이 '통상산업부령'으로 바뀌었으며, 1997. 4. 10. 법률 제5329호로 개정된 특허법에서 '특허청장'이 '특허청장·특허심판원장'으로 개정되고, 1998. 9. 23. 법률 제5576호로 개정된 특허법에서 제16조 제2항이 "특허청장·특허심판원장은 제1항의 규정에 의하여 그 절차가 무효로 된 경우로서 그 기간의 해태가 천재·지변 기타 불가피한 사유에 의한 것으로 인정될 때에는 그 사유가 소멸한 날부터 14일 이내에 보정명령을 받은 자 또는 특허권의 설정등록을 받고자 하는 자의 청구에 의하여 그 무효처분을 취소할 수 있다. 다만, 그 기간의 만료일부터 1년이 경과한 때에는 그러하지 아니하다."라고 개정되었다.

그 후 2001. 2. 3. 법률 제6411호로 개정된 특허법에서 제16조가 "① 특허청장 또는 특허심판원장은 제46조의 규정에 의한 보정명령을 받은 자가 지정된 기간 이내에 그 보정을 하지 아니한 경우에는 특허에 관한 절차를 무효로 할 수 있다. 다만, 제82조 제2항의 규정에 의한 심사청구료를 납부하지 아니하여 보정명령을 받은 자가 지정된 기간 이내에 그 심사청구료를 납부하지 아니한 경우에는 특허출원서에 첨부한 명세서에 관한 보정을 무효로 할 수 있다. ② 특허청장 또는 특허심판원장은 제1항의 규정에 의하여 특허에 관한 절차가 무효로 된 경우로서 지정된 기간을 지키지 못한 것이 보정명령을 받은 자가 책임질 수 없는 사유에 의한 것으로 인정되는 때에는 그 사유가 소멸한 날부터 14일 이내에 보정명령을 받은 자의 청구에 의하여 그 무효처분을 취소할 수 있다. 다만, 지정된 기간의 만료일부터 1년이 경과한 때에는 그러하지 아니하다."라고 개정되었다. 그 후 2007. 1. 3. 법률 제8197호로 개정된 특허법에서 "① 특허청장 또는 특허심판원장은 제46조의 규정에 의한 보정명령을 받은 자가 지정된 기간 이내에 그 보정을 하지 아니한 경우에는 특허에 관한 절차를 무효로 할 수 있다. 다만, 제82조 제2항의 규정에 의한 심사청구료를 납부하지 아니하여 보정명령을 받은 자가 지정된 기간 이내에 그 심사청구료를 납부하지 아니한 경우에는 특허출원서에 첨부한 명세서에 관한 보정을 무효로 할 수 있다. ② 특허청장 또는 특허심판원장은 제1항의 규정에 의하여 특허에 관한 절차가 무효로 된 경우로서 지정된 기간을 지키지 못한 것이 보정명령을 받은 자가 책임질 수 없는 사유에 의한 것으로 인정되는 때에는 그 사유가 소멸한 날부터 14일 이내에 보정명령을 받은 자의 청구에 의하여 그 무효처분을 취소할 수 있다. 다만, 지정된 기간의 만료일부터 1년이 경과한 때에는 그러하지 아니하다. ③ 특허청장 또는 특허심판원장은 제1항 본문·단서의 규정에 따른 무효처분 또는 제2항 본문의 규정에 따른 무효처분의 취소처분을 할 때에는 그 보정명령을 받은 자에게 처분통지서를 송달하여야 한다."라고 개정되었고, 2013. 3. 22. 법률 제11654호로 개정된 특허법에서 종전의 '14일'을 '2개월'로 연장하였다.

2. 상표에 관한 절차의 무효에 관하여 상표법이 당초에는 특별히 규정하지 아니하고 있었다가 1973. 2. 8. 법률 제2506호로 전문개정된 상표법 제7조에서 비로소 "특허법 제16조·제20조 내지 제41조의 규정은 상표에 대하여 이를 준용한다."라고 규정하여 특허법 제32조를 준용하는 형식을 취하였다가, 앞서 본 바와 같은 특허법 개정에 따라 1990. 1. 13. 법률 제4210호로 전문개정된 상표법 제5조에서 "특허법 제3조 내지 제26조 및 동법 제28조의 규정은 상표에 관

하여 이를 준용한다."라고 특허법 제16조를 준용하는 형식을 취하였다.

그 후 상표법이 2011. 12. 2. 법률 제11113호로 개정되면서 기존의 특허법 준용규정 형식을 폐지하고 제5조의15(절차의 무효)를 신설하여 "① 특허청장 또는 특허심판원장은 제13조에 따른 보정명령을 받은 자가 지정된 기간 이내에 그 보정을 하지 아니하면 상표에 관한 절차를 무효로 할 수 있다. ② 특허청장 또는 특허심판원장은 제1항에 따라 상표에 관한 절차가 무효로 된 경우로서 지정된 기간을 지키지 못한 것이 보정명령을 받은 자가 책임질 수 없는 사유에 의한 것으로 인정되면 그 사유가 소멸한 날부터 14일 이내에 보정명령을 받은 자의 청구에 따라 그 무효처분을 취소할 수 있다. 다만, 지정된 기간의 만료일부터 1년이 지난 때에는 그러하지 아니하다. ③ 특허청장 또는 특허심판원장은 제1항에 따른 무효처분 또는 제2항 본문에 따른 무효처분의 취소처분을 할 때에는 그 보정명령을 받은 자에게 처분통지서를 송달하여야 한다."라고 규정하였다.

그 후 상표법이 2016. 2. 29. 법률 제14033호로 전문개정되면서 본조와 같이 규정되었다.

구 상표법 제5조의15와 본조의 규정 내용을 비교하면 제1항의 '제13조'가 '제39조(제212조에서 준용되는 경우를 포함한다)'로 변경되고 제2항 중 '절차가 무효로 된 경우로서', '책임질 수 없는 사유에 의한 것으로 인정되면', '사유가 소멸한 날부터 14일 이내에 보정명령을 받은 자의 청구에 따라' 부분이 '절차를 무효로 하였더라도', '책임질 수 없는 사유에 의한 것으로 인정되는 경우에는', '사유가 소멸한 날부터 2개월 이내에 보정명령을 받은 자의 청구에 의하여' 부분으로 각 변경되고, 제2항 단서의 '지난 때'가 '지났을 경우'로 변경된 것 외에 나머지 내용은 같다.

Ⅱ. 절차의 무효 처분

1. 무효처분의 의의

상표법 제39조(제212조에서 준용하는 경우를 포함한다)에 따른 보정명령을 받은 자가 지정된 기간 내에 그 보정을 하지 아니한 경우 특허청장 또는 특허심판원장은 그 상표에 관한 절차를 무효로 할 수 있다(상표법 제18조 제1항).

무효처분은 특허청장 또는 특허심판원장이 상표에 관한 절차의 당사자를 상대방으로 하여 그 절차의 효력을 소멸시키는 행정처분이다. 무효처분을 할 때에는 이유를 명시하여 절차를 밟은 자에게 통지하여야 하며 행정심판 또는 행정소송을 제기할 수 있다는 안내문을 기재할 수 있다.[1]

무효처분의 효력 범위는 보정명령의 대상이 된 절차에 한한다. 따라서 어느 신청서에 대하여 보정명령을 하고 흠이 치유되지 않는 경우에 하는 무효처분은 당해 신청에 대한 절차가 모두 무효로 되고, 보정서 등 중간서류에 개별적인 흠이 있어 그에 대해 보정명령을 하고 이를 무효처분한 경우에는 그와 같이 개별적인 흠에 관한 해당 절차만이 무효로 된다.

상표에 관한 절차에 대하여 무효처분을 할 수 있는 자는 보정명령을 한 특허청장 또는 특허심판원장이다. "특허청장 또는 특허심판원장은 … 절차를 무효로 할 수 있다."라고 규정되어 있으므로 특허청장 또는 특허심판원장은 그 권한의 행사에 관하여 재량권을 가진다고 해석된다.

2. 무효처분의 효과

무효처분에 따라 상표에 관한 절차가 무효로 되면 그 절차의 본래 효과가 생기지 아니한다.

상표등록출원 절차가 무효로 된 경우 그 출원에 대해서는 상표법 제35조(선출원) 제1항 및 제2항을 적용함에 있어서 처음부터 출원이 없었던 것으로 본다(같은 조 제3항). 다만 상표등록출원 절차의 무효가 출원공고 후에 된 경우에 그 출원은 간행물에 게재된 상표에 해당하게 되어 확대된 선출원 및 선출원의 지위는 그대로 인정된다.

상표등록출원이 포기·취하 또는 무효가 된 경우 등에는 상표법 제58조 제2항의 경고에 따른 보상금지급청구권은 처음부터 발생하지 아니한 것으로 본다(상표법 제58조 제6항).

상표법 제39조 제2호의 '상표법 제78조에 따라 내야 할 수수료'에 상표등록료를 납부하지 않은 경우는 포함되지 않는다. 상표등록료를 납부하지 않은 경우는 상표권의 설정등록 등을 받고자 하는 자가 상표등록출원, 지정상품추가등록출원 또는 존속기간갱신등록신청을 포기한 것으로 본다(상표법 제75조).

---

1) 상표심사기준(2016. 8. 29. 특허청 예규 제90호로 개정된 것) 42 디자인보호법 제18조에도 본조와 같은 내용의 규정이 있는데 특허청, 디자인심사기준(2013. 1. 1 특허청 예규 제69호로 전부개정된 것) 28에 그와 같은 내용으로 기재되어 있다.

3. 무효처분에 대한 불복방법

절차의 무효처분을 받은 자는 상표법 제18조 제2항의 요건을 갖추어 무효처분을 한 특허청장 또는 특허심판원장에게 그 무효처분의 취소를 청구할 수 있다.

이러한 경우 일반적인 행정처분의 불복방법으로서 행정심판법 또는 행정소송법에 따라 그 무효처분의 위법사유를 들어 행정심판의 청구나 행정소송의 제기도 할 수 있다(상표법 제226조 제2항).

Ⅲ. 무효처분의 취소

1. 무효처분의 취소요건

가. 보정명령을 받은 자가 책임질 수 없는 사유의 의미

상표법 제18조 제2항의 '보정명령을 받은 자가 책임질 수 없는 사유'라 함은 천재·지변 기타 불가피한 사유가 해당됨은 물론이고 일반인이 보통의 주의를 다하여도 피할 수 없는 사유를 말한다. 구 상표법이 준용하고 있던 2001. 2. 3. 법률 제6411호로 개정된 구 특허법에서 '천재지변이나 기타 불가피한 사유'가 '책임질 수 없는 사유'라고 개정됨으로써 무효처분의 취소사유가 더 넓게 인정되었다. 구체적으로 어떠한 사유가 이에 해당하는가의 여부는 결국 법원의 판단에 따라 정해진다.

보정명령을 받은 자가 책임질 수 없는 사유에 대하여 소송절차의 추후보완과 관련하여 민사소송법 제173조 제1항 소정의 '당사자가 책임질 수 없는 사유'에 관한 법원의 판단이 참고가 되므로 이에 관한 실무 태도를 소개한다.

'당사자가 책임질 수 없는 사유'라고 하는 것은 천재지변 또는 기타 피할 수 없었던 사변보다는 넓은 개념으로서, 당사자가 당해 소송행위를 하기 위한 일반적 주의를 다하였어도 그 기간을 준수할 수 없는 사유를 말한다.[2]

따라서, 여행이나 지방출장, 질병치료를 위한 출타 등으로 인하여 기간을 지키지 못한 경우에는 당사자 본인에게 책임질 수 없는 사유에 해당하지 아니한다. 서울에서 수원으로 배달증명우편으로 발송한 항소장이 4일 만에 배달된 경우[3]나 자신이 구속되었다는 사정[4], 지병으로 인한 집중력 저하와 정신과 치

---

2) 대법원 2004. 3. 12. 선고 2004다2083 판결 [공2004, 625].
3) 대법원 1991. 12. 13. 선고 91다34509 판결 [공1992, 512].
4) 대법원 1992. 4. 14. 선고 92다3441 판결 [공1992, 1600].

료 등으로 인하여 지속적으로 집중하기 힘든 상태에 있었던 관계로 부득이하게 상고기간을 넘긴 경우[5])에는 기간을 준수하지 못함에 책임질 수 없는 사유에 해당하지 않아서 추후보완이 허용되지 않는다.

소장부본과 판결정본 등이 공시송달의 방법에 의하여 송달되었다면 특별한 사정이 없는 한 피고는 과실 없이 판결의 송달을 알지 못한 것이고, 이러한 경우 피고는 책임을 질 수 없는 사유로 인하여 불변기간을 준수할 수 없었던 때에 해당하여 그 사유가 없어진 후 2주일(그 사유가 없어질 당시 외국에 있었던 경우에는 30일) 내에 추완항소를 할 수 있다. 여기에서 '사유가 없어진 후'라고 함은 당사자나 소송대리인이 단순히 판결이 있었던 사실을 안 때가 아니고 나아가 그 판결이 공시송달의 방법으로 송달된 사실을 안 때를 가리키는 것으로서, 다른 특별한 사정이 없는 한 당사자나 소송대리인이 사건기록의 열람을 하거나 또는 새로이 판결정본을 영수한 때에 비로소 판결이 공시송달의 방법으로 송달된 사실을 알게 되었다고 보아야 한다.[6])

공시송달의 방법으로 서류가 송달된 경우라도, 통상의 방식에 따라 적법한 송달이 이루어져 당사자가 소송계속 여부를 알고 있는 경우에는 소송의 진행상태를 조사하여 그 결과까지도 알아보아야 할 의무가 있으므로, 그 후 공시송달로 진행되어 판결이 송달되었더라도 항소기간을 지킬 수 없었던 것에 당사자의 책임을 인정한다.[7]) 그리고 이 경우 법인인 소송당사자가 법인이나 그 대표자의 주소가 변경되었는데도 이를 법원에 신고하지 아니하거나[8]) 당사자가 주소변경신고를 하지 않아서[9]) 결과적으로 공시송달의 방법으로 판결 등이 송달된 경우에도 추후보완이 허용되지 아니한다.

그러나 우편배달원이 상고기록접수통지서를 원고의 마을에 사는 사람 편에

---

5) 대법원 2011. 12. 27. 선고 2011후2688 판결 [공보불게재, 대법원 종합법률정보].

6) 대법원 2012. 12. 13. 선고 2012다75000 판결 [공보불게재, 대법원 종합법률정보]; 대법원 2013. 1. 10. 선고 2010다75044, 75051 판결 [공2013상, 289]; 대법원 2015. 6. 11. 선고 2015다8964 판결 [공보불게재, 대법원 종합법률정보] 등 참조.

7) 대법원 1998. 10. 2. 선고 97다50152 판결 [공1998, 2574]; 대법원 2001. 7. 27. 선고 2001다30339 판결 [공보불게재]; 대법원 2011. 12. 27. 선고 2011후2688 판결 [공보불게재, 대법원 종합법률정보]. 다만 당사자가 소송계속 여부를 안 경우라고 하더라도 법원이나 우편집배원의 부주의로 주소를 잘못 기재하여 송달하는 것과 같이 법원의 잘못이 개재되어 공시송달이 이루어진 경우에는 추후보완을 인정한다. 대법원 1982. 12. 28. 선고 82누486 판결 [공1982, 386]; 대법원 2000. 10. 13. 선고 2000다31410 판결 [공2000, 2323]; 대법원 2001. 2. 23. 선고 2000다19069 판결 [공2001, 731].

8) 대법원 1991. 1. 11. 선고 90다9636 판결 [공1991, 725].

9) 대법원 2004. 3. 12. 선고 2004다2083 판결 [공2004, 625].

전하였으나 그가 이를 분실하여 원고에게 전하지 못한 경우,[10] 당사자와 갈등이
있고 이해관계가 대립되는 가족인 어머니가 판결정본을 송달받은 후 당사자에게
전달하지 아니한 경우,[11] 당사자의 무권대리인이 소송을 수행하고 판결정본을
송달받은 경우[12], 제1심법원은 법정경위로 하여금 이 사건 소장 부본 등 소송서
류를 피고의 주소지로 송달하도록 하여 법정경위가 2003. 6. 10. 19:20경 송달장
소인 피고의 주소지에 갔으나 그곳에서 피고를 만나지 못하자, 법정경위는 피고
와 동거하는 아들(당시 10세 5개월 남짓이었다)에게 이 사건 소장 부본 등 소송서
류를 교부한 사실, 당시 컴퓨터게임에 몰두하고 있던 위 아들은 위 서류를 받은
즉시 헌 신문을 모아두는 곳에 둔 다음 이러한 사실을 깜빡 잊어버리고 위 소장
부본 등을 피고에게 전달하여 주지 아니하였을 뿐만 아니라 소송서류가 법원으
로부터 왔다는 사실 자체도 피고에게 알려주지 아니한 경우[13], 피고에 대하여
처음부터 공시송달의 방법으로 소송서류가 송달된 끝에 피고에 대한 판결이 확
정된 경우[14]에는 당사자가 책임질 수 없는 사유로서 추후보완이 허용된다.

　　그리고 여기서 말하는 '당사자'에는 당사자 본인뿐만 아니라 그 소송대리인

---

10) 대법원 1962. 2. 8. 선고 60다397 판결 [집10, 80].
11) 대법원 1992. 6. 9. 선고 92다11473 판결 [공1992, 2129].
12) 대법원 1996. 5. 31. 선고 94다55774 판결 [공1996, 2012].
13) 대법원 2005. 11. 10. 선고 2005다27195 판결 [공보불게재, 대법원 종합법률정보].
14) 대법원 1992. 7. 14. 선고 92다2455 판결 [1992, 2393]; 대법원 2000. 9. 5. 선고 2000므87
　　판결 [공2000, 2104]. 법원은 처음 소장부본 송달부터 공시송달의 방법으로 소송이 진행된
　　경우라면 그것이 원고가 허위의 주소를 신고한 때문인 경우는 물론 그렇지 않다고 하더라
　　도 특별한 사정이 없는 한 항소제기기간을 준수하지 못한 것은 당사자의 책임질 수 없는
　　사유에 해당한다고 보고 있고(대법원 1997. 8. 22. 선고 96다30427 판결 [공1997, 2789]).
　　이는 당사자가 이사하면서 전출입신고를 하지 아니하여 주민등록 있는 곳에 실제 거주하
　　지 않고 있더라도 마찬가지라고 본다(대법원 1968. 7. 23. 선고 68다1024 판결 [집16,
　　270]). 대법원 2009. 9. 24. 선고 2009다44679 판결 [공보불게재, 대법원 종합법률정보]은
　　"제1심판결이 공시송달된 이 사건에서 피고가 불변기간인 항소기간을 준수하지 못한 데에
　　책임이 있다고 할 수 있으려면 그에 앞서 제1심의 변론기일통지서가 적법하게 송달되었다
　　는 점이 전제되어야 할 것인바, 제1심이 민사소송법 제150조를 적용하여 원고승소판결을
　　하였다고 하여 그 변론기일통지가 적법하게 송달된 것으로 추정된다고는 할 수 없고, 제1
　　심의 소송기록이 이미 폐기된 이 사건에서 달리 제1심의 변론기일통지서가 적법하게 송달
　　되었다고 볼 아무런 자료가 없으며, 오히려 기록에 의하면, 제1심판결에 기재된 피고의 주
　　소인 '김해시 구산동 257(31/4) ○○아파트 101동 715호'는 피고의 언니인 소외 1이 소유,
　　거주하다가, 제1심의 변론종결일 이전인 2000. 9. 25. 소외 2에게 매도하여 같은 해 10. 2.
　　그 이전등기까지 마치고 다른 곳으로 이사하였으며, 피고는 위 아파트에 주민등록을 하였
　　으나 실제로 거주하지는 아니하였던 사실을 엿볼 수 있을 뿐이다. 사정이 이와 같다면 피
　　고가 항소기간을 준수하지 못한 것은 그가 책임질 수 없는 사유로 인한 것이라고 봄이 상
　　당하다."라고 하였다.

및 대리인의 보조인도 포함된다.15) 따라서 소송대리인이 있는 경우에 예컨대, 소송대리인이 판결정본의 송달을 받고도 당사자에게 그 사실을 알려 주지 아니하여 기간을 지키지 못한 경우처럼 그 책임이 소송대리인에게 있는 이상 본인에게 과실이 없다 하더라도 추후보완은 허용되지 않는다.16) 그 대리인의 보조인에게 과실이 있는 경우에도 마찬가지이다.17)

나. 무효처분의 취소청구를 할 수 있는 시기

무효처분의 취소청구를 할 수 있는 시기는 보정명령을 받은 자가 책임질 수 없는 사유가 소멸한 날부터 2개월 이내이다. 다만 책임질 수 없는 사유가 소멸한 날부터 2개월 이내라고 하더라도 지정된 기간의 만료일부터 1년이 지났을 경우에는 그 무효처분을 취소할 수 없다(상표법 제18조 제2항 단서).

상표법 제18조 제2항에 따라 무효처분의 취소를 신청하는 자는「특허법 시행규칙」별지 제10호 서식의 기간 경과 구제신청서에 기간이 지난 이유를 증명하는 서류 1통, 대리인에 의하여 절차를 밟는 경우에는 그 대리권을 증명하는 서류 1통을 첨부하여 특허청장 또는 특허심판원장에게 제출하여야 한다.18)

2. 무효처분의 취소 방식

특허청장 또는 특허심판원장은 위와 같은 요건이 갖추어진 경우 그 무효처분을 취소할 수 있다. 특허청장 또는 특허심판원장의 무효처분 및 무효처분의 취소처분은 상표에 관한 절차의 당사자를 상대방으로 하는 행정처분으로서 그 당사자에게 고지함으로써 행정처분으로서의 효력이 발생한다. 따라서 특허청장 또는 특허심판원장이 제2항에 따른 무효처분의 취소처분을 할 경우에는 그 보정명령을 받은 자에게 처분통지서를 송달하여야 한다(상표법 제18조 제3항).

상표법 제18조 제2항에 따른 무효처분의 취소 대상은 상표법 제39조(제212조에서 준용하는 경우를 포함한다)에 따른 보정명령을 위한 경우에 한정된다. 따라서 상표법 제75조에 따라 납부해야 하는 등록료를 미납하여 상표권이 소멸되는 것으로 보는 경우에는 상표법 제18조 제2항이 적용되지 아니한다.19)

---

15) 대법원 1999. 6. 11. 선고 99다9622 판결 [공1999, 1391].
16) 대법원 1984. 6. 14. 선고 84다카744 판결 [공1984, 1417].
17) 대법원 1999. 6. 11. 선고 99다9622 판결 [공1999, 1391].
18) 2016. 9. 1. 산업통상자원부령 제213호로 전부 개정된 상표법 시행규칙 제8조.
19) 대법원 1982. 12. 14. 선고 82누264 판결 [공1983, 698].

3. 무효처분 취소 후의 처리

무효처분 후 무효처분 취소 전까지 상표에 관한 절차가 진행된 경우에는 무효처분의 취소에 따른 영향과 신뢰보호원칙 등을 고려하여 사안별로 그 진행된 절차의 효력 인정 여부를 판단한다.[20]

〈윤태식〉

---

20) 심사지침서 — 특허·실용신안 —, 특허청(2008), 1418; 심판편람 제8판, 특허심판원 (2006), 58 참조.

〈소 목 차〉

Ⅰ. 본조의 연혁

1. 특허에 관한 절차의 추후보완에 대하여 1973. 2. 8. 법률 제2505호로 전문개정된 특허법 제33조(기간의 해태와 추완)에서 "천재·지변 기타 불가피한 사유로 인하여 특허에 관한 출원·청구 또는 절차를 밟을 자에게 귀책할 수 없는 사유로 인하여 제125조·제137조 제1항 또는 이 법에서 준용하는 민사소송법 제414조의 규정에 의한 법정기간을 준수할 수 없을 때에는 그 사유가 그친 날로부터 14일 이내, 그 기간이 만료된 후 1년 이내에 한하여 해태절차를 추완할 수 있다. 다만, 제84조의 규정에 의한 특허이의신청기간은 예외로 한다."라고 규정되었다가, 1990. 1. 13. 법률 제4207호로 전문개정된 특허법 제17조에서 "특허에 관한 절차를 밟은 자가 천재·지변 기타 불가피한 사유로 인하여 제167조 및 제169조 제1항의 규정에 의한 항고심판의 청구기간, 제180조 제1항의 규정에 의한 재심의 청구기간 또는 민사소송법 제414조의 규정에 의한 즉시항고의 기간을 준수할 수 없을 때에는 그 사유가 소멸한 날부터 14일 이내에 또는 그 기간이 만료된 후 1년 이내에 해태된 절차를 추완할 수 있다."라고 규정하였고,

1993. 3. 6. 법률 제4541호로 개정된 특허법에서 '상공부령'이 '상공자원부령'으로 바뀌었고, 1993. 12. 10. 법률 제4594호로 개정된 특허법에서 '특허권의 설정등록을 받은 자'가 '특허권의 설정등록을 받으려고 하는 자'로 바뀌었고 이후의 개정은 주요 골격은 그대로이고 기재된 조문의 변경만이 이루어졌다. 즉, 1995. 1. 5. 법률 제4892호로 개정된 특허법에서 "특허에 관한 절차를 밟은 자가 천재 · 지변 기타 불가피한 사유로 인하여 제132조의3 또는 제132조의4의 규정에 의한 심판의 청구기간, 제180조 제1항의 규정에 의한 재심의 청구기간을 준수할 수 없을 때에는 그 사유가 소멸한 날부터 14일 이내에 또는 그 기간이 만료된 후 1년 이내에 해태된 절차를 추완할 수 있다."라고 변경되고, 1998. 9. 23. 법률 제5576호로 개정된 특허법에서 "특허에 관한 절차를 밟은 자가 천재 · 지변 기타 불가피한 사유로 인하여 제132조의3 또는 제132조의4의 규정에 의한 심판의 청구기간, 제180조 제1항의 규정에 의한 재심의 청구기간을 준수할 수 없을 때에는 그 사유가 소멸한 날부터 14일 이내에 해태된 절차를 추완할 수 있다. 다만, 그 기간의 만료일부터 1년이 경과한 때에는 그러하지 아니하다."라고 변경되고, 2001. 2. 3. 법률 제6411호로 개정된 특허법에서 "특허에 관한 절차를 밟은 자가 책임질 수 없는 사유로 인하여 제132조의3의 규정에 의한 심판의 청구기간, 제180조 제1항의 규정에 의한 재심의 청구기간을 준수할 수 없을 때에는 그 사유가 소멸한 날부터 14일 이내에 지키지 못한 절차를 추후보완할 수 있다. 다만, 그 기간의 만료일부터 1년이 경과한 때에는 그러하지 아니하다."라고 개정되어 오늘에 이르고 있다.

2. 상표법에서 상표에 관한 절차의 추후보완에 대하여 당초에는 특별히 규정하지 아니하고 있었다가 1973. 2. 8. 법률 제2506호로 전부개정된 상표법 제7조에서 "특허법 제16조 · 제20조 내지 제41조의 규정은 상표에 대하여 이를 준용한다."라고 규정하여 특허법 제33조를 준용하는 형식을 취하고, 그 후 1990. 1. 13. 법률 제4210호로 전부개정된 상표법 제5조가 "특허법 제3조 내지 제26조 및 동법 제28조의 규정은 상표에 관하여 이를 준용한다."라고 하여 특허법 제17조를 준용하는 형식을 취하였다.

그 후 상표법이 2011. 12. 2. 법률 제11113호로 개정되면서 기존의 특허법 준용규정 형식을 폐지하고 제5조의16(절차의 추후보완)을 신설하여 "상표에 관한 절차를 밟은 자가 책임질 수 없는 사유로 인하여 제70조의2 또는 제70조의3에 따른 심판의 청구기간, 제84조의2 제1항에 따른 재심의 청구기간을 지킬 수 없을 때에는 그 사유가 소멸한 날부터 14일 이내에 지키지 못한 절차를 추후 보완할 수 있다. 다만, 그 기간의 만료일부터 1년이 지난 때에는 그러하지 아니하다."라고 규정하였다.

　　그 후 상표법이 2016. 2. 29. 법률 제14033호로 전문개정되면서 본조와 같이 규정되었다. 본조와 구 상표법 제5조의16 규정을 비교하면 '절차를 밟은 자', '14일 이내에'가 '절차를 밟는 자', '2개월 이내에'로 변경된 것 외에 나머지 내용은 같다.

II. 취지

　　상표법 제19조는 보정각하결정에 대한 심판(제115조), 상표등록 거절결정, 지정상품추가등록 거절결정 또는 상품분류전환등록 거절결정(이하 "거절결정"이라 한다)에 대한 심판(제116조), 확정심결에 대한 재심(제159조 제1항)의 각 청구기간을 지키지 못한 경우 그 절차를 추후에 보완할 수 있도록 하는 규정이다.

　　상표법은 법적 안정성의 요청에 따라 보정각하결정에 대한 심판, 거절결정에 대한 심판청구 기간에 대해, 보정각하결정을 받은 자, 거절결정을 받은 자가 불복할 때에는 그 결정등본을 송달받은 날부터 30일 이내에 심판을 청구하도록 하고(제115조, 제116조),[1] 재심청구의 기간에 대해서도 당사자는 심결 확정 후 재심사유를 안 날부터 30일 이내에 재심을 청구하도록(제159조 제1항) 규정하고 있다.

　　그러나 상표에 관한 절차를 밟는 자가 책임질 수 없는 사유로 인해 그 기간을 지키지 못한 경우에 그 결정이나 심결을 그대로 확정시키는 것은 형평의 이념에 어긋나므로 그러한 경우 당사자를 위해 절차의 추후보완을 인정하는 본조와 같은 규정을 두었다.

---

1) 그 외 상표법 제17조 제1항에서 "특허청장 또는 특허심판원장은 당사자의 청구에 의하여 또는 직권으로 제61조에 따른 이의신청 이유 등의 보정기간, 제115조에 따른 보정각하결정에 대한 심판의 청구기간, 제116조에 따른 거절결정에 대한 심판의 청구기간에 해당하는 기간을 30일 이내에서 한 차례 연장할 수 있다. 다만, 도서·벽지 등 교통이 불편한 지역에 있는 자의 경우에는 산업통상자원부령으로 정하는 바에 따라 그 횟수 및 기간을 추가로 연장할 수 있다."라고 규정한다.

Ⅲ. 추후보완의 요건

1. 추후보완의 대상

상표법 제19조에 의해 추후보완이 허용되는 절차는, ① 보정각하결정에 대한 심판, ② 거절결정에 대한 심판, ③ 확정된 심결에 대한 재심청구에 한정된다.

그 외 심결에 대한 제소기간 및 심판청구서나 재심청구서의 각하결정에 대한 제소기간은 불변기간이고(상표법 제162조 제4항) 그 제소행위의 추후보완에 관한 근거조항은 행정소송법 제8조에 의하여 준용되는 민사소송법 제173조이다.[2] 특허법원의 판결에 대한 상고(상표법 제162조 제7항)의 추후보완도 민사소송법 제173조에 의하여 할 수 있다.

거절결정 등에 대한 불복심판의 청구기간은 거절결정등본 등을 송달받은 날부터 진행되므로 송달 자체가 효력이 없는 때에는 청구기간이 진행될 수 없어 절차의 추후보완의 문제는 생기지 않는다.

2. 추후보완의 사유 — "책임질 수 없는 사유"의 의미

상표법 제19조에 의한 추후보완은 상표에 관한 절차를 밟는 자가 책임질 수 없는 사유로 인하여 그 청구기간을 지킬 수 없었던 경우에 허용된다. 구 상표법이 준용한 2001. 2. 3. 법률 제6411호로 개정된 특허법에서 "천재지변이나 기타 불가피한 사유"를 "책임질 수 없는 사유"라고 개정함으로써 추후보완 사유가 더 넓게 인정되었다.

여기서 "책임질 수 없는 사유"라고 함은 상표에 관한 절차를 밟는 자가 그 절차를 밟기 위하여 일반적으로 하여야 할 주의의무를 다하였음에도 불구하고 그 기간을 지킬 수 없었던 사유를 가리키고,[3] 천재·지변 기타 이와 유사한 사

---

2) 행정소송법 제8조(법적용예) ① 행정소송에 대하여는 다른 법률에 특별한 규정이 있는 경우를 제외하고는 이 법이 정하는 바에 의한다. ② 행정소송에 관하여 이 법에 특별한 규정이 없는 사항에 대하여는 법원조직법과 민사소송법 및 민사집행법의 규정을 준용한다.
　민사소송법 제173조(소송행위의 추후보완) ① 당사자가 책임질 수 없는 사유로 말미암아 불변기간을 지킬 수 없었던 경우에는 그 사유가 없어진 날부터 2주 이내에 게을리 한 소송행위를 보완할 수 있다. 다만, 그 사유가 없어질 당시 외국에 있던 당사자에 대하여는 이 기간을 30일로 한다. ② 제1항의 기간에 대하여는 제172조의 규정을 적용하지 아니한다.
3) 민사소송법 제173조 제1항에 규정된 "당사자가 책임을 질 수 없는 사유"의 의미에 관한 대법원 2007. 10. 26. 선고 2007다37219 판결 [공보불게재, 대법원 종합법률정보]; 대법원 2005. 11. 10. 선고 2005다27195 판결 [공보불게재, 대법원 종합법률정보]; 대법원 2011.

고보다는 넓은 개념이다. 구체적으로 어떠한 사유가 이에 해당하는가의 여부는 결국 법원의 판단에 따라 정해진다.

　보정명령을 받은 자가 책임질 수 없는 사유에 대하여 소송절차의 추완과 관련하여 민사소송법 제173조 제1항 소정의 '당사자가 책임질 수 없는 사유'에 관한 법원의 판단이 참고가 되므로 이에 관한 실무 태도를 소개한다.[4]

　'당사자가 책임질 수 없는 사유'라고 하는 것은 천재지변 또는 기타 피할 수 없었던 사변보다는 넓은 개념으로서, 당사자가 당해 소송행위를 하기 위한 일반적 주의를 다하였어도 그 기간을 준수할 수 없는 사유를 말한다.[5]

　따라서, 여행이나 지방출장, 질병치료를 위한 출타 등으로 인하여 기간을 지키지 못한 경우에는 당사자 본인에게 책임질 수 없는 사유에 해당하지 아니한다. 서울에서 수원으로 배달증명우편으로 발송한 항소장이 4일 만에 배달된 경우[6]나 자신이 구속되었다는 사정[7], 지병으로 인한 집중력 저하와 정신과 치료 등으로 인하여 지속적으로 집중하기 힘든 상태에 있었던 관계로 부득이하게 상고기간을 넘긴 경우[8]에는 기간을 준수하지 못함에 책임질 수 없는 사유에 해당하지 않아서 추후보완이 허용되지 않는다.

　소장부본과 판결정본 등이 공시송달의 방법에 의하여 송달되었다면 특별한 사정이 없는 한 피고는 과실 없이 판결의 송달을 알지 못한 것이고, 이러한 경우 피고는 책임을 질 수 없는 사유로 인하여 불변기간을 준수할 수 없었던 때에 해당하여 그 사유가 없어진 후 2주일(그 사유가 없어질 당시 외국에 있었던 경우에는 30일) 내에 추완항소를 할 수 있다. 여기에서 '사유가 없어진 후'라고 함은 당사자나 소송대리인이 단순히 판결이 있었던 사실을 안 때가 아니고 나아가 그 판결이 공시송달의 방법으로 송달된 사실을 안 때를 가리키는 것으로서, 다른 특별한 사정이 없는 한 당사자나 소송대리인이 사건기록의 열람을 하거나 또는 새로이 판결정본을 영수한 때에 비로소 판결이 공시송달의 방법으로 송달된 사실을 알게 되었다고 보아야 한다.[9]

---

　12. 27. 선고 2011후2688 판결 [공보불게재, 대법원 종합법률정보] 등 참조.
　4) 법원실무제요 민사소송(II), 법원행정처(2005), 215-218 및 대법원 종합법률정보 참조.
　5) 대법원 2004. 3. 12. 선고 2004다2083 판결 [공2004, 625].
　6) 대법원 1991. 12. 13. 선고 91다34509 판결 [공1992, 512].
　7) 대법원 1992. 4. 14. 선고 92다3441 판결 [공1992, 1600].
　8) 대법원 2011. 12. 27. 선고 2011후2688 판결 [공보불게재, 대법원 종합법률정보].
　9) 대법원 2012. 12. 13. 선고 2012다75000 판결 [공보불게재, 대법원 종합법률정보]; 대법원 2013. 1. 10. 선고 2010다75044, 75051 판결 [공2013상, 289]; 대법원 2015. 6. 11. 선고

공시송달의 방법으로 서류가 송달된 경우라도, 통상의 방식에 따라 적법한 송달이 이루어져 당사자가 소송계속 여부를 알고 있는 경우에는 소송의 진행상태를 조사하여 그 결과까지도 알아보아야 할 의무가 있으므로, 그 후 공시송달로 진행되어 판결이 송달되었더라도 항소시간을 지킬 수 없었던 것에 당사자의 책임을 인정한다.[10] 그리고 이 경우 법인인 소송당사자가 법인이나 그 대표자의 주소가 변경되었는데도 이를 법원에 신고하지 아니하거나[11] 당사자가 주소변경신고를 하지 않아[12] 결과적으로 공시송달의 방법으로 판결 등이 송달된 경우에도 추후보완이 허용되지 아니한다.

그러나 우편배달원이 상고기록접수통지서를 원고의 마을에 사는 사람 편에 전하였으나 그가 이를 분실하여 원고에게 전하지 못한 경우,[13] 당사자와 갈등이 있고 이해관계가 대립되는 가족인 어머니가 판결정본을 송달받은 후 당사자에게 전달하지 아니한 경우,[14] 당사자의 무권대리인이 소송을 수행하고 판결정본을 송달받은 경우[15], 제1심법원은 법정경위로 하여금 이 사건 소장 부본 등 소송서류를 피고의 주소지로 송달하도록 하여 법정경위가 2003. 6. 10. 19:20경 송달장소인 피고의 주소지에 갔으나 그곳에서 피고를 만나지 못하자, 법정경위는 피고와 동거하는 아들(당시 10세 5개월 남짓이었다)에게 이 사건 소장 부본 등 소송서류를 교부한 사실, 당시 컴퓨터게임에 몰두하고 있던 위 아들은 위 서류를 받은 즉시 헌 신문을 모아두는 곳에 둔 다음 이러한 사실을 깜빡 잊어버리고 위 소장 부본 등을 피고에게 전달하여 주지 아니하였을 뿐만 아니라 소송서류가 법원으로부터 왔다는 사실 자체도 피고에게 알려주지 아니한 경우[16], 피고에 대하여 처음부터 공시송달의 방법으로 소송서류가 송달된 끝에 피고에 대한 판결이 확

2015다8964 판결[공보불게재, 대법원 종합법률정보] 등 참조.

10) 대법원 1998. 10. 2. 선고 97다50152 판결 [공1998, 2574]; 대법원 2001. 7. 27. 선고 2001다30339 판결 [공보불게재, 대법원 종합법률정보]; 대법원 2011. 12. 27. 선고 2011후2688 판결 [공보불게재, 대법원 종합법률정보]. 다만 당사자가 소송계속 여부를 안 경우라고 하더라도 법원이나 우편집배원의 부주의로 주소를 잘못 기재하여 송달하는 것과 같이 법원의 잘못이 개제되어 공시송달이 이루어진 경우에는 추후보완을 인정한다, 대법원 1982. 12. 28. 선고 82누486 판결 [공1982, 386]; 대법원 2000. 10. 13. 선고 2000다31410 판결 [공2000, 2323]; 대법원 2001. 2. 23. 선고 2000다19069 판결 [공2001, 731].

11) 대법원 1991. 1. 11. 선고 90다9636 판결 [공1991, 725].

12) 대법원 2004. 3. 12. 선고 2004다2083 판결 [공2004, 625].

13) 대법원 1962. 2. 8. 선고 60다397 판결 [집10, 80].

14) 대법원 1992. 6. 9. 선고 92다11473 판결 [공1992, 2129].

15) 대법원 1996. 5. 31. 선고 94다55774 판결 [공1996, 2012].

16) 대법원 2005. 11. 10. 선고 2005다27195 판결 [공보불게재, 대법원 종합법률정보].

정된 경우[17])에는 당사자가 책임질 수 없는 사유로서 추후보완이 허용된다.

그리고 여기서 말하는 '당사자'에는 당사자 본인뿐만 아니라 그 소송대리인 및 대리인의 보조인도 포함된다.[18] 따라서 소송대리인이 있는 경우에 예컨대, 소송대리인이 판결정본의 송달을 받고도 당사자에게 그 사실을 알려 주지 아니하여 기간을 지키지 못한 경우처럼 그 책임이 소송대리인에게 있는 이상 본인에게 과실이 없다 하더라도 추후보완은 허용되지 않는다.[19] 그 대리인의 보조인에게 과실이 있는 경우에도 마찬가지이다.[20]

3. 추후보완을 할 수 있는 시기

추후보완을 할 수 있는 시기는 책임질 수 없는 사유가 소멸한 날부터 2개월 이내이다. 민사소송법 제173조와는 달리 그 사유가 없어질 당시 당사자가 외국에 있는 경우에도 이 기간은 달라지지 않는다. 책임질 수 없는 사유가 소멸한 날부터 2개월 이내라고 하더라도 심판 또는 재심의 청구기간의 만료일부터 1년이 지났을 때에는 지키지 못한 절차를 추후보완할 수 없다(상표법 제19조 단서).

상표법 제18조 각 호 외의 부분 본문에 따라 절차를 추후 보완하려는 자는 「특허법 시행규칙」 별지 제10호 서식의 기간 경과 구제신청서에 기간이 지난 이

---

17) 대법원 1992. 7. 14. 선고 92다2455 판결 [1992, 2393]; 대법원 2000. 9. 5. 선고 2000므87 판결 [공2000, 2104]. 법원은 처음 소장부본 송달부터 공시송달의 방법으로 소송이 진행된 경우라면 그것이 원고가 허위의 주소를 신고한 때문인 경우는 물론 그렇지 않다고 하더라도 특별한 사정이 없는 한 항소제기기간을 준수하지 못한 것은 당사자의 책임질 수 없는 사유에 해당한다고 보고 있고(대법원 1997. 8. 22. 선고 96다30427 판결 [공1997, 2789]), 이는 당사자가 이사하면서 전출입신고를 하지 아니하여 주민등록 있는 곳에 실제 거주하지 않고 있더라도 마찬가지라고 본다(대법원 1968. 7. 23. 선고 68다1024 판결 [집16, 270]). 대법원 2009. 9. 24. 선고 2009다44679 판결 [공보불게재, 대법원 종합법률정보]은 "제1심판결이 공시송달된 이 사건에서 피고가 불변기간인 항소기간을 준수하지 못한 데에 책임이 있다고 할 수 있으려면 그에 앞서 제1심의 변론기일통지서가 적법하게 송달되었다는 점이 전제되어야 할 것인바, 제1심이 민사소송법 제150조를 적용하여 원고승소판결을 하였다고 하여 그 변론기일통지가 적법하게 송달된 것으로 추정된다고는 할 수 없고, 제1심의 소송기록이 이미 폐기된 이 사건에서 달리 제1심의 변론기일통지서가 적법하게 송달되었다고 볼 아무런 자료가 없으며, 오히려 기록에 의하면, 제1심판결에 기재된 피고의 주소인 '김해시 구산동 257(31/4) ○○아파트 101동 715호'는 피고의 언니인 소외 1이 소유, 거주하다가, 제1심의 변론종결일 이전인 2000. 9. 25. 소외 2에게 매도하여 같은 해 10. 2. 그 이전등기까지 마치고 다른 곳으로 이사하였으며, 피고는 위 아파트에 주민등록을 하였으나 실제로 거주하지는 아니하였던 사실을 엿볼 수 있을 뿐이다. 사정이 이와 같다면 피고가 항소기간을 준수하지 못한 것은 그가 책임질 수 없는 사유로 인한 것이라고 봄이 상당하다."라고 하였다.

18) 대법원 1999. 6. 11. 선고 99다9622 판결 [공1999, 1391].

19) 대법원 1984. 6. 14. 선고 84다카744 판결 [공1984, 1417].

20) 대법원 1999. 6. 11. 선고 99다9622 판결 [공1999, 1391].

유를 증명하는 서류 1통, 대리인에 의하여 절차를 밟는 경우에는 그 대리권을 증명하는 서류 1통을 첨부하여 특허청장 또는 특허심판원장에게 제출하여야 한다.[21]

한편 상표에 관한 절차를 밟는 자가 책임질 수 없는 사유로 그 추후보완기간을 준수하지 못할 경우 이에 대한 추후보완을 다시 인정할 수 없다. 이에 관한 특칙이 없을 뿐만 아니라 그 기간은 불변기간이 아니어서 민사소송법 제173조가 준용될 수도 없기 때문이다.[22]

심판청구 기간의 만료일은 결정등본을 송달받은 날부터 30일이 경과한 날이지만, 특허청장 또는 특허심판원장이 상표법 제17조 제1항에 따라 그 심판의 청구기간을 연장한 경우에는 결정등본을 송달받은 날부터 그 연장한 기간이 지난 날이 그 만료일이 된다.

4. 추후보완의 방식

추후보완을 하려면 상표에 관한 절차를 밟는 자가 그 절차를 본래의 방식에 따라 하면 된다. 즉, 상표법 제115조에 따른 보정각하결정, 제116조에 따른 거절결정에 대한 심판을 청구하려는 자는 제126조 제1항에 따른 심판청구서를, 상표법 제159조 제1항에 따른 재심청구를 하려는 자는 특허심판원장에게 그 심판청구서 또는 재심청구서를 제출하면서 책임질 수 없는 사유로 인하여 그 청구기간을 지키지 못한 점 및 그 사유의 종류 시기 등을 기재하면 되고, 별도로 추후보완 신청을 할 필요는 없다.

Ⅳ. 추후보완의 심리

추후보완 사유의 존재는 추후보완을 하는 자가 입증을 하여야 한다. 추후보완은 독립된 신청이 아니므로 추후보완이 이유 있다고 인정되면 추후보완을 하여야 할 절차의 당부에 관하여 판단을 한다. 그 추후보완 사유가 이유 없는 때에는 추후보완을 한 심판청구는 심판청구기간이 지난 부적법한 것으로서 그 흠을 보정할 수 없을 때에 해당하므로 심결로써 이를 각하할 수 있다(상표법 제128조).

〈윤태식〉

---

21) 2016. 9. 1. 산업통상자원부령 제213호로 전부 개정된 상표법 시행규칙 제8조.
22) 주석 신민사소송법 (Ⅲ) 제1판(이인재 집필부분), 한국사법행정학회(2004), 67.

> **제20조(절차의 효력의 승계)**
> 상표권 또는 상표에 관한 권리에 관하여 밟은 절차의 효력은 그 상표권 또는 상표에 관한 권리의 승계인에게 미친다.

Ⅰ. 취지

상표법 제20조는 상표에 관하여 이미 밟은 절차의 효력은 상표권 또는 상표를 받을 수 있는 권리의 승계에 의해서 상실되지 않는다는 원칙을 규정한 것이다.

이는 상표에 관하여 이미 밟은 절차에 있어 권리관계에 변동이 있는 경우에 그때마다 동일한 절차를 반복하는 업무처리상의 불편을 피하려는 행정상의 편의와 절차의 신속한 진행을 도모하기 위한 규정이다.

Ⅱ. 연혁

1. 특허에 관하여 밟은 절차의 승계에 관하여는 1961. 12. 31. 법률 제950호로 제정된 특허법 제31조(권리승계와 절차의 효력)에 "본법 또는 본법에 의거하여 발하는 명령에 의하여 특허권자, 특허에 관한 권리를 가진 자가 밟은 절차 또는 특허국 및 제삼자가 그 자에 대하여 밟은 절차의 효력은 그 특허권 또는 특허에 관한 권리의 승계인에 미친다."라고 규정되었다가,[1] 1973. 2. 8. 법률 제2505호로 전문개정된 특허법 제35조(권리의 승계와 절차의 효력)에 "이 법 또는 이 법에 의거하여 발하는 명령에 의하여 특허권자, 특허에 관한 권리를 가진 자가 밟은 절차 또는 특허국 및 제3자가 그 자에 대하여 밟은 절차의 효력은 그 특허권 또

---

[1] 1946년 군정 법령에서는 절차의 효력의 승계에 관한 규정이 없었고 본 법에서 절차의 속행규정과 같이 규정되었다.

는 특허에 관한 권리의 승계인에 미친다."라고 규정하였다가 1976. 12. 31. 법률 제2957호로 개정된 특허법 제35조에서 '특허국'이 '특허청'으로 변경되었다.

그 후 1990. 1. 13. 법률 제4207호로 전부개정된 특허법 제18조(절차의 효력의 승계)에서 "특허권 또는 특허에 관한 권리에 관하여 밟은 절차의 효력은 그 특허권 또는 특허에 관한 권리의 승계인에게 미친다."라고 규정되었다.[2]

2. 상표에 관하여 밟은 절차의 승계에 대하여 상표법이 당초에는 특별히 규정하지 아니하고 있었다가 1973. 2. 8. 법률 제2506호로 전문개정된 상표법 제7조에서 비로소 "특허법 제16조·제20조 내지 제41조의 규정은 상표에 대하여 이를 준용한다."라고 규정하여 특허법 제35조를 준용하는 형식을 취하였고, 1990. 1. 13. 법률 제4210호로 전문개정된 상표법 제5조에서 "특허법 제3조 내지 제26조 및 동법 제28조의 규정은 상표에 관하여 이를 준용한다."라고 규정하여 특허법 제18조를 준용하는 형식을 취하였다.

그 후 상표법이 2011. 12. 2. 법률 제11113호로 개정되면서 기존의 특허법 준용규정 형식을 폐지하고 제5조의17(절차의 효력의 승계)을 신설하였고 상표법 이 2016. 2. 29. 법률 제14033호로 전문개정되면서 조문의 위치가 바뀌어 본조 와 같이 규정되었다. 본조와 구 상표법 제5조의17의 규정의 내용은 서로 같다.

III. 내용

1. 상표권 또는 상표에 관한 권리

"상표권"은 적극적으로 지정상품에 관하여 그 등록상표를 사용할 권리를 독점하는 권리(상표법 제89조 본문, 적극적 이용권)이고 소극적으로 제3자의 침해 행위 내지 침해행위로 간주되는 행위를 배제할 수 있는 권리(상표법 제108조 제1 항 제1호, 소극적 금지권)이다. 출원된 상표는 상표등록결정을 받고 상표등록료를 납부한 후 상표원부에 기재됨과 동시에 설정등록되게 되는데 상표권은 이러한 설정등록에 의하여 발생한다(상표법 제82조).

---

2) 종전 규정의 표제는 "권리의 승계와 절차의 효력"이라고 되어 있으나, 정확하게 표현 하면 이 규정의 내용은 "절차의 효력의 승계"이므로 이를 표제에 반영하여 변경하였고, 특 허청이 특허권자 등에 대해 밟은 절차란 표현은 특허청에 마치 당사자의 지위—절차를 밟 을 능력—를 부여하는 듯한 인상을 줄 수 있으므로 종래 규정처럼 절차를 밟을 모든 주체 를 규정하기보다는 절차의 효력이 특허권자 또는 특허에 관한 권리를 가진 자의 승계인에 게 미친다는 문구로 개정하였다.

"상표에 관한 권리"로는 상표등록을 받을 수 있는 권리, 상표사용권(상표권자가 실시할 수 있는 권리와 전용사용권자 또는 통상사용권자가 지정상품에 관하여 그 등록상표를 사용할 수 있는 권리), 상표권·전용사용권 또는 통상사용권을 목적으로 하는 질권 등을 의미한다.

2. 상표권 또는 상표에 관한 권리에 관하여 밟은 절차

"상표권 또는 상표에 관한 권리에 관하여 밟은 절차"란 ① 당사자 또는 출원인 등(피승계인)이 특허청에 대하여 밟은 절차, ② 특허청이 당사자 또는 출원인 등(피승계인)에게 취한 제반절차(예컨대 특허청이 상표권 등의 승계 이전에 양도인에게 행한 절차), ③ 제3자가 당사자 또는 출원인 등(피승계인)에 대하여 밟은 절차 등을 포함하는 포괄적인 개념이다.

3. 절차의 효력의 승계

상표권 또는 상표에 관한 권리에 관하여 승계가 있는 경우 이미 밟은 상표에 관한 절차의 효력은 상실되는 것이 아니라 권리의 승계인에게 미친다. 즉, 승계가 있는 경우 절차를 처음부터 다시 밟는 것이 아니라 이미 행한 절차는 유효하게 되므로 이미 밟은 절차는 다시 밟을 필요가 없다.

예를 들어, 특허청의 거절이유통지 후 출원인의 변경이 있더라도 특허청은 승계인에 대하여 재차 거절이유통지를 하지 않고 상표등록거절결정을 할 수 있고, 상표등록무효심판청구 후 심판청구인이 사망하더라도 그 재산상속인이 후속 심판절차를 속행할 수 있다. 그리고 심사관이 의견제출통지서를 발송한 후에 출원인의 명의변경신고가 있었다면 심사관은 승계인에게 다시 의견제출통지서를 발송할 필요가 없으며, 의견제출기간도 당초 의견제출통지서에서 지정한 기간이 된다.

4. 승계인

법률상 승계에는 일반승계와 특정승계가 있다.

일반승계는 어떤 권리주체에 귀속되고 있던 법률상의 권리의무의 일체가 그대로 이전하는 경우, 예를 들면 상속 또는 법인의 합병이 이것에 해당한다. 따라서, 일반승계인이라 함은 상속인, 합병에 의하여 설립되거나 합병 후 존속하는 법인을 말한다. 특정승계라 함은 특정의 권리가 이전되는 경우이므로 상표법에서는 특정의 상표등록을 받을 권리 또는 상표권에 관한 권리이전을 말한다. 상표권 등의 양도 등과 같이 일반승계(상속 또는 합병) 이외의 사유를 통하여 그 권리를 이전받는 자가 특별승계인이다.

〈윤태식〉

> **제21조(절차의 속행)**
> 특허청장 또는 심판장은 상표에 관한 절차가 특허청 또는 특허심판원에 계속
> (繫屬) 중일 때 상표권 또는 상표에 관한 권리가 이전된 경우에는 그 상표권
> 또는 상표에 관한 권리의 승계인에 대하여 그 절차를 속행(續行)하게 할 수
> 있다.

Ⅰ. 취지

상표법 제21조는 특허청 또는 특허심판원에 상표에 관한 절차가 계속되고
있는 중에 상표권 또는 상표에 관한 권리가 이전된 경우에 그 상표권 또는 상
표에 관한 권리의 승계인에 대하여 그 절차를 속행할 수 있음을 규정하고 있다.

이 규정도 상표법 제20조와 마찬가지로 권리변동이 있을 때마다 동일한 절
차를 반복해야 하는 번잡과 불편을 피하기 위한 것이다. 다만, 상표법 제20조는
승계 전에 밟은 절차의 효력에 관하여 규정한 것인 데 비해, 상표법 제21조는
승계 후의 절차 진행에 관하여 규정한 것인 점에서 서로 구별된다.

Ⅱ. 연혁

1. 1961. 12. 31. 법률 제950호로 제정된 특허법 제32조(권리의 이전이 있는
경우의 절차의 승계)에서 "특허국에 사건이 계속 중에 특허권 또는 특허에 관한
권리의 이전이 있는 때에는 특허국은 승계인에 대하여 그 절차를 속행하게 할
수 있다."라고 규정하였다가,[1] 위 내용이 1973. 2. 8. 법률 제2505호로 개정된
특허법 제36조에서 조문 이동과 함께 '특허국'이 '특허국장 또는 심판장'으로
변경되고 1976. 12. 31. 법률 제2957호로 개정된 특허법 제36조에서 '특허국장'
이 '특허청장'으로 변경되었다.

---

[1] 1946년 군정 법령에서는 절차의 효력의 속행에 관한 규정이 없었고 본 법에서 절차의
효력의 승계 규정과 같이 규정되었다.

그 후 1990. 1. 13. 법률 제4207호로 전문개정된 특허법 제19조에서 '특허청장 또는 심판장은 특허에 관한 절차가 특허청에 계속 중에 특허권 또는 특허에 관한 권리의 이전이 있는 때에는 그 특허권 또는 특허에 관한 권리의 승계인에 대하여 그 절차를 속행하게 할 수 있다.'로 개정되었다가,2) 1995. 1. 5. 법률 제4892호로 개정된 특허법 제19조에서 '특허청에'를 '특허청 또는 특허심판원에'로 변경하고,3) 2001. 2. 3. 법률 제6411호로 개정된 특허법 제19조에서 '계속'의 한자 '繫屬'을 '係屬'으로 수정하였다.

2. 상표에 관하여 절차의 속행에 관하여 상표법이 당초에는 특별히 규정하지 아니하고 있었다가 이에 1973. 2. 8. 법률 제2506호로 전문개정된 상표법 제7조에서 "특허법 제16조·제20조 내지 제41조의 규정은 상표에 대하여 이를 준용한다."라고 규정하여 특허법 제36조를 준용하는 형식을 취하였고, 1990. 1. 13. 법률 제4210호로 전부개정된 상표법 제5조에서 "특허법 제3조 내지 제26조 및 동법 제28조의 규정은 상표에 관하여 이를 준용한다."라고 규정하여 특허법 제19조를 준용하는 규정을 취하였다.

그 후 상표법이 2011. 12. 2. 법률 제11113호로 개정되면서 기존의 특허법 준용규정 형식을 폐지하고 제5조의18(절차의 속행)을 신설하여 "특허청장 또는 심판장은 상표에 관한 절차가 특허청 또는 특허심판원에 계속(繫屬) 중에 상표권 또는 상표에 관한 권리가 이전되면 그 상표권 또는 상표에 관한 권리의 승계인에 대하여 그 절차를 속행하게 할 수 있다."라고 규정하였다.

그 후 상표법이 2016. 2. 29. 법률 제14033호로 전문개정되면서 본조와 같이 규정되었다. 구 상표법 제5조의18과 본조의 규정 내용을 비교하면 '계속 중에', '권리가 이전되면' 부분이 '계속 중일 때', '권리가 이전된 경우에는' 부분으로 문구 수정된 것 외에 나머지 내용은 같다.

Ⅲ. 내용

1. 특허청장 또는 심판장은 상표법 제21조에 따라 승계인에 대하여 상표에

---

2) 종래의 "사건이 계속 중"이란 표현은 그 자체로 적절하지 않으므로 "절차가 특허청에 계속 중"으로 수정하였고, 종래의 "승계인"은 무엇을 승계한 것인지 모호할 수 있으므로 "그 특허권 또는 특허에 관한 권리의 승계인"임을 분명히 하였다.
3) 위 1995년 법률 개정으로 1998년 3월 1일 항고심판소와 심판소가 통합되어 특허심판원이 신설되었다.

관한 절차를 속행(續行)하게 하려는 경우에는 그 취지를 당사자에게 서면으로 통지하여야 한다.[4] 이 과정에서 특허청장 또는 심판장이 그 절차를 승계인에게 속행하도록 하는가에 대한 결정은 하지 않는다.

승계인에 대해 절차를 속행할 수 있다고 규정되어 있으므로 이는 피승계인에 대해 절차진행을 계속하게 하는 것을 인정하지 않는다는 취지가 아니고, 누구에 대해 속행해도 좋다는 취지로 해석될 수 있다. 승계인에게 속행하게 하는 것을 재량행위로 본다면 반드시 절차의 속행을 명하여야 하는 것은 아니다.[5] 그러나 이에 대하여는 유력한 반대설이 있다.[6]

현재 특허청과 특허심판원의 실무는 당해 사건에 대한 심사 또는 심판의 상황에 비추어 적당하다고 인정할 때는 종전의 당사자로 하여금 절차를 수행하게 할 수 있고, 상당하다고 인정하는 때에는 권리의 승계인에게 절차를 속행하도록 할 수도 있다는 태도이다.

예컨대 심사 또는 심판이 종결의 단계에 이르러 권리의 승계인을 절차에 관여시킬 구체적인 필요성이 거의 없거나, 권리의 특정승계의 신고에 관하여 방식심사가 종료되지 않아 종전의 권리자로 하여금 그대로 절차를 수행하게 하는 것이 적절한 경우 등 당해 사건에 대한 심사 또는 심판의 상황에 비추어 적절하다고 인정하는 때에는 종전의 당사자로 하여금 절차를 수행하게 할 수 있다고 본다.

대법원판례 중에는 항고심판소가 존재한 당시이기는 하나 등록무효심판 계속 중 피심판청구인이 그 등록권리를 제3자에게 이전하였다고 하더라도 당사자적격을 그대로 유지한다고 본 사례가 있다.[7]

2. 특허청장 또는 심판장이 상당하다고 인정하는 때에는 권리의 승계인에게 절차를 속행하게 할 수 있다. 예를 들어 상표권자가 사망하여 상속인이 상속한 경우에는 특허청장 또는 심판장은 원 상표권자를 상대로 청구한 무효심판에서 상속인을 실질적인 피청구인으로 하여 절차를 속행하게 할 수 있다.

그러나 출원 후 상표를 등록받을 수 있는 권리에 대해 이를 양도하는 계약

---

4) 2016.9.1. 산업통상자원부령 제213호로 전부 개정된 상표법 시행규칙 제10조.

5) 大審院 昭和 7. 7. 1. 선고 판결, 東京高判 昭和 62. 5. 7. 無體集19券2号159面[高林克已, 特許訴訟─その理論と實務─, 社團法人 發明協會(1991), 70에서 재인용].

6) 이상경, 지적재산권소송법, 육법사(1998), 61-62; 滝川叡一, 特許訴訟手續論考, 信山社(1991), 20; 高林克已(주 5), 60은 명의변경신고 또는 등록이 행해진 이상 특허청은 승계인을 당사자로 인정하여야 하므로 속행명령은 의무사항이라는 취지로 해석한다.

7) 대법원 1967. 6. 27. 선고 67후1 판결.

이 체결되었으나, 그 출원이 상표등록거절결정되어 양수인이 양도인을 대신하여 상표등록거절결정에 대한 불복심판을 청구한 후 심판청구기간 경과 후에 출원인변경신고를 한 경우에는 특허청장 또는 심판장은 권리의 승계인에게 절차를 속행하게 할 수 없다. 출원 중인 상표등록을 받을 수 있는 권리의 양수는 신고가 효력발생요건이어서(상표법 제12조 제1항) 신고 이전에 양수인이 청구한 심판은 부적법한 것이므로 승계인에게 절차를 속행하게 할 수 없기 때문이다.

　　3. 상표에 관한 절차가 상표법 제22조(절차의 중단)에 의해 중단된 경우에는 본조가 적용되지 않는다. 예를 들면, 상표권자가 사망하고 그 재산상속인이 상표권에 대하여 상속을 이유로 하는 권리이전등록을 하였는데, 이미 진행되어 있던 상표등록무효심판절차에서 별도의 수계절차가 없었던 경우에는 심판장이 본조에 따라서 직권으로 재산상속인에 대하여 심판절차를 속행할 수 있는 것이 아니다. 이 경우에 절차의 중단 여부는 상표법 제22조에 따르고 상표법 제23조의 수계신청에 의해 그 절차가 다시 속행된다.

　　4. 심판이 제기되기 이전인 상표등록출원의 승계에 대하여는 상표법 제49조(출원의 승계 및 분할이전 등)에서 규정하고 있으므로 그 해당 조문에 설명을 참조하기 바란다. 여기서는 심판청구가 제기된 이후 권리 이전과 같이 승계가 이루어진 경우 종전의 권리자와 이전받은 권리자 중 누가 당사자적격을 가지는가를 검토한다.

가. 심결 전 승계된 경우

　　심결 전 승계된 경우에는 당사자의 권리승계가 심판장이 심리종결의 통지를 하기 전은 물론 심리종결의 통지를 한 후 심결 전에 있었던 경우가 모두 해당된다.

(1) 일반승계

　　심판절차 중에 상속, 법인의 합병 등에 의해 피상속인이나 합병 전의 법인의 권리의무 일체를 승계하는 일반승계가 이루어진 때에는 심판절차는 원칙으로 중단되고, 다만 절차를 밟을 것을 위임받은 대리인이 있는 경우에는 중단되지 않는다(상표법 제22조).

　　이러한 경우에는 당사자의 수계신청 등에 의해 수계한 당사자가 청구인 또는 피청구인으로 된다(상표법 제24조).

　　심판절차 중 종전 권리자가 사망하거나 법인이 합병된 경우에는 그 사유가 발생한 때부터 피상속인 및 합병 전의 법인은 더는 존재하지 않으므로 당사자로 될 수 없을 것이다. 따라서 이 경우에는 그 당사자의 지위를 승계한 상속인과 합병에 의하여 설립된 법인 또는 합병한 뒤의 존속법인과 다른 당사자 사이에 심판절차가 존속되는 것이고 다만 상속인 등이 심판수계절차를 밟을 때까지 심판절차가 중단되는 것이므로, 심판관이 이와 같은 중단사유를 알지 못하고 종전의 권리자를 당사자로 하여 심결한 경우에는 그 심결은 절차상의 위법은 있지만, 그 심결이 당연 무효라고 할 수는 없다.

　　따라서 상속인이 수계신청을 하여 심결등본을 송달받고 심결취소소송을 제기할 수 있을 뿐 아니라 상속인이 사실상 심결등본을 송달받고 심결취소소송을 제기한 다음에 그 소송절차에서 수계절차를 밟은 경우에도 그 수계와 소 제기는 적법한 것이라고 보아야 할 것이다.[8]

　　그리고 일반승계사유가 발생하여도 절차를 밟을 것을 위임받은 대리인이 있는 경우에는 중단되지 않으나, 심판절차의 대리인이 심결취소소송의 대리권에 대한 위임까지 받고 있지 않은 경우 그 심결의 등본이 송달됨과 동시에 소송절차 중단의 효과가 발생하게 된다.

　　특허사건에서의 소송대리권에 관하여 특허법원 2006. 4. 13. 선고 2006허978 판결(확정)【취소결정(상)】에서는, "심판절차에서의 대리인의 대리권은 다른 사정이 없는 한 특허심판원이 심결을 하고 그 심결에 대하여 취소소송을 제기할 때까지 존속하는바, 심결취소소송에서 심결을 취소하는 판결이 확정됨에 따라 특허심판원이 심판사건을 다시 심리하게 되는 경우 아직 심결이 없는 상태이므로 종전 심판절차에서의 대리인의 대리권은 다시 부활하고, 당사자가 심결취소소송에서 다른 소송대리인을 선임하였다고 하여 달라지는 것은 아니다. 따라서 심결의 취소에 따라 다시 진행된 심판절차에서 종전 심판절차에서의 대리

---

8) 대법원 1995. 5. 23. 선고 94다28444 전원합의체판결 참조, 이 판결은 상표등록에 관한 심결취소소송에 관한 것은 아니나 그 판시가 "소송계속 중 어느 일방 당사자의 사망에 의한 소송절차 중단을 간과하고 변론이 종결되어 판결이 선고된 경우에는 그 판결은 소송에 관여할 수 있는 적법한 수계인의 권한을 배제한 결과가 되는 절차상 위법은 있지만 그 판결이 당연무효라 할 수는 없고, 다만 그 판결은 대리인에 의하여 적법하게 대리되지 않았던 경우와 마찬가지로 보아 대리권흠결을 이유로 상소 또는 재심에 의하여 그 취소를 구할 수 있을 뿐이므로, 판결이 선고된 후 적법한 상속인들이 수계신청을 하여 판결을 송달받아 상고하거나 또는 사실상 송달을 받아 상고장을 제출하고 상고심에서 수계절차를 밟은 경우에도 그 수계와 상고는 적법한 것이라고 보아야 하고, 그 상고를 판결이 없는 상태에서 이루어진 상고로 보아 부적법한 것이라고 각하해야 할 것은 아니다."이고, 상표등록에 관한 심결취소소송에도 민사소송법을 준용될 수 있다는 점에서 참고가 된다.

인에게 한 송달은 당사자에게 한 송달과 마찬가지의 효력이 있다(대법원 1984. 6. 14. 선고 84다카744 판결 참조)."라고 판단한 바 있다.[9]

심판장이 수계를 허용하는 결정을 한 경우에는 그 결정에 표시된 자가 당사자 적격을 갖게 된다. 구 상표법 제5조의21 제4항에는 심결의 등본이 송달된 후에 중단된 절차에 관한 수계신청이 있는 경우에는 심판장은 이를 수계하게 할 것인가의 여부를 결정하여야 한다는 규정이 있었으나 현행 상표법에서 위 조항은 삭제되었다.

(2) 특정승계

심결 등에 대한 소에 있어서 원고적격을 가지는 자는 당사자, 참가인 또는 해당 심판이나 재심에 참가신청을 하였으나 그 신청이 거부된 자로 한정되어 있다(상표법 제162조 제2항). 일반적으로 행정소송에서는 처분 등의 취소를 구할 법률상의 이익이 있는 자가 원고적격을 가지므로 행정처분의 직접의 상대방 이외의 제3자라도 당해 행정처분에 의하여 법률상의 이익이 침해되는 때에는 원고적격을 가지므로 그 처분의 취소를 청구할 수 있지만, 심결 등에 대한 소에서는 설령 심결에 의하여 자기의 법률상의 이익이 침해되는 자라도 그 모두에게 원고적격이 인정되는 것이 아니고, 위에서 본 바와 같이 원고적격을 가지는 자의 범위를 제한하고 있다.

그리고 심결 등에 대한 소에서의 피고적격에 대하여도 법률상 성격이 항고소송이라는 점을 생각하면 원칙적으로 특허청장이지만 상표등록 무효심판, 상표권존속기간연장등록무효심판, 상품분류전환등록무효심판, 상표등록취소심판, 전용사용권 또는 통상사용권 등록의 취소심판, 권리범위확인심판, 이러한 심판의 확정심결에 대한 재심의 심결취소소송에 한하여 그 심판 또는 재심의 청구인이나 피청구인이 피고적격을 가지는 것으로 규정되어 있다(상표법 제163조).

심판이 계속되고 있는 상표권의 명의변경신고가 된 경우에 이후의 절차를 종전의 당사자(양도인)에게 그대로 수행시키고 심판의 효력을 권리의 승계인에게 미치게 할 것인지, 그렇지 않으면 승계인에게 인계시켜 수행하게 할 것인지는 입법정책상의 문제라고 할 수 있다.

---

9) 심급대리와 소송대리인의 권한에 관하여는 대법원 1996. 2. 9. 선고 94다61649 판결, 대법원 1997. 10. 10. 선고 96다35484 판결, 대법원 1992. 11. 5.자 91마342 결정이 참고가 된다. 그 외 소송절차가 중단된 상태에서 수계절차를 거치지 않은 채 상소권한이 없는 제1심 소송대리인에 의하여 제기된 항소가 부적법하다고 판단한 것으로는 대법원 2003. 5. 27. 선고 2002다69211 판결이 있다.

   이와 관련하여 상표법은 상표에 관한 절차가 특허청 또는 특허심판원에 계속 중에 상표권 또는 상표등록을 받을 수 있는 권리 등의 승계가 이루어진 경우 그 권리의 승계인이 스스로 참가신청을 하지 아니하여도 특허청장 또는 심판장은 직권으로 승계인에 대하여 그 절차를 속행하게 할 수 있도록 규정하되(상표법 제21조), 이 때 특허청장 또는 심판장은 당사자에게 그 취지를 서면으로 통지하도록 하고 있고[10], 상표권 또는 상표에 관한 권리에 관하여 밟은 절차의 효력은 그 상표권 또는 상표에 관한 권리의 승계인에게 미친다고 규정하고 있는데(상표법 제20조) 이들 규정은 행정상의 편의를 꾀하기 위한 규정으로서 그 규정의 성격을 둘러싸고 학설이 나뉘고 그 해석 여하에 따라 원고적격의 처리방식도 달라진다.

   즉, 그 절차의 속행 여부를 심판장의 재량행위로 본다면 심판장이 승계인에 대하여 절차를 속행시키지 않고 종전의 권리자 명의로 심결할 수 있으므로 종전의 권리자만이 당사자 적격을 갖는다.[11] 그러나 이를 심판장의 의무로 보는 견해에 의하면, 심판 중 권리의 양수인이 상표법 제162조 제2항의 당사자에 포함된다고 해석하여 양수인에게도 당사자 적격을 인정할 수 있다고 해석한다. 이하 구체적으로 살펴본다.

---

10) 2016. 9. 1. 산업통상자원부령 제213호로 전부 개정된 상표법 시행규칙 제10조.
11) 항고심판소가 존재하였던 시기의 판례들을 소개한다. ① 대법원 1967. 6. 27. 선고 67후1 판결에서는 등록무효심판 계속 중 피청구인이 등록권리를 제3자에게 이전하였다 하더라도 당사자로서의 지위에는 영향을 받지 아니한다고 보았다. ② 대법원 1977. 12. 27. 선고 76 후33 판결【권리범위확인】은 청구인이 권리범위확인심판 계속 중에 실용신안권에 관한 영업을 양도하였더라도 심판청구인은 종국에 이르기까지 당사자로서 자기 또는 승계인을 위하여 행위할 당사자적격을 가진다고 보았다. ③ 대법원 1995. 8. 22. 선고 94후1268, 1275 (병합) 판결【서비스표등록무효】은 심판청구 후에 권리의 승계가 이루어진 경우에는 이를 심판당사의 변경이라 할 수 없다고 판시하였다. ④ 대법원 1998. 12. 22. 선고 97후2934 판결【상표등록취소】은 당사자표시변경은 원칙적으로 당사자로 표시된 자와 동일성이 인정되는 범위 내에서 그 표시만을 변경하는 경우에 허용되는 것이므로, 상표등록취소심판청구사건의 피심판청구인이 소송기록접수통지서가 그에게 송달된 이후에 상고인을 피심판청구인에서 등록상표에 관한 상표권을 이전받은 자로 변경하는 당사자표시변경신청은 원래 허용될 수 없는 것이고, 설사 피심판청구인의 승계인의 지위에 있는 양수인이 승계참가신청을 한 것으로 본다고 하더라도 이러한 승계참가는 법률심인 상고심에서는 허용되지 아니하는 것이므로 양수인에 의한 승계참가신청 역시 부적법하여 허용될 수 없다고 판시하였다. 이에 대하여는, 임한흠, "상표등록취소심판청구사건의 상고심에서의 승계참가 가부", 대법원판례해설 31호(98년 하반기)(1999. 5.), 법원도서관 518-525 참조.

(가) 원고적격[12]

이에 대하여는 아래와 같은 여러 견해가 있다.

첫 번째 견해(피승계인설)는, 상표법 제21조의 취지를 기본적으로 특허청장 또는 심판장이 그 재량으로 권리의 승계인에게 인계시킬 것인지 여부를 결정할 수 있다고 정한 것이라는 입장에서 승계 후에는 승계인에 대하여 절차를 속행하여도 되고, 혹은 구 권리자에 대하여 속행하여도 지장이 없다는 취지로 해석하는 견해이다.[13]

법 규정상으로는 승계인에 대하여 절차를 속행하게 할지 또는 피승계인에 절차를 하도록 할지는 심판장의 재량에 맡겨져 있고, 비교적 폭넓게 직권주의를 채택하고 있는 상표법의 원칙에도 부합되는 해석이다.

따라서, 상표법 제20조에 의해 상표권에 관하여 밟은 절차의 효력은 그 상표권에 관한 권리의 승계인에게 미친다는 이유로,[14] 심판장이 승계인에 대해서 절차를 속행하도록 하지 않는 한 당사자는 피승계인이므로 심결취소소송의 원고로 될 수 있는 자는 상표법 제162조 제2항에 따라 당사자인 피승계인이라고 보아야 한다는 견해이다.[15] [16]

---

12) 이 부분 내용은 2001년경 대법원 재판연구관으로 근무하시던 강동세 변호사가 대법원 99후1546 사건과 관련하여 작성한 연구내용을 토대로 정리한 것이다.

13) 특허소송실무, 법원행정처(1998), 30-32; 송영식 등 7인 공저, 지적소유권법 상, 육법사(2008), 733; 竹田 稔, 特許審決等取消訴訟の實務, 22[竹田稔, 永井紀昭 編, 特許審決取消訴訟の 實務와 法理, 社團法人 發明協會(2003), 115(山田知司 집필부분)에서 재인용].

14) 大審院 昭和 4. 1. 30. 昭和2年 （オ） 第641号 判決, 요지는 다음과 같다. ① 특허권범위 확인사건의 계속 중 특허권의 양도가 있어도 양도인은 당사자로서의 지위를 상실하지 않음과 동시에 그 자에 대한 심결 또는 판결은 당연 승계인에 그 효력을 미친다(구 민사소송법 관계), ② 권리승계의 사실이 있어도, 그것이 특별승계인의 경우에는 당사자를 변경하는 일 없이 승계 전의 당사자에 대하여 절차를 추행하여야 하고 승계인은 참가에 의해 자기의 이익을 방어할 수 있다.

15) 竹田 稔, 特許審決等取消訴訟の 實務 22[竹田稔, 永井紀昭 編(주 13), 115에서 재인용].

16) 이러한 입장에 선 일본 하급심의 판례로는 東京高裁 昭和 62. 5. 7. 판결이 있는데, 이 판결에 의하면 절차의 속행을 규정한 특허법 제21조(우리 특허법 제19조)는 기본적으로 특허청장 또는 심판장은 그 재량으로 권리의 승계인에게 인계시킬 것인지 여부를 결정할 수 있다고 정한 것으로서, 심사 또는 심판이 종결의 단계에 이르러 권리승계인을 절차에 관여시킬 구체적인 필요성이 거의 없거나, 권리의 특정승계의 신고에 관하여 방식심사가 끝나지 않아 구 권리자로 하여금 그대로 절차를 수행하게 하는 것이 적당한 경우 등 당해 사건에 대한 심사 또는 심판의 상황에 비추어 적당하다고 인정하는 때에는 종전의 당사자로 하여금 절차를 수행하게 할 수 있고, 한편으로 심판장 등이 상당하다고 인정하는 때에는 권리의 승계인에게 절차를 인계하도록 할 수도 있으며, 이는 비교적 폭넓게 직권주의를 채택하고 있는 특허법의 원칙에도 부합하는 것이고, 따라서 심판장 등이 구 권리자에게 그대로 절차를 수행하게 한 경우 구 권리자는 절차를 수행할 권능을 보유함과 동시에 구 권

이 견해에 의하면 승계인은 피승계인이 소를 제기한 후에 승계참가의 신청에 의해 소송의 당사자로 될 수 있을 뿐이다.

두 번째 견해(승계인설)는 권리의 승계인에게 속행명령을 하는 것이 심판장의 의무에 속함을 전제로 심판장이 직권으로 승계인에 대하여 절차를 속행할 것을 결정하고 당사자에게 그 취지를 통지함으로써 당사자의 지위를 취득하게 되고 심판절차 중의 권리승계인은 스스로 적극적으로 참여하지 않아도 심판장이 직권으로 속행명령을 할 것이라는 기대를 가질 수 있는 지위에 있으므로 승계인에게 심결취소소송의 원고적격을 인정할 수 있다는 견해이다.17) 이 견해에 의하면 종전의 권리자도 양수인과 함께 원고적격을 갖지만 양수인이 소를 제기하거나 또는 승계참가의 신청을 한 때는 권리이전이 유효한 이상 당사자인 지위를 상실하여 원고적격을 상실한다고 본다.

결국 이 견해는 권리승계인에게 속행명령을 하는 것이 심판장의 의무이므로 구 권리자 명의로 심결이 내려져도 심판절차 중의 권리승계인은 상표법 제162조 제2항의 '당사자'에 포함된다고 본다. 다만, 특허심판원이 잘못으로 명의변경신고 또는 이전등록이 되었는데도 이를 간과하고 종전의 권리자를 당사자로 하여 심결한 경우에 종전의 당사자가 상표 등에 대한 소를 제기하지 않으면 사실상 권리의 승계인은 심결이 있었던 사실을 알 수 없을 것이므로 제소기간을 준수할 수 없게 될 것이지만, 이 제소기간은 불변기간이므로(상표법 제162조 제4항) 승계인은 종전의 권리자에게 심결이 송달되어 심결 등에 대한 소의 제소기간이 진행되는 것을 안 날로부터 2주일 이내에(다만 상표법 제162조 제4항 단서의 부가기간이 정해진 경우는 그 부가기간 이내에) 스스로 원고로 되어 소를 제기함으로써 자기의 권리를 보전할 수 있게 된다(행정소송법 제8조 제2항, 민사소송법 제173조)고 본다.

세 번째 견해(피승계인·승계인설)로는 원칙적으로 피승계인에게 원고 적격을 인정하되 승계인에 원고적격이 없다고 하면 종전의 권리자가 양도가 끝난 상표권 등에 더는 관심을 갖지 않고 취소소송을 제기하지 않을 수 있고 이 경우 승계인은 심결에 대한 불복신청수단이 없어지게 되어 가혹하다는 점과 승계인은 상표법 제20조에 의해 피승계인을 당사자로 하는 심결의 효력을 승계하고 있기

리자에 대한 사정 또는 심결 등의 효력은 권리의 승계인에게도 미치며 특허법 제20조(우리 특허법 제18조)는 위와 같은 취지를 포함하는 것으로 해석할 수 있다고 하고 있다.

17) 특허소송실무(주 13), 32~33; 이상경(주 6), 61~62; 滝川叡一(주 6), 20; 高林克巳(주 5), 60.

때문에 심판절차의 당사자 지위도 승계하고 있다고 보아야 한다는 이유로 권리이전등록을 마친 승계인도 원고적격이 있다고 보아야 한다는 견해이다.[18]

　이에 관한 특허법원의 실무는 아직 확립되어 있지 않다. 특허법원에서는 심판청구기각심결을 받은 원고가 구 권리자인 심결의 피청구인과 특정승계인에 대하여 각각 별소를 제기한 사안에서 특허법원은 특정승계인에 대한 소를 취하시키고 구 권리자에 대한 소에 특정승계인을 참가시킨 사례[19]가 있으나, 한편으로는 심판절차 진행 중의 특정승계인이 당사자로서 단독으로 심결취소소송을 제기한 경우에도 이를 인정[20]하고 있다.

　피승계인설에 대하여는 구 상표법 당시 대법원에의 상고가 항고심판의 속심이고, 대법원이 특허청의 상급행정관청으로서 취급되고 있었던 것을 전제로 하여 당사자항정주의[21]를 상고심에도 미치게 한 것으로서 대법원 자신이 상표법 제21조에 의하여 양수인에 대하여 속행명령을 발하는 것이 가능하다고 해석할 수 있고,[22] 또한 그와 같이 해석하지 않으면 소송승계주의와 당사자항정주의를 병용한 상표법 제20조, 제21조의 취지에도 반하는 부당한 결과를 방지할 수 없게 되지만, 현행 상표법의 구조는 특허법원에 있어서의 심결 등에 대한 소는 심판의 속심이 아니라 별개독립의 행정소송이므로 상표법 제20조에 의한 당사자의 항정, 제21조의 속행명령에 의한 당사자의 지위의 승계는 심판절차에서 타당한 것이고 심결 등에 대한 소에 이를 적용할 여지는 없다는 비판이 가해진다.[23] 따라서 논리적으로는 승계인설에 더 설득력이 있다.

　다만, 특허청의 실무에서는 권리이전 등의 신고가 있으면 승계인에게 절차

---

18) 竹田稔, 永井紀昭 編(주 13), 114.

19) 특허법원 2001. 2. 23. 선고 2000허5957 판결(확정).

20) 특허법원 2003. 8. 21. 선고 2002허7346 판결(확정)로서 세 번째 견해(피승계인·승계인설)에 가깝다. 일본의 실무는 권리변동신청 등이 있으면 이를 소송에 가능하면 빨리 반영시켜 양수인에게 절차를 속행하는 방향으로 운용하고 있다고 한다. 竹田稔, 永井紀昭 編(주 13), 117.

21) 상표법 제20조와 같이 특허법 제18조(절차의 효력의 승계)는 "특허권 또는 특허에 관한 권리에 관하여 밟은 절차의 효력은 그 특허권 또는 특허에 관한 권리의 승계인에게 미친다."라고 규정하고 있다. 우리나라에서는 이상경(주 6), 62에서 위 조항을 당사자항정주의를 규정한 것으로 보고 있고, 일본에서도 이와 동일한 내용의 특허법 제20조가 특허법 제21조(우리 특허법 제19조)에서 규정하는 권리이전 후 속행명령까지의 간격을 보전하기 위하여 당사자항정주의를 채용한 것으로 해석하고 있다, 滝川叡一(주 6), 20.

22) 다만, 일본 대심원 昭2. 5. 25. 昭2년(オ) 50號, 대심원 昭4. 1. 30. 昭2년(オ) 641號는 상고심에서는 속행명령을 발할 수 없다고 한다.

23) 滝川叡一(주 6), 21-22.

를 속행하고 있지만, 실제로 그 절차를 취하지 않는 사례가 종종 있고, 또한 승계의 절차가 이루어진 것을 심사관, 심판관이 알게 되기까지 어느 정도의 시일을 요하며,24) 또한 상표법 제20조의 규정을 근거로, 권리가 승계되더라도 종전 권리자가 수행한 내용이 승계인에게도 미치는 것으로 이해하고 그와 같이 실무를 처리하는 것이 특허청에서의 지금까지의 관행이므로 이러한 점을 감안하면 반드시 승계인설만을 고집할 수 없다.

따라서, 논리와 실무의 문제점을 두루 검토해볼 때 승계인설 내지 승계인·피승계인설을 취하는 것이 옳다고 본다.

(나) 피고적격

심판절차 중에 특정승계가 이루어진 경우 심판장이 양수인에 대하여 절차를 속행하였으면 그 양수인이 피고적격을 가짐은 당연하나, 양수인에 대하여 속행명령이 내려지지 않은 채 구 권리자를 명의인(당사자, 피청구인)으로 하여 심결이 된 경우에 위 견해들 중 어느 견해를 따르느냐에 따라 피고적격을 가지는 자가 권리의 승계인인가 구 권리자인가 하는 점이 문제로 된다.

이에 대하여 피승계인설은 심판장이 권리승계인에 대하여 절차를 속행하지 않는 한 원 권리자가 피고적격을 갖고, 심판절차 중 및 심판 후의 승계인은 청구인 또는 피청구인으로서의 적격을 가지지 않으므로 승계인은 구 권리자(양도인)에 대하여 소가 제기된 후 승계참가 또는 원고의 인수참가신청에 의하여 소송의 당사자로 될 수 있다고 한다. 이러한 해석론은 소제기 단계에서 소송당사자를 심결의 명의자로 한정하고 승계인과의 관계는 절차의 승계에 의하여 문제를 해결하는 점에서 심판절차의 명확성을 관철할 수 있는 이점이 있다.25)

─────────────

24) 특허등록업무에 대하여 최근에는 전산화되어 이를 쉽게 확인할 수 있으나 그래도 2~3일 정도가 걸린다고 한다. 상표등록업무도 그와 큰 차이가 없을 것으로 생각한다.

25) 한편, 피고적격에 관한 것은 아니지만, 대법원 1977. 12. 27. 선고 76후33 판결은 실용신안권자가 자신이 청구한 권리범위확인 심판 계속중 그 제조판매영업권을 양도하였다 하더라도 실용신안법상의 이해관계인임에는 변함이 없으므로 양도인의 당사자로서의 지위에 아무런 영향도 미치지 아니할뿐더러 양도인에 대한 심결이나 판결의 효력은 승계인에게도 미치는 것이므로 양도인은 종국에 이르기까지 당사자로서 자기 또는 승계인을 위하여 행위할 당사자적격을 가진다고 하였고, 대법원 1989. 6. 27. 선고 88후332 판결은 상표법 제43조 소정의 등록상표무효심판청구에 있어서의 이해관계인이라 함은 그 등록상표와 동일 또는 유사한 상표를 사용한 바 있거나 현재 사용하고 있음으로써 등록상표의 소멸에 직접적인 이해관계가 있는 자를 말하며 이해관계인이 무효심판청구를 한 후 그 인용상표의 상표권을 타에 양도하고 그 이전등록까지 마쳤더라도 이는 이해관계의 유무를 판단하는데 기준이 될 수 없다고 하고, 대법원 1982. 4. 27. 선고 80후94 판결도 상표등록 무효심판청구에 있어서의 이해관계인이라 함은 그 등록상표와 동일 또는 유사한 상표를 사용한 바

그리고 승계인설에 의하더라도, 심판절차에서 당사자항정이 인정되어 종전의 권리자가 당사자로 표시되어 있는 이상 양도인을 피고로 하여 특허소송을 제기한 다음 승계절차를 거쳐 승계인을 피고로 하여야 하며, 양수인을 피고로 하여 특허소송을 제기한 경우에는 양수인이 심결의 당사자가 아니었던 이상, 양도인으로 피고를 경정한 다음 양수인으로의 승계절차를 거치는 것이 타당하다고 보고 있다.26)

따라서, 이 부분에 대하여는 피승계인설, 승계인설 모두의 견해가 일치되고 있는데, 이러한 논리는 상표소송에도 적용될 수 있다

원 권리자가 심결에서 당사자(청구인 또는 피청구인)로 표시되어 있는 이상 심결의 반대 당사자는 상표법 제163에 의하여 양도인을 피고로 하여 소제기까지 할 수 있는 것이고 만일 양수인만을 상대로 하여 소를 제기하여야 한다면, 심결취소소송의 원고가 되는 자(상표권자의 상대방)는 사실상 권리의 승계사실을 알 수 없어 제소기간을 준수할 수 없게 될 우려가 있다는 점에서도 양도인에게 피고적격을 인정함이 타당하다.

나. 심결 후 소 제기 전 승계

(1) 일반승계

심결 후 소제기 전에 일반승계가 있었던 경우에는 승계인은 심판사건의 당사자 등의 지위를 당연히 승계하기 때문에 당사자적격을 갖는 자는 승계인이다.

피고로 되어야 할 측에 일반승계가 있었음에도 원고가 사망사실을 모르고 피고로 표시하여 소를 제기하였을 경우에는 사실상 피고는 사망자의 상속인이고 다만 그 표시를 잘못한 것에 불과하므로,27) 당사자표시변경신청을 하여 상속인을 피고로 할 수 있다.

또한, 심결취소소송은 행정소송법 제8조에 의하여 행정소송법과 민사소송법이 적용 및 준용되는바, 민사소송법 제260조 및 행정소송법 제14조에 원고가 피고를 잘못 지정한 때에는 법원은 원고의 신청에 의하여 피고를 경정할 수 있는 규정이 마련되었으므로 이들 요건에 맞추어 피고를 경정할 수도 있다.

있거나 현재 사용하고 있음으로써 등록상표 소멸에 직접적인 이해관계를 갖는 자를 말하고 무효심판 청구인이 사용한 상표의 등록 여부 또는 등록된 경우에 있어 존속기간 만료로 소멸된 여부는 이해관계의 유무를 판단하는 기준이 될 수 없다고 하였다.

26) 이상경(주 6), 68; 滝川叡一(주 6), 37-38.

27) 대법원 1983. 12. 27. 선고 82다146 판결.

(2) 특정승계

(가) 원고적격

심결 후에 상표권 등의 특정승계가 있었던 경우에도 심결 전에 상표권의 승계가 있었던 경우와 같은 해석론이 있을 수 있다.

즉, 심결에 당사자로 표시된 피승계인이 소를 제기하여야 한다고 하는 입장에서는 제소기간 내에 권리양수에 관해서 권리이전등록이 있었더라도 심리종결통지서에 신청, 등록이 행해졌지만 양수인에 대해 절차가 속행될 수 없었던 경우와 같이 보아 승계인은 소를 제기할 수 없고 승계참가의 신청에 의하여 당사자로 될 수 있다고 본다.

이에 대해 일본의 견해이지만, 승계인이 소를 제기하여야 한다고 보는 입장에서는 권리의 양도에 의해 당사자의 지위가 승계되어 종전의 권리자는 원칙적으로 원고적격을 상실한다고 본다.[28] 또한, 피승계인 및 승계인 모두가 소를 제기할 수 있다는 태도에서는 원칙적으로 심결에 당사자로 표시된 피승계인이 소를 제기하여야 하지만 심결의 당사자로서 행해진 심결의 효력이 승계인에게도 미친다는 이유를 들어 승계인에게도 당사자 적격이 있다고 본다. 다만, 승계인에게 당사자 적격이 있다고 보더라도 상표권 등의 특정승계는 등록이 없으면 효력이 발생하지 않기 때문에 권리의 승계인이 소송제기 및 권리이전등록의 양쪽 모두를 제소기간 내에 하지 않으면 부적법한 소로 되고, 제소기간 경과 후에 권리이전등록이 행해져도 그 하자는 치유되지 않는다.

일본 판례 중에는 심판장이 심리종결의 통지(우리 특허법 제162조 3항[29])를 한 후 특허소송 제기 전에 권리의 승계가 있었으나 그 권리양도에 관하여 특허청장에 대하여 신고가 되기 전에 양수인이 소를 제기한 경우 위 소송은 부적법하고, 소제기기간 경과 후에 그 신고가 되어도 그 흠결은 보정되지 않는다고 한 것이 있다.[30]

---

28) 이 견해에 서 있는 滝川叡一은 심결 후에도 피승계인만이 당사자 적격을 갖는다는 태도는 항고심판소가 존재하고 대심원을 항고심판의 속심으로 보던 대심원의 판례를 원용하고 있는 것이어서 타당하지 않다고 본다. 즉, 특허소송을 심판과는 별개 독립의 행정소송으로 생각한다면 원고적격에 관하여 위와 같은 견해를 취할 수 없고 당사자에게 심결취소의 이익을 가질 것도 필요로 하기 때문에 특허권자로서 심판의 당사자인 지위에 있던 자가 심결 후 그 권리를 타인에게 양도한 경우에는 양도인을 당사자로 원고적격을 인정할 이유가 없어진다고 주장한다. 滝川叡一(주 6), 22-23.

29) 상표법 제149조 제3항과 같다.

30) 동경고재 소화 58. 11. 17. 판결 취소집 612.

이 경우에 어느 입장을 취하느냐에 따라 실제로 일어날 수 있는 문제점들을 상표등록무효심판을 중심으로 경우를 나누어 검토해 본다.[31)

① 상표권자가 심판에서 패한 후 권리를 양도하였을 때

이에 대하여는 ㉮ 상표법 제162조 제2항에서 심결취소소송을 제기할 수 있는 자(원고)로서 '당사자'를 규정하고 있는 이상, 자신에게 불리한 심결을 받은 양도인에게는 비록 권리를 양도하였다 하더라도 원고적격은 인정하여 줄 필요가 있고, ㉯ 또한 양도인과 양수인이 내부적으로는 양도인이 소송까지 책임지고 마무리해 주기로 약정하는 경우가 많아 양도인이 담보책임을 지지 않기 위해서도 소송을 성실히 수행할 가능성이 있으며, 가사 불성실하게 소송을 수행할 우려가 있으면 제소 후 양수인이 승계참가를 하면 될 것이므로 양도인에게 소송을 담당케 하더라도 별 문제는 없으며, ㉰ 만일 양수인만이 원고적격을 가진다고 해석하면 양도가 제소기간이 임박하여 이루어진 경우에는 양수인이 제소기간을 놓칠 위험이 있게 될 것이며, ㉱ 앞서 본 심판도중에 상표권 등의 양수가 이루어졌으나 심판장이 권리양수인에 대하여 절차를 속행하지 않고 종전의 권리자를 당사자로 하여 심결한 경우와 심결후 권리가 양도된 경우를 달리 취급할 이유가 없으며, ㉲ 승계인에게 절차의 효력을 승계하도록 규정한 상표법 제20조가 심판단계를 넘어서 소송단계에까지 미치는 것인지 여부와 관련하여, 상표법 제20조가 상표법의 편제상 제1장 총칙규정에 위치하고 있음을 이유로 제8장에 위치한 소송편에도 적용된다고 해석한다면 구 권리자로 하여금 소송을 수행케 하더라도 그 판결의 효력이 승계인에게 미치게 되므로 불합리한 점이 없게 되는 점을 고려하면 양도인에게 원고적격을 인정함이 타당하다고 볼 여지가 있다.

그러나 이에 대하여는 ㉮ 상표법 제162조 제2항이 규정하고 있는 심결취소소송을 제기할 수 있는 '당사자'라 함은 자신에게 불리한 심결을 받은 것으로 족한 것이 아니라 실질적으로 그 권리를 가지고 있는 자이어야만 하므로 권리를 타인에게 양도한 경우에는 불리한 심결을 받은 자라 하더라도 원고적격을 인정하여 줄 필요가 없고, ㉯ 양도인과 양수인이 내부적으로는 양도인이 소송까지 책임지고 마무리해 주기로 약정하는 경우에는 양도인이 담보책임을 지지 않기 위해서도 소송을 성실히 수행할 가능성은 있을 것이나 항상 그러한 약정이 있다거나 양도인이 성실히 소송을 수행하리라고 예상되는 것은 아니며(이 경우

---

31) 이 부분 내용은 2001년경 대법원 재판연구관으로 근무하시던 강동세 변호사가 대법원 99후1546 사건과 관련하여 작성한 연구내용을 토대로 정리한 것이다.

는 이러한 사정만으로 양도인에게 심결취소의 이익을 인정할 수 있을지도 문제될 수 있다.), ㉯ 양도가 제소기간이 임박하여 이루어진 경우에도 양도인이 미리 제소부터 해 놓고 양도를 하거나 양수인에게 그러한 사정을 미리 설명한다면 양수인이 제소기간을 도과할 가능성의 문제는 해결될 수 있을 것이며, ㉰ 앞서 본 심판도중에 상표권 등의 양수가 이루어졌으나 심판장이 권리양수인에 대하여 절차를 속행하지 않고 종전의 권리자를 당사자로 하여 심결한 경우는 당사자항정주의가 적용되지만 심결 후에는 이를 적용될 여지가 없으며, ㉱ 승계인에게 절차의 효력을 승계하도록 규정한 상표법 제20조가 심판단계를 넘어서 소송단계에까지 미치는 것인지 여부와 관련하여, 만일 이를 부정한다면 양수인으로 하여금 소송을 수행케 함이 타당할 것인데 현행 상표법하에서 위 상표법 제20조가 소송단계에서도 적용된다고 보는 해석은 없는 것 같고,[32] 따라서 당사자항정주의를 규정한 상표법 제20조의 규정은 특허청 또는 특허심판원 단계에서만 적용되는 것이므로 심판과 별개독립의 구조를 취하고 있는 현행 상표소송제도하에서는 이를 근거로 양도인에게 원고적격을 인정할 논리적 필연성은 없으며, 바로 이 규정이 상표쟁송제도가 변경되었음에도 불구하고 상표법의 개별규정들이 이에 따라 정치하게 개정되지 않고 종래의 속심구조하에 있던 규정을 그대로 답습하고 있는 대표적인 규정이라 할 수 있으므로 양수인에게만 원고적격을 인정함이 타당하다는 반박도 있을 수 있다.

　② 상표권자가 심판에서 이긴 후 권리를 양도하였을 때

　이때에는 심판청구인측에서 상표권자측을 상대로 소를 제기하여야 할 것인데 이 경우에도 피승계인설의 입장에 서면 당사자항정주의를 인정하여 구 권리자인 양도인을 상대로 소송을 제기하여야 할 것이나, 승계인설의 입장에 서면 양도인을 상대로 소를 제기하는 것은 부적법하고 양수인을 상대로 소를 제기하여야 할 터인데 심판청구인으로서는 상표권의 양도사실을 사실상 알기 어려운 문제가 있으므로 이 경우에는 후설의 입장에서도 이 점을 감안하여 피고경정을 허용하고 있다. 그러나 피고의 경정을 하더라도 상표권의 양도사실을 알아야 비로소 가능한 것이고 일반적으로 무효심판청구권 보전을 위한 상표권의 처분금지가처분이 받아들여지고 있지 않으므로 심판청구인으로서는 수시로 상표권의

---

32) 中山信弘, 編, 注解 特許法(上)(第3版), 靑林書院(2000), 179-180(田倉 整 집필부분). 다만 구 특허법하 판결인 대법원 1967. 6. 27. 선고 67후1 판결에서는 특허법 제18조에 의하여 심결이나 판결도 승계인에게 적용되는 것으로 보는 것 같다.

양도여부를 확인하여야 할 것이나 이는 사실상 기대하기 어려울 것이고, 특히 상표권자가 심판단계에서 유리한 심결을 받기는 하였지만 자신의 상표권이 무효가 될 것을 우려한 나머지 이러한 점을 악용하여 청구인 몰래 그것도 변론종결 시에 임박하여 상표권을 양도하고서도 이를 묵비하게 되면 청구인으로서는 구 상표권자를 상대로 제소할 것이어서 변론종결시까지 피고의 경정이 이루어지지 않아 이를 이유로 소송이 각하되거나 혹은 상고심에서 이것이 밝혀져(이는 구 상표권자가 특허법원에서 패소하고 상고한 뒤에 비로소 이를 주장하는 경우도 있을 수 있다) 원심판결이 피고적격 없는 자를 상대로 한 것임을 들어 원심판결을 파기하고 소를 각하하게 되면 취소되어야 할 특허심판원의 심결이 확정되게 되어 불합리한 점이 있다.

이에 대하여 승계인설의 입장에서는 오히려 가처분제도가 인정되지 않으므로 무효심판청구인으로서는 정당한 피고가 누구인지를 관심을 가지고 수시로 이를 살펴보아야 할 것이며, 변론종결 직전이나 변론종결 직후에 상표원부를 확인함으로써 권리이전사실을 쉽게 확인할 수 있으므로 피고를 경정할 수 있고, 가사 변론종결 후에 이를 발견하더라도 이러한 사정을 들어 변론재개를 신청하면 될 터이므로 그러한 부담을 지운다 하더라도 부당하다고는 할 수 없다는 반론이 있을 수 있다.

③ 소결

앞서 본 사정을 감안하면 논리적으로는 양도인에게 원고적격을 인정하지 않아야 하고, 가사 이를 인정한다 하더라도 변론종결시까지 양수인의 승계참가가 이루어지지 않는다면 후술하는 바와 같이 양도인에게 심결취소의 이익을 부정하는 편이 상당한 설득력을 가지고 있다고 할 것이나, 양수인이 심판단계에서 유리한 심결을 받았느냐, 불리한 심결을 받았느냐, 심판장이 속행명령을 발하였느냐는 우연한 사정에 따라 그 결론이 달라져서는 곤란할 것이고, 나아가 다음에서 보는 바와 같은 점을 고려하면 무조건 양도인에게 당사자적격을 부정하는 것도 문제가 있다.

즉, ㉮ 심판과 별개독립의 구조를 취하고 있는 현행 상표소송제도하에서 상표법 제162조 제2항은 심결취소소송을 제기할 수 있는 당사자(원고)로 당사자, 참가인 또는 참가신청을 하였으나 거부된 자로 한정하고 있으므로 자신에게 불리한 심결을 받은 이상 심결 후의 양도인에게도 원고적격을 인정하는 것이 문리해석상 타당하고, 또한 당사자를 확정함에 있어서도 간명하며,[33] ㉯ 당사자항정주의를 규정한 상표법 제20조의 규정은 특허청 또는 특허심판원 단계에서만 적용되는 것이라면, 제소단계는 벌써 특허청의 단계를 벗어나는 것이므로 심판 도중에 상표권 등의 양수가 이루어졌으나 심판장이 권리양수인에 대하여 절차를 속행하지 않고 종전의 권리자를 당사자로 하여 심결한 경우와 심결 후 권리가 양도된 경우를 달리 취급할 특별한 이유가 없으므로(다만 전자의 경우는 심판절차에서 당사자항정주의가 인정되기 때문에 원 권리자가 심결에서 당사자로 표시되어 있는 이상 원고로서 소제기까지 할 수 있는 것이라고 해석할 여지는 있다.) 전자의 경우에는 양도인에게 원고적격을 인정하면서 후자의 경우에는 인정하지 않는다는 것은 논리적 근거가 약하며, ㉯ 양도인과 양수인이 내부적으로는 양도인이 소송을 책임지기로 약정하는 경우가 많아 양도인이 담보책임을 지지 않기 위해서도 소송을 성실히 수행할 가능성이 있고, 가사 불성실하게 소송을 수행할 우려가 있으면 제소 후 양수인이 바로 승계참가를 하면 될 것이므로 양도인에게 소송을 담당케 하더라도 실제에 있어서는 큰 문제가 없으며, ㉰ 심결에 당사자로 나타난 권리자는 그 권리양도 후에도 여전히 원고적격을 가진다고 보는 인식이 상표업계에 여전히 남아 있고, 또한 지금까지의 특허청의 실무관행도 상표법 제20조의 규정을 근거로 권리가 승계되더라도 종전 권리자가 수행한 소송수행의 결과가 승계인에게도 미치는 것으로 처리하여 오고 있으므로 이러한 현실을 무시하고 양도인에게 원고적격을 부정하는 것은 상당한 혼란을 가져올 것이어서 곤란한 점이 있다.

따라서 이러한 사정 및 상표사건의 특이성을 고려하면 양도인이나 양수인 모두에게 원고적격을 인정하거나 적어도 양도인에게는 원고적격을 인정하는 편이 타당할 것이다.[34] 이와 같이 해석한다면 반대로 상표권자가 심판에서 이긴 경우에도 균형상 심판청구인이 양도인을 상대로 제소케 할 수 있도록 허용함과 동시에 변론종결시까지 양수인을 상대로 피고경정절차를 밟게 하거나 인수참가 절차를 밟도록 하여야 할 것이다.[35]

---

33) 소송구조가 다르기는 하나 속심구조인 민사소송에서 1심 판결후 계쟁물을 양도받은 양수인은 바로 항소를 제기할 수는 없고(다만 이 때에도 항소제기에 승계참가의 의사도 포함되어 있는 것으로 보고 이를 보정케 하는 것이 실무의 태도이다.) 승계참가를 함과 동시에 항소를 제기할 수 있는 것이다.

34) 다만, 그 변론종결시까지 승계참가 등의 절차를 밟지 않을 경우에는 그 양도인(원고)에게 심결취소의 이익을 부정하는 편이 논리적이라는 주장도 있을 수 있다.

35) 이러한 해석론을 취하면 피고경정절차나 인수참가 등의 절차를 취하지 않을 경우 그 처리방식이 문제될 수 있고 부적법한 것으로 처리한다면 실제로는 특허법원단계에서 이를

이 점과 관련하여 대법원 1967. 6. 27. 선고 67후1 판결은 등록무효심판 계속 중 피심판청구인의 등록권리가 제3자에게 이전되었다고 하더라도 특허법이나, 민사소송법상 사건 계속 중, 그 등록권리의 특별승계가 있는 경우 승계인으로 하여금 당사자의 지위를 당연히 승계하도록 하는 규정이 없으므로, 계쟁 권리에 대한 처분금지가처분에 관한 규정이 없는 위와 같은 특허사건의 피심판청구인은 계쟁중인 등록권리를 타인에게 양도함으로써 심판청구인으로 하여금 속수무책으로 패배케 하는 불합리한 결과에 이르게 하는 사례가 없지 않을 것인즉, 이러한 결과를 막기 위하여 특허사건의 특이성과 당사자 쌍방과 권리승계인의 권리관계를 공평히 교량하고, 특허법 제32조(현행 특허법 제19조와 유사하다)의 취지를 감안하여 당사자로서의 지위에는 아무런 영향이 없다고 하여 이러한 입장에 부합된다.

다만, 위 판례는 소송구조가 아닌 구 특허법 하의 특허청 심판소에서의 속심구조하에서 나온 판례로서, 특허심판원과 특허법원의 심급관계를 엄격히 구분하여 별개독립의 단계로 이해되고 있고, 민사소송법은 기본적으로 소송승계주의를 채택하고 있는 현행 특허법 내지 상표법하에서도 과연 그러한 해석이 유지될 수 있을지 의문을 가지는 견해가 있을 수 있고, 나아가 대법원 1969. 5. 27. 선고 68다725 판결은 비록 민사사안이기는 하나 소송계속 중 계쟁부동산을 타인에게 양도한 경우에 양도인은 양수인에 대한 그 부동산의 인도의무이행을 위해 소의 이익이 없다고 하여 그와 배치되는 종전의 대법원 1968. 6. 25 선고 68다758 판결을 폐기함으로써[36] 위 판결과는 다른 태도를 보이고 있으나 이는 방해배제청구권이라는 물권적 청구권은 소유권에서 파생되는 것이고 이를 소유

각하하기보다는 대법원에 가서 비로소 상대방이 이를 상고이유로 삼아 각하하여야 한다고 주장하거나 우연한 사정으로 그것이 밝혀지는 경우에야 비로소 알 수 있을 것이다.

36) 이 판례는 소유권을 양도함에 있어 소유권에 의하여 발생되는 물상청구권을 소유권과 분리하여 소유권 없는 전소유자에게 유보하여 제3자에게 대하여 이를 행사케 한다는 것은 소유권이 절대적 권리인 점에 비추어 허용될 수 없는 것으로서 이는 양도인인 전소유자가 그 목적물을 양수인에게 인도할 의무가 있고 그 의무 이행이 매매대금 잔액의 지급과 동시 이행관계에 있다거나 그 소유권의 양도가 소송(방해배제 등) 계속중에 있었다고 하여 다를 리 없으므로 일단 소유권을 상실한 전소유자가 제3자인 불법 점유자에게 대하여 물권적 청구권에 의한 방해배제를 청구할 수 없으며 토지의 전 소유자인 원고가 소제기 후에 소유권을 양도한 것이라 하여도 임대차 종료 등 채권적 권리에 의하여 그 목적물의 반환을 청구하는 것이 아니라 토지의 매도자로서 그 토지상에 있는 피고 소유건물을 철거하여 매수자에게 인도할 의무가 있다는 이유만으로 이미 그 소유권을 상실한 원고가 피고에게 대하여 그 불법 점유에 의한 방해배제를 청구할 수는 없다고 하였다. 위 대법원 68다725 판결의 취지는 대법원 1980. 9. 9. 선고 80다7 판결에서도 유지되고 있다.

권과 분리하는 것이 불가능하기 때문에 위와 같은 해석이 불가피한 것에 기인하는 측면이 있다.

이에 관하여 대법원 2001. 6. 29. 선고 99후1546 판결(미간행)의 판결이유에는 명시적으로 나와 있지 않으나, 특허심판원의 심결 후 심결취소소송의 소제기 직전에 특허발명의 특허권이 원고에서 그가 대표이사로 있는 회사로 이전등록되었는데도 불구하고 원고가 당사자가 되어 소를 제기하고 그 변론종결시까지 특허권의 양수인인 위 회사가 승계참가 등의 절차를 취하지 않아 원심판결이 원고명의로 선고되고 상고도 원고를 상대로 제기된 사안이었는데, 대법원은 원고에게 당사자적격 및 심결취소의 이익을 긍정함을 전제로 상고를 기각하였다. 이는 묵시적으로 피승계인에게도 원고적격을 인정하는 견해를 취하였다고 해석될 여지가 있다.

(나) 피고적격37)

앞에서 본 바와 같이 심결 등에 대한 소에서의 피고적격에 관한 규정(상표법 제162조)은 입법정책적인 이유에서 비롯된 것인데 이러한 입법정책적인 이유로 인해 실무에서는 상표소송에서 당사자계 심판의 심결을 취소하는 판결문에 기재된 피고는 본래 피고로 되어야 할 특허청장을 대신하여 소송을 수행하는 것에 지나지 않아서, 심결을 취소하는 판결이 확정된 경우에도 그 판결은 행정청인 특허청(특허심판원)에 대하여 효력이 발생하는 것이고(상표법 제165조 제2항, 행정소송법 제30조 제2항), 판결문에 기재된 피고에게 특별한 효력이 생기는 것이 아니라고 보고 있다.38)

따라서, 판결문에 기재된 피고는 침해소송에서는 심결을 취소하는 판결의 이유로 되는 것에 구속되지 않고 자신의 주장을 입증하기 위하여 다른 증거자료를 제출할 수 있다.

즉, 심결취소소송의 경우 심결을 취소한 판결은 심결을 확정한다는 것 이상의 의미가 없고 심결을 취소하는 판결은 특허청에 대한 것이 되며, 판결문에 기재된 피고는 특허청을 위한 소송담당자에 지나지 않아서 실체상의 권리의무관계에 관하여 어떠한 의무도 부담하지 않는 것이다.39)

---

37) 이 부분 내용은 2003년경 대법원 재판연구관으로 근무하시던 강기중 변호사가 대법원 2001후2054 사건과 관련하여 작성한 연구내용을 토대로 정리한 것이다. 특히 내용 중 승계인설과 피승계인설을 취할 경우의 문제점에 대한 부분은 연구내용을 그대로 옮긴 것이다.
38) 中山信弘 編, 注解 特許法(下)(第3版), 2000, 1713-1714(田倉 整, 仁木弘明 집필부분).
39) 中山信弘 編(주 38), 1714.

앞서 본 견해에 따라 정리하면, 심결에서 청구가 기각된 심판청구인이 상표 권자를 상대로 소를 제기하는 경우에 피고적격이 양도인에게 있다는 '피승계인 설'은 상표법상 심결취소소송에서의 피고적격은 원칙적으로 심결에 당사자로 표시된 자이고(상표법 제163조) 상표권에 관하여 밟은 절차의 효력에 관하여 당 사자항정주의(상표법 제20조)가 적용됨을 이유로 구 권리자인 양도인을 피고로 하여 소송을 제기하여야 한다고 본다.40) 그리고 '피승계인 및 승계인설'에서도 원칙적으로는 양도인이 심결의 명의인인 당사자이므로 피승계인에게 피고적격 이 있지만, 심결의 효력이 승계인에게 미치므로 소제기 및 신고·등록이 모두 제소기간 내에 이루어졌다는 조건하에서 승계인에게도 당사자적격이 있다고 보 는 견해이므로 구 권리자인 양도인을 피고로 하여 소송을 제기하는 것이 적법 하다고 본다.41)

한편, 피고적격이 양수인에게 있다는 '승계인설'에서는 권리이전에 대한 신 고·등록이 심결 후 소제기 전에 이루어진 경우에 당사자 지위의 승계를 인정하 여 양도인을 상대로 소를 제기하는 것은 부적법하고 양수인을 상대로 소를 제 기하여야 한다고 본다. 다만, 승계인설을 취하더라도 심판청구인으로서는 상표 권의 양도사실을 사실상 알기 어려운 문제가 있는 점을 감안하여 이 경우 양도 인에게 피고적격이 있음을 인정하면서, 상표소송이 행정소송과 민사소송의 성 격을 모두 지니고 있음을 들어 행정소송법 제14조에 따른 피고의 경정을 하여 야 한다고 보거나, 민사소송법 제81조에 따른 양수인의 승계참가라는 적극적 행 위에 의해 비로소 원권리자가 '당사자'인 지위를 상실하게 된다고 보고 있다.42)

그러나 피고의 경정을 하더라도 상표권의 양도사실을 알아야 비로소 가능한 것이고 일반적으로 무효심판청구권 보전을 위한 상표권의 처분금지가처분이 받 아들여지고 있지 않으므로 심판청구인으로서는 수시로 상표권의 양도 여부를 확 인하여야 할 것이나 이는 사실상 기대하기 어려울 것이고, 특히 상표권자가 심 판단계에서 유리한 심결을 받기는 하였지만 자신의 상표권이 무효가 될 것을 우 려한 나머지 이러한 점을 악용하여 청구인 몰래 그것도 변론종결시에 임박하여 상표권을 양도하고서도 이를 묵비하게 되면 청구인으로서는 구 상표권자를 상대 로 제소할 것이고 변론종결시까지 피고의 경정이 이루어지지 않아 이를 이유로

---

40) 竹田稔, 永井紀昭 編(주 13), 118.
41) 竹田稔, 永井紀昭 編(주 13), 119.
42) 이상경(주 6), 68; 滝川叡一(주 6), 22-23, 37.

소송이 각하되거나 혹은 상고심에서 이것이 밝혀져(이는 구 상표권자가 특허법원에서 패소하고 상고한 뒤에 비로소 이를 주장하는 경우도 있을 수 있다) 원심 판결이 피고적격 없는 자를 상대로 한 것임을 들어 원심판결을 파기하고 소를 각하하게 되면 취소되어야 할 특허심판원의 심결이 확정되게 되어 불합리한 점이 있다.

    이에 대하여 승계인설의 입장에서는 오히려 가처분제도가 인정되지 않으므로 무효심판청구인으로서는 정당한 피고가 누구인지를 관심을 두고 수시로 이를 살펴보아야 할 것이며, 변론종결 직전이나 변론종결 직후에 상표원부를 확인함으로써 권리이전사실을 쉽게 확인할 수 있으므로 피고를 경정할 수 있고, 가사 변론종결 후에 이를 발견하더라도 이러한 사정을 들어 변론재개를 신청하면 될 터이므로 그러한 부담을 지운다 하더라도 부당하다고는 할 수 없다는 반론이 있을 수 있으나, 상표권을 양수한 자의 경우는 자신이 상표권이전등록을 할 당시에 이미 상표등록무효심판이나 심결취소소송 제기사실이 상표원부에 등재, 공시되어 있음에도 불구하고 적극적으로 소송에 참여하지 않음으로써 결국 자신의 권리 위에 잠자는 결과를 초래한 것이므로 굳이 승계인설처럼 해석해 가면서 양도인을 상대로 진행된 소송절차의 효력을 부인하는 것은 부당하다.

    따라서 심결 후에 권리가 승계된 경우에 있어서도 원래 심결의 당사자인 양도인을 피고로 하여 제기된 소는 상표법 제163조의 규정에 따라 적법한 것으로 취급하는 것이 타당하고, 양수인이 변론종결일까지 피고 경정이나 승계참가 등의 절차에 의하여 심결취소소송에 관여하지 않았다고 하여 곧바로 심결취소소송의 판결이 피고를 잘못 정한 것이어서 부적법하다고 할 수는 없다.

    이에 관하여 대법원 2003. 5. 27. 선고 2001후2054 판결(미간행)의 판결이유에는 명시적인 판단이 없으나, 위 사건은 원심의 변론종결일까지는 피고가 제3자에게 특허권을 이전하였음을 진술하거나 특허권 이전 후의 특허등록원부를 제출하지 않은 채 자신이 특허권자임을 전제로 계속 소송수행을 하여 왔고, 원심법원도 그 전에 발행된 특허등록원부의 내용만을 믿고 재판을 진행한 결과 양도인인 피고를 당사자로 하는 판결을 하였는데, 실제로는 특허심판원의 심결일 이전에 이미 피고로부터 제3자에게 특허권이 이전되어 있었던 사안이었다. 이에 대하여 피고가 상고이유에서 당사자적격이 없음을 들어 다투었으나 원고가 심결문의 피청구인인 양도인을 피고로 삼아 소를 제기한 것이 적법함을 전제로 피고의 상고를 기각하고 있다.[43] 이는 묵시적으로 피승계인에게도 피고적

---

43) 위 사건에서는 피고가 상고이유로 당사자 적격이 없다는 주장도 하였으나, 대법원은 판

격을 인정하는 견해를 취하였다고 해석될 여지가 있다.

그리고 대법원 2009. 6. 25. 선고 2009후 948판결(상고기각, 심리불속행)은 특허발명에 대한 공유지분 양수인에 대한 이전등록이 '심결 후 소제기 전'에 마쳐졌으나 원고가 양도인을 피고로 삼아 심결취소소송을 제기한 사건에서 소제기 당시 심결의 피심판청구인 중 1인으로 기재된 양도인에게 피고적격이 있었다고 본 데에 위법이 없음을 전제로, 본안에 나아가 판단한 원심판결을 수긍하고 상고를 기각하였다.

한편, 상표법 제125조 제2항에는 같은조 제1항 제1호에 따른 심판청구서의 당사자 중 상표권자의 기재를 바로잡기 위하여 보정(추가하는 것을 포함한다)하는 경우에는 심판청구의 요지를 변경하는 것으로 보지 않고 허용하도록 규정하고 있다.[44)]

다. 소제기 후의 승계

(1) 일반승계

이에 대하여는 상속인 등에게 이해관계가 인정되지 아니한다면 소를 각하하여야 한다는 견해[45)]와 무효심판청구인의 지위는 승계가 없기 때문에 소송종료선언을 하는 것으로 충분하다는 견해[46)]가 있다.

그러나 원고가 심결취소소송의 소장을 법원에 제출한 후 사망했더라도 이해관계가 곧바로 소멸한다고 보기는 어려우므로 소송절차의 중단사유로 되고(민사소송법 제233조, 제234조), 소송절차 수계신청에 의해 소송절차가 속행된다고 봄이 타당하다.

한편, 상표등록무효의 심판청구인이 피고로 되어 있는 심결취소소송에서 피고가 사망한 경우에도 상속인 등 소송을 속행하여야 할 자에게 소송절차를 수계하도록 한다.[47)]

결문에서 명시적인 판단은 하지 않았다.
44) 위 상표법 규정은 2009. 1. 30. 법률 제9381호로 개정된 특허법 제140조에 있는 내용과 같고 그 이전에는 구 상표법 제77조에 의해 특허법 규정을 준용하도록 규정하고 있었다.
45) 특허소송실무(주 13), 51.
46) 이상경(주 6), 61. 그 논거로 이혼소송의 계속 중 당사자 일방이 사망하면 소송이 종료되는 것으로 보아야 한다는 대법원 1994. 10. 28. 선고 94므246, 94므253 판결 등을 근거로 들고 있다.
47) 일본의 판례이지만, 最一判 昭和 55. 12. 18. 昭和五二 (行ツ) 一三0号, "특허무효의 심판청구인이 피고로 되어 있는 심결취소소송의 계속 중 피고가 사망한 경우에는 민사소송법 208조에 의하여 그 상속인이 기타 법령에 의하여 소송을 속행하여야 할 자에 대하여 위 소송의 절차를 수계하여야 하는 것이어서 소송이 종료한 것이 아니라고 해석함이 상당

(2) 특정승계

　소제기 후에 특정승계가 있는 때는, 양수인의 독립당사자참가 또는 양도인 또는 상대방에 의한 소송인수의 신청에 의해 소송에 참가할 수 있고(민사소송법 제79조, 제82조), 이 경우 양도인은 상대방의 승낙을 얻어 소송에서 탈퇴할 수 있다(민사소송법 제80조, 제82조). 이 경우 어느 견해를 취하더라도 결과에 있어서 큰 차이는 없다. 다만, 이때에도 양수인이 승계참가나 인수참가를 하지 않을 경우 판결의 효력이 양수인에게 미치는지 여부가 문제가 될 수 있으나 상표소송에서의 판결의 효력은 실질적으로는 특허청장에게 미치는 것이므로 그 판결의 효력에 아무런 영향이 없다고 봄이 상당하다.48)

〈윤태식〉

　하다. 따라서, 소론과 같이 본소가 원심에 계속 중에 피고 鈴木恒弘가 사망했더라도 위 피고의 관계에서 소송의 종료를 선언하는 판결을 하지 않은 원심의 조치에 소론의 위법은 없다.", 상고인의 상고이유 중의 하나가 "무효심판청구인의 법률상의 지위는 그 성질상 일신전속적인 것이므로 무효심판청구인의 사망과 함께 그 절차는 종료되는 것이므로 상속을 전제로 한 민사소송법 제208조 및 제213조의 규정은 그 적용의 여지가 없다."였으나 배척되고 소송종료선언을 하지 않은 원심의 판단에 위법이 없다고 판단되었다.

48) 어떤 경우에도 피고는 본래의 피고가 되는 특허청장에 갈음하여 소송을 수행한 경우에 지나지 않기 때문에 피고 자신에 대하여는 특별한 효력이 없다. 즉, 심결을 시인하는 판결이 확정되면(심결취소소송의 청구기각), 심판청구를 인용한 심결의 경우나 배척한 심결의 경우 모두 그 심결을 확정하는 효과가 생길 뿐 피고에게 법률적으로 그 이상의 효과는 없는 것이다. 中山信弘 編(주 38), 1713-1714.

> **제22조(절차의 중단)**
> 상표에 관한 절차가 특허청 또는 특허심판원에 계속 중일 때 다음 각 호의 어느 하나에 해당하는 사유가 발생한 경우에는 그 절차는 중단된다. 다만, 절차를 밟을 것을 위임받은 대리인이 있는 경우에는 그러하지 아니하다.
> 1. 당사자가 사망한 경우
> 2. 당사자인 법인이 합병으로 소멸한 경우
> 3. 당사자가 절차를 밟을 능력을 상실한 경우
> 4. 당사자의 법정대리인이 사망하거나 그 대리권을 상실한 경우
> 5. 당사자의 신탁에 의한 수탁자의 임무가 끝난 경우
> 6. 제13조 제1항 각 호 외의 부분 단서에 따른 대표자가 사망하거나 그 자격을 상실한 경우
> 7. 파산관재인 등 일정한 자격에 의하여 자기 이름으로 다른 사람을 위하여 당사자가 된 자가 그 자격을 상실하거나 사망한 경우

<소 목 차>

Ⅰ. 서론

상표에 관한 절차의 정지란 상표에 관한 출원·청구 또는 기타 절차가 특허청 또는 특허심판원에 계속 중에 일정한 사유가 발생한 경우에 절차가 끝나지 아니하고 당해 절차가 법률상 진행되지 않는 상태를 말한다. 그 사유는 법령에 개별적으로 규정되어 있으며, 따라서 관련사건 등으로 인하여 절차가 사실상 정

지된 경우와는 서로 구별된다.

　상표법상 절차의 정지에는 절차의 중단과 중지의 두 가지가 있는데 그 중 본조는 절차의 중단에 대하여 규정하고 있고 절차의 중지에 대하여는 상표법 제25조에서 규정하고 있다.

Ⅱ. 절차 중단의 의의와 연혁

1. 의의

　절차의 중단은 당사자에게 절차를 수행할 수 없는 사유가 발생했을 경우에 새로운 절차의 수행자가 나타나 절차를 수행할 수 있을 때까지 법률상 당연히 절차의 진행이 정지되는 것을 말한다.

2. 연혁

　(1) 1973. 2. 8. 법률 제2505호로 개정된 특허법 제37조에서 절차의 중단과 중지에 관하여 규정하고 그에 관하여 필요한 사항을 대통령령에 위임하였는 바 특허법시행령(1973. 12. 31., 대통령령 제6978호)은 제9조에서 민사소송법을 준용하지 않고 직접 중단 및 중지의 사유, 중단·중지된 절차의 수계 및 그 효과 등에 관하여 직접 규정하였다. 즉, 특허법시행령 제9조 제1항은 "다음 각호의 1에 해당하는 때에는 특허국에 계속중인 절차는 중단된다. 다만, 절차를 밟을 것을 위임 받은 대리인이 있는 경우에는 그러하지 아니하다. 1. 당사자가 사망한 때 2. 당사자인 법인이 합병에 의하여 소멸한 때 3. 당사자가 절차를 밟을 능력을 상실한 때 4. 당사자의 법정대리인이 사망하거나 그 대리권을 상실한 때 5. 당사자의 신탁에 의한 수탁자의 임무가 종료한 때 6. 재외자인 당사자의 특허관리인이 사망하거나 그 대리권을 상실한 때 7. 법 제29조 제1항단서의 규정에 의한 대표자가 사망하거나 그 자격을 상실한 때"라고 규정하였다.

　그 후 절차의 중단에 관한 사항은 중대한 법률효과를 수반하는 법률사항임을 고려하여 직접 법률에 규정하는 것으로 하여 1990. 1. 13. 법률 제4207호로 개정된 특허법 제20조에서 "특허에 관한 절차가 다음 각호의 1에 해당하는 경우에는 특허청에 계속중인 절차는 중단된다. 다만, 절차를 밟을 것을 위임받은 대리인이 있는 경우에는 그러하지 아니하다. 1. 당사자가 사망한 경우 2. 당사자인 법인이 합병에 의하여 소멸한 경우 3. 당사자가 절차를 밟을 능력을 상실한 경우 4. 당사자의 법정대리인이 사망하거나 그 대리권을 상실한 경우 5. 당사자의 신탁에 의한 수탁자의 임무가 종료한 경우 6. 제11조 제1항 단서의 규정에 의한 대표자가 사망하거나 그 자격을 상실한 경우"라고 규정하였다가 1995. 1. 5. 법률 제4892호로 개정된 특허법에서 '특허청'이 '특허청 또는 특허심판원'으로, '계속 중인'이 '계속(繫屬) 중인'으로 변경되고, 2001. 2. 3. 법률 제6411호로 개정된 특허법에서 '계속(繫屬)'이 '계속(係屬)'으로 변경되었으며 2006. 3. 3. 법률 제7871호로 개정된 특허법에서 본문 내용 중 '다음 각호의 1'을 '다음 각 호의 어느 하나'로 변경하고 신설된 제7호에서 '파산관재인 등 일정한 자격에 의하여 자기 이름으로 남을 위하여 당사자가 된 자가 그 자격을 잃거나 사망한 경우'라고 규정하였다.[1]

　　(2) 상표에 관한 절차의 중단에 대하여 상표법이 당초에는 특별히 규정하지 아니하고 있었다가 1973. 2. 8. 법률 제2506호로 전문개정된 상표법 제7조에서 "특허법 제16조, 제20조 내지 제41조의 규정은 상표에 대하여 이를 준용한다." 라고 규정하여 절차의 중단에 대하여 특허법 제20조를 준용하는 형식을 취하고, 1990. 1. 13. 법률 제4210호로 전부개정된 상표법 제5조에서 "특허법 제3조 내지 제26조 및 동법 제28조의 규정은 상표에 관하여 이를 준용한다."라고 규정하여 특허법 제20조를 준용하는 형식을 취하였다.

　　그 후 상표법이 2011. 12. 2. 법률 제11113호로 개정되면서 기존의 특허법 준용규정 형식을 폐지하고 제5조의19(절차의 중단)을 신설하여 "상표에 관한 절차가 다음 각 호의 어느 하나에 해당하는 경우에는 특허청 또는 특허심판원에 계속 중인 절차는 중단된다. 다만, 절차를 밟을 것을 위임받은 대리인이 있으면 그러하지 아니하다. 1. 당사자가 사망한 경우 2. 당사자인 법인이 합병에 따라 소멸한 경우 3. 당사자가 절차를 밟을 능력을 상실한 경우 4. 당사자의 법정대리인이 사망하거나 그 대리권을 상실한 경우 5. 당사자의 신탁에 의한 수탁자의 임무가 끝난 경우 6. 제5조의10 제1항 단서에 따른 대표자가 사망하거나 그 자격을 상실한 경우 7. 파산관재인 등 일정한 자격에 따라 자기 이름으로 다른 사람을 위하여 당사자가 된 자가 그 자격을 잃거나 사망한 경우"라고 규정하였다.

　　그 후 상표법이 2016. 2. 29. 법률 제14033호로 전문개정되면서 문구 수정을

---

1) 2006. 3. 3. 법률 제7871호로 개정된 특허법 제20조에서 권리자의 절차수행권이 박탈된 채 제3자가 자기명의로 그 권리자를 위하여 특허에 관한 절차의 당사자로 된 경우에는 그 제3자가 그 자격을 상실하거나 사망한 때에도 특허에 관한 절차를 중단할 필요가 있어서 민사소송법 제237조 제1항에 상응하는 조문으로 규정하였다.

거쳐 본조와 같이 규정되었다. 구 상표법 제5조의19와 본조의 규정 내용을 비교하면 본문의 '상표에 관한 절차가 다음 각 호의 어느 하나에 해당하는 경우에는 특허청 또는 특허심판원에 계속 중인 절차는 중단된다.', 2호의 '합병에 따라', 6호의 '제5조의10 제1항 단서에 따른', 7호의 '잃거나' 부분이 '특허청 또는 특허심판원에 계속 중일 때 다음 각 호의 어느 하나에 해당하는 사유가 발생한 경우에는 그 절차는 중단된다.', '합병으로', '제13조 제1항 각 호 외의 부분 단서에 따른', '상실하거나' 부분으로 각각 변경된 것 외에 나머지 내용은 서로 같다.

III. 절차의 중단사유

1. 당사자가 사망한 경우

상표에 관한 절차 계속 중에 당사자가 사망한 경우에는 절차의 결과가 사망한 당사자에 대하여 법적 효력을 발생하는 것은 무의미할 것이므로 사망자의 상속인·상속재산관리인 등 새로운 당사자가 될 자의 절차 관여의 기회를 보장하기 위하여 이들이 절차를 수계하기 전까지는 중단된다.

'소송계속 후'에 당사자가 사망한 때에 절차가 중단되는 것이고 당사자가 '소제기 전'에 이미 사망한 경우에는 그것이 후에 판명되었다 하더라도 중단사유가 되지 않으며 이러한 경우 상속인으로의 소송수계신청은 당사자표시정정신청으로 볼 여지가 있을 뿐이다.[2]

소송계속 중 어느 일방 당사자의 사망에 의한 절차의 중단을 간과하고 심결이 선고된 경우에는 그 심결은 소송에 관여할 수 있는 적법한 수계인의 권한을 배제한 결과가 되는 절차상 위법은 있지만 그 심결이 당연무효라 할 수는 없고, 심결이 선고된 후 적법한 상속인들이 수계신청을 하여 심결을 송달받아 취소소송을 제기하거나 또는 사실상 송달을 받아 소장을 제출하고 수계절차를 밟은 경우에도 그 수계와 소의 제기는 적법한 것이라고 보아야 한다.[3]

2. 당사자인 법인이 합병으로 소멸한 경우

당사자인 법인이 다른 법인과의 합병으로 소멸된 때에는 절차는 중단된다. 이 경우 상표에 관한 절차를 수계할 수 있는 자는 신설합병의 경우에는 새로

---

2) 대법원 1962. 8. 30. 선고 62다275 판결 참조.
3) 대법원 2003. 11. 14. 선고 2003다34038 판결 참조.

설립된 법인이며, 흡수합병의 경우에는 존속법인이다.

법인이 합병으로 소멸한 경우에는 상표에 관한 절차를 수계할 법인이 수계할 때까지 그 절차는 중단된다. 당사자인 법인이 합병으로 소멸된 경우만을 절차중단사유로 규정한 것은 합병 이외의 사유로 해산된 경우에는 청산법인이 존재하여 절차를 수행할 수 있기 때문이다. 다만, 청산법인이 청산절차를 밟지 않고 소멸된 경우에는 절차가 중단된다.

3. 당사자가 절차를 밟을 능력을 상실한 경우

미성년자, 피한정후견인(상표권 또는 상표에 관한 권리와 관련된 법정대리인인 있는 경우만 해당한다) 또는 피성년후인은 법정대리인에 의해서만 상표등록에 관한 출원·청구, 그 밖의 절차를 밟을 수 있다(상표법 제4조).

따라서 여기서 당사자가 절차를 밟을 능력을 상실한 경우란 당사자가 미성년자, 피한정후견인, 피성년후견인으로 되는 경우와 같이 당사자가 상표에 관한 절차를 밟을 능력을 상실하는 경우를 의미한다. 여기에서 그 절차를 수계할 수 있는 자는 위와 같이 상표에 관한 절차를 밟을 능력을 상실한 자의 법정대리인으로 된 자, 상표에 관한 절차를 밟을 능력을 회복한 당사자 또는 한정후견인, 성년후견인이다.

4. 당사자의 법정대리인이 사망하거나 그 대리권을 상실한 경우

당사자의 법정대리인이 사망하거나 그 법정대리권을 상실한 경우에는 절차가 중단되는데, 여기에서 법정대리권을 상실한 경우로는 민법 그 밖의 법률에 의하는 것으로 이해되므로 본인이 사망한 경우, 법정대리인이 성년후견개시 등의 심판을 받거나 파산선고를 받은 경우, 본인이 절차를 밟을 능력을 갖게 된 경우(미성년자인 본인이 혼인한 경우, 미성년자가 성년자로 된 경우), 또는 법정대리인의 자격을 상실한 경우(예: 친권을 상실한 경우, 후견인이 사임하거나 해임된 경우 등) 등이 있다.

법정대리인과 달리 소송대리인의 사망이나 소송대리권의 소멸의 경우에는 본인 스스로 소송행위를 할 수 있기 때문에 중단사유가 되지 않는다. 법정대리권의 상실에는 가처분에 의하여 그 권한행사가 금지된 경우도 포함된다.[4]

---

4) 대법원 1980. 10. 14. 선고 80다623, 624 판결 참조.

5. 당사자의 신탁에 의한 수탁자의 임무가 끝난 경우

신탁법에 따른 수탁자의 임무종료를 의미하는 것으로서, 명의신탁관계는 포함하지 않는다.[5] 신탁법에서 "신탁"이란 신탁을 설정하는 자(위탁자)와 신탁을 인수하는 자(수탁자) 간의 신임관계에 기하여 위탁자가 수탁자에게 특정의 재산(영업이나 저작재산권의 일부를 포함한다)을 이전하거나 담보권의 설정 또는 그 밖의 처분을 하고 수탁자로 하여금 일정한 자(수익자)의 이익 또는 특정의 목적을 위하여 그 재산의 관리, 처분, 운용, 개발, 그 밖에 신탁 목적의 달성을 위하여 필요한 행위를 하게 하는 법률관계를 말하고(신탁법 제2조), 수탁자의 임무가 종료하는 경우 법원은 이해관계인의 청구에 의하여 신탁재산관리인의 선임이나 그 밖의 필요한 처분을 명할 수 있다(신탁법 제17조 제1항 본문).

신탁업무와 관련된 법률관계에 있어서는 수탁자가 권리의 주체가 되며, 수탁자의 임무가 끝난 경우에는 권리주체에 공백이 있는 결과가 되어 상표에 관한 절차가 중단되도록 하고 새로운 수탁자로 하여금 절차를 수계하도록 하고 있다.

6. 제13조 제1항 각 호 외의 부분 단서의 규정에 의한 대표자가 사망하거나 그 자격을 상실한 경우

2인 이상이 상표에 관한 절차를 밟는 때에는 제13조 제1항 각 호에 규정된 사항을 제외하고는 각자가 전원을 대표하나 대표자를 선정하여 신고한 때에는 대표자만이 절차를 수행할 수 있다. 따라서 그와 같이 선정하여 신고된 그 대표자가 사망하거나 자격을 상실한 경우에는(가처분에 의한 직무집행정지 포함[6]) 절차가 중단되도록 하였다.

7. 파산관재인 등 일정한 자격에 의하여 자기 이름으로 다른 사람을 위하여 당사자가 된 자가 그 자격을 상실하거나 사망한 경우

권리자의 절차수행권이 박탈된 채 제3자가 자기명의로 그 권리자를 위하여 상표에 관한 절차의 당사자로 된 경우에 그 제3자가 그 자격을 상실하거나 사망한 경우에도 상표에 관한 절차를 중단할 필요가 있어서 규정한 것으로 민사

---

5) 대법원 1966. 6. 28. 선고 66다689 판결.
6) 대법원 1980. 10. 14. 선고 80다623, 624 판결.

소송법 제237조 제1항에 상응하는 조문이다. 예컨대 파산관재인, 유언 집행자 등이 절차를 수행하던 절차를 수행할 자격을 잃거나 사망하면 상표에 관한 절차는 중단된다.

그러나 대위채권자, 추심채권자, 채권질권자 등은 비록 타인을 위하여 소송을 하는 것이지만 자기의 권리에 기해서 하는 것이기 때문에 여기서의 중단사유에 해당하지 않는다.

IV. 중단의 예외사유

이상의 중단사유는 그 중단사유가 생긴 당사자 쪽에 절차를 밟을 것을 위임받은 대리인이 있는 경우에는 절차는 중단되지 않는다(상표법 제22조 단서).[7] 이것은 상표권은 공권의 성질이 있으므로 당사자 등이 사망하더라도 당사자 등이 선임한 대리인의 대리권이 소멸하지 않도록 하여 수계할 자의 이익을 보호하려는 상표법 제10조 규정의 취지와 같다.

〈윤태식〉

---

7) 당사자가 사망하였으나 소송대리인이 있어 소송절차가 중단되지 아니한 경우, 원칙적으로 소송수계의 문제는 발생하지 아니하고 소송대리인은 상속인들 전원을 위하여 소송을 수행하게 되는 것이며, 그 사건의 판결의 당사자 표시가 망인 명의로 되어 있다 하더라도 그 판결은 상속인들 전원에 대하여 효력이 있다고 판시한 것으로는 대법원 1995. 9. 26. 선고 94다54160 판결이 있고, 대표이사의 변경이 있어 소송절차 중단사유가 발생하여도 소송대리인이 있는 경우 소송절차가 중단되지 아니하므로 대표이사의 변경이 있음을 이유로 제출한 소송절차 수계신청은 대표자 표시변경으로 보아야 한다고 판시한 것으로는 대법원 1979. 12. 11. 선고 76다1829 판결, 대법원 1969. 3. 10.자 68마1100 결정이 있다. 또한, 소송계속 중 회사인 일방 당사자의 합병에 의한 소멸로 인하여 소송절차 중단사유가 발생하였음에도 법원이 이를 간과하고 판결을 선고하였으나 이미 소송대리인이 선임되어 있었던 경우, 법원으로서는 당사자의 변경을 간과하여 판결에 구 당사자를 표시하여 선고한 때에는 소송수계인을 당사자로 경정하는 방법으로 치유하여야 한다고 한 것으로는 대법원 2002. 9. 24. 선고 2000다49374 판결이 있다.

제23조(중단된 절차의 수계)

제22조에 따라 특허청 또는 특허심판원에 계속 중인 절차가 중단된 경우에는 다음 각 호의 구분에 따른 자가 그 절차를 수계(受繼)하여야 한다.

1. 제22조 제1호의 경우: 그 상속인·상속재산관리인 또는 법률에 따라 절차를 계속 진행할 자. 다만, 상속인은 상속을 포기할 수 있는 동안에는 그 절차를 수계하지 못한다.
2. 제22조 제2호의 경우: 합병에 따라 설립되거나 합병 후 존속하는 법인
3. 제22조 제3호 및 제4호의 경우: 절차를 밟을 능력을 회복한 당사자 또는 법정대리인이 된 자
4. 제22조 제5호의 경우: 새로운 수탁자
5. 제22조 제6호의 경우: 새로운 대표자 또는 각 당사자
6. 제22조 제7호의 경우: 파산관재인 등 일정한 자격을 가진 자

〈소 목 차〉

Ⅰ. 취지

상표법 제22조는 당사자에게 특허청 또는 특허심판원에 계속 중인 절차에 관여할 수 있는 기회를 보장하기 위하여 그 절차의 중단을 규정하고 있는데, 본조는 이러한 절차의 중단의 해소에 대한 규정이다. 새로운 절차수행자나 상대방의 수계신청에 의하여 또는 특허청장 또는 심판관의 속행명령에 의하여 그 절차중단이 해소되는데 본조는 그 가운데 새로운 절차수행자가 될 자에 대하여 규정하고 있다.

II. 연혁

1. 특허에 관하여 중단된 절차의 수계에 대하여 1961. 12. 31. 법률 제950호로 제정된 특허법 제33조(절차의 중단, 중지에 관한 위임규정)에 "본법에 규정한 것 외에 특허국에 계속 중인 절차의 중단, 중지 및 중단, 중지된 절차의 속행에 관하여 필요한 사항은 각령으로 정한다."라고 규정하여 절차의 중단 및 중지 제도에 대하여만 규정하고 제정 특허법시행령(1962. 3. 27., 각령 제590호) 제3조에서 민사소송법 중 소송절차의 중단 및 중지에 관한 모든 규정을 포괄적으로 준용하였고, 1973. 2. 8. 법률 제2505호로 전문개정된 특허법 제37조(절차의 중단, 중지에 관한 위임 규정)에서 "이 법에 규정한 것 외에 특허국에 계속 중인 절차의 중단·중지 및 중단·중지된 절차의 속행에 관하여 필요한 사항은 대통령령으로 정한다."라고 하여 중단된 절차의 속행 문구를 신설하는 한편 1973. 12. 31. 대통령령 제6978호로 개정된 특허법시행령 제9조는 민사소송법을 준용하지 않고 중단·중지된 절차의 수계 및 그 효과 등에 해당하는 내용에 관하여 직접 규정하였다.

즉, 특허법시행령 제9조 제2항은 '제1항의 규정에 의하여 특허국에 계속 중인 절차가 중단된 때에는 다음 각 호에 게기하는 자가 그 절차를 수계하여야 한다. 1. 제1항 제1호의 경우에는 그 상속인·상속재산관리인 기타 법률에 의하여 절차를 속행할 자. 다만, 상속인은 상속을 포기할 수 있는 때까지 그 절차를 수계하지 못한다 2. 제1항 제2호의 경우에는 합병에 의하여 설립되거나 존속하는 법인 3. 제1항 제3호 및 제4호의 경우에는 절차를 밟을 능력을 회복한 당사자 또는 법정 대리인이 된 자 4. 제1항 제5호의 경우에는 신수탁자 5. 제1항 제6호의 경우에는 국내에 주소 또는 영업소를 가지게 된 당해재외의 또는 신특허관리인 6. 제1항 제5호의 경우에는 신대표자 또는 각 당사자'라고 규정하였다.

그 후 1976. 12. 31. 법률 제2957호로 개정된 특허법 제37조에서 '특허국'이 '특허청'으로 변경되었다.

그 후 중단·중지된 절차의 수계 및 그 효과 등에 관한 사항은 중대한 법률효과를 수반하는 법률사항임을 고려하여 직접 법률에 규정하여 1990. 1. 13. 법률 제4207호로 전문개정된 특허법 제21조에서 "제20조의 규정에 의하여 특허청에 계속 중인 절차가 중단된 때에는 다음 각호의 1에 해당하는 자가 그 절차를 수계하여야 한다. 1. 제20조 제1호의 경우에는 그 상속인·상속재산관리인 또는 법률에 의하여 절차를 속행할 자. 다만, 상속인은 상속을 포기할 수 있을 때까지 그 절차를 수계하지 못한다. 2. 제20조 제2호의 경우에는 합병에 의하여 설립되거나 합병 후 존속하는 법인 3. 제20조 제3호 및 제4호의 경우에는 절차를 밟을 능력을 회복한 당사자 또는 법정대리인이 된 자 4. 제20조 제5호의 경우에는 새로운 수탁자 5. 제20조 제6호의 경우에는 새로운 대표자 또는 각 당사자"라고 규정하였다가 1995. 1. 5. 법률 제4892호로 개정된 특허법 제21조에서 '특허청에 계속 중인' 부분이 '특허청 또는 특허심판원에 계속(繫屬) 중인'으로 변경되고, 2001. 2. 3. 법률 제6411호로 개정된 특허법 제21조에서 '계속(繫屬)' 부분이 '계속(係屬)'으로 변경되었으며, 2006. 3. 3. 법률 제7871호로 개정된 특허법 제21조에서 '다음 각호의 1' 부분이 '다음 각 호의 어느 하나' 부분으로 변경되었다.[1]

2. 상표에 관하여 중단된 절차의 수계에 대하여 상표법이 당초에는 특별히 규정하지 아니하고 있었다가 1973. 2. 8. 법률 제2506호로 전문개정된 상표법 제7조에서 "특허법 제16조, 제20조 내지 제41조의 규정은 상표에 대하여 이를 준용한다."라고 규정하고, 1973. 12. 31. 전부개정된 상표법시행령 제8조 제1항에서 "특허법시행령 제3조 내지 제9조의 규정은 상표등록에 관한 출원·청구 및 기타의 절차에 관하여 이를 준용한다."라고 규정하여 수계신청에 대하여 특허법시행령 제9조를 준용하는 형식을 취하였다. 1990. 1. 13. 법률 제4210호로 전부개정된 상표법 제5조에서 "특허법 제3조 내지 제26조 및 동법 제28조의 규정은 상표에 관하여 이를 준용한다."라고 규정하여 특허법 제21조를 준용하는 형식을 취하였다.

그 후 상표법이 2011. 12. 2. 법률 제11113호로 개정되면서 기존의 특허법 준용규정 형식을 폐지하고 제5조의20(중단된 절차의 수계)을 신설하여 "제5조의

---

[1] 2014. 6. 11. 법률 제12753호로 개정된 특허법 제21조는 "제20조에 따라 특허청 또는 특허심판원에 계속 중인 절차가 중단된 경우에는 다음 각 호의 구분에 따른 자가 그 절차를 수계(受繼)하여야 한다. 1. 제20조 제1호의 경우: 사망한 당사자의 상속인·상속재산관리인 또는 법률에 따라 절차를 속행할 자. 다만, 상속인은 상속을 포기할 수 있을 때까지 그 절차를 수계하지 못한다. 2. 제20조 제2호의 경우: 합병에 따라 설립되거나 합병 후 존속하는 법인 3. 제20조 제3호 및 제4호의 경우: 절차를 밟을 능력을 회복한 당사자 또는 법정대리인이 된 자 4. 제20조 제5호의 경우: 새로운 수탁자 5. 제20조 제6호의 경우: 새로운 대표자 또는 각 당사자 6. 제20조 제7호의 경우: 같은 자격을 가진 자"라고 변경되어 규정하고 있다.

19에 따라 특허청 또는 특허심판원에 계속 중인 절차가 중단된 때에는 다음 각호의 어느 하나에 해당하는 자가 그 절차를 이어 밟아야 한다. 1. 제5조의19 제1호의 경우에는 그 상속인·상속재산관리인 또는 법률에 따라 절차를 속행할자. 다만, 상속인은 상속을 포기할 수 있을 때까지 그 절차를 이어 밟지 못한다. 2. 제5조의19 제2호의 경우에는 합병에 따라 설립되거나 합병 후 존속하는 법인 3. 제5조의19 제3호 및 제4호의 경우에는 절차를 밟을 능력을 회복한 당사자또는 법정대리인이 된 자 4. 제5조의19 제5호의 경우에는 새로운 수탁자 5. 제5조의19 제6호의 경우에는 새로운 대표자 또는 각 당사자 6. 제5조의19 제7호의경우에는 같은 자격을 가진 자"라고 규정하였다.

    그 후 상표법이 2016. 2. 29. 법률 제14033호로 전문개정되면서 문구 수정을 거쳐 본조와 같이 규정되었다. 구 상표법 제5조의20과 본조의 규정 내용을비교하면 본문의 '상표에 관한 절차가 다음 각 호의 어느 하나에 해당하는 경우에는 특허청 또는 특허심판원에 계속 중인 절차는 중단된다.', 1호의 '절차를 속행할 자', 2호의 '합병에 따라', 6호의 '제5조의10 제1항 단서에 따른', 7호의'잃거나' 부분이 '특허청 또는 특허심판원에 계속 중일 때 다음 각 호의 어느하나에 해당하는 사유가 발생한 경우에는 그 절차는 중단된다.', '절차를 계속진행할 자', '합병으로', '제13조 제1항 각 호 외의 부분 단서에 따른', '상실하거나' 부분으로 각각 변경된 것 외에 나머지 내용은 서로 같다.

III. 내용

1. 당사자가 사망한 경우(제1호)

    상표에 관한 절차의 진행 중 당사자가 사망한 경우, 중단된 절차는 상속인, 상속재산관리인 또는 법률에 의하여 절차를 계속 수행할 사람에 의해 계속된다.

    상속인이 누구인지는 민법에 따라 정하여지게 된다. 상속인이 여러 사람이고 이들 사이에서 상속재산 분할이 이루어지지 않은 경우, 복수의 상속인은 당해 상표에 대해서도 공유자의 지위에 있다 할 것이므로, 상표에 관한 절차에 있어서는 전원이 절차를 수계하여야 할 것이다.[2] 다만, 상속인이 여러 사람인 경

---

    2) 일반 민사소송의 경우 상속인 중 일부만이 1심에서 수계한 경우, 수계하지 않은 나머지
      상속인에 대한 소송은 제1심에서 중단된 채로 계속 중이라 할 것이나(대법원 1994. 11. 4.
      선고 93다31993 판결 [공1994. 3231] 참조), 상표의 경우에는 예컨대 공동심판청구규정(제
      124조 제3항)의 위반이 되므로 공동상속인 전원이 수계절차를 밟지 않고 이루어진 절차는

우라 하더라도 적극재산이 협의 등으로 분할되어 상속된 경우에는 분할에 따라 당해 상표를 상속받은 상속인만이 수계를 할 수 있다.

한편, 상속인은 상속개시 있음을 안 날로부터 3개월 이내에 상속을 포기할 수 있는데(민법 제1019조 제1항), 이 기간 동안은 절차를 수계할 수 없다. 위 기간 중 수계를 하였다가 이후 상속포기 기간 내에 적법하게 상속을 포기하게 되면, 그에 따라 수계적격도 상실하게 되므로 기존의 수계 역시 소급하여 무효로 되게 되는바, 이러한 절차상의 불안정 내지는 비효율을 피하기 위한 규정이다.

상속인이 상속재산을 관리하지 않는 상태에 있거나 이를 관리하는 것이 부적당한 경우 또는 상속인이 존재하지 않는 경우 법원은 상속재산관리인을 선임하게 되는바(민법 제1023조, 제1040조, 제1042조 제2항, 제1047조, 제1053조 등 참조), 이러한 경우에는 상속재산관리인이 절차를 수계하게 된다.

법률에 의하여 절차를 계속 수행할 자는 유언집행자, 상속재산에 대해서 파산선고가 있는 경우의 파산관재인 등이 이에 해당한다.

2. 당사자인 법인이 합병으로 소멸한 경우(제2호)

당사자인 법인이 다른 법인과의 합병에 의하여 소멸함으로써 절차가 중단된 경우에는 신설합병의 경우에는 새로 설립된 법인, 흡수합병의 경우에는 존속법인이 절차를 수계한다.

3. 당사자가 절차를 밟을 능력을 상실한 경우 및 당사자의 법정대리인이 사망하거나 그 대리권을 상실한 경우(제3호, 제4호)

당사자가 피한정후견인 또는 피성년후견인으로 되는 경우와 같이 당사자가 상표에 관한 절차를 밟을 능력을 상실함으로써 중단된 절차는 그 상표에 관한 절차를 밟을 능력을 회복한 당사자 또는 법정대리인이 된 자에 의해 절차가 수계될 수 있으며, 당사자의 법정대리인이 사망하거나 그 법정대리권을 상실함으로써 중단된 절차는 새로이 법정대리인이 된 자에 의해 수계된다.

4. 당사자의 신탁에 의한 수탁자의 임무가 종료한 경우(제5호)

당사자의 신탁에 의한 수탁자의 임무가 종료함으로써 절차가 중단된 경우에는 새로운 수탁자가 절차를 수계한다.

_____

심결취소사유에 해당한다.

5. 제13조 제1항 각 호의 부분 단서에 따른 대표자가 사망하거나 그 자
격을 상실한 경우(제6호)

  2인 이상이 상표에 관한 절차를 밟으면서 상표법 제13조 제1항 각 호 외의
부분 단서에 따른 대표자를 선정하여 신고함으로써 대표자에 의해 절차를 진행
하는 경우, 그 대표자가 사망하거나 자격을 상실하면 당해 상표에 관한 절차는
중단된다. 이렇게 중단된 절차는 당사자들이 대표자를 다시 선정하여 신고한 경
우 그 새로운 대표자가, 그렇지 않은 경우 각 당사자가 절차를 수계한다.

6. 파산관재인 등 일정한 자격에 의하여 자기 이름으로 남을 위하여 당
사자가 된 자가 그 자격을 상실하거나 사망한 경우(제7호)

  파산관재인, 유언집행자 등이 수행하던 절차에 관하여 그 수행할 자격을 상
실하거나 사망함으로써 절차가 중단된 경우, 새로운 파산관재인, 유언집행자 등
같은 자격을 가진 자에 의해 수계된다.

Ⅳ. 당연수계 여부

  특허청 또는 특허심판원에 계속 중인 절차가 중단된 경우에 상표법 제23조
의 새로운 절차수행자가 당연히 절차를 수계하는 것이 아니라 제24조에 규정된
대로 수계신청권자의 수계신청에 의하여 혹은, 특허청 또는 심판관의 속행명령
에 의하여 그 절차중단이 해소된다.

〈윤태식〉

제24조(수계신청)

① 제22조에 따라 중단된 절차에 관한 수계신청은 제23조 각 호에 따른 자 및 상대방도 할 수 있다.

② 특허청장 또는 심판장은 제22조에 따라 중단된 절차에 관한 수계신청이 있는 경우에는 그 사실을 제23조 각 호에 따른 자 또는 상대방에게 알려야 한다.

③ 특허청장 또는 제129조에 따른 심판관(이하 "심판관"이라 한다)은 제22조에 따라 중단된 절차에 관한 수계신청에 대하여 직권으로 조사하여 이유 없다고 인정할 경우에는 결정으로 기각하여야 한다.

④ 특허청장 또는 심판관은 제23조 각 호에 따른 자가 중단된 절차를 수계하지 아니하면 직권으로 기간을 정하여 수계를 명하여야 한다.

⑤ 제4항에 따라 수계명령을 받은 자가 같은 항에 따른 기간 내에 절차를 수계 하지 아니하면 그 기간이 끝나는 날의 다음 날에 수계한 것으로 본다.

⑥ 특허청장 또는 심판장은 제5항에 따라 수계한 것으로 본 경우에는 그 사실을 당사자에게 알려야 한다.

<소 목 차>

Ⅰ. 취지

상표법 제22조는 특허청 또는 특허심판원에 계속 중인 절차의 중단에 대해서, 제23조는 그 중단된 절차를 수계할 자에 대해서 규정하고 있다. 본조는 중단될 절차를 수계할 자에게 수계하게 하는 절차를 규정하고 있다. 즉, 본조는 특허청 또는 특허심판원에 계속 중인 절차가 중단된 경우에 그 중단의 해소절차로서 수계신청권자의 수계신청 및 특허청장 또는 심판관에 의한 속행명령을 규정하고 있다.

절차를 수계할 자가 임의로 수계하지 않는 경우에는 상대방으로 하여금 강제수계할 수 있어야 하므로 상대방에게도 수계신청권을 부여하였고, 당사자 중 어느 누구도 수계신청을 하지 아니하여 사건이 중단된 상태로 오랫동안 방치되는 것을 막기 위하여 특허청장 또는 심판관에 의한 수계명령제도를 두었다.

Ⅱ. 연혁

1. 특허에 관한 수계신청에 대하여 1961. 12. 31. 법률 제950호로 제정된 특허법 제33조에 "본법에 규정한 것 외에 특허국에 계속 중인 절차의 중단, 중지 및 중단, 중지된 절차의 속행에 관하여 필요한 사항은 각령으로 정한다."라고 규정하여 절차의 중단 및 중지 제도에 대하여만 규정하고 제정 특허법시행령(1962. 3. 27. 각령 제590호) 제3조에서 민사소송법 중 소송절차의 중단 및 중지에 관한 모든 규정을 포괄적으로 준용하였고, 1973. 2. 8. 법률 제2505호로 전문 개정된 특허법 제37조에서 "이 법에 규정한 것 외에 특허국에 계속 중인 절차의 중단·중지 및 중단·중지된 절차의 속행에 관하여 필요한 사항은 대통령령으로 정한다."라고 하여 중단된 절차의 속행 문구를 신설하는 한편 1973. 12. 31. 대통령령 제6978호로 개정된 특허법시행령 제9조는 민사소송법을 준용하지 않고 중단·중지된 절차의 수계 및 그 효과, 수계신청 등에 해당하는 내용에 관하여 직접 규정하였다.

즉 특허법시행령 제9조 제3항은 '제1항의 규정에 의하여 중단된 절차에 관한 수계 신청은 상대방도 할 수 있다.', 제4항은 '특허국장 또는 심판장은 제1항의 규정에 의하여 중단된 절차에 관한 수계신청이 있을 때에는 이를 상대방에게 서면으로 통지하여야 한다.', 제5항은 '특허국장 또는 심판장은 제1항의 규정에 의하여 중단된 절차에 관한 수계신청에 대하여 직권으로 조사하여 이유없다고 인정한 때에는 결정으로 기각하여야 하며, 사정의 등본 또는 심결의 정본을 송달한 후에 중단된 절차에 관한 수계신청의 기각여부는 그 사정 또는 심결을 한 심사관·심판관 또는 항고심판관의 결정에 의한다.', 제6항은 '특허국장 또는 심판장은 제2항에 규정된 자가 중단된 절차를 수계하지 아니하는 경우에는 직권으로 기간을 정하여 그 수계를 명하여야 한다.', 제7항은 '특허국장 또는 심판장은 제6항의 규정에 의한 기간 내에 수계가 없는 때에는 그 기간이 만료되는 날의 다음 날에 수계가 있는 것으로 볼 수 있다.', 제8항은 '특허국장 또는 심판장은 제7항의 규정에 의하여 수계가 있는 것으로 본 경우에는 이를 당사자에게 서면으로 통지하여야 한다.'라고 규정하였다.

그 후 1976. 12. 31. 법률 제2957호로 개정된 특허법 제35조에서 '특허국'이
'특허청'으로 변경되고, 1990. 1. 13. 법률 제4207호로 전부개정된 특허법 제22
조에서 "① 제20조의 규정에 의하여 중단된 절차에 관한 수계신청은 상대방도
할 수 있다. ② 특허청장 또는 심판장은 제20조의 규정에 의하여 중단된 절차에
관한 수계신청이 있는 때에는 이를 상대방에게 통지하여야 한다. ③ 특허청장·
심판관 또는 항고심판관은 제20조의 규정에 의하여 중단된 절차에 관한 수계신
청에 대하여 직권으로 조사하여 이유없다고 인정한 때에는 결정으로 기각하여
야 한다. ④ 특허청장 또는 심판관은 결정·사정 또는 심결의 등본을 송달한 후
에 중단된 절차에 관한 수계신청에 대하여는 수계하게 할 것인가의 여부를 결
정하여야 한다. ⑤ 특허청장 또는 심판관은 제21조에 규정된 자가 중단된 절차
를 수계하지 아니하는 경우에는 직권으로 기간을 정하여 수계를 명하여야 한다.
⑥ 제5항의 규정에 의한 기간내에 수계가 없는 경우에는 그 기간이 만료되는
날의 다음날에 수계가 있는 것으로 본다. ⑦ 특허청장 또는 심판장은 제6항의
규정에 의하여 수계가 있는 것으로 본 경우에는 이를 당사자에게 통지하여야
한다."라고 규정하였다가 1995. 1. 5. 법률 제4892호로 개정된 특허법 제22조 제
3항 내지 제5항에서 '특허청장·심판관 또는 항고심판관은' 부분이 '특허청장
또는 심판장은' 부분으로 각 변경되고, 2001. 2. 3. 법률 제6411호로 개정된 특
허법 제4항에서 '결정·사정 또는 심결의 등본을' 부분이 '결정 또는 심결의 등
본을' 부분으로 변경되었다. 그 후 2014. 6. 11. 법률 제12753호로 개정된 특허
법 제22조에서 "① 제20조에 따라 중단된 절차에 관한 수계신청은 제21조 각
호의 어느 하나에 해당하는 자가 할 수 있다. 이 경우 그 상대방은 특허청장 또
는 제143조에 따른 심판관(이하 "심판관"이라 한다)에게 제21조 각 호의 어느 하
나에 해당하는 자에 대하여 수계신청할 것을 명하도록 요청할 수 있다. ② 특허
청장 또는 심판장은 제20조에 따라 중단된 절차에 관한 수계신청이 있으면 그
사실을 상대방에게 알려야 한다. ③ 특허청장 또는 심판관은 제20조에 따라 중
단된 절차에 관한 수계신청에 대하여 직권으로 조사하여 이유 없다고 인정하면
결정으로 기각하여야 한다. ④ 특허청장 또는 심판관은 결정 또는 심결의 등본을
송달한 후에 중단된 절차에 관한 수계신청에 대해서는 수계하게 할 것인지를 결
정하여야 한다. ⑤ 특허청장 또는 심판관은 제21조 각 호의 어느 하나에 해당하
는 자가 중단된 절차를 수계하지 아니하면 직권으로 기간을 정하여 수계를 명하
여야 한다. ⑥ 제5항에 따른 기간에 수계가 없는 경우에는 그 기간이 끝나는 날

의 다음 날에 수계가 있는 것으로 본다. ⑦ 특허청장 또는 심판장은 제6항에 따라 수계가 있는 것으로 본 경우에는 그 사실을 당사자에게 알려야 한다."와 같이 변경되었다.

2. 상표에 관한 절차가 중단된 경우에 중단된 절차에 관한 수계신청에 대하여 상표법이 당초에는 특별히 규정하지 아니하고 있었다가 1973. 2. 8. 법률 제2506호로 전부개정된 상표법 제7조에서 "특허법 제16조, 제20조 내지 제41조의 규정은 상표에 대하여 이를 준용한다."라고 규정하고, 1973. 12. 31. 전부개정된 상표법시행령 제8조 제1항에서 "특허법시행령 제3조 내지 제9조의 규정은 상표등록에 관한 출원·청구 및 기타의 절차에 관하여 이를 준용한다."라고 규정하였다. 1990. 1. 13. 법률 제4210호로 전부개정된 상표법 제5조에서 "특허법 제3조 내지 제26조 및 동법 제28조의 규정은 상표에 관하여 이를 준용한다."라고 규정하여 특허법 제22조를 준용하는 형식을 취하였다.

그 후 상표법이 2011. 12. 2. 법률 제11113호로 개정되면서 기존의 특허법 준용규정 형식을 폐지하고 제5조의21(수계신청)을 신설하여 "① 제5조의19에 따라 중단된 절차에 관한 수계신청은 제5조의20 각 호에 규정된 자 및 상대방도 할 수 있다. ② 특허청장 또는 심판장은 제5조의19에 따라 중단된 절차에 관한 수계신청이 있는 때에는 이를 상대방에게 알려야 한다. ③ 특허청장 또는 심판관은 제5조의19에 따라 중단된 절차에 관한 수계신청에 대하여 직권으로 조사하여 이유 없다고 인정한 때에는 결정으로 기각하여야 한다. ④ 특허청장 또는 심판관은 결정 또는 심결의 등본을 송달한 후에 중단된 절차에 관한 수계신청에 대하여는 수계하게 할 것인가의 여부를 결정하여야 한다. ⑤ 특허청장 또는 심판관은 제5조의20에 규정된 자가 중단된 절차를 이어 밟지 아니하면 직권으로 기간을 정하여 수계를 명하여야 한다. ⑥ 제5항에 따른 기간 이내에 이어 밟지 아니하면 그 기간이 만료되는 날의 다음 날에 이어 밟은 것으로 본다. ⑦ 특허청장 또는 심판장은 제6항에 따라 수계가 있는 것으로 본 경우에는 이를 당사자에게 알려야 한다."라고 규정하였다.

그 후 상표법이 2016. 2. 29. 법률 제14033호로 전문개정되면서 문구 수정을 거쳐 본조와 같이 규정되었다. 구 상표법 제5조의21과 본조의 규정 내용을 비교하면 구 상표법 제5조의21 제1항에서 '수계신청을 제5조의20 각 호에 규정된 자 및 상대방'으로 규정하고 있던 것을 상표법 제24조에서 '제23조 각 호에 따른 자 및 상대방도 할 수 있다.'로 문구를 수정하고, '그 상대방은 특허청장 또는 심판관에게 제23조 각 호에 규정된 자에 대하여 수계신청할 것을 명하도록 요청할 수 있도록' 규정하고, 구 상표법 제5조의21 제2항에서 '수계신청이 있는 때에는 이를 상대방에게 알려야 한다'를 상표법 제24조 제2항에서 '수계신청이 있는 경우에는 그 사실을 제23조 각 호에 따른 자 또는 상대방에게 알려야 한다'로 변경하였고, 구 상표법 제5조의21에서 '심판관', '인정한 때에는'을 상표법 제24조 제3항에서 '제129조에 다른 심판관(이하 "심판관"이라 한다)', '인정할 경우에는'으로 변경하였으며, 구 상표법 제5조의21의 제4항이 삭제되었고, 구 상표법 제5조의21 제5항에서 '규정된 자가 중단된 절차를 이어 밟지 아니하면'을 상표법 제24조 제4항에서 '제23조 각 호에 따른 자가 중단된 절차를 수계하지 아니하면'으로 변경하였고, 구 상표법 제5조의21 제6항에서 '에 따른 기간 이내에 이어 밟지 아니하면 그 기간이 만료되는 날의 다음날에 이어 밟은 것으로 본다'를 '에 따라 수계명령을 받은 자가 같은 항에 따른 기간 내에 절차를 수계하지 아니하면 그 기간이 끝나는 날의 다음 날에 수계한 것으로 본다.'라고 변경하였다.

III. 내용

1. 수계신청권자·수계신청요청권자(제1항)

상표법 제22조에 따라 중단된 절차에 관한 수계신청은 제23조 각 호에 규정한 수계적격자가 할 수 있고 상표에 관한 절차에 관하여 상대방이 있는 경우 일방에 관하여 제20조의 중단사유가 발생한 때에는 그 중단사유가 발생한 당사자의 상대방도 할 수 있다.

이는 중단된 절차를 방치할 경우 절차가 불필요하게 지연되고 법률관계의 불안정을 가져와 상대방에게도 피해를 줄 수 있다는 점에서, 중단사유가 발생한 상대방에 대해서도 수계신청을 할 수 있도록 함으로써 조속히 절차를 진행할 수 있도록 하기 위한 것이다.

2. 상대방에 대한 통지(제2항)

특허청장 또는 심판장은 상표법 제22조에 따라 중단된 절차에 관한 수계신청이 있는 때에는 그 사실을 제23조 각 호에 따른 자 또는 상대방에 알려야 한다(제24조 제2항). 즉 수계신청인의 상대방도 절차중단의 해소에 이해관계가 크므로 그 자에게도 수계신청이 있었다는 사실을 통지하여야 한다.

3. 수계신청에 대한 결정(제3항)

중단된 절차의 수계신청이 있는 경우, 그 적법성과 이유 여부는 특허청장 또는 심판관의 직권조사사항이다. 따라서, 특허청장 또는 제129조에 따른 심판관은 제22조에 따라 중단된 절차에 관한 수계신청에 대하여 직권으로 조사하여 이유 없다고 인정할 경우에는 결정으로 그 신청을 기각하여야 한다. 이유 있다고 인정한 때에는 별도의 결정 없이 그대로 절차를 진행하면 된다.

앞의 수계신청기각결정에 대하여 불복할 수 있는지 여부에 대하여, 민사소송법 제439조 제1항과는 달리 상표법에서는 이에 대한 불복절차를 규정하고 있지 아니하여 소극적으로 보는 견해가 유력하다.

4. 명령에 의한 수계(제4항 내지 제6항)

중단된 절차에 관하여 상표법 제23조의 각 호에 따른 자가 수계를 하지 않아 절차의 진행이 계속적으로 정지되어 있게 되면 절차의 안정성을 해하게 되므로 명령에 의한 수계를 인정할 필요가 있다. 그래서 상표법은 특허청장 또는 심판관은 제23조 각 호에 규정된 자가 중단된 절차를 수계하지 아니하면 직권으로 기간을 정하여 수계를 명하도록 규정하고(제24조 제4항), 위 제4항에 따라 수계명령을 받은 자가 같은 항에 따른 기간 내에 절차를 수계하지 아니하면 그 기간이 끝나는 날의 다음 날에 수계한 것으로 본다(제24조 제5항)고 규정한다. 상표법 제24조 제4항은 당사자 쌍방의 해태에 따라 절차가 중단된 채 방치되는 것을 방지하기 위한 규정이고, 제24조 제5항은 수계명령이 있는 경우에 중단해소시점을 명확하게 하기 위한 규정이다. 이 중단해소시점에 대하여는 상대방도 알 필요가 있으므로 특허청장 또는 심판장은 제5항에 따라 수계한 것으로 본 경우에는 그 사실을 당사자에게 알려야 한다(제24조 제6항).

〈윤태식〉

Ⅰ. 절차 중지의 의의와 연혁

1. 의의 및 취지

절차의 중지는 특허청의 입장에서 절차를 속행할 수 없는 장애가 생겼거나 당사자에게 절차를 계속 진행하는 데 부적당한 사유가 발생하여 법률상 당연히 또는 특허청의 결정에 의하여 절차가 정지되는 것을 말한다.

특허청장 또는 심판관이 천재지변 그 밖의 불가피한 사유로 인하여 그 직무를 수행할 수 없거나 아니면 당사자에게 계속 중인 절차를 속행할 수 없는 장애 사유가 생긴 경우에는 상표에 관한 절차의 진행을 정지하여야 한다.

상표법 제25조는 특허청 또는 특허심판원이 천재지변 그 밖의 불가피한 사유나 당사자에게 절차를 속행할 수 없는 장애 사유가 생긴 경우에 법률 또는 결정으로 절차를 중지하는 경우를 규정하고 있다. 이 조문의 취지는 절차에 관여할 수 없는 당사자가 입게 될 불이익을 제거하여 당사자 양쪽에게 절차에 관여할 기회를 충분히 확보하기 위한 것이다. 이는 절차의 중단과 마찬가지로 쌍방심리주의를 관철하기 위한 제도적 장치다.

절차의 중지는 다음과 같은 점에서 절차의 중단과 구별된다.

첫째, 절차의 중단은 법정의 사유가 있으면 당연히 발생하는 반면에, 절차의 중지는 법률상 당연히 생길 수도 있고 특허청장 또는 심판관의 결정에 의하여 생길 수도 있다.

둘째, 절차의 중단은 절차수행을 할 사람의 교대 사유가 생긴다는 점에서 절차의 중지와 구별된다.

2. 연혁

(1) 1961. 12. 31. 법률 제950호로 제정된 특허법 제33조에서 절차의 중단, 중지 및 중단, 중지된 절차의 속행에 관하여 규정하고 그에 관하여 필요한 사항을 각령에 위임하여 특허법 시행령(1962. 3. 27., 각령 제590호)은 제3조에서 민사소송법 중 소송절차의 중단 및 중지 등에 관한 모든 규정을 포괄적으로 준용하였고, 1973. 2. 8. 법률 제2505호로 개정된 특허법 제37조에서 절차의 중단과 중지에 관하여 규정하고 그에 관하여 필요한 사항을 대통령령에 위임하였는데 특허법시행령(1973. 12. 31., 대통령령 제6978호)은 제9조에서 민사소송법을 준용하지 않고 직접 중단 및 중지의 사유, 중단·중지된 절차의 수계 및 그 효과 등에 관하여 직접 규정하였다. 즉 특허법시행령 제9조 제9항에서 "⑨ 천재지변 기타의 사고로 인하여 심사관·심판관 또는 항고심판관이 그 직무를 행할 수 없을 때에는 특허국에 계속 중인 절차는 그 사고가 소멸될 때까지 중지된다. 이 경우에는 특허국장 또는 심판장은 이를 당사자에게 서면으로 통지하여야 한다. ⑩ 당사자가 부정기간의 고장으로 특허국에 계속 중인 절차를 속행할 수 없을 때에는 특허국장 또는 심판장은 결정으로 그 중지를 명할 수 있다. ⑪ 특허국장 또는 심판장은 제10항의 규정에 의한 결정을 취소할 수 있다."라고 규정하였다.

그 후 절차의 중지에 관한 사항은 중대한 법률효과를 수반하는 법률사항임을 고려하여 직접 법률에 규정하는 것으로 하여 1990. 1. 13. 법률 제4207호로 개정된 특허법 제23조에서 "① 특허청장·심판관 또는 항고심판관이 천재·지변 기타 불가피한 사유로 인하여 그 직무를 행할 수 없는 때에는 특허청에 계속중인 절차는 그 사유가 소멸될 때까지 중지된다. ② 특허청장·심판관 또는 항고심판관은 당사자가 부정기간의 장애로 특허청에 계속 중인 절차를 속행할 수 없는 때에는 결정으로 그 중지를 명할 수 있다. ③ 특허청장·심판관 또는 항고심판관은 제2항의 규정에 의한 결정을 취소할 수 있다. ④ 제1항 및 제2항의 규정에 의한 중지 또는 제3항의 규정에 의한 취소를 한 때에는 이를 각각 당사자에게 통지하여야 한다."라고 규정하였다가, 1995. 1. 5. 법률 제4892호로 개정된 특허법에서 제1호 내지 제3항의 '특허청장·심판관 또는 항고심판관', 제1항의 '계속'을 '특허청장 또는 심판관', '계속(繫屬)'으로 변경하고 2001. 2. 3. 법률 제6411호로 개정된 특허법에서 '계속(繫屬)', 제4항의 '취소를 한 때에는'을 '계속(係屬)', '취소를 한 때에는 특허청장 또는 심판장은'으로 변경하였다.

(2) 상표에 관한 절차의 중지에 대하여 상표법이 당초에는 특별히 규정하지 아니하고 있었다가 1973. 2. 8. 법률 제2506호로 전문개정된 상표법 제7조에서 "특허법 제16조, 제20조 내지 제41조의 규정은 상표에 대하여 이를 준용한다."라고 규정하여 특허법 제37조를 준용하는 형식을 취하였고, 1973. 12. 31. 대통령령 제6977호로 개정된 상표법시행령 제8조 제1항에서 "특허법시행령 제3조 내지 제9조의 규정은 상표등록에 관한 출원·청구 및 기타의 절차에 관하여 이를 준용한다."라고 규정하였다.

그 후 1990. 1. 13. 법률 제4210호로 전부개정된 상표법 제5조에서 "특허법 제3조 내지 제26조 및 동법 제28조의 규정은 상표에 관하여 이를 준용한다."라고 규정하여 특허법 제23조를 준용하는 형식을 취하였다.

그 후 상표법이 2011. 12. 2. 법률 제11113호로 개정되면서 기존의 특허법 준용규정 형식을 폐지하고 제5조의22(절차의 중지)를 신설하여 "① 특허청장 또는 심판관이 천재지변이나 그 밖에 불가피한 사유로 인하여 그 직무를 행할 수 없는 때에는 특허청 또는 특허심판원에 계속 중인 절차는 그 사유가 없어질 때까지 중지된다. ② 당사자에게 일정하지 아니한 기간 특허청 또는 특허심판원에 계속 중인 절차를 속행할 수 없는 장애사유가 생긴 경우에는 특허청장 또는 심판관은 결정으로 그 절차의 중지를 명할 수 있다. ③ 특허청장 또는 심판관은 제2항에 따른 결정을 취소할 수 있다. ④ 제1항 및 제2항에 따른 중지 또는 제3항에 따른 취소를 한 때에는 특허청장 또는 심판장은 이를 각각 당사자에게 알려야 한다."라고 규정하였다.

그 후 상표법이 2016. 2. 29. 법률 제14033호로 전문개정되면서 문구 수정을 거쳐 본조와 같이 규정되었다. 구 상표법 제5조의22와 본조의 규정 내용을 비교하면 제1항의 '그 밖에', '행할 수', '때에는', 제2항의 '일정하지 아니한 기간 … 장애사유', 제3항의 '취소를 한 때에는' 부분이 '그 밖의', '수행할 수', '경우에는', '장애 사유', '취소를 하였을 경우에는'으로 각각 변경되고, 제2항의 '일정하지 아니한 기간'이 삭제되는 문구 조정이 이루어진 것 외에 나머지 내용은 서로 같다.

Ⅱ. 중지 사유 및 그 해소

1. 당연중지 및 당연중지의 해소(제25조 제1항)

특허청장 또는 심판관이 천재지변 그 밖의 불가피한 사유로 인하여 그 직무를 수행할 수 없는 경우에는 절차중지사유가 없어질 때까지 당연히 절차가 중지된다(상표법 제25조 제1항). 이 조문은 민사소송법 제245조에 상응하는 상표법상 규정이다. 따라서 이 경우에는 결정을 할 필요 없이 중지는 당연히 발생하고, 특허청장 또는 심판관의 직무집행 불능상태가 없어짐과 동시에 중지도 해소된다(상표법 제25조 제1항).

상표법 제25조 제1항의 규정에 의한 중지를 한 때에는 특허청장 또는 심판장은 당사자에게 그 사실을 알려야 한다(상표법 제25조 제4항).

2. 결정중지사유(제25조 제2항) 및 결정중지의 해소(제25조 제3항)

특허청장 또는 심판관은 직무를 행할 수 있으나 당사자에게 특허청 또는 특허심판원에 계속 중인 절차를 속행할 수 없는 장애 사유가 생긴 경우에는 특허청장 또는 심판관은 결정으로 그 절차의 중지를 명할 수 있다(상표법 제25조 제2항).

당사자에게 계속 중인 절차를 속행할 수 없는 장애 사유의 예로는 전쟁, 변란 기타의 사유로 교통이 두절되어 당분간 회복될 전망이 보이지 않는 경우, 당사자가 급작스럽게 질병에 걸리거나 사고를 당해 특허청 또는 특허심판원에 연락도 할 수 없는 경우 등을 들 수 있다.

이 조문에 의한 중지는 신청 또는 직권으로 특허청장 또는 심판관의 결정에 의하여 발생하며, 그 취소결정에 의하여 해소된다(상표법 제25조 제3항). 이 규정은 민사소송법 제246조 제2항에 상응하는 조문이다.

상표법 제25조 제2항에 따른 중지 또는 제3항에 따른 취소를 하였을 경우에는 특허청장 또는 심판장은 그 사실을 각각 당사자에게 알려야 한다(상표법 제25조 제4항).

3. 기타 중지사유

가. 제척 또는 기피신청이 있으면 그 신청에 대한 결정이 있을 때까지 심판절차를 중지하여야 한다. 다만, 대통령령으로 정하는 긴급한 사유가 있는 경우에는 그러하지 아니하다(상표법 제139조).

나. 특허청장은 상표등록출원의 심사에서 필요한 경우에는 심결이 확정될 때까지 또는 소송절차가 완결될 때까지 그 상표등록출원의 심사절차를 중지할 수 있고(상표법 제70조 제1항), 심판장은 심판절차에서 필요하면 그 심판사건과 관련되는 다른 심판의 심결이 확정되거나 소송절차가 완결될 때까지 그 절차를 중지할 수 있다(상표법 제151조 제1항). 그리고 법원은 소송에서 필요한 경우에는 상표등록여부결정이 확정될 때까지 그 소송절차를 중지할 수 있고(상표법 제70조 제2항), 법원은 소송절차에서 필요하면 직권 또는 당사자의 신청에 따라 상표에 관한 심결이 확정될 때까지 그 소송절차를 중지할 수 있다(상표법 제151조 제2항).

이는 심사와 심판 또는 소송계속 중인 사건들이 서로 연관성이 있을 경우에 이들 사건 사이에 상호 모순·저촉되는 결과를 예방하고, 나아가 심사·심판의 소송경제를 도모하기 위해서다. 이 경우에 절차중지 여부는 특허청장 또는 심판장 등의 재량사항이다.

〈윤태식〉

> **제26조(중단 또는 중지의 효과)**
> 　상표에 관한 절차가 중단되거나 중지된 경우에는 그 기간의 진행은 정지되고 그 절차의 수계 통지를 하거나 그 절차를 속행한 때부터 전체 기간이 새로 진행된다.

〈소 목 차〉

Ⅰ. 취지

　　상표법 제22조 또는 제25조의 규정에 의한 절차의 중단 또는 중지의 효과에 관한 규정이다. 이는 당사자가 대등하게 절차에 관여할 기회를 보장하고 법적 안정성을 추구하기 위한 것이다.

Ⅱ. 연혁

　　1. 1961. 12. 31. 법률 제950호로 제정된 특허법 제33조(절차의 중단, 중지에 관한 위임규정)에서 절차의 중단, 중지 및 중단, 중지된 절차의 속행에 관하여 규정하고 그에 관하여 필요한 사항을 각령에 위임하여 특허법 시행령(1962. 3. 27. 각령 제590호)은 제3조에서 민사소송법 중 소송절차의 중단 및 중지 등에 관한 모든 규정을 포괄적으로 준용하였고, 1973. 2. 8. 법률 제2505호로 개정된 특허법 제37조(절차의 중단, 중지에 관한 위임 규정)에서 중단·중지된 절차의 속행 등에 관하여 규정하고 그에 관하여 필요한 사항을 대통령령에 위임하였는데 특허법시행령(1973. 12. 31., 대통령령 제6978호)은 제9조에서 민사소송법을 준용하지 않고 직접 중단 및 중지의 사유, 중단·중지된 절차의 수계 및 그 효과 등을 직접 규정하였다. 즉 특허법시행령 제9조 제12항은 "특허국에 계속중인 절차의 중단 또는 중지는 기간의 진행을 정지하고, 그 절차의 수계통지를 하거나 그 절차를 속행한 때로부터 다시 전 기간이 진행된다."라고 규정하였다. 그 후 1976. 12. 31. 법률 제2957호로 개정된 특허법 개정에서 '특허국'이 '특허청'으로 변경되었다.

그 후 절차 중단 또는 중지의 효과에 관한 사항은 중대한 법률효과를 수반하는 법률사항임을 고려하여 직접 법률에 규정하는 것으로 하여 1990. 1. 13. 법률 제4207호로 개정된 특허법 제24조(중단 또는 중지의 효과)에서 "특허에 관한 절차가 중단 또는 중지된 경우에는 그 기간의 진행은 정지되고 그 절차의 수계통지를 하거나 그 절차를 속행한 때부터 다시 전기간이 진행된다."라고 규정하였다가 1993. 12. 10. 법률 제4594호로 개정된 특허법에서 '전기간'을 '모든 기간'으로 변경하였다.[1]

2. 상표에 관한 절차의 중지에 대하여 상표법이 당초에는 특별히 규정하지 아니하고 있었다가 1973. 2. 8. 법률 제2506호로 전문개정된 상표법 제7조에서 "특허법 제16조, 제20조 내지 제41조의 규정은 상표에 대하여 이를 준용한다." 라고 규정하여 특허법 제37조를 준용하는 형식을 취하였고, 1973. 12. 31. 법률 대통령령 제6977호로 개정된 상표법시행령 제8조 제1항에서 "특허법시행령 제3조 내지 제9조의 규정은 상표등록에 관한 출원·청구 및 기타의 절차에 관하여 이를 준용한다."라고 규정하였다.

그 후 1990. 1. 13. 법률 제4210호로 전부개정된 상표법 제5조에서 "특허법 제3조 내지 제26조 및 동법 제28조의 규정은 상표에 관하여 이를 준용한다."라고 규정하여 특허법 제24조를 준용하는 형식을 취하였다.

그 후 상표법이 2011. 12. 2. 법률 제11113호로 개정되면서 기존의 특허법 준용규정 형식을 폐지하고 제5조의23(중단 또는 중지의 효과)을 신설하여 "상표에 관한 절차가 중단되거나 중지된 경우에는 그 기간의 진행은 정지되고 그 절차의 수계통지를 하거나 그 절차를 속행한 때부터 전체기간이 새로이 진행된다."라고 규정하였다.

그 후 상표법이 2016. 2. 29. 법률 제14033호로 전문개정되면서 문구 수정을 거쳐 본조와 같이 규정되었다. 구 상표법 제5조의23과 본조의 규정 내용을 비교하면 '수계통지', '전체기간', '새로이' 부분이 '수계 통지', '전체 기간', '새로' 부분으로 각각 문구 조정된 것 외에 나머지 내용은 서로 같다.

---

1) 그 후 2014. 6. 11. 법률 제12753호로 개정된 특허법에서 "특허에 관한 절차가 중단되거나 중지된 경우에는 그 기간의 진행은 정지되고, 그 절차의 수계통지를 하거나 그 절차를 속행하였을 때부터 다시 모든 기간이 진행된다."라고 변경되었다.

Ⅲ. 내용

1. 상표에 관한 절차가 중단 또는 중지되면 절차 진행이 정지되고 절차의 수계 통지를 하거나 절차를 속행한 때부터 전체 기간이 새로 진행된다. 본조 신설 전에 준용된 특허법 규정에는 '다시 모든 기간이 진행된다'라고 기재되어 있었고, 여기에서 그 기간은 잔여기간이 아니라 정지되기 전에 진행된 기간까지 포함한 전체 기간을 의미하는 것으로 해석되고 있었는데,[2] 2011. 12. 2. 법률 제11113호로 개정된 구 상표법에서 이를 명확히 하여 전체기간이 새로 진행된다는 취지로 규정하였다.

예컨대 특허청장이 제40조의 규정에 따라 기간(1개월 내)을 정하여 그 기간 내에 상표에 관한 절차를 보정할 것을 명하였으나 보정명령 후 15일후 상표에 관한 절차가 중단되고 이후 수계되었다면 수계 후 보정할 수 있는 기간은 잔존 기간이 아닌 전체기간인 1개월이 된다.

2. 상표절차가 중단되거나 중지되는 동안에는 특허청장 또는 심사관은 물론 당사자도 원칙적으로 절차를 진행할 수 없다.

절차의 중단 및 중지되는 기간에 행하여진 당사자나 특허청 등의 행위는 원칙적으로 무효이다. 그러나 무효라 하여도 상대방이 아무런 이의를 하지 아니할 경우 유효하게 된다. 또한, 중단 및 중지제도는 공익적 제도가 아니라 당사자를 보호하기 위한 제도이기 때문에 중단 및 중지 중의 소송행위라도 추인하면 유효하게 된다.

한편, 중단 및 중지사유를 간과하고 소송절차가 진행되어 심결이 내려졌다면 그 심결은 절차상의 위법은 있으나 무효라고 할 수 없다. 위와 같은 중단 및 중지사유를 간과한 심결 후 그 상속인들이 수계신청을 하여 심결을 송달받아 심결취소소송을 제기하거나 또는 적법한 상속인들이 사실상 송달을 받아 소장을 제출하고 수계절차를 밟은 경우에는 그 수계와 소의 제기는 적법한 것이라고 보아야 하며 또한 당사자가 심결 후 명시적 또는 묵시적으로 원심의 절차를 적법한 것으로 추인하면 그 위법은 소멸한다고 할 것이다.[3]

〈윤태식〉

---

2) 정상조 박성수 공편, 특허법 주해 Ⅰ [윤태식 집필부분], 박영사(2010), 248.
3) 대법원 1995. 5. 23. 선고 94다28444 전원합의체 판결; 대법원 1998. 5. 30.자 98그7 결정 참조.

<소 목 차>

Ⅰ. 취지

　우리나라 헌법 제6조 제2항은 "외국인은 국제법과 조약이 정하는 바에 의하여 그 지위가 보장된다"고 규정하고 있는데, 외국인에 대하여 "국제법과 조약이 정하는 바에 의해 그 지위를 보장한다"는 의미는 외국인도 특별한 경우를 제외하고는 내국인과 동등한 보장을 받는다는 것이며, 상호주의에 의하여 외국인의 국내에서의 지위가 보장되면 우리 국민의 외국에서의 지위도 보장될 것임을 의미한다.

　파리조약은 내외국인 평등주의를 원칙으로 하고 있고,[1] 무역관련지식재산권협정(WTO/TRIPs)도 내외국민 평등주의를 기본정신으로 하고 있다.[2] 이러한

---

[1] Nationals of any country of the Union shall, as regards the protection of industrial property, enjoy in all the other countries of the Union the advantages that their respective laws now grant, or may hereafter grant, to nationals; all without prejudice to the rights specifically provided for by this Convention. Consequently, they shall have the same protection as the latter, and the same legal remedy against any infringement of their rights, provided that the conditions and formalities imposed upon nationals are complied with. Paris Convention for the Protection of Industrial Property Art. 2(1).

[2] Each Member shall accord to the nationals of other Members treatment no less favourable

국제조약의 추세를 좇아 상표법은 원칙적으로 외국인의 권리능력에 대하여 상호주의를 취하고 있다. 상호주의 원칙에 입각하여 우리나라 국민이 그 나라에서 내국민대우를 받는 범위 내에서 해당국의 국민에게도 상표제도를 개방하려고 하는 것이 이 조의 취지이다.

Ⅱ. 해설

1. 원칙

재외자는 국내에 주소[3] 또는 영업소[4]가 없는 자를 말하며, 외국인은 대한민국의 국적을 가지지 않은 사람을 말한다.[5] 외국인이라도 재외자가 아니라 국내에 주소 또는 영업소가 있는 외국인은 당연히 상표에 관한 권리를 가지는데,[6] 이 조는 외국인 중 재외자에 관한 규정이다. 국내에 주소 또는 영업소가 없는 재외자인 외국인의 경우에는 원칙적으로 권리능력을 인정하지 않으나 상호주의나 조약에 의해서 대한민국의 국민의 권리능력이 인정되는 범위 내에서 외국인의 상표에 관한 권리능력이 인정된다.

우리나라에 의하여 외교적으로 승인되지 않은 국가라 할지라도 파리조약의 동맹국이거나 상호주의를 채택하고 있는 등 이 조의 요건을 충족하는 국가의 국민은 상표에 관한 권리의 향유가 인정된다.

2. 권리능력이 인정되는 경우

가. 평등주의(제1호)

제1호는 해당 외국인이 속한 나라가 우리나라 국민에 대하여 그 나라의 국민과 동일한 조건으로 권리의 향유를 인정하고 있는 경우에, 그 외국인에 대하

---

than that it accords to its own nationals with regard to the protection of intellectual property, subject to the exceptions already provided in, respectively. Agreement on Trade-Related Aspects of Intellectual Property Rights Art. 3. 1.

3) 주소란 생활의 근거가 되는 곳을 말한다. 민법 제18조.

4) 파리협약 제3조에 의하면 진정하고 실효적인 공업상 또는 상업상의 영업소를 요건으로 규정하고 있다. 이는 단순한 명목상 또는 허위의 영업소가 아닌 현실적으로 업무를 하고 있어야 하는 것으로 이해된다.

5) 이 조의 외국인에는 무국적자도 포함된다.

6) 파리조약 제3조는 "비동맹국의 국민이라도 어느 동맹국의 영역내에 주소 또는 진정하고 실효적인 공업상 또는 상업상의 영업소를 가진 자는 동맹국의 국민과 같이 취급한다"고 규정하고 있다.

여 권리능력을 인정한다는 조항이다. 해당되는 외국인이 속한 국가의 법령이 우리나라 국민을 그 나라의 국민과 동등하게 보호하도록 규정한 경우가 이에 해당한다.

나. 상호주의(제2호)

제2호는 해당 외국인이 속한 나라가 우리나라에서 그 나라 국민의 권리 향유가 인정되는 것을 조건으로 우리나라 국민에게 권리의 향유를 인정하는 경우에 관한 규정이다. 우리나라의 법령이 해당 외국인을 우리나라 국민과 동등하게 보호하는 것으로 규정하고 있는 경우에 한하여 해당 외국인이 속한 국가의 법령이 우리나라 국민에 대하여 동등한 조건으로 보호하도록 규정한 경우가 이에 해당한다.

다. 조약에 의해 권리가 인정되는 경우(제3호)

이 호는 조약에 별도의 규정이 있을 때에는 외국인에게 권리의 향유를 인정한다는 규정이다.[7] 조약은 서면에 의한 국가 간의 합의로서 문서로 작성된 것을 말한다. 이 조의 조약은 조약(treaty), 협약(convention), 협정(agreement), 의정서(act, protocol), 규정(statute), 규약(covenant), 헌장(charter) 등 그 명칭 여하를 불문하고 국가 간의 합의를 내용으로 하는 문서로 작성된 것을 모두 포함한다.[8]

3. 본조 위반의 효과

권리능력이 없는 외국인이 한 출원은 거절결정되고,[9] 등록이 되었다고 하더라도 무효사유가 된다.[10] 상표등록이 무효로 확정되면 통상 상표권의 효력은 처음부터 없었던 것으로 보게 되나, 상표등록된 후에 상표권자가 상표권을 향유할 수 없게 되거나 또는 조약에 위반된 경우에는 그 사유가 발생한 날부터 없었던 것으로 본다.[11]

---

7) 종래 상표법 제5조에서 준용하고 있던 구특허법 제26조는 "특허에 관하여 조약에 이 법에서 규정한 것과 다른 규정이 있는 경우에는 그 규정에 따른다"고 하여 조약이 특허법에 우선됨을 규정하고 있었으나, 2011. 12. 2. 법률 제11117호 일부개정에 의해 이 조는 삭제되었다.

8) 특허청 편, 우리나라 특허법제에 대한 연혁적 고찰-조문별 특허법해설(2007), 137.

9) 상표법 제54조 제3호.

10) 상표법 제117조 제1항 제1호

11) 상표법 제117조 제3항. 다만 그 사유가 발생한 날을 특정할 수 없는 경우 해당 상표권은 무효심판이 청구되어 그 청구내용이 등록원부에 공시(公示)된 때부터 없었던 것으로 본다. 같은 조 제4항.

상표출원인 중 한 사람이라도 권리의 향유가 인정되지 않은 외국인이 포함되어 있을 경우 그 출원은 거절되며, 상표등록 후에 권리의 향유가 인정되지 않은 외국인에게 상표권이 양도된 경우에는 상표등록 자체가 무효로 되는 것은 아니고 당해 양도가 무효로 된다.

4. 판례

가. 대법원 1982. 9. 28. 선고 80누414 판결【특허출원서반려처분취소】
[공1982.12.15.(694) 1087]

＊발명자가 외국인으로서 특허법 제25조에 규정된 권리능력을 갖지 않는 경우 그러한 특허출원을 불수리하는 것은 위법하다고 한 사례

(1) 구 특허법시행규칙(1980. 12. 31 상공부령 제616호로 개정되기 전의 것) 제14조 제1항 제11호 "소정의 서류가 방식에 적합하지 아니한 경우"라 함은 서류의 기재사항에 흠결이 있거나 구비서류가 갖추어져 있지 아니하는 경우 등 서류가 법령상 요구되는 형식적인 방식에 적합하지 아니한 경우를 뜻하고, 형식적인 문제를 벗어나서 출원인이나 발명자가 특허법 제40조[12])에 규정된 권리능력을 가지는지 또는 출원인이 동법 제2조 제1항에 규정된 특허를 받을 수 있는 자인지 여부 등 실질적인 사항에 관한 것을 포함하지 아니하고, 출원서류가 그같은 실질적인 사항을 포함하는 경우에는 위 시행규칙 제14조 제1항 제11호에 의하여 불수리처분을 할 것이 아니라 일단 이를 수리하여 심사관으로 하여금 실질적인 심사를 하게 하여야 함이 상당하다.

(2) 실질적 심사과정에서 어차피 거절사정될 처지에 있는 이 사건 출원을 일단 수리하면 실질적인 권리능력 없는 자의 출원에 대하여 선원의 지위를 인정하는 결과를 초래하고 선원주의의 효과로서 이와 관계되는 진정한 권리능력 있는 자의 후출원에 부당한 제약과 불이익을 주게 된다 하더라도 이 같은 사정은 현저히 공공복리에 적합하지 아니한 때에 해당하지 아니하여 행정소송법 제12조를 적용할 사유가 되지 아니한다.

---

12) 구 특허법 제40조(외국인의 능력) 외국인으로서 국내에 주소나 영업소가 없는 자는 특허에 관한 권리를 향유할 수 없다. 다만, 조약 또는 법률에 의하여 대한민국 국민에게 자국에 주소나 영업소의 유무에 불구하고 권리를 허용하는 국가의 국민 또는 조약당사국 이외의 국가의 국민으로서 조약당사국내에 주소나 영업소를 가지는 자에 대하여는 예외로 한다. 현행 특허법 제25조·상표법 제27조에 해당한다.

나. 대법원 1976. 4. 27. 선고 74후61 판결 【거절사정】

외국인은 우리나라에 주소나 영업소가 없을 때에는 원칙적으로 상표에 관한 권리능력을 인정하지 않지만 예외로서 조약이나 협정이 체결되거나 또는 그 외국인이 속하는 나라의 법률에 의하여 우리나라의 국민에게 그 나라 안에 주소나 영업소가 없더라도 상표에 관한 권리를 허용하는 국가의 국민에 대하여는 우리나라도 상표에 관한 권리를 향유케 한다고 보아야 할 것인바(이때 그 외국인이 속하는 나라의 법률이 상표에 관한 권리를 허용하는 국가로서 우리나라를 특정하여 규정하고 있음을 요하지 아니한다), 이건 상표등록출원인은 스웨덴국의 법인으로서 우리나라에 주소나 영업소가 없는 자이나, 증거에 의하면 이건 출원인이 속하는 나라인 스웨덴의 법률은 우리 국민이 스웨덴국에 영업소를 두지 아니한 경우에도 스웨덴국에서 상표등록을 받을 수 있도록 규정하고 있음을 엿볼 수 있는 바이니 원심결은 이에 관한 심리미진의 위법이 있다.

〈홍정표〉

제28조(서류제출의 효력 발생 시기)

① 이 법 또는 이 법에 따른 명령에 따라 특허청장 또는 특허심판원장에게 제출하는 출원서·청구서, 그 밖의 서류(물건을 포함한다. 이하 이 조에서 같다)는 특허청장 또는 특허심판원장에게 도달한 날부터 그 효력이 발생한다.

② 제1항의 출원서·청구서, 그 밖의 서류를 우편으로 특허청장 또는 특허심판원장에게 제출하는 경우에는 다음 각 호의 구분에 따른 날에 특허청장 또는 특허심판원장에게 도달한 것으로 본다. 다만, 상표권 및 상표에 관한 권리의 등록신청서류를 우편으로 제출하는 경우에는 그 서류가 특허청장 또는 특허심판원장에게 도달한 날부터 효력이 발생한다.

1. 우편법령에 따른 통신날짜도장에 표시된 날이 분명한 경우: 표시된 날

2. 우편법령에 따른 통신날짜도장에 표시된 날이 분명하지 아니한 경우: 우체국에 제출한 날(우편물 수령증에 의하여 증명된 날을 말한다)

③ 제1항 및 제2항에서 규정한 사항 외에 우편물의 지연, 우편물의 분실·도난 및 우편업무의 중단으로 인한 서류제출에 필요한 사항은 산업통상자원부령으로 정한다.

<소 목 차>

Ⅰ. 본조의 의의 및 취지

1. 의의

상표등록에 관한 출원, 청구 그 밖의 절차(이하 이 조에서는 "상표에 관한 절차"라 한다)를 밟으려면 특허청장 또는 특허심판원장(이하 이 조에서는 "특허청 등"이라 한다)에게 그 의사를 표시하기 위하여 일정한 서류를 제출하여야 한다.

이 조는 상표등록출원인, 심판청구인, 그 밖에 상표에 관한 절차를 밟는 자(이하 이 조에서는 "출원인 등"이라 한다)가 특허청 등에 제출하는 출원서, 청구서, 그 밖의 서류 또는 물건(이하 이 조에서는 "제출서류 등"이라 한다)이 언제부터 효력이 발생하는지에 관한 기준을 구체적으로 정하는 것이다.

제출된 서류 등의 효력발생시기에 관하여 일반적으로는 도달주의를 채택하고 있으나(제1항), 우편으로 제출하는 경우에는 발신주의를 기본으로 하면서 예외적으로 등록신청서류에 대해서는 도달주의를 규정하고 있다(제2항).

우편물의 배달이 지연되거나 우편업무가 중단되는 경우에 필요한 서류제출에 관한 사항은 산업통상자원부령으로 정하도록 하고 있다(제3항).

일반행정절차에서는 국민이 행정청에 일정한 사항을 통지하여야 할 의무가 있는 경우 그 신고서가 접수기관에 도달된 때에 신고의무가 이행된 것으로 보는 도달주의를 채택하고 있다(행정절차법 제40조 제2항).

민사에서도 상대방이 있는 경우의 의사표시는 상대방에게 도달한 때에 그 효력이 생기는 것으로 함으로써 도달주의를 원칙으로 삼고 있다(민법 제111조 제1항).

2. 취지

상표법은 상표등록에 관하여 선출원주의를 채택하고 있다. 즉, 동일 또는 유사한 상품에 사용할 동일 또는 유사한 상표에 대하여 여러 개의 출원이 존재하는 경우에 최선의 출원인만이 상표등록을 받을 수 있도록 규정하고 있다(제35조 제1항).

따라서, 선출원주의 제도에서는 어떤 상표가 가장 앞서 출원되었는지를 가려내기 위한 명확한 기준을 구체적으로 정하는 것이 중요하다.

조약에 따른 우선권 주장(제46조 제2항) 등과 같이 상표에 관한 절차를 밟을 때 지켜야 할 기간이 특정된 경우에는, 제출서류 등이 그 기간 내에 제출되었는지가 해당 출원의 법적 상태를 확정하는 데 핵심적인 요소가 된다.

이 조는 특허청의 지리적 위치에 따른 접근기회의 격차 및 서류의 제출방식에 따른 도달시점의 차이 등으로 인하여 생길 수 있는 문제점을 고려하여 제출서류 등의 효력발생시기를 합리적으로 정하기 위한 것이다.

Ⅱ. 이 조의 적용대상

이 조는 서면으로 작성되거나 이동식 저장장치 등 전자적 기록매체에 전자문서로 수록된 출원서 등을, 방문 또는 택배서비스를 이용하는 등의 방법으로 직접 제출하거나 우편을 이용하여 제출하는 경우에 적용된다.

출원서 등을 특허청에서 제공하는 소프트웨어 또는 특허청 홈페이지를 이용하여 전자문서로 작성하고, 이를 정보통신망을 통하여 제출하는 경우의 효력발생시기에 관하여는 제30조 제3항이 적용된다.

Ⅲ. 제출서류 등의 효력발생시기

1. 도달주의 원칙의 적용

출원인 등이 제출서류 등을 직접 제출하는 경우에는 특허청장 또는 특허심판원장에게 도달한 날부터 그 효력이 발생한다(제1항).

직접 제출하는 경우란 방문 또는 택배서비스를 이용하는 등의 방법으로 직접 제출하는 것을 말한다. 따라서, 우편을 이용하거나 정보통신망을 이용하여 제출하는 경우는 제외된다.

도달한 날이란 구체적으로는 도달한 시점을 의미하는 것으로 해석하여야 한다. 만약 실제 도달한 시점을 고려하지 않는다면 같은 날에 여러 개의 서류가 시점을 달리하여 도달한 경우에 그 서류들 사이에 효력의 우선순위를 정할 수 없는 문제가 발생할 것이다.

예를 들면, 출원인이 같은 날에 상표등록출원에 대한 보정서를 오전과 오후에 각각 하나씩 제출한 경우에 두 보정서의 내용이 서로 다르다면 그 출원의 최종적인 내용이 어느 보정서를 기준으로 확정되어야 하는지가 쟁점으로 남게 된다.

이 조에서 '도달한 날부터 그 효력이 발생한다'라는 규정은, 제출서류 등의 도달시점이 구체적으로 어느 때인지는 별개로 하더라도 '적어도 도달한 날부터는 그 효력이 발생한다'라는 의미로 해석하는 것이 적절하다.

2. 우편을 이용하여 제출한 경우의 도달기준

가. 우편의 범위

우편물은 서신 등을 담은 통상우편물과 물건을 포장한 소포우편물로 구분되며(우편법 제1조의2), 우편사업은 국가가 독점으로 경영하고 미래창조과학부장관이 관장한다(우편법 제2조).

우체국에서 제출된 것으로 보아야 하는지가 논란이 될 수 있다. 즉, 우체국에서 택배서비스를 이용하여 서류 등을 제출한 경우에도 이를 우편의 일종이라고 해석될 여지가 있는 것이다.

택배서비스는 사기업에서도 제공하고 있을 뿐만 아니라, 우체국 택배서비스에서는 물품포장에 통신날짜도장이 표시되지 않는 사실 등을 미루어 볼 때, 비록 우체국이 제공하는 것일지라도 택배서비스는 우편의 범위에 들지 않는 것으로 해석하는 것이 타당하다.

나. 일반적으로 발신주의를 적용

(1) 발신주의를 적용하는 취지

상표에 관한 절차에서 제출서류 등의 효력발생시기를 정할 때 원칙적으로 도달주의를 채택하고 있다. 그러나 도달주의를 일률적으로 적용하다 보면 여러 가지 부작용이 발생할 수 있다.

예를 들면, 같은 날에 같은 시점에 우편물을 발송하더라도 각 우체국 또는 집배원의 업무수행능력의 차이에 따라 우편물이 특허청에 도달하는 시점이 서로 달라질 것이다.

따라서, 특허청과 각 제출인 사이의 지리적 거리의 격차 또는 서류제출의 방법 등의 차이 때문에 발생할 수 있는 문제점을 사전에 방지하기 위하여 특정한 경우에 예외적으로 발신주의를 적용할 필요성이 존재한다.

(2) 효력발생시기의 구체적 기준

(가) 우편법령에 따른 통신날짜도장에 표시된 날이 분명한 경우

우편법령에 따른 통신날짜도장에 표시된 날이 분명한 경우는 그 표시된 날에 특허청장 또는 특허심판원장에게 도달한 것으로 본다. 즉, 우체국이 우편물을 접수하고 우편물의 표면에 찍은 통신날짜도장에 표시된 날에 도달한 것으로 인정된다.

통신날짜도장이란 우체국에서 우편물이 접수되었다는 사실을 확인하기 우편물의 표면에 찍은 내용으로서의 인장을 말한다.

(나) 우편법령에 따른 통신날짜도장이 분명하지 않은 경우

우편법령에 따른 통신날짜도장에 표시된 날이 분명하지 않은 경우는 우편물의 수령증에 의하여 증명한 날에 특허청장 또는 특허심판원장에게 도달한 것으로 본다. 즉, 우체국에서 우편물을 접수하고 발행하는 우편물 수령증에 표시된 날에 도달한 것으로 인정된다.

다. 예외적으로 도달주의를 적용

우편으로 서류 등을 제출하는 경우에 일반적으로는 발신주의가 적용되지만 (제2항 본문), 예외적으로 등록신청서류에 대해서는 도달주의가 적용된다(제2항 단서).

상표권 및 상표에 관한 권리의 등록신청서류를 우편으로 제출하는 경우에는 그 서류가 특허청장 또는 특허심판원장에게 실제로 도달한 날부터 효력이 발생하는 것으로 본다.

상표에 관한 권리란 본권인 상표권에 대하여 설정된 권리로서 전용사용권, 통상사용권 및 질권 등을 의미하며, 등록신청서류란 상표권 또는 상표에 관한 권리의 발생, 변동 및 소멸에 관한 사항을 상표등록원부에 등재하기 위하여 특허청장에 제출하는 서류를 의미한다.

상표권 및 상표에 관한 권리도 재산권의 일종이므로 이를 양도하는 등의 거래가 가능하며 그 과정에서 분쟁이 발생할 수 있다. 그러므로 상표권이 설정되어 소멸할 때까지 권리관계에 변동을 가져오는 사실이 발생하면 이를 공중이 알 수 있도록 신속하고 명확하게 공시할 필요가 있다.

상표권 및 상표에 관한 권리의 등록신청서류는 상표권자 및 이해관계인의 법적 이익에 영향을 미치기 때문에, 이들 사이의 우선순위를 명확하게 정하기 위하여 우편으로 제출된 경우에도 예외적으로 도달주의를 적용하는 것이다.

〈박정훈〉

> **제29조(고유번호의 기재)**
> ① 상표에 관한 절차를 밟는 자는 산업통상자원부령으로 정하는 바에 따라 특허청장 또는 특허심판원장에게 자신의 고유번호의 부여를 신청하여야 한다.
> ② 특허청장 또는 특허심판원장은 제1항에 따른 신청을 받으면 신청인에게 고유번호를 부여하고 그 사실을 알려야 한다.
> ③ 특허청장 또는 특허심판원장은 제1항에 따라 고유번호를 신청하지 아니하는 자에게는 직권으로 고유번호를 부여하고 그 사실을 알려야 한다.
> ④ 제2항 또는 제3항에 따라 고유번호를 부여받은 자가 상표에 관한 절차를 밟는 경우에는 산업통상자원부령으로 정하는 서류에 자신의 고유번호를 적어야 한다. 이 경우 이 법 또는 이 법에 따른 명령에도 불구하고 그 서류에 주소(법인인 경우에는 영업소의 소재지를 말한다)를 적지 아니할 수 있다.
> ⑤ 상표에 관한 절차를 밟는 자의 대리인에 관하여는 제1항부터 제4항까지의 규정을 준용한다.
> ⑥ 고유번호의 부여 신청, 고유번호의 부여 및 통지, 그 밖에 고유번호에 관하여 필요한 사항은 산업통상자원부령으로 정한다.

Ⅰ. 본조의 의의 및 취지

1. 의의

상표등록에 관한 출원, 청구 그 밖의 절차(이하 이 조에서는 "상표에 관한 절차"라 한다)를 밟기 위하여 특허청 또는 특허심판원(이하 이 조에서는 "특허청 등"이라 한다)에 제출하는 출원서, 청구서, 그 밖의 서류 또는 물건(이하 이 조에서는 "제출서류 등"이라 한다)에는 제출인의 성명 및 고유번호(이하 이 조에서는 "특허고객번호"라 한다)를 적어야 한다(제4항).

특허고객번호란 상표에 관한 절차를 밟으려는 자가 성명, 주민등록번호 등

신상에 관한 정보를 미리 특허청에 신고하면서 발급받아 제출서류 등에 사용하는 코드를 말한다.

이 조는 상표등록출원인, 심판청구인, 그 밖에 상표에 관한 절차를 밟는 자(이하 이 조에서는 "출원인 등"이라 한다)를 구별하기 위한 표지인 특허고객번호를 부여하고 이를 이용하는 절차에 관하여 필요한 사항을 정하는 것이다.

2. 취지

상표에 관한 절차를 밟기 위하여 특허청 또는 특허심판원에 제출하는 서류는 법령에 특별한 규정이 있는 경우 제외하고는 건마다 작성하여야 한다(상표법 시행규칙 제3조).

출원인 등에 관한 정보가 같은 내용일지라도 서류를 작성할 때마다 또다시 적어야 한다. 그러나 출원인 등의 착오나 실수에 따라 사실과 다른 정보가 기재되는 사례가 발생하기 때문에 제출서류 등을 처리하는 데 어려움을 겪을 수 있다.

이 조는 상표에 관한 절차를 밟는 주체인 출원인 등을 명확하게 식별하고, 특허청 등에 접수되는 제출서류 등을 효율적으로 관리하기 위하여, 자연인 또는 법인마다 고유한 식별표지로서 특허고객번호를 부여하고 관리함으로써 절차의 편의성 및 효율성을 높이기 위한 것이다.

Ⅱ. 특허고객번호의 부여

1. 신청에 따른 부여

특허고객번호의 부여를 신청하여야 하는 자는 출원인(제37조), 상품분류전환등록신청인(제209조), 상표등록출원의 승계인(제48조), 우선심사신청인(제53조), 상표등록출원에 대한 정보제공인(제49조), 이의신청인·피신청인(제60조), 심판청구인·심판피청구인(제115조부터 제121조까지), 심판참가인(제142조), 상표권자(제82조), 전용사용권자(제95조), 통상사용권자(제97조), 질권자(제104조)이다(상표법 시행규칙 제3조 제1항, 제14조 제1항). 따라서, 상표에 관한 절차를 밟는 자는 모두가 이에 해당한다. 다만, 출원인 또는 상품분류전환등록신청인, 우선심사신청인 및 상표권자의 경우 상표법 제180조에 따른 국제상표등록출원의 국제등록명의인(본인의 국제상표등록출원에 한정한다)에 대해서는 예외로 할 수 있다(상표법 시행규칙 제14조 제1항 단서).

특허고객번호의 부여를 신청하려는 자는 '특허고객번호 부여신청서'(특허법 시행규칙 별지 제4호서식)를 특허청장 등에게 제출하여야 한다(상표법 시행규칙 제14조 제2항).

2. 직권에 의한 부여

특허청장 등은 상표에 관한 절차를 밟는 출원인 등이 특허고객번호의 부여를 신청하지 않은 때에는 직권으로 특허고객번호를 부여하고 그 사실을 알려야 한다(제3항).

Ⅲ. 특허고객번호의 정보 및 관리

1. 특허고객번호의 정보

특허청장 등은 특허고객번호를 부여할 때 출원인에 관한 정보로서 성명(법인인 경우에는 그 명칭), 우편번호, 주소(법인인 경우에는 그 영업소의 소재지), 전화번호, 국적, 행위능력 여부, 인감(또는 서명) 등을 함께 등록한다(특허청 예규 제74호, 특허고객번호 발급 및 관리지침).

2. 특허고객번호의 관리

(1) 제출서류 등에 특허고객번호 기재

특허고객번호를 부여받은 자가 상표에 관한 절차를 밟는 때에는 제출서류 등에 자신의 특허고객번호를 적어야 한다(제4항 전단). 이 경우에 제출서류 등에 특허고객번호를 적는다면 이 법에 따른 명령에 불구하고 그 서류에 주소(법인인 경우에는 영업소의 소재지)를 적지 않을 수 있다(제4항 후단).

(2) 특허고객번호의 정보 변경 및 경정

특허고객번호를 부여받으면서 함께 등록한 신상정보인 성명, 주소, 서명 등을 변경하거나 경정하려는 경우에는 '특허고객번호 정보변경(경정)신고서'(특허법 시행규칙 별지 제5호서식)를 특허청장에게 제출하여야 한다(상표법 시행규칙 제14조 제3항).

출원인 등은 미리 '특허고객번호 정보 등 자동변경신청서'(특허법 시행규칙 별지 제5호의2서식)를 특허청장에게 제출함으로써, 주민등록법 제16조 제1항에 따라 새로운 거주지로 전입신고를 한 때에 특허고객번호의 주소정보가 새 주소로 자동으로 변경되게 할 수 있다. 다만, '특허고객번호부여신청서'(특허법 시행규칙 별지 제4호서식)에 그러한 취지를 적음으로써 자동변경신청을 갈음할 수 있다(상표법 시행규칙 제14조 제6항).

법인인 출원인 등은 특허청장이 정하는 전자정부법 제9조 제2항 및 제3항에 따른 전자민원창구를 통하여 특허고객번호의 법인 명칭 또는 영업소 소재지의 정보를 변경하기 위한 신청을 할 수 있다(상표법 시행규칙 제14조 제8항).

(3) 특허고객번호의 정정 및 말소

출원인 등이 특허고객번호를 이중으로 부여받았거나 잘못 부여받았을 때 이를 정정하려는 경우에는 '특허고객번호 정정신고서'(특허법 시행규칙 별지 제5호서식)를 특허청장에게 제출하여야 한다(상표법 시행규칙 제14조 제4항).

특허청장이 특허고객번호를 이중으로 부여하였거나 잘못 부여한 경우에는 직권으로 해당 특허고객번호를 정정하거나 말소할 수 있다. 이 경우에는 특허고객번호를 부여받은 자에게 직권으로 정정하거나 말소한 사실을 알려야 한다(상표법 시행규칙 제14조 제5항).

IV. 특허고객번호의 대리인에 대한 준용

특허고객번호의 부여신청에서 이용까지의 규정은 상표에 관한 절차를 밟는 자의 대리인에 관하여 준용한다(제5항). 즉, 출원인 등의 대리인으로서 절차를 수행하려는 때에는 신청이나 직권에 의하여 대리인코드를 부여받아 제출서류 등에 기재하여야 한다.

특허청장 등은 대리인코드를 부여할 때 대리인에 관한 정보로서 성명(법인인 경우에는 그 명칭), 우편번호, 주소(법인인 경우에는 그 영업소의 소재지), 전화번호, 팩스번호, 국적, 행위능력 여부, 인감(또는 서명) 등을 함께 등록한다.

〈박정훈〉

제30조(전자문서에 의한 상표에 관한 절차의 수행)

① 상표에 관한 절차를 밟는 자는 이 법에 따라 특허청장 또는 특허심판원장에게 제출하는 상표등록출원서와 그 밖의 서류를 산업통상자원부령으로 정하는 방식에 따라 전자문서화하고 이를 「정보통신망 이용촉진 및 정보보호 등에 관한 법률」 제2조제1항제1호에 따른 정보통신망(이하 "정보통신망"이라 한다)을 이용하여 제출하거나 이동식 저장매체 등 전자적 기록매체에 수록하여 제출할 수 있다.

② 제1항에 따라 제출된 전자문서는 이 법에 따라 제출된 서류와 같은 효력을 가진다.

③ 제1항에 따라 정보통신망을 이용하여 제출된 전자문서는 그 문서의 제출인이 정보통신망을 통하여 접수번호를 확인할 수 있는 때에 특허청 또는 특허심판원에서 사용하는 접수용 전산정보처리조직의 파일에 기록된 내용으로 접수된 것으로 본다.

④ 제1항에 따라 전자문서로 제출할 수 있는 서류의 종류, 제출방법과 그 밖에 전자문서에 의한 서류의 제출에 필요한 사항은 산업통상자원부령으로 정한다.

<소 목 차>

Ⅰ. 본조의 의의 및 취지

1. 의의

상표등록에 관한 출원, 청구 그 밖의 절차(이하 이 조에서는 "상표에 관한 절차"라 한다)를 밟기 위하여 특허청 또는 특허심판원에 제출하는 서류는, 서면으로 작성하여 제출하는 대신에 전자문서로 작성하여 정보통신망을 이용하여 제출(이하 이 조에서는 "온라인제출"이라 한다)하거나, 이동식 저장매체 등 전자적 기록매체(이하 이 조에서는 "전자적 기록매체"라 한다)에 수록하여 제출할 수도 있다

(제1항).

이 조는 출원인 등이 전자문서로 제출할 수 있는 서류의 종류, 제출절차, 효력 및 접수시점기준 등에 관하여 필요한 사항을 정하는 것이다.

2. 취지

이 조는 출원인 등이 서류를 전자문서로 작성하여 온라인제출 방법 등을 이용하여 제출할 수 있도록 하는 전자출원제도의 근거가 되는 조문으로서, 상표에 관한 절차를 밟는 데 있어서 편리함을 제공하기 위한 것이다.

온라인제출 방법 등을 이용하여 전자문서로 제출하는 경우에는 직접 방문하거나 우편을 이용하여 제출하는 방법보다 덜 번거로울 뿐만 아니라 신속하고 정확하게 도달되므로, 상표에 관한 절차를 밟는 데 들어가는 시간 및 비용을 절감하는 효과를 얻을 수 있다.

II. 전자문서의 대상 및 효력

1. 전자문서의 개념

전자문서란 상표에 관한 절차를 밟는 자가 특허청이 제공하는 소프트웨어 또는 특허청 홈페이지를 이용하여 작성한 서류를 특허청 또는 특허심판원에 온라인제출 방법을 이용하여 제출하거나 전자적 기록매체에 수록하여 제출하는 서류를 의미한다(상표법 시행규칙 제2조 제2호 가목).

2. 전자문서로 제출할 수 있는 서류

원칙적으로 상표에 관한 절차를 밟기 위하여 특허청 또는 특허심판원에 제출하는 출원서, 청구서, 그 밖의 서류는 전자문서로 작성하여 온라인제출 방법을 이용하여 제출하거나 전자적 기록매체에 수록하여 제출할 수도 있다(제1항).

'전자문서첨부서류등 물건제출서'(특허법 시행규칙 별지 제7호서식), '정정교부신청서'(특허법 시행규칙 별지 제29호서식) 및 '전자화내용 정정신청서'(특허법 시행규칙 별지 제59호서식)는 전자문서로 제출할 수 없도록 규정하고 있다(상표법 시행규칙 제15조 각 호).

3. 전자문서의 효력

전자문서로 작성하여 온라인제출 방법을 이용하여 제출하거나 전자적 기록매체에 수록하여 제출한 서류의 효력도, 서면으로 작성하여 직접 제출하거나 우편을 이용하여 제출한 서류의 효력과 같다(제2항).

Ⅲ. 전자문서의 제출 절차

1. 전자문서 이용신고 및 전자서명

전자문서에 의하여 상표에 관한 절차를 밟으려는 자는 미리 특허청장 또는 특허심판원장에게 전자문서 이용신고를 하여야 하며, 제출하는 전자문서에 전자서명을 하여야 한다(제31조 제1항).

전자서명이란 서명자를 확인하고 서명자가 해당 전자문서에 서명하였음을 나타내는 데 이용하기 위하여 해당 전자문서에 첨부되거나 논리적으로 결합한 전자적 형태의 정보를 말한다(전자서명법 제2조 제2호).

2. 전자문서의 제출

가. 전자문서에의 전자서명

전자문서는 특허청에서 제공하는 소프트웨어 또는 특허청 홈페이지를 이용하여 전자서명을 하여 제출하여야 한다. 이 경우에 개인 및 법인은 공인전자서명을 사용하고 행정기관 등은 행정전자서명을 하여야 한다.

나. 전자적 기록매체에 수록한 전자문서의 제출방법

전자문서를 전자적 기록매체에 수록하여 제출하는 경우에는 '전자문서첨부서류등 물건제출서'(특허법 시행규칙 별지 제7호서식)를 특허청장 또는 특허심판원장에게 제출하여야 한다(상표법 시행규칙 제17조 제2항 전단).

전자적 기록매체에 수록하여 제출할 수 없는 서류는 '전자문서첨부서류등 물건제출서'(특허법 시행규칙 별지 제7호서식)에 첨부하는 방식으로 제출하여야 한다(상표법 시행규칙 제17조 제2항 후단).

다. 정보통신망 또는 특허청 컴퓨터의 장애

전자문서를 제출하려는 자가 그 전자문서를 기한 전에 정보통신망을 이용하여 발송하였으나 정보통신망의 장애, 특허청이 사용하는 컴퓨터 또는 관련 장치의 장애(정보통신망, 특허청이 사용하는 컴퓨터 또는 관련 장치의 유지·보수를 위하여 그 사용을 일시 중단한 경우로서 특허청장이 사전에 공지한 경우에는 이를 장애로 보지 아니한다)로 인하여 해당 기한까지 제출할 수 없었던 경우에는 그 장애가 제거된 날의 다음날에 그 기한이 도래하는 것으로 본다(상표법 시행규칙 제17조 제3항).

특허청장이 미리 공지한 때에는 정보통신망 등의 장애로 보지 않는 이유는 서류를 서면으로 작성하여 특허청을 방문하거나 우편을 이용하여 제출하는 것과 같은 여러 가지 대체수단을 이용할 수 있기 때문이다.

라. 전자문서의 첨부서류 제출 방법

상표에 관한 절차를 밟는 자가 온라인제출의 방법으로 전자문서를 제출하는 경우, 이에 첨부하여야 하는 서류 중 온라인제출의 방법으로 제출할 때 첨부하지 않은 서류는 온라인제출 접수번호를 확인한 날부터 3일 이내에, 서면으로 제출하는 서류인 '전자문서첨부서류등 물건제출서'(특허법 시행규칙 별지 제7호서식)에 첨부하여 제출하여야 한다(상표법 시행규칙 제18조).

마. 전자문서의 온라인제출 방법

전자문서를 온라인제출의 방법으로 제출하려는 자는 전자서명에 필요한 인증서를 사용하여야 한다(상표법 시행규칙 제19조). 이 경우에 인증서의 내용은 특허고객번호의 출원인정보와 일치하여야 한다(상표법 시행규칙 제16조 본문 후단).

바. 전자문서의 동시제출 방법

법령에서 동시에 밟아야 하도록 규정하고 있는 둘 이상의 절차에 관한 전자문서를 온라인제출의 방법으로 제출하려는 경우에는 이를 연속하여 입력하여야 한다(상표법 시행규칙 제20조).

동시에 밟아야 하는 둘 이상의 절차 중에서 하나의 절차에 관한 서류를 온라인제출의 방법으로 제출하고 나머지 절차에 관한 서류를 전자적 기록매체 또는 서면으로 제출하려는 경우에는 그 둘 이상의 절차를 같은 날에 밟아야 한다(상표법 시행규칙 제20조 제2항).

3. 온라인제출의 방법으로 제출된 전자문서의 접수시점 확정기준

온라인제출의 방법을 이용하여 제출한 전자문서는 그 문서의 제출인이 정보통신망을 통하여 접수번호를 확인할 수 있는 때에, 특허청 또는 특허심판원에서 사용하는 접수용 전산정보처리조직의 파일에 기록된 내용으로 접수된 것으로 본다(제3항).

종전 법에서는 정보통신망을 이용하여 제출된 전자문서는 해당 문서의 제출인이 정보통신망을 통하여 접수번호를 확인한 때에 접수된 것으로 본다고 규정하고 있었다.

이에 따라, 특허청이 정보통신망을 통하여 곧바로 접수번호를 부여하더라도 제출인이 접수번호를 확인하지 않는 한 그 서류는 발송되었음에도 불구하고 접수되지 않은 채로 남게 됨으로써, 제출인에게 절차상 불이익이 발생할 수 있었다.

〈박정훈〉

> **제31조(전자문서 이용신고 및 전자서명)**
>
> ① 전자문서로 상표에 관한 절차를 밟으려는 자는 미리 특허청장 또는 특허심판원장에게 전자문서 이용신고를 하여야 하며, 특허청장 또는 특허심판원장에게 제출하는 전자문서에 제출인을 알아볼 수 있도록 전자서명을 하여야 한다.
>
> ② 제30조에 따라 제출된 전자문서는 제1항에 따른 전자서명을 한 자가 제출한 것으로 본다.
>
> ③ 제1항에 따른 전자문서 이용신고 절차, 전자서명 방법 등에 관하여 필요한 사항은 산업통상자원부령으로 정한다.

<소 목 차>

Ⅰ. 본조의 의의 및 취지

1. 의의

상표등록에 관한 출원, 청구 그 밖의 절차(이하 이 조에서는 "상표에 관한 절차"라 한다)를 밟기 위하여 특허청 또는 특허심판원에 제출하는 서류는, 서면으로 작성하여 제출하는 대신에 전자문서로 작성하여 정보통신망을 이용하여 제출(이하 이 조에서는 "온라인제출"이라 한다)하거나, 이동식 저장매체 등 전자적 기록매체에 수록하여 제출할 수도 있다(제30조 제1항).

이 조는 출원인 등이 전자문서로 상표에 관한 절차를 밟기 위한 사전절차로서의 전자문서 이용신고(제1항 전단) 및 전자문서의 제출인을 인식하는 데 필요한 전자서명(제1항 후단)에 관한 사항을 규정하는 것이다.

2. 취지

전자문서로 작성한 서류를 온라인제출 방법 등을 이용하여 제출하는 일련의 과정에서 핵심적인 문제는 제출자가 누구인지를 정확하고 신속하게 식별하는 것이다.

이 조는 제출인이 전자문서를 작성하고 이를 온라인제출 방법 등을 이용하여 제출하는 절차를 효율적으로 관리할 수 있는 수단을 제공하는 것이다.

또한, 서류를 작성하고 제출할 때 일어날 수 있는 위조행위나 개인정보유출 등을 미리 방지함으로써 전자문서 이용의 안정성을 확보하기 위한 것이다.

Ⅱ. 전자문서 이용신고

전자문서로 상표에 관한 절차를 밟으려는 자는 미리 특허청장 또는 특허심판원장에게 전자문서 이용신고를 하여야 한다(제1항 전단).

전자문서 이용신고는 전자서명에 필요한 인증서를 사용하여 전산정보처리조직을 통하여 하여야 한다(상표법 시행규칙 제16조 전단). 이 경우에 인증서의 내용은 특허고객번호와 함께 등록된 출원인에 관한 정보와 일치하여야 한다(상표법 시행규칙 제16조 후단).

전산정보처리조직이란 특허청이 사용하는 컴퓨터와 상표에 관한 절차를 밟는 자 또는 그 대리인이 사용하는 컴퓨터를 정보통신망으로 접속하는 조직을 말한다(상표법 시행규칙 제2조 제1호).

Ⅲ. 전자서명

1. 전자서명의 종류

가. 공인전자서명

공인전자서명이란 개인 및 법인이 사용하는 것으로서 다음의 요건을 갖추고 있으며 공인인증서에 기초한 전자서명을 의미한다(전자서명법 제2조 제3호).

① 전자서명생성정보가 가입자에게 유일하게 속할 것, ② 서명 당시 가입자가 전자서명생성정보를 지배·관리하고 있을 것, ③ 전자서명이 있은 후에 해당 전자서명에 대한 변경 여부를 확인할 수 있을 것, ④ 전자서명이 있은 후에 해당 전자문서의 변경 여부를 확인할 수 있을 것

나. 행정전자서명

행정전자서명이란 전자문서를 작성한 다음 각 목의 어느 하나에 해당하는

기관 또는 그 기관에서 직접 업무를 담당하는 사람의 신원과 전자문서의 변경 여부를 확인할 수 있는 정보로서 그 문서에 고유한 것을 말한다.

① 행정기관 ② 행정기관의 보조기관 및 보좌기관 ③ 행정기관과 전자문서를 유통하는 기관, 법인 및 단체 ④ 전자정부법 제36조 제2항의 기관, 법인 및 단체

2. 전자서명의 방법

전자문서는 특허청에서 제공하는 소프트웨어 또는 특허청 홈페이지를 이용하여 전자서명을 하여 제출하여야 한다(상표법 시행규칙 제17조 제1항). 즉, 전자문서에는 공인전자서명 또는 행정전자서명을 하여야 한다.

3. 전자서명의 효력

상표에 관한 절차를 밟는 자가 서류를 전자문서로 작성하여 정보통신망을 이용하거나 전자적 기록매체에 수록하여 특허청장 또는 특허심판원장에게 제출한 경우에는 그 서류에 전자서명을 한 자가 제출한 것으로 본다(제2항).

따라서, 제출인이 전자문서로 작성한 서류에 한 전자서명은 제출인이 서면으로 작성한 서류에 한 서명과 효력이 같은 것으로 인정된다.

〈박정훈〉

> **제32조(정보통신망을 이용한 통지 등의 수행)**
>
> ① 특허청장, 특허심판원장, 심판장, 심판관, 제62조제3항에 따라 지정된 심사장(이하 "심사장"이라 한다) 또는 심사관은 제31조제1항에 따라 전자문서 이용신고를 한 자에게 서류의 통지 및 송달(이하 "통지등"이라 한다)을 하려는 경우에는 정보통신망을 이용하여 할 수 있다.
>
> ② 제1항에 따라 정보통신망을 이용하여 한 서류의 통지등은 서면으로 한 것과 같은 효력을 가진다.
>
> ③ 제1항에 따른 서류의 통지등은 그 통지등을 받을 자가 자신이 사용하는 전산정보처리조직을 통하여 그 서류를 확인한 때에 특허청 또는 특허심판원에서 사용하는 발송용 전산정보처리조직의 파일에 기록된 내용으로 도달한 것으로 본다.
>
> ④ 제1항에 따라 정보통신망을 이용하여 행하는 통지등의 종류·방법 등에 관하여 필요한 사항은 산업통상자원부령으로 정한다.

Ⅰ. 본조의 의의 및 취지

1. 의의

특허청장, 특허심판원장, 심판장, 심판관, 심사장 또는 심사관(이하 이 조에서는 "특허청장 등"이라 한다)은 전자문서 이용신고를 한 자 중 전자문서로 통지 또는 송달(이하 이 조에서는 "통지 등"이라 한다)을 받으려는 자에 대해서는 정보통신망을 이용하여 서류의 통지 등을 할 수 있다(제1항).

이 조는 특허청장 등이 서류를 전자문서로 작성하여 정보통신망을 이용하여 통지 등을 수행하는 경우에 그 통지의 효력(제2항)과 도달시점 확정기준 및 도달내용(제3항)에 관한 사항을 정한 것이다.

2. 취지

전자문서를 이용하여 상표에 관한 절차를 밟겠다고 신고한 자에게 특허청장 등이 서류의 통지 등을 수행한 경우에, 그 서류가 어느 시점에 어떤 형태로 도달된 것으로 보아야 하는지가 쟁점이 될 수 있다.

이 조는 특허청장 등이 상표에 관한 절차를 밟는 자에게 정보통신망을 이용하여 전자문서로 통지 등을 하는 데 있어, 그 방법 및 효과를 명확히 정함으로써 전자문서 이용 제도의 효율성 및 안정성을 확보하기 위한 것이다.

Ⅱ. 정보통신망을 이용한 통지 등의 대상

1. 통지 대상자

특허청장 등이 정보통신망을 이용하여 서류를 통지하거나 송달할 수 있는 대상은 전자문서 이용신고를 한 자 중 전자문서로 통지 또는 송달을 받으려는 자이다(상표법 시행규칙 제21조).

2. 통지 대상서류

정보통신망을 이용하여 통지하거나 송달할 수 있는 서류에는 법령에서 특별히 규정한 경우 외에는 모든 서류가 해당한다(상표법 시행규칙 제21조).

Ⅲ. 정보통신망을 이용한 통지 등의 효력 및 도달기준

1. 정보통신망을 이용한 통지 등의 효력

특허청장 등이 전자문서 이용신고를 한 자에게 정보통신망을 이용하여 수행한 서류의 통지 등의 효력은, 서류를 서면으로 작성하여 우편 등의 방법을 이용하여 통지 등을 수행한 경우와 같다.

2. 정보통신망을 이용한 통지 등의 도달 기준

가. 도달 시점

전자문서 이용신고를 한 자에게 특허청장 등이 정보통신망을 이용하여 수행한 서류의 통지 등은, 그 통지 등을 받을 자가 자신이 사용하는 전산정보처리조직을 통하여 그 서류를 확인한 때에 도달한 것으로 본다.

따라서, 특허청장 등이 정보통신망으로 서류를 통지하였더라도 그 통지 등을 받을 자가 자신의 전산정보처리조직의 파일에 기록된 서류를 확인하지 않은 상태에 있으면 도달한 것으로 볼 수 없다.

종전 법에서는 정보통신망을 이용하여 수행한 서류의 통지 등은, 이를 받을 자가 사용하는 전산정보처리조직의 파일에 기록된 때에 도달한 것으로 본다고 규정하고 있었다.

이처럼, 종전에는 통지 등을 받을 자가 실제로 확인하지 않은 상태에서도 도달의 효력이 발생하였으므로, 그 통지 등을 받을 자로서는 상표에 관한 절차를 밟는 데 있어 기간의 이익이 상실되는 손해를 입을 수도 있었다.

현재 특허청 실무에서는 정보통신망을 이용하여 서류를 발송한 날부터 7일이 지나도록 그 통지 등을 받을 자가 자기의 전산정보처리조직에서 이를 확인하지 않으면 해당 서류를 서면으로 출력하여 등기우편을 이용하여 다시 발송한다(2016. 9. 1.자 상표심사기준 제5장 2.2.3 참조).

나. 도달 내용

전자문서 이용신고를 한 자에게 특허청장 등이 정보통신망을 이용하여 수행한 서류의 통지 등은, 특허청 또는 특허심판원에서 사용하는 발송용 전산정보처리조직의 파일에 기록된 내용으로 도달한 것으로 본다.

〈박정훈〉

제 2 장
상표등록요건 및 상표등록출원

제33조(상표등록의 요건)
① 다음 각 호의 어느 하나에 해당하는 상표를 제외하고는 상표등록을 받을
수 있다.
1. 그 상품의 보통명칭을 보통으로 사용하는 방법으로 표시한 표장만으로 된
상표
2. 그 상품에 대하여 관용(慣用)하는 상표

<소 목 차>

Ⅰ. 상표의 식별력

상표의 가장 중요한 기능은 식별력과 출처표시이다. 상표법은 자신의 상품
을 타인의 상품과 '식별'되도록 하기 위하여 사용하는 일정한 표장을 상표라고
정의하여 상표의 기능을 언급하고 있다(법 제33조 제1항 제1호). TRIPs 협정도
"일정한 사업의 상품 및 서비스와 타인의 상품 및 서비스를 식별할 수 있는 표
장 또는 이러한 기호들을 결합한 것은 상표를 구성할 수 있다. … 표장이 본질적
으로 해당 상품이나 서비스를 식별하지 못하는 경우에, 회원국은 사용에 의한

식별능력(distinctiveness acquired through use)에 따라 그 표장의 등록을 정할 수 있다. … ”라고 정의하고 있다(법 제15조 제1항).

식별력(특별현저성, 자타상품식별력)은 상표의 가장 본질적이고 중요한 기능으로 상표를 사용하는 자의 상품과 타인의 상품을 구별할 수 있는 힘으로서 이에 의하여 소비자들은 소비자가 상표를 선택하는 과정에서의 탐색비용(search cost)을 절약할 수 있게 한다. 상표법은 자신의 상품을 타인의 상품과 '식별'되도록 하기 위하여 사용하는 일정한 표장을 상표라고 정의하면서 식별력을 언급하고 있다. 식별력은 상표의 가장 중요한 요건이기 때문에 등록주의를 채택하고 있는 한국의 상표법하에서 식별력이 없는 상표는 상표로 등록될 수 없다. 그런데 상표법은 상표가 어떠한 경우에 식별력이 있는가 또는 어떤 상표가 식별력이 있는가를 적극적으로 규정하고 있지 않다. 다만 상표법은 일정한 상표, 곧 식별력이 없거나 미약한 상표는 상표로서 등록될 수 없다고 부정적인 방법으로 규정하는 방식에 의하여 식별력을 상표 등록요건으로 하고 있다(법 제33조 제1항). 또한 상표법은 식별력이 없거나 미약한 상표라도 그 상표가 사용됨으로써 소비자에게 점차적으로 인식되어 식별력을 획득하는 경우에는 상표로 등록될 수 있다고 규정하고 있다(법 제33조 제2항). 요컨대 상표법은 식별력에 대하여 적극적으로 규정하지 않고 있는 듯 하지만 식별력을 상표의 중요한 등록요건으로 정하고 있음을 알 수 있다.

식별력에 대하여 상표법은 식별력이 없거나 미약한 상표는 상표로 등록될 수 없지만, 식별력이 미약한 상표도 사용에 의하여 식별력을 획득한 경우에는 상표로서 등록될 수 있도록 하고 있다. 식별력에 대한 상표법의 이러한 규정은 상표에 따라 식별력의 정도에 차이가 있다는 것을 인정하고 이러한 차이에 대하여 그 취급을 달리하고 접근방법을 취하는 것이라 할 수 있다. 각 상표마다 식별력의 차이를 인정하고 그 차이에 따라 취급을 달리하는 상표법의 이러한 접근방법은 미국 판례에서 나오는 식별력에 따른 상표의 구분과 사실상 동일한 셈이다. 미국에서의 상표는 그 식별능력의 정도에 따라 네 가지로 구별된다. 첫째, 일반명칭의 상표(generic mark)로서 일정한 물품을 지칭하는 명칭을 그 물품에 대한 상표로 사용하는 것이다. 예컨대, 자동차라는 제품에 대하여 "자동차"나 "차"라는 단어를 상표로 사용하는 경우를 들 수 있다. 이러한 일반명칭에 대한 상표등록을 인정하면 그 일반명칭에 대하여 상표권자에게 독점적인 권리를 인정하는 것이 되고, 일반공중의 공유영역에서 그 단어를 탈취해 가는 결과가 되어 일반공중이 그 단어를 사용하는 것이 어려워진다. 따라서 일반명칭을 상표로 등록하는 것을 인정할 수 없다. 둘째, 기술적인 상표(descriptive mark)로서 상표가 상품의 성분, 품질 또는 특징을 전달해 주는 경우이다. 셋째, 시사(示唆)적인 상표(suggestive mark)로서 상품의 성질에 관하여 상상, 사고, 인식을 요하는 상표를 의미하는 것인데, 상표를 인식하면 그 상표가 사용되는 상품이 '바로' 떠오르는 기술적인 상표와 달리 한 단계의 사고과정을 추가적으로 거쳐야만 상품이 떠오른다는 점에서 기술적인 상표와 구별된다. 넷째, 가공의 또는 임의적인 상표(fanciful or arbitrary mark)로서 상품과 전혀 연관되지 않는 상표이다. 이에 대한 대표적인 예로서 정유회사인 EXXON이 사용하고 있는 EXXON과 컴퓨터에 사용되는 APPLE을 들 수 있는데, EXXON은 사전에 나타나 있는 단어도 아니며 정유 내지 석유와 아무런 관계가 없고 APPLE은 사전적인 의미가 있으나 컴퓨터와는 아무 관계가 없다.

위의 네 가지 유형의 상표는 식별력에 바탕을 둔 구분으로서 일반명칭의 상표는 식별력이 전혀 없으며, 기술적인 상표는 식별력이 미약하며, 시사적인 상표와 가공·임의적인 상표는 식별력이 있는 상표인데 가공·임의적인 상표는 식별력이 가장 강한 상표이다. 따라서 일반명칭의 상표를 상표로 등록하는 것을 인정하지 않거나 가공·임의적인 상표와 시사적인 상표를 상표로 등록할 수 있게 하는 것은 당연하다. 그런데 식별력이 미약한 기술적인 상표를 어떻게 할 것인가가 문제되는데, 기술적인 상표는 식별력이 미약하므로 상표로 등록하거나 보호할 수 없다. 다만 기술적인 상표가 일정 기간 사용됨으로써 식별력을 획득할 수 있는데, 식별력을 획득한 상표가 과거에 기술적인 상표였다고 하여 상표로 등록하는 것을 허용하지 않는 것은 타당하지 않다. 따라서 기술적인 상표가 사용에 의하여 식별력을 획득하는 경우[2차적인 의미(secondary meaning)를 획득한다고 표현] 상표로 등록될 수 있다.

상표법 제33조는 미국 판례와 같이 상표를 네 가지로 분류하지는 않지만 기본적으로 다음과 같은 입장을 취하고 있는 것으로 해석할 수 있다. 첫째, 식별력이 있는 상표만이 상표로서 기능을 발휘할 수 있고 따라서 등록될 수 있다는 상표법의 기본적인 원리를 선언하고 있다. 상표법은 제1항에서 이를 식별력이 전혀 없거나 미약한 상표의 예를 나열하고 이러한 상표는 상표로서 등록될 수 없다는 방식으로 표현하고 있을 뿐이다. 특히 제33조 제1항 제7호는 이러한 식별력이 없거나 약한 상표 이외에 '수요자가 누구의 업무에 관련된 상품을 표시하는 것인가를 식별할 수 없는 상표'가 상표로서 등록될 수 없다고 함으로써 식별력에 관한 상표법의 기본원리를 규정하고 있다. 둘째, 상표법은 식별력이 전혀 없는 상표와 미약한 상표를 열거한 후, 전자는 상표로서 등록될 수 없으나 후자는 사용에 의한 식별력을 획득하였다면 상표로 등록하는 것을 허용하고 있다. 곧 제33조 제1항 제1호 및 제2호의 보통명칭 상표와 관용상표는 그 자체가 식별력이 전혀 없는 것으로서 상표로서 등록될 수 없지만, 제3호 내지 제6호에 해당하는 상표는 '상표등록출원전에 상표를 사용한 결과 수요자 간에 그 상표가 누구의 업무에 관련된 상품을 표시하는 것인가 현저하게 인식되어 있는' 상표, 곧 '사용에 의한 식별력을 획득한 상표'는 상표로서 등록될 수 있다(법 제33조 제2항). 판례는 "자기의 상품과 타인의 상품 사이의 출처를 식별할 수 없는, 즉 특별현저성이 없는 상표"는 등록받을 수 없다고 표현하고 있다(대법원 1997. 2. 28. 선고 96후979 판결). 따라서 미국 판례가 식별력에 따라 분류하는 상표와 비교하였을 경우, 제1호 및 제2호의 상표는 일반명칭의 상표에 해당하고, 제3호 내지 제6호는 기술적인 상표에 해당하는 것이라 할 수 있다.

Ⅱ. 제1항 제1호

1. 제도적 취지

'그 상품의 보통명칭을 보통으로 사용하는 방법으로 표시한 표장만으로 된 상표'는 상표로서 등록될 수 없다(법 제33조 제1항 제1호). '상품의 보통 명칭'이란 '그 지정상품을 취급하는 거래계에서 당해 업자 또는 일반 수요자 사이에 일반적으로 그 상품을 지칭하는 것으로 실제로 사용되고 인식되어져 있는 약칭, 속칭 기타 일반적인 명칭'[1] 또는 '그 상품의 명칭, 약칭, 속칭 기타 당해 상품을 취급하는 거래사회에서 그 상품을 지칭하는 것으로 실제로 사용되고 인식되어 있는 명칭'을 의미한다(상표심사기준 123).

이러한 상표는 '특정 유형의 상품'을 지칭하는 단어로 구성되는 상표이므로 그 특정 유형의 상품에 해당하는 '여러 생산자들의 상품'을 서로 구별할 수 있는 힘, 즉 식별력이 전혀 없는 것이다. 만약 특정 유형의 상품에 사용하기 위한 보통명칭 상표를 상표로 등록하는 것을 허용한다면, 특정의 개인에게 그 특정 유형의 상품을 지칭하는 단어를 독점할 수 있도록 하는 것이 되어 일반인들은

---

1) 대법원 1997. 2. 28. 선고 96후979 판결.

그 특정 유형의 상품을 지칭하는 단어를 사용할 수 없게 된다. 상표등록을 허용한다는 것은 특정 개인이 일반인의 공유영역에 해당하는 '재산'을 빼앗아 자신의 것으로 독점하는 것이므로 부당한 것이다. 법원은 "이 사건 출원상표('화랑')가 (사과와 사과묘목을 지정상품으로 하여) 상표로서 등록되는 경우에는 당해 상표권자가 그 사과품종을 판매하거나 수입할 수 있는 권리를 영구적으로 독점하는 결과가 된다고 할 것인바, 이러한 결과는 상표제도의 취지 및 공익에도 반하는 것"이라고 그 취지를 설명하고 있다.[2] 이러한 논리는 제33조 제1항 제2호의 관용표장에 대하여서도 동일하게 적용된다.

2. 보통으로 사용하는 방법으로 표시한 표장만으로 된 상표

'보통으로 사용하는 방법으로 표시'한다는 것은 상표의 외관, 칭호, 관념을 통하여 상품의 보통명칭으로 직감할 수 있도록 표시된 경우를 의미한다(상표심사기준 124). 곧 보통명칭을 이유로 하여 상표로 등록되지 않는 것은 그 보통명칭이 지칭하는 상품에 그 보통명칭을 보통으로 사용하는 방법으로 표시된 경우에 한정된다. 어떠한 명칭의 외관, 칭호, 의미를 통하여 그 명칭이 특정상품을 지칭하는 것으로 일반적으로 사용되고 인식되어져 있는 경우를 의미한다. 따라서 일반인의 특별한 주의를 끌 정도로 독특한 서체·도안 및 구성으로 표시되어 있어 문자의 의미를 직감할 수 없을 정도로 도안화된 경우, 지정상품과 관련하여 그 상품의 보통명칭으로 직감되지 않거나 단순히 암시 또는 강조하는데 지나지 않는 경우, 특수한 방법으로 표시한 표장이거나 다른 식별력 있는 부분과 결합하여 상표 전체로서 자타상품의 식별력이 인정되는 경우에는 제1호에 해당하지 않는다(상표심사기준 124). 그러나 보통명칭을 영어, 한자 등으로 표시한 것은 보통으로 사용하는 방법의 표시에 해당하는 것으로 본다(상표심사기준 125).

보통명칭이나 관용표장인가 여부를 판단함에 있어서는 지정상품을 고려하여 결정한다. 예컨대 '사과'를 지정상품으로 하여 APPLE을 사용한다면 보통명칭이 되지만, 이를 컴퓨터에 사용한다면 미국의 판례법상 가장 식별력이 강한 임의적인 상표가 되어 등록이 가능하다.

보통으로 사용하는 방법으로 표시한 '표장만으로' 된 상표가 식별력이 없어 등록될 수 없다. 따라서 보통명칭이 다른 식별력이 있는 문자나 도형 등이 결합되어 있어 전체적으로 식별력이 인정되는 경우에는 제1호에 해당하지 않는다(상

---

2) 특허법원 2003. 5. 15. 선고 2002허7650 판결.

표심사기준 124)

3. 보통명칭의 판단

상품의 보통명칭에 해당하는지 여부는 상표의 등록사정시를 기준으로 판단하여야 하고, 어떤 명칭이 상표법상의 보통명칭이 되기 위해서는 단지 일반소비자가 이를 보통명칭으로 의식할 우려가 있다는 것만으로는 부족하고 거래계에서 그 명칭이 특정의 상품의 일반명칭으로서 현실적으로 사용되고 있는 사실이 인정될 수 있어야 한다.3) 또한 어느 상표가 지정상품의 보통명칭화 내지 관용하는 상표로 되었는가의 여부는 그 나라에 있어서 당해 상품의 거래실정에 따라 이를 결정하여야 하고, 비록 외국의 여러 나라에 등록된 외국의 상표라 하더라도 우리나라에서 그 지정상품의 보통명칭 또는 지정상품에 관용하는 표장이 될 수 있다.4)

4. 등록과정에서의 보통명칭의 취급

보통명칭은 식별력이 없으므로 상표로 등록출원된 경우 상표등록거절결정사유가 되며 상표로 등록될 수 없다(법 제33조 제1항 제1호, 제54조 제3호). 보통명칭의 상표등록출원에 대하여 출원공고가 이루어진 경우에는 상표등록이의신청의 사유가 된다(법 제60조 제1항 제1호).

보통명칭이 상표로 등록되는 경우는 두 가지로 분류할 수 있다. 첫째, 상표등록출원시에 보통명칭상표였는데 착오로 등록된 경우로서 상표등록무효사유에 해당하게 된다(법 제117조 제1항 제1호). 또한 보통명칭의 상표가 등록된 경우 상표권의 배타적인 효력이 미치지 않는다(법 제90조 제1항 제2호). 곧 '등록상표의 지정상품과 동일 또는 유사한 상품의 보통명칭을 보통으로 사용하는 방법으로 표시하는 상표'에 대해서는 상표권의 배타적인 효력이 미치지 않는데, 이것은 "상품의 보통명칭은 특정 종류의 상품의 명칭으로서 일반적으로 사용되는 것이므로 본질적으로 자타상품의 식별력이 없어 특정인에게 이를 독점사용하게 하는 것은 부적당하고 누구라도 자유롭게 사용하게 할 필요가 있으므로, 이러한 표장에 관하여는 특정인이 비록 상표등록을 받았다 하더라도 이를 보통으로 사용하는 방법으로 표시하는 것에는 상표권의 효력이 미치지 않도록 함에 그 취

---

3) 대법원 1987. 12. 22. 선고 85후130 판결.
4) 대법원 1996. 5. 14. 선고 95후1463 판결; 대법원 1987. 2. 10. 선고 85후94 판결.

지가 있는 것"이다.5)

둘째, 상표등록시에는 상표가 식별력이 있었으나 그 상표가 광범위하게 사용됨으로써 해당 지정상품을 지칭하는 것이 되어 보통명칭이 되었거나(보통명칭화, genericism) 상표를 제대로 관리하지 않음으로서 식별력을 상실한 경우이다. 이러한 상표는 갱신등록이 될 수 없으며 상표등록무효사유에 해당하게 된다.

5. 상표의 보통명칭화

상표의 보통명칭화(genericism)란 처음에는 식별력을 가진 상표였으나 거래계와 일반수요자들이 그 상표를 자유롭게 사용함으로써 보통명칭과 같은 효과로서 인식되어 식별력을 상실한 경우, 곧 처음에는 특정 유형의 상품에 대하여 사용되는 상표였으나 그 상표가 계속 사용되면서 그 특정 유형의 상품을 지칭하는 보통명사로 바뀐 경우를 말한다.

보통명칭화 된 대표적인 예로서 '초코파이'를 들 수 있는데, 법원은 다음과 같이 '초코파이'가 보통명칭 또는 관용상표가 되었다고 판시하고 있다.6)

원고가 초코파이 표장을 처음으로 사용하기 시작한 1974년부터 인용상표의 등록시에 지정상품의 명칭을 "초코파이"로 스스로 기재한 것을 비롯하여 항상 "오리온"을 상표로 내세워 "오리온 초코파이"로만 사용하였을 뿐 "초코파이"를 독자적인 상표로 사용하였다고 볼만한 자료가 없고, 피고 등의 경쟁업체가 이미 1979년경부터 초코파이 표장을 상품명으로 광범위하게 사용하는 것을 보고도 한 번도 사용 중지를 요구하지 않는 등 20여년에 걸쳐 "초코파이"를 상표로서 보호하기 위하여 필요한 조치를 취한 바 없으며, 이에 따라 피고나 피고보조참가인들도 초코파이 표장을 자유롭게 사용하여 왔고 각종 언론매체에서도 마치 "초코파이"가 상품의 종류를 나타내는 보통명칭인 것처럼 사용하여 온 결과, "초코파이" 표장 자체는 원형의 작은 빵과자에 마쉬맬로우를 넣고 초코렛을 바른 제품을 의미하는 것으로 일반 수요자에게 인식이 되며, 여러 제조회사의 초코파이 제품은 그 앞에 붙은 "오리온", "롯데", "크라운", "해태" 등에 의하여 제품의 출처가 식별되게 되었다고 보이므로 결국 "초코파이"는 이 건 등록상표의 갱신등록사정 당시에 그러한 상품의 보통명칭 내지는 관용하는 상표로 되어 자타 상품의 식별력을 상실하였다고 봄이 상당하다 할 것이다

---

5) 대법원 2005. 10. 14. 선고 2005도5358 판결.
6) 특허법원 1999. 7. 7. 선고 99허185 판결.

상표가 보통명칭으로 바뀌는 것은 상표가 유명해짐으로써 그 상표가 사용된 상품을 지칭하는 것으로 인식되고 일반인들이 상표를 그 상품명으로 사용함으로써 발생하는 것이 일반적이다. 또한 상표권자가 상표를 제대로 관리하지 않으면, 경업자가 무단사용함으로써 보통명칭으로 바뀔 수도 있다. 따라서 상표의 보통명칭화를 방지하기 위해서는 상표권자가 이를 부단하게 관리할 필요성이 있다. 이에 대한 대표적인 예로서 XEROX를 들 수 있다. XEROX는 XEROX 복사기기를 판매하는 업체인 XEROX社의 상표이자 상호인데 XEROX라는 단어는 동사로는 복사하다는 의미로 사용되고 명사로는 복사물 또는 유인물로 사용되고 있다. 이 같은 상황하에서는 XEROX가 보통명칭화 될 가능성이 있고 따라서 XOROX社는 XEROX라는 단어를 동사나 명사로 사용할 것이 아니라 XEROX copying machine처럼 형용사로 사용해 줄 것을 광고하는 등 보통명칭화 되는 것을 방지하기 위한 노력을 펼치고 있다.

6. 식물신품종보호법과의 관계

식물신품종보호법은 일정한 요건(제17조)을 갖춘 품종에 대하여 등록을 하도록 하고, 품종보호권자에게 설정등록이 이루어진 보호품종을 독점적으로 실시할 권리와 품종보호권자의 허락 없이 도용된 종자를 이용하여 업으로서 그 보호품종의 종자에서 수확한 수확물이나 그 수확물로부터 직접 제조된 산물에 대하여 독점적으로 실시할 권리를 부여하고 있다(제56조). 그런데 식물신품종보호법상 보호되는 등록된 품종명칭도 보통명칭이 될 수 있는가 여부가 문제되는데, 상표법상으로 보통명칭이 되는가 여부는 식물신품종보호법과 관계없이 별도의 판단을 받아야 하므로 양자의 관계를 어떻게 처리할 것인지 문제된다.

이러한 쟁점과 관련하여 법원은, "이 사건 등록상표를 품종의 명칭으로 하는 장미는 우리나라에 1987년에 최초로 도입된 이후 1992. 11.경 …에서 경매된 것을 비롯하여 화훼업자들에 의하여 재배되는 절화장미 중 거의 과반을 차지할 정도로 국내에 널리 보급되었고, 화훼거래업계를 대표하는 …협회, 화훼공판장, 화훼관련 잡지, 논문 등에서도 이 사건 등록상표가 장미의 한 품종을 지칭하는 것으로 널리 사용되고 인식되어져 옴으로써 이 사건 등록상표의 등록사정일인 1997. 1. 29.경에는 이 사건 등록상표의 지정상품을 취급하는 거래계 즉, 그 상품의 생산자, 도매상, 소매상, 품종을 구별하여 장미를 구입하는 수요자 사이에서 이 사건 등록상표가 특정인의 상품의 출처를 표시하는 식별력이 있는 상표로서가 아니라 장미의 한 품종의 일반적 명칭으로 사용되고 인식되어져 있어 결국, 이 사건 등록상표는 그 지정상품의 보통명칭을 보통으로 사용하는 방법으로 표시한 표장만으로 된 상표에 해당"한다고 판시하였다.[7]

　　구 종자산업법상 보호대상이 되는 품종과 관련된 사안에서 법원은, "종자산업법 소정의 품종보호의 대상이 된 품종을 상품으로서 거래하는 경우에 거래계에서는 그 상품에 관하여 등록된 품종명칭 외의 다른 명칭으로 그 상품을 지칭할 수는 없고, 품종명칭으로 등록된 표장을 그 품종의 보통명칭으로 보지 않는다면, 누구든지 그 표장을 그 품종의 상표로 별도로 등록할 수 있게 되어, 등록상표와 품종명칭의 오인·혼동을 방지하려는 종자산업법 제109조 제9호[8])의 취지에 위배되는 결과를 가져오게 되어 부당하므로, 같은 법에 의하여 품종의 명칭으로 등록된 표장은 등록이 됨과 동시에 그 품종을 대상으로 하는 상품에 대하여 상표법 제6조 제1항 제1호의 보통명칭으로 되었다고 봄이 상당"하다고 판시함으로써[9]), '종자산업법상 등록된 품종명칭'은 상표법 제6조 제1항 제1호[10])의 보통명칭이 되는 것으로 판단하여 상표등록이 될 수 없다는 입장을 취하고 있다.

　　위의 판결들은 첫째, 품종보호의 대상이 된 품종명칭이 등록되지 않은 경우 보통명칭이 될 수 있고, 둘째, 등록된 경우에는 자동적으로 보통명칭이 된다는 것을 밝히고 있는 셈이다. 상표심사기준은 종자산업법 또는 식물신품종보호법에 의해 등록되지 않은 종자나 품종명칭, 외국에 등록된 종자나 품종명칭이라도 거래업계에서 특정 종자나 품종명칭으로 널리 알려진 경우, 그 종자나 품종명칭과 동일한 상표를 그 종자나 묘목 또는 이와 관련된 상품에 출원한 경우에는 상표법 제33조 제1항 제1호를 적용한다고 함으로써, 위의 첫째 판례의 입장을 반영하고 있다. 상표법은 식물신품종보호법 제109조에 따라 등록된 품종명칭과 동일·유사한 상표로서 그 품종명칭과 동일·유사한 상품에 대하여 사용하는 상표는 상표등록을 받을 수 없다는 규정을 신설함으로써(법 제34조 제1항 제17호), 등록된 품종명칭이 보통명칭이 되는 것 여부와 관계없이 상표등록을 허용하지

---

　　7) 대법원 2002. 11. 26. 선고 2001후2283 판결.
　　8) 구 종자산업법 제109조 (품종명칭등록의 요건) 다음 각호의 1에 해당하는 품종명칭은 제111조 제8항의 규정에 의한 품종명칭의 등록을 받을 수 없다.
　　　1-8. <생략>.
　　　9. 품종명칭의 등록출원일보다 먼저 상표법에 의한 등록출원중에 있거나 등록된 상표와 동일 또는 유사하여 오인 또는 혼동할 우려가 있는 품종명칭
　　9) 대법원 2004. 9. 24. 선고 2003후1314 판결.
　　10) 현행 상표법 제33조 제1항 제1호.

않고 있다.

7. 보통명칭의 예

보통명칭에 해당하는 예로서 다음의 것을 들 수 있다.

상품/서비스	상표/서비스표
자동차용 전구	Truck Lite(대판 96후986)
화장품	Foundation(대판 2001후89)
호도로 만든 과자	호두과자(대판 68후67)
건과자	콘치프(대판 88후455)
유산균 발효유	YOGURT(대판 92후1843)
파운데이션 크림	Foundation(대판 2001후89)
위장약	정로환(대판 92후827)
사과, 사과묘목	화랑(대판 2003후1314)
장미	Red Sandra(대판 2001후2283)
해열진통제	아스피린(ASPIRIN) (대판 76다1721)

Ⅲ. 제1항 제2호

1. 의의 및 제도적 취지

'그 상품에 대하여 관용하는 상표(관용상표)'는 당해 상품을 취급하는 동업자들 사이에 어떤 표장을 그 상품의 명칭 등으로 일반적으로 자유롭게 사용한 표장을 말한다(상표심사기준 127). 상표법 제33조 제1항 제1호의 보통명칭은 그 동업자들만이 아니라 실제 거래상 일반 소비자들까지도 지정상품의 보통명칭으로 보통으로 사용하고 있는 것으로서 특정 상품을 지칭하는 보통명사를 의미하는 것임에 반하여, 제2호의 관용상표는 동업자들 사이에 자유롭고 관용적으로 사용하게 된 상표를 말한다.[11] 곧 관용상표는 특정종류에 속하는 상품에 대하여 동업자들 사이에 자유롭고 관용적으로 사용되고 있는 표장으로서, 대부분 본래 상표로서 기능을 하였던 것이라 할 수 있지만 처음부터 자타 상품의 식별력을 갖추지 않은 상표도 관용상표가 될 수 있다.[12] 관용적으로 사용되는 표장이라는 의미를 다음 판례[13]를 통하여 살펴보자.

---

11) 대법원 2006. 4. 14. 선고 2004후2246 판결.
12) 대법원 1999. 11. 12. 선고 99후24 판결.
13) 대법원 1999. 11. 12. 선고 99후24 판결.

이 사건 등록상표는, 당초에는 피고가 제조·판매하는 장식용 시트 내지 미장재를 표장하는 것으로 널리 인식되어 있었다가, 적어도 1995년경에 이르러서는 같은 종류의 장식용 시트 내지 미장재를 생산·판매하는 사람들이 그 제조업자가 누구인가에 관계 없이 장식용 시트 내지 미장재라는 상표를 표시하는 용어로 사용하기 시작하였고, 피고도 이를 그대로 방임한 결과, 이미 장식용 시트 내지 미장재의 별칭으로서 상당수의 제조·판매자들이 자유롭게 또는 관용적으로 사용하게 되었다고 보여지고, 따라서 심결시인 1998년 5월경을 기준으로 하여 볼 때 이 사건 등록상표는 그 지정상품 중 장식용 시트 내지 미장재와 관계되는 비닐시트 등에 대하여는 관용상표로서 식별력이 없다고 할 것이다.

상표심사기준은 관용상표가 되기 위한 요건으로서 (i) 그 상표가 특정상품에 대해서 그 상품의 제조업자나 판매업자 등 불특정 다수인이 일반적으로 자유롭게 사용한 것일 것, (ii) 그 결과 그 상표가 출처표시기능 또는 식별력을 상실하였을 것, (iii) 상표권자가 당해 상표의 보호를 위하여 필요한 조치를 취하지 아니할 것(이러한 조치가 있는 때에는 출처표시기능이나 식별력을 상실하지 않은 것으로 봄) 등을 규정하고 있다.

보통명칭과 관용상표를 비교하면, 첫째, 전자는 '명칭'에 한정됨에 반하여 후자는 상표이므로 기호, 문자, 도형 등도 포함되며, 둘째, 전자는 동업자뿐만 아니라 일반 소비자들도 특정 유형의 상품을 지칭하는 명칭으로서 사용함으로써 그 특정 유형의 상품을 지칭하는 보통명사임에 반하여 후자는 동업자 사이에서 자유롭고 관용적으로 사용된다는 점에서 차이가 있다. 그러나 보통명칭과 관용상표는 모두 자타상품을 구별할 수 있는 식별력을 가지지 않으며, 이에 대하여 상표등록을 허용하여 특정인이 독점적으로 사용할 수 있도록 한다면 일반 공중이 공유하는 재산을 빼앗는 것이 되어 부당한 점에서 동일하며, 따라서 양자 모두 상표로서 등록될 수 없다.

관용상표에 대한 판단기준과 등록과정에서의 취급 등은 보통명칭의 상표에 대한 판단기준과 취급과 동일하다.

2. 관용상표의 예

상품/서비스	상표/서비스표
과자와 당류	Butter Ball(대판 63후33)
의약품	HARTMANN(대판 72후5)
견직물, 면직물, 모직물	LAN 또는 LON(대판 75후30)
코냑	나포레온(코냑)(대판 83후14)
메리야스	메리(대판 87후95)
장식용시트, 비닐시트	DECOSHEET(대판 99후24)
컴퓨터	MICOM(대판 85후36)
등산캠프용 텐트 등	레포츠(그림)(대판 89후1837)
방향제	코롱(그림)(대판 91후1250)
음식점	서울가든(대판 94다2213)
장아찌	오복채(대판 2003후243)
케이크	티라미수(대판 2002후2143)

3. 보통명칭 또는 관용표장에 해당한다고 한 판례

상품/서비스	상표/서비스표
호도로만든과자	호두과자(대판 68후31)
과자	깡(대판 73후43, 90후38)
약품	아스피린(대판 76다1721)
복사기	코피아(대판 86후67)
장식용 플라스틱 절충판	호마이카(대판 86후93)
옥수수 건과자	콘칩, 콘치프(대판 88후455,462)
방향제	코롱(대판 91후1250)
자동차	JEEP(대판 92후414)
위장약	정로환(대판 92후827)
냉동요구르트	Yogurt(대판 92후1943)
콜드크림, 약용크림	VASELINE(대판 95후1463)
자동차용 방향표시등	TruckLite(대판 96후986)
요식업	각.장.성.원(특허법원 98허4111)
통신업	net(특허법원 98허7233)
서양음식점경영업	GRILL(특허법원 99허2068)
건과자	초코파이(특허법원 99허208)
한방 수지침 강좌업	수지침(대판 95후1968)
장미	Kardinal(대판 2001후2290)
쌍화탕	쌍화(대판 63후25)
치약	불소치약(대판 69후10)
런닝셔츠	런닝(하이런닝) (대판 81후28)

4. 보통명칭 또는 관용표장에 해당하지 않는다고 한 판례

보통명칭에 해당되지 않는 것으로 판시된 예로서 다음의 것을 들 수 있다.

상품/서비스	상표/서비스표
통신업	RELAY(대판 86후42)
차량	PUBLIC CAR(대판 85후130)
컨테이너 문짝 결속장치	2566(대판 96후245)
동물성장자극제용 약제	3-NITRO(대판 96후979)
조립형 욕조	UBR(대판 96후2104)
반소매 셔츠	POLO(대판 97후594)
디지털비디오카메라	DVC(특허법원 99허1744)
밀크커피	까페라떼(특허법원 99허1287)
케이크	티라미수(대판 2002후2143)
의마사로 제작된 속셔츠	모시메리(대판 91후882)
풀	딱풀(대판 99후7568)
의자, 탁자, 책상, 책장 등	하이팩 HIPAG(대판 99후1546)
서적, 잡지 등	역대왕비열전(대판 85후75)
과자	새우깡(대판 90후38)

〈이대희〉

> **제33조(상표등록의 요건)**
> ① 다음 각 호의 어느 하나에 해당하는 상표를 제외하고는 상표등록을 받을
> 수 있다.
> [제1호~제2호는 앞에서 해설]
> 3. 그 상품의 산지(産地)·품질·원재료·효능·용도·수량·형상·가격·생산방
> 법·가공방법·사용방법 또는 시기를 보통으로 사용하는 방법으로 표시한
> 표장만으로 된 상표

<소 목 차>

Ⅰ. 기술적 표장(記述的 標章; descriptive mark)의 의의

기술적 표장 내지 성질표지표장이란 상품의 산지·품질·원재료·효능·용도
·수량·형상(포장의 형상을 포함)·가격·생산방법·가공방법·사용방법 또는 시기
를 보통으로 사용하는 방법으로 표시한 표장만으로 된 상표를 의미한다(법 제33
조 제1항 제3호). 기술적 상표로만 구성된 상표는 상표등록을 받을 수 없으며, 등
록이 되더라도 상표권의 효력이 제한된다.

상표법 제33조 제1항 제3호가 기술적 표장을 등록받을 수 없도록 한 이유
는 기술적 표장이 통상 상품의 유통과정에서 필요한 표시이기 때문에 이를 특
정인에게 독점배타적으로 사용하게 할 수 없다는 공익상 요청과 이러한 기술적
상표가 일반적으로 타인의 동종 상품과의 관계에서 식별이 어렵다는 사실 때문
이다.[1]

---

1) 대법원 1992. 6. 23. 선고 92후124판결; 대법원 2001. 4. 24. 선고 2000후2149판결; 송영
  식·이상정·김병일, 「지적재산법」, 세창출판사(2008), 202.

Ⅱ. 기술적 표장의 판단기준

1. 서론

어떤 상표가 상표법 제33조 제1항 제3호에서 정한 상품의 품질·원재료·효능·용도 등을 보통으로 사용하는 방법으로 표시한 표장만으로 된 상표에 해당하는지 여부는 그 상표가 지니고 있는 관념, 지정상품과의 관계, 거래사회의 실정 등을 감안하여 객관적으로 판단하여야 한다.2) 이러한 법리는 상표법 제2조 제3항에 의하여 서비스에 관한 상표3), 단체표장, 업무표장의 경우에도 마찬가지로 적용된다. 그리고 어떤 상표 등이 기술적 표장에 해당되는지 여부는 그 각 지정상품 또는 서비스업과의 관계에서 상대적으로 결정된다.4) 또한, 어떠한 상표가 표시하는 성질이 반드시 해당 지정상품 전부에 공통되는 성질이어야 할 필요는 없으며 해당 지정상품 중 특정한 유형으로 된 것의 성질을 표시하는 경우에도 기술적 표장에 해당한다.5) 그리고 기술적 표장만으로 된 상표에 식별력이 있는 문자, 기호, 도형 등이 결합되어 있다고 하더라도 이들이 부수적 또는 보조적인 것에 불과하다거나 또는 전체적으로 볼 때 기술적 표장으로 인식된다면 본호가 적용된다.6) 따라서 상표의 전체적인 구성으로 볼 때, 일반수요자나 거래자들에게 기술적 표장으로 인식되지 않는 것은 기술적 표장에 해당하지 아니한다.7)

다만, 본호에 해당하는 기술적 표장도 사용에 의한 식별력을 취득한 경우에는 등록을 인정하고 기술적 표장이 과오로 등록된 경우 무효사유에 해당하며(법 제117조 제1항) 상표권의 효력도 제한받는다(법 제90조 제1항 제2호).

---

2) 대법원 2000. 2. 22. 선고 99후2440 판결; 2004. 8. 16. 선고 2002후1140 판결; 대법원 2006. 1. 26. 선고 2005후2595 판결; 대법원 2006. 7. 28. 선고 2005후2786 판결; 대법원 2007. 6. 1. 선고 2007후555 판결; 대법원 2007. 11. 29. 선고 2007후3042 판결.
3) 대법원 2007. 9. 20. 선고 2007후1824 판결.
4) 대법원 1999. 6. 8. 선고 98후1143 판결; 대법원 2001. 3. 23. 선고 2000후1436 판결.
5) 대법원 2007. 6. 1. 선고 2007후555 판결.
6) 대법원 1991. 1. 25. 선고 90후465 판결.
7) 대법원 1994. 10. 28. 선고 94후616 판결(어느 상표가 상표법 제33조 제1항 제3호 소정의 등록을 받을 수 없는 기술적 상표인지의 여부는 국내에 있어서의 당해 상품의 거래실정에 따라서 결정하여야 할 것이고, 상표가 그 지정상품의 품질, 형상 등을 암시하거나 강조하는 것으로 보인다고 하더라도 상표의 전체적인 구성으로 볼 때 일반수요자나 거래자들에게 지정상품의 단순한 품질, 형상 등을 표시하는 방법으로 인식되지 않는 것은 기술적 상표에 해당하지 않는다고 판시한 사례).

2. 인적 판단기준

일반수요자나 거래자가 지정상품을 고려하여서 그 품질, 효능, 형상 등의 성질을 표시하고 있는 것으로 직감할 수 있으면 기술적 표장이라 할 수 있다.8) 인적 판단기준으로서 판례 중에서는 (i) 일반수요자를 기준으로 한 것도 있고9), (ii) 거래자를 기준으로 한 것도 있으며10), (iii) 지정상품이 전문가들에 의하여 수요되고 거래되는 특수한 상품이 아닌 한 일반 수요자를 기준으로 한 것11)도

---

8) 대법원 2007. 6. 1. 선고 2007후555 판결.

9) 대법원 2000. 12. 8. 선고 2000후2170 판결에서는 인적 판단기준을 거래자에 초점으로 두면서 ""PNEUMOSHIELD"와 같이 구성되고 지정상품을 '인체용백신, 백신, 인체용 폐렴구균 공역백신'으로 하는 출원상표는 'PNEUMO'와 'SHIELD'를 간격 없이 연속적으로 표기하여 구성한 표장으로서, 우리나라에서 흔히 사용하는 영한사전에 'PNEUMO'는 '폐, 호흡, 폐렴'의 뜻을 가진 결합사로, 'SHIELD'는 '방패, 보호물' 등의 뜻을 가진 단어로 해설되고 있고, 출원상표의 지정상품들은 생물학제제로서 그 성질상 약사법 제2조 제13항 소정의 전문의약품에 속한다고 볼 수 있어서 <u>그 주 거래자는</u> 의사, 약사 등 특별히 자격을 갖춘 전문가라고 할 수 있으므로, 그들의 영어교육수준에 비추어 보면 출원상표가 위와 같은 뜻을 가진 'PNEUMO'와 'SHIELD'의 두 단어가 결합됨으로써 그 지정상품과 관련하여 '폐렴예방백신' 등의 의미를 직감할 수 있게 된다고 할 것이어서, 출원상표는 그 지정상품의 효능·용도 등을 직접으로 표시하는 표장만으로 된 상표에 해당하여 상표법 제33조 제1항 제3호에 의하여 등록될 수 없다."라고 판시하였다.

10) 대법원 2000. 2. 22. 선고 99후2440 판결에서는 일반수요자에 초점을 두어 "출원상표 "SOFTLIPS"는 영문자만으로 구성된 표장으로서 그 앞 부분의 영문자 'SOFT'는 '부드러운, 유연한' 등의 뜻이 있고, 뒷 부분의 'LIPS'는 '입술'이라는 의미의 영문자 'LIP'의 복수형으로서, 이들 단어들은 우리나라 중학교 정도의 학력수준이면 알 수 있는 쉬운 단어들이고, 출원상표가 비록 두 단어를 띄어 쓰지 아니하고 붙여서 표시한 점은 있으나 우리나라 일반 수요자들이 용이하게 그 뜻을 알 수 있는 단어들로 구성되어 있으므로 <u>일반 수요자들은</u> 출원상표를 보고 직관적으로 '부드러운 입술'의 관념을 일으킬 수 있고, 출원상표의 지정상품이 입술이 갈라지고 트는 것, 또는 출혈을 방지하기 위한 '비약용입술방향연고'인 점을 감안하여 볼 때 일반 수요자들로 하여금 '입술을 부드럽고 유연하게 하여 주는 방향연고'라는 관념으로 직감될 수 있는 것이므로 이는 그 지정상품의 품질이나 효능 등을 직접적으로 보통으로 사용하는 방법으로 표시한 표장에 해당한다."라고 판시하였다.

11) 대법원 2000. 3. 23. 선고 97후2323 판결에 따르면, "어떤 상표가 상표법 제33조 제1항 제3호 소정의 상품의 품질·효능·용도 등을 보통으로 사용하는 방법으로 표시한 표장만으로 된 상표인가의 여부는 그 상표가 가지는 관념, 당해 지정상품이 일반적으로 갖는 공통된 품질·효능·용도·거래사회의 실정 등을 감안하여 객관적으로 판단하되, 상표의 의미 내용은 일반 수요자가 그 상표를 보고 직관적으로 깨달을 수 있는 것이어야 하고 심사숙고하거나 사전을 찾아보고서 비로소 그 뜻을 알 수 있는 것은 고려의 대상이 되지 않으며, <u>이러한 판단도 그 지정상품이 전문가들에 의하여 수요되고 거래되는 특수한 상품이 아닌 한 일반 수요자를 기준으로</u> 상표법 제33조 제1항 제3호 해당 여부를 판단하여야 한다."고 판시하면서, "인용상표 "MIPS"의 구성 부분 중 'MIPS'는 컴퓨터의 연산처리 속도를 나타내는 단위의 의미를 지닌 단어이나, 컴퓨터 전문가나 컴퓨터 전문거래자가 아닌 인용상표의 각 지정상품에 관한 <u>일반 수요자의</u> 주의력을 기준으로 볼 때 인용상표는 사전을 찾아

있다. 인적 판단기준을 일반수요자나 거래자로 하되 구체적인 사안에서 누구를
기준으로 할지 여부를 보다 명확히 한다는 점에서 지정상품이 전문가들에 의하
여 수요되고 거래되는 특수한 상품이 아닌 한 일반 수요자를 기준으로 하여 상
표법 제33조 제1항 제3호 해당 여부를 판단하도록 하는 것이 타당하다.

3. 시적 판단기준

시적 판단기준과 관련하여 어떤 상표가 기술적 상표에 해당하는지 여부는
등록여부결정시를 기준으로 판단한다.

4. 객체적 판단기준

기술적 표장은 문자로써 기술되는 것만으로 한정되지 않는다. 문자, 도형
또는 기호나 이들이 문자와 결합, 그리고 색채와 결합한 경우에도 해당한다. 상
표법 제33조 제1항 제3호의 규정에 열거된 상품의 성질은 예시적인 것이므로
상품의 품위, 등급, 색채 및 그 밖의 광고 설명적 어구 등도 상품의 성질을 표
시하는 것이면 이에 포함되는 것으로 해석하여야 한다.[12]

5. 상표의 실제사용 여부

어떤 상표가 기술적 표장에 해당하는지 여부를 판단함에 있어 그 상표가
지정상품의 품질 등을 표시하는 표장으로 실제로 쓰이고 있거나 장래 필연적으
로 사용될 개연성이 있다는 점은 고려의 대상이 되지 아니한다.[13]

보거나 심사숙고하지 않는 한 직관적으로 어떤 관념을 형성한다고 할 수 없고, 또한 인용
상표의 지정상품인 컴퓨터 디스켓·컴퓨터 자기테이프·컴퓨터 자기디스크·컴퓨터용 레이
저디스크는 모두 컴퓨터와 관련된 상품이긴 하나 'MIPS'로 표시되는 컴퓨터 시스템의 연
산 처리속도나 그 단위와는 직접적으로 관련된 상품이라고는 할 수 없으므로, 인용상표가
그 지정상품의 성질이나 품질 또는 용도 등을 보통으로 사용하는 방법으로 표시한 기술적
상표에 해당한다고 볼 수는 없다."고 하였다.
12) 특허법원 지적재산소송실무연구회, 「지적재산소송실무」, 박영사(2010), 500.
13) 대법원 1994. 10. 14. 선고 94후1138 판결.

III. 요건

1. 보통으로 사용하는 방법만으로 표시한 표장

여기에서 '보통으로 사용하는 방법으로 표시'한 상표라 함은 상표의 외관상의 구성 및 사용방법이 보통의 주의력을 가진 일반의 특별한 주의를 끌 정도에 이르지 않은 것을 의미한다.[14] 따라서 표장이 외관상 보통으로 사용된 것이라도 지정상품과 관련하여 그 상품의 성질로 직감되지 않거나 단순히 암시 또는 강조하는 데 지나지 않는 경우에는 보통으로 사용하는 방법으로 표시한 표장에 해당하지 아니한다.[15]

기술적 문자상표가 도형화(도안화)되어 있어 일반인이 보통의 주의력을 가지고 있는 경우 전체적으로 보아 그 도형화된 정도가 일반인의 특별한 주의를 끌 정도에 이르러 문자의 기술적 또는 설명적인 의미를 직감할 수 없을 만큼 문자인식력을 압도할 경우에는 특별한 식별력을 가진 것으로 보아야 하므로 이러한 경우에는 상표법 제33조 제1항 제3호에서 정하는 '보통으로 사용하는 방법으로 표시하는' 표장이라고 볼 수 없다.[16] 예컨대, 상표법 제33조 제1항 제3호에서 정하는 '보통으로 사용하는 방법으로 표시하는' 표장에 해당하지 아니한다고 본 판례로는 대법원 2002. 6. 11. 선고 2000후2569 판결 및 대법원 2000. 2. 25. 선고 98후1679 판결을 들 수 있다. 대법원 2002. 6. 11. 선고 2000후2569 판결에서는 출원상표 "ORIGINAL＋Jazz＋CLASSIC"[17]이 상표법 제33조 제1항 제3호 소정의 '보통으로 사용하는 방법으로 표시하는' 표장에 해당하는지 여부에 관하여 "출원상표 "ORIGINAL＋Jazz＋CLASSIC"의 구성 중 필기체로 표기된 'Jazz' 부분의 도안화 정도가 문자의 기술적 또는 설명적인 의미를 직감할 수 없을 만큼 문자인식력을 압도하여 일반인의 특별한 주의를 끌 정도이므로 출원상표는 전체적으로 '지정상품의 품질·효능을 보통으로 사용하는 방법으로 표시하는' 표장이라고 단정할 수 없다"고 판시하였고,[18] 대법원 2000. 2. 25. 선

---

14) 특허법원 지적재산소송실무연구회(주 12), 502.

15) 특허청, 「조문별 상표법해설」, 특허청 행정법무팀(2007), 34; 대법원 1995. 2. 10. 선고 94후1770 판결.

16) 대법원 2000. 2. 25. 선고 98후1679 판결; 대법원 2002. 6. 11. 선고 2000후2569 판결.

17) 대법원 2002. 6. 11. 선고 2000후2569 판결에서 다루어진 출원상표는 이다.

18) 대법원 2002. 6. 11. 선고 2000후2569 판결.

고 98후1679 판결에서는 등록상표 도형화된 premiere가 상표법 제33조 제1항 제3호 소정의 '보통으로 사용하는 방법으로 표시하는' 표장에 해당하는지 여부와 관련하여 "일반 수요자가 등록상표 "도형화된 premiere"[19]를 붙어나 영어 또는 그 밖의 다른 나라의 문자를 도형화하여 표기한 것으로 인식할 수는 있다고 하겠으나, 전체적으로 각 문자가 특정됨이 없이 연결되어 있고 또 도형화되어 있어 그 각 문자의 윤곽이 불분명하여 일반 수요자가 'Premiere'라는 붙어 또는 영어 단어를 표기한 것으로 직감할 수 없을 정도이어서 그 도형화의 정도가 일반인의 특별한 주의를 끌만큼 문자인식력을 압도한다고 보여지므로, 위 등록상표가 '보통으로 사용하는 방법으로 표시하는' 표장이라고 단정할 수 없다"고 판시하였다.[20] 반면에 대법원 2009. 3. 26. 선고 2008후4240 판결에서는 "표장을 "+less design"으로 하는 출원상표는 그 지정상품인 '디지털 카메라' 등과 관련하여 일반 수요자나 거래자에게 '다른 상품보다 작게 디자인된 디지털 카메라' 등의 의미로 직감되지 않으므로 기술적 표장에 해당하지 않는다"고 판시하였다.

따라서 전술한 바와 같이 일반수요자나 거래자가 그 상표를 보고 그 상표의 기술적 또는 설명적인 의미를 직감할 수 있는 경우에는 그 상표가 기술적 표장에 해당하므로 사전을 찾아보거나 심사숙고하여야 비로소 그 상표의 기술적 또는 설명적 의미를 알 수 있는 것은 원칙적으로 기술적 표장이 아니다.[21] 다만, 상표를 구성하는 단어(특히 외국어로 된 단어)의 객관적 의미가 지정상품의 산지나 원재료를 나타내는 경우에는 그 단어 자체가 일반 수요자나 거래자에게 널리 알려져 있다고 보기 곤란한 경우에도 기술적 표장에 해당한다고 보아야 할 경우도 존재한다. 이와 관련하여 판례에 따르면, 출원상표인 'BACCARAT'는 프랑스의 도시명으로서 'BACCARAT'라고 하면 '바까라' 지방에서 산출되는 수정유리를 의미함이 객관적으로 명백하여, 이를 출원상표의 지정상품인 컵 등에 사용하면 "바까라"제의 수정유리로 만든 컵이라는 의미로 이해될 수 있어 직접적으로 그 상품의 성질(재질)을 표시하는 것으로서, 일반수요자는 사전을 찾아 보고서야 비로소 그 상표의 의미를 알 수 있다 하여도 그 문자가 가지는 객

---

19) 대법원 2000. 2. 25. 선고 98후1679 판결에서 다루어진 등록상표는 *prémiere* 이다.

20) 대법원 2000. 2. 25. 선고 98후1679 판결.

21) 대법원 2000. 3. 23. 선고 97후2323 판결.

관적 의미는 부정할 수 없다고 판시하였다.22)

2. 보통으로 사용하는 방법만으로 표시한 표장

그리고 상표법상 상표등록이 거절되기 위해서는 보통으로 사용하는 방법으로 표시한 표장만을 사용하는 경우로 한정하고 있다. 따라서 특수하게 사용하는 방법으로 표시한 표장이거나 다른 식별력이 있는 경우에는 본호는 적용하지 아니한다.

IV. 기술적 표장의 유형

1. 산지표시

가. 의의

'산지표시'란 해당지역의 기후, 토양 등의 지리적 조건 등과 관련하여 해당 상품의 특성을 직감할 수 있는 지역을 표시하는 것으로서 해당상품이 해당지방에서 과거에 생산되었거나 현실적으로 생산되고 있는 경우는 물론이고 그 지방에서 생산되고 있는 것으로 일반수요자에게 인식될 수 있는 경우에도 이에 해당한다.23) 또한 본호의 '산지'는 그 상품이 생산되는 지방의 지리적 명칭이면 족하고, 일반 수요자나 거래자에게 널리 알려진 상품의 주산지만을 의미하는 것은 아니다.24)

반면에 상표법 제33조 제1항 제4호의 현저한 지리적 명칭 등은 일반인에게 널리 알려져 있어야 함을 전제로 생산지인지 여부는 불문한다. 따라서 양자는 서로 중복되는 부분이 발생할 수 있으며, 그 경우 어느 하나의 규정을 적용하거나 또는 두 규정 모두를 다 적용할 수도 있다.25)

---

22) 대법원 1984. 5. 9. 선고 83후22 판결.
23) 윤선희, 「상표법」, 법문사(2007), 219.
24) 대법원 1989. 9. 26. 선고 88후1137 판결.
25) 대법원 2003. 7. 11. 선고 2002후2464 판결 【등록무효(상)】 (등록상표 "일동"은 '막걸리'의 산지로서 일반 수요자 및 거래자에게 널리 알려져 있고, 청계산, 백운산 등 주변의 명산과 계곡, 온천 등이 있는 관광지인 경기 포천군 일동면으로 널리 알려져 있으므로, 상표법 제33조 제1항 제4호가 규정하는 현저한 지리적 명칭만으로 된 표장에 해당될 뿐 아니라, 그 지정상품 중 약주에 대하여는 같은 법 제33조 제1항 제3호의 산지를 보통으로 사용하는 표장에 해당되므로 위 등록상표를 경기 포천군 일동면 이외의 지역에서 생산되는 약주에 사용하는 경우 일반 수요자 또는 거래자는 일동면에서 생산되는 약주로 그 품질을 오인할 가능성이 커 같은 법 제7조 제1항 제11호의 규정에도 해당된다).

그리고 상품의 산지 이외에 판매지, 수출항, 원재료의 생산·판매지, 중간제품 가공지 등(이하 '판매지 등')을 표시한 기술적 표장이 본호에 해당하는지 여부에 대해 긍정설[26]과 부정설[27]이 있으나, 부정설이 타당하다. 왜냐하면 본호에서는 '판매지' 등을 규정하지 않고, 같은 항 제4호에 현저한 지리적 명칭만으로 된 상표에 관해 별도로 규정하고 있으며, 같은 항 제1호 내지 제6호 이외에 식별력이 인정되지 아니한 경우에는 보충적 규정으로서 같은 항 제7호를 두고 있는 점에 비추어 보면, 상품의 산지 이외에 판매지 등의 경우에는 상표법 제33조 제1항 제4호 또는 제7호를 적용하는 것이 타당하기 때문이다.[28]

지리적 표시 단체표장등록출원의 경우에는 "산지표시"에 해당하는 경우에도 상표법 제33조 제3항의 규정에 따라 본호를 적용하지 않으며, 포도주 및 증류주의 산지에 관한 지리적 표시에 해당하는 상표등록출원을 한 경우(법 제34조 제1항 제16호의 단서규정에 해당하는 경우를 제외한다)에는 상표법 제34조 제1항 제16호를 적용한다.

한편 특정 상품의 산지를 포함하는 상표로서 지정상품과 관련하여 그 상표를 해당 상품에 사용할 경우 일반수요자로 하여금 지리적 표시에 해당하는 것으로 지리적 출처 또는 상품의 품질을 오인·혼동케 할 우려가 있는 유명산지의 경우에는 다른 식별력있는 부분이 결합되어 있는 경우에도 이를 부기적·보조적인 부분으로 보아 산지표시에 해당하는 것으로 한다. 이 경우 상품의 품질을 오인하게 하거나 수요자를 기만할 염려가 있는 경우에는 상표법 제34조 제1항 제12호를 함께 적용한다.

나. 관련 사례

판례에서 산지표시에 해당하는 것으로 인정한 상표로는 'BACCARAT(지정상품: 수정유리제품)'[29], '구포국수(지정상품: 국수)'[30], '담양시목단감(지정상품: 감)'[31], '안흥(지정상품: 찐빵)'[32] 등이 있다.

---

26) 송영식·이상정·황종환·이대희·김병일·박영규·신재호, 「지적소유권법(하)」, 육법사(2008), 110.

27) 문삼섭, 「상표법」, 세창출판사(2004), 224; 특허법원 지적재산소송실무연구회(주 12), 504.

28) 특허법원 지적재산소송실무연구회(주 12), 504.

29) 대법원 1985. 7. 9. 선고 83후3 판결.

30) 대법원 1989. 9. 26. 선고 88후1137 판결.

31) 대법원 2006. 7. 28. 선고 2004도4420 판결.

32) 특허법원 2000. 10. 5. 선고 2000허4701 판결.

2. 상품의 성질을 기술하는 상표

가. 품질·효능의 표시

품질표시는 해당 지정상품의 품질의 상태 또는 우수성을 직접적으로 표시한 것을 의미한다. 상품의 등급 또는 품위, 보증, 미감 등을 표시한 것이 이에 해당한다.

효능표시는 해당 지정상품의 성능 또는 효과를 직접적으로 표시하는 것을 뜻한다.[33] 효능표시에는 상품의 객관적인 효능은 물론이고 수요자의 주관적인 안락감, 쾌감 등 만족감의 표시도 포함한다.[34]

판례로서 품질·효능의 표시로 인정한 것은 'INTARSIA[지정상품: ㉠ 속팬티, 콤비네이션내의, 양말, 스타킹, 양말커버, 방한용장갑, 타이츠(Tights), 에이프런, 비종이제 턱받이, 팬티스타킹(상품류 구분 제25류), ㉡ 농구화, 단화, 등산화, 방한화, 골프화, 신발깔창, 체조화, 체조복 등(상품류 구분 제25류, 2004. 5. 14. 추가등록)]'[35], 'SOFTLIPS(지정상품: 비약용입술방향연고)'[36] 등이 있다.

나. 원재료표시

원재료표시라 함은 해당 원재료(주요부품을 포함한다)가 해당 지정상품에 현실적으로 사용되고 있거나 사용될 수 있다고 인정되는 경우를 의미한다. 원재료에는 해당 상품의 주원료나 주요부품은 물론이고 보조원료 또는 보조부품이라 하더라도 그 상품의 품질, 성능, 효능 등에 중요한 영향을 미칠 수 있는 것은 여기에 포함된다.[37] 어떤 상표가 상품의 원재료를 표시하는 것인가의 여부는 그 상표의 관념, 지정상품과의 관계, 현실 거래사회의 실정 등에 비추어 객관적으로 판단하여야 할 것이므로, 그 상표가 상품의 원재료를 표시하는 것이라고 하기 위해서는 당해 상표가 뜻하는 물품이 지정상품의 원재료로서 현실로 사용되고 있는 경우라든가 또는 그 상품의 원재료로서 사용되는 것으로 일반수요자나 거래자가 인식하고 있는 경우이어야 할 것이다.[38] 판례로서 원재료표시로 인정하는 것은 'CARROT(지정상품: 향수, 헤어무스, 방향제, 공기청향제)'[39], 'KERATIN

---

33) 특허법원 지적재산소송실무연구회(주 12), 505.
34) 특허청(주 15), 33.
35) 대법원 2008. 4. 24. 선고 2006후1131 판결.
36) 대법원 2000. 2. 22. 선고 99후2440 판결.
37) 특허청(주 15), 33; 특허법원 지적재산소송실무연구회(주 12), 506.
38) 대법원 2006. 4. 27. 선고 2004후3454 판결.
39) 대법원 1998. 8. 21. 선고 98후928 판결.

(지정상품: 샴푸)'40) 등이 있다.

다. 용도표시

용도표시라 함은 해당 지정상품의 용도를 직접적으로 표시하는 것을 의미한다.41) 다시 말하면, 해당 지정상품의 사용목적, 사용처, 수요계층 또는 수요자, 다용도, 필수품, 편의품, 오락용 또는 레저용 기타 용도에 관한 기술적 또는 설명적인 표시를 의미한다.42) 판례가 용도표시로 인정한 것은 'FAMILY CARD (지정상품: 크레디트 카드)'43), '합격(지정상품: 엿)'44) 등이 있다. 반면, 판례는 '알바천국 (지정서비스업: 직업소개업)'45)은 성질표시표장에 해당하지 아니한다고 보았다.

라. 수량표시

수량표시라 함은 해당 지정상품과의 관계에서 거래사회에서 사용되고 있는 수량과 수량표시로 인식되고 있는 단위 및 그 단위의 기호 등을 표시하는 것을 의미한다. 다시 말해서 거래사회에서 사용되고 있거나 사용될 수 있는 개수, 크기 또는 규격, 중량의 표시로서 그 상품과 관계가 있는 것을 의미한다.46) 연필의 경우에는 1다스, 신발의 경우에는 한 켤레, 100 그램, Million 등이 이에 해당한다.

마. 형상표시

형상표시라 함은 해당 지정상품과의 관계에서 그 상품 또는 포장의 외형, 모양(무늬를 포함한다) 및 규격 등을 직접적으로 표시하는 것을 의미한다.47) 즉, 단일상품 또는 그 포장(용기를 포함한다)의 외형, 모양, 크기 또는 규격, 무늬, 색깔, 구조 등에 관한 기술적 또는 설명적인 표시(입체상표일 경우에는 그에 관한 도면 또는 사진)를 뜻한다.48) 판례로서 형상표시로 인정한 것은 (i) '七子餠茶/칠자

---

40) 대법원 2003. 5. 13. 선고 2002후192 판결.
41) 특허법원 지적재산소송실무연구회(주 12), 506.
42) 특허청(주 15), 33.
43) 대법원 1996. 9. 24. 선고 96후78 판결.
44) 대법원 1999. 5. 28. 선고 98후683 판결.
45) 대법원 2016. 1. 14. 선고 2015후1911 판결.
46) 특허청(주 15), 33.
47) 특허법원 지적재산소송실무연구회(주 12), 507.
48) 특허청(주 15), 34.

병차'(지정상품: 녹차, 오룡차 등)49), (ii) **UGLYDOLL** (지정상품: 상품류 구분 제16류의 문방구(stationery) 등, 상품류 구분 제25류의 의류(clothing) 등, 상품류 구분 제28류의 인형 및 인형용 액세서리(dolls and accessories therefore) 등50), (iii) L-830(지정상품: 제39류 비디오 테이프)51), (iv) "　　"52)(지정서비스업: 블록쌓기(장난감) 도매업 및 블록쌓기(장난감) 소매업), (v)　　(지정상품: 빵류)53) 등이 있다. 반면, 판례는　　(지정상품: hip joint balls(인공 고관절용 볼))은 기술적 표장에 해당하지 아니한다54)고 보았다.

바. 가격표시

가격표시라 함은 거래사회에서 현실적으로 유통되고 있는 가격 또는 가격 표시로 인식되고 있는 단위 및 그 단위의 기호 등을 표시한 것을 뜻한다.55) 예컨대 1000원, $ 1000, 화폐 형태의 도형 등이 이에 해당한다.

사. 생산방법·가공방법·사용방법의 표시

생산방법·가공방법·사용방법의 표시라 함은 해당 지정상품의 생산방법, 가공방법 또는 사용방법을 직접적으로 표시하는 것을 뜻한다.56) 즉, 상품의 제조, 재배, 양식, 조립, 가공방법이나 push, pull, switch, combination 등의 사용방법 등을 기술적 또는 설명적으로 표시하는 것을 의미한다.57) 판례가 생산방법, 가공방법, 사용방법의 표시로 인정한 것은 'HIGHER VACUUM INDUSTRY CO., LTD(지정상품: 상품류 구분 제38류의 '유해전자파차단 진공증착기계', '전자빔가공기', '단조기', '기계프레스' 등 10개 상품)' 등이 있다.58)

---

49) 대법원 2004. 8. 16. 선고 2002후1140 판결.
50) 특허법원 2010. 8. 26. 선고 2010허3677 판결.
51) 대법원 1982. 12. 28. 선고 81후55 판결.
52) 대법원 2014. 10. 15. 선고 2012후3800 판결.
53) 특허법원 2014. 5. 29. 선고 2013허9263 판결.
54) 대법원 2015. 2. 26. 선고 2014후2306 판결.
55) 특허법원 지적재산소송실무연구회(주 12), 507.
56) 특허법원 지적재산소송실무연구회(주 12), 507.
57) 특허청(주 15), 34.
58) 대법원 1996. 7. 12. 선고 95후1937 판결.

아. 시기표시

시기표시라 함은 해당 지정상품과의 관계에서 그 상품의 판매 또는 사용의 계절, 시기, 시간 등을 직접적으로 표시하는 것이라고 인정되는 경우를 의미한다.[59] 예컨대, 계절상품에 있어 춘하추동의 표시, 약품의 특성상 오전, 오후, 식전, 식후 등의 표시, 우천 등의 표시 등이 이에 해당한다. 판례로서 시기표시로 인정된 것은 'AUGUST(지정상품: 잡지)'[60] 등이 있다.

자. 보론

(1) 기술적 표장의 유형이 상호 결합된 경우에 판례로서 기술적 표장으로 인정한 것의 예로는 (i) 'COLOMBIAN SUPREME'[61](산지표시와 품질표시의 결합)(지정상품: 커피), (ii) **예술의전당**(품질, 용도 등의 성질표시)(지정서비스업: 국악공연업, 극장운영업, 무용공연업, 악극단공연업, 연극공연업, 연극제작업, 영화상영업, 음악공연업, 음악회관운영업, 창극단공연업(서비스업류 구분 제41류), 지정업무: 한국전통 및 현대예술의 발전·육성을 위한 계획과 정책수립에 관한 연구 및 학술발표 업무, 예술분야의 진흥을 위한 각종 공연업무, 지원업무, 예술진흥기금 확보를 위한 부대사업 업무, 기타 예술분야 진흥에 관련된 제반업무, 출판 및 국내외 자료정보수집)'[62], (iii) 'WATERLINE'(원재료, 효능, 용도 등의 성질표시)(지정상품: 가정/사무실용 물 분배기, 산업용 물 분배기, 냉수기, 음용수 디스펜서, 음용분수)[63], (iv) '파출박사(품질, 용도, 효능 등의 성질표시)(지정서비스업: 가사서비스업)[64], (v) 'GOLD BLEND(품질, 가공방법 등의 성질표시)(지정상품: 커피류)'[65], (vi) '데코시트(용도, 형상 등의 성질

---

59) 특허청(주 15), 34.
60) 특허법원 2008. 9. 4. 선고 2008허6475 판결.
61) 대법원 1993. 12. 21. 선고 93후1056 판결.
62) 대법원 2008. 11. 13. 선고 2006후3397, 3403, 3410, 3427 판결.
63) 대법원 2007. 11. 29. 선고 2007후3042 판결(출원상표 "WATERLINE"은 그 지정상품의 주요 부품을 나타내거나 그 주된 기능을 나타내는 것으로서 일반수요자나 거래자들이 그 지정상품인 '가정, 사무실용 물 분배기 등'과 관련하여 '송수관'의 의미로 인식하게 되므로, 이는 원재료, 효능, 용도 등의 성질을 보통으로 사용하는 방법으로 표시한 표장만으로 구성된 기술적 표장에 해당한다고 본 사례).
64) 대법원 2007. 9. 20. 선고 2007후1824 판결(지정서비스업을 '가사서비스업'으로 하고 '파출'과 '박사'의 두 단어를 결합하여 구성한 등록서비스표 "파출박사"는 그 지정서비스업에 사용될 경우에 '사람(특히 파출부)을 보내어 집안일을 하는 데 능통함'이라는 의미로 인식되어, 가사서비스업의 품질·용도·효능 등을 보통으로 사용하는 방법으로 표시한 표장만으로 구성된 기술적 표장에 해당한다고 본 사례).
65) 대법원 1997. 5. 30. 선고 96다56382 판결.

표시)(지정상품: 장식재)'66), (vii) (품질, 형상 등
의 성질표시)(지정상품: 상품류 구분 제39류 피복전선, 동력케이블, 나선 등 3개 상품)
등이 있다.

(2) 정기간행물에 사용되는 제호는 상표법 제33조 제1항 제3호에 해당하지
아니하며, 단행본 서적의 제호는 직접 서적의 내용을 나타내는 것으로 인정되는
경우에는 본호에 해당하는 것으로 본다. 그리고 녹음된 자기테이프, 녹음된 자
기디스크, 녹음된 콤팩트디스크(CD), 영상이 기록된 필름 등의 이름에 대해서도
이에 준하여 판단하여야 할 것이다.67) 서적 등의 제호를 기술적 표장으로 인정
한 판례로는 '큰글성경(지정상품: 서적)'68), '관족법(觀足法)(지정상품: 서적)'69), '주
간만화(지정상품: 잡지)'70), '상가록(지정상품: 서적)'71), '영어실력 기초(지정상품:
영어참고서)'72), '역대왕비열전(지정상품: 서적)'73) 등이 있다. 서적 등의 제호를
기술적 표장으로 인정하지 않은 판례로는 'Linux(지정상품: 서적)'74), '아카데미
(지정상품: 어학학습교재)'75) 등이 있다. 일반적으로 쓰이는 구호나 슬로건적인 문
구로 이루어진 상표 내지 서비스표 중 상품이나 서비스업의 품질·효능·용도
등의 성질을 직접적으로 표시한 것은 본호의 기술적 표장에 해당한다.76)

〈이규호〉

---

66) 대법원 1999. 11. 12. 선고 2001후775 판결.
67) 특허법원 지적재산소송실무연구회(주 12), 522.
68) 대법원 2004. 5. 13. 선고 2002후2006 판결.
69) 대법원 2001. 4. 24. 선고 2000후2149 판결.
70) 대법원 1992. 11. 27. 선고 92후384 판결.
71) 대법원 1991. 10. 11. 선고 91후707 판결.
72) 대법원 1990. 11. 27. 선고 90후410 판결.
73) 대법원 1986. 10. 28. 선고 85후75 판결.
74) 대법원 2002. 12. 10. 선고 2000후3418 판결.
75) 대법원 1991. 4. 23. 선고 90후1321 판결.
76) 대법원 1994. 9. 27. 선고 94후906 판결.

> **제33조(상표등록의 요건)**
> ① 다음 각 호의 어느 하나에 해당하는 상표를 제외하고는 상표등록을 받을
> 수 있다.
> [제1호~제3호는 앞에서 해설]
> 4. 현저한 지리적 명칭이나 그 약어(略語) 또는 지도만으로 된 상표

<소 목 차>

Ⅰ. 의의

상표법 제33조 제1항 제4호에 따르면, 현저한 지리적 명칭·그 약어 또는 지도만으로 된 상표는 상품의 식별력이 없는 상표로 등록되지 않는다. 왜냐하면 현저한 지리적 명칭·그 약어 또는 지도 그 자체는 자타상품 식별력이 없어 상표법상 보호가치가 없으며 특정인에게 독점시키는 것은 공익의 견지에서 부당하기 때문이다. 특정 문화재·지형·시설 등이 국내의 일반 수요자들에게 현저하게 알려진 결과 그것이 특정한 지역을 표시하는 것으로 인식되고 있더라도, 그러한 문화재·지형·시설 등은 본호의 현저한 지리적 명칭 등에 해당한다고 볼 수 없다.[1]

Ⅱ. 개념의 정의

현저한 지리적 명칭이 일반소비자에게 널리 인식된 경우를 말하며 소수의 특정인만이 알고 있는 지리적 명칭은 포함되지 않는다. 판례에 따르면, 현저한 지리적 명칭이라 함은 "단순히 지리적, 지역적 명칭을 말하는 것일 뿐 특정상품과 지리적 명칭을 연관하여 그 지방의 특산물의 산지표시로서의 지리적 명칭임을 요하는 것은 아니라 할 것이며, 따라서 그 지리적 명칭이 현저하기만 하면 여기에 해당하고, 지정상품과의 사이에 특수한 관계가 있음을 인식할 수 있어야만 하는 것은 아니다."라고 판시하였다.[2] 그리고 여기에서 '지도'라 함은 세계

---

1) 대법원 2003. 8. 25. 선고 2003후1260 판결; 특허법원 2004. 11. 12. 선고 2004허3164 판결 등.
2) 대법원 2000. 6. 13. 선고 98후1273 판결 【거절사정(상)】.

지도(그 일부를 포함한다) 또는 국가의 지도 등을 의미하며 정확한 지도는 물론 사회통념상 이러한 지도임을 인식할 수 있는 정도이면 된다. 국내지도는 일부지 방의 지도도 본호에 포함되는 것으로 본다.3) 현저한 지리적 명칭, 그 약어 또는 지도가 포함된 상표라도 그 현저한 지리적 명칭 등이 상표의 주요부분으로 볼 수 없고, 그 나머지 부분에 의하여 식별력이 있는 경우에는 상표로서 등록이 가 능하다. 즉 현저한 지리적 명칭·그 약어 또는 지도 이외에 다른 식별력 있는 문자, 기호, 도형 등이 결합되어 있는 상표는 원칙적으로 본호에 해당하지 아니 한다.4)

　　특허청의 상표심사기준에 따르면, 국가명, 국내의 특별시, 광역시 또는 도의 명칭, 특별시·광역시·도의 시·군·구의 명칭, 저명한 외국의 수도명, 대도시명, 주 또는 이에 상당하는 행정구역의 명칭 그리고 현저하게 알려진 국내외의 고적 지, 관광지, 번화가 등의 명칭 등과 이들의 약칭을 말한다.5) 다만, 특별시·광역 시·도의 시, 군, 구의 명칭이 다의적인 의미를 가지고 있는 경우 사용실태 등을 감안하여 현저한 지리적 명칭으로 보지 아니할 수 있으며, 시, 군, 구보다 낮은 행정구역 명칭이라도 현저하게 알려져 있는 경우에는 본호를 적용할 수 있다.6)

　　현저한 지리적 명칭의 예로는 천진함흥냉면,7) 일동,8) 천마산,9) 서울,10) 핀

---

3) 상표심사기준 제4부 제4장 1.1.1.

4) 특허법원 지적재산소송실무연구회, 「지적재산소송실무」, 박영사(2010), 525.

5) 상표심사기준 제4부 제4장 1.1.1.

6) 상표심사기준 제4부 제4장 1.1.1.

7) 대법원 2010.6.24. 선고 2009후3916 판결【거절결정(상)】(출원서비스표 "천진함흥냉면"에서 는 '천진'이 '함흥냉면'과 함께 표기되어 있고, '함흥냉면'은 이미 그 자체로 냉면의 한 종류 를 가리키는 관용표장으로 되었다 할 것인데, 일반적으로 음식이름을 포함하는 표장에서는 지역 명칭을 함께 표기하는 경우가 흔히 있으므로, 비록 중국의 지명을 한글로 표기할 때 원 칙적으로 중국어 표기법에 따르도록 되어 있는 외래어표기법에 의하면 '천진'을 중국식 발음 인 '톈진'으로 표기한다 하더라도, 한자문화권인 우리의 언어관습상 위 출원서비스표의 '천 진' 부분은 일반 수요자나 거래자들에게 현저한 지리적 명칭인 중국의 도시명 '천진'의 한글 표기로 직감될 수 있다고 봄이 상당하므로, '함흥냉면' 부분은 위 출원서비스표의 지정서비스 업과 관련하여 볼 때 식별력이 없고, '천진'과의 결합에 의하여 새로운 관념을 낳는다거나 전 혀 다른 새로운 조어가 되었다고 할 수도 없으므로, 위 출원서비스표는 전체적으로 상표법 제6조 제1항 제4호가 규정하는 현저한 지리적 명칭만으로 된 표장에 해당한다고 한 사례).

8) 대법원 2003. 7. 11. 선고 2002후2464 판결【등록무효(상)】.

9) 대법원 1998. 2. 10. 선고 97후600 판결【거절사정(상)】(출원서비스표 "천마산곰탕" 중 "천마산"은 경기 양주군 화도면과 진건면 사이에 위치한 산으로 스키장 등 겨울 레저스포 츠 시설이 설치되어 있고, 사시사철 산을 오를 수 있도록 등산로가 개설되어 있는 등으로 일반 수요자나 거래자에게 널리 알려져 있으므로, "천마산"은 현저한 지리적 명칭에 해당 한다고 판시한 사례).

10) 대법원 1994. 9. 27. 선고 94다2213 판결【손해배상(기)】.

란디아 및 FINLANDIA,[11] oxford, vienna, line, heidelberg, 뉴욕, 긴자(은좌),[12]

Fifth Avenue,[13] Manhattan,[14] Georgia, London Town, BRITISH-AMERICAN,[15]

Innsbruck(인스브룩),[16] Halla, JAVA,[17] 장충동,[18] 종로학원,[19] Nippon Express,[20]

---

11) 대법원 1996. 8. 23. 선고 96후54, 61 판결.
12) 대법원 1992. 11. 10. 선고 92후452 판결 【거절사정】(긴자(은좌)는 일본국 동경에 있는 번화가의 이름으로서 출원상표의 지정상품이 향수나 콤팩트 등 화장품인 점을 고려하여 볼 때 그 일반 거래자나 수요자는 유행에 민감한 여성으로 보여지고 그들은 긴자에 대하여 잘 인식하고 있다고 보여지므로 긴자는 일반 수요자나 거래자에 대한 관계에 있어서 현저하게 인식된 지리적 명칭이라 할 수 있다고 판시한 사례).
13) 대법원 1992. 11. 27. 선고 92후728 판결 【거절사정】(출원상표 "Fifth Avenue"는 "미국 뉴욕시의 번화한 상점가"로 우리나라 거래사회의 수요자 간에 널리 인식되어 구 상표법 (1990.1.13. 법률 제4210호로 전문 개정되기 전의 것) 제8조 제1항 제4호 소정의 "현저한 지리적 명칭"에 해당한다고 판시한 사례).
14) 대법원 1986. 6. 24. 선고 85후62판결.
15) 대법원 1997. 10. 14. 선고 96후2456 판결 【거절사정(상)】(출원상표 "BRITISH- AMERICAN" 의 지정상품은 성냥, 라이터 등인바, 우리나라 일반 수요자들의 영어이해 수준에 비추어 볼 때 'BRITISH'는 '영국의, 영국인의'라는 뜻으로 'AMERICAN'은 "미국의, 미국인의'라는 뜻으로 직감적으로 이해될 것이므로 출원상표는 영국 및 미국을 일컫는 현저한 지리적 명칭만으로 된 상표라 할 것이어서 식별력이 부족하고, 한편 출원상표가 영국이나 미국에서 제조·생산된 것이 아닌 지정상품에 사용될 경우에는 일반 수요자들이 영국산이나 미국산인 것으로 상품의 출처나 품질을 오인·혼동할 염려가 있다고 한 사례).
16) 대법원 2001. 7. 27. 선고 99후2723 판결 【등록무효(상)】("INNSBRUCK"은 인(INN)강을 잇는 다리라는 뜻을 가진 오스트리아 서부 티롤주(州)의 주도(州道)로서 인(INN)강에 면하여 로마시대부터 동부알프스의 교통요지이고, 관광도시로서의 성격이 농후하여 연중 관광객의 발길이 끊이지 않으며, 1964년, 1976년 동계올림픽이 개최된 곳으로서 방송 등 언론매체를 통하여 우리나라를 비롯한 여러 나라 국민들에게 그 도시의 역사와 풍물 등이 소개되어 널리 알려지고 있고, 더구나 우리나라에서도 역대 올림픽경기나 그 개최지에 대한 관심이 고조되어 왔으므로, 상표 "INNSBRUCK + 인스브룩"의 'INNSBRUCK' 부분은 적어도 그 등록사정시인 1997. 10. 31.경에는 우리나라 거래사회의 수요자 간에 현저하게 알려진 지명이라는 이유로 상표 "INNSBRUCK + 인스브룩"은 현저한 지리적 명칭만으로 된 표장에 해당한다고 본 사례).
17) 대법원 2000. 6. 13. 선고 98후1273 판결 【거절사정(상)】.
18) 서비스표 "장충동왕족발＋의인화된 돼지 도형" 중 '장충동'이 현저한 지리적 명칭에 해당한다고 판시한 사례로는 대법원 2000. 6. 23. 선고 98후1457 판결 【권리범위확인(상)】 ('장충동'은 서울 중구에 속하는 동(洞)의 이름으로서 각종 운동경기 등 여러 행사가 개최됨으로 인하여 텔레비전을 비롯한 각종 신문방송매체 등을 통하여 전국적으로 알려져 있는 '장충체육관'이 위치하고 있는 등으로 일반 수요자나 거래자들에게 널리 알려져 있으므로 '장충동'은 현저한 지리적 명칭에 해당하여 자타(自他)서비스업의 식별력이 없다).
19) 대법원 2001. 2. 9. 선고 98후379 판결.
20) 대법원 1996. 2. 13. 선고 95후1296 판결 【거절사정】(출원 서비스표 "NIPPON EXPRESS" 중 "NIPPON"은 "일본국"의 영문표기로서 현저한 지리적 명칭에 해당하고, "EXPRESS"는 "급행편, 지급편, 속달편" 등의 의미를 가지고 있어 그 지정서비스업인 자동차운송업, 택시운송업, 화물운송업 등과 관련하여 볼 때 식별력이 없다고 할 것이어서 이 사건 출원서비스표는 이를 전체적으로 관찰할 때 수요자들 사이에 주로 현저한 지리적 명칭인 "NIPPON"으

ENGLAND,21) 베네치아22), 백암온천23) 등이 있고, 현저한 지리적 명칭에 해당하지 아니하는 예로는 동아,24) 강남,25) 예천(藝泉),26) 중동GASTECH,27) PIZZA TO GO,28) 서울대학교29) 등이 있다.

Ⅲ. 제33조 제1항 제3호의 '산지'와의 관계

산지만으로 상표를 규정하고 있는 상표법 제6조 제1항 제3호와의 관계에 있어 판단하면, 제3호의 산지는 생산지를 의미하고, 그 산지가 일반인에게 널리 알려질 필요는 없으며 다만 객관적으로 생산지로 인식되는 명칭이면 족하다. 반면에 본호의 현저한 명칭은 일반인에게 널리 알려져 있어야 함을 전제로 생산지인지 여부는 불문한다. 따라서 양자는 서로 중복되는 부분이 발생할 수 있으며, 그 경우 어느 하나의 규정을 적용하거나 또는 두 규정 모두를 다 적용할 수도 있다.30) 현저한 지리적 명칭·그 약어 또는 지도가 포함된 상표라 하더라도

로 인식될 것이므로 상표법 제6조 제1항 제4호에 의하여 그 등록은 거절되어야 한다고 본 원심의 판단을 수긍한 사례).

21) 대법원 1992.2.11. 선고 91후1427 판결【거절사정】(출원상표 "OLD ENGLAND"는 전체적으로 관찰할 때 현저한 지리적 명칭인 "ENGLAND"로 인식되어 구 상표법 제8조 제1항 제4호에 해당하므로 등록출원을 허용할 수 없다고 한 사례).

22) 특허법원 2003. 4. 11. 선고 2003허175 판결.

23) 대법원 1986. 7. 22. 선고 85후103 판결.

24) 대법원 1994. 10. 7. 선고 94후319 판결【서비스표등록무효】("동아"가 "동부아시아"에서 따온 말이라고 하더라도 "동부아시아"가 일반적으로 "동아"로 약칭된다고 보기 어려울 뿐만 아니라 "동부아시아"도 그 범위가 확정되어 있지 아니한 다소 추상적인 지리적·지정학적 관념일 뿐이어서 "동부아시아" 또는 "동아"를 구 상표법(1990. 1. 13. 법률 제4210호로 전문 개정되기 전의 것) 제8조 제1항 제4호 소정의 현저한 지리적 명칭이나 그 약칭에 해당한다고 볼 수 없다고 판시한 사례).

25) 대법원 1990. 1. 23. 선고 88후1397 판결【상표등록무효】(등록상표 "강남약국" 중 "강남"이 1975. 10. 1. 서울특별시 성동구로부터 분리된 강남구의 명칭과 동일하기는 하나 "강남"은 강의 남부지역, 강의 남방을 이르던 말로 남쪽의 먼 곳이라는 뜻으로 사용되고 있으므로 위 등록상표는 상표법 제8조 제4호 소정의 현저한 지리적 명칭으로 된 상표로 볼 수 없다고 판시한 사례).

26) 특허법원 2000. 12. 8. 선고 2000허624 판결.

27) 특허법원 2000. 4. 27. 선고 99허9076 판결.

28) 대법원 1997. 8. 22. 선고 96후1682 판결.

29) 대법원 2015. 1. 29. 선고 2014후2283 판결.

30) 대법원 2003. 7. 11. 선고 2002후2464 판결 【등록무효(상)】(등록상표 "일동"은 '막걸리'의 산지로서 일반 수요자 및 거래자에게 널리 알려져 있고, 청계산, 백운산 등 주변의 명산과 계곡, 온천 등이 있는 관광지인 경기 포천군 일동면으로 널리 알려져 있으므로, 상표법 제6조 제1항 제4호가 규정하는 현저한 지리적 명칭만으로 된 표장에 해당될 뿐 아니

지리적 표시 단체표장등록출원의 경우와 그 지리적 명칭 등이 상표의 주요 부분으로 볼 수 없고 그 나머지 부분에 의하여 식별력이 있는 경우에는 본호를 적용하지 않는다. 다만, 지리적 명칭 등이 포함된 상표로서 그 지리적 명칭 등 이외의 부분이 지리적 명칭 등의 부기적 부분이거나 지리적 명칭 등에 흡수되어 불가분의 일체를 구성하고 있는 때에는 그러하지 아니하다. 지리적 명칭 등 (지리적 명칭 등이 부기적인 경우를 포함)이 지정상품과의 관계에서 출처의 혼동을 일으킬 우려가 있다고 인정될 때에는 상표법 제34조 제1항 제12호의 규정도 아울러 같이 적용된다. 본호가 규정하는 지리적 명칭과 업종명을 결합하여 만든 협회, 조합, 연구소 등 비영리단체와 상법상 회사의 명칭과 이들의 약칭에 대해서는 본호의 규정은 이를 적용하지 아니한다. 예컨대 ROCHAS PARIS(지정상품: 화장품류)의 경우, ROCHAS가 회사명을 표시하더라도 PARIS가 현저한 지리적 명칭으로 부각되어 지리적 명칭인 표장에 해당한다. 그리고 오거스타(Augusta) (지정상품: 골프용품)의 경우, 오거스타는 미국 메인주의 도시로 골프용품과 관련하여 현저한 지리적 명칭에 해당한다.

Ⅳ. 판단

1. 시적 기준

상표등록여부 결정시가 되며, 국내에서의 거래실정에 따라 판단한다.[31]

2. 인적 기준

현저한 지리적 명칭은 산지표시와는 달리 지정상품과의 관계에서 상대적으로 결정되는 것은 아니라는 점[32]에서 일반 수요자나 거래자의 인식을 기준으로 현저성 여부를 판단한다. 객관적으로 볼 때 지리적 명칭 등에 해당하더라도 일반 수요자나 거래자에게 즉각적인 지리적 감각을 전달할 수 있는 표장이 아닌 경우에는 현저한 지리적 명칭에 해당하지 아니한다.[33]

라, 그 지정상품 중 약주에 대하여는 같은 법 제6조 제1항 제3호의 산지를 보통으로 사용하는 표장에 해당되므로 위 등록상표를 경기 포천군 일동면 이외의 지역에서 생산되는 약주에 사용하는 경우 일반 수요자 또는 거래자는 일동면에서 생산되는 약주로 그 품질을 오인할 가능성이 커 같은 법 제7조 제1항 제11호의 규정에도 해당된다).

31) 윤선희, 「상표법」, 법문사(2007), 227.
32) 대법원 2000. 6. 13. 선고 98후1273 판결.
33) 대법원 1997. 8. 22. 선고 96후1682 판결.

Ⅴ. 상표법상 취급

현저한 지리적 명칭만으로 된 상표에 해당하는 경우에는 상표로서의 일반적 등록요건을 흠결한 것이므로 상표등록거절이유(법 제54조 제1항 제3호), 정보제공이유(법 제49조), 이의신청이유(법 제60조 제1항) 등에 해당한다. 그리고 현저한 지리적 명칭이 다른 문자와 결합되어 있다 하더라도 그 지리적 명칭 자체에 자타상품의 식별력이 부여된다고 볼 수 없다.[34] 지리적 명칭이 부기인 경우라도 그것이 지정상품과의 관계에서 출처의 혼동을 일으킬 우려가 있다고 인정되면 상표법 제34조 제1항 제12호의 규정을 함께 적용한다.[35] 하지만, 현저한 지리적 명칭과 보통명칭이 결합된 상표의 경우에 상표법 제33조 제1항 제7호에서 정한 '수요자가 누구의 업무에 관련된 상품을 표시하는 것인가를 식별할 수 없는 상표'에 해당하지 않을 수도 있다.[36] 현저한 지리적 명칭에 해당하더라도 그 표장이 특정 상품에 대한 지리적 표시인 경우에는 그 지리적 표시를 사용한 상품을 지정상품으로 하여 지리적 표시 단체표장등록을 받을 수 있다.[37] 현저한 지리적 명칭이나 그 약어 또는 지도만으로 된 상표는 상표등록을 받은 경우에도 상표권의 소극적 효력이 제한되며, 상표의 유사여부를 판단함에 있어서도 이러한 부분은 자타상품의 식별력이 없어서 이를 제외한 나머지 부분만을 대비하여 관찰함이 일반적이므로 현저한 지리적 명칭만으로 된 상표는 그와 동일·유사한 부분을 포함한 타인의 후출원상표등록을 배제하지 못한다.

그리고 현저한 지리적 명칭 등으로 된 상표가 그 사용의 결과 수요자 간에 특정인의 상표로 현저하게 인식되어 있는 경우, 이를 상표법상의 상표로 등록받을 수 있는지 여부 및 현저한 지리적 명칭이 다른 문자와 결합되어 있는 경우 지리적 명칭 자체가 자타상품의 식별력이 부여되는 요부가 될 수 있는지 여부

---

34) 대법원 1992. 11. 10. 선고 92후452 판결【거절사정】.

35) 대법원 2003. 7. 11. 선고 2002후2464 판결【등록무효(상)】.

36) 대법원 2009. 5. 28. 선고 2008후4691 판결【등록무효(상)】(등록상표 "경주빵"은 현저한 지리적 명칭인 '경주'와 보통명칭인 '빵'을 표시한 것에 지나지 않아 자타상품의 식별력이 있다고 할 수 없으나, 등록상표를 특정인이 독점적으로 사용하도록 하는 것이 부적절하다고 단정할 수 없으므로, 상표법 제6조 제1항 제7호에서 정한 '수요자가 누구의 업무에 관련된 상품을 표시하는 것인가를 식별할 수 없는 상표'에 해당한다고 볼 수 없다고 한 사례).

37) 송영식·이상정·김병일,「지적재산법」, 세창출판사(2008), 203.

가 문제될 수 있는데, 이에 대해 판례는 소극적인 입장을 취하고 있다.[38]

〈이규호〉

---

38) 대법원 2006. 1. 26. 선고 2004후1175 판결 【등록무효(상)】 (구 상표법(2001.2.3. 법률 제 6414호로 개정되기 전의 것) 시행 당시에 출원된 등록상표 "**UNIVERSITY OF CAMBRIDGE**" 와 비교상표 " "의 유사 여부를 판단함에 있어서 비교상표의 구성 중 현저한 지리적 명칭에 해당하는 'CAMBRIDGE' 부분은 사용의 결과 수요자 간에 특정인의 상표로 현저하게 인식되어 있는지의 여부에 관계없이 식별력 있는 요부로 볼 수 없음에도 불구하고, 'CAMBRIDGE' 부분을 '사용에 의한 식별력 있는 요부'로 보아 양 상표에 공통으로 포함되어 있는 'CAMBRIDGE' 부분이 동일하다는 이유만으로 양 상표의 표장이 유사하다고 판단한 원심판결을 파기한 사례); 대법원 2006. 1. 26. 선고 2003후2379 판결 【등록무효(상)】 (구 상표법 시행 당시에 출원된 등록상표 " "와 인용상표 " "의 유사 여부를 판단함에 있어서 인용상표의 구성 중 현저한 지리적 명칭에 해당하는 'CAMBRIDGE' 부분은 사용의 결과 수요자 간에 특정인의 상표로 현저하게 인식되어 있는지의 여부에 관계없이 식별력 있는 요부로 볼 수 없음에도 불구하고, 'CAMBRIDGE' 부분을 '사용에 의한 식별력 있는 요부'로 보아 양 상표에 공통으로 포함되어 있는 'CAMBRIDGE' 부분이 동일하다는 이유만으로 양 상표의 표장이 유사하다고 판단한 원심판결을 파기한 사례).

> **제33조(상표등록의 요건)**
> ① 다음 각 호의 어느 하나에 해당하는 상표를 제외하고는 상표등록을 받을
> 수 있다.
> [제1호~제4호는 앞에서 해설]
> 5. 흔히 있는 성(姓) 또는 명칭을 보통으로 사용하는 방법으로 표시한 표장만
> 으로 된 상표

<소 목 차>

Ⅰ. 본조문의 의의

상표법 제33조 제1항 제5호는 흔히 있는 성 또는 명칭을 보통으로 사용하는 방법으로 표시한 표장만으로 된 상표를 등록을 받을 수 없는 상표의 하나로 규정하고 있다. 이는 2016. 2. 29. 법률 제14033호로 개정되기 이전의 상표법 제6조 제1항 제5호와 같은 내용이다. 이러한 상표는 많은 사람들이 사용하고 있어 자타상품의 식별력이 없을 뿐만 아니라 특정인에게 독점을 허용하면 이를 자유롭게 사용하는 경쟁업자들에게 예기치 못한 손해를 줄 염려가 있다는 이유로 상표등록 불허사유의 하나로 규정하고 있다.[1]

Ⅱ. 판단기준

흔히 있는 성(姓) 또는 명칭이라 함은 현실적으로 다수가 존재하거나 관념상으로 다수가 존재하는 것으로 인식되고 있는 자연인의 성 또는 법인, 단체, 상호임을 표시하는 명칭 등을 말하는데,[2] 이에 해당하는지는 일반 수요자나 거래관계자의 인식을 기준으로 인정하여야 하는 것으로서 사실인정의 문제로서의

---

1) 윤선희, 상표법(제3판), 법문사(2015), 244.
2) 상표심사기준(2016.9.1 기준) 제4부 제5장 1.1.

성격이 강하다고 할 것이다. 이에 해당하는 것으로는 '김', '이', '박', '최' 등의 통상적으로 흔히 접할 수 있는 성과3) 법인, 단체, 상호임을 표시하는 명칭, 아호, 예명, 필명 또는 그 약칭 등이나 직위를 나타내는 명칭 등을 들 수 있다.4)

　　외국인의 성은 해당 국가에서 흔히 있는 성이라고 하더라도 국내에서 흔히 있는 성으로 인식되는 것이 아닌 이상 본호에 해당하지 않는다.5) 흔히 있는 성과 명칭이 결합한 경우에도 특별한 사정이 없는 한 본호에 해당하는 것으로 본다.6)

　　보통으로 사용하는 방법으로 표시한 표장은 상표의 외관상의 구성 및 사용 방법이 보통의 주의력을 갖는 일반인의 특별한 주의를 끌 정도에 이르지 아니한 것을 말하는데, 흔히 있는 성 또는 명칭을 한글, 한자 또는 로마자로 표시하거나 이들 문자를 병기하여 사용하는 것이 이에 해당한다.7) 반대로 상표가 일반인의 특별한 주의를 끌 정도로 독특한 서체·도안 및 구성으로 표시되어 있어 문자의 의미를 직감할 수 없을 정도로 도안화된 경우에는 이에 해당하지 않는 것으로 본다.8)

　　본호는 흔히 있는 성 또는 명칭을 보통으로 사용하는 방법으로 표시한 표장 '만으로 된' 상표에 적용되므로, 여기에 다른 식별력 있는 기호, 문자, 도형 등이 결합하여 전체로서 식별력을 갖게 되면 본호에 해당하지 않는다. 다만, 상표의 유사여부 대비판단에서 흔히 있는 성 또는 명칭 부분은 그 자체만으로는 식별력 있는 요부가 된다고 보기는 어려울 것이다.9)

3) 윤선희(주 1), 244.

4) 상표심사기준(2016.9.1 기준) 제4부 제5장 1.3.2는 "상사, 상점, 상회, 공업사, 사, 회, 당, 양행, 조합, 협회, 연구소, 회장, 사장, 이사장, 총장" 등의 명칭(외국문자 또는 그 번역도 포함한다)을 구체적인 예로 들고 있다.

5) 윤선희(주 1), 245; 송영식 외 6인, 송영식 지적소유권법 제2판(하), 육법사(2013), 122.

6) 상표심사기준(2016.9.1 기준) 제4부 제5장 1.3.2.

7) 특허법원 지적재산소송 실무연구회, 지적재산소송실무, 박영사(2014), 529.

8) 상표심사기준(2016.9.1 기준) 제4부 제1장 1.2.

9) 대법원 1992. 10. 9. 선고 92후1103 판결[공1992. 12. 1.(933), 3143](출원상표 '주식회사 화인'과 인용상표 '뉴화인'의 유사여부가 문제된 사안에서, '주식회사'는 법인의 종류를 나타내는 관용명칭으로서 식별력을 인정하기 어렵고 인용상표는 '화인'이 요부로서 양 상표가 유사하다고 판단한 사례); 대법원 2001. 12. 28. 선고 2001후2467 판결[공2002. 2. 15.(148), 417](등록서비스표 "21세기컨설팅 주식회사"와 인용표장 "CENTURY 21"의 유사여부가 문제된 사안에서, 등록서비스표의 구성 중 '주식회사'는 회사의 종류를 나타내고, '컨설팅'은 업종을 나타내는 것으로서 식별력이 없거나 약하여 이 사건 등록서비스표는 '21세기'로 호칭·관념되므로, '21세기'로 관념되는 인용표장 "CENTURY 21"과 유사하다고 판단한 사례); 대법원 2003. 2. 14. 선고 2002후352 판결[공2003. 4. 1.(175), 843](등록상표 'Christian Daniel'의 호칭인 "크리스찬 다니엘"과 'Christian Dior'로 이루어진 인용상표

한편 상품의 보통명칭과 현저한 지리적 명칭은 상표법 제33조 제1항 제1호 및 제4호에 해당하므로 본호에서는 제외되는 것으로 보는 것이 일반적이다.[10]

본호의 식별력 요건을 갖추고 있는지에 관한 판단의 기준 시점은 원칙적으로 상표나 서비스표에 대하여 등록 여부를 결정하는 결정시이고 거절결정에 대한 불복 심판에 의하여 등록 허부가 결정되는 경우에는 그 심결시이고[11], 본호에 해당하는지를 판단할 때 지정상품과의 관계는 고려하지 않는다.[12]

본호에 해당하는 상표라고 하더라도 사용에 의한 식별력을 취득한 경우에는 등록을 받을 수 있다(법 제33조 제2항).

Ⅲ. 판단사례

1. 흔히 있는 성 또는 명칭에 해당한다고 본 사례

가. 『PRESIDENT』(대법원 1985. 9. 24. 선고 85후57 판결, 대법원 1998. 7. 10. 선고 87후54 판결)

나. 『리』(대법원 1989. 12. 22. 선고 89후582 판결): 「"리"는 우리나라의 흔한 성씨 "李"의 한글표기로 직감되고, 한글 1자로 구성되어 있어 상표법 제8조 제1항 제5호[13), 제6호에 해당한다.」

다. 『COMPANY』(대법원 1992. 5. 22. 선고 91후1885 판결): 「본원상표 의 문자부분 중 "COMPANY"는 "회사, 상회"의 뜻이 있어 현실적으로 거래사회에서 흔히 사용되는 법인이나 단체의 명칭에 해당하고 여기에 "BEST"라는 기술적 단어가 결합되었다고 하여 특별현저성이 있는 것도 아니며, 본원상표의 도형부분도 본원상표에서의 위치, 크기 등 구성 전체에서 차지하는 비중으로 보아 부수적, 보조적인 데 불과하므로 이로

의 호칭인 "크리스챤 디오르"는 앞부분의 "크리스챤(Christian)"이 국내의 일반 수요자나 거래자에게 기독교도를 지칭하는 용어로서 흔히 사용되어 상품 출처를 식별시키는 표지로 서의 식별력이 부족하고, 뒷부분의 호칭은 "다니엘"과 "디오르"로 현저히 상이하다 할 것 이어서 전체적으로 양 상표가 상품 출처의 오인·혼동을 일으킬 염려가 있을 정도로 유사 하다고 보기 어렵다고 판단한 사례).

10) 윤선희(주 1) 245; 송영식 외 6인(주 5), 122; 특허법원 지적재산소송 실무연구회(주 7), 529.
11) 대법원 2012. 4. 13. 선고 2011후1142 판결[공2012상, 811]; 대법원 2012. 10. 25. 선고 2012후2128 판결[미간행]; 대법원 2015. 1. 29. 선고 2014후2283 판결[공2015상, 355].
12) 대법원 1990. 7. 10. 선고 87후54 판결[공1990.9.1.(879), 1706].
13) 현행 상표법 제33조 제1항 제5호.

인하여 본원상표의 식별력이 생긴다고 할 수도 없다.」

라. 『주식회사』(대법원 2001. 12. 28. 선고 2001후2467 판결)

마. 『윤씨농방』(특허법원 2000. 11. 23. 선고 2000허2392 판결): 「이 사건 등록 상표의 구성 중 "윤씨"는 우리나라에 흔히 있는 성이고, "농방"은 지정 상품 중 하나인 "장"을 의미하는 "농"을 파는 가게를 뜻하는 것으로서 결합에 의하여 새로운 식별력이 생기는 것이 아니므로 식별력이 없다.」

바. 『김노인 마포상회』(특허법원 2003. 11. 14. 선고 2003허3778 판결): 「'김노 인'은 "김씨 성(姓)을 가진 노인"의 뜻으로서 흔한 성(姓)을 표시한 것에 불과하므로 상표법 제6조 제1항 제5호14)에 의하여 식별력이 없고 '마 포'는 현저한 지리적 명칭인 "서울특별시 마포구"를 지칭하는 것으로서 상표법 제6조 제1항 제4호에 의하여 식별력이 없으며 '상회'는 "가게, 점포 등"의 뜻으로 쓰이는 흔한 명칭으로서 상표법 제6조 제1항 제5호 에 의하여 식별력이 없으므로 결국 이 사건 출원상표는 식별력이 없는 부분만으로 이루어진 상표로서 전체적으로도 식별력이 있다고 보기 어 렵다」

2. 흔히 있는 성 또는 명칭에 해당하지 않는다고 본 사례

가. 『Johnson』(대법원 1997. 11. 14. 선고 97후1238, 1245 판결, 1994. 7. 29. 선고 94후333 판결): 「우리나라에서는 "Johnson"이 흔히 있는 성이 아니어서 식별력이 없다고 할 수 없다.」

나. 『無量淸靜正方心』(특허법원 2001. 5. 11. 선고 2000허7670 판결): 「"무량청 정정방심(無量淸靜正方心)"이 종교의 주문인 사실만으로 흔히 있는 성 또는 명칭이라고 할 수 없다.」

다. 『Valentine』(특허법원 2004. 4. 20. 선고 2003허4849 판결, 대법원 2004. 5. 27.자 2004후882 심리불속행기각): 「'발렌타인 모텔', '발렌타인 카페'와 같이 한글 '발렌타인'을 상호로 하는 업체가 전국에 380여개 정도 있는 사실, 여자가 남자에게 초코렛 등을 선물하는 '발렌타인데이'가 국내에 널리 알려져 있는 사실, '발렌타인데이'를 말할 때의 '발렌타인'의 영문 이 이 사건 등록상표의 'Valentine'과 같은 사실 등은 인정되나 위와 같 은 사정만으로는 한글 '발렌타인'이 '발렌타인데이'와 관련하여 널리

---

14) 현행 상표법 제33조 제1항 제5호.

알려져 있는 것은 별론으로 하고 영문자 'Valentine'이나 한글 '발렌타인'이 흔히 있는 성 또는 명칭에 해당한다고 볼 수 없다.」

라. 『BROWN』(특허법원 2006. 11. 30. 선고 2006허4437 판결, 대법원 2007. 3. 16.자 2007후166 심리불속행기각): 「'BROWN'이 우리나라에서 흔히 볼 수 있는 성 또는 명칭이라고 인정할 만한 아무런 증거가 없다.」

〈김창권〉

제33조(상표등록의 요건)

① 다음 각 호의 어느 하나에 해당하는 상표를 제외하고는 상표등록을 받을
수 있다.

[제1호~제5호는 앞에서 해설]

6. 간단하고 흔히 있는 표장만으로 된 상표

<소 목 차>

Ⅰ. 본조문의 의의

상표법 제33조 제1항 제6호는 간단하고 흔히 있는 표장만으로 된 상표를
상표등록을 받을 수 없는 상표의 하나로 규정하고 있다. 이는 2016. 2. 29. 법률
제14033호로 개정되기 이전의 상표법 제6조 제1항 6호와 같은 내용이다. 이와
같은 상표는 식별력이 없는 경우가 많고 식별력이 있더라도 한 사람에게 독점
시키는 것이 부당하기 때문에 상표등록 불허사유의 하나로 규정하고 있다.[1]

Ⅱ. 판단기준

본호는 간단하고 흔히 있는 표장이라고 규정하고 있으므로, 간단한 표장만
으로 이루어지거나 흔히 있는 표장만으로 이루어진 상표는 본호에 해당하지 아
니한다.[2] 어떠한 표장이 간단하고 흔히 있는 표장만으로 된 상표에 해당하는지
는 거래의 실정, 그 표장에 대한 독점적인 사용이 허용되어도 좋은가 등의 사정
을 참작하여 구체적으로 판단하여야 하는데(대법원 2004. 11. 26. 선고 2003후2942
판결), 이 규정이 표장이 간단하고 흔히 있는 것인지만을 문제삼고 있으므로, 그

---

1) 특허법원 지적재산소송 실무연구회, 지적재산소송실무, 박영사(2014), 530; 송영식 외 6
   인, 송영식 지적소유권법 제2판(하), 육법사(2013), 123.
2) 대법원 1985. 1. 29. 선고 84후93 판결[공1985. 3. 15.(748), 366]; 대법원 1993. 2. 26. 선
   고 92후1417 판결[미간행].

지정상품이 무엇인가는 문제되지 않는다.3)

　　특허청 심사실무는, 문자상표의 경우 1자의 한글로 구성된 표장이거나 2자 이내의 알파벳(이를 다른 외국어로 표시한 경우를 포함한다)으로 구성된 표장은 원칙적으로 이에 해당하는 것으로 보되, 구체적인 관념으로 직감될 수 있거나(예: 닭, 별, 해, 용), 특정인의 출처표시로 직감되는 경우(예: LG, CJ, GS, HP, NH, KT, SK)는 이에 해당하지 않는다고 하면서, 한글 1자와 영문 1자가 결합한 경우에는 원칙적으로 식별력이 있는 것으로 보고 있다.4) 한편, 숫자상표의 경우 두 자리 이하의 숫자로 표시된 것(그것을 한글, 한자 또는 외국어로 표시한 것을 포함한다)은 이에 해당하는 것으로 보고 있으며5), 도형상표의 경우, 흔히 사용되는 원형, 삼각형, 사각형, 마름모형, 卍, 삼태극 등과, 이러한 도형 또는 무늬를 동일하게 중복하여 표시한 것6), 입체상표인 경우 흔히 있는 공, 정육면체, 직육면체, 원기둥, 삼각기둥 등으로만 구성된 경우는 간단하고 흔한 표장에 해당하는 것으로 보고 있다.7)

　　본호는 간단하고 흔히 있는 표장'만으로 된' 상표에 적용되므로 이러한 표장이 다른 식별력 있는 표장과 결합하여 상표 전체로서 식별력이 인정되는 경우나 도안화나 색채의 부가 등으로 새로운 식별력을 취득한 경우에는 간단하고 흔한 표장으로 보지 않는다.8) 다만, 간단하고 흔히 있는 표장이 다른 부분과 결합한 상표에서 다른 부분이 부기적인 것에 불과하거나 간단하고 흔한 표장에 흡수되어 일체를 이루고 있는 경우에는 여전히 해당 상표는 간단하고 흔한 표장에 해당한다고 보아야 하고,9) 간단하고 흔히 있는 표장의 도안화의 정도가 일반 수요자에게 그 표장이 본래 가지고 있는 의미 이상으로 인식되거나 특별한 주의를 끌 정도에 이르지 아니하였다면 여전히 본호에 해당하는 것으로 보아야 한다.10)

　　한편, 간단하고 흔히 있는 표장이 포함된 결합상표의 유사판단에서 간단하

---

3) 윤선희, 상표법(제3판), 법문사(2015), 246; 특허법원 지적재산소송 실무연구회(주 1), 531; 대법원 1999. 8. 24. 선고 99후1461 판결[공1999. 10. 1.(91), 1968].

4) 상표심사기준(2016.9.1 기준) 제4부 제6장 1.1.1-1.1.2.

5) 상표심사기준(2016.9.1 기준) 제4부 제6장 1.1.4.

6) 상표심사기준(2016.9.1 기준) 제4부 제6장 1.1.5.

7) 상표심사기준(2016.9.1 기준) 제8부 제1장 3.3.

8) 윤선희(주 3), 246-247; 특허법원 지적재산소송 실무연구회(주 1), 531.

9) 상표심사기준(2016.9.1 기준) 제4부 제6장 2.4.

10) 대법원 2007. 3. 16. 선고 2006후3632 판결[공2007. 4. 15.(272), 567].

고 흔히 있는 표장을 요부로 볼 수 있는지에 관하여, 간단하고 흔한 표장 부분을 요부로 하여 상표의 유사여부를 대비한 판례도 있으나11), 주류적인 판례들은 간단하고 흔한 표장 부분만으로 독자적인 식별력을 발휘하는 요부가 될 수 없다고 하고 있다.12) 결합상표에서 상품의 보통명칭, 관용표장, 기술적 표장, 현저

---

11) 대법원 1995. 2. 24. 선고 94후1893 판결[공1995. 4. 1.(989), 1474](출원상표 ""와

　인용상표 " ![ALPHA FASHION] "의 유사판단에서, 양 상표의 요부는 "ALPHA"로서 동일하고, 비록 "ALPHA"가 그 하나만으로는 간단하고 흔한 표장으로서 등록받을 수 없다고 하더라도 전체상표 중 일부로 되어 있을 경우에도 그 요부는 될 수 없다거나 상표의 유사여부를 판단함에 있어서 비교 대상에서 제외되어야 하는 것은 아니라고 판단한 사례); 대법

　원 1995. 3. 17. 선고 94후2070 판결[공1995. 5. 1.(991), 1754] (등록상표 " ![LG등그린] " 과

　인용상표 " ![LG Twins] "의 유사판단에서, 양 상표의 "LG"부분이 다소 특이한 형태로 도안화되어 있어 이를 간단하고도 흔한 표장이라고 볼 수 없을 뿐만 아니라 간단하고 흔한 표장이라 할지라도 그 하나만으로는 식별력이 부족하여 등록받을 수 없다는 것에 그칠 뿐 다른 것과 결합하여 전체상표 중 일부로 되어 있는 경우에도 전혀 식별력을 가지지 못하는 것은 아니므로 상표의 유사 여부를 판단함에 있어서 이 부분은 무조건 식별력이 없다고 하여 비교대상에서 제외할 수는 없다고 하여 양 상표가 유사하다고 판단한 사례).

12) 대법원 2001. 12. 14. 선고 2001후1808 판결[공2002. 2. 1.(147),3 21](등록상표 "POWERPB"와 인용상표 "PB-1"의 유사 여부 판단에서, 'PB'부분은 간단하고 흔히 있는 표장에 해당하여 식별력이 없거나 부족하므로 양 상표를 전체적으로 대비하여 비유사하다고 한 사례); 대법원 2002. 10. 22. 선고 2001후3132 판결[공2002. 12. 15.(168), 2904]("WOOLLEN OIL OZ-K"로 된 등록상표와 "방모유, WS OZ"로 된 확인대상표장의 유사 여부판단에서, 'OZ'는 영문자 2개를 단순히 나열한 것에 불과하여 간단하고 흔히 있는 표장에 해당하여 그 자체만으로는 식별력이 없으므로 지정상품의 관계에서 식별력이 없는 'WOOLLEN OIL'과 '방모유'를 제외하고 이 사건 등록상표에서 식별력이 있는 'OZ-K' 부분과 확인대상표장에서 식별력이 있는 'WS OZ' 부분을 전체로 대비하면, 외관·호칭·관념이 상이하여 양 표장은 서로 유사하지 않다고 한 사례); 대법원 2003. 2. 14. 선고 2002후352 판결[공2003. 4.

　1.(175), 843](등록상표 " ![CD Christian Daniel] "과 인용상표 "CD Christian Dior"에서 'CD'는 영문자 2개를 단순히 나열한 것에 불과하여 간단하고 흔히 있는 표장에 해당하므로 식별력이 없어 이 부분에 의하여 양 상표들의 호칭이 동일하거나 유사하다고 할 수는 없다고 한 사례); 대법원 2013. 7. 25. 선고 2011도12482 판결[미간행]('AFNY'는 불과 네 글자의 알파벳이 별다른 특색이 없이 단순히 나열되어 결합된 조어이어서 그중 일부만으로 분리하여 인식하는 것은 부자연스럽고, 특히 간단하고 흔한 표장으로서 식별력이 미약한 영문자 'AF'만으로 분리되어 호칭·관념될 것이라고 할 수는 없다. 따라서 위 표장은 이 사건 제2등록상표 '**A & F**'와 그 외관과 호칭·관념이 다르므로, 위 상표와 동일·유사한 상품

한 지리적 명칭 등을 식별력 있는 요부로 보지 아니하는 것과 마찬가지로 간단
하고 흔한 명칭도 특별한 사정이 없는 한 상표의 유사판단에서 그 자체만을 식
별력 있는 요부로 볼 수는 없다고 보는 것이 타당하다. 그렇게 보지 아니하면
이와 같이 식별력이 없는 부분에 의하여 대비되는 상표의 유사여부가 결정될
수 있기 때문에 결과적으로 간단하고 흔한 표장에 독점력을 부여하는 결과를
초래할 수 있기 때문이다. 다만 간단하고 흔한 표장이 다른 식별력 있는 부분과
일체 불가분적으로 결합하여 새로운 식별력을 취득한 경우에는 그 전체로서 유
사여부 대비판단의 대상이 될 것이다.

간단하고 흔한 표장이 도안화로 식별력을 인정받은 경우에는 그 특별한 도
안화 때문에 식별력이 인정되는 것이므로 다른 상표와의 유사판단에서는 호칭·
관념보다는 외관을 기준으로 판단하는 것이 타당하다.13)

본호의 식별력 요건을 갖추고 있는지에 관한 판단의 기준 시점은 원칙적으
로 상표나 서비스표에 대하여 등록 여부를 결정하는 결정시이고 거절결정에 대
한 불복 심판에 의하여 등록 허부가 결정되는 경우에는 그 심결시이다.14)

Ⅲ. 판단사례15)

1. 간단하고 흔한 표장에 해당한다고 본 사례

가. 대법원 판례

(1) 『3M』(대법원 1987. 2. 10. 선고 86후54 판결)

(2) 『**HD**』(대법원 1994. 6. 28. 선고 94후449 판결)

(3) 『(三)』(대법원 1997. 2. 25. 선고 96후1187 판결):「출원상표는 간단하고 흔
히 사용되는 원형의 도형 안에 한자 "三"자를 단순히 결합한 것으로서 그 전체
의 구성을 볼 때 일반 수요자가 흔히 접할 수 있는 도형과 문자의 표시에 지나

에 함께 사용된다고 하여도 일반 수요자나 거래자로 하여금 상품출처에 관하여 오인·혼
    동을 일으키게 할 염려가 있다고 보기 어렵다고 한 사례) 등.
13) 대법원 2003. 5. 27. 선고 2002후291 판결[공2003. 7. 1.(181), 1484]; 상표심사기준
    (2016.9.1 기준) 제4부 제6장 2.3.
14) 대법원 2012. 4. 13. 선고 2011후1142 판결[공2012상, 811]; 대법원 2012. 10. 25. 선고
    2012후2128 판결[미간행]; 대법원 2015. 1. 29. 선고 2014후2283 판결[공2015상, 355].
15) 이하 판례의 상표법 제6조 제1항 제6호는 현행 상표법 제33조 제1항 제6호와 같은 내용
    이다.

지 아니하여 간단하고 흔히 있는 표장만으로 된 상표에 해당한다.」

(4) 『E PRINT』(대법원 1997. 6. 24. 선고 96후1866 판결): 「"E PRINT" 중의 'PRINT'는 '인쇄, 인쇄물, 프린트지' 등의 뜻을 가지고 있어 이를 지정상품인 '프린팅 프레스(인쇄기)' 등과 관련시켜 볼 때 식별력이 없다고 하겠고, 'E'는 영어 알파벳의 하나로서 간단하고 흔한 표장에 불과하며, 'E'와 'PRINT'가 일체불가분적으로 결합됨으로써 새로운 관념이나 식별력을 형성하는 것도 아니어서 본원상표는 전체적으로 보아 식별력이 없다.」

(5) 『K-Y 및 케이-와이』(대법원 1999. 8. 24. 선고 99후1461 판결)

(6) 『⚫』(대법원 1999. 9. 17. 선고 99후1645 판결): 「이 사건 출원서비스표는 두터운 붓으로 굵게 그린 듯한 불연속적인 둥근 테두리 모양으로 다소 도형화한 점은 있으나 우리나라의 특유한 문자 문화에 비추어 볼 때 일반 수요자나 거래자들에게는 전체적으로 보아 단순히 붓글씨로 쓴 한글 자음의 'ㅇ(이응)'으로 인식될 뿐이고, '혁신을 위한 부단한 노력과 첨단기술의 총아'라는 원고 회사의 기업이미지가 직감되는 것으로는 보여지지 아니하여 누구의 업무에 관련된 서비스인지 식별하기 어려운 표장이라 할 것이고, 이는 오늘날 컴퓨터가 널리 보급되어 워드프로세스에 의한 문서작성이 일반화되고 수기에 의한 문서작성이 감소되었다고 하더라도 마찬가지라고 할 것이므로, 본원서비스표는 간단하고 흔히 있는 표장으로만 된 서비스표에 해당한다.」

(7) 『V2』(대법원 2001. 7. 24. 선고 2000후3906 판결)

(8) 『K2』(대법원 2003. 5. 30. 선고 2002후2853 판결): 「"PROK-2"로 구성된 이 사건 등록상표 중 'PRO' 부분은 상품의 품질, 효능 등의 성질을 보통의 방법으로 사용하는 방법으로 표시한 기술적 표장에 해당하여 식별력이 없고, 'K-2' 부분은 간단하고 흔히 있는 표장에 해당하여 식별력이 없으며, 그 결합으로 인하여 새로운 식별력이 생긴 것으로 볼 수도 없어서 그 전체가 식별력이 없다.」[16]

(9) 『◆』(대법원 2007. 3. 16. 선고 2006후3632 판결): 「출원상표의 표장은 흔히 볼 수 있는 마름모 내지 다이아몬드 도형과 비교하여 볼 때 다소 옆으로 누운 모양이기는 하나, 마름모 내지 다이아몬드 도형의 기본 형태를 유지하

---

16) 'K2'는 그 뒤에 대법원 2008. 9. 25. 선고 2006후2288 판결[공2008하, 1484]에서 사용에 의한 식별력 취득이 인정되었다.

고 있고, 그 띠의 폭 또한 넓기는 하지만 같은 폭의 띠를 일정한 형태로 연결한 흔히 볼 수 있는 것이어서, 이러한 도안화의 정도만으로는 출원상표의 표장이 일반 수요자나 거래자에게 마름모 내지 다이아몬드 도형이 가지는 의미 이상으로 인식되거나 특별한 주의를 끌 정도에 이르렀다고 보기 어려우며, 이는 마름모 내지 다이아몬드 도형을 그 크기를 달리하여 이중으로 배치하였다 하여 달리 볼 수 있는 것도 아니다.」

나. 특허법원 판례

(1) 『』(특허법원 2000. 9. 1. 선고 99허9243 판결):「출원상표는 약간 길쭉한 정삼각기둥의 형상을 기본적 형태로 하여, 비스듬히 놓여 있는 위 기둥 좌측의 정삼각형 부분은 어둡고, 전면의 길쭉한 직사각형 부분은 좌상단은 밝으나 그로부터 우하단으로 갈수록 점점 어두워지는 명암이 표현되어 있는 입체상표인바, 출원상표의 기본적 소재인 정삼각기둥은 공, 직육면체, 원기둥 등과 마찬가지로 매우 간단한 기하학적 입체도형으로서 명패 등 생활주변의 물건에서 그 형상을 쉽게 찾을 수 있는 것이므로, 간단하고 흔히 있는 표장만으로 된 상표이다.」

(2) 『』(특허법원 2000. 11. 24. 선고 2000허6929 판결):「이 사건 출원상표는 우리나라의 전통적 2태극 문양을 중간에 약간의 간격을 두고 좌우로 연결시켜 구성한 것으로서 전체적으로는 상하의 길이보다 좌우의 길이가 약간 긴 형태를 취하고 있으나 태극 무늬는 음(陰)과 양(陽)을 상징하는 전통 문양으로서 태극기의 소재를 이룰 뿐만 아니라 사찰 등 생활 주변에서도 널리 사용되어 그 모양과 그것이 상징하는 의미가 널리 알려져 있으므로 비록 이 사건 출원상표가 통상 상하로 결합되는 2태극을 좌우로 결합시키고 양극 사이에 약간의 간격을 두었으며 전체적인 형상을 가로가 세로보다 약간 긴 타원형으로 변형시켰다는 점에서 일반적으로 쓰이는 태극 무늬와 다르다고 하더라도 그로 인하여 일반인이 이 사건 출원상표로부터 통상의 태극 무늬가 가지는 것과 다른 고유한 인상이나 식별력을 감지할 수 있다고 보기는 어려우므로 이 사건 출원상표는 간단하고 흔한 표장만으로 된 상표라고 보아야 할 것이다.」

(3) 『』(특허법원 2002. 5. 10. 선고 2002허1539 판결):「이 사건 출원상표는 영어의 "N" 과 "S"를 이어서 구성한 표장으로 된 상표로서 그 형태가 원고가 주장하는 바와 같이 흔히 사용되는 영문자의 서체와는 다소 다른 변형된 모양을 하고 있다고 하더라도 그러한 변형이 위 영문자를 도형화한 것으로서 일반 수요자나 거래자들이 위 표장을 볼 때 본래의 영문자로서 인식하기보다는 새로이 창작된 도형으로서 인식할 정도에 이른 것으로는 보이지 아니하고 위 두 영문자의 결합으로 인하여 새로운 관념이나 의미가 형성되는 것도 아니며, 2자의 영문자로만 구성된 위 표장의 바탕을 붉은색으로 구성하였다고 하여 바탕을 흰색이나 검은색의 무채색으로 구성한 경우와는 다른 특별한 식별력을 갖게 된다고 보기 어려우며, 이러한 사정은 위 2자의 영문자가 원고 회사의 영문 표기의 첫 번째 글자에 해당한다고 하여 달라지는 것이 아니므로 이 사건 출원상표는 간단하고 흔히 있는 표장만으로 된 상표로서 상표등록을 받을 수 없다.」

(4) 『a^3』(특허법원 2004. 10. 7. 선고 2004허3973 판결)

(5) 『SIGMA』(특허법원 2005. 4. 15. 선고 2004허7562 판결)

(6) 『C3』(특허법원 2007. 5. 23. 선고 2007허906 판결)

(7) 『』(특허법원 2007. 5. 23. 선고 2006허11541 판결)

(8) 『H』(특허법원 2007. 9. 6. 선고 2007허4656 판결)

(9) 『 (색채상표)』(특허법원 2008. 6. 11. 선고 2008허3650 판결):「이 사건 출원서비스표의 영문자 'H' 자체는 알파벳 1자로서 간단하고 흔한 표장에 불과하고 그 도안화된 정도 또한 경미하며 연두색의 색채도 그 지정서비스업에 일반적으로 흔히 사용되는 색채의 하나에 불과하여 식별력이 미약하고, 나아가 '시장'을 의미하는 초록색의 영문자 'mart' 부분도 그 지정서비스업이 영위되는 장소를 표시하는 용어를 보통으로 사용되는 방법으로 표시한 표장에 불과하고 서비스의 유통과정에서 누구나 사용할 필요가 있는 표시이기 때문에 이를 특정인에게 독점 배타적으로 사용하게 할 수 없는 경우에 해당한다.」

(10) 『 **I³** 』(특허법원 2014. 5. 16. 선고 2014허1624 판결)

2. 간단하고 흔한 표장에 해당하지 않는다고 본 사례

가. 대법원 판례

(1) 『 **⌐** 』(대법원 1982. 5. 11. 선고 80후83 판결)

(2) 『 **bh** 』(대법원 1990. 12. 26. 선고 90후793 판결):「본원상표는 알파벳 소문자 2자와 원형만으로 구성되어 간단하기는 하나, 출원인의 명칭에서 따온 영문소문자 b와 h의 각 획을 끝은 넓고 중간은 가는 형태로 변형하고 두글자를 약간 눕혀 서로 접하게 하였으며 b는 h보다 좀더 높여 위쪽이 원에 접하게 하고 h는 b보다 약간 아래에 배치함으로써 전체적으로 독특한 자체의 영문자와 가는 선의 원형도형이 서로 대비되면서도 조화를 이룬 모습으로 결합되어 있어 특별현저성이 있다고 할 것이고 단순히 영문자 2개와 원형도형의 평범한 배열로 이루어진 흔한 표장은 아니라고 할 것이다.」

(3) 『 **t** 』(대법원 1993. 7. 27. 선고 92후2267 판결):「본원상표는 알파벳 't'로 구성되어 간단하기는 하나 출원인의 명칭에서 따온 영문 소문자 't'의 하단부분을 굵게 하고 각 끝부분을 날카로운 창모양으로 뾰족하게 변형하고 그 바깥에 외곽선을 따라 일정한 간격을 두고 가는 실선을 배치함으로써 전체적으로 't'자를 간단히 도안화한 것이라기 보다는 오히려 배의 '닻'과 같은 느낌을 줄 정도이므로 특별현저성이 있다고 할 것이고 단순히 영문자 1개로 이루어진 흔한 표장은 아니라고 할 것이다.」

(4) 『 **R-M** 』(대법원 2004. 11. 26. 선고 2003후2942 판결):「이 사건 출원상표의 각 구성부분인 정육각형의 도형이나 그 안의 영문자 'R', 'M' 및 이들 영문자를 연결하고 있는 '하이픈(-)'은, 그 자체로서는 모두 간단하고 흔하여 식별력이 있다고 보기 어려우나, 이 사건 출원상표는 정육각형의 도형 안에 'R'과 'M'을 하이픈(-)으로 연결한 'R-M'을 위치시켜 새로운 이미지를 느낄 수 있도록 구성된 것으로서, 이로써 수요자가 누구의 업무에 관련된 상품을 표시하는 것인가를 식

별하기에 충분하므로, 이 사건 출원상표는 전체로서 관찰할 때 간단하고 흔히 있는 표장만으로 된 상표라고 보기 어렵다.」

(5) 『**G**』(대법원 1994. 2. 8. 선고 93후1308 판결):「본원상표가 알파벳 문자인 'G'자와 'Q'자로 구성된 것이기는 하지만, 두 글자를 단순하게 그대로 배열한 것이 아니라 글자의 모양을 타원형에 가깝게 변형시키고 'G'자 부분은 까맣게, 'Q'자 부분은 하얗게 표시하여 상하로 결합시켜 독특한 조형미를 느낄 수 있도록 구성된 것이어서, 수요자가 누구의 업무에 관련된 상품을 표시하는 것인가를 식별할 수 있을만한 특별현저성이 있다고 할 것이므로, 단순히 알파벳 문자 2개로 이루어진 간단하고 흔히 있는 표장만으로 된 상표라고 볼 수는 없을 것이다.」

(6) 『**CP**』(대법원 2003. 5. 27. 선고 2002후291 판결):「출원상표는 그 표장이 'C'와 'P'를 가로로 붙여 놓은 것으로 인식될 수도 있기는 하지만, 위 표장은 글자의 크기를 동일하게 하고 글자 사이에는 일정한 간격을 두는 알파벳의 일반적인 표기방법과 달리, 왼쪽의 곡선을 강조하기 위하여 'C'자의 폭을 'P'자보다 훨씬 넓게 표현하고 있으며, 오른쪽의 'P'는 세로선과 곡선부의 끝이 떨어지도록 하고 그 부위에 따라 선의 굵기를 달리하는 등으로 구성되어 있기 때문에 그 표장의 외관상 크기가 서로 다른 반원을 세로로 된 직선에 의하여 연결한 추상적인 도안으로 여겨질 정도이므로 위 표장은 그 구성 자체가 거래상 자타 상품의 식별력이 있는 것이라고 할 것이다.」

나. 특허법원 판례

(1) 『**SCplus**』(특허법원 2006. 12. 7. 선고 2006허5461 판결):「출원상표의 구성을 구태여 분리하여 관찰한다면 'SC'와 'plus' 두 부분 모두 간단하고 흔히 있는 표장만으로 구성되었다고 볼 여지가 있으나, 출원상표의 문자와 도안이 결합된 전체적인 구성은 자타 상품을 구별하는 식별력을 가지기에 충분할 뿐만 아니라, '간단한 표장'에 해당하지 아니하며 일상생활에서 쉽게 찾을 수 있는 '흔히 있는 표장'이라고 쉽게 단정할 수도 없다.」

(2) 『**⑤**』(색채상표) (특허법원 2008. 5. 8. 선고 2007허11722 판결, 대법원 2008. 9. 11.자 2008후1777 심리불속행기각):「**⑤**를 국내의 일반 수요자가 독일어 알파벳 중 'S'자의 프락투르 서체라는 사실을 인식하고 있다거나 흔히 접

하는 표장이라고 인정하기에 부족할 뿐만 아니라 이 사건 등록서비스표는 의 형태에 주황색, 초록색, 파란색을 명도에 차이를 두면서 점진적으로 교차, 변형하여 착색한 독특한 구성을 갖고 있는 색채표장으로서 식별력이 없는 간단하고 흔한 표장이라 할 수 없다.」

(3) 『』(특허법원 2008. 7. 24. 선고 2008허2824 판결, 대법원 2008. 11. 13.자 2008후3209 심리불속행기각): 「출원상표/서비스표는 사각형의 검은색 바탕에 흰색 원을 2중으로 표시한 도형 ""과 검은색 바탕에 영문 대문자 'C'와 'P'를 흰색으로 표시한 문자 ""의 결합표장으로서, 위 도형 ""의 중앙 부분에 문자 ""를 위치시켜 결합함으로써 각각의 도형 및 문자가 갖는 이미지와 다른 새로운 이미지를 느낄 수 있도록 구성되어 있어, 상표법 제6조 제1항 제6호에 규정된 간단하고 흔히 있는 표장만으로 된 상표/서비스표에 해당하지 않는다.」

〈김창권〉

> **제33조(상표등록의 요건)**
> ① 다음 각 호의 어느 하나에 해당하는 상표를 제외하고는 상표등록을 받을 수 있다.
> [제1호~제6호는 앞에서 해설]
> 7. 제1호부터 제6호까지에 해당하는 상표 외에 수요자가 누구의 업무에 관련된 상품을 표시하는 것인가를 식별할 수 없는 상표

〈소 목 차〉

Ⅰ. 본조문의 의의

상표법 제33조 제1항 제7호는 제1호부터 제6호까지에 해당하는 상표 외에 수요자가 누구의 업무에 관련된 상품을 표시한 것인지 식별할 수 없는 상표는 상표등록을 받을 수 없다고 규정하고 있다(제1호부터 제6호와 구별하여 '기타 식별력 없는 표장'으로 칭한다). 문구가 다소 달라지기는 하였으나 2016. 2. 29. 법률 제14033호로 개정되기 이전의 상표법 제6조 제1항 제7호와 같은 내용이다.

상표법 제33조 제1항 제1호부터 제6호에 해당하지 아니하는 상표라도 자기의 상품과 타인의 상품의 출처를 식별할 수 없는 상표는 등록을 받을 수 없도록 한 규정으로서 위 규정은 외관상으로 보아 글자 그대로 식별력이 인정되지 않는 상표 또는 많은 사람이 현재 사용하고 있어 식별력이 인정되지 않는 상표[1], 공익상으로 보아 특정인에게 독점시키는 것이 적당하지 않다고 인정되는 상표 등과 같이 제1호 내지 제6호에는 해당되지 않으나 그 각 호의 취지로 보아 거절하는 것이 적당한 것으로 인정되는 상표들에 대하여 등록을 받아주지 아니하도록 한 취지의 보충적 규정이다.[2] 실무적으로는 상표의 구성부분 중 일

---

[1] 대법원 2012. 12. 27. 선고 2012후2951 판결[공2013상, 271].
[2] 대법원 1993. 12. 28. 선고 93후992 판결[미간행]; 대법원 1993. 12. 28. 선고 93후1018 판결[미간행] 등 참조.

부는 기술적 표장이고, 나머지는 간단하고 흔한 표장에 해당하며 양자를 합하여 새로운 식별력이 생기지 않는 경우와 같이 제1호부터 제6호 중 어느 하나에 해당한다고 딱 짚어 말할 수는 없지만 전체적으로 보아 식별력이 없을 때에 적용되는 경우가 많다.

위 규정은 법문상으로는 '수요자가 누구의 업무에 관련된 상품을 표시하는 것인가를 식별할 수 없는 상표'라고 되어 있지만, 실제 본호에 해당하는지를 판단함에 있어서 대법원은 공익적인 견지에서 특정인에게 독점시킬 수 없고 일반인의 자유사용을 보장하여야 할 필요가 있는 상표, 즉 독점적응성이 없는 상표인지 여부를 중요한 판단의 근거로 삼음으로써 표장자체로 보아 어느 정도 식별력이 있다고 볼 여지가 있는 경우에도 본호에 해당된다고 판단하고 있는 것으로 보인다.[3]

Ⅱ. 판단기준

어떤 상표가 상표법 제33조 제1항 제7호에 해당하는지 여부는 일반 수요자의 인식을 기준으로,[4] 그 상표가 지니고 있는 관념, 지정상품과의 관계 및 거래사회의 실정 등을 감안하여 객관적으로 판단하여야 한다.[5]

특허청의 심사실무는, ① 일반적인 구호(슬로건), 광고문안, 표어, 인사말이나 인칭대명사 또는 유행어로 표시한 표장(일반적인 구호 등을 넘어 출처표시로 인식되는 경우 제외), ② 일반인들이 유행어처럼 사용하게 된 방송프로그램 명칭이나 영화, 노래의 제목, ③ 단기 또는 서기로 연도를 나타내거나(이를 문자로 표시한 것을 포함한다) 연도표시로 인식될 수 있는 표장, ④ 사람·동식물·자연물 또는 문화재를 사진·인쇄 또는 복사하는 등의 형태로 구성된 표장(지정상품과의 관계를 고려하여 식별력이 인정되는 경우 제외), ⑤ 상품의 집합·판매·제조장소나

---

3) "사회통념상 자타상품의 식별력을 인정하기 곤란하거나 공익상 특정인에게 그 상표를 독점시키는 것이 적당하지 않다고 인정되는 경우에 그 상표는 식별력이 없다고 할 것이다"(대법원 2010. 7. 29. 선고 2008후4721 판결[공2010하, 1763]; 대법원 2012. 12. 27. 선고 2012후2951 판결[공2013상, 271]; 대법원 2014. 2. 27. 선고 2013후2330 판결[미간행] 등)라고 하는 판결은 독점적응성만으로도 본호를 적용할 수 있다는 입장으로 해석할 수 있다고 생각된다.

4) 대법원 2005. 6. 23. 선고 2004후2871 판결[미간행].

5) 대법원 2004. 7. 8. 선고 2003후1987 판결[미간행]; 대법원 2011. 3. 10. 선고 2010후3226 판결[미간행]; 대법원 2012. 12. 27. 선고 2012후2951 판결[공2013상, 271] 등.

서비스 제공장소의 의미로 흔히 사용되는 표장6), ⑥ 표장이 지정상품의 외부
표면이나 원재료에 흔히 사용되는 장식적 무늬나 디자인적 요소로 인식되는 경
우, ⑦ 외관상으로 보아 사회통념상 식별력을 인정하기 곤란한 경우, 다수인이
현실적으로 사용하고 있어 식별력이 인정되지 않는 경우, 법 제33조 제1항 제1
호 내지 제6호 중 어느 하나의 항목에 해당함이 분명하지 아니한 표장으로서
법 제33조의 식별력에 관한 취지로 보아 등록을 거부하는 것이 합리적이라고
판단되는 경우, ⑧ 다수가 사용하는 종교단체의 명칭이나 긴급(안내)전화번호로
인식될 수 있는 숫자, ⑨ 의약품의 국제적 비독점명칭(INNs; International Non-pro-
prietary Names for Pharmaceutical substances)만으로 출원한 경우는 원칙적으로 본
호에 해당하는 것으로 보고 있다.7)

　　판례는 '출원상표나 출원서비스표가 여러 개의 단어로 이루어진 문구 혹은
문장으로 구성되었다는 이유만으로 식별력이 없게 되어 본호에 해당한다고 할
수는 없을 것이고, 나아가 지정상품이나 지정서비스업과 관련하여 볼 때에 그
출처를 표시한다고 하기보다는 거래사회에서 흔히 사용되는 구호나 광고문안으
로 인식되는 등의 사정이 있어 이를 특정인이 독점적으로 사용하도록 하는 것
이 부적절하게 되는 경우에 본호에 의하여 그 등록이 거절되어야 할 것'이라고
보고 있고,8) 등록상표의 도형부분이 자연물의 사진이거나 사진과 동일할 정도
로 사실적으로 묘사되어 있다고 하여 그 지정상품과 관계없이 자타상품의 출처
표시기능이 없다고 단정할 수 없다고 하고 있다.9)

　　본호의 식별력 요건을 갖추고 있는지에 관한 판단의 기준 시점은 원칙적으
로 상표나 서비스표에 대하여 등록 여부를 결정하는 결정시이고 거절결정에 대
한 불복 심판에 의하여 등록 허부가 결정되는 경우에는 그 심결시이다.10)

　　한편 상표법 제33조 제2항은 "상표법 제33조 제1항 제3호부터 제6호까지에

---

6) 그 예로 상표심사기준(2016.9.1 기준) 제4부 제7장 1.1.5.에서는 『LAND, MART,
   PLAZA, WORLD, OUTLET, DEPOT, BANK, VILLAGE, HOUSE, CITY, TOWN, PARK,
   마을, 마당, 촌, 나라』를 들고 있다.
7) 상표심사기준(2016.9.1 기준) 제4부 제7장 1.
8) 대법원 2007. 11. 29. 선고 2005후2793 판결[공2007하, 2071]('engineering your com-
   petitive edge'가 본호에 해당하지 않는다고 한 사안).
9) 대법원 2005. 11. 25. 선고 2005후810 판결[미간행](비귀금속제 접시 등을 지정상품으로
   하는 등록상표의 구성인, 사실적으로 그려진 장미도형이 식별력이 없다고 단정할 근거가
   없다고 한 사안).
10) 대법원 2012. 4. 13. 선고 2011후1142 판결[공2012상, 811]; 대법원 2012. 10. 25. 선고
    2012후2128 판결[미간행]; 대법원 2015. 1. 29. 선고 2014후2283 판결[공2015상, 355].

해당하는 상표라도 상표등록출원 전부터 그 상표를 사용한 결과 수요자 간에 특정인의 상품에 관한 출처를 표시하는 것으로 식별할 수 있게 된 경우에는 그 상표를 사용한 상품에 한정하여 상표등록을 받을 수 있다.”고 규정하고 있을 뿐 제7호에 관하여는 사용에 의한 식별력을 인정하는 조문을 두고 있지 아니하지만 제7호의 기타 식별력이 없는 표장이 사용에 의하여 식별력을 취득하게 되면 더 이상 기타 식별력이 없는 표장이라고 할 수는 없기 때문에 상표등록을 받는 데 지장이 없다.[11]

Ⅲ. 판단사례[12]

1. 기타 식별력 없는 표장에 해당한다고 본 사례

가. 대법원 판례

(1) 『인류를 아름답게, 사회를 아름답게』(지정상품: 치마, 스웨터 등, 대법원 1987. 1. 20. 선고 86후85 판결)

(2)『‘It'S MAGIC, 잇스매직’』(지정상품: 가스레인지 등, 대법원 1994. 9. 27. 선고 94후906 판결)

(3) 『 ᆝᆝ 』(지정상품: 바지, 재킷 등, 대법원 1994. 10. 14. 선고 94후722 판결): 「출원상표는 각 1개의 실선과 점선을 평행되게 수직으로 긋고 그 좌상부에 직사각형 모양을 실선과 결합한 것으로서 두 개의 선과 직사각형을 그 구성요소로 하고 있어 매우 간단할 뿐만 아니라 그 지정상품인 바지·재킷 등과 관련하여 볼 때 일반 수요자로 하여금 그 재봉선이나 장식적 의미의 도형으로 인식할 수 있다고 보여지므로 자타상품의 식별력이 없는 표장에 해당한다.」

(4) 『Believe It or Not!』(지정서비스업: 박물관경영업 등, 대법원 1994. 11. 18. 선고 94후173 판결): 「본원서비스표 “Believe It or Not”은 “믿거나 말거나, 「본원서비스표 “Believe It or Not”은 “믿거나 말거나, 거짓이라고 생각하겠지만”의 관념이 직감되는 문장으로서 사실임을 강조하기 위하여 흔히 쓰이는 표현이므로 이와 같은 표장을 그 지정서비스업인 박물관, 미술관등의 경영업 특히

---

11) 대법원 2003. 7. 11. 선고 2001후2863 판결[공2003. 8. 15.(184), 1734]; 대법원 2015. 6. 11. 선고 2013다15029 판결[미간행] 등.

12) 아래의 판례에 나오는 상표법 제6조 제1항 제3호, 제6호, 제7호는 현행 상표법 제33조 제1항 제3호, 제6호, 제7호와 같은 내용이다.

출원인이 다른 나라에서 사용한 사례로서 주장하는 바와 같이 세계 각지의 신기한 동식물, 지리, 풍습, 전통 등을 전시하는 곳에 사용하는 경우 일반수요자들이 이를 그 지정서비스업의 출처를 표시하는 것이라고 인식하기 어렵다고 할 것이어서 본원서비스표는 상표법 제6조 제1항 제7호 소정의 자기의 서비스업과 타인의 서비스업을 식별할 수 없는 서비스표에 해당하여 등록을 받을 수 없다.」

(5) 『Drink in the Sun』(지정상품: 과일주스 등, 대법원 1994. 12. 22. 선고 94후555 판결)

(6) 『Mr. 토스트』(지정상품: 토스트용 식빵, 대법원 1997. 5. 30. 선고 96후1477 판결): 「"Mr. 토스트" 중의 "토스트"는 그 지정상품인 "토스트용 식빵"의 용도를 표시하는 것이며, "Mr"는 '…씨, …님' 등의 의미로 일반적으로 널리 사용되는 것으로서 자타상품의 식별력이 없는 단어이며, 또한 "Mr"와 "토스트"라는 식별력이 없는 단어가 결합하더라도 새로운 관념이나 새로운 식별력을 형성하는 것도 아니므로 이 사건 출원상표는 전체적으로 볼 때 수요자가 누구의 업무에 관련된 상품을 표시하는 것인가를 식별할 수 없는 상표에 해당한다.」

(7) 『해동검도』(지정서비스업: 해동검법 실기지도업, 체육도장 경영업 등, 대법원 1997. 7. 8. 선고 97후75 판결): 「'이 사건 출원서비스표는 우리나라 고유의 전통검법을 뜻하는 명칭과 동일·유사할 뿐만 아니라, 그 출원일 훨씬 이전부터 여러 사람이 오랜 기간 동안 이 사건 출원서비스표와 동일 또는 유사한 서비스표를 사용해 옴으로써, 이 사건 출원서비스표를 그 지정서비스업인 해동검법 실기지도업, 체육도장 경영업 등의 서비스업에 사용할 경우 일반 수요자들은 위 서비스표가 누구의 업무에 관련된 서비스업을 표시하는 것인가를 식별할 수 없다.」

(8) 『SURESTORE』(지정상품: 자기디스크드라이브 등, 대법원 1997. 6. 27. 선고 96후2241 판결): 「이 사건 출원상표는 '틀림없는, 확실한, 믿을 수 있는' 등의 뜻이 있는 'SURE'와 '저장(하다), 저축(하다), 가게, 상점' 등의 뜻이 있는 'STORE'의 결합으로 이루어진 조어상표로서 일반 수요자나 거래자들에게 '확실한 저장, 믿을 수 있는 저장' 등의 의미로 직감되어져 그 지정상품인 자기 디스크 드라이브, 테이프 드라이브 등과의 관계에서 일반 수요자나 거래자들이 이로써 누구의 업무에 관련된 상품을 표시하는 것인가를 식별하기가 어렵다.」

(9) 『이게웬떡이냐』(지정상품: 건과자 등, 대법원 1998. 2. 27. 선고 97후945 판결): 「이 사건 출원상표는 예상하지 않았던 일에 불로소득 등의 이익이 있을 경우에

표현되는 구어체 서술형의 짧은 문장으로서 그 지정상품인 건과자, 비스킷, 호
떡 등과의 관계에서 자기의 상표와 타인의 상표를 식별할 수 없는 표장에 해당
한다.」

(10) 『PLASMAVISION』(지정상품: 프라즈마 방식에 의한 전자표시장치 등, 대
법원 1998. 2. 27. 선고 97후310 판결)

(11) 『CO-LAN』(지정서비스업: 전화통신업 등, 대법원 1999. 4. 13. 선고 97후
3616 판결): 「'LAN'은 사전적으로 '근거리정보 통신망(기업 내 종합 정보망)'
등의 뜻이 있어 그 지정서비스업인 '전화통신업, 전보통신업' 등과 관련하여 보
면 일반 수요자들에게 '근거리 통신망으로 이루어지는' 전화통신업, 전보통신업
등의 뜻으로 직감될 것이고 또 'CO'는 간단하고 흔히 있는 영문자 2자에 불과
하므로, 본원서비스표는 수요자가 누구의 업무에 관련된 서비스업인가를 식별
할 수 없는 표장으로서 상표법 제6조 제1항 제7호에 해당한다.」

(12) 『너트랜드』(지정상품: 땅콩 등, 대법원 2000. 12. 12. 선고 2000후1696 판결)

(13) 『SPEED 011』(지정서비스업: 통신사업, 무선호출 서비스업 등, 대법원 2006.
5. 12. 선고 2005후339 판결): 「"SPEED 011"(통신사업 등) 중 'SPEED' 부분은
무선호출 서비스업 등과의 관계에서 품질이나 효능의 우수성을 직접적으로 표시
한 기술적 표장에 해당하므로 식별력이 인정될 수 없고, '011' 부분 역시 그 구
성이 일상생활에서 흔히 사용하거나 대하게 되는 이동전화의 통신망 식별번호와
동일하여 일반 수요자로서는 이를 통신망 식별번호 정도로 인식할 것이어서 자
타 서비스업의 식별력이 인정된다고 보기 어려우며, 또한 위 'SPEED' 부분과 위
'011' 부분이 결합하여 새로운 관념을 도출하거나 새로운 식별력을 형성한다고
볼 수도 없으므로, 식별력이 없어 이 사건 등록서비스표는 상표법 제6조 제1항
제7호에 해당한다.」[13)

(14) 『전 소중하니까요』(지정상품: 향수 등, 대법원 2006. 5. 25. 선고 2004후912 판결):
「비교대상상표 "로레알, 전 소중하니까요" 중 '전 소중하니까요' 부분(및 지정상
품을 라벤더유 등으로 하는 이 사건 등록상표 "칼라2중주, 우린소중하잖아요" 중 '우린
소중하잖아요' 부분)은 주어와 술어로 구성된 짧은 문장의 형식으로서 그 문장
끝에 존대의 뜻을 가진 보조사 '요'가 붙어 있는바, 그 구성의 형식과 의미내용
을 고려할 때 일반 수요자나 거래자로서는 이를 거래사회에서 흔히 쓰일 수 있
는 광고문안 또는 구호 정도로 인식하기 쉽다 할 것이므로, 위 부분들은 상품의

---

13) 다만, 전화통신업, 무선통신업과 관련하여서는 사용에 의한 식별력 취득을 인정하였다.

출처를 표시하고 있다기보다는 상품구매를 권유하는 압축된 설명문으로 인식될 가능성이 높고 모든 사람에게 그 사용이 개방되어야 하는 표현이므로 공익상 어느 한 사람에게 독점시키는 것 또한 적절하지 않으므로, 식별력이 없거나 미약하다.」

(15)『YES Service』(지정서비스업: 전자응용기계기구수리업 등, 대법원 2005. 6. 23. 선고 2004후2871 판결):「이 사건 출원서비스표 중 문자부분의 'YES'는 우리나라의 영어보급 수준에 비추어 볼 때 '예'를 뜻하는 쉬운 영어단어로서 일상생활에서 'NO'의 반대어로서 흔히 사용되는 용어이고, 'Service'는 '서비스, 용역' 등의 서비스업 그 자체를 나타내는 것이므로, 'YES' 또는 'YES Service'가 그 지정서비스업인 전자응용기계기구 수리업 등에 사용될 경우 일반 수요자들은 그것이 어느 특정인의 업무를 나타내는 표장 내지 자타서비스업의 출처표시로서 쓰였다고 인식하기보다는, 그 본래의 의미대로 그 서비스업의 요청이나 제공을 승낙 또는 동의한다는 뜻 정도로 받아들일 가능성이 많다 할 것이고, 출원서비스표의 도형 부분은 개방된 형태의 타원형으로서 문자 부분을 감싸고 있는 듯한 각도와 선의 굵기가 일정하지 아니한 점에서 흔히 있는 도형은 아니지만, 그 자체가 간단한 도형으로서 특별한 관념이 없고, 그 색채의 결합 또는 위 문자부분과 합쳐진 어떤 새로운 관념을 낳는 것도 아니므로, 위 도형 부분도 단순히 부수적 또는 보조적인 것에 불과하여 특별현저성을 가진다고 할 수 없다. 따라서 이 사건 출원서비스표는 전체적으로 볼 때 수요자가 누구의 업무에 관련된 서비스업을 표시하는 것인가를 식별할 수 없는 표장에 해당한다.」

(16) 『우리은행』(지정서비스업: 은행업 등, 대법원 2009. 5. 28. 선고 2007후3301 판결):「이 사건 등록서비스표는 한글 '우리'와 '은행'이 결합된 서비스표인바, '우리'는 '말하는 이가 자기와 듣는 이, 또는 자기와 듣는 이를 포함한 여러 사람을 가리키는 일인칭 대명사', '말하는 이가 자기보다 높지 아니한 사람을 상대하여 자기를 포함한 여러 사람을 가리키는 일인칭 대명사', '말하는 이가 자기보다 높지 아니한 사람을 상대하여 어떤 대상이 자기와 친밀한 관계임을 나타낼 때 쓰는 말' 등으로 누구나 흔히 사용하는 말이어서 표장으로서의 식별력을 인정하기 어렵고, '은행'은 그 지정서비스업의 표시이어서 식별력이 없으며, 그 결합에 의하여 '우리'와 '은행'이 결합한 것 이상의 새로운 관념을 도출하거나 새로운 식별력을 형성하는 것도 아니므로, 이 사건 등록서비스표는 상표

법 제6조 제1항 제7호의 수요자가 누구의 업무에 관련된 서비스업을 표시하는 것인가를 식별할 수 없는 서비스표에 해당한다.」

(17) 『**SUPER 8**』(지정서비스업: 호텔업 등, 대법원 2011. 3. 10. 선고 2010후3226 판결): 「호텔업(Hotels), 모텔업(Motels), 레스토랑업(Restaurants), 관광숙박업(Tourist homes) 등을 지정서비스업으로 한 이 사건 출원서비스표는 영문자 'SUPER'와 아라비아 숫자 '8'이 한 칸 띄어 결합한 형태로 구성되어 있는데, 그 중 'SUPER' 부분은 '최고급의, 특등품의' 등의 뜻을 가진 영어 단어로서 지정서비스업과의 관계에서 그 우수성을 나타내는 것으로 직감되므로 지정서비스업의 품질 등을 보통으로 사용하는 방법으로 표시한 기술적 표장에 해당하여 식별력이 없고, '8' 부분은 아라비아 숫자 한 글자에 불과하여 간단하고 흔히 있는 표장으로서 식별력이 없으며, 또한 이들 각 부분의 결합에 의하여 새로운 관념을 도출하거나 새로운 식별력을 형성하는 것도 아니다.」

(18) 『**몬테소리**』(지정서비스업: 유아학원경영업 등, 대법원 2012. 12. 27. 선고 2012후2951 판결): 「'몬테소리' 및 'MONTESSORI'라는 단어가 유아교육 관련 업계 종사자 및 거래자는 물론 일반 수요자들 사이에서도 특정 유아교육법 이론 내지 그 이론을 적용한 학습교재·교구를 지칭하는 것으로 널리 인식·사용되고 있음을 알 수 있고, 이 사건 등록서비스표의 지정서비스업은 모두 유아교육이나 유아교육 교재·교구와 밀접한 관련이 있는 업종이다. 따라서 특별히 도안화되지 아니한 한글로만 구성된 이 사건 등록서비스표는 이 사건 지정서비스업과 관련하여 자타서비스업의 출처표시로서 식별력이 있다고 볼 수 없을 뿐만 아니라 특정인에게 독점시키는 것이 적당하지도 아니하므로, 이 사건 등록서비스표는 상표법 제6조 제1항 제7호 소정의 '수요자가 누구의 업무에 관련된 서비스업을 표시하는 것인가를 식별할 수 없는 서비스표'에 해당한다.」

(19)『**evezary 이브자리**』(지정서비스업: 침구류 판매대행업, 이불 판매대행업 등, 대법원 2014. 2. 27. 선고 2013후2330 판결)

(20) 『**HAIR SPA**』(지정상품: 메이크업 화장품, 모발염색제 등, 대법원 2014. 9. 4. 선고 2014후1020 판결)

나. 특허법원 판례

(1) 『』(지정상품: 모오터오일 등, 특허법원 1998. 11. 12. 선고 98허7820 판결)

(2) 『T-Net』(지정서비스업: 우편업 등, 특허법원 1998. 11. 20. 선고 98허7233 판결)

(3) 『Z-TECH』(지정상품: 육상경기용화 등, 특허법원 1998. 12. 3. 선고 98허8526 판결)

(4) 『T-Online』(지정서비스업: 우편업, 전기통신업 등, 특허법원 1998. 12. 10. 선고 98허7226 판결)

(5) 『AMERICA ONE』(지정서비스업: 데이터통신업, 전화통신업 등, 특허법원 2000. 7. 14. 선고 2000허2811 판결)

(6) 『YOUR MONEY. WHEREVER YOU ARE』(지정서비스업: 신용카드서비스업 등, 특허법원 2000. 8. 18. 선고 2000허723 판결): 「이 사건 출원서비스표는 각 구성 부분이 비교적 쉬운 단어들로 구성되어 있어서 우리나라 중·고등학교 교육을 받은 수준의 사람이면 누구나 '당신의 돈은 당신이 어디에 있던 간에 마음대로 이용할 수 있다', '당신의 돈은 당신이 어디에 있던 간에 찾거나 송금할 수 있다', '당신의 돈은 당신이 어디에 있든 간에 안전하다', '당신이 어디에 있든 간에 (은행의 돈은) 당신의 돈이다' 등의 뜻으로 직감할 수 있고, 그 지정서비스업과 관련하여 볼 때 일반 수요자들로서는 이를 흔히 쓰일 수 있는 구호 또는 표어나 광고 문안 정도로 인식할 수 있어 이러한 문구는 모든 사람에게 그 사용이 개방되어야 하는 표현이므로, 서비스표의 광고선전기능을 고려하더라도, 공익상 어느 한 사람에게 독점시키는 것은 적절하지 아니할 뿐만 아니라 전체적으로 보아 자타 서비스업의 식별력이 인정된다고 보기 어렵다.」

(7) 『』(지정상품: 바지, 신사복 등, 특허법원 2000. 12. 8. 선고 2000허2378 판결): 「이 사건 출원상표는 노란색의 사선이 바탕을 이룬 가운데 검은색의 3개의 선과 진한 갈색의 1개의 선이 수직으로, 파란색의 3개의 선과 빨간색의 1개의 선이 수평으로 교차하는 반복무늬의 도형과 색채가 결합된 상표임을 알 수 있는바, 이러한 도형과 색채의 결합으로 이루어진 표장은 그 지정상품인 바지, 신사복, 숙녀복, 외투, 잠바 등에 사용될 경우 그 원재료인 직물에 흔히 사용되는 체크무늬의 형상을 연상시키므로, 상표법 제6조 제1항 제7호 소정의 수요자가 누구의

업무에 관련된 상품을 표시하는 것인가를 식별할 수 없는 상표에 해당한다.」

(8) 『essence』(지정상품/서비스업: 양초용 향수오일/화장품, 화장용구 및 향료제품의 소매점 서비스업, 특허법원 2008. 8. 21. 선고 2008허5717 판결)

(9) 『4월 31일』(지정상품: 과자용 향미료 등, 특허법원 2008. 9. 5. 선고 2008허6666 판결):「이 사건 출원상표는 양력이나 음력에서 모두 실제 존재하지 않는 날짜이기는 하나, 일반 수요자나 거래자는 이를 4월의 말일로 오인하거나, 4월의 말일인 "4월 30일"의 오기라고 인식할 가능성이 커서, 일반 수요자나 거래자들에 의하여 지정상품의 제조일자, 유통기한 등으로 인식될 가능성이 높으므로, 상표법 제6조 제1항 제7호에 규정된 식별력 없는 상표에 해당한다.」

(10) 『 Boston POWER (색채상표)』(지정상품: 휴대용 전원공급장치, 배터리팩 등, 특허법원 2008. 11. 6. 선고 2008허9610 판결):「이 사건 출원상표 중 "Boston"은 미국의 도시이름을 나타내는 영어단어로서 현저한 지리적 명칭에 해당하여 식별력이 미약하고, "POWER"는 이 사건 출원상표의 지정상품인 휴대용 전원공급장치 등의 성질을 표시하는 것으로 직감될 수 있어 식별력이 미약하며, 도형 부분인 " 　 " 또한 위 문자 부분과 독립된 부분으로 인식되기보다는 위 문자 부분을 강조하기 위한 보조적, 부수적 부분으로 인식될 것이므로 그 식별력이 미약하여, 이 사건 출원상표는 전체적으로 볼 때 상표법 제6조 제1항 제7호에 규정된 식별력 없는 상표에 해당한다.」

(11)『 　 』(지정상품: 종이제 카세트테이프용 포장용기 등, 특허법원 2008. 11. 13. 선고 2008허10511 판결):「이 사건 출원상표는 식별력이 없는 문자 부분과 도형 부분이 별다른 특징 없이 단순히 나열되어 있는 표장에 불과하고, 이들의 결합으로 인하여 새로운 식별력이 생긴다고 볼 수도 없어 상표법 제6조 제1항 제7호에 규정된 식별력 없는 상표에 해당한다.」

(12) 『 　 (색채상표/서비스표)』(지정상품/서비스업: 서적, 수표 등, 특허법원 2008. 12. 5. 선고 2008허11125 판결)

(13) 『Priority Pass』(지정상품/서비스업: '개별 멤버십카드 발행을 통한 국내 및 국제공항에 위치한 공항라운지 접근 제공업' 등, 특허법원 2012. 2. 23. 선고

2011허10153 판결, 대법원 2012. 5. 24.자 2012후1200 심리불속행기각)

(14) 『**park inn**』(지정서비스업: 호텔업 등, 특허법원 2011. 2. 11. 선고 2010허8771 판결, 대법원 2011. 5. 26.자 2011후583 심리불속행기각)

(15) 『**think coffee**』(지정서비스업: 커피전문점업 등, 특허법원 2012. 9. 5. 선고 2012허4780 판결, 대법원 2013. 1. 24.자 2012후3299 심리불속행기각)

(16) 『**it** water』(지정상품: 광천수, 생수 등, 특허법원 2013. 9. 13. 선고 2013허4893 판결, 대법원 2013. 12. 27.자 2013후2606 심리불속행기각):「이 사건 출원상표 중 '**it**' 부분은 '**i**'가 전체적으로 두껍게 형성되어 아래로 갈수록 조금씩 넓어지는 형상이고, '**t**'는 가로선보다 세로선이 두꺼운 형상으로 모양을 일부 변형시키긴 하였으나, 그 도안화된 정도가 영문자 'it'의 의미를 직감할 수 없을 만큼 문자 인식력을 압도할 정도에 이른 것으로 보이지 않아, 일반수요자는 '**it**'을 흔히 사용되는 영문 지시대명사인 'it'으로 인식할 것으로 보이므로, 식별력이 없다고 할 것이다. 그리고, 이 사건 출원상표 중 '———' 부분은 단순한 실선에 불과하고, 'water' 부분은 그 지정상품인 '광천수, 생수, 음료용 광천수, 음료용 물, 음료용 샘물' 등의 관계에서 그 상품의 보통명칭을 보통으로 사용하는 방법으로 표시한 것이므로 식별력이 없다고 할 것이고, '**it**'과 'water', '———'의 결합에 의하여 '그것 물'의 의미로 직감될 뿐 도형과 문자의 결합으로 각각의 단어의 의미를 합한 것 이상의 의미가 생기는 것도 아니라고 할 것이다.」

(17) 『**엔스토어**』(지정서비스업: 서적 도소매업 등, 특허법원 2014. 7. 17. 선고 2014허195 판결, 대법원 2014. 11. 13.자 2014후1617 심리불속행기각):「이 사건 출원서비스표는 'N store'의 한글 음역으로 인식될 수 있는데, 알파벳 'N(엔)'은 간단하고 흔한 표장으로 식별력이 없고, '상점'을 의미하는 'store(스토어)'도 그 지정서비스업이 영위되는 장소를 표시하는 용어를 보통으로 사용되는 방법으로 표시한 표장이어서 식별력이 없으며, 서비스의 유통과정에서 누구나 사용할 필요가 있는 표시이기 때문에 이를 특정인에게 독점 배타적으로 사용하게 할 수 없고, 이들의 결합에 의하여 새로운 관념을 도출하거나 식별력을 형성하는 것도 아니다.」

(18) 『(색채상표)』(지정상품: Implants for osteosynthesis 등, 특허법원 2014. 11. 21. 선고 2014허5206 판결, 대법원 2015. 2. 26.자 2014후2818 심리불속행기각):「이 사건 출원상표는 핑크색 또는 분홍색의 단일 색채로 구성된 표장으로, 생활 주변에서 흔히 볼 수 있는 색채로서 단순히 '핑크색 또는 분홍색'으로 인식될 것이고, 그 의미 이상으로 인식되거나 특별히 주의를 끌 정도라고 볼 수 없다. 또한 핑크색 또는 분홍색은 자주 사용되는 색채이므로 누구나 사용할 필요가 있어 이를 특정인에게 독점·배타적으로 사용하게 하는 것은 부당하다고 할 것이다. 따라서 이 사건 출원상표는 간단하고 흔히 있는 표장만으로 된 상표이므로 상표법 제6조 제1항 제6호에 해당하거나 수요자가 누구의 업무에 관련된 상품을 표시하는 것인가를 식별할 수 없는 표장으로 상표법 제6조 제1항 제7호에도 해당한다.」

2. 기타 식별력 없는 표장에 해당하지 않는다고 한 사례

가. 대법원 판례

(1) 『일번지』(지정서비스업: 레스토랑업 등, 대법원 1987. 9. 22. 선고 86후137 판결)

(2) 『』(지정상품: 녹차 등, 대법원 1993. 8. 24. 92후1585 판결)

(3) 『』(지정상품: 산업용 콘디쇼너, 산업용 정수기 등, 대법원 1996. 3. 8. 선고 95후1081 판결):「본원상표는 그 외관에 있어서는 잔잔한 수면에 이는 잔물결의 파문, 또는 작은 소용돌이 모양의 물결무늬를 형상화한 도형이라 할 것이고, 그 관념에 있어서도 그러한 물결이나 파문을 나타내는 것이라고 할 수 있으며, 간단하고 흔히 있는 표장도 아니고, 그 지정상품의 용도나 성질 등을 보통으로 표시하는 표장도 아니라 할 것이어서 일반 거래자나 수요자들은 본원상표에 의하여 그 지정상품의 출처를 충분히 인식할 수 있고, 따라서 본원상표에는 자타상품의 식별력이 있다.」

(4) 『3-NITRO』(지정상품: 알카리류, 인공감미료 등, 대법원 1997. 2. 28. 선고 96후979 판결):「본원상표는 화학물질(NO2의 치환기)의 명칭이기는 하나, 당해 업자 또는 일반 수요자 사이에 본원상표의 지정상품인 '닭, 칠면조, 돼지의 성장

자극제, 알카리류, 인공감미료, 접착제, 사향, 동물용 약제'에 대한 보통 명칭으로 인식되거나 사용되고 있다고 볼 여지는 없다고 할 것이다. 본원상표에서의 위와 같은 실정 등을 고려하여 그 구성을 전체적, 객관적으로 관찰하면 본원상표는 일반 거래자들에게 그 상표에 의하여 그 지정상품의 출처를 인식할 수 있는 즉, 식별력이 있는 상표라고 보아야 한다.」

(5) 『   』[14] (지정상품: 도자기 등, 대법원 2005. 10. 7. 선고 2004후1441 판결): 「이 사건 등록상표는 그 외관상 특이한 필체로 구성되어 있어 식별력 없는 표장으로 보이지 아니하고, 공익상 특정인에게 독점시키는 것이 적당하지 않다고 볼 사정도 찾아보기 어려우며, (중략) 이 사건 등록상표가 문화재인 비문의 제목을 복사한 상표라는 점만으로는 식별력이 없다고 볼 수 없다.」

(6) **『원숭이학교』**(지정서비스업: 원숭이를 이용한 동물공연업 등, 대법원 2006. 9. 14. 선고 2005후1042 판결): 「이 사건 등록서비스표가 그 지정서비스업과 관련하여 서비스의 용도·내용을 표시한 것이라고 보기 어렵고, 자타서비스의 출처를 구분하는 특별현저성도 갖추고 있어 상표법 제6조 제1항 제3호 및 제7호에 해당하지 아니한다.」

(7) 『engineering your competitive edge』(지정상품: 금속절단공구 등, 대법원 2007. 11. 29. 선고 2005후2793 판결): 「원고의 이 사건 출원상표/서비스표는 "engineering your competitive edge"와 같이 4개의 영어단어가 한데 어우러진 영어 문구로 구성된 것으로서 우리나라의 영어보급 수준에 비추어 볼 때 일반 수요자나 거래자가 그 의미를 직감할 수 있다고 하기 어려워 그 의미에 기하여 식별력을 부정하기 어렵고, 나아가 설령 일반 수요자나 거래자가 그 의미를 쉽게 인식할 수 있다고 하더라도 '당신의 경쟁력을 가공하여 (높여)준다'는 정도로 인식할 것으로 보이므로, 그 문구 내에 '날'이나 '모서리'를 의미하는 영어 단어 'edge'가 포함되어 있다고 하더라도 그 지정상품 중 '금속절단공구, 절단공구'나 지정서비스업 중 '도구 및 절단장치의 형상화와 관련한 기술 상담업' 등과 관련하여 지정상품이나 지정서비스업의 품질, 용도, 형상 등을 나타내는 기술적인

---

14) '척주동해비'를 고전자체로 표기한 것이다.

표장이라거나 혹은 거래계에서 흔히 쓰일 수 있는 구호나 광고문안 정도로 인식될 것이라고 단정하기 어려워 지정상품이나 지정서비스업 등의 출처를 표시하지 못하는 사정이 있다고 하기는 어렵다.」

(8) 『**Art Valley**』(지정서비스업: 연예물 공연업 등, 대법원 2009. 10. 15. 선고 2009후2326 판결):「이 사건 등록서비스표가 그 등록결정 당시 일반 수수요자들이나 거래계에 그 지정서비스업인 연예물 공연업 등의 일반적인 명칭 등을 의미하거나 그 지정서비스업 자체를 가리키는 것으로 인식되어 있다고 볼 수 없고, 이 사건 등록서비스표 중 'Valley' 부분이 그 지정서비스업과 관련하여 일반수요자나 거래자들에게 '극장 등의 공간'이라는 의미로 인식되어 있지 않아서 식별력을 부정할 수 없다.」

(9) 『』(지정상품: 스웨터, 원피스 등, 대법원 2010. 7. 29. 선고 2008후4721 판결):「이 사건 등록상표는 닻줄을 휘감은 닻 모양의 형상이 독특하게 도안화되어 있고, 스웨터, 원피스, 블라우스, 청바지 등이 그 지정상품으로 되어 있는 점에 비추어 볼 때 그 식별력을 쉽게 부정하기 어렵고, 이 사건 등록상표의 등록결정일인 1985. 5. 16.경에는 달리 닻 모양만을 형상으로 한 해군의 계급장이 사용된 적이 없으며, 닻 도형은 항구를 표시하는 일반적 지도기호로 사용되는 등 바다와 관련이 있다는 암시를 주는 표장으로 알려졌을 뿐 해군의 각종 계급장, 군기 등으로 널리 알려졌다거나 닻 도형이 해군과의 특수한 관계가 있는 것으로 일반적으로 인식되었다고 보기 어려워 이 사건 등록상표를 특정인이 독점적으로 사용하도록 하는 것이 적당하지 않다고 단정할 수 없다.」

(10)『』[15] (지정상품: 스포츠셔츠, 스포츠재킷 등, 대법원 2012. 12. 20. 선고 2010후2339 전원합의체 판결):「위 표장의 전체적인 구성 및 표장의 각 부분에 사용된 선의 종류, 지정상품의 종류 및 특성 등에 비추어 보면, 이 사건 출원상표를 출원한 원고의 의사는 지정상품의 형상을 표시하는 부분에 대

---

15) 기호·문자·도형 각각 또는 그 결합이 일정한 형상이나 모양을 이루고, 이러한 일정한 형상이나 모양이 지정상품의 특정 위치에 부착되는 것에 의하여 자타상품을 식별하게 되는 표장(위치상표)이다.

하여는 세 개의 굵은 선이 부착되는 위치를 나타내기 위한 설명의 의미를 부여한 것뿐임을 쉽사리 알 수 있으므로, 위 출원상표는 세 개의 굵은 선이 지정상품의 옆구리에서 허리까지의 위치에 부착되는 것에 의하여 자타상품을 식별하게 되는 위치상표이고, 위 일점쇄선 부분은 이 사건 출원상표의 표장 자체의 외형을 이루는 도형이 아니라고 봄이 상당하다. 위치상표는 비록 일정한 형상이나 모양 등이 그 자체로는 식별력을 가지지 아니하더라도 지정상품의 특정 위치에 부착되어 사용됨으로써 당해 상품에 대한 거래자 및 수요자 대다수에게 특정인의 상품을 표시하는 것으로 인식되기에 이르렀다면, 사용에 의한 식별력을 취득한 것으로 인정받아 상표로서 등록될 수 있다.」

(11) 『**FUSION**』(지정상품: 담관용 내시경장치, 대법원 2013. 12. 12. 선고 2013후1948 판결):「융합 의료기기를 일반적으로 지칭하는 단어로 'fusion'이 사용되는 거래실정이 존재한다고 보기 어렵고, 'fusion'을 그 일부로 포함하는 7개의 상표가 6인의 상표권자에 의하여 등록되어 있다는 사정만으로는 의료기기에서 'fusion'의 식별력이 없어졌거나 미약하게 되었다고 단정할 수 없으므로 이 사건 출원상표는 그 지정상품인 '담관용 내시경장치'에 관하여 식별력이 없거나 미약하다고 할 수 없고 이를 특정인에게 독점적으로 사용하도록 하는 것이 부적절하다고 할 수도 없다.」

(12) 『**서 울 대 학 교**』(지정상품: 농산물이유식 등, 대법원 2015. 1. 29. 선고 2014후2283 판결):「이 사건 출원상표는 현저한 지리적 명칭인 '서울'과 흔히 있는 명칭인 '대학교'가 불가분적으로 결합됨에 따라, 단순히 '서울에 있는 대학교'라는 의미가 아니라 '서울특별시 관악구 등에 소재하고 있는 국립종합대학교'라는 새로운 관념이 일반 수요자나 거래자 사이에 형성되어 충분한 식별력을 가진다.」

나. 특허법원 판례

(1) 『 **Phone&Fun** 』(지정상품: 휴대폰 등, 특허법원 2006. 11. 15. 선고 2006허6419 판결):「출원상표의 구성 중 "Phone"은 지정상품인 전화기, 휴대폰의 보통명칭에 해당하여 식별력이 없고, "&"는 영문자의 단어와 단어를 연결하는 부호로 흔히 사용되는 것으로 특별한 식별력이 없으며, "Fun"은 "즐거움, 재미, 놀이" 등의 뜻을 지닌 영어단어로서 흔히 사용되는 것이므로 그 식별력이 미약하나, 출원상표는 "Phone"과 "Fun"의 사이에 "&"가 띄움 없이 연결되어 있으므

로 일반 수요자나 거래자들이 이를 "Phone"이나 "Fun"으로 분리하여 인식하기
보다는 상표 전부를 일체로 인식할 것으로 보이고, 이에 더하여 이 사건 출원상
표가 지니고 있는 관념, 지정상품과의 관계, 거래사회의 실정 등을 감안하면, 일
반 수요자나 거래자들이 이 사건 출원상표를 보고 그 지정상품의 출처를 충분
히 식별할 수 있을 것으로 보이므로, 이 사건 출원상표는 자타상품의 출처에 관
한 식별력을 갖추고 있다.」

(2) 『∑ F 1』(지정상품: 디지털 계량기 등, 특허법원 2007. 5. 23. 선고 2007허
135 판결, 대법원 2007. 9. 6.자 2007후2414 심리불속행기각)

(3) 『 **Wireless HD** 』(지정상품: 컴퓨터 하드웨어 등, 특허법원 2008. 9. 25. 선고
2008허7539 판결): 「이 사건 출원상표 중 "wireless" 부분은 지정상품의 용도
와 기능을 보통으로 사용하는 방법으로 표시한 것이어서 식별력이 없으나,
" **HD** " 부분은 ① 왼쪽 위에서 오른쪽 아래로 형성된 검은색의 타원 안에 영
문자 'HD'를 왼쪽에 배치되어 있는 'wireless'보다 다소 큰 흰색의 굵은 대문자
로 처리하고, ② 'H'자의 아래 부분에 파도치는 형상 또는 비상하는 새의 한쪽
날개와 같은 형상을 배치하여 그 끝단이 'D'자의 왼쪽 가운데 부분에 이르도록
구성하고, ③ 'D'자의 오른쪽 어깨 부분을 타원형 바깥과 연결되게 하여 타원형
의 흑백 경계선이 없도록 구성함으로써 시각적으로 두드러져 보이므로 거래상
자타상품의 식별력이 있어, 이 사건 출원상표는 전체적으로 볼 때 상표법 제6조
제1항 제7호에 규정된 식별력 없는 상표에 해당하지 않는다.」

(4) 『 **ECO RoHS Compliance** 』(지정상품: 반도체 등, 특허법원 2008. 10. 10. 선고
2008허7577 판결, 대법원 2009. 1. 15.자 2008후4516 심리불속행기각): 「이 사건
출원상표의 구성 중 문자부분은 'RoHS의 지침에 의하여 친환경적으로 만든 반
도체' 등으로 지정상품의 품질, 효능, 생산방법 등을 보통으로 사용하는 방법으
로 표시한 기술적 표장에 해당하고, 도형 부분도 초록색의 " " 부분을 제외하
면 통상적인 직사각형을 분할한 것에 불과하고, 색채만으로 식별력을 인정하기
도 어렵다고 할 것이나, 이 사건 출원상표를 전체적으로 관찰하여 보면, 다수의
문자, 도형, 색채의 조화로운 구성으로 통상적으로 찾아볼 수 없는 현저한 외관
을 나타내고 있으므로, 타인의 동종 상품과의 관계에서 지정상품의 출처표시기
능을 할 수 없을 정도로 식별력이 미약하다고 할 수 없다.」

해야해야

(5) 『**나오너라**』(지정상품: 선스크린로션 등, 특허법원 2012. 4. 13. 선고 2011 허9498 판결, 대법원 2012. 8. 30.자 2012후1446 심리불속행기각):「이 사건 등록상표의 지정상품인 선스크린로션, 선오일, 선탠제 등이 햇볕으로부터 피부를 보호하기 위한 상품으로서 해와 관련된 상품이기는 하나, 이 사건 등록상표가 이러한 지정상품에 사용될 경우 그 지정상품이 필요할 수도 있는 상황을 희망하는 의미 정도로 인식될 것에 불과하여 그 지정상품의 품질이나 효능을 암시 또는 강조하는 것으로만 보일 뿐이고, 일반 수요자나 거래자들에게 그 지정상품의 품질이나 효능 등을 직접적으로 표시하는 것으로 직감될 것이라고 보이지 않는다. 그리고 '해야 해야 나오너라'가 과거 전래 구전 동요의 제목인 사실을 인정할 수 있으나, 그러한 사정만으로 바로 위 문구가 모든 사람에게 개방되어야 하는 표현으로서 공익상 어느 한 사람에게 독점시키는 것이 적당하지 않다고 단정하기도 어렵거니와, 일반 수요자들에게 거래계에서 흔히 사용되는 구호나 광고문안 정도로 인식될 것이라고 보기도 어려워, 이 사건 등록상표가 그 지정상품의 출처를 표시하지 못한다고 볼 수 없다.」

〈김창권〉

> 제33조(상표등록의 요건)
> [제1항은 앞에서 해설]
> ② 제1항 제3호부터 제6호까지에 해당하는 상표라도 상표등록출원 전부터 그 상표를 사용한 결과 수요자 간에 특정인의 상품에 관한 출처를 표시하는 것으로 식별할 수 있게 된 경우에는 그 상표를 사용한 상품에 한정하여 상표등록을 받을 수 있다.

〈소 목 차〉

I. 서론[1]

1. 의의

상표법 제33조 제1항은 보통명칭으로 된 상표(제1호), 관용표장(제2호), 기술적(記述的) 표장(제3호), 현저한 지명 등(제4호), 흔히 있는 성 또는 명칭(제5호), 간단하고 흔히 있는 표장만으로 된 상표(제6호), 기타 자타 상품의 식별력이 없는 상표(제7호) 등을 식별력이 없다는 전제하에 등록을 받을 수 없는 상표로 규정하고 있다.

그런데 본항(법 제33조 제2항)은 상표법 제33조 제1항 제3호부터 제6호까지

---

1) 상표법 제33조 제2항에 대한 주석 내용 중 상당 부분은 졸고(이해완), "사용에 의하여 식별력을 취득한 상표에 관한 주요 쟁점 연구", 성균관법학 제23권 제1호(2011. 4), 585-615의 내용을 인용한 것임을 밝혀 둔다.

에 해당하는 식별력 없는 상표라고 하더라도 상표등록출원 전부터 상표를 사용한 결과 수요자 간에 특정인의 상품에 관한 출처를 표시하는 것으로 식별할 수 있게 된 것은 그 상표를 사용한 상품을 지정상품으로 하여 상표등록을 받을 수 있도록 하고 있다. 이 규정에 의하여 등록 가능한 상표를 '사용에 의하여 식별력을 취득한 상표'라고 부른다.

2. 제도적 취지

본항의 취지에 대하여는 일반적으로 "식별력이 없거나 미약한 상표였더라도 특정인이 상당한 기간에 걸쳐 계속적으로 그 상표를 사용한 결과 일반 수요자나 거래자에게 특정인의 상품에 관한 출처를 표시하는 것으로 식별할 수 있는 식별력을 취득하였다면, 그러한 정도에 이른 상표는 상표로서 기능을 수행할 수 있을 뿐만 아니라 누구나 자유롭게 사용할 수 있도록 하여야 할 공익상의 필요성도 상실되었거나 극히 적어졌다고 할 것이고, 오히려 그러한 상표에 대한 등록을 허용하는 것이 상표사용자와 일반 수요자의 이익 보호라는 상표법의 목적에 부합한다"는 것을 들고 있다.[2]

본항의 제도적 취지에 관한 이러한 이해는 식별력의 본질에 관한 대법원 판례 및 통설의 입장과도 상통하는 것이라 할 수 있다. 본래 식별력의 본질에 관한 종래의 학설은 ① 외관구성설, ② 자타상품식별력설, ③ 독점적응성설의 3가지 입장으로 나뉘어 있는데, 대법원 판례의 입장은 그 중 ②설과 ③설을 절충한 입장(또는 ②설을 중심으로 하면서 ③설을 보충적으로 적용하는 입장)에 서 있는 것으로 해석되고 있고[3], 학설상으로도 그것이 통설적 입장이라고 할 수 있다.[4] 그런데 상표법 제33조 제2항의 규정은 ①설에 의해서는 적절하게 설명되기 어렵다. 즉, 상표의 외관구성의 특별현저성에 식별력의 본질이 있다고 보는 ①설을 취할 경우 어떤 표장이 그 외관이 변하지 않았음에도 불구하고 사용에 의하여 식별력을 취득하였다는 것을 이론적으로 수용하기 어려워진다. 반면에, ②설

---

2) 특허법원 지적재산소송실무연구회(박원규), 「지적재산 소송실무」(전면개정판), 박영사(2010), 538; 문삼섭, 「상표법」(제2판), 세창출판사(2004), 303 참조.
3) 문삼섭(주 2), 187; 강동세, "사용에 의한 식별력을 취득한 상표의 효력", 법조 56권 6호(통권609호), 법조협회(2007), 110-111. 이와 달리 대법원 판례의 주류적 입장이 독점적응성설의 입장에 있는 것으로 보는 견해로는 사법연수원, 「상표법」(2010), 33면을 들 수 있다.
4) 이상경, 「지적재산권소송법」, 육법사(1998), 360-362; 사법연수원(주 3), 33; 강기중, "상표법 제6조 제1항 제7호와 같은 조 제2항의 관계(2003. 7. 11. 선고 2001후2863 판결; 공2003하, 1734)", 대법원판례해설 통권 제48호, 법원도서관(2004), 200-201 등 참조.

에 의하면, 표장의 외관구성 등에는 식별력이 없더라도 그 표장의 독점적·계속적 사용을 통해 수요자 등이 그 표장을 누군가의 상품이라고 인식하게 됨으로써 새로운 식별력이 발생하는 경우가 있음을 이론적으로 수용할 수 있고, 나아가 그 경우에도 식별력의 본질은 동일하므로, 상표등록을 허용하여야 한다고 하는 결론을 도출할 수 있게 된다. 그러면, ③ 독점적응성설의 경우는 어떠한가. 이 설의 입장에서도 원래 어떤 표장이 그 자체로만 보면 어느 특정인의 독점에 놓이도록 하는 것이 바람직하지 못한 것이라 하더라도, 실제로 어느 특정인이 상당 기간 독점적, 계속적으로 사용함으로 인하여 일반 수요자 등의 마음에 특정인의 상표로 이미 인식되고 있다면, 그러한 사실적 상태로 인하여 더 이상 그 상표를 만인 공유의 영역에 두어야 필요성이 적어져 결과적으로 독점적응성이 발생 또는 강화된 것으로 볼 수 있고, 나아가 그 상표를 타인이 사용함으로 인하여 수요자 등에게 오인, 혼동을 야기하는 문제의 해결 필요성이 일부라도 남아 있을 수 있는 독점적응성에 관한 문제점을 상쇄할 수 있는 새로운 공익적 요청으로 부각되는 면이 있으므로, 결과적으로 그 상표등록을 허용하는 것이 바람직하다고 하는 결론을 도출할 수 있게 된다.5)

3. 연혁 및 입법례

1949년 제정법(1949.11.28., 법률 제71호)에서는 사용에 의하여 식별력을 취득한 상표의 예외적인 등록에 관한 규정을 두지 않았으나, 1973년 개정법(1973.2.8., 법률 제2506호)에서 처음으로 성질표시표장, 흔한 성이나 명칭, 간단하고 흔한 표장에 대해서는 사용에 의한 식별력을 취득한 경우 상표등록을 허용하는 규정을 신설하였다. 그 후 1980년 개정법(1980.12.31, 법률 제3326호)에서 "사용한 결과"를 "출원 전에 사용한 결과"로 개정하였고, 2001년 개정법(2001.2.3, 법률 제6414호)에서 현저한 지리적 명칭도 사용에 의한 식별력의 취득 대상에 포함시켰다. 그 후 2014년 개정법(2014.6.11, 법률 제12751호)에서는 상표등록출원 전부터 그 상표를 사용한 결과 수요자 간에 특정인의 상품에 관한 출처를 표시하는 것으로 식별할 수 있게 되면, 그 상표를 사용한 상품에 한하여 등록이 가능하도록 하여, 사용에 의한 식별력 취득의 요건을 일부 완화하는 방향의 개정을 하였다. 최근 2016.2.29.자 법률 제14033호의 전면개정에 의하여 원래 제6조 제2항이던 위 조항이 제33조 제2항으로 변경되었으나, 그 내용은 그

---

5) 網野誠 「상표」(제5판), 有斐閣(1999), 186-187; 문삼섭(주 2), 305 등.

대로이다.

일본 상표법(제3조 제2항), 유럽공동체 상표규정(제7조 제3항), 미국 상표법 2조 (f) 등 대다수의 입법례가 유사한 규정을 두고 있다.

Ⅱ. 요건

1. 서설 — 엄격해석의 원칙

본항은 식별력이 없는 상표에 대하여 예외적으로 등록을 허용하는 규정이고 원래 식별력이 없는 상표는 특정인의 독점사용이 부적당한 표장이므로 그 등록을 예외적으로 허용하기 위한 요건에 대하여는 엄격하게 해석, 적용되어야 한다.[6]

2. 제33조 제1항 제3호 내지 제6호에 해당하는 상표일 것

가. 문제의 소재

본항은 "제1항 제3호부터 제6호까지에 해당하는 상표…"라고 하여 사용에 의한 식별력 취득의 대상을 적어도 문언상으로는 상표법 제33조 제1항 제3호 내지 제6호로 한정하고, 제1항 제1호(보통명칭), 제2호(관용표장), 제7호(기타 식별력이 없는 표장)의 경우는 대상에서 제외하고 있는 것으로 보인다. 그러나 상표법의 위와 같은 규정에 의하여 제33조 제1항 제1호, 제2호, 제7호의 경우는 사용에 의한 식별력 취득의 대상에서 제외되는 것으로 볼 것인지에 대하여는 견해가 일치하지 않고 있다.

나. 보통명칭(제1호) 및 관용표장(제2호)의 경우
(1) 긍정설(다수설)

긍정설의 입장에서는 "보통명칭이나 관용표장도 경우에 따라서는 사용에 의하여 식별력을 취득함으로써 고유명칭화하는 경우가 있음은 물론이다. 다만 보통명칭이나 관용표장이 식별력을 취득하여 상표화한 경우에는 그것을 이미 보통명칭이나 관용표장이라 할 수 없으므로 여기서 특별히 규정하지 않은 것으로 생각할 수 있다. 그러므로 보통명칭이나 관용상표를 독점배타적으로 사용하고 있는 자도 그 사실, 즉 특정인만이 그것을 사용하고 타인은 사용하지 않았음

---

6) 강동세(주 3), 116; 대법원 2008. 11. 13. 선고 2006후3397 판결 참조.

을 명시하여, 이미 보통명칭이나 관용상표가 아니라는 것을 증명하면 제33조 제
1항에 해당되지 않는 것으로서 등록을 받을 수 있게 되며, 제33조 제2항은 이런
경우를 부정하는 취지의 규정이 아닌 것으로 해석된다."고 설명하고 있다.[7] 이
러한 긍정설의 입장도 보통명칭이나 관용표장이 사용에 의한 식별력을 취득할
경우 제33조 제2항의 적용대상이 된다는 것은 아니며, 단지 사용에 의하여 식별
력을 취득한 상표로 인정될 경우에는 이미 보통명칭이나 관용표장이라고 할 수
없으므로 제33조 제1항 제1호 또는 제2호의 부등록사유에 해당하지 않음을 이
유로 상표등록이 허용된다는 취지임을 유의할 필요가 있다.

(2) **부정설**(소수설)

부정설을 취하는 입장에서는 "보통명칭은 누구나가 쓸 수 있고 개인이 소
유할 수 없는 공공의 재산(public domain)이므로 특정인에게 상표권을 부여하여
독점을 줄 수 없다. 또한 이러한 보통명칭에 대하여 상표권을 부여하지 않는 이
유는 보통명칭은 한정이 되어 있기 때문에 특정인이 독점을 하게 되면, 공공이
쓸 단어가 고갈될 것이기 때문에 이러한 보통명칭에 대한 독점은 만인의 권리
에 대한 침해가 되기 때문이다. 또한 이러한 일반명칭은 실질적으로 공공의 재
산으로부터 분리한다는 것은 불가능할 뿐더러 광고나 이차적 의미가 부여되어
있다는 것을 입증하는 것은 사실상 불가능하다"고 주장한다. 이 견해는 특히 보
통명칭(generic terms)에 대하여는 2차적 의미(secondary meaning)[8]의 발생을 인정
할 수 없다는 전제하에 "보통명칭의 사용자가 아무리 많은 돈과 노력을 퍼부어
그 상품의 판매를 촉진하고자 노력하였고 그것이 공중의 인식을 얻는 데 아무
리 성공하였다 하더라도 그것만으로는 경쟁 제조업자로부터 어떤 상품을 그 본
래의 이름으로 부를 권리를 박탈할 수는 없다. 그러므로 보통명칭에 대하여 상
표로서 보호하는 것은 불가능하다"고 판시한 미국 판례[9]를 원용하면서, 우리

---

7) 이동흡, "상표의 특별현저성", 재판자료 제57집, 법원도서관(1992), 78; 특허법원 지적재
   산소송실무연구회(주 2), 538; 김대원, "사용에 의한 식별력 판단기준과 이에 의해 등록된
   상표권의 효력 — 상표법 제6조 제2항 관련 —", 창작과 권리 제28호, 한빛지적소유권센터
   (2002), 64; 이상경(주 4), 380; 사법연수원(주 3), 57-58; 특허청, 「조문별 상표법 해설」
   (2004), 38; 송영식 외 6인, 「지적소유권법(하)」, 육법사(2008), 126; 정지석, "상표법 제6조
   제1항 제7호의 적용범위", 창작과 권리 40호(2005년 가을호), 세창출판사(2005), 69-70; 網
   野誠(주 5), 187 등.

8) 특정인의 장기간에 걸친 상표사용을 통해 그 상표가 가진 원래의 의미(primary meaning)
   를 대신하여 2차적인 새로운 의미, 즉 출처표시기능이 부여되었다는 의미에서 미국 상표
   법이 우리 법상의 '사용에 의하여 취득한 식별력'을 일컫는 용어로 사용하고 있는 말이다.

9) Abercrombie & Fitch Co. v. Hunting World, Inc. 537F.2d4(2nd. Cir. 1976). 같은 취지의

상표법도 그러한 취지에서 제33조 제1항 제1호(보통명칭)와 제2호(관용표장) 등을 제33조 제2항의 문언에서 제외하고 있는 것이라고 주장한다.[10] 위 미국 판례가 표명하고 있는 바와 같이, 부정설은 보통명칭에 대하여 사용에 의한 식별력 취득을 인정하는 것은 시장에서의 자유경쟁 원리에 반한다고 보고 있다.

(3) 판례의 입장

뒤에서 보는 바와 같이 제33조 제1항 7호와 같은 조 제2항의 관계에 대하여는 대법원 판례가 명시적인 입장을 밝히고 있지만, 제33조 제1항 제1호 및 제2호에 대하여는 아직 대법원 판례가 나오지는 않고 있다. 특허법원 판례 가운데는 긍정설의 입장을 표명한 것과 부정설에 입각한 것으로 보이는 판례가 엇갈리고 있다.

(4) 검토

보통명칭에 대하여 미국 판례는 원칙적으로 사용에 의한 식별력(secondary meaning)의 취득을 인정하지 않는 입장을 취하고 있음은 위에서 언급한 바와 같다. 미국 판례는 보통명칭을 특정인이 일정기간 독점적·계속적으로 사용함으로써 사실상 특정인의 상표로서 인식되고 있다는 증거가 제출된 경우에도 그것을 이른바 '사실상의 이차적 의미(de facto secondary meaning)'라고 하여 법률상의 '이차적 의미'와는 엄격히 구분하는 입장을 취해 왔다. 미국 연방대법원은 이러한 사실상의 이차적 의미가 인정되는 경우에 그 사용상품과 출처 혼동을 야기하는 부정경쟁행위자에 대하여 출처혼동을 방지하는 조치를 취할 것을 요구할 수는 있다고 하더라도 그 명칭에 대하여 독점적, 배타적 권리로서의 상표권을 취득할 수는 없다고 판시한 바 있다.[11] 이러한 법리를 DSMD(de facto secondary meaning doctrine)라고 부른다. 그러나 미국 판례에 의하더라도 보통명칭이었던 것이 그 보통명칭으로서의 성격을 잃고 어느 특정인의 상품에 대한 상표가 될 수 있는 가능성이 전면적으로 부정되는 것은 아니다. 적어도 미국 판례 가운데, 특허상품에 대하여 독점적으로 상표를 사용한 후 특허기간이 만료된 후 보통명칭이 되었던 상표가 다시 특정 회사의 상표로 회복(recapture)된 것으로 인정한

최근 판례로는 Advertise.com, Inc. v. AOL Advertising, Inc. 616 F.3d 974(9th. Cir. 2010); In re Chippendales USA, Inc., 622 F.3d 1346(Fed. Cir. 2010); Thoip v. Walt Disney Co., 736 F.Supp.2d 689(S.D.N.Y.,2010) 등을 들 수 있다.

10) 나종갑, 「미국상표법연구」(개정판), 글누리(2006), 161-162; 이인종, 「상표법」(5판), 법경사(2006), 236도 근거를 밝히지는 않고 있지만 결론을 같이하고 있다.

11) Kellogg Co. v. National Biscuit Co. 305 U.S. 111, 59 S.Ct. 109 (1938).

사례12)가 있다.

생각건대, 보통명칭이나 관용표장은 만인 공유의 영역으로 개방하여야 할 필요성이 기술적 표장에 비하여도 더욱 크다고 할 수 있고, 그러한 명칭에 대하여 특정 회사가 독점적·배타적 권리로서의 상표권을 취득할 수 있는 가능성을 쉽게 인정할 경우 시장에서의 자유경쟁을 저해하는 측면을 무시할 수 없다는 점에 각별히 유의할 필요가 있다. 따라서 이들에 대하여 기술적 표장과 유사한 정도의 요건을 갖추면 '사용에 의한 식별력'을 취득한 것으로 인정하는 것에는 문제가 있다고 생각된다. 그러나 다른 한편으로는 보통명칭이나 관용표장이라는 것은 결국 사회적 산물로서의 언어현상에 지나지 아니하는 것이고, 그 고정 불변성이 규범적으로 요구되는 것은 아니므로, 사회와 시대의 변화, 나아가 구체적 사용실태의 변화에 따라 보통명칭이나 관용표장으로서의 성격을 잃게 되는 경우가 있음을 부정할 수는 없다.13)

다만 우리 상표법이 제33조 제2항의 적용대상에서 보통명칭이나 관용표장의 경우를 제외한 것은 적어도 이들이 기술적 표장 등과 같은 수준의 사용사실에 의하여 '사용에 의한 식별력'을 취득한 것으로 인정하여 등록을 허용할 것은 아니라는 인식에 기한 것이라 할 수 있다. 따라서 보통명칭이나 관용표장은 제33조 제2항에 의한 사용에 의한 식별력 취득의 대상이 되지 않을 뿐만 아니라 제33조 제2항의 적용요건과 동일한 요건을 갖춘 것만으로 결과적으로 제33조 제1항의 제1호나 제2호에 해당한다고 볼 수 없다는 이유를 들어 등록을 허용할 것도 아니라 생각된다. 제33조 제2항의 요건과는 별개로 그 명칭의 성격이나 사용실태, 그것의 배타적 사용을 허용하는 것이 시장경쟁에 미치는 영향 등을 종합적으로 고려하여 이제는 더 이상 보통명칭이나 관용표장에 해당하지 않는 것으로 보는 것이 타당한지 여부를 매우 신중하게 판단하여야 할 것이다. 위에서 본 바와 같이 판례가 제33조 제2항의 요건과 관련하여 엄격해석의 원칙을 선언하고 있지만, 보통명칭이나 관용표장의 경우에는 그보다 더욱 엄격하고 신중한 검토가 필요하다고 보는 것이다. 만약 그러한 신중한 검토를 거쳐 보통명칭이나 관용표장이 아니라고 판단되는 표장이라면 그것이 제33조 제1항 제1호나 제2호에 해당하는 것이 아니라는 이유로 상표등록을 허용해야 할 경우가 있을 수 있

---

12) Singer Mfg. Co. v. Briley 207 F.2d 519 (5th. Cir. 1953).

13) Marc C. Levy, "FROM GENERICISM TO TRADEMARK SIGNIFICANCE: DECONSTRUCTING THE DE FACTO SECONDARY MEANING DOCTRINE", 95 Trademark Rep. 1197, 1219-1220 (2005).

다. 다만 그것을 보통명칭 등의 '사용에 의한 식별력 취득'이라고 부르는 것은 오해의 가능성이 많아 적합하지 아니한 것으로 생각된다.

다. 제33조 제1항 제7호의 경우

상표법 제33조 제1항 제7호는 "제1호부터 제6호까지에 해당하는 상표 외에 수요자가 누구의 업무에 관련된 상품을 표시하는 것인가를 식별할 수 없는 상표"를 상표등록을 받을 수 없는 상표로 규정하고 있다. 그리고 위에서 본 바와 같이 같은 법 제33조 제2항은 문언 상으로 그 적용대상에 제33조 제1항 제3호부터 제6호까지만 포함하고 제7호는 제외하고 있다. 제7호의 상표가 사용에 의한 식별력을 취득하여 등록적격을 회복할 수 있는지 여부에 대하여는 역시 긍정설이 통설의 입장이라 할 수 있고[14], 이에 대하여는 반대의 목소리가 제1호 및 제2호의 경우에 비하여 낮은 편이다.[15]

대법원 판례도 "상표법 제6조(개정법 제33조) 제1항 제7호는 같은 조 제1항 제1호 내지 제6호에 해당하지 아니하는 상표라도 자기의 상품과 타인의 상품 사이의 출처를 식별할 수 없는, 즉 특별현저성이 없는 상표는 등록을 받을 수 없다는 것을 의미할 뿐이므로, 어떤 표장이 그 사용 상태를 고려하지 않고 그 자체의 관념이나 지정상품과의 관계 등만을 객관적으로 살펴볼 때에는 특별현저성이 없는 것으로 보이더라도, 출원인이 그 표장을 사용한 결과 수요자나 거래자 사이에 그 표장이 누구의 업무에 관련된 상품을 표시하는 것으로 현저하게 인식되기에 이른 경우에는 특별한 사정이 없는 한 그 표장은 상표법 제6조(개정법 제33조) 제1항 제7호의 특별현저성이 없는 상표에 해당하지 않게 되고, 그 결과 상표등록을 받는 데 아무런 지장이 없으며, 같은 조 제2항에 같은 조 제1항 제7호가 포함되어 있지 않다는 사정만으로 이를 달리 볼 것은 아니다"라고 명확히 판시한 바 있다.[16]

생각건대, 제33조 제1항 제7호는 제1호부터 제6호까지에 해당하지 않더라도 식별력 또는 독점적응성이 없는 일체의 경우를 포함하여 등록적격성을 부정하는 취지의 보충적 규정이므로, 제3호부터 제6호까지에 비하여 특별히 사용에 의한 식별력 취득을 제한하여야 할 근거는 없다고 생각된다. 그 점이 제1호 및

---

14) 강기중(주 4), 204-206 참조.

15) 아마도 법문상의 이유로, 이인종(주 10), 236면이 제33조 제1항 제7호를 제33조 제2항의 적용대상에서 제외하는 결론을 제시하고 있을 뿐이다.

16) 대법원 2003. 7. 11. 선고 2001후2863 판결. 'SPEED 011' 사건에 대한 대법원 2006. 5. 12. 선고 2005후339 판결도 같은 취지이다.

제2호의 경우와는 다른 점이다. 식별력의 본질에 관한 여러 학설 중 '외관구성설'을 취하지 않는 이상, 사용에 의하여 식별력이 발생한 경우에는 자연히 제7호에 해당하지 않는 것으로 보아야 할 것이라는 것을 감안하여, 일종의 예외규정인 제33조 제2항에서 따로 언급하지 않은 것으로 이해하면 족할 것이다. 따라서 이 경우에는 위 제1호 및 제2호의 경우와는 달리, 제33조 제2항과 실질적으로 동일한 요건을 갖춘 경우에 '사용에 의한 식별력'의 취득을 인정할 수 있고[17], 다만 규정상 제33조 제2항을 적용하는 것이 아니라 제33조 제1항 제7호에 해당하지 않음을 이유로 등록을 허용하여야 할 것이다.[18] 위에서 본 대법원 판례의 입장은 그러한 판단에 기한 것으로서 타당하다 할 것이다. 다만 대법원 판례가 제1호 및 제2호의 경우를 제7호의 경우와 구별하여 보다 엄격한 입장을 취할 것인지는 앞으로 지켜보아야 할 문제이다.

라. 소결

상표법 제33조 제2항의 적용대상이 되는 것은 법문과 같이 상표법 제33조 제1항 제3호부터 제6호까지에 해당하는 것에 한하는 것으로 봄이 타당하다. 제1항 제1호, 제2호와 관련하여서는 보통명칭이나 관용표장이 여러 가지 후발적 사정으로 보통명칭이나 관용표장으로서의 성격을 상실한 경우에 결국 등록을 허용하여야 하는 경우가 있을 수 있으나 제33조 제2항의 적용과는 무관하며, 결과적으로 제33조 제1항 제1호 또는 제2호에 해당하지 않는다는 것을 이유로 하는 것일 뿐이다. 그러한 경우에 해당하는 것은 제33조 제2항에의 해당성을 판단하는 것보다도 더욱 신중하고 엄격하게 판단하여야 할 것이다. 또한 제33조 제1항 제7호와 관련하여서는 판례 입장에 의할 때 제33조 제2항과 실질적으로 동일한 요건을 갖춘 경우에 결국 같은 호에 해당하지 않는다는 이유로 등록을 거절하게 될 것이지만, 이 경우에도 제33조 제2항이 바로 적용되는 것은 아니다.

3. '상표등록출원 전부터' 상표로서 '사용'하였을 것

가. 서언

상표법 제33조 제2항이 적용되기 위해서는 '상표등록출원 전부터' 상표로

---

17) 강기중(주 4), 207 참조.

18) 계승균 외 4인, 「로스쿨 지적재산권법-Cases & Explanations」, 법문사(2010), 306은 이 경우에도 제33조 제2항에 의한 등록이 가능하다는 취지로 언급하고 있으나, 그것은 타당하지 않은 것으로 생각된다.

서 '사용'하였을 것이 요구된다. 여기에서 문제되는 것은 1) 상표사용의 기간은 어느 정도 되어야 하는지(사용기간의 문제), 2) 사용에 의한 식별력을 언제 취득하여야 하는지(시기적 기준), 3) 상표의 사용은 독점적이어야 하는지(독점적 사용의 요부) 등이다.

나. 사용기간의 문제

어느 표장이 사용에 의한 식별력을 취득하기 위하여 원칙적으로 그 표장이 상당한 기간 사용될 필요가 있을 것이다. 그러나 구체적으로 어느 정도의 사용기간을 요하는지에 대하여 법은 아무런 규정을 두지 않고 있다. 미국 랜햄법(Lanham Act)은 출원전 5년간 실질적으로 독점적인 사용을 계속적으로 한 것이 입증되면 이차적 의미 취득의 일응의 증거(prima facie evidence)가 있는 것으로 보고 있다(제2조 (f)). 우리나라에서도 과거 1990년 개정법 이전의 상표심사기준에서는 '3년 이상'이라는 기간제한을 두고 있었으나, 최근 광고선전 매체의 발달로 단기간 내에 식별력 취득이 가능하다는 점을 감안하여 현재는 기간제한을 두지 않고 있다. 따라서 결국 어떤 표장이 '사용에 의한 식별력'을 취득하였는지 여부를 판단함에 있어서 사용기간의 장단은 하나의 판단요소가 될 뿐이고, 광고매체, 광고의 기간과 횟수 등을 감안하여 구체적·개별적으로 판단하여야 한다.19)

다. 시기적 기준

특정인이 어느 상표에 대하여 사용에 의하여 식별력을 취득하였다는 이유로 상표등록 출원을 한 경우에 그 식별력 취득 여부를 판단하는 기준시점을 언제로 볼 것인지가 오래 전부터 문제되어 왔다. 크게 출원시를 기준으로 판단하여야 한다는 견해와 등록여부 결정시를 기준으로 판단하여야 한다는 견해로 나뉘어 있었으나 등록여부 결정과 관련하여 거절결정에 대한 불복심판이 있는 경우에는 그에 대한 심결시로 볼 것인가 아니면 사실심변론종결시로 볼 것인가의 문제도 제기되었다.

(1) 학설의 대립

(가) 출원시설

이 견해는 식별력을 취득하여야 하는 시점은 기본적으로 등록여부 결정시가 아니라 출원시인 것으로 보고, 다만 등록여부 결정시에도 식별력은 유지되어

---

19) 문삼섭(주 2), 305; 小野昌延·三山峻司, 「新·商標法概說」, 靑林書院(2009), 135.

야 할 것이라고 보아 결국 상표등록 출원시부터 결정시까지 식별력을 구비하고 있어야 하는 것으로 보는 입장이다. 2014년 상표법 개정 이전 구 상표법의 제6조(현행법 제33조) 제2항의 해석과 관련하여 이 견해를 취한 학자들이 근거로 제시한 것은 다음과 같다.[20]

첫째, 구 상표법 제6조(현행법 제33조) 제2항의 규정이 단순히 '사용한 결과'로 규정하고 있는 구 상표법이나 일본 상표법 제3조 제2항과는 달리 '상표등록 출원 전에 상표를 사용한 결과'로 규정하고 있으므로 그 문리해석상 상표등록 출원 전에 상표를 사용함으로써 그 식별력을 취득한 것을 요건으로 하고 있다고 보는 것이 합당하다.

둘째, 사용에 의한 식별력 인정은 예외적인 규정으로서 제한적으로 인정되어야 할 것이며, 현실적으로도 등록결정시를 기준으로 하면 출원인은 일단 출원부터 한 후 등록시까지 심사가 장기간 지연되도록 시간을 끌면서 그 동안에 광고 선전을 집중하여 식별력을 취득하는 방법으로 악용할 수가 있어 불합리가 초래될 수 있다.

셋째, 출원시를 기준으로 판단하는 사항에 대해서 구 상표법 제7조(현행법 제34조) 제2항 및 제3항에 특별규정이 있는 것은 어디까지나 상표등록에 있어 소극적 요건인 상표법 제7조(현행법 제34조) 소정의 부등록사유에 한정된 규정으로 볼 수도 있으므로 이러한 규정이 없다고 하여 상표등록의 적극적 요건인 식별력 요건과 관련된 상표법 제6조(현행법 제33조) 제2항에 의한 상표의 식별력 유무 판단시기에 대해서도 곧바로 등록결정시를 규정한 것이라는 결론이 도출되는 것은 아니며, 오히려 출원시설을 취하는 것이 상표법 제7조(현행법 제34조) 제2항이 주지·저명 상표의 주지성 판단시점을 출원시로 한 것과도 균형을 맞출 수 있다.

넷째, 출원시설에 따르면, 출원시에 식별력을 취득하지 않았다고 하여 상표 등록이 거절되더라도 또 다시 출원하면 등록을 받을 수 있을 것이므로 결국 출원경제 내지는 소송경제에 반하는 것이 아닌가 하는 의문이 있을 수 있으나, 등록결정 당시에 식별력이 없었던 상표는 상표법 제71조(현행법 제117조) 제1항 제5호가 아니라 같은 항 제1호의 무효사유에 해당하므로 상표등록 후 사용에 의

---

20) 강동세(주 3), 120-121 참조. 그 밖에도 문삼섭(주 2), 307-308; 박종태, 「이지 상표법」(제4판), 한빛지적소유권센터(2010), 207-208면; 이인종(주 10), 237 등도 기본적으로 같은 취지이다.

한 식별력을 취득하더라도 무효를 면할 수 없다는 점에서 소송경제만으로 등록
결정시설을 취하기는 어렵다.

　다섯째, 등록결정시설에 따를 경우, 등록거절된 선출원과 후출원 시점 사이
에 제3자가 그와 유사한 상표를 사용하는 경우에 상표권 침해여부가 문제되는
등 새로운 이해관계가 생기는 경우가 있으므로 오히려 사태를 더 어렵게 만들
어갈 수가 있다.

　(나) 등록여부 결정시설

　이 견해는 구 상표법 제6조(현행법 제33조) 제2항에 의한 식별력을 취득하여
야 하는 기준시점은 출원시가 아니라 등록여부 결정시로 보아야 한다는 입장을
취하였는데, 그 이유로 들어진 것은 다음과 같다.

　첫째, 상표 등록 출원시점을 기준으로 판단할 사항들에 대해서는 상표법 제
7조(현행법 제34조) 제2항에서 특별히 규정하고 있다는 점을 감안하면, 그 기준
시점을 따로 규정하지 않은 제6조(현행법 제33조) 제2항의 해석상 등록여부 결정
시설로 보는 것이 타당하다.[21]

　둘째, 실제 출원과정을 보면 출원시와 등록여부 결정시 사이의 시간적 간격
이 그다지 크지 않으므로 어느 설을 취하더라도 실제상으로는 큰 차이가 없다.
극단적으로는 상표출원시에 사용에 의한 식별력을 취득하지 못한 출원인이 출원
후 등록시까지 고의적으로 심사가 장기간 지연되도록 하고서 선전광고를 대대적
으로 하는 경우와 상표출원시에는 사용에 의한 식별력을 취득하였으나 상표권자
의 사업부진 등으로 그 등록결정시에는 사용에 의한 식별력을 상실하게 되는 경
우를 생각할 수 있으나 그와 같은 경우가 실제로 발생한다는 것은 쉽지 않다. 가
사 상표출원시에는 아직 사용에 의한 식별력을 취득하지 못하였으나 출원 후 선
전광고 등으로 등록사정시에는 사용에 의한 식별력을 취득한 경우가 있다고 하
더라도, 그 경우에 출원시설을 취하여 그 등록을 거절해 본들 그 출원인이 다시
출원을 하면 이번에는 등록을 거절할 수가 없게 된다. 이와 같이 출원시설에 따
르게 되면, 출원인으로 하여금 재출원하게 하는 노력과 번잡스러움을 강요하게
할 뿐, 결과에 있어서는 등록여부 결정시설과 아무런 차이가 없는 것이다.[22]

---

21) 황의창·황광연, 「상표법」(신정증보2판), 단국대학교출판부(2005), 301; 이동흡(주 7), 79;
　　이상경(주 4), 381.

22) 박정화, "NET2PHONE으로 구성된 출원상표·서비스표가 기술적 표장인지의 여부 및 사
　　용에 의한 식별력을 취득하였는지의 여부", 대법원판례해설 통권 제45호, 법원도서관
　　(2004), 554.

셋째, 상표법상 상표의 등록 여부는 등록여부 결정시를 기준으로 판단하는 것이 원칙이다. 출원시설에 의할 경우에는 예컨대 어떤 출원상표가 기술적 표장에 해당되는지 여부는 등록여부 결정시를 기준으로 판단하고, 사용에 의한 식별력을 취득하였는지 여부는 출원시를 기준으로 판단하게 되는데, 이와 같이 동일한 출원상표에 대하여 판단기준 시점을 달리하는 것은 아무래도 이상하다고 보지 않을 수 없다.23)

넷째, 등록여부 결정시설에 의하면 만일 출원시부터 등록결정시까지 사이에 제3자가 출원상표와 유사한 상표를 사용하는 경우 상표권 침해가 될 가능성이 있는 등 새로운 이해관계가 생길 수 있으므로 사태를 더 어렵게 한다는 비판이 있을 수 있으나, '상표를 사용한 결과 수요자간에 그 상표가 누구의 업무에 관련된 상품을 표기하는 것인가 현저하게 인식'되려면 독점적(배타적)·계속적으로 사용되어야 하므로, 등록결정 이전에 제3자가 출원인과 함께 동일·유사한 상표를 사용한다면 출원인이 독점적(배타적)으로 사용하고 있다고 할 수 없어서 등록결정시를 기준으로 판단하더라도 출원인이 사용에 의한 식별력을 취득하였다고 할 수 있는 경우는 거의 없을 것이므로, 위 비판은 적절하지 아니하다고 생각한다.24)

(다) 사실심변론종결시설

이 학설은 위의 두 가지 입장 중 등록여부 결정시설을 취한다고 할 때, 그 최종적인 결정시점을 언제로 볼 것인지에 대하여 새로운 견해를 제시한 것이다. 이 학설은 "약한 상표가 식별력을 취득하여 등록요건을 갖추었는가 아닌가는 이론상 출원시설이 타당하나 등록결정시를 기준으로 하여 판단하여야 한다는 것이 판례이다. 그러나 거절결정에 대한 불복심판에 대한 취소소송의 경우 특허청의 심결시가 기준인지 특허법원의 최종변론종결시를 기준으로 할 것인지는 의문이다. 취소소송을 심결의 당부를 구하는 소로 해석하고 제한설을 따르는 일본의 경우에는 특허청의 심결시가 기준이라고 한다. 그러나 우리 특허법원은 무제한설을 따르고 있고 사실상 완전한 속심으로 운영하고 있으므로 사실심 변론종결시가 기준으로 될 것 같다."고 설명하고 있다.25)

---

23) 박정화(주 24), 555.
24) 최성준, "사용에 의한 식별력 취득에 관하여 - 특허법원 2006. 10. 11. 선고 2006허1841, 1797(병합), 1810(병합), 1865(병합) 판결", LAW & TECHNOLOGY 제2권 제6호(2006.11), 서울대학교 기술과법센터, 136.
25) 송영식 외 6인(주 7), 132.

(2) 판례의 입장

대법원 판례는 일관되게 "사용에 의한 식별력의 구비 여부는 등록결정시를 기준으로 하여 판단되어야 한다"고 선언하여 등록여부 결정시설의 입장을 확고하게 채택하고 있다.[26]

(3) 검토

먼저 출원시설과 등록여부 결정시설 중에서는 등록여부 결정시설이 다음과 같은 이유로 타당한 견해였던 것으로 생각된다.

구 상표법의 법문상 "출원전에 상표를 사용한 결과"라는 문언이 있었으므로, 출원전에 그 상표를 사용한 사실이 있어야 한다는 것은 법문상의 명백한 요구라고 볼 수 있을 것이나, 그것만으로 식별력의 취득 여부를 출원시를 기준으로 판단하도록 법문이 요구하고 있다고 보기는 어려운 면이 있었다. 등록부적격 사유의 존부에 대한 판단은 등록여부 결정시를 기준으로 판단하는 것이 원칙인바, 그 예외를 규정한 구 상표법 제7조(현행법 제34조) 제2항, 제3항의 경우 "상표등록출원시에 이에 해당하는 것"인지 여부에 따라 판단하도록 명확하게 규정하고 있었음에 반하여, 제6조 제2항(현행법 제33조)의 경우는 그러하지 아니하고 문리적으로도 얼마든지 달리 해석할 여지를 남기고 있었던 것이다.

또한 등록여부 결정시설을 취할 경우의 우려사항들은 실제적으로 큰 문제가 되지 않을 것으로 보이는 데 반하여, 출원시설을 취할 경우에는 등록여부 결정시설에서 적절하게 지적하고 있는 바와 같이 ① 어떤 출원상표가 기술적 표장에 해당되는지 여부는 등록여부 결정시를 기준으로 판단하고, 사용에 의한 식별력을 취득하였는지 여부는 출원시를 기준으로 판단하는 모순이 발생하는 점, ② 등록시점을 기준으로 할 때 사용에 의한 식별력 취득을 인정하여 등록을 허용할 사안에서 굳이 재출원하도록 함에 따른 비용과 번거로움을 초래하게 된다는 점 등의 간과할 수 없는 문제점들이 있다.

따라서 구 상표법상으로도 등록여부 결정시를 식별력 판단의 기준시점으로 보는 일부 학설 및 대법원 판례의 태도가 타당하였던 것으로 생각된다. 다만, 구 상표법 제6조의 "출원전에 상표를 사용한 결과"라는 법문에 비추어 적어도 출원전에 그 상표를 사용한 사실은 있어야 하는 것으로 보아야 할 것이라는 것

---

26) 대법원 1994. 8. 26. 선고 93후1100 판결; 대법원 2003. 5. 16. 선고 2002후1768 판결; 대법원 2008. 11. 13. 선고 2006후3397 판결('예술의 전당' 사건); 대법원 2009. 5. 28 선고 2007후3301 판결('우리은행' 사건) 등.

이 필자의 입장이었다. 즉 출원전에 해당 상표를 사용한 사실이 없으면 법문상의 요건을 충족하지 않은 것으로 보아 등록을 허용하지 않는 결론을 내리고, 출원전에 해당 상표를 사용한 사실만 있으면 식별력 취득 여부의 판단은 등록 여부 결정시를 기준으로 하여 그 시점에 식별력이 인정되면 등록을 허용하는 결론을 내려야 할 것으로 본 것이다.

그런데, 2014년의 개정법 이후에는 제33조 제2항의 법문이 원래의 "출원전에"에서 "출원 전부터"로 바뀌었다. 개정법의 이러한 태도는 위와 같은 필자의 입장과 동일한 입장을 입법적으로 보다 분명히 한 것이 아닌가 생각된다. 즉 개정법 하에서는 출원시설의 법문상의 근거가 소멸되었거나 상당히 약화된 것으로 보이므로, 식별력 취득시점에 관하여는 등록여부 결정시설에 따르되, 법문에 따라 "출원전부터" 해당 상표를 사용하였을 것을 추가적인 요건으로 보아야할 것이다.[27]

다음으로 등록여부 결정시설을 취한다고 전제할 때, 등록거절 결정에 대한 취소심판이 청구되고 나아가 그 심결에 대한 취소소송이 제기된 경우에, 결국 식별력 취득 여부의 판단 기준시점을 그 심결시로 볼 것인지 아니면 심결취소소송의 사실심 변론종결시를 기준으로 할 것인지 여부에 관하여 살펴본다. 위에서 소개한 '사실심변론종결시설'은 취소소송을 심결의 당부를 구하는 소로 해석하고 제한설을 따르는 일본의 경우에는 특허청의 심결시를 기준으로 보고 있지만 우리 특허법원은 무제한설을 따르고 있고 사실상 완전한 속심으로 운영하고 있다는 이유로 사실심 변론종결시를 기준으로 하여야 할 것이라고 보고 있다.

그러나 우리나라의 경우에도 이른바 '결정계 사건'의 경우에는 거절결정의 이유와 다른 새로운 거절이유를 주장하는 것은 제한된다는 점에서 제한설의 입장을 취하고 있는 것으로 보는 견해가 유력할 뿐 아니라[28] 심결취소소송의 소송물은 우리나라에서도 행정처분으로서의 성격을 가지는 심결의 위법성이라 할 것이고, 따라서 그 위법성 여부의 판단기준시점은 특허법원의 변론종결시가 아니라 특허심판원의 심결시라고 보아야 할 것이므로[29], 결국 우리나라에서도 심

---

27) 특허청 예규인 상표심사기준도 등록여부결정시설을 취하면서 "출원전부터 계속적으로 사용할 것"을 요건으로 보고 있다. 특허청, 상표심사기준(2016.9.1.기준) 제4부 제9장 3.3(181면).

28) 특허법원 지적재산소송실무연구회(주 2), 97 참조.

29) 위의 책, 90 참조. 또한 다음의 대법원 판례를 참조. 대법원 2004. 7. 22. 선고 2004후356판결: "심판은 특허심판원에서의 행정절차이고 심결은 행정처분이며, 그에 대한 불복의 소송인 심결취소소송은 항고소송에 해당하여 그 소송물은 심결의 실체적·절차적 위법 여

결시를 기준으로 하는 것이 타당하다. 제한설 중에서도 '동일사실·동일증거설'을 취하는 일본의 경우[30])에 비하여는 우리나라의 경우 취소소송 단계에서 보다 자유롭게 입증활동을 수행할 수 있는 면이 있으나, 그러한 점만으로 식별력 취득 여부의 판단기준시점이 사실심 변론종결시로 늦추어진다고 볼 수는 없을 것이다.[31]) 결론적으로 사실심변론종결시설은 수긍하기 어렵다.

(4) 소결

사용에 의한 식별력 취득 여부의 판단은 일반적으로는 등록결정 또는 거절결정을 하는 시점을 기준으로 하고, 거절결정에 대한 불복 심판에 대한 심결이 있을 경우에는 그 심결시를 기준으로 하며, 그 심결에 대한 취소소송이 제기된 경우에도 역시 심결시를 기준으로 하여야 한다. 이것이 대법원 판례가 취하고 있는 '등록여부 결정시설'의 구체적인 내용이라 할 수 있다.

라. 독점적 사용의 요부

(1) 문제의 소재

상표법 제33조 제2항은 사용에 의한 식별력 취득의 요건과 관련하여 "… 상표등록출원 전부터 그 상표를 사용한 결과 수요자 간에 특정인의 상품에 관한 출처를 표시하는 것으로 식별할 수 있게 된 경우"라고만 규정하여 상표의 사용이 '독점적'일 것을 명시적으로 요구하고 있지 않다. 이러한 상황에서 해석상 그 사용이 '독점적'이어야 하는 것으로 볼 것인지가 문제이다.

(2) 학설 및 판례의 현황

구 상표법하에서의 국내 학설을 살펴보면 그 요건과 관련하여 "상표등록출원 전에 상당기간에 걸쳐 독점적, 계속적으로 사용하여야 한다"는 등으로 간단히 설명함으로써 독점적 사용이 요구됨을 당연시하는 경우가 거의 대부분이라 할 수 있다.[32])

보이므로, 당사자는 심결에서 판단되지 아니한 것이라도 그 심결의 결론을 정당하게 하거나 위법하게 하는 사유를 심결취소소송 단계에서 주장·입증할 수 있고(대법원 2002. 6. 25. 선고 2000후1306 판결, 2003. 8. 19. 선고 2001후1655 판결 등 참조), 따라서 거절결정 불복심판 청구를 기각하는 심결의 취소소송에서 특허청장은 <u>거절결정의 이유와 다른 새로운 거절이유에 해당하지 않는 한</u> 심결에서 판단되지 않은 것이라고 하더라도 심결의 결론을 정당하게 하는 사유를 주장·입증할 수 있다."

30) 그에 대한 자세한 설명은 특허법원 지적재산소송실무연구회(주 2), 95-96 참조.
31) 강동세(주 3), 113 참조.
32) 박종태(주 22), 205; 이인종(주 10), 239; 이동흡(주 7), 79; 특허법원 지적재산소송실무연구회(주 2), 539; 강동세(주 3), 116; 최성준(주 26), 136; 김대원(주 7), 66 등.

그런데 기존의 국내 판례를 검토해 보면, '독점적 사용'일 것을 요구하는
것처럼 설시한 판례도 있으나[33], 대부분의 판례는 그렇지 않고[34], 판례의 사안
을 자세히 살펴보면, 독점적 사용이라고 보기 어려운 경우에 사용에 의한 식별
력 취득을 인정한 판례가 있음을 발견할 수 있다. 대법원 2008. 9. 25. 선고
2006후2288 판결이 그러한 예로서, 이 사건에서 원고회사 이외의 제3자에 의한
상표사용사실이 있었지만 대법원은 "이 사건 등록상표를 포함한 K2 관련 표장
을 등록사용하고 있던 박○○과 주식회사 케이투스포츠의 경우 그 생산·판매량
과 광고량이 미미하고 주로 상표사용권설정계약을 통하여 수익을 올리고 있으
며, 주식회사 케이투스포츠 등과 상표사용권설정계약을 체결한 상표사용자들은
그 등록상표를 그대로 사용하지 아니하고 '**K2**' 상표만을 부각시켜 사용하
는 등 형식적으로 등록상표를 사용한 점 등을 알 수 있다"고 하면서 결국 제6조[개
정법 제33조] 제2항의 사용에 의한 식별력 취득을 인정하고 있는 것을 볼 수 있다.

(3) 검토

국내 학설이 일반적으로 '독점적 사용'일 것을 당연한 것처럼 요건으로 설
명해 온 것은 아마도 "독점적 사용이 아닐 경우에는 그 사용에 의하여 특정인
의 출처표지로 현저하게 인식되는 것이 불가능"하여 구 상표법 제6조 제2항의
요건을 충족하기 어려울 것으로 생각하였기 때문인 것으로 보인다.[35] 실제로 동
일한 상표가 복수 주체에 의하여 경합하여 사용되고 있다면 어느 특정인의 출
처표지로 현저하게 인식되는 것으로 보기 어려울 것이다.

참고로, 미국의 랜햄법(Lanham Act)은 상표의 식별력에 관한 일응의 증거
(prima facie evidence)에 '5년 동안 실질적으로 독점적이고(substantially exclusive) 계
속적인 사용을 한 사실의 입증'을 포함시키고 있다.[36] 즉 랜햄법의 경우 엄격한
의미의 독점적 사용을 요구하는 것이 아니라 '실질적으로 독점적인 사용'을 입증
하면 족한 것으로 규정하고 있는데, 이것은 타인에 의한 사소한(inconsequential) 사
용이 일부 있더라도 사용에 의한 식별력을 취득할 수 있음을 의미하는 것이다.[37]

위에서 본 'K2 사건'에 대한 대법원 판례의 경우 판례가 독점적인 사용을

---

33) 대법원 1990. 11. 27. 선고 90후410 판결.
34) 이러한 상황을 근거로 하여, "대부분의 판결에서 독점적 사용을 특별히 문제삼고 있지
   않으므로 '독점적 사용'을 요구하지 않고 있는 것이 판례의 태도라고 볼 수 있다"고 하는
   견해가 있다. 계승균 외 4인(주 20), 305 참조.
35) 계승균 외 4인(주 20), 305 참조.
36) Lanham Trade-Mark Act, § 2(f), 15 U.S.C.A. § 1052(f).
37) L.D. Kichler Co. v. Davoil, Inc. 192 F.3d 1349(Fed. Cir. 1999).

요구하지 않고 있는 사례의 하나로 보게 될 가능성도 없지 않지만, 제3자에 의한 상표 사용이 '형식적'이라고 지적하고 있는 점을 감안하면, 미국의 상표법과 마찬가지로, '실질적으로 독점적인 사용'을 요구하는 입장으로 평가할 수도 있을 것이라 생각된다.

2014년 개정 이후의 현행 상표법은 구 상표법에 비하여 제33조 제2항의 적용요건으로서의 식별력 기준을 완화하고 있다. 그렇지만 실질적으로 식별력 없는 상표를 여러 업체가 경합적으로 사용하고 있다면, 어느 상표도 사용에 의한 식별력을 취득하지 못한 것으로 보는 것이 타당할 것이다.[38]

(4) 소결

사용에 의한 식별력을 취득하기 위하여 그 사용은 엄격한 의미의 독점적 사용일 것이 요구되지는 않으나, 미국 연방 상표법의 기준과 같이 '실질적으로 독점적인' 사용일 필요는 있는 것으로 보아야 할 것이다. 기존의 판례도 이에 부합되는 입장을 보이고 있는 것으로 생각된다.

4. 상표사용의 결과 수요자 간에 특정인의 상품에 관한 출처를 표시하는 것으로 식별할 수 있게 된 경우일 것

가. 서언

상표법 제33조 제2항의 사용에 의한 식별력을 취득하기 위해서는 상표사용의 결과 특정인의 상품에 관한 출처를 표시하는 것으로 식별할 수 있게 된 경우여야 한다. 이것이 바로 사용에 의한 식별력 취득의 구체적 내용이다. 2014년 개정 이전 구 상표법 제6조 제2항은 "그 상표가 누구의 업무에 관련된 상품을 표시하는 것인가 현저하게 인식되어 있는 것"일 것을 요하는 것으로 규정하고 있었는데, 같은 해의 법개정으로 식별력 인정의 요건이 완화된 것이다. 개정전 상표법상의 식별력 취득 요건이 외국의 입법례에 비해서 너무 높고 제3자의 부정경쟁 목적의 사용으로 진정한 상표사용자의 이익 침해는 물론 수요자의 상품 품질 및 출처의 오인, 혼동을 초래하여 상거래 질서를 어지럽히는 폐해가 커다는 이유에서 요건을 완화하는 개정을 한 것으로 설명되고 있다.[39]

---

38) 특허청예규인 상표심사기준에서도 이와 관련하여, "그 사용상표와 동일, 유사한 상표가 해당 상품의 거래자 사이에서 출처표시로서 사용되지 않아야 자타상품의 구별표지로서 식별력을 구비하였다고 할 수 있다"고 밝히고 있다. 특허청, 상표심사기준(2016.9.1.기준) 제4부 제9장 2.2.1(179면).

39) 특허청, 상표심사기준(2016.9.1.기준), 제4부 제9장 2.2.2(179면) 참조.

아래에서 그 구체적 의미 및 판단기준 등을 자세히 살펴본다.

나. '수요자'

(1) 수요자의 의의

여기서 '수요자'라 함은 해당 상품의 일반수요자와 거래자를 의미한다.[40]

(2) 지역적 기준

(가) 문제의 소재

사용에 의한 식별력을 취득하였는지 여부를 판단함에 있어서 그 대상이 되는 수요자의 지역적 범위를 어떻게 볼 것인가 하는 문제가 있다. 즉 전국적 범위에서의 수요자를 기준으로 판단하여야 할 것인지, 아니면 전국이 아닌 일부 지역에서의 수요자를 기준으로 판단할 수도 있는지 여부가 문제 된다.

(나) 학설, 판례의 입장

이 문제에 관하여 구 상표법 하에서, 통설 내지 다수설은 전국적 범위에 걸쳐 알려져야 한다는 입장('전국설')을 취하고 있었고[41], 소수설은 전국적 범위가 아닌 일정지역에서만 수요자들에게 현저하게 인식되어 있는 경우도 포함하되, 상품과의 관계를 고려하여야 한다는 입장('비전국설')을 취하고 있었다.[42] 대법원 판례는 전국설을 취하고 있다.[43]

(다) 검토 및 결론

위 대법원 판례는 ① 상표법 제33조 제2항은 원래 특정인에게 독점사용시킬 수 없는 표장에 대세적인 권리를 부여하는 것이므로 그 기준은 엄격하게 해석 적용되어야 한다는 것, ② 상표는 일단 등록이 되면 우리나라 전역에 그 효력이 미친다는 것 등의 이유를 들어 위와 같이 전국설을 취하고 있다. 이러한

---

40) 특허청, 상표심사기준(2016.9.1.기준), 제4부 제9장 2.2.1(179면) 참조.

41) 송영식 외 6인(주 7), 128; 특허법원 지적재산소송실무연구회(주 2), 539; 이동흡(주 7), 79-80; 강동세(주 3), 117.

42) 사법연수원(주 3), 57.

43) 대법원 1994. 5. 24. 선고 92후2274 판결('황금당' 사건): 구 상표법(1990.1.13. 법률 제4210호로 개정되기 전의 것, 이하 같다) 제8조 제2항이 상표를 출원 전에 사용한 결과 수요자간에 그 상표가 누구의 상표인가를 현저하게 인식되어 있는 것은 그 제1항 제3, 5, 6호의 규정에 불구하고 등록받을 수 있도록 규정한 것은, 원래 특정인에게 독점사용시킬 수 없는 표장에 대세적인 권리를 부여하는 것이므로 그 기준은 엄격하게 해석 적용되어야 할 것이고, 상표는 일단 등록이 되면 우리나라 전역에 그 효력이 미치는 것이므로 현저하게 인식되어 있는 범위는 전국적으로 걸쳐 있어야 할 것이고 특정지역에서 장기간에 걸쳐 영업활동을 해 왔고 그 지역방송 또는 신문등에 선전광고를 해 왔다거나, 그 상표와 유사한 다른 상표에 대한 장기간의 선전광고가 있었다는 것만으로는, 그 상표가 같은법 제8조 제2항에 해당하는 상표라고 보기는 어렵다고 할 것이다.

대법원 판례의 입장은 타당한 것으로 수긍된다. 2014년의 상표법 개정에 의하여 식별력 인정 요건이 다소 완화되긴 하였지만, 대법원 판례의 위 두 가지 근거는 현행법하에서도 여전히 타당한 근거라 생각되므로, 개정법하에서도 전국설의 입장을 취하는 것이 타당한 것으로 생각된다. 참고로, 특허청 예규인 상표심사기준은 "원칙적으로는 전국적으로 알려져 있는 경우를 말하지만 지정상품의 특성상 일정지역에서 알려져 있는 경우도 인정가능"하다는 입장을 취하고 있다.44)

다. '특정인의 상품에 관한 출처'

'특정인의 상품에 관한 출처'는 구체적인 출처의 개념이 아니라 익명의 존재로서의 추상적인 출처로서 족한 개념이므로, 수요자가 당해 상표를 누구인가의 상품표지로 승인하고 있으면 족한 것이고, 구체적으로 특정인의 성명이나 명칭까지 인식하여야만 하는 것은 아니다.45) 대법원도 '영어실력기초' 사건에서 "구 상표법 제8조 제2항[현행 상표법 제33조 제2항]에 의하여 상표등록을 받기 위하여는 특정인이 상당한 기간 동안 독점적, 계속적으로 상표로 사용하여 특정상품의 표지로 인식되고, 사용한 결과 수요자들이 그 상표를 누구인가의 상품표지로 승인하고 있어야 하지만, 현실로 특정한 자의 상품이라고 인식될 필요까지는 없어서 구체적으로 그 성명이나 명칭 등이 알려져야 하는 것은 아닌 것인바, 이 사건 등록상표가 그 지정상품인 갑이 저작한 영어참고서의 제호 내지 상표로서 출원전부터 계속하여 사용되어 옴으로써 소비자에게 현저하게 인식되었다면, 비록 그 출원당시 소비자 간에 이 사건 상표가 갑으로부터 위 참고서의 저작권을 양수한 을의 상표라는 사실이 널리 알려지지 아니하였더라도, 소비자로서는 이 사건 상표가 위 영어참고서의 저자이든, 그로부터 저작권을 양수한 자이든 간에 위 영어참고서를 적법하게 제작 판매할 수 있는 저작권자의 상표임을 능히 알 수 있었을 것이므로 이 사건 등록상표는 위 상표법의 규정에 의하여 적법하게 등록될 수 있는 상표라고 할 것이다"라고 판시한 바 있다.46)

---

44) 특허청, 상표심사기준(2016.9.1.기준) 제4부 제9장 3.3(181면): "② 지역적 범위는 원칙적으로는 전국적으로 알려져 있는 경우를 말하지만 지정상품의 특성상 일정지역에서 알려져 있는 경우도 인정 가능하며".
45) 특허법원 지적재산소송실무연구회(주 2), 539; 網野誠(주 5), 189.
46) 대법원 1990. 11. 27. 선고 90후816 판결.

라. '식별할 수 있게 된 경우'

2014년 개정 이전의 구 상표법에서는 "현저하게 인식되어 있는 것"일 것을 요건으로 하고 있었다. 이와 관련하여 기존의 다수 학설은 "인식의 정도는 주지상표와는 달리 권리를 창설하는 것임을 고려할 때 그보다는 높아야 한다"고 하거나[47] "원래 자타상품의 식별력이 없는 것 또는 누구나 자유롭게 사용할 수 있어야 할 표장에 관하여 예외적으로 사용에 의한 식별력 취득을 조건으로 독점배타적인 권리를 부여하는 것이므로 당해 상품의 유통망 즉, 관계 거래권에 속하는 거래자, 수요자 등 거의 모든 구성원이 당해 표장을 특정인의 상품표지로 승인하고 있어야 한다"고 하여[48] 다소 높은 기준을 제시해 왔다.

기존의 판례를 보면, 대법원은 'K2' 사건에서 "상표법 제6조[현행법 제33조] 제2항이 상표를 등록출원 전에 사용한 결과 수요자 사이에 그 상표가 누구의 상품을 표시하는 상표인가가 현저하게 인식되어 있는 것은, 같은 법 제6조[현행법 제33조] 제1항 제3호 내지 제6호의 규정에 불구하고 상표등록을 받을 수 있도록 규정한 것은, 원래 식별력이 없는 표장이어서 특정인에게 독점사용하도록 하는 것이 적당하지 않은 표장에 대하여 대세적 권리를 부여하는 것이므로 그 기준은 엄격하게 해석·적용되어야 할 것이지만, 상표의 사용기간, 사용횟수 및 사용의 계속성, 그 상표가 부착된 상품의 생산·판매량 및 시장점유율, 광고·선전의 방법, 횟수, 내용, 기간 및 그 액수, 상품품질의 우수성, 상표사용자의 명성과 신용, 상표의 경합적 사용의 정도 및 태양 등을 종합적으로 고려할때, 당해 상표가 사용된 상품에 대한 거래자 및 수요자 대다수에게 특정인의 상품을 표시하는 것으로 인식되기에 이르렀다면 사용에 의한 식별력의 취득을 인정할 수 있다"고 판시하여 '당해 상표가 사용된 상품에 대한 거래자 및 수요자대다수에게 특정인의 상품을 표시하는 것으로 인식되기에 이르렀는지' 여부를 기준으로 제시한 바 있다.[49] 이러한 판례의 입장은 위와 같은 다수 학설의 입장과 크게 다른 것은 아니나, '대다수' 등의 표현에 있어서 다소간 새로운 기준을 제시한 것으로 볼 수 있었다.

2014년 개정법은 이 점에 있어서, 명백히 기존의 기준을 완화할 것을 의도하여 "현저히 인식"이라는 문언을 버리고 그 대신 "특정인의 상품에 관한 출처

---

47) 특허청(주 7), 37; 문삼섭(주 2), 306.
48) 송영식 외 6인(주 7), 128; 이동흡(주 7), 79.
49) 대법원 2008. 9. 25. 선고 2006후2288 판결.

를 표시하는 것으로 식별할 수 있게 된 경우"라는 표현을 사용하고 있으므로, 기존의 학설 및 판례의 입장은 그대로 유지하기 어려운 것으로 생각된다. 따라서 본항에서 말하는 "식별할 수 있게 된 정도"란 상표법 제34조 제1항 제13호의 "특정인의 상품을 표시하는 것이라고 인식되어 있는 상표"의 인식도보다는 높지만, 제34조 제1항 제9호의 "타인의 상품을 표시하는 것이라고 수요자들에게 널리 인식되어 있는 상표", 즉 주지상표의 인식도보다는 낮은 단계를 의미하는 것으로 보아야 할 것이다.50)

마. 입증방법

사용에 의하여 식별력을 취득하였음을 입증하는 자료는 출원인이 제출하여야 한다. 특허청 예규인 상표심사기준은 과거에 i) 국가 또는 시, 도 기타 공공단체의 증명서, ii) 상공회의소의 증명서, iii) 동업조합의 증명서, iv) 상품거래선 또는 대리점 등 충분히 입증할 수 있는 다수의 증명서(이 경우는 상품거래선 또는 대리점 등의 사업자 등록증을 첨부할 것), v) 신문, 잡지, 라디오, 텔레비전 등에 선전, 광고한 기간 및 횟수 등에 관한 사실증명서를 제출할 것을 요구하였었다.51) 그러나 지금은 출원인의 불편을 덜기 위하여 그 부분 규정을 변경하여, "사용에 의한 식별력을 입증하기 위해서는 출원인이 적절한 입증자료를 제출해야 하지만, 지정상품의 거래실정이나 특성에 따라 입증자료가 다를 수 있으므로 너무 과다하거나 불필요한 자료를 요구해서는 안 되며, 사용상표가 법 제33조 제2항에서 요구하는 식별력 인정요건을 넘어 널리 알려져 있음이 명백한 경우 일부 입증자료를 생략할 수 있다"고 규정하고 있다.52)

바. 일반적 판단기준

사용에 의한 식별력 취득 여부를 판단함에 있어서는 일반인 또는 경쟁 영업자가 자유롭게 사용할 필요성의 정도 등도 함께 고려하여야 한다. 이에 따라 다수 학설은 사용에 의한 식별력 취득의 일반적인 판단기준을 다음과 같이 제시한다. 즉, "어떤 상표가 거래상 자타 상품의 식별력을 취득하였느냐의 여부는 해당 표장의 고유한 성격 내지 구성, 그 표장이 일반인 또는 경쟁 영업자가 자유롭게 사용할 필요가 큰 것인지 아닌지, 사용기간, 사용횟수, 지역적 범위, 사

---

50) 특허청, 상표심사기준(2016.9.1.기준), 제4부 제9장 2.2.2(179면) 참조.
51) 구 상표심사기준(2005. 7.) 제14조 제4항.
52) 특허청, 상표심사기준(2016.9.1.기준), 제4부 제9장 3.2(181면).

용의 방법 등을 참작하여 상대적으로 결정하여야 할 것"이라고 한다.[53]

사. 판단사례

(1) 긍정사례

사용에 의한 식별력을 취득한 것으로 인정된 사례로는 K2(등산화 등)[54], 새우깡(과자)[55], 영어실력기초(서적)[56], 맛나(화학조미료)[57], 그린(소주)[58], 크린랲(식품포장용 폴리에틸렌필름)[59], 부동산뱅크(부동산 관련 자료조사업, 자료제공업)[60] 등을 들 수 있다.

(2) 부정사례

사용에 의한 식별력 취득을 부정한 사례로는 '예술의 전당' 사건[61]과 '초당두부' 사건[62]을 들 수 있다. '초당두부' 사건에서 특허법원은 "강릉시 초당동 거주 주민 57명은 공동으로 이 건 등록상표들의 등록출원일 이전인 1983. 1. 24. 강릉시 초당동에 소외 이○○을 대표자로 하는 "초당협동두부"라는 상호로 두부류 제조 · 가공 업체를 설립하고 그 이후 1989. 7. 21. 상호를 "강릉초당식품"으로, 대표자를 원고 최선윤으로 변경하였다가 다시 1993. 2. 8. 상호를 "강릉초당두부"로 변경한 뒤 현재까지 이 건 등록상표들을 사용하여 두부를 제조 · 판매하여 온 사실, 1996. 11. 6.자 강원도민일보에 "초당두부" 등 강원도 내 특산물의 이름을 지키자는 취지의 기사가 게재되었고 1997. 12. 31.자 강원도민일보에도 초당두부에 관한 기사가 소개되었는데 그 기사에는 초당두부의 대표가 원고 최○○으로 게재되어 있는 사실, 한편 원고 최○○은 "초당두부의 압축성형 공정의 최적화를 통한 품질향상 및 응고제에 따른 두부의 물리적 특성의 규명" 등을 연구개발과제로 하여 1994. 11월경 강릉대학교 총장과 1994년도 산 · 학 · 연 공동기술개발 지역컨소시엄 연구개발사업의 참여기업으로서의 연구개발사업비지원약정을 체결하고 그 무렵부터 1997. 8. 31.까지 합계 금 8,000,000원 이상

---

53) 사법연수원(주 3), 58; 문삼섭(주 2), 304; 송영식 외 6인(주 7), 129 등 참조.
54) 대법원 2008. 9. 25. 선고 2006후2288 판결.
55) 대법원 1990. 12. 21. 선고 90후38 판결.
56) 대법원 1990. 11. 27. 선고 90후816 판결.
57) 대법원 1992. 5. 12. 선고 91후103 판결.
58) 특허법원 1999. 6. 21. 선고 98허9536 판결.
59) 특허법원 2000. 9. 1. 선고 99허2891 판결.
60) 특허법원 1999. 12. 2. 선고 99허5715 판결.
61) 대법원 2008. 11. 13. 선고 2006후3397 판결.
62) 특허법원 1999. 8. 12. 선고 99허3603 판결.

의 연구비를 지원한 사실은 인정되나, 위 인정 사실만으로 이 건 등록상표들이 그 출원 전의 사용에 의하여 식별력을 획득하여 일반 수요자들 사이에 원고들의 상표나 원고들의 업무에 관련된 상품을 표시하는 것으로 현저하게 인식되었다고 보기 어렵고 달리 이와 같은 점을 인정하기에 충분한 증거도 없으며 오히려 이 건 등록상표들의 요부인 "초당"이 그 지정상품 "두부"와 연관지어 널리 알려지게 된 것은 앞서 본 바와 같이 원고들이 이 건 등록상표들을 사용하거나 그 상표출원하기 훨씬 이전부터 오랫동안 강릉시 초당마을 주민들이 다른 지방에서 생산되는 두부와는 달리 바닷물을 직접 간수로 사용하여 특별한 맛을 가진 두부를 생산하여 온 것에 기인하는 것이라고 보여질 뿐이다."라고 판시하였다. 이러한 판례들은 모두 2014. 6. 11 법률 제12751호에 의한 개정 이전의 구 상표법하에서 내려진 것임을 유의할 필요가 있다.[63]

5. '실제로 사용한 상표와 상품'이 '출원한 상표 및 그 지정상품'과 동일할 것

가. 문제의 소재

특정한 상표를 특정한 상품에 사용한 경우에 식별력을 취득하는 것은 실제로 사용된 상표 그 자체와 그 상표가 사용된 상품에 한하는지, 아니면 유사상표나 유사상품도 포함될 수 있는 것인지에 대하여 일본에서는 학설이 나뉘고 있으나[64], 우리나라에서는 유사상표나 유사상품은 제외되고 실제로 사용한 것과 동일한 상표 및 상품에 대하여만 식별력을 취득할 수 있는 것으로 보는 입장에 별다른 이론이 없는 것으로 보인다.[65] 상표심사기준에서도 그렇게 규정하고 있고[66], 판례의 입장도 같다.[67] 문제가 되는 것은 상표가 '동일'한지 여부의 구체

---

63) 비교적 최근의 판례인 대법원 2014. 3. 13. 선고 2013후2859 판결도 사용에 의한 식별력 취득을 부정한 판례로서, 개정 전 상표법이 적용된 사례이다.

64) 강동세(주 3), 117-118 참조.

65) 송영식 외 6인(주 7), 128; 이동흡(주 7), 80; 김대원(주 7), 70; 특허법원 지적재산소송실무연구회(주 2), 539; 강동세(주 3), 117-118 등 참조. 2014년 개정법에서 "그 상표를 사용한 상품에 한정하여 상표등록을 받을 수 있다"고 규정하여 그 점을 보다 명백하게 규정하고 있기도 하다.

66) 특허청, 상표심사기준(2016.9.1.기준) 제4부 제9장 2.3.1(179-180면).

67) 예컨대, 대법원 2006. 5. 12. 선고 2005후339 판결: "특별현저성이 없는 것으로 보이는 표장이 사용된 결과 수요자나 거래자 사이에 서비스업의 출처를 표시하는 식별표지로 현저하게 인식되어 식별력을 가지게 되더라도, 사용에 의하여 식별력을 취득하는 것은 실제로 그 서비스표가 사용된 서비스업에 한하므로 그 서비스표는 당해 서비스업에 대해서만 등록을 받을 수 있고 그와 유사한 서비스업에 대하여는 등록을 받을 수 없다."

적 판단기준, 동일하지는 않지만 '동일성'이 있는 상표를 사용한 것을 식별력 취득 여부를 판단함에 있어서 고려할 수 있는지 여부 등이라 할 것이다. 아래에서 차례로 살펴본다.

나. '동일'한 상표인지 여부의 구체적 판단기준

여기서 말하는 상표의 '동일'은 상표의 '유사'와 다를 뿐만 아니라 상표의 '동일성'과도 구별되는 개념이다. 특히 외관의 면에서 동일하여야 '동일'의 범위에 포함되고, 외관에 약간이라도 변형 등이 있는 경우에는 그 정도에 따라 '동일성' 또는 '유사'의 범위로 넘어간다고 할 수 있다. 이렇게 '동일'의 범위를 엄격하게 한정하는 것은 제33조 제2항이 원래 특정인이 독점할 수 없는 것에 대하여 독점적, 배타적인 권리를 창설할 수 있도록 허용하는 규정이라는 점에서 그 요건을 엄격하게 해석하여야 한다는 '엄격해석의 원칙'에 기한 것이라 할 수 있다. 동일한 상표인지 여부의 판단기준과 관련하여 학설에서 일반적으로 예를 드는 것은 "사용된 상표가 초서체의 한자인 경우 해서체 또는 행서체로 된 상표나 한글 또는 로마자로 된 상표는 등록되지 아니한다"는 것이다.[68] 즉 이 경우는 서로 동일한 상표라고 볼 수 없다는 전제이다. 대법원 2008. 9. 25. 선고 2006후2288 판결에서 등록상표 'K2'와 사용상표 중 "K2, K2, K2" 등은 '동일'하지는 아니하고 단지 '동일성'이 있다고 보았다. 따라서 "K2, K2, K2" 등의 상표만을 사용한 경우라면, 'K2'에 대하여 사용에 의한 식별력을 취득하였다는 이유로 등록을 받을 수는 없다. 대법원 2006. 11. 23. 선고 2005후1356 판결에서는 글루텐(GLUTEN)과 구루텐(グルテン)이 유사하긴 하여도 동일하지는 않다는 취지로 판시하였다. 또한 특허법원 1999. 2. 11. 선고 98허9574 판결(확정)은 출원상표 'sk'와 실제 사용상표 'SK'는 역시 유사하기는 해도 동일하지는 않다고 판시하였다.

---

68) 송영식 외 6인(주 7), 128; 이동흡(주 7), 80 등.

다. '동일성' 있는 상표의 사용을 식별력 취득 여부의 판단시 감안할 수 있는지 여부

위에서 본 바와 같이 상표의 '동일'과 '동일성'은 구별되는 개념이므로, 출원상표와 동일성이 있는 상표를 오랫동안 사용하여 온 것만으로는 출원상표가 사용에 의한 식별력을 취득한 것으로 볼 수 없다. 그러나 출원상표와 동일한 상표도 사용하고 동일성이 있는 상표도 사용한 경우에, 동일성이 있는 상표를 사용한 것을 식별력 취득 여부의 판단에 감안할 수 있을지의 문제는 별개의 문제라고 할 수 있다.

대법원 2008. 9. 25. 선고 2006후2288 판결은 "사용에 의한 식별력을 취득하는 상표는 실제로 사용한 상표 그 자체에 한하고 그와 유사한 상표에 대하여까지 식별력 취득을 인정할 수는 없지만, 그와 동일성이 인정되는 상표의 장기간의 사용은 위 식별력 취득에 도움이 되는 요소라 할 것이다."라고 판시함으로써, 출원상표와 '동일성이 인정되는 상표'의 사용도 그 식별력 판단에 도움이 되는 요소임을 최초로 선언하였다. 이 사건에서 등록상표와 '동일'한 'K2'만이 아니라 그와 동일성이 인정되는 "K2, K2, K2" 등의 장기간 사용도 유리한 요소로 감안하여 사용에 의한 식별력을 인정하는 결론을 내린 것이다.

라. 소결

판례가 상표 등의 '동일'의 개념을 매우 엄격하게 파악하는 것은 엄격해석의 원칙에 입각한 것으로서 수긍할 수 있다. 그러나 구체적인 식별력 취득 여부의 판단에 있어서는 '동일성'이 인정되는 상표의 장기간 사용도 수요자가 해당 상표의 상품출처를 인식하는 데 상당한 영향을 미칠 수 있는 요소이므로, 그것을 사용에 의한 식별력 취득 여부를 판단함에 있어서 긍정적으로 고려하는 것이 타당하다고 생각된다.[69] 그런 점에서 위 대법원 판례의 태도는 타당하다.[70]

---

69) 동지, 곽영목, "식별력 없는 상표의 '사용에 의한 식별력 취득' 요건과 그 판단 시점", 지식재산21 107호, 특허청(2009), 147.
70) 특허청 예규인 상표심사기준(2016.9.1.기준)에서는 "이 경우 상표와 상품이 동일한지 여부는 '물리적 동일성'을 의미하는 것이 아니라 '실질적 동일성'을 의미하는 것으로 거래사회의 통념상 일반수요자나 거래자가 동일하다고 인식할 수 있는 상표 및 상품을 말한다."라고 규정하고 있다[제4부 제9장 2.3.1(180면)]. 이러한 상표심사기준의 입장은 대법원 판례의 입장과 다소간 상치하는 면이 있다.

Ⅲ. 사용에 의한 식별력 취득의 효과

1. 등록 전에 사용에 의한 식별력을 취득한 상표의 효력

가. 서언

상표법 제33조 제1항 제3호부터 제6호까지의 규정에 해당하는 상표가 제33조 제2항의 요건을 만족한 경우라면 다른 거절이유가 없는 한 상표등록을 받을 수 있음은 분명하다. 그러나 상표등록을 받은 경우 구체적으로 그 효력범위가 어떠한지에 대하여는 명확하지 않은 부분이 있다. 첫째는 상표법 제90조 제1항 규정과의 관계가 어떤가 하는 것이고, 둘째는 사용에 의한 식별력을 취득하지 않은 유사상품과의 관계에서도 금지적 효력이 발생하는가 하는 것이다.

나. 제33조 제2항과 제90조 제1항의 관계

(1) 문제의 소재

상표법 제90조[71] 제1항에서는 ① 등록상표의 지정상품과 동일·유사한 상품의 보통명칭·산지·품질·원재료·효능·용도·수량·형상·가격 또는 생산방법·가공방법·사용방법 및 시기를 보통으로 사용하는 방법으로 표시하는 상표 (제2호), ② 등록상표의 지정상품과 동일·유사한 상품에 대하여 관용하는 상표와 현저한 지리적 명칭 및 그 약어 또는 지도로 된 상표(제4호) 등에 대하여는 상표권의 효력이 미치지 않는 것으로 규정하고 있다. 그런데 만약 이 규정이 사용에 의한 식별력 취득을 이유로 제33조 제2항에 따라 등록한 경우에도 적용된다고 하면 그 금지적 효력이 무색하게 되는 것이 아닌가 하는 문제가 제기된다. 예를 들어, 제33조 제1항 제3호의 기술적 표장에 대하여 사용에 의한 식별력을 취득하여 등록을 마친 경우에 타인이 그 등록상표와 동일, 유사한 상품에 동일한 표장을 사용한 경우에 그것이 제90조 제1항 제2호에 해당한다는 이유로 상표권의 효력이 미치지 않는 것으로 본다면, 실질적으로 그 금지적 효력은 부정되는 것과 마찬가지가 아닌가 하는 문제가 있다. 그러나 제90조에서는 이 문제에 대하여 별도의 예외규정을 두고 있지 아니하다. 그 때문에 제90조 제1항의 규정이 과연 제33조 제2항에 의하여 등록한 상표의 경우에도 적용되는지 여부에 대하여 그 동안 많은 논의가 있어 왔다.

---

71) 2016.2.29.자 개정 이전의 구 상표법 제51조에 해당한다.

(2) 소극설(적용배제설)

사용에 의한 식별력을 취득하여 제33조 제2항에 따라 등록을 받은 상표에 대하여는 제90조 제1항의 규정은 적용되지 않는다는 견해로서, 그 논거로 들어지는 것은 다음과 같다.

첫째, 상표법 제90조에 의해서 상표권의 효력이 제한을 받을 경우 상표등록의 실익이 없어지게 된다.[72]

둘째, 상표법 제33조는 소위 식별력이 없는 표장에 대하여는 그 등록을 불허하는 취지이므로 비록 식별력이 없는 표장이라도 사용에 의해 식별력을 획득하였다면, 더 이상 상표법 제33조가 열거하고 있는 표장이라고는 볼 수 없는데 상표법 제90조는 제33조가 열거하는 식별력이 없는 표장과 대응되게 규정되어 있는 것으로 보아 제33조가 열거하는 '식별력이 없는' 표장에 대해서만 제3자의 자유로운 사용에 맡겨 두려는 것으로 보인다.[73]

셋째, 이미 상당기간 지속적으로 사용되어 특정인의 출처표시로서 널리 인식되었다면 이와 유사한 상표를 제3자가 사용할 경우 수요자에게 주는 출처의 오인, 혼동의 위험은 더욱 커진다는 점을 감안할 때 적용배제설의 입장이 보다 법문에 합치되고, 또한 합목적적인 해석으로 판단된다.[74]

이러한 입장이 현재의 다수설이라 할 수 있고[75], 또한 주류적 판례의 입장이기도 하다.[76]

(3) 적극설(적용설)

(가) 근거

제33조 제2항에 따라 등록을 받은 상표에 대하여도 제90조 제1항의 규정이 적용되어야 한다는 견해로서 다음과 같은 근거를 제시하고 있다.

첫째, 상표법 제33조 제2항에 의하여 식별력을 취득하여 등록된 상표에 대하여 상표법 제90조의 적용을 배제할 명문의 근거가 없다.[77]

---

72) 문삼섭(주 2), 310.
73) 이재문, "상표법 제6조 제2항과 제51조와의 관계", 지식재산21 104호(2008. 7), 특허청, 166-167.
74) 이재문(주 75), 167.
75) 박종태(주 22), 210; 특허법원 지적재산소송실무연구회(주 2), 538; 김대원(주 7), 91; 임성규, "기술적 상표의 의의 및 상표법 제6조 제2항과 제51조 제2호의 관계", 대법원판례해설 28호(1997년 상반기), 법원도서관, 612; 최성준(주 26), 139 등.
76) 대법원 1996. 5. 13. 선고 96마217 결정; 대법원 1997. 5. 30. 선고 96다56382 판결; 대법원 1992. 5. 12. 선고 88후974 판결 등.
77) 강동세(주 3), 127.

둘째, 기술적 표장 등이 식별력을 얻었더라도 이는 상표법 제33조 제2항에 의하여 등록상표능력을 취득하는 데 그치는 것이지 이로 인하여 상표의 효력범위를 정한 동법 제90조가 그 적용이 배제될 이유는 없다. 즉, 제33조 제2항은 제90조 제1항의 특별규정이 아니며, 전자는 등록요건을, 후자는 효력범위를 정한 대등한 별개의 기능을 수행하는 법조문이다.78)

셋째, 상표법 제90조는 상표권의 효력이 제한되는 등록상표에 관한 규정이 아니라 상표권자로부터 상표권의 대항을 받지 않고 자유로이 사용할 수 있는 사용상표에 관한 규정이다.79) 즉, 등록상표의 경우, 무효사유의 존부 등에 관계없이 타인이 사용하는 상표가 상표법 제90조 각호의 1에 해당하면 그 부분에 대해서는 상표권의 효력이 미치지 아니하는 것이다. 따라서 등록상표가 제33조 제2항에 해당하여 등록된 것이므로 제90조가 적용되지 않는다는 것은 잘못이다.80)

넷째, 상표법 제90조는 상표권자의 이익을 본질적으로 침해하지 않는 범위 내에서 상표의 사용을 개방하기 위한 규정이며, 모든 등록상표에 대하여 적용되는 규정이다. 따라서 본래적으로(inherently) 식별력이 인정되어 등록된 상표와 달리, 식별력이 없거나 약했던 상표가 제33조 제2항에 의하여 등록되었다고 하여 예외를 인정할 이유는 없다.81)

대법원 판례 중에도 과거에는 이러한 적용설의 입장을 취하였던 사례가 있다.82)

(나) 제90조 제1항의 구체적 적용에 대한 학설의 분기

위와 같은 이유로 제90조가 적용되는 것으로 보는 입장을 취하는 학설을 자세히 들여다보면, 그 구체적인 적용에 있어서는 다시 견해가 나뉘고 있음을 알 수 있다.

첫째, 제90조의 적용에 의하여 제33조 제2항에 의하여 등록된 상표의 금지적 효력이 실질적으로 크게 제한됨을 용인하는 입장(제1설)이 있다. 이 입장에 의하면, 제90조 제1항이 아무런 굴절 없이 적용되는 결과, 등록상표의 관념, 호칭 등을 보통으로 사용하는 방법으로 된 상표에는 상표권의 효력이 미치지 아

---

78) 이상경(주 4), 385.
79) 대법원 1999. 11. 26. 선고 98후1518 판결.
80) 최성우, 「OVA 상표법」(2010년 개정판), 한국특허아카데미(2010), 149.
81) 최성우(주 82), 149.
82) 대법원 1987. 6. 23. 선고 86후4 판결(대일화학 네오물파스 대 현대약품 물파스 사건).

니하고 다만 특수한 도안, 도형, 서체 등과 같이 식별력이 있는 외관부분에는 등록상표가 보통으로 사용하는 방법으로 표시되지 아니한 식별력이 있는 상표인 경우에는 그 외관 부분에만 등록상표의 금지적 효력이 미치는 것으로 본다. 결국 상표법상은 제33조 제2항에 의하여 등록하더라도 그에 따른 금지적 효력은 없고 사용권만 주어지는 경우가 많은데, 그로 인한 문제점은 부정경쟁방지 및 영업비밀보호에 관한 법률(이하 '부정경쟁방지법'이라 약칭함)로 보완할 수 있는 것으로 본다. 이 입장은 상표법 제33조 제2항은 상표는 원칙적으로 같은 조 제1항에 의하여 식별력이 없어 등록능력이 없는 상표이지만 사용에 의하여 식별력을 취득한 상표권자의 기득권 즉 계속적 사용권을 허용하자는 취지이지 누구나 사용할 수 있고 원칙적으로 만인공유의 것을 타인이 보통으로 사용하는 방법으로 된 상표에까지 그 금지청구권을 인정하자는 취지는 아니라고 보는 것이다.[83]

둘째, 제33조 제2항에 의하여 등록된 상표와 동일, 유사한 상표를 그 지정상품과 동일, 유사한 상품에 사용하는 경우에도 제90조 제1항 각호의 1에 해당하면 일응 상표권의 효력이 미치지 않는 것으로 봄이 타당할 것이지만, 대개의 경우 제33조 제2항에 의하여 등록된 상표와 동일한 상표를 사용하는 경우에는 그 사용태양이 '보통으로 사용하는 방법'이라고 보기 어려워 제90조 제1항 제2호에 해당하지 않게 될 것이라고 보는 견해(제2설)가 있다.[84] 이 견해는 논리적으로는 적용설의 입장에 서 있지만, 결과적으로 제90조 제1항 제2호에 관한 한 적용배제설의 입장과 큰 차이를 보이지는 않는다고 할 수 있다. 그러나 제4호에 관하여는 상표법상 등록상표권자의 보호를 위한 적절한 해결방안을 제시하지 못하여 부정경쟁방지법의 도움에 의존하여야 하는 한계를 보인다.

(4) 검토

논리적으로만 보면, 상표법 제90조에서 제33조 제2항에 해당하는 경우에

---

83) 이상경(주 4), 385.

84) 최성우(주 82), 149; 網野誠(주 5), 190도 "(일본 상표법) 제3조 제2항(우리 상표법 제6조 제2항에 해당)에 의하여 등록된 상표와 동일한 상표가 동일한 상품에 대하여 타인에 의하여 사용된 경우에도, 그것이 광의에 있어서의 식별력을 생기게 하는 한에 있어서는 통상 '보통으로 사용되는 방법으로 표시하는 상표'라고는 할 수 없을 것이므로, 제26조(우리 상표법 제51조에 해당)의 규정은 적용되지 않고, 상표권의 효력은 이에 미친다고 해석된다. 그렇지 않으면 제3조 제2항의 존재이유가 인정되지 않는다. 그러나 상품표지로서가 아니라 예를 들어 산지표시로서 사용되고 있는 것이 명백한 경우는 다르다."고 하여 비슷한 입장을 보이고 있다.

그 적용을 배제하는 명시적 근거를 두고 있지 않은 이상, 원칙적으로 그 경우에도 제90조의 적용이 배제되지 않는다고 보는 적용설의 입장이 타당한 것으로 보이는 측면이 없지 않다. 그러나 그렇게 해석할 경우에는 사용에 의한 식별력을 취득한 상표의 효력이 오로지 적극적 효력으로 한정되고 금지적 효력을 가질 수 없게 되어, 이 부분에 대한 상표법의 입법취지를 충분히 달성하지 못하게 되는 현실적인 문제점이 적지 않다고 생각된다. 따라서 결론적으로 다수설(적용배제설)의 입장을 지지한다.

(5) 소결

상표권의 효력제한에 관한 제90조 제1항은 사용에 의한 식별력 취득을 이유로 제33조 제2항에 따라 등록된 상표가 효력이 미치는 범위 내에서는 원칙적으로 적용이 배제되는 것으로 보아야 할 것이다.[85]

다. 유사상품에 대하여 금지적 효력이 미치는지 여부

이와 관련하여 대법원은 "상표의 구성 중 식별력이 없거나 미약한 부분과 동일한 표장이 거래사회에서 오랜 기간 사용된 결과 상표의 등록 또는 지정상품 추가등록 전부터 수요자 간에 누구의 업무에 관련된 상품을 표시하는 것인가 현저하게 인식되어 있는 경우에는 그 부분은 사용된 상품에 관하여 식별력 있는 요부로 보아 상표의 유사 여부를 판단할 수 있으나, 그렇다고 하더라도 그 부분이 사용되지 아니한 상품에 대해서까지 당연히 식별력 있는 요부가 됨을 전제로 하여 상표의 유사 여부를 판단할 수 없다"고 판시하여[86], 등록상표의 구성 중 식별력 없는 일부분이 등록 전 사용에 의한 식별력을 취득한 경우에 해당하여 요부로 볼 수 있다 하여도 이는 '실제로 사용한 상품(또는 이와 동일성 있는 상품)'에 한하여 요부가 될 수 있음을 분명히 하였다.[87]

이 판례에 대하여는 사용에 의하여 식별력을 취득한 상표의 경우, "당해 상표가 사용된 상품과 실질적으로 동일한 상품에 대해서만 상표권의 효력이 미친다"고 판단한 것으로 보는 견해[88]가 있다. 그러나 위 판례의 설시내용이 식별력

---

85) 이것은 필자의 기존입장(적용설 중 제2설 지지)을 수정한 것이다.

86) 대법원 2008. 5. 15. 선고 2005후2977 판결.

87) 박종태(주 22), 42.

88) 특허법원 지적재산소송실무연구회(주 2), 540. 위 판례와는 관계없이, 사용에 의한 식별력 취득을 이유로 등록된 상표의 효력이 실제로 그 상표가 사용된 상품에 한하여 미치고 동일 구분 내의 다른 상품 또는 유사상품에는 미치지 아니하는 것으로 보는 견해로는 이상경(주 4), 386을 들 수 있다. 그러나 그러한 견해는 상표법 제90조와의 관계에서 그 금지적 효력을 부정하는 소수설의 연장선상에 서 있는 것으로서 그 부분에 대한 근거와 마찬

없던 상표가 제33조 제2항에 의하여 등록되면 그 금지적 효력이 '동일한 상품'
에 한하여 미친다는 것을 일반법리로서 선언한 것은 아니고 단지 상표의 유사
여부에 관하여 요부관찰을 할 경우에 한하여 적용되는 원칙을 선언한 것에 불
과하다고 보는 견해[89]도 유력하다.

위 두 가지 견해의 차이가 가장 뚜렷하게 드러나는 것은 상표의 유사 여부
가 문제되지 않는 경우이다. 즉 그 경우에도 첫 번째 견해에 의하면, 유사한 상
품에 대하여는 금지적 효력이 미치지 않는 것으로 보는 것이 판례입장이라고
추단하게 되고, 두 번째 견해에 의하면, 그 경우에는 유사상품에 대하여도 금지
적 효력이 당연히 미치는 것으로 보는 것이 판례입장인 것으로 보게 된다. 그러
나 아직 이 점에 관한 판례의 입장은 분명하지 않은 것으로 보이며, 굳이 둘 중
의 하나를 고르자면, 원칙적으로는 등록상표의 효력이 유사 상품에까지 미치는
것으로 보는 것이 타당하다는 점에서[90] 두 번째 견해가 타당하지 않을까 생각
된다. 그러한 견해를 취할 경우에도, 위 대법원 판례가 다소 형식논리에 치우친
것은 아닌가에 대하여는 신중한 검토가 필요하리라 생각된다.[91]

2. 등록 후에 사용에 의한 식별력을 취득한 상표의 효력

가. 문제의 소재

등록 여부 결정시에는 아직 사용에 의한 식별력을 취득하지 않았음에도 불
구하고 심사관의 착오 등으로 인하여 상표등록을 받아 준 경우라면 그 등록에
무효사유가 있다고 할 수 있다. 그런데 만약 그 등록 시점 이후에 당해 상표가
사용에 의한 식별력을 취득하게 된 경우에는 어떠한 법적 취급을 하는 것이 타
당할 것인지 문제 된다.

가지로 "이러한 상표는 본래 독점적 사용에 적합하지 아니한 만인공유의 것이고 그것의
등록을 인정하는 이유가 그 상표를 사용해 온 자의 계속적 사용권이라는 기득권을 보호해
주는 데 그치는 것이지 새로운 권리(소극적 금지청구권)의 범위를 확장하자는 것이 아니기
때문이다"라는 근거를 제시하고 있음에 유의할 필요가 있다.

89) 박종태(주 22), 43-44.

90) 網野誠(주 5), 188도 "상표의 사용에 의한 식별력 내지 특별 현저성은, 그 상표가 오랜
기간 계속하여 일정한 상품에 사용된 경우에 그 사용된 상품에 대하여만 인정되어야 하므
로 기타의 유사상품에까지 확장하여 인정되는 것은 아니라고 한다. 그러나 사용에 의한 식
별력을 이유로 하여 특정의 상표가 일정상품에 대해 등록된 경우에는 그 상표는 등록된
지정상품에 유사한 상품에 대하여도 상표권의 효력(금지권)이 미침은 물론이다"라고 하여
일단 등록된 후에는 당연히 그 효력이 유사상품에 대하여 미침을 긍정하고 있다.

91) 박종태(주 22), 42-44 참조.

나. 학설의 대립

(1) 무효설

식별력이 없는 상표는 상표등록 후 사용에 의한 식별력을 취득한 경우에도 현행법의 해석상 상표법 117조 제1항 제1호에 의하여 상표등록을 무효로 할 수밖에 없고, 상표권자는 다시 상표등록출원을 하여 상표법 제33조 제2항에 의하여 상표등록을 받아야 할 것이라고 보는 견해이다.[92]

(2) 유효설

무효사유가 있더라도 결국 사용에 의한 식별력을 취득한 이상 하자가 치유된 것으로 볼 수 있다는 입장으로 이해할 수 있다. 실제로 우리나라에서 이 입장을 정면으로 취하는 견해는 잘 보이지 아니하고, 단지 등록 후 사용에 의한 식별력을 취득한 경우에는 결국 부정경쟁방지법 제2조 제1호 가목 또는 나목 규정에 해당하여 금지적 효력을 가지게 될 것인데, 상표법에 의하여 그 효력을 부정하는 것은 타당하지 아니하다는 취지의 견해[93]가 있을 뿐이다.

다. 판례의 입장

과거 '재능교육' 사건에 대한 대법원 1996. 5. 13. 선고 96마217 결정은 "기술적 표장이 상표법 제6조[현행법 제33조] 제2항에 의하여 등록이 되었다면 그러한 등록상표는 같은 항에 의하여 특별현저성을 갖추게 된 것이어서 상표권자는 그 등록상표를 배타적으로 사용할 수 있는 권리를 가지게 되었다고 볼 것이며, 그러한 등록상표에 관한 한 그 상표권은 상표법 제51조[현행법 제90조] 제2호 소정의 상표에도 그 효력을 미칠 수 있다고 보아야 하므로, 그 상표권자는 상표법 제51조[현행법 제90조] 제2호의 규정에 불구하고 타인이 그 등록상표와 동일 또는 유사한 상표를 그 지정상품과 동일 또는 유사한 상품에 상표로서 사용하는 것을 금지시킬 수 있고, 이는 기술적 상표가 등록이 된 이후에 사용에 의하여 상표법 제6조[현행법 제33조] 제2항에서 규정한 특별현저성을 취득한 경우에도 마찬가지라고 봄이 상당하다."고 판시함으로써, 등록 후에 식별력을 취득한 경우에도 등록상표로서의 금지적 효력을 가진다는 결론을 내린 바 있다.

그러나 그 후 대법원 2007. 12. 13. 선고 2005후728 판결('A6'사건)은 등록결정 이후에 식별력을 취득한 부분이 요부로 될 수 있는지 여부와 관련하여,

92) 송영식 외 6인(주 7), 127; 최성우(주 82), 147; 박종태(주 22), 40; 강동세(주 3), 122-123 등.
93) 최성준(주 26), 141.

"상표법 제41조[현행법 제82조] 제1항에서는 '상표권은 설정등록에 의하여 발생한다'라고 규정하여 일정한 요건과 절차를 거쳐서 특허청에 등록된 상표만을 보호하고 있고, 상표법 제52조[현행법 제91조] 제1항에서는 '등록상표의 보호범위는 상표등록출원서에 기재된 상표에 의하여 정하여진다'라고 규정하여 등록상표의 보호범위를 정할 때 상표가 실제 사용되고 있는 태양은 고려하지 않고 있으므로, 등록상표의 구성 중 일부분이 등록결정 당시 식별력이 없었다면 그 부분은 상표법이 정한 일정한 요건과 절차를 거쳐 등록된 것이 아니어서 그 부분만을 분리하여 보호할 수 없고, 그 등록상표의 등록결정 이후 그 부분만을 분리하여 사용한 실태를 고려할 수 있는 것도 아니어서, 식별력이 없던 부분은 등록상표의 등록결정 이후 사용에 의한 식별력을 취득하였더라도 등록상표에서 중심적 식별력을 가지는 부분이 될 수 없다"고 판시하였다.[94]

위 두 판결은 언뜻 보기에는 서로 다른 문제를 다루고 있는 것처럼 보이는 면이 있지만, 실질적으로 서로 충돌하는 입장에 서 있음을 알 수 있다. 즉, 'A6 사건'의 판결은 비록 결합상표 중 원래 식별력 없던 일부분이 등록 이후에 식별력을 가지게 된 등록상표가 대상상표와의 관계에서 유사한지 여부를 판단하는 과정에서의 요부관찰에 대한 것이긴 하지만, 그 논리전개에 비추어 볼 때, 등록 당시 사용에 의한 식별력을 갖추지 못하여 상표등록이 될 수 없었던 상표가 잘못 등록되었다가 등록 후 식별력을 취득한 상표에 대하여도 "상표법이 정한 일정한 요건과 절차를 거쳐 등록된 것이 아니"라는 이유로 그 효력을 부정하는 결론을 내리게 될 것으로 보인다. 이 판결은 위 '재능교육' 사건 판결에서 사건 해결에 필수적이지 않은 부분에 대하여 방론으로 설시한 법리의 타당성을 의문시하면서 사안이 약간 다르다는 이유로 실질적으로 상반되는 결론을 내리게 된 것이라 생각된다.[95]

---

94) 이 판결은 대법원 2014. 3. 20. 선고 2011후3698 전원합의체 판결에 의하여 일부 변경되었으나, 여기에서 다루는 쟁점에 관한 판지가 변경된 것은 아닌 것으로 판단된다. 즉, 위 전원합의체 판결은 A6판결에서 상표 등록 후에 식별력을 취득한 부분을 상표의 유사 여부 판단시에 중심적 식별력을 가지는 부분(요부)로 볼 수 없다고 한 부분을 변경하여, 권리범위 확인심판 등에서 그러한 부분도 요부로 보아야 한다는 취지의 판시를 하였지만, 위 A6 판결이 등록후에 사용에 의한 식별력을 취득한 상표는 그 등록이 무효인 것으로 보는 것을 전제로 한 부분에 대하여는 변경하지 않고 유지하는 취지를 내포하고 있는 것으로 보인다(위 전원합의체 판결의 다수의견에 대한 보충의견 등 참조).

95) 박정희, "상표등록 당시 식별력이 미약하였던 부분이 그 후 사용에 의한 식별력을 취득한 경우, 식별력 있는 요부가 될 수 있는지 여부(2007. 12. 13. 선고 2005후728 판결 : 공 2008상, 72)", 대법원판례해설 통권 74호, 법원도서관(2008), 42 참조.

라. 검토

등록주의를 취하고 있는 우리의 상표법제 하에서 등록의 무효사유는 등록 시점을 기준으로 명료하게 판단하는 것이 법체계적 정합성의 면에서 타당하다. 사용에 의하여 식별력을 취득한 상표라고 하더라도 그 점에서 예외일 수는 없다. 따라서 위 학설 중 무효설이 타당하고 대법원 판례 가운데는 나중에 나온 'A6사건'에 대한 판결의 입장이 타당하다고 생각된다. 구체적 타당성의 면에서 금지적 효력이 인정될 필요가 있는 부분은 역시 부정경쟁방지법의 도움을 받을 수밖에 없을 것이다.

학설 가운데는 결합상표 중 일부는 식별력이 있고 일부는 식별력이 없는 상표가 등록된 경우에는 무효사유가 있는 것은 아니므로, 그 경우에 원래 식별력이 없었던 부분이 등록 후에 사용에 의한 식별력을 취득하게 된 때에는 그 식별력 취득 시점부터 그 부분도 효력을 가진다고 보는 견해[96]가 있으나 'A6사건'에 대한 위 대법원 판결의 경우는 그러한 부분도 원래 가지지 못한 효력을 등록 후에 가지는 것으로 볼 수 없음을 분명히 하고 있다. 그 점에 대한 대법원의 결론도 타당한 것으로 생각된다.

IV. 관련문제

1. 다른 규정과의 관계

가. 선출원주의와의 관계

비록 상표법 제33조 제2항에 의하여 식별력을 취득하였더라도 이것이 타인의 등록상표와 동일 또는 유사하고 그 상표의 지정상품과 동일 또는 유사한 상품에 사용되는 상표라면 그 등록은 상표법 제34조 제1항 제7호의 규정에 의하여 등록할 수 없다. 즉, 선출원주의가 우선적으로 적용된다. 그것이 학설[97] 및 대법원 판례[98]의 입장이다.

---

96) 강동세(주 3), 134.

97) 문삼섭(주 2), 310; 사법연수원(주 3), 59 등.

98) 대법원 1991. 6. 11. 선고 90후2034 판결: "후출원상표가 선출원에 의한 타인의 등록상표와 유사하고 그 상표의 지정상품과 유사한 상품에 사용하는 상표라면, 후출원상표가 국내외에 널리 알려진 저명상표라 하더라도 등록받을 수 없는 것이므로(1990. 9. 28.선고 90후366 판결 참조), 본원상표가 방송매체를 통하여 선전, 광고되어 일반수요자 간에 현저하게 인식되었다 하여 이 점을 선출원등록된 인용상표와 사이에 상표의 유부를 판단하는 한 기준으로 삼아 본원상표가 인용상표와 유사하지 않다는 결론을 낼 수는 없는 것이라 할 것

나. 제34조 제1항 제11호와의 관계

상표법 제33조 제1항 제3호의 상표가 제33조 제2항에 의하여 출원된 경우 품질오인의 우려가 있으면 제34조 제1항 제11호에 의하여 등록이 거절되는지가 문제 된다.

이 문제에 대하여는 "다년간의 사용에 의하여 수요자에게 널리 알려져 있어서 그 상품의 성능이나 우수성이 일반 수요자에게 깊이 인식되어 있는 상표를 등록하지 아니하거나 무효화 시키는 것은 상표제도의 근본목적에 어긋나며, 특정인의 상표로 현저하게 인식된 이상 상품의 품질오인이나 수요자 기만의 우려가 있을 수 없으므로, 이와 같은 상표법 제34조 제1항 제11호에 해당한다고 볼 수 없다"는 견해(적용부정설)도 있으나 국내 학설은 대체로 제33조 제2항에 의하여 구비되는 것은 '자타상품식별력'일 뿐이지 제33조 제2항이 '품질오인에 대한 가능성'까지 배제할 수 있는 것은 아니라 할 것이므로, 제33조 제2항에 의하여 등록된 경우일지라도 품질오인의 염려가 있는 한 제34조 제1항 제11호에 해당한다고 보아야 한다는 입장(적용긍정설)을 취하고 있다.[99]

이러한 적용긍정설의 입장이 타당하며, 대법원 판례도 같은 입장을 취하고 있다.[100]

2. 부정경쟁방지법에 의한 보호 여부

과거에는 사용에 의한 식별력이 인정된 상표의 경우라면 국내에 널리 알려진 상표에 해당하므로 상표법에 의한 보호 이외에 부정경쟁방지법에 의한 보호도 인정될 수 있다고 볼 수 있었으나,[101] 현행법상으로는 제33조 제2항에서 요구하는 인식도가 부정경쟁방지법상의 주지성 요건보다 약간 낮은 면이 있으므로, 부정경쟁방지법에 의한 보호 여부는 동법의 기준에 따라 별도로 판단되어야할 것이다.

〈이해완〉

인바, 원심결은 이와 같은 취지에서 내려진 심결로서 수긍이 되고, 거기에 소론이 지적하는 바와 같은 법리오해의 위법이 있다고 할 수 없다. 논지는 이유 없다."

99) 박종태(주 22), 186; 문삼섭(주 2), 310; 김대원(주 7), 93.
100) 대법원 1987. 7. 7. 선고 86후5 판결; 대법원 1994.3.11. 선고 93후527 판결('모시메리' 사건) 등.
101) 문삼섭(주 2), 310.

> **제33조(상표등록의 요건)**
> [제1항~제2항은 앞에서 해설]
> ③ 제1항 제3호(산지로 한정한다) 또는 제4호에 해당하는 표장이라도 그 표장이 특정 상품에 대한 지리적 표시인 경우에는 그 지리적 표시를 사용한 상품을 지정상품(제38조 제1항에 따라 지정한 상품 및 제86조 제1항에 따라 추가로 지정한 상품을 말한다. 이하 같다)으로 하여 지리적 표시 단체표장등록을 받을 수 있다.

〈소 목 차〉

Ⅰ. 의의   Ⅱ. 해설

Ⅰ. 의의

그 상품의 산지를 보통으로 사용하는 방법으로 표시한 표장만으로 된 상표(제33조 제1항 제3호) 또는 현저한 지리적 명칭이나 그 약어 또는 지도만으로 된 상표(제33조 제1항 제4호)에 해당하더라도 그 표장이 특정 상품에 대한 지리적 표시인 경우에는 그 지리적 표시를 사용한 상품을 지정상품으로 하여 지리적 표시 단체표장등록을 받을 수 있다.

Ⅱ. 해설

2004. 12. 31. 개정 상표법(2005. 7. 1. 시행)에서 지리적 표시 단체표장등록 제도를 마련하면서 본항과 같은 내용을 새로 신설하였다.

지리적 표시는 그 본질상 당해 상품의 산지 또는 현저한 지리적 명칭 등에 해당하는 경우가 일반적이라는 것을 감안하여, 산지 또는 현저한 지리적 명칭 등에 해당하는 상표라도 지리적 표시 단체표장으로 출원된 경우에는 등록을 받을 수 있게 한 것이다.

〈이해완〉

[제34조 전론(前論)] 상표의 동일·유사

Ⅰ. 서설

상표의 '동일'은 주로 상표의 독점적 사용(제89조)과 부정사용이나 불사용에 의한 상표등록취소(제119조 제1항 제2호, 제3호)에서 문제로 되는바, 상표의 '동일'은 해당 조문에 관한 주해부분을 참고하기로 하고, 여기서는 상표의 '유사'에 초점을 맞추어 살펴보기로 한다.

상표의 유사는 상표권의 발생, 효력범위, 소멸, 침해 등 상표법 전반에 걸쳐 규정되어 있는 용어이다. 상표의 유사 개념에 대한 해석의 기본이 되는 법조항은 상표법의 등록요건에 관한 상표법 제34조 제1항 제7호인데, 그 조항에는 출원상표가 선등록상표와 유사할 경우 상표등록이 허용되지 아니하는 것으로 규정되어 있다. 상표법 제34조 제1항 제7호의 "유사 상표"는 문언상으로 상표법 제108조 소정의 상표권의 침해로 보는 행위에서의 "유사 상표"와 동일하고, 부정경쟁방지 및 영업비밀보호에 관한 법률 제2조 제1호 가목의 상품주체혼동행위에서의 "유사 표지 등"과도 동일하다.

상표권의 침해행위는 상표법상 금지청구권(제107조), 손해배상청구권(제109조), 신용회복청구권(제113조)의 요건사실과 상표권침해죄(제230조)의 구성요건이 된다. 또 상품주체혼동행위는 부정경쟁행위를 구성하여 금지청구권(제4조), 손해배상청구권(제5조), 신용회복청구권(제6조), 부정경쟁위반죄(제18조)에 해당하게 된다. 그 결과 상표의 유사는 비단 상표의 등록적격에 그치는 것이 아니라 상표권 침해로 인한 금지청구[1] 및 손해배상청구 등의 침해소송(가처분 사건 포함) 및 상표법위반, 부정경쟁방지법위반의 형사소송, 상표권의 권리범위에 속하는지 여부의 확인을 구하는 권리범위확인심판 사건 등 상표의 등록과 보호의 영역에서 중요한 키워드로 작용하고 있다. 이처럼 상표의 유사는 특허에서의 진보성 개념에 견줄 정도로 상표의 식별력, 상표의 주지저명성, 상표의 사용 등과 더불어 상표법의 기본이 되는 핵심개념이라 할 수 있다. 실제로 상표의 유사 여부는 상표 관련 비즈니스는 물론 민, 형사 분쟁에서 가장 자주 문제되고 소송의 승패를 좌우하는 결정적인 법률상 쟁점으로 작용하고 있다.

법논리적으로 볼 때, 상표의 유사성 판단 기준에 따라 그 판단 자료가 정해지고 그 자료를 기초로 하여 법적 판단이 이루어지기 때문에, 상표 유사에 관한 설명과 분석은 상표 유사의 판단 기준, 판단 자료, 판단 방법의 순서로 살펴보는 것이 타당하다. 그러한 설명과 분석 과정에서 상표의 유사성과 상품출처 혼동 염려와의 관계, 일반적 출처 혼동 염려와 구체적 출처 혼동 염려의 의미와 기능, 상표의 구성요소로서 외관·호칭·관념 및 거래실정의 고려 정도, 결합상표에서 분리관찰의 요건 등의 구체적인 쟁점에 관한 논의가 자연스럽게 부가된다.

한편, 법률문제인 상표의 유사에 관하여 전문적인 경험칙에 따른 판단 기준을 추출하고 이를 체득함으로써, 예를 들어 음란성의 판단 기준에 관하여 적어도 포터 스튜어트 대법관이 말한 "보면 안다(I know it when I see it)"는 식의 답변이라도 할 수 있으려면, 판례에 나타난 다수의 구체적 사례를 분석하는 것이 가장 효과적일 것이다. 그렇지만, 판례에 나타난 모든 사례를 망라할 경우, 일반 수요자나 거래자의 인식수준, 거래실정의 변화 및 사실심에 제출된 판단 자료의 부족 등으로 인하여 재판 당시가 아닌 현재의 관점에서 볼 때는, 상표 유사성에 관한 통일적이고 즉각적인 이해에 도움이 되지 않고 다소 혼동을 야기할 만한 사례[2]가 일부 포함되어 있을 수 있다. 이러한 사정을 감안하여 이 글에서는 논

---

1) 제조, 판매 등 금지 가처분의 경우, 각 권리와 침해의 특성, 판단 기준의 차이, 금전배상에 의한 구제의 실효성 등과 관련하여 특허권 침해보다 상표권 침해의 경우가 좀 더 용이하게 인용되는 각국의 실무 경향이 관찰된다.

2) 이 모두 "비상"만으로 약칭될 수 있다는 이유로 유사 서비스표에 해당한다고 본 사례(대법원 2006. 11. 9. 선고 2006후1964 판결), "ROMEO GIGLI" 중 ROMEO는 "고무로 만든 실내화"란 뜻을 가지고 있어 지정상품과의

란의 소지가 적은 전형적인 사례를 해당 부분에서 소개하는 방식으로 설명하고
자 한다.[3]

Ⅱ. 상표 유사의 의미

　　상표의 유사는 일반적으로, 대비되는 두 개의 상표가 외관(外觀, 시각을 통한
인상), 호칭(呼稱, 청각을 통한 기억), 관념(觀念, 지각을 통한 연상)의 면에서 근사
(近似) 즉, 전부 또는 일부가 유사하여 이를 동일·유사 상품에 사용할 경우 거
래통념상 상품출처의 혼동을 일으킬 염려가 있는 것을 말한다. 상표법이 상표의
저촉 여부에 관한 기준으로서 설정한 상표 유사의 개념은 프랑스법의 위조, 모
조 개념에서 유래한 것으로 추정되며 이는 원래 상표 구성상의 근사성만을 의
미하는 것으로 해석되었다[4]. 그러나 상표법의 본질적 기능은 상품이나 서비스
등 출처의 혼동을 방지하는 것이므로, 외관·호칭·관념의 유사는 형식적 기준
이고 상품출처의 혼동 염려가 실질적 기준이 된다고 보는 것이 오늘날의 지배
적인 학설이고 대법원의 확립된 판례이다[5]. 따라서 단순히 유사성이라는 용어
보다는 이른바 혼동적 유사(confusing similarity)가 더욱 적절한 용어라고 할 수
있다. 다만, 출처의 혼동은 개념이 다소 모호하고 일반 수요자 등의 내심의 상
태를 의미하는 것이어서, 우리 상표법은 상표의 동일·유사라는 객관적이고 정

관계에서 보통명칭에 해당하여 요부가 될 수 없다는 이유로, 로미오 와 유사하지 않
다고 본 사례(대법원 1990. 6. 8. 선고 90후274 판결) 등의 몇몇 사례가 논의 대상으로 되
고 있다.

3) 다양한 사례는, 이상경, 지적재산권소송법, 육법사(1998), 753~854와 전효숙, "상표와 상
품의 동일 유사"(특허소송연구 1집), 지적재산소송실무(특허법원 지적재산소송실무연구회,
박영사) 및 상표법(사법연수원), 상표법(문삼섭, 세창출판사), 지적재산소유권법 하(송영식,
육법사) 등의 책과 논문에 잘 소개되어 있다.

4) 송영식, "약한 상표의 유사범위", 민사판례연구 1, 박영사(1992), 321; 澁谷達紀, 商標法
の理論, 東京大学出版会(1973), 388.

5) "상표의 유사라 함은 대비된 두 개의 상표가 동일한 것은 아니지만 외관, 칭호, 관념의
어느 면에서 서로 비슷한 것을 가리키는 형식적, 기술적 개념으로서 위에서 본 세 가지의
상표의 속성 중에서 무엇을 중심으로 하여 판단하는가에 따라 숙명적으로 결론이 달라질
수 있는 상대적 개념인 것이므로 상표의 유사 여부는 궁극적으로는 상표법의 제도적 목적
인 상표모용에 의한 혼동초래행위를 금하여 상표에 화체된 상표권자의 영업상의 신용을
보호해야 한다는 입장에서 상품의 출처를 혼동할 우려가 있느냐 없느냐를 기준으로 하여
결정하여야 할 것이다."(대법원 1988. 1. 12. 선고 86후77 판결).

형화된 기준을 마련한 것으로 이해할 수 있다. 이와 같이 파악되는 상표 유사의 의미는 우리나라와 마찬가지로 등록주의 법제를 채용하고 있는 일본과 독일의 경우에도 기본적으로 타당하다.

그 반면에, 사용주의에 기초한 미국의 경우에는 상표침해 여부 판단 시 '상표의 유사성(the degree of similarity between the two marks)'은 상위개념으로서 기능하는 것이 아니라 '혼동의 우려(Likelihood of confusion)'를 판단하는 요소 중의 하나인 하위개념으로 작용하고 있는 점에서 우리나라와 차이가 있다. 그러나 미국에서도 상표의 유사성을 보통 시각적 요소(외관), 청각적 요소(발음), 지각적 요소(관념)의 세 가지 속성[6]을 고려하여 판단하고 있으므로, 상표 유사성의 기본적인 개념 자체는 우리나라와 동일하다고 볼 수 있다.

Ⅲ. 상표 유사의 판단 기준

1. 개요

상표 유사의 판단 기준은 뒤에서 살펴보는 바와 같은 학설에 따라 차이가 있으나, 상표(표장)의 유사와 출처의 혼동에 의하는 것으로 보는 것이 일반적 견해이다. 출처의 혼동은 다시 일반적 출처의 혼동과 구체적 출처의 혼동[7]으로 구분되므로, 결국 상표의 유사성은 상표의 유사와 일반적 출처 혼동, 구체적 출처 혼동이라는 세 기준에 의하여 판단하게 된다.

상표의 유사는 곧 표장 자체의 유사를 말한다. 일반적 출처 혼동은 대비되는 두 개의 상표가 붙은 상품이 시장에 유통된다고 가정할 때 거래계의 일반적인 경험칙에 비추어 동일한 생산자·판매자에 의하여 생산·판매되는 것으로 인정하는 것이다. 상표 자체의 유사성, 상품의 동종성, 당해 상표품에 관한 경험칙화한 거래실정 등과 같은 추상적, 형식적인 자료에 의하여 획일적으로 판단된다. 그와 달리 구체적 출처 혼동은 대비되는 상표품이 현실로 시장에서 유통되고 있고 그들 상표품에 관한 구체적인 거래실정에 비추어 동일한 출처로 인정

---

6) Restatement(third) of unfair Competition §21(a)(1995). 예를 들어, Coke와 Koke-Up, Beep와 Veep, Seiko와 Seycos, Yamaha와 Makaha 등의 호칭 유사를 인정하는 것이다.

7) 변증법상 '일반적'의 반대개념은 '개별적', '구체적'의 반대개념은 '추상적'인데, 추상적 출처 혼동과 구체적 출처 혼동으로 구분하지 아니하고 일반적 출처 혼동과 구체적 출처 혼동으로 구분하는 것은 개념상 부정확한 사용례이고, 판례에 나타나는 '일반적 거래실정' 자체가 개념논리에 따르면 구체적 출처 혼동에 포섭되는 것이 아닌가 하는 의문이 든다 (私見).

하는 것이다. 이에 따라 구체적 출처의 혼동 유무는 상표의 표지력의 크기, 주지ㆍ저명성의 정도 등 구체적인 거래실정까지 고려하여 결정된다.

이와 관련하여 거래실정의 범위에 관해서는 논란이 있다. 즉, 1) 당해 업계의 경험칙에서 도출되는 실정인가, 2) 경험칙이라고까지는 말할 수 없는 일반적, 항상적인 실정인가, 3) 당해 상표의 사용에 관련된 개별적, 구체적인 사정인가, 4) 당해 상표의 주지성, 저명성까지 확대되는가 하는 점에 관하여 견해가 일치하지 않는다8). 대법원판례는 상표의 유사 여부 판단시 고려되는 거래실정에 관하여, 시장의 성질, 고객층의 재산이나 지식정도, 전문가인지 여부, 연령, 성별, 당해 상품의 속성과 거래방법9), 거래장소, 고장수리의 사후보장 여부, 상표의 현존 및 사용상황, 상표의 주지정도10), 당해 상품과의 관계11), 수요자의 일상 언어생활 등을 들고 있다12). 이를 수요자층, 유통경로, 거래방법, 상표 채택의 경향, 상표의 사용방법으로 분류하기도 한다. 거래실정은 다시 상품에 관한 거

---

8) 小野昌延, 注解商標法[新版] 上卷, 靑林書院(2005), 273-274. 구체적 출처 혼동의 경우에도 상표 유사 관련 규정의 취지에 비추어 볼 때 일시적으로 존재하거나 극히 제한적인 범위의 수요자군(群)과 국소 지역에서 파악되는 거래실정은 배제함이 상당하다(私見). 이와 관련하여, 미국 법원의 경우 상표의 혼동가능성이 있다고 하기 위해서는, 많은 수(substantial number)의 소비자들에게 혼동가능성이 있어야 하고, 대체로 혼동가능성에 대한 소비자조사결과가 보통 10% 이하인 경우에는 무시할 만하고 12% 이상인 경우에는 혼동가능성에 대한 확실한 증거로 보고 있다고 한다[나종갑, 미국상표법연구, 도서출판 글누리(2006), 432].

9) 거래방법이 현물거래인가 전화ㆍ주문에 의한 거래인가 또는 구체적 출처에 주의를 기울여 거래되는가에 따라 상표의 외관, 호칭, 관념에 대한 중점이 달라지므로 그에 따라 유부 판단의 결과도 달라지며(동경고재 1964. 7. 2.), 화장크림의 거래분야에서는 "Skin"이라는 mark가 다수 존재하므로 "Skin Dew"와 "Skin Deep"과는 혼동의 염려가 없다. 또 독일에서는 의약품의 경우 유사상표 간의 평화적 공존이 많이 보이므로 그러한 거래사정도 참작되어야 한다고 한다[송영식, 지적소유권법 하, 육법사(2008), 259].

10) 일반적으로 상표가 주지, 저명으로 되고 식별력이 현저하게 되면 일반 고객으로 하여금 당해 상표품을 필요적으로 연상케 하는 힘이 커지고 따라서 그만큼 혼동의 염려도 생기기 쉽다. 그러므로 원칙적으로 주지저명 상표, 식별력이 현저한 상표는 넓은 보호가 주어진다. 다만 위와 같은 사정은 일반적 현상에 지나지 않고 경우에 따라서는 식별력이 높고 기억심상이 선명하므로 반대로 출처혼동이 생기기 어려운 경우도 있을 수 있음은 물론이다[송영식(주 9), 259].

11) 혼동 염려의 유무는 상품의 동종성의 정도에도 의존한다. 왜냐하면 경험칙상 상품이 서로 근사하면 근사할수록 혼동의 위험성이 커지고 그 반대의 경우는 낮아진다고 할 수 있기 때문이다[송영식(주 9), 259]. 또한 지정상품은 상품류구분 등에 따라 존재하는 상수로서 어느 입장에 서더라도 상표의 유사성 판단시 표장과 함께 언제나 필수적인 판단 자료로 기능하게 된다. 따라서 상표 유사 사례를 거시하는 경우 표장뿐만 아니라 지정상품도 표시하는 것이 정확할 것이다.

12) 대법원 1996. 7. 30. 선고 95후1821 판결; 1996. 9. 24. 선고 96후153, 191 판결 등.

래실정, 상표에 관한 거래실정, 상표의 호칭 또는 관념을 인정하기 위한 거래실
정으로 구분할 수 있는데 사안별로 이들의 거래실정이 일부 또는 전부 고려될
수 있다13). 대법원판례상 경험칙화한 거래실정으로는 호칭, 관념, 외관 중 호칭
을 중시하는 점14), 문자상표의 경우 약칭하는 경향15), 디자이너의 성명 전체로
된 상표의 사용이 일반화되는 추세에 있어 일반 수요자나 거래자 간에도 성과
이름이 포함된 전체 상표로서 상표의 출처를 인식하는 경향16), 여러 음절의 단
어에서 어두부분이 강하게 발음되고 인식되는 언어관행17) 등을 찾아볼 수 있다.

2. 학설, 판례

상표의 유사와 출처의 혼동 중 어느 하나만을 판단의 기준으로 삼을 것인
가, 아니면 상표의 유사와 출처의 혼동 모두를 판단 기준으로 삼을 것인가, 나
아가 출처의 혼동은 일반적 출처의 혼동인가 아니면 구체적 출처의 혼동인가를
둘러싸고 견해의 대립이 있다.

가. 학설

제1설은 '상표구성 기준설'로 상표의 구성 자체만을 기준으로 상표의 유사
여부를 판단해야 한다는 견해이고, 제2설은 '상품출처혼동 기준설'로 상표의 유
사와 상품출처 혼동 개념은 동일한 것으로서 용어의 차이에 불과하고 결국 상
표의 유사는 출처의 혼동으로 치환된다는 견해이다. 제1설과 제2설 모두 일본의
과거 판례에서 나타나는 견해이고 국내에서 제1설과 제2설을 지지하는 학자는

---

13) 상표에 관한 거래실정으로는 유사한 상표가 다수 존재하는가 하는 상표의 현존상황(유
   사 상표가 다수 존재할 경우에는 혼동 염려가 생기기 어렵다), 상표의 주지저명성(상품출
   처의 혼동 염려가 크게 되는 경우도 있고 저하되는 경우도 있다), 상표의 일반적 사용태양
   (상표가 통상 상품의 어디에 부착되어 있는가, 명료하게 표시되는가, 크게 표시되어 있는
   가 등) 등이 있다. 상표의 호칭·관념에 관한 거래실정으로는 수요자 사이에 장기간 사용
   되어 온 호칭, 당해 상표와 함께 사용되는 상호 기타 명칭의 주지저명성, 상표가 선택된
   때의 사정 등이 있다[비교상표판례연구회 역, 상표판례백선, 박영사(2011), 100-101].
14) 대법원 1996. 9. 6. 선고 96후344 판결, 2000. 2. 25. 선고 97후3050 판결 등. 다만, 호칭
   을 과도하게 중시하면 유사성의 범위가 적정 수준 이상으로 확대되어 '상표권의 정의
   (Justice)'를 해하는 결과가 될 수 있다. 따라서 판례가 말하는 호칭 중시 경향은 모든 상표
   의 경우에 일률적으로 적용하기보다는 지정상품과의 관계, 수요자나 거래자의 범위, 상표
   의 특성(예를 들어, 도형상표, 위치상표) 등을 고려하여 적용되어야 할 경험칙으로 이해함
   이 타당하다(私見).
15) 대법원 1984. 12. 26. 선고 84후70 판결; 1999. 8. 20. 선고 99후567 판결 등.
16) 대법원 2009. 4. 9. 선고 2008후4783 판결.
17) 대법원 1995. 9. 26. 선고 95후439 판결.

없다. 현재는 상표의 유사는 형식적 기준으로, 상품출처의 혼동은 실질적 기준으로 보면서 상표의 유사와 상품출처의 혼동 양자를 포괄하는 절충설만이 존재한다. 제3설은 '일반적 출처 혼동설'로 상품의 출처 혼동은 경험칙화한 거래실정에 따라 획일적, 형식적 기준에 의하여 판단해야 한다는 견해이다. 제4설은 '구체적 출처 혼동설'로, 상품의 출처 혼동은 구체적 거래실정에 의하여 판단해야 한다는 견해이다. 다만, 이 견해에서도 상표의 사용실적이 전혀 없는 경우에는 일반적 거래실정에 의할 수밖에 없는 것이 당연하다.[18]).

나. 판례

대법원은 제1설과 제2설을 채택하고 있지 아니하다. 즉, 대법원[19])은 일관하여 '상표의 유사 여부는, 대비되는 두 상표가 동일 또는 유사한 상품에 사용될 경우에 상품의 출처에 관하여 오인·혼동을 일으킬 우려가 있는가의 여부에 의하여 결정될 것이고, 그 경우 상표의 외관, 관념, 호칭 등에 의하여 거래자에게 주는 인상, 기억, 연상 등을 전체적으로 고찰하여야 한다'고 판시하고 있다. 이와 같이 대법원은 상표법의 목적에 비추어 출처의 혼동을 실질적인 기준으로 삼되, 외관, 관념, 호칭의 유사를 정형화된 기준으로 삼아 상표의 유사를 판단하고 있다.

그런데 대법원이 제3설(일반적 출처 혼동설)을 취하고 있는지, 아니면 제4설(구체적 출처 혼동설)을 취하고 있는지는 명확하지 않다. 일반적 상품출처의 혼동이라는 표현을 사용한 사례[20])와 출원상표가 주지저명 상표인 경우에도 등록상표와의 유사성을 인정한 사례[21])는 제3설에 입각한 것으로 읽혀진다. 반면, 선등록상표의 주지저명성을 인정하여 구체적 출처 혼동 염려가 없다고 보아 등록상표와의 유사성을 부정한 사례(대법원 1996. 7. 30. 선고 95후1821 판결[22]), 1996. 9. 24.

---

18) 학설에 관한 자세한 내용과 검토는 박준석, "판례상 상표의 동일·유사성 판단 기준", 사법논집 39집 참조.

19) 대법원 1986. 3. 11. 선고 85후134 판결; 1990. 9. 28. 선고 90후366 판결 등.

20) 대법원 1982. 11. 23. 선고 80후74 판결; 1997. 5. 16. 선고 96후1736 판결.

21) 대법원 1987. 1. 20. 선고 86후147 판결; 1990. 9. 28. 선고 90후366 판결; 1991. 6. 11. 선고 90후2034 판결 등.

22) 등록상표(**Rolens**)가 선등록상표(ROLEX)와 유사하지 않다고 본 사례. "비록 2개의 상표가 상표 자체의 외관·칭호·관념에서 서로 유사하여 일반적·추상적·정형적으로는 양 상표가 서로 유사해 보인다 하더라도 당해 상품을 둘러싼 일반적인 거래실정, 즉, 시장의 성질, 고객층의 재력이나 지식 정도, 전문가인지 여부, 연령, 성별, 당해 상품의 속성과 거래방법, 거래장소, 고장수리 등 사후관리 여부, 상표의 현존 및 사용 상황, 상표의 주지 정도 및 당해 상품과의 관계, 수요자의 일상 언어생활 등을 종합적·전체적으로

선고 96후 153, 191 판결[23]), 2004. 7. 22. 선고 2004후929 판결[24])), 후출원에 의한 등
록상표의 주지저명성 유무에 따른 구체적 혼동염려의 유무에 의하여 선등록상표
와의 유사성을 판단한 사례[25])는 제4설에 근거한 것으로 해석할 여지가 있다.

　　한편, 일본 최고재판소는 상표등록거절결정에 대한 심결취소사건의 경우[26])

고려하여, 거래사회에서 수요자들이 구체적·개별적으로는 상품의 품질이나 출처에 관하여
오인·혼동할 염려가 없을 경우에는 양 상표가 공존하더라도 당해 상표권자나 수요자 및
거래자들의 보호에 아무런 지장이 없다 할 것이어서, 그러한 상표의 등록을 금지하거나 등
록된 상표를 무효라고 할 수는 없다 할 것이다." 그 밖에 대법원 2000. 1. 21. 선고 99후
2532 판결 역시 위와 동일한 법리를 전제로 하여 서비스표의 유사성을 판시한 바 있다.

23) 위 로렉스 판결에 제시된 법리를 그대로 인용하면서 출원상표(POLO, POLO)가 선등록
　　상표(POLA)와 유사하지 않다고 본 사례.
24) 등록상표(BEEN KID's)가 선등록상표(BEAN POLE)과 유사하지 않다고 본 사례. "당해
　　상표를 둘러싼 일반적인 거래실정, 즉, 시장의 성질, 고객층의 재력이나 지식 정도, 연령,
　　성별, 당해 상품의 속성과 거래방법, 거래장소, 상표의 현존 및 사용 상황, 상표의 주지 정
　　도 및 당해 상품과의 관계 등에 비추어 볼 때 상표가 실제 거래사회에서 전체로서만 사용
　　되고 인식되어져 있어 일부분만으로 상표의 동일성을 인식하기 어려운 경우에는 분리관찰
　　이 적당하지 않다고 할 것이다. 선등록상표 "BEAN POLE"은 'BEAN'과 'POLE' 부분이
　　외관상 구분되어 있고 일련 불가분적으로 결합되어 있는 것은 아니지만 그 전체적인 호칭
　　이 "빈폴"로서 비교적 짧고, 이 사건 등록상표의 출원시인 2001. 2.경을 기준으로 선등록
　　상표가 사용된 기간 및 사용현황, 그 지정상품의 속성과 거래방법, 거래장소, 그 주지 정도
　　및 당해 상품과의 관계 등 기록에 나타난 거래 실정에 비추어 볼 때, 선등록상표는 그 지
　　정상품과 관련하여 일반 수요자나 거래자 사이에서 널리 알려진 상표로서 '빈'이나 '폴'로
　　분리 인식되지 아니하고 그 전체인 "빈폴"로 사용되고 인식되어 진 사실을 알 수 있고, 선
　　등록상표권자인 피고 스스로도 선등록상표가 전체로서만 사용·거래되고 있음을 인정하고
　　있는바, 이러한 구체적인 거래 실정 등을 감안하여 보면 이 사건 등록상표의 출원시에는
　　실제 거래사회에서 일반 수요자나 거래자들이 선등록상표를 "빈폴"로 호칭하지 아니하고
　　'빈'이나 '폴'만으로 분리하여 호칭하는 것은 매우 부자연스럽다고 할 것이므로, 결국
　　"BEEN KID's"로 구성된 이 사건 등록상표는 선등록상표와 그 외관·호칭·관념이 달라
　　전체적으로 유사하지 아니한 상표라고 봄이 상당하다."
25) 대법원 2000. 1. 21. 선고 99후2532 판결; 대법원 2006. 10. 26. 선고 2005후2250 판결.
26) 일본 최고재판소 1968. 2. 7. 판결. 초자(硝子)섬유 업계의 특수한 거래사정에 비추어 보
　　면, 호칭상 근사하더라도 외관·관념이 현저하게 달라서 출처의 오인혼동이 생긴다고 인정
　　하기 어렵다고 본 사례. "상표의 유부는, 대비되는 양 상표가 동일 또는 유사한 상품에 사
　　용되는 경우, 상품의 출처에 오인 혼동을 생기게 할 염려가 있는지의 여부에 따라 결정되
　　는 것이지만, 거기에는 그러한 상품에 사용된 상표가 그 외관, 관념, 칭호 등에 의하여 거
　　래자에게 주는 인상, 기억, 연상 등을 종합하여 전체적으로 고찰하여야 하고, 그와 동시에
　　상품의 거래실정을 밝힐 수 있는 한, 그 구체적인 거래상황에 기초하여 판단하는 것이 상
　　당하다. 상표의 외관, 관념 또는 칭호의 유사는, 그 상표를 사용하는 상품에 대해서 출처의
　　오인 혼동의 염려를 추측케 하는 일응의 기준에 불과하고, 따라서 위 3가지 점 중 그 하나
　　가 유사한 것이라도, 다른 2가지 점에서 현저히 상이한 것과 기타 거래의 실정에 의하여
　　상품의 출처에 오인 혼동을 일으킬 염려가 인정되기 어려운 경우에는, 이를 유사상표라고

(이른바 '氷山印 사건')는 물론 상표권 침해금지등 청구 사건[27])(이른바 '小僧壽司' 사건)에서 분명하게 제4설에 입각한 판시를 하였다.[28])

다. 검토

국내 학계와 실무에서 견해가 일치되는 사항은 다음과 같다. 제1설과 제2설은 채용하지 아니한다. 상표의 유사는 출처의 혼동 염려를 기준으로 하되, 상표의 유사라는 정형적 기준을 반드시 갖추고 있어야 한다. 따라서 상표가 유사하지 않은 경우에는 출처의 혼동 염려가 있더라도 제7호를 적용하지 아니한다.[29]) 상표가 유사하고 일반적 출처 혼동 염려가 있더라도 선등록상표가 주지저명 상표인 경우에 구체적 출처 혼동 염려가 없으면 제7호는 적용되지 아니한다는 것

해석할 수 없다."

27) 일본 최고재판소 1997. 3. 11. 판결. "원심의 사실 인정에 의하면, 1978년 이후에 있어서는 小僧壽司('KOSO SHUSHI') 등의 각 표장은 전체가 불가분 일체의 것으로서 "코소스시"의 호칭을 보이고 기업 그룹으로서의 체인 또는 제조판매에 영향을 미치는 상품을 관념시키는 것으로 보는 것이 상당하며 小僧('KOSO')만으로 약칭된다고 볼 수 없다"고 판시한 사례. "상표의 유사 여부는 동일 또는 유사한 상품에 사용된 상표가 외관, 관념, 호칭 등에 의하여 거래자, 수요자에게 주는 인상, 기억, 연상 등을 종합하여 전체적으로 고찰하여야 하고, 동시에 그 상품의 거래실정을 밝힐 수 있는 한, 그 구체적인 거래상황을 기초로 하여 판단하여야 한다. 위와 같이 상표의 외관, 관념, 호칭의 유사라는 것은 그 상표를 사용한 상품에 관한 출처를 오인 혼동할 염려를 추측케 하는 일응의 기준에 불과하며, 따라서 위 3가지 중 유사한 점이 있더라도 다른 점에 있어서 뚜렷이 다르거나 거래의 실정 등에 의해 상품의 출처를 오인 혼동할 우려가 인정되지 않는 경우에는 이를 유사 상표라고 해석할 수 없다[商標の類否は、同一又は類似の商品に使用された商標が外観、観念、称呼等によって取引者、需要者に与える印象、記憶、連想等を総合して全体的に考察すべきであり、かつ、その商品の取引の実情を明らかにし得る限り、その具体的な取引状況に基づいて判断すべきものである。右のとおり、商標の外観、観念又は称呼の類似は、その商標を使用した商品につき出所を誤認混同するおそれを推測させる一応の基準にすぎず、したがって、右三点のうち類似する点があるとしても、他の点において著しく相違するか、又は取引の実情等によって、何ら商品の出所を誤認混同するおそれが認められないものについては、これを類似商標と解することはできないというべきである（最高裁昭和三九年（行ツ）第一一〇号同四三年二月二七日第三小法廷判決・民集二二巻二号三九九頁参照)]".

28) 다무라(田村善之)는 위 氷山印 사건, SINKA 사건(최고재판소 1960. 10. 4. 판결 シンガー"와 "シンカ"는 추상적으로 비유사할지 모르나, "シンガー"가 저명하다는 구체적 사정을 고려하면 칭호가 유사하다고 본 사례), 橘正宗 사건{최고재판소 1961. 6. 27. 판결, 청주와 소주는 사용자의 감각에 있어 예민하게 구분되고 영업자의 상식으로도 피차 혼동이 생기지 않으므로 비유사하다는 판결(東京高裁 1958. 10. 7.)을 파기하고, 동일 메이커가 청주와 소주의 제조면허를 가지고 있는 경우가 많다는 사정 즉, 구체적 거래실정도 참작하여 유사성(혼동)을 인정한 사례}에 관한 3개의 판결을 주지저명성과 관계없이 구체적 거래실정을 참작하는 것을 허용한 판례로 들고 있다{田村善之, 商標法槪說[第2版], 弘文堂 (2006), 116}.

29) 다만 제10호가 적용될 수 있다.

이다.

그러나 다음과 같은 사항에 관해서는 견해가 일치하지 않거나 아직 본격적인 논의가 이루어지지 않고 있다.

먼저 제7호의 보호대상이 일반적 출처 혼동 방지인지 구체적 출처 혼동 방지인지 여부에 관해서는 견해가 일치되지 않고 있다. 이 문제는 등록유무 판단과 침해여부 판단이 일원적 기준에 의할 것인지, 이원적 기준에 의할 것인지의 문제와도 연결된다. 종래 제7호의 보호대상은 일반적 출처 혼동을 의미하는 것으로 이해하는 견해가 많았다. 상표의 유사 여부는 일반적, 추상적, 정형적으로 판단하는 것으로 다만 주지저명 상표에 한하여 구체적 거래실정을 고려하여 온 것이 대법원판례의 기본적 태도이고, 로렉스나 폴로 사건의 경우에도 당해 상표의 구체적인 거래실정을 고려했다기보다는 양 상표가 혼동의 우려 없이 공존하고 있음이 명백히 밝혀진 경우일 뿐이라고 이해하는 견해이다. 상표법이 가지는 표지법으로서의 기본적인 성격을 유지하고, 아울러 상표제도 운영에 필요한 법적 안정을 도모하기 위해서는 구체적 출처의 혼동 염려를 기준으로 상표의 유사성을 판단하는 예외적 사정의 존재는 수요자 및 거래자들의 보호에 아무런 지장이 없다고 보이는 경우에 한정하여 제한적으로 인정되어야 한다는 것이다[30]. 이에 대하여는 보통은 일반적 출처의 혼동을 의미하더라도 구체적 출처의 혼동이 기록상 인정되거나 파악되는 경우에는 구체적 출처의 혼동 역시 제7호의 보호대상에 포함되는 것으로 보아야 한다는 견해도 국내에서 점점 지지를 얻어가고 있다. 사용주의를 채택하고 있는 미국은 물론 우리와 같이 등록주의를 채택하고 있는 독일, 일본, 지적소유권협회(AIPPI)의 채택결의문 등 국제적 판단기준은 제4설에 입각하고 있다. 이 견해는 기존의 대법원판례를 제3설과 제4설 어느 하나로 입장이 정리된 것이 아니고 사안별로 일반적 또는 구체적 거래실정을 고려하여 해결하고 있는 것으로 이해한다. 상표법의 목적에 비추어 볼 때 증거 등 기록상 구체적 거래실정이 파악되는 한 이를 고려하여 상표의 유사 여부를 판단하는 것이 합리적이라는 것이다.

나아가 주지저명 상표가 아닌 일반의 등록상표의 경우에도 구체적 거래실정을 고려하여 구체적 출처의 혼동 염려가 없다고 볼 가능성을 열어 두어야 하는지, 상표는 유사하고 일반적 출처의 혼동 염려가 없는 경우 구체적 출처의 혼동 염려가 인정될 때 제7호를 적용할 수 있는지 여부, 출원상표의 주지저명성

---

30) 특허법원 지적재산소송실무연구회, 지적재산소송실무, 박영사(2006), 401.

등 출원상표에 관한 구체적 거래실정을 고려하여 출처 혼동 염려가 없다는 이유로 제7호의 적용을 배제할 수 있는지 여부 등의 개별 논점에 관해서는 향후 사례의 축적이나 연구를 통하여 학설과 판례의 정립이 요청되는 사항이라 할 것이다[31].

Ⅳ. 상표 유사의 판단 자료

1. 개요

상표의 유사에는 외관, 호칭, 관념의 유사라는 세 종류가 있다고 하는 것이 등록주의와 사용주의를 불문하고 정설로 되어 있다. 상표가 외관, 호칭, 관념의 속성을 가진다고 보는 것은 일본에서 외국 학설을 참조하여 쇼와(昭和) 시대 초기의 대심원 판결에서 처음 사용된 것[32]으로서 특허법에서 발명의 내용을 목적, 구성, 효과의 총체로 파악하는 것에 비견된다. 외관, 호칭, 관념의 유사는 출처 혼동을 추측하게 하는 일응의 정형적 기준 내지 사실상 추정으로 이해할 수 있다. 다만, 상표의 유사 판단의 자료는 위 세 가지에 고정되는 것은 아니고 상품과 사회경제 상황에 따라 변화할 수 있고 필요한 경우 상품과의 관계 및 거래 실정 또한 상표 유사 여부 판단의 자료에 포함될 수 있는 것으로 이해함이 타당하다.

한편, 미국 상표법인 랜햄법(Lanham Act) §2(d), §32(1), §43(a)는 상표가 혼동가능성(likely to cause confusion)이 있는 경우에는 상표의 등록뿐만 아니라 상표의 사용을 금지한다고 규정함으로써 상표의 유사가 아닌 혼동가능성으로 규율하고 있다. 혼동 염려의 판단시 고려해야 할 요소로 가장 유명한 Polaroid 테스트는 1) 선사용자 상표의 식별력의 강도(the strength of the mark), 2) 상표의 유사성(the degree of similarity between the two marks), 3) 상품의 유사성(the proximity of the products), 4) 선사용자가 후사용자 시장에 진입할 가능성(the likelihood that the prior owner will bridge the gap), 5) 현실적인 혼동(actual confusion), 6) 후사용자의 선의(the reciprocal of defendant's good faith in adopting its own mark), 7) 피고 상품의 품질(품질의 유사성)(the quality of the defendant's product), 8) 수요자의 소

---

31) 이들 쟁점에 관한 자세한 논의는, 졸고, "상표법 제7조 제1항 제7호의 해석론", 특허소송연구 제5집, 350-352 참조.

32) 江口俊夫(정완섭 역), 新商標法解說, 법경출판사(2007), 123.

양(sophistication of the buyers)이다33).

2. 외관 유사

외관 유사란 대비되는 두 상표에 표시된 문자, 도형, 기호, 입체적 형상, 색채 등 상표의 외관상의 형상을 시각에 호소하여 관찰하였을 경우 그들이 상품의 식별표지로서 서로 혼동되기 쉬운 것을 말한다. 즉 시각을 통한 기억에 남아있는 상표와 눈앞에 보이는 상표와의 유사 여부에 관한 것이다. 외관 유사를 판단할 때에는 특히 이격적, 직관적인 관찰이 필요하다34).

상표는 연혁적으로 도형, 기호 등 외관에 호소하는 것으로부터 발달하여 한때 외관이 중시되는 때도 있었으나 오늘날에는 TV나 라디오 등 청각에 호소하는 광고선전매체의 발달로 호칭의 비중이 더 높아졌다. 다만 최근 인터넷과 시각디자인의 발달로 인하여 외관의 중요성이 다시 커지는 추세에 있다는 점을 충분히 고려할 필요가 있다.

보통 도형만으로 구성되거나 도형과 문자의 결합상표 중에서 도형부분이 현저하게 구성된 상표의 경우에는 그 외관이 지배적인 인상을 남긴다 할 것이므로 외관의 유사 여부에 따라 상표의 유사 여부가 결정되는 경우가 많다35).

이브자리 의 요부인 **⊂** 와 **⊂** 의 외관을 비교하여 보면, 전체적인 구성과 거기에서 주는 인상이 유사하여 이를 이격적으로 관찰하는 경우 일부 차이점에도 불구하고 그 외관이 유사하므로, 양 상표는 전체적으로 유사하다고

한 사례36)와 출원상표 **B** 와 선등록상표 **B** 에 대하여, 일반 수요자의 직관적 인식을 기준으로 두 상표의 외관을 이격적으로 관찰하면, 두 표장은 모두 검은색 도형 내부에 옆으로 누운 아치형의 도형 2개가 상하로 배치되어 있는 점, 검은색 도형의 왼쪽 부분이 오른쪽 부분보다 2배 정도 두꺼운 점 등에서 공통되고, 알파벳 'B'를 이용하여 도안화한 것으로 보이는 점에서 모티브가 동일하여 전체적인 구성과 거기에서 주는 지배적 인상이 유사하며, 출원상

---

33) 유영선, "표장과 지정상품의 유사성", 특허법원 홈페이지 게시물 참조.
34) 대법원 1994. 9. 14. 선고 92후544 판결.
35) 대법원 2001. 12. 27. 선고 2001후577 판결; 2000. 12. 26. 선고 98도2743 판결.
36) 대법원 2010. 1. 14. 선고 2009후3770 판결.

표는 검은색 도형이 오각형이어서 상부가 뾰족한 형상을 이루는 반면 선등록상
표는 검은색 도형이 사각형이어서 상부가 평평한 형상인 점 등에서 차이가 있
으나 이는 이격적 관찰로는 쉽게 파악하기 어려운 정도의 차이에 불과하여, 두
표장은 외관이 주는 지배적인 인상이 유사하여 동일·유사한 상품에 다 같이 사
용하는 경우 일반 수요자에게 출처에 관하여 오인·혼동을 일으킬 염려가 있으
므로 서로 유사하다고 한 사례가 있다.

한편, 수많은 종류의 유사 또는 상이한 형상을 통칭(通稱)하는 용어에 의하
여 호칭되고 관념되는 도형상표의 경우에 그 외관의 유사 여부에 관계없이 호
칭과 관념이 유사하다는 이유만으로 대비되는 양 상표가 전체적으로 유사한 상
표라고 한다면 상표의 유사 범위가 지나치게 확대되어 제3자의 상표선택의 자
유를 부당하게 제한하는 불합리한 결과를 가져오는 점에 비추어 볼 때, 추상적,
통칭적인 호칭 및 관념이 유사하더라도 외관의 비유사를 중시하여 판단하고 있
다37). 색채도 상표의 구성요소이므로 외관 유사 여부를 판단할 때에는 당연히
색채도 고려되어야 한다. 일반적으로 다른 구성요소가 같고 색채만이 다른 경우
에는 동일상표로 인정되나(상표법 제225조 제1항) 색채를 달리하면 전혀 다른 인
상을 주는 경우도 있을 수 있다.

3. 호칭 유사

호칭의 유사란 상표를 구성하는 문자, 도형, 기호, 색채에서 생기는 호칭이
귀에 서로 동일·유사하게 들림으로써 상표를 오인·혼동하고 그로 인하여 당해
상품의 출처의 혼동을 일으킬 염려가 있는 경우를 말한다. 청각을 통한 기억에
의하는 것으로서 주로 구두나 전화로 하는 거래에서 문제된다. 오늘날 방송 등
광고선전매체나 전화 등의 광범위한 보급에 따라 상표를 음성매체 등으로 광고
하거나 전화로 상품을 주문하는 일 등이 빈번한 점에 비추어 문자상표의 유사

---

37) 대법원 2002. 4. 12. 선고 2001후683 판결. 등록상표 "과 확인대상표장
"경주빵"의 각 요부인 도형부분은 '얼굴무늬수막새' 또는 '인면문원와당(人
面文圓瓦當)'이라는 추상적·통상적인 호칭·관념의 유사에도 불구하고 전체로서는 명확하
게 상품 출처의 오인·혼동을 피할 수 있는 것으로서 서로 유사하지 않은 상표에 해당한다
고 본 사례(대법원 2009. 5. 28. 선고 2007후4939 판결)도 같은 맥락이다.

여부를 판단할 때에는 호칭의 유사 여부가 가장 중요한 요소라 할 것이다[38]. 외관과 관념이 모두 다르더라도 호칭이 유사하면 유사로 보는 경우가 있는데, 그 예로는 AZTEC과 AZT[39], ISSUE와 ISYOU[40], Oilily와 오리리[41] 등이 있다[42].

최근 사례를 살펴보면, 와 는 외관이 상이하기는 하나 첫음절의 모음만이 'ㅐ' 또는 'ㅏ'와 'ㅗ'로 다를 뿐 첫음절의 초성 및 종성과 끝음절이 동일하여 전체적으로 유사하게 청감되므로 외관의 상이함이 이러한 호칭의 유사성을 압도할 정도에까지 이르렀다고 볼 수 없다는 이유로 유사 상표로 본 판결[43]이 있다.

　결합상표의 경우 거래의 간이 신속을 위하여 그 중 하나의 요부만으로 분리관찰하거나 간략화하여 호칭하는 경향이 있다고 하는 거래사회의 실정이 판례상 인정된다.[44] 한편, 문자상표의 경우 호칭의 유사 여부가 가장 중요한 요소라는 점을 기계적으로 강조하면서 분리관찰과 약칭을 과도하게 인정할 경우에는 상표의 유사 범위가 부당하게 확대될 위험이 있다. 이에 수요자나 거래자의 범위, 지정상품의 특성, 판매방식의 변화 등에 관한 거래실정에 조응하여 구체적, 개별적 사안에서 호칭 유사가 전체 상표의 유사성 판단에서 차지하는 비중이 변동될 수 있음을 유의할 필요가 있다.

　호칭의 유사는 보통 음절수, 초성·중성·종성, 자음·모음, 강음·약음 등에 따라 달라지나 이를 일률적으로 원칙을 정하기는 어려우므로, 결국 호칭 유사 판단에 관한 선례, 수요자의 언어관행, 문법 등을 통하여 귀납적으로 파악할 수밖에 없다. 도형과 문자 또는 문자와 문자가 결합하여 구성된 상표의 경우에는 그 전체로부터 호칭이 발생하기도 하지만 요부로부터 호칭이 발생함이 원칙이다. 하나의 상표에서 복수의 호칭이 발생하는 경우에는 각각을 가지고 대비되는 상표와 유사 여부를 따져 보아야 하고 그 중 하나의 호칭이 대비되는 상표와 동일, 유사할 경우 양 상표가 유사하다고 봄이 일반적이다.

---

38) 대법원 1996. 9. 6. 선고 96후344 판결; 2000. 2. 25. 선고 97후3050 판결 등. '가장 중요한 요소는 '결정적 요소(very persuasive)''에 대응하는 표현이다.
39) 대법원 1996. 6. 11. 선고 95후1968 판결.
40) 대법원 1996. 4. 9. 선고 95후1692 판결.
41) 대법원 1996. 8. 23. 선고 96후23 판결.
42) 송영식(주 9), 257쪽에 열거된 사례.
43) 대법원 2010. 12. 23. 선고 2010후2940 판결.
44) 대법원 1996. 9. 10. 선고 96후283 판결 등.

상표의 호칭은 거래 실제에서의 경험칙에 비추어 자연적, 구체적으로 판단해야 한다[45]. 도형상표는 '나비표', '말표', '토끼머리표' 등과 같이 그 자체가 보통 불리는 자연적 호칭이 있는 때에는 그에 따른다. 문자상표의 경우는 한글 발음의 두음법칙이나 자음접변 현상도 고려해야 한다. 예를 들어 "한라"는 "HELLA 헬라"와 호칭이 유사하다고 해야 한다. 외국어로 이루어진 상표의 호칭은 우리나라의 거래자나 수요자의 대부분이 그 외국어를 보고 특별한 어려움 없이 자연스럽게 하는 발음에 의하여 정하여짐이 원칙이고, 우리나라의 거래자나 수요자가 그 외국어 상표를 특정한 한국어로 표기하고 있는 등의 구체적인 사용실태가 인정되는 경우에는 그와 같은 구체적인 사용실태를 고려하여 외국어 상표의 호칭을 정하여야 한다.[46] 따라서 통상 영어식으로 발음되는 것[47]을 보아야 할 것이나, 약품류의 경우에는 독일어식 발음, 화장품류의 경우에는 프랑스식 발음과 같이 상품에 따라 영어 이외의 발음이 관용될 수 있다. 영어 이외의 발음이 관용되는가는 수요자나 거래자가 어떻게 부르는가에 따르며 상표권자의 국적에 의하여 호칭이 결정되는 것이 아니다[48]. 상표법 제34조 제1항 제13호의 경우에는 해당 규정의 입법취지에 비추어 외국 수요자가 부르는 발음을 호칭으로 인정하여 상표의 유사 여부를 판단함이 상당하다는 하급심 사례[49]가 있다.

4. 관념 유사

관념 유사란 대비되는 두 상표가 가지는 의미 내용이 같거나 혼동되기 쉽기 때문에 이들 상표를 붙인 상품이 동일한 제조업자·판매업자에 의하여 제조·판매하는 상품으로 직감하게 될 염려가 있는 경우를 말한다. 두뇌를 통한 기억이라는 지각적 요인에 의하여 출처의 혼동 염려를 판단하는 것이다. 관념의 유사를 이유로 상표의 유사가 인정된 사례는 매우 드문 편이나, 예를 들어

 SWISS MILITARY 와 SWISS ARMY[50], 🐧21世紀건설팅株式會社 와

---

45) 網野誠(著), 康東壽, 康一宇(共譯), 商標, 대광서림(1990), 423.
46) 대법원 2005. 11. 10. 선고 2004후2093 판결.
47) 대법원 1986. 2. 11. 선고 85후76 판결.
48) 위 85후76 판결. 이 판결은 'BETADINE'의 상표권자가 스위스 사람이라고 하더라도 독일어식 발음인 '베타디네'로 호칭되는 것까지 대비 관찰할 필요는 없다고 하였다.
49) 특허법원 2006. 7. 7. 선고 2005허11049 판결(상고기간 도과로 확정).
50) 대법원 2005. 8. 19. 선고 2003후410 판결.

CENTURY 21 51), UNSTRESS와 STRESS-OUT52), 韓雪花와 雪花53)

는 관념이 동일하거나 극히 유사하여 서로 유사한 상표로 인정된 사례들이다.

상표의 의미내용은 일반 수요자나 거래자를 기준으로 하여 그들이 상표를 보고 직관적으로 깨달을 수 있는 것이어야 하고, 심사숙고하거나 사전을 찾아보고서 비로소 그 뜻을 알 수 있는 것은 고려대상이 될 수 없다54). 조어상표의 경우에는 보통 특정한 관념이 있다고 할 수 없어 대비 대상으로 삼지 아니하고,55) 다른 요소에 의해 유사 여부를 판단하여야 한다. 한편 관념의 유사에서 상표가 가지는 의미 내용이 동일한 경우에 한하여야 하고 유사한 경우는 관념 유사의 범위가 넓어져 부당하므로 제외하여야 한다는 취지의 일본의 하급심 사례가 있으나, 대법원판례는 동일한 경우에 한정하지는 아니하고 유사한 경우까지 포함하는 것으로 보고 있다.56)

V. 상표 유사의 판단 방법

1. 전체적, 객관적, 이격적 관찰의 원칙

상표의 유사 여부는 상표의 외관·호칭·관념을 일반 수요자나 거래자의 입장에서 전체적, 객관적, 이격적으로 관찰하여 상품의 출처에 관하여 오인·혼동

---

51) 대법원 2001. 12. 28. 선고 2001후2467 판결.

52) 대법원 2005. 4. 9. 선고 2003후1680 판결.

53) 대법원 2013. 1. 16. 선고 2011후3322 판결. 이 판결은 "양 상표는 외관 및 호칭에 차이가 있기는 하지만 관념의 유사를 압도할 정도에까지 이르렀다고 할 수 없으므로, 관념이 유사한 양 상표를 동일·유사한 지정상품에 함께 사용할 경우 일반 수요자나 거래자로 하여금 상품의 출처에 관하여 오인·혼동을 일으키게 할 염려가 있고, 따라서 양 상표는 서로 유사하다."고 판시하였다.

54) 대법원 1992. 10. 23. 선고 92후896 판결은 CAMELLIA를 직관적으로 동백나무의 의미를 지닌 단어라고 인식할 수 없다고 보았다. WING과 날개를 비유사로 보거나(대법원 1993. 7. 13. 선고 92후2120 판결), SUBWAY와 지하철을 비유사로 본 사례 [특허법원 2008. 5. 29. 선고 2007허11623 판결(심리불속행 상고기각)] 및 OSEAN PEARL과 眞珠에 관하여 "우리나라의 일반소비자가 OSEAN PEARL을 보고서 지정상품과 관련하여 직관적으로 "진주"라는 뜻으로 보편적으로 인식할 수 있다고 보기도 어려운데다가, 외관과 칭호가 너무 달라서 비록 관념상으로는 일부 동일 또는 유사한 점이 있다고 하더라도 일반 수요자의 입장에서 전체적, 객관적, 이격적으로 관찰하면 양 상표는 서로 유사하지 아니하다."(대법원 1996. 2. 28. 선고 96후931 판결)는 사례의 경우에도 마찬가지의 범주다.

55) 대법원 1999. 7. 9. 선고 98후2887 판결.

56) 위 2003후410 판결.

을 일으킬 우려가 있는지 여부에 의하여 판단하여야 하는 것이다57). 이와 같이
상표 유사 판단은 전체적, 객관적, 이격적 관찰에 의하여야 하는 것이 원칙이다.

전체적 관찰은 상표의 구성요소 전체에서 느껴지는 일반 수요자의 심리를
기준으로 관찰하는 것을 의미한다. 외관·호칭·관념 중 어느 하나가 유사하면
대개 유사상표라고 볼 여지가 많지만 다른 점도 고려할 때 전체로서는 명확히
출처의 혼동을 피할 수 있는 경우에는 유사상표라고 할 수 없다는 것이다. 전체
적 관찰의 원칙은 흔히 "대비되는 상표 사이에 유사한 부분이 있다고 하더라도
그 부분만으로 분리인식될 가능성이 희박하거나 전체적으로 관찰할 때 명확히
출처의 혼동을 피할 수 있는 경우에는 유사상표라고 할 수 없다58)"는 법리로
표현된다. 객관적 관찰은, 거래상 일반인이 갖는 통상의 주의력을 기준으로 관
찰하는 것을 의미하고, 수요자층, 상품 가격의 고저(高低) 등에 따라 주의력의
수준이 변동된다. 일반 수요자의 직관적인 인식을 기준으로 하여야 하므로 심사
숙고하여야 하거나 사전을 찾아보아야 하는 경우에는 유사하다고 할 수 없다.
예컨대, "TO-A"라는 영문의 표기만을 보고 "동아"의 일본어표기라고 알아차려
"동아"를 연상한다 함은 우리나라에서 일반적으로 기대하기 어려운 것이다.59)
이격적 관찰은 두 상표를 나란히 대비하는 것60)이 아니라 때와 장소를 달리하
여 상표를 대하는 자가 상표를 헷갈려하는지 여부를 전제로 관찰하는 것을 의
미한다. 이격적 관찰은 외관의 유사 여부를 판단할 때 특히 강조되지만,61) 호칭
이나 관념의 유사 여부를 판단할 때에도 이격적 관찰의 전제에서 판단이 이루
어져야 함은 물론이다.

---

57) 대법원 2002. 11. 26. 선고 2001후3415 판결 등.
58) "상표의 유사 여부는 대비하는 두 상표가 동일 또는 유사한 상품에 사용되는 경우에 상
    품의 출소에 관하여 오인, 혼동을 가져올 우려가 있는가의 여부에 의하여 결정 되어지는
    것이므로, 외관, 칭호, 관념 중에서 어느 하나가 유사하더라도 다른 점을 고려할 때 전체로
    서는 명확히 출소의 혼동을 피할 수 있는 경우에는 유사상표라고 할 수 없다."(대법원
    1982. 6. 8. 선고 81후29 판결)", "상표의 유사 여부는 그 외관, 칭호 및 관념을 객관적, 전
    체적, 이격적으로 관찰하여 그 지정상품의 거래에서 일반 수요자나 거래자가 상표에 대하
    여 느끼는 직관적 인식을 기준으로 하여 그 상품의 출처에 관하여 오인·혼동을 일으키게
    할 우려가 있는지 여부에 따라 판단하여야 하므로, 대비되는 상표 사이에 유사한 부분이
    있다고 하더라도 그 부분만으로 분리인식될 가능성이 희박하거나 전체적으로 관찰할 때
    명확히 출처의 혼동을 피할 수 있는 경우에는 유사상표라고 할 수 없다고 할 것이다"(대법
    원 2006. 8. 25. 선고 2005후2908 판결, 2012. 4. 12. 선고 2012후351 판결 등).
59) 대법원 1990. 8. 28. 선고 90후595 판결.
60) 이를 대비(對比)관찰이라 한다. 디자인 사건은 대비관찰에 의한다.
61) 대법원 2014. 1. 23. 선고 2013후1900 판결.

2. 각 관찰 방법의 실무상 의의

객관적 관찰은 상표의 유사 여부 판단시 판단 주체로서의 의미를 가지면서 항상 판단과정의 표면이 아닌 이면(裏面)에서 고려되는 것이고,[62] 전체적 관찰에는 요부관찰이라는 병행수단이 오히려 원칙처럼 인식될 정도로 자주 행해지므로,[63] 결국 이격적 관찰[64]만이 예외 없는 원칙이라 할 수 있다. 법원의 판결이유를 보면, 상표의 유사 여부 판단시 위 판단 방법 전부를 하나의 강령처럼 전면에 내세우기보다는 사안별로 전체적 관찰을 강조하거나 이격적 관찰을 강조하는 식으로 사안을 해결하는 경향이 있다. 복수의 구성부분으로 이루어진 결합상표의 경우 전체관찰의 수정으로서 분리관찰이 허용되는지 여부가 명확하지 아니하여, 실무상 가장 빈번히 문제될 뿐만 아니라 가장 까다로운 문제에 속한다. 결합상표에서의 분리관찰 문제는 다음 항에서 살펴본다.

3. 결합상표에서의 분리관찰

가. 전체관찰, 요부관찰, 분리관찰의 관계

(1) 개요

전체관찰은 상표의 유사 여부 판단의 원칙으로서 항상 필요한 것이고, 전체 표장 가운데 분리 가능한 요부가 있는 경우에 예외적으로 요부관찰을 병행하는 것이다. 대법원판례 역시 상표의 유사 여부 판단시 전체관찰이 원칙이고, 예외적으로 결합상표에서 분리 가능한 요부에 의한 대비 관찰이 허용됨을 밝히고

---

62) 따라서 법리 설시 중 객관적 관찰이 일반 수요자의 직관적 인식 등의 표현과 동시에 사용되는 것은 중복적 기재라고 할 수 있다.

63) 실제로는, 순일(純一)하게 요부만으로 구성된 단일상표는 오히려 드물고 요부와 비요부가 포함된 결합상표가 대부분일 것이기 때문에, 요부관찰은 예외적인 현상이라기보다는 오히려 원칙적인 현상인 것처럼 빈번히 행해질 수밖에 없다.

64) 대법원 1989. 12. 12. 선고 88후1335 판결은 "이격적으로 관찰한다고 함은 두개의 상표를 놓고 대비하여 관찰하는 것이 아니라 별도의 기회에 별개의 장소에서 상표를 대하였을 때 다른 상표에 대한 유사감을 불러일으킬 수 있는지의 여부를 함을 뜻한다."라고 판시하였다. 상품을 구입하려는 소비자는 지난날 다른 곳에서 알게 된 상표에 대한 기억과 이미지를 실마리로 하여 거래하는 것이 일반적이므로, 이격적 관찰은 사물의 이치 내지 본성에 맞는 것이다. 다만 이격적 관찰을 관념적으로 강조할 경우에는 분리관찰로 경도할 때와 마찬가지로 상표의 유사 범위를 과도하게 확장시킬 수 있음을 유의할 필요가 있다. 즉, 이격적 관찰은 기억의 유지 내지 망각의 정도를 추상적, 관념적으로 전제하기 때문에 이를 과대평가할 경우에는 예를 들어, family mark나 시리즈 상표 등의 다른 사정이 없는 경우에도, 개라는 도형상표를 선등록상표로 하여 삽사리, 진돗개 등 개가 포함된 모든 유형의 후출원상표를 제7호 소정의 유사상표에 해당하여 등록을 배제해야 한다는 주장에 이르게 될 위험이 있는 것이다(私見).

있다65). 분리관찰은 전체 표장에서 분리된 구성부분 모두가 대비대상이 되는 것은 아니고 요부 추출을 위한 방법 내지 수단에 불과하므로, 엄격한 의미에서는 요부관찰을 위한 수단이라 할 것이고 전체관찰이나 요부관찰과 비견되는 독자적인 관찰방법으로 볼 수는 없는 것이다.

(2) 전체관찰과 요부관찰의 관계

먼저 전체관찰을 한 다음, 전체관찰의 예외로서 전체로서의 일체성(一體性)이 약하고 부가적으로 인식되는 부분 즉, 윤곽이나 장식적, 부기적인 부분과 같이 식별기능에 영향이 없는 부분이 있는 때에는 그것을 제외한 요부66) 즉, "특히 수요자의 주의를 끌고 그런 부분이 존재함으로써 비로소 그 상표의 식별기능이 인정되는 부분,"67) "독립하여 자타상품의 식별기능이 있는 구성부분68)"이 가지는 외관·호칭·관념에 의한 요부관찰이 이루어진다고 설명하는 것이 일반적이다.69) 일본의 대표적 상표법학자인 아미노(網野誠)는 요부관찰을 '전체관찰의 수단인 동시에 결과'라고 표현70)하였는데, 이는 요부관찰이 전체관찰의 내용이라는 것을 의미하는 것은 아니라 할 것이다. 전체관찰은 문언 그대로 표장 전체를 대비의 대상으로 삼는 반면, 요부관찰은 표장 가운데서 중심적 식별력을 가지는 구성 일부만을 가지고서 대비의 대상으로 삼는 것이므로, 요부관찰은 상표의 유사 여부 판단에 관한 정당한 결론을 도출하기 위하여 전체관찰과 병행하여 사용되는 별개의 독자적인 관찰방법이라 할 것이다71).

---

65) 대법원 1987. 2. 24. 선고 86후136 판결; 1999. 7. 23. 선고 98후2382 판결.

66) 요부(要部)라고 하는 용어는 영국 상표법의「Prominent Part」에서 유래하였는데, 요부라는 말 이외에 중심적 식별력을 가지는 부분, 주요부, 주요부분, 중요한 구성부분, 세인의 주의를 현저하게 야기하는 부분, 자타상품의 식별력을 가지는 부분, 수요자들이 누구의 업무에 관계되는가를 인식할 수 있는 부분 등의 용어로 표현되기도 한다. 자타상품의 식별력이 없는 구성부분은 요부에 포함되지 않는다고 보는 견해가 통설이다. 예를 들어 "무궁화 사인펜"이라는 표장 중 무궁화만이 요부인 것이다.

67) 대법원 1994. 5. 24. 선고 94후265 판결.

68) 대법원 2006. 11. 9. 선고 2005후1134 판결 등.

69) 小野昌延(주 8), 273; 竹田稔, 知的財産權侵害要論, 發明協會(2004), 629; 網野誠, 395.

70) 網野誠(주 45), 395.

71) 따라서 이 점에서 상표의 유사성 판단은 디자인의 유사성 판단과 구별된다 할 것이다. 즉, 디자인의 유사성 판단은 통상 디자인의 지배적 특징부분 즉, 요부를 추출하여 양 디자인 사이의 요부의 공통 여부를 검토하여, 요부가 상이하면 비유사라는 결론을 내리고 만일 요부가 공통되면 다시 요부 이외의 나머지 상이한 요소가 전체적인 심미감에 영향을 미치는지 여부를 살펴보는 논리구조를 가지므로, 디자인 사건에서 요부의 분리, 추출을 통한 대비는 전체관찰의 내용이라고 할 수 있으나, 상표 사건에서는 요부의 유사 자체만으로 상품 출처의 오인, 혼동 염려를 판정하므로, 요부관찰은 독자적인 별개의 관찰방법인 것이다 (私見).

이와 같이 전체관찰이 상표의 유사성 판단시 원칙적인 관찰방법이라는 점은 세계 각국의 보편적인 현상이다. 즉, 미국에서는 이미 1931년 상표의 유사여부는 상표를 분해하거나(analyze) 또는 절개하여(dissect) 판단해서는 안 된다는 원칙[72]이 확립되었고, 세계지적소유권협회(AIPPI, Association Internationale pour la protection de la Propriete Intellectuelle)도 이 문제를 의제(Question)로 채택하여 다년간 연구한 결과 1995년 몬트리올 총회에서 "상표의 유사성은 상표가 관련 공중(relevant public)에 의하여 어떻게 인식될 것인지의 관점에서 그리고 사용 환경에 놓여 있는 관련 공중에게 미치는 영향의 관점에서 판단되어야 한다. 각각의 상표에 의하여 형성되는 전체적인 인상(overall impression)에 의한 비교판단이 통상 결정적일 수 있다. 전체적인 인상을 판단함에 있어서, 상표는 그 구성요소별로 분해되어서는 안 되고, 그리고 부분적으로 비교 판단되어서도 안 된다. 왜냐하면 상표의 분해된 부분은 관련 공중에 의하여 인식되거나 기억될 수 있는 상표 그 자체가 아니기 때문이다."라는 취지의 결의문(Resolution)을 채택함으로써, 전체관찰의 원칙을 강조한 바 있다[73].

(3) 요부관찰과 분리관찰의 관계

분리관찰은 특히 1개의 상표에 2개 이상의 요부를 가지는 결합상표의 경우에 행하여지는데, 각 요부가 독립하여 자타상품의 식별기능이 있는 때에는 각 요부를 분리하여 각각이 가지는 외관 등에 의하여 유부(類否) 판단을 하는 것이 허용된다.[74] 또한 '분리관찰은 요부관찰을 하기 위해서는 필요하나, 요부관찰을 하는 데는 반드시 분리관찰이 필요한 것은 아니고, 요부가 아닌 부분을 사상(捨象)하는 것은 분리관찰이 아닌 전체관찰의 결과'라고 설명된다[75]. 요부관찰은, 표장 중 각 요부인 각 구성부분을 분리하여 추출하거나 각 구성부분 중 비요부가 제외됨으로써 추출되는 요부를 통한 대비방법을 의미한다. 이를 세부적인 행위태양(行爲態樣)으로 분석하여 도식화하면, 【요부관찰 = 분리·추출(분리관찰) + 분리함이 없는 추출(협의의 요부관찰)】이 될 것이다. 따라서 분리관찰은, 상표의 유사 여부에 관한 판단방법으로서 통상 전체관찰 및 요부관찰과 병렬적으로 설명되고 있지만, 엄밀히 말하면, 분리관찰은 요부관찰의 수단에 불과할 뿐이고 전체관찰, 요부관찰과 대등한 지위를 갖는 독자적인 관찰방법이라고는 할 수 없다.

---

72) Simoniz Co. v. Permanizing Stations of America, Inc., 49 F. 2d 846, 847(C.C.P.A. 1931).
73) 최덕규, 상표법, 세창출판사(1999), 323-327.
74) 小野昌延(주 8), 273.
75) 網野誠(주 45), 401.

나. 결합상표에서 분리관찰

(1) 판단의 단계

결합상표의 유사 여부 판단은, 첫째 분리 가능한 경우를 정하는 것, 둘째 분리해낸 구성부분 중 대비대상으로 삼는 요부를 인정하는 것, 셋째 요부 유사라도 출처의 오인·혼동 염려76)가 없으면 비유사로 판정해야 한다는 여지를 남겨두는 것이라는 세 단계로 이루어진다. 그런데 요부 유사임에도 비유사로 판정되는 사례는 매우 드물 것이고, 분리된 구성부분 중 요부로 인정하는 것 역시 법리가 대체로 명료하여 적용상 큰 어려움은 없으므로,77) 둘째, 셋째의 단계는 실제로 크게 문제되지는 않고 있다. 반면 첫째의 단계인 분리 가능성 여부에 관해서는 상표분쟁이 끊이지 않고 있으며, 심지어 판결의 모순 저촉 내지 예측 가능성을 해친다는 비판까지 제기되고 있는 실정이다.

(2) 분리 가능성

(가) 판단 기준

종래 대법원은 분리관찰이 가능한 요건으로 "(구성부분의) 결합으로 특별한

---

76) 앞서 살펴본 바와 같이 상표법 제34조 제1항 제7호는 일반적 출처의 오인·혼동 방지뿐만 아니라 구체적 출처의 오인·혼동 방지를 위한 규정이므로, 여기에는 일반적, 구체적 출처의 오인·혼동 염려가 모두 포함된다.

77) 지정상품과의 관계에서 보통명칭, 관용표장, 기술적 표장, 업종 표시나 기타 식별력이 없는 부분은 요부가 될 수 없다[대법원 2000. 1. 28. 선고 97후3272 판결('MR.'나 'Mister' 부분은 누구나 사용하는 호칭 내지 일반인의 호칭에 덧붙여 사용하는 단어에 불과하고, 'MR. PIZZA' 역시 그 결합으로 새로운 관념을 형성한다고 보기 어려워 요부가 될 수 없다고 본 사례)]는 점에 대해서는 이론(異論)이 없다. "상표의 구성 중 식별력이 없거나 미약한 부분은 그 부분만으로 요부가 된다고 할 수 없으므로 일반 수요자나 거래자들이 식별력이 없거나 미약한 부분만으로 간략하게 호칭하거나 관념하지는 아니한다고 봄이 상당하고, 이는 그 부분이 다른 문자 등과 결합하여 있는 경우라도 마찬가지이다. 그리고 상표의 구성 부분이 식별력이 없거나 미약한지 여부는 그 구성 부분이 지니고 있는 관념, 지정상품과의 관계 및 거래사회의 실정 등을 감안하여 객관적으로 결정하여야 한다."(대법원 2006. 5. 25. 선고 2004후912 판결, 2009. 11. 26. 선고 2007후2070 판결 등). 예를 들어, 출원상표 " HUGO energise "의 구성 중 'energise' 부분은 지정상품 'Toilet soaps(화장비누), perfumes(향수)' 등과의 관계에서 식별력이 미약하여 요부에 해당한다고 볼 수 없으므로, 출원상표와 선등록상표 " ENERGIZE "는 표장이 서로 달라 동일·유사 상표에 해당하지 않는다고 판단하게 되는 것이다(위 2007후2070 판결). 다만, 식별력이 없거나 미약한 부분이 아니라면 모두 요부가 되는 것은 아니고, 중심적 식별력을 가져야 요부가 된다는 점을 유의할 필요가 있다.

관념을 낳는 것도 아니고 분리 관찰되면 거래상 자연스럽지 못하다고 여겨질 정
도로 불가분적으로 결합되어 있다고 할 수 없는 한78)"이라는 등의 표현을 기본
으로 하면서 약간의 변형을 하여 왔다. 1) 각 구성부분이 결합(융합)하여 자타상
품의 식별기능을 발휘할 수 있는 특유한 외관이나 호칭이 형성(창출)되는 경우를
포괄하지 못하고, 2) 특별한 관념 내지 새로운 관념이 무엇을 의미하는지가 모호
하여 사실상 조어(造語)에 한하는 것79)으로 지나치게 엄격하게 운용되어 왔다는
실무상 비판에 대응하여, 결합상표에서 분리가능성 기준에 관하여, "각 구성부분
이 결합하여 자타상품의 식별표지로 기능할 수 있는 정도의 외관, 호칭 또는 관
념이 형성되었거나 각 구성부분이 불가분하게 결합되어 있다고 보는 것이 거래
상 자연스럽게 여겨지는 경우 등이 아닐 경우에, 그 전체 구성 중 요부를 이루는
일부만을 분리 내지 추출"할 수 있다는 취지의 판시가 나온 바 있다.80)

　　일본의 주해상표법(注解商標法)에 제시된 기준은 비교적 상세하고 합리성이
있어 참고할 만하다. 1) 결합의 상태 즉, 구성상 일체적인가, 2) 전체 구성으로
부터 일정한 외관, 호칭, 관념이 생기는가, 3) 식별력이 강한 부분과 약한 부분
이 없는가, 4) 일부만이 특히 수요자에게 인상을 심어주는 부분이 없는가, 5) 호
칭한 경우 분리되지 않고 일련(一連)으로 호칭되는가 등의 테스트를 종합적으로
고려하여, 위 항목에 대해서 모두 "NO"이면 분리가 가능하다는 것이다.81)

---

78) 대법원 1999. 3. 12. 선고 98후2412 판결 등.

79) "영문자 'Evening'이나 'Flower'가 흔히 사용되는 기초적인 영어단어이어서 이 두 단어
　　가 결합한 이 사건 출원상표를 보고 일반 수요자나 거래자가 원심이 판단한 바와 같이 '저
　　녁에 피는 꽃'이라는 뜻으로도 인식할 수는 있으나, 이 사건 출원상표는 단순한 조어에 불
　　과하여 일반 소비자 등이 항상 그와 같이만 관념한다고 볼 수도 없을 뿐만 아니라, 그러한
　　의미는 영문자 'Evening'과 'Flower' 두 단어가 가지는 각각의 의미를 단순히 합친 것에 불
　　과한 것으로서 그 이상의 새로운 관념이 형성되었다고 할 수도 없고, 또한 이 사건 출원상
　　표는 외관상 두 단어가 서로 분리되어 있어, 이를 분리하여 관찰하면 부자연스러울 정도로
　　밀접하게 결합되어 있는 것도 아니어서 'Evening'과 'Flower'만으로도 각기 분리관찰될 수
　　있다."(대법원 2001. 9. 28. 선고 2001후2139 판결). 이와 같이 대법원은 "본래의 의미를 떠
　　나 새로운 특정한 관념을 낳는다거나 전혀 새로운 조어가 되었다고 할 수 없어"라는 기준
　　에 입각한 판시를 함으로써(대법원 1996. 6. 11. 선고 95후1890 판결), 두 단어의 의미를
　　합친 합성어(合成語)만으로는 전체관찰되지 않는 것으로 사실상 좁게 운영하여 왔다는 비
　　판이 제기되기도 하였다. 다만, 누들로드에 관하여, "전체로는 '실크로드'와 같은 형태로
　　'누들(국수)이 전파된 경로' 등의 새로운 관념을 떠올리게" 한다(대법원 2012. 4. 12. 선고
　　2012후351 판결)고 하고, "DEEP-SEA" 부분에 관하여, 영문자 'DEEP'과 'SEA'가 하이픈
　　으로 연결됨으로써 '심해의, 원양의' 등의 뜻을 가진 새로운 관념을 형성하는 단어로 된
　　(다)"(대법원 1999. 11. 23. 선고 99후2044 판결)라는 등의 이유로 분리하여 관찰하는 것이
　　자연스럽지 못하다고 판시하는 등 사안별로 이와 다른 경향의 판례 또한 존재한다.

80) 대법원 2008. 10. 9. 선고 2008후1470 판결.

(나) 주장, 증명책임

　결합상표에서 분리 가능성의 유무를 판단하는 것은, 일반 수요자나 거래자의 직관적 인식을 기준으로 하여, 상표 자체의 구성, 지정상품과의 관계에서 결합상표를 일체로 보는 것이 거래상 자연스러운가를 평가하는 작업으로서, 이는 판단자에 의한 추상적인 판단이 아니라 구체적인 사실인정을 바탕으로 한 규범적 판단이라 할 것이다.[82] 상표법 제34조 제1항 제7호의 등록무효사유는 대상 상표에 그 무효사유가 있음을 주장하는 적극적 당사자인 원고(당사자계 사건의 경우)나 특허청장(거절계 사건의 경우)이 증명하여야 한다. 그리고 특정 상표의 유사 여부는 법률문제임이 분명하지만, 상표가 분리될 것인지의 여부는 본래 사실 인정에 기초하는 것이므로 반드시 증거 내지 경험칙에 의하여 인정되어야 할 것이다.[83]

다. 전체관찰과 분리관찰 사례
(1) 분리관찰이 가능하여 유사하다고 본 사례

* BOBBI BROWN essentials : 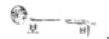 , FUNKY BROWN [대법원 2000. 4. 11. 선고 98후2627 판결]
* Evening Flower : 이브닝 [대법원 2001. 9. 28. 선고 2001후2139 판결]
* 25時 : LG 25時 [대법원 2006. 11. 9. 선고 2005후1134 판결]
* 홍초불닭 : 불 닭 [대법원 2006. 12. 8. 선고 2005후-674 판결]
* GREATSPIDER : Spikes-Spider [대법원 2007. 3. 29. 선고 2006후3502 판결]
* LEMON : LemonBall [대법원 2007. 7. 13. 선고 2007

---

81) 小野昌延(주 8), 277.
82) 대법원 2003. 1. 10. 선고 2001후2986 판결에서도 구체적인 거래실정을 감안하여 상표의 호칭을 정한 바 있다.
83) 대법원 2005. 11. 10. 선고 2004후2093 판결은 상표 ZEISS를 "짜이스" 내지 "자이스"로 호칭하고 있는 사용실태에 근거하여, "제이스"로 호칭되어 선등록상표 ZEUS와 유사하다고 본 원심을 파기하였다.

후951 판결]

* LUIGI'S MANSION : **MANSION CASINO** [대법원 2007. 10. 11. 선고 2007후2612 판결]

* **DRAGON QUEST** : [대법원 2008. 2. 28. 선고 2006후4086 판결]

* *ROSEFANFAN* : ROSE, **PANPAN** [대법원 2008. 3. 27. 선고 2006후3335 판결]

* *SPL* Sewon Plastic Labware : **SEWON CELLONTECH** 세원셀론텍(주) [대법원 2008. 10. 9. 선고 2008후1395 판결]

* CIRCLE SURROUND AUTOMOTIVE: **Circle** [대법원 2008. 10. 9. 선고 2008후1470 판결84)]

* **GEORGES MARCIANO** : GUESS BY MARCIANO [대법원 2008. 11. 27. 선고 2008후101 판결]

* JS장수구들 : 장수돌침대★★★★★ e- 뜨거운 침대 [대법원 2010. 12. 9. 선고 2010후2773 판결]

* MINE HOMME 마인 엠옴므 : **MINE** [대법원 2012. 7. 26. 선고 2012후702 판결]

---

84) "'SURROUND' 부분은 그 지정상품과 관련하여 볼 때 일반 거래자 및 수요자들이 입체적인 음향이나 음악을 뜻하는 용어인 'SURROUND SOUND'나 이를 구현하는 방식인 'SURROUND SYSTEM'의 약어 또는 이와 관련이 있는 표시라고 쉽게 인식할 것이고, 'AUTOMOTIVE' 부분 역시 '자동차의'라는 뜻을 가지는 일상적인 단어로서 지정상품의 용도를 직접적으로 표시하고 있어서, 위 'SURROUND'와 'AUTOMOTIVE' 부분은 그 자체로는 모두 식별력이 없거나 미약하고 독립하여 자타상품의 식별기능을 하는 구성부분인 요부가 될 수 없는 반면, 'CIRCLE' 부분은 '원, 원주, 집단, 순환선' 등의 다양한 어의를 가지면서 지정상품과 관련하여 보더라도 암시적 표장에 해당하여 전체 구성 중에서 식별력이 강한 요부라 할 것이므로, 이 사건 출원상표는 그 구성 전체인 'CIRCLE SURROUND SYSTEM' 이외에도 그 요부를 이루는 구성부분인 'CIRCLE'을 대비대상으로 하여 상표의 유사 여부를 판단할 수 있다."

* : [대법원 2013. 2. 28. 선고 2012후 3527 판결]

* CASSMAX : , [대법원 2013. 4. 18. 선고 2013후198판결]

* OBMAX : , [대법원 2013. 4. 18. 선고 2013후204판결]

* : TEDDY BEAR MUSEUM, 테디 베어 [대법원 2014. 8. 20. 선고 2014후935 판결]

* le Sucre : SUCRE D'ORGE, [대법원 2014. 9. 18. 선고 2014 후1068 판결]

(2) 분리관찰할 수 없어 유사하지 않다고 본 사례
* CHANNELLOCK : CHANEL [대법원 1987. 2. 24. 선고 86후121 판결85)]

* IVY HOUSE 아이비하우스 : HOUSE [대법원 1989. 11. 14. 선고 89후544 판결]

---

85) "'CHANNELLOCK'은 전체적으로 볼 때 그 문자가 불가분적으로 결합된 상표이므로 CHANNEL과 LOCK으로 가분되어 호칭되거나 관념될 수 있는 상표라고는 보기 어렵다."

* **화니끈장미** : 화이트로즈 [대법원 1990. 9. 14. 선고 90후472 판결]

* LEEHAUS 린하우스 : [대법원 1993. 4. 13. 선고 92후1967 판결]

* SANTA RITA : [이미지] [대법원 1991. 12. 27. 선고 91후1045 판결]

* LAURA ASHLEY : 아슐레이 ASHLEY [대법원 1995. 1. 12. 선고 94후647 판결]

* MOP & GLO : STEEL GLO [대법원 1995. 3. 10. 선고 94후1831 판결]

* SEVENSUMMITS : Summit 瑞美 [대법원 1997. 3. 28. 선고 96후1125판결]

* MagicLand : LAND [대법원 1998. 7. 14. 선고 97후2866 판결]

* HOMEPLUS : HOME [대법원 1999. 4. 23. 선고 98후874 판결]

* ELIZABETH ARDEN VISIBLE DIFFERENCE : 비져블 + VISIBLE [대법원 1999. 7. 23. 선고 98후2382 판결[86]]

* PLATONIC DEEP-SEA : DEEP [대법원 1999. 11. 23. 선고 99후2044 판결]

* NINA RICCI : RobertoRicci [대법원 2003. 1. 10. 선고 2001후2986 판결]

* 칼라2중주, 우린 소중하잖아요 : 로레알, 전 소중하니까요. [대법원 2006. 5. 25. 선고 2004후912 판결]

---

86) "뒷부분인 'VISIBLE DIFFERENCE'만에 의하여 호칭, 관념될 수 있다 하더라도 'VISIBLE'은 '눈에 띄는, 쉽게 알아볼 수 있는' 등의 의미를 가지는 형용사로서 명사인 'DIFFERENCE'를 수식하여 'VISIBLE DIFFERENCE'는 전체적으로 '눈에 띄는 차이' 등의 관념을 형성하고 있다고 보이므로 'VISIBLE DIFFERENCE'에서의 중점은 수식을 받는 중심어인 'DIFFERENCE'에 있다고 보여질 뿐만 아니라, 등록상표의 지정상품인 화장비누와 관련하여 'VISIBLE'은 '눈에 띄게 아름답게 보이는' 등의 의미로 인식되어 지정상품의 품질, 효능을 나타낸다고도 볼 수 있어, 'VISIBLE' 부분은 식별력이 약하여 'DIFFERENCE'와 따로 분리되어 'VISIBLE' 부분만에 의하여 호칭, 관념되리라고 예상하기 어렵다."

* JIMMY CHOO :   [대법원 2006. 8. 25. 선고 2005후
2908 판결[87]]

* LCI Language Clubs Int'l Ltd.,
The kids club :   [대법원 2006. 9. 14. 선고
2003후137 판결]

*  :  [대법원 2007. 5. 11. 선고
2006후3557 판결]

*북키의 인물탐험 : [대법원 2008. 1. 17. 선
고 2006후855 판결]

* BANNSCLUB : [대법원 2008. 4. 24. 선고
2007후4816 판결]

*  : [대법원 2008. 8. 21. 선고 2007후
4304 판결]

POPSAVENUE
* 팝스애비뉴 : AVENUE [대법원 2008. 9. 11. 선고

---

87) "이 사건 출원상표와 선등록상표 1, 2를 객관적, 전체적, 이격적으로 관찰할 경우 이들
상표는 그 외관, 칭호 및 관념에 있어서 서로 확연히 구분되므로 서로 유사하지 않다고 할
것이고, 비록 이 사건 출원상표와 선등록상표 1, 2의 구성 중 'JIMMY' 부분이 서로 동일
하다고 하더라도, 'JIMMY' 부분이 이들 상표에서 차지하는 비중과 다른 구성요소와 결합
되어 있는 정도와 위치 및 이들 상표의 전체적인 구성, 형태 및 관념 등에 비추어 볼 때,
그 지정상품인 '트렁크, 핸드백, 지갑, 우산' 등의 거래에서 일반 수요자나 거래자가 이 사
건 출원상표와 선등록상표 1, 2를 모두 'JIMMY' 부분만으로 호칭·관념함으로써 그 지정
상품의 출처에 관하여 오인·혼동을 일으킬 염려가 있다고 보기 어렵다."

2008후1739 판결]

*   숯 도 리
SHOOTDORI [대법원 2008. 9. 25. 선고 2008후 2213 판결]

* :  스타트 START [대법원 2008. 10. 9. 선고 2006후3090 판결]

* NICOLE MILLER : *Miller* , Nicole christian [대법원 2009. 4. 9. 선고 2008후4783 판결88)]

* SHOW ▶ : BIG SHOW [대법원 2009. 4. 23. 선고 2008후5151 판결89)]

88) "이 사건 출원상표는 전체호칭이 '니콜 밀러'로 네 음절에 불과하여 비교적 짧은 편이고, 또한 우리나라의 영어 보급수준이나 국제교류의 정도 및 인터넷 사용이 보편화된 현실 등에 비추어, 국내 일반 수요자나 거래자는 이 사건 출원상표의 표장이 서양인의 성명임을 쉽게 알 수 있다 할 것인데, 양 상표의 지정상품인 의류제품 등에 있어서 이 사건 출원상표의 출원일 당시에 이미 디자이너의 성명 전체로 된 상표의 사용이 일반화되는 추세에 있어 일반 수요자나 거래자 간에도 성과 이름이 포함된 상표 전체로서 상품의 출처를 인식하는 경향이 있었을 뿐만 아니라, 'NICOLE' 또는 'MILLER'가 특별히 식별력이 강한 부분도 아니어서, 일반 수요자나 거래자가 이 사건 출원상표에서 'NICOLE' 또는 'MILLER' 부분만을 따로 떼어 내어 이 부분만에 의하여 호칭, 관념할 가능성은 희박하고, 표장 전체인 '니콜 밀러'로 호칭·관념할 가능성이 높다고 보아야 할 것이다."

89) "선등록상표들은 'BIG'과 'SHOW' 부분을 서로 간격을 두고 구성한 표장이어서 일련불가분적으로 결합되어 있는 것은 아니지만, 전체적으로 '빅쇼'라고 불릴 수 있고 그 호칭도 2음절로 짧고 간단하여 일반 수요자나 거래자로서는 전체로 호칭하는 것이 자연스러운 반면, 이를 분리한 후 1음절에 불과한 '빅' 또는 '쇼'로만 호칭하는 것은 독자적인 자타상품의 식별지로 기능하기에 적합하지 아니하여 매우 부자연스럽다. 또한 'SHOW'는 '쇼, 구경거리, 전시회' 등의 의미로 흔히 사용되는 포괄적, 일반적인 단어로서 일상생활에서 통상 그 자체만으로 사용되기보다는 '패션쇼, 모터쇼, 스포츠용품쇼, 디너쇼' 등과 같이 그 내용을 한정하는 다른 단어와 함께 사용되는 특성이 있는데, 선등록상표들의 경우에도 'BIG'이라는 단어와 유기적인 일체로 결합하여 전체적으로 '크거나 훌륭한 쇼, 구경거리, 대규모 공연' 내지 '미국의 유명한 프로레슬링 선수의 예명'이라는 독자적이고 한정된 의미를 새로 형성하고 있다. 더욱이 이 사건 출원상표의 지정상품과 동일하거나 유사한 상품에 관하여는 그 최초 출원일 전에 이미 'SHOW'를 포함하는 많은 상표들이 등록되거나 출원공고된 바 있음을 알 수 있으므로, 적어도 이 사건 출원상표의 지정상품과 동일·유사한 상품을 지정상품으로 하는 상표에 관한 한 'SHOW'라는 단어는 상품표지로서의 식별력이 부족하게 되었다고 볼 수 있을 것이어서, 선등록상표들의 구성부분 중 'SHOW' 부분이 요

* **SHOW** : Showland [대법원 2009. 4. 23. 선고 2008후5182 판결]

* **좋은엄마프로젝트** : **PROJECT** [대법원 2010. 12. 9. 선고 2009후4193 판결]

* : **장원급제** [대법원 2012. 2. 23. 선고 2011후2275 판결]

* **모티리톤** : **모 티 리 움** [대법원 2014. 11. 27. 선고 2014후1778 판결]

* **Cherry Spoon** : **SPOON** [대법원 2014. 12. 11. 선고 2014후1587 판결]

4. 상표법 제108조 등에 정해진 상표 유사와의 관계

지금까지의 설명은 주로 상표법 제34조 제1항 제7호의 경우에 관한 것이었다. 상표의 유사는 상표법상 다른 조항에도 동일한 문언으로 규정되어 있는바, 본래 동일 법률 내의 동일 용어이므로 동일하게 해석하는 것이 원칙이나, 개별 규정의 입법취지에 비추어 합목적적으로 해석할 경우 구체적인 의미와 판단 기준이 달라질 수 있다. 예를 들어, 상표법 제34조 제1항 제1호의 국기 등과 동일·유사한 상표,[90] 제3호의 국가 등의 업무표장 등과 동일·유사한 상표, 제5호의

부로서 분리 인식된다고 단정할 수는 없고, 따라서 일반 수요자나 거래자가 선등록상표들을 'SHOW' 부분만으로 간략하게 호칭하거나 관념하지는 아니한다고 봄이 상당하다."

90) 이 사건 등록상표[]와 대한민국 기장인 이 사건 견장[] 유사하지 아니하므로 구 상표법 제9조 제1항 제1호에 해당한다고 볼 수 없다고 판시한 대법원 2010. 7. 29. 선고 2008후4721 판결 역시, 이 사건 견장 중 일부인 닻 도형 부분만을 분리한다면 닻의 일반적인 형상에 불과하여 그 부분만으로는 해군사관학교 사관생도임을 표상한다고 보기 어려우므로 이를 상표로 사용한다고 하더라도 대한민국 등의 존엄성을 해할 염려가 있다고 할 수도 없다는 논거에 기초한 것으로 보인다(권동주, "구 상표법 제9조 제1항 제1호에서 '기장'의 의미 등", 대법원판례해설 86호).

박람회 등 상패 등과 동일·유사한 상표 등에 관한 규정은 각 국가 등의 권위 또는 신용을 유지하고자 함에 그 취지가 있는 것이므로, 어느 상표가 이들 표장과 유사한가는 국가 등의 권위를 해칠 우려가 있는가의 여부를 기준으로 판단하여야 하고 이들 표장이 상품의 식별표지로서 사용됨을 전제로 판단해서는 안된다.91) 또한 상품출처의 혼동 방지라는 입법취지가 동일하므로 상표법 제34조 제1항 제7호와 제11호에서 상표의 유사 여부를 동일한 판단기준에 의하여야 한다는 견해92)나 앞서 살펴 본 바와 같이 상표법 제34조 제1항 제13호의 경우 상표의 호칭을 외국 수요자의 기준으로 파악하려는 판결은 모두 해당 규정의 입법취지에 따라 상표의 유사 개념을 합리적으로 해석하려는 시도로 이해할 수 있다.

특히 실무상 중요한 국면은 상표권 침해행위에 관한 상표법 제108조와 상표의 등록요건에 관한 상표법 제34조 제1항 제7호에서의 상표 유사의 판단 기준이 동일한지 여부이다. 상표권 침해 여부 판단시 상표의 실제 사용상태93)까지

---

91) 網野誠(주 45), 288.

92) 유영선, "상표의 유사 여부 판단 실무에 대한 비판적 고찰", 특허소송연구 5집, 319-320. 그러나 상표법 제34조 제1항 제11호에는 광의의 혼동 내지 후원관계의 오인(confusion of sponsorship)이 당연히 포함된다고 보아 제7호의 경우와 구별하는 입장에서(사법연수원, 상표법, 200.) "상표법 제7조 제1항 제10호에서 수요자 간에 현저하게 인식되어 있는 타인의 상품이나 영업과 혼동을 일으키게 할 염려가 있는 상표의 등록을 금지하고 있는 것은 일반 수요자에게 저명한 상품이나 영업과 출처에 오인·혼동이 일어나는 것을 방지하려는데 그 목적이 있으므로, 그 상표 자체로서는 그 주지 또는 저명한 상품 등에 사용된 타인의 상표와 유사하지 아니하여도 양 상표 구성의 모티브, 아이디어 등을 비교하여 그 상표에서 타인의 저명상표 또는 상품 등이 용이하게 연상되거나 타인의 상표 또는 상품 등과 밀접한 관련성이 있는 것으로 인정되어 상품의 출처에 오인·혼동을 불러일으킬 염려가 있는 경우에는 등록될 수 없다."(대법원 1995. 10. 12. 선고 95후576 판결), "상표법 제7조 제1항 제10호에 따른 부등록사유란, 타인의 선사용상표 또는 서비스표의 저명 정도, 당해 상표와 타인의 선사용상표 또는 서비스표의 각 구성, 상품 혹은 영업의 유사 내지 밀접성 정도, 선사용상표 또는 서비스표 권리자의 사업다각화 정도, 이들 수요자층의 중복 정도 등을 비교·종합한 결과, 당해 상표의 수요자가 그 상표로부터 타인의 저명한 상표 또는 서비스표나 그 상품 또는 영업 등을 쉽게 연상하여 출처에 혼동을 일으키게 할 염려가 있는 경우를 의미한다."(대법원 2007. 12. 27. 선고 2006후664 판결, 2010. 5. 27. 선고 2008후2510 판결 등)라고 판시하여 제7호와 제11호의 판단 기준을 구별하는 것이 판례의 태도이다.

93) 판례는 상표 중 운동화의 갑피를 파손하지 아니하고 볼 수 없는 부분을 제외하고 나머지 눈에 잘 띄는 부분만을 대비하여 유사상표라고 판시한 바 있다(대법원 1968. 12. 6. 선고 68후47 판결). 또한 심장혈관용 약제,성기능장애 치료용 약제를 지정상품으로 하고 마

름모 도형의 입체적 형상과 푸른색 계열의 색채를 결합하여 구성한

를 포함하여 구체적 거래실정을 고려해야 한다는 점에 관해서는 별다른 이견이
없으므로94), 위 국면은 역으로 말하면 상표법 제34조 제1항 제7호에서도 구체
적인 거래실정을 고려하여 판단할 수 있는지 여부의 문제로 치환할 수 있다. 앞
서 살펴본 바와 같은 견해에 따라 취급이 달라질 것이고, 상표의 등록요건은 판
단 기준 시점이 상표등록여부결정시(상표법 제34조 제2항)이고 상표권 침해행위
의 판단 기준 시점은 금지청구의 경우에는 사실심 변론종결시, 손해배상청구의

표장으로 상표등록을 한 甲 외국법인 등이 형태의 발기부전치료용
약제를 생산·판매·광고하고 있는 乙 주식회사를 상대로 상표권 침해금지 등을 구한 사안
에서, 등록상표와 乙 회사 제품들의 형태에 공통되는 부분이 있기는 하지만, 형태에 차이
점도 존재할 뿐만 아니라, 전문 의약품으로서 대부분 병원에서 의사의 처방에 따라 약사에
의하여 투약되고 있는 乙 회사의 제품들은 포장과 제품 자체에 기재된 명칭, 乙 회사의 문
자상표 및 상호 등에 의하여 등록상표와 구별될 수 있으므로, 등록상표와 乙 회사 제품들
의 형태가 수요자에게 오인·혼동을 일으킬 우려가 있다고 하기는 어려워 서로 동일 또는
유사하다고 볼 수 없다고 한 사례(대법원 2015. 10. 15. 선고 2013다84568 판결)도 상표의
사용실태를 고려한 판결로 볼 수 있다.
94) 대법원 2015. 10. 15. 선고 2014다216522 판결은 "타인의 등록상표와 동일 또는 유사한
상표를 그 지정상품과 동일 또는 유사한 상품에 사용하는 행위는 그 상표권에 대한 침해행
위가 된다.여기서 유사상표의 사용행위에 해당하는지에 대한 판단은 두 상표가 해당 상품
에 관한 거래실정을 바탕으로 그 외관, 호칭, 관념 등에 의하여 거래자나 일반 수요자에게
주는 인상, 기억, 연상 등을 전체적으로 종합할 때, 두 상표를 때와 장소를 달리하여 대하는
거래자나 일반 수요자가 상품 출처에 관하여 오인·혼동할 우려가 있는지 여부의 관점에서
이루어져야 한다(대법원 2007. 2. 26.자 2006마805 결정, 대법원 2013. 3. 14. 선고 2010도
15512 판결 등 참조)"라고 판시하여 적어도 침해소송에서는 거래실정을 고려한 유사 판단
이 이루어져야 함을 분명히 하였다[박태일, "2015년 지식재산권 분야 판례의 동향", 특별법
연구 제13권, 사법발전재단(2016), 706]. 이러한 법리에 따라, 위 판결은 갑 등이 을 주식회
사의 등록서비스표인 " ", " "의 지정서비스업과 동일·유사한 서비스

업인 생활용품 등 판매점을 운영하면서 " ", " ", " "를 서비
스표로 사용하자, 을 회사가 갑 등을 상대로 서비스표권 침해금지 등을 구한 사안에서, 등
록서비스표인 " ", " "의 주지성을 고려할 때 갑 등의 서비스표는 차
이가 나는 중간 음절은 부각되지 않은 채 첫째 음절과 셋째 음절만으로도 일반 수요자에게
등록서비스표를 연상시킬 수 있는 점, 을 회사의 등록서비스표와 갑 등의 서비스표가 사용
된 서비스업이 생활용품 등 판매점으로 일치하고, 취급하는 상품의 품목과 전시 및 판매 방
식 등까지 흡사하여 일반 수요자가 양자를 혼동할 가능성은 더욱 높아지는 점 등에 비추어,
갑 등이 서비스표를 생활용품 등 판매점 운영을 위하여 사용한 행위는 거래자나 일반 수요
자에게 서비스업의 출처에 대하여 오인·혼동하게 할 우려가 있어 유사상표를 동일한 서비
스업에 사용한 행위에 해당하므로 을 회사의 등록서비스표권에 대한 침해행위가 된다고 판
단하였다.

경우에는 침해행위시로 서로 차이가 있기 때문에 특허법원과 침해법원에 제출되는 상표 유사에 관한 판단 자료 또한 변동되는 측면이 있다. 상표법 제34조 제1항 제7호의 경우에도 파악 가능한 구체적 거래실정을 고려하여야 한다는 견해에 선다면, 상표의 유사 판단 기준 자체는 양자를 달리 볼 이유가 없게 된다.

부정경쟁방지법 제2조 제1호 가목은 상품주체혼동행위를 나목은 영업주체혼동행위를 각 부정경쟁행위의 하나로 열거하고 있는데, 여기에도 상품표지, 영업표지의 유사성이 규정되어 있다. 대법원 2011. 12. 27. 선고 2010다20778 판결은 "상표의 유사 여부는 그 외관·호칭 및 관념을 객관적·전체적·이격적으로 관찰하여 그 지정상품의 거래에서 일반 수요자나 거래자가 상표에 대하여 느끼는 직관적 인식을 기준으로 하여 그 상품의 출처에 관하여 오인·혼동을 일으키게 할 우려가 있는지 여부에 따라 판단하여야 하므로, 대비되는 상표 사이에 유사한 부분이 있다고 하더라도 당해 상품을 둘러싼 일반적인 거래실정, 즉, 시장의 성질, 수요자의 재력이나 지식, 주의의 정도, 전문가인지 여부, 연령, 성별, 당해 상품의 속성과 거래방법, 거래장소, 사후관리 여부, 상표의 현존 및 사용상황, 상표의 주지 정도 및 당해 상품과의 관계, 수요자의 일상 언어생활 등을 종합적, 전체적으로 고려하여 그 부분만으로 분리인식될 가능성이 희박하거나 전체적으로 관찰할 때 명확히 출처의 혼동을 피할 수 있는 경우에는 유사상표라고 할 수 없어 그러한 상표 사용의 금지를 청구할 수 없고, 이러한 법리는 서비스표 및 부정경쟁방지법 제2조 제1호 가, 나목에서 정한 상품표지, 영업표지에 있어서도 마찬가지이다."라고 판시하였다. 위 대법원판례는 상표법과 부정경쟁방지법에서의 상표 유사 여부에 관한 판단 기준이 기본적으로 동일하게 적용됨을 선언한 것으로 이해할 수 있다. 다만, 상표법에는 상표의 유사가 침해 여부를 판단하는 정형적인 기준으로 작용하는 데 비하여 부정경쟁방지법에서는 이른바 광의의 혼동이 문제되므로 상표의 유사는 혼동 초래를 판단하는 자료적 사실요소 중의 하나로 작용하는 차이가 있다.[95]

〈한동수〉

---

95) 대법원 2001. 4. 10. 선고 98도2250 판결; 2011. 12. 22. 선고 2011다9822 판결 등.

[제34조 전론(前論)] 상표의 주지 · 저명

Ⅰ. 총설

상표법은 제1조에서 "이 법은 상표를 보호함으로써 상표 사용자의 업무상 신용 유지를 도모하여 산업발전에 이바지하고 수요자의 이익을 보호함을 목적으로 한다."고 규정하고 있다. 즉 상표법은 '자기의 상품과 타인의 상품을 식별하기 위하여 사용하는 표장'인 상표를 그 대상으로 하여 상표에 화체된 상표 사용자의 업무상 신용을 보호하고 제3자의 부정경쟁을 방지하여 수요자를 출처혼동으로부터 보호하는 것을 목적으로 한다. 상표가 주지 · 저명해질수록 상표에 화체된 영업상의 신용과 상표의 가치가 높아지고, 제3자는 주지 · 저명상표의 양질감, 고객흡인력 등에 무단편승하려고 끊임없이 시도하게 되므로, 주지 · 저명상표의 식별력 및 명성 등을 보호해 줄 필요성이 있다.[1]

상표법은 일정한 요건과 절차에 따라서 특허청에 등록된 상표에 한해서 상표권을 부여하고 보호해주고 있다. 주지상표의 보유자가 자신의 상표를 등록해서 보호받을 수 있음은 물론이다. 문제는 특허청에 등록되어 있지는 않지만 국내에 널리 인식된 상표, 즉 주지 또는 저명한 상표가 상표법상 어떻게 취급되는가, 그리고 그러한 주지 · 저명상표와 등록상표가 상호 저촉되는 경우에는 어느 상표가 우선하는가의 문제이다. 우선, 주지상표의 상표법상의 보호에 대해서 보면, 상표법은 일정한 범위에서 주지상표와 동일 또는 유사한 상표의 등록을 금지하고 그에 반하는 등록은 무효심판의 사유로 규정함으로써 주지상표를 간접

---

1) 박채영, "주지저명상표의 법적 취급에 관한 연구", 고려대학교 대학원 석사학위논문 (2005. 6.), 1.

적으로 보호하고 있다. 다른 한편, 주지상표의 보호에 대해서는 부정경쟁방지 및 영업비밀보호에 관한 법률(이하 '부정경쟁방지법'이라 한다)이 그와 동일 또는 유사한 표지의 사용을 부정경쟁행위로 규정함으로써 직접적으로 보호하고 있기 때문에, 상표법상의 보호와 부정경쟁방지법상 보호의 상호관계 및 상표법상 등 록상표와 부정경쟁방지법상 주지상표의 저촉이 어려운 문제로 제기되고 있다.2)

　　다음으로 상표보호에 있어 등록주의를 취하는 국가이든 사용주의를 취하는 국가이든 상표권침해 내지 상표보호의 기본원칙은 침해가 성립하기 위해서는 정당한 권한이 없는 자가 상표권자의 상표를 사용함으로써 상품의 출처에 대하 여 혼동을 일으킬 가능성이 있어야 한다는 것이다.3) 그런데 주지의 정도를 넘 어 저명 정도에 이른 상표의 경우 그 저명상품이나 저명한 제조업자나 판매업 자의 제품은 품질의 우수성과 기업의 명성으로 인하여 일반 소비대중에게 절대 적인 신뢰를 획득하고 있기 때문에 그 명칭이 지닌 광고력이나 상품환가력이 극히 커, 어느 상표가 저명상표와 약간만 근사하여도 상품의 출처에 관한 공동 성 내지 결합관계의 존재가 즉시 연상되므로, 혼동개념이 상품 또는 표장의 면 에서 비유사의 영역까지 미치도록 할 필요가 있다. 전통적인 상표법에 따르면 경쟁자가 동일하거나 유사한 상표를 비록 비유사하다고는 하지만 경쟁관계에 있다고 보여지는 상품에 사용함으로써 혼동가능성을 야기하여 부당하게 상표권 자의 명성으로부터 이익을 취하려고 하는 경우에만 상표권자가 보호될 수 있다. 그러나 저명상표의 경우 나아가 두 당사자들의 상품 사이에 경쟁관계가 존재하 지 않으며 그로 인하여 혼동이 일어날 가능성이 없는 경우에도 혼동가능성이 없다는 이유로 계속하여 사용을 허용하는 경우에는 상표의 가치가 감소하게 되 는 문제가 발생하므로, 이를 해결하기 위하여 이른바 희석화 방지론이 대두되었 고, 우리 상표법과 부정경쟁방지법에도 반영되어 있다.4) 따라서 저명상표와 관 련한 특유한 문제로서 혼동개념의 확대 및 희석화 방지에 관하여 살펴볼 필요 가 있다.

　　한편 상표법은 먼저 권리를 취득한 상표와 동일·유사한 상표를 동일·유사 한 상품에 사용하는 경우 등록거절사유(제34조 제1항 제7호) 및 상표권 침해사유 (제108조 제1항)로 규정하고 있다. 현재 통설과 판례는 상표법이 규정하는 표장

---

2) 정상조, "주지상표와 등록상표의 상호관계", 특허소송연구 3집(특허법원), 232.
3) 육소영, "상표의 희석화 방지와 상표보호체계", 사법 12호(사법연구지원재단), 89-90.
4) 육소영(주 3), 89-90.

의 유사개념은 혼동의 우려를 의미하는 것으로 보고 있는데, 대비되는 상표의 주지·저명성도 이러한 혼동 유무의 판단에 영향을 미칠 수 있으므로, 이에 관하여도 살펴 볼 필요가 있다.

Ⅱ. 주지상표의 법적 취급

1. 상표등록 단계에서의 보호규정 개관

미등록상표라도 주지·저명한 상표인 경우에는 일정한 조건 하에서 타인의 상표등록출원에 대한 등록배제적인 효력을 가지는데, 관련 규정은 다음과 같다.

> **제34조(상표등록을 받을 수 없는 상표)**
> ① 제33조에도 불구하고 다음 각 호의 어느 하나에 해당하는 상표에 대해서는 상표등록을 받을 수 없다.
> 9. 타인의 상품을 표시하는 것이라고 수요자들에게 널리 인식되어 있는 상표(지리적 표시는 제외한다)와 동일·유사한 상표로서 그 타인의 상품과 동일·유사한 상품에 사용하는 상표
> 11. 수요자들에게 현저하게 인식되어 있는 타인의 상품이나 영업과 혼동을 일으키게 하거나 그 식별력 또는 명성을 손상시킬 염려가 있는 상표
> 12. 상품의 품질을 오인하게 하거나 수요자를 기만할 염려가 있는 상표
> 13. 국내 또는 외국의 수요자들에게 특정인의 상품을 표시하는 것이라고 인식되어 있는 상표(지리적 표시는 제외한다)와 동일·유사한 상표로서 부당한 이익을 얻으려 하거나 그 특정인에게 손해를 입히려고 하는 등 부정한 목적으로 사용하는 상표

일반적으로 주지상표란 특정인의 상품을 표시하는 것이라고 수요자들에게 널리 인식되어 있는 상표를 말하고, 저명상표란 그 인식의 정도가 심화되어 이종상품·영업에 이르기까지 혼동을 초래할 염려가 있는 상표를 말한다. 통설적 견해에 의하면 인식의 정도에 있어서도 주지상표는 당해 상품에 관한 거래자 및 수요자 등 거래관계자의 전반에 인식될 정도를 요하며,[5] 저명상표는 이종상

---

5) 주지상표에 있어서의 주지성의 정도에 관하여는 상당수의 수요자들에 알려진 정도이면 족하다는 유력한 반대견해가 있는바, 이에 관하여는 본서 중 상표법 제34조 제1항 제9호 부분에서 상세히 살펴보기로 하고, 여기에서는 설명을 생략한다.

품·영업의 수요자 및 거래자의 압도적 다수가 인식할 것을 요한다. 범위에 있
어서 주지상표는 상표 및 상품의 동일·유사한 범위 내에서 혼동가능성을 판단
하지만 저명상표는 표장이 동일·유사한 경우는 물론 모티브가 같은 경우도 해
당되며, 동종상품 외에 이종상품이나 영업에 이르기까지 혼동여부를 판단해야
한다.6)

　　2016. 2. 29. 법 제14033호로 전부개정되기 전의 상표법(이하 '2016년 개정
전 상표법'이라 한다) 제7조 제9호, 제10호는 법문상으로는 모두 '수요자간에 현
저하게 인식되어 있는 상표'라고만 규정되어 있을 뿐인데도, 통설 및 판례는 일
관되게 제9호의 선행표지는 주지상표인 것으로, 제10호의 선행표지는 저명상표
인 것으로 파악하고 있었다. 이는 2016년 개정 전 상표법 제7조 제1항 제10호
가 제9호와 달리 선행표지와 표장이나 상품이 비유사한 경우에까지 그 적용범
위를 확대시키는 점을 고려한 해석이라 할 것이다.7)

　　한편 제12호 후단의 수요자기만 상표는 연혁적으로 주지·저명상표의 보호
에 관한 규정이 신설되기 전 '외국의 저명상표의 상품이 우리나라 시장에서 판
매될 가능성이 있는 이상 그 저명·주지의 상표가 외국상표이거나 또는 국내 상
표이거나를 구별할 필요 없이 상품출처의 오인·혼동을 방지함으로써 수요자 일
반의 이익을 보호하는 반사적 또는 간접적 효과로서 주지·저명상표의 소유자의
이익을 보호하는 규정으로 기능하여 왔다(대법원 1963. 10. 31. 선고 63후19 판결).
그런데 위와 같은 주지·저명상표의 보호에 관한 규정이 신설된 이후에도 판례
는 '인용상표가 저명성을 획득할 정도로 일반 수요자 사이에 널리 알려지지 못
하고 수요자나 거래자에게 특정인의 상표로 인식될 수 있을 정도로만 알려져
있는 경우라도, 만일 어떤 상표가 인용상표와 동일 또는 유사하고, 인용상표의
구체적인 사용실태나 양 상표가 사용되는 상품 사이의 경제적인 견련의 정도,
기타 일반적인 거래의 실정 등에 비추어 그 상표가 인용상표의 사용상품과 동
일 또는 유사한 지정상품에 사용된 경우에 못지않을 정도로 인용상표권자에 의
하여 사용되는 것이라고 오인될 만한 특별한 사정이 있다고 보여지는 경우라면
비록 그것이 인용상표의 사용상품과 동일 또는 유사한 지정상품에 사용된 경우
가 아니라고 할지라도 일반 수요자로 하여금 출처의 오인·혼동을 일으켜 수요

---

6) 윤선희, 상표법(제3판), 법문사(2015), 292.
7) 박정희, "상표법 제7조 제1항 제10호 소정의 저명상표의 판단기준", 대법원판례해설 69
　호(법원도서관), 552.

자를 기만할 염려가 있다'고 함으로써(대법원 1997. 3. 14. 선고 96후412 판결 등), 특정인의 상표나 상품이라고 인식될 수 있을 정도로 알려진 정도의 경우 동일하거나 유사한 상품이 아닌 경제적 견련관계 있는 상품에까지 제12호가 확대 적용될 수 있는 여지를 열어놓았다. 판례에서 말하는 '특정인의 상표나 상품이라고 인식될 수 있을 정도로 알려짐'의 의미는 무엇인가 하는 문제가 있으나, 우리 판례의 판시를 보면 위 표현의 앞부분에 통상 '반드시 주지, 저명하여야 하는 것은 아니지만 적어도'라는 표현이 있는 것과의 관계상 주지상표보다 주지성이 낮은 것이라고 보는 것이 통설적 견해이다. 그렇다면 제9호는 주지된 상표와 동종의 상품에 사용되는 동일·유사상표의 등록을 금지하고, 제11호는 저명성을 요건으로 경제적 견련관계 있는 상품을 지정상품으로 하는 경우까지 등록을 금지하는 데 비하여 제12호는 앞서 본바와 같이 주지성의 정도는 낮으면서도 경제적 견련성 있는 이종상품에까지 그 등록금지효가 미칠 수 있어, 자칫 제9호, 제11호를 사문화시킬 수 있다는 비판이 있다. 특히 제11호의 경우는 판단시점이 등록출원시이지만, 제9호의 경우는 제12호와 마찬가지로 등록여부결정시로 늦춰져 있어 법원으로서는 주지상표라는 확정적인 판단까지 가지 않고 제12호의 완화된 입증에 의해 무효사유를 인정할 수 있게 된다는 것이다.[8]

또한 제13호의 경우 2007. 1. 3. 법률 제8190호로 개정되기 전 상표법(이하 '2007년 개정 전 상표법'이라 한다) 제7조 제1항 제12호는 국내 또는 외국의 수요자 간에 특정인의 상표라고 현저하게 인식되어 있는 상표가 국내에서 등록되어 있지 않음을 기화로 제3자가 이를 모방한 상표를 등록하여 사용함으로써 주지 상표에 화체된 영업상의 신용이나 고객흡인력 등의 무형의 가치에 손상을 입히거나 주지상표권자의 국내에서의 영업을 방해하는 등의 방법으로 주지상표권자에게 손해를 가하거나 이러한 모방상표를 이용하여 부당한 이익을 얻을 목적으로 사용하는 상표는 그 등록을 허용하지 않는다는 취지의 규정이라고 해석되어 왔다. 그런데 2007. 1. 3. 상표법 개정에 의하여 제12호에서 모방대상상표가 '현저하게' 인식되어 있을 것을 요건으로 하지 않게 됨으로써 모방대상상표의 주지도는 특정인의 상품을 표시하는 정도로만 인식되어 있으면 충분하므로(그 구체적인 인식도는 주지성보다 낮은 정도의 것으로 보아야 할 것이다),[9] 모방상표의 등

---

8) 김희영, "상표의 주지·저명성 판단기준에 대한 연구", 법조(2015. 10.), 194면에서는, "2016년 개정 전 상표법 제7조 제1항 제9호가 사문화되는 결과가 초래되었다."고 보고 있다.
9) 유대종, "상표무효사유와 상표권 남용에 관한 소고", 산업재산권 30호, 279면에서는, "본호는 구 상표법에서 요구하던 주지성의 정도 즉, 당해 상표품에 관한 수요자 및 거래자 등

록을 보다 효과적으로 차단함으로써 모방대상상표의 보호를 강화하려는 방향으로 개정이 이루어졌다고 할 수 있다. 이와 관련하여서는 아래 Ⅲ.항에서 다시 검토한다.

　연혁적으로는 그 밖에도 2007년 개정 전 상표법 제7조 제1항 제4호의 '공공의 질서 또는 선량한 풍속을 문란하게 할 염려가 있는 상표'[10]의 해석과 관련하여, 대법원은 "(위 개정 전) 상표법 제7조 제1항 제4호에서 규정한 '공공의 질서 또는 선량한 풍속을 문란하게 할 염려가 있는' 상표라 함은 상표의 구성 자체 또는 그 상표가 지정상품에 사용되는 경우 일반 수요자에게 주는 의미나 내용이 사회공공의 질서에 위반하거나 사회 일반인의 통상적인 도덕관념인 선량한 풍속에 반하는 경우 또는 고의로 저명한 타인의 상표 또는 서비스표나 상호 등의 명성에 편승하기 위하여 무단으로 타인의 표장을 모방한 상표를 등록 사용하는 것처럼 그 상표를 등록하여 사용하는 행위가 일반적으로 공정한 상품유통질서나 국제적 신의와 상도덕 등 선량한 풍속에 위배되는 경우를 말한다."고 판시함으로써(대법원 2006. 2. 24. 선고 2004후1267 판결), 국내에서 저명한 상표를 모방한 경우 2007년 개정 전 상표법 제7조 제1항 제4호가 적용될 수 있다고 판시하여 왔다. 대법원 판례는 당초에는 대상상표가 주지 · 저명한 경우에 개정 전 제4호가 적용된다고 표현함으로써(대법원 2004. 5. 14. 선고 2002후1362 판결), 대상상표가 '저명'에 이르지 못한 '주지'상표인 경우도 개정 전 제4호가 적용되는 것인지에 대하여 논란이 있었지만, 그 후 대법원 2004. 7. 9. 선고 2002후2563 판결에서 "특정상표가 국내에서 저명하지 아니한 이상 그 상표를 모방하여 출원 · 등록한 상표가 상표법 제7조 제1항 제4호에 해당한다고 할 수 없다."고 판시함으로써 저명한 경우에만 적용되는 것으로 그 의미를 명확히 하였다.

2. 주지상표의 보호: 주지상표와 등록상표의 저촉을 중심으로

가. 부정경쟁방지법에 의한 보호

상표법은 상표 등록단계에서 주지상표를 보호하지만 이러한 상표법상의 보

거래관계자 중 압도적 다수부분에게 당해 상표의 존재가 인식되는 정도의 주지성을 당해 상품류의 관계 거래권내에 있는 구성원의 상당부분에게 당해 상표가 특정 출처의 상품표지인 것으로 인식되는 정도로 그 요건을 완화하였다."고 하고 있다.

10) 위 개정에 의하여 "상표 그 자체 또는 상표가 상품에 사용되는 경우 수요자에게 주는 의미와 내용 등이 일반인의 통상적인 도덕관념인 선량한 풍속에 어긋나거나 공공의 질서를 해칠 우려가 있는 상표"로 변경되었다.

호는 주지상표 보유자가 제3자에 의한 상표등록을 저지하거나 무효라고 주장할
수 있는 소극적인 보호임에 반해서, 부정경쟁방지법은 주지상표 보유자에게 일
정한 경우에 제3자의 무단사용에 대한 금지청구권과 손해배상청구권을 부여해주
고 있는데, 이러한 부정경쟁방지법상의 보호는 주지상표 보유자가 사실상 배타
적으로 주지상표를 사용할 수 있도록 해주는 적극적인 보호라는 점에서 차이가
있다. 물론 주지상표의 보유자가 자신의 상표를 상표법에 따라서 등록한 경우에
는 상표법상의 상표권을 취득하게 되고, 주지상표의 보유자는 상표법상의 상표
권과 부정경쟁방지법상의 권리를 모두 가지게 된다. 그러나 주지상표의 보유자
가 자신의 상표를 상표법에 따라 등록하지 아니한 경우에는 상표법상의 상표권
은 취득할 수 없고, 오직 부정경쟁방지법상의 권리를 행사할 수 있을 뿐이다.[11]

부정경쟁방지법상의 권리는 상표법상 등록상표에 부여된 상표권과는 달리
출처혼동이 있을 수 있는 범위 그리고 자신의 영업상 이익이 침해될 수 있는
범위 내에서만 보호되는 권리에 불과한 것이다. 예컨대, 국내 사례 가운데 행정
규제로 인해서 상호의 사용지역이 제한된다는 점이 혼동가능성을 판단함에 있
어서 고려된 경우가 있다. 약사법상 약국은 타처에 지점이나 대리점을 둘 수 없
는 지역적인 제한을 받고 있어서 수원에 소재하는 약국이 서울에 소재하는 보
령약국이라는 상호를 사용하였다고 해서 서울 소재 보령약국의 수원지점 또는
대리점처럼 행세한 것으로 볼 수 없기 때문에 양자 간에 의약품의 판매에 있어
서 영업상 활동에 혼동을 일으키게 하는 부정경쟁관계가 있다고 단정할 수 없
다는 것이다(대법원 1974. 12. 10. 선고 73도1970 판결).[12]

나. 등록상표와 주지상표의 저촉

(1) 상표법은 부등록사유에 관한 규정을 통해서 주지상표를 보호하고 부정
경쟁방지법은 주지상표의 보유자에게 일정한 경우의 무단사용에 대한 금지청구
권과 손해배상청구권 등의 구제수단을 부여해줌으로써 주지상표의 보호에 관해
서 상표법과 부정경쟁방지법은 모순 없이 일응 효율적인 역할 분담을 하고 있
는 것처럼 보인다. 그러나 주지상표와 동일·유사한 상표가 제3자에 의해서 먼
저 등록된 경우에, 제9호에서 후술하는 바와 같이 상표법과 부정경쟁방지법에서
요구되는 주지성의 정도 및 지역적 범위[13]가 동일한 것인지에 관하여는 견해의

---

11) 정상조(주 2), 237-238.
12) 정상조(주 2), 237-238.
13) 대법원 판례는 한결같이 부정경쟁방지법 제2조의 '국내에 널리 인식된 상표, 상호'라 함

대립이 있고, 가령 상표법 제34조 제1항 제9호의 경우 무효심판청구의 제척기간 제한이 있어(제122조 제1항), 경우에 따라서는 동일한 상표가 2개 이상의 주지상표로 병존할 수 있고, 등록상표와도 병존할 수 있다. 이 경우에, 등록상표의 상표권자가 주지상표의 사용을 금지하게 되면 당해 상표의 선사용자인 주지상표 보유자를 보호하고자 하는 부정경쟁방지법의 취지에 반하고, 다른 한편 주지상표 보유자가 상표법에 규정된 무효심판청구를 하지 아니한 채 부정경쟁방지법에 따라 부정경쟁행위의 성립을 주장하며 등록상표의 사용을 금지하게 되면 상표등록의 공정력에 반하고 등록상표의 가치를 떨어뜨려 상표법의 취지에 반하게 되는 것이 아닌가 하는 의문이 제기된다.14)

(2) 등록상표와 주지상표의 저촉

(가) 2014. 6. 11. 법 제12751호로 개정되기 전 상표법(이하 '2014년 개정 전 상표법'이라 한다)은 타인의 성명권, 상호권, 특허권, 저작권 등 타인의 권리와의 충돌을 조정하기 위한 규정은 두고 있었으나(제53조) 부정경쟁방지법과의 관계에 대해서는 별도의 규정을 두고 있지 않았다. 반면에, 부정경쟁방지법 제15조 제1항은 "특허법, 실용신안법, 디자인보호법, 상표법, 농수산물 품질관리법 또는 저작권법에 제2조부터 제6조까지 및 제18조 제3항과 다른 규정이 있으면 그 법에 따른다."고 규정하고 있었다.15) 우리나라 판례 및 해석론은 이러한 문제를 주로 권리남용 이론으로 해결하여 왔다.

(나) 우선 주지의 미등록 선상표사용자가 원고가 되어 상대방(등록상표권자)의 등록상표 사용이 부정경쟁행위에 해당한다고 주장함에 대하여, 상대방이 자신의 사용은 등록상표의 상표권에 기한 적법한 것이라는 항변은 일정한 조건하에서 권리남용에 해당하여 허용되지 않는다. 가령 대법원 2001. 4. 10. 선고 2000다4487 판결16)에서는, '상표권의 등록이 자기의 상품을 타인의 상품과 식별시킬 목적으로 한 것이 아니고 국내에서 널리 인식되어 사용되고 있는 타인의 상표와 동일 또는 유사한 상표를 사용하여 일반 수요자로 하여금 타인의 상품과 혼동을 일으키게 하여 이익을 얻을 목적으로 형식상 상표권을 취득하는

은 국내 전역에 걸쳐 모든 사람들에게 주지되어 있음을 요하는 것이 아니고, 국내의 일정한 지역적 범위 안에서 거래자 또는 수요자들 사이에 알려진 정도로써 족하다고 해석하고 있다(대법원 1995. 7. 14. 선고 94도399 판결 참조).

14) 정상조(주 2), 245-246.

15) 정상조(주 2), 245-246.

16) 대법원 1993. 1. 19. 선고 92도2054 판결, 1995. 11. 7. 선고 94도3287 판결, 2000. 5. 12. 선고 98다49142 판결 등도 같은 취지이다.

것이라면 그 상표의 등록출원 자체가 부정경쟁행위를 목적으로 하는 것으로서, 가사 권리행사의 외형을 갖추었다 하더라도 이는 상표법을 악용하거나 남용한 것이 되어 상표법에 의한 적법한 권리의 행사라고 인정할 수 없고, 따라서 이러한 경우에는 부정경쟁방지법 제15조의 적용이 배제된다'고 판시하고 있다.17)

또한 대법원 2007. 1. 25. 선고 2005다67223 판결에서는, 신청인의 등록상표의 출원·등록 당시 이미 선사용상표가 주지성을 취득하였음에도 그 동의나 허락 없이 선사용상표에 유사한 등록상표를 출원·등록한 다음 그 상표권에 기하여 선사용상표의 사용 금지 등을 구한 사안에서, '등록상표권자가 당해 상표를 출원·등록하게 된 목적과 경위, 상표권을 행사하기에 이른 구체적·개별적 사정 등에 비추어, 상대방에 대한 상표권의 행사가 상표사용자의 업무상의 신용 유지와 수요자의 이익보호를 목적으로 하는 상표제도의 목적이나 기능을 일탈하여 공정한 경쟁질서와 상거래 질서를 어지럽히고 수요자 사이에 혼동을 초래하거나 상대방에 대한 관계에서 신의성실의 원칙에 위배되는 등 법적으로 보호 받을 만한 가치가 없다고 인정되는 경우에는, 그 상표권의 행사는 비록 권리행사의 외형을 갖추었다 하더라도 등록상표에 관한 권리를 남용하는 것으로서 허용될 수 없고, 상표권의 행사를 제한하는 위와 같은 근거에 비추어 볼 때 상표권 행사의 목적이 오직 상대방에게 고통을 주고 손해를 입히려는 데 있을 뿐 이를 행사하는 사람에게는 아무런 이익이 없어야 한다는 주관적 요건을 반드시 필요로 하는 것은 아니다.'라고까지 판시하였다.

(다) 다음으로 상표권자가 자신이 직접 원고가 되어 상대방의 상표의 침해 금지를 구함에 대하여, 주지의 미등록 선상표사용자가 그 상표권자의 상표등록에 상표법 제34조 제1항 제9호, 제11호, 제12호, 제13호 등의 "무효사유"가 존재한다는 이유로 그 상표권 행사가 권리남용에 해당한다고 항변할 수 있는지 여부이다. 대법원 2012. 10. 18. 선고 2010다103000 전원합의체 판결은 원고의 등록상표에 2016년 개정 전 상표법 제6조 제1항 제3호 또는 제7조 제1항 제11호 후단의 무효사유가 있다고 인정되는 사안에서, '등록상표에 대한 등록무효심결이 확정되기 전이라고 하더라도 상표등록이 무효심판에 의하여 무효로 될 것임이 명백한 경우에는 상표권에 기초한 침해금지 또는 손해배상 등의 청구는

---

17) 오영준, "가. 음반의 제명(題名)이 자타상품의 식별표지로서 인정되는 경우, 나. 음반의 제명(題名)에 화체된 업무상의 신용이나 고객흡인력의 귀속 주체, 다. 등록상표권자의 상표권의 행사가 권리남용에 해당하기 위한 요건", 대법원판례해설 69호, 587.

특별한 사정이 없는 한 권리남용에 해당하여 허용되지 아니한다고 보아야 하고, 상표권침해소송을 담당하는 법원으로서도 상표권자의 그러한 청구가 권리남용에 해당한다는 항변이 있는 경우 그 당부를 살피기 위한 전제로서 상표등록의 무효 여부에 대하여 심리·판단할 수 있다'고 판시함으로써 권리남용 항변을 인정한 바 있다. 위 판례에서는 모든 상표등록 무효 사유를 포괄하여 권리남용설을 적용한 것으로 보이므로,18) 향후 상표권자의 상표등록에 상표법 제34조 제1항 제9호, 제11호, 제12호, 제13호 등의 무효사유가 있는 경우에도 동일하게 권리남용 항변을 인정할 수 있을 것이다.19) 다만 상표법 제34조 제1항 제9호에 기한 등록무효심판청구는 등록일로부터 5년이 경과한 후에는 할 수 없는데, 이와 같이 제척기간이 경과한 후에 권리남용항변을 할 수 있는지 문제로 된다. 우리나라와 일본 모두 권리남용으로 해석해야 한다는 견해, 권리남용항변을 허용할 수 없다는 견해가 대립하는데, 부정설이 타당하다는 입장 중에는 위 전원합의체 판결에서 '특별한 사정이 없는 한'이라는 문구를 삽입한 것은 제척기간이 경과한 경우를 배제하기 위한 것이라고 해석된다는 견해가 있다.20)

(라) 한편 주지의 정도에 이르지 않는 미등록 선사용자의 경우, 등록상표권자가 선사용자와의 관계에서 신의칙 위반 여부를 논할 여지가 없는 경우에는 설령 선사용자가 상표등록 수년 전부터 선사용상표를 사용하였다 하더라도 등록상표권자가 그를 상대로 상표권을 행사하는 것은 권리남용에 해당한다고 할 수 없다. 가령 대법원 2004. 4. 16. 선고 2003다6859 판결('에버빌' 사건)은, 채권자가 서비스표의 선사용자(채무자가 등록하기 2년 전부터 사용함)이고, 채무자는 등록서비스표권자인 사안에서, 등록서비스표의 출원 당시에 채권자의 표장이 국내에 널리 인식되어 있지 아니하다는 이유로 등록서비스표권의 행사는 권리남용에 해당되지 않는다고 판단하였다.21)

다만 2007. 1. 3. 법 제8190호로 개정된 상표법 제57조의3(현행 상표법 제99

---

18) 유영선, "침해소송법원에서 상표등록 무효를 심리·판단할 수 있는지 여부", 양승태 대법원장 재임 3년 주요 판례 평석(2015), 122-123.

19) 위 전원합의체 판결 선고 전 대법원판례는 신청사건의 경우 무효사유의 존재에 기한 권리남용의 항변을 정면으로 받아들이는 대신, 이를 '보전의 필요성'의 측면에서 파악하여 보전의 필요성이 없다고 판시하여 왔다. 등록상표에 무효사유가 있는지 여부는 원래 '피보전권리의 존부'에 관한 다툼이나, 이를 방향을 바꾸어 그러한 사유가 존재하면 '보전의 필요성'이 없다고 판단하여 간접적인 방법으로 구체적 타당성을 확보하는 입장을 취한 것이다(대법원 1991. 4. 30.자 90마851 결정 등)[오영준(주 17), 598-600].

20) 유영선(주 18), 123.

21) 오영준(주 17), 588.

조)에서는 타인의 상표등록출원시에 국내의 수요자 간에 그 상표가 특정인의 상품을 표시하는 것이라고 인식되어 있는 경우 그 상표의 선사용자에게 그 상표를 계속하여 사용할 권리를 인정함으로써 진정한 상표사용자의 이익을 보호하고 모방상표의 등록으로 인한 기대이익을 차단하고자 하는 취지의 규정인 선사용권 제도를 두고 있으므로,[22] 그 사용자 또는 그 지위를 승계한 자는 해당 상표를 그 사용하는 상품에 대하여 계속하여 사용할 권리를 갖게 되었다.

(마) 다만 주지의 정도에 이르지 않는 미등록 선사용자의 경우라 하더라도 ㉠ 등록상표권자가 선사용자와의 관계에서 신의칙에 위반하여, ㉡ 선사용자의 동의 없이 상표 출원 등록을 마치고, ㉢ 선사용자에 대하여 또는 선사용자로부터 사용승낙을 받아 상표를 사용하는 자에 대하여 등록상표권을 행사하는 것은 권리남용에 해당한다. 가령 대법원 2006. 2. 24.자 2004마101 결정에서는, 등록상표 출원인이 1999. 4.경 뉴질랜드국 신청외 회사와 수입계약을 체결하고 "KGB"로 구성된 채무자 상표의 사용상품을 국내에 수입 판매한 바 있는데, 위 출원인이 2002. 1. 14. 채무자 상표를 모방하여 등록상표를 출원하여 2003. 3. 26. 이를 등록하였고, 그 후 신청외 회사에게 채무자 상표의 사용상품이 이 사건 등록상표의 상표권을 침해한다는 이유로 그 수출을 중지하라는 경고장을 보내고, 수원세관에 채무자 상표가 사용된 상품에 관하여 상표권침해우려물품 수입사실통보서를 제출함과 아울러 채무자에 대하여는 공동상표권자인 채권자가 가처분을 신청한 사안에서, '등록상표의 공동상표권자인 채권자 또한 위 출원인이 채무자나 신청외 회사와 앞서 본 관계에 있으면서 등록상표를 출원, 등록한 사실을 알고 있었다고 보이므로, 채권자의 등록상표의 출원, 등록과 그 사용이 채무자에 대한 관계에서는 상도덕이나 신의칙에 위반된 것이고, 그에 따라 채무자 상표의 사용금지를 구하는 가처분 신청은 채무자에게 손해를 가하거나 고통을 주기 위한 권리의 행사에 해당하여 권리남용에 해당한다고 한 원심판단은 정당하다'고 판시한 바 있다.[23]

(바) 그러나 주지의 정도에 이른 상표사용자라 하더라도, ㉠ 그 주지성이 등록상표의 등록 후에 취득되었고, ㉡ 등록상표권자와의 관계에서 오히려 신의칙에 위반되어, ㉢ 그 등록상표권자로부터 승낙을 받아 '등록상표' 혹은 등록상

---

22) 위 규정의 신설이전의 상표권자의 신뢰이익을 보호하기 위해 2007년 7월 1일 이후의 출원에 의한 등록상표에 대해서만 주장이 가능하다.

23) 오영준(주 17), 589-590.

표와 동일한 '상호'를 사용하는 자에 대하여 자신의 상표가 주지상표임을 이유로 부정경쟁방지보호법에 의한 보호를 구하는 것은 권리남용에 해당한다. 가령 대법원 1994. 6. 28. 선고 92다18214 판결에서는, "공문수학"이라는 영업표지로서 수학학습교육사업 등을 하고 있는 원고가 한편으로는 소외 회사(일본 소재 학습교재회사인 주식회사 공문교육연구회)와 그 영업표지 및 등록상표의 사용에 관한 계약을 추진하면서, 또 한편으로는 아무런 허락 없이 그 영업표지와 유사상표를 사용하던 중 그 사용계약 조건이 맞지 않아 위 계약을 포기하였다가 소외 회사의 상표권을 침해하여 그 주지성을 얻은 후 오히려 소외 회사로부터 정당한 사용허락을 얻어 그 등록상표와 동일한 이 사건 상호를 등록하고 그러한 영업표지로 학습지 출판사업을 하고 있는 피고에 대하여 이 사건 상호의 사용금지 등을 요청하는 것은 공정한 경쟁질서를 문란하게 하는 것으로서 사회질서와 신의에 어긋난다고 볼 수밖에 없으므로 이는 부정경쟁방지법이 보호하는 권리를 남용한 것이라 할 것이다."라고 판단한 원심판결을 수긍한 바 있다.[24]

또한 지정상품을 '골프채' 등으로 하는 등록상표 " KATANA GOLF "의 상표권자인 갑 외국법인이 ' KATANA '와 ' KATANA GOLF ', 등의 상표를 사용하여 골프채 등을 수입·판매하는 을 주식회사를 상대로 상표사용금지 등을 구한 사안에서, 갑 법인이 등록상표를 정당한 목적으로 출원·등록하여 상표권을 취득한 후 을 회사가 이와 유사한 상표를 정당한 이유 없이 사용해 온 결과 을 회사 사용상표들이 국내의 일반 수요자들 사이에서 특정인의 상표나 주지상표로 인식되기에 이르렀다고 하더라도 그러한 사정을 들어 을 회사에 대한 갑 법인의 상표권 행사가 권리남용에 해당한다고 보기 어렵고, 갑 법인의 후행 등록상표인 ' KATANA ' 등이 을 회사가 사용하고 있는 ' KATANA ', 상표 등과의 관계에서 (2016년 개정 전) 상표법 제7조 제1항 제11호 후단의 '수요자를 기만할 염려가 있는 상표'에 해당한다는 이유로 등록이 무효로 되었다는 사정을 들어 을 회사 사용상표들에 앞서 등록된 갑 법인의 상표권에 대한 관계에서 을 회사 사용상표들의 사용이 정당하게 된다거나 갑 법인의 상표권에 대한 침해를 면하게 된다고 볼 수 없다고 한 사례(대법원

---

24) 오영준(주 17), 590-591.

2014. 8. 20. 선고 2012다6059 판결)도 있다.

(사) 마지막으로 주지의 정도에 이른 상표사용자의 경우, ㉠ 그 주지성이 다른 미등록 미주지 선상표사용자의 사용개시 후에 비로소 취득되었다 하더라도, ㉡ 다른 미등록 미주지 선상표사용자와의 관계에서 신의칙에 위반될 만한 사정이 없는 경우, 그 선사용의 미등록 미주지 상표 사용자에 대하여 부정경쟁방지보호법에 의한 사용금지를 구하는 것은 권리남용에 해당하지 아니한다. 가령 대법원 2004. 3. 25. 선고 2002다9011 판결에서는, 원고의 상호가 주지성을 획득하기 이전인 1991. 3.경부터 피고가 "옥시화이트" 상표를 사용하여 온 이른바, 선의의 선사용자로서 부정경쟁방지법 소정의 부정경쟁행위를 한 자에 해당하지 않는다는 취지의 피고의 주장에 대하여, '부정경쟁방지법 제2조 제1호 가목 소정의 부정경쟁행위에 있어서는 '부정경쟁행위자의 악의' 또는 '부정경쟁행위자의 부정경쟁의 목적' 등 부정경쟁행위자의 주관적 의사를 그 요건으로 하고 있지 아니할 뿐더러 부정경쟁방지법상 선의의 선사용자의 행위를 부정경쟁행위에서 배제하는 명문의 규정이 없으므로, 가령 원고가 그 상호에 관한 주지성을 획득하기 이전부터 피고가 원고의 상호의 존재를 알지 못한 채 또는 부정경쟁의 목적이 없는 상태에서 "옥시화이트" 상표를 사용하여 왔다고 하더라도 원고의 상호가 주지성을 획득한 상품의 표지가 되었고, 피고의 그 상표가 주지된 원고의 상호와 혼동될 위험이 존재한다고 인정되는 이 사건에서는 피고의 위와 같은 행위는 부정경쟁방지법 제2조 제1호 가목 소정의 부정경쟁행위를 구성한다'는 취지로 판단한 원심판결을 수긍하였다.[25)

(아) 그런데 2014. 6. 11. 법 제2751호로 개정된 상표법은 제53조 제2항(현행 상표법 제92조 제2항)을 신설하여 "상표권자·전용사용권자 또는 통상사용권자는 그 등록상표의 사용이 「부정경쟁방지 및 영업비밀보호에 관한 법률」 제2조 제1호 차목에 따른 부정경쟁행위에 해당할 경우에는 같은 목에 따른 타인의 동의를 받지 아니하고는 그 등록상표를 사용할 수 없다."고 규정함으로써, 부정경쟁방지법과의 관계를 처음으로 규율하였다. 등록상표의 사용이 부정경쟁행위에 해당하는지 여부의 판단에 있어서는 앞서 본 해석론이 그대로 적용될 것으로 생각된다.

---

25) 오영준(주 17), 591-592.

Ⅲ. 저명상표의 보호범위 확대

1. 전통적인 혼동개념의 확장해석론

가. 상표등록 단계에서의 보호

저명상표의 보호는 전통적으로 '혼동이론(confusion theory)'을 근간으로 하고 있어 타인의 저명상표를 경업관계 또는 경쟁관계에 있지 아니한 이종상품이나 영업에 사용하는 경우 상품출처의 혼동을 유발할 가능성이 없었으므로 상표법상의 금지대상이 아니었다. 그러나 현대와 같이 한 기업이 이질적인 산업분야에 걸친 다각적인 기업활동을 하는 산업구조하에서 여러 종류의 이종상품을 생산·판매하고 있는 실정을 고려할 때 전통적인 혼동이론으로는 해결하기 어려운 문제가 있다. 즉 식별력이 특히 강한 저명상표인 경우에는 전연 관계가 없는 이종상품이나 영업에 사용하더라도 심리적 연상작용에 의하여 상품출처에 관한 공동성 내지 결합관계나 후원관계의 존재가 즉시 연상되므로 혼동의 범위가 어느 정도의 비유사영역에까지 미친다고 할 수 있다. 다만 비유사상품에 상품출처의 혼동가능성이 있다고 하기 위해서는 저명한 타인의 영업상의 명성·신용에 편승하여(free ride) 고객을 부당하게 유인할 정도의 경업관계 내지 양 상품 사이에 저명한 상품·영업에 화체된 양질감이 이전할 수 있을 정도의 경제적인 유연관계는 존재하여야 한다고 전통적인 혼동개념을 다소 확장해석함으로써 저명상표를 보호하고자 하는 견해가 전통적인 혼동개념의 확장해석론이다.[26]

상표법 제34조 제1항 제11호 전단은 저명 상품 또는 영업과 혼동을 일으키게 할 염려가 있는 상표는 형식적인 유사개념에서 벗어나 널리 등록하지 아니할 것으로 규정하고 있다. 즉 위 제11호 전단의 혼동 개념에는 이른바 넓은 의미에 있어서의 혼동, 즉 기업의 혼동(Betreibsverwechslung) 내지 후원관계의 혼동(confusion of sponsorship)이 포함된다고 해석되고, 따라서 제11호 전단에 있어서는 저명상표 등과 대비 대상이 되는 상표의 표장 내지 지정상품(또는 지정서비스업)이 동일·유사할 필요는 없다고 하고 있다. 이는 앞서 본 바와 같이 제12호 후단의 경우에도 마찬가지이므로, 저명상표의 경우 상표법 제34조 제1항 제11호 전단의 '수요자들에게 현저하게 인식되어 있는 타인의 상품이나 영업과 혼동을 일으키게 할 염려가 있는 상표'와 제12호 후단의 '수요자를 기만할 염려가

---

26) 문삼섭, 상표법(제2판), 세창출판사(2004), 414.

있는 상표' 간에 그 판단기준시가 전자는 출원시이고 후자는 등록여부결정시인 점을 제외하고는 그 적용요건에 차이가 없게 된다(제척기간의 제한을 받지 아니한다는 점에서도 같다).27)

나. 저명상표의 상표법상 효력범위 및 부정경쟁방지법에 의한 보호

등록된 저명상표는 상표법에 의한 보호를 받게 되며 저명상표의 등록상표권자는 제3자의 상표권 침해에 대하여 상표법에 의한 민·형사상의 구제조치를 취할 수 있다. 문제는 저명상표의 경우 타인의 등록을 배제하는 효력이 버유사상품에까지 미치는 것처럼, 타인의 사용을 금지하는 효력도 이종상품에까지 미치는가하는 것이다. 이에 대해서는 적극설과 소극설로 나누어진다. 적극설에 의하면 상표권의 권리범위는 일반수요자나 거래자가 상품출처에 관해 혼동을 일으킬 우려가 있느냐의 여부에 따라 결정되는바, 오인·혼동의 우려가 있으면 권리범위에 속하는 것이고, 따라서 저명상표는 이종상품 간에도 오인·혼동이 일어난다는 점에서 그 금지적 효력이 이종상품에까지 미친다는 것이다. 소극설에 의하면 상표법상 상표권의 침해를 구성하는 행위는 상표법 제89조와 제108조에 한정되므로, 저명상표라고 하여 그 권리범위를 달리 볼 것은 아니라고 한다. 따라서 저명상표의 등록배제효는 비유사상품에까지 미치더라도 사용금지효는 유사상품까지만 미친다는 것이다.28)

이에 관하여 대법원 2001. 3. 23. 선고 98후1914 판결에서는, '상표등록취소심판을 청구할 수 있는 이해관계인이라 함은 취소되어야 할 상표등록의 존속으로 인하여 상표권자로부터 상표권의 대항을 받아 그 등록상표와 동일 또는 유사한 상표를 사용할 수 없게 됨으로써 피해를 받을 염려가 있어 그 소멸에 직접적이고도 현실적인 이해관계가 있는 사람을 의미하는 것으로서, 상표법에 의하여 등록상표권에 주어지는 효력인 등록상표와 저촉되는 타인의 상표사용을 금지시킬 수 있는 효력(금지권)은 등록상표의 지정상품과 동일·유사한 상품에 사용되는 상표에 대하여만 인정되는 것이고 이종상품에 사용되는 상표에 대하여까지 그러한 효력이 미치는 것은 아니라고 할 것이며(2016년 개정 전 상표법 제66조), 이는 저명상표의 경우에도 마찬가지이되, 다만 저명상표의 경우에는 (2016년 개정 전) 상표법 제7조 제1항 제10호의 규정에 의하여 상품출처의 혼동

---

27) 따라서 심판청구인은 물론 법원으로서도 더 낮은 정도의 인지도만 입증하면 되는 제12호 후단의 무효사유를 제11호 전단의 무효사유에 앞서 주장·인정할 가능성이 높게 된다.
28) 박채영(주 1), 68.

이 생기는 경우 그 지정상품과 동일·유사하지 아니한 상품에 사용되는 동일·유사한 상표의 등록이 허용되지 아니할 뿐일 이치여서 저명상표의 상표권자로부터 그 저명상표의 지정상품과 동일·유사하지 아니한 상품에 사용되는 상표에 대한 사용금지의 경고나 등록무효 또는 등록취소의 심판을 청구당한 사실이 있다고 하여, 그 피심판청구인에게도 자신의 상표와 지정상품이 다른 저명상표의 등록취소심판을 청구할 수 있는 이해관계가 있다고 할 수 없다.'고 판시하였다. 이는 저명상표의 효력범위를 직접적으로 다룬 것은 아니고, 취소심판청구의 이해관계 존부를 판단하면서 저명상표의 금지권의 범위에 대해 언급하고 있는 것이기는 하지만, 저명상표라고 하여 그 금지권의 효력범위가 이종상품에까지 미친다고 해석할 근거가 없는 점에서 대법원의 판결은 타당하다고 생각된다.[29]

    저명상표는 상표법에 의해서는 그 지정상품과 견련관계에 있는 비유사범위에서의 타인의 동일·유사한 상표의 사용을 금지시킬 수는 없지만, 부정경쟁방지법에 의해서는 가능하다(제2조 제1호 가목 및 나목). 가령 대법원 2000. 5. 12. 선고 98다49142 판결 등에서는, 저명한 상품표지와 동일·유사한 상품표지를 사용하여 상품을 생산·판매하는 경우 비록 그 상품이 저명 상품표지의 상품과 다른 상품이라 하더라도, 한 기업이 여러 가지 이질적인 산업분야에 걸쳐 여러 가지 다른 상품을 생산·판매하는 것이 일반화된 현대의 산업구조에 비추어 일반 수요자들로서는 그 상품의 용도 및 판매거래의 상황 등에 따라 저명 상품표지의 소유자나 그와 특수관계에 있는 자에 의하여 그 상품이 생산·판매되는 것으로 인식하여 상품의 출처에 혼동을 일으킬 수가 있으므로, 구 부정경쟁방지법 (1998. 12. 31. 법률 제5621호 부정경쟁방지및영업비밀보호에관한법률로 개정되기 전의 것) 제2조 제1호 소정의 부정경쟁행위에 해당한다고 판시한 바 있다.

2. 희석화 방지

가. 희석화방지론

(1) 의의

    위에서 언급한 전통적인 혼동의 개념을 확대해석하여 저명상표를 보호한다고 하더라도 근본적으로 경업관계 내지 경제적 유연관계가 전혀 없는 비유사한 상품 및 영업에 사용하는 경우 이를 저지할 수 없다는 이론적인 한계점을 갖고 있다. 가령 화이자 프로덕츠사의 저명상표인 '비아그라'(사용상품: 발기기능장애

---

29) 박채영(주 1), 69.

치료제)를 모방하여 국내에서 생칡즙, 칡수를 지정상품으로 하여 상표등록한다 하더라도, 치료제를 생산·판매하는 외국의 제약업체가 국내에서 생칡즙이나 칡 수를 생산·판매하리라고는 어느 누구도 생각하지 않을 것이므로, 위 생칡즙이 나 칡수의 수요자나 거래자에게는 상품 출처의 오인·혼동의 가능성이 없고, 또 양 상표의 권리자 간에는 경쟁관계도 없어, 그로 인하여 생칡즙 상표권자가 비 아그라 상표의 명성에 편승하여 매출액 증가 등의 이익을 얻는다거나, 화이자 프로덕츠사에 매출액 감소 등의 손해가 발생한다는 것은 상정하기 어렵다.

그러나 상품출처의 혼동가능성이나 경쟁관계가 없다는 이유로 타인의 저명 상표를 비유사상품에 이용하는 것을 자유방임할 경우 저명상표주가 막대한 비 용과 노력을 투자하여 구축한 저명상표에 대한 긍정적 이미지, 광고선전력, 고 객흡인력 등이 다양한 상품으로 분산되거나 희석되고, 경우에 따라서는 저명상 표에 화체된 상품의 품질이나 영업자의 신용에 대한 양질감이 약화되거나 손상 되게 되는데, 이러한 현상을 일반적으로 희석화(稀釋化)라고 하며, 이러한 희석 행위를 방지하기 위한 이론을 희석화이론(dilution theory)이라 한다. 전통적인 혼 동이론이 '수요자의 혼동가능성'에 주안점을 둔 반면 희석화이론의 경우에는 상 표와 관련된 '식별력 또는 goodwill'을 약하게 하거나 손상시키는 행위'를 조건 으로 하고 있다.[30)]

(2) 기원 및 외국 입법례

희석화 방지의 기원은 영국과 독일법원의 판결에서 시작된 것으로 추정된 다. 영국은 1989년 코닥(Kodak) 상표에 관한 Eastman Photographic Materials Co., Ltd. v. John Griffiths Cycle Corporation 판결에서 원고의 코닥 상표를 자전 거에 사용한 피고에 대하여 원고와 피고가 경쟁관계에 있지 않으며 피고의 상 표 사용이 원고의 소비자를 피고에게로 전환하게 만들지도 않았음을 인정하였 다. 그럼에도 불구하고 법원은 코닥 카메라가 자전거에 사용되기도 하고 많은 판매자들이 카메라와 자전거 양자 모두를 판매하고 있기 때문에 침해가 성립한 다고 판결하였다. 법원은 두 상품이 서로 경쟁관계에 있지 않음을 인정하면서도 궁극적으로 소비자의 혼동가능성 내지 상품의 유사성을 확대함으로써 사안을 판단하였다.[31)]

일반적으로 희석화 방지를 인정한 최초의 사건은 1925년 독일의 Odol 판결

---

30) 문삼섭(주 26), 414-415.
31) 육소영(주 3), 90-91.

인 것으로 알려져 있다. 구강세정제를 지정상품으로 하는 Odol 상표의 상표권
자는 다양한 철강제품을 지정상품으로 하는 동일 상표의 상표등록 취소를 청구
하였다. 법원은 이를 받아들이면서 비록 비경쟁상품에 사용된 경우라도 Odol
상표의 사용이 공중도덕에 반하며 Odol 상표가 부착된 철강제품이 Odol 구강세
정제와 동일하게 좋은 품질을 가지는 것으로 소비자가 인식하게 만들 수 있다
는 점을 지적하였다. 따라서 법원은 상표의 희석화를 인정하면서 모든 사람이
Odol을 자신의 상품의 표장으로 이용한다면 상표의 판매력이 상실될 것이라고
지적하였다. 즉 Odol 판결은 영국 법원과 달리 혼동이라는 개념을 사용하지 않
았으며 상표의 판매력 상실로서 처음으로 희석화의 개념을 정의하였다.32)

　　미국의 경우 매사추세츠 주가 1947년 주 상표법에 희석화 규정을 도입하였
지만, 연방희석화방지법은 1996년에 와서야 상원과 하원의 동의를 얻어 법률로
탄생되었다. 이 법은 5개의 조문으로 구성되었지만 실질적 내용을 가진 조항은
유명상표의 희석화에 대한 민사적 구제를 정한 조항(15 U.S.C. §1125)과 정의조
항(15 U.S.C. §1127)만이다. 희석화에 대한 민사적 구제를 정한 조항에서는 저명
상표인지를 결정하기 위한 A부터 H까지의 8개 기준을 제시하고 있으며, 희석화
행위가 인정되는 경우에도 그 행위가 악의적 의사를 가지고 이루어진 것이 아
니라면 상표권자에게 금지청구권을 인정하지 않고 있다. 이외에도 비교광고와
같이 타인에 의해 저명상표가 정당하게 사용되는 경우 등 희석화 행위가 성립
하지 않는 예외를 규정하고 있다. 그러나 이 법에서는 희석행위를 저명상표의
식별력을 감소시키는 행위라고만 정의하고 있을 뿐 구체적으로 식별력을 감소
시키는 행위가 무엇인지를 기술하고 있지 않다. 다만 입법자료를 보면 약화
(blurring), 오염(tarnishment)과 비방과 축소(diminishment)에 의한 희석화와 같이 법
원에 의해 인정되는 모든 유형의 희석화 행위를 포함하기 위하여 이러한 추상
적 정의를 두었음을 알 수 있다.33)

　　그러나 입법자료에서 희석화의 유형으로서 4가지 행위유형을 들고 있음에
도 불구하고 실제 일어나는 희석화 행위는 약화와 오염의 두 가지 형태로 분류
되는 것이 일반적이다. 약화에 의한 희석화는 가장 고전적인 유형의 행위로서
저명상표의 식별력이 불법적 사용에 의해 약화되는 것을 말한다. 예를 들어 보
석에 관한 저명상표인 Tiffany를 레스토랑에 사용하는 경우에 비록 소비자가

---

32) 육소영(주 3), 91.
33) 육소영(주 3), 93.

Tiffany 상표권자가 레스토랑을 경영할 것이라는 혼동을 하지 않는다 하여도 희석화가 성립된다. 반면 오염에 의한 희석화란 불법적 상표사용에 의하여 저명상표의 독특한 품질이 오염되거나 격하되는 것이다. 예를 들어 저명상표가 가지고 있는 이미지와 조화되지 않는 풍자를 하는 과정에서 권리자의 허락 없이 상표가 사용되는 경우가 그러하다.[34]

2006년 미국은 연방 상표희석화방지법을 개정하였다. 개정법의 주요내용은 첫째, 희석화 행위의 유형으로 약화와 오염을 규정하고 그 동안 문제가 되어왔던 저명상표, 약화에 의한 희석화와 오염에 의한 희석화의 개념을 정의하였다. 둘째, 본질적으로 식별력을 가진 상표 이외에 사용에 의해 식별력을 취득한 상표도 연방 상표희석화방지법의 적용을 받을 수 있도록 하고 있다. 셋째, 금지청구권을 행사하기 위하여 희석행위의 실질적 발생이 아니라 희석행위의 발생가능성을 요건으로 하고 있다. 넷째, 약화나 오염에 의해 희석화를 발생시킬 가능성이 있는 상표에 대해서는 등록을 인정하지 않는다[35].

나. 상표등록단계에서의 보호

종전에는 2016년 개정 전 상표법 제7조 제1항 제12호를 희석화 조항으로 볼 수 있는지 여부에 관하여 논란이 있었다. 학설상으로는 출처에 대한 오인·혼동을 요구하지 않는다는 점 등에서 이 규정을 희석화 조항으로 판단하는 견해가 통설적이었지만, 이에 반하여 위 제12호의 경우에는 부정한 목적이라고 하는 주관적 요건을 요구하고 있을 뿐 희석화 성립을 위해 필요한 객관적 요건을 요구하고 있지 않으므로 제12호의 경우 이를 희석화 방지를 위한 조항으로 보기 어렵다는 견해도 있었다.[36]

그러나 대법원은 위 제12호에 희석화를 방지하려는 취지도 포함되어 있다고 판시하여 왔고(대법원 2010. 7. 15. 선고 2010후807 판결 등 참조, "주지상표에 화체된 영업상의 신용이나 고객흡인력 등의 무형의 가치에 손상을 입히거나" 부분임), 상표심사기준에도 같은 취지의 규정이 있었다. 뿐만 아니라 2016년 개정 전 상표법상 저명상표와 관련된 등록무효사유 중 제10호, 제11호는 앞서 본 전통적인 혼동개념의 확장해석론과 같은 선상의 조항일 뿐 희석화 조항으로 보기는 어려우므로, 제12호의 '부정'의 개념을 넓게 해석하여 제12호에는 '오인·혼동

---

34) 육소영(주 3), 93-94.
35) 육소영(주 3), 94-95.
36) 육소영(주 3), 97-98.

뿐만 아니라 무임승차 내지 희석화도 포함된다'고 봄이 상당하다는 견해가 유력했다.[37)

다만 현행 상표법은 제34조 제1항 제11호 후단에 "수요자들에게 현저하게 인식되어 있는 타인의 상품이나 영업의 식별력 또는 명성을 손상시킬 염려가 있는 상표"를 규정함으로써 희석화 조항을 정면으로 도입하였고, 이에 따라 희석화를 발생시킬 가능성이 있는 상표에 대해서는 등록을 인정하지 않게 되었다.

다. 부정경쟁방지법에 의한 보호

저명상표의 경우라도 상표법에 의해서는 희석화를 야기할 가능성이 있는 타인의 상표등록을 막을 수 있을 뿐 희석화로 인한 침해 및 손해에 대하여 금지청구권이나 손해배상을 청구할 수는 없지만, 부정경쟁방지법에 의해서는 가능하다.

2001. 2. 3. 법 제6421호로 개정된 부정경쟁방지법은 제2조 제1호 다목을 신설하여 타인의 상품과 혼동을 하게 하는 행위나 타인의 영업상의 시설 또는 활동과 혼동을 하게 하는 행위 외에 "비상업적 사용 등 대통령령이 정하는 정당한 사유 없이 국내에 널리 인식된 타인의 성명·상호·상표·상품의 용기·포장 그밖에 타인의 상품 또는 영업임을 표시한 표지와 동일하거나 유사한 것을 사용하거나 이러한 것을 사용한 상품을 판매·반포 또는 수입·수출하여 타인의 표지의 식별력이나 명성을 손상하게 하는 행위"를 부정경쟁행위로 정의하였다. 제2조 제1호 다목이 희석화 조항으로 분류될 수 있는 이유는 타인의 표지의 식별력이나 명성을 손상하게 하는 행위를 요건으로 하고 있기 때문이다.[38)

그러나 다목으로는 희석화 방지 조항이 그 규제에 가장 많이 이용되는 불법적인 도메인이름 점거(cybersquatting, 이하 "사이버 스쿼팅"이라 한다)를 규제할 수 없었다. 따라서 미국은 1999년 반 사이버 스쿼팅 소비자 보호법(Anti-cybersquatting Consumer Protection Act)을 제정하였다. 우리나라도 2004. 1. 20. 법 제7095호로 부정경쟁방지법을 개정하여 제2조 제1호 아목을 신설하여 사이버 스쿼팅에 관한 조항을 신설하였다. 제2조 제1호 아목에서는 부정경쟁행위의 한 유형으로 "정당한 권원이 없는 자가 다음의 어느 하나의 목적으로 국내에 널리 인식된 타인의 성명, 상호, 상표, 그 밖의 표지와 동일하거나 유사한 도메인이름을 등록·보유·이전 또는 사용하는 행위"를 규정하고, 그 목적으로 상표 등 표지에 대하여 정당한

---

37) 송영식 외 6인 공저, 지적소유권법 하, 육법사(2013), 175(각주 195)(김병일 집필부분).
38) 육소영(주 3), 96-97.

권원이 있는 자 또는 제3자에게 판매하거나 대여할 목적, 정당한 권원이 있는 자의 도메인이름의 등록 및 사용을 방해할 목적 또는 그 밖에 상업적 이익을 얻을 목적을 들고 있다. 사이버 스쿼팅도 저명상표권자의 의사에 반하는 상표사용행위로서 그 성립요건으로 상품이나 영업의 혼동이나 당사자들 사이의 경쟁관계를 요구하지 않는다는 점에서 희석화 행위의 한 유형으로 볼 수 있다.[39]

IV. 상표 유사 판단에 있어서의 상표의 주지저명성

1. 상표 유사의 의의

가. 판단기준 : 상품출처의 혼동 여부

상품의 식별표지로서의 상표가 유사하다 함은 대비되는 두 개의 상표가 서로 동일한 것은 아니나 외관, 호칭, 관념의 면에서 근사하여 이를 동일, 유사 상품에 사용할 경우 거래통념상 상품 출처의 혼동을 일으킬 염려가 있는 것을 의미한다. 상표법이 상표의 저촉 여부에 관한 기준으로서 설정한 유사의 개념은 원래 상표 구성상의 근사성만을 의미하는 것으로 해석되었고, 일본의 학설, 판례 중에도 이와 유사한 견해가 종전에 있었다고 한다. 그러나 상품출처의 혼동을 방지하고자 하는 상표법의 목적에 비추어 볼 때, 상표의 유사 여부는 '상품출처의 혼동 여부'를 기준으로 판단해야 한다는 데 별다른 이설이 없으며, 대법원의 확립된 판례이다.[40]

나. 혼동의 범위

혼동에는 상품출처가 동일하다고 생각하는 혼동인 '협의의 혼동'과 그 출처가 동일하다고 생각하지 않으나 양자 사이에 어떤 관계가 존재하는 것은 아닌가라고 생각하는 '광의의 혼동' 또는 '후원관계의 혼동'이 있다. 상표의 유사 여부 판단기준인 상품출처의 혼동 여부에 광의의 혼동 여부도 포함되는지 논란이 있는데, '상표의 유사'와 '지정상품의 유사'를 함께 그 권리보호 또는 부등록사유로 규정하고 있는 상표법 규정과 관련하여서는 상표의 유사 여부 판단을 함에 있어서 광의의 혼동까지는 고려하지 않는 것이 실무이다.[41]

---

39) 육소영(주 3), 97.
40) 대법원 2006. 8. 25. 선고 2005후2908 판결 등 다수; 특허법원 지적재산소송실무연구회, 지적재산소송실무(제3판), 박영사(2014), 620(정택수 집필부분).
41) 지적재산소송실무(주 40), 620.

다. 일반적 출처 혼동과 구체적 출처 혼동

상품 출처의 혼동에는, 대비되는 두 개의 상표가 붙은 상품이 시장에 유통된다고 가정할 때 거래계의 일반적인 경험칙에 비추어 이들 상품의 거래자, 수요자들이 두 상품이 동일한 생산자, 판매자에 의하여 생산, 판매되는 것으로 인식할 것이라고 인정되는 경우인 일반적 출처 혼동(또는 추상적 출처 혼동)과 대비된 상품이 현실로 시장에서 유통되고 있고 그들 상품에 대한 구체적인 거래실정에 비추어 양 상품이 모두 그 중 널리 알려진 상표권자에 의하여 생산, 판매되는 것으로 인식할 염려가 있는 경우인 구체적 출처 혼동이 있다. 일반적 출처의 혼동 유무는 상표 그 자체의 유사성, 상품의 동종성의 정도, 당해 상품의 거래실정 등에 비추어 추상적, 형식적 자료에 의하여 획일적으로 판단되고, 구체적 출처의 혼동 유무는 상표의 표지력의 크기, 주지·저명성의 정도 등 구체적인 거래실정까지 고려하여 결정된다. 그러나 구체적인 거래실정 중 예컨대, 상품의 형태나 색채가 동일하다든지 용기포장의 전체적 인상이 같아 대비된 두 상표품이 동일출처의 것으로 혼동되는 일이 있더라도 이러한 비상표적인 요소는 상표법의 영역에서는 고려하여서는 아니된다.[42]

등록주의 법제 아래서는 등록상표가 현실로 사용될 필요가 없고 출원된 상표에 대해서도 사용을 예측함으로써 판단할 수밖에 없으므로 선등록상표와 저촉 유무를 판단함에 있어서의 상품출처의 혼동이란 원칙적으로 일반적 출처의 혼동을 의미하지만, 특히 주지·저명 상표와 같이 당해 상표가 지정상품에 사용된 실적이 있는 경우에는 그러한 구체적 사실에 기하여 구체적 출처의 혼동이 있는지 여부를 살펴, 그 여부를 일반적인 출처의 혼동 여부보다 우선하여 적용해야 한다는 것이 최근 우리나라와 일본의 학설·판례[43]의 경향이다.[44]

2. 혼동적 유사의 판단요소로서의 상표의 주지저명성

일반적으로 주지·저명상표는 무명의 상표에 비하여 보호범위가 더 크다고 할 수 있고, 따라서 주지·저명상표가 선등록상표이고 후출원상표가 무명상표인 경우 오인·혼동의 가능성을 감안하여 선등록상표의 유사범위를 비교적 넓게 판

---

42) 송영식 외 6인(주 37), 166.
43) 가령 "Rolens와 저명상표인 도형+Rolex의 비유사 판단(96. 7. 30. 95후1821 판결), "저명상표인 POLO와 POLA의 비유사 판단(96. 9. 24. 96후153, 96후191 판결), "주지상표인 BEAN POLE"과 "BEEN KIDS's"(2004. 7. 22. 2004후929 판결) 등.
44) 지적재산소송실무(주 40), 621.

단할 필요가 있다. 이러한 원칙은 큰 특허는 큰 보호, 작은 특허는 작은 보호(특허), 창작력이 큰 저작물은 큰 보호, 창작력이 작은 저작물은 작은 보호(저작권)와 같이 지적재산권법 일반에 적용되는 공통적인 원리라 할 수 있다. 이 원칙에 비추어 혼동적 유부 판단을 한 예를 들어본다.[45]

가. 선등록상표가 무명의 존재이고 유사한 후출원상표가 저명한 경우

대법원 1996. 9. 24. 선고 96후153, 96후191 판결은, 출원상표 "POLO+도형"은 저명상표이므로 무명의 인용상표 "POLA"와 형식상 유사하다 하더라도 후출원상표 "POLO+도형"에 관해서 소비자가 누구의 상표인가를 인식하고 있어 오인 혼동의 우려가 없다고 판시하였다. 만약 반대의 경우, 즉 저명상표인 "POLO+도형"이 선등록상표이고 후출원의 상표가 "POLA"인 경우라면 오인 혼동의 우려가 있다(유사하다)고 판단되었을 가능성이 있다는 견해가 있다.[46]

나. 선등록상표와 후출원상표가 유사하지만 모두 주지저명인 경우

대법원 1996. 7. 30. 선고 95후1821 판결은 유사한 두 상표 "Rolens"와 "ROLEX"가, 선출원된 "ROLEX"의 상품들은 세계적으로 유명한 고가, 고품질의 시계이고, 등록상표 "Rolens" 역시 그 출원 당시에는 시계류의 국내 일반 거래계에서 주지성을 취득하여 시계 소비자들이 양자를 별개 상표로 인식하고 있으므로 오인, 혼동의 필요가 없다고 판단하였는바, 이 역시 주지저명상표의 보호범위의 측면에서 수긍된다고 보인다.[47]

〈전지원〉

---

45) 송영식 외 6인(주 37), 255-256.
46) 송영식 외 6인(주 37), 255.
47) 송영식 외 6인(주 37), 255-256.

제34조(상표등록을 받을 수 없는 상표)

① 제33조에도 불구하고 다음 각 호의 어느 하나에 해당하는 상표에 대해서는 상표등록을 받을 수 없다.

1. 국가의 국기(國旗) 및 국제기구의 기장(記章) 등으로서 다음 각 목의 어느 하나에 해당하는 상표

　가. 대한민국의 국기, 국장(國章), 군기(軍旗), 훈장, 포장(褒章), 기장, 대한민국이나 공공기관의 감독용 또는 증명용 인장(印章)·기호와 동일·유사한 상표

　나. 「공업소유권의 보호를 위한 파리 협약」(이하 "파리협약"이라 한다) 동맹국, 세계무역기구 회원국 또는 「상표법조약」 체약국(이하 이 항에서 "동맹국등"이라 한다)의 국기와 동일·유사한 상표

　다. 국제적십자, 국제올림픽위원회 또는 저명(著名)한 국제기관의 명칭, 약칭, 표장과 동일·유사한 상표. 다만, 그 기관이 자기의 명칭, 약칭 또는 표장을 상표등록출원한 경우에는 상표등록을 받을 수 있다.

　라. 파리협약 제6조의3에 따라 세계지식재산기구로부터 통지받아 특허청장이 지정한 동맹국등의 문장(紋章), 기(旗), 훈장, 포장 또는 기장이나 동맹국등이 가입한 정부 간 국제기구의 명칭, 약칭, 문장, 기, 훈장, 포장 또는 기장과 동일·유사한 상표. 다만, 그 동맹국등이 가입한 정부 간 국제기구가 자기의 명칭·약칭, 표장을 상표등록출원한 경우에는 상표등록을 받을 수 있다.

　마. 파리협약 제6조의3에 따라 세계지식재산기구로부터 통지받아 특허청장이 지정한 동맹국등이나 그 공공기관의 감독용 또는 증명용 인장·기호와 동일·유사한 상표로서 그 인장 또는 기호가 사용되고 있는 상품과 동일·유사한 상품에 대하여 사용하는 상표

〈소 목 차〉

Ⅰ. 서설

1. 의의 및 취지

가. 의의

대한민국의 국기(國旗), 국장(國章) 등이나 대한민국 또는 공공기관의 감독용·증명용 인장(印章) 또는 기호와 동일·유사한 상표(가목), 파리협약 동맹국 등의 국기와 동일·유사한 상표(나목), 국제적십자 등 저명한 국제기관의 명칭, 약칭, 표장과 동일·유사한 상표(다목), 세계지식재산기구로부터 통지받아 특허청장이 지정한 동맹국 등의 문장(紋章) 등 또는 동맹국 등이 가입한 정부 간 국제기구의 명칭 등과 동일·유사한 상표(라목) 및 세계지식재산기구로부터 통지받아 특허청장이 지정한 동맹국 등 또는 그 공공기관의 감독용·증명용 인장 또는 기호와 동일·유사한 상표로서 그 인장 또는 기호가 사용되고 있는 상품과 동일·유사한 상품에 관하여 사용하는 것(마목)은 제33조의 규정에 의한 식별력을 갖추고 있더라도 상표등록을 받을 수 없도록 규정하고 있다.

나. 취지

국가·정부기관·국제기관·일정한 단체 등의 존엄을 유지하고 대한민국이 체결한 국제조약상의 의무나 국제적인 신의를 보호하는 한편 상표의 사용자가 이들 기관과 특수한 관계에 있는 것처럼 오인·혼동할 우려도 있기 때문에 이를 방지하기 위함이며, 감독용·증명용 인장 등은 감독·증명의 권위를 유지하는 한편 이들 표장들은 품질보증기능이 강하므로 수요자 보호 차원에서 상표등록을 허용하지 않는 것이다.[1]

2. 연혁

1949년 제정 상표법(1949. 11. 28., 법률 제71호)에서 「국기, 국장, 군기, 훈장, 포장, 기장, 서울특별시와 도의 표장, 외국의 국기, 국장, 또는 적십자의 칭호, 문자 또는 기장과 동일 또는 유사한 것(제5조 제1항 제1호)」을 부등록사유로 규

---

[1] 특허청, 조문별 상표법 해설(2007), 54-55.

정하였고, 1958년 개정 상표법(1958. 3. 11., 법률 제480호)에서 '올림픽마크'를 추가하였으며, 1973년 개정 상표법(1973. 2. 8., 법률 제2506호)에서 조문의 위치가 제9조로 이동되고 '서울특별시와 도의 표장'이 대상에서 삭제되었으며 적십자와 올림픽 외에 '저명한 국제기관'이 추가되었다.

한편, 1990년 개정 상표법(1990. 1. 13., 법률 제4210호)에서는 조문의 위치가 제7조로 이동되고 「공업소유권보호를 위한 파리조약동맹국의 훈장·포장·기장」과 「대한민국·공업소유권보호를 위한 파리조약동맹국·그 국가의 공공기관이 사용하는 감독용이나 증명용 인장 또는 기호와 동일 또는 유사한 상표」가 추가되었으며, 2001년 개정 상표법(2001. 2. 3., 법률 제6414호)에서 우리나라의 WTO 가입과 상표법조약의 가입 준비를 위하여 세계무역기구 회원국과 상표법조약 체약국의 표장도 부등록사유로 추가하였다.

2010년 개정 상표법(2010. 1. 27., 법률 제9987호)에서는 복잡하게 규정되어 있는 제1호의 조문을 내용별로 각각 분리 신설하고, 저명한 국제기관 또는 정부간 국제기구가 자기의 명칭, 약칭 등을 등록받을 수 있도록 개정하였으며, 2016년 전부 개정 상표법(전부개정 2016. 2. 29. 법률 제14033호로 개정된 것, 시행일 2016. 9. 1.)에서는 조문의 위치가 종전 '제7조'에서 '제34조'로 변경되었고 제1호부터 제1호의5까지를 총괄하는 내용을 제1호에 규정하면서 종래 '제1호부터 제1호의5'까지의 구체적 내용을 '가목부터 마목'에 규정하고, 단서의 '그러하지 아니하다'를 이해하기 쉽게 '상표등록을 받을 수 있다'로 수정하는 등 용어 정비 차원에서 문구를 일부 수정하였다(아래 개정 전·후 비교 <표> 참조).

II. 각 호별 구체적 내용

〈표 1〉 본호 2010년 및 2016년 개정 전·후 비교

	2010년 개정 전		2010년 개정 후	비고	2016년 개정 후	
					국가의 국기(國旗) 및 국제기구의 기장(記章) 등으로서 다음 각 목의 어느 하나에 해당하는 상표	1호
1	대한민국의 국기·국장·군기·훈장·포장·기장(과 동일 또는 유사한 상표)	1	대한민국의 국기(國旗), 국장(國章), 군기(軍旗), 훈장, 포장(褒章), 기장(記章), 대한민국 또는 공공기관의 감독용이나		대한민국의 국기, 국장(國章), 군기(軍旗), 훈장, 포장(褒章), 기장, 대한민국이나 공공기관의 감독용	가목

대한민국·파리협약 동맹국·세계무역기구 회원국 또는 상표법조약 체약국·**그 국가의 공공기관이 사용하는 감독용이나 증명용 인장 또는 기호**(와 동일 또는 유사한 상표)		증명용 인장(印章) 또는 기호와 동일하거나 이와 유사한 상표		또는 증명용 인장(印章)·기호와 동일·유사한 상표
외국의 국기(와 동일 또는 는 유사한 상표)	1의2	「공업소유권의 보호를 위한 파리협약」(이하 "파리협약"이라 한다) 동맹국, 세계무역기구 회원국 또는 「상표법조약」 체약국(이하 이 항에서 "**동맹국등**"이라 한다)의 국기와 동일하거나 이와 유사한 상표		「공업소유권의 보호를 위한 파리 협약」(이하 "파리협약"이라 한다) 동맹국, 세계무역기구 회원국 또는 「상표법조약」 체약국(이하 이 항에서 "동맹국등"이라 한다)의 국기와 동일·유사한 상표	나목
적십자·올림픽 또는 저명한 국제기관등의 명칭이나 표장(과 동일 또는 는 유사한 상표)	1의3	국제적십자, 국제올림픽위원회 또는 저명한 국제기관의 명칭, 약칭, 표장과 동일하거나 이와 유사한 상표. 다만, 국제적십자, 국제올림픽위원회 또는 저명한 국제기관이 자기의 명칭, 약칭 또는 표장을 상표등록출원한 때에는 그러하지 아니하다.	**단서**신설 (해당기관이 출원하면 등록가능)	국제적십자, 국제올림픽위원회 또는 저명(著名)한 국제기관의 명칭, 약칭, 표장과 동일·유사한 상표. 다만, 그 기관이 자기의 명칭, 약칭 또는 표장을 상표등록출원한 경우에는 상표등록을 받을 수 있다.	다목
외국의 국장(과 동일 또는 는 유사한 상표)

「공업소유권 보호를 위한 파리협약」(이하 "파리협약"이라 한다) 동맹국·세계무역기구 회원국 또는 상표법조약 체약국의 훈장·포장·기장(과 동일 또는 유사한 상표) | 1의4 | **파리협약 제6조의3에 따라 세계지적소유권기구로부터 통지받아 특허청장이 지정한 동맹국등**의 문장(紋章), 기(旗), 훈장, 포장, 기장 또는 동맹국등이 가입한 정부 간 국제기구의 명칭, 약칭, 문장, 기, 훈장, 포장, 기장과 동일하거나 이와 유사한 상표. 다만, 동맹국 또는 동맹국등이 가입한 정부 간 국제기구가 자기의 명칭·약칭(동맹국등이 가입한 정부 간 국제기구에 한정한다), 표장을 상표 | 대상국 한정(특허청장 지정)

대상표장 추가

단서신설 (해당국 등이 출원하면 등록가능) | 파리협약 제6조의3에 따라 세계지식재산기구로부터 통지받아 특허청장이 지정한 동맹국등의 문장(紋章), 기(旗), 훈장, 포장 또는 기장이나 동맹국등이 가입한 정부 간 국제기구의 명칭, 약칭, 문장, 기, 훈장, 포장 또는 기장과 동일·유사한 상표. 다만, 그 동맹국등이 가입한 정부 간 국제기구가 자기의 명칭·약칭, 표장을 상 | 라목 |

		등록출원한 때에는 그러하지 아니하다.		표등록출원한 경우에는 상표등록을 받을 수 있다.	
대한민국·**파리협약 동맹국·세계무역기구 회원국 또는 상표법조약 체약국**·그 국가의 공공기관이 사용하는 감독용이나 증명용 인장 또는 기호(와 동일 또는 유사한 상표)	1의5	**파리협약 제6조의3에 따라 세계지적소유권기구로부터 통지받아 특허청장이 지정한 동맹국등** 또는 그 공공기관의 감독용이나 증명용 인장 또는 기호와 **동일하거나 유사한** 상표로서 그 인장 또는 기호가 사용되고 있는 상품과 동일하거나 유사한 상품에 관하여 사용하는 것	대상국 한정(특허청장 지정) 인장·기호 사용상품과 **동일·유사 상품**으로 한정	파리협약 제6조의3에 따라 세계지식재산기구로부터 통지받아 특허청장이 지정한 동맹국등이나 그 공공기관의 감독용 또는 증명용 인장·기호와 동일·유사한 상표로서 그 인장 또는 기호가 사용되고 있는 상품과 동일·유사한 상품에 대하여 사용하는 상표	마목

1. 제1호 가목

구 상표법(2010. 1. 27. 법률 제9987호로 개정되기 전의 것) 제7조 제1항 제1호의 부등록사유 중 ① 「대한민국의 국기·국장·군기·훈장·포장·기장」과, ② 「대한민국·파리협약 동맹국·세계무역기구 회원국 또는 상표법조약 체약국·그 국가의 공공기관이 사용하는 감독용이나 증명용 인장 또는 기호」 중 대한민국에 관한 부분인 「대한민국 또는 공공기관의 감독용이나 증명용 인장(印章) 또는 기호」만을 분리하여 2010년 개정 상표법(2010. 1. 27. 법률 제9987호로 개정된 것) 제7조 제1항 제1호에서 함께 규정한 것을, 2016년 전부 개정 상표법(전부개정 2016. 2. 29. 법률 제14033호로 개정된 것, 시행일 2016. 9. 1.)에서 제34조 제1항 '제1호 가목'으로 위치 이동한 것이다.

국기는 '대한민국 국기법' 및 동 시행령,[2] 국장은 '나라의 문장에 대한 규정', 훈장 및 포장은 '상훈법' 및 동 시행령, 군기는 '군기령'이 규정하는 것을 말하며 기장은 공적을 기념하거나 신분, 직위 등을 표상하는 휘장 또는 표장을 의미한다.[3]

---

2) 종래 대통령령인 '대한민국 국기에 관한 규정'에서 규정하고 있던 것을 2007년 대한민국 국기법(2007.1.26. 제정, 법률 제8272호; 일부개정 2014.1.28 법률 제12342호)과 대한민국 국기법 시행령(2007.7.27. 제정, 대통령령 제20204호; 일부개정 2008.2.29 대통령령 제20741호; 일부개정 2008.7.17 대통령령 제20915호)을 제정하여 국기에 대한 사항을 규정하였고 '대한민국 국기에 관한 규정'은 폐지되었다.

3) 대법원 2010. 7. 29. 선고 2008후4721 판결; 특허청, 상표심사기준(2016. 8. 29. 개정 특허청 예규 제90호)(2016. 8.), 186.

국화(國花)인 무궁화의 도형을 포함한 표장으로서 대한민국의 국장, 군기, 훈장 등과 동일 또는 유사한 표장에 대해서는 본목을 적용하지만, 무궁화의 도형을 포함하고 있는 표장일지라도 그것이 국장, 군기, 훈장 등으로 인식될 수 없는 것은 법 제7조 제1항 제2호를 고려하여 판단한다.4)

「공공기관」이라 함은 대한민국의 중앙 또는 지방행정기관, 지방자치단체, 공공조합, 공법상의 영조물법인과 그 대표기관 및 산하기관을 말하며, 「감독용이나 증명용 인장(印章) 또는 기호」라 함은 상품의 규격·품질 등을 관리, 통제(control), 증명(warranty)하기 위하여 대한민국 자체가 채택한 표장을 말하며 국가가 아닌 국가의 하위기관 또는 공법상 기관에서 채택한 것은 포함되지 않는다.5) 본목에 해당하기 위해서는 출원상표의 거절결정 당시 공공기관이 현실적으로 감독용이나 증명용으로 사용하고 있는 인장이나 기호이어야 하고 단순히 앞으로 그 인장이나 기호를 감독용이나 증명용으로 사용할 계획이 있다는 사정만으로는 본목에 해당한다고 할 수 없다.6)

국기의 존엄을 해할 우려가 있다고 인정되는 상표는 설사 그것이 본목의 표장과 유사하지 않는 경우에도 제34조 제1항 제2호 및 제4호를 적용한다.7)

2. 제1호 나목

구 상표법(2010. 1. 27. 법률 제9987호로 개정되기 전의 것) 제7조 제1항 제1호의 부등록사유 중 하나였던 「외국의 국기」 중에서 '외국'의 범위를 「파리협약 동맹국, 세계무역기구 회원국 또는 상표법조약 체약국(이하 '동맹국 등')」으로 제한하면서 별도로 분리하여 2010년 개정 상표법(2010. 1. 27. 법률 제9987호로 개정된 것) 제7조 제1항 제1호의2에 규정한 것을, 2016년 전부 개정 상표법(전부개정 2016. 2. 29. 법률 제14033호로 개정된 것, 시행일 2016. 9. 1.)에서 제34조 제1항 '제1호 나목'으로 위치 이동한 것이다. 구 상표법(2010. 1. 27. 법률 제9987호로 개정되기 전의 것)에 따른 구 상표심사기준 제15조 제3항(2010. 6. 30. 특허청 예규 제56호로 개정되기 전의 것)에서는 "본호에서 규정하는 「외국」이라 함은 대한민국

---

4) 특허청(주 3), 195. 대법원 1963. 3. 21. 62후18 판결에 따르면, 훈장과 동일 또는 유사하여 상표로 등록할 수 없는 것은 상표 전체의 구성이 훈장 자체와 동일 또는 유사한 경우를 말하는 것이므로 「무궁화 대훈장」에 무궁화꽃이 사용되어 있다 하여 무궁화 도형은 일체 상표로 사용할 수 없다는 결론은 나오지 아니하는 것이라 한다.

5) 특허청(주 3), 188.

6) 특허법원 2005. 8. 11. 선고 2005허2915 판결(확정).

7) 특허청(주 3), 194.

을 제외한 모든 국가를 말하며 대한민국의 국가승인 여부에 관계없이, 실질적으로 영토, 국민, 통치권을 가지는 통치단체를 모두 포함한다. 교황청 등은 외국에 준하여 여기에 포함되는 것으로 본다"고 규정하고 있었으나 2010년 상표법 개정을 반영하여 당시 상표심사기준에서 제15조 제3항이 삭제되었고, 현행 상표심사기준(2016. 8. 29. 개정 특허청 예규 제90호)에서는, 모든 외국의 국기가 본목의 보호대상이 아니라 '공업소유권의 보호를 위한 파리협약 동맹국', '세계무역기구 회원국' 또는 '상표법조약 체약국'의 국기에 한하지만 동맹국 등이면 족하고 우리나라의 국가승인 여부는 불문한다고 설명하고 있다.8)

동맹국 등의 국기의 존엄을 해할 우려가 있다고 인정되는 상표는 설사 그것이 본목의 표장과 유사하지 않는 경우에도 상표법 제34조 제1항 제2호 및 제4호를 적용한다.9)

3. 제1호 다목

구 상표법(2010. 1. 27. 법률 제9987호로 개정되기 전의 것) 제7조 제1항 제1호의 부등록사유 중 하나였던 「적십자·올림픽 또는 저명한 국제기관 등의 명칭이나 표장」을 「국제적십자, 국제올림픽위원회 또는 저명한 국제기관의 명칭, 약칭, 표장」으로 약간의 자구수정을 하면서 별도로 분리하고, 단서에서 저명한 국제기구 등이 자기의 명칭, 약칭 등을 출원하는 경우에는 상표등록을 허용하는 내용으로 제1의3호에 규정한 것을, 2016년 전부개정 상표법(전부개정 2016. 2. 29. 법률 제14033호로 개정된 것, 시행일 2016. 9. 1.)에서 제34조 제1항 '제1호 다목'으로 위치 이동한 것이다. 본목에서 규정하는 「국제적십자」라 함은 「적십자」라는 명칭과 적십자의 표장, 국제적십자운동 구성기구를 말하며,10) 「저명한 국제기관」이라 함은 국제연합(UN) 및 산하기구와 EU, NATO, OPEC와 같은 지역 국제기구 등 국제사회에서 일반적으로 인식되고 있는 국가 간의 단체를 말하며,11) 정

---

8) 특허청(주 3), 188.
9) 특허청(주 3), 194.
10) 특허청(주 3), 189.
11) 특허청(주 3), 189. 한편, 상표심사기준(189면)에서는 저명한 국제기관의 예시로 ① 정부간국제기구는 국제원자력기구(IAEA), 국제형사경찰기구(INTERPOL), 세계보건기구(WHO), 세계무역기구(WTO), 국제부흥개발은행(IBRD), 국제금융공사(IFC), 국제개발협회(IDA), 국제연합식량농업기구(FAO), 국제연합교육과문화기구(UNESCO), 아프리카연합(AU), 국제노동기구(ILO), 국제통화기금(IMF), 석유수출국기구(OPEC), 세계지식재산기구(WIPO), 북대서양조약기구(NATO) 등을, ② 비정부간국제기구는 국제사면위원회(AI), 국제상공회의소(ICC), 국제의회연맹(IPU), 기독교청년회(YMCA), 국경없는의사회(MSF), 세계교회협의회

부간 국제기구와 비정부간 국제기구를 포함한다.12)

제34조 제1항 제3호에서는 국가 또는 공공기관이 영리를 목적으로 하지 않는 업무나 공익사업을 표시하는 표장에 대해 상표등록출원을 허용하고 있는 바, 본목에서는 국제적십자, 국제올림픽위원회 또는 저명한 국제기관이 영리를 목적으로 자기의 표장을 상표등록출원하는 경우에도 이를 허용하고자 하는 취지이다.13) 참고로 단서 규정이 없던 구 상표법(2010. 1. 27. 법률 제9987호로 개정되기 전의 것)하에서는 국제올림픽조직위원회(IOC)가 출원한 출원서비스표 'OLYMPIC'도 본목에 해당하여 등록을 받을 수 없다고 하였다.14)

4. 제1호 라목

구 상표법(2010. 1. 27. 법률 제9987호로 개정되기 전의 것) 제7조 제1항 제1호에서는 ① 「외국의 국장」과 ② 「동맹국 등의 훈장·포장·기장」이 부등록사유 중 하나로 규정되어 있었는데, 2010년 개정 상표법(2010. 1. 27. 법률 제9987호)에서 「파리협약 제6조의3에 따라 세계지적소유권기구로부터 통지받아 특허청장이 지정한 동맹국 등의 문장(紋章), 기(旗), 훈장, 포장, 기장 또는 동맹국 등이 가입한 정부 간 국제기구의 명칭, 약칭, 문장, 기, 훈장, 포장, 기장」으로 규정하여 대상국가의 범위를 '동맹국 등'에서 「파리협약 제6조의3에 따라 세계지적소유권기구로부터 통지받아 특허청장이 지정한 동맹국 등」에 한하도록 명시하고,15)

(WCC) 등을 들고 있다.

12) 대법원 1987. 4. 28. 선고 85후11 판결에 따르면, 구 상표법(1990. 1. 13. 법률 제4210호로 개정되기 전의 것) 제9조 제1항 제1호의 입법취지는 공익적 견지에서 국제기관의 존엄을 유지하기 위하여 그 칭호나 표장과 동일, 유사한 상표에 대하여 등록을 인정하여 사인의 독점적 사용을 하게 하는 것은 국제신의의 입장에서 적당하지 않기 때문이라 할 것이므로 위 법조에서 규정한 국제기관에는 제국이 공통적인 목적을 위하여 국가 간의 조약으로 설치하는 이른바 국가(정부) 간의 국제기관뿐만 아니라 정부 간의 합의에 의하지 않고 창설된 이른바 비정부단체(Non-governmental Organization)나 국제적 민간단체(International Non-governmental Organization)도 이에 포함될 수 있다고 한다.

13) 국회 지식경제위원회, 상표법 일부개정법률안 심사보고서(2009. 12.), 7.

14) 대법원 1997. 6. 13. 선고 96후1774 판결(구 상표법 제7조 제1항 제1호에서 규정하는 표장들은 공익적 측면에서 존엄성의 정도가 높아, 그 권위훼손 여부를 기준으로 하는 구 상표법 제7조 제1항 제3호의 규정과는 달리, 상표등록출원의 주체가 누구인가를 가리지 아니하고 이에 해당할 경우에는 상표로서 등록받을 수 없는 것으로 규정한 것이라는 취지).

15) 구 상표법(2010. 1. 27. 법률 제9987호로 개정되기 전의 것) 제7조 제1항 제1호에서는 대상국가의 범위가 '동맹국 등'이라만 되어 있었으나, 판례는 '공업소유권보호를 위한 파리조약동맹국의 훈장·포장·기장'이 보호받기 위하여는 파리조약 제6조의 3 제3항 (a)의 규정에 따라 그 보호대상인 기장 등이 국제사무국을 통하여 우리나라에 통지되어야 한다고 하였는데(대법원 1999. 12. 7. 선고 97후3289 판결), 개정법에서는 이를 명문화한 것이다.

부등록대상 표장의 범위에 「동맹국 등의 기(旗)」와 「동맹국 등이 가입한 정부 간 국제기구의 명칭, 약칭, 문장, 기, 훈장, 포장, 기장」을 추가한 다음, 단서에서 동맹국 또는 동맹국 등이 가입한 정부 간 국제기구가 자기의 명칭·약칭(동맹국 등이 가입한 정부 간 국제기구에 한정한다) 표장을 출원하는 경우에는 상표등록을 허용하는 내용으로 제1의3호에 규정한 것을, 2016년 전부개정 상표법(전부개정 2016. 2. 29. 법률 제14033호로 개정된 것, 시행일 2016. 9. 1.)에서 제34조 제1항 '제1호 라목'으로 위치 이동한 것이다.

   본목에서 규정하는 「파리협약 제6조의3에 따라 세계지식재산기구로부터 통지받아 특허청장이 지정한 동맹국등의 문장(紋章), 기(旗), 훈장, 포장 또는 기장이나 동맹국등이 가입한 정부 간 국제기구의 명칭, 약칭, 문장, 기, 훈장, 포장 또는 기장」이라 함은 파리협약 제6조의3(1)(a)가 규정하는 「동맹국의 문장, 기장, 기타의 기장 … 및 문장학상 이들의 모방으로 인정되는 것」 중에서 각국의 국기와 국장을 제외한 것을 의미하며(세계무역기구 회원국 및 상표법조약 체약국에 대해서도 이와 같다), 이 경우 각국의 국기를 제외한 훈장, 포장, 기장에 대해서는 (1) 특허청장이 직권으로 인정하는 것 이외에는 파리협약 제6조의3(3)(a) 및(6) 의 규정에 따라 동맹국이 국제사무국을 통하여 우리나라에 통지된 것만('파리협약 제6조의3에 의한 파리협약 등의 동맹국 공익표장의 보호에 관한 운영요령' 제10조의 규정에 따라 우리나라에서 보호하지 않기로 한 것은 제외한다)을 보호대상으로 하고, (2) 본목은 위 통지일로부터 2개월이 경과된 이후에 등록여부를 결정하는 상표부터 적용한다.16)

5. 제1호 마목

   구 상표법(2010. 1. 27. 법률 제9987호로 개정되기 전의 것) 제7조 제1항 제1호의 부등록사유 중 「대한민국·파리협약 동맹국·세계무역기구 회원국 또는 상표법조약 체약국·그 국가의 공공기관이 사용하는 감독용이나 증명용 인장 또는 기호」를 대한민국의 경우와 '동맹국 등'의 경우로 나누어 전자는 제1호에 포함하고 후자만을 제1의5호에서 규정하면서 대상국가의 범위를 '동맹국 등'에서 「파리협약 제6조의3에 따라 세계지적소유권기구로부터 통지받아 특허청장이

대법원 1999. 12. 7. 선고 97후3289 판결에 대한 자세한 해설은 권택수, "상표법 제7조 제1항 제1호 소정의 '공업소유권보호를 위한 파리조약동맹국의 훈장·포장·기장'이 우리나라에서 보호받기 위한 요건", 대법원판례해설 제33호, 법원도서관(1999. 12.), 687-703 참조.

 16) 특허청(주 3), 190-191.

지정한 동맹국 등」에 한하도록 명시하고, 부등록대상의 범위를 그 인장 또는 기
호가 사용되고 있는 상품과 동일하거나 유사한 상품에 관하여 사용하는 것으로
제한한 2010년 개정 상표법(2010. 1. 27. 법률 제9987호) 제1의5호를, 2016년 전부
개정 상표법(전부개정 2016. 2. 29. 법률 제14033호로 개정된 것, 시행일 2016. 9. 1.)
에서 제34조 제1항 '제1호 마목'으로 위치 이동한 것이다.

본목에서 규정하는 「공공기관」이라 함은 파리협약동맹국, 세계무역기구회
원국 또는 상표법조약 체약국의 중앙 또는 지방행정기관, 지방자치단체, 공공조
합, 공법상 영조물법인과 그 대표기관 및 산하기관을 포함하며 주정부 및 그 산
하기관도 이에 해당하는 것으로 본다.[17] 또한, 「감독용이나 증명용 인장 또는
기호」라 함은 상품 등의 규격·품질 등을 관리, 통제(control), 증명(warranty)하기
위하여 동맹국 국가 자체가 채택한 표장을 말하며, 국가가 아닌 국가의 하위기
관 또는 공법상 기관에서 채택한 것은 포함되지 않는다.[18]

6. 공통사항

본호가 규정하는 표장의 명칭을 문자로 동일 또는 유사하게 표시한 경우에
도 본호가 규정하는 동일 또는 유사한 표장으로 보며, 상표의 일부에 본호가 규
정하는 표장을 결합하였을 경우에도 본호에 해당한 것으로 본다.[19]

또한, 본호에서 규정하는 표장은 현존하는 것에 한하고,[20] 본호에의 해당
여부는 상표등록여부결정을 할 때를 기준으로 하여 판단한다.[21]

---

17) 특허청(주 3), 193.
18) 특허청(주 3), 193.
19) 특허청(주 3), 194.
20) 대법원 1998. 6. 26. 선고 97후1443 판결; 대법원 1991. 8. 9. 선고 90후2263 판결; 특허
    청(주 3), 188.
21) 대법원 1998. 6. 26. 선고 97후1443 판결; 대법원 1991. 8. 9. 선고 90후2263 판결; 상표
    법 제34조 제2항("제1항 및 상표등록출원인(이하 "출원인"이라 한다)이 해당 규정의 타인
    에 해당하는지는 다음 각 호의 어느 하나에 해당하는 결정(이하 "상표등록여부결정"이라
    한다)을 할 때를 기준으로 하여 결정한다. 다만, 제1항 제11호·제13호·제14호·제20호 및
    제21호의 경우는 상표등록출원을 한 때를 기준으로 하여 결정한다. 1. 제54조에 따른 상표
    등록거절결정, 2. 제68조에 따른 상표등록결정."); 특허청(주 3), 195. 2013. 11. 입법예고
    되었던 상표법 전부개정법률(안)에는, 상표부등록사유를 공익적 거절사유와 사익적 거절사
    유로 나누어 사익적 규정이라고 보는 제6호부터 제10호까지의 존재에 관한 판단시점을
    '상표등록출원시'로 규정하였던 당시 상표법 규정(제7조 제2항)을, 공익·사익의 구별없이
    '등록여부결정시'로 변경하는 내용(당시 개정안 제34조: "② 제1항에 해당하는지 여부는
    상표등록결정 또는 상표등록거절결정의 어느 하나에 해당하는 결정(이하 "상표등록여부결
    정"이라 한다)시를 기준으로 한다. ③ 제2항의 규정에도 불구하고 제1항 제12호는 상표등

Ⅲ. 판단사례

1. 본호에 해당한다고 본 사례

① 장갑, 양말 등을 지정상품으로 하는 등록상표(등록번호 40-68613)에 대한 무효심판사건 상고심에서 무효심판청구인이 이해관계인에 해당하는지가 다투어진 사안으로, 심판청구인인 월드 와일드라이프 펀드는 1961. 9. 11. 설립된 비정부간 국제기구로서 세계 26개국이 회원으로 가입되어 있으며, 우리나라는 비록 동 기구에 가입하고 있지 않으나 심판청구인의 상위 국제기구로서 세계 119개 국가가 회원으로 되어 있는 I.U.C.N.(Internationanl Union for Conservation of Nature and Natural Resources)에는 우리나라의 내무부, 자연보호중앙회, 자연보존협회, 청소년지도자협회, 국립공원협회, 야생동물보호협회 등이 가입하고 있는 우리나라의 관계기관 및 동 관련종사자에게도 잘 알려져 있는 저명한 국제기관이라고 본 원심의 판단을 수긍한 사례[22]와 ② 전선 등을 지정상품으로 하는 **KS-CLF** 출원상표(출원번호 40-2006-45431)에 대해, 출원상표는 'KS' 또는 'CLF'만으로 호칭·관념될 수 있고, 출원상표가 'KS'만으로 약칭될 경우에는 한국산업규격표시인 'KS'와 호칭 및 관념이 동일하여 서로 유사한 표장이라 할 것이며, 한국산업규격에서 전기부분은 'KS' 다음에 'C'를 붙여 사용하고 있고, 출원상표의 지정상품이 전기케이블, 전선 등 전기제품인 점을 고려하면, 출원상표는 'KS인증을 획득한 전기제품'의 일종으로 인식될 가능성이 높아, 구 상표법 제7조 제1항 제1호에 규정된 대한민국의 공공기관이 사용하는 감독용이나 증명용 인장 또는 기호와 동일 또는 유사한 상표에 해당한

록출원을 할 때에 이에 해당하면 적용한다. 다만, 출원인이 해당 규정의 타인에 해당하는지는 상표등록여부를 결정할 때를 기준으로 한다.")이 포함되었으나, 2016년 전부 개정 상표법(전부개정 2016. 2. 29. 법률 제14033호로 개정된 것, 시행일 2016. 9. 1.)에서는 원칙적으로 부등록사유 판단시점을 '등록여부결정시'로 하면서도 제11호·제13호·제14호·제20호 및 제21호의 경우에는 예외적으로 '상표등록출원시'로 하고 있다. 2013. 11. 입법예고되었던 상표법 전부개정법률(안)에 대한 설명자료 33-36 참조.
 <http://www.kipo.go.kr/kpo/user.tdf?a=user.ip_info.adv_law.BoardApp&board_id=adv_law&cp=1&pg=1&npp=10&catmenu=m04_01_03&sdate=&edate=&searchKey=1&searchVal=상표법&bunryu=&st=&c=1003&seq=12966&gubun=> (2016. 6. 7. 최종방문).
22) 대법원 1987. 4. 28. 선고 85후11 판결.

다고 한 사례,23) ③ 개발금융상담업, 개발금융업 등을 지정서비스업으로 하는

이 사건 서비스표 출원(제41-2008-0030406호)에 대해, 국제금융공사 (IFC)는 이 사건 출원서비스표 등록결정 당시, 구 상표법 제7조 제1항 제1호에 규정된 '저명한 국제기관'에 해당한다고 본 사례24) 등이 있다.

2. 본호에 해당하지 않는다고 본 사례

① 차류와 무주정음료를 지정상품으로 한 상표(출원번호 1969-7444)에 대한 거절사정이 정당하다고 한 심결에 대해, 본원 상표가 태극도형과 유사한가의 여부는 본원 상표를 원상대로 태극도형과 대비하여 전체의 외관에서 주는 인상이 유사한 것인가를 관찰함이 상당하다 할 것이고 본원 상표의 상하에 있는 반달모양을 결합시키는 가정 아래에 태극도형과 대비함은 타당치 못하다 할 것이고 반달모양의 색차가 윗부분이 적색, 아랫부분이 청색이라는 사실만으로 양자가 동일한 인상을 준다고 할 수 없을 뿐더러 원심이 인정한 본원 상표는 상하 부분의 반달모양의 떨어진 부분(전체로 보아 상하 부분을 하나의 원 둘레로 한 원형의 중간 부분을 원면적의 1/2 이상을 파상의 백색 띠로 떼어 놓은 부분)에 'PEPSI COLA'라는 영문을 횡서한 것으로서 우리나라 국기의 태극도형과 유사한 도형이라고 하기 어렵다고 하여 심결을 파기한 사례,25) ② 출원서비스표 'E. E. C. IN'TL KOREA'의 구 상표법 제7조 제1항 제1호 해당여부가 다투어진 사안으로, 'E. E. C. IN'TL KOREA' 중 'E. E. C.'는 프랑스 등 유럽 다수 국가들이 지역 관세 철폐, 자본과 노동의 이동 자유화, 무역 확대 등 경제협력을 위

---

23) 특허법원 2008. 6. 12. 선고 2008허1661 판결(심리불속행 기각).

24) 특허법원 2012. 4. 18. 선고 2011허11132 판결("국제금융공사(IFC)는 국제연합(UN) 산하의 전문기구로서, 현재에도 국제적으로 활발한 활동을 하고 있어 원고들에게 이 사건 출원서비스표의 독점적·배타적 사용을 허용한다면 국제금융공사(IFC)의 존엄을 훼손하여 국제적 신의를 상실할 염려가 있다고 보이고, 피고도 파리협약 제6조의3에 따라 국제사무국을 통해 국제금융공사(IFC)의 명칭, 약칭 및 표장의 보호요청을 통지받은 후 '공익표장자료집'에 저명한 국제기관의 그것으로 기재하고, 상표심사기준에서도 이를 저명한 국제기관으로 예시하여 지속적으로 관리해 온 점 등에 비추어 볼 때, 국제금융공사(IFC)는 이 사건 출원서비스표 등록결정 당시, 구 상표법 제7조 제1항 제1호에 규정된 '저명한 국제기관'에 해당한다고 봄이 상당하다.").

25) 대법원 1971. 11. 30. 선고 71후34 판결.

하여 설립한 유럽경제공동체, 즉 'European Economic Community'의 약칭과 동일·유사하여, 본원서비스표를 그 지정서비스업에 사용할 경우 일반 수요자로 하여금 유럽경제공동체와 특수한 관계가 있는 것으로 오인·혼동을 일으키게 할 우려가 있다는 이유로 구 상표법 제7조 제1항 제1호에 의하여 본원서비스표의 등록을 거절한 원사정은 정당하다고 판단한 심결에 대해, 유럽경제공동체가 위 사정 당시에 존재하는 기관으로서 그 조직이나 활동상황 등에 의하여 국제적으로 널리 알려져 있는지 여부를 살펴보고 본원서비스표의 구 상표법 제7조 제1항 제1호에의 해당 여부를 판단하였어야 할 것임에도 불구하고 이 점을 살펴보지 아니한 채 유럽경제공동체가 바로 저명한 국제기관이라고 판단한 잘못이 있다고 한 사례,[26] ③ 지정상품을 섬유기계용사공급장치로 하는 　iro　 상표 (출원번호 40-1988-13788)에 대해, 원심결은 본원상표는 영문자 'IRO'를 도형화한 것으로 직감되고 이는 국제난민구제기구(International Refugee Organization)[27]의 약칭인 'IRO'와 동일 유사하며, 'IRO'는 영어사전 등에도 기재되어 있는 국제연합의 중요한 산하기관이므로 저명한 국제기관이라 할 것이어서 그 약칭과 유사한 본원상표는 등록될 수 없다고 판단하였으나, 대법원은 원심이 국제난민구제기구가 국제연합의 산하기구로서 위 사정 당시에도 존속하며 그 조직이나 영업활동의 범위가 국제적으로 널리 알려져 있는지의 여부 등을 잘 살펴보지 아니한 채 그 판시와 같은 사유만으로 저명한 국제기관이라고 판단한 것은 잘못이라고 하여 원심결을 파기한 사례,[28] ④ 자켓, 헬멧, 버클, 휘장 등을 지정상품으로 하는 　　 등록상표(40-246078)는 미국 공군의 공식기장인 (인용표장)과 유사하므로 무효라고 본 원심에 대해, 대법원은 공업소유권의 보호를 위한 파리조약 제6조의3은 파리조약가맹국의 국가기장(記章), 감독용 또는 증명용의 공공의 기호 및 인장 또는 정부 간 국제기구의 기장 등의 보호에 관한 규정이고, 실제에 있어 위 국가기장, 감독용 또는 증명용의 공공의 기호, 인

---

26) 대법원 1998. 6. 26. 선고 97후1443 판결.
27) IRO는 1948년 8월 16개국이 참가하여 정식으로 발족한 이래 1951년 6월 폐지될 때까지 103만 명의 난민정착사업과 7만명의 본국 귀환을 주선하였는데, 폐지된 후에는 1951년 창립된 UNHCR(United Nations High Commissioner for Refugee: 국제연합난민고등판무관사무소)에서 계속 업무를 하고 있다. 네이버 백과사전(http://100.naver.com/100.nhn?docid=22485).
28) 대법원 1991. 8. 9. 선고 90후2263 판결.

장 등은 다른 가맹국이 반드시 알 수 있다고 볼 수 없으므로, 같은 조 제3항 (a)
는 파리조약가맹국이 다른 가맹국에 대하여 자신의 국가기장 등을 보호받고자
할 경우에는 국제사무국을 통하여 그 해당 가맹국에 의무적으로 통지하도록 규
정하고 있는바, 구 상표법 제7조 제1항 제1호는 대부분 위와 같은 파리조약 제6
조의3에 규정된 사항을 입법한 것으로서, 위 상표법 규정 소정의 '공업소유권보
호를 위한 파리조약동맹국의 훈장·포장·기장'이 보호받기 위하여는 파리조약
제6조의3 제3항 (a)의 규정에 따라 그 보호대상인 기장 등이 국제사무국을 통하
여 우리나라에 통지되어야 하는데, 등록사정시까지 인용표장에 관하여 미국으
로부터 우리나라에 대하여 국제사무국을 통한 통지가 있었음을 인정할 아무런
자료가 없으므로 무효라고 볼 수 없다고 한 사례,[29] ⑤ 무선통신업 등을 지정서
비스업으로 하는 SK텔레콤의 **SPEED 011** 표장에 대한 무효심판사건에서,
'011'과 같은 통신망 식별번호는 국가가 관리하는 표장으로서 감독용 또는 증명
용 기호에 해당되거나 적어도 이에 준하는 것이어서 구 상표법 제7조 제1항 제
1호에도 해당되어 무효라는 KTF(피고 무효심판청구인)의 주장에 대해, 위 통신망
식별번호의 관리주체가 정보통신부장관이라고 할지라도 그러한 사정만으로 이
사건 등록서비스표가 감독용이나 증명용 인장 또는 기호라고는 할 수 없다고
본 원심의 판단을 수긍한 사례,[30] ⑥ 청바지, 수영복 등을 지정상품으로 하는

등록상표(제40-113827호)　　　　　에 대한 무효심판사건에서, 등록상표는 구 상표
법(1990. 1. 13. 법률 제4210호로 전문개정되기 전의 것) 제9조 제1항 제1호에서 말

하는 '기장'에 해당하는 대한민국의 해군사관학교 사관생도의 견장 "　　　"
과 유사하여 등록을 받을 수 없다고 한 원심의 판단에 대해, 해군사관학교 사관
생도의 견장은 해군사관학교 사관생도로서의 신분과 그 학년을 표상하므로 그 전
체가 대한민국의 기장에 해당하지만, 전체적으로 관찰해 볼 때 등록상표와 그 외
관이 유사하지 아니하여, 구 상표법 제9조 제1항 제1호에 의해 등록을 받을 수
없는 상표에 해당하지 아니한다는 이유로 원심판결을 파기한 사례[31] 등이 있다.

---

29) 대법원 1999. 12. 7. 선고 97후3289 판결.
30) 대법원 2006. 5. 12. 선고 2005후339 판결.
31) 대법원 2010. 7. 29. 선고 2008후4721 판결.

IV. 타법의 관련 규정

1. 실용신안법

국기 또는 훈장과 동일하거나 유사한 고안은 실용신안등록을 받을 수 없다 (실용신안법 제6조 제1호).

2. 디자인보호법

국기, 국장(國章), 군기(軍旗), 훈장, 포장, 기장(記章), 그 밖의 공공기관 등의 표장과 외국의 국기, 국장 또는 국제기관 등의 문자나 표지와 동일하거나 유사한 디자인은 디자인등록을 받을 수 없다(디자인보호법 제34조 제1호).

3. 부정경쟁방지 및 영업비밀보호에 관한 법률

파리협약 당사국, 세계무역기구 회원국 또는 「상표법 조약」 체약국의 국기· 국장(國章), 그 밖의 휘장이나 국제기구의 표지와 동일하거나 유사한 것은 해당 국가 또는 국제기구의 허락을 받은 경우가 아니면 상표로 사용할 수 없고(부정경쟁방지 및 영업비밀보호에 관한 법률 제3조 제1항), 파리협약 당사국, 세계무역기구 회원국 또는 「상표법 조약」 체약국 정부의 감독용 또는 증명용 표지와 동일하거나 유사한 것은 해당 정부의 허락을 받은 경우가 아니면 상표로 사용할 수 없다(동법 동조 제2항).

V. 외국의 입법례

1. 일본

본호에 대응하는 일본 상표법 규정은 약간의 차이는 있지만 전반적으로는 유사한 내용을 규정하고 있다. 일본 상표법 제4조 제1항 제1호 내지 제5호를 우리 상표법 제34조 제1항 제1호 가목 내지 마목과 구체적으로 비교해 보면 아래 <표 2>와 같다. 본호에 대응되는 일본 상표법 규정 중 최근(2014년, 평성(平成) 26년)에 개정된 것은 제4조 제1항 제3호인데, 동맹국이 가입한 국제기관의 문장 등의 상표등록을 금지하면서도(파리조약 제6조의3(1)(b)) 국제기관과 관계가 있다는 오인을 발생시키지 않는 상표에 대하여는 상표등록을 할 수 있는 예외조치를 정하고 있는 파리조약(파리조약 제6조의3(1)(c))과 달리 이러한 예외조치를 정하고 있지 않던 일본 상표법의 내용을 개정하여, 국제기관과 관계가 있다는 오인을 발생시키지 않는다고 생각되는 '(가) 자기의 업무에 관한 상품 혹은 서비스를 표시하는 것으로서 수요자 사이에 넓게 인식되어 있는 상표 또는 이것에 유사한 것으로서 그 상품이나 서비스 또는 이들에 유사한 상품 혹은 서비스에 대하여 사용하는 것', '(나) 국제기관의 약칭을 표시하는 표장과 동일 또는 유사한 표장으로 된 상표로서 그 국제기관과 관계가 있다는 오인을 발생시킬 우려가 없는 상품 또는 서비스에 대해 사용하는 것'에 대하여는 국제기관을 표시하는 표장과 동일 또는 유사한 것이더라도 일본 상표법 제4조 제1항 제3호의 대상으로 하지 않고 상표등록을 받을 수 있도록 개정하였다.32)

한편, 「국제적십자의 명칭, 약칭, 표장」이라고 규정한 우리 상표법 제34조 제1항 제1호 다목과 달리 일본 상표법 제4조 제1항 제4호는 적십자 표장과 관련하여 「적십자 표장 및 명칭 등의 사용제한에 관한 법률(소화(昭和) 22년 법률 제159호) 제1조의 표장 혹은 명칭, 또는 무력공격사태 등에 있어서 국민의 보호를 위한 조치에 관한 법률(평성(平成) 16년 법률 제112호) 제158조 제1항의 특수표장」이라고 규정하고 있는바, ① 적십자 표장 및 명칭 등의 사용제한에 관한

법률 제1조의 표장은 ✚ (백색바탕에 적십자), ☾ (백색바탕에 적신월) 및

🦁 (백색바탕에 적색사자 및 태양)이고, ② 적십자 표장 및 명칭 등의 사용제한에 관한 법률 제1조의 명칭은 「赤十字(적십자)」, 「ジュネーブ十字(제네바십자)」, 「赤新月(적신월)」, 「赤のライオン及び太陽(적색사자 및 태양)」을 말하며, ③ 무력

---

32) 日本 特許庁, 平成26年法律改正 (平成26年法律第36号) 解說書, 第4章 商標法の保護対象の拡充等, 179-180. 개정의 필요성에 대해 다음과 같이 설명하고 있다("파리조약에서는 동맹국이 가입한 국제기관의 문장 등의 상표등록을 금지하고 있고(파리조약 제6조의3(1)(b)), 일본은 상표법의 규정에 의해 당해 의무를 부담하고 있다(상표법 제4조 제1항 제3호). 다른 한편, 파리조약에서는 이와 같은 국제기관과 관계가 있다는 오인을 발생시키지 않는 상표에 대하여는 상표등록을 할 수 있는 예외조치를 정하고 있지만(파리조약 제6조의3(1)(c), 일본 상표법은 당해 예외조치를 정하고 있지 않고 실제 심사에서 이것을 담보하고 있다. 최근 일본 기업이 사용하는 상표에 대하여도 당해 예외조치의 대상이 될 수 있는 것이 많이 등록 또는 사용되고 있는 상황으로 되었기 때문에 일본 상표법에 있어서도 파리조약과 마찬가지의 예외조치를 정할 필요성이 있다.").
<http://www.jpo.go.jp/shiryou/hourei/kakokai/pdf/tokkyo_kaisei26_36/04syou.pdf> (2016. 6. 7. 최종방문).

공격사태 등에 있어서 국민의 보호를 위한 조치에 관한 법률 제158조 제1항의

특수표장은 오랜지색 바탕에 청색정삼각형 표장으로 견본은 과 같다.33)

위 표장 중 🌙 , 🦁 은 이슬람문화권에서 적십자표장이나 적십자명칭을
대신하여 '적신월'이나 '적색사자와 태양'의 표장이나 명칭이 사용되어 온 점이,

▲ 표장은 1949년 8월 12일 제네바조약의 국제적 무력분쟁의 희생자 보호
에 관한 추가의정서 제66조 제3호의 규정의 내용이, 2004년 '적십자의 표장 및
명칭 등 사용의 제한에 관한 법률'과 '무력공격사태 등에 있어서 국민의 보호를
위한 조치에 관한 법률' 개정에 각각 반영된 것이라고 한다.34)

〈표 2〉 우리 상표법 제34조 제1항 제1호와 일본상표법 대응규정 비교

	일본 상표법 제4조 제1항		우리나라	비교
1	**국기, 국화문장, 훈장, 포장** 또는 외국의 국기와 동일 또는 유사한 상표		대한민국의 국기, 국장(國章), 군기(軍旗), 훈장, 포장(褒章), 기장, 대한민국이나 공공기관의 감독용 또는 증명용 인장(印章)·기호와 동일·유사한 상표	일본의 경우 자국과 외국의 구분 없이 국기 등에 대한 것(제1호)과 감독용·증명용 인장에 대한 것(제5호)으로 구분하여 규정
5	**일본국** 또는 파리조약의 동맹국, 세계무역기구의 가맹국 또는 상표법조약의 체약국의 **정부 또는 지방공공단체의 감독용 또는 증명용 인장 또는 기호 중 경제산업대신이 지정하는 것**과 동일 또는 유사한 표장을 가진 상표로서 그 인장 또는 기호가 사용되고 있는 상품 또는 역무와 동일 또는 유사한 상품 또는 역무에 대하여 사용하는 것	1호 가목		
1	국기, 국화문장, 훈장, 포장 또는 **외국의 국기**와 동일 또는 유사한 상표	1호 나목	「공업소유권의 보호를 위한 파리 협약」(이하 "파리협약"이라 한다) 동맹국, 세계무역기구 회원국 또는 「상표법조약」 체약국(이하 이 항에서 "**동맹국등**"이라 한다)의 국기와 동일·유사한 상표	일본의 경우 외국의 국기는 '동맹국 등'에 한하지 않고 모두 보호

33) 日本 特許庁, 商標審査基準, 第3 三 第4条第1項第4号(赤十字等の標章又は名称) <http://www.jpo.go.jp/shiryou/kijun/kijun2/pdf/syouhyou_kijun/14_4-1-4.pdf> (2016. 6. 7. 최종방문).
34) 小野昌延, 注解商標法 上, 靑林書院(2005), 206-207.

4	<u>적십자 표장 및 명칭</u> 등의 사용제한에 관한 법률(소화(昭和) 22년 법률 제159호) 제1조의 표장 혹은 명칭, 또는 무력공격사태 등에 있어서 국민의 보호를 위한 조치에 관한 법률(평성(平成) 16년 법률 제112호) 제158조 제1항의 특수표장과 동일 또는 유사한 상표			일본의 경우 적십자 표장 등에 대한 것(제4호)과 기타 국제기관에 대한 것(제3호)이 분리되어 규정. 우리나라의 경우 해당 기관이 출원하면 등록 가능하다는 단서조항 있음.
3	<u>국제연합 기타 국제기관</u>(나목에 있어서 '국제기관'이라 한다)을 표시하는 표장으로서 경제산업대신이 지정하는 것과 동일 또는 유사한 상표(<u>다음의 것을 제외한다</u>) <u>가.</u> 자기의 업무에 관한 상품 혹은 서비스를 표시하는 것으로서 수요자 사이에 넓게 인식되어 있는 상표 또는 이것에 유사한 것으로서 그 상품이나 서비스 또는 이들에 유사한 상품 혹은 서비스에 대하여 사용하는 것 <u>나.</u> 국제기관의 약칭을 표시하는 표장과 동일 또는 유사한 표장으로 된 상표로서 그 국제기관과 관계가 있다는 오인을 발생시킬 우려가 없는 상품 또는 서비스에 대해 사용하는 것.	1호 다목	국제적십자, 국제올림픽 위원회 또는 저명(著名)한 국제기관의 명칭, 약칭, 표장과 동일·유사한 상표. 다만, 그 기관이 자기의 명칭, 약칭 또는 표장을 상표등록출원한 경우에는 상표등록을 받을 수 있다.	일본의 경우 2014년(평성(平成) 26년) 상표법 개정을 통해, 국제기관과 관계가 있다는 오인을 발생시키지 않는다고 생각되는 '가목' 및 '나목'에 대하여는 국제기관을 표시하는 표장과 동일 또는 유사한 것이더라도 일본 상표법 제4조 제1항 제3호의 대상으로 하지 않고 상표등록을 받을 수 있도록 함.
4	<u>파리조약</u>(1900년 12월 14일에 브뤼셀에서, 1911년 6월 2일에 워싱턴에서, 1925년 11월 6일에 헤이그에서, 1934년 6월 2일에 런던에서, 1958년 10월 31일에 리스본에서 및 1967년 7월 14일에 스톡홀름에서 개정된 공업소유권의 보호에 관한 1883년 3월 20일의 파리조약을 말한다. 이하 같다)<u>의 동맹국, 세계무역기구의 가맹국 또는 상표법조약의 체약국의 국가의 문장 기타 기장</u>(파리조약의 동맹국, 세계무역기구의 가맹국 또는 상표법조약의 체약국의 국기를 제외한다)<u>으로서 경제산업대신이 지정하는 것과 동일 또는 유사한 상표</u>	1호 라목	파리협약 제6조의3에 따라 세계지식재산기구로부터 통지받아 특허청장이 지정한 동맹국등의 문장(紋章), 기(旗), 훈장, 포장 또는 기장이나 동맹국등이 가입한 정부 간 국제기구의 명칭, 약칭, 문장, 기, 훈장, 포장 또는 기장과 동일·유사한 상표. 다만, 그 동맹국등이 가입한 정부 간 국제기구가 자기의 명칭·약칭, 표장을 상표등록출원한 경우에는 상표등록을 받을 수 있다.	우리나라의 경우 '동맹국등이 가입한 정부 간 국제기구의 명칭, 약칭, 문장, 기, 훈장, 포장, 기장'도 포함하고 있고, 해당국 등이 출원하면 등록가능하다는 단서조항도 있음.

| 5 | 일본국 또는 **파리조약의 동맹국, 세계무역기구의 가맹국 또는 상표법조약의 체약국의 정부 또는 지방공공단체의 감독용 또는 증명용 인장 또는 기호 중 경제산업대신이 지정하는 것과 동일 또는 유사한 표장을 가진 상표로서 그 인장 또는 기호가 사용되고 있는 상품 또는 역무와 동일 또는 유사한 상품 또는 역무에 대하여 사용하는 것** | 1호 마목 | 파리협약 제6조의3에 따라 세계지식재산기구로부터 통지받아 특허청장이 지정한 동맹국등이나 그 공공기관의 감독용 또는 증명용 인장·기호와 동일·유사한 상표로서 그 인장 또는 기호가 사용되고 있는 상품과 동일·유사한 상품에 대하여 사용하는 상표 | 일본의 경우 감독용·증명용 인장에 대해 자국과 외국의 구분 없이 규정 |

2. 미국

미국 연방상표법 제2조 (b)항[35]이 본호에 대응된다. 즉, 미국 연방상표법 제2조 (b)항에 따르면, 미국이나 미국 내 도시 혹은 외국의 국기, 문장, 기장, 훈장, 휘장 등을 나타내거나 일부라도 포함하는 경우 상표등록을 받을 수 없다. 다만, 적십자 표장이나 올림픽 표장과 같이 연방상표법 제2조 (b)항 부등록사유에 해당하지 않는 표장들의 경우 다른 조항에 의해 거절된다. 예를 들면, 적십자 표장의 경우 18 U.S.C. §706에 의해 미국적십자사(American National Red Cross)나 미군의무부대만이 사용할 수 있으므로 제3자가 해당표장을 출원할 경우 상표등록요건 중 '적법한 상업상 사용(lawful use in commerce)' 요건을 충족하지 못한다는 이유로 연방상표법 제1조 및 제45조(15 U.S.C. §§1051 및 1127)를 근거로 거절되고,[36] 올림픽표장의 경우 특정 기관이나 단체(institution)와 어떤 관

---

35) 15 U.S.C. §1052(b) ("No trademark by which the goods of the applicant may be distinguished from the goods of others shall be refused registration on the principal register on account of its nature unless it (a) Consists of or comprises the flag or coat of arms or other insignia of the United States, or of any State or municipality, or of any foreign nation, or any simulation thereof.").

36) USPTO, TMEP(April 2016), 1205.01 ("Various federal statutes and regulations prohibit or restrict the use of certain words, names, symbols, terms, initials, marks, emblems, seals, insignia, badges, decorations, medals, and characters adopted by the United States government or particular national and international organizations. ⋯ The following are examples of the protection of words and symbols by statute: ⋯ (2) Red Cross Emblem or the designations "Red Cross" and "Geneva Cross": Under 18 U.S.C. §706, the Use of the Greek red cross other than by the American National Red Cross, and by sanitary and hospital authorities of the armed forces of the United States, is proscribed by statute. ⋯ Usually, the statute will

계가 있는 듯한 허위 사실을 암시하는 경우(False Suggestion of a Connection with institutions)에 해당한다는 이유로 연방상표법 제2조 (a)를 근거로 거절되며,[37] 파리협약 제6조의3에 따라 세계지식재산기구로부터 통지받아 특허청장이 지정한 동맹국 또는 그 공공기관의 감독용·증명용 인장 또는 기호의 경우도 마찬가지 이유로 연방상표법 제2조 (a)를 근거로 거절될 수 있다.[38]

〈김동준〉

---

define the appropriate use of a designation and will prescribe criminal penalties or civil remedies for improper use. However, the statutes themselves do not provide the basis for re-fusal of trademark registration. To determine whether registration should be refused in a par-ticular application, the examining attorney should consult the relevant statute to determine the function of the designation and its appropriate use. If a statute provides that a specific party or government agency has the exclusive right to use a designation, and a party other than that specified in the statute has applied to register the designation, the examining attor-ney must refuse registration on the ground that the mark is not in lawful use in commerce, citing §§1 and 45 of the Trademark Act, 15 U.S.C. §§1051 and 1127, in addition to the rel-evant statute.").

37) USPTO, TMEP(April 2016), 1205.01 ("For example, it may be appropriate for the exam-ining attorney to refuse registration under §2(a) of the Trademark Act, 15 U.S.C. §1052(a), on the ground that the mark comprises matter that may falsely suggest a connection with a national symbol, institution, or person specified in the statute (e.g., the United States Olympic Committee).").

38) USPTO, TMEP(April 2016), 1205.02 (Under Article 6ter, each member country or interna-tional intergovernmental organization (IGO) may communicate armorial bearings, emblems, of-ficial signs and hallmarks indicating warranty and control, and names and abbreviations of IGOs to the IB, who will transmit the communications to the other member countries. ··· Depending on the nature and use of the mark, §§2(a) and 2(b) of the Trademark Act, 15 U.S.C. §§1052(a) and 1052(b), may bar registration of marks comprised in whole or in part of designations notified pursuant to Article 6ter and to which the United States has transmitted no objections. ··· For example, it may be appropriate for the examining attorney to refuse reg-istration under §2(a) of the Act on the ground that the mark comprises matter that may false-ly suggest a connection with a national symbol of a member country or an international inter-governmental organization. See TMEP §1203.03(e). Other §2(a) bases for refusal could also apply. See TMEP §§1203-1203.03(f). It may be appropriate to refuse registration under §2(b) of the Act if the proposed mark comprises a flag, coat of arms, or other similar insignia. See TMEP §1204. In some instances, it may be appropriate to refuse registration under §§1, 2 (preamble), and 45 of the Trademark Act, 15 U.S.C. §§1051, 1052, and 1127, on the ground that the subject matter would not be perceived as a trademark. For service mark applications, §3 of the Act, 15 U.S.C. §1053, should also be cited as a basis for refusal.").

> **제34조(상표등록을 받을 수 없는 상표)**
> ① 제33조에도 불구하고 다음 각 호의 어느 하나에 해당하는 상표에 대해서는 상표등록을 받을 수 없다.
> [제1호는 앞에서 해설]
> 2. 국가·인종·민족·공공단체·종교 또는 저명한 고인(故人)과의 관계를 거짓으로 표시하거나 이들을 비방 또는 모욕하거나 이들에 대한 평판을 나쁘게 할 우려가 있는 상표

<소 목 차>

Ⅰ. 서설

1. 의의 및 취지

가. 의의

국가·인종·민족·공공단체·종교 또는 저명한 고인(故人)과의 관계를 거짓으로 표시하거나 이들을 비방 또는 모욕하거나 이들에 대한 평판을 나쁘게 할 우려가 있는 상표는 제33조의 규정에 의한 식별력을 갖추고 있더라도 상표등록을 받을 수 없도록 규정하고 있다.

나. 취지

이는 국가, 인종 등에 대한 권위와 존엄을 인정하여 국제적인 신의를 보호하고 저명한 고인의 명예나 인격을 보호하기 위함이다.[1]

---

[1] 특허청, 조문별 상표법 해설(2007), 59; 특허법원 지적재산소송실무연구회, 지적재산소송실무(제3판), 박영사(2014), 556.

2. 연혁

1949년 제정 상표법(1949. 11. 28., 법률 제71호)에서 "국가, 민족, 단체 또는 종교와의 관계를 허위로 표시하거나 이를 비방 또는 모욕하거나 악평을 받게 할 염려가 있는 상표(제5조 제1항 제2호)"와 "타인 또는 고인의 명예 또는 신용을 훼손하거나 타인 또는 고인과의 관계를 허위로 표시한 것(제5조 제1항 제9호)"을 부등록사유로 별도로 규정하였으나, 1973년 개정 상표법(1973. 2. 8., 법률 제2506호) 제9조 제1항 제2호에서 두 조항을 하나의 조항으로 통합하고 "단체"를 "공익단체"로 한정하는 개정을 하였으며, 1990년 개정 상표법(1990. 1. 13., 법률 제4210호) 제7조 제1항 제2호에서 "인종"을 추가하여 현재의 규정과 동일한 내용으로 되었다.2)

한편, 2016년 전부 개정 상표법(전부개정 2016. 2. 29. 법률 제14033호로 개정된 것, 시행일 2016. 9. 1.)에서는 조문의 위치가 종전 '제7조 제1항 제2호'에서 '제34조 제1항 제2호'로 변경되었고, 문구가 일부 수정되었다.

II. 적용요건

국가, 민족, 단체 또는 종교와의 관계를 거짓으로 표시하거나 이를 비방 또는 모욕하거나 평판을 나쁘게 할 우려가 있는지의 여부는 당해 표장자체가 가지고 있는 외관, 칭호, 관념과 지정상품 및 일반거래의 실정 등을 종합적으로 관찰하여 객관적으로 판단하여야 할 것이지, 지정상품과의 관계에서 볼 때 지정상품의 품질에 하자가 있다든지 상품의 맛이 없거나 내구연한이 다하여 쓰레기통 등에 버려지는 경우에는 표장에 나타난 국가, 민족의 이름을 중히 여긴다고는 생각되지 아니하며 결과적으로는 비방, 모욕 또는 악평할 우려가 생기게 된다는 사정 등을 이유로 본호에 해당한다고 할 수 없다.3)

본호의 해당여부를 판단함에 있어서는 당해 국가, 인종, 민족, 공공단체, 종교의 신도, 고인의 유족의 입장과 감정을 충분히 고려하여야 하며, 본호에의 해당 여부는 상표등록여부결정을 할 때를 기준으로 하여 판단한다.4)

---

2) 특허청(주 1), 60.
3) 대법원 1989. 7. 11. 선고 89후346 판결.
4) 특허청, 상표심사기준(2016.8.29. 개정 특허청 예규 제90호)(2016. 8.), 199.

한편, 본호는 제34조 제1항 제6호와 달리 해당 국가나 단체 등으로부터 승낙을 받더라도 상표등록을 받지 못한다.[5]

1. 국가·인종·민족·공공단체·종교

국가는 대한민국은 물론 외국을 포함하며, 이 경우 외국은 대한민국의 국가 승인 여부에 관계없이 실질적으로 영토, 국민, 통치권을 가지는 통치단체를 모두 포함하고, 교황청 등은 외국에 준하여 이에 포함되는 것으로 본다.[6]

공공단체라 함은 지방자치단체, 공공조합, 공법상 영조물법인과 그 대표기관 및 산하기관을 포함하며 외국의 주정부 및 산하기관도 이에 해당하는 것으로 본다.[7]

국가, 인종, 민족, 공공단체 및 종교는 현존하는 것에 한한다.[8]

2. 저명한 고인

저명한 고인은 일반수요자에게 대체로 인식되고 있는 고인은 물론 지정상품과 관련하여 거래사회에서 일반적으로 인식되고 있는 고인을 말하고, 외국인을 포함하며, '고인'이므로 현존하는 자연인이나 법인에 대하여는 제34조 제1항 제6호가 적용된다.[9]

본호에서의 저명성은 국가, 인종, 공공단체, 종교 등을 존중하는 것과 비견되는 정도의 저명성을 말한다고 말할 수 있으나, 그 입법취지가 고인의 명예를 보호하기 위한 것이라는 측면에서 본다면 반드시 "국가와 민족을 위해서 위대한 업적을 남긴 위인 내지는 이에 준하는 인물"로만 한정할 수는 없고, 국내에 널리 알려진 인물이라면 외국의 영화배우라도 이에 포함될 수 있다고 보아야 할 것이다.[10]

3. 거짓표시, 비방, 모욕, 평판을 나쁘게 할 우려

본호의 "거짓으로 표시한다"함은 진실과 다르게 표시하는 것을, "비방"이라

5) 문삼섭, 상표법, 세창출판사(2002), 272.
6) 특허청(주 4), 197.
7) 특허청(주 4), 197.
8) 특허청(주 4), 199.
9) 특허청(주 1), 59.
10) 신성기, "저명한 고인의 성명은 상표로 등록이 가능한지 여부", 대법원판례해설 1997년 하반기(29호), 법원도서관(1997), 625.

함은 이의 사용이 욕되게 함을, "모욕, 악평"이라 함은 허위의 사실이든 진실의
사실이든 국가, 민족, 공익단체, 종교 또는 저명한 고인과의 관계를 천시하거나
악하게 평가하여 이를 욕되게 함을 말한다.[11]

거짓표시, 비방, 모욕 또는 평판을 나쁘게 할 우려는 출원인의 이러한 목적
또는 의사의 유무를 불문하고 지정상품과 관련하여 동 상표를 사용하는 것이
사회통념상 이러한 결과를 유발할 우려가 있다고 인정되는 때에는 이에 해당하
는 것으로 보며, 상표의 구성자체 또는 지정상품과의 관계를 고려하여 현저히
부정적인 영향을 주거나 줄 우려가 있는 경우에 이에 해당하는 것으로 본다.[12]

상표법 제34조 제1항 제6호가 "저명한 타인의 성명을 포함하는 상표"를 부
등록사유의 하나로 정하고 있는 것에 비교하여 본다면 본호에서는 고인의 경우
에는 단순히 고인의 성명이 포함된 것만으로는 부등록사유로 되지 아니하고, 나
아가 고인과의 관계를 거짓으로 표시하는 경우에 한하여 본호에 해당된다고 보
아야 할 것이므로 고인의 성명 자체를 상표로 사용하는 경우는 이에 해당될 수
없다고 보아야 할 것이다.[13] 미국법상으로는 "사람과의 관계를 거짓으로 나타내
거나(falsely suggest a connection with persons)"라고 규정하고 있다.[14]

4. 판단기준시

본호에의 해당 여부는 상표등록여부결정을 할 때를 기준으로 판단한다.[15]

---

11) 송영식, 황종환, 김원오 공저, 상표법, 한빛지적소유권센터(1994), 315.
12) 특허청(주 4), 198.
13) 특허청(주 4), 198.
14) 신성기(주 10), 626.
15) 상표법 제34조 제2항("제1항 및 상표등록출원인(이하 "출원인"이라 한다)이 해당 규정의
    타인에 해당하는지는 다음 각 호의 어느 하나에 해당하는 결정(이하 "상표등록여부결정"
    이라 한다)을 할 때를 기준으로 하여 결정한다. 다만, 제1항제11호ㆍ제13호ㆍ제14호ㆍ제20
    호 및 제21호의 경우는 상표등록출원을 한 때를 기준으로 하여 결정한다. 1. 제54조에 따
    른 상표등록거절결정, 2. 제68조에 따른 상표등록결정."); 특허청(주 4), 199. 2013. 11. 입
    법예고 되었던 상표법 전부개정법률(안)에는, 상표부등록사유를 공익적 거절사유와 사익적
    거절사유로 나누어 사익적 규정이라고 보는 제6호부터 제10호까지의 존재에 관한 판단시
    점을 '상표등록출원시'로 규정하였던 당시 상표법 규정(제7조 제2항)을, 공익ㆍ사익의 구별
    없이 '등록여부결정시'로 변경하는 내용(당시 개정안 제34조: "② 제1항에 해당하는지 여
    부는 상표등록결정 또는 상표등록거절결정의 어느 하나에 해당하는 결정(이하 "상표등록
    여부결정"이라 한다)시를 기준으로 한다. ③ 제2항의 규정에도 불구하고 제1항 제12호는
    상표등록출원을 할 때에 이에 해당하면 적용한다. 다만, 출원인이 해당 규정의 타인에 해
    당하는지는 상표등록여부를 결정할 때를 기준으로 한다.")이 포함되었으나, 2016년 전부
    개정 상표법(전부개정 2016. 2. 29. 법률 제14033호로 개정된 것, 시행일 2016. 9. 1.)에서
    는 원칙적으로 부등록사유 판단시점을 '등록여부결정시'로 하면서도 제11호ㆍ제13호ㆍ제14

Ⅲ. 판단사례

1. 인정사례

① 흑인의 도형( )과 그 밑에 영문자로 "DARKIE"를 횡서하고 다시 한 문자로 "黑人"을 병기하여 도형과 문자가 결합된 상표이고 그 지정상품은 치약, 화장비누, 가루비누, 샴푸 등인 출원상표(40-1984-8937)에 대해, 본원상표의 영문 자 "DARKIE"는 흑인을 경멸하는 의미를 지니는 영문자 "Darky"와 발음이 동 일하여 같은 의미로 인식될 수 있고, 본원상표 중의 한문자 "黑人"은 그 의미가 검둥이, 털과 피부가 검은 사람, 흑색인종에 속하는 사람으로서 흑인종족, 흑인 민족을 비방, 모욕, 악평을 받게 할 염려를 배제할 수 없다고 한 원심판단을 수 긍한(다만, "DARKIE"가 흑인을 경멸하는 구어로서의 영문자 "Darky" 또는 "Darkey" 와 동일한 발음 및 의미로 사용됨에도 불구하고 "Darky"와 칭호가 동일하여 같은 의미 로 인식될 수 있다고 한 원심의 설시는 부적절하다고 지적함) 사례,16) ② 흑마늘을 주성분으로 하는 건강보조식품 등을 지정상품으로 하는 이 사건 등록상표(제 831014호) 허준本家 중 '허준'은 원고도 인정하고 있 듯 조선시대 한의학의 최고 권위자이자 한의서 동의보감의 저자로서 저명한 고 인인 '허준'을 의미하는바, '허준'과 '本家'가 결합된 이 사건 등 록상표는 저명한 고인인 '허준'의 본가를 의미하는 것으로 인식된다 할 것인데, 이 사건 등록상표의 등록권리자인 원고는 '허준'의 본가와 관련이 없으므로, 이 사건 등록상표는 저명한 고인과의 관계를 허위로 표시한 상표로서 구 상표법 제7조 제1항 제2호에 해당한다고 본 사례17) 등이 있다.

한편, 특허청 상표심사기준은 평판을 나쁘게 할 우려가 있는 경우의 예시로

호·제20호 및 제21호의 경우에는 예외적으로 '상표등록출원시'로 하고 있다. 2013. 11. 입 법예고 되었던 상표법 전부개정법률(안)에 대한 설명자료 33-36 참조. <http://www.kipo.go.kr/kpo/user.tdf?a=user.ip_info.adv_law.BoardApp&board_id=adv_law_& cp=1&pg=1&npp=10&catmenu=m04_01_03&sdate=&edate=&searchKey=1&searchVal=상표법 &bunryu=&st=&c=1003&seq=12966&gubun=> (2016. 6. 7. 최종방문).

16) 대법원 1987. 3. 24. 선고 86후163 판결.

17) 특허법원 2011. 11. 9. 선고 2011허7577 판결. 한편, 구 상표법 제7조 제1항 제4호에의 해당 여부도 긍정하고 있다.

양키, 로스케, Nigger (Negro), 흑인(Darkie) 등을 들고 있다.[18]

2. 부정사례

① 출원상표 "JAMES DEAN"은 단순히 고인의 성명 그 자체를 상표로 사용한 것에 지나지 아니할 뿐 동인과의 관련성에 관한 아무런 표시가 없어 이를 가리켜 구 상표법 제7조 제1항 제2호 소정의 고인과의 관계를 허위로 표시한 상표에 해당하지 않는다고 한 사례,[19] ② "제임스딘 장군"과 "JAMES DEAN PRESIDENT" 상표에 대해 두 상표의 요부인 "제임스딘(JAMES DEAN)" 부분은 단순히 고인의 성명 자체를 상표의 일부로 사용한 것으로서 그 나머지 부분인 "장군"이나 "PRESIDENT"와 결합한다고 하여도 고인과의 관련성에 관한 어떤 표시가 있다고는 볼 수 없어서 이를 가리켜 구 상표법 제7조 제1항 제2호 소정의 고인과의 관계를 허위로 표시한 상표에 해당한다고 볼 수 없다고 한 사례,[20] ③ 종교 등을 표시하는 상표가 이를 비방 또는 모욕하거나 악평을 받게 할 염려가 있는 지의 여부는 그 상표의 구성을 전체적으로 고찰하여 판단하여야 할 것이며 그 상표를 구성하는 일부분만을 따로 떼어내어 그 부분이 특정종교에서 숭앙받는 사람을 표시한 것에 해당된다 하여 등록결격사유로 삼을 것은 아니라

할 것인바, 신사복 등 의류를 지정상품으로 하는 본원상표 중 영문자 부분인 "CARDINAL"은 형용사적 의미로, "주요한, 심홍색의" 뜻이 있고, 명사적 의미로 "추기경, 후드 달린 짧은 외투, 심홍색, 데운 붉은 포도주" 등 여러 가지 뜻을 가지고 있어 영어권이 아닌 우리나라에서 카톨릭의 추기경을 의미하는 것으로 일반인에게 인식된다 할 수 없고, 또 본원상표가 부착된 지정상품이 그 용도를 다하고 걸레로 사용되거나 쓰레기통에 들어가는 일이 있다 해서 카톨릭 종교를 모욕하거나 악평을 받게 하는 것이라고 단정할 수 없을 뿐만 아니라 본원상표가 그 문자부분과 카톨릭 종교와 아무런 관계가 없는 도형으로 구성된 결합상표인 점을 감안하고 그것이 가지고 있는 외관, 칭호, 관념과 지정상품 및 거래실정 등에 비추어 종합적으로 볼 때 카톨릭 종교를 비방 또는 모

---

18) 특허청(주 4), 198.
19) 대법원 1997. 7. 11. 선고 96후2173 판결(출원번호 40-1994-2287호로 지정상품이 의자, 이불, 커튼 등); 대법원 1997. 7. 11. 선고 97후259 판결(출원번호 40-1994-2289호로 지정상품이 팔뚝시계, 전자시계 등).
20) 대법원 1997. 7. 11. 선고 97후8299 판결.

욕하거나 악평을 받게 할 염려가 있는 상표라 할 수 없다고 한 사례,21) ④ 식당체

인업, 요식업, 스낵바업, 간이식당업 등을 지정서비스업으로 하는 **맥코리아**
서비스표에 대해, 상고이유의 요지는 등록서비스표는 전체적 으로 코리아의 혼
코리아의 맥, 코리아의 핵심 등을 관념케 하여 대한민국과 무슨 관련이 있는 서
비스업을 표시하는 것으로 대한민국과의 관계를 허위로 표시하는 것이라는 취
지이나, 등록서비스표를 전체적으로 살펴볼 때 대한민국과 관련있는 서비스업
을 허위로 표시한 것으로 보기 어렵다고 한 사례,22) ⑤ 단화, 편상화 등을 지정

상품으로 하는 " **MOZART** " 상표출원(40-1994-39327)에 대해, 출원상표
에 대해, 출원상표는 검은 색 바탕에 흰 오선을 긋고 그 위에 단순히 MOZART
라는 고인의 성명 자체를 기재하여 상표로 사용한 것에 지나지 아니할 뿐, 고인
과의 관련성에 관한 아무런 표시가 없어 이를 가리켜 구 상표법 제7조 제1항
제2호 소정의 고인과의 관계를 허위로 표시한 상표에 해당한다고 볼 수 없다고
한 사례,23) ⑥ 건과자, 아이스크림, 껌 식빵, 떡 등을 지정상품으로 하는 한글로
'인디안'이라고 횡서한 문자상표에 대해, '인디안'이라는 표장은 인도사람 또는
아메리카 인디안 종족의 약칭을 통상적인 방법으로 호칭하는 것으로 보여지고,
위와 같은 기준에서 관찰할 때 그것이 귀 종족과의 관계를 허위로 표시하거나
이를 비방, 모욕 또는 악평을 받게 할 염려가 있는 상표라고 볼 사정은 엿보이
지 아니한다고 한 사례24) 등이 있다.

　　한편, 특허청 상표심사기준은 평판을 나쁘게 할 우려가 없는 경우의 예시로
인디안, White Russian 등을 들고 있다.25)

---

21) 대법원 1990. 9. 28. 선고 89후711 판결.
22) 대법원 1995. 9. 15. 선고 95후811 판결.
23) 대법원 1998. 2. 13. 선고 97후938 판결.
24) 대법원 1989. 7. 11. 선고 89후346 판결.
25) 특허청(주 4), 198.

Ⅳ. 관련문제

1. 퍼블리시티권

"JAMES DEAN" 상표에 관한 대법원 96후2173 판결에 대한 판례해설에서는 위 사건과 관련하여서는 퍼블리시티권[26]은 쟁점이 되지 않았다고 하면서도, 퍼블리시티권의 상속성을 부인한다면, 물론 문제가 되지 않지만 상속성을 인정한다면, 위 사건에서 있어서도 "JAMES DEAN"의 퍼블리시티권의 침해가 문제로 될 수 있는데, 그러한 경우에도 상표법에서는 퍼블리시티권에 관한 규정이 없고(민법 등에서도 이에 관한 법규정이 없어 이를 그대로 인정할 것인지도 문제이다) 그러한 권리에 위반되는 상표의 등록을 금지하는 규정이 없는 이상, 퍼블리시티권 위반이라는 이유만으로는 상표등록이 금지될 수는 없다고 하고 있다.[27]

한편, 원고가 제임스 딘 재단신탁의 수탁자임을 주장하면서 퍼블리시티권을 근거로 "JAMES DEAN" 상표의 사용금지 등을 청구한 사안에서 법원은 퍼블리시티권의 성립을 인정할 여지가 있다고 하면서도 위 사건에서는 원고의 청구를 기각하였다.[28]

---

26) '퍼블리시티권(Right of Publicity)'이란, 흔히 특정인의 초상(肖像), 성명, 음성이나 그 밖의 유사물(likeness)을 광고 혹은 상품판매 등 널리 상업적으로 사용할 수 있는 권리를 말하는 것이다[박준석, "퍼블리시티권의 법적성격 — 저작권과 상표 관련 권리 중 무엇에 더 가까운가?", 산업재산권 30호, 한국산업재산권법학회(2009), 295-296]. 퍼블리시티권에 대한 자세한 논의는 정상조·박준석, 『부정경쟁방지 및 영업비밀보호에 관한 법률에 의한 퍼블리시티권 보호방안 연구』, 특허청 정책연구용역과제 보고서(2009) 참조.

27) 신성기(주 10), 633-634.

28) 서울지방법원 1997. 11. 21. 선고 97가합5560 판결("살피건대, 근래 저명한 영화배우, 연예인, 운동선수 등의 성명, 초상 등이 상품의 광고나 표장에 사용되는 경우 그 저명성으로 인하여 이를 사용한 상품이 소비자들 사이에 월등한 인지도와 신뢰성을 획득할 수 있기 때문에, 이들의 성명, 초상 등을 상업적으로 이용하는 경향이 보편화되었고, 따라서 위와 같은 영화배우 등의 성명, 초상 등이 본인의 승낙 없이 함부로 사용되는 경우 본인이 입게 되는 손해는 자신의 성명, 초상이 허락없이 사용된 데에 따른 정신적인 고통이라기보다는 오히려 자신들이 정당한 사용계약을 체결하였을 경우 받을 수 있었던 경제적인 이익의 박탈로 파악될 수 있으므로 성명과 초상 등에 대하여 기존의 인격권으로서의 초상권과는 별도로 재산적 권리로서의 특성을 가지는, 이른바 퍼블리시티권의 성립을 인정할 여지가 있다고 보인다. 그러나, 퍼블리시티권을 인정하고 그 재산권으로서의 성격을 승인한다 하더라도, 유명인이 자신의 퍼블리시티권을 실제 행사하고 있는 경우나 생전에 이를 행사함으로써 그 권리가 구체화되었다가 그 유명인이 사망하는 경우와는 달리, 이 사건에 있어서는 이 사건 소가 제기되기 약 42년 전에 이미 사망한 제임스 딘의 유족들로부터 권리를 승계하였다는 원고가 제임스 딘의 사망 후 그의 퍼블리시티권을 주장하고 있는바, 퍼블리시티권이 아직까지 우리나라의 성문법상의 권리로서 인정되지 않고 있는 점, 퍼블리시티권을

V. 외국의 입법례

1. 일본

일본 상표법에는 우리 상표법 제34조 제1항 제2호에 직접 대응하는 조항은 없고, 우리 상표법 제34조 제1항 제4호(공서양속위반상표)에 대응하는 일본 상표법 제4조 제1항 제7호에 의해 특정한 국가 또는 그 국민을 모욕하거나 인종과 관련한 차별적 혹은 불쾌한 인상을 주는 상표에 대해서는 등록을 받을 수 없도록 하고 있다.[29]

2. 미국

본호는 미국 연방상표법 제2조 (a)항[30]과 같은 규정이지만, 우리 법은 공서양속에 반하는 상표의 등록을 거절하는 제4호가 별도로 있어서 이와 중복되는 경우가 많다.[31]

미국의 연방상표법 제2조 (a)항[32]은 "부도덕적인, 기만적인, 추문을 일으키

재산권으로 파악하는 경우에도 그것이 한 사람의 인격을 상정하는 성명 초상 등에 관한 것인 이상 그 당사자의 인격과 완전히 분리되어 존재하는 독립된 권리라고 보기 어렵다 할 것인데, 일반적으로 인격권은 권리자의 사망과 함께 소멸하여 상속의 대상이 되지 아니한다는 점, 퍼블리시티권의 상속이 인정된다고 가정할 경우에도 퍼블리시티권은 개인의 성가와 밀접한 관계가 있어 세월이 지남에 따라 그 권리로서의 존재가치는 희석화되고 일정기간이 지나면 결국 소멸되고 마는 권리라고 할 것인데, 제임스 딘의 퍼블리시티권이 원고에게 승계되었다 하여도 제임스 딘의 사망 이후 현재까지 존속한다고 보기 어려운 점 (원고는 퍼블리시티권의 사후 존속기간이 저작권법 상 저작자의 권리와 마찬가지로 50년이 되어야 한다고 주장하나, 퍼블리시티권은 자신의 성명 또는 초상에 대한 상업적 이용을 허락하는 권리로서 저작권과는 그 권리의 발생요건, 보호목적, 효과 등을 달리하여 저작권법상 저작자의 권리에 대한 사후 존속기간에 관한 규정을 바로 유추, 적용할 수는 없다고 하겠다) 등에 비추어 보면 원고가 제임스 딘의 성명이나 초상에 대한 퍼블리시티권을 상속하여 이를 독점적으로 행사할 권리를 여전히 보유하고 있음을 전제로 한 위 주장은 받아들일 수 없다.").

29) 小野昌延, 注解商標法 上, 青林書院(2005), 214.

30) 15 U.S.C. §1052(a).

31) 신성기(주 10), 624.

32) 15 U.S.C. §1052(a) ("No trademark by which the goods of the applicant may be distinguished from the goods of others shall be refused registration on the principal register on account of its nature unless it (a) Consists of or comprises immoral, deceptive, or scandalous matter; or matter which may disparage or falsely suggest a connection with persons, living or dead, institutions, beliefs, or national symbols, or bring them into contempt, or disrepute; or a geographical indication which, when used on or in connection with wines or

는(scandalous) 것을 포함하는 상표 또는 사람(죽은 자나 생존자나 불문), 관습, 종교, 국가의 상징 등을 비방하거나 그것과의 관계를 거짓으로 나타내거나 그것을 경멸, 악평하는 것을 포함하는 상표의 등록을 거절하도록" 규정하고, 제2조 (c)항33)은 "특정한 생존인물의 성명, 초상 또는 서명을 포함하는 상표는 본인의 동의가 없는 한 등록될 수 없도록" 규정하고, "고인이 된 미국 대통령의 성명, 초상 또는 서명은 그 미망인이 살아있는 동안에 미망인의 동의 없이는 상표로 등록될 수 없다."고 규정하고 있다. 위 미국법상의 고인이 된 대통령의 성명 등에 관한 상표등록요건에 비추어 본다면 그 반대해석으로 고인이 된 일반인들의 성명을 포함한 상표등록은 상표로서의 일반 요건을 갖춘 표장이라면 당연히 허용되는 것을 전제로 하고 있다고 볼 수 있다.34)

〈김동준〉

---

spirits, identifies a place other than the origin of the goods and is first used on or in connection with wines or spirits by the applicant on or after one year after the date on which the WTO Agreement (as defined in section 3501(9) of Title 19) enters into force with respect to the United States.").

33) 15 U.S.C. §1052(c) ("No trademark by which the goods of the applicant may be distinguished from the goods of others shall be refused registration on the principal register on account of its nature unless it (c) Consists of or comprises a name, portrait, or signature identifying a particular living individual except by his written consent, or the name, signature, or portrait of a deceased President of the United States during the life of his widow, if any, except by the written consent of the widow.").

34) 신성기(주 10), 624.

제34조(상표등록을 받을 수 없는 상표)

① 제33조에도 불구하고 다음 각 호의 어느 하나에 해당하는 상표에 대해서는 상표등록을 받을 수 없다.

[제1호~제2호는 앞에서 해설]

3. 국가·공공단체 또는 이들의 기관과 공익법인의 비영리 업무나 공익사업을 표시하는 표장으로서 저명한 것과 동일·유사한 상표. 다만, 그 국가 등이 자기의 표장을 상표등록출원한 경우에는 상표등록을 받을 수 있다.

<소 목 차>

Ⅰ. 서설

1. 의의 및 취지

가. 의의

국가·공공단체 또는 이들의 기관과 공익법인의 비영리 업무나 공익사업을 표시하는 표장으로서 저명한 것과 동일·유사한 상표는 제33조의 규정에 의한 식별력을 갖추고 있더라도 그 국가 등이 자기의 표장을 상표등록출원한 경우를 제외하고는 상표등록을 받을 수 없도록 규정하고 있다.

나. 취지

저명한 업무표장을 가진 공익단체의 업무상의 신용과 권위를 보호함과 동시에 그것이 상품에 사용되면 일반 수요자나 거래자에게 상품의 출처에 관한 혼동을 일으키게 할 염려가 있으므로 일반 공중을 보호하는 데에 그 취지가 있다.[1]

---

1) 대법원 1996. 3. 22. 선고 95후1104 판결.

2. 연혁

1973년 개정 상표법(1973. 2. 8. 법률 제2506호) 제9조 제1항 제3호에서 "국가·지방공공단체 또는 이들의 기관과 공익단체로서 영리를 목적으로 하지 아니하는 것 또는 공익사업으로서 영리를 목적으로 하지 아니하는 것을 표시하는 표장으로서 저명한 것과 동일 또는 유사한 상표. 다만, 국가·지방공공단체 또는 이들의 기관과 영리를 목적으로 하지 아니하는 공익단체나 공익사업단체에서 그의 업무표장에 관한 등록출원을 할 때에는 예외로 한다"는 규정을 두었으나, 1990년 개정 상표법(1990. 1. 13. 법률 제4210호) 제7조 제1항 제3호에서 현재의 규정과 동일한 내용으로 개정되었다.[2]

한편, 2016년 전부 개정 상표법(전부개정 2016. 2. 29. 법률 제14033호로 개정된 것, 시행일 2016. 9. 1.)에서는 조문의 위치가 종전 '제7조 제1항 제3호'에서 '제34조 제1항 제3호'로 변경되었고, 단서의 '그러하지 아니하다'가 이해하기 쉽게 '상표등록을 받을 수 있다'로 정비되는 등 일부 문구가 수정되었다.

Ⅱ. 적용요건

1. 국가·공공단체 또는 이들의 기관과 공익법인

국가는 대한민국은 물론 외국을 포함하며, 이 경우 외국은 대한민국의 국가 승인 여부에 관계 없이 실질적으로 영토, 국민, 통치권을 가지는 통치단체를 모두 포함하고, 교황청 등은 외국에 준하여 이에 포함된다.[3]

공공단체라 함은 지방자치단체, 공공조합, 공법상 영조물법인과 그 대표기관 및 산하기관을 포함하며 외국의 주정부 및 그 산하기관도 이에 해당하는 것으로 본다.[4]

본호에서 규정하는 「공익법인」이라 함은 민법 제32조에 따라 설립된 종교나 자선 또는 학술 등의 공익을 주목적으로 하는 비영리법인(사단 또는 재단)을 말하며 외국의 공익법인도 포함되지만 지방자치단체나 공공조합 등의 공공단체인 공법인은 제외된다.[5]

---

2) 특허청, 조문별 상표법 해설(2007), 62.
3) 특허청(주 2), 61.
4) 특허청, 상표심사기준(2016.8.29. 개정 특허청 예규 제90호)(2016. 8.), 201.
5) 특허청(주 4), 201.

2. 비영리 업무 또는 공익사업

요금 또는 수수료의 부과 등 부수적으로 영리업무를 하더라도 주목적이 비영리업무 또는 공익사업을 수행하는 것이면 본호에서 규정하는 '비영리 업무나 공익사업'에 해당하는 것으로 본다.[6]

3. 저명한 것

본호에 해당하는 상표이기 때문에 등록을 받을 수 없는 것이라고 판단하려면 인용표장이 저명한 것임이 전제로 되어야 한다.[7] 저명한 표장이라 함은 국내 사회통념상 또는 거래사회에서 일반적으로 널리 인지되고 있는 표장을 말한다.[8]

4. 지정상품과 업무의 견련관계

출원상표의 지정상품과 인용 업무표장에 의하여 표시되는 업무가 유사하지 아니하거나 견련관계가 없다고 하더라도 그러한 사정만으로 본호의 적용이 배제된다고 볼 것은 아니다.[9]

---

6) 특허청(주 4), 202.
7) 대법원 1990. 5. 11. 선고 89후483 판결(원심이 인용표장이 저명한 것인지의 여부에 대하여는 심리판단하지 아니한 채, 본원상표가 영리를 목적으로 하지 아니하는 공익단체인 한국생활용품시험검사소의 업무표장인 인용표장과 유사하다는 이유만으로, 상표법 제9조 제1항 제3호에 해당하는 상표라고 판단한 것은 위법하다고 지적하면서도 본원상표가 제9조 제1항 제4호 및 제11호에 해당하는 상표이어서 등록을 받을 수 없는 것이라고 본 원심의 판단은 정당하다고 하여 상고기각한 사안); 대법원 2000. 2. 11. 선고 97후3296 판결("공익단체 등의 업무표장이 구 상표법 제7조 제1항 제3호 본문 내지 단서에 의한 보호를 받으려면 그 업무표장이 저명한 것임을 전제로 한다 할 것이므로(대법원 1990. 5. 11. 선고 89후483 판결 참조), 공익단체가 자기의 표장을 등록출원한 경우에도 그 업무표장이 국내에 현저히 알려져 저명한 것이 아닌 한 그 표장의 전체 구성으로 보아 식별력 없는 표장 등은 구 상표법 제6조 제1항 각 호에 의하여 등록받을 수 없다.").
8) 특허청(주 4), 202.
9) 대법원 1998. 4. 24. 선고 97후1320 판결. 다만, 대법원 1994. 5. 24. 선고 93후2011 판결(본원상표와 인용표장이 유사하다고 본 원심결에는 구 상표법 제7조 제1항 제3호의 법리를 오해한 위법이 있다고 한 판결)은 원상표 "KSB"와 한국방송공사의 저명한 업무표장인 인용표장 "KBS"의 외관이 유사하다고 하더라도 관념과 칭호가 다르고, 한국방송공사는 방송업무 및 그 부대사업만을 시행하고 있음에 비추어 출원상표의 지정상품인 기계류의 수요자들이 그 상품을 한국방송공사에서 제조 또는 수입, 판매하는 것이라거나 그 상품의 출처와 한국방송공사 사이에 어떠한 견련관계가 있다고 오인 혼동할 가능성은 없다고 할 것이므로 전체적으로 보아 출원상표와 인용표장은 유사하다고 할 수 없다고 하고 있다.

5. 국가 또는 단체의 출원

국가, 공공단체 또는 이들의 기관과 공익법인 또는 공익사업체에서 자기의 표장을 상표등록 출원한 때에는 본호를 적용하지 않지만 타인이 이들의 승인 또는 위임을 받더라도 등록을 받을 수 없다.[10]

6. 판단기준시

본호에의 해당 여부는 상표등록여부결정을 할 때를 기준으로 판단한다.[11]

III. 판단사례

1. 인정사례

① 합판, 제재목 등을 지정상품으로 하는 상표에 대해, 축산업협동 조합중앙회는 축산업협동조합법 제6조 제2항에 의하여 영리를 목적으로 하는

---

10) 특허청(주 4), 202.

11) 상표법 제34조 제2항("제1항 및 상표등록출원인(이하 "출원인"이라 한다)이 해당 규정의 타인에 해당하는지는 다음 각 호의 어느 하나에 해당하는 결정(이하 "상표등록여부결정" 이라 한다)을 할 때를 기준으로 하여 결정한다. 다만, 제1항 제11호·제13호·제14호·제20 호 및 제21호의 경우는 상표등록출원을 한 때를 기준으로 하여 결정한다. 1. 제54조에 따 른 상표등록거절결정, 2. 제68조에 따른 상표등록결정."); 특허청(주 4), 203. 2013. 11. 입 법예고 되었던 상표법 전부개정법률(안)에는, 상표부등록사유를 공익적 거절사유와 사익적 거절사유로 나누어 사익적 규정이라고 보는 제6호부터 제10호까지의 존재에 관한 판단시 점을 '상표등록출원시'로 규정하였던 당시 상표법 규정(제7조 제2항)을, 공익·사익의 구별 없이 '등록여부결정시'로 변경하는 내용(당시 개정안 제34조: "② 제1항에 해당하는지 여 부는 상표등록결정 또는 상표등록거절결정의 어느 하나에 해당하는 결정(이하 "상표등록 여부결정"이라 한다)시를 기준으로 한다. ③ 제2항의 규정에도 불구하고 제1항 제12호는 상표등록출원을 할 때에 이에 해당하면 적용한다. 다만, 출원인이 해당 규정의 타인에 해 당하는지는 상표등록여부를 결정할 때를 기준으로 한다.")이 포함되었으나, 2016년 전부 개정 상표법(전부개정 2016.2.29. 법률 제14033호로 개정된 것, 시행일 2016.9.1.)에서는 원 칙적으로 부등록사유 판단시점을 '등록여부결정시'로 하면서도 제11호·제13호·제14호· 제20호 및 제21호의 경우에는 예외적으로 '상표등록출원시'로 하고 있다. 2013. 11. 입법예 고 되었던 상표법 전부개정법률(안)에 대한 설명자료 33-36 참조. <http://www.kipo.go.kr/kpo/user.tdf?a=user.ip_info.adv_law.BoardApp&board_id=adv_ law&cp=1&pg=1&npp=10&catmenu=m04_01_03&sdate=&edate=&searchKey=1&searchVal= 상표법&bunryu=&st=&c=1003&seq=12966&gubun=> (2016. 6. 7. 최종방문).

업무를 하여서는 아니 되는 공공단체로서, 그 업무표장 " " (이하 인용 업무표장이라 한다)은 1985. 11. 7. 등록이 된 이래 계속 사용되어 일반인들에게 축산업협동조합중앙회를 표시하는 표장으로 널리 알려져 있는바, 이 사건 출원상 표는 인용 업무표장과 그 외관이 유사하여 본원상표가 그 지정상품에 사용될 경 우에 일반 수요자 및 거래자에게 그 상품이 축산업협동조합중앙회나 그와 밀접한 관계가 있는 회사에 의하여 생산된 상품으로 인식됨으로써 상품출처의 오인·혼 동의 우려가 있고, 본원상표가 효성그룹의 심벌마크(symbol mark)로서 인용 업무 표장보다 훨씬 이전부터 그 지정상품에 사용되어 인용 업무표장과의 사이에 상품 의 출처에 관하여 혼동을 일으키지 아니하고 구별이 가능할 정도로 일반 수요자 에게 널리 인식되었다고 볼 만한 증거도 없다는 이유로 구 상표법 제7조 제1항 제3호에 의하여 본원상표의 등록을 거절한 원사정은 정당하다고 판단한 사례,[12] ② 한국전기통신공사의 표장과 동일·유사하다는 이유로 구 상표법 제7조 제1항 제3호를 적용하여 출원인의 "한국통신"이라는 상표의 등록을 거절한 원심결을 정 당하다고 인정한 사례,[13] ③ 교과서출판업, 교육정보제공업 등을 지정서비스업으 로 하는 "Ewha Books" 서비스표에 대해, 피고는 '공익법인'으로서 "이화" 또는 "EWHA"라는 표장을 영리를 목적으로 하지 않는 업무를 표시하는 표장으로서 사 용하여 왔고, 위 표장은 이 사건 등록상표의 등록결정 당시 주지·저명한 교육기 관인 "이화여자대학교"를 가리키는 것으로 국내의 일반 수요자들 사이에 현저하 게 인식되어 그 자체 저명성을 취득하였다고 할 것이며, 한편 이 사건 등록서비 스표는 그 구성부분 중의 하나인 "Ewha"만으로 분리·관찰되는 경우 피고의 표장 인 "EWHA"와 외관 및 호칭이 동일·유사하여 이 사건 등록서비스표와 피고의 위 표장은 전체적으로 관찰할 때 서로 유사하여 이 사건 등록서비스표는 구 상표 법 제7조 제1항 제3호에 해당한다고 한 사례,[14] ④ 교육방송업, 인터넷방송업 등 을 지정서비스업으로 하는 등록서비스표 **Ewha Books** 에 대해 피고 는 '공익법인'으로서 "이화" 또는 "EWHA"라는 표장을 영리를 목적으로 하지 않는 업무를 표시하는 표장으로서 사용하여 왔고, 위 표장은 이 사건 등록서비

---

12) 대법원 1998. 4. 24. 선고 97후1320 판결.
13) 대법원 1996. 3. 22. 선고 95후1104 판결.
14) 특허법원 2005. 3. 17. 선고 2004허7425 판결(상고취하로 확정).

스표의 등록결정 당시에 주지·저명한 교육기관인 "이화여자대학교"를 가리키는 것으로 국내의 일반 수요자들 사이에 현저하게 인식되어 그 자체로 저명성을 취득하였다고 하여 이 사건 등록서비스표는 구 상표법 제7조 제1항 제3호에 해당하여 무효라고 판단한 사례,[15] ⑤ 양복바지, 잠바, 콤비 등을 지정상품으로 하는 " BERKELEY " 상표와 신사복, 청바지, 와이셔츠 등을 지정상품으로 하는 " BERKELEY " 상표에 대해, 피고는 공적신탁에 해당하는 캘리포니아 대학을 관리하는 법인체로서 구 상표법 제7조 제1항 제3호 소정의 "공익법인"에 해당하고, "Berkeley"가 피고가 대학 관리 업무상 사용하는 표장으로 위 조항 소정의 "공익법인의 영리를 목적으로 하지 아니하는 업무 또는 영리를 목적으로 하지 아니하는 공익사업을 표시하는 표장"에 해당하는 것이라고 봄이 상당하며 "Berkeley"가 이 사건 심결 당시 공익법인인 피고의 표장으로 우리나라에 널리 알려져 있으므로 구 상표법 제7조 제1항 제3호에 위배되어 등록된 것으로서 모두 무효라고 한 사례,[16] ⑥ 제본업, 인쇄업, 편집업, 출판업 등을 지정서비스업으로 하는 **히버드선생님** 상표에 대해, 피고는 학술을 주 목적으로 하는 공익법인으로서 "HARVARD"라는 표장을 영리를 목적으로 하지 아니하는 업무를 표시하는 표장으로서 사용하고 있었으며, 위 표장은 이 사건 등록서비스표의 출원 당시 이미 일반 수요자들 사이에 현저하게 인식되어 저명성을 취득하였다고 할 것이고, 한편 이 사건 등록서비스표는 그 요부 중의 하나인 '하버드'가 피고의 표장인 'HARVARD'와 호칭이 동일하여 전체적으로 관찰할 때 서로 유사하다고 할 것인바, 이 사건 서비스표를 인쇄업, 편집업, 출판업 등의 지정서비스업에 사용하는 경우에는 일반 수요자들로 하여금 그것이 교육 등을 주 목적으로 하는 피고와 특별한 관련이 있는 자에 의하여 제공되는 것으로 서비스의 출처에 관한 혼동을 일으키게 할 염려가 있으므로, 이 사건 등록서비스표는 구 상표법 제7조 제1항 제3호 소정의 '공익법인의 영리를 목적으로 하지 아니하는 업무를 표시하는 표장으로서 저명한 것과 유사한 서비스표'에 해당한다고 할 것이라고 한 사례[17] 등이 있다.

---

15) 특허법원 2007. 10. 11. 선고 2007허1954 판결(확정).

16) 특허법원 2000. 5. 18. 선고 99허7452 판결(확정).

17) 특허법원 2001. 4. 27. 선고 2001허225 판결(확정)(구 상표법 제7조 제1항 제6호에 해당한다고 하여 무효라는 취지의 특허심판원 2000. 3. 3. 1999당2124 심결을 취소한 특허법원 2000. 7. 14. 선고 2000허2422 판결이 대법원 2000. 11. 28. 선고 2000후2095 판결에 의해 파기환송된 후의 특허법원 판결로 구 상표법 제7조 제1항 제3호 및 제6호 해당성을 모두

한편, 특허청 상표심사기준은 YMCA, 보이스카우트, YWCA 등을 공익법인의 표장에 해당하는 경우의 예시로 들고 있다.[18]

2. 부정사례

① 보석의 원석 등을 지정상품으로 하는 출원상표(출원번호: 40-2007-2277) ⅠＢＦ에 대해, "IBF"는 국제복싱연맹(International Boxing Federation)의 약자인데, 국제복싱연맹이 구 상표법 제7조 제1항 제3호가 정한 공익법인에 해당한다거나 이 사건 출원상표의 거절결정 당시 "IBF"가 국제복싱연맹의 영리를 목적으로 하지 아니하는 업무 등을 표시하는 저명한 표장에 이르렀음을 인정하기에 부족하고, 달리 이를 인정할 증거가 없어 구 상표법 제7조 제1항 제3호에 해당한다고 할 수 없다고 한 사례,[19] ② 태권도 교수업 등을 지정서비스업으로

하는 이 사건 등록서비스표(제144582호) 의 구 상표법 제7조 제1항 제3호 해당 여부에 대해, ITF(International Taekwon-Do Federation)가 구 상표법 제7조 제1항 제3호에서 규정하고 있는 국가·공공단체 또는 공익법인이라고 보기 어렵고, 원고 제출의 증거들만으로 이를 인정하기 부족할 뿐만 아니라, 선사용

서비스표 는 이 사건 등록서비스표의 등록결정시 ITF의 서비스표로서 국내 또는 외국에서 저명하지 않았다고 할 것이므로, 이 사건 등록서비스표는 구 상표법 제7조 제1항 제3호에 해당하지 않는다고 한 사례,[20] ③ 단팥빵, 식빵,

잼빵, 크림빵 등을 지정상품으로 하는 이 사건 등록상표(제474693호) 가 경주엑스포에서 사용한 공식표장들과 유사하므로 구 상표법 제7조 제1항 제3호에 해당하여 그 등록이 무효로 되어야 한다는 원고의 주장(이 사건 심결취소소송에서 새롭게 주장된 것임)에 대해, 경주세계문화엑스포에서 사용된 원심 판시 공식표장들이 저명하다고 볼 증거가 부족하다는 이유로 이 사건 등록상표는 구

인정).

18) 특허청(주 4), 202.

19) 특허법원 2008. 10. 9. 선고 2008허6741 판결(확정).

20) 특허법원 2009. 7. 10. 선고 2008허14438 판결(대법원 2009. 10. 29. 선고 2009후2555 판결에 의해 심리불속행 기각됨).

상표법 제7조 제1항 제3호에 해당한다고 볼 수 없다고 본 원심의 판단을 수긍

한 사례,21) ④ 이 사건 등록상표/서비스표(제5506호)　　는 대한축구협회의
표장인데 대한축구협회가 아닌 피고 개인이 출원하여 등록받아 구 상표법 제7
조 제1항 제3호 등에 해당하므로 그 등록을 무효로 하여야 한다는 이유로 등록
무효심판이 청구된 사안에서, 대한축구협회가 구 상표법 제7조 제1항 제3호가
규정하고 있는 공공단체나 그 기관 또는 공익법인에 해당하지 않는다고 한 사
례22) 등이 있다.

Ⅳ. 외국의 입법례

1. 일본

　　일본 상표법 제4조 제1항 제6호는 "국가·지방공공단체 또는 이들의 기관,
공익에 관한 단체로서 영리를 목적으로 하지 않는 것 또는 공익에 관한 사업으
로서 영리를 목적으로 하지 않는 것을 표시하는 표장으로서 저명한 것과 동일
또는 유사한 상표"를 상표등록을 받을 수 없는 상표로 규정하고 있는데, 이들 공
적기관이나 비영리공공단체의 권위를 존중함과 동시에 출처혼동을 방지하여 수
요자를 보호하기 위해 사인에 의한 상표등록을 인정하지 않는 취지라고 한다.23)
　　일본에서는 우리나라와 달리 본호에서 말하는 국가는 일본만을 의미하고
지방공공단체도 일본의 것만 의미한다고 한다.24)

---

21) 대법원 2009. 5. 28. 선고 2008후4691 판결. 원심 판결은 특허법원 2008. 10. 22. 선고
　　2006허6659 판결이다.
22) 특허법원 2003. 4. 25. 선고 2002허8035 판결(확정)("대한축구협회는 대한체육회의 가맹
　　단체로서 축구 경기를 국민에게 널리 보급하여 국민체력을 향상하게 하며, 산하·가맹단체
　　를 통할·지도하고 우수한 지도자와 선수를 양성하여 국위 선양을 도모함으로써 한국 축
　　구의 건전한 육성 발전에 기여함을 목적으로 1933. 9. 19. 설립된 권리능력 없는 사단으로
　　위 목적을 달성하기 위한 범위 내의 사업을 행하고 있는 사실을 인정할 수 있으나, 위 인
　　정 사실만으로는 대한축구협회를 상표법 제7조 제1항 제3호 소정의 공공단체나 그 기관
　　또는 공익법인으로 보기 어렵고 달리 이를 인정할 증거가 없으므로 대한축구협회가 위 법
　　조 소정의 공공단체나 그 기관 또는 공익법인에 해당됨을 전제로 하여 이 사건 등록상표
　　서비스표가 상표법 제7조 제1항 제3호 본문에 해당된다고 하는 원고의 위 주장은 더 나아
　　가 살펴볼 필요 없이 이유 없다.").
23) 小野昌延, 注解商標法 上, 靑林書院(2005), 208.
24) 小野昌延(주 23), 209; 網野誠, 商標 第5版, 有斐閣(1999), 320-321.

한편, 일본 특허청 상표심사기준에서는, (i) 지방공공단체란 지방자치법(地方自治法) 제1조의3에서 말하는 보통지방공공단체(普通地方公共団体)인 도(都)·도(道)·부(府)·현(縣) 및 시읍면(市町村)과 특별지방공공단체(特別地方公共団体)인 특별구(特別区), 지방공공단체의 조합(地方公共団体の組合) 및 재산구(財産区)를 말한다고 하며, (ii) '공익에 관한 단체로서 영리를 목적으로 하지 않는 것'의 예로 ① 공익사단법인 및 공익재단법인의 인정 등에 관한 법률에 의해 인정을 받은 공익사단법인 또는 공익재단법인(예: 일본 올림픽위원회), ② 특별법에 기초하여 설립된 사회복지법인, 학교법인, 의료법인, 종교법인, 특정비영리활동법인, 독립행정법인(예: 일본무역진흥기구), ③ 정당, ④ 국제 올림픽위원회, ⑤ 국제 패럴림픽위원회 및 일본 패럴림픽위원회, ⑥ 기독교청년회(キリスト教青年会) 등을 들고 있고, (iii) '공익에 관한 사업으로서 영리를 목적으로 하지 않는 것'의 예로, ① 지방공공단체나 지방공영기업 등이 행하는 수도(水道), 교통, 가스 사업, ② 국가나 지방공공단체가 실시하는 사업(시책), ③ 국제 올림픽위원회나 일본 올림픽위원회가 행하는 경기사업인 올림픽, ④ 국제 패럴림픽위원회 및 일본 패럴림픽위원회가 행하는 경기사업인 패럴림픽을 들고 있으며, (iv) '공익에 관한 단체로서 영리를 목적으로 하지 않는 것을 표시하는 표장'의 예로는 ① 국제 올림픽위원회의 약칭인 「ＩＯＣ」, ② 일본 올림픽위원회의 약칭인 「ＪＯＣ」를, (v) '공익에 관한 사업으로서 영리를 목적으로 하지 않는 것을 표시하는 표장'의 예로, ① 국제 올림픽위원회나 일본 올림픽위원회가 행하는 경기사업인 올림픽을 표시하는 표장으로서 「올림픽」 및 「ＯＬＹＭＰＩＣ」과 그 속칭으로서의 『오륜(五輪)』의 문자, 그 심벌마크로서의 「오륜을 나타내는 도형(올림픽 심벌)」, ② 국가나 지방공공단체가 실시하는 사업(시책)의 약칭을 들고 있다.25)

2. 미국

미국 연방상표법은 우리 상표법 제34조 제1항 제3호에 직접 대응하는 규정이 있는 것은 아니지만, 미국 연방상표법 제2조 (a)26)에서 기관이나 단체

---

25) 日本 特許庁, 商標審査基準, 第3 第4条第1項及び第3項(不登録事由), 五 第4条第1項第6号(国´ 地方公共団体等の著名な標章).

<http://www.jpo.go.jp/shiryou/kijun/kijun2/pdf/syouhyou_kijun/15_4-1-6.pdf> (2016. 6. 6. 최종방문).

26) 15 U.S.C. §1052(a) ("No trademark by which the goods of the applicant may be distinguished from the goods of others shall be refused registration on the principal register on account of its nature unless it (a) Consists of or comprises immoral, deceptive, or scandal-

(institution)와 어떤 관계가 있는 듯한 허위 사실을 암시하는 경우(false suggestion of a connection with institutions)에 상표등록을 받을 수 없도록 규정하고 있다.

한편, 미국 특허상표청 상표심사기준(Trademark Manual of Examining Procedure, TMEP)에 따르면, 위에 해당하기 위한 요건으로 (1) 출원상표와 기관표장의 동일 · 유사, (2) 표장과 기관의 관계에 대한 확실한 인식, (3) 기관과 상표출원인의 견련관계 부존재 및 (4) 출원상표가 사용될 경우 견련관계가 추정될 정도의 기관표장의 인지도가 요구되며,27) 위 조항이 적용된 구체적 사례로 미국 관세청과 유사한 "U.S. CUSTOMS SERVICE" 표장이 거절된 사례,28) 미국 육군사관학교

ous matter; or matter which may disparage or falsely suggest a connection with persons, living or dead, institutions, beliefs, or national symbols, or bring them into contempt, or disrepute; or a geographical indication which, when used on or in connection with wines or spirits, identifies a place other than the origin of the goods and is first used on or in connection with wines or spirits by the applicant on or after one year after the date on which the WTO Agreement (as defined in section 3501(9) of title 19) enters into force with respect to the United States.").

27) USPTO, TMEP(April 2016), 1203.03(c) ("To establish that a proposed mark falsely suggests a connection with a person or an institution, it must be shown that: (1) the mark is the same as, or a close approximation of, the name or identity previously used by another person or institution; (2) the mark would be recognized as such, in that it points uniquely and unmistakably to that person or institution; (3) the person or institution named by the mark is not connected with the activities performed by the applicant under the mark; and (4) the fame or reputation of the person or institution is such that, when the mark is used with the applicant's goods or services, a connection with the person or institution would be presumed. In re Pedersen, 109 USPQ 2d 1185, 1188-89 (TTAB 2013); In re Jackson Int'l Trading Co. Kurt D. BruhlGmbH & Co. KG, 103 USPQ2d 1417, 1419 (TTAB 2012); In re Peter S. Herrick, P.A., 91 USPQ2d 1505, 1507 (TTAB 2009); In re MC MC S.r.l., 88 USPQ2d 1378, 1379 (TTAB 2008); Ass'n Pour La Def. et laPromotion de L'Oeuvre de Marc Chagall dite Comite Marc Chagall v. Bondarchuk, 82 USPQ2d 1838, 1842(TTAB 2007) ; In re White, 80 USPQ2d 1654, 1658 (TTAB 2006); In re White, 73 USPQ2d 1713, 1718(TTAB 2004); In re Nuclear Research Corp., 16 USPQ2d 1316, 1317 (TTAB 1990); Buffett v. Chi-Chi's,Inc., 226 USPQ 428, 429 (TTAB 1985); In re Cotter & Co., 228 USPQ 202, 204 (TTAB 1985); see also Univ. of Notre Dame du Lac v. J.C. Gourmet Food Imps. Co., 703 F.2d 1372, 1375-77, 217 USPQ 505, 508-10 (Fed. Cir. 1983) (providing foundational principles for the current four-part test used to determinethe existence of a false connection).").

28) In re Peter S. Herrick, P.A., 91 USPQ2d 1505 (TTAB 2009) (Board affirmed §2(a) refusal, finding that "U.S. CUSTOMS SERVICE" is a close approximation of the former name of the government agency, United States Customs Service, which is now known as the United States Customs and Border Protection but which is still referred to as the U.S. Customs Service by the public and the agency itself, that the seal design in the proposed mark is nearly identical to the seal used by the former United Stated Customs Service, that the only meaning the "U.S. Customs Service" has is to identify the government agency, and

와 유사한 "WESTPOINT" 표장이 거절된 사례29) 등이 소개되어 있다.

〈김동준〉

---

that a connection between applicant's "attorney services" and the activities performed by the United States Customs and Border Protection would be presumed).

29) In re Cotter & Co., 228 USPQ 202 (TTAB 1985) (WESTPOINT, for shotguns and rifles, held to falsely suggest a connection with an institution, the United States Military Academy).

제34조(상표등록을 받을 수 없는 상표)

　① 제33조에도 불구하고 다음 각 호의 어느 하나에 해당하는 상표에 대해서는 상표등록을 받을 수 없다.

[제1호~제3호는 앞에서 해설]

4. 상표 그 자체 또는 상표가 상품에 사용되는 경우 수요자에게 주는 의미와 내용 등이 일반인의 통상적인 도덕관념인 선량한 풍속에 어긋나는 등 공공의 질서를 해칠 우려가 있는 상표

<소 목 차>

Ⅰ. 서설

1. 의의

　상표 그 자체 또는 상표가 상품에 사용되는 경우 수요자에게 주는 의미와 내용 등이 일반인의 통상적인 도덕관념인 선량한 풍속에 어긋나는 등 공공의 질서를 해칠 우려가 있는 상표라 함은 법문 그대로 상표의 구성 자체 또는 그 상표가 그 지정상품에 사용되는 경우 일반 수요자에게 주는 의미나 내용이 사회공공의 질서에 반하거나, 사회 일반인의 통상적인 도덕관념인 선량한 풍속에 반하는 경우를 말한다. 2007. 1. 3. 법률 제8190호로 개정되면서 "공공의 질서 또는 선량한 풍속을 문란하게 할 염려가 있는 상표"라고 규정되어 있었던 것이 "상표 그 자체 또는 상표가 상품에 사용되는 경우 수요자에게 주는 의미와 내용 등이 일반인의 통상적인 도덕관념인 선량한 풍속에 어긋나거나 공공의 질서를 해칠 우려가 있는 상표"로 변경되었고, 2016. 2. 29. 법률 제14033호로 개정되면서 위와 같이 조문번호와 일부 자구가 수정되었다. 이 조항 설명에서는 2007. 1. 3. 법률 제8190호로 개정되기 전의 상표법을 '구 상표법'이라고 한다.

2. 기준시점

제4호에 해당하는지 여부는 상표등록결정시를 기준으로 판단하여야 한다.[1]

3. 적용범위

대법원은 구 상표법 제7조 제1항 제4호의 상표를 ① 상표의 구성 자체 또는 그 상표가 지정상품에 사용되는 경우 일반 수요자에게 주는 의미나 내용이 사회 공공의 질서에 위반하거나 사회 일반인의 통상적인 도덕관념인 선량한 풍속에 반하는 경우와, ② 고의로 저명한 타인의 상표 또는 서비스표나 상호 등의 명성에 편승하기 위하여 무단으로 타인의 표장을 모방한 상표를 등록 사용하는 것처럼 그 상표를 등록하여 사용하는 행위가 일반적으로 공정한 상품유통질서나 국제적 신의와 상도덕 등 선량한 풍속에 위배되는 경우(즉, 저명상표 등의 '모방상표'에 해당하는 경우이다)의 두 가지 측면으로 파악하여 적용하여 왔다. ①의 경우가 그 본래적 의미라고 할 수 있으나, 대법원은 ②의 모방상표의 경우까지 확대 적용하고 있었던 것이다.

이에 대해서는 일반규정이라고 할 수 있는 구 상표법 제7조 제1항 제4호의 적용범위를 구체적 타당성이라는 명목 아래 지나치게 확대한 것이 아닌가 하는 의문이 제기되기도 하였다. 그리하여 위 제4호는 2007. 1. 3. "상표 그 자체 또는 상표가 상품에 사용되는 경우 수요자에게 주는 의미와 내용 등이 일반인의 통상적인 도덕관념인 선량한 풍속에 어긋나거나 공공의 질서를 해칠 우려가 있는 상표"로 개정되었는데, 이러한 상표법 개정은 위 제4호의 적용범위가 ①에 국한됨을 명확히 한 것으로 이해된다. 그러나 위 법 개정 이전에 출원된 상표에 대해서는 여전히 개정 전 제4호의 규정이 적용되므로, 대법원판례에 따라 그 적용범위는 ②의 모방상표의 경우까지 미치는 것으로 해석해야 한다. 이하에서는 이러한 점을 참작하여 모방상표 이외의 사례와 모방상표에 관련된 사례를 나누어 살펴본다.

---

1) 대법원 2004. 5. 14. 선고 2002후1362 판결 등.

II. 모방상표 이외의 사례

1. 인정한 사례

(1) 대법원 2009. 5. 28. 선고 2007후3301 판결('우리은행' 사건)

이 사건 등록서비스표인 '우리은행'(이하 '서비스표 은행'이라 한다)은 자신과 관련이 있는 은행을 나타내는 일상적인 용어인 '우리 은행'(이하 '일상용어 은행'이라 한다)과 외관이 거의 동일하여 그 자체만으로는 구별이 어렵고 그 용법 또한 유사한 상황에서 사용되는 경우가 많아, 위 두 용어가 혼용될 경우 그 언급되고 있는 용어가 서비스표 은행과 일상용어 은행 중 어느 쪽을 의미하는 것인지에 관한 혼란을 피할 수 없고, 그러한 혼란을 주지 않으려면 별도의 부가적인 설명을 덧붙이거나 '우리'라는 용어를 대체할 수 있는 적절한 단어를 찾아 사용하는 번거로움을 겪어야 할 것이며, 특히 동일한 업종에 종사하는 사람에게는 그러한 불편과 제약이 가중되어 그 업무수행에도 상당한 지장을 받게 될 것으로 보인다. 이러한 결과는 '우리'라는 단어에 대한 일반인의 자유로운 사용을 방해하는 것이어서 위에서 본 사회 일반의 공익을 해하여 공공의 질서를 위반하는 것이라 하겠고, 나아가 위 서비스표 은행의 등록을 허용한다면 지정된 업종에 관련된 사람이 모두 누려야 할 '우리'라는 용어에 대한 이익을 그 등록권자에게 독점시키거나 특별한 혜택을 줌으로써 공정한 서비스업의 유통질서에도 반하는 것으로 판단된다. 따라서 이 사건 등록서비스표는 구 상표법 제7조 제1항 제4호에 해당하는 것으로서 등록을 받을 수 없는 서비스표에 해당한다고 보아야 할 것이다.

(2) 대법원 1992. 4. 24. 선고 91후1878 판결

출원인이 출원한 본원상표는 한문자와 도형으로 이루어진 결합상표이거나 도형상표로서 그 표장의 구성이 일견하여 부적을 표시한 표장임이 분명한바, 부적 그 자체가 공공의 질서 또는 선량한 풍속에 반한다고 할 수는 없을 것이나, 이 사건 출원에서와 같이 국민들의 의, 식, 주 생활의 일부를 이루는 지정상품인 신사복, 아동복, 속내의, 양말, 모자, 혁대, 버클, 수건 등의 상표로 사용되어 판매되는 경우 그 부적의 소지만으로 악귀나 잡신을 물리치고 재앙을 막을 수 있다는 비과학적이고 비합리적인 사고를 장려하거나 조장하는 행위가 될 것이니 과학적이고 합리적인 사고의 추구 및 근면 성실이라는 사회윤리를 저해하게

되어 공공의 질서 또는 선량한 풍속에 반한다.

2. 부정한 사례

(1) 대법원 2006. 9. 14. 선고 2003후137 판결

자연인이 출원·등록한 서비스표에 회사임을 표시하는 문자가 포함되었다는 사정만으로는 이를 상법 제20조에 위반한 것으로서 구 상표법 제7조 제1항 제4호의 등록무효사유에 해당한다고 할 수는 없으므로, 비록 이 사건 등록서비스표의 구성 중 'Ltd'라는 명칭이 '주식회사' 등을 나타내는 영문 약칭이라고 하더라도(기록상 우리나라의 일반 수요자나 거래자가 'Ltd'가 이러한 의미를 가진 것으로 직감한다고 단정하기도 어렵다), 이를 서비스표의 구성 중 일부로 하는 이 사건 등록서비스표가 구 상표법 제7조 제1항 제4호의 등록무효사유에 해당한다고 할 수 없다.

(2) 대법원 2005. 10. 28. 선고 2004후271 판결

서비스의 제공에 특정한 자격을 필요로 하는 서비스업에 대하여 그러한 자격을 갖추지 못한 자가 서비스표를 출원, 등록하는 것이 공공의 질서 또는 선량한 풍속을 문란하게 할 염려가 있는 경우에 해당하지 않는다.

(3) 대법원 2005. 10. 7. 선고 2004후1441 판결

'척주동해비'라는 문화재의 명칭을 특정인이 상표로 등록하는 것이 공서양속에 반한다고 할 수 없다.

Ⅲ. 모방상표와 관련된 사례

1. 모방의 대상이 된 상표의 저명성

대법원 1999. 12. 24. 선고 97후3623 판결은 구 상표법 제7조 제1항 제4호가 규정한 상표의 의미에 관하여, "상표의 구성 자체 또는 그 상표가 지정상품에 사용되는 경우 일반 수요자에게 주는 의미나 내용이 사회공공의 질서에 위반하거나 사회 일반인의 통상적인 도덕관념인 선량한 풍속에 반하는 경우, 또는 고의로 주지·저명한 타인의 상표나 상호 등의 명성에 편승하기 위하여 무단으로 타인의 표장을 모방한 상표를 등록 사용하는 것처럼 그 상표를 등록하여 사용하는 행위가 공정한 상품유통질서나 국제적 신의와 상도덕 등 선량한 풍속에 위배되는 경우를 말한다"고 문구를 정리하여 판시한 이래로 계속 같은 판시를

해 오고 있다.[2)]

그런데 대법원은 위 판결 등에서 '주지·저명한 타인의 상표나 상호 등'이라고 판시하여 모방대상 상표 등의 범위에 주지상표 등도 포함되는지 의문이 있었는데, 대법원 2004. 7. 9. 선고 2002후2563 판결부터는 '특정 상표가 국내에서 저명하지 아니한 이상 그 상표를 모방하여 출원, 등록한 상표를 구 상표법 제7조 제1항 제4호에 해당한다고 할 수는 없다'고 설시함으로써, 그 적용대상이 저명상표 등에 국한됨을 명확히 하였다.

우리나라의 상표법이 속지주의·선출원주의·등록주의의 법제를 택하고 있어서 국내에서의 출원을 게을리 한 외국상표 등에 관한 권리자를 보호하는 데 일정한 한계가 있으므로, 대법원판례는 구체적 타당성을 기하기 위하여 대상상표가 국내에서 저명한 경우에 한하여 위 제4호의 적용범위를 확장함으로써, 속지주의·선출원주의·등록주의의 원칙과 구체적 타당성의 측면을 '대상상표가 국내에서 저명한 경우'에서 조화시킨 것으로 이해할 수 있다.

2. 구체적인 사례

구 상표법 제7조 제1항 제4호를 적용하여 등록상표를 등록무효라고 판시한 대법원판례는 찾기 어렵고, 위 제4호에 해당하지 않아 등록무효가 아니라고 판단한 것들이 대부분이다. 그 이유는 위 제4호에 해당하기 위해서는 모방대상 상표 등의 '저명성'이라는 엄격한 요건이 요구됨에 비하여, 구 상표법 제7조 제1항 제12호는 이보다 약한 '주지성'을 요건으로 하면서도 부정한 목적에 의해 출원·등록된 모방상표를 등록무효로 할 수 있으므로, 실무에서는 통상 위 제12호를 적용하여 사안을 해결하기 때문이다.

다만, 모방대상 상표 등이 특정 상품 등과 사이에서 사용된 바가 없는 경우에는 위 제9호 내지 제12호를 적용하기에 적당하지 않아(예를 들어 위 제12호는 모방대상 상표에 대하여 "국내 또는 외국의 수요자간에 특정인의 상품을 표시하는 것이라고 인식되어 있는 상표"라고 규정하고 있으므로, 그 이전에 특정 상품 등에 사용된 바 없는 아래와 같은 사례들에서는 위 제12호를 적용하기가 곤란하다), 위 제4호를 적용하여 등록무효로 판단한 사례들이 있다.

---

2) 대법원 2005. 10. 28. 선고 2004후271 판결; 대법원 2006. 2. 24. 선고 2004후1267 판결 등.

가. 인정한 사례

(1) 대법원 2000. 4. 21. 선고 97후860, 877, 884 판결('피카소 서명' 사건)

피카소의 저명한 서명과 동일한 상표를 무단 등록한 사안에서 피카소의 유족이 제기한 상표등록무효심판청구를 인용한 원심을 수긍한 사례이다. 대법원은 "화가가 그의 미술저작물에 표시한 서명은 그 저작물이 자신의 작품임을 표시하는 수단에 불과하여 특별한 사정이 없는 한 그 자체가 예술적 감정이나 사상의 표현을 위한 것이라고는 할 수 없어 저작권법상의 독립된 저작물이라고 보기 어려움은 상고이유에서 지적하는 바와 같다 할 것이나, 이러한 서명은 저작자인 화가가 저작권법 제12조 제1항에 의한 성명표시권에 의하여 자기 저작물의 내용에 대한 책임의 귀속을 명백히 함과 동시에 저작물에 대하여 주어지는 사회적 평가를 저작자 자신에게 귀속시키려는 의도로 표시하는 것이므로, 화가의 서명이 세계적으로 주지·저명한 화가의 것으로서 그의 미술저작물에 주로 사용해 왔던 관계로 널리 알려진 경우라면, 그 서명과 동일·유사한 상표를 무단으로 출원등록하여 사용하는 행위는 저명한 화가로서의 명성을 떨어뜨려 그 화가의 저작물들에 대한 평가는 물론 그 화가의 명예를 훼손하는 것으로서, 그 유족의 고인에 대한 추모경애의 마음을 손상하는 행위에 해당하여 사회 일반의 도덕관념인 선량한 풍속에 반할 뿐만 아니라, 이러한 상표는 저명한 고인의 명성에 편승하여 수요자의 구매를 불공정하게 흡인하고자 하는 것으로서 공정하고 신용있는 상품의 유통질서를 침해할 염려가 있으므로, 구 상표법 제7조 제1항 제4호에 해당한다"고 판시하였다.

(2) 대법원 2010. 7. 22. 선고 2010후456 판결('백남준 미술관' 사건)

대법원은 "피고가 지정서비스업을 '미술관경영업' 등으로 하여 "백남준 미술관"을 무단으로 출원하여 등록받은 것에 대하여, 그 등록결정일인 2000. 11. 29. 당시 백남준이 우리나라 일반 수요자들에게 저명한 비디오 아트 예술가의 성명으로 알려져 있었고, 이는 피고가 고의로 저명한 백남준 성명의 명성에 편승하기 위한 것으로 저명한 비디오 아트 예술가로서의 백남준의 명성을 떨어뜨려 그의 명예를 훼손시킬 우려가 있어 사회 일반인의 도덕관념인 선량한 풍속에 반할 뿐만 아니라, 저명한 백남준 성명의 명성에 편승하여 수요자의 구매를 불공정하게 흡인하고자 하는 것으로서 공정한 상품유통질서나 상도덕 등 선량한 풍속을 문란하게 할 염려가 있으므로, 구 상표법 제7조 제1항 제4호에 해당한다"고 판시하였다.

나. 부정한 사례

대법원 1997. 7. 11. 선고 96후2173 판결('영화배우 제임스 딘' 사건)은 "본원 상표 자체의 의미에서 선량한 도덕관념이나 국제신의에 반하는 내용이 도출될 수는 없으며, 본원상표와 같은 표장을 사용한 상품이 국내에서 유통됨으로써 국 내의 일반 수요자들에게 어느 정도라도 인식되었음을 인정할 자료가 없는 이상 국내의 일반거래에 있어서 수요자나 거래자들이 본원상표를 타인의 상품 표장 으로서 인식할 가능성은 없으므로, 본원상표를 구 상표법 제7조 제1항 제4호 소 정의 공공의 질서 또는 선량한 풍속을 문란하게 할 염려가 있는 상표라거나 구 상표법 제7조 제1항 제11호 소정의 수요자를 기만할 염려가 있는 상표라고도 볼 수 없다"고 판시하였다[3].

3. 일본사례

가. 긍정한 사례

동경고등재판소 2002. 7. 31. 선고 平13(行ケ) 443 판결[4](「ダリ·ＤＡＲＩ」事 件)은 "본건 상표는 그 구성에 비추어, 지정 상품의 거래자, 수요자에게 고 살바 도르 달리(Salvador Dali)[5]를 상기시키는 것이라고 인정되는 점, 동인은 생전에 스페인생으로 초현실파(초현실주의 예술 운동)의 제일인자인 화가로서 세계적으 로 저명한 존재이고 사후에 본건상표의 등록사정시인 1998. 7. 23. 당시에 있어 서도 달리는 그 저명한 약칭이므로, 유족 등의 승낙없이 본건 상표를 지정상품

---

3) "JAMES DEAN" 상표는 제임스 딘이 사망한 이후 오랜 시간이 지나 그 성명이 어느 정 도 역사적, 객관적으로 되어 일반 수요자들이 "JAMES DEAN" 상표를 보고 제임스 딘과 의 연관성이 있을 것이라고 오인, 혼동케 할 염려가 거의 없는 반면(유사한 사례로 '나폴 레옹' 성명이 술병에 사용된 경우 나폴레옹과 그것이 어떤 연관이 있다고 생각하는 사람 은 드물다), "백남준 미술관"이라는 등록상표의 출원 당시 또는 등록결정시 백남준은 저명 한 비디오 아트 예술가로서 많은 미술저작물을 만들어 그 성명이 그 저작물들의 표지로 수요자들에게 널리 인식되어 있어 "백남준 미술관"이라는 등록상표를 보고 수요자들이 백 남준과 어떤 연관성이 있을 것이라고 오인, 혼동케 할 염려가 많은 점에 비추어 제임스 딘 사건의 경우 고의로 저명한 타인의 성명의 명성에 편승할 목적을 인정하기 어려운 반면, 백남준 미술관 사건의 경우 그 목적을 인정할 수 있는 것으로 보인다.
4) 코트넷의 디지털도서관의 일본판례 검색결과 '상소등'란에 '上告受理申立'로 기재되어 있어, 최고재판소 판결을 확인하기 위하여 'ダリ·ＤＡＲＩ'를 관련어로 다시 검색하였으 나, 이 판결과 이 판결의 하급심인 동경지방재판소의 판결만 검색될 뿐 최고재판소 판결은 검색되지 않은 것으로 보아 상고 불허가 된 것으로 추측된다.
5) 1998. 1. 23. 사망. 상표의 출원일은 1994. 6. 12.

에 대하여 등록하는 것은, 세계적으로 저명한 사망자의 저명한 약칭의 명성에 편승하여 지정 상품에 대한 사용의 독점을 초래하게 되어, 고인의 명성, 명예를 손상시킬 우려가 있을 뿐만 아니라 공정한 거래 질서를 혼란하게 하고, 나아가서는 국제신의에 반하는 것으로서 공공의 질서 또는 선량한 풍속을 해하는 것이라고 하지 않을 수 없다"고 판시하였다.

그 밖에 일본에서는 저명한 외국인·외국기관의 명칭이나 외국의 유명상표로 된 상표를 허락없이 출원한 경우, 예컨대 MARILYN MONROE(1992. 8. 27. 심결), MARC CHAGALL(1992. 5. 14. 심결), JOHN LENNON(1995. 3. 12. 심결) 등에 관하여 공서양속 규정을 적용하여 상표등록을 거절한 사례들이 있다.[6][7]

나. 부정한 사례

일본의 심결례에 의하면 "마리아(MARIA)"가 경건한 기독교 신자에게는 이러한 것을 식품의 상표로서 사용하는 것에 대하여 불쾌감을 가질지 모르나, 이로써 국민일반의 도덕감 내지 사회적 양심을 해칠 염려가 있다고 볼 수 없고, 공공질서에 위배될 염려도 없다고 하였고[심결 소화 34. 2. 6. 소화32(항)806], "엘리자베스"라는 문자로 이루어진 상표에 대하여, 영국의 여왕을 나타내는 경우에는 Queen Elizabeth, 엘리자베스 2세 등의 표현이 사용되므로 본상표는 영국여왕을 직감시키기 보다는 유럽 여성의 개인명으로 이해된다는 것이 사회통념상 합당한 것으로 인정될 뿐만 아니라, 비록 영국여왕을 연상시킨다고 하더라도 일반적으로 영리를 목적으로 하는 상품에 사용되는 것이 사회공공의 이익에 위배되며, 사회의 일반적인 도덕관념에 위배된다고 인정할 하등의 근거도 발견할 수 없다고 하였다[심결 소화 35. 4. 7. 소화29(항)2449].

---

6) 송영식 공저, 지적소유권법(하), 육법사(2008), 144.
7) 일본 상표법은 공공의 질서 또는 선량한 풍속을 해칠 우려가 있는 상표를 거절사유로 규정하고 있으며(§4①vii), 미국상표법에서도 당해 상표가 부도덕하거나 비방적인 것인 경우에는 거절사유로 규정하고 있고(§2(a)), 유럽공동체상표규정에서도 공서양속에 위반하는 상표를 절대적 거절사유로 규정하고 있으며(§7(1)f), 파리협약에서는 "당해 상표가 도덕 또는 공중질서에 반하거나 특히 공중을 기만하기 쉬운 상표"를 거절 또는 무효사유의 하나로 규정하고 있다(§6의5B(3)) 문삼섭, 상표법 제2판, 세창출판사(2004), 349.

Ⅳ. 보충성 여부

제4호는 공익적인 견지에서 사회공공의 이익보호, 일반의 도덕관념의 유지, 국제적인 신의의 보호 등을 위하여 자타상품의 식별력을 갖춘 상표라도 상표등록을 받을 수 없도록 한 규정인 반면, 제6호는 타인의 승낙을 받은 경우에는 상표등록이 가능한 점, 등록무효심판청구에 제척기간이 적용되는 점, 성명권은 일반적으로 인격권적인 요소를 가지고 있다는 점 등에 비추어 타인의 인격권을 보호하기 위한 규정으로, 각 그 취지를 달리하여 병렬적, 중첩적으로 적용될 수 있다. 그러므로 저명한 타인의 승낙을 받아 제6호를 적용할 여지가 없게 되었다거나 저명한 타인의 승낙을 얻지 못하였음에도 제척기간이 도과하여 제6호를 적용할 수 없게 되었다고 하더라도, 공서양속에 위반되는 상표는 제4호에 의하여 무효로 될 수 있다.

Ⅴ. 구 상표법 제7조 제1항 제4호의 개정과 그 적용범위

구 상표법 제7조 제1항 제4호는 "공공의 질서 또는 선량한 풍속을 문란하게 할 염려가 있는 상표"를 상표등록을 받을 수 없는 상표로 규정하고 있었는데, 개정 상표법은 위 규정을 "상표 그 자체 또는 상표가 상품에 사용되는 경우 수요자에게 주는 의미와 내용 등이 일반인의 통상적인 도덕관념인 선량한 풍속에 어긋나거나 공공의 질서를 해칠 우려가 있는 상표"라고 개정하면서, 상표등록요건에 관한 경과조치로서 그 부칙 제11조 제2항에서 '2007년 7월 1일 전에 한 출원에 따라 등록되었거나 등록되는 상표의 심판·재심 및 소송에 대하여는 제7조 제1항 제12호 및 제12호의2의 개정 규정에 불구하고 종전의 규정에 따른다.'라고 규정하고 있을 뿐이고 제7조 제1항 제4호에 대하여는 아무런 경과 규정을 두고 있지 아니하다.

여기서 위 개정 상표법 시행일인 2007. 7. 1. 전에 출원하여 등록된 등록상표의 심판 및 재심에 대하여 종전 규정과 개정된 규정 중 어느 것을 적용할 것인지가 문제된다.

대법원 2010. 7. 22. 선고 2010후456 판결은 이른바 백남준 미술관 사건에서 "상표등록요건에 관한 상표법의 규정이 개정되면서 그 부칙에서 개정 규정과 관련하여 별도의 경과규정을 두지 아니하는 경우에는 특별한 사정이 없는 한 그 개정 전에 출원하여 등록된 상표에 대한 심판 및 소송에 대하여는 종전의 규정에 의하여 형성된 상표법 질서의 안정을 손상시키지 않도록 하기 위하여 원칙적으로 종전의 규정이 적용되어야 하고, 제4호에 관한 위와 같은 개정은 그 규정 내용과 적용 범위를 종전의 규정에 비하여 구체적이고 명확하게 한정하고자 하는 취지에서 이루어진 것이기는 하지만, 위 제4호의 개정으로 인하여 달성하고자 하는 공익적 목적이 종전의 규정에 의하여 형성된 상표법 질서의 존속에 대한 제3자의 신뢰의 파괴를 정당화할 수 있는 특별한 사정도 없으므로 개정 상표법 시행일 전인 1999. 12. 10. 출원하여 등록된 이 사건 등록상표서비스표의 심판 및 소송에 대하여는 종전의 규정인 구 상표법 제7조 제1항 제4호가 적용된다고 봄이 상당하다"고 판시하였다.

〈권동주〉

> **제34조(상표등록을 받을 수 없는 상표)**
> ① 제33조에도 불구하고 다음 각 호의 어느 하나에 해당하는 상표에 대해서는 상표등록을 받을 수 없다.
> [제1호~제4호는 앞에서 해설]
> 5. 정부가 개최하거나 정부의 승인을 받아 개최하는 박람회 또는 외국정부가 개최하거나 외국정부의 승인을 받아 개최하는 박람회의 상패·상장 또는 포장과 동일·유사한 표장이 있는 상표. 다만, 그 박람회에서 수상한 자가 그 수상한 상품에 관하여 상표의 일부로서 그 표장을 사용하는 경우에는 상표등록을 받을 수 있다.

<소 목 차>

Ⅰ. 서설

1. 의의 및 취지

가. 의의

정부가 개최하거나 정부의 승인을 얻어 개최하는 박람회 또는 외국정부가 개최하거나 외국정부의 승인을 얻어 개최하는 박람회의 상패·상장 또는 포장과 동일·유사한 표장이 있는 상표는 상표법 제33조의 규정에 의한 식별력을 갖추고 있다고 하더라도 상표등록을 받을 수 없다. 다만, 그 박람회에서 수상한 자가 그 수상한 상품에 관하여 상표의 일부로서 그 표장을 사용하는 경우에는 예외적으로 상표의 등록이 허용된다.

나. 취지

이 규정의 취지는 박람회에서 시상한 상의 권위를 보호하는 한편 상품의 출

처나 품질의 오인·혼동을 방지하여 일반 수요자의 이익을 보호하기 위함이다.[1]

2. 연혁

1949년 제정 상표법(1949. 11. 28. 법률 제71호) 제5조 제1항 제3호에서는 "정부에서 개설하거나 정부의 허가를 얻어 개설하는 박람회 또는 외국의 관설이나 관허의 박람회의 상패, 상장 또는 포장과 동일 또는 유사한 도형을 표시한 것. 단 그 상패, 상장 또는 포장을 받은 자가 그 상표의 일부로서 사용할 때에는 예외로 한다"는 부등록사유를 규정하고 있었으나, 1973년 개정 상표법(1973. 2. 8. 법률 제2506호) 제9조 제1항 제5호에서 "허가"를 "인가"로 변경하였으며, 1990년 개정 상표법(1990. 1. 13. 법률 제4210호) 제7조 제1항 제5호에서 현재의 규정과 동일한 내용으로 개정되었다.

한편, 2016년 전부 개정 상표법(전부개정 2016. 2. 29. 법률 제14033호로 개정된 것, 시행일 2016. 9. 1.)에서는 조문의 위치가 종전 '제7조 제1항 제5호'에서 '제34조 제1항 제5호'로 변경되었고, 단서의 '그러하지 아니하다'가 이해하기 쉽게 '상표등록을 받을 수 있다'로 정비되는 등 일부 문구가 수정되었다.

II. 적용요건

어떤 상표의 등록출원이 본호에 해당한다고 하기 위해서는 과연 인용표장을 사용한 박람회가 정부의 승인을 받은 것인지, 그 박람회에서 시상으로 상패, 상장 또는 포장을 수여한 바가 있고 또 그것들이 인용표장과 같은 것인지 여부 등이 증거를 통해 밝혀져야 한다.[2]

1. 정부 또는 외국정부의 승인

「정부 또는 외국정부의 승인」이라 함은 정부 또는 외국정부의 인가, 허가, 면허, 인정, 공인, 허락 등 그 용어를 불문하고 정부가 권위를 부여하거나 이를

---

1) 특허청, 조문별 상표법 해설(2007), 67.
2) 대법원 1991. 4. 23. 선고 89후261 판결(출원상표 "SPOREX"가 국민체육진흥재단이 주최한 "스포츠 및 레저용품 박람회"의 영문표기인 인용표장 "SPOREXKOR"와 유사한지가 문제가 된 사안으로 대법원은, 이와 같은 승인여부나 시상여부에 관한 사정을 조사하지 아니하고 이 사건 상표와 위 표장과의 동일 유사여부만을 심리한 채 이 사건 상표가 구 상표법 제9조 제1항 제5호에 해당한다고 판단한 원심에는 법리오해와 심리미진의 잘못이 있다고 판단하였다).

허용하는 일체의 행위를 말한다.3)

2. 박람회

「박람회」라 함은 전시회, 전람회, 품평회, 경진대회 등 그 용어를 불문하고 넓게 해석하며, 구체적으로는 ① 정부가 개최하는 박람회, ② 정부의 승인을 얻어 개최하는 박람회, ③ 외국정부가 개최하는 박람회, ④ 외국정부의 승인을 얻어 개최하는 박람회를 들 수 있다.4)

3. 상패, 상장, 포장

「상패, 상장, 포장」이라 함은 공로패, 표창장, 감사장 등 용어를 불문하고 주최자가 수여하는 일체의 증서 또는 기념패 등을 말한다.5)

4. 적용의 예외

본호 단서에 따라 박람회의 수상자6)가 그 박람회에서 수상한 상품에 관하여 상표의 일부로서 그 표장을 사용하는 경우에는 예외적으로 상표등록이 허용된다. 박람회에서 수상한 상품에 한정되므로 박람회에서 수상한 상품과 유사한 상품에 대해서는 상표등록을 받을 수 없으며,7) 상표의 일부로서 그 표장을 사용한 때라 함은 상표의 한 요부 또는 부기적으로 사용하는 경우를 말하며, 상표의 전부 또는 지배적인 표장으로 사용할 때에는 이에 해당하지 아니하므로 상표의 등록이 허용되지 아니한다.8) 한편, 이 경우 상표의 사용이 상품의 품질보증적인 기능을 가질 때에는 제34조 제1항 제12호에 따른 상품의 품질 오인관계를 고려하여야 한다.9)

5. 판단기준시

본호에의 해당 여부는 상표등록여부결정을 할 때를 기준으로 판단한다.10)

---

3) 특허청, 상표심사기준(2016. 8. 29. 개정 특허청 예규 제90호)(2016. 8.), 209.
4) 특허청(주 1), 67.
5) 특허청(주 3), 210.
6) 본호에서 규정하는 그 상을 받은 자의 범위에는 그 사람의 영업을 승계한 자도 포함하는 것으로 본다. 특허청(주 3), 210.
7) 특허법원 지적재산소송실무연구회, 지적재산소송실무(제3판), 박영사(2014), 569.
8) 특허청(주 1), 67-68.
9) 특허청(주 3), 210.
10) 상표법 제34조 제2항("제1항 및 상표등록출원인(이하 "출원인"이라 한다)이 해당 규정의

Ⅲ. 판단사례

1. 인정사례

① 기업선전홍보업 등을 지정서비스업으로 하는 **대한민국 친환경기업대상** (Korea Environmental Company Award) 출원상표에 대해, 정부의 후원명칭과 함께 대한민국친환경기업대상 행사에 사용된 표장과 동일·유사하고 주최 기관도 아닌 개인이 출원한 본원서비스표가 그 지정서비스업에 사용될 경우, 일반수요자로 하여금 대한민국친환경기업대상을 받았거나 대한민국친환경기업대상과 관련 있는 서비스업인 것으로 품질을 오인케 할 염려가 있다고 할 것이므로 본원서비스표는 구 상표법 제7조 제1항 제5호에도 해당한다고 한 심결,[11] ② 치약, 공업용 칫솔 등을 지정상품으로 하는 **클리오 CLIO** 상표에 대해, CLIO상은 국내광고업계는 물론 일반 수요자들에게도 널리 알려진 세계적인 광고상으로 인정되고, 세계적인 광고상의 명칭인 "CLIO상"과 칭호가 동일·유사한 표장인 이건 상표는 그 지정상품에 사용할 경우 수요자로 하여금 클리오상을 받은 광고물의 상품 또는 클리오상과 관련 있는 상품인 것으로 품질을 오인케 할 염려가 있다 하겠으므로 이건상표는 구 상표법 제7조

타인에 해당하는지는 다음 각 호의 어느 하나에 해당하는 결정(이하 "상표등록여부결정"이라 한다)을 할 때를 기준으로 하여 결정한다. 다만, 제1항 제11호·제13호·제14호·제20호 및 제21호의 경우는 상표등록출원을 한 때를 기준으로 하여 결정한다. 1. 제54조에 따른 상표등록거절결정, 2. 제68조에 따른 상표등록결정."); 특허청(주 3), 210. 2013. 11. 입법예고 되었던 상표법 전부개정법률(안)에는, 상표부등록사유를 공익적 거절사유와 사익적 거절사유로 나누어 사익적 규정이라고 보는 제6호부터 제10호까지의 존재에 관한 판단시점을 '상표등록출원시'로 규정하였던 당시 상표법 규정(제7조 제2항)을, 공익·사익의 구별 없이 '등록여부결정시'로 변경하는 내용(당시 개정안 제34조: "② 제1항에 해당하는지 여부는 상표등록결정 또는 상표등록거절결정의 어느 하나에 해당하는 결정(이하 "상표등록여부결정"이라 한다)시를 기준으로 한다. ③ 제2항의 규정에도 불구하고 제1항 제12호는 상표등록출원을 할 때에 이에 해당하면 적용한다. 다만, 출원인이 해당 규정의 타인에 해당하는지는 상표등록여부를 결정할 때를 기준으로 한다.")이 포함되었으나, 2016년 전부개정 상표법(전부개정 2016. 2. 29. 법률 제14033호로 개정된 것, 시행일 2016.9.1.)에서는 원칙적으로 부등록사유 판단시점을 '등록여부결정시'로 하면서도 제11호·제13호·제14호·제20호 및 제21호의 경우에는 예외적으로 '상표등록출원시'로 하고 있다. 2013. 11. 입법예고 되었던 상표법 전부개정법률(안)에 대한 설명자료 33-36 참조. <http://www.kipo.go.kr/kpo/user.tdf?a=user.ip_info.adv_law.BoardApp&board_id=adv_law&cp=1&pg=1&npp=10&catmenu=m04_01_03&sdate=&edate=&searchKey=1&searchVal=상표법&bunryu=&st=&c=1003&seq=12966&gubun=> (2016. 6. 7. 최종방문).

11) 특허심판원 2006. 12. 21.자 2006원6707 심결.

제1항 제5호에 해당한다고 한 심결[12] 등이 있다.

2. 부정사례

금속완구, 바둑알, 라켓 등을 지정상품으로 하는 **스포렉스** 출원상표(출원번호: 40-1986-20237)에 대해, 그 출원상표가 구 상표법 제9조 제1항 제5호의 규정을 이유로 거절되기 위하여는 그 상표가 정부 또는 외국정부가 개최하거나 그 승인을 받아 개최한 박람회의 상패, 상장 또는 포장과 동일·유사하여야 함이 전제된다 할 것인바 이건 기록서류를 검토하여 볼 때 인용표장을 사용한 박람회가 정부의 승인을 받은 것인지, 그 박람회에서 시상으로 상패, 상장 또는 포장을 수여한 바가 있는지의 여부 등을 알 수 없다 할 것이며 또한 인용상표가 박람회의 표장으로 일반수요자 사이에 널리 인식된 것이라고 보기도 어려운 것임에 비추어 인용상표를 그 지정상품에 사용한다 하여도 수요자나 거래자에게 상품출처의 오인·혼동이나 품질오인의 우려가 없는 것이라 할 것이라 하여 본원상표에 대하여 구 상표법 제9조 제1항 제5호 및 동법 제9조 제1항 제11호의 규정을 이유로 거절한 원사정을 파기한 심결[13]이 있다.

IV. 외국의 입법례

1. 일본

일본 상표법 제4조 제1항 제9호는 "정부 또는 지방공공단체(이하 '정부 등'이라 한다)가 개설하는 박람회 혹은 정부 등 이외의 자가 개설하는 박람회로서 특허청장이 정하는 기준에 적합한 것[14] 또는 외국에서 그 정부 등 혹은 그 허

---

12) 특허심판원 1998. 3. 30.자 96당693 심결.

13) 특허청 항고심판소 1991. 7. 18.자 91항원686 심결. 이 심결은 구 상표법 제9조 제1항 제5호 및 동법 제11호의 규정에 의거한 심사관의 거절사정에 대한 출원인의 항고심판청구에 대해 항고심판소가 청구기각(1989. 1. 31. 87항원880)하였지만, 이에 대한 상고심에서 대법원이 파기환송(대법원 1991. 4. 23. 선고 89후261 판결)한 후의 환송심결이다. 한편, 원사정이 파기된 후 출원공고를 거쳐 1991. 11. 19. 등록사정되고 1991. 12. 4. 상표등록되었지만 1993. 8. 13.에 제기된 무효심판에서 지정상품을 낚시대, 리일, 낚시찌, 낚시줄, 낚시바늘로 하는 선등록상표인 **SPORTEX** 와 유사한 상표로 그 지정상품도 동일·유사하므로 이 건 상표는 구 상표법 제9조 제1항 제7호의 규정에 해당되어 무효라는 심결(1994. 6. 28. 93당999)이 확정되어 결국 무효로 되었다.

14) 일본 구 상표법(평성(平成) 23年 法律 第63号로 개정되기 전의 것)에서 '특허청장이 지정하는 것'이라고 되어 있던 것이, 2011년 개정 상표법(평성(平成) 23年 法律 第63号, 평

가를 받은 자가 개설하는 국제적인 박람회의 상과 동일 또는 유사한 표장을 사용하는 상표(그 상을 받은 자가 상표의 일부로서 그 표장을 사용하는 것을 제외한다)"는 상표등록을 받을 수 없다고 규정하고 있다. 한편, 그 취지에 대해서는 박람회의 상은 다수에게 주어지는 것이므로 이것을 1인에게 등록을 허용하면 타인이 사용할 수 없는 것으로 되기 때문이고, '박람회의 상과 동일 또는 유사 상표'가 아닌, '동일 또는 유사 표장(을 가지는 상표)'을 부등록사유로 하고, 표장(상)을 상표의 일부로 하는 것도 부등록사유로 하는 것은 이들은 특히 품질보증기능이 강하여 일부라도 허위로 사용되면 소비자의 상품 품질 또는 서비스의 질 오인에 관계되기 때문에 일부라도 상을 받지 않은 자에게 등록을 허용하지 않는 것이며, 다만 상을 수상한 자가 상표의 일부로서 그 표장을 사용하는 것은 관행적으로 존재하여 왔고, 상품의 품질 오인을 생기게 할 염려가 없기 때문에 이와 같은 표장도 상표등록을 받을 수 있는 것으로 하였다고 한다.[15]

우리 상표법 규정이 정부 또는 외국정부의 승인을 얻은 박람회는 모두 포함하고 있는 반면, 일본의 경우 일본 정부 또는 지방공공단체 이외의 자가 개설하는 박람회의 경우에는 '특허청장이 정하는 기준에 적합한 것'으로, 외국정부의 허가를 받은 자가 개설하는 박람회의 경우 '국제적인' 박람회로 그 범위를 제한하고 있는 점에서 차이가 있다.

2. 미국

미국 연방상표법에는 우리 상표법 제34조 제1항 제5호나 일본 상표법 제4조 제1항 제9호에 대응되는 조항은 없다.

〈김동준〉

성(平成) 24年4月1日 施行)에서 '특허청장이 정하는 기준에 적합한 것'으로 변경되었는바, 특허청장에 의한 박람회 지정제도가 폐지되고 특허청장이 정하는 일정한 기준에 적합한 박람회에 대하여는 당해 박람회의 상과 동일 또는 유사한 표장을 갖는 상표에 대하여 부등록사유의 대상으로 하고 출원시의 특례 주장이 가능하도록 개정한 것이다. 특허청장이 정하는 박람회의 기준에 대하여는 商標審査便覧 16.04(特許庁長官の定める博覧会の基準についての説明)에 설명되어 있다.
<http://www.jpo.go.jp/shiryou/kijun/kijun2/pdf/syouhyoubin/16_04.pdf> (2016. 6. 6. 최종방문)
15) 小野昌延, 注解商標法 上, 靑林書院(2005), 236.

> **제34조(상표등록을 받을 수 없는 상표)**
> ① 제33조에도 불구하고 다음 각 호의 어느 하나에 해당하는 상표에 대해서는 상표등록을 받을 수 없다.
> [제1호~제5호는 앞에서 해설]
> 6. 저명한 타인의 성명·명칭 또는 상호·초상·서명·인장·아호(雅號)·예명(藝名)·필명(筆名) 또는 이들의 약칭을 포함하는 상표. 다만, 그 타인의 승낙을 받은 경우에는 상표등록을 받을 수 있다.

〈소 목 차〉

Ⅰ. 서설

1. 의의 및 취지

가. 의의

저명한 타인의 성명·명칭 또는 상호·초상·서명·인장·아호(雅號)·예명(藝名)·필명(筆名) 또는 이들의 약칭을 포함하는 상표는 상표법 제33조의 규정에 의한 식별력을 갖추고 있다고 하더라도 상표등록을 받을 수 없다. 다만, 그 타인의 승낙을 얻은 경우에는 예외로서 상표의 등록이 허용된다.

나. 취지

본호의 입법취지에 대해 타인의 명칭 등의 모용에 의한 출처혼동을 방지하기 위한 것이라는 견해(출처혼동방지설)도 있으나, 타인의 승낙을 받은 경우에는 상표등록이 가능하며, 착오로 등록된 경우의 무효심판 청구에 대해 5년의 제척기간이 적용되는 점과 성명권은 일반적으로 인격권적 요소를 갖고 있다는 점에서 타인의 인격권을 보호하기 위한 것이라는 '인격권보호설'이 타당하며 통설이다.[1]

다만, 특허청 심사 실무에서는 저명한 타인의 성명, 명칭 등을 상표로 사용한 때에는 타인 자신의 불쾌감의 유무 또는 사회통념상 타인의 인격권을 침해했다고 판단되는지 여부를 불문하고 본호를 적용하도록 하고 있다.[2]

2. 연혁

1949년 제정 상표법(1949. 11. 28. 법률 제71호) 제5조 제1항 제10호에서 "타인의 성명, 명칭 또는 상호, 초상, 서명 또는 인장과 동일한 것. 단, 그 타인의 승낙을 얻은 것은 예외로 한다"는 부등록사유를 규정하고 있었으나, 1973년 개정 상표법(1973. 2. 8. 법률 제2506호) 제9조 제1항 제6호에서 "저명한 타인의 성명·명칭·초상·서명·인장·아호·예명·필명 또는 이들의 약칭을 포함하는 상표. 다만, 그 타인의 승낙을 얻은 경우에는 예외로 한다"고 개정되었고, 1990년 개정 상표법(1990. 1. 13. 법률 제4210호) 제7조 제1항 제6호에서 현재의 규정과 동일한 내용으로 개정되었다.

한편, 2016년 전부 개정 상표법(전부개정 2016. 2. 29. 법률 제14033호로 개정된 것, 시행일 2016. 9. 1.)에서는 조문의 위치가 종전 '제7조 제1항 제6호'에서 '제34조 제1항 제6호'로 변경되었고, 단서의 '그러하지 아니하다'가 이해하기 쉽게 '상표등록을 받을 수 있다'로 정비되었다.

---

1) 송영식 외 2인, 지적소유권법(하)<제9판>, 육법사(2005), 138-139; 문삼섭, 상표법, 세창출판사(2002), 305; 특허청, 조문별 상표법 해설(2007), 69; 임한흠, "상호상인 '쌍용'의 저명성과 오인, 혼동", 대법원판례해설 제26호, 법원도서관(1996), 459. 한편, 위와 같은 취지임을 판시한 판결로는 특허법원 1999. 12. 9. 선고 99허7148 판결("상표법 제7조 제1항 제6호는 '저명한 타인의 성명, 명칭 또는 상호, 초상, 서명, 인장, 아호, 예명, 필명 또는 이들의 약칭을 포함하는 상표'는 상표등록을 받을 수 없다고 규정하고 있는데 그 입법취지는 타인의 명칭 등의 모용에 의한 출처혼동을 방지하기 위한 것이라기보다는 타인의 인격권의 보호를 위한 것이라고 봄이 상당") 등이 있다.

2) 특허청, 상표심사기준(2016.8.29. 개정 특허청 예규 제90호)(2016. 8.), 212. 한편, 이러한 특허청 실무에 대해 '인격권보호설'보다는 '출처혼동방지설'의 입장을 취하고 있는 듯하다는 견해가 있다. 특허청(주 1), 69; 문삼섭(주 1), 305. 다만, 2016년 특허청 심사기준에서도 종래 심사기준과 같이 "타인 자신의 불쾌감의 유무 또는 사회통념상 타인의 인격권을 침해했다고 판단되는지 여부를 불문하고 본호를 적용"한다고 하면서도, 제도의 취지에 대해서는 "상품의 출처의 오인·혼동을 방지하기 위한 규정이라기보다는 저명한 타인의 성명·명칭 등을 보호함으로써 타인의 인격권을 보호하기 위한 규정"이라고 설명하고 있다. 특허청(주 2), 211-212.

Ⅱ. 적용요건

1. 저명성

본호에서 말하는 '저명'이라 함은 사회통념상 국내 일반수요자 또는 관련 거래업계에서 일반적으로 널리 인지될 수 있는 정도를 말하며,[3] 저명성은 제9호 소정의 주지성, 현저성보다도 훨씬 당해 상호의 주지도가 높을 뿐만 아니라 나아가 오랜 전통 내지 명성을 지닌 경우를 가리킨다고 볼 것이고,[4] 저명한 상호인지 여부는 그 상호의 사용의 기간, 방법, 태양, 사용량, 거래범위 등과 상품거래의 실정 및 사회통념상 객관적으로 널리 알려졌느냐의 여부에 따라야 할 것이다.[5]

본호는 타인의 성명, 상호, 약칭 등이 그 자체로서 저명한 것이어야 하고, 타인의 성명, 상호, 약칭 등이 상표로서 저명하여야 하는 것은 아니다.[6]

한편, 저명성의 정도와 관련하여 이를 일률적으로 논할 것이 아니라, 예를 들면 성명·명칭 그 자체(full name)의 경우에는 약칭의 경우보다 저명성의 정도가 낮더라도 무방할 것이고 초상과 같은 경우는 저명성이 없더라도 타인이 이를 상표의 일부로 사용하면 인격권의 훼손이 있다 할 것이므로 이 요건을 극히 완화하여 해석하여야 하며 그 밖에 타인의 서명·인장·아호·예명·필명 등은 성명 등의 약칭과 마찬가지로 상당한 정도의 저명성을 요구하는 것으로 탄력적으로 해석해야 할 것이라는 견해가 있다.[7]

2. 타인

본호에서 말하는 타인이라 함은 생존자를 의미하고[8] 현존하는 자연인은 물

---

3) 특허청(주 2), 211. 저명성 요건은 널리 알려진 연예인이나 스포츠 선수 이름, 국내외 유명 인사 등의 이름으로 직감할 수 있으면 충분한 것으로 보며, 성명·명칭 또는 상호·초상·서명·인장·아호·예명·필명 또는 이들의 약칭이 저명해야 한다는 의미이지 타인 그 자체가 저명해야 한다는 의미는 아니다.

4) 대법원 1984. 1. 24. 선고 83후34 판결.

5) 대법원 1984. 1. 24. 선고 83후34 판결; 대법원 1996. 9. 24. 선고 95후2046 판결; 대법원 2005. 8. 25. 선고 2003후2096 판결.

6) 특허법원 지적재산소송실무연구회, 지적재산소송실무, 박영사(2010), 568.

7) 송영식 외 2인(주 1), 139(일본 상표법 제4조 제1항 제8호는 이러한 견지에서 초상(肖像), 성명(氏名), 명칭(名稱)의 경우에는 저명성을 요하지 아니하고 그 밖의 것에 대하여만 저명성을 요건으로 규정하고 있다는 것과, 본호의 취지가 인격적 이익보호라고 한다면 저명성은 반드시 필요한 요건은 아니며 다소간의 유명성·희소성이 있으면 저명성이 있다고 비교적 넓게 해석함이 타당할 것이라는 일본의 견해를 소개하고 있다).

론 법인(법인격이 없는 단체를 포함한다)도 포함되며 외국의 자연인 및 법인(국내 일반 수요자 또는 관련 거래업계에서 일반적으로 널리 인식되고 있는 현존하는 외국의 자연인 및 법인)도 포함한다.9)

3. 성명, 명칭, 상호 등 또는 이들의 약칭

저명한 타인의 성명, 명칭 또는 상호, 초상, 서명, 인장, 아호, 예명, 필명 또는 이들의 약칭이 상표의 부기적인 부분으로 포함되어 있는 경우에도 본호에 해당하는 것으로 보며, 본호에서 규정하는 약칭이라 함은 그 타인 스스로 약칭을 정하지 않았다고 하더라도 국내 일반수요자 또는 관련거래업계에서 그 타인으로 약칭되고 있으면 족하다고 본다.10) 특허청 상표심사기준(212면)은 '「국립과학수사연구원=국과수」', '「한국은행=한은」', '「한국전력공사=한전」', '「육군사관학교=육사」' 등을 약칭의 예시로 들고 있다.

4. 적용의 예외

저명한 타인의 성명 등을 포함하는 상표라도 그 타인의 승낙을 얻은 경우에는 예외적으로 상표등록을 받을 수 있다. 다만, 저명한 타인의 성명, 명칭, 상호 등이 상표로 사용되어 유명해진 경우에는 그 타인의 승낙이 있더라도 제3자가 상표로 사용할 경우 일반수요자로 하여금 출처의 오인·혼동을 일으키게 할 염려가 있으므로 제34조 제1항 제9호, 제11호 또는 제12호가 적용될 수 있고, 부정한 목적을 가진 것으로 인정될 경우에는 제34조 제1항 제13호도 함께 적용될 수 있다.11) 한편, 자기의 성명 또는 명칭과 저명한 타인의 성명 또는 명칭이 동일할 때에는 그 타인의 승낙을 요한다.12) 여기서 승낙의 내용으로는 상표의 등록뿐만 아니라 등록상표의 사용도 포함하는 것이어야 할 것이다.13)

---

8) 대법원 1998. 2. 13. 선고 97후938 판결.
9) 특허청(주 2), 211-212.
10) 특허청(주 2), 212. 특허청 심사기준에서는, 저명한 연예인의 이름, 연예인그룹 명칭, 스포츠선수 이름, 기타 국내외 유명인사 등의 이름이나 이들의 약칭을 포함하는 상표 등이 본호에 해당하는 것으로 보고 있다.
11) 특허청(주 2), 213.
12) 특허청(주 2), 212.
13) 특허청(주 1), 70.

5. 오인·혼동의 염려가 요구되는지 여부

본호의 적용요건과 관련하여 해당 상표의 사용으로 인한 상품출처의 오인이나 혼동의 염려가 있어야 하는지에 대해 특허법원 판결은 "상표법 제7조 제1항 제6호의 규정취지는, 상품이나 서비스의 출처의 오인, 혼동을 방지하기 위한 것이 아니라 타인의 인격권을 보호하기 위한 것이라 할 것이므로, 설사 이 건 등록서비스표의 지정서비스업과 원고 회사가 영위하는 업종이 전혀 달라서 이 건 등록서비스표가 그 지정서비스업에 사용되더라도 일반 거래자나 수요자로 하여금 그 서비스가 원고 회사 또는 원고 회사와 일정한 관계에 있는 회사에 의하여 제공되는 것이라는 그 출처의 오인, 혼동을 일으킬 염려가 없다 하더라도, 이 건 등록서비스표가 상표법 제7조 제1항 제6호 소정의 저명한 타인의 약칭을 포함하는 표장에 해당한다는 위 결론에는 아무런 영향을 미칠 수 없다"고 하고 있다.[14]

6. 판단기준시

구 상표법상 본호의 판단기준시는 출원시이고, 상표등록출원인이 당해 규정의 타인에 해당하는지 여부에 대해서는 등록결정시를 기준으로 하였지만,[15] 2016년 전부개정 상표법(전부개정 2016. 2. 29. 법률 제14033호로 개정된 것, 시행일 2016. 9. 1)에서 상표등록 여부 결정시로 변경되었다.[16]

---

14) 특허법원 2000. 2. 10. 선고 99허7667 판결(확정).

15) 구 상표법 제7조 제2항("제1항 제6호·제7호·제7호의2·제8호·제8호의2·제9호·제9호의2 및 제10호는 상표등록출원시에 이에 해당하는 것에 대하여 적용한다. 다만, 상표등록출원인(이하 "출원인"이라 한다)이 해당 규정의 타인에 해당하는지는 상표등록결정 및 상표등록거절결정의 어느 하나에 해당하는 결정(이하 "상표등록여부결정"이라 한다)시를 기준으로 한다.").

16) 상표법 제34조 제2항("제1항 및 상표등록출원인(이하 "출원인"이라 한다)이 해당 규정의 타인에 해당하는지는 다음 각 호의 어느 하나에 해당하는 결정(이하 "상표등록여부결정"이라 한다)을 할 때를 기준으로 하여 결정한다. 다만, 제1항 제11호·제13호·제14호·제20호 및 제21호의 경우는 상표등록출원을 한 때를 기준으로 하여 결정한다. 1. 제54조에 따른 상표등록거절결정, 2. 제68조에 따른 상표등록결정."); 특허청(주 2), 213. 2013. 11. 입법예고 되었던 상표법 전부개정법률(안)에는, 상표부등록사유를 공익적 거절사유와 사익적 거절사유로 나누어 사익적 규정이라고 보는 제6호부터 제10호까지의 존재에 관한 판단시점을 '상표등록출원시'로 규정하였던 당시 상표법 규정(제7조 제2항)을, 공익·사익의 구별 없이 '등록여부결정시'로 변경하는 내용(당시 개정안 제34조: "② 제1항에 해당하는지 여부는 상표등록결정 또는 상표등록거절결정의 어느 하나에 해당하는 결정(이하 "상표등록여부결정"이라 한다)시를 기준으로 한다. ③ 제2항의 규정에도 불구하고 제1항 제12호는

7. 무효심판의 제척기간

본호에 해당하는 것을 사유로 하는 상표등록의 무효심판은 상표등록일부터 5년이 경과한 후에는 청구할 수 없다.17)

Ⅲ. 판단사례

1. 인정사례

① 양말, 내의를 지정상품으로 하여 등록된 [쌍용표] 상표에 대해, 쌍용 그룹 소속 회사들의 상호에 대부분 "쌍용"이라는 명칭이 사용되어 오고 있고, "쌍용"이라는 칭호가 포함된 그룹 공통의 심벌마크가 제작되어 각 기업의 홍보에 사용되어 왔으며, 그 그룹이 이미 우리나라의 이른바 10대 재벌에 속하는 기업집단이라면, 우리의 사회통념에 비추어 그 그룹 내지 그 그룹 소속회사들의 상호의 약칭에 해당하는 "쌍용"은 저명성이 있다고 봄이 상당하므로 이 사건 등록상표는 저명한 타인의 명칭 또는 상호의 약칭을 포함하는 상표로서 구 상표법 제9조 제1항 제6호에 해당하여 등록을 받을 수 없는 상표라고 한 사례,18) ② 체육실기지도업, 체육교육업, 체육관경영업, 골프장경영업, 헬스지도경영업, 에

어로빅지도경영업, 무용·발레지도경영업을 지정서비스업으로 하는 [경희스 포츠아 카데미] 서비스표에 대해, 이 사건 등록서비스표(등록번호 제51410호)의 출원 당시 경희대학교

상표등록출원을 할 때에 이에 해당하면 적용한다. 다만, 출원인이 해당 규정의 타인에 해당하는지는 상표등록여부를 결정할 때를 기준으로 한다.")이 포함되었으나, 2016년 전부개정 상표법(전부개정 2016. 2. 29. 법률 제14033호로 개정된 것, 시행일 2016. 9. 1.)에서는 원칙적으로 부등록사유 판단시점을 '등록여부결정시'로 하면서도 제11호·제13호·제14호·제20호 및 제21호의 경우에는 예외적으로 '상표등록출원시'로 하고 있다. 2013. 11. 입법예고 되었던 상표법 전부개정법률(안)에 대한 설명자료 33-36 참조.

  <http://www.kipo.go.kr/kpo/user.tdf?a=user.ip_info.adv_law.BoardApp&board_id=adv_law &cp=1&pg=1&npp=10&catmenu=m04_01_03&sdate=&edate=&searchKey=1&searchVal=상표법&bunryu=&st=&c=1003&seq=12966&gubun=> (2016. 6. 7. 최종방문).

17) 상표법 제122조 제1항("제34조 제1항 제6호부터 제10호까지 및 제16호, 제35조, 제118조 제1항 제1호 및 제214조 제1항 제3호에 해당하는 것을 사유로 하는 상표등록의 무효심판, 존속기간갱신등록의 무효심판 또는 상품분류전환등록의 무효심판은 상표등록일, 존속기간갱신등록일 또는 상품분류전환등록일부터 5년이 지난 후에는 청구할 수 없다.").

18) 대법원 1996. 9. 24. 선고 95후2046 판결.

체육학과(체육과학대학)는 국내에서 체육 전문 교육기관으로서 일반수요자 또는 관련 거래사회에서 일반적으로 널리 인식되어 있었다고 보이므로 경희대학교 역시 저명성이 있다고 추단되는데, 이 사건 등록서비스표는 '경희' 부분이 '체육 교육기관'의 의미로 직감되는 '스포츠 아가데미'와 결합하고 있어, 이 사건 등록 서비스표를 접하는 일반 수요자나 거래자는 이 사건 등록서비스표를 경희대학 교 체육학과 또는 경희대학교와 직접 관련이 있는 것으로 여겨 이 사건 등록서 비스표의 '경희' 부분을 경희대학교의 명칭이나 약칭으로 인식하리라고 봄이 상 당하므로 이 사건 등록서비스표는 상표법 제7조 제1항 제6호의 '저명한 타인의 명칭, 또는 그 약칭을 포함하는 서비스표'에 해당한다는 취지로 판단한 원심은 정당하다고 한 사례,[19] ③ 지정서비스업을 제본업, 인쇄업, 편집업, 출판 업, 저작권관리업, 식자 및 식각제판업으로 하는 **하버드선생님** 서비스표에 대해, 상표법 제7조 제1항 제3호 소정의 '공익법인의 영리를 목적으로 하지 아 니하는 업무를 표시하는 표장으로서 저명한 것과 유사한 서비스표'에 해당한다 고 한 후, 저명한 피고의 약칭인 '하버드(HARVARD)'를 포함하므로 상표법 제7 조 제1항 제6호 소정의 '저명한 타인의 명칭, 또는 그 약칭을 포함하는 서비스 표'에도 해당한다고 한 사례,[20] ④ 부동산임대업, 부동산관리업 등을 지정서 비스업으로 하는 **巨 山** 서비스표에 대해, 이건 출원서비스표는 김영삼 전 대통령의 아호로서 저명한 "거산(巨山)"을 포함하는 서비스표로서 등록될 수 없 는 것이라고 한 사례,[21] ⑤ 축구공, 당구용공, 정구공, 탁구용공, 농구공, 배구공,

수구공, 송구공, 플라스틱제 완구, 낚시바구니를 지정상품으로 하는 **Sharp 샤 프** 상 표에 대해, 일본의 전자제품회사인 샤프 가부시기가이샤(영문 상호명 "SHARP CORPORATION", 한글 상호명 "샤프 주식회사")는 "SHARP" 또는 "샤프"로 약칭 된다고 봄이 상당하고 이 사건 등록상표의 등록출원시인 1995. 1. 14. 무렵 그 상호 또는 약칭이 전기 전자제품에 관한 거래자는 물론 국내의 일반 수요자들 에게 널리 알려져 있었다고 할 것이므로 이 사건 등록상표는 저명한 타인의 성 명 또는 그 약칭을 포함하는 상표라고 할 것이므로 상표법 제7조 제1항 제6호

19) 대법원 2004. 1. 29. 선고 2002후1874 판결.
20) 특허법원 2001. 4. 27. 선고 2001허225 판결(확정) (구 상표법 제7조 제1항 제6호에 해당 한다고 하여 무효라는 취지의 특허심판원 2000. 3. 3. 1999당2124 심결을 취소한 특허법원 2000. 7. 14. 선고 2000허2422 판결이 대법원 2000. 11. 28. 선고 2000후2095 판결에 의해 파기환송된 후의 특허법원 판결임).
21) 특허법원 1999. 12. 9. 선고 99허7148 판결(확정).

에 해당한다고 한 사례,22) ⑥ 비디오폰, 전화기, 팩시밀리 등을 지정상품으로 하

는 등록상표(제692831호) 에 대해, 원고의 상호인 '주식회사 케이티' 또는

그 약칭으로 사용되는 회사 케이티' 또는 그 약칭으로 사용되는 '**KT**'는 이

사건 등록상표의 출원 당시에 수요자 간에 현저하게 인식될 수 있을 정도로 알

려진 저명한 상호 또는 그 약칭에 해당한다 할 것이고, 이 사건 등록상표는 하

트 모양의 도형 내부에 문자 "**KT**"가 포함되어 있고, 이는 앞에서 본 원고의

저명한 상호인 '주식회사 케이티' 내지 그 약칭인 '**KT**'와 동일하므로 상표

법 제7조 제1항 제6호에 의하여 상표 등록을 받을 수 없다고 한 사례,23) ⑦ 부

동산관리업, 아파트관리업, 주택관리업, 스포츠설비관리업, 백화점관리업, 슈퍼

마켓관리업, 시장관리업, 부동산임대업, 건물분양업으로 하는 **인 텔 홈** Intel-Home

서비스표에 대해, 이 사건 등록서비스표는 저명한 타인의 약칭인 "Intel" 또는

"인텔"을 포함하는 표장에 해당하며 상표법 제7조 제1항 제6호의 규정취지는,

상품이나 서비스의 출처의 오인, 혼동을 방지하기 위한 것이 아니라 타인의 인

격권을 보호하기 위한 것이라 할 것이므로, 설사 이건 등록서비스표의 지정서비

스업과 원고 회사가 영위하는 업종이 전혀 달라서 이건 등록서비스표가 그 지

정서비스업에 사용되더라도 일반 거래자나 수요자로 하여금 그 서비스가 원고

회사 또는 원고 회사와 일정한 관계에 있는 회사에 의하여 제공되는 것이라는

그 출처의 오인, 혼동을 일으킬 염려가 없다 하더라도, 이건 등록서비스표가 상

표법 제7조 제1항 제6호 소정의 저명한 타인의 약칭을 포함하는 표장에 해당한

다는 위 결론에는 아무런 영향을 미칠 수 없다고 한 사례,24) ⑧ 탈색제, 눈썹용

연필 등을 지정상품으로 하는 이 사건 출원상표(제40-2009-24604호) **2NE1**에

대하여, 구 상표법 제7조 제1항 제6호에 해당한다는 이유로 특허청장이 거절결

---

22) 특허법원 1999. 12. 10. 선고 99허4682 판결(확정) (구 상표법 제7조 제1항 제6호뿐 아니라 같은 항 제10호, 제11호 후단에도 각 해당한다고 판단).

23) 특허법원 2009. 8. 21. 선고 2009허1682 판결(상고가 대법원 2009. 12. 10. 선고 2009후3527 판결에 의해 심리불속행 기각되어 확정). 등록상표(제716781호)에 대한 특허법원 2009. 8. 21. 선고 2009허1705 판결(대법원 2009. 12. 10. 선고 2009후3510 판결에 의해 심리불속행 기각되어 확정), 등록서비스표(제119592호)에 대한 특허법원 2009. 8. 21. 선고 2009허1699 판결(대법원 2009. 12. 10. 선고 2009후3503 판결에 의해 심리불속행 기각되어 확정)도 같은 취지이다.

24) 특허법원 2000. 2. 10. 선고 99허7667 판결(확정).

정을 한 사안에서, 출원상표는 출원일 무렵에 저명한 타인의 명칭에 해당한다고
본 원심판단을 정당하다고 한 사례,[25] ⑨ 가발, 인모 등을 지정상품으로 하는
이 사건 출원상표(제40-2008-57350호) ^{장미희가발} JANG MI HEE 중 '장미희(JANG MI HEE)'는
이 사건 출원상표의 출원시인 2008. 12. 11.경 저명한 연예인의 예명이라고 봄
이 상당하다고 한 사례,[26] ⑩ 가루비누, 물비누, 가정용석유계 합성세제탈색제

---

25) 대법원 2013. 10. 31. 선고 2012후1033 판결. 한편, 원심인 특허법원 2012. 12. 17. 선고
   2011허11118 판결은, (1) 이 사건 출원상표인 "2NE1"은 음반업계에서 유명한 연예기획사인
   피고 보조참가인 소속 여성 아이돌 그룹 가수(이하 '이 사건 여성 그룹 가수'라 한다)의 명
   칭으로, 그와 동일한 표장을 갖는 이 사건 출원상표의 등록을 허용할 경우에는 지정상품과
   관련하여 그 수요자나 거래자들이 이 사건 여성 그룹 가수와 관련 있는 것으로 오인·혼동
   할 우려가 상당하여 타인의 인격권을 침해할 염려가 있는 점 등의 판시 사정을 종합하여
   보면, 이 사건 출원상표는 그 출원일 무렵에 저명한 타인의 명칭에 해당한다고 판단하고,
   (2) 또한 오늘날 생활 수준의 향상과 함께 음악이나 영상물 등 문화예술 분야에 대한 일반
   인의 관심이 높아지고 있고 음악은 단순히 듣고 감상하는 것뿐만 아니라 휴대전화의 벨 소
   리로 사용되는 등 일상생활에서 그 활용도가 다양해지고 있으며, 특히 인터넷의 광범위한
   보급과 함께 음악 및 동영상의 재생기능을 갖춘 전자기기의 급격한 보급 등으로 인해 선명
   한 화질과 음향을 재생할 수 있고 손쉽고 빠르게 음원에 접근할 수 있어 대중음악에 대한
   수요가 빠르게 확대되는 추세에 있을 뿐 아니라, 이 사건 출원상표의 출원일 무렵 유명한
   남성 및 여성 아이돌 그룹이 음악계의 주류를 이루고 있었고, 'K-POP'의 확산과 '한류 열
   풍'으로 그 수요자층도 나이에 제한 없이 기호에 따라 다양하게 형성되고 있었던 사정 등
   에 비추어 보면, 비록 이 사건 여성 그룹 가수가 대중매체에 모습을 드러낸 때부터 이 사건
   출원상표의 출원일까지 약 2개월여에 불과하다고 하더라도 이 사건 여성 그룹 가수는 국내
   의 유명한 여성 4인조 아이돌 그룹으로서 이 사건 출원상표의 출원일 무렵 국내의 수요자
   사이에 널리 알려져 있어 저명성을 획득하였다고 판단하여, 그 저명성을 다투는 원고의 주
   장을 받아들이지 아니하였다.
26) 특허법원 2012. 4. 13. 선고 2011허9511 판결(확정). 구체적으로, 연예인 '장미희'는 1970
   년대 내지 1980년대에 정윤희, 유지인 등과 함께 여배우 3대 트로이카를 형성하며 국내
   대표급 영화배우로 활약하였던 연예인으로서, 1976년 '성춘향전' 영화에 출연한 것을 비롯
   하여 1982년 '애인', 1983년 '적도의 꽃', 1984년 '깊고 푸른 밤', 1986년 '황진이', 1989년
   '불의 나라', 1991년 '사의 찬미', 1995년 '애니깽', 2003년 '보리울의 여름', 2006년 '한반
   도', 2008년 '비몽' 등 약 40여 편의 영화에 출연하였고, 2001년 MBC '엄마야 누나야',
   2004년 MBC '황태자의 첫사랑', 2005년 SBS '그 여름의 태풍', 2008년 KBS '엄마가 뿔났
   다' 등 약 6편의 방송 드라마에도 출연하였으며, 1992년 춘사 나운규 영화 예술제 여우주
   연상, 제29회 대종상영화제 여우주연상, 제12회 청룡영화제 여우주연상 등을 각 수상한 사
   실, 한편 연예인 장미희는 1989년부터 1999년까지 명지전문대학 연극영상과 교수로 재직
   하였고, 2002년에는 문화관광부 한국문화산업진흥위원회 민간위원으로, 2007년에는 사회
   복지공동모금회 홍보대사로 각 위촉된 바 있으며, 2008. 10. 30. 프로야구 한국시리즈 4차
   전에서 시구를 하는 등 최근에 이르기까지도 왕성한 연기활동과 다양한 분야에서의 사회
   활동을 통하여 우리나라 일반인들 사이에 널리 알려진 인물인 사실을 인정할 수 있고, 달
   리 반증이 없다는 점 등을 판단의 근거로 들고 있다. 한편, 이 사건에서 원고는, 자신도 본
   명이 '장미희'로서, 20년간 가발을 디자인하여 '가발패션쇼'를 개최하는 등 전국적인 명성
   을 가지고 있고, 보건학 박사학위를 받아 대학교수를 역임하였으며, 세계가발협회 회장으

등을 지정상품으로 하는 이 사건 등록상표(제869074호) **OXYGEL 옥시겔** 중 '옥시'
는 이 사건 등록상표의 출원 당시(2010. 10. 14.) 국내의 표백제, 세탁세제 분야에
서 일반수요자 및 거래자에게 피고 회사 상호의 약칭으로서 널리 인식되어 저
명성이 있었다고 보이는데, 이 사건 등록상표 중 '옥시(OXY)' 부분은 저명한 피
고 회사 상호의 약칭에 해당하므로, 이 사건 등록상표는 상표법 제7조 제1항 제
6호의 '저명한 타인의 상호 또는 그 약칭을 포함하는 상표'에 해당한다고 본 사
례[27] 등이 있다.

2. 부정사례

① 양화, 구두주걱, 우산, 지팡이 등을 지정상품으로 하는 **LIFE 라이프** 상표
에 대해, 구 상표법 제9조 제1항 제6호 소정의 상호의 저명성은 동조 동항 제9
호 소정의 주지성, 현저성보다도 훨씬 당해 상호의 주지도가 높을 뿐만 아니라
나아가 오랜 전통 내지 명성을 지닌 경우를 가리킨다고 볼 것이므로 인용상호
"주식회사 라이프제화"가 제9호 소정의 주지성, 현저성의 요건조차 결여한 상호
라면 제6호 소정의 저명성 여부는 논의할 여지조차 없다 할 것이라고 하여, 상
표법 제9조 제1항 제6호 및 제9호에 해당한다는 이유로 거절사정을 유지한 원
심결을 파기한 사례,[28] ② 지정상품을 「골프공, 골프장갑, 골프채, 골프가방, 복
싱용 글러브, 볼링백, 사이클용 장갑, 스키용 장갑, 하키용 장갑, 낚시용구 케이

스」로 하는 **R&A** 상표가 영국골프협회(The Royal and Ancient Golf Club of
St.Andrews)의 명칭 또는 약칭과의 관계에서 상표법 제7조 제1항 제6호 등에 해

로 활동하고 있을 뿐만 아니라, 가발 및 미용 관련 특허를 소지하고 있고, 가발 관련 논문
및 서적을 저술한 바 있어 가발 분야에서 어느 정도 이름이 알려져 있는데, '장미희'를 예
명으로 사용하였을 뿐인 연예인 때문에 이 사건 출원상표의 지정상품인 가발 분야에서 원
고의 본명을 이용하여 상표등록을 받지 못하는 것은 불합리하다는 취지로 주장하였지만
법원은, 이는 저명한 타인의 예명 등의 모용에 따른 출처혼동을 방지하기 위한 상표법 제7
조 제1항 제6호의 취지에 반하는 주장에 불과하다고(현재라도 원고는 상표법 제51조 제1
항 제1호에 의하여 자기의 성명을 보통으로 사용하는 방법으로 표시하는 상표를 사용할
수 있다) 하여, 원고의 이 부분 주장을 받아들이지 않았다.

27) 특허법원 2013. 4. 25. 선고 2013허20 판결.
28) 대법원 1984. 1. 24. 선고 83후34 판결.

당하는지에 대해, 지정상품 중 '골프공, 골프장갑, 골프채, 골프가방'에 대해서는 상표법 제7조 제1항 제11호에 해당하여 무효이지만, 나머지 지정상품인 '복싱용 글러브, 볼링백, 사이클용 장갑, 스키용 장갑, 하키용 장갑, 낚시용구 케이스'에 대해서는 피고가 제출한 증거들만으로는 피고의 약칭인 'R&A'가 국내에서 일반 대중에게까지 저명하다고 보기 부족하여 상표법 제7조 제1항 제6호에는 해당하지 않는다고 한 원심의 판단을 수긍한 사례,[29] ③ 지정상품을 권연, 잎담배, 담뱃대, 권연케이스, 담배필터 등으로 하는 TIFFANY 상표가 미국의 보석류 판매업체인 'TIFFANY & CO'(약칭 'TIFFANY')와의 관계에서 구 상표법 제9조 제1항 제6호에 해당하는지에 대해, 등록상표의 출원시인 1989. 10. 30.경 심판청구인의 약칭인 "TIFFANY"(이하 '인용상호'라고 한다)가 객관적으로 국내의 수요자간에 현저하게 인식되어 있었다고 단정할 수 없고 달리 인용상호가 위 시점에 이미 국내의 수요자간에 현저하게 인식되었다고 볼 만한 아무런 자료를 찾아볼 수 없다고 하여 제6호 해당성을 부정한 사례,[30] ④ 핸드백, 지갑, 서류가

방 등을 지정상품으로 하는 **마담포라** 상표에 대해, 원심(특허법원 2003. 8. 21 선고 2003허1772 판결)이, 피고 회사의 상호인 "마담포라"는 이 사건 등록상표의 출원시인 1996. 3. 5. 무렵 의류 관련 종사자는 물론 국내의 일반수요자들에게 널리 알려진 저명 상호라 할 것이고, 이 사건 등록상표는 상표법 제7조 제1항 제6호의 저명한 상호를 포함하는 상표에 해당한다고 하여 무효라고 판단한 것은 잘못이나, 이 사건 등록상표는 상표법 제7조 제1항 제11호에 의하여 그 등록이 무효로 되어야 할 것이므로 원심판결은 결론에 있어 정당하다고 하여 상고기각한 사례,[31] ⑤ 아몬드페이스트, 케이퍼(Capers), 누룩, 메주, 베이킹 소다(요리용 중탄산소다), 베이킹파우더 등을 지정상품으로 하는 이 사건 출원상표(제

안동의 미소
40-2009-248호)   **하회탈빵** 은 구 상표법 제7조 제1항 제6호에 해당한다는 이유로 심사관이 거절결정하고 특허심판원이 위 거절결정에 불복하는 심판청구를 기각[32]한 사안에서, 이 사건 출원상표는 저명한 타인의 명칭의 약칭을 포함하는

---

29) 대법원 2007. 9. 21. 선고 2006후1650 판결.
30) 대법원 2000. 6. 9. 선고 98후1198 판결.
31) 대법원 2005. 8. 25. 선고 2003후2096 판결.
32) 특허심판원 2012. 7. 13.자 2010원9945 심결(이 사건 출원상표는 저명한 타인인 '사단법인 하회별신굿탈놀이보존회'의 약칭인 '하회탈'을 포함하는 상표로서 그 타인의 승낙을 얻

상표가 아니어서 상표법 제7조 제1항 제6호에 해당하지 아니한다고 보아 심결을 취소한 사례,33) ⑥ 골프용 스커트 등을 지정상품으로 하는 이 사건 등록상표(제757228호) EUROPEANTOUR의 구 상표법 제7조 제1항 제6호 해당 여부에 대해 제1항 제6호 해당 여부에 대해, 원고의 명칭 중 'PGA' 부분은 '프로골퍼협회'를 뜻하는 'Professional Golfer Association'의 약어로서 'PGA of America', 'KPGA', 'KLPGA' 등과 같이 여러 지역에서 만들어진 프로골퍼협회 명칭의 일부로 일반적으로 사용되는 것에 불과하고, 원고가 제출한 각 증거만으로는 대회명이 아닌 'PGA EUROPEAN TOUR'라는 단체의 명칭 자체가 저명한 수준에 이르렀다고 단정할 수 없고 달리 이를 인정할 증거가 없어 이 사건 등록상표가 제7조 제1항 제6호에 해당한다고 볼 수 없다고 본 사례,34) ⑦ 인터넷을 통한 청바지판매대행업, 농구화 판매대행업 등을 지정서비스업으로 하는 이 사건 등록서비스표(제174128호) **몽 더샵** Mong the shop 이 구 상표법 제7조 제1항 제6호에 해당하는지 여부에 대해, 원고가 가수이자 방송인으로서 'MC몽'이라는 예명을 사용하고 있다는 사실을 인정하면서도 그 외에 원고가 'Mong, 몽'을 그의 예명으로 사용하고 있다고 인정할 만한 증거는 없고, 나아가 'MC몽'은 'MC'와 '몽' 부분이 서로 일체로 결합되어 한글 음역으로 불과 세 음절의 단어로 형성된 것이어서 'Mong, 몽'이 'MC몽'의 약칭으로 호칭될 것이라고 보기도 어려우므로, 이 사건 등록서비스표가 저명한 타인의 예명 또는 그 약칭을 포함하고 있는 것이라고 볼 수 없다고 한 사례35) 등이 있다.

은 바가 없으므로 상표법 제7조 제1항 제6호에 해당한다는 취지).

33) 특허법원 2012. 11. 16. 선고 2012허7338 판결("① '사단법인 하회별신굿탈놀이보존회'의 명칭 중 '하회별신굿탈놀이' 부분은, 일반적으로 '안동시 풍천면 하회리에 전승되어 온 민속탈춤으로서, 1980년 중요무형문화재 제69호로 지정'된 '하회별신굿탈놀이'(네이버 지식백과 참조)를 지칭하는 의미로 사용되는 것에 불과하다고 할 것인데, 위 인정사실과 원고가 제출한 각 증거만으로는 '하회별신굿탈놀이'가 아닌 '사단법인 하회별신굿탈놀이보존회'라는 단체의 명칭 자체가 저명한 수준에 이르렀다고 볼 수 없고, 달리 이를 인정할 증거가 없을 뿐만 아니라, ② '사단법인 하회별신굿탈놀이보존회'라는 단체가 '하회탈'로 약칭된다고 할 수도 없다. 따라서 이 사건 출원상표는 저명한 타인의 명칭의 약칭을 포함하는 상표가 아니어서 상표법 제7조 제1항 제6호에 해당하지 아니한다"). 심결 취소 후 이 사건 출원상표는 2013. 4. 1. 등록번호 제40-0961424호로 등록되었다.

34) 특허법원 2011. 6. 22. 선고 2011허354 판결(대법원 2011. 10. 27. 선고 2011후1579 판결에 의해 심리불속행 기각됨). 다만, 심결(특허심판원 2010. 11. 12.자 2009당1176 심결)에서는 구 상표법 제7조 제1항 제6호, 제11호 및 제12호 해당성을 모두 부정하여 무효심판청구를 기각하였으나, 특허법원 판결은 제6호 및 제11호 해당성은 부정하였지만 제12호 해당성을 긍정하여 심결을 취소하였다.

Ⅳ. 외국의 입법례

1. 일본

일본 상표법 제4조 제1항 제8호는 "타인의 초상 또는 타인의 성명 혹은 명칭이나 저명한 아호, 예명 혹은 필명, 또는 이들의 저명한 약칭을 포함한 상표(그 타인의 승낙36)을 얻은 경우를 제외)"는 상표등록을 받을 수 없다고 규정하고 있고, 입법취지에 대해서는 일본에서도 인격권보호설이 통설이다.37) 우리 상표법 제7조 제1항 제6호가 적용요건으로 '저명성'을 공통적으로 요구함에 비해 일본의 경우에는 아호, 예명, 필명, 약칭의 경우에만 '저명성'을 적용요건으로 하고 있다.38)

한편, 일본 특허청 상표심사기준에서는, '타인'이란 외국인39)을 포함하여 현존하는 자를 말하고, 자기의 성명 등이 타인의 성명 등과 일치하는 경우에는 그 타인의 승낙을 필요로 하며, 본호에서 말하는 '저명'의 정도의 판단에 대하여는 상품이나 서비스와의 관계를 고려하는 것으로 한다고 설명하고 있다.40)

일본에서는 법인 아닌 사단도 '타인'에 포함된다고 하며,41) 상표법 제4조

---

35) 특허법원 2010. 6. 11. 선고 2009허8614 판결(확정).

36) 最判平 16·6·8 判時 1867号 108(출원시에 타인이 승낙하였다고 하여도 등록결정시에 그 승낙을 철회한 경우에는 타인의 인격적 이익을 해치지 않는다고 하는 제도이기 때문에 등록을 받을 수 없는 것이라고 판시).

37) 小野昌延, 注解商標法 上, 靑林書院(2005), 227("본호의 보호법익에 대하여 이전에는 인격권설, 혼동방지설, 절충설 등이 존재하였지만, 현재는 타인의 승낙이 등록요건으로 되어 있는 점, 혼동방지에 대하여는 제4조 제1항 제15호가 별개로 규정되어 있는 점, 등록무효심판청구의 제척기간에 사익적 부등록사유로서 본호가 규정되어 있는 점(상표법 제47조) 등으로부터 인격권설이 판례·통설이라고 할 수 있다. 한편, 最判平 16·6·8 判時 1867号 108은, "(8호의 취지는) 초상, 성명 등에 관한 타인의 인격적 이익을 보호하는 것에 있다고 해석된다"고 하였다.").

38) 東京高判 昭44·5·22 무체집 1卷132(아호, 예명, 필명은 저명할 것을 요구하지만, 성명·명칭은 저명하지 않아도 좋다). 한편, 약칭의 저명성은 어느 지방에서의 것으로는 충분하지 않고 전국적인 것이어야 한다고 한다. 東京高判 昭56·11·5 無体集 13卷2号 793.

39) 타인에 외국인이 포함되지만 외국거주 외국인에 대하여는 견해가 나뉜다고 한다. 小野昌延(주 37), 227.

40) 日本 特許庁, 商標審査基準 第3 第4条第1項及び第3項(不登録事由), 四 第4条第1項第8号(他人の氏名又は名称等).

41) 東京高判 平10·1·14 知財集 30卷1号212頁("법인 아닌 사단이 일정 범위에서 상표법상의 권리의 주체로 될 수 없다고 하더라도 동법이 일반사법상의 인격권적 이익의 보호를 주된 목적으로 하는 본호로부터 법인 아닌 사단을 제외하고 있지 않고, 즉, 본호에서 말하는 '타인'에 법인 아닌 사단은 포함되지 않는다고 해석할 이유는 없고, 그 명칭 또는 그 저

제3항[42])에 의해 등록출원시에 본호에 해당하지 않으면 등록시에 해당하는 것으로 되더라도 본호는 적용되지 않지만 반대로 출원당시 타인이 존재하고 있어도 등록시에 존재하지 않게 되면 등록된다고 한다.[43])

관련 판결로는 상표「SONYAN」이 저명한 약칭인「SONY」를 포함하고 있어 본호에 해당한다고 한 사례[44])와 상표「ヒルトンHILTON」이 저명한 약칭인「ヒルトン」또는「HILTON」을 포함하고 있어 본호에 해당한다고 한 사례[45]) 등이 있다.

2. 미국

미국 연방상표법 제2조 (c)항[46])은 생존해 있는[47]) 자연인의 성명,[48]) 초상 또는 서명을 당사자의 서면 동의 없이 상표에 포함하는 경우 또는 사망한 미국 대통령의 성명, 초상 혹은 서명을 미망인이 생존해 있는 동안 미망인의 서면 동의 없이 상표에 포함하는 경우를 부등록사유로 규정하고 있다.[49])

명한 약칭을 포함한 상표는 본호에 의해 상표등록을 받을 수 없는 것이라고 해석해야 할 것이다. 이와 같이 법인 아닌 사단이 본호의 '타인'에 포함된다고 해석하더라도 사단성이 부족한 단체는 여기에서 말하는 '법인 아닌 사단'에 해당하지 않기 때문에 피고주장과 같이 부동적(浮動的)으로 생성, 소멸하는 무수한 임의단체의 존재에 의해 정당한 상표등록출원이 방해받을 우려가 있다고 할 수 없다").

42) 제1항 제8호, 제10호, 제15호, 제17호 또는 제19호에 해당하는 상표라도 상표등록출원시에 당해 각호에 해당하지 않는 것에 대하여는 이들 규정은 적용하지 않는다.

43) 小野昌延(주 37), 232("보호해야할 인격권이 소멸하기 때문이다").

44) 東京高判 昭53·4·26 判タ 364号 274.

45) 東京高判 平元·11·9 判時 1338号 144.

46) 15 U.S.C. §1052(c).

47) 미망인이 생존해 있는 동안 사망한 미국 대통령의 이름, 초상 혹은 서명을 상표에 포함하는 경우를 제외하고는 사망한 자에 대해서는 본조의 적용이 없다. 15 U.S.C. §1052(c); USPTO, TMEP(April 2016), 1206 ("Section 2(c) does not apply to marks that comprise matter that identifies deceased persons, except for a deceased president of the United States during the life of the president's widow").

48) 성명은 성명 그 자체(full name)일 필요는 없고, 이름(first name), 성(surname), 필명(pseudonym), 예명(stage name), 직함(title), 별명(nickname)의 경우에도 일반적으로 널리 알려져 있거나, 관련분야에서 잘 알려져 있거나, 혹은 상품이나 서비스와 관련하여 공공연하게 관련되어 있는 현존하는 특정인을 표시하는 것으로 인정될 경우에는 위 조항이 적용된다. USPTO, TMEP(April 2016) 1206.01 (A "name" does not have to be the full name of an individual. Section 2(c) also applies to a first name, surname, pseudonym, stage name, title, or nickname, if there is evidence that the name identifies a specific living individual who is generally known or well known in the relevant field, or is publicly connected with the goods or services:).

49) 15 U.S.C. §1052(c) ("No trademark by which the goods of the applicant may be distinguished from the goods of others shall be refused registration on the principal register on account of its nature unless ⋯ (c) it Consists of or comprises a name, portrait, or signature

　　한편, 미국 연방상표법은 위 조항의 적용요건으로 '저명성'을 요구하고 있
지는 않지만, 일반공중이 문제가 된 표장을 현존하는 특정인을 나타내는 것으로
인식하고 이해할 것인지 여부를 기준으로 당사자의 서면동의가 필요한지 여부
를 판단하고 있다. 즉, (1) 그 특정인이 일반적으로 널리 알려져 있거나, 상품이
나 서비스와 관련된 분야에서 잘 알려져 있어서 일반공중이 그 관련성을 합리
적으로 추정할 수 있거나, 혹은 (2) 그 특정인이 그 표장이 사용되는 업무와 공
공연하게 관련되어 있는 이유로 상품이나 서비스와 그 특정인의 관련성이 인정
되는 경우에만 해당 상표등록시 동의가 필요한 것으로 하고 있다.[50]

　　구체적으로 미국에서 미식축구와 야구 두 종목에서 모두 프로선수로 활약
한 Bo Jackson이라는 선수의 별명인 BO는 일반인에게 매우 잘 알려져 있어서
BO라는 이름을 운동용 공과 관련하여 사용할 경우 상표출원인의 영업과 Bo
Jackson 사이의 관련성이 추정될 것이라고 한 사례[51]와 Robert D. Fanta라는 사
람이 청량음료(soft drink)와 농축시럽(syrup concentrate)을 지정상품으로 하는
FANTA 상표의 취소를 구한 사안에서 청구인과 상품과의 관련성이나 해당분야
에서 청구인의 인지도가 전혀 인정되지 않는다고 하여 청구를 기각한 사례[52]
등이 있다.

〈김동준〉

---

identifying a particular living individual except by his written consent, or the name, sig-
nature, or portrait of a deceased President of the United States during the life of his widow,
if any, except by the written consent of the widow").

50) USPTO, TMEP(April 2016) 1206.02 ("Whether consent to registration is required depends
on whether the public would recognize and understand the mark as identifying a particular
living individual. A consent is required only if the individual will be associated with the
goods or services, either because: (1) the person is generally known or so well known in
the field relating to the goods or services that the public would reasonably assume a con-
nection; or (2) the individual is publicly connected with the business in which the mark is
used. See In re Hoefflin, 97 USPQ2d 1174, 1175-76 (TTAB 2010); Krause v. Krause
Publ'ns, Inc., 76USPQ2d 1904, 1909-10 (TTAB 2005)").

51) In re Sauer, 27 USPQ2d 1073 (TTAB 1993), aff'd per curiam, 26 F.3d 140 (Fed. Cir.
1994) (BO, the recognized nickname of professional football and baseball star Bo Jackson,
found to be so well known by the general public that use of the name BO in connection
with sports balls would lead to the assumption that he was in some way associated with the
goods or with applicant's business).

52) Fanta v. Coca-Cola Co., 140 USPQ 674 (TTAB 1964) (dismissing a petition to cancel
registrations of FANTA for soft drinks and syrup concentrate, the Board noting no use by
the petitioner, Robert D. Fanta, of his name in connection with the sale of soft drinks, nor
any indication that petitioner had attained recognition in that field).

> **제34조(상표등록을 받을 수 없는 상표)**
>
> ① 제33조에도 불구하고 다음 각 호의 어느 하나에 해당하는 상표에 대해서는 상표등록을 받을 수 없다.
>
> [제1호~제6호는 앞에서 해설]
>
> 7. 선출원(先出願)에 의한 타인의 등록상표(등록된 지리적 표시 단체표장은 제외한다)와 동일·유사한 상표로서 그 지정상품과 동일·유사한 상품에 사용하는 상표

〈소 목 차〉

Ⅰ. 서설

1. 의의

본호는 선출원에 의한 타인의 등록상표와 동일·유사한 상표로서 그 등록상표의 지정상품과 동일·유사한 상품에 사용하는 상표는 제33조의 규정에 의한 식별력을 갖추고 있다고 하더라도 상표등록을 받을 수 없다고 규정하고 있다. 우리 상표법은 상표권의 취득에 관하여 등록주의를 취하는 한편, 선출원의 등록상표와 동일·유사한 상표를 동일·유사한 상품의 상표로 등록하는 것을 금하고 있다(1상표 1등록주의).

2. 제도적 취지

이 규정의 입법취지에 관하여는 i) 선등록상표권자의 독점배타적인 상표권을 보호하기 위한 사익적 규정이라는 견해, ii) 동일·유사 상품에 대하여 서로

저촉되는 동일·유사 상표가 중복등록될 경우에 일반 수요자로 하여금 그 상품
의 출처에 관하여 오인·혼동을 일으키게 할 염려가 있으므로 이를 방지하기 위
한 공익적 규정이라는 견해, iii) 양자 모두를 포함한다는 절충적인 견해가 있다.

영·미에서는 성실한 경합사용의 경우에는 적당한 조건을 붙여 경합등록
(concurrent registration)을 인정하고 있을 뿐만 아니라 선등록상표권자의 승낙이
있으면 그에 저촉하는 상표라도 혼동의 방지를 위한 조건하에 등록을 허용하고
있으므로 이 규정은 사익보호를 위한 것으로 해석되고 있다.[1]

본호에 해당하는 것을 사유로 하는 상표등록의 무효심판은 상표등록일로부
터 5년이 경과한 후에는 청구할 수 없도록 하는 제척기간을 두고 있다는 점에
서(제122조 제1항) 사익적 규정의 성격이 있지만, 선등록권리자의 동의가 있는
경우에도 출처혼동의 방지를 위해 중복등록을 허용하고 있지 아니한 점에서 공
익적 규정의 성격도 가지고 있다. 헌법재판소는 본호의 입법목적이 선등록상표
권자의 상표권을 보호하는 것인 한편, 동종 상품에 대하여 동일 또는 유사한 상
표가 중복 등록되면 수요자에게 상품의 출처에 관한 오인·혼동을 일으켜 상품
의 유통질서를 저해하므로 이를 방지하기 위한 것에 있다고 한다.[2]

3. 연혁

1949년 제정법(1949. 11. 28. 법률 제71호)에서는 "타인의 등록상표와 동일 또
는 유사한 상표로서 동종의 상품에 사용하는 것"을 부등록사유로 규정하였고,
1973년 개정법(1973. 2. 8. 법률 제2506호)에서 현재의 규정과 거의 동일하게 개정
되었으며, 2004년 개정법(2004. 12. 31. 법률 제7290호)에서는 등록상표가 지리적
표시 등록단체표장인 경우에는 이 호의 적용에서 제외하고 제7호의2를 신설하
여 적용하도록 하였다. 2010년 개정법(2010. 1. 27. 법률 제9987호)에서는 헌법재
판소의 위헌결정[3]에 따라 제7조 제3항 괄호[4]를 삭제하여, 타인의 등록상표가
무효심판에 의하여 무효로 된 경우에, 무효 심결의 소급효에도 불구하고 출원시
그 무효로 된 상표가 존재하고 있었다는 이유로 후출원자의 상표가 등록받을
수 없었던 구법상의 불합리를 개정하였다. 2016년 개정법(2016. 2. 29. 법률 제

---

1) 송영식 외 6인 공저, 송영식 지적소유권법(하), 육법사(2008), 147.
2) 헌법재판소 2009. 4. 30. 선고 2006헌바113, 114(병합) 결정.
3) 헌법재판소 2009. 4. 30. 선고 2006헌바113, 114(병합) 결정.
4) 2010년 개정법 이전에는 인용된 선등록상표가 무효심판에 의하여 등록 무효로 되는 경
   우에도 상표등록출원시에 선등록상표로서 존재하는 것으로 규정하고 있었다.

14033호)은 잦은 개정으로 인해 복잡하였던 조문을 정리하고 문맥을 순화함과 동시에, 과거 본호의 해당 여부를 원칙적으로 상표등록출원시를 기준으로 판단하도록 한 것을 상표등록거절결정(제54조) 또는 상표등록결정(제68조)을 할 때(이하 "등록여부 결정시")를 기준으로 판단하도록 변경하여, 상표등록출원시 존재하였던 하자가 등록여부 결정시까지 치유된다면 등록을 허여하도록 함으로써, 구 법상 선등록상표의 취소, 포기 등으로 인한 소멸에도 불구하고 본호의 거절이유를 극복하기 위해 다시 출원을 할 수밖에 없어 초래되었던 시간과 비용의 불경제를 막고자 하였다.

II. 적용요건

본호가 적용되기 위해서는 '선출원에 의한 타인의 등록상표와 동일·유사한 상표로서 그 등록상표의 지정상품과 동일·유사한 상품에 사용하는 상표'이어야 한다.

여기서는 등록상표와 지정상품의 동일 또는 유사를 제외한 '선출원에 의한 타인의 등록상표'에 관한 요건에 대해서만 살핀다.

'선출원'에 의한 타인의 선등록상표라고 규정하고 있으므로, '후출원에 의한 선등록상표'는 적용대상이 되지 아니한다. 즉 선등록된 상표라고 할지라도 그것이 출원상표와 비교하여 후출원된 것으로서 선출원주의에 위배되어 선등록된 것인 경우에는 본호가 적용되지 아니한다. 따라서 이 경우 선출원상표는 등록이 가능할 것이고 후출원에 의한 선등록상표는 제35조에 따라 무효가 되어야 한다.5)

'타인'이란 법률상 다른 주체를 의미하므로 동일한 기업 내에 속한다고 하더라도 권리주체가 다른 계열회사는 타인에 해당하고, 비교대상상표의 권리자가 2인 이상일 경우에는 그 구성원 전부가 일치하지 아니하는 한 타인에 해당하는 것으로 본다. 동일인 간에는 본호가 적용되지 않고, 양 상표가 유사한 상표이면 등록이 가능하지만, 동일한 상표로서 그 지정상품이 동일한 경우에는 1상표 1출원의 규정을 위반한 것으로 등록될 수 없다.

비교대상상표가 '등록상표'인 경우에만 적용되므로 타인의 '선출원상표'가

---

5) 이 경우 후출원에 의한 선등록상표가 심판 또는 재판에 의하여 무효가 확정되지 않는 한 두 상표는 병존하게 된다.

등록여부 결정시에 출원 중이고 상표등록 전이라면 제35조의 규정이 적용된다. 한편, 제35조 규정에 의하여 거절이유가 통지되었으나, 심사과정 중 선출원된 인용상표가 등록되는 경우, 본호의 거절이유를 통지하고, 최종 거절결정시에 본호에 의한 거절결정을 한다는 것이 상표심사기준의 태도이다.

III. 판단기준

1. 인적 기준

상표가 사용되는 상품의 주된 수요계층과 기타 상표의 거래실정을 고려하여 '평균적인 수요자의 주의력'을 기준으로 판단한다.

2. 시기적 기준

본호의 해당여부는 상표등록거절결정(제54조) 또는 상표등록결정(제68조)을 할 때를 기준으로 판단하므로(제34조 제2항), 상표등록 출원시에 타인의 선등록상표가 존재하였다고 하더라도, 등록여부 결정시에 그 선등록상표가 소멸하였다면, 그 소멸이 소급효를 가졌는지 혹은 장래효를 가졌는지 여부와 무관하게 본호의 규정이 적용되지 않는다.

상표등록출원인이 당해 규정의 타인에 해당하는지 여부에 관해서도 등록여부 결정시(거절결정에 대한 불복심판이 특허심판원에 제기된 경우 그 심결시)를 기준으로 판단하여야 한다. 한편, 거절결정불복심판의 심결에 대하여 특허법원에 심결취소소송이 제기된 경우 본호의 판단기준 시점은 변론종결시가 아니라 거절결정불복심판의 '심결시'이므로, 그 심결시까지 선등록상표를 타인으로부터 양수받는 방법 등으로 인용된 선등록상표로 인한 하자를 해소하지 않는 이상, 본호에 해당한다고 판단할 수밖에 없다.

IV. 상표법상의 취급

본호의 규정에 위반하여 출원한 경우에는 상표등록 거절이유(제54조 제3호), 정보제공 이유(제49조), 이의신청이유(제60조 제1항)에 해당하고, 착오로 등록된 경우에는 상표등록무효 사유에 해당한다(제117조 제1항 제1호). 다만 본호는 제122조 제1항의 제척기간의 적용이 있으므로 등록일로부터 5년이 경과한 후에는 본호에 위배되었음을 이유로 무효심판을 청구하지 못한다.

V. 기타 관련문제

1. 불사용등록상표의 인용

타인의 선등록상표가 불사용되고 있다고 하더라도 등록주의하에서는 그 등록이 취소되거나 무효가 되기 전에는 그 선등록상표를 인용하여 후출원의 등록을 거절할 수 있다. 그런데 본호의 해당 여부는 출원된 상표의 등록여부 결정시를 기준으로 판단하므로, 출원인으로서는 자신의 상표등록출원의 등록여부 결정시까지 본호에 의하여 인용된 타인의 선등록상표에 대하여 불사용 취소심판(제119조 제1항 제3호)을 청구하여 취소시켜 거절이유를 극복할 수 있다. 이 경우 출원인은 심사보류 요청 또는 거절결정불복심판을 청구하는 등의 방법으로 등록 여부 결정시를 최대한 늦출 수 있을 것이다.[6]

2. 본호의 규정과 제34조 제1항 제9호 내지 제13호의 중복적용 여부

본호와 제34조 제1항 제9호 내지 제13호는 중복적용될 수 있으며, 본호는 제122조 제1항에 의한 제척기간의 적용을 받고 동일·유사한 상품에 적용되지만, 제34조 제1항 제11호 내지 제13호는 제척기간의 적용을 받지 않고 제11호, 제13호는 상품의 유사 판단에 있어서도 동일 또는 유사한 상품에 국한되지 아니하며 제12호의 수요자를 기만할 염려가 있는 상표의 경우에도 양 상표가 사용되는 상품이 동일 또는 유사한 경우뿐만 아니라 경제적인 견련관계가 있는 경우에도 적용되므로, 중복하여 적용할 실익이 있다.

3. 2016년 개정법(2016. 2. 29. 법률 제14033호)에서의 구 상표법 제7조 제1항 제8호, 제8호의2, 동조 제4항의 삭제

2016. 2. 29. 법률 제14033호로 개정되기 전의 상표법(이하 '구 상표법')은 "상표권이 소멸한 날부터 1년을 경과하지 아니한 타인의 등록상표와 동일 또는

---

6) 한편, 상표심사기준은 상표권 양도협상 등을 추진한다고 심사보류요청을 하는 경우 심사관은 원칙적으로 심사보류를 하지 아니하는 것이지만, 출원인이 선등록 상표권자와의 상표권 양도 계약서를 제출하는 등 빠른 시일 내에 거절이유가 해소될 가능성이 명백한 경우에는 심사보류를 할 수 있다고 규정하고 있다.

유사한 상표로서 그 지정상품과 동일 또는 유사한 상품에 사용하는 상표"는 등록을 받을 수 없도록 규정하고 있었으며(구 상표법 제7조 제1항 제8호), 이는 등록상표가 소멸해도 1년 정도는 수요자 사이에 아직 기억과 신용이 남아 있어 출처 혼동을 일으킬 우려가 있다는 것과 그 소멸한 등록의 권리자에게 권리회복의 기회를 주려는 데 그 취지가 있는 것이었다. 하지만 등록상표 간 권리 이전이 허용되고, 2인 이상의 타인에게 사용권 설정을 자유롭게 할 수 있어 출처 혼동 방지라는 본 조항의 취지가 퇴색되는 점, 소멸된 상표가 사용된 적이 없다면 권리 회복의 기회를 부여할 필요가 없고, 사용되었다면 선사용권에 의한 보호가 가능하다는 점, 실제 본호에 의한 거절 결정 사례가 극히 적다는 점7)에서 본호를 존치할 이유가 없어 결국 2016. 2. 29. 법률 제14033호 개정 상표법(이하 '2016년 개정 상표법')에서 삭제되었다. 따라서 타인의 등록상표가 소멸하면 언제라도 즉시 출원하여 등록을 받을 수 있게 되었다. 한편, 2016년 개정 상표법은 부칙 제4조에서 "제34조 제1항의 개정규정은 이 법 시행 전에 출원된 상표등록출원으로서 이 법 시행 이후 상표등록결정을 하는 경우에도 적용한다."라고 규정하고 있으므로, 동 개정 상표법의 시행일인 2016. 9. 1. 이전에 출원된 상표등록출원으로서 구 상표법 제7조 제1항 제8호의 거절이유가 있다고 하더라도 2016. 9. 1. 이후에 등록여부 결정을 하게 되는 이상 다른 거절 이유가 없다면 얼마든지 등록을 받을 수 있다.

구 상표법 제7조 제1항 제8호의2는 소멸한 등록된 지리적 표시 단체표장에 대해서도 1년 이내에는 동일·유사한 상표를 그 지정상품과 동일한 상품에 사용할 경우 등록을 불허하는 것으로 규정하였으나, 2016년 개정 상표법에서 위 제8호와 마찬가지의 이유로 삭제하였다. 따라서 등록된 타인의 지리적 표시 단체표장이 무효 등의 이유로 소멸하였다면, 동일한 상품에 관하여 동일·유사한 상표를 즉시 출원하여 등록 받을 수 있다.

한편, 구 상표법은 제7조 제4항을 통해, 수요자에게 출처의 오인·혼동을 일으키지 않는 구체적인 사정이 있는 경우8)에는 굳이 엄격하게 구 상표법 제7

---

7) 특허청 통계에 의하면 구 상표법 제7조 제1항 제8호에 의한 거절결정 건은 총 거절결정 건에 비해 2011년 0.8%, 2012년 0.9%에 불과하다.
8) 아래의 경우를 말한다.
  1. 등록상표가 상표권이 소멸한 날부터 소급하여 1년 이상 사용되지 아니한 경우
  2. 등록상표가 제1항 제6호·제9호·제9호의2·제10호·제11호·제12호 및 제12호의2, 제8조 또는 제73조 제1항 제7호의 규정에 위반한 것을 사유로 무효 또는 취소의 심결이 확정된 후 그 정당한 출원인이 상표등록출원한 경우

조 제1항 제8호를 적용할 필요가 없다는 이유로 적용의 예외에 관한 규정을 두고 있었으나, 구 상표법 제7조 제1항 제8호가 삭제되면서 그 예외규정도 함께 삭제되었다.

4. 2016년 개정으로 인한 시기적 판단기준의 변화

구 상표법은 제7조 제3항에서 "제7호 · 제7호의2 · 제8호 및 제8호의2는 상표등록출원시에 이에 해당하는 것에 대하여 적용한다. 다만, 상표등록출원인이 해당 규정의 타인에 해당하는지 여부에 관하여는 상표등록출원시를 기준으로 하지 아니한다."라고 규정하여, 제34조 제1항 제7호 해당여부는 '출원시'를 기준으로 판단하나 다만 타인성에 대하여는 '등록여부 결정시'를 기준으로 판단하고 있었다. 따라서 과거 출원인으로서는 인용된 선등록상표를 등록무효시키거나 취소시킨다고 하더라도 출원시 당시 존재하였던 선등록상표와의 저촉이라는 거절이유를 극복할 수 없었다. 다만, 2010년 개정법에서 제7조 제3항 괄호를 삭제하여, 등록무효시키는 경우 무효 심결의 소급효에 따라 본호의 극복이 가능한 것으로 되었으나, 취소나 포기의 경우는 여전히 출원시 존재하였던 거절이유를 없는 것으로 만들 수 없었으며, 출원인은 등록여부 결정시까지 선등록상표를 양수받지 못한다면, 어쩔 수 없이 상표를 새로 다시 출원할 수밖에 없었다.

하지만 2016년 개정법에서 제7조 제3항을 삭제하고 제34조 제2항을 신설하여 본호의 해당 여부는 등록여부 결정시를 기준으로 판단하는 것으로 변경하였다. 따라서 심사관에 의하여 본호에 해당한다는 거절이유가 통지되더라도 출원인은 등록여부 결정시까지 인용된 선등록상표에 대한 취소, 무효, 양수 등의 조치를 취함으로써 해당 거절이유의 극복이 가능하다. 한편, 2016년 개정법 부칙 제4조에 의하여, 시행일인 2016. 9. 1. 이전에 출원된 상표등록출원이라고 하더라도 아직 등록여부 결정시가 도래하지 않았다면 같은 방법으로 거절이유의 극복이 가능하다.

---

3. 등록상표에 대한 상표권의 존속기간갱신등록신청이 되지 아니한 채 제43조 제2항 단서에 따른 6개월의 기간이 지난 후에 상표등록출원한 경우
4. 제8조 제5항 및 동조 제6항의 규정에 따라 취소심판청구인이 상표등록출원한 경우
5. 제8조 제5항 각 호의 어느 하나에 해당하는 경우로서 동항의 규정에 따라 취소심판청구인이 상표등록을 받을 수 있는 기간이 지난 후에 상표등록출원이 있는 경우

5. 제35조 제1항과의 관계

구 상표법 제7조 제1항 제7호(현행 상표법 제34조 제1항 제7호)와 제8조 제1
항(현행 상표법 제35조 제1항)은 상표의 동일 또는 유사, 지정상품의 동일 또는
유사를 판단하는 점에서 주된 쟁점이 일치하나, 구법상 그 판단시점이 제7조 제
1항 제7호는 출원시인 반면, 제8조 제1항은 등록여부 결정시인 점에서 차이가
있었다. 그리고 법원은 출원상표의 출원시에는 타인의 선행하는 상표가 아직 출
원 중이라면, 거절결정시 그 타인의 상표가 등록된 상태라고 하더라도 제7조 제
1항 제7호가 아닌 제8조 제1항을 적용했다.9) 그러나 2016년 개정 상표법에서
양 규정의 판단시점을 등록여부 결정시로 일치시킴에 따라, 출원상표의 등록여
부 결정시를 기준으로 인용된 선행 상표가 등록된 상태라면 제34조 제1항 제7
호를, 아직 등록 전이라면 제35조 제1항을 적용하면 된다.

〈김종석〉

---

9) 대법원 2000. 5. 16. 선고 98후2023 판결; 대법원 2004. 11. 12. 선고 2004후2666 판결.

> 제34조(상표등록을 받을 수 없는 상표)
> ① 제33조에도 불구하고 다음 각 호의 어느 하나에 해당하는 상표에 대해서는 상표등록을 받을 수 없다.
> [제1호~제7호는 앞에서 해설]
> 8. 선출원에 의한 타인의 등록된 지리적 표시 단체표장과 동일·유사한 상표로서 그 지정상품과 동일하다고 인식되어 있는 상품에 사용하는 상표

<소 목 차>

Ⅰ. 의의 및 연혁

지리적 표시 단체표장[1]이 선출원되어 등록된 경우에는 그 등록된 단체표장과 동일하거나 유사한 상표를 그 지정상품과 동일한 상품에 사용하는 상표는 등록받을 수 없다.

제8호는 2004. 12. 31. 법률 제7290호 개정법에서 지리적 표시 단체표장 제도가 새로이 도입됨에 따라 신설된 규정이다. 2011. 6. 30. 법률 제10811호 개정법에서는 우리나라가 EU와 FTA를 체결함에 따라 그 합의사항을 반영하기 위해 상품의 범위를 기존의 '동일한 상품'에서 '동일하게 인식되어 있는 상품'으로 확대하였다.

Ⅱ. 제도적 취지

본호의 동일·유사 여부의 판단에 있어서는 상표와는 달리 동일·유사한 표장을 동일하다고 인식되어 있는 상품에 사용하는 경우에만 제3자의 후출원을

---

1) '지리적 표시 단체표장'이라 함은 지리적 표시를 사용할 수 있는 상품을 생산·제조 또는 가공하는 자가 공동으로 설립한 법인이 직접 사용하거나 그 소속 단체원에게 사용하게 하기 위한 표장을 말한다(상표법 제2조 제1항 제8호).

등록받을 수 없도록 규정하고 있으므로 서로 다른 상품뿐만 아니라 서로 유사한 상품에 사용하는 경우에도 등록이 가능하다.

이는 지리적 표시 단체표장의 경우에는 지리적 표시의 특성상 '특정 상품의 지리적 표시'로 수요자들에게 인식되어 있으므로, 서로 다른 상품에까지 지리적 표시 단체표장권의 독점배타적인 단체표장권을 인정할 필요가 없고, 유사한 상품에 중복하여 등록될 경우에도 일반 수요자로 하여금 그 상품의 출처에 관하여 오인·혼동을 일으키게 할 염려가 없기 때문이다.[2]

III. 적용요건

1. 선출원에 의한 타인의 등록된 지리적 표시 단체표장

본호는 '선출원에 의한 타인의 등록된 지리적 표시 단체표장'이라고 규정하고 있으므로, 지리적 표시 단체표장이 다른 출원상표보다 후출원인 경우 또는 지리적 표시 단체표장이 다른 출원상표보다 선출원이나 등록되지 않은 경우에는 적용되지 아니한다.

또한 본호는 등록된 지리적 표시 단체표장에 한하여 적용되는 규정이므로 통상의 등록상표의 경우에는 후출원의 종류가 무엇인지 여부를 불문하고 제34조 제1항 제7호가 적용된다.

2. 표장의 동일·유사

지리적 표시는 특정 상품의 지리적 출처를 표시하는 것이므로 대부분 당해 상품에 대한 산지 또는 현저한 지리적 명칭에 해당하므로, 지리적 표시 등록단체표장은 대부분 식별력이 없는 표장에 해당되어 표장의 동일·유사 여부 판단시 요부가 될 수 없다. 그러나 지리적 표시가 지리적 표시 단체표장으로 출원·등록된 경우에는 '특정 지역의 지리적 출처'를 나타내는 것으로서 식별력을 가지고 있다고 해석되므로 표장의 동일·유사 여부 판단시 요부가 될 수 있다.[3]

3. 동일하다고 인식되어 있는 상품

지리적 표시는 그 특성상 '특정 상품의 지리적 표시'로 수요자들에게 인식

---

2) 특허청, 조문별 상표법해설(2007), 75.
3) 박종태 저, 理智 상표법(제3판), 한빛지적소유권센터, 282.

되어 있으므로, 지리적 표시 단체표장과 동일·유사한 표장일지라도 지정상품이 동일하지 아니한 경우에는 출처의 오인·혼동의 우려가 없기 때문에 상품이 동일하다고 인식되어 있는 경우에만 적용된다.[4]

한편, 상품과 서비스업 간에 동종성이 인정되어 수요자로 하여금 출처의 오인·혼동을 초래할 우려가 있는 경우에는 상표와 서비스표 간에도 제34조 제1항 제7호가 적용되는바, 지리적 표시 등록단체표장과 동종성이 인정되는 서비스표가 출원된 경우에도 본호가 적용된다.[5]

Ⅳ. 상표법상의 취급

본호의 규정에 위반한 경우에는 상표등록거절이유(제54조 제3항), 정보제공이유(제49조), 이의신청이유(제60조 제1항)에 해당하고, 본호에 해당함에도 등록된 경우에는 5년의 제척기간이 적용되는(5년이 경과하면 본호 위배를 이유로 그 등록무효심판을 청구할 수 없음) 무효사유에 해당한다(제117조 제1항 및 제122조 제1항).

〈김종석〉

---

4) 상표심사기준은 '사과(신선한 것)'과 '냉동된 사과', '감귤'과 '귤'을 동일하다고 인식되어 있는 상품인 것으로 예시하고 있다.

5) 상표심사기준은 특정 상품을 지정하고 있는 선등록된 지리적 표시 단체표장이 있는 경우, 그 상품과 동일하다고 인식되어 있는 상품에 관한 도·소매업을 지정하고 있는 상표등록출원은 본호에 해당하는 것으로 본다.

제34조(상표등록을 받을 수 없는 상표)

① 제33조에도 불구하고 다음 각 호의 어느 하나에 해당하는 상표에 대해서는 상표등록을 받을 수 없다.

[제1호~제8호는 앞에서 해설]

9. 타인의 상품을 표시하는 것이라고 수요자들에게 널리 인식되어 있는 상표(지리적 표시는 제외한다)와 동일·유사한 상표로서 그 타인의 상품과 동일·유사한 상품에 사용하는 상표

<소 목 차>

I. 본호의 취지

1. 의의

상표법 제34조 제1항 제9호는 타인의 상품을 표시하는 것이라고 수요자들에게 널리 인식되어 있는 상표(지리적 표시는 제외한다), 즉 강학상 주지상표(notorisches Zeichen)를 그 등록 여부와 관계없이 선등록상표와 동일하게 취급하여 주지상표와 동일·유사한 상표를 동일·유사한 상품에 사용하는 상표의 등록을 금지하고 있다. 등록상표의 경우에도 제9호가 적용될 수 있지만 그 경우에는 상표법 제34조 제1항 제7호에 의하여 처리될 것이므로 제9호는 미등록 주지상표를 보호하기 위한 규정이라 할 수 있다.[1]

2. 연혁

1949년 제정법(1949. 11. 28. 법률 제71호)과 그 이후의 개정법에서는 명시적인 규정을 두지 않다가, 1973. 2. 8. 법 제2506호로 개정된 상표법 제9조 제1항

---

1) 송영식 외 6인 공저, 지적소유권법(하), 육법사(2013), 153(김병일 집필부분).

제9호에서 '타인의 상품을 표시하는 것이라고 수요자 간에 현저하게 인식되어 있는 상표와 동일 또는 유사한 상표로서 그의 상품과 동일 또는 유사한 상품에 사용하는 상표'라는 내용으로 신설되었다.[2] 본호의 신설 이전에는 주지상표에 저촉하는 상표출원에 대하여는 오인혼동에 관한 규정(1973년 개정 전 상표법 제5조 제1항 제8호)으로 처리하여 왔다. 2016년 개정 전 상표법에서는 제7조 제9호, 제10호 모두 '수요자 간에 현저하게 인식되어 있는 상표'라고만 규정되어 있었을 뿐 문언상 별다른 차이가 없음에도, 대법원 판례는 일관되게 제7조 제1항 제10호의 선행표지는 저명상표인 것으로, 제7조 제1항 제9호의 선행표지는 주지상표인 것으로 파악하고 있었다. 현행 상표법 제34조 제1항에서는 주지상표에 관한 제9호의 선행표지를 "수요자들에게 널리 인식된 상표"로 규정함으로써 이러한 해석상의 차이를 법문상으로도 분명히 하였다.

3. 본호의 신설 이유

가. 등록주의와 현실의 사용의 조정

상표법은 선출원주의와 등록주의를 채용하고 있다. 그러나 등록주의를 철저히 할 때에는, 가령 선출원에 관계되는 자와 현실의 사용자 간에 출처 혼동의 염려가 있음에도 불구하고 선출원상표가 등록되어, 신용을 획득한 현실의 사용자가 선출원에 기하여 등록한 자의 권리행사에 따라 사용을 폐지하여야 하는 등의 사태가 발생할 수 있다. 이는 상표보호를 통하여 상표사용자의 신용의 보호 또는 수요자의 보호를 꾀하고 있는 법 목적에 반한다. 그러므로 등록주의를 원칙으로 하면서도 그 폐해를 방지하기 위하여 예외적으로 본호나 선사용권에 따른 상표를 계속 사용할 권리를 인정한 제99조가 마련되어 있다.[3]

나. 입법취지를 둘러싼 각 견해

본호의 입법취지에 관해서는, (1) 주지상표는 비록 등록되어 있지 아니하더라도 일반 소비자에게 특정의 상품에 관한 상표로서 강력한 이미지를 획득하고 있으므로 그와 저촉하는 상표가 등록되게 되면 상품의 출처에 관한 혼동이 생기고 거래질서를 혼란케 하므로 이를 방지하기 위하여 등록을 허용하지 아니한다는 견해(출처혼동방지설), (2) 상표의 사용자가 상품에 관한 출처 및 품질을 나타

---

2) 특허청, 조문별 상표법해설(2007), 84.
3) 小野昌延 編, 注解商標法(新版) 上卷, 靑林書院(2005), 241-242(工藤莞司, 桶口豊治 집필부분)

내기 위한 상표를 거래계에 주지케 한 경우 거기에 축적된 사실상의 이익을 법적으로 보호할 필요가 있으므로 본호는 사용에 의한 사실상태를 보호하기 위한 규정이라는 견해(사용사실보호설) 및 (3) 양자를 절충한 견해로 나누어져 있다.4)

　　앞서 본 바와 같이 1973년 개정 전 상표법상으로는 본호에 해당하는 규정이 없어 주지상표에 저촉하는 상표출원에 대하여는 오인혼동에 관한 규정(구법 제5조 제1항 제8호)으로 처리하여 왔고, 이러한 영향을 받아 학설·판례도 출처혼동방지설을 취하여 왔다. 이러한 입법적 연혁 외에 규정의 구성상으로 보더라도 주지상표에 관한 본호는 선출원 등록상표에 관한 제7호와 동일한 목적을 가진 것으로 해석해야 하는데, 제7호의 입법취지가 상품출처의 혼동방지에 있다고 본다면, 본호의 경우도 제7호와 마찬가지로 해석할 수 있다는 점 등도 출처혼동방지설을 채택하는 근거로 될 수 있다.5)

　　한편 파리조약도 주지상표에 관해서는 직권 또는 이해관계인의 신청에 의하여 주지상표와 저촉하는 상표등록은 거절하고, 등록을 무효로 할 뿐만 아니라 그 사용을 금지할 것을 규정하고 있는데(제6조의2), 이 규정은 명백히 부정경쟁의 방지를 직접적인 목적으로 삼는 것이 아니라 주지상표 자체를 사권으로서 보호하려는 취지 아래 설정된 것으로 해석해야 하므로, 파리조약과의 관계에서 보더라도 사용사실보호설을 취하지 않을 수 없다는 견해가 있다. 또한 상표법이 본호의 무효심판청구에 5년의 제척기간을 규정하고 있는 점(제122조 제1항), 본호가 상품출처의 혼동을 방지하기 위한 규정이라고 한다면, 2014년 개정 전 상표법 제7조 제1항 제10호 외에 특히 본호를 설정한 이유를 설명할 수 없는 점 등도 사용사실보호설을 뒷받침하는 것이다.6)

　　절충설은 주지상표 사용자의 동의가 있는 경우에도 이에 저촉되는 상표의 등록을 허용하고 있지 아니하는 점을 그 근거로 하고 있다.7) 대법원 판례8)도 '(구)상표법 제9조 제1항 제9호, 제46조 제1호에서 주지상표와 동일 또는 유사한 상품에 사용하는 상표는 등록을 받을 수 없고 이에 위반하여 등록된 상표는 심판에

---

4) 송영식 외 6인(주1), 153-154.
5) 網野誠 著 , 강동수·강일우 공역, 상표(신판), 대광서림(1990), 318.
6) 網野誠(주5), 318-319.
7) 독일에 있어서 주지상표의 존재는 상대적 부등록사유로 규정(독일 상표법 제9조 제1항)하고 있으나 당사자 사이에 합의가 있으면 주지상표에 저촉하는 상표라도 유효하게 등록될 수 있도록 허용하고 있으므로(독일 상표법 제10조 제2항), 오로지 주지상표 사용자의 이익보호를 위한 규정으로 해석되고 있다[송영식 외 6인(주1), 154].
8) 대법원 1985. 2. 26. 선고 84후15 판결.

의하여 그 등록을 무효로 한다고 규정하고 있는 취지는 어떤 상품에 사용되는 표장이 그 사용자의 표장으로서 수요자에게 널리 주지됨에 이른 때에는 타인이 이와 동일 또는 유사한 표장을 상표로서 동일상품 또는 유사한 상품에 사용할 때에는 수요자로 하여금 상품의 출소에 오인 혼동을 일으키게 할 염려가 있어 이를 예방하고 나아가 그 주지상표 사용자의 이익을 보호하는 데 있다 할 것'이라고 판시함으로써 기본적으로 이와 같은 입장을 취하고 있는 것으로 보인다.

우리나라의 학설상으로는 본호의 규정은 형식적·획일적인 등록주의에 사용주의를 가미한 규정으로 기본적으로는 미등록 주지상표사용자의 이익보호를 위한 것으로 해석함이 타당하다는 견해가 있다.9) 우리나라와 사정이 같은 일본에서도 본호는 순수한 사용사실보호설도 아니고 순수한 출처혼동방지설도 아닌 절충적 입장에서 규정하고 있다고 일응 말할 수 있지만, 결과적으로 주지상표를 사용한 사실이 보호됨으로써 상품의 출처에 대한 혼동도 방지되는 것일 뿐 기본적으로는 사익을 보호하기 위한 규정으로 해석함이 타당하고, 이는 현행 상표법에서 상표의 사용허락 및 영업과 분리된 상표의 이전이 인정되는 등 출처의 혼동을 방지하는 규정 자체가 공익적인 성격이 희박해져 있는 점을 고려할 때 더욱 그러하다는 견해가 있다.10)

다만 본호의 취지에 대하여 전술한 어느 설을 채택할 것인가의 실익은 분명하지 않다. 즉 주지상표 사용자가 복수 존재하는 경우에, 출처혼동방지설하에서는 어느 것도 등록될 수 없는 것으로 되지만, 사용사실보호설하에서는 가장 앞선 주지상표사용자의 상표만을 등록하여야 한다는 견해와, 어느 것도 등록될 수 없다는 견해로 나뉘어진다.11) 이 점에 관하여 출원상표 자체가 수요자에게 현저하게 인식된 상표라고 하더라도 출원상표와 유사하고 또한 수요자들에게 현저하게 인식된 비교대상상표가 있는 경우에는 출원상표 자체의 주지성으로 인하여 본호의 적용이 면제되거나 배제되는 것은 아니므로 역시 제9호에 의하여 등록이 거절되어야 한다는 것이 실무이다.12) 결국 이와 같은 경우에는 비교대상상표가 등록상표로서 그 출원 당시에는 출원상표가 수요자에게 현저하게

---

9) 송영식 외 6인(주 1), 154.

10) 網野 誠(주 5), 319-320.

11) 小野昌延 編(주 3), 243.

12) 상표심사기준(2016 .8. 29. 개정 특허청예규 제90호) 제5부 제9장 2.3에서는 2개의 주지 상표가 병존하는 경우에는 선의로 주지상표가 된 것이든, 악의로 주지상표가 된 것이든 불문하고 어느 것도 등록을 인정하지 아니한다.

인식되지 않은 경우를 제외하고 비교대상상표나 출원상표 모두 그 등록이 거절되어야 하는 것이다(대법원 1985. 2. 26. 선고 84후15 판결).

또한 사용사실보호설에 의할 때에는, 외국 주지상표는 우리나라에서 당해 상품에 관하여 실제로 사용되어 주지로 된 것에 한하고, 우리나라에서 선전·광고가 이루어지고 있는 것만으로는 본호에 해당하지 않는 것으로 될 것이지만, 출처혼동방지설에 의할 때에는 본호에 해당하는 경우도 있을 것으로 생각된다.13) 그러나 기본적으로 사용사실보호설의 입장에 서 있는 견해에서도, 아래에서 보는 바와 같이 국내에 있어서의 사용이 법률상 요건이 아니고 국제통상을 보호하여야 한다는 점에서 국내에서 수요자 사이에 널리 인식되어 있으면 충분하고 실제로 사용될 필요는 없다고 봄이 타당하다고 한다.14)

II. 적용요건

출원상표가 본호에 해당한다고 하기 위해서는 출원상표가 타인의 주지상표와 동일·유사하여야 하고, 그 지정상품 또한 주지상표가 사용된 상품과 동일·유사한 것이어야 함은 법문의 규정상 명백하다. 이하에서는 '타인의 상품을 표시하는 상표' 및 '수요자들에게 널리 인식되어 있는 상표'(주지상표)의 의의에 관하여 살펴보기로 한다.

1. '타인의 상품을 표시하는 상표'의 의의

'타인'이라 함은 당해 상표 등록 출원의 출원인 이외의 자이고, 당해 출원상표와 동일 또는 유사한 주지상표의 지배자이며, 내·외국인을 불문한다. 대법원 판례에서는 주지상표가 되기 위해서는 반드시 수요자 또는 거래자가 그 상표사용인이 누구인가를 구체적으로 인식할 필요는 없다 하더라도 적어도 그 상표가 특정인의 상품에 사용되는 것임이 수요자 또는 거래자 간에 널리 인식되어 있음을 필요로 하고 있다(대법원 1991. 11. 22. 선고 91후301 판결). 즉 '익명의 존재로서 추상적인 출처표시'로서 수요자들에게 널리 인식될 것을 요구하는 것이다.15) 본호의 '타인'이라는 요건으로서는, 주지상표의 사용자가 누구인 것까지 판명되지는 않더라도, 주지상표를 사용하여 제조 판매하는 상품의 출처가 특

---

13) 小野昌延 編(주 3), 243.
14) 송영식 외 6인(주 1), 159.
15) 문삼섭, 상표법(제2판), 세창출판사(2004), 425.

정인이라는 점이 인식되면 족하다.16)

상표의 주지성은 계속적 사용에 의해 획득될 수 있지만, 그 사이의 사용자는 반드시 동일인에 한하지 않고, 당해 상품에 관한 업무의 승계가 있었던 경우에는 승계한 자가 본호의 타인에 해당한다. 즉 당해 업무의 승계자도 주지상표주로 될 수 있다.17)

2. '수요자들에게 널리 인식되어 있는 상표'(주지상표)의 의의

가. 수요자

수요자라 함은 우리나라의 수요자를 지칭하고,18) 거기에는 거래자도 포함되며, 당해 상품의 소비자나 거래자 등 거래 관계자를 의미할 뿐, 반드시 일반적인 소비자에게까지도 주지일 것을 필요로 하지는 않는다. 다만 예컨대 비교대상상표가 사용된 의약품이 약국 등에서 일반소비자가 구입할 수 있는 등 쉽게 상표와 접할 수 있는 형태로 생산, 판매되고 있다면 일반소비자도 직접적인 수요자로 될 수 있으므로 위 수요자를 일률적으로 당해 업계의 거래자로 한정하여 비교대상상표가 의사나 약사 등 의약업계의 실거래자에게만 널리 알려져 있으면 주지상표로 인정할 수 있다고 할 것은 아니다(대법원 1994. 1. 25. 선고 93후268 판결).

상표심사기준(2016. 8. 29. 개정 특허청예규 제90호) 제5부 제9장 1.2.1.에서는 "수요자"라 함은 최종소비자는 물론 중간 수요자 즉, 제품의 생산을 위한 원료, 기계, 부품 등 중간재의 소비자나, 판매를 위하여 그 상품을 구입하는 도매상 또는 소매상을 포함한다고 보고 있다

나. 주지성

(1) 지역적 범위

본호의 주지성의 지역적 범위에 대하여는 오늘날 교통 통신의 비상한 발달로 전국이 일일생활권화하고 기업확장의 경향에 비추어 원칙적으로 전국적 범위에 걸쳐 널리 알려짐을 요한다고 봄이 타당할 것이라는 견해19)도 있지만, 전국적으로 인식되어 있는 경우는 물론 일정한 지역에서만 주지이어도 족하다는

---

16) 小野昌延 編(주 3), 243.

17) 小野昌延 編(주 3), 244.

18) 따라서 비교대상상표가 다른 나라에 등록이 되어 있고, 거기에서 그 상표 및 상품이 널리 선전되어 있다거나 상품 판매실적이 상당하다고 하여 반드시 우리나라의 일반 수요자들 사이에서도 현저하게 인식되었다고 단정할 수는 없는 것이므로 외국에 널리 알려진 사정만으로는 본호의 주지상표라고 할 수 없다(대법원 1992. 11. 10. 선고 92후414 판결).

19) 송영식 외 6인(주 1), 158.

견해가 통설적이다.

　일정한 지역에서의 주지로 족하다고 보더라도 어느 범위의 지역에서의 주
지를 필요로 하는가에 대해서는, 전국적으로 효력이 미치는 등록상표권의 성립
을 방해하게 되는 상표인 점, 높은 주지성을 요건으로 하지 않는다면 등록상표
권을 취득하는 것에 대한 출원인의 이익을 해치는 결과가 되는 점 등을 이유로
선사용권의 성립요건으로서의 주지성이나 부정경쟁방지법상 상품 등 표시의 주
지성보다 높은 정도일 것을 요한다는 견해[20], 즉 상당히 넓은 지역적 범위가 요
구되고 좁게 한정되어서는 아니 된다는 견해가 있다. 일본 판례 중에는, "전국
적으로 유통하는 일상사용의 일반적 상품에 대하여, 일본 상표법 제4조 제1항
제10호가 규정하는 '수요자 사이에 널리 인식되어 있는 상표'라고 하기 위하여
는 그것이 미등록상표이면서도 그 사용사실에 비추어 후에 출원된 상표를 배제
하고 또한 수요자에게 오인, 혼동의 염려가 없는 것으로서 보호를 받는 것인 점
및 현재 상품유통의 실태 및 광고, 선전매체의 현황 등을 고려할 때, 상표등록
출원시에 전국에 걸쳐 주요상권의 동종상품취급업자 사이에 상당 정도 인식되
어 있던가 또는 적어도 하나의 현 단위에 그치지 않고 그 인접 수개 현의 상당
범위의 지역에 걸쳐 적어도 그 동종상품취급업자의 절반에 달하는 정도의 층에
인식되어 있는 점을 요한다고 해석하여야 한다"고 판시한 예가 있다.[21]

　이에 반해 부정경쟁방지 및 영업비밀보호에 관한 법률(이하 '부정경쟁방지법'
이라 한다) 제2조 제1항 제1호에서 말하는 주지성의 지역적 범위는 일정한 지역
이면 족하다는 것이 판례·통설이다. 이는 부정경쟁방지법의 경우는 구체적으로
주지하게 된 지역이 협소하더라도 그 지역 내에서 출처 오인혼동을 야기하는
유사상표의 사용이 있으면 이를 금지하여 주지성을 획득한 상표의 사용자를 보
호할 필요가 있기 때문이다.

　따라서 본호에서의 주지성 판단의 지역적 범위에 관하여 앞서 본 일본 판
결과 같은 기준에 의할 경우 부정경쟁방지법에서 말하는 주지성을 획득한 지역
내에서의 주지상표권자는 그 등록상표의 등록이 상표법 제34조 제1항 제13호에
해당하거나, 혹은 아래에서 보는 바와 같이 권리남용에 해당하는 등의 특별한
사정이 있어 그 상표등록을 무효화시킬 수 있지 않은 한, 주지성을 획득한 지역

---

20) 渋谷達紀, 知的財産法講義 Ⅲ(제2판), 有斐閣(2008), 369.
21) 東京高載 1983. 6. 16. 判決[昭和57年(行ヶ)제11號]; 본 판결은 최고재에서도 지지되었다
　　(최판 1985. 9. 17. 판공2765의46).

에서도 부정경쟁방지법 제15조에 따라 등록상표의 사용 금지를 구할 수는 없지만, 반대로 등록상표권자로부터 상표권의 대항을 받은 경우에는, 상표법 제99조의 '선사용에 따른 상표를 계속 사용할 권리'에서 요구되는 인식의 정도 역시 부정경쟁방지법과 마찬가지로 본호에 비해 상대적으로 협소한 지역에서 수요자 간에 인식된 경우라도 선사용권이 인정된다고 보아야 하므로,[22] 선사용권에 기한 항변으로 대항할 수 있을 것이다.

(2) 주지성의 정도

(가) 문제의 제기

주지상표에 관하여 본호는 '수요자들에게 널리 인식되어 있는 상표'라고만 규정할 뿐이므로 그 주지성이 어느 정도인가가 문제된다. 한편 부정경쟁방지법은 "국내에 널리 인식된 표지"라는 표현을 사용하고 있어서, 본호에 있어서 요구되는 주지성의 정도가 부정경쟁방지법과 동일한 것인지 아니면 상이한 것인지에 관해서도 많은 논의가 있다.

상표는 실제로 사용되면서부터 다음과 같은 발전단계를 거친다고 할 수 있다. (가) 어느 영업자가 상표를 최초로 선정, 사용하는 경우에는 무명의 존재로부터 시작되는 것이 보통이지만, (나) 당해 상표품이 어느 정도 유통되고 상표주가 상당한 정도 광고선전비를 투자한 경우에는 이른바 가치 있는 점유상태를 형성하게 된다. 다음으로 (다) 당해 상표품의 관계거래권 안에 있는 구성원의 상당부분에게 당해 상표가 특정 출처의 상품표지인 것으로 인식되게 되고, 한걸음 더 나아가 (라) 당해 상표품에 관한 수요자 및 거래자 등 거래관계자 중의 압도적 다수부분에게 당해 상표의 존재가 인식되는 정도에까지 이르게 된다. (마) 경우에 따라서는 당해 상표에 대한 관계거래자 이외에 일반 공중의 대부분에까지 널리 알려지게 됨으로써 저명성을 획득하게 된다.[23]

그 중 상표가 선정된 초기의 무명상태에 있거나 가치 있는 점유상태를 형성한 정도에 불과한 경우에는 주지상표로 보호받을 수 없음은 명백하고, 또한 상표품의 우수성이 널리 알려져서 일반 공중에 널리 상표가 알려진 저명상태에 있는 경우에 주지상표로 보호받을 수 있음도 명백하다. 문제는 상당수의 수요자에게만 알려진 상태이면 주지상표로서 보호받는 데 충분한 것인지 아니면 압도적 다수의 수요자에게 널리 알려진 상태에 있어야만 하는가이고 이에 관해서는

---

22) 송영식 외 6인(주 1), 276.

23) 송영식 외 6인(주 1), 155.

많은 논의가 있다.

(나) 외국의 경우

독일에서는 거래에 통용되어 관계거래자 중 상당부분에게 인식되어 있는 정도의 상표((다)의 단계에 있는 상표)에 대하여는 등록상표권과 동등한 독점배타적인 권리를 부여하나 그에 저촉하는 상표가 출현되더라도 그것은 부등록의 사유는 아니다. 다만 이러한 등록상표권이 출현한 경우의 권리관계는 권리성립의 시간적 전후에 따라 결정하므로(우선의 원칙) 사용상표권이 우선하는 경우에 사용권자는 거래통용지역 내에 있어서의 등록상표의 사용행위를 금지할 것을 청구할 수 있다(독일 상표 4II, 6③). 그리고 이 정도의 주지성을 획득하지 못한 상표((가), (나)의 단계에 있는 상표)는 등록주의, 선원주의의 이념인 권리의 안정적, 획일적 처리를 위하여 형식적인 등록상표권자에게 그 지위를 양보하지 않으면 아니된다. 한편 거래통용의 정도를 넘어서 주지·저명상표((라), (마)의 단계에 있는 상표)에 대하여 과거에는 학설·판례에 의해 부정경쟁방지법 및 민법 일반규정에 의한 보호를 인정하였으나, 1994년 개정법은 주지·저명상표에 대한 특별보호(희석화)를 명문으로 인정하고 있다.[24]

일본의 경우는 상당한 정도 사용되어 기득권자로 보호할 만한 값어치가 있는 미등록상표소유자에 대하여는 소극적인 사용계속권인 선사용권을 인정하고[25], 지방적 또는 전국적으로 주지성을 획득한 사용자에게는 우리나라와 마찬가지로 부정경쟁방지법에 의한 금지청구권 및 상표법에 의한 등록출원권의 독점을 인정하고 있다[26]. 또 저명상표에 관하여는 유사개념에 국한되지 아니하고 널리 혼동의 염려 있는 상표의 등록도 금지되며[27] 방호등록도 허용된다[28]. 뿐만 아니라 저명상표의 경우 상품·서비스의 동종성 여하를 묻지 않고 또 혼동이 없는 경우에도 유사상표의 사용을 부정경쟁행위로 규정한다[29][30].

(다) 우리나라의 학설

우리나라의 경우, 먼저 부정경쟁방지법에 의해서 보호될 수 있는 주지성의 요건을 갖춘 주지상표는 상표법상 부등록사유로 규정된 주지상표라고 해석되고,

---

24) 송영식 외 6인(주 1), 155-156.
25) 일본 상표법 제32조.
26) 일본 상표법 제4조 제1항 제10호, 일본 부정경쟁방지법 제2조 제1항 제1호.
27) 일본 상표법 제4조 제1항 제15호.
28) 일본 상표법 제64조.
29) 일본 부정경쟁방지법 제2조 제1항 제2호.
30) 송영식 외 6인(주 1), 157.

양법상 주지성의 요건을 달리 정해야 할 아무런 이유가 없다는 견해가 있다. 즉 부정경쟁방지법이 주지상표를 보호하는 것은 상당수의 수요자들에게 알려진 주지상표를 허락 없이 타인이 사용하는 경우에 출처혼동의 가능성이 있고 주지상표 보유자에게 영업상 이익이 침해될 가능성이 있기 때문인데, 출처혼동의 방지와 주지상표보유자의 이익보호는 바로 상표법이 타인의 주지상표와 동일·유사한 상표의 등록을 금지한 본호의 규정을 둔 취지이기 때문에, 본호에서 요구하는 주지성의 정도는 부정경쟁방지법에서 요구하는 주지성의 정도와 마찬가지로 상당수의 수요자들에 알려진 정도이면 족하다는 것이다. 위 견해에서는 상표법상 주지성의 요건을 엄격하게 해석하여 상표법상 주지상표는 압도적 다수의 수요자에게 알려진 상표에 한정된다고 해석하게 되면, 그러한 정도의 주지성 요건을 충족하지 못하지만 상당수의 수요자에게 알려진 상표의 경우에는 부정경쟁방지법상 보호될 수 있음에도 불구하고, 상표법상 제3자에 의해서 주지상표와 동일·유사한 상표의 등록출원이 이루어진 경우에 그러한 제3자의 상표등록출원을 저지하거나 무효라고 주장할 수 없게 되는 불합리한 결과가 초래된다는 점을 지적하고 있다.31)

다음으로 본호에 있어서 주지성의 정도는 당해 상표품에 관한 소비자 및 거래자 등 관계 거래자의 대부분이 당해 상표를 인식하고 있는 정도((라)의 단계에 있는 상표)에 이르른 것이어야 하지만, 부정경쟁방지법에서의 주지성은 상당수의 수요자에게 알려진 상태만으로 족하다는 취지의 견해가 있다.32) 즉 첫째, 상표법은 등록주의, 선원주의를 취하여 권리관계를 명확히 함으로써 등록상표권의 안정을 꾀하고 있기 때문에 그 예외를 인정하기 위하여는 주지상표의 존재가 적어도 거래사회에 공시되는 정도에 이르러야 하고, 둘째, 상표사용자로서는 언제든지 등록을 받아 등록권자로서 얼마든지 보호받을 수 있는 처지인데 이러한 등록절차를 게을리 한 자를 구태여 두텁게 보호할 필요가 없고, 셋째, 특허청의 심사상의 편의 및 절차상의 신속성을 확보하기 위하여는 주지성의 정도를 높게 설정하는 것이 바람직하고, 넷째, 등록상표권이 나중에 나타난 주지상표에 의하여 사후적으로 소멸되는 것을 널리 허용하게 되면 권리의 안정성이 깨어질 뿐만 아니라 심판절차의 남용을 초래할 염려가 있고, 다섯째, 원래 거래에 통용되어 가치 있는 사실상태를 형성한 미등록의 실질적인 표지권자와 형식

---

31) 정상조, 부정경쟁방지법원론, 세창출판사(2007), 32-33.
32) 송영식 외 6인(주 1), 157-158.

적인 등록권자의 사익조정은 부정경쟁방지법 또는 부정경업소송을 통하여 개별적·구체적으로 해결되어야 할 성질의 것이나 우리 부정경쟁방지법은 그나마도 등록상표권에 대하여는 그 적용을 거부하며(제15조), 등록상표권에 절대적 우위를 인정하고 있기 때문에 이러한 점을 종합하면 상표법상 주지성의 정도는 상당한 정도 고도의 것임을 요한다고 해석함이 타당하다는 것이다.[33]

반면 종래 통설 및 판례는 본호에서 규정하고 있는 '수요자 간에 현저하게 인식'된 정도는 인지도 (라)단계 정도의 주지라고 보고 있고,[34] 이는 부정경쟁방지법상의 '국내에 널리 알려진' 정도와 그 인지도의 수준에 있어서는 차이가 없다고 보고 있다.[35]

(라) 사견

본호에서 요구하는 주지성의 정도는 상당수의 수요자들에 알려진 정도이면 족하다는 견해에서는, 상당수의 수요자에게 알려진 정도의 주지성을 갖춘 상표의 보유자는 부정경쟁방지법상 보호될 수 있고 보호되어야 함에도 불구하고, 상표법상 제3자가 그와 동일·유사한 상표를 먼저 등록출원하는 것을 저지할 수 없을 뿐만 아니라 제3자의 상표등록이 이루어지고 나면 먼저 상표를 선택해서 먼저 주지성을 획득한 주지상표 보유자는 자신의 상표 사용이 제3자의 등록상표권을 침해하는 결과로 되고, 따라서 주지상표 보유자는 궁극적으로 자신의 상표를 사용할 수 없게 된다[36]는 점을 지적하고 있다. 하지만, 상표법 제34조 제1

---

33) 송영식 외 6인(주 1), 157; 권택수, '부정경쟁행위에 있어서의 표지의 주지성 및 유사성의 판단기준', 형사재판의 제문제 제6권(고현철 대법관 퇴임기념 논문집), 428-429에서는 '본호의 주지의 정도가 인지도 (라)단계 이상임을 전제로, 원래는 식별력이 없는 기술적 표장 같은 것도 인지도 (라)단계 이상의 주지(즉 사용에 의한 식별력(2차적 의미))을 취득하면 등록도 받을 수 있는(2014년 개정 전 상표법 제6조 제2항) 등 인지도 (라)단계 이상의 주지를 가지는 표지는 상표법에 의한 보호를 받는 반면에, 거래업계에서 상당한 신용을 쌓아온 식별력 있는 표지는 법적인 보호를 받을 필요가 있음에도 인지도 (라)단계의 주지를 취득하지 못하여 상표법에 의한 보호를 받지 못하게 된다는 점, 파리조약 제10조의2나 독일 부정경쟁방지법 제16조에서는 부정경쟁행위의 성립요건으로 주지성 요건을 요구하고 있지 아니하는 점, 여기에 공정하고 자유로운 경쟁원리에 지배되는 경제질서의 유지 등을 보태어 종합적으로 고려하여 보면, 결국 부정경쟁방지법상의 주지성은 인지도 (라)단계의 주지보다는 완화하여 인지도 (다)단계 정도의 주지이면 족하다고 보는 것이 상당하다. 다만 이는 식별력 있는 상품 표지의 경우에 적용되는 것으로, 식별력이 없거나 약한 표지의 경우에는 상품표지 해당성과 관련하여 적어도 인지도 (라)단계의 주지를 요한다'고 하고 있다.

34) 이는 2014. 6. 11. 법 제12751호로 개정되기 전 상표법 제6조 제2항의 경우에도 마찬가지라고 본다.

35) 권택수(주33), 429-430.

36) 정상조(주31), 33.

항 제13호에서 "국내 또는 외국의 수요자들에게 특정인의 상품을 표시하는 것이라고 인식되어 있는 상표(지리적 표시는 제외한다)와 동일 또는 유사한 상표"라고 규정하여 그 인지도를 본호에 비하여 완화하는 한편으로 제99조에서도 부정경쟁의 목적 없이 타인의 상표등록출원 전부터 국내에서 계속하여 사용하고 있고, 타인의 상표등록출원시에 국내 수요자 간에 그 상표가 특정인의 상품을 표시하는 것으로 인식되어 있을 때에는 타인의 등록상표와 동일하거나 유사한 상표를 먼저 사용하는 자에게 자기의 상표를 계속하여 사용할 권리를 부여하고 있으므로, 상당수의 수요자에게 알려진 정도의 주지성을 갖춘 상표의 보유자는 상표법 제34조 제1항 제13호에 해당하는 경우 상표법상 제3자가 그와 동일 또는 유사한 상표를 먼저 등록출원하는 것을 저지할 수 있을 뿐만 아니라, 제3자의 상표등록이 이루어지더라도 선사용권 항변으로 대항할 수 있게 되었다.

그렇다면 본호의 입법취지와 상표법, 부정경쟁방지법 등 표지법 전체의 이념에 비추어 볼 때, 본호의 주지상표는 압도적 다수의 수요자에게 널리 알려진 상태 내지 저명한 상태에 있는 상표에 한정되어야 하고 부정경쟁방지법에서의 주지성의 정도는 이보다 낮은 상당수의 수요자 간에 알려진 정도의 주지성이면 족하다는 견해가 타당하다고 생각된다.

(3) 주지성의 인정자료

구체적으로 그 상표가 주지인가의 여부는 그 사용, 공급, 영업 활동의 기간, 방법, 태양, 사용량, 거래범위 등과 거래실정이나 사회통념상 객관적으로 널리 알려졌느냐의 여부가 일응의 기준이 된다고 할 것이다(대법원 1994. 1. 25. 선고 93후268 판결).

실무상으로는 비교대상상표의 주지 또는 저명성을 입증하기 위하여 판매실적이나, 광고실적 및 광고의 내용, 설문조사 결과 등의 자료를 증거로 제출하고 있는바, 2016년 개정 전 상표법 제7조 제1항 제9호의 기준 시점은 출원시였으므로 제출하는 자료가 출원시까지의 것인지를 살펴보아야 하였으나,[37] 현행 상표법 제34조 제2항에서는 기준시점을 상표등록여부결정시로 변경하였으므로, 출원 이후에 실시된 설문조사자료 등도 참작하여 주지성을 판단할 수 있게 되었다.

다. 주지된 캐릭터가 주지상표에 해당되는지 여부

상표가 캐릭터(character)를 주제로 한 상표인 경우, 캐릭터는 그것이 가지고

---

37) 대법원 2000. 3. 28. 선고 98후1969 판결은 원심이 출원 이후의 상품의 판매액 및 판매장의 수까지 고려하여 (주지·저명성을) 판단한 것은 위법하다고 하고 있다.

있는 고객흡인력 때문에 이를 상품에 이용하는 상품화(이른바 캐릭터 머천다이징 ; character merchandising)가 이루어지게 되는 것이고 상표처럼 상품의 출처를 표시하는 것을 그 본질적인 기능으로 하는 것은 아니므로, 그 캐릭터 자체가 널리 알려져 있다 하더라도 그러한 사정만으로는 곧바로 상표가 일반 수요자나 거래자들에게 특정인의 상표로서 널리 인식되어 있다고 보기 어렵다.[38] 다만 캐릭터나 영화 제목 등이 상품화 사업을 통하여 상품식별표지로 널리 인식된 경우에는 본호를 적용한다[상표심사기준(2016. 8. 29. 개정 특허청예규 제90호) 제5부 제9장 1.2.5.].

3. 상표의 특정

주지의 인정에 있어서, 사용상표가 특정되지 않으면 아니 된다. 원칙으로서, 각 사용에 있어 당해 상표가 가지는 외관·호칭·관념이 동일하지 않으면 안 된다. 그러나 이를 철저히 관철할 때에는 시대의 변천 또는 사용장소에 따라 상표의 요부의 동일성은 확보하면서도 다른 부분이나 서체를 달리하여 사용할 수 있기 때문에 거래 실태에 부합하지 않을 수 있다[39]. 호칭 및 관념이 동일하다면 외관이 고정되지 않더라도 주지를 인정할 수 있다는 견해가 있다.[40]

4. 선의의 요부

주지상표의 사용자는 그 사용 시작에 있어 선의일 것을 요하고, 악의 내지는 부정경쟁의 목적이 있을 때는 본호의 주지상표에 해당하지 않아 타인의 상표등록출원을 배제할 수 없다는 것이 통설이고 심사실무이다[상표심사기준(2016. 8. 29. 개정 특허청예규 제90호) 제5부 제9장 1.1.3.].

Ⅲ. 판단기준시

본호 및 상표등록출원인이 본호의 타인에 해당하는지는 등록여부결정시 또는 심결시를 기준으로 판단한다(제34조 제2항). 종전에는 타인성을 제외한 본호 해당여부의 판단기준 시기는 출원시를 기준으로 하였는데, 현행 상표법에서는

---

38) 대법원 2000. 5. 30. 선고 98후843 판결.
39) 小野昌延 編(주 3), 248.
40) 網野 誠, 商標(第6板), 有斐閣(2002), 353.

그 판단기준 시기가 등록여부결정시 또는 심결시로 통일되었다.

IV. 법적 취급

　　타인이 주지상표와 저촉되는 상표를 출원하는 경우 등록 전에는 거절이유(제54조 제3호), 이의신청이유(제60조 제1항) 등에 해당되며, 착오로 등록된 경우라도 그 등록일로부터 5년 이내에 무효심판을 청구할 수 있다(제117조 제1항 제1호, 제122조 제1항).

　　또한 2016년 개정 전 상표법에서는 타인의 상표등록출원이 착오로 등록된 경우에 주지상표의 소유자는 그 등록을 무효시킨 후 상표등록출원을 하면 상표법 제7조 제1항 제8호의 규정을 적용받지 않고 상표등록을 받을 수 있었다(제7조 제4항 제2호). 다만 현행법에서는 2016년 개정 전 상표법 제7조 제1항 제8호와 같은 규정을 두고 있지 않기 때문에 이와 같은 구별은 의미가 없게 되었다.

　　한편 판례에 의하면 상표권의 등록이 자기의 상품을 타인의 상품과 식별시킬 목적으로 한 것이 아니라 국내에서 널리 인식되어 사용되고 있는 타인의 상표와 동일 또는 유사한 상표를 사용하여 일반 수요자로 하여금 타인의 상품과 혼동을 일으키게 하여 이익을 얻을 목적으로 형식상 상표권을 취득하는 것이라면 그 상표의 등록출원 자체가 부정경쟁행위를 목적으로 하는 것으로서, 설령 권리행사의 외형을 갖추었다 하더라도 이는 상표법을 악용하거나 남용한 것이 되어 상표법에 의한 적법한 권리의 행사라고 인정할 수 없다.[41]

V. 판단사례

　　특허법원 2006. 11. 3. 선고 2006허6815호 판결(확정)은, 불교단체의 업무에 관계하는 자들 사이에서 "대한불교원효종" 또는 "大韓佛敎元曉宗"이라는 표장은 대한불교원효종이라는 불교종단의 업무를 표시하는 것으로서 현저하게 인식되어 있는 점에 비추어 보면 등록업무표장 大韓佛敎元曉宗 대한불교원효종 이 2016년 개정전 상표법 제7조 제1항 제9호에 해당한다고 판단하였다.

　　또한 대법원 2006. 11. 23. 선고 2006다29983 판결에서는, 표장을 '영어공부

---

41) 대법원 1993. 1. 19. 선고 92도2054 판결; 대법원 2001. 4. 10. 선고 2000다4487 판결; 대법원 2008. 9. 11. 자 2007마1569 결정 등 참조.

절대로 하지 마라!'로 하고 그 지정상품을 '정기간행물, 학습지, 서적, 연감' 등
으로 하는 등록상표는, 등록상표의 출원일 이전에 피신청인이 시리즈물로 출판
한 '서적'에 사용되어 일반 수요자에게 널리 알려짐으로써 그 상표성과 주지성
이 인정되는 선사용상표와 그 표장이 같고, '서적'이라는 상품에 사용된 상표가
가지는 출처표시기능은 저자가 아니라 출판업자를 위한 것이라고 보아야 하므
로, 등록상표의 지정상품 중 가처분신청과 관련된 '정기간행물, 학습지, 서적,
연감'은 피신청인의 선사용상표의 사용상품인 '서적'과 같거나 유사하여 2016년
개정 전 상표법 제7조 제1항 제9호에 의하여 등록무효로 될 개연성이 높다고
보인다고 판단한 바 있다.

    그러나 대법원 2003. 2. 28. 선고 2002후2792 판결에서는 인용표장("창덕에버빌")
의 사용사실만으로는 인용표장이 등록서비스표 _{에 버 빌} EVER VILL (1999. 8. 25. 출원,
2001. 1. 31. 등록결정, 2001. 2. 19. 등록)의 출원당시나 등록결정일 무렵에 주지 또
는 저명하다고 볼 수 없으므로 등록서비스표는 2016년 개정 전 상표법 제7조 제
1항 제4호, 제9호 및 제12호에 각 해당하지 아니한다는 취지로 판단한 바 있다.

    대법원 2011. 7. 14. 선고 2010후2322 판결도, 갑 회사가, 을 회사의 등록상
표 "**BCBGENERATION**"이 갑 회사의 상표나 상품으로 인식될 정도로 알려져
있는 선사용상표 "BCBG"와 유사하여 상표법 제7조 제1항 제9호에 해당한다는
이유로 상표등록무효심판을 청구한 사안에서, 선사용상표가 주지상표에 해당한
다고 보기 어렵다고 본 원심판단을 수긍한 바 있다.

〈전지원〉

제34조(상표등록을 받을 수 없는 상표)

① 제33조에도 불구하고 다음 각 호의 어느 하나에 해당하는 상표에 대해서는 상표등록을 받을 수 없다.

[제1호~제9호는 앞에서 해설]

10. 특정지역의 상품을 표시하는 것이라고 수요자들에게 널리 인식되어 있는 타인의 지리적 표시와 동일 또는 유사한 상표로서 그 지리적 표시를 사용하는 상품과 동일하다고 인정되어 있는 상품에 사용하는 상표

<소 목 차>

Ⅰ. 연혁

제10호는 지리적 표시 등록단체표장제도가 신설됨에 따라 국내 수요자들에게 널리 인식되어 있는 타인의 지리적 표시 단체표장과 동일·유사한 상표를 등록받을 수 없도록 신설된 조문이다(2004. 12. 31. 법률 제7290호로 개정되어 2005. 7. 1.부터 시행).

Ⅱ. 적용요건

2016년 개정 전 상표법에서는 '수요자 간에 현저하게 인식되어 있는 타인의 지리적 표시'라고 규정되어 있었으나, 2016년 개정 상표법에서는 제9호와 마찬가지로 '수요자들에게 널리 인식되어 있는 타인의 지리적 표시'라고 개정하였다. 지리적 표시의 인식 정도는 제9호와 마찬가지로 보아야 할 것이다.

그 동일·유사 여부의 판단에 있어서는 동일·유사한 표장을 '동일'한 상품에 사용하는 경우에만 제3자의 후출원을 등록받을 수 없도록 하고 있다. 이는 지리적 표시 단체표장의 경우에는 지리적 표시의 특성상 '특정 상품의 지리적 표시'로 수요자들에게 인식되어 있으므로 서로 다른 상품에까지 주지의 지리적 표시 사용자의 사용사실상태를 보호할 필요가 없고, 유사한 상품에 대하여 등록

될 경우에도 일반 수요자로 하여금 그 상품의 출처에 관하여 오인·혼동을 일으키게 할 염려가 없기 때문이다.[1] 한편, 동음이의어 지리적 표시 단체표장 상호간에는 '동일한 상품'이더라도 모두 등록받을 수 있는데(제34조 제4항), 다만 지리적 출처에 대한 수요자의 혼동을 방지하기 위한 표시를 함께 사용하여야 하고(제223조), 이를 위반하여 단체표장을 사용함으로써 수요자에게 상품의 품질에 대한 오인 또는 지리적 출처에 대한 혼동을 불러일으키게 한 경우 취소사유에 해당한다(제119조 제1항 제8호 나목).

그 밖에 지리적 표시이더라도 세계무역기구 회원국내의 포도주 또는 증류주의 산지에 관한 지리적 표시로서 구성되거나 그 지리적 표시를 포함하는 상표로서 포도주 또는 증류주에 사용하려는 상표는, 지리적 표시의 정당한 사용자가 그 해당 상품을 지정상품으로 하여 제36조 제5항에 따른 지리적 표시단체표장등록출원을 한 경우가 아닌 한 상표법 제34조 제1항 제16호의 규정에 따라 상표등록을 받을 수 없다.

Ⅲ. 판단기준시

본호 및 상표등록출원인이 본호의 타인에 해당하는지는 등록여부결정시 또는 심결시를 기준으로 판단한다(제34조 제2항). 종전에는 제9호와 마찬가지로 타인성을 제외한 본호 해당여부의 판단기준 시기는 출원시를 기준으로 하였는데, 현행 상표법에서는 그 판단기준 시기가 등록여부결정시 또는 심결시로 통일되었다.

Ⅳ. 법적 취급

타인이 국내 수요자 간에 현저하게 알려진 지리적 표시 단체표장과 저촉되는 상표를 출원하는 경우 등록 전에는 거절이유(제54조 제3호), 이의신청이유(제60조 제1항) 등에 해당되며, 착오로 등록된 경우라도 그 등록일로부터 5년 이내에 무효심판을 청구할 수 있다(제117조 제1항 제1호, 제122조 제1항).

또한 2016년 개정 전 상표법에서는, 제9호와 마찬가지로 타인의 상표등록출원이 착오로 등록되었다가 본호 위반을 이유로 무효심결이 확정된 후 주지의 지리적 표시 단체표장의 정당한 출원인이 지리적 표시 단체표장등록출원을 하

---

[1] 특허청, 조문별 상표법 해설(2007), 85-86.

면 위 개정 전 상표법 제7조 제1항 제8호의 규정을 적용받지 않고 상표등록을 받을 수 있었다(제7조 제4항 제2호). 다만 현행법에서는 2016년 개정 전 상표법 제7조 제1항 제8호와 같은 규정을 두고 있지 않기 때문에 이와 같은 구별은 의미가 없게 되었다.

〈전지원〉

> **제34조(상표등록을 받을 수 없는 상표)**
> ① 제33조에도 불구하고 다음 각 호의 어느 하나에 해당하는 상표에 대해서
> 는 상표등록을 받을 수 없다.
> [제1호~제10호는 앞에서 해설]
> 11. 수요자들에게 현저하게 인식되어 있는 타인의 상품이나 영업과 혼동을
>   일으키게 하거나 그 식별력 또는 명성을 손상시킬 염려가 있는 상표

<소 목 차>

Ⅰ. 본호의 취지

1. 의의

본호는 이른바 저명상표의 상품이나 영업과 혼동을 일으키게 하거나 그 식별력 또는 명성을 손상시킬 염려가 있는 상표는 등록받을 수 없도록 규정하고 있다.

일반적으로 저명상표라는 것은 그 상표가 수요자에게 널리 알려져 있을 뿐 아니라 그 상표품이 갖는 품질의 우수성 때문에 상표의 수요자뿐만 아니라 일반 대중에게까지 양질감을 획득하고 있어 상품의 출처뿐만 아니라 그 영업주체를 표시하는 힘까지 갖게 된 상표를 의미한다. 이러한 저명상표는 거래관계자들뿐만 아니라 일반의 소비자 대중에게 널리 알려지고 또한 양질감으로 인한 우월적 지위를 갖는다는 점에서 단순히 수요자나 거래자들에게 널리 알려진 주지상표와는 다르다. 여기서 저명상표는 등록 여부를 묻지 아니하므로 이 또한 선등록주의에 대한 예외라고 할 수 있다.[1]

---

[1] 특허법원 지적재산소송실무연구회, 지적재산소송실무(제3판), 박영사(2014), 582-583(김

2. 입법취지

제11호의 입법취지에 관해서는 그 규정형식에 비추어 저명상표의 영업주를 보호함을 직접적인 목적으로 하는 것이 아니고 저명한 상품 또는 영업과 오인·혼동으로 인한 부정경쟁의 방지를 직접의 목적으로 하는 공익적인 규정이라는 것이 통설·판례2)의 입장이다. 따라서 당사자 간에 합의가 있더라도 위 규정의 적용을 배제할 수 없고(대법원 1980. 3. 11. 선고 80후1 판결), 어느 상표의 존속기간이 만료되었을 때 저명상표에 저촉되는 것이라면 지정상품이 다르더라도 갱신 등록이 거절되어야 한다(대법원 1986. 10. 14. 선고 83후77 판결). 또한 등록상표가 저명상표인 경우에는 그에 저촉되는 상표출원에 대하여 심사관은 상표법 제34조 제1항 제7호에 의하여 등록을 거절할 수 있고, 상표권자는 본호에 의하여 제척기간의 적용을 받음이 없이 무효심판을 청구할 수 있다.3)

다만 이에 대하여는 본호는 저명상표 영업주를 보호함과 동시에 저명한 상품 또는 영업과 오인혼동으로 인한 부정경쟁의 방지도 목적으로 하는 규정이고, 저명한 상품 또는 영업과 혼동이 생기는 결과 1차적, 실질적인 피해를 입는 쪽은 저명상표 영업주이지만 일반수요자(최종소비자)의 이익도 해치기 때문에 공익적 성질을 가진 사익규정으로 보아 판단기준시는 출원시를 기준으로 하되 제척기간의 제한은 두지 아니한 것이 아닌가 생각되며, 입법론상으로는 의문이라는 견해가 있다.4)

신 집필부분).

2) 대법원 1980. 3. 11. 선고 80후1 판결; 대법원 1995. 10. 12. 선고 95후576 판결 등 참조.

3) 우리 상표법 제34조 제1항 제11호는 일본 상표법 제4조 제1항 제15호(타인의 업무와 관계된 상품이나 역무와 혼동을 생기게 할 염려가 있는 상표)와 유사한데, 일본 상표법 제4조 제1항 제15호에서는 제10호에서 제14호에 해당하는 경우에는 제15호가 적용되지 않는다고 규정하고 있고, 제11호에 우리 상표법 제34조 제1항 제7호에 해당하는 '등록상표와 저촉하는 상표'에 관하여 규정하고 있으므로, 가령 등록상표가 저명상표인 경우에는 제15호의 적용은 배제될 것이다. 뿐만 아니라 일본 상표법은 제15호에 무효심판청구의 제척기간에 관한 규정을 적용하는 동시에(제47조) 이를 갱신등록시 등록거절사유에서도 제외하기로 하였으므로(제19조 제2항 단서, 제21조 제1항 제1호), 중복하여 적용할 실익도 상실되어 있다.

4) 송영식 외 6인 공저, 지적소유권법(하), 육법사(2013), 162(김병일 집필부분).

Ⅱ. 적용요건

1. '수요자들에게 현저하게 인식되었을 것'(저명성)의 판단기준

'수요자들에게 현저하게 인식되었을 것'이 저명성을 의미한다는 데에는 이론이 없다. 2016년 개정 전 상표법에서는 제7조 제9호, 제10호 모두 '수요자 간에 현저하게 인식되어 있는 상표'라고만 규정되어 있었을 뿐 문언상 별다른 차이가 없음에도, 대법원 판례는 일관되게 상표법 제7조 제1항 제10호의 선행표지는 저명상표인 것으로, 제7조 제1항 제9호의 선행표지는 주지상표인 것으로 파악하고 있었고, 이는 다음의 사정을 고려한 해석으로 이해되었다. 즉, 2016년 개정 전 상표법 제7조 제1항 제10호의 선행표지를 제7조 제1항 제9호의 선행표지와 같이 주지상표로 보게 된다면, 제7조 제1항 제10호는, 선행표지의 측면에서는 제7조 제1항 제9호와 같게 되면서 그에 의해 등록무효 내지 거절되는 표장이나 상품의 폭은 제7조 제1항 제9호보다 넓게 되어(제10호는 상표와 상품의 동일, 유사를 규정하고 있지 않다) 상표법이 제10호 외에 제9호를 따로 둘 이유를 찾기 어렵게 되는 점, 제10호를 저명상표에 관하여 규정하는 것으로 파악하는 것이 제10호가 제9호와 달리 선행표지와 표장이나 상품이 비유사한 경우에까지 그 적용범위를 확대시키는 해석과도 부합하는 점을 고려한 해석이라는 것이다.[5] 현행 상표법 제34조 제1항에서는 주지상표에 관한 제9호의 선행표지를 "수요자들에게 널리 인식된 상표"로 규정함으로써 이러한 해석상의 차이를 법문상으로도 분명히 하였다.

'저명성'은 당해 상품이나 영업에 관한 거래자 및 수요자뿐만 아니라 '이종상품이나 이종영업'에 걸쳐 일반수요자 대부분에까지 알려져 있는 것을 말한다.[6]

저명상표에 해당하는지 여부는, 그 상표의 사용, 공급, 영업활동의 기간, 방법, 태양 및 거래범위 등과 그 거래실정 또는 사회통념상 객관적으로 널리 알려졌느냐의 여부 등이 기준이 되며(대법원 1999. 2. 26. 선고 97후3975, 3982 판결), 위 규정을 적용함에 있어서 타인의 상표가 저명상표인지 여부를 판단하는 기준시는 등록상표의 등록출원시이다(제34조 제2항 단서).

---

5) 박정희, "상표법 제7조 제1항 제10호 소정의 저명상표의 판단기준", 대법원판례해설 69호 (2008 상반기) 법원도서관. 552.
6) 윤선희, 상표법(제3판), 법문사(2015), 292.

2. 타인의 상품이나 영업과 혼동을 일으키게 할 염려

가. 타인의 상품이나 영업

'타인'이란 주지상표와 마찬가지로 특정출처로서의 인식을 의미하지만 저명 상표권자가 구체적으로 누구인지까지 알려질 필요는 없고, 익명의 존재로서 추 상적인 출처로 알려져 있으면 족하다.[7] 타인에는 상표나 서비스표의 주체뿐만 아니라 업무표장의 주체도 포함하는 개념이고, 주된 업무뿐만 아니라 부수적인 업무로서 상품이나 서비스를 생산 또는 제공하는 경우에도 적용된다.[8]

본호를 적용함에 있어서는 이들 저명한 타인이 이러한 상품이나 서비스를 실제로 생산 또는 제공할 것을 필요로 하느냐에 관하여, '타인의 상품이나 영 업'은 출원상표에 대하여 등록 여부를 판단할 때 현실로 존재한다든가 또는 과 거에 존재하는 것이라야 한다는 것이 문리해석상 명백하므로 장차 발생할 수 있는 상품이나 영업과 혼동의 우려가 있는 경우까지 예상한 것은 아니라는 견 해[9]도 있으나, 심사기준에서는 이들 저명한 타인이 이러한 상품이나 서비스를 실제로 생산 또는 제공하지 않더라도 사회통념상 생산 또는 제공할 것으로 기 대된다면 본호에 해당하는 것으로 본다.[10]

여기서 타인은 개인이나 개별 기업뿐만 아니라 그들의 집합체인 사회적 실 체도 될 수 있다. 그리고 경제적·조직적으로 밀접한 관계가 있는 계열사들로 이루어진 기업그룹이 분리된 경우에는, 그 기업그룹의 저명상표를 채택하여 등 록·사용하는 데 중심적인 역할을 담당함으로써 일반 수요자들 사이에 그 저명 상표에 화체된 신용의 주체로 인식됨과 아울러 그 저명상표를 승계하였다고 인 정되는 계열사들을 저명상표의 권리자로 보아야 한다.[11]

2016년 개정 전 상표법과 마찬가지로, 본호의 판단기준 시기는 출원시를 기준으로 하되(제34조 제2항 단서), 타인에 해당하는지 여부에 관하여는 등록여부 결정시 또는 심결시를 기준으로 하여 판단한다(제34조 제2항 본문).

---

7) 문삼섭, 상표법(제2판), 세창출판사(2004), 433: 상표심사기준(2016. 8. 29. 개정 특허청예 규 제90호) 제5부 제11장 1.1.3
8) 상표심사기준(2016. 9. 1. 기준) 제5부 제11장 2.4.(239쪽)
9) 이상경, 지적재산권소송법, 육법사(1998), 407.
10) 상표심사기준(2016. 8. 29. 개정 특허청예규 제90호) 제5부 제11장 1.1.4
11) 대법원 2015. 1. 29. 선고 2012후3657 판결.

나. 혼동의 염려

(1) 의의

원래 혼동이라 함은 대상의 동일성에 대한 오인을 뜻하나 상표법에서는 다음과 같은 혼동을 포함한다.

첫째, 좁은 의미에 있어서의 혼동, 즉 상품의 혼동(Warenverwechslung)이다. 여기에는 직접의 혼동과 간접의 혼동이 있다. 직접의 혼동이라 함은 상표의 외관·호칭·관념 등 구성상의 근사성이 요인이 되어 상표 그 자체가 동일한 것으로 오인되는 경우이다. 상표가 형식적으로 근사하면 혼동이 생길 수 있으므로 상표 자체가 동일한 것으로 오인될 경우에는 일반적으로 당해 상품이 동일출처의 것으로 오인·혼동될 염려가 있다고 할 수 있다. 초기의 상표제도하에서는 이러한 상표 자체의 혼동만을 규제하려 하였으나, 혼동개념을 이와 같이 좁게 한정하는 것은 상표의 모용에 의한 오인·혼동의 방지라는 상표제도의 목적을 제대로 달성할 수 없기 때문에 이를 확장할 필요가 있다. 예컨대 구매자가 상표의 구성상 차이를 명확히 인식할 수 있어 상표 자체에 관한 혼동은 없더라도 양 상표의 구성의 공통성, 모티브의 동일성, 상품의 저명성 등이 계기가 되어 상품의 출처에 관한 혼동이 생기는 경우를 얼마든지 예상할 수 있고 이러한 경우에까지 혼동개념을 확장할 필요가 있다.[12]

간접의 혼동이라 함은 상표 그 자체에 관한 오인은 없지만 위에서 본 것처럼 양 상표가 지닌 외관·호칭·관념 및 그 밖의 공통성 때문에 상품의 출처에 관한 혼동이 생기는 경우이다. 상품의 유통경로가 널리 알려진 상호상표인 경우에 구매자는 모용상표품이 이러한 특정기업의 상품인 것으로 오인·혼동하게 된다. 그러나 거래계통이 극히 복잡화한 현대의 상품사회에서 상표권자는 익명의 존재임이 일반적 현상이라 할 수 있고, 상품의 출처도 특정기업의 출처가 아니라 추상적 출처를 의미한다. 따라서 출처에 관한 혼동은 특정기업의 혼동에 국한되지 아니한다.[13]

둘째 넓은 의미에 있어서의 혼동이며 기업의 혼동(Betreibsverwechslung) 내지 후원관계의 혼동(confusion of sponsorship)이라고도 한다. 그것은 상표가 서로 비슷하기 때문에 구매자의 심리에 당해 상품의 출처가 상표권자의 기업과 업무상, 계약상, 조직상 또는 그 밖에 특수한 관계가 있는 것처럼 오인되는 경우이다.

---

12) 송영식 외 6인(주 4), 162-164.
13) 송영식 외 6인(주 4), 163.

이 종류의 혼동은 고객이 모용자의 상표품을 접하였을 때 모용자와 피모용자 사이에 어떠한 특수한 관계가 있는 것처럼 오인되는 것이므로 엄밀한 의미에서 동일출처에 관한 혼동은 아니며 실제로 존재하지 아니하는 결합관계 또는 관련업계에 관한 오인에 지나지 아니한다. 다만 이러한 경우에도 상표권자의 상표에 화체된 신용(good will)의 훼손과 영업상의 불이익은 출처혼동으로 인한 경우와 다름 없으므로 후원관계의 오인도 출처혼동의 연장선상에 있다고 할 수 있다.14) 본호는 상품에 관한 혼동 이외에 영업에 관한 혼동을 규정하고 있어, 상표법상 등록요건이 되는 혼동개념에는 넓은 의미에 있어서의 혼동이 포함된다고 해석된다.15)

아울러 상표법상의 혼동은 대비되는 두 개의 상표품이 시장에서 유통된다고 가정할 때 거래계의 일반적인 경험칙에 비추어 판단하여 이들 상품의 거래자 및 수요자가 두 상품을 동일한 생산자와 판매자에 의하여 생산·판매된 것으로 인정하는 경우(일반적·추상적 출처혼동)를 의미하며, 두 개의 상표품이 현실로 시장에서 동일출처에 의하여 생산·판매된 것으로 인식될 것(구체적 출처혼동)까지는 요구하는 것은 아니다.

(2) 혼동가능성의 판단

본호는 수요자들에게 현저하게 인식되어 있는 타인의 상품이나 영업과 혼동을 일으킬 염려가 있는 상표라고 규정하고 있을 뿐 상표의 유사 여부나 지정상품의 유사 여부는 이를 직접적인 요건으로 하고 있지 않다. 이는 오늘날에 있어서 기업은 단순히 상표법상 유사상표군으로 분류되어 있는 정형적 상품만을 생산·판매하고 있지 아니하고 다각경영이 일반화되어 저명상표주는 관련업계 및 기타업계에 광범위하게 진출하는 경향이 두드러지고, 저명상표 또는 저명영업 등을 사용하여 생산·판매되는 상품은 그것이 비유사 상품이더라도 저명상표주 또는 계열기업에서 나온 우수한 품질의 제품으로 오인·혼동될 가능성이 많으므로 저명상표 또는 저명영업과 혼동이 생길 염려가 있는 상표는 형식적인 유사개념에서 벗어나 널리 등록하지 않도록 하기 위한 것이다.16)

이러한 점에서 본호에 있어서는, 저명상표 등과 대비 대상이 되는 상표의 표장 내지 지정상품(또는 지정서비스업)이 동일·유사할 필요는 없다.

---

14) 송영식 외 6인(주 4), 163-164.
15) 송영식 외 6인(주 4), 164. 문삼섭(주 7), 434.
16) 특허법원 지적재산소송실무연구회(주 1), 584.

저명상표와 출원상표가 유사하지는 않다고 하더라도 그 구성이나 모티브 등에서 어느 정도의 연관성이 인정됨으로써 출원상표의 수요자가 출원상표로부터 타인의 저명상표나 상품 등을 쉽게 연상하여 오인·혼동을 일으키는 경우에는 본호에 해당하게 된다. 또한 저명상표 등을 주지시킨 상품 또는 그와 유사한 상품뿐만 아니라 이와 다른 종류의 상품이라고 할지라도 그 상품의 용도 및 판매거래의 상황 등에 따라 저명상표권자나 그와 특수한 관계에 있는 자에 의하여 생산 또는 판매되는 것으로 인식될 수 있다. 이러한 경우에는 수요자로 하여금 상품의 출처를 오인·혼동케 할 염려가 인정되므로 역시 본호에 해당하게 된다. 대법원 판례도 마찬가지이다.17) 판례는 '(2016년 개정 전) 상표법 제7조 제1항 제10호에서 규정하는 부등록사유란, 타인의 선사용상표 또는 서비스표의 저명 정도, 당해 상표와 타인의 선사용상표 또는 서비스표의 각 구성, 상품 혹은 영업의 유사 내지 밀접성 정도, 선사용상표 또는 서비스표 권리자의 사업다각화 정도, 이들 수요자 층의 중복 정도 등을 비교·종합한 결과, 당해 상표의 수요자가 그 상표로부터 타인의 저명한 상표 또는 서비스표나 그 상품 또는 영업 등을 쉽게 연상하여 출처에 혼동을 일으키게 할 염려가 있는 경우를 의미한다'고 판시한 바 있다.18)

즉 상표법 제34조 제1항 제7호의 경우에는 상표 자체의 구성으로부터 파악하여 유사한 경우 상품의 출처의 오인·혼동을 일으킬 염려가 있다고 판단하는 것임에 비하여, 상표법 제34조 제1항 제11호는 상표의 저명성이라는 구체적인 거래실정을 고려함으로써 그러한 구체적 거래실정으로부터 상품의 출처에 관한 오인·혼동이 발생할 수 있는지 판단하는 것이어서, 상표법 제34조 제1항 제11호의 경우에는 그 오인, 혼동의 범위가 더 넓게 인정되는 것이다.19)

다만 비유사한 상품이나 영업 사이에 혼동이 발생한다고 하기 위해서는 저명한 타인의 영업상의 신용에 편승하여 고객을 부당하게 유인할 정도의 경업관계 내지 양 상품 사이에 저명한 상품·서비스에 화체된 신용이 이전될 수 있을 정도의 경제적 견련관계가 있어야 한다.20) 한편 대법원 1995. 6. 13. 선고 94후

---

17) 표장의 유사 여부에 대하여는, 대법원 2005. 3. 11. 선고 2004후1151 판결; 대법원 2004. 4. 27. 선고 2002후1850 판결; 대법원 2002. 5. 28. 선고 2001후2870 판결; 대법원 1996. 2. 13. 선고 95후1173 판결 등, 지정상품의 유사 여부에 대하여는, 대법원 2005. 3. 11. 선고 2004후1151 판결; 대법원 1991. 2. 12. 선고 90후1376 판결 등 참조.

18) 대법원 2010. 5. 27. 선고 2008후2510 판결.

19) 특허법원 지적재산소송실무연구회(주 1), 584.

20) 문삼섭(주 7), 437.

2186 판결에서는, "인용상표가 그 지정상품에 대한 관계거래자 이외에 일반공중의 대부분에까지 널리 알려지게 됨으로써 저명성을 획득하게 되면 그 상표를 주지시킨 상품 또는 그와 유사한 상품뿐만 아니라 이와 다른 종류의 상품이라고 할지라도 그 상품의 용도 및 판매거래의 상황 등에 따라 저명상표권자나 그와 특수한 관계가 있는 자에 의하여 생산 또는 판매되는 것으로 인식될 수 있고 이러한 경우에는 수요자로 하여금 상품의 출처를 오인·혼동케 하거나 수요자를 기만할 염려가 있다고 할 것이며, 이 경우에는 구 상표법 제9조 제1항 제10호(본호에 해당) 및 제11호(현행 상표법 제12호에 해당) 모두에 해당한다고 할 것이다."라고 판시한 바 있는데, 위 판결의 취지에 따르면 저명상표의 경우 상표법 제34조 제1항 제11호 소정의 "수요자들에게 현저하게 인식되어 있는 타인의 상품이나 영업과 혼동을 일으키게 할 염려가 있는 상표"와 제12호 후단의 '수요자를 기만할 염려가 있는 상표' 간에 그 판단기준시가 전자는 출원시이고 후자는 등록거절결정 또는 등록결정시인 점을 제외하고는 그 적용요건에 차이가 없게 되어(제척기간의 제한을 받지 아니한다는 점에서도 같다), 우리 상표법은 출처의 혼동에 관계되는 규정으로 제11호 외에 제12호를 하나 더 가지고 있는 셈이 된다고 할 것이다.

3. 식별력 또는 명성을 손상시킬 염려가 있는 상표

가. 서

광의의 혼동이라 할지라도 경업관계 내지 경제적 견련관계를 필요로 한다는 점에서 상품출처 내지 기업의 경업관계(경쟁관계)와는 아무런 관계없이 고객흡인력이나 판매력을 손상시키는 희석(dilution)의 경우는 혼동의 범위 속에 포함되지 않는다.[21) 이른바 희석화에 대하여는 2007. 1. 3. 법 제8190호로 개정된 제7조 제1항 제12호에 의해 부등록사유로 추가된 것으로 해석되었다. 저명상표와 관련하여서는 2014. 6. 11. 법 제12751호로 개정되기 전의 상표법은 제7조 제1항 제10호에서 "수요자 간에 현저하게 인식되어 있는 타인의 상품이나 영업과 혼동을 일으키게 할 염려가 있는 상표"만을 상표등록을 받을 수 없는 상표로 규정하고 있었으나, 2014년 개정 상표법에서는 본호에 식별력 또는 명성을 손상시킬 염려가 있는 상표를 추가함으로써 상표의 희석화 방지조항을 본격적으로 도입하였다.

---

21) 문삼섭(주 7), 437면 주 589 참조.

나. 식별력 또는 명성 손상(희석화)의 의미

희석화는 보통 2가지 형태로 나타나는데, 첫째 어느 회사가 저명상표를 무단으로 사용함으로써 상표권자의 노력과 비용의 산물인 상표 등의 표지가 가지는 구매력, 신용 등을 감소시키는 '상표 약화(blurring)에 의한 희석화'와 둘째, 어린이 장난감 회사의 저명상표를 인터넷상 음란 사이트의 도메인 이름으로 등록 사용함으로써 저명상표가 원래 가지는 좋은 이미지나 가치를 손상시키는 상표 손상(tarnishment)에 의한 희석화'이다.22)

당초 상표법 개정안에서는 저명상표의 식별력이나 명성을 손상시킬 염려가 있는 상표 외에 이를 약화시킬 염려가 있는 상표도 등록할 수 없도록 규정하고 있었으나, 국회 심사과정에서 부정경쟁방지 및 영업비밀보호에 관한 법률(이하 '부정경쟁방지법'이라 한다) 제2조 제1호 다목에서 '식별력이나 명성의 손상'만 그 대상으로 하고 있는 점과의 균형상, '식별력이나 명성의 약화'는 제외되었다.23)

그런데 '식별력의 손상'이라는 것은, 특정 표지가 상품이나 영업표지로서의 출처기능이 약화되는 것을 의미하는 것이므로 이를 '식별력의 약화'와 달리 보기 어렵고, 만일 '식별력의 손상'이 '식별력의 약화'를 제외하는 개념이라고 한다면, 어떤 유형의 행위가 이에 해당하는지를 상정할 수 없으므로(명성의 손상을 별도로 규정하고 있으므로 명성의 손상에 해당하는 행위는 식별력의 손상에 포함된다고 할 수 없다), 식별력의 손상이 식별력의 약화와 다른 개념이라고 볼 수는 없다.

따라서 본호의 "식별력 또는 명성을 손상시킬 염려가 있는 행위"는 강학상 약화에 의한 희석과 손상에 의한 희석을 모두 포함하는 것으로 보아야 할 것이다. 이는 부정경쟁방지법 제2조 제1호 다목의 해석에서도 마찬가지이다.24)

III. 법적 취급

타인이 저명상표와 저촉되는 상표를 출원하는 경우 등록 전에는 거절이유 (제54조 제3호), 이의신청이유(제60조 제1항 제1호) 등에 해당되며, 착오로 등록된 경우라도 무효심판을 청구할 수 있다(제117조 제1항 제1호). 다만 이 경우에는 공

---

22) 사법연수원, 부정경쟁방지법(해설 및 판례)(2008), 71-72.
23) 이동근(전문위원), 검토보고서.
24) 사법연수원(주 22), 72-73; 이규호, 상표법, 진원사(2015), 263에서도 마찬가지로 해석하고 있다.

익규정이므로 제척기간의 적용이 없다(제122조 제1항).

　2016년 개정 전 상표법 하에서는 타인의 상표등록출원이 착오로 등록된 경우에 저명상표의 소유자는 그 등록을 무효시킨 후 상표등록출원을 하면 위 개정 전 상표법 제7조 제1항 제8호의 규정을 적용받지 않고 상표등록을 받을 수 있었다(위 개정 전 상표법 제7조 제4항 제2호). 그런데 개정 상표법에서는 상표권 소멸 후 1년간 상표등록 제한 규정이 삭제됨으로써 위와 같은 차이는 의미가 없게 되었다.

　그 밖에 미등록 저명상표와 등록상표의 저촉문제, 권리남용의 문제 등은 제9호에서 설명한 바와 같다.

IV. 판단사례

1. 본호에 해당한다고 한 사례

가. 대법원

(1) 대법원 2015. 1. 29. 선고 2012후3657 판결

　갑 주식회사 등이 '컴퓨터주변기기' 등을 지정상품으로 하고 "현　　대"와 같이 구성된 등록상표의 등록권자 을 주식회사를 상대로 등록상표의 지정상품 중 제1, 2차 추가등록 지정상품(가이거계산기, 감열식 프린터 등)이 선사용표장 '현대' 등과 관계에서 구 상표법(2014. 6. 11. 법률 제12751호로 개정되기 전의 것, 이하 '구 상표법'이라 한다) 제7조 제1항 제10호 등에 해당한다는 이유로 등록무효심판을 청구하였으나 특허심판원이 기각한 사안에서, 지정상품 추가등록 출원 당시 갑 회사 등이 자신들의 계열사와 함께 형성한 개별그룹들은 상표등록을 받을 수 없는 상표와 대비되는 저명한 상표 또는 서비스표(이하 '선사용표장'이라고 한다)의 채택과 등록 및 사용에 중심적인 역할을 담당함으로써 일반 수요자들 사이에 선사용표장에 화체된 신용의 주체로 인식됨과 아울러 선사용표장을 승계하였다고 인정되므로 선사용표장의 권리자라고 할 것이나, 을 회사는 일반 수요자들 사이에 선사용표장에 화체된 신용의 주체로 인식된다거나 선사용표장을 승계하였다고 인정된다고 볼 수 없어 선사용표장의 권리자가 될 수 없고, 위 지정상품 추가등록은 일반 수요자로 하여금 추가 지정상품의 출처에 혼동을 일으키게 할 염려가 있으므로, 등록이 무효로 되어야 한다고 본 원심 판단이 정당하다고 한 사례.

(2) 대법원 2010. 5. 27. 선고 2008후2510 판결

등록상표 "**토플러스**"는 선사용상표 "TOEFL"에 '~하는 사람'을 의미하는 영어 접미사 'er'과 소유격 또는 복수형 어미 ''s'나 's'를 부가한 "TOEFLer's" 또는 "TOEFLers"의 한글발음이거나 영어단어 'plus(+)'를 결합한 "TOEFLplus(+)"의 한글발음에서 겹치는 '플' 발음을 생략한 것 등으로 일반 수요자들이 쉽게 인식할 수 있을 것으로 보이고, 그 호칭도 선사용상표의 한글발음인 '토플'의 뒤에 상대적으로 약한 발음인 '러스'를 부가한 정도라는 점에서, 선사용상표와 유사한 면이 있고 위 등록상표의 지정상품들은 선사용상표의 상품인 '영어시험 문제지'와 마찬가지로 출판물의 일종으로서 서로 유사할 뿐만 아니라 선사용상표의 영업과도 밀접한 경제적 견련성이 있어 위 등록상표와 선사용상표의 수요자들도 영어시험을 준비하거나 영어를 공부하는 사람들로 상당 부분 중복된다는 점에서, 등록상표 "**토플러스**"는 그 수요자들이 선사용상표인 "TOEFL"이나 그 영업 또는 상품 등을 쉽게 연상하여 출처에 혼동을 일으키게 할 염려가 있으므로, 2016년 개정 전 상표법 제7조 제1항 제10호에 해당하여 등록을 무효로 한다고 한 사례.

(3) 대법원 2007. 12. 27. 선고 2006후664 판결

지정서비스업을 '성형외과업, 미용성형외과업, 피부과업, 의료업'으로 하고,

"로 구성된 원고의 출원서비스표는 그 중심적 식별력을 가지는 '샤넬, Channel' 부분의 호칭이 화장품 등에 사용되는 원심 판시 저명상표 "CHANEL"과 동일하여 전체적으로 위 저명상표와 유사할 뿐만 아니라, 위 저명상표는 화장품류와 관련하여 널리 알려진 상표인 점, 그 저명상표권자는 화장품류 외 여성의류, 잡화 등 관련 사업을 점차 확장해 온 세계적인 기업인 점, 이 사건 출원서비스표의 지정서비스업은 미용에 관심이 많은 여성이 주된 수요자 층으로서 위 저명상표의 사용상품의 수요자 층과 상당부분 중복되는 점, 출원서비스표의 출원 당시에는 미용 목적의 진료가 주로 행해지는 일부 피부과의원 등에서 그 진료에 부수하여 치료용 화장품의 제조·판매업을 겸하기도 하였던 점 등에 비추어 보면, 출원서비스표는 그 지정서비스업의 수요자로 하여금 위 저명상표를 쉽게 연상하게 하여 타인의 영업과 혼동을 불러일으킨 경우에 해당한다고 한 사례.

(4) 대법원 2005. 3. 11. 선고 2004후1151 판결

지정서비스업을 '안경수선업'으로 하는 등록서비스표 "월마트안경"은 사용서비스업을 '할인점업(Discount Store)'으로 하는 선사용서비스표 "Wal-Mart" 및 "월마트"와의 관계에서 2016년 개정 전 상표법 제7조 제1항 제10호에 해당한다고 판시한 사례.

(5) 대법원 1995. 10. 12. 선고 95후576 판결

선사용상표들인 "Mickey Mouse", "Minnie Mouse"는 과거 수십 년 전부터 텔레비전을 통하여 방영된 만화영화 "Mickey Mouse"로서 또한 그 만화의 주인공들인 암수 생쥐 "Mickey Mouse"와 "Minnie Mouse"로서 세계에 널리 알려져 있고, 우리나라를 비롯한 세계 여러 나라에서 만화에 부착되어 오랫동안 텔레비전 방송 등의 방법으로 사용되고 선전되어 옴으로써, 우리나라의 수요자 간에 널리 인식되어 있는 저명상표라고 보아야 할 것이며, 우리나라 일반 수요자들은 위 등록상표 "Mickey & Minnie"에서 단순히 "남녀의 이름"만을 연상하는 것이 아니라 선사용상표들의 약칭으로 인식하므로, 선사용상표들이 용이하게 연상되고 또한 선사용상표와 밀접한 관련성이 있는 것으로 인식할 것이어서, 위 등록상표는 상품의 출처에 오인·혼동을 불러일으킬 염려가 있다고 한 사례.

나. 특허법원

(1) 특허법원 2011. 7. 15. 선고 2011허1647 판결(심리불속행 기각)

지정서비스업을 '인터넷쇼핑몰시스템구축업' 등으로 하는 등록서비스표 등은 '유무선 정보통신사업 전반'을 사용서비스업으로 하는 저명서비스표인 "**KT**"와의 관계에서 위 저명서비스표의 서비스업과 혼동을 일으키게 할 염려가 있는 서비스표에 해당한다고 한 사례

(2) 특허법원 2008. 4. 10. 선고 2007허11265 판결(확정)

등록상표인 "ＤＯＵＢＬＥＳＩＸ ＲＥＶＥＲＳＥＤ"가 영문자 'G'를 도안하여 상하의 위치를 바꾸어 서로 마주보고 맞닿게 한 외형을 가지고 있는 점 등에서 저명상표인 "⬚", "⬚", "⬚"와 구성이나 모티브에 있어서 연관성이 인정되므로 상표법 제7조 제1항 제10호에 규정된 타인의 영업과 혼동을 일으키게 할 염려가 있는 서비스표에 해당한다고 한 사례

(3) **특허법원 2007. 8. 17. 선고 2007허388 판결**(심리불속행 기각)

등록상표 **주식회사 엘지에스**는 저명상표인 LG 표장 또는 상품이 용이하게 연상되거나 그와 밀접한 관련성이 있는 것으로 인정되어 상품의 출처에 오인·혼동을 일으키는 경우에 해당한다고 한 사례

2. 본호에 해당하지 않는다고 한 사례

가. 저명성을 부정한 사례

(1) **대법원 2007. 2. 8. 선고 2006후3526 판결**

선등록상표 1 " "의 광고를 위해 지출한 비용이 2001년에 3,500만 원, 2002년에 4,200만 원에 불과하고 2003년에 비교적 많은 19억 3,500만 원을 지출하기는 하였으나, 이 사건 등록상표의 출원일인 2003. 5. 12. 이전에 얼마를 지출하였는지를 알 수 없어서 상표의 저명성 판단에 큰 영향을 미치는 광고실적이 높다고 할 수 없고, 선등록상표 1 등을 사용한 기간 또한 저명성을 인정하기에는 비교적 짧은 기간이어서 다른 특별한 사정을 발견할 수 없는 상황에서 선등록상표 1 등의 저명성을 선뜻 인정하기 어려울 뿐만 아니라, 선등록상표 1 등을 부착한 상품이 이 사건 등록상표의 출원일 이전까지 전체 화장품 시장에서 차지한 비중, 선등록상표 1 등을 부착한 상품의 종류와 생산량 등의 구체적인 사용실태 등을 알 수 있는 자료도 나와 있지 않으므로, 선등록상표 1 등의 저명성을 인정할 수 없다고 한 사례.

(2) **대법원 2007. 1. 11. 선고 2005후926 판결**

선사용상표·서비스표 " " 및 " "나 상품(영업) 및 이에 색채를 입힌 상표 등이 부착된 상품판매(영업활동)의 기간 및 방법, 매출액, 광고의 방법 및 횟수 등에 비추어 보면, 지정상품을 '커피'로 하는 등록상표 " "의 출원시까지 선사용상표가 국내에서 저명한 상태였다고 단정할 수 없다고 한 사례.

나. 혼동 염려를 부정한 사례

(1) 대법원 2002. 5. 28. 선고 2001후2870 판결

등록상표 "*Budějovický Budvar*"가 선사용상표 "BUDWEISER"와 유사하지 않고, 양 상표의 구성이나 관념의 차이에 비추어 볼 때 이 사건 등록상표로부터 선사용상표가 용이하게 연상되지 아니하여 상품 출처의 오인·혼동을 일으킬 가능성이 없으므로 제10호에 해당하지 않는다고 한 원심판단을 수긍한 사례.

(2) 대법원 1996. 2. 13. 선고 95후1173 판결

GUÉPARD와 같이 구성된 등록상표의 도형 부분으로부터 와 같이 구성된 저명상표가 용이하게 연상된다거나 저명상표 또는 그 상품 등과 밀접한 관련성이 있는 것으로 인정되지 아니하므로 이 사건 등록상표가 (2016년 개정 전) 상표법 제7조 제1항 제10호에 해당된다고는 볼 수 없다고 한 사례.

(3) 대법원 1995. 9. 15. 선고 95후811 판결

'요식업' 등을 지정서비스업으로 하는 등록서비스표 "맥코리아"가 '식당업' 등을 사용서비스업으로 하는 저명한 선사용서비스표 "맥도날드" 또는 "McDONALD'S"와의 관계에서 일반소비자들로 하여금 '맥도날드 코리아'의 합성축어(合成縮語)로서 오인, 혼동할 우려가 있거나 선사용서비스업체의 한국영업소 등으로 선사용서비스업체와 어떤 연관이 있는 것으로 오인을 일으킬 염려가 있다고 할 수 없다고 한 사례.

〈전지원〉

> **제34조(상표등록을 받을 수 없는 상표)**
> ① 제33조에도 불구하고 다음 각 호의 어느 하나에 해당하는 상표에 대해서
> 는 상표등록을 받을 수 없다.
> [제1호~제11호는 앞에서 해설]
> 12. 상품의 품질을 오인하게 하거나 수요자를 기만할 염려가 있는 상표

〈소 목 차〉

Ⅰ. 총설

1. 연혁

본 규정은 우리나라 상표법이 1949. 11. 28. 법률 제71호로 제정되면서 제5
조 제1항 제8호에 "상품을 오인, 혼동시키거나 기만할 염려가 있는 상표"는 등
록할 수 없다고 규정한 데에서 유래한다. 그런데 상표법이 1973. 2. 8. 법률 제
2506호로 전부 개정되면서 제9조 제1항 제9호와 제10호에 주지상표와 저명상표
에 관한 부등록사유[1]를 신설함과 함께, 위 규정은 제9조 제1항 제11호에서 "상
품의 품질의 오인을 일으키게 할 염려가 있는 상표"는 등록받을 수 없다고 하
여 "기만할 염려가 있는 상표" 부분을 삭제하는 것으로 변경되었다. 그런데 상
표법이 1980. 12. 31. 법률 제3326호로 개정되면서 위 제11호는 수요자의 이익
보호를 위해 부실상표의 등록을 배제한다는 취지에서 "기만할 염려가 있는 상
표" 부분을 다시 추가하여 "상품의 품질을 오인케 하거나 수요자를 기만할 염
려가 있는 상표"는 등록받을 수 없다고 규정하기에 이르렀다.[2] 위와 같은 규정

---

1) 현행 상표법 제34조 제1항 제9호와 제11호의 부등록사유와 동일한 규정이다.
2) 문삼섭, 상표법(제2판), 세창출판사(2004), 444.

은 상표법이 1990. 1. 13. 법률 제4210호로 전부 개정되면서 제7조 제1항 제11
호에 이전되었고,3) 2016. 2. 29. 법률 제14033호로 다시 전부 개정되면서 제34
조 제1항 제12호에 그대로 이전되어 현재에 이르고 있다.

2. 입법례

가. 일본 상표법의 관련 규정과의 비교

본 규정과 관련된 일본 상표법 규정으로는, 상표등록을 받을 수 없는 상표
로 "타인의 업무에 관련된 상품 또는 서비스와 혼동(混同)을 일으킬 염려가 있
는 상표(제10호 내지 제14호에 정한 것을 제외한다)"를 규정하고 있는 제4조 제1항
제15호와 "상품의 품질 또는 서비스의 질에 대하여 오인(誤認)을 일으킬 염려가
있는 상표"를 규정하고 있는 제4조 제1항 제16호를 들 수 있다. 일본 상표법에
서 위 규정들의 변천과정을 살펴보면 아래와 같다.4)

일본의 1909년(명치 42년) 상표법 제2조 제3호에는 "질서나 풍속을 문란하
게 하거나 세인(世人)을 기만할 염려가 있는 상표"는 등록하지 않는다고 규정하
고 있었다. 그런데 여기서 "세인을 기만할 염려가 있는 상표"에 대하여, 상품의
혼동을 일으킬 염려가 있는 상표는 포함하지 않는다고 좁게 해석한 판례가 있
었으나, 그것은 영국법에서 말하는 "deceptive marks" 규정을 따른 것인데 이는
널리 세인으로 하여금 부실관계를 오인하게 하는 것을 의미하므로 위와 같이
협의로 해석하는 것은 부당하다고 간주되어, 이를 광의로 해석한 판례도 있었
다. 이러한 해석의 불명확함을 피하기 위하여, 1921년(대정 10) 개정 상표법에서
는 위 부분을 "상품의 오인(誤認)을 일으킬 염려가 있는 것"과 "(상품의) 혼동(混
同)을 일으킬 염려가 있는 것"의 두 가지로 구분하여 제2조 제1항 제11호에 규
정함으로써, 후자가 출처의 혼동을 방지하는 규정임을 명백히 하였다. 위 규정
은 현행 일본 상표법에서 다시 제4조 제1항 제15호와 제16호로 분할되었다.5)

이와 같이 현행 일본 상표법 제4조 제1항 제15호는 일본 구 상표법 제2조
제1항 제11호로부터 분할되어 나온 것이다. 그럼에도 일본의 다수설과 판례는

---

3) "상품의 품질을 오인케 하거나"를 "상품의 품질을 오인하게 하거나"로 자구 수정이 되
었을 뿐이다.

4) 網野誠, 商標(第6版), 有斐閣(2002), 371-372; 小野昌廷 編, 注解 商標法 上卷(新版), 靑
林書院(2005), 383-385 참조.

5) "상품의 혼동을 일으킬 염려가 있는 것"이 제15호에 해당하고, "상품의 오인을 일으킬
염려가 있는 것"이 제16호에 해당한다.

이들 규정의 성격을 다르게 해석하고 있다.6) 즉, 일본 구 상표법 제2조 제1항 제11호의 "상품의 혼동을 일으키는 상표"도 결국은 부정경쟁방지를 직접적인 목적으로 하는 것이고 무효심판청구에 관한 제척기간의 적용이 없다는 등의 이유로 공익적(公益的) 규정이라고 해석하였다. 이와 같이 공익을 보호하기 위하여 등록을 거절하려면 단순히 구체적인 출처혼동의 위험만으로는 부족하고 전국적으로 저명한 상표에 대하여 출처혼동이 생기는 정도에 이르러야 하는 것으로 위 규정을 매우 좁게 해석 운용하여 왔고, 이에 따라 사익적(私益的) 규정으로서 그 요건과 효과가 다르다고 여겨진 일본 구 상표법 제2조 제1항 제8호, 제9호7)와 중복적용될 수 있는 것으로 해석하였다. 그러나 위와 같이 공익적 규정으로 해석되는 구 상표법 제2조 제1항 제11호와는 달리, 현행 일본 상표법 제4조 제1항 제15호는 출처의 혼동방지를 목적으로 하는 사익적 규정인 같은 항 제10호 내지 제14호와 동질의 규정으로 해석되고 있다. 이들 사익적 규정에 해당되지 않고 출처혼동의 염려가 있는 것에 대하여 그 등록을 거절하기 위한 총괄적인 규정이라는 것이다.8)

위에서 살펴본 바를 종합하면, 현행 일본 상표법에는 우리 상표법 제34조 제1항 제12호 후단의 "수요자를 기만할 염려가 있는 상표"(뒤에서 보듯이 공익적 규정으로 해석되고 있다)에 정확히 일치하는 규정은 없고9), 본호 전단의 "상품의 품질을 오인하게 하는 상표"와 같은 규정을 제4조 제1항 제16호에 두고 있을 뿐이라고 할 수 있다. 일본 상표법 제4조 제1항 제15호의 규정을 구 상표법(2016. 2. 29. 법률 제14033호로 개정되기 전의 것) 제7조 제1항 제11호(현행 상표법 제34조 제1항 제12호) 후단과 제10호10)가 합쳐진 것으로 볼 수 있다고 하는 견해

---

6) 이하의 해석과 관련하여 자세한 것은 網野誠(주 4), 372-374; 小野昌延 編(주 4), 385-387 참조.

7) 현행 일본 상표법 제4조 제1항 제10호, 제11호에 해당하는데, 우리 상표법 제34조 제1항 제9호, 제7호와 동일한 취지의 규정이다.

8) 이에 따라 현행 일본 상표법에서는 제15호의 경우 괄호 안에 제10호 내지 제14호와 중복적용되지 않음을 규정하는 한편, 무효심판청구의 제척기간에 관한 규정도 적용되는 것으로 규정하고 있다(제47조).

9) 이명규, "상표법 제7조 제1항 제11호 후단의 등록무효 사유를 판단함에 있어서 등록상표에 대비되는 기존의 상표의 요건", 대법원 판례해설 50호(2004. 12.), 법원도서관, 529.

10) 현행 상표법 제34조 제1항 제11호에 해당하는 규정인데, 다만 현행 상표법에서는 그 내용상 "수요자들에게 현저하게 인식되어 있는 타인의 상품이나 영업의 식별력 또는 명성을 손상시킬 염려가 있는 상표"가 추가되었다. 이 규정에 대해서 무효심판청구에 관한 제척기간의 적용이 없으므로 부정경쟁의 방지를 직접적인 목적으로 하는 공익적 규정으로 파악함이 통설이다. 이에 대해서는 국제적으로 주지상품·영업과의 혼동 우려가 있는 상표의

도 있다.[11] 그러나 일본 상표법의 위 규정은 앞서와 같이 사익적 규정으로 해석
된다는 점에서 공익적 규정으로 해석되는 우리 상표법의 위 규정들과 차이가
있다고 보아야 한다.

나. 미국

미국의 연방상표법(Lanham Act) §2(a)는 상품의 품질 등을 오인하도록 하는
기만적인(deceptive) 상표를 부도덕한(immoral) 상표, 추한(scandalous) 상표와 함께
등록받을 수 없는 상표로 규정하고 있다.[12] 이는 절대적 부등록사유에 해당하므
로 그러한 상표가 식별력을 취득하였다고 하더라도 등록될 수 없고[§2(f)], 등록
된 경우에도 등록취소 사유에 해당하며 등록취소를 청구할 수 있는 기간에 제
한이 없다[§14(3)].

한편, 미국 연방상표법은 §2(d)에서 선등록 또는 선사용된 상표를 닮아
(resemble) 출처의 혼동을 일으킬 것 같은 상표 역시 등록받을 수 없는 상표로
규정하고 있는데, 이러한 상표에 대한 등록취소는 등록일로부터 5년 이내에 청
구해야 한다[§14(1)].

다. 유럽[13]

유럽공동체 상표규칙 제7조 제1항 (g)호는 "예를 들어 상품이나 서비스의
성질, 품질 또는 원산지에 관하여 공중을 기만하는 성질의 상표(trade marks
which are of such a nature as to deceive the public, for instance as to the nature, qual-
ity or geographical origin of the goods or service)"를 절대적 부등록사유로 규정하고
있다. 이에 비하여, 상표와 상품이 동일·유사하여 출처혼동의 우려가 있는 상표
는 상대적 부등록사유로 규정하고 있다. 유럽공동체 상표규칙을 따른 독일과 영
국 상표법도 이와 거의 동일하게 규정하고 있다.

부등록사유는 사익규정으로 취급된다는 이유 등을 들어 입법론적 검토를 요한다는 비판이
있다[송영식, "상표법 제7조 제1항 제11호의 '수요자기만 상표'의 의미", 창작과 권리 18호
(2000. 3.), 세창출판사, 64-65].

11) 신성기, "상표법 제7조 제1항 제11호의 수요자기만 상표에 대하여", 대법원 판례해설,
28호(1998. 6.), 법원도서관, 625.

12) 제2조의 원문을 보면, "No trademark by which the goods of the applicant may be dis-
tinguished from the goods of others shall be refused registration on the principal register on
account of its nature unless it─(a) Consists of or comprises immoral, deceptive, or scandal-
ous matter; (후략)"라고 하고 있다.

13) 송영식·이상정·황종환·이대희·김병일·박영규·신재호 공저, 지적소유권법(하), 육법사
(2008), 173-175(김병일 집필)을 참조하였다.

3. 전단(품질오인 상표)과 후단(수요자기만 상표)의 구분

가. 대법원 판례의 태도

대법원 1989. 11. 10. 선고 89후353 판결은 본 규정의 '상품의 품질을 오인하게 하거나 수요자를 기만할 염려가 있는 상표'의 의미에 대하여, "그 전단이 상품의 품질의 오인 또는 기만을 포함함은 물론이나 그 후단은 상품의 품질과 관계없이 상품의 출처의 오인을 초래함으로써 수요자를 기만할 염려가 있는 경우도 포함한다"고 판시하였다. 위 판결 이래, 본 규정 전단은 '품질'을 오인하게 할 염려가 있는 상표를, 후단은 '출처'의 오인·혼동을 일으킬 염려가 있는 상표를 의미한다고 하여, 전단과 후단을 별개의 상표 부등록사유로 보아야 한다는 것이 대법원의 확립된 판례가 되었다.

나. 비판론

이와 같은 대법원 판례의 태도에 대하여는, 본 규정 후단의 '수요자기만 상표'도 전단의 품질오인 표시와 같은 차원의 원산지 등 지리적 명칭의 부실표시·기타 상품이나 서비스의 품질에 관하여 공중을 기만하는 성질의 상표로 해석해야 한다는 비판론이 있다.

일반적인 출처의 오인·혼동의 규제에 관하여는 이미 구 상표법(2016. 2. 29. 법률 제14033호로 개정되기 전의 것, 이하 같다) 제7조 제1항 제7호, 제9호, 제10호[14] 등에서 규정이 마련되기에 이른 점, 본 규정은 공익적 이유에서 부등록사유를 특별히 규정한 것인 만큼 그 독자적인 의의를 공익성에서 찾아야 한다는 점, 미국·독일·영국 등에서는 우리 대법원 판례와 같은 해석을 취하는 입법·판례·학설이 전혀 없고 일본에서도 부등록사유로 수요자기만 상표를 따로 규정하고 있지 않으므로, 비판론과 같이 해석하면 본 규정은 유럽연합이나 독일, 영국 상표법의 절대적 부등록사유인 공중기만상표와 동일하게 되어 국제 상표제도와 조화를 이룰 수 있다는 점 등을 그 근거로 들고 있다.[15] 구 상표법 제7조 제1항 제9호, 제10호의 경우 상표의 국내에서의 주지·저명성을 요건으로 하는 데 반하여, 대법원 판례에 의하면 본호의 경우 주지·저명성을 요건으로 하지 않고 상품도 동일·유사할 것을 요건으로 하지 않으므로 사실상 제9호와 제10호의 규정이 무의미해지고, 특히 상표법이 1997년에 개정되면서 제7조 제1항

---

14) 현행 상표법 제34조 제1항 제7호, 제9호, 제11호에 해당한다.
15) 송영식 외 6인(주 13), 172-173, 176.

제12호[16])가 신설된 이후에는 외국의 주지·저명 상표를 모방하여 출원한 상표를 등록하지 않기 위하여 본 규정을 확대해석할 필요가 없다는 점도 그 근거로 거론된다.[17]

다. 검토

수요자기만 상표에 관한 대법원 판례의 해석에 따를 때, 상표법 제34조 제1항 제9호, 제11호의 규정들을 사실상 사문화시킬 수 있는 문제점이 있고, 특히 2007년에 구 상표법 제7조 제1항 제12호를 개정함으로써 모방상표의 등록을 보다 엄격히 제한함에 따라 본호의 적용을 확장할 필요성이 많이 감소된 것도 사실이다.

그러나 대법원의 위와 같은 해석론은, 등록주의를 취하는 우리 상표법 체계 아래에서 선사용되고 있던 상표가 미처 등록되기 전에 이를 먼저 등록함으로써 부당하게 이익을 얻고자 하는 상표브로커의 폐단을 없애고 구체적 타당성을 확보하는 데 실무상 큰 기여를 해 오고 있다. 특히 주지·저명상표에는 이르지 못하여 상표법 제34조 제1항 제9호, 제11호, 제13호[18] 등을 적용할 수 없는 사안에서 위와 같은 해석론은 여전히 독자적인 존재의의를 가진다. 그리고 위와 같은 해석론은 상표에 대해 먼저 쌓아 놓은 고객흡인력과 신용을 보호하는 수단으로서 활용되어 우리 상표법의 명문 규정이 미비한 상황에서도 선사용 상표권자의 정당한 이익을 보호함으로써 오히려 국제적인 상표제도와 조화를 이루게 한 것으로 평가할 수 있다.[19]

다만, 위와 같이 구 상표법 제7조 제1항 제12호를 개정한 이후 모방상표의 등록을 철저히 규제할 수 있게 됨에 따라, 위 개정 법률 시행 후에 출원된 상표에 대해서는 본호 후단을 적용할 필요성이 많이 감소되었다고 할 수는 있다.[20]

---

16) 현행 상표법 제34조 제1항 제13호에 해당한다.

17) 구 상표법이 2007. 1. 3. 법률 제8190호로 개정되면서 구 상표법 제7조 제1항 제12호의 규정 중 "현저하게 인식되어"라는 문구에서 "현저하게"라는 단어를 삭제하여 선사용상표의 인식도의 정도를 완화함으로써 모방상표의 등록을 보다 엄격히 제한하였는데, 이러한 상표법 개정은 비판론에 더욱 힘을 실어주는 것으로 보인다.

18) 각주 17과 같이 개정된 조항은 그 개정 상표법의 시행일(2007.7.1.) 이전에 출원된 상표에 대해서는 적용되지 않으므로, 그 이전에 출원되어 등록된 상표에 관하여는 여전히 본호 후단을 적용해야 할 필요성이 존재한다.

19) 대법원 판례의 정당성을 주장하고 있는 문헌으로는, 이명규(주 9), 525-526 참조.

20) 그렇다고 하여 현재 제34조 제1항 제12호 후단의 역할이 완전히 없어졌다고는 할 수 없다. 제13호의 경우 '부정한 목적'을 요건으로 함에 비하여 제12호 후단은 '수요자기만 여부'를 요건으로 하므로 그 적용요건이 동일하지 않기 때문이다.

4. 제도적 취지

앞서 본 바와 같은 대법원 판례의 해석을 따른다면, 본호의 제도적 취지는 상표의 기능 중 품질보증기능 및 출처표시기능을 보호함으로써 상품의 품질오인 또는 출처의 혼동으로부터 생길 일반 수요자의 불이익을 방지하고 건전한 상거래질서를 유지하기 위한 것이라고 할 수 있다.[21]

5. 판단기준시

종전에는 본호에 해당하는 상표인지 여부의 판단기준시에 관하여 상표법에 명시적인 규정이 없으나, 본호는 거래질서의 보호라는 공익적 견지에서 규정된 것이라는 점을 이유로 등록결정시를 판단기준시로 보고 있다.[22] 대법원도 본호 후단의 수요자기만 상표와 관련해서 등록결정시라고 명시적으로 판단한 바 있고,[23] 전단의 품질오인상표와 관련해서는 명시적으로 판단한 적은 없으나 등록결정시를 전제로 하고 있는 판결이 있었다.[24] 2016. 2. 29. 개정 상표법에서는 제34조 제2항 본문에 등록결정시를 기준으로 한다는 명시적인 규정을 두었다.

Ⅱ. 품질오인 상표

1. 의미

상표법(이하 법명은 생략한다) 제34조 제1항 제12호 전단이 규정하고 있는 '상품의 품질을 오인하게 할 염려가 있는 상표'라 함은 상표의 구성 자체가 그 지정상품이 본래 가지고 있는 성질과 다른 성질을 갖는 것으로 수요자를 오인하게 할 염려가 있는 상표를 말한다.[25] 당해 상품이 현실로 가지고 있는 품질과 상이한 것으로 일반수요자들이 오인할 염려가 있는 경우는 물론이고, 지정상품

---

21) 문삼섭(주 2), 444.

22) 문삼섭(주 2), 445-446.

23) 대법원 2003. 4. 8. 선고 2001후1884, 1891 판결(공2003상, 1108); 대법원 2001. 9. 28. 선고 99후2655 판결(공2001하, 2388) 등.

24) 예를 들어, 대법원 2007. 6. 1. 선고 2007후555 판결(미간행) 등은 등록결정시를 판단기준시로 하고 있는 기술적 표장과 사이에 판단기준시에 관하여 아무런 구분 없이 품질오인상표 해당 여부도 판단하였다.

25) 대법원 2012. 10. 18. 선고 2010다103000 전원합의체 판결(공2012하, 1880); 대법원 2000. 10. 13. 선고 99후628 판결(공2000하, 2358) 등.

인 '소주'에 대하여 '보드카'라는 상표를 사용하는 것과 같이 상품 자체를 오인할 염려가 있는 경우를 포함한다.26)

　본 규정에 대응하는 일본 상표법 제4조 제1항 제16호에 대한 일본에서의 해석을 보면, 일정한 상표가 외관, 호칭, 관념 등으로 판단하여 그 지정상품 또는 서비스업에 관하여 그 상품의 품질 또는 서비스업의 질이 현실로 가지고 있는 것과 상이한 듯이 세인(世人)을 오인시킬 염려가 있는 경우 이에 해당한다고 하면서, 상표가 상품 또는 서비스업과의 관계에서 부실(不實)을 표시하고 있기 때문에 그 상표로 표시되는 상품 또는 서비스업의 진정(眞正)에 관하여 세인에게 착오를 갖게 하는 상표를 등록하지 않음을 규정한 것이라고 설명하고 있다.27)

2. 판단기준

　대법원은 품질오인상표의 판단기준에 관하여, '특정의 상표가 품질오인을 일으킬 염려가 있다고 보기 위하여는, 당해 상표에 의하여 일반인이 인식하는 상품과 현실로 그 상표가 사용되는 상품과의 사이에 일정한 경제적인 견련관계 내지 부실(不實)관계, 예컨대 양자가 동일계통에 속하는 상품이거나 재료, 용도, 외관, 제법, 판매 등의 점에서 계통을 공통으로 함으로써 그 상품의 특성에 관하여 거래상 오인을 일으킬 정도의 관계가 인정되어야 하고, 지정상품과 아무런 관계가 없는 의미의 상표로서 상품 자체의 오인, 혼동을 일으킬 염려가 있다는 사유만을 가지고는 일반적으로 품질오인의 우려가 있다고는 할 수 없는 것이며, 그 염려가 있는지 여부는 일반수요자를 표준으로 하여 거래통념에 따라 판정하여야 한다'고 판시해 오고 있다.28)

　따라서 지정상품과 아무런 관계가 없는 의미를 나타내는 상표는 그것이 상품명 자체이거나 특정 상품의 품질을 표시하는 문자를 포함한 것이라고 하더라도 상품의 품질에 대하여 오인을 일으키는 것이라고 할 수 없다.29) '등록상표가 지정상품의 용도나 효용 등을 보통으로 사용하는 방법으로 표시한 표장만으로 된 상표에 해당하지 아니하는 이상 등록상표의 사용으로 수요자들이 상품의 품질을 오인할 염려가 있다고 볼 수도 없다'고 판시한 대법원 판결30)도 이와 같은

---

26) 문삼섭(주 2), 444-445.
27) 網野誠(주 4), 401-402.
28) 대법원 1994. 12. 9. 선고 94후623 판결(공1995상, 496) 등.
29) 網野誠(주 4), 404.
30) 대법원 2002. 12. 10. 선고 2000후3418 판결(공2003상, 404).

맥락에 있다고 할 것이다.

　품질오인상표에 해당하는지 여부는 상표의 구성 그 자체만으로 판단하는 것이지 그 외에 상품에 부착되거나 포장용기에 부착된 상품의 설명서 등까지 고려하여야 하는 것은 아니다.[31] 상표 이외의 거래실정까지 고려되는지 여부에 관하여, '그 지정상품이 현실적으로 존재할 수 없는 경우를 제외하고는, 상표 자체의 구성과 그 지정상품과의 관계를 기준으로 판단하여야 하고, 상표 이외의 거래의 사정 등을 감안하여서는 아니 된다'고 판시한 하급심판결[32]이 있다. 일본의 학설, 판례도 상품의 품질에 오인을 일으키는지 여부는 상표 자체의 구성에 의해 판단해야 하고 상표 이외의 거래의 실정 등을 감안하여 판단해서는 안 된다고 하고 있다.[33] 상표의 태양을 변경하여 사용할 것이라는 거래실정 등은 품질오인 여부의 판단에 영향을 줄 수 없다는 점에서는 이를 수긍할 수 있다.[34] 그러나 품질오인에 해당하는지 여부는 앞서 대법원 판결에서 본 바와 같이 어디까지나 일반 수요자를 표준으로 하여 거래통념에 따라 판단하는 것이라는 점에 유의할 필요가 있다.

　특정 상표가 품질오인상표에 해당하는지 여부는 상표를 전체적으로 관찰하여 판단해야 하고, 품질의 오인을 생기게 하는 원인이 되는 부분이 당해 상표의 요부(要部)인지 여부를 반드시 따질 필요는 없다. 또한 품질오인상표인지 여부는 객관적으로 결정되어야 하므로 출원인의 부정경쟁의 의사나 오인을 생기게 하려는 고의를 가지고 있는지 여부는 묻지 않는다.[35]

3. 구체적인 사례

가. 긍정례

　① "하이우드" 등으로 구성된 등록상표는 일반 수요자에게 '고급 목재, 좋은 목재' 등의 의미로 직감되므로, 그 지정상품 중 '목재'로 되어 있는 상품에 사용될 경우에는 지정상품의 품질·효능·용도 등을 보통으로 사용하는 방법으로 표시한 표장만으로 된 기술적 표장에 해당하고, '목재'로 되어 있지 아니한 상품에 사용될 경우에는 그 지정상품이 '목재'로 되어 있는 것으로 수요자를 오

---

31) 대법원 2000. 10. 13. 선고 99후628 판결(공2000하, 2358) 등.
32) 특허법원 2006. 4. 12. 선고 2006허589 판결(미간행, 심리불속행 기각으로 확정됨).
33) 網野誠(주 4), 402.
34) 網野誠(주 4), 402.
35) 網野誠(주 4), 402.

인하게 할 염려가 있는 품질오인표장에 해당한다.[36)]

② 등록상표 "COLOR CON"은 '유채색'의 콘크리트타일, 투수콘크리트, 투수콘크리트타일에 대하여 사용될 경우에는 상품의 성질을 나타낸 것으로 식별력이 없고, '무채색'의 콘크리트타일, 투수콘크리트, 투수콘크리트타일에 대하여 사용될 경우에는 이를 유채색의 콘크리트 제품으로 상품의 성질을 오인할 수 있으므로, 기술적 표장임과 동시에 상품의 품질을 오인하게 할 염려가 있는 상표에 해당한다.[37)]

③ 등록상표 "큰글성경"은 성경과 관련 있는 지정상품에 대하여는 품질이나 용도 등을 보통으로 사용하는 방법으로 표시한 표장만으로 된 상표에 해당하고, 성경과 관련 없는 지정상품에 대하여는 품질을 오인하게 할 염려가 있는 상표에 해당한다.[38)]

④ 등록상표 "일동"은 '막걸리'의 산지로서 일반 수요자 및 거래자에게 널리 알려져 있고, 청계산, 백운산 등 주변의 명산과 계곡, 온천 등이 있는 관광지인 경기 포천군 일동면으로 널리 알려져 있어, 지정상품 중 약주에 대하여는 산지를 보통으로 사용하는 표장에 해당되므로, 등록상표를 경기 포천군 일동면 이외의 지역에서 생산되는 약주에 사용하는 경우 일반 수요자 또는 거래자는 일동면에서 생산되는 약주로 그 품질을 오인할 가능성이 크다.[39)]

⑤ 출원상표 "CHRISTIAN de LACROIX Jeans"을 '진(Jeans)'이 아닌 다른 섬유로 만든 의류에 사용할 경우 거래통념상 일반 수요자들은 '진(Jeans)'으로 만든 의류로 그 품질을 오인할 가능성이 있다 할 것이고, 이는 통신판매의 경우 그 카탈로그에 의류가 어떤 소재의 섬유로 만들어졌는지가 반드시 표기되어 있다고 하더라도 달리 볼 것은 아니다.[40)]

⑥ 등록상표 "데코시트"는 지정상품 중 장식재인 상품에 사용될 경우에는 전체적으로 볼 때 상품의 성질(용도와 형상)을 나타내는 기술적 상표에 해당하고, 위 등록상표가 장식재로 직접 사용되지 아니하는 지정상품에 사용되는 경우에는 수요자들로 하여금 위 지정상품들이 일반적인 단순한 시트가 아니고 장식

---

36) 대법원 2012. 10. 18. 선고 2010다103000 전원합의체 판결(공2012하, 1880).
37) 대법원 2007. 6. 1. 선고 2007후555 판결(미간행).
38) 대법원 2004. 5. 13. 선고 2002후2006 판결(미간행).
39) 대법원 2003. 7. 11. 선고 2002후2464 판결(공2003하, 1737).
40) 대법원 2000. 10. 13. 선고 99후628 판결(공2000하, 2358).

적인 효과를 나타내는 장식용 시트를 만드는 데 사용되는 상품 또는 그러한 장식용 시트를 함유하는 상품으로 그 품질을 오인·혼동하게 할 우려가 있어 품질오인상표에 해당한다.[41]

⑦ 출원상표 "CARROT"은 '당근'이라는 의미로서 출원상표를 그 지정상품인 '향수, 헤어무스, 방향제, 공기청향제' 등에 사용할 경우에는 일반 수요자들이 당근 성분이 함유된 상품을 표시한 것이라고 직감할 수 있으므로 출원상표는 지정상품의 성질을 보통으로 사용하는 방법으로 표시한 표장만으로 된 상표이며, 나아가 출원상표를 당근성분이 함유되지 아니한 지정상품에 사용할 경우에는 일반 수요자나 거래자로 하여금 그 지정상품이 당근성분이 함유된 상품인 것으로 그 지정상품의 품질을 오인하게 할 염려가 있는 상표에도 해당한다.[42]

⑧ 등록상표 "모시메리"는 "모시"와 "메리야쓰"의 결합으로 인식될 것이고 여기서 "메리야쓰"는 일반소비자들이 속내의를 총칭하는 것으로 알고 있는 것이 거래실정이므로 일반수요자들에게는 "모시로 짠 메리야쓰" 또는 "모시를 함유한 내의" 등으로 인식되어질 것이며, 거래사회의 경험칙에 의하면 "모시"를 "모시풀껍질의 섬유로 짠 피륙"과 함께 "모시풀껍질의 섬유"를 의미하는 것으로 인식할 수 있고 현실적으로 "모시를 함유한 내의" 또는 "모시풀껍질의 섬유를 함유한 메리야쓰"가 존재할 수도 있음이 인정되며, 등록상표의 지정상품을 "의마사로 제조된 상품" 또는 "의마가공된 상품"으로 한정하고 있다 하여도 의마가공은 "모시"를 원재료로 하지 아니하고 "면"을 원재료로 하는 것이며 "의마"가 곧 "모시"를 의미하는 것은 아니므로 지정상품의 한정만으로는 품질오인의 문제는 배제될 수 없어 등록상표는 일반수요자들로 하여금 "모시"를 함유한 상품으로 그 품질을 오인케 할 우려가 있다.[43]

나. 부정례

① 탈취제란 단어의 사전적 의미나 실제 거래계에서도 녹차와 숯의 탈취 혹은 방습 기능이 어느 정도 인식되어 있어 보이는 사정 등에 비추어 본다면, 지정상품인 '녹차와 숯을 원재료로 한 냉장고용 탈취제'와 관련하여 출원상표

---

41) 대법원 1999. 11. 12. 선고 99후154 판결(공1999하, 2512).
42) 대법원 1998. 8. 21. 선고 98후928 판결(공1998하, 2318).
43) 대법원 1994. 3. 11. 선고 93후527 판결(공1994상, 1193).

을 사용한다 한들 그것이 어떤 품질오인의 염려를 주는 것이라고 는 할 수 없을 것이다.44)

② 오른쪽과 같이 구성된 등록상표['척주동해비(陟州東海碑)'를 고전 자체(古篆字體)로 표기한 것임]의 경우, '척주동해비'란 표장이 문화재로 지정된 비석의 이름으로 널리 알려져 있다고 하더라도 위 표장이 도자 기와 관련하여 품질을 표시하는 것이 아니므로 등록상표의 사용으로 인하여 수요자들로 하여금 상품의 품질을 오인하게 할 염려가 있다고 할 수도 없다.45)

③ 컴퓨터 운영체제 프로그램의 보통명칭 내지 관용표장으로 널리 알려진 등록상표 "Linux"가 그 지정상품 중 '서적, 팸플릿, 학습지' 등에 사용될 경우, 위 지정상품의 일반 수요자가 상표보다는 그 상품에 수록된 창작물의 내용이나 그 내용을 나타내는 제목에 중점을 두고 상품을 거래하는 점 등에 비추어 볼 때, 위 컴퓨터 운영체제 프로그램에 관한 내용이 위 지정상품에 수록될 수 있다는 사정만으로 일반 수요자가 등록상표를 보고 위 지정상품에 수록된 내용을 보통 으로 사용하는 방법으로 표시한 것으로 인식한다고 보기 어려운 이상, 등록상표 의 사용으로 수요자들이 상품의 품질을 오인할 염려가 있다고 볼 수도 없다.46)

④ 출원상표 "PARIS SPORTS CLUB"의 명칭인 파리스포츠 클럽은 실제로 존재하지 아니하는 가상의 스포츠 클럽일 뿐만 아니라 그 명칭으로부터 여성패 션의 중심지로서의 지리적 명칭인 '파리'의 의미가 특별히 부각되지도 아니하는 이상 일반 소비자들이 본원상표를 보고 그 지정상품인 여성의류 등과 관련하여 현재 존재하지도 아니하는 스포츠 클럽에서 제조하는 상품으로 오인하거나 '파 리'에서 제조된 상품으로 그 품질을 오인케 할 염려가 있다고는 볼 수 없다.47)

⑤ 출원상표의 "NECTAR"라는 영문단어 자체는 그리스 신화에 나오는 '신 주'에서 유래한 것이나, 오늘날 일반수요자의 입장에서 출원상표에 의하여 인식 하는 상품은 "감미로운 음료, 감로, 과즙" 정도라 할 것인데, 출원상표의 지정상 품들인 화장품류(향수, 향유, 로션 등)와는 동일 계통에 속하는 상품이라거나 재

---

44) 대법원 2007. 11. 16. 선고 2005후2267 판결(미간행).
45) 대법원 2005. 10. 7. 선고 2004후1441 판결(공2005하, 1802).
46) 대법원 2002. 12. 10. 선고 2000후3418 판결(공2003상, 404).
47) 대법원 1997. 8. 29. 선고 97후204 판결(공1997하, 2898).

료, 용도, 외관, 제법, 판매 등의 점에서 계통을 공통으로 하는 관계에 있다 할 수 없고, 양자가 같은 액체 형상을 하고 있어 캔이나 병 등의 용기에 담아 거래된다고 하는 경우에도 음료류와 화장품류는 그 용기에 있어서나 판매처에 있어서 확연히 구별되므로 거래통념상 화장품류의 일반수요자들 사이에서 출원상표로 인하여 상품 자체나 그 품질을 오인할 염려는 없는 것으로 보아야 한다.[48]

⑥ 출원상표인 "GAMEBOY"의 "GAME" 부분은 "놀이(게임)도구"라는 뜻을 가지고 있기는 하지만 "전자계산기, 자기디스크, 반도체메모리, 모사전송기, TV수신기, 건전지" 등 지정상품이 일반수요자들에게 놀이도구(게임용)로 인식되어 있지도 않고 놀이도구(게임용)로 생산 판매되는 제품도 있지 아니한 거래실정으로 보아 출원상표가 지정상품의 성질을 표시하고 있는 것으로 일반 수요자들에게 인식되어 있다고 할 수 없으므로 출원상표를 위 지정상품에 사용한다고 하더라도 거래사회의 통념상 그 상품의 품질을 오인할 염려가 있다고 보이지 아니한다.[49]

Ⅲ. 수요자기만 상표

1. 의미

제34조 제1항 제12호 후단이 규정하고 있는 '수요자를 기만할 염려가 있는 상표'라 함은 상품의 품질과 관계없이 상품 출처의 오인을 초래함으로써 수요자를 기만할 염려가 있는 경우를 말하며, 출원인의 기만의 의사 유무를 불문한다.[50] 앞서 살펴본 바와 같이, 수요자기만 상표에 관한 해석은 순전히 대법원 판례에 의하여 발전되어 온 것이다. 따라서 아래에서는 대법원 판례를 중심으로 그 내용을 서술하기로 한다.

2. 규정 취지

대법원은 제34조 제1항 제12호 후단의 규정 취지에 관하여, "기존의 상표를 보호하기 위한 것이 아니라 이미 특정인의 상표라고 인식된 상표를 사용하는 상품의 출처 등에 관한 일반수요자의 오인·혼동을 방지하여 이에 대한 신뢰를 보

---

48) 대법원 1994. 12. 9. 선고 94후623 판결(공1995상, 496).
49) 대법원 1992. 6. 23. 선고 92후124 판결(공1992하, 2282).
50) 대법원 1999. 9. 3. 선고 98후2870 판결(공1999하, 2094).

호하고자 하는 데 있고, 위 규정을 적용한 결과 기존의 상표가 사실상 보호받는
것처럼 보인다고 할지라도 그것은 일반수요자의 이익을 보호함에 따른 간접적,
반사적 효과에 지나지 아니하므로, 기존의 상표의 사용자가 그 상표와 동일 또는
유사한 제3의 상표가 이미 등록되어 있는 사실을 알면서 기존의 상표를 사용하
였다고 하더라도 그 사정을 들어 위 규정의 적용을 배제할 수는 없다."고 판시해
오고 있다.51) 이에 따르면, "A" 상표가 상표등록이 된 후에 위 등록사실을 알면
서 이와 동일·유사한 "A1" 상표가 사용되었다고 하더라도, 그 이후 "A2" 상표의
등록결정시에 위 "A1" 상표가 특정인의 상표로 인식되어 있었다고 한다면 "A2"
상표에 대해 선사용상표 "A1"과 사이에서 제34조 제1항 제12호 후단이 적용되게
된다. 대법원이 제34조 제1항 제12호 후단을 기존의 상표를 보호하기 위한 것이
아니라 상품의 출처 등에 관한 일반 수요자의 오인·혼동을 방지하고자 하는 공
익적 규정으로 해석해 오고 있는52) 이상 위와 같은 해석은 불가피한 것으로 보
인다.53)54)

51) 대법원 2004. 3. 11. 선고 2001후3187 판결(공2004상, 656); 대법원 2007. 6. 28. 선고 2006
후3113 판결(공2007하, 1193).
52) 대법원 1997. 6. 27. 선고 96후1712 판결(미간행); 대법원 1998. 2. 13. 선고 97후1252 판
결(공1998상, 772) 등.
　　제34조 제1항 제12호는 제122조가 규정하고 있는 제척기간의 적용이 없다는 점이 이를
공익적 규정으로 해석하는 강력한 근거이다. 앞서 보았듯이 위 규정에 대응되는 일본의 구
상표법 제2조 제1항 제11호도 공익적 규정으로 해석되었다. 그러나 제34조 제1항 제12호
후단을 위와 같은 이유로 공익적 규정으로 해석하는 것은 비교 대상이 되는 선사용상표의
범위가 '주지상표'에 국한되면서도 제122조의 제척기간 규정이 적용되어 사익적 규정으로
해석되는 제34조 제1항 제9호와 사이에서 모순되는 측면이 있다. 우리 대법원이 제34조
제1항 제12호 후단을 출처혼동을 규제하는 규정으로 해석하고 비교 대상이 되는 선사용상
표도 '주지상표'보다 넓은 '특정인의 것으로 인식되는 상표'에까지 넓히고 있기 때문이다
(앞서 보았듯이 일본의 구 상표법 제2조 제1항 제11호는 '저명상표'와의 관계에서만 적용
된다). 이러한 모순은 아래에서 살펴보는 '악의의 주지상표'의 보호 여부에 관한 해석과
관련하여 더욱 불거지게 된다.
53) 이명규(주 9), 536-538면은 그 이외에도 기존의 상표에 대한 일반 수요자의 인식 정도에
관한 사항은 사실문제일 뿐이라는 점, 위와 같은 적용으로 인하여 선등록상표에 대한 권리
자와의 법률관계나 선사용상표 사용자의 법률적 지위에는 아무런 영향을 미치지 아니하
고, 선등록상표에 관한 권리의 이전으로 유사한 상표에 관한 권리(위에서 든 예에서 "A"에
대한 상표권과 "A2"에 대한 상표권)가 각각 다른 주체에게 귀속되는 경우도 있으므로 선
등록상표권의 권리범위에 속하는 선사용상표(위에서 든 예에서 "A1" 상표)에 의한 제12호
후단의 적용을 배제하는 것이 반드시 선등록상표권자를 보호하는 것도 아니라는 점 등을
그 근거로 제시하고 있다.
54) 대법원은 더 나아가 "선행 등록상표의 등록 이후에 등록결정이 된 후행 등록상표가 선행
등록상표와 표장 및 지정상품이 동일·유사하고, 또한 후행 등록상표의 등록결정 당시 특
정인의 상표라고 인식된 타인의 상표가 선행 등록상표의 등록 이후부터 사용되어 온 것이
라고 하더라도, 이러한 타인의 사용상표(이하 '후발 선사용상표'라고 한다)와의 관계에서

그런데 악의의 선사용상표와의 사이에서 제34조 제1항 제9호가 적용될 것
인지 여부에 관한 아래와 같은 논란에 비추어 볼 때, 제34조 제1항 제12호 후단
에 대한 대법원의 위와 같은 해석 역시 논란의 소지가 있다.

타인의 선행상표가 존재한다는 사실을 알면서 이와 저촉되는 상표를 사용
한 결과 주지상표에 이르게 된 이른바 '악의의 주지상표'에 대하여 제34조 제1
항 제9호를 적용하여 보호할 수 있는지 여부와 관련하여 학설은 보호부정설과
보호긍정설로 나뉘어 있다. 대법원 판례는 아직 없다. 보호부정설은 위 조항이
선출원주의의 예외를 인정하는 것은 성실하고 정당한 선사용자가 이미 획득한
신용상태를 가능한 한 보호하려는 데 취지가 있음을 그 근거로 들고 있다.[55] 보
호긍정설은 상표제도의 근간을 이루는 상품출처와 자타상품 식별기능 및 상품
유통질서 확립이라는 입장에서 악의 또는 부정경쟁의 목적 여부를 불문하고 주
지상표는 보호되어야 함을 근거로 들고 있다.[56] 특허청의 상표심사기준은 "상표
를 사용하는 자가 그 사용을 시작하기 전에 타인이 먼저 사용하는 상표라는 것
을 알고서도 계속 사용하여 널리 인식된 상표로 만들어 놓은 경우 이는 주지상
표로 보지 아니한다."고 정하여[57], 보호부정설을 취하고 있다.

한편 일본의 경우를 살펴보면, 주지상표를 사용한 자에게 고의 또는 부정경
쟁의 악의가 있는 경우에는 일본 상표법 제4조 제1항 제10호(우리 상표법 제7조
제1항 제9호에 대응하는 규정임)가 적용될 수 없다는 보호부정설이 통설, 판례이다.
이에 대해서는 주지상표를 보호하는 목적은 상표의 사용에 의한 기성사실을 보호
함으로써 주지상표에 의하여 이미 형성된 거래관계의 안정이 손상되지 않도록 함
에 있음을 이유로 악의의 주지상표 역시 보호해야 한다는 소수설도 있다.[58]

후행 등록상표가 구 상표법 제7조 제1항 제11호 후단에서 규정하고 있는 '수요자를 기만
할 염려가 있는 상표'에 해당하여 그 등록이 무효로 될 수 있고, 그 결과 후발 선사용상표
가 사실상 보호받는 것처럼 보일 수는 있다. 그러나 위 규정의 취지가 후발 선사용상표를
보호하려는 데 있는 것이 아니라 이미 특정인의 상표라고 인식된 상표를 사용하는 상품의
출처 등에 관한 일반 수요자들의 오인·혼동을 방지하여 이에 대한 신뢰를 보호하려는 데
있음을 고려할 때, 그러한 결과는 일반 수요자들의 이익을 보호함에 따른 간접적·반사적
인 효과에 지나지 아니하므로, 그러한 사정을 들어 후발 선사용상표의 사용이 선행 등록상
표에 대한 관계에서 정당하게 된다거나 선행 등록상표의 상표권에 대한 침해를 면하게 된
다고 볼 수는 없다."고 판시하였다[대법원 2014. 8. 20. 선고 2012다6059 판결(공2014하,
1772)].

55) 송영식 외 6인(주 13), 160.
56) 이수웅, 상표법, 한국공업소유권법학회(1994), 352.
57) 특허청 상표심사기준(2016. 9. 1. 기준), 제9장 1.1.3항.
58) 網野誠(주 4), 354.

우리 대법원이 추후에 악의의 주지상표를 제34조 제1항 제9호에 의해 보호할 수 있는지 여부와 관련하여 보호긍정설을 취한다면 별 문제가 없을 것이나, 우리 특허청의 상표심사기준이나 일본의 통설, 판례가 취하고 있는 보호부정설을 받아들인다면, 제34조 제1항 제12호 후단에 관한 우리 대법원의 위와 같은 해석은 재검토될 필요가 있다.[59] 왜냐하면, 선사용상표가 '악의의 주지상표'이어서 제34조 제1항 제9호에 의해 타인의 상표등록을 저지할 수 없다고 하더라도, 선사용상표가 주지상표에 이를 필요는 없고 '특정인의 상표'로 알려지기만 하면 적용할 수 있는 제34조 제1항 제12호 후단에 의해 타인의 상표등록을 저지할 수 있게 되므로, 제9호와 관련하여 보호부정설을 취하는 것이 무의미해지기 때문이다. 이는 우리 대법원이 종래부터 구체적인 타당성 확보를 위해 제34조 제1항 제12호 후단을 그 원래의 입법목적과 다르게 확대해석하여, 제9호와 같은 사익적 규정에 의해 해결되어야 할 '출처의 혼동방지'를 위한 규정으로 활용해 오는 한편, 비교 대상이 되는 선사용상표의 범위도 '주지상표'에 미치지 못하는 '특정인의 것으로 인식되는 상표'에까지 넓히면서도, 상표법 규정상 이

59) 앞서 본 대법원 2014. 8. 20. 선고 2012다6059 판결(공2014하, 1772)에서는 "어떤 상표가 정당하게 출원·등록된 이후에 그 등록상표와 동일·유사한 상표를 그 지정상품과 동일·유사한 상품에 정당한 이유 없이 사용한 결과 그 사용상표가 국내의 일반 수요자들에게 알려지게 되었다고 하더라도, 그 사용상표와 관련하여 얻은 신용과 고객흡인력은 그 등록상표의 상표권을 침해하는 행위에 의한 것으로서 보호받을 만한 가치가 없고 그러한 상표의 사용을 용인한다면 우리 상표법이 취하고 있는 등록주의 원칙의 근간을 훼손하게 되므로, 위와 같은 상표 사용으로 인하여 시장에서 형성된 일반 수요자들의 인식만을 근거로 하여 그 상표 사용자를 상대로 한 등록상표의 상표권에 기초한 침해금지 또는 손해배상 등의 청구가 권리남용에 해당한다고 볼 수는 없다."고 판시하였다. 이 판례의 취지에 비추어 보면, 우리 대법원은 보호부정설을 취하게 될 가능성이 크다고 생각된다.

위 사안은 지정상품을 '골프채' 등으로 하는 등록상표의 상표권자인 甲 외국법인이 'ⓩKATANA'와 'ⓩKATANA GOLF' 등의 상표를 사용하여 골프채 등을 수입·판매하는 乙 주식회사를 상대로 상표사용금지 등을 구하였다. 이에 대해 대법원은, "甲 법인이 등록상표를 정당한 목적으로 출원·등록하여 상표권을 취득한 후 乙 회사가 이와 유사한 상표를 정당한 이유 없이 사용해 온 결과 乙 회사 사용상표들이 국내의 일반 수요자들 사이에서 특정인의 상표나 주지상표로 인식되기에 이르렀다고 하더라도 그러한 사정을 들어 乙 회사에 대한 甲 법인의 상표권 행사가 권리남용에 해당한다고 보기 어렵고, 甲 법인의 후행 등록상표인 'KATANA' 등이 乙 회사가 사용하고 있는 'ⓩKATANA' 상표 등과의 관계에서 구 상표법 제7조 제1항 제11호 후단의 '수요자를 기만할 염려가 있는 상표'에 해당한다는 이유로 등록이 무효로 되었다는 사정을 들어 乙 회사 사용상표들에 앞서 등록된 甲 법인의 상표권에 대한 관계에서 乙 회사 사용상표들의 사용이 정당하게 된다거나 甲 법인의 상표권에 대한 침해를 면하게 된다고 볼 수 없다."고 하였다.

등록상표
KATANA GOLF

를 공익적 규정으로 해석할 수밖에 없는 데 따른 부조화라고 볼 수 있다.

3. 판단기준

가. 서설

제34조 제1항 제12호 후단의 해석론은 우리 대법원 판례에 의해 발전되어 왔으므로, 전적으로 대법원 판례의 취지에 따라 위 규정을 해석할 수밖에 없다. 따라서 그 해석을 위해서는 이에 관한 대법원의 판시내용 및 취지에 대한 정확한 분석이 선행되어야만 할 것이다.

그런데 이 규정에 대한 대법원 판례의 해석은 예전부터 확립되어 있었던 것이 아니라 많은 변화·발전을 거쳐 현재에 이르고 있다. 이하에서는 이러한 대법원 판례의 변천과정을 살펴본 다음 이를 기초로 대법원의 해석론을 종합적으로 정리해 보도록 한다.

나. 대법원 판례의 분석
(1) 선사용상표의 인식 정도

1973. 2. 8. 개정 전의 구 상표법 제5조 제1항 제8호[60])의 해석과 관련하여서는 주지상표에 해당하는 상표를 동일·유사한 상표를 동일·유사한 상품에 사용하거나, 저명상표와 동일·유사한 상표를 이종상품에 사용하는 경우에 수요자 기만 상표에 해당한다고 해석하는 것이 대체적인 대법원 판례의 경향이었다.[61]) 그런데 1980. 12. 31. 개정된 상표법 제9조 제1항 제11호의 해석과 관련하여서는, 대법원 판례가 선사용상표가 널리 알려져 있어야 한다고 한 것과 주지·저명성까지는 요하지 않으나 특정인의 상표로 인식될 정도로는 알려져 있어야 한다고 하는 것으로 나누어져 있었는데, 판례가 집적되어 가면서 후자 쪽으로 정리되었다.[62)63])

그리하여 근래 대법원은 본 규정의 수요자를 기만할 염려가 있는 상표에 해당하려면, "그 등록상표나 지정상품과 대비되는 선사용상표나 그 사용상품이

---

60) 그 당시에는 주지상표와 저명상표에 관한 구 상표법 제7조 제1항 제9호, 제10호와 같은 규정이 없었다.

61) 신성기(주 11), 627.

62) 신성기(주 11), 627-629.

63) 신성기(주 11), 629면은, 1973년 개정법에서 주지상표와 저명상표에 관한 규정을 신설하면서 위 제11호에서는 "수요자를 기만할 염려"라는 부분을 삭제하였다가 1980년 개정법에서 이 문구를 다시 추가한 점에 비추어 보면, 입법론상의 문제점은 별론으로 하더라도 후자와 같이 넓게 해석할 수밖에 없다면서 이러한 판례의 태도에 찬성하고 있다.

반드시 주지·저명하여야 할 필요까지는 없고, 국내 수요자나 거래자에게 그 상표나 상품이라고 하면 곧 특정인의 상표나 상품이라고 인식될 수 있을 정도로 알려져 있으면 된다."고 일관되게 판시해 오고 있다.64) 상표는 ① 어느 영업자가 상표를 최초로 선정, 사용하기 시작한 무명의 존재인 단계, ② 당해 상표와 상품이 어느 정도 유통되고 상표 권리자가 상당한 정도 광고선전비를 투자하여 이른바 가치 있는 점유상태를 형성한 단계, ③ 당해 상표와 상품의 관계거래권 안에 있는 구성원의 상당 부분에 당해 상표가 특정 출처의 상품 표지인 것으로 인식되게 된 단계, ④ 당해 상표와 상품에 관한 수요자 및 거래자 중 압도적인 다수 부분에 당해 상표의 존재가 인식되는 정도에 이른 단계, ⑤ 당해 상표에 관하여 일정의 양질감이 표창되고 당해 상표와 상품에 대한 관계거래자 이외에 일반 공중의 대부분에까지 널리 알려지게 됨으로써 저명성을 획득한 단계와 같은 발전 단계를 가진다고 설명된다.65) 대법원 판례가 위와 같이 설시하고 있는 '특정인의 상표나 상품이라고 인식될 수 있을 정도'는 이 중 ③단계 정도로서 ④단계(주지성 취득단계)보다는 그 인식 정도가 낮다고 해석함이 실무이다.

한편, 여기서 말하는 특정인의 상표나 상품이라고 인식된다고 하는 것은 기존의 상표에 관한 권리자의 명칭이 구체적으로 알려져야 하는 것은 아니며, 누구인지 알 수 없다고 하더라도 동일하고 일관된 출처로 인식될 수 있으면 충분하고, 기존의 상표나 그 사용상품이 국내의 일반거래에서 수요자 등에게 어느 정도로 알려져 있는지에 관한 사항은 일반 수요자를 표준으로 하여 거래의 실정에 따라 인정하여야 하는 객관적인 상태를 말하는 것이다.66)

(2) 상품의 관련 정도

(가) 종전의 판례 태도

앞서 본 것과 같이, 1973. 2. 8. 개정 전의 구 상표법 제5조 제1항 제8호의 해석과 관련하여서는, 주지상표에 해당하는 상표와 동일·유사한 상표를 동일·유사한 상품에 사용하거나, 저명상표와 동일·유사한 상표를 이종(異種) 상품에 사용하는 경우에도 수요자기만 상표에 해당한다고 해석하는 것이 대법원 판례의 경향이었다. 즉, 위 규정을 주지상표와 저명상표에 관한 현행 상표법 제34조

---

64) 대법원 1997. 3. 14. 선고 96후412 판결(공1997상, 1111); 대법원 1997. 8. 29. 선고 97후334 판결(공1997하, 2899); 대법원 2007. 6. 28. 선고 2006후3113 판결(공2007하, 1193); 대법원 2010. 1. 28. 선고 2009후3268 판결(공2010상, 462) 등.

65) 송영식 외 6인(주 13), 155-158.

66) 대법원 2007. 6. 28. 선고 2006후3113 판결(공2007하, 1193) 등.

제1항 제9호 및 제11호와 같이 해석하였던 것이다.

　이러한 해석의 경향은 주지상표와 저명상표에 관한 규정을 따로 둔 1973. 2. 8. 개정법 이후에도 영향을 미쳤다. 그리하여 수요자기만 상표의 해당 요건으로 선사용상표의 주지·저명성을 요구하지 않았던 대법원 판례에서는, 선사용상표와 동일·유사한 상표를 그 사용상품과 유사한 지정상품에 관하여 등록하려고 하는 경우이어야 수요자기만 상표에 해당한다고 하였다. 저명상표의 경우에는 이종 상품 간에도 적용되나 주지상표의 경우에는 유사한 상품 간에만 적용되는 점에 비추어, 주지상표보다 인식이 더 낮은 '특정인의 상표로 인식된 선사용상표'와의 사이에서 수요자기만 상표정도가에 해당하기 위해서는 선사용상표가 사용된 상품과 그 지정상품이 유사할 것을 요구함이 합리적이라고 보았기 때문이다.[67]

　(나) 최근의 판례 태도

　이와 같은 종래의 판례 경향은 대법원 1997. 3. 14. 선고 96후412 판결(공 1997상, 1111)에 의하여 크게 바뀌었다.

　즉, 위 96후412 판결은 종래의 판례를 종합하여, "수요자를 기만할 염려가 있다고 하기 위하여는 선사용상표[68]나 그 사용상품이 반드시 주지·저명하여야 하는 것은 아니지만 적어도 국내의 일반거래에 있어서 수요자나 거래자에게 그 상표나 상품이라고 하면 특정인의 상표나 상품이라고 인식될 수 있을 정도로 알려져 있어야 할 것이고, 이러한 경우에는 선사용상표와 동일 또는 유사한 상표가 위 사용상품과 동일 또는 유사한 지정상품에 사용되어질 경우에 위 규정에 의하여 일반 수요자로 하여금 상품의 출처에 관하여 오인·혼동을 일으키게 하여 수요자를 기만할 염려가 있다고 할 수 있을 것이며, 한편 선사용상표가 그 사용상품에 대한 관계거래자 이외에 일반 공중의 대부분에까지 널리 알려지게 됨으로써 저명성을 획득하게 되면 그 상표를 주지시킨 상품 또는 그와 유사한 상품뿐만 아니라 이와 다른 종류의 상품이라고 할지라도 그 상품의 용도 및 판매거래의 상황 등에 따라 저명상표권자나 그와 특수한 관계에 있는 자에 의하여 생산 또는 판매되는 것으로 인식될 수 있고 그 경우에는 어떤 상표가 선사용상표의 사용상품과 다른 상품에 사용되더라도 수요자로 하여금 상품의 출처를 오인·혼동케 하여 수요자를 기만할 염려가 있다고 보게 되는 것"이라고 설

---

　67) 신성기(주 11), 634-635.
　68) '인용상표'라고 되어 있던 것을 최근에 사용하고 있는 용어에 맞게 '선사용상표'로 필자가 고쳐 표기한다. 이하도 마찬가지이다.

시하였다. 그러면서도 나아가서 "이미 특정인의 상표라고 인식된 상표를 사용하는 상품의 출처 등에 관한 일반 수요자의 오인·혼동을 방지하여 이에 대한 신뢰를 보호하고자 하는 위 규정의 목적에 비추어 보면, 선사용상표가 저명성을 획득할 정도로 일반 수요자 사이에 널리 알려지지 못하고 수요자나 거래자에게 특정인의 상표로 인식될 수 있을 정도로만 알려져 있는 경우라도, 만일 어떤 상표가 선사용상표와 동일 또는 유사하고, 선사용상표의 구체적인 사용실태나 양 상표가 사용되는 상품 사이의 경제적인 견련의 정도, 기타 일반적인 거래의 실정 등에 비추어 그 상표가 선사용상표의 사용상품과 동일 또는 유사한 지정상품에 사용된 경우에 못지않을 정도로 선사용상표권자에 의하여 사용되는 것이라고 오인될 만한 특별한 사정이 있다고 보여지는 경우라면 비록 그것이 선사용상표의 사용상품과 동일 또는 유사한 지정상품에 사용된 경우가 아니라고 할지라도 일반 수요자로 하여금 출처의 오인·혼동을 일으켜 수요자를 기만할 염려가 있다고 보아야 할 것이다."라는 판시를 새롭게 부가하였다.

위 판례에서 처음으로 설시된 후반부 문구는 그 이후의 대법원 판례에서도 계속 이어져 내려오고 있다.[69) 본 규정에 대한 대법원 판례의 해석을 정확하게 이해하기 위해서는 위 후반부 문구에 대한 정확한 이해가 선행되어야 한다. 이하에서 살펴본다.

종전의 대법원 판례에 의하면, 상표가 주지·저명한지 아니면 적어도 일반 수요자가 특정인의 상표라고 인식하고 있는가를 먼저 살펴보고, 나아가 그 지정상품이 동종(同種)인가 아닌가를 살펴, 저명할 경우에는 이종(異種)의 지정상품까지 포함하여 수요자기만 상표에 해당한다고 하고, 그렇지 않은 경우에는 동종의 상품일 때에만 수요자기만 상표에 해당한다고 하였다. 그리하여 수요자기만 상표 해당 여부를 선사용상표의 알려진 정도와 상품의 유사성 여부라는 두 가지 획일적인 기준에 의하여 기계적, 획일적으로 판단해 왔다.[70) 상표의 알려진 정도에 따라 상품의 유사성을 요구하기도 하고 요구하지 않기도 한 것 자체는 문제될 것이 없을 것이다. 그러나 위와 같은 판례의 태도를 형식적으로 적용하면, 선사용상표가 널리 알려져 있어 구체적인 사례에서 출처 혼동의 우려가 있

---

69) 대법원 2001. 8. 21. 선고 2001후584 판결(공2001하, 2120); 대법원 2004. 3. 11. 선고 2001후3187 판결(공2004상, 656); 대법원 2006. 6. 9. 선고 2004후3348 판결(공2006하, 1283); 대법원 2010. 1. 28. 선고 2009후3268 판결(공2010상, 462); 대법원 2015. 10. 15. 선고 2013후1207 판결(공2015하, 1699) 등.
70) 신성기(주 11), 636, 639.

다고 보이는 경우에도, 선사용상표가 저명한 단계에까지 이르지는 못하였고 상
품이 유사하지 않다는 형식적인 이유만으로 위 규정의 적용이 배제되는 부당한
결과가 생길 수 있다. 따라서 특정인의 상표라고 인식되어 있는 상표를 사용하
는 상품의 출처 등에 관한 일반 수요자의 오인·혼동을 방지함으로써 이에 대한
신뢰를 보호하고자 한다는 대법원 판례의 본래 취지에 비추어, 종전에 판례가
제시하였던 기준에 구체적 출처의 혼동에 관한 관념을 도입함으로써 이를 탄력
성 있게 해석할 수 있는 길을 모색하는 것이 타당할 것이다. 이런 견지에서, 위
96후412 판결은, 선사용상표가 수요자나 거래자에게 특정인의 상표로 인식될
수 있을 정도로만 알려져 있는 경우라도, 만일 구체적인 사용실태나 양 상표가
사용되는 상품 사이의 경제적인 견련의 정도, 기타 일반적인 거래의 실정 등에
비추어 출처의 오인·혼동을 일으키면 비록 그것이 동일 또는 유사한 지정상품
에 사용된 경우가 아니라고 할지라도 수요자기만 상표에 해당한다고 보게 된
것이다.[71]

제34조 제1항 제12호 후단은 "수요자를 기만할 염려"라고만 하여 포괄적인
개념의 문구로 되어 있을 뿐 '상표의 알려진 정도'와 '상품의 유사 여부'를 그
요건으로 규정하고 있지 아니하므로, 위와 같은 해석론이 법문에 부합하는 타당
한 해석론이라고 생각된다.

다. 정리

이상을 종합하면, 우리 대법원은 선사용상표의 알려진 정도[72], 표장의 유사
정도, 선사용상표의 구체적인 사용실태와 상품 사이의 경제적인 견련관계의 정
도, 기타 일반 거래의 실정 등 제반사정을 종합적으로 참작하여 출처의 오인·
혼동 우려가 있는지 여부에 의하여 수요자기만 상표 해당 여부를 판단한다고
정리할 수 있다. 이러한 해석론에 의하면, 예를 들어 일반 수요자의 오인·혼동
의 우려는 선사용상표의 인식 정도가 특정인의 상표, 주지상표, 저명상표의 단
계로 올라갈수록 커지게 되므로, 그 인식 정도가 커지면 커질수록 상품 사이의
유사성의 정도가 약해지더라도 제반 사정을 참작하면 출처의 오인·혼동 우려가
인정된다는 이유로 수요자기만 상표에 해당하는 것으로 판단할 수 있다.[73]

이러한 대법원의 태도는, 아래에서 보는 제반 요소를 종합적으로 고려하여

---

71) 신성기(주 11), 637-638.
72) 최소한 '특정인의 상표'로는 알려져 있을 것을 전제로 한다.
73) 신성기(주 11), 640도 같은 취지로 설명하고 있다.

'혼동의 우려(Likelihood of confusion)'를 판단하고 있는 미국 연방법원의 태도와 일맥상통하는 면이 있다. 미국의 12개 연방항소법원들은 모두 각자의 '혼동의 우려' 판단기준을 가지고 있는데, 그 중 가장 유명하고 자주 인용되는 것은 제2 연방항소법원이 Polaroid Corp. v. Polarad Elects. Corp. 사건[74]에서 제시한 'Polaroid 테스트'이다. 이 사건에서 제2 연방항소법원은 아래의 8가지 요소를 고려하여 혼동의 우려가 있는지 여부를 판단하되, 이 8가지 요소에만 국한되는 것은 아니고 또 다른 사정들도 고려될 수 있다고 판시하였다. 8가지 요소는 1) 선사용자 상표의 식별력의 강도(the strength of the mark), 2) 상표의 유사성(the degree of similarity between the two marks), 3) 상품의 유사성(the proximity of the products), 4) 선사용자가 후사용자 시장에 진입할 가능성(the likelihood that the prior owner will bridge the gap), 5) 현실적인 혼동(actual confusion), 6) 후사용자의 선의(the reciprocal of defendant's good faith in adopting its own mark), 7) 피고 상품의 품질(품질의 유사성)(the quality of the defendant's product), 8) 수요자의 소양(the sophistication of the buyers)이다.

4. 구체적인 사례

가. 긍정례

① 그룹가수 '소녀시대'가 활동을 시작한 때부터 원고의 등록상표서비스표 (**소녀시대**)의 등록결정일까지의 기간이 약 1년 6개월에 불과하지만, i) 같은 기간 일반 공중에 대한 전파력이 높은 대중매체를 통한 가수공연·음악공연·방송출연·광고모델 등의 활동과 음반·음원의 판매가 집중적으로 이루어졌던 점, ii) 그룹가수의 명칭 '소녀시대'는 피고의 전체적인 기획·관리에 따라, 그 음반들에서 각 음반 저작물의 내용 등을 직접적으로 표시하는 것이 아니라 음반이라는 상품의 식별표지로 사용되었고, 가수공연·음악공연·방송출연·광고모델 등의 활동에서 지속적이고 일관되게 사용되었던 점, iii) '소녀시대' 음반의 판매량, 방송횟수, 인기순위, 관련 기사보도, 수상경력 및 다양한 상품의 광고모델 활동 등에서 보는 것처럼, 통상의 연예활동에서 예상되는 것보다 상당히 높은 수준의 인지도를 가지게 된 점 등에 비추어 보면, 선사용상표서비스표(소녀시대)는 '음반, 음원' 등의 사용상품과 '가수공연업, 방송출연업, 광고모델업' 등의 사용서비스업에 대하여 저명성을 획득하였다고 보아야 하고, 사정이 이러한 이상

---

74) 287 F.2d 492, 495(2d Cir. 1961).

그와 유사한 이 사건 등록상표서비스표가 위 사용상품·서비스업과 다른 '면제코트' 등의 지정상품이나 '화장서비스업' 등의 지정서비스업에 사용되더라도 그러한 상품이나 서비스업이 피고나 그와 특수한 관계에 있는 자에 의하여 생산·판매되거나 제공되는 것으로 인식됨으로써 그 상품·서비스업의 출처를 오인·혼동하게 하여 수요자를 기만할 염려가 있다.[75]

② 등록상표 "**coffee bean cantabile**"의 등록결정시인 2009. 9. 1. 무렵에는 선사용서비스표들인 " ", " **The Coffee Bean**"이 거래사회에서 오랜 기간 사용된 결과 그 구성 중 애초 식별력이 없었거나 미약하였던 'coffee bean' 부분이 수요자 간에 누구의 업무에 관련된 서비스업을 표시하는 것인가 현저하게 인식되어 있었다고 볼 여지가 충분히 있으므로, 식별력을 취득한 'coffee bean' 부분을 그 사용서비스업인 '커피전문점경영업, 커피전문점체인업'에 관하여 요부로 보아 상표의 유사 여부를 살피고 이와의 관계에서 등록상표가 수요자를 기만할 염려가 있는 상표에 해당하는지 여부를 판단해야 한다.[76]

③ 선사용상표 "**A | S | K**", "**ask**" 등은 2003년 가을경부터 재킷, 청바지, 티셔츠 등에 부착되어 사용되어 왔고, 2004년 매출액이 약 700억 원으로 추산되며, 선사용상표가 부착된 상품을 판매하는 매장의 개수가 백화점 45곳을 포함하여 전국 주요상권에 98개에 이르고, 유명한 축구 국가대표 선수와 광고모델 계약을 체결하는 등 광고선전 활동을 계속해 온 점 등을 종합하면, 등록상표 "**A S K**"의 등록결정일인 2005. 4. 6. 무렵 최소한 특정인의 상표로 인식될 수 있을 정도로 알려져 있었고, 등록상표의 지정상품 중 "선글라스,

---

75) 대법원 2015. 10. 15. 선고 2013후1207 판결(공2015하, 1699). 선사용상표서비스표의 저명성 획득을 이유로 지정 상품 또는 서비스업이 '이종(異種)인' 등록상표서비스표를 수요자기만 상표로 판단한 사례이다.

76) 대법원 2013. 3. 28. 선고 2011후835 판결(공2013상, 797). '수요자를 기만할 염려가 있는 상표'에 해당하는지 여부를 판단하는 기준시는 등록결정시이므로, 선사용상표가 거래사회에서 오랜 기간 사용된 결과 등록상표의 등록결정시에 선사용상표의 구성 중 애초에는 식별력이 없었거나 미약하였던 부분이 수요자 간에 누구의 업무에 관련된 상품을 표시하는 것인가 현저하게 인식되어 있는 경우에는 선사용상표가 사용된 상품에 관하여 그 부분을 식별력 있는 요부로 보아 등록상표와 선사용상표 간의 상표 유사 여부를 살피고 등록상표가 수요자를 기만할 염려가 있는 상표에 해당하는지 여부를 판단할 수 있다고 판시한 것이다.

스포츠용 고글" 상품에 사용된다면 의류와 유사한 상품에 사용된 경우에 못지 않을 정도로 그것이 선사용상표권자에 의하여 사용되는 것이라고 오인될 소지가 있으므로, 등록상표 중 위 지정상품 부분은 선사용상표들과 사이에서 수요자 기만 상표에 해당한다.[77]

④ 선사용상표 "**KEVLAR**"는 1960년대에 독창적으로 개발한 아라미드섬유에 사용하기 시작한 조어 상표로서, 등록상표 "**KEVLAR**"의 등록결정일인 2002. 3. 18.까지 그 본점소재지인 미국은 물론 일본, 유럽 등 세계 각국에서 아라미드섬유에 부착해 등록·사용하여 온 사실, 2001년경 선사용상표권자의 연간 매출액은 약 4억 5,000만 달러, 광고비는 약 240만 달러 정도인 사실, 국내에서도 1980년대 후반부터 본격적으로 아라미드섬유와 관련된 선사용상표가 소개되어 1992. 6.경 조선일보를 비롯하여 그 이후 여러 차례에 걸쳐 동아일보, 한국일보, 문화일보 등 유명 일간지나 인터넷상의 의류 뉴스 사이트 등에도 소개된 사실, 등록상표권자를 비롯한 국내 다수의 방탄의류, 보호용 특수장갑 등 제조·판매업체들은 선사용상표권자의 허락을 받아 선사용상표를 사용한 사실 등을 종합하면, 선사용상표는 위 등록결정일 당시 국내의 수요자에게 특정인의 상표로 인식될 수 있을 정도로 알려져 있었다고 봄이 상당하다. 그리고 등록상표의 지정상품들은 '보호용 특수장갑'인 반면 선사용상표의 사용상품은 그 원재료인 아라미드섬유로서 서로 동일하지는 않으나 그 경제적 견련의 정도가 상당하다고 보이고, 선사용상표가 아라미드섬유로 만든 특수장갑, 의류 등 완제품에 부착된 채로 그 제조·판매자를 통하여 일반 소비자들에게 이미 상당히 알려져 있었으며, 등록상표의 지정상품의 수요자층 역시 주로 특수직종에 종사하는 자들로서 아라미드섬유의 특성을 잘 알고 있다고 보이고, 원고와 같은 완제품의 제조·판매자들은 아라미드섬유에 대한 수요자이면서도 그 업계의 거래자이기도 하다. 위와 같은 사정 등을 모두 고려하면, 등록상표가 그 지정상품에 사용되는 경우, 선사용상표의 사용상품과 동일·유사한 상품에 사용된 경우에 못지 아니할 정도로 그 출처의 오인, 혼동을 초래할 염려가 있으므로, 등록상표는 수요자를 기만할 염려가 있는 상표에 해당한다.[78]

⑤ 선사용상표 "**마담포라 Madame Polla**"가 "투피스, 원피스, 잠바, 블라우스,

---

77) 대법원 2010. 1. 28. 선고 2009후3268 판결(공2010상, 462).
78) 대법원 2006. 6. 9. 선고 2004후3348 판결(공2006상, 1283).

오버코트, 스커트" 등에 사용되어 옴으로써 등록상표 "**마담포라**"의 등록결
정일인 1997. 9. 27. 당시에 적어도 일반 수요자나 거래자에게 특정인의 상표로
인식될 수 있을 정도로는 알려졌다고 할 것이고, 위 사용상품들은 등록상표의
지정상품인 "핸드백, 지갑, 패스포트 케이스, 명합갑, 기저귀가방, 보스턴백, 포
리백, 배낭, 오페라백"과 경제적으로 밀접한 견련관계를 가진 것이므로, 등록상
표는 수요자를 기만할 염려가 있는 상표이다.79)

⑥ 일본국 법인 및 그 한국 내 자회사인 피고들은 국내에서 원고에게 피고
들의 선사용상표 "HIBLOW"가 부착된 "에어펌프"를 공급하여 판매해 왔는데,
1993. 11.경부터 1998. 4.경까지 공급한 제품 가액이 2,188,936,082원에 이르고,
'환경보전' 1994. 6월호 등 다수의 월간지와 1995. 3. 17.부터 같은 달 21일까지
한국종합전시장에서 개최된 제17회 국제환경오염방지산업전 카타로그, 전국목
욕업자 회원명부 1988, 1989, 1990, 1994년도판 등에 선사용상표가 부착된 에어
펌프 제품이 광고된 사정 및 에어펌프의 수요범위가 특정의 산업분야에 비교적
제한되어 있음을 감안할 때, 선사용상표는 원고의 등록상표 "하이브로 "
와 "HIBLOW"의 등록결정일인 1998. 9. 25. 및 1997. 1. 29.경 특정인의 상표로
알려져 있었고, 등록상표들의 지정상품들은 선사용상표가 사용된 에어펌프와
동일·유사하거나 경제적 견련성이 있으므로, 위 등록상표들은 수요자를 기만할
우려가 있다는 취지로 판단한 원심은 정당하다.80)

⑦ 선사용서비스표 "GIA" 및 "G.I.A./지.아이.에이"는 등록서비스표 " G.I.A "
의 등록결정 당시인 1986. 11. 25.경 국내에서 보석상 등 거래자들 사이에는
"보석교육 또는 보석 감정업무"를 주로 하는 피고의 업무를 나타내는 서비스표
로서 인식될 정도로는 알려져 있었는데, 이들 서비스표가 서로 유사하고, 위 서
비스업은 등록서비스표의 지정서비스업인 "보석학교육업, 보석감정업, 귀금속학
교육업, 귀금속감정업, 귀금속판매대행업, 보석판매알선업, 보석판매대행업, 수
출입대행업"과 서로 동일·유사하거나 경제적 견련성이 있으므로, 등록서비스표
는 수요자기만 상표에 해당하여 그 등록이 무효로 되어야 한다고 한 원심은 정
당하다.81)

---

79) 대법원 2005. 8. 25. 선고 2003후2096 판결(공2005하, 1573).
80) 대법원 2003. 4. 8. 선고 2001후1884, 1891판결(공2003상, 1108).
81) 대법원 2001. 8. 21. 선고 2001후584 판결(공2001하, 2120).

제34조(상표등록을 받을 수 없는 상표)   745

⑧ 1993. 10. 15. 출원한 이 사건 출원상표 "CHASECULT"는 선사용상표와 첫글자 "C"를 도형화하지 아니한 차이밖에 없고, 선사용상표는 1993. 1.부터 1993. 9.까지 동안만도 방송사 광고비가 12억 원에 이르고 텔레비전에서만도 217회의 광고를 하였으며, 기타 신문, 잡지 등의 인쇄매체와 카탈로그 및 사진 등으로 상당한 정도로 광고한 사실이 있고, 그 대리점이 전국적으로 100여 개인 점 등에 비추어, 적어도 선사용상표가 사용된 "신사복, 코트" 등 의류에 관하여는 특정인의 상표라고 인식될 수 있을 정도로는 알려져 있었고, 그 당시 이미 일반 거래사회에서 의류, 신발, 기타 잡화류를 한 기업에서 생산하거나 이들 제품을 한 점포에서 다 같이 진열하여 판매하는 이른바 토탈패션의 경향이 일반화되고 있었으므로, 선사용상표가 사용된 상품인 "신사복" 등의 의류와 출원상표의 지정상품인 "단화" 등이 유사한 상품이라고 단정할 수는 없다고 하더라도, 출원상표가 그 지정상품인 "단화" 등에 사용된다면 그것이 선사용상표권자에 의하여 사용되는 것이라고 오인될 소지가 있는 특별한 사정이 있는 경우로서 수요자를 기만할 염려가 있는 상표에 해당한다.[82]

⑨ 선사용상표 ""가 사용된 "시계, 목걸이, 귀걸이, 반지, 액세서리" 제품의 1999년부터 2008년까지의 국내 매출액은 약 57억 원, 본국인 프랑스에서는 약 460억 원에 이르고, 국내일간지에 2001년경부터 원고의 선사용상표에 대한 기사들이 게재되었으며, 특히 2007. 7. 12.자 파이낸셜뉴스에는 '선사용상표가 국내 액세서리 시장에서 점유율 선두 탈환에 나섰는데 2003년경까지는 선사용상표가 사용된 액세서리 제품의 시장점유율이 선두를 유지하였다'는 기사가 실렸고, 선사용상표가 사용된 제품이 현대백화점 본점, 롯데백화점, 신세계백화점의 본점 등에서 판매가 되고 있었으며, 네이버의 카페나 블로그 등에 선사용상표에 대한 글과 상품평이 무수히 많이 게재된 점들을 종합할 때, 선사용상표는 등록상표 "클리오 블루"의 등록결정일인 2007. 7. 26. 당시에 최소한 특정인의 상표라고 인식될 정도로는 알려져 있었다고 할 것이고, 이들 상표는 표장이 유사하고 상품도 동일·유사하므로, 등록상표는 수요자를 기만할 염려가 있는 상표에 해당한다.[83]

---

82) 대법원 1997. 8. 29. 선고 97후334 판결(공1997하, 2899).
83) 특허법원 2010. 7. 28. 선고 2009허7222 판결(미간행, 대법원 2010. 11. 25.자 2010후2421 판결로 심리불속행 기각됨).

⑩ 선사용서비스표 "Leeum"을 사용한 삼성미술관은 2004. 10. 13. 개관하였고, 개관을 전후하여 국내 주요 일간지와 경제신문 및 스포츠신문, 월간지 등에 게재된 수가 2004년에 124건, 2005. 1.부터 2005. 6. 28.까지 166건에 이르며, 위 미술관에는 국립중앙박물관문화재단 다음으로 많은 국보와 보물을 소장하고 있고 그 외 유명한 한국 근현대 미술품도 다수 소장하고 있으며, 개관 이후 2005. 6.경까지 약 6만 8,700명이 관람하였고, 선사용서비스표가 새겨진 "액자" 등의 기념품을 판매하여 개관 이후 2005. 6.경까지 그 판매액이 약 10억 원에 달하는데, 위 관람객 수나 기념품의 매출액이 많다고 볼 수는 없으나, 비영리로 운영되는 박물관이나 미술관은 그 특성상 매출액이나 광고비 지출규모 등이 아니라 희소가치가 높은 유물이나 예술품 등을 많이 소장하고 전시하느냐에 따라 그 알려진 정도가 좌우되는 것으로 보이는 점을 참작할 때, 선사용서비스표는 출원상표 "LEEUM"의 등록거절결정 당시인 2005. 6. 28.경 "미술관경영업" 등에 관하여 최소한 특정인의 서비스표로는 알려져 있었다고 할 수 있다. 그리고 출원상표는 선사용서비스표와 표장이 유사하고 그 지정상품 중 "액자" 등과 선사용서비스표가 사용된 "미술관경영업" 등은 경제적인 견련의 정도가 매우 밀접하므로, 출원상표는 수요자기만 상표에 해당한다.[84]

나. 부정례

① 사용상품을 "여성의류"로 하는 선사용상표 "BCBG"는 지정상품을 "자켓, 코트" 등으로 하는 등록상표 "**BCBGENERATION**"의 등록결정일 당시 특정인의 상표로 인식될 수 있는 정도로 알려져 있었으나, 이러한 사정만으로 등록상표가 양 상표에 공통된 'BCBG' 부분만으로 분리 인식된다고 단정할 수 없으므로 이들 상표는 유사하지 아니하고, 또한 등록상표가 선사용상표의 권리자에 의하여 사용되고 있다고 오인될 만한 특별한 사정이 있다고 보이지도 않으므로, 수요자를 기만할 염려가 있는 상표에 해당한다고 할 수 없다.[85]

② 출원서비스표 ""의 한글 부분의 요부는 '서울시립국악관현악단'이 아니라 '세종문화회관 서울시국악관현악

---

84) 특허법원 2006. 9. 28. 선고 2006허1087 판결(미간행, 대법원 2007. 1. 26.자 2006후3380 판결로 심리불속행 기각됨).

85) 대법원 2011. 7. 14. 선고 2010후2322 판결(미간행).

단'이어서 위 부분이 단어의 뜻만으로 곧 서울특별시라는 자치단체에서 설립하고 운영하는 국악관현악단이라고 인식된다고 단정하기 어렵고 오히려 '세종문화회관에서 운영하는 서울에 있는 국악관현악단'이라고 인식될 수 있는 한편, 나아가 기록에 의하면 원고(출원인)인 재단법인 세종문화회관은 서울특별시와 매우 밀접한 관련을 가진 재단법인임을 알 수 있으므로 출원서비스표를 등록하여 사용함에 따라 일반 수요자들이 세종문화회관이 운영하는 관현악단이나 국악관현악단이 서울특별시와 밀접한 관련이 있다거나 혹은 서울특별시에서 운영에 어느 정도 관여하는 것으로 이해한다고 하더라도 이를 가리켜 수요자를 기만하는 것이라고 할 수 없다.[86)

③ 등록상표 "눈높이"의 지정상품인 "칠판, 자기칠판, 필판" 등은 선사용상표 "눈높이" 등이 사용된 상품인 "학습지"와 그 품질, 형상, 용도, 생산 및 판매 부문과 수요자의 범위가 상이하고, 유아나 초중등생의 학습을 위하여 학습지와 더불어 칠판, 분필, 칠판지우개 등 등록상표의 지정상품들도 함께 사용될 수 있으나, 이는 학습의 필요에 의한 것일 뿐 상품 그 자체의 특성과는 관련이 적고, 나아가 학습지를 판매하는 업체에서 등록상표의 지정상품들을 함께 제조하여 판매하고 있는 사실을 인정할 만한 증거도 없으므로, 등록상표를 그 지정상품에 대하여 사용하더라도 상품 출처의 오인·혼동을 일으켜 수요자를 기만할 염려가 없다는 취지로 판단한 원심은 정당하다.[87)

④ 피고 보조참가인들은 1993. 12.경부터 선사용상표 "ZIO & ZIA" 또는 이를 한글로 음역한 "지오 엔 지아"를 상호와 자신들이 제조하는 의류제품의 상표로서 사용하여 영업을 하여 왔고, 1994년경 삼풍백화점에서 1차 바겐세일시에 22,039,300원, 2차 바겐세일시에 13,197,700원 상당의 제품을 판매하였는데 그 광고전단이 45만장, 100만장이 각 배포된 사실, 참가인들은 1994년부터 1996년 사이에 수회에 걸쳐 패션쇼에 참가하거나 이를 개최한 사실, 디자이너로서의 참가인들의 위와 같은 활동들이 1989년경부터 이 사건 심결일인 1998. 7. 14. 무렵까지 일간신문, 패션잡지, 외국신문 및 잡지에 소개되었는데 그 중 선사용표장이 소개된 것은 26회 정도인 사실, 참가인들이 참가한 패션쇼가 19회에 걸쳐 유선방송을 통하여 TV에 방영된 사실을 알 수 있으나, 한편 원고 또한

---

86) 대법원 2005. 5. 12. 선고 2003후1192 판결(공2005상, 984).
87) 대법원 2004. 7. 9. 선고 2002후2563 판결(공2004하, 1367).

ZIO&ZIA

1995. 1. 3. 출원상표 " **지오지아** "를 출원하고, 그 광고비로 1995년에 약 7억 2천만 원, 1996년에 약 7억 4천만 원, 1997년에 약 3억 5천만 원을 지출하였고, 각종 일간신문과 월간잡지에 16회의 특집기사가 게재되기도 하였으며, 1995. 7. 1.부터 1997. 6. 30.까지의 기간 동안에 전국의 63개 대리점과 상설할인매장을 통하여 238억 원 상당의 의류제품이 판매된 사실을 알 수 있는바, 이와 같이 선사용상표에 비해 출원상표를 부착한 의류제품에 대한 상설매장의 수, 매출액, 선전광고실적이 압도적으로 많은 점에 비추어 보면, 이 사건 심결시인 1998. 7. 14. 당시 선사용상표가 특정인의 상표나 상품이라고 인식될 수 있을 정도로 알려져 있었다고 보기는 어렵다.[88]

⑤ 지정상품을 "물처리화학제, 표백제, 탈색제, 탈취제" 등으로 하는 등록상표 "POSCHEM"은 사용상품을 "아연판, 철선, 강철" 등으로 하는 선사용표장 "POSCO"와 서로 유사하나, 등록상표의 등록결정시인 1995. 5. 6. 당시 선사용표장은 그 사용기간이 1년 6개월 남짓에 불과하여 저명하다고 볼 수 없고, 선사용표장이 특정인의 상표나 상품이라고 인식될 수 있을 정도로 알려져 있다고 하여도 이들 상표의 상품이 동일·유사하다고 할 수 없으며, 또한 선사용표장의 구체적인 사용실태나 양 상표가 사용되는 상품 사이의 경제적인 견련의 정도, 기타 일반적인 거래의 실정 등에 비추어 그 출처가 오인될 만한 특별한 사정이 있다고 보이는 경우에 해당하지 않으므로, 결국 등록상표는 수요자를 기만할 염려가 있는 상표라고 할 수 없다는 취지로 판단한 원심은 정당하다.[89]

⑥ 선사용상표 "장금이의 꿈"의 사용기간이 등록상표 " **장금이의 꿈** "의 등록결정일인 2008. 12. 16.까지 약 3년 3개월에 불과하여 그다지 길지 않은 점, 증거만으로는 '장금이의 꿈'이라는 애니메이션의 상품화권 사용계약을 통한 매출액이 원고의 주장처럼 합계 1,346,711,403원 이상이라는 사실을 인정하기 부족한 점, 원고가 등록상표의 등록결정 후인 2009. 7.경 '서울 캐릭터 라이센싱 페어 2009'에 참가한 것 외에 방송·언론 매체 등을 통한 선사용상표의 광고·선전 실적에 관한 자료를 제출한 바가 없는 점, 달리 시장점유율 등에 대한 원고측의 아무런 입증도 없는 점, 이른바 캐릭터는 상표처럼 상품의 출처를 표시하는 것을 그 본질적인 기능으로 하는 것은 아니어서 캐릭터 자체가 널리 알려

---

88) 대법원 2001. 9. 28. 선고 99후2655 판결(공2001하, 2388).
89) 대법원 2000. 2. 8. 선고 99후2594(공2000상, 591).

져 있다고 하더라도 그것이 상품화된 경우에 곧바로 타인의 상품임을 표시한 표지로 되거나 그러한 표지로서도 널리 알려진 상태에 이르게 되는 것은 아닌 점 등을 종합적으로 고려하여 보면, 선사용상표는 등록상표의 등록결정 당시 특정인의 상품을 표시하는 표지로서 알려져 있었다고 보기 어렵다.[90]

〈유영선〉

---

90) 특허법원 2011. 3. 25. 선고 2010허5376 판결(미간행, 대법원 2011. 6. 30.자 2011후705 판결로 심리불속행 기각됨).

> **제34조(상표등록을 받을 수 없는 상표)**
> ① 제33조에도 불구하고 다음 각 호의 어느 하나에 해당하는 상표에 대해서는 상표등록을 받을 수 없다.
> [제1호~제12호는 앞에서 해설]
> 13. 국내 또는 외국의 수요자들에게 특정인의 상품을 표시하는 것이라고 인식되어 있는 상표(지리적 표시는 제외한다)와 동일·유사한 상표로서 부당한 이익을 얻으려 하거나 그 특정인에게 손해를 입히려고 하는 등 부정한 목적으로 사용하는 상표
> 14. 국내 또는 외국의 수요자들에게 특정 지역의 상품을 표시하는 것이라고 인식되어 있는 지리적 표시와 동일·유사한 상표로서 부당한 이익을 얻으려 하거나 그 지리적 표시의 정당한 사용자에게 손해를 입히려고 하는 등 부정한 목적으로 사용하는 상표

〈소 목 차〉

Ⅰ. 의의

1. 입법 연혁

상표법(이하 법명은 생략한다) 제34조 제1항 제13호는, 정당한 상표권자가 아닌 제3자가 부정한 방법으로 상표등록을 받아 정당한 상표권자의 상표사용을 배척하거나 부당하게 고액의 상표권 이전료를 요구할 뿐 아니라 모방상표의 사용으로 일반 소비자들로 하여금 상품출처를 오인·혼동하게 할 우려가 발생하는 등의 폐해가 속출하고 있어 이를 방지하기 위해 1997. 8. 22. 법률 제5355호로 개정된 상표법 제7조 제1항 제12호에 신설된 것[1][2]이, 2016. 2. 29. 법률 제

---

1) 조문별 상표법해설, 특허청(2007. 7.), 96.
2) 위 개정 상표법 부칙 제1조, 제3조에 의하여 그 시행일(1998. 3. 1.부터 시행) 이후에 출

14033호로 상표법이 전부 개정되면서 현재의 조문으로 이전된 것이다. 즉, 해외 여행 일상화, 시장 개방의 자유화, 인터넷 보급을 통한 정보 공유의 동시화에 따라 속칭 상표브로커들이 선출원주의에 따라 타인의 신용이나 명성이 체화된 상표를 그대로 모방하여 출원함으로써 상표제도를 악용하는 사례가 자주 발생하여 이를 방지하기 위해 위 규정이 신설된 것이다.3)

위 규정의 신설은 모방상표의 등록 방지에 큰 역할을 하였다. 그러나 신설 당시에는 모방 대상 상표(선사용상표)의 자격에 대해 '현저하게 인식되어 있는 상표(즉, 주지상표)'를 그 요건으로 하였기 때문에 모방상표의 등록을 철저히 차단하지 못하는 한계가 있었다. 이에 그 개선의 필요성이 대두되어, 2007. 1. 3. 법률 제8190호로 개정된 상표법에서는 모방 대상 상표(선사용상표)의 자격과 관련하여 "현저하게 인식되어 있는"을 "인식되어 있는"으로 그 인식도의 정도를 완화하는 개정을 하여 모방상표의 등록을 효과적으로 차단할 수 있도록 하였다.4)5)

한편, 2004. 12. 31. 법률 제7290호로 개정된 상표법에서는 지리적 표시 단체표장 등록제도가 신설됨에 따라 선사용상표가 지리적 표시인 경우에는 제7조 제1항 제12호의 적용을 제외하고 제12호의2를 신설하여 그 적용을 받도록 하였는데, 이 규정은 2016. 2. 29. 법률 제14033호로 상표법이 전부 개정되면서 제34조 제1항 제14호로 이전되었다. 그러므로 제34조 제1항 제13호와 제14호는 선사용표장의 종류에 차이가 있는 것 이외에는 해석상 차이가 있을 수 없다. 이에 따라 이하에서는 제34조 제1항 제13호를 중심으로 서술하는데, 이러한 서술은 제14호에도 그대로 해당된다.

2. 입법례

미국에서는 시장에서 이미 사용된 상표에 대해서만 상표등록을 받을 수 있도록 하는 사용주의 입법을 취하여, 상표등록 출원서에 출원인이 상표를 처음으로 사용한 날짜, 그 상표가 시장에서 처음으로 사용된 날짜, 그 상표가 사용된 상품 등을 기재하도록 하고 있으므로,6) 모방상표의 등록이 문제될 여지가 별로

원된 상표에 대하여만 신설 조항이 적용된다.
3) 송영식·이상정·황종환·이대희·김병일·박영규·신재호 공저, 지적소유권법(하), 육법사(2008), 177(김병일 집필).
4) 특허법원 지적재산소송실무연구회, 지적재산소송실무(제3판), 박영사(2014), 602-603.
5) 위 개정 상표법 부칙 11조의 규정에 따라 2007. 7. 1. 이후 출원된 상표에 대하여만 개정 조항이 적용된다.
6) 미국 상표법(Lanham Act) §1(a)(1) 및 (2) 참조.

없다.[7]

유럽공동체 상표규칙 및 그에 따른 독일, 영국 등의 상표법에는, 이른바 악의 (in bad faith)에 의한 상표출원의 경우 출원단계에서는 심사하기 어려우므로 부등록사유 및 거절이유로 규정하고 있지는 않지만 취소 또는 무효 사유로는 규정하고 있다. 예를 들면, 독일에서 악의의 상표출원으로 상표횡령(Markenserschleichung), 방해상표(Sperrmarken), 잠복상표(Hinterhaltsmarken) 등이 열거되고 있는데, 사용의사 없이 선사용자 또는 외국 상표권자의 시장 참가를 방해할 의도로 등록하는 경우가 그 전형적인 예이다.[8]

일본은 1996년 개정 상표법에서 제4조 제1항 제19호를 신설하여 "타인의 업무에 관한 상품 또는 서비스업을 표시하는 것으로 일본 국내 또는 외국에서 수요자 사이에 널리 인식되어 있는 상표와 동일 또는 유사한 상표이고, 부정한 목적(부정한 이익을 얻을 목적, 타인에게 손해를 가할 목적 기타 부정한 목적을 말한다)을 가지고 사용하는 것(전 각호에 해당하는 것을 제외한다)은 등록받을 수 없다."고 규정하였다.[9] 우리의 구 상표법(2007. 1. 3. 법률 제8190호로 개정되기 전의 것, 이하 같다) 제7조 제1항 제12호와 거의 동일한 규정이다. 다만 일본 상표법에서는 제4조 제1항 제1호 내지 제18호에 해당하는 경우에는 이들 규정이 적용되고 제19호는 적용되지 않는다고 하고 있는 점에서 제12호가 다른 규정과 병렬적으로 적용되는 우리 상표법과 차이가 있다.

3. 규정취지

대법원은 제34조 제1항 제13호의 규정 취지에 대해 "국내 또는 외국의 수요자 간에 특정인의 상품을 표시하는 것이라고 인식되어 있는 상표가 국내에서 등록되어 있지 않음을 기화로 제3자가 이를 모방한 상표를 등록하여 사용함으로써 특정인의 상품을 표시하는 것이라고 인식되어 있는 상표 권리자의 국내에서의 영업을 방해하는 등의 방법으로 위 상표 권리자에게 손해를 가하거나 이러한 모방상표를 이용하여 부당한 이익을 얻을 목적으로 사용하는 상표는 그

---

7) 미국 상표법(Lanham Act) §14는 "§43(c)가 규정하고 있는 희석화의 결과를 포함하여 상표등록에 의해 손해를 입고 있거나 입을 것이라고 믿는 자는 누구나 상표등록의 취소 (cancel)를 신청할 수 있다."고 규정하고 있으므로, 설사 모방상표가 등록되었다고 하더라도 위 규정에 의해 상표등록을 취소할 수가 있다.

8) 송영식 외 6인(주 3), 178-179.

9) 小野昌延 編, 注解 商標法 上卷(新版), 靑林書院(2005), 192, 447-448.

등록을 허용하지 않는다는 데에 있다."고 판시해 오고 있다.[10]

　한편, 대법원은 구 상표법 제7조 제1항 제12호에 대해서는 "국내 또는 외국의 수요자 간에 특정인의 상표라고 현저하게 인식되어 있는 이른바 주지상표가 국내에서 등록되어 있지 않음을 기화로 제3자가 이를 모방한 상표를 등록하여 사용함으로써 주지상표에 화체된 영업상의 신용이나 고객흡인력 등의 무형의 가치에 손상을 입히거나 주지상표권자의 국내에서의 영업을 방해하는 등의 방법으로 주지상표권자에게 손해를 가하거나 이러한 모방상표를 이용하여 부당한 이익을 얻을 목적으로 사용하는 상표는 그 등록을 허용하지 않는다는 취지이다."라고 판시해 오고 있다.[11]

　참고로, 대법원은 저명한 모방상표의 등록·사용행위는 공정한 상품유통질서나 국제적 신의와 상도덕 등 선량한 풍속에 위배되는 것으로서 구 상표법 제7조 제1항 제4호[12]에 해당한다고도 판시해 오고 있다.[13] 그러나 i) 위 제4호는 일반조항의 성격을 가지므로 이를 무차별적으로 적용함은 바람직하지 않은 점, ii) 구 상표법 제7조 제1항 제12호의 신설 및 앞서 본 개정에 의해 모방상표의 등록을 철저히 방지할 수 있도록 상표법의 제반규정이 정비된 현재에는 굳이 제4호를 적용할 필요가 없는 점, iii) 그리하여 2007. 1. 3. 상표법 개정에서 모방상표에 대해서 적용되지 않는다는 취지로 제4호가 개정된 점 등을 감안할 때, 2007. 7. 1. 이전에 출원된 모방상표의 등록을 차단하기 위해서도 제4호를 적용하기보다는 원래의 입법취지가 모방상표의 등록 방지에 있는 본 규정을 적용하는 방향으로 제도를 운영할 필요가 있다.

Ⅱ. 적용요건

1. 선사용상표의 알려진 정도

가. 구 상표법에서의 해석

대법원은 구 상표법 제7조 제1항 제12호의 규정에 해당하려면 모방 대상이

---

10) 대법원 2011. 7. 14. 선고 2010후2322 판결(미간행); 대법원 2014. 1. 23. 선고 2013후1986 판결(미간행).
11) 대법원 2010. 7. 15. 선고 2010후807 판결(공2010하, 1597); 대법원 2005. 4. 14. 선고 2004후3379 판결(미간행).
12) 현행 상표법 제34조 제1항 제4호에 해당한다.
13) 대법원 2005. 10. 28. 선고 2004후271 판결(공2005하, 1888); 대법원 2006. 2. 24. 선고 2004후1267 판결(공2006상, 535).

되는 특정인의 선사용상표는 국내 또는 외국의 주지상표에 해당하여야 하고, 특정인의 상표가 주지상표에 해당하는지 여부는 그 상표의 사용기간, 방법, 태양 및 이용범위 등과 거래실정 또는 사회통념상 객관적으로 널리 알려졌느냐의 여부 등이 기준이 된다고 판시하고 있다.[14] 그리고 상표법에 명시적인 규정은 없으나, 대법원은 선사용상표가 주지상표인가의 여부는 상표출원 당시를 기준으로 판단하여야 한다고 판시하고 있다.[15]

나. 현행 상표법에서의 해석

앞서 살펴본 바와 같이, 본 규정과 관련하여 2007. 1. 3. "현저하게 인식되어 있는"을 "인식되어 있는"으로 선사용상표의 인식도의 정도를 완화하는 방향으로 상표법 개정이 이루어졌다. 따라서 현행 상표법에서는 선사용상표의 인식 정도를 구 상표법에서와 같이 주지상표라고 해석할 수는 없고, 국내 또는 외국의 수요자 사이에 특정인의 상품을 표시하는 정도로만 인식되어 있으면 충분하다고 해석해야 한다.

그렇다면 선사용상표의 인식 정도는 상표법 제34조 제1항 제12호 후단의 수요자기만 상표에 해당하기 위한 요건으로 대법원이 설시해 오고 있는 선사용상표의 인식 정도와 동일하게 된다. 즉, 선사용상표는 반드시 주지·저명하여야 하는 것은 아니지만 적어도 국내의 일반거래에 있어서 수요자나 거래자에게 그 상표나 상품이라고 하면 곧 특정인의 상표나 상품이라고 인식될 수 있을 정도[16]에 이르러야 한다.[17] 대법원은 **"BCBG"**와 같이 구성된 선사용상표가 상표법 제34조 제1항 제12호 후단 및 제13호가 적용되기 위한 '특정인의 상표'로 인식될 수 있을 정도에는 이르렀으나, 상표법 제34조 제1항 제9호가 적용되기 위한 '주지성'을 취득하지는 못하였다고 판시하였는데,[18] 이는 위와 같은 입장을 전제로 하고 있다고 이해할 수 있다.

---

14) 대법원 2010. 7. 15. 선고 2010후807 판결(공2010하, 1597); 대법원 2005. 4. 14. 선고 2004후3379 판결(미간행).
15) 대법원 2004. 5. 14. 선고 2002후1362 판결(공2004하, 1873) 등.
16) 그 구체적인 내용은 상표법 제34조 제1항 제12호 후단에 관한 설명 부분 참조.
17) 특허청 상표심사기준(2016. 9. 1. 기준), 제13장 1.1.1항과 1.1.2항은 "본호는 국내의 수요자는 물론 외국의 수요자들에게 특정인의 상품을 표시하는 것이라고 인식되어 있는 상표에도 적용하며, 외국의 수요자는 반드시 복수 국가의 수요자임을 요하지는 않는다. 본호에서 말하는 '특정인'이라 함은 당해 상품의 거래자나 수요자 등이 그 상표를 사용하는 자가 누구인지를 구체적으로 인식하지는 못한다 하더라도, 익명의 존재로서 당해 상품의 출처를 인식할 수 있는 경우를 말한다."고 정하고 있다.
18) 대법원 2011. 7. 14. 선고 2010후2322 판결(미간행).

한편, 현행 상표법에서는 "국내 또는 외국의 수요자들에게 특정인의 상품을 표시하는 것이라고 인식되어 있는 상표"라고 규정하고 있으므로, 외국의 특정 국가에서만 특정인의 상품을 표시하는 것이라고 인식되어 있는 상표도 본 규정에서 비교 대상이 되는 선사용상표가 될 수 있다. 특정인의 상표로 인식되어 있는지 여부는 구 상표법에서 주지상표인지 여부의 판단과 마찬가지로 상표출원 당시가 기준이 되어야 할 것이다.19)

2. 상표 및 상품의 동일·유사 여부

본호에 해당한다고 하기 위해서는 법문에 규정된 바에 따라 출원상표 또는 등록상표가 특정인의 상품을 표시하는 것이라고 인식되어 있는 선사용상표와 동일·유사한 상표에 해당하여야 한다.

그러나 본호는 출처의 오인·혼동의 염려 또는 상품의 동일·유사는 그 요건으로 하고 있지 않다. 다만, 상품이나 서비스가 서로 동일·유사하거나 또는 밀접한 경제적 견련관계에 있어 출처의 오인·혼동의 우려가 있는 경우에는 뒤에서 보는 '부정한 목적'의 존재를 추정하는 데 유력한 자료가 될 수 있을 뿐이다.20)

따라서 출원상표 또는 등록상표의 지정상품이 선사용상표의 사용상품과 유사하지 않고 경제적 견련관계도 없다고 하더라도 본호에 해당할 수 있다. 그러므로 하나의 상표등록 출원에 포함된 지정상품들을 선사용상표의 사용상품과 유사하거나 경제적 견련관계가 있는 것과 그렇지 않은 것으로 나눈 다음, 이들 사이에 '부정한 목적' 여부에 대한 판단을 다르게 한 나머지 본호 해당 여부에 대한 결론을 다르게 도출해서는 안 될 것이다. '부정한 목적'은 상표출원인의 주관적인 의사인데, 하나의 상표등록 출원을 하는 상표출원인이 그 지정상품 별로 이러한 주관적인 의사를 달리 한다고 보는 것은 거래 상식과 실정에 부합하지 않는 형식적, 기교적 판단이기 때문이다.21)

---

19) 특허청 상표심사기준(2016. 9. 1. 기준), 제13장 제3항.
20) 특허법원 지적재산소송실무연구회(주 4), 604.
21) 대법원 2014. 1. 23. 선고 2013후1986 판결(미간행)도 같은 취지에서, 등록상표서비스표의 지정상품 및 지정서비스업들 중 '화장 관련 상품 및 서비스업'에 대해서는 부정한 목적을 인정하면서도, '통신강좌업, 대중목욕탕업, 마사지업, 문신업, 헬스스파서비스업' 등에 대해서는 부정한 목적이 있다고 볼 수 없다고 판단한 특허법원 판결을 파기하였다.

3. 부정한 목적

가. 판단기준

본호에 해당하기 위해서는 "부당한 이익을 얻으려 하거나 그 특정인에게 손해를 입히려고 하는 등 부정한 목적으로 사용하는 상표"일 것을 요한다. 대법원은 부정한 목적이 있는지 여부의 판단기준에 관하여 "특정인의 상표의 인식도 또는 창작성의 정도, 특정인의 상표와 출원인의 상표의 동일·유사성의 정도, 출원인과 특정인 사이의 상표를 둘러싼 교섭의 유무와 그 내용, 기타 양 당사자의 관계, 출원인이 등록상표를 이용한 사업을 구체적으로 준비하였는지 여부, 상품의 동일·유사성 내지는 경제적 견련관계 유무, 거래 실정 등을 종합적으로 고려하여야 한다."고 판시해 오고 있다.[22]

출처의 오인·혼동의 염려가 있는 경우에는 물론이고, 그렇지 않다고 하더라도 단순한 무임승차(free ride)로 부당한 이익을 얻으려 하거나 그 특정인의 영업상의 신용이나 고객흡인력 등의 무형의 가치에 손상을 입히거나 영업을 방해하는 등의 방법으로 손해를 가하려고 하는 등의 경우에는 부정한 목적이 인정된다. 일반적으로 부정한 목적이 있다고 들어지는 전형적인 사례로는, 외국에서 어느 정도 알려진 타인의 상표가 국내에서는 잘 알려져 있지 아니하고 국내에 아직 등록되어 있지 아니함을 기화로 이를 선등록한 후 고액으로 되팔기 위하여 출원하는 경우, 국내 대리점 계약을 강제할 목적으로 또는 외국권리자의 국내 시장 진입을 저지하기 위하여 등록하여 두려는 경우, 거래상 신의칙에 반하는 목적으로 출원하는 경우 등이다.[23]

한편, 등록상표의 출원일 당시에 모방대상상표(선사용상표)가 실제 상표로 사용되고 있지 아니하거나 모방대상상표의 권리자가 이를 상표로 계속 사용하려고 하는 의사가 명백하지 아니하다고 하여 곧바로 위 규정의 적용이 배제되는 것은 아니다. 이 경우에도, 모방대상상표가 과거의 사용실적 등으로 인하여 여전히 특정인의 상표로 인식되어 있고, 등록상표의 출원인이 모방대상상표에 체화된 영업상 신용 등에 편승하여 부당한 이익을 얻으려 하거나, 모방대상상표의 가치에 손상을 주거나 모방대상상표의 권리자가 이후 다시 위 상표를 사용

---

22) 대법원 2011. 7. 14. 선고 2010후2322 판결(미간행); 대법원 2010. 7. 15. 선고 2010후807 판결(공2010하, 1597) 등.

23) 특허법원 지적재산소송실무연구회(주 4), 604-605.

하려고 하는 것을 방해하는 등의 방법으로 모방대상상표의 권리자에게 손해를 끼치려는 목적을 가지고 모방대상상표와 동일·유사한 상표를 사용하는 경우에 는 위 규정에 해당한다고 할 수 있다. 모방대상상표가 상표로 사용되고 있는지 여부, 모방대상상표의 권리자가 이를 상표로 계속 사용하려고 하는 의사가 있는 지 여부는 모방대상상표가 특정인의 상표로 인식되어 있는지 여부와 등록상표 출원인의 부정한 목적 여부 등 위 규정에서 정한 요건의 충족 여부를 판단하기 위한 고려요소 중 하나가 되는 것에 불과하기 때문이다.[24]

희석화(dilution)의 경우도 본호에 해당한다고 설명하는 견해가 있다.[25] 그러 나 희석화는 선사용상표가 '저명상표'임을 전제로 하는 것이고,[26] 그 해당 여부 를 판단하는 별도의 기준이 있다.[27] 대법원은 앞서 본 것과 같이 본호에 해당하 기 위한 요건으로서 '부정한 목적' 여부의 판단기준을 정립해 놓았으므로, 이 판단기준에 의해 판단하면 되는 것이지, 출원상표 또는 등록상표가 선사용상표 와의 관계에서 희석화가 성립하는지 여부라는 별도의 기준에 의해 본호 해당 여부를 판단할 것은 아니라고 본다. 다만, 대법원의 판단기준에 의할 때 희석화 가 성립하는 상표도 본호에 포섭되어 그 등록이 거절되는 경우는 있을 것이다.

4. 판단기준시

종전에는 본호에 해당하는 상표인지 여부의 판단기준시에 관하여 상표법에 명시적인 규정이 없으나, 대법원은 상표출원 당시를 기준으로 판단하여야 한다 고 판시하고 있었다.[28] 2016. 2. 29. 개정 상표법에서는 제34조 제2항 본문에 등 록결정시를 기준으로 한다는 명시적인 규정을 두었다.

---

24) 대법원 2013. 5. 9. 선고 2011후3896 판결(공2013상, 1054).

25) 송영식 외 6인(주 3), 177.

26) 대법원 2004. 5. 14. 선고 2002다13782 판결(공2004상, 971) 참조.

27) 참고로 Mead Data Central, Inc. v. Toyota Motor Sales, U.S.A., Inc. 사건[875 F.2d 1026 (2d Cir. 1989)]에서 상표약화(blurring)로 인한 희석화의 판단요소로 제시된 6가지 요소(이 른바 Mead Data 테스트)는 ① 상표의 유사성, ② 상품의 유사성, ③ 수요자의 소양 (sophistication), ④ 후사용자의 약탈의도(predatory intent), ⑤ 선사용자 상표의 인지도, ⑥ 후사용자 상표의 인지도이다.

28) 대법원 2010. 7. 15. 선고 2010후807 판결(공2010하, 1597); 대법원 2005. 4. 14. 선고 2004후3379 판결(미간행).

Ⅲ. 구체적인 사례

1. 2007. 1. 3. 개정 전 상표법에서의 사례

가. 긍정례

① "테니스라켓" 등에 사용된 선사용상표 "**kawasaki**"가 지정상품을 "핸드볼화, 탁구라켓" 등으로 하는 등록상표 " かわさき "의 출원 당시 일본에서 주지상표였고, 선사용상표가 일본에서 현저하게 인식되어 있었던 점, 이들 상표가 유사한 점 등의 사정을 고려하면 부정한 목적도 인정된다고 한 원심의 판단은 정당하다.[29)]

② "탁구화, 탁구복, 양말" 등에 사용된 선사용상표 "**Butterfly** TAMASU TOKYO", "**Butterfly**"가 지정상품을 "단화, 반바지, 양말" 등으로 하는 등록상표 "**BUTTERFLY 버터플라이**"의 출원 당시 일본에서 주지상표였고, 등록상표와 선사용상표들은 공통적으로 '나비'의 뜻을 가진 영어단어 'Butterfly'를 그 요부로 하고 있으므로 서로 유사하며, 선사용상표들의 주지 정도, 등록상표와 선사용상표들의 유사 정도, 상품들 사이의 경제적 견련관계, 원·피고 사이의 상표분쟁의 경과 등을 종합적으로 고려할 때 부정한 목적도 인정된다.[30)]

③ "호텔업"에 사용된 선사용서비스표 "MIRAGE"가 2000. 10. 3. 미국의 네바다주 연방지방법원으로부터 '유명한 서비스표(famous mark)'로 인정받고 그와 같은 상태가 지정서비스업을 "레스토랑업, 호텔업" 등으로 하는 등록서비스표 "미라자"의 출원일 전·후까지 계속 유지되고 있었던 점 등을 알 수 있는데, 미국 법원의 위 판단은 미국의 일반 수요자나 거래자들의 인식을 가장 객관적으로 반영하고 있다고 보이고, 이 사건에서 미국 법원의 위와 같은 판단과 반대되거나 그와 같은 판단을 그대로 채용하기 어렵다고 인정할 증거가 제출되어 있는 것도 아니며, 선사용서비스표를 사용하는 위 호텔을 10여 년간에 걸쳐 유지하고 확대하면서 운영하여 온 실정에 비추어 보면, 선사용서비스표가 사용된 서비스업의 매출액, 광고비 지출액 등의 사용실적에 대한 구체적인 내용을

---

29) 대법원 2011. 7. 14. 선고 2009후2449 판결(미간행).

30) 대법원 2010. 7. 15. 선고 2010후807 판결(공2010하, 1597).

확인할 자료가 부족하다고 하여 미국 법원의 위와 같은 판단을 가볍게 배척할 것이 아니므로, 선사용서비스표는 등록서비스표의 출원일 당시 미국에서 현저하게 인식되어 있는 표장에 해당되고, 등록서비스표는 선사용서비스표와 표장 및 지정(사용)서비스업이 서로 동일하거나 유사하므로 부정한 목적이 있었다고 보는 것이 옳다.[31]

　　④ "생리대" 등 여성용 위생용품에 사용된 선사용상표 "natracare®"는

지정상품을 "실금환자용기저귀, 위생팬티" 등으로 하는 출원상표 " 나트라 케어 *Natracare* "의 출원 당시인 2004년에 한국을 비롯한 36개국에서 판매되고 있는 점, 선사용상표가 부착된 여성용 위생용품은 2001년부터 2003년까지 영국에서 총 1,057,754팩이 판매되고 북미(캐나다, 미국)에서 총 4,640,632팩이 판매되었으며 아이슬란드에서는 총 194,024팩이 판매되고, 2002년 발행된 '자연식품 머천다이저'라는 잡지에는 미국에서 가장 잘 팔리는 상위 40개 상품 중 하나로 선정되기도 한 점 등에 비추어 보면, 선사용상표가 부착된 여성용 위생용품의 생산량과 매출액 등의 사용실적이 구체적으로 특정되지 않았다고 하더라도 외국의 수요자 간에 널리 인식시킬 수 있을 정도의 생산량과 매출액임을 추정하기에 어렵지 않고, 원심에서 선사용상표가 부착된 위생용품의 판매국가, 판매량이 상당하다는 취지의 자료가 이미 제출되어 있는 이상, 선사용상표에 관한 광고의 정도와 광고비 지출액에 대한 구체적인 내용을 확인할 자료가 없다고 하여 가볍게 배척할 것이 아니므로, 원심이 선사용상표가 외국의 수요자 간에 특정인의 상표로 현저하게 인식되어 있지 않다고 판단한 것에는 법리오해 및 심리미진의 위법이 있다.[32]

　　⑤ "컴퓨터게임 소프트웨어"에 사용된 선사용상표 "STARCRAFT"는 지정상품을 "건과자, 비스켓, 캔디, 아이스크림" 등으로 하는 등록상표 오리온 스타크래프트 " ORION STARCRAFT"의 출원 당시인 1999. 2. 25.경 저명상표라고 봄이 상당하고, 이들 상표는 유사하며, 선사용상표는 하나의 조어로서 거래계에서 그 사용예를 쉽게 찾아볼 수 없으므로 등록상표의 표장은 선사용상표를 모방한 것으로 추정되고, 선사용상표가 저명한 이상 등록상표의 출원, 등록이 선사용상표의 식별력을 약화시키는 결과를 가져오고, 그에 따라 등록상표에 제12호 소정의 등록

---

31) 대법원 2009. 2. 12. 선고 2008후4448 판결(미간행).
32) 대법원 2008. 9. 25. 선고 2008후1586 판결(미간행).

무효 사유가 있다고 본 원심의 사실인정과 판단은 옳다.[33]

⑥ 화장품류에 사용된 선사용상표 "*Estée Lauder*"는 지정상품을 "방진안경, 보통안경, 선글라스" 등으로 하는 등록상표 "**estee lauder**"의 출원일인 2002. 1. 9. 무렵 국내의 일반 수요자들에게 현저하게 인식되어 있는 상표에 해당하고, 표장이 극히 유사한 점, 선사용상표에 관한 지식이 없이 등록상표를 창작하였다고 보기는 어려운 점, 이들 상표의 상품들이 서로 유사하거나 경제적 견련관계가 있다고 단정하기 어려우나 모두 유행에 민감한 상품이고 주된 수요자 계층이 젊은 남녀로서 공통되는 점 등을 고려하면 부정한 목적도 인정된다.[34]

⑦ "텔레비전 수신기" 등에 사용된 선사용상표 "$\overset{\text{파 브}}{\text{PAVV}}$"는 지정상품을 "작업복, 잠바, 청바지" 등으로 하는 출원상표 "$\overset{\text{PAVV}}{\text{파 브}}$"의 출원일인 2004. 6. 2. 무렵 국내의 일반 수요자들에게 현저하게 인식되어 있는 상표에 해당하고, 이들 상표의 글자체 등 외관이 매우 흡사하고 호칭이 동일하며 'PAVV'가 창작된 조어인 점 등에 비추어 보면 출원상표는 선사용상표를 모방한 것으로 추정되며, 이들 상표의 상품들 사이에 경제적 견련관계가 있다고 보기는 어려우나, 출원상표를 그 지정상품에 사용하는 경우 선사용상표가 가지는 양질의 이미지나 고객흡인력에 편승하여 부당한 이득을 얻거나 그 상표의 가치를 희석하여 선사용상표권자에게 손해를 가할 목적으로 출원상표를 사용하는 것이라고 보아야 할 것이다.[35]

나. 부정례

① "합성섬유사" 등에 사용된 선사용상표 "**X-static**"는 지정상품을 "허리벨트" 등으로 하는 등록상표 "**X-static** Silver"의 출원일 당시 외국의 수요자들 사이에 특정인의 상품을 표시하는 표지로서 현저하게 인식되어 있다고 보기 어렵다는 이유로, 등록상표가 제12호의 등록무효사유에 해당하지 아니한다고 판

---

33) 대법원 2005. 6. 9. 선고 2003후649 판결(미간행).
34) 특허법원 2007. 8. 17. 선고 2007허1633 판결(미간행, 대법원 2007. 12. 13.자 2007후3691 판결로 심리불속행 기각됨).
35) 특허법원 2007. 7. 25. 선고 2007허3356 판결(미간행, 대법원 2007. 12. 13.자 2007후3561 판결로 심리불속행 기각됨).

단한 원심은 옳다.[36)

② 선사용서비스표 "MR. CHOW" 레스토랑은 전국적인 또는 세계적인 조직망을 갖춘 체인점이 아니라 런던, 로스앤젤레스, 뉴욕 등 단지 3개의 점포만이 있고, 세계 여러 나라의 신문·잡지 등에 실린 기사도 유명 연예계 사람들이 단골로 찾아가는 고급 중국식당이라는 것이 대부분으로서 주된 이용자가 한정된 부류의 사람들이고, 그 외 외국에서의 실제 인지도, 서비스표에 대한 선전광고비 내역이나 레스토랑의 매출규모를 알 수 있는 자료가 없으므로, "한식점경영업, 중국요리전문점" 등을 지정서비스업으로 한 출원서비스표 "Mr. CHOW"가 출원된 2001. 6. 19. 당시 국내 또는 외국의 수요자 간에 현저하게 인식된 서비스표라고 할 수 없고, 원고는 국내에서 집단급식소를 위탁운영하다가 중국음식점을 개설하기로 하고 중국인에게 흔한 성씨인 주(周)씨의 중국식 발음에 불과한 'CHOW' 앞에 Mr.를 붙여서 출원하고 실제 홍콩요리전문점을 개설하여 그 식당의 상호로 사용하고 있으며 선사용서비스표가 국내에는 거의 알려지지 않았고 외국에서도 주지·저명한 서비스표라고 보기 어려운 점에 비추어 부정한 목적이 있다고 단정할 수도 없다고 한 원심의 사실인정 및 판단은 정당하다.[37)

③ "서류꽂이"에 사용된 선사용상표 "PAGE UP"은 1995. 12. 프랑스에서 등록된 이래 1997.경까지 미국, 일본 등 15여 개 국가에서 등록되고, 선사용상표가 부착된 제품은 1997. 2.경부터 판매되어 그 사용기간이 3, 4년 정도로 그 선전광고 기간도 2년 남짓이며, 1998년경의 유럽, 아시아 등에 수출한 규모 및 수출액은 1,818,000개, 1,905,612유로에 불과하고, 우리나라에는 등록상표의 출원 후인 1999. 9.경에야 수입되어 판매된 사실을 인정한 다음, 이러한 정도의 사용기간, 선전광고, 매출규모만으로는 "메모꽂이, 서류폴더" 등을 지정상품으로 하는 등록상표 "PAGE UP"의 출원시인 1999. 2. 22.경 국내 또는 외국의 일반 수요자 간에 특정인의 상표로 현저하게 인식되었다고 할 수 없으므로, 등록상표는 제12호에 해당하지 않는다고 판단한 원심의 사실인정과 판단은 정당하다.[38)

---

36) 대법원 2006. 7. 13. 선고 2005후70 판결(미간행).
37) 대법원 2005. 4. 14. 선고 2004후3379 판결(미간행).
38) 대법원 2004. 5. 14. 선고 2002후1362 판결(공2004하, 1873).

2. 2007. 1. 3. 개정 후 상표법에서의 사례

가. 긍정례

① 선사용표장 "**BARBIE**"는 루스와 엘리어트 핸들러(Ruth & Elliot Handler) 부부가 딸 바바라(Barbara)의 이름을 따서 창작한 선사용표장은 1959년 경부터 '인형' 등의 상품에 사용되어 오기 시작하여 이 사건 등록상표서비스표 의 출원 당시 국내와 미국, 중국, 독일 등 외국의 수요자들 사이에 주지·저명한 상표가 된 점, 등록상표서비스표 "바비퀸"은 선사용표장의 한글 음역 '바 비'에 여왕을 뜻하는 영어 단어 'queen'의 한글 음역 '퀸'을 덧붙인 것에 불과하 여 서로 유사한 점, 선사용표장이 사용된 '바비 인형'은 최신 유행하는 의상과 헤어스타일, 메이크업 등으로 시대에 따라 변화하는 여성의 모습을 대변하는 패 션인형의 특성을 가진 것으로서, '바비 인형'의 이러한 특성을 토대로 하여 국 내외에서 '화장품, 화장도구, 미용용품' 등에까지 선사용표장의 사업 영역이 확 대되어 가고 있는 점, 이러한 상품들과 동일·유사하거나 경제적 견련관계가 있 는 상품들과 서비스업들이 등록상표서비스표의 지정상품들과 지정서비스업들에 다수 포함되어 있는 점, 등록상표서비스표의 출원인이 이를 이용한 사업을 구체 적으로 준비한 바는 없는 점 등을 종합하면, 부정한 목적이 인정된다.[39]

② 선사용상표 "　　"은 2002년경부터 "의류, 신발, 악세사리"를 지정상 품으로 하는 출원상표 "　　"의 출원일인 2008. 11. 27. 무렵까지 약 7년 동 안이나 미국에서 의류, 신발류 등에 사용되었던 점, 2003년경부터 유명 패션잡 지나 신문에 선사용상표가 소개되거나 광고가 게재되어 미국의 일반 수요자에 게 알려졌고, 특히 데이비드 베컴, 마돈나, 브래드 피트 등 미국의 유명인사들이 그 단골고객이 되었다는 기사나 그들이 선사용상표가 부착된 의류를 입고 있는 사진이 게재되기도 한 점, 미국에서의 매출액이 2006년경부터 출원상표의 출원 일 무렵까지 불과 3년 동안에 약 367억 원에 이르렀고 매년 꾸준한 상승세를 보여 온 점 등을 두루 종합하여 보면, 선사용상표는 출원상표의 출원일 당시 적 어도 미국의 수요자 사이에서는 특정인의 상품을 표시하는 것이라고 인식되는 정도에는 이르렀다고 보이고, 이들 상표는 모두 날고 있는 비둘기 형상으로 구

---

39) 대법원 2014. 1. 23. 선고 2013후1986 판결(미간행).

성되어 있어 그 창작성이 비교적 높은 도형상표로서 동일한 점, 그 상품이 모두 의류, 신발류로서 서로 동일 또는 유사한 점 등에 비추어 보면 부정한 목적도 인정된다.[40]

③ 키드로봇사는 타임 메거진이나 뉴욕타임스지에 소개될 정도로 미국 내에서 '고급 어른 장난감 전문점'으로 잘 알려진 회사인데 "의류, 인형" 등에 사용된 선사용상표 "kid robot"은 키드로봇사의 회사명을 표장의 기본으로 하고 있고, 키드로봇사의 최초 매장이 2002년 개설된 이래로 현재 미국 내에는 400여 개의 매장이 있으며, 순매출액은 2005년 약 620만 달러, 2006년 약 785만 달러, 2007년 약 1,412만 달러를 기록한 점 등을 참작할 때, 선사용상표는 "머니벨트(의류), 농구스니커즈" 등을 지정상품으로 하는 출원상표 "kid robot"의 출원일인 2007. 9. 21.경 미국 내에서 특정인의 상품을 표시하는 것으로 인식되었고, 이들 상표의 표장이 동일하고 그 상품 또한 '의류' 등으로 유사하며 원고가 출원상표를 이용한 사업을 구체적으로 준비하였다는 점을 인정할 아무런 증거가 없어 부정한 목적도 추인된다.[41]

④ "호텔업, 리조트업, 예식업" 등에 사용된 선사용서비스표 "FOUR SEASONS Hotels and Resorts"은 "예식장경영업"을 지정서비스업으로 하는 등록서비스표 "FOUR SEASONS banquet & wedding"의 출원일인 2007. 8. 21. 당시 국내외에서 주지서비스표인 것으로 판단되고, 이들 상표는 표장이 유사하고 서비스업 역시 유사하거나 경제적인 견련관계가 있는 점 등에 비추어 보면 부정한 목적도 추정된다.[42]

나. 부정례

① 소외 BCBG Max Azria Group Inc.는 미국에서 여성의류 상표로 널리 알려져 있는 1989년경에 설립된 회사로서 총매출액은 2007년 기준으로 약 12억 달러에 이르고, 직원수는 전세계적으로 1만 8,000명이 넘는 것으로 추정되며,

---

40) 특허법원 2011. 7. 14. 선고 2011허3407 판결(미간행, 대법원 2011. 9. 29.자 2011후2091 판결로 심리불속행 기각됨).

41) 특허법원 2011. 5. 13. 선고 2010허9385 판결(미간행, 대법원 2011. 8. 25.자 2011후1180 판결로 심리불속행 기각됨).

42) 특허법원 2011. 2. 16. 선고 2010허5925 판결(미간행, 대법원 2011. 5. 13.자 2011후590 판결로 심리불속행 기각됨).

미국 전역에 약 100개 이상의 매점을 소유하고 있는 사실, 소외 회사는 프랑스 유행어 'Bon Chic, Bon Genre' 즉 '좋은 스타일, 좋은 자세'라는 의미의 약자를 본떠서 미국에서 'BCBG'라는 상표로 여성의류를 판매하고 있는 사실, 피고의 본점 소재지는 소외 회사의 본점 소재지와 주소가 일치하는 사실 등을 종합하면, 피고는 소외 회사와 어떠한 경제적인 견련관계가 있는 것으로 추정되므로 소외 회사가 사용하고 있는 상표 'BCBG'를 본떠서 "자켓, 코트" 등을 지정상품으로 하는 등록상표 "**BCBGENERATION**"를 출원한 것으로 추정될 뿐, 사용상품을 "여성의류"로 하는 원고의 선사용상표 "BCBG"를 모방하여 부정한 목적으로 출원한 것이라고 단정할 수 없으므로, 등록상표는 제12호에 해당하지 않는다고 판단한 원심은 옳다.[43]

② 신발류에 사용된 선사용상표 "Melissa"의 사용기간, 판매량이나 판매액, 주요 언론에 보도된 정도 등을 종합하면, 선사용상표는 "가방, 의류, 신발" 등을 지정상품으로 하는 등록상표 "MELISSA"의 출원일인 2007. 9. 7. 당시 브라질 등 외국에서 특정인의 상품을 표시하는 것이라고 인식되었다고 봄이 상당하고, 이들 상표는 표장과 상품이 동일 또는 유사하기도 하다. 그러나 'Melissa'는 영어로 된 흔한 여성의 이름에 불과하고, 피고는 등록상표와 동일한 표장을 1972년경부터 여성복 등에 사용하여 왔으며, 피고가 실제 신발류를 생산하여 판매하고 있는 것으로 보이므로, 피고가 원고의 선사용상표를 모방하여 부정한 목적으로 등록상표를 출원, 사용하고 있다고 할 수 없다.[44]

〈유영선〉

---

43) 대법원 2011. 7. 14. 선고 2010후2322 판결(미간행).
44) 특허법원 2011. 6. 16. 선고 2011허422 판결(미간행, 대법원 2011. 9. 29.자 2011후1531 판결로 심리불속행 기각됨).

제34조(상표등록을 받을 수 없는 상표)
　① 제33조에도 불구하고 다음 각 호의 어느 하나에 해당하는 상표에 대해서는 상표등록을 받을 수 없다.
　[제1호~제14호는 앞에서 해설]
　15. 상표등록을 받으려는 상품 또는 그 상품의 포장의 기능을 확보하는 데 꼭 필요한(서비스의 경우에는 그 이용과 목적에 꼭 필요한 경우를 말한다) 입체적 형상, 색채, 색채의 조합, 소리 또는 냄새만으로 된 상표

[참조조문] 제90조(상표권의 효력이 미치지 아니하는 범위)
　① 상표권(지리적 표시 단체표장권은 제외한다)은 다음 각 호의 어느 하나에 해당하는 경우에는 그 효력이 미치지 아니한다.
　5. 등록상표의 지정상품 또는 그 지정상품 포장의 기능을 확보하는 데 불가결한 형상, 색채, 색채의 조합, 소리 또는 냄새로 된 상표

<소 목 차>

Ⅰ. 총설

1. 기능성원리(functionality doctrine)[1]의 개념

상표의 의의 및 기능에 비추어 보면, 만일 어떠한 표지(標識)가 자타 상품의

---

1) 기능성원리에 관한 자세한 논의는 아래의 논문 또는 단행본 참조. 유영선, "특허와 상표에 의한 보호영역을 구분하는 기능성원리(Functionality Doctrine)에 대한 연구", 서울대학교 박사학위논문(2011. 2.); 유영선, 기능성원리(Functionality doctrine) 연구: 특허와의 관계에서 상표에 의한 보호의 한계, 경인문화사(2012).

식별력(distinctiveness)을 가지기만 하면 상표로 보호될 수 있을 것이다. 이와 같은 맥락에서, 문자나 기호, 도형, 색채 등은 물론 상품의 디자인이나 형상, 그 포장형태와 같은 입체적 형상, 소리 또는 냄새를 비롯한 어떤 유형의 표지라도 그것이 식별력이 있기만 하면 상표에 의한 보호가 가능하다는 생각 아래, 상표에 의한 보호대상이 점점 더 확대되어 가고 있는 것이 현재 우리나라를 비롯한 세계적인 추세이다. 그런데 상품이나 상품 포장의 형태와 같은 입체적인 형상(색채 포함)은 그러한 형태로 이루어지는 상품이나 상품 포장의 기능(function)과 밀접하게 관련되어 있는 경우가 많다. 따라서 이러한 입체적인 형상이 상품의 출처를 나타내는 표지로서의 역할을 한다고 하여 이를 아무런 제한 없이 상표로 보호한다면, 그 입체적인 형상과 밀접하게 관련되어 있는 상품의 기능에까지 상표의 보호범위가 확대되는 결과를 초래하고 만다.

그러나 상품의 기능과 밀접하게 관련되어 있는 입체적인 형상을 무분별하게 상표로 보호함으로써 근본적으로 특허에 의해 보호되어야 하는 상품의 기능을 결과적으로 상표에 의해서도 보호되도록 하는 것은 허용될 수 없다. 왜냐하면, 이와 같이 상품의 기능에까지 상표에 의한 보호 대상을 확대하는 것은 특허법의 본질과 입법목적을 훼손하는 결과에 이르게 되고, 또한 어떠한 입체적 형상이 식별력이 있다고 하더라도, 그것이 상품의 기능을 구현하기 위한 본질적인 부분에 해당하여 다른 경쟁자들도 그 상품을 제조하기 위하여 이를 사용할 수밖에 없음에도 불구하고 상표권에 의하여 그 사용을 금지시킨다면, 이는 오히려 공정한 경쟁을 도모하고자 하는 상표법의 내재적인 목적에도 반하기 때문이다.

기능성원리는 바로 이와 같은 고려에서 등장한 원리로서 특허제도와 상표제도 사이의 조화로운 해석을 가능하게 하는 역할을 한다. 즉, 상품의 기능을 특허가 아닌 상표에 의해 보호하는 것은 금지된다는 것이므로, 입체적인 형상이 '기능적인(functional)' 것으로 판단되면 설사 그것이 식별력이 있어서 상표로서 역할을 할 수 있다고 하더라도 상표로 보호받을 수 없도록 한다. 따라서 기능성 원리는 지식재산권법 체계에서 상품의 기능적인 특성(functional features)과 관련하여 특허와 상표에 의한 보호영역의 한계를 설정하는 원리로 작용한다고 말할 수 있다.[2] 미국에서는, trade dress라는 다소 모호하고 광범위한 개념 아래 제품

---

2) 기능과 관련된 지적 산물을 어떠한 종류의 지식재산권으로 보호할 것인지 하는 문제는 비단 특허법과 표지법(標識法) 사이에서만 발생하는 문제는 아니다. 지식재산권법 전체 체계에서 기능을 어떻게 취급할 것인지 하는 문제는 특허법과 디자인보호법 사이, 디자인보호법과 저작권법 사이, 또는 특허법과 저작권법 사이에서도 발생하는 어렵고도 흥미로운

의 디자인 또는 형상에까지 아울러 상표 보호의 범위를 확장하고 있는데, 기능
성원리는 이처럼 상표 보호의 범위를 광범위하게 확장해 감에 따라 초래될 수
있는 제반 문제점들을 회피하거나 완화할 수 있는 핵심적인 원리로 이해되고
있다.3)

2. 연혁 및 입법례

가. 미국

기능성원리는 trade dress 법리를 특허법과 조화시키고 자유경쟁의 부당한
제한을 막기 위해 일찍이 미국의 판례법에 의해 발전해 온 법리로서,4) 1998년
미국 연방상표법(Lanham Act) §2(e)(5)에 성문화되었다. 그런데 위 조문에는 "전
체적으로 기능적인 표장(functional mark)은 주등록부에의 상표 등록이 거절된다."
고 규정되어 있을 뿐,5) '기능적(functional)'이란 용어의 의미나 그 구체적인 판단
기준에 대한 아무런 규정을 두고 있지 않다. 따라서 이에 대한 해석은 오로지
판례와 학설에 맡겨져 있다.

이처럼 미국의 판례법에 의해 발전해 온 기능성원리는, 대륙법계 국가에서
도 입체상표를 도입하여 상품 또는 상품 포장의 입체적인 형상도 상표로 보호
하게 됨에 따라, 그러한 형상이 가지는 기능적인 면까지 상표에 의한 보호범
위가 확대되는 것을 제한하기 위한 원리로서 상표법 등에 명문으로 규정되기에
이르렀다.

주제이다. 여기서는 그 중 특허법과 표지법 사이에서 상품의 기능(function of product)에
　대한 상표 보호영역의 한계를 설정하는 원리로서의 기능성원리(functionality doctrine)가 문
　제되는 것이다.

3) Graeme B. Dinwoodie & Mark D. Janis, Trademarks and Unfair Competition, 153-154,
　Aspen (2004); Deborah J. Krieger, "The Broad Sweep of Aesthetic Functionality: A Threat
　To Trademark Protection of Aesthetic Product Features", 51 FDMLR 345, 349-350 (1982).

4) J. Thomas McCarthy, 1 McCarthy on Trademarks and Unfair Competition, § 7:63, at
　7-140, Thomson West (4th ed. 2006); A. Samuel Oddi, "The Functions of Functionality in
　Trademark Law", 22 Hous. L. Rev. 925, 928-929 (1985).

5) "No trademark by which the goods of the applicant may be distinguished from the goods
　of others shall be refused registration on the principal register on account of its nature un-
　less **it consists of a mark which comprises any matter that, as a whole, is functional.**"이라고
　규정되어 있을 뿐이다.

나. 유럽연합6)

유럽공동체(EC) 시절 회원국의 상표법을 조화시키기 위하여 1988. 12. 21. 이사회 제1지침(First Council Directive, 89/104/EEC)을 제정하였다. 위 지침 제2조는 "상표는 개인명을 포함한 단어, 도형, 문자, 숫자와 함께 상품 또는 상품의 포장의 형상 등 도안으로 나타낼 수 있는 표지로서 자타기업의 상품 또는 서비스를 식별할 수 있는 것을 말한다."고 하여 입체적 형상도 상표의 보호대상이 될 수 있음을 규정하고 있었다. 반면, 위 지침 제3조 제1항 (e)호에서는 "① 상품 그 자체의 성질에서 유래하는 형상, ② 기술적인 성과를 얻기 위해 필요한 상품의 형상, ③ 상품에 실질적 가치를 부여하는 형상으로만 이루어진 표지는 상표등록될 수 없다."고 하여 기능성원리를 명문화하였다.

그런데 위 지침의 각 규정은 1993. 12. 20. 제정된 유럽공동체 상표규칙(Council Regulation, EC No. 40/94)에도 그대로 이어져, 상표적격에 대해서는 제4조에서, 기능성원리에 대해서는 제7조 제1항 (e)호에서 동일하게 규정하였다. 이와 같은 유럽공동체 상표규칙은 독일, 영국, 프랑스 등 유럽연합 국가들이 자국의 상표 관련 법을 개정하여 입체상표를 도입하는 한편 기능성원리에 대한 규정을 두는 하나의 표준 지침이 되었다.

다. 독일7)

독일은 1995. 1. 1.부터 구 상표법을 폐지하고 「상표 및 기타 표지에 관한 법률(Gesetz über den Schutz der Marken und sonstigen Kennzeichen)」을 제정하여 시행하고 있다. 새로운 상표법은 유럽공동체 상표규칙을 국내에 입법화한 것으로 입체상표 제도를 도입하는 한편 기능성원리에 대하여도 규정하였다.

즉, 독일 상표법 제3조 제1항은 "모든 표지, 특히 개인의 성명을 포함하여 문자, 숫자, 소리표지, 상품의 형태 또는 그 포장의 형태를 포함하는 입체적 형상, 색채 및 색채의 결합을 포함하는 기타 외장은 어떤 기업의 상품 또는 서비스를 다른 기업의 그것과 식별할 수 있을 때에는 상표로서 보호된다."고 규정함으로써, 자타상품 식별력을 가지고 있는 모든 표지 형태에 대하여 상표로 보호

---

6) 牛木理一(정광선 역), "입체상표의 도입에 대하여: 의장법에의 도전과 한계", 산업재산권 5호(1997. 4.), 7-8; 이상정, "유럽연합의 상표법에 관한 연구", 창작과 권리 7호(1997. 6.), 103; 김은기, "입체상표의 등록요건", 창작과 권리 11호(1998. 6.), 58면을 참고하였다.

7) 김병일, "독일에서의 입체상표 보호", 창작과 권리 18호(2000. 3.), 38-39면과 41-43면을 주로 참고하였다.

받을 수 있는 가능성을 열어 놓고 있다. 반면, 동법 제3조 제2항에서는 유럽공동체 상표규칙과 거의 유사하게 "① 상품 그 자체의 성질에서 유래하는 형상(제1호), ② 기술적인 성과를 얻기 위해 필요한 상품의 형상(제2호), ③ 상품에 실질적 가치를 부여하는 형상(제3호)만으로 이루어진 표지는 상표로 보호될 수 없다."고 기능성원리에 대한 규정을 두고 있다.

라. 영국

1994. 10. 31.부터 시행된 새로운 상표법 제1조(1)에서 상표를 자타 상품이나 서비스를 구분할 수 있고 시각적으로 표시할 수 있는 표지로서 상품의 형상 또는 그 포장(The shape of goods or their packaging)도 상표의 대상이 될 수 있다고 규정하였다. 반면, 동법 제3조(2)에서 "① 상품 그 자체의 성질에서 유래하는 형상, ② 기술적인 성과를 얻기 위해 필요한 상품의 형상, ③ 상품에 실질적 가치를 부여하는 형상은 상표등록에서 제외된다."고 규정하여 기능성원리에 대한 명시적인 법적 근거를 제시하고 있다.[8]

마. 일본

일본의 구 상표법은 제2조 제1항에서 상표의 대상에 대하여 "문자, 도형, 기호 혹은 이들의 결합 또는 이들의 색채와의 결합"이라고 규정하여 상표는 평면적인 것만으로 파악하고 있었다.

그런데 구 상표법이 개정되어 1997. 4. 1.부터 시행되고 있는 새로운 상표법에서는, 제2조 제1항에서 상표의 정의를 "문자, 도형, 기호나 입체적 형상 혹은 이들의 결합 또는 색채와의 결합"으로 하고, 제2조 제4항에서 상표의 사용에는 상품 또는 상품이 포장 등을 표장의 형상으로 하는 것을 포함하는 것으로 규정함으로써, 상표법에도 입체상표를 도입하였다.

이러한 입체상표의 도입과 함께, 제4조 제1항 제18호에서는 "기능상 불가결한 입체적 형상만으로 된 상표는 등록받을 수 없다."는 규정을 두었다.[9] 즉, 상품 또는 상품의 포장의 기능을 확보하기 위하여 불가결한 입체적 형상만으로 된 상표는 등록되지 않도록 한다는 기능성원리를 규정한 것이다. 미국의 입법에 비해서는 좀 더 구체적이지만 유럽연합 국가들에 비해서는 추상적으로 기능성

---

8) 김원오, "입체상표의 등록 및 보호요건에 관한 소고: 상품의 형상이나 포장 형태의 입체표장을 중심으로", 산업재산권 11호(2002. 5.), 216; 牛木理一(정광선 역)(주 6), 9.

9) 小野昌廷 編, 注解 商標法 上卷(新版), 靑林書院(2005), 443; 網野誠, 商標(第6版), 有斐閣(2002), 420-421.

개념을 규정하고 있음을 알 수 있다.

바. 우리나라 상표법의 입법연혁

우리나라의 구 상표법(1997. 8. 22. 법률 제5355호로 개정되기 전의 것)은 앞서 본 일본의 구 상표법과 마찬가지로, "상품을 생산·가공·증명 또는 판매하는 것을 업으로 영위하는 자가 자기의 업무에 관련된 상품을 타인의 상품과 식별되도록 하기 위하여 사용하는, 기호·문자·도형 또는 이들을 결합한 것이나 이들 각각에 색채를 결합한 것"을 상표로 규정하여 평면적인 것만을 그 대상으로 하였다.

그런데 1997. 8. 22. 법률 제5355호로 상표법이 개정되면서, 상표법 제2조 제1항 제1호 가목에 상표의 대상으로 '입체적 형상'이 추가되고, 제2조 제1항 제6호 가목 내지 다목이 규정한 상표의 사용행위에는 "상품, 상품의 포장, 광고, 간판 또는 표찰을 표장의 형상으로 하는 것을 포함한다."는 제2조 제2항이 신설되었다. 그리고 기술적표장에 관한 상표법 제6조 제1항 제3호가 규정한 '형상'에는 '포장의 형상'도 포함되는 것으로 규정하였다. 이와 함께 "상표등록을 받고자 하는 상품 또는 그 상품의 포장의 기능을 확보하는 데 불가결한 입체적 형상만으로 된 상표는 상표등록을 받을 수 없다."는 제7조 제1항 제13호와 "상표등록을 받고자 하는 상품 또는 그 상품의 포장의 기능을 확보하는 데 불가결한 입체적 형상만으로 된 상표에는 상표권의 효력이 미치지 않는다."는 제51조 제4호를 신설하였는데, 이들 규정은 기능성원리에 관한 규정이라고 할 수 있다.[10]

'색채'에 관하여 보면, 종래 우리 상표법은 위와 같이 '기호·문자·도형·입체적 형상에 색채가 결합된 색채상표'만을 등록의 대상으로 규정하여 색채 자체에 대해서는 독립적인 상표로서의 의미를 부여하지 않았다. 그러다가 선진 외국의 경우 색채 단독으로도 상표 보호를 해주고 있는 데 영향을 받아 상표법이 2007. 1. 3. 법률 제8190호로 개정되면서 제2조 제1항 제1호에서 '색채 또는 색채의 조합만으로 이루어진 것'도 상표가 될 수 있는 표장 개념에 포함시켰다.[11] 이에 따라 기능성원리에 관한 규정인 제7조 제1항 제13호와 제51조 제1항 제4호는 "상품 또는 그 상품의 포장의 기능을 확보하는 데 불가결한 색채 또는 색

---

10) 그 규정 형식이 일본 상표법과 거의 동일함을 알 수 있다.

11) 상표가 될 수 있는 표장에, 가목은 "기호·문자·도형·입체적 형상·색채·홀로그램·동작 또는 이들을 결합한 것"을, 같은 호 나목은 "그 밖에 시각적으로 인식할 수 있는 것"을 포함시켰다.

채의 조합(만)으로 된 상표"도 포함하여 규정하기에 이르렀다.

그리고 상표법이 2011. 12. 2. 법률 제11113호로 개정되면서 제2조 제1항 제1호에서 '소리·냄새 등 시각적으로 인식할 수 없는 것 중 기호·문자·도형 또는 그 밖의 시각적인 방법으로 사실적(寫實的)으로 표현한 것'도 상표가 될 수 있는 표장 개념에 포함시켰다. 이에 따라 기능성원리에 관한 규정인 제7조 제1항 제13호와 제51조 제1항 제4호는 "상품 또는 그 상품의 포장의 기능을 확보하는 데 불가결한 소리 또는 냄새(만으)로 된 상표"도 포함하여 규정하기에 이르렀다.[12]

이들 규정은 상표법이 2016. 2. 29. 법률 제14033호로 전부 개정되면서 제2조 제1호, 제2호, 제34조 제1항 제15호, 제90조 제1항 제5호로 각각 이전되었다.

3. 기능성원리의 정책목표

가. 일반론

기능성원리의 정책목표는 대개 두 가지 관점에서 논의되고 있다.[13]

하나는, 특허 또는 디자인 등 다른 지식재산 영역과의 관계에서 상표에 의한 보호 한계를 설정해야 한다는 관점이다. 이 관점에서는 물품의 기능에 대한 독점배타적인 권리를 설정하는 것은 오로지 특허 또는 디자인일 뿐이므로, 이를 상표에 의해 보호하는 것은 허용될 수 없다고 한다(이하에서는, 이러한 정책목표를 '특허 등과의 충돌방지' 정책목표라고 한다). 이러한 관점에서는, 보호기간의 만료 또는 그 요건의 결핍으로 인하여 특허나 디자인에 의해 보호되지 않는 기능적인 특성(functional features) 또는 실용적인 특성(utilitarian features)을 상표에 의하여 보호하게 되면, 특허나 디자인과 상표 사이에 그 보호 영역의 충돌이 일어나므로, 이러한 충돌을 회피하고 이들 법률의 보호 영역을 서로 조화시키기 위한 원리로서 기능성원리가 필요하다고 이해한다.

다른 하나는, 상표법이 경쟁법으로서 자유로운 경쟁을 부당하게 제한해서는 안 되는 내재적인 한계가 있다는 관점이다. 이 관점에서는 경쟁업자가 자유롭게 경쟁하기 위해 필요하면 기능적인 또는 실용적인 특성을 복제해 사용하는

---

12) 위 개정 상표법 제7조 제1항 제13호는 "상표등록을 받으려는 상품 또는 그 상품의 포장의 기능을 확보하는 데 불가결한(서비스업의 경우에는 그 이용과 목적에 불가결한 경우를 말한다) 입체적 형상, 색채, 색채의 조합, 소리 또는 냄새만으로 된 상표"라고 하여, 서비스업에 관해서도 규정하기에 이르렀다(위 규정의 괄호 부분 참조).

13) J. Thomas McCarthy(주 4), §7:68, at 7-155; 김원오(주 8), 218; 이대희, "상표법상의 기능성원리에 관한 연구", 창작과 권리 12호(1998. 9.), 29; 진효근, "입체상표와 기능배제의 원칙", 판례연구 16집(상)(2002. 8.), 14-15.

것이 충분히 보장되어야 하므로, 이를 상표에 의해 독점배타적으로 보호해서는 안 된다고 한다(이하에서는, 이러한 정책목표를 '자유경쟁의 부당한 제한방지' 정책목표라고 한다). 이와 같이 기능성원리의 근거를 자유경쟁의 부당한 제한방지에서 찾는 견해는, 자유경쟁을 위해 복제를 허용해야 한다는 '경쟁자의 이익'과 상표권리자의 신용(goodwill) 보호와 함께 수요자의 혼동을 방지해야 한다는 '상표보호의 이익' 사이에 균형을 이뤄야 함을 강조하기도 한다.14)

　　이러한 기능성원리의 두 가지 주요 정책목표에 대해서는, ① 지식재산권의 전반적인 체계와 공공영역(public domain)의 보장이라는 관점에서 그 구체적인 내용을 어떻게 파악해야 하는가, ② 이들 정책목표 중 어느 것을 더 중요하게 고려하여야 하는가, 그리고 ③ 이들 정책목표의 관계를 어떻게 설정해야 하는가 등 다양한 주제에 관한 논의가 전개되고 있다.15) 예를 들어, 미국의 판례들은 '특허 등과의 충돌방지' 정책목표에만 기능성원리의 근거를 두고 있는 것과 '자유경쟁의 부당한 제한방지' 정책목표에만 그 근거를 두고 있는 것으로 나누어져 있다. 이러한 두 가지의 정책목표는 둘 다 모두 중요하게 고려되어야 한다고 주장하는 학자도 있다.16)

나. 대법원 판결

　　대법원은 최근 기능성원리와 관련하여, "상품 등의 기술적(技術的) 기능은 원칙적으로 특허법이 정하는 특허요건 또는 실용신안법이 정하는 실용신안등록요건을 구비한 때에 한하여 그 존속기간의 범위 내에서만 특허권 또는 실용신안권으로 보호받을 수 있는데, 그러한 기능을 확보하는 데 불가결한 입체적 형상에 대하여 식별력을 구비하였다는 이유로 상표권으로 보호하게 된다면, 상표권의 존속기간갱신등록을 통하여 그 입체적 형상에 불가결하게 구현되어 있는 기술적 기능에 대해서까지 영구적인 독점권을 허용하는 결과가 되어 특허제도 또는 실용신안제도(이하 '특허제도 등'이라 한다)와 충돌하게 될 뿐만 아니라, 해당 상품 등이 가지는 특정한 기능, 효용 등을 발휘하기 위하여 경쟁자가 그러한 입체적 형상을 사용해야만 할 경쟁상의 필요가 있음에도 그 사용을 금지시킴으로써 자유로운 경쟁을 저해하는 부당한 결과를 초래하게 된다. 이에 1997. 8.

---

14) Margreth Barrett, "Consolidating the Diffuse Paths to Trade Dress Functionality: Encountering Traffix on the Way to Sears", 61 Wash. & Lee L. Rev. 79, 152 (2004).

15) 이러한 다양한 논의에 대해 자세한 것은, 유영선(주 1), 40-71 참조.

16) J. Thomas McCarthy(주 4), §7:68, at 7-142.

22. 법률 제5355호로 개정된 상표법은 상표의 한 가지로 입체적 형상으로 된 상표를 도입하면서, 특허제도 등과의 조화를 도모하고 경쟁자들의 자유롭고 효율적인 경쟁을 보장하기 위한 취지에서 제7조 제1항 제13호를 신설하여 상표등록을 받으려는 상품 등의 기능을 확보하는 데 불가결한 입체적 형상만으로 된 상표 등은 제6조의 식별력 요건을 충족하더라도 상표등록을 받을 수 없도록 하였다."고 판시하였다.17)

위 판시 내용으로 볼 때, 대법원은 '특허 등과의 충돌방지'와 '자유경쟁의 부당한 제한방지' 둘 모두를 기능성원리의 정책목표로 삼고 있다고 해석된다. 또한, 대법원은 위 판결에서 '디자인'과의 충돌방지는 그 정책목표로 설시하지 않았음을 눈여겨 볼 필요가 있다.

4. 기능성과 식별력의 관계

만일 어떤 형상이 기능적이라면, 유사한 상품들은 모두 그 형상이 가지고 있는 것과 같은 기능적인 특성을 비슷하게 가지게 될 것이고, 따라서 어떤 판매자가 판매하는 상품의 위와 같은 기능적인 특성을 본 수요자들은 이로부터 그것이 독특하다거나(unique) 출처를 식별할 수 있는(distinctive) 표지라는 점을 인식할 수 없을 것이므로, 어떤 표지의 식별력(distinctiveness)의 정도는 그것의 기능성(functionality)의 정도에 반비례한다고 설명하는 견해가 있다.18)

어떤 상품 형태가 기능적인 경우 보통의 형상에 불과하여 식별력도 없는 경우가 상당히 많이 있을 것이므로, '기능성'과 '식별력'은 관련이 있다고 할 수는 있다. 다만, 기능성이 있는 경우에는 항상 식별력이 없다는 식의 사고로 발전하여 기능성의 요건을 식별력의 요건으로 대체하는 것은, 기능성과 식별력 요건은 상표 보호와 관련하여 서로 병렬적인 요건이라는 점을 감안할 때 타당하지 않다.19) CAFC의 전신인 CCPA도 In re Morton-Norwich Products, Inc. 판결에서 "상표에 대한 '기능성'과 '식별력'은 명백히 구분되는 개념이므로, 어떤 형상을 상표로 보호할 수 있는지 여부를 가림에 있어서 이들 요건은 분리해서 판단되어야만 한다."고 판시하였다.20)

---

17) 대법원 2015. 10. 15. 선고 2013다84568 판결(공2015하, 1646).

18) Id., §7:64, at 7-149.

19) 우리 상표법의 경우 식별력 요건은 제33조에, 기능성 요건은 제34조 제1항 제15호에 각각 규정되어 있다.

20) 671 F.2d 1332, 1343 (CCPA 1982).

5. 기능성의 분류

가. '사실상 기능성'과 '법률상 기능성'

미국의 CAFC는 기능성을 사실상 기능성(de facto functionality)과 법률상 기능성(de jure functionality)으로 구분하여, "사실상 기능적이라는 의미는 어떤 제품 디자인의 병이 액체를 담는 것과 같은 기능을 가지고 있음을 의미하고, 이러한 기능성이 있다고 하여 상표등록을 못하는 것은 아니다. 법률상 기능성은 제품이 특정한 형상에서 더 잘 작동하기 때문에 그러한 형상을 가지고 있는 것(the product has a particular shape because it works better in this shape)을 의미한다."고 판시하였다.[21] 사실상의 기능성이란 코카콜라 병의 음료 저장 기능과 같이 단순히 상품 또는 포장의 의도된 기능을 의미하고, 법률상의 기능성이란 경쟁업자가 효율적인 경쟁을 위해서 사용할 필요가 있는 경우를 말하는 것이므로, 입체상표의 등록 및 보호 요건으로 문제되는 것은 법률상 기능성 여부라는 것이다.[22]

이러한 기능성 분류에 대해서는 그렇지 않아도 어려운 기능성원리의 문제를 오히려 더 복잡하고 혼란스럽게 한다는 비판이 제기되고 있다.[23] 미국 특허청도 이전에는 이러한 분류를 사용해 왔으나, 미국 연방대법원이나 연방상표법(Lanham Act)이 이러한 분류를 하지 않고 있고 명확성에 기여하지도 못한다는 이유로 2002년부터는 더 이상 위 분류를 채택하지 않기로 하였다고 한다.[24]

나. '실용적 기능성'과 '심미적 기능성'

(1) 실용적 기능성(utilitarian functionality)

실용적 기능성의 개념은 '제품의 성공적이고 실용적인 사용(the successful practical use of the product)', '제품의 효율성(the efficiency of the product)', '제품의 구조적인 구성(the structural construction of the product)', 또는 '제품의 가장 경제적인 제작(the most economical manufacture of the product)' 등과 같은 제품의 실용적 특성(the utilitarian features of products)에 의하여 파악한 기능성의 개념이다.[25]

---

21) Valu Engineering, Inc. v. Rexnord Corp., 278 F.3d 1268, 1274 (Fed. Cir. 2002). 그 전신인 CCPA의 In re Morton-Norwich Products, Inc. 판결(뒤에서 살펴본다)의 판시를 이어받은 것이다.

22) 김원오(주 8), 217.

23) J. Thomas McCarthy(주 4), §7:69, at 7-168.

24) Id.

25) Deborah J. Krieger(주 3), at 360.

미국의 대다수의 법원들은 이와 같은 실용적 기능성의 개념을 지지하여 사용하고 있지만, 실용적 기능성 여부의 판단기준이 통일되어 있는 것은 아니다.

심미적 기능성의 개념을 받아들이지 않고 실용적 기능성으로만 기능성 개념을 파악하고 있는 대표적인 법원은 Federal Circuit이다. 위 법원은 기능성의 개념에 대하여, "실용적(utilitarian)이라는 의미는 제품의 기능 또는 경제성에 있어서 우위에 있는 것을 의미하는데, 이러한 우월성(superiority)은 복제할 경쟁상의 필요성(competitive necessity to copy)의 관점에 의해서 결정된다."고 판시하고 있다.[26]

(2) 심미적 기능성(aesthetic functionality)[27]

심미적 기능성의 개념에 따르면, 시각적으로 매력적이고 심미적으로 호감 있는 디자인(visually attractive and aesthetically pleasing designs), 즉 디자인의 장식적인 특성 역시 기능적인 것으로 판단될 수 있으므로 이러한 특성에 대하여도 자유로운 복제와 모방을 허용하게 된다.[28] 1900년대 초기에는 대부분의 미국 법원들이 오직 실용적인 기능성만을 적용하였는데, 그것은 심미적인 특성은 이러한 특징들로 장식된 제품의 사용이나 효용에 본질적인 것이라고 여기지 않았기 때문이다.[29]

심미적 기능성의 개념은 1938년의 불법행위에 관한 Restatement에서 "심미적인 가치 때문에 널리 제품이 팔린다면, 그러한 특성은 확실히 제품의 가치에 기여하였을 뿐 아니라 그 제품이 추구하고자 하는 목적의 수행에 도움을 준 것이기 때문에 기능적일 수 있다"고 언급한 것[30]에서 비롯된다.

그 영향으로 1940~1950년대에 미국 법원들에서도 심미적 기능성의 표준이 형성되었다. 제9연방항소법원의 Pagliero v. Wallace China Co. 판결[31]이 그 대표적인 판결인데, 위 판결에서는 경쟁자인 피고 Pagliero가 원고 Wallace China Co. 접시의 꽃 디자인을 복제한 접시를 판매한 것이 문제가 되었다. 제9연방항소법원은 이에 대하여, "접시의 꽃 디자인은 실용적인 동시에 심미적인 요구를

---

26) In re Morton-Norwich Products, Inc., 671 F.2d 1332, 1339 (CCPA 1982).
27) 심미적 기능성 개념에 대한 미국 각 연방법원의 입장, 위 개념에 대한 비판 및 평가에 대하여 자세한 것은, 유영선(주 1), 논문 76-96 참조.
28) J. Thomas McCarthy(주 4), §7:79, at 7-198.3.
29) Deborah J. Krieger(주 3), at 363.
30) Restatement of Torts, §742, comment a, at 629 (1938). 하트 모양의 Valentine Day 캔디 상자 등을 심미적인 의미에서 기능적인 예로 들고 있다.
31) 198 F.2d 339 (9th Cir. 1952).

만족시키기 때문에 기능적이다. 만일 어떤 특성(particular feature)이 '그 제품의 상업적 성공에 있어서 중요한 요소(an important ingredient in the commercial success of the product)'가 된다면, 자유경쟁의 관점에서 특허 또는 저작권이 존재하지 않는 한 그 특성을 모방할 수 있어야 한다."고 하면서 Pagliero의 꽃 디자인 접시의 판매금지를 청구할 수 없다고 판시하였다.

그 후 1995년의 부정경쟁에 관한 제3 Restatement에서도 심미적 기능성 개념을 받아들여, "대체 가능한 디자인의 사용(the use of alternative designs)에 의해 실질적으로 복제될 수 없는 중대한 이익(significant benefit)이 있는 경우에 한하여 그러한 심미적인 가치로 인해 기능적이 되는 것이다."라고 설명하고 있다.[32]

또한 미국 연방대법원도 심미적 기능성 개념을 판시한 바 있다. 예를 들어 Qualitex 판결[33]에서는 "기업들이 심미적으로 호감을 주는 상표 디자인을 만드는 행위까지 못하도록 해서는 안 되는데, 이러한 행위를 하는 것은 경쟁자의 자유이기 때문이다."고 판시하였다. Wal-Mart 판결[34]에서도 "제품 디자인의 기능성을 판단함에 있어서는 그것의 심미적 호감(aesthetic appeal)을 고려해야 한다."고 판시하였다. 또한 TrafFix 판결[35]에서는 "심미적 기능성이 문제되는 경우에는 대체 가능한 디자인의 존부를 살펴보는 것이 타당하다."고 판시하였다.

그러나 심미적 기능성 개념에 대해서는, i) 상업적 성공에 초점을 맞추고 있는 Pagliero 판결에 의하면 디자인이 훌륭할수록 보호가 적어져 디자인의 창작동기를 없애고,[36] ii) 이러한 넓은 심미적 기능성 개념을 그대로 적용하면 모든 상표에 대한 보호를 거부할 수 있게 되며,[37] iii) 심미적 디자인은 무제한으로 선택 가능하므로 심미적인 디자인을 상표로 보호한다고 하더라도 경쟁을 제한하는 것이 아님에도 상표로 보호하지 않아 부당하고,[38] iv) 상표와 디자인의 충돌은 심각한 문제가 아니므로 '식별력'이나 '혼동가능성' 같은 상표법의 다른 법논리에 의하여 이를 해결할 수 있으므로 심미적 기능성 개념은 불필요하다[39]

32) Restatement (Third) of Unfair Competition, §17, comment c, at 176 (1995).
33) Qualitex Co. v. Jacobson Prods. Co., 514 U.S. 159 (1995).
34) Wal-Mart Stores, Inc. v. Samara Brothers, Inc., 529 U.S. 205 (2000).
35) TrafFix Devices, Inc. v. Marketing Displays, Inc., 532 U.S. 23 (2001).
36) Keene Corp. v. Paraflex Industries, Inc., 653 F.2d 822, 825 (3d. Cir. 1981).
37) J. Thomas McCarthy(주 4), §7:81, at 7-213.
38) Id. at 7-195; Deborah J. Krieger(주 4), at 380.
39) Jay Dratler, Jr., "Trademark Protection for Industrial Designs", 1988 U. Ill. L. Rev. 887, 941 (1988). 이와 같은 Dralter 교수의 견해는 기능성이론의 정책목표를 상표와 특허 사이의 충돌만을 방지하는 것이고 디자인과의 충돌까지 방지하는 것은 아니라고 이해함을 전

는 등의 많은 비판에 직면하게 되었다. 그리하여 미국의 대부분의 법원들은 Pagliero 판결에서 제시된 광범위한 심미적 기능성 개념의 채택을 거부하게 되었다.[40] 심지어는 Pagliero 판결을 한 제9연방항소법원조차도 그 이후의 판결[41]에서 "우리 법원은 심미적 기능성 이론, 즉 순수하게 심미적인 특성이 기능적일 수 있다는 생각을 채택하지 않았다."고 판시하기에 이르렀다.[42]

Ⅱ. 기능성의 판단기준

1. 서설

앞서 살펴보았듯이, 우리나라는 상표법 제34조 제1항 제15호와 제90조 제1항 제5호에 기능성원리에 관한 규정을 두고 있다. 따라서 기능성의 판단기준을 정립하는 문제는 결국 이들 조문이 규정하고 있는 '상품 또는 그 상품의 포장의 기능을 확보하는 데 꼭 필요한(서비스의 경우에는 그 이용과 목적에 꼭 필요한 경우를 말한다) 입체적 형상, 색채, 색채의 조합, 소리 또는 냄새'의 의미를 해석하는 문제로 귀착된다.

그런데 우리 대법원은 최근에 기능성원리에 관하여 판시한 앞서 본 2013다84568 판결에서 기능성의 판단기준을 명확히 제시하였다. 우리 상표법의 기능성원리 관련 규정은 미국에서 논의되어 오고 있던 기능성원리를 도입한 것으로 이해함이 일반적이므로 그 논의의 본질은 미국에서와 차이가 없을 것이다. 따라서 이하에서는 미국 판례에 나타난 기능성 판단기준을 먼저 살펴보고, 각국 특허청의 심사기준을 살펴본 다음, 위 대법원 판결의 판시 내용을 분석해 보도록 한다.

2. 미국 판례에 나타난 판단기준

가. 판단기준의 유형 분류

미국에서 기능성 판단기준은 크게 '전통적인 테스트(traditional test)'와 '경쟁상의 필요 테스트(competitive need test)'로 분류되고 있다.[43] 전통적인 테스트는

제로 한 것이라고 할 수 있다.

40) J. Thomas McCarthy(주 4), §7:80, at 7-201.

41) Clicks Billiards, Inc. v. Sixshooters, Inc., 251 F.3d 1252 (9th Cir 2001).

42) Graeme B. Dinwoodie & Mark D. Janis(주 3), at 167; J. Thomas McCarthy(주 4), §7:80, at 7-210, 211.

43) Timothy M. Barber, "High Court Takes Right Turn in Traffix, but Stops Short of the Finish Line: An Economic Critique of Trade Dress Protection for Product Configuration", 7

trade dress 보호와 특허법 사이의 충돌을 피하는 데 그 무게를 두어, 기능성을 판단함에 있어 제품 특성이 제품의 실용적, 유용적, 기계적인 면에 어떻게 기여하는지를 고려하고자 하는 것이다. 이에 반하여 경쟁상의 필요 테스트는 제품 특성을 trade dress로 보호하는 경우 자유경쟁을 손상시키는지 여부에 초점을 두어 기능성을 판단하는 것이다.

미국 법원의 경우, 전통적인 테스트를 종종 언급하기는 하였지만, 1970년대 중반까지 경쟁상의 필요 테스트를 기능성을 판단하는 지배적인 접근방법으로 활용하였다고 한다.[44]

나. 연방대법원의 판단기준

연방대법원이 기능성원리를 다룬 최초의 사례 중 하나는 Kellogg Co. v. National Biscuit Co. 판결[45]이다.[46] Kellogg 회사가 베게 모양의 아침 식사용 비스킷에 대한 특허권을 가지고 비스킷을 만들어 판매해 왔는데, 그 특허가 만료되자 National Biscuit 회사가 그와 같은 모양의 비스킷을 만들어 판매한 것이 Kellogg 회사의 위 비스킷 모양에 대한 상표권을 침해한 것인지 여부가 문제된 사안이다. 연방대법원은 위 판결에서 만일 비스킷의 베게 모양을 다른 모양으로 대체하려면 그 제조비용이 증가하고 비스킷의 품질은 감소되기 때문에 그 베게 모양은 '기능적'이라고 판단하였다.

연방대법원은 그 후 Inwood Laboratories, Inc. v. Ives Laboratories, Inc. 판결[47]에서, Kellogg 판결이 제시한 기능성 판단기준을 발전시켜, "일반적으로 제품의 특성(product feature)은 만일 그것이 제품의 사용 또는 목적에 있어서 필수불가결하거나(essential to the use or purpose of the article) 또는 제품의 비용이나 품질에 영향을 미치는 경우에는(affects the cost or quality of the article) 기능적인 것이다."고 판시하였다.[48] 반대 견해가 있으나 위 판단기준의 앞부분은 앞서 본 전통적인 테스트를 택한 것으로 해석된다.[49] 위 판단기준의 뒷부분에 대해서는, 대부분의 디자인은 제품의 비용이나 품질에 영향을 미치기 때문에 그 기준을

Marq. Intell. Prop. L. Rev. 259, 268 (2003).
44) Id.
45) 305 U.S. 111 (1938).
46) Margreth Barrett(주 14), at 86; Timothy M. Barber(주 43), at 265.
47) 456 U.S. 844 (1982).
48) Id. at 850 n.10.
49) Margreth Barrett(주 14), at 88; Timothy M. Barber(주 43), at 268.

문자 그대로 해석하여 적용하면 대부분의 제품 디자인에 대하여 기능성이 있다는 이유로 상표에 의한 보호를 거부하는 불합리한 결과를 초래하게 될 것이라는 비판이 있다.[50)]

연방대법원은 그 후 Qualitex Co. v. Jacobson Products Co. 판결[51)]에서 위 Inwood 판결이 제시한 기능성 판단기준을 기초로 하여 새로운 기능성 판단기준을 제시하였다. 이는 Qualitex Company가 초록과 금색 색깔의 독특한 그림자 모양(a special shade of green gold)으로 되어 있는 드라이클리닝 프레스 패드(dry cleaning press pads)를 오랫동안 생산해 왔음을 이유로 하여 그 형상이 상표로 보호되어야 한다고 주장한 사안이다. 이에 대해 연방대법원은, "일반적으로 제품의 특성(product feature)은 만일 그것이 제품의 사용 또는 목적에 있어서 필수불가결하거나 또는 제품의 비용이나 질에 영향을 미치는 경우, 즉 만일 그 특성의 배타적인 사용이 경쟁자를 명성과 관련되지 않은 중대한 불이익을 받도록 한다면(if exclusive use of the feature would put competitors at a significant non-reputation-related disadvantage), 기능적이어서 상표로 작용할 수 없다."고 판시하였다. 그 판시 내용에 비추어 보면, Qualitex 판결은 Inwood 판결이 제시한 기능성 판단기준을 따르면서도, 이를 '전통적인 테스트'가 아니라 복제할 경쟁상의 필요(competitive need to copy) 여부에 주목하는 '경쟁상의 필요 테스트'로 취급하면서, '중대한 불이익 기준(significant disadvantage standard)'이라는 새로운 기능성 판단기준으로 통합한 것처럼 보인다.[52)]

그런데 그 후에 연방대법원은 많은 논란을 야기한 TrafFix Devices, Inc. v. Marketing Displays, Inc. 판결[53)]을 하였다. 이 사안에서 원고 Marketing Displays, Inc.는 아래의 도 1에서 보는 것과 같은 dual-spring 디자인의 메커니즘과 관련하여 실용 특허(utility patent)를 받았다.[54)] 그런데 원고의 특허가 만료되자 피고

---

50) Harold R. Weinberg, "Trademark Law, Functional Design Features, and the Trouble with TrafFix", 9 J. INTELL. PROP. L. 1, 18 (2001); Margreth Barrett(주 14), at 89. 현대사회에서 제품 디자인이 차지하는 비중을 생각할 때, 즉 현대사회에서 대부분의 제품 디자인은 제조비용을 줄이고 품질을 향상시키기 위하여 창작되므로 제품 디자인과 제품의 '비용' 및 '품질'과는 불가분의 관련이 있다는 점을 고려할 때, 이러한 비판은 매우 설득력이 있어 보인다.

51) 514 U.S. 159 (1995).

52) Vincent N. Palladino, Trade Dress Functionality After Traffix: The Lower Courts Divide Again, 93 Trademark Rep. 1219, 1225 (2003).

53) 532 U.S. 23 (2001).

54) 실제로 사용한 것은 아래 도 2와 같은 디자인이었다.

TrafFix Devices, Inc.은 원고의 도 2와 같은 디자인을 의도적으로 복제한 도 3과 같은 dual-spring 디자인이 장착된 표지판을 판매하였다. 이에 원고는 trade dress 에 의한 보호를 주장하면서 그 제조 및 판매 행위의 금지를 구하였다.

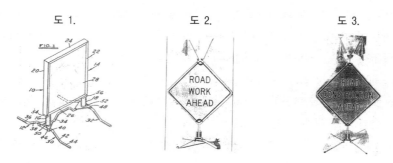

도 1.   도 2.   도 3.

이에 대해 연방대법원은, 원고가 도 1과 같은 dual-spring 디자인에 대하여 실용 특허를 가지고 있었다는 점이 기능성이 있다는 강력한 증거라면서, 위 dual-spring 디자인은 기능적인 것이므로 trade dress에 의해 보호될 수 없다고 하였다. 그러면서 기능성의 의미에 대하여 "원심은 기능성 여부를 판단하기 위한 기준이 '특정의 제품 특성이 경쟁상의 필요성이 있는지 여부(whether the particular product configuration is a competitive necessity)'를 밝혀야만 한다는 것으로 해석한 것처럼 보이나 이러한 해석은 잘못된 것이다. Qualitex와 Inwood 판결에서 설명하였듯이, 제품 특성은 그것이 제품의 사용 또는 목적에 있어서 필수불가결하거나 또는 제품의 비용이나 질에 영향을 미치는 경우 또한 기능적이라고 할 수 있다. Qualitex 사안에서와 같이 심미적 기능성이 문제되는 사안에서는 '명성과 관련되지 않은 중대한 불이익(significant non-reputation-related disadvantage)'의 문제를 검토하는 것이 적절하나, 디자인이 Inwood 공식에 의해서 이미 기능적인 것으로 판명되면, 더 나아가 그 특성에 대한 경쟁상의 필요성이 있는지 여부를 고려할 필요는 없다."고 설시하였다.55)

Inwood 판결과 Qualitex 판결만으로 연방대법원의 판결이 정리되었다면, Inwood 기준을 독립적으로 해석할 필요성은 없고 Qualitex 판결에서 정리된 바에 따라 오직 어떤 제품 형상이 '경쟁을 중대하게 방해하는지 여부', 즉 '경쟁자를 명성과 관련되지 않은 중대한 불이익을 받도록 하는지 여부'만을 살펴 기능성이 있는지 여부를 판단하면 충분하였다. 따라서 그러한 판단기준의 당부를 떠

---

55) Id. at 32-33.

나서 기능성의 판단기준이 간단명료하였을 것이다. 그런데 위에서 본 설시에 의할 때, TrafFix 판결은 Inwood 판결과 Qualitex 판결이 설시한 판단기준을 다른 것으로 해석하였다고 할 수 있다. 이에 대해서는, 연방항소법원들은 TrafFix 판결 전까지는 '경쟁상의 필요(competitive need)' 관점에서 기능성을 정의하고 판단하는 것으로 어느 정도 통일을 이루었는데, TrafFix 판결은 이러한 통일된 기능성 판단기준에 오히려 혼란을 초래하였다는 비판이 제기되고 있다.56)

그 해석에 관하여 많은 논란이 있지만, 문언으로만 보면 TrafFix 판결은 다음과 같은 두 가지는 명백하다고 할 수 있다. 첫째, Inwood 판결의 기준을 '경쟁상의 필요 테스트'와 뚜렷하게 분리하였다. 둘째, 실용적 기능성이 문제되는 사안에서는 Inwood 기준을 적용하여야 하고, 심미적 기능성이 문제되는 사안에서는 '경쟁상의 필요 테스트'를 적용해야 한다고 하였다.57)

다. 연방항소법원의 판단기준

(1) TrafFix 판결 이전

TrafFix 판결 이전에는, 미국 연방항소법원들 중 제3, 8연방항소법원을 제외한 나머지 법원들은 기능적인지 여부를 판단하면서 '대체 가능한 디자인이 존재하는지 여부'를 중요한 고려요소로 삼았다. 이 고려요소를 통해, 그 형상을 상표로 보호하면 경쟁자들이 효율적으로 경쟁하는 데(compete effectively) 방해를 받는다고 보인다면 기능적이라고 판단해 왔다. 즉, 대부분의 연방항소법원들은 기능성 판단기준으로 '경쟁상의 필요 테스트'를 채택해 왔다고 할 수 있다.

그 중 지식재산권 전문법원으로서 미국 특허청을 비롯하여 우리나라와 일본 특허청의 실무에까지 많은 영향을 미치고 있는 Federal Circuit의 대표적인 판결인 Morton-Norwich 판결58)을 살펴본다.

이 사안에서, 원고는 오른쪽 그림과 같은 용기를 사용해 옴으로써 2차적 의미(secondary meaning)를 취득하였다고 주장하면서 상표출원을 하였으나 그 등록이 거절되었다. 원고가 이에 불복하는 심판을 청구하였으나 상표항고심판원(TTAB) 역시 그 형상이 기능적이라는 이유로 원고의 심판청구를 기각하자, 이에 불복하는 소를 제기하였다.

---

56) Mark Alan Thurmon, "The Rise and Fall of Trademark Law's Functionality Doctrine", 56 Fla. L. Rev. 243, 244, 253 (2004).

57) Vincent N. Palladino(주 52), at 1226.

58) In re Morton-Norwich Products, Inc., 671 F.2d 1332 (CCPA 1982).

CCPA는 위 판결에서 "실용적(utilitarian)이라는 의미는 제품의 기능 또는 경제성에 있어서 우위에 있는 것을 의미하는데, 이러한 우월성(superiority)은 복제할 경쟁상의 필요성(competitive necessity to copy)의 관점에 의해서 결정된다."고 판시하였다.[59] 즉, 자유경쟁의 관점에서 기능성을 판단한 것이다. 그리고 기능성 판단의 고려요소로, "① 문제되고 있는 디자인의 실용적인 장점(utilitarian advantage)을 개시하고 있는 만료된 실용 특허(utility patent)가 있는지 여부, ② 그 디자인을 만든 사람이 광고를 통해 디자인의 실용적인 장점을 내세워 손님을 끌었는지 여부, ③ 그 디자인에 의할 경우 상대적으로 간단하고 경제적인 방법으로 제품을 제조할 수 있는지 여부, ④ 다른 대체 가능한 디자인(alternative designs available)이 있는지 여부" 등 4가지를 제시하였다. 그리고 "수많은 다른 형태의 디자인에 의하더라도 용기의 역할을 할 수 있고 아무도 경쟁하는 데 해를 입지 않을 것이기 때문에 위 스프레이 용기 형태는 기능적이지 않다. 위 스프레이 용기의 전체적인 디자인은 기능을 수행하는 데 부응하는 것이긴 하지만, 그러한 기능을 수행하는 데 지배되어 기능적으로 또는 경제적으로 그러한 용기에 관하여 우월한 디자인이 되는 것은 아니다."라고 판시함으로써[60] 상표항고심판원(TTAB)의 결정을 뒤집었다.

(2) TrafFix 판결 이후

TrafFix 판결 이후에는, 미국 연방항소법원들의 해석이 일치되지 않고 혼란을 보이고 있다. 이를 분류해 보면, 크게 ① 제품의 형상 등을 사용할 경쟁적인 필요(competitive necessity to use) 또는 대체 가능한 디자인이 존부(alternative designs available)가 기능성을 판단함에 있어서 우선적으로 고려될 수 있다는 판결과, ② 이러한 기준을 우선적으로 고려할 수 없고 Inwood 기준을 우선적으로 고려하여야 한다는 판결로 나누어져 있다.[61]

Federal Circuit과 제9연방항소법원은 ①의 입장을 취하고 있고, 제5, 6, 7연방항소법원은 ②의 입장을 취하고 있다.

---

59) 671 F.2d, at 1339.
60) Id. at 1340-1344.
61) ①의 판결은 TrafFix 판결에도 불구하고 기존의 입장을 고수하는 판결이고, ②의 판결은 TrafFix 판결의 문언에 충실한 판결로 볼 수 있다.

3. 미국, 일본, 우리나라 특허청의 심사기준

가. 미국

미국 상표심사 매뉴얼 1202.03(a)iii)에 의하면, 미국 특허청(PTO)의 상표심사관은 기능성 여부를 판단하기 위하여, ① 상품 등의 형상이나 유사한 형상을 포함하는 특허의 존재 여부, ② 실용적인 이점을 선전하는 광고의 존재 여부, ③ 대체적인 형상의 존재 여부 등을 기초로 하여, 궁극적으로 출원된 상품 등의 형상이 등록되면 관련 분야에서의 경쟁을 저해하는지의 여부와 자유경쟁을 위하여 자유롭게 사용하게 할 필요가 있는지 여부를 고려하여야 한다고 규정하고 있다.[62]

Federal Circuit이 앞서 본 Morton-Norwich 판결에서 제시한 것과 거의 유사하다.

나. 일본

일본의 상표심사기준은, 상품 또는 상품 포장의 형상이 그 기능을 확보하기 위하여 불가결한지 여부의 판단에는, ① 그 기능을 확보할 수 있는 대체적인 형상이 존재하는지 여부, ② 상품 또는 상품 포장의 형상을 대체적인 입체적 형상으로 하더라도 같은 정도의(또는 그 이하의) 비용으로 생산할 수 있는지 여부를 고려한다고 정하고 있다. ① 고려요소에 대해서는, 대체적인 형상이 존재하는 경우에는 독점을 허용하더라도 시장에서의 자유경쟁을 저해하지 않는 것이라고 설명하고, ② 고려요소에 대해서는, 현저하게 높은 비용이 필요한 경우에는 같은 업종을 영위하는 자가 자유경쟁 속에서 극히 불리하게 되어 결과적으로 시장의 독점을 허용하는 것이므로, 그것을 방지하기 위함이라고 설명하고 있다.[63]

Federal Circuit이 앞서 본 Morton-Norwich 판결에서 제시한 4가지 고려요소 중 2가지와 동일함을 알 수 있다.

다. 우리나라

우리 특허청의 상표심사기준은 기능성을 판단하기 위한 판단기준을 자세히 정하고 있다.[64] 아래에서 살펴본다.

---

62) 이영락, "입체상표의 심사기준에 관한 연구", 지적재산21 74호(2002. 9.), 특허청, 111.
63) 小野昌延 編(주 9), 445.
64) 특허청 상표심사기준(2016. 9. 1. 기준), 제15장 제2항과 제4항 참조.

먼저, 기능성 판단을 위한 고려요소로, ① 특허나 실용신안의 존재 여부, ② 유통과정의 편이성 및 사용의 효율성에 관한 광고 선전, ③ 해당 입체적 형상 등을 대체할 수 있는 다른 형상 등이 존재하는지(대체성), ④ 제조비용의 저렴성 등을 제시하고 있다.65) 다만, 위 ④ 고려요소와 관련하여서는, 어떤 특정한 형상 등은 대부분 제조비용이나 품질에 영향을 미칠 수 있기 때문에 이 부분에 과도 하게 비중을 두고 판단해서는 안 되고 대체성과 같이 고려하여 판단하여야 한 다고 하고 있다.66)

그리고 색채 또는 색채의 조합만으로 된 상표가 기능적인지 여부는, ① 출 원된 상표의 색채 또는 색채의 조합이 지정상품의 사용에 꼭 필요하거나 일반 적으로 사용되는지 것인지 여부, ② 지정상품의 특성으로 작용하는 특정 색채가 그 상품의 이용과 목적에 꼭 필요하거나 상품의 가격이나 품질에 영향을 주는 것인지 여부를 고려하여 판단한다고 정하고 있다. 그러면서 색채 상표가 기능적 인 예로, 안전표지판에 쓰이는 노랑색, 소화기에 쓰이는 빨강색, 빙과류에 쓰이 는 파랑색 등을 제시하고 있다.

나아가, 소리·냄새만으로 된 상표가 기능적인지 여부는, ① 상품의 특성으 로부터 발생하는 특정한 소리 또는 냄새인지 여부, ② 상품의 사용에 꼭 필요하 거나 그 상품에 일반적으로 사용되는 소리 또는 냄새인지 여부, ③ 상품의 판매 증가와 밀접한 원인이 되는 소리 또는 냄새인지 여부를 고려하여 판단한다고 정 하고 있다. 그러면서 소리·냄새 상표가 기능적인 예로, 자동차 수리업에 사용하 는 자동차 엔진소리, 맥주병에 사용하는 맥주병의 병뚜껑 따는 소리, 타이어에 사용하는 타이어의 고무향, 조경업에 사용하는 아카시아향 등을 제시하고 있다.

한편, 입체적 형상 등으로 된 상표가 기능적이지 않다는 것을 주장하는 자 는 ① 현재 관련 거래업계에서 유통되고 있거나 이용 가능한 다른 대체적인 형 상 등이 존재한다는 것을 증명하는 자료, ② 해당 상품의 형상 등과 대체적인 형상 등의 상품을 생산하는데 소요되는 제조·생산 비용의 차이 등을 증명할 수 있는 자료 등을 제출할 수 있다고 하고 있다. 이와 반대로, 이의신청 등을 통하 여 입체적 형상 등으로 된 상표가 기능적임을 주장하는 자는 ① 해당 상품 또

---

65) 이러한 판단기준은, 앞서 본 Federal Circuit의 Morton-Norwich 판결에서 제시된 판단기 준과 전체적으로 매우 흡사하다.

66) 미국 연방대법원이 Inwood 판결에서 제시한 후반부의 판단기준에 대한 비판론과 궤를 같이 하는 것으로서 타당한 설명이라고 생각된다. 이와 관련해서는 주 50 부분을 참조하 기 바란다.

는 그 상품의 포장의 형상 등으로부터 발휘되는 기능과 밀접한 관련이 있는 특허, 실용신안(해당 권리의 존속 여부는 불문한다)에 관한 정보, ② 해당 상품 또는 그 상품 포장의 형상 등의 실용적 이점에 대하여 광고 또는 선전 등을 한 사실을 증명하는 자료 등을 제출할 수 있다고 하고 있다.67)

4. 대법원 2013다84568 판결의 분석

대법원은 2013다84568 판결에서 앞서 본 것과 같이 기능성원리의 두 가지 정책목표, 즉 '특허제도와의 조화 도모'와 '경쟁자들의 자유롭고 효율적인 경쟁 보장'을 제시한 다음,68) 이에 비추어 상품 등의 입체적 형상으로 된 상표가 기능적인지 여부는 "상품 등이 거래되는 시장에서 유통되고 있거나 이용 가능한 대체적인 형상이 존재하는지, 대체적인 형상으로 상품을 생산하더라도 동등한 정도 또는 그 이하의 비용이 소요되는지, 입체적 형상으로부터 상품 등의 본래적인 기능을 넘어서는 기술적 우위가 발휘되지는 아니하는 것인지 등을 종합적으로 고려하여 판단하여야 한다."고 판시하였다.

그리고 위 법리를 해당 사안69)에 적용하여, "내복용 알약에는 다양한 크기, 형상, 색깔이 존재할 수 있어 이용 가능한 대체적 형상이 다수 존재하고, 등록상표의 지정상품인 심장혈관용 약제, 성기능장애 치료용 약제가 실제로 등록상표와 같은 마름모 도형의 입체적 형상과 푸른색 계열의 색채가 아닌 다른 색채와 형상으로도 여러 업체에서 생산되어 판매되고 있는 점, 또한 위 형상과 색채의 결합이 알약의 본래적인 기능을 넘어서는 기술적 요소가 발휘된 것이라고 보기는 어려운 점 등에 비추어 보면, 등록상표는 상표등록을 받고자 하는 상품

---

67) 특허청 상표심사기준(2016. 9. 1. 기준), 제15장 3.5항과 3.6항.
68) 주 17 부분의 판시 참조.

69) 이른바 '비아그라 입체상표 사건'인데, 피고 제품(팔팔정)의 형태 " "

가 등록상표 " 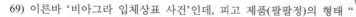   (입체상표, 색채상표)"에 관한 원고의 상표권을
침해하는 것인지 문제된 사안이다. 등록상표의 경우, 그 형상이 지정상품인 약제에 속하는
알약의 일반적인 형태라고 할 수 있고, 이에 결합된 색채(파란색)를 고려하더라도 수요자
에게 거래분야에서 알약의 형태로 채용할 수 있는 범위를 벗어나지 아니한 것으로 인식될
수 있다고 보이므로, '지정상품의 형상을 보통으로 사용하는 방법으로 표시한 것'에 불과
하여 식별력이 없으나, 사용에 의한 식별력을 취득하였다고 판단하였다. 다만, 이들 사이
에 오인·혼동의 우려가 없다는 이유로 상표권 침해를 부정하였다.

의 기능을 확보하는 데 불가결한 입체적 형상만으로 된 상표에 해당하지 아니한다.”고 판단하였다.

위와 같이, 대법원은 기능성 판단을 위한 고려요소로 3가지를 제시하고 있다.[70]

그 중 앞의 2가지 고려요소, 즉 ‘대체적인 형상의 존재 여부’[71]와 ‘대체적인 형상에 의한 상품 생산의 경우 소요되는 비용’의 고려요소는 ‘경쟁자들의 자유롭고 효율적인 경쟁 보장’의 정책목표와 관련되는 것이라고 할 수 있다.[72] 이들 고려요소는 Federal Circuit의 Morton-Norwich 판결이나 미국, 일본, 우리나라 특허청의 상표심사기준에도 제시되어 있음은 앞서 살펴보았다.

이에 비해, 3번째 고려요소, 즉 ‘기술적 우위의 발휘 여부’는 ‘특허제도와의 조화 도모’의 정책목표와 관련되는 것이라고 할 수 있다.[73] ‘기술적 우위의 발휘’라는 어구는 특허제도에 의해 보호되어야 할 기술적 사상의 특성을 함축적·압축적으로 표현한 것이다.[74] 이러한 기술적 우위를 발휘하는 형상은 상표제도가 아니라 특허제도에 의해 보호받아야 할 것이다.

덧붙여, 위 대법원 판결은 ‘사실상 기능성’과 ‘법률상 기능성’ 또는 ‘실용적 기능성’과 ‘심미적 기능성’이라는 개념을 전혀 사용하지 않고 있음에 주목할 필요가 있다. 앞서 본 것과 같이 기능성의 개념과 그 판단기준의 정립에 혼란을 가져올 뿐이라는 비판이 많은 ‘기능성 개념의 분류’를 의도적으로 피한 것으로 해석된다.

---

70) 물론 이 3가지 고려요소로만 한정하고 있지는 않음은 판시 문구상 명백하다.

71) 이에 대한 판단은 경쟁시장을 어떻게 설정하느냐에 따라 그 판단이 달라질 수 있다. 3중날의 면도기(　　　)를 예로 들어보면, 경쟁시장을 3중날의 면도기 시장으로 좁게 설정하면 대체적인 형상이 존재하지 아니하여 이를 기능적이라고 해야 할 것이나, 경쟁시장을 면도기 시장으로 넓게 설정하면 대체적인 형상이 많이 있으므로(즉, 경쟁상 면도기에 3중날을 반드시 채택해야 하는 것은 아니므로) 이를 기능적이라고 할 수는 없을 것이다. 그런데 뒤에서 보는 3번째 고려요소를 반영하여, 위 3중날이 면도를 할 때 ‘기술적 우위를 발휘’하는 것으로 판명된다면 이를 기능적이라고 할 수 있을 것이다.

72) 앞서 본 미국에서의 ‘경쟁상의 필요 테스트(competitive need test)’와 일맥상통한다.

73) 앞서 본 미국에서의 ‘전통적인 테스트(traditional test)’와 일맥상통한다.

74) ‘기술적 우위’라는 어구는 Federal Circuit의 Morton-Norwich 판결에서 판시된 ‘실용적인 장점(utilitarian advantage)’이라는 개념에 상응하는 것이다. 이러한 ‘기술적 우위’가 있는지 여부는 위 Morton-Norwich 판결에서 제시된 것과 같은 사정들, 즉 그 실용적인 장점을 개시하고 있는 특허의 존부, 그 상표로서의 권리를 주장하는 사람이 광고를 통해 그 형상의 실용적인 장점을 내세워 손님을 끌었는지 여부 등을 포함하여 다양한 간접사실들을 통해 규명될 수 있을 것이다.

Ⅲ. 혼동초래 부정경쟁행위[75]에의 적용 여부

1. 문제점

우리나라의 상표법과 부정경쟁방지법의 규정을 살펴보면, 상표법에는 기능성원리에 관한 명시적인 규정을 두고 있음에 반하여, 부정경쟁방지법에는 이와 관련한 아무런 규정을 두고 있지 않다.[76] 부정경쟁방지법에 규정된 혼동초래 부정경쟁행위의 경우 입체적 형상, 색채, 소리 또는 냄새 등도 그 보호대상이 되는 상품 또는 영업 표지(標識)에 포함된다. 그럼에도 부정경쟁방지법은 위와 같이 기능성원리와 관련한 명시적인 규정을 두고 있지 않으므로, 성문법 국가인 우리나라의 경우 혼동초래 부정경쟁행위에 대해서는 기능성원리를 적용할 수 없는 것이 아닌가 하는 의문이 들 수 있다.

그러나 표면적인 법 규정의 차이만을 이유로 하여, 표지법(標識法) 및 경쟁법이라는 하나의 울타리에 있는 '상표법'과 '부정경쟁방지법상의 혼동초래 부정경쟁행위'에 기능성원리의 적용 여부를 달리하는 것은 옳지 않다. 이 문제는 전체적인 지식재산권법 체계 안에서 상표법과 부정경쟁방지법의 관계, 기능성원리의 정책목표와 관련하여 이를 혼동초래 부정경쟁행위에도 적용하는 것이 바람직한지 여부 등에 대한 검토를 기초로 하여, 혼동초래 부정경쟁행위 유형에 대한 우리나라 부정경쟁방지법의 규정을 면밀히 살펴 결론을 내야 할 문제이다.

2. '상표법'과 '부정경쟁방지법상의 혼동초래 부정경쟁행위'와의 관계

기능성원리가 태동한 미국의 경우는 등록상표와 미등록상표를 구분하지 않고 연방상표법(Lanham Act)에 이들 상표를 함께 일괄적으로 규정하고 있다.[77]

---

75) 편의상, 부정경쟁방지 및 영업비밀보호에 관한 법률(이하 '부정경쟁방지법'이라고만 한다) 제2조 제1호 가목과 나목이 규정하고 있는 '상품주체혼동행위'와 '영업주체혼동행위'를 합하여 '혼동초래 부정경쟁행위'라고 부른다.

76) 일본도 우리와 같은 입법 태도를 유지하고 있다.

77) 미국 연방상표법 §32(1)은 등록상표를 침해한 행위에 대한 소권(訴權)을, §43(a)(1)은 미등록상표의 침해행위에 대한 소권을 규정하고 있다. 단지 미국 연방상표법에 의하면, 상표가 주등록부에 등록되면(registration on principal register) 등록상표의 유효성에 대한 일응의 증거(prima facie evidence)가 되고[§33(a)], 등록 후 5년이 지나서도 계속 사용되고 있으면 더 이상 그 유효성을 다툴 수 없게 되어(incontestability) 그 유효성에 대한 종국적인 증거(conclusive evidence)가 된다[§33(b), §15]. 다만 그 상표가 기능적(functional)인 경우 등에는 그렇지 않다[§33(b)(8)].

따라서 이들 상표 사이에 그 본질에서 어떠한 차이가 있다고 할 수는 없고, 기능성원리와 관련하여서도 이들 상표를 구분할 필요가 없이 동일한 논리로 논의하면 충분하다.78)

그런데 우리나라의 표지법(標識法) 체계는 이러한 미국과는 다르다. 즉, 국가기관이 일정한 절차를 거쳐서 등록을 부여한 표장에 대하여 보호를 해주는 상표법과 등록을 받았는지 여부와 무관하게 주지성과 같은 소정의 요건을 충족한 표지에 대하여 보호를 해주는 부정경쟁방지법의 서로 다른 법률로 나누어져 있다. 이에 따라, 우리나라에서는 두 법률의 관계를 어떻게 설정해야 하는지 논란이 있고, 이에 대한 입장의 차이에 따라 혼동초래 부정경쟁행위에 기능성원리를 적용할 것인지 여부도 달라질 수 있다.

우리의 이와 같은 입법태도는 독일로부터 일본을 거쳐 우리나라에 그대로 계수된 것이므로,79) 독일과 일본에서의 논의를 참고할 필요가 있다.

먼저 독일을 살펴본다. 독일은 1896년에 이르러 최초의 부정경쟁방지법 (Gesetz gegen den unlauteren Wettbewerb, 줄여서 'UWG')을 제정하였다. 그러자 독일의 판례는 상표법도 부정경쟁방지법과 함께 일반 경쟁법의 한 단면이라는 논리를 전개하였고, 그리하여 상표법이 일반 경쟁법의 일부분이라는 것은 상식적인 내용으로 되었다.80) 즉, 독일에서 부정경쟁방지법은 현실적으로 상표법에 의한 보호를 보완하는 의미를 지니고 있고, 독일의 전통적인 견해는 부정경쟁방지법을 상표법 등과 함께 공업소유권법의 일환으로 인식하는 경향을 보이고 있다.81)

다음으로 일본을 살펴본다.82) 일본에서는, 부정경쟁방지법도 상표법과 함께 불법행위법에 의해 발전해 온 것이지만, 상표법은 등록에 의한 독점적 배타권으로서 상표권을 설정하여 정적인 면에 의한 부정경쟁방지를 도모함에 비하여, 부

---

78) 미국의 경우 상표등록 여부 판단(우리나라에서는 상표법 적용 대상임)과 미등록상표 보호 여부 판단(우리나라에서는 부정경쟁방지법 적용 대상임)과 사이에 기능성(functionality) 여부 판단에 아무런 차이를 두고 있지 않다.

79) 독일, 프랑스, 영국, 오스트리아, 스위스 등 유럽 국가와 일본, 미국, 우리나라에서의 부정경쟁방지 법리의 전개 및 부정경쟁방지법의 입법 연혁에 대하여 자세한 것은, 정호열, "부정경쟁방지법에 관한 연구: 행위체계와 유형을 중심으로", 서울대학교 박사학위논문 (1991), 4-34 참조.

80) 최병규, "독일 상표법의 연혁/지리적표시 보호 및 유럽공동체상표", 지적소유권법연구 3 집(1999. 1.), 96-97.

81) 정호열(주 79), 70.

82) 일본의 상표법과 부정경쟁방지법 규정 체계는 우리나라와 매우 유사하다. 그 중 기능성 원리의 적용 여부가 문제되는 규정은 우리의 혼동초래 부정경쟁행위에 대응하는 일본 부정경쟁방지법 제2조 제1항 제1호(상품등주체혼동야기행위)이다.

정경쟁방지법은 유통시장에서의 주지로 된 상표·상호·성명 등의 표시(表示)[83]와 혼동을 생기게 하려는 행위를 개별적·구체적으로 파악하여 금지하고 더불어 공정한 경업질서를 유지하는 동적인 면에 의한 부정경쟁방지를 꾀하고 있다고 설명한다.[84] 또한, 상표권의 등록 등을 받지 않은 상품표시나 영업표시라도 사용에 의해 일정한 신용이 화체되는데 그러한 한도에서 보호를 인정하는 제도가 부정경쟁방지법의 상품등주체혼동행위에 대한 규정이고, 이와 같이 신용이 화체된 한도에서 보호를 부여하는 이상 등록에 의한 공시를 요구할 필요가 없이 부정경쟁방지법의 규정에 따르는 것이라고 설명한다.[85] 이러한 설명에 의하면, 일본에서도 상표법과 부정경쟁방지법(구체적으로는 상품등주체혼동행위 유형의 부정경쟁행위)은 상표 등 표지의 등록 여부와 보호 절차나 요건 등에서 차이가 있기는 하지만, 상표 등 표지에 화체된 신용을 보호하여 공정한 경업질서를 유지하고 부정경쟁방지를 목적으로 하는 경쟁법의 일종이라는 점에서 그 기본원리가 같다고 이해하는 것으로 보인다.

그 법체계가 같은 독일이나 일본에서와 마찬가지로, 우리나라에서도 상표법과 부정경쟁방지법은 경쟁법의 일종으로서 그 기본원리를 같이 하는 것으로 이해함이 바람직하다. 즉, 이들 법률 사이에 규정 형식이나 권리행사 요건, 표지(標識) 보호의 법률적 구조 등에서 차이가 없는 것은 아니지만, 모두 경쟁법의 일종으로서 표지에 화체된 신용을 보호하고 이러한 신용에 무임승차(free-ride)하려는 부정한 경쟁행위를 방지하고자 하는 점에서 그 기본원리가 같은 것이다.[86]

3. 일본에서의 논의

가. 상품 형태가 상품 등 '표시(表示)'에 해당하는지 여부

상품등주체혼동야기행위에 관한 일본의 부정경쟁방지법 제2조 제1항 제1호는 우리나라와 마찬가지로 상품 또는 영업을 나타내는 것은 모두 '표시(表示)'에

---

83) 우리나라 부정경쟁방지법의 '표지(標識)'와 같은 개념이다.

84) 小野昌廷 編, 新·注解 不正競爭防止法 上卷(新版), 靑林書院(2007), 57.

85) 田村善之, 不正競爭法槪說(第2版), 有斐閣(2004), 33-34.

86) 정상조, "상표법과 부정경쟁방지법의 조화/통합", 특별법연구 8권(2006. 9.), 746; 송영식·이상정·황종환·이대희·김병일·박영규·신재호 공저, 지적소유권법(하), 육법사(2008), 407(김병일 집필)은 "부정경쟁방지법과 상표법은 모두 영업상 혼동초래행위를 금지시켜 경쟁을 깨끗하게 하기 위한 경쟁법의 일부를 구성한다."고 서술하고 있는데, 같은 취지로 보인다.

해당하는 것으로 하고 있다. 그리고 표시 개념의 확장 해석 경향에 따라, 상품 또는 영업을 표시하는 것에 해당하는 이상 특별히 그 형태를 묻지 않고 모두 '표시(表示)'에 포함되는 것으로 해석하여, 상호나 등록상표뿐만 아니라 상품의 형태 등도 그 표시성(表示性)을 긍정하는 것이 일반적이다.[87] 즉, 상품의 형태 자체는 본래 상품의 출처를 표시하는 것은 아니지만, i) 어떤 형태가 오랫동안 계속하여 어떤 상품에 사용되거나, ii) 단기간이라고 하더라도 강력하게 선전되거나, 또는 iii) 그러한 형태가 극히 특수하고 독자적인 것이어서, 그러한 상품형태 자체가 출처표시의 기능을 가지기에 이르는 경우에는 상품표시(商品表示)로서 부정경쟁방지법의 보호 대상이 될 수 있다고 설명되고 있다.[88]

나. 기능성원리의 적용 여부에 관한 학설, 판례

(1) 표시성(表示性) 부정설[기술적 형태 제외설(技術的 形態 除外說)]

상품의 형태가 기술적 기능(技術的 機能)에서 유래한 필연적 결과라고 한다면, 그러한 상품 형태는 부정경쟁방지법 제2조 제1항 제1호의 상품 등의 표시(表示)에 해당하지 않아 부정경쟁방지법에 의한 보호가 미치지 않는다고 하는 견해이다.[89] 이 견해에 의하면, 기능적 형태(機能的 形態)가 주지성을 획득한 것이고 그 형태의 모방이 혼동을 초래한다고 하더라도, 그러한 형태가 부정경쟁방지법에 의하여 보호되기 위한 전제 조건으로서의 표시성(表示性)을 부정하여 그 모방행위를 허용하게 된다. 일본의 다수의 판례가 취하고 있는 견해이다.[90]

그 근거는 크게 두 가지로 나누어진다. 하나는, 다른 지식재산권법, 특히 특허법 등과의 충돌을 피하고 이들 권리 사이의 조정이 필요하다는 관점이다. 다른 하나는, 경쟁자들 사이의 자유로운 경쟁을 저해해서는 안 된다는 관점이다.[91]

전자의 관점을 취한 최초의 판례는 조립식 압입(組立式 押入) 장롱 세트의 형태에 대한 東京地裁 1966. 11. 22. 선고 昭40(ワ)10337호 판결이다. 상품 형태가 '상품의 기술적 기능에서 유래한 필연적인 결과'라고 한다면 그러한 형태는

---

87) 渋谷達紀, 知的財産權法講義 Ⅲ(第2版), 有斐閣(2008), 44-46.

88) 靑山紘一, 不正競爭防止法(第4版), 法學書院(2007), 28.

89) 牧野利秋・飯村敏明・三寸量一・末吉亙・大野聖二 編集, 知的財産權法の理論と實務 3 (商標法・不正競爭防止法), 新日本法規(2007), 247.

90) 渋谷達紀(주 87), 50.

91) 기능성원리의 두 가지 정책목표인 '특허와의 충돌방지' 및 '자유경쟁의 부당한 제한방지'와 그 내용이 같다.

상품표시에서 제외되어야 한다고 판시하면서, 그 근거로, 기술적 기능에서 유래하는 상품의 형태를 부정경쟁방지법으로 보호하면 일정한 요건 아래에서 그 존속기간을 제한하여 기술의 독점을 허용하는 특허권, 실용신안권 이상의 권리, 즉 일종의 영구권을 부여함으로써 특정인에게 당해 기술의 독점을 허용하게 되어 불합리하다는 것을 들고 있다.92)

이와 달리 후자의 관점을 취한 판례들도 많이 있다. 예를 들어, 東京地裁 1994. 9. 21. 선고 平4(ワ)10866호 판결은, 상품의 실질적 기능을 달성하기 위한 구성으로 유래하는 형태를 보호하는 경우에는 상품표시에 화체된 영업상의 신용을 보호하는 데 그치지 않고, 해당 상품 본체가 본래 가지고 있는 형태, 구성이나 그것에 의해 달성되는 실질적 기능, 효용을 다른 사람이 상품으로서 이용하는 것을 허락하지 않게 되어 시장의 경쟁 형태에 본래 예정하고 있던 것과 전혀 다른 결과를 일으킨다고 판시하였다.

근래에는 후자의 관점을 취한 판례가 많이 나오고 있다고 한다.93)

(2) 표시성(表示性) 긍정설[기술적 형태 포함설(技術的 形態 包含說)]

특허법과 부정경쟁방지법의 보호법익이 다르다는 이유 등을 들어, 설사 기술적 형태라고 하더라도 그것이 주지의 상태에 이르렀다면 상품 등 표시성(表示性)을 긍정하여 그에 대한 모방행위를 금지해야 한다는 견해이다.

그 대표적인 판례로는 東京高裁 1983. 11. 15. 선고 昭52(ネ)3193호 판결이다. 이 판결은 "부정경쟁방지법상 상품표시로서 보호하는 것과 특허법, 실용신안법, 의장법, 상표법에 기초한 보호와의 경합을 배제하는 규정 내지 근거가 없고, 부정경쟁방지법상 보호를 받기 위해서는 출처표시기능의 구비와 주지성의 획득을 증명하는 영업활동의 구체적 사실의 존재가 필요한 동시에 이를 항시 유지하기 위하여 격렬한 경쟁 과정에서의 광고·선전·품질관리·판매활동에 이르기까지의 끊임없는 기업노력을 계속 하는 것이 전제되기 때문에, 그 보호가 기술적 사상에 관한 영구권의 설정이라고 할 수 없어 특허권, 실용신안권에 존속기간을 설정한 법의 취지에 반하지 않는다."고 판시하였다.94)

이에 대해서는, 미국과 독일에서도 경업법에 의한 보호대상에서 기술적 형태를

---

92) 牧野利秋 외 4인 編集(주 89), 247-248.

93) Id. 252.

94) 다만, 위 東京高裁 판결도 회계용 전표(会計用伝票)의 전체 형태에 비추어 볼 때 상품표시(商品表示)로서의 표현능력·흡인력을 구비한 것으로도, 또 그러한 표시(表示)로서 주지성을 가진 것으로도 인정되지 않음을 이유로 그 모방행위의 금지청구는 기각하였다.

제외함이 일관된 학설, 판례이고, 그 배경에는 이들 법체계 사이에 조정이 필요함을 당연한 전제로 하고 있다고 하면서, 특이한 견해라고 비판하는 학설이 있다.[95]

(3) 총합형량설

기능적 형태의 보호 여부를 표시성 부정설이나 긍정설과 같이 일도 양단적으로 판단하는 것이 아니라, 상품 형태의 식별력의 강약과 경업자가 취한 혼동방지 조치를 함께 고려하여 그 보호 여부를 결정해야 한다는 견해이다.

이러한 견해를 취한 판결로는 일반적으로 東京高裁 1994. 3. 23. 선고 平3 (ネ)4363호 판결을 든다.[96] 이는 앞서 본 東京高裁 1983. 11. 15. 선고 昭52 (ネ)3193호 판결이 취한 표시성 긍정설의 부당함에서 벗어나려고 한 나머지 나온 판결로 생각된다.

(4) 최근의 일본 판례 경향

일본의 경우 최근 기술적 형태 제외설을 취하는 판례가 증가하고 있다. 판례에 따라서는, 기술적 형태 제외설을 채택한다고 명백히 밝히지는 않으면서도, 상품의 기능과 목적에서 유래한 필연적 형태에 대해서는 형태의 독점성과 출처표시 기능의 흠결을 이유로 하여 상품의 표시성(表示性)을 부정하고 있다.[97]

앞서 본 것과 같이 표시성 긍정설을 취한 대표적인 판례인 東京高裁 1983. 11. 15. 선고 昭52(ネ)3193호 판결은 일본 상표법에 입체상표와 기능성원리에 관한 규정이 생기기 이전의 오래된 판례인 점, 이 역시 결과적으로는 식별력 부정 등 다른 이유를 들어 금지청구를 기각한 점, 東京高裁도 그 이후 총합형량설이라는 수정된 입장의 판결을 한 점 등에 비추어 보면, 현재 표시성 긍정설의 의미는 많이 퇴색하였다고 할 수 있다.

4. 우리나라에서 기능성원리 적용 여부

가. 상품 형태에 대한 표지성(標識性)의 인정 여부

대법원은 "상품의 형태는 디자인권이나 특허권 등에 의하여 보호되지 않는 한 원칙적으로 이를 모방하여 제작하는 것이 허용되며, 다만 예외적으로 어떤 상품의 형태가 장기간의 계속적·독점적·배타적 사용이나 지속적인 선전광고

---

95) 小泉直樹, "商品の形態の保護をめぐる競業法と創作法の調整 (二)", 法學協會雜誌, 106 卷 7号(1989. 7.), 東京大學法學協會, 1279.
96) 第二東京辯護士會 知的財産權法研究會 編, 不正競爭防止法の新論点, 商事法務(2006), 314-315.
97) 牧野利秋 외 4인 編集(주 89), 252-253.

등에 의하여 그 형태가 갖는 차별적 특징이 거래자 또는 수요자에게 특정한 품질을 가지는 특정 출처의 상품임을 연상시킬 정도로 현저하게 개별화된 경우에만 부차적으로 자타상품의 식별력을 가지게 되고 이러한 경우 비로소 부정경쟁방지법 제2조 제1호 가목 소정의 '기타 타인의 상품임을 표시한 표지'에 해당되어 같은 법에 의한 보호를 받을 수 있다"고 판시해 오고 있다.[98] 상품 형태의 표지성을 매우 엄격한 요건 아래 인정해 오고 있다고 할 수 있다.

나. 기능성원리 적용 여부에 대한 학설, 판례

(1) 학설

기능성원리에 관한 우리나라 학설들의 논의를 살펴보면, 혼동초래 부정경쟁행위에 기능성원리가 적용되어야 하는지 여부에 대하여 구체적이고 직접적인 논의를 하지는 않더라도, 기능적인 상품 형태에 대해서 상표 또는 부정경쟁방지법에 의한 보호를 거부하는 미국 또는 일본의 논의 동향을 소개하면서 전반적으로 이러한 경향을 바람직하게 평가하고 있음을 알 수 있다.

구체적으로는 다음과 같은 학설이 있다.

첫째, 기능적인 특성이 상표적 의미를 취득하였다고 하더라도 그 특성이 기능적인 것이라면 혼동을 초래하는 것이 아니므로, 이른바 기능적 상품 형태의 자유사용의 원칙에 따라 그 모방행위를 금지할 수 없다는 견해가 있다.[99]

둘째, 만약 상품 형태의 특징이 기술적 사상으로서 기능적이라면 특허법, 실용신안법의 보호대상이고, 권리가 소멸된 후에는 전 인류의 공유재산으로서 누구라도 그것을 자유롭게 사용할 수 있는 것이 이들 법률의 정신이므로, 상품 형태에 대한 보호가 이러한 특허법 등의 규정에 반하여 그 보호를 연장하는 결과를 가져오지 않도록 하기 위하여 부정경쟁방지법상 보호도 부정되어야 한다고 주장하는 견해가 있다.[100]

셋째, "특허법, 실용신안법, 디자인보호법, 상표법, 독점규제 및 공정거래에 관한 법률, 표시·광고의 공정화에 관한 법률, 형법 중 국기·국장에 관한 규정 등에 다른 규정이 있는 경우에는 그 법에 의한다."고 규정하고 있는 부정경쟁방지법 제15조에 근거하여 우리 부정경쟁방지법도 기능성원리를 명백히 규정하고 있다고 해석하는 견해가 있다.[101]

---

98) 대법원 2001. 10. 12. 선고, 2001다44925 판결(공2001하, 2461) 등.
99) 송영식 외 6인(주 86), 415-416.
100) 김원오(주 8), 201-202.
101) 황희철, "Trade Dress(상품외관)의 보호에 대하여", 통상법률 19호(1998. 2.), 법무부,

(2) 판례

(가) 대법원 판례

① 대법원은 오른쪽 사진과 같은 '노래하는 거북이'
완구 형태가 부정경쟁방지법 제2조 제1호 가목이 규정한
상품주체혼동행위에 의해 보호되어야 하는지 여부가 문제
된 사안에서, "원고의 완구 형태가 그 완구의 성질 내지
기능에서 유래하는 필연적인 형태라고 볼 수 없다."는 이유 등을 들어 그 표지
성(標識性)을 긍정한 바 있다.102) 비록 기능성원리를 정면으로 내세우지는 않
고, 상품 형태의 기능성을 인정하여 혼동초래 부정경쟁행위의 성립을 부정한 것
도 아니지만, 위 판시 문구는 기술적 형태 제외설(技術的 形態 除外說)을 취하는
일본 판례들이 설시한 것과 동일하므로, 혼동초래 부정경쟁행위에서도 기능성
원리가 적용된다고 판시한 것으로 이해해도 무방할 것이다. 또한, 이 판결에서
는 "거북을 소재로 하여 이 사건 완구와 다른 다양한 형태의 완구 제조가 가능
하다는 점을 보여주고 있으며"라고 하여 '대체 가능한 디자인의 존부'를 상품
형태의 표지성 판단을 위한 고려요소로 언급하고 있는 점도 눈여겨 볼 만하다.

② 대법원은 그 이외에도, '탑블레이드 팽이' 형태가 부정경쟁방지법 제2조
제1호 가목이 규정한 상품주체혼동행위에 의해 보호되어야 하는지 여부가 문제
된 사안에서, "팽이라는 상품 본래의 기능을 확보하기 위한 기술적 요청에서 유
래한 결과로서 그와 같은 상품의 형태 자체에 대하여 피해회사가 특허권을 취
득하였다는 등의 특별한 사정이 없는 한 피해회사에게 그 사용에 대한 독점권
이 부여되어 있다고 할 수 없다"고 판시하였다.103) 혼동초래 부정경쟁행위에서
도 기능성원리를 정면으로 인식한 판결로 평가할 수 있다.

(나) 하급심판례

① 하급심 판례 중에 혼동초래 부정경쟁행위에서도 기능성원리를 정면으로
인정한 것으로는 앞서 본 '탑블레이드 팽이' 사건의 제1심104)과 그 항소심 판
결105)이 있다. 그 구체적인 판시 내용을 보면, 위 제1심 판결은 "탑블레이드 팽
이의 입체적 형상은 가령 피해회사 측에서 새롭게 고안한 것이라고 할지라도,

　　101-102.

102) 대법원 2003. 11. 27. 선고 2001다83890 판결(미간행).

103) 대법원 2005. 2. 17. 선고 2004도7967 판결(미간행).

104) 부산지법 2004. 5. 17. 선고 2003고단9574 판결(미간행).

105) 부산지법 2004. 11. 11. 선고 2004노1908 판결(미간행).

그것이 상품의 기능을 확보하는 데 불가결한 요소로 작용하고 있고, 그와 같은 입체적 형상 자체에 대하여는 대체적인 디자인의 존재가 상정되기 어렵다는 측면에서 상표법 내지 부정경쟁방지법 등의 보호영역에 포함되지 않는 것으로 판단된다."고 판시하였다. 위 항소심 판결은 "이 사건 팽이가 탑블레이드 팽이와 그 형태에 있어서 다소 유사한 것은 사실이나, 그 대부분은 팽이라는 상품 본래의 기능을 확보하기 위한 기술적 요청에서 유래한 결과로서 그와 같은 상품의 형태 자체에 대하여 피해회사가 특허권을 취득하였다는 등의 특별한 사정이 없는 한 피해회사에게 그 사용에 대한 독점권이 부여되어 있다고 할 수 없다."고 판시하였다.

② 스칸디아의 토미 시리즈의 독특한 디자인적 특징이라고 주장하는 부분들이 다른 가구 업체들도 많이 채택하여 사용하고 있는 흔한 방식이거나 안전성 내지 기능성을 우선적으로 고려하여 디자인을 하는 아동용 가구의 속성 내지 기능에서 유래하는 통상적인 형태로 보인다는 이유 등을 들어 부정경쟁행위의 성립을 부정한 판결106)도 있다.

③ 상품 형태의 '기능성'을 부정한 다음 부정경쟁방지법 상의 상품주체혼동행위 규정에 의해 이를 보호한 판결도 있다.107) 이 판결은 "원고 에르메스

(HERMÈS)의 핸드백 '   ', '   ' 상품형태 디자인108)은 소비자들에게 심미감을 일으켜 구매욕구를 자극하는 상품적인 기능을 하는 데 머무르지 않고, 상품의 형태가 장기간 계속적, 독점적, 배타적으로 사용되고, 지속적인 선전광고 등에 의하여 그 형태가 갖는 차별적 특징이 소비자들에게 특정한 품질을 가지는 특정한 출처의 상품임을 연상시키는 정도로 개별화되기에 이른 경우에 해당하므로, '타인의 상품임을 표시한 표지'에 해당한다."고 판시하였다. 위 판시 내용 중 "소비자들에게 심미감을 일으켜 구매 욕구를 자극하는 상품적인 기능을 하는 데 머무르지 않고" 부분으로 미루어 볼 때, 심미적 기능성 개념을 채택하면

---

106) 인천지방법원 2010. 6. 10. 선고 2010노456 판결(미간행). 이에 대해 검사가 상고하였으나, 대법원 2012. 2. 9. 선고 2010도8383 판결로 상고기각 되었다.

107) 서울고법 2008. 11. 4. 선고 2008나35359 판결(미간행). 이에 대해서는 상고가 제기되지 않아 그대로 확정되었다.

108) '핸드백의 정면은 사다리꼴, 측면은 삼각형이고, 덮개는 뒷면에서 앞면으로 몸체 윗부분까지 덮으며, 몸체 윗부분의 양쪽 끝부분에 2개의 가죽 끈이 나와 덮개를 가로질러 중앙에 돌출된 금속재의 잠금장치인 버클로 연결되는 디자인'을 말한다.

서 '소비자들에게 구매 욕구를 자극하는지 여부'를 그 판단기준으로 삼은 것이라고 해석할 수 있다. 이는 미국 제9연방항소법원의 Pagliero 판결109)이 제시한 '제품의 상업적 성공에 있어서 중요한 요소인지 여부'라는 기능성 판단기준과 일맥상통하는 면이 있는데, 위 판단기준에 대해서는 많은 비판이 제기되어 현재는 제9연방항소법원도 이를 적용하고 있지 않음은 앞서 자세히 살펴보았다.

④ 앞서 검토한 대법원 2013다84568 판결 이후에 선고된 최근의 하급심 판결로는 서울고등법원 2016. 3. 31. 선고 2015나2049390 판결(미간행)110)이 있다. 이 사안에서, 천식 치료용으로 '지속적 작용성 베타작용제'와 '흡입용 스테로이드제'를 결합한 복합제제를 담은 오른쪽과 같은 보라색이 섞인 '분말식 흡입기' 제품을 제조·판매하고 있는 원고는, 원고 제품의 제네릭(generic) 의약품을 담은 오른쪽과 같은 보라색이 섞인 '분말식 흡입기' 제품을 판매하는 피고들을 상대로, 부정경쟁방지법 제2조 제1호 가목이 규정하고 있는 상품주체혼동행위 등에 해당한다는 이유로 그 금

원고제품

피고제품

지 등을 청구하였다. 피고들은 원고 제품의 형태가 기능적이라고 주장하였다.

피고들의 이러한 주장에 대해 이 판결은, 기능성 판단기준에 관한 대법원 2013다84568 판결의 법리를 그대로 인용한 다음, "부정경쟁방지법 제2조 제1호 가목과 상표법 규정은 모두 경쟁법의 일종으로서 '표지(표장)에 화체된 신용과 고객흡인력을 보호하고 여기에 무임승차(free-ride) 하려는 부정한 경쟁행위를 방지'하고자 하는 실질적으로 동일한 목적을 가지고 있는 점, 부정경쟁방지법 제2조 제1호 가목에 해당하는지 판단할 때에도 특허제도 등과의 충돌을 방지하고, 경쟁자가 사용해야만 할 경쟁상의 필요가 있는 표지를 특정인에게 독점시켜 오히려 자유로운 경쟁을 저해하는 부당한 결과가 초래되지 않도록 해야 함은 상표법에서와 마찬가지라는 점 등을 고려할 때, 위와 같은 법리는 부정경쟁방지법 제2조 제1호 가목에도 마찬가지로 적용되어야 한다. 구체적으로는 '기능적(functional)'인 상품형태는 부정경쟁방지법 제2조 제1호 가목에서 보호되는 '표지(標識)'로 볼 수 없어 그 요건 중 '표지성(標識性)'을 충족하지 아니한다는 이

---

109) Pagliero v. Wallace China Co., 198 F.2d 339 (9th Cir. 1952).
110) 대법원 2016. 8. 24.자 2016다219594 판결에 의해 심리불속행 기각으로 확정되었다.

유로 위 부정경쟁행위의 성립을 부정함이 타당하다."고 판시하였다. 그리고 이러한 법리를 적용하여, "호흡기계 질환 의약품의 '흡입기'에는 다양한 크기, 형상, 색채가 존재할 수 있어 이용 가능한 대체적 형태가 다수 존재하고, 실제로 원고 흡입기와 같은 형태나 색채가 아니라 다른 형태나 색채로도 여러 업체에서 흡입기가 생산·판매되고 있으며, 또한 원고 흡입기 형태나 색채로부터 그 흡입기의 본래적인 기능을 넘어서는 기술적 우위가 발휘된다고 보기는 어렵다."고 판시하면서,[111] 원고 흡입기 형태 중 보라색이 기능적인 성격을 가진다고 볼 수는 없다고 하였다.[112]

다. 혼동초래 부정경쟁행위에 기능성원리 적용을 위한 해석론

앞서 살펴보았듯이, 상표법과 부정경쟁방지법은 모두 경쟁법의 일종으로서 표지에 화체된 신용을 보호하고 이러한 신용에 무임승차(free-ride) 하려는 부정한 경쟁행위를 방지하고자 하는 점에서 그 기본원리가 같다. 따라서 명문의 규정에 의해 상표법 영역에서 기능성원리가 적용되는 이상 혼동초래 부정경쟁행위에도 기능성원리를 적용함이 타당하다. 부정경쟁방지법의 혼동초래 부정경쟁행위의 성립 여부를 판단함에 있어서도, 그 본질상 상표법에서와 마찬가지로 '특허와의 충돌방지' 및 '자유경쟁의 부당한 제한방지'라는 정책목표가 구현되도록 해야 할 것이므로, 위와 같은 두 가지 정책목표를 근간으로 하여 탄생한 기능성원리를 적용함이 타당한 것이다. 우리의 판례나 학설도 대체로 기능성원

---

111) 피고들은 그 이외에 색상분류를 이유로 보라색은 기능적이라고 주장하였다. 이에 대해 위 판결은, "증거에 의하면, 국외에서 천식치료제 업계 사이에서 색상 분류가 권고되는 경향이 있고, 국내에서도 '속효성 베타2항진제 제품'에 푸른색 계열이, '흡입용 코르티코스테로이드 제품'에 붉은색 계열이 사용된 적이 있으며, 원고 역시 원고 제품에 포함된 유효성분을 나타내는 푸른색과 붉은색을 함께 표시하면서 원고 제품의 보라색이 이들 두 색상을 혼합한 것임을 나타내는 광고물을 제작하여 이를 실제로 이용한 적이 있기는 함을 인정할 수는 있다. 그러나 위와 같은 사실만으로는 국내에서 천식치료제와 관련하여 확고한 색상분류가 형성되어 있다고 보기는 어렵고(이에 따라 국내에서 색상으로 치료제 성분을 구분하려고 시도할 경우 오히려 환자에게 위험을 초래할 수도 있으므로 색상분류의 공익적 필요성이 인정된다고 볼 수는 없다), 나아가 위와 같은 국외의 색상분류 경향을 근거로 국내에서 보라색이 복합제제에 사용되어야 할 경쟁상의 필요가 있다는 점까지 인정하기는 더욱 어렵다."고 판시하여 배척하였다.

112) 위 판결은, 형상·모양·색채가 결합한 일체로서 '원고 흡입기 형태'에 대해서는 원고 제품과 관련하여 이례적이거나 독특한 형태상의 특징을 가지고 있어 수요자가 상품의 출처표시로 인식할 수 있는 정도의 식별력을 갖추고 있을 뿐만 아니라 주지성도 취득하였다고 판단하였다(다만, '보라색'만으로는 식별력이 있다고 볼 수 없다고 판단하였다). 그러나 원고 흡입기 형태와 피고 흡입기 형태 사이에 혼동가능성이 없음을 이유로 부정경쟁방지법 제2조 제1호 가목의 부정경쟁행위의 성립은 인정하지 않았다.

리의 적용을 긍정하고 있음은 앞서 살펴보았다.

그러면 부정경쟁방지법의 규정으로부터 혼동초래 부정경쟁행위에 기능성원리를 적용하는 근거를 어떻게 도출할 수 있을 것인가? 결론적으로, 기능적인 형태는 타인의 상품 또는 영업임을 표시한 표지(標識)에 해당하지 않는다는 표지성(標識性)[113] 부정설을 취하는 것이 타당하다고 본다.

우리 부정경쟁방지법에서 혼동초래 부정경쟁행위가 성립하기 위해서는 ① 타인의 상품 또는 영업임을 표시하는 표지, ② 표지의 주지성, ③ 표지의 유사성, ④ 표지의 사용, ⑤ 혼동행위의 5가지 요건이 충족되어야 한다. 그런데 기능적인 형태는 애초에 '타인의 상품 또는 영업임을 표시하는 표지'에 해당하지 않아 그 보호대상이 될 수 없다고 해석하는 '표지성 부정설'을 취하는 것이 타당한 것이다. 이러한 해석은 기능적 형태가 상표법에서는 애초에 '상표'로서의 등록적격이 없어 보호대상에서 제외되는 것과 일맥상통한다.[114]

이와 같이 혼동초래 부정경쟁행위에 기능성원리를 적용하는 것을 '표지성'의 문제로 보는 경우 그것이 식별력과는 어떤 관계에 있는지 문제된다. 결론적으로 말하면, 이들은 완전히 별개의 문제이므로 엄격히 구분되어야 한다. 기능적인 형태는 설사 그것이 식별력이 있다고 하더라도 애초부터 혼동초래 부정경쟁행위에 의해 '상품 또는 영업을 표시한 표지'로서의 보호 대상에서 제외된다는 의미에서 표지성이 부정되는 것이다. 이에 비하여, 식별력이 없는 형태는 자타 상품 또는 영업을 구분하는 표지로서의 역할을 하지 못하기 때문에 표지성이 부정되는 것이다. 즉, 표지성이 부정된다는 결과에서는 동일하지만 그 이유는 전혀 다르다.[115]

〈유영선〉

---

113) 우리나라 부정경쟁방지법에는 일본과 달리 '표시(表示)'가 아니라 '표지(標識)'라고 규정되어 있다. 따라서 일본에서의 '표시성(表示性) 부정설'과 같은 설을 '표지성(標識性) 부정설'로 부름이 옳을 것이다.

114) 위에서 본 서울고등법원 2016. 3. 31. 선고 2015나2049390 판결(미간행)도 같은 취지이다.

115) 일본의 판례도 "상품 형태가 특정의 출처를 식별하기에 이르렀다고 하더라도 그러한 형태가 상품의 기술적 기능에서 유래한 필연적 결과인 경우에는 상품 등 표시(表示)에 해당한다고 할 수 없다."고 판시하여, 기능성의 문제를 식별력의 문제와 뚜렷하게 구분하고 있다[田村善之(주 85), 124 참조].

제34조(상표등록을 받을 수 없는 상표)

① 제33조에도 불구하고 다음 각 호의 어느 하나에 해당하는 상표에 대해서는 상표등록을 받을 수 없다.

[제1호~제15호는 앞에서 해설]

16. 세계무역기구 회원국 내의 포도주 또는 증류주의 산지에 관한 지리적 표시로서 구성되거나 그 지리적 표시를 포함하는 상표로서 포도주 또는 증류주에 사용하려는 상표. 다만, 지리적 표시의 정당한 사용자가 해당 상품을 지정상품으로 하여 제36조 제5항에 따른 지리적 표시 단체표장등록출원을 한 경우에는 상표등록을 받을 수 있다.

<소 목 차>

Ⅰ. 서설

1. 의의 및 취지

가. 의의

세계무역기구(WTO) 회원국 내의 포도주 및 증류주의 산지에 관한 지리적 표시로서 구성되거나 동 표시를 포함하는 상표로서 포도주·증류주에 사용하고자 하는 상표는 제6조의 규정에 의한 식별력을 갖추고 있다고 하더라도 지리적 표시의 정당한 사용자가 그 해당 상품을 지정상품으로 하여 지리적 표시 단체표장등록출원을 하는 경우를 제외하고는 상표등록을 받을 수 없다.

나. 취지

WTO/TRIPS 협정에서 포도주와 증류주의 지리적 표시를 구성요소로 하는 상표

는 일반공중의 혼동이 없는 경우에도 직권 또는 청구에 의하여 그 등록을 거절하거
나 설령 착오로 등록될 경우에도 그 등록을 무효로 하도록 규정하고 있어(제23조[1])
이를 상표법에 반영하기 위하여 1997년 개정 상표법에서 신설한 규정이다.[2]

2. 연혁

WTO/TRIPS 협정을 이행하기 위하여 1997년 개정 상표법(1997. 8. 22. 법률
제5355호로 개정된 것) 제7조 제1항 제14호에서 "세계무역기구 가입국내의 포도
주 및 증류주의 산지에 관한 지리적 표시로서 구성되거나 동 표시를 포함하는
상표로서 포도주·증류주 또는 이와 유사한 상품에 사용하고자 하는 상표"를 부
등록사유로 신설하였고, 2001년 개정 상표법(2001. 2. 3. 법률 제6414호로 개정된
것)에서 "세계무역기구 가입국"을 "세계무역기구 회원국"으로 수정하였으며,
2004년 개정 상표법(2004. 12. 31. 법률 제7290호로 개정된 것)에서 지리적표시 단
체표장제도가 도입됨에 따라 단서조항("다만, 지리적 표시의 정당한 사용자가 그
해당 상품을 지정상품으로 하여 제9조 제3항의 규정에 따른 지리적 표시단체표장등록
출원을 한 때에는 그러하지 아니하다")을 신설하였다.

한편, 2011년 개정 상표법(2011. 12. 2. 법률 제11113호로 개정된 것)에서는 일

---

1) 무역관련 지적재산권에 관한 협정 <제23조> 포도주와 주류의 지리적표시에 관한 추가보호
　1. 각 회원국은 비록 그 상품의 진정한 원산지의 표시가 나타나 있거나 또는 지리적 표시
　　가 번역되어 사용되거나 또는 "종류", "유형", "양식", "모조품" 등의 표현이 수반되는
　　경우에도 이해당사자가 당해 지리적표시에 나타난 장소를 원산지로 하지 아니하는 포
　　도주에 포도주의 산지를 나타내는 지리적표시, 또는 당해 지리적표시에 나타난 지역을
　　원산지로 하지 아니하는 주류에 주류의 산지를 나타내는 지리적표시의 사용을 금지하
　　는 법적수단을 제공한다(제42조의 첫째 문장에도 불구하고 회원국은 이러한 의무와
　　관련하여 행정행위에 의한 시행을 대신 규정할 수 있다).
　2. 포도주의 산지를 나타내는 지리적표시를 포함하거나 동 표시로 구성되는 포도주상표
　　의 등록, 또는 주류의 산지를 나타내는 지리적표시를 포함하거나 동 표시로 구성되는
　　주류상표의 등록은 그러한 원산지를 갖지 아니하는 포도주 또는 주류에 대하여 회원
　　국의 법이 허용하는 경우에는 직권으로 또는 이해당사자의 요청에 따라 거부되거나
　　무효화된다.
　3. 포도주에 대한 동음의 지리적표시의 경우, 제22조 제4항의 규정을 조건으로 모든 표시
　　에 대해 보호가 부여된다. 각 회원국은 관련 생산자에 대한 동등한 대우를 보장하고
　　소비자가 오도되지 아니하도록 보장해야 할 필요성을 고려하여, 당해 동음의 지리적표
　　시를 서로 구분 할 수 있는 실질적인 조건을 결정한다.
　4. 포도주에 관한 지리적표시의 보호를 용이하게 하기 위해 이 체제에 참여하고 있는 회
　　원국 내에서 보호대상이 되는 포도주의 지리적표시의 통보와 등록을 위한 다자간체제
　　의 수립에 관한 협상이 무역관련지적재산권위원회에서 추진된다.
2) 특허청, 조문별 상표법 해설(2007), 104.

부 문구가 수정되고[3] 관련 조문의 위치 이동[4]을 반영한 개정이 이루어졌으며, 2016년 전부 개정 상표법(전부개정 2016. 2. 29. 법률 제14033로 개정된 것, 시행일 2016. 9. 1.)에서 조문의 위치가 종전 '제7조 제1항 제14호'에서 '제34조 제1항 제16호'로 변경되었고, 관련 조문의 위치 이동[5]을 반영하였으며, 종전 "포도주·증류주 또는 이와 유사한 상품에 사용하려는 상표"가 "포도주 또는 증류주에 사용하려는 상표"로 변경되었다.

II. 적용요건

1. 세계무역기구 회원국 내의 포도주 및 증류주의 산지에 관한 지리적 표시로 구성되거나 그 지리적 표시를 포함하는 상표

지리적 표시는 WTO/TRIPS 협정에서 최초로 그 용어를 사용하기 시작하였고,[6] 우리 상표법도 동일한 내용의 정의 규정을 두고 있다.[7]

본호의 규정은 포도주 및 증류주의 산지에 관한 지리적 표시에 대해서만 적용되며, 여기서 산지라 함은 해당지역의 기후, 토양 등의 지리적 조건 등과 관련하여 해당상품의 특성을 직감할 수 있는 지역을 표시하는 것을 말한다.[8]

본호에서 규정하는 「포도주 또는 증류주의 산지에 관한 지리적 표시로서 구성되거나 그 지리적 표시를 포함하는 상표」라 함은 당해 산지를 그 지역의 문자로 표시한 것뿐만 아니라 그에 대한 번역 및 음역을 모두 포함하며, 소비자의 오인·혼동은 요건으로 하지 않는다.[9] 또한, 본호는 그 상표의 구성에 당해 지리적 표시가 ~종류, ~유형, ~양식, ~풍 등과 같은 표현으로 수반된 경우에도 적용되고,[10] 본호에서 규정하는 포도주 및 증류주의 산지에 관한 지리적

---

3) "사용하고자 하는 상표"를 '사용하려는 상표"로 수정.
4) 단체표장등록출원에 관한 제9조 제3항이 제9조 제4항으로 위치 이동됨.
5) 단체표장등록출원에 관한 제9조 제4항이 제36조 제5항으로 위치 이동됨.
6) 무역관련 지적재산권에 관한 협정 제22조 제1항("이 협정의 목적상 지리적표시란 상품의 특정 품질, 명성 또는 그 밖의 특성이 본질적으로 지리적 근원에서 비롯되는 경우, 회원국의 영토 또는 회원국의 지역 또는 지방을 원산지로 하는 상품임을 명시하는 표시이다").
7) 상표법 제2조 제1항 제4호("지리적 표시"란 상품의 특정 품질·명성 또는 그 밖의 특성이 본질적으로 특정지역에서 비롯된 경우에 그 지역에서 생산·제조 또는 가공된 상품임을 나타내는 표시를 말한다").
8) 특허청(주 2), 10.
9) 특허청, 상표심사기준(2016.8.29. 개정 특허청 예규 제90호)(2016. 8.), 275.
10) 특허청(주 9), 276.

표시가 상표의 부기적인 부분인 경우에도 적용된다.[11] 다만, 당해 지리적 표시
가 속한 국가에서 보호되지 아니하거나 보호가 중단된 지리적 표시이거나 또
는 그 나라에서 사용하지 아니하게 된 지리적 표시에 대하여는 본호를 적용하
지 아니한다.[12]

2. 포도주·증류주에 사용하려는 상표

구 상표법(2016. 2. 29. 법률 제14033로 개정되기 전의 것)에 대한 특허청 심사
기준에서는, '포도주·증류주와 유사한 상품'의 범위는 주세법상 주류의 범위를
참고로 하되 이에는 예컨대 알콜강화 포도주, 위스키, 보드카, 브랜디, 럼, 진,
고량주, 배갈, 소주 등이 포함되는 것으로 보며 리큐르는 포함되지 아니하는 것
으로 한다고 되어 있었다.[13] 한편, 2016년 전부 개정 상표법(전부개정 2016. 2.
29. 법률 제14033로 개정된 것, 시행일 2016. 9. 1.)에서는 종전 "포도주·증류주 또
는 이와 유사한 상품에 사용하려는 상표"가 "포도주 또는 증류주에 사용하려는
상표"로 변경되었는데, TRIPs협정문보다 넓은 포도주·증류주에 대한 보호범위
를 TRIPs협정 제23조[14]의 수준으로 정비하여 조약의 내용을 충실하게 반영한
것이다.[15]

한편, 문자상으로는 진정한 원산지 표시가 되어 있다 하더라도 수요자가 다
른 영토나 지역에서 생산된 것으로 오인·혼동케 할 경우, 예컨대 캘리포니아주
에서 생산하는 「보르도」 포도주에 미국산이라고 표기하는 경우에도 제34조 제1
항제12호(상품의 품질을 오인하게 하거나 수요자를 기만할 염려가 있는 상표)와 별도

---

11) 특허청(주 9), 276.
12) 특허청(주 9), 277. 다만 지정상품과의 관계에서 상품의 품질이나 출처의 오인·혼동을
유발할 우려가 있는 경우에는 상표법 제34조 제1항 제12호(상품의 품질을 오인하게 하거
나 수요자를 기만할 염려가 있는 상표)를 적용한다.
13) 특허청, 구 상표심사기준(전부개정 2014.12.30. 특허청 예규 제79호)(2015), 266.
14) TRIPs §23 (포도주와 증류주의 지리적 표시에 관한 추가보호) ("1. 각 회원국은 … 지리
적 표시에 나타난 장소를 원산지로 하지 않는 포도주에 포도주의 산지를 나타내는 … 지리
적 표시에 나타난 지역을 원산지로 하지 아니하는 증류주에 증류주의 산지를 나타내는 지
리적 표시의 사용을 금지하는 법적 수단을 제공한다.").
15) 2013. 11. 입법예고 되었던 상표법 전부개정법률(안)에 대한 설명자료 80-81 참조.
<http://www.kipo.go.kr/kpo/user.tdf?a=user.ip_info.adv_law.BoardApp&board_id=adv_law&cp=
1&pg=1&npp=10&catmenu=m04_01_03&sdate=&edate=&searchKey=1&searchVal=상표법
&bunryu=&st=&c=1003&seq=12966&gubun=> (2016. 6. 7. 최종방문). 2016년 상표심사기준
에서도 "본호는 포도주·증류주에 사용하려는 경우에 한하여 적용한다"고 하면서, 종전
'포도주·증류주와 유사한 상품의 범위'에 대한 내용은 삭제되었다. 특허청(주 9), 276.

로 본호를 적용한다.16)

3. 판단기준시

본호에의 해당 여부는 상표등록여부결정을 할 때를 기준으로 판단한다.17)

4. 무효심판의 제척기간

본호에 해당하는 것을 사유로 하는 상표등록의 무효심판은 상표등록일부터 5년이 경과한 후에는 청구할 수 없다.18)

---

16) 특허청(주 9), 277. 한편, 본호는 포도주·증류주에 사용하려는 상품에 적용되는 반면, 제34조 제1항 제19호는 자유무역협정에 따라 보호되는 타인의 지리적 표시를 사용하는 상품과 동일하거나 동일하다고 인정되는 상품에 적용되는 것으로, 출원상표가 본호와 제19호에 모두 해당하는 경우 양 조문을 함께 적용한다.

17) 상표법 제34조 제2항("제1항 및 상표등록출원인(이하 "출원인"이라 한다)이 해당 규정의 타인에 해당하는지는 다음 각 호의 어느 하나에 해당하는 결정(이하 "상표등록여부결정"이라 한다)을 할 때를 기준으로 하여 결정한다. 다만, 제1항 제11호·제13호·제14호·제20호 및 제21호의 경우는 상표등록출원을 한 때를 기준으로 하여 결정한다. 1. 제54조에 따른 상표등록거절결정, 2. 제68조에 따른 상표등록결정."); 특허청(주 9), 277. 2013. 11. 입법예고 되었던 상표법 전부개정법률(안)에는, 상표부등록사유를 공익적 거절사유와 사익적 거절사유로 나누어 사익적 규정이라고 보는 제6호부터 제10호까지의 존재에 관한 판단시점을 '상표등록출원시'로 규정하였던 당시 상표법 규정(제7조 제2항)을, 공익·사익의 구별 없이 '등록여부결정시'로 변경하는 내용(당시 개정안 제34조: "② 제1항에 해당하는지 여부는 상표등록결정 또는 상표등록거절결정의 어느 하나에 해당하는 결정(이하 "상표등록여부결정"이라 한다)시를 기준으로 한다. ③ 제2항의 규정에도 불구하고 제1항 제12호는 상표등록출원을 할 때에 이에 해당하면 적용한다. 다만, 출원인이 해당 규정의 타인에 해당하는지는 상표등록여부를 결정할 때를 기준으로 한다.")이 포함되었으나, 2016년 전부개정 상표법(전부개정 2016. 2. 29. 법률 제14033로 개정된 것, 시행일 2016. 9. 1.)에서는 원칙적으로 부등록사유 판단시점을 '등록여부결정시'로 하면서도 제11호·제13호·제14호·제20호 및 제21호의 경우에는 예외적으로 '상표등록출원시'로 하고 있다. 2013. 11. 입법예고 되었던 상표법 전부개정법률(안)에 대한 설명자료 33-36 참조. <http://www.kipo.go.kr/kpo/user.tdf?a=user.ip_info.adv_law.BoardApp&board_id=adv_law&cp=1&pg=1&npp=10&catmenu=m04_01_03&sdate=&edate=&searchKey=1&searchVal=상표법&bunryu=&st=&c=1003&seq=12966&gubun=> (2016. 6. 7. 최종방문).

18) 상표법 제122조 제1항("제34조 제1항 제6호부터 제10호까지 및 제16호, 제35조, 제118조 제1항 제1호 및 제214조 제1항 제3호에 해당하는 것을 사유로 하는 상표등록의 무효심판, 존속기간갱신등록의 무효심판 또는 상품분류전환등록의 무효심판은 상표등록일, 존속기간갱신등록일 또는 상품분류전환등록일부터 5년이 지난 후에는 청구할 수 없다.").

Ⅲ. 관련사례

① 스코틀랜드산 원액이 함유된 위스키를 지정상품으로 하는 "**SCOTCH BLUE** INTERNATIONAL 스카치블루 인터내셔널" 상표에 대해, 세계무역기구 회원국 내의 증류주의 산지에 관한 지리적 표시를 포함하는 상표로서 증류주 상품에 사용하고자 하는 상표이므로 구 상표법 제7조 제1항 제14호에 해당한다고 한 사례,[19] ② 샤블리 백포도주(프랑스 Chablis 원산)를 지정상품으로 하는 **LA CHABLISIENNE** 상표에 대해, 이 사건 출원상표는 세계무역기구 회원국인 프랑스의 포도주 산지에 관한 지리적 표시를 '포함'하는 상표로서 그 지정상품인 포도주에 사용하고자 하는 상표라고 할 것이므로 이 사건 출원상표는 구 상표법 제7조 제1항 제14호에 해당한다고 한 사례[20] 정도가 있다.

Ⅳ. 외국의 입법례

1. 일본

일본 상표법 제4조 제1항 제17호는 "일본의 포도주 또는 증류주의 산지 중 특허청장이 지정하는 것[21]을 표시하는 표장 또는 세계무역기구 가맹국의 포도

---

19) 특허심판원 2003. 10. 13.자 2003원390 심결.
20) 특허심판원 2006. 7. 21.자 2005원7432 심결. 출원인(거절결정불복심판청구인)은 "이 사건 출원상표 "LA CHABLISIENNE"는 "LA"와 "CHABLISIENNE"가 간격을 두고 결합된 프랑스어 상표로서 일반적으로 국내에서 프랑스어는 영어나 일본어처럼 널리 사용되는 언어가 아니며 따라서 국내의 일반수요자들이 본원상표를 보고 어떤 의미를 생각해 내기는 어렵다고 판단되며, 더욱이 간격 없이 배열된 "CHABLISIENNE"에서 "CHABLIS"만을 분리하여 인식한다고 보기는 더욱 더 어렵다고 할 것"이라고 주장하였으나, 특허심판원은 "법 제7조 제1항 제14호에서 규정하는 「포도주 및 증류주의 산지에 관한 지리적 표시로서 구성되거나 동 표시를 포함하는 상표」라 함은 당해 산지를 그 지역의 문자로 표시한 것뿐만 아니라 그에 대한 번역 및 음역을 모두 포함하는 것으로 한다"는 상표심사기준 제28조의 내용 등을 근거로, 이 사건 출원상표는 불어로 구성된 것으로서 그 중 앞 부분의 'LA'부분은 불어로 정관사를 지칭하는 데에 불과한 것이고, 뒷부분의 'IENNE'는 인터넷 '네이버'검색에 의하면 불어에서 동네나 지역이름 뒤에 붙여지는 경우 '(그) 동네사람이나 지역사람'을 뜻하는 어미에 지나지 않으나, 중간의 'CHABLIS'는 사전상 '프랑스 Chablis 가 원산지인 샤블리 백포도주'를 의미하는 것임을 알 수 있다고 하여 청구를 기각하였다.
21) 일본의 포도주 또는 증류주의 산지 중 특허청장이 지정하는 것으로서 소주(焼酎, しょうちゅう)의 산지인 長崎県壱岐市(산지를 표시하는 표장의 예시: 壱岐), 熊本県球磨郡 人吉市(산지를 표시하는 표장의 예시: 球磨), 沖縄県(산지를 표시하는 표장의 예시: 琉球), 鹿

주 또는 증류주의 산지를 표시하는 표장 중 당해 가맹국에 있어서 당해 산지 이외의 지역을 산지로 하는 포도주 또는 증류주에 대하여 사용하는 것이 금지되어 있는 것을 포함하는 상표로서 당해 산지 이외의 지역을 산지로 하는 포도주 또는 증류주에 대하여 사용하는 것"을 상표등록을 받을 수 없는 것으로 규정하고 있다.

일본 상표법은 「세계무역기구 가맹국의 포도주 또는 증류주의 산지를 표시하는 표장을 포함하는 상표」뿐 아니라, 「일본의 포도주 또는 증류주의 산지 중 특허청장이 지정하는 산지를 표시하는 표장」도 포함하고 있는데, TRIPs 협정은 WTO 가맹국이 자국 내의 포도주 또는 증류주의 지리적표시를 보호하는 것까지를 의무로 하는 것은 아니지만, 본호와 같은 규정을 설치하지 않는 경우에는 ① 포도주 또는 증류주의 산지표시의 보호에 관하여 다른 가맹국의 산지에 비해 일본 내의 산지를 불리하게 취급하는 것으로 되고, 또한 ② TRIPs 협정 제24조 9의 규정에 의해 원산국에서 보호되지 않는 지리적 표시에 대하여는 다른 가맹국에 있어서 보호할 의무가 생기지 않기 때문에 다른 동맹국에 있어서도 일본의 산지가 불리하게 취급되는 것으로 되므로 이러한 점들을 고려하여 일본의 포도주 또는 증류주의 산지를 표시하는 상표에 대하여도 함께 보호를 하는 것으로 하였다고 한다.22)

2. 미국

미국 연방상표법 제2조 (a)항23)은 포도주(wines)나 증류주(spirits)와 관련하여

児島県(奄美市及び大島郡を除く)(산지를 표시하는 표장의 예시: 薩摩)가 있다. 日本 特許庁, 商標審査便覧 42.117.02 商標法第4条第1項第17号の規定による産地の指定について.

22) 日本 特許庁, 工業所有権法(産業財産権法)逐条解説 〔第18版〕,商標法, 1215. (http://www.jpo.go.jp/cgi/link.cgi?url=/shiryou/hourei/kakokai/cikujyoukaisetu.htm)

23) 15 U.S.C. §1052(a) ("No trademark by which the goods of the applicant may be distinguished from the goods of others shall be refused registration on the principal register on account of its nature unless it (a) Consists of or comprises immoral, deceptive, or scandalous matter; or matter which may disparage or falsely suggest a connection with persons, living or dead, institutions, beliefs, or national symbols, or bring them into contempt, or disrepute; or a geographical indication which, when used on or in connection with wines or spirits, identifies a place other than the origin of the goods and is first used on or in connection with wines or spirits by the applicant on or after one year after the date on which the WTO Agreement (as defined in section 3501 (9) of title 19) enters into force with respect to the United States."); USPTO, TMEP(April 2016) 1210.08 ("Section 2(a) of the Trademark Act, 15 U.S.C. §1052(a), prohibits the registration of a designation that consists of or comprises a geographical indication which, when used on or in connection with wines

사용할 경우 해당 상품의 산지 이외의 지역을 나타내며 상표로서 출원인에 의해 포도주나 증류주와 관련하여 1996년 1월 1일 이후 처음 사용된 지리적 표시를 포함하는 상표의 등록을 금지하고 있다.

〈김동준〉

---

or spirits, identifies a place other than the origin of the goods and is first used on or in connection with wines or spirits by the applicant on or after [January 1, 1996].").

> **제34조(상표등록을 받을 수 없는 상표)**
> ① 제33조에도 불구하고 다음 각 호의 어느 하나에 해당하는 상표에 대해서는 상표등록을 받을 수 없다.
> [제1호~제16호는 앞에서 해설]
> 17. 「식물신품종 보호법」 제109조에 따라 등록된 품종명칭과 동일·유사한 상표로서 그 품종명칭과 동일·유사한 상품에 대하여 사용하는 상표

〈소 목 차〉

Ⅰ. 서설

1. 의의 및 취지

가. 의의

「식물신품종 보호법」 제109조에 따라 등록된 품종명칭과 동일·유사한 상표로서 그 품종명칭과 동일·유사한 상품에 대하여 사용하는 상표는 제33조의 규정에 의한 식별력을 갖추고 있다고 하더라도 상표등록을 받을 수 없다.

나. 취지

본호를 신설한 2010년 개정 상표법(2010. 1. 27. 법률 제9987호)에 대한 국회 지식경제위원회 검토보고서나 심사보고서에서는 그 입법취지에 대해 어떠한 언급도 되어 있지 않고, 특허청의 상표법 조문별 개정연혁해설집(49면)에도 "종자산업법상 등록된 품종명칭과 동일 또는 유사한 상표의 등록을 거절하도록 제1항 제15호를 신설함"이라는 간단한 설명 밖에 나타나 있지 않다. 다만, 위 조항이 마련되

기 전에 구 종자산업법에 의하여 품종의 명칭으로 등록된 표장은 그 품종을 대상으로 하는 상품의 보통명칭에 해당하여 상표등록을 받을 수 없다는 대법원 판결[1]에 대한 판례해설에서 들고 있는 다음과 같은 논거가 참고가 될 것이다.

　　즉, ① 품종명칭은 품종보호의 대상이 된 특정한 신품종의 고유한, 일반적 명칭으로서, 그 품종에 대하여는 하나의 명칭밖에 존재할 수 없는 점, ② 품종명칭 등록이 된 품종에 대하여는 다른 명칭을 사용하여서는 안 되고, 그 전제로 품종명칭의 등록시에 그 명칭과 동일·유사한 상표가 있는 경우에 그 명칭은 품종명칭으로의 등록이 거절되고 있는 점(구 종자산업법 109조 제9호[2] 참조, 위 규정에 따라 기존의 상표와 동일·유사한 품종명칭의 등록이 거절되는바, 만일 품종명칭을 상표로서 등록하는 것을 허용하면, 구 종자산업법의 이러한 규정이 유명무실하게 된다는 점을 지적), ③ 만일 등록이 가능하다고 해석하는 경우에는 품종명칭의 등록인이 아닌 자도 품종명칭을 상표로서 등록이 가능하게 되고, 이러한 경우에는 품종의 출처에 관하여 오인·혼동이 일어날 염려가 큰 점, ④ 품종명칭의 등록인으로서는 자신이 보호받는 품종에 관하여 그 명칭을 독점적으로 사용할 권리가 있으므로, 굳이 이를 상표로 등록하여 보호받을 필요가 없는 점, ⑤ 제3자가 '화랑' 품종의 사과묘목에서 수확한 사과에 '화랑'이라는 명칭을 사용하는 것은 정당한 명칭의 사용에 해당하고, 이는 구 상표법 제56조 제1항 제1호[3]에 해당하므로, '화랑'이라는 상표가 등록되어 있다고 하더라도 그 자유로운 사용이 보장될 것이기는 하지만, '화랑'이 등록상표로 존재하고 그 상표권자가 상표권 침해를 주장하는 경우에는 구 종자산업법에 의하여 보장된 품종명칭의 사용이 위축될 수밖에 없는 점 등을 종합하면, 구 종자산업법에 의하여 품종명칭으로 등록된 표장(구 종자산업법에 의하면 문자만이 명칭으로 등록받을 수 있다)은 그 품종의 보통명칭에 해당하는 것으로 취급하여 그 등록을 거절하는 것이 타당하다는 것이다.[4]

---

1) 대법원 2004. 9. 24. 선고 2003후1314 판결.
2) 현행 식물신품종보호법 제107조 제9호("품종명칭의 등록출원일보다 먼저 「상표법」에 따른 등록출원 중에 있거나 등록된 상표와 같거나 유사하여 오인하거나 혼동할 염려가 있는 품종명칭")에 대응된다.
3) 구 상표법 제51조 제1항 제2호의 오자로 보이며, 현행 상표법 제90조 제1항 제2호에 대응된다.
4) 강기중, "종자산업법에 의하여 품종의 명칭으로 등록된 표장이 그 품종을 대상으로 하는 상품에 대하여 상표법 제6조 제1항 제1호의 보통명칭에 해당하는지 여부 등", 대법원 판례해설 통권 제53호, 법원도서관(2005), 325-326.

2. 연혁

본호는 2010년 개정 상표법(2010. 1. 27. 법률 제9987호) 제7조 제1항 제15호로 신설된 규정이다. 위 규정이 마련되기 전에는 등록된 품종명칭과 동일하거나 유사한 상표에 대해 실무상 구 상표법 제6조 제1항 제1호 또는 제3호를 적용하고 있었고,5) 구 종자산업법에 의하여 품종의 명칭으로 등록된 표장은 그 품종을 대상으로 하는 상품의 보통명칭에 해당하여 상표등록을 받을 수 없다는 대법원 판결6)도 있었는데 2010년 개정 상표법에서 이를 별도의 부등록사유로 명문화한 것이다.

한편, 2012년 구 「종자산업법」 중 식물신품종의 출원·심사 및 등록 등에 관한 절차적 규정을 분리하여 별개의 법률인 「식물신품종 보호법」이 제정됨에 따라 본호의 내용 중 "「종자산업법」 제111조"가 "「식물신품종 보호법」 제109조"로 변경되었고(제32차 (타)일부개정 2012. 6. 1. 법률 제11458호), 2016년 전부개정 상표법(전부개정 2016. 2. 29. 법률 제14033로 개정된 것, 시행일 2016. 9. 1.)에서 조문의 위치가 종전 '제7조 제1항 제15호'에서 '제34조 제1항 제17호'로 변경되었다.

Ⅱ. 적용요건

1. 품종등록을 받은 품종명칭

식물신품종보호법은 "식물의 신품종7)에 대한 육성자의 권리 보호에 관한 사

---

5) 특허청, 구 상표심사기준(2007.7.26 개정 특허청 예규 제40호) 제6조 해석참고자료 2["종자산업법에 의해 등록된 품종명칭 또는 농수산물의 품종으로 거래업계에서 널리 알려진 명칭과 동일·유사한 상표가 그 품종의 종자, 묘목 또는 이와 유사한 상품을 지정상품으로 한 경우에는 본호를 적용하며 당해 상표가 성질표시적 표장인 경우에는 법 제6조 제1항 제3호를 함께 적용한다. 예시: 과일(홍옥, 신고, 백도, 거봉), 곡류(팔금, 농림 6호)"].

6) 대법원 2004. 9. 24. 선고 2003후1314 판결. 다만, 이 판결에 대해 그 결론에는 찬성하면서도 일본 상표법 제4조 제1항 제14호와 같은 명문의 규정이 없는 우리로서는 품종명칭 등록된 상표라고 해서 일괄적으로 보통명칭으로 보기보다는 기타 식별력이 없는 상표로서 구 상표법 제6조 제1항 제7호를 적용하는 것도 생각해 볼 수 있다는 견해도 있었다. 박성수, "종자산업법에 의하여 품종의 명칭으로 등록된 표장은 그 품종을 대상으로 하는 상품의 보통명칭인지 여부", 정보법판례백선, 박영사(2006), 355.

7) "품종"이란 식물학에서 통용되는 최저분류 단위의 식물군으로서 제16조에 따른 품종보호 요건을 갖추었는지와 관계없이 유전적으로 나타나는 특성 중 한 가지 이상의 특성이 다른 식물군과 구별되고 변함없이 증식될 수 있는 것을 말한다. 식물신품종보호법 제2조 제2호.

항을 규정함으로써 농림수산업의 발전에 이바지함을 목적"으로 하는 것으로서 (동법 제1조), 품종이 "1. 신규성, 2. 구별성, 3. 균일성, 4. 안정성, 5. 제106조 제1 항에 따른 품종명칭"을 갖춘 때에는 품종보호를 받을 수 있다(동법 제16조). 품 종보호를 받기 위해서는 품종보호출원을 하여야 하고(동법 제30조), 심사관에 의 한 심사를 거쳐(동법 제36조), 품종보호결정(동법 제43조)을 받아 품종보호료(동법 제46조)를 내면 농림축산식품부장관 또는 해양수산부장관의 설정등록에 의해 품 종보호권이 발생하게 된다(동법 제54조). 품종보호권의 존속기간은 품종보호권의 설정등록이 있는 날부터 20년(다만, 과수 및 임목의 경우에는 25년)으로 하고(동법 제55조), 품종보호권자는 업으로서 그 보호품종을 실시할 권리를 독점한다(동법 제56조).

한편, 품종보호를 받기 위하여 출원하는 품종은 1개의 고유한 품종명칭을 가져야 하고(동법 제106조 제1항), 대한민국 또는 외국에 품종명칭이 등록되어 있 거나 품종명칭등록출원이 되어 있는 경우에는 그 품종명칭을 사용하여야 한다 (동법 제106조 제2항). 식물신품종보호법 제107조[8])는 등록을 받을 수 없는 품종 명칭을 열거하고 있는데, 상표법 제34조와 유사한 내용과 더불어 "품종명칭의 등록출원일보다 먼저 「상표법」에 따른 등록출원 중에 있거나 등록된 상표와 같

---

8) 제107조(품종명칭 등록의 요건) 다음 각 호의 어느 하나에 해당하는 품종명칭은 제109 조제8항에 따른 품종명칭의 등록을 받을 수 없다.
 1. 숫자로만 표시하거나 기호를 포함하는 품종명칭
 2. 해당 품종 또는 해당 품종 수확물의 품질·수확량·생산시기·생산방법·사용방법 또는 사용시기로만 표시한 품종명칭
 3. 해당 품종이 속한 식물의 속 또는 종의 다른 품종의 품종명칭과 같거나 유사하여 오인 하거나 혼동할 염려가 있는 품종명칭
 4. 해당 품종이 사실과 달리 다른 품종에서 파생되었거나 다른 품종과 관련이 있는 것으 로 오인하거나 혼동할 염려가 있는 품종명칭
 5. 식물의 명칭, 속 또는 종의 명칭을 사용하였거나 식물의 명칭, 속 또는 종의 명칭으로 오인하거나 혼동할 염려가 있는 품종명칭
 6. 국가, 인종, 민족, 성별, 장애인, 공공단체, 종교 또는 고인과의 관계를 거짓으로 표시 하거나, 비방하거나 모욕할 염려가 있는 품종명칭
 7. 저명한 타인의 성명, 명칭 또는 이들의 약칭을 포함하는 품종명칭. 다만, 그 타인의 승 낙을 받은 경우는 제외한다.
 8. 해당 품종의 원산지를 오인하거나 혼동할 염려가 있는 품종명칭 또는 지리적 표시를 포함하는 품종명칭
 9. 품종명칭의 등록출원일보다 먼저 「상표법」에 따른 등록출원 중에 있거나 등록된 상표 와 같거나 유사하여 오인하거나 혼동할 염려가 있는 품종명칭
 10. 품종명칭 자체 또는 그 의미 등이 일반인의 통상적인 도덕관념이나 선량한 풍속 또 는 공공의 질서를 해칠 우려가 있는 품종명칭

거나 유사하여 오인하거나 혼동할 염려가 있는 품종명칭"도 포함하고 있다. 품종명칭등록출원이 식물신품종보호법 제109조 제8항에 따라 등록된 경우, 누구든지 등록된 타인의 품종(제54조 제2항에 따라 설정등록된 보호품종은 제외한다)의 품종명칭을 도용하여 종자를 판매·보급·수출 또는 수입할 수 없고, 품종명칭등록원부에 등록되지 아니한 품종명칭을 사용하여 종자를 판매 또는 보급할 수 없으며, 품종명칭등록출원인 또는 그 품종의 승계인은 등록된 품종명칭을 사용하는 경우에는 상표명칭을 함께 표시할 수 있다(동법 제116조).

국립종자원 홈페이지(www.seed.go.kr)에서 품종명칭 등록현황을 검색할 수 있는데 예를 들어 화훼류 중 장미품종에 대해 검색해 보면(2016. 6. 4. 기준) 고양1호,[9] 골드컵[10] 등 1414건을 포함하여 전체 작물에 대해 총 37,826건이 등록되어 있다.

본호는 식물신품종보호법 제109조에 따라 '등록된' 품종명칭과 동일하거나 유사한 상표로서 그 품종명칭과 동일하거나 유사한 상품에 대하여 출원한 상표에만 적용되는 부등록사유이므로, 종자산업법 또는 식물신품종보호법에 의해 등록되지 않은 종자나 품종명칭, 외국에 등록된 종자나 품종명칭이라도 거래업계에서 특정 종자나 품종명칭으로 널리 알려진 경우, 그 종자나 품종명칭과 동일한 상표를 그 종자나 묘목 또는 이와 관련된 상품에 출원한 경우에는 상표법 제33조 제1항 제1호가 적용되며, 상품 자체를 오인하게 할 우려가 있는 경우에는 제33조 제1항 제1호와 제34조 제1항 제12호가 함께 적용된다.[11]

2. 품종명칭과 동일·유사한 상품에 대하여 사용하는 상표

본호는 식물신품종보호법상 등록된 품종명칭이 사용되는 작물과 동일·유

---

9) 출원번호는 명칭2008-0734, 출원인은 고양시(고양시장), 작물명은 장미, 품종명은 고양1호 등으로 나타난다.

10) 출원번호는 명칭2000-1138, 출원인은 다고원예주식회사, 작물명은 장미, 품종명은 골드컵 등으로 나타난다.

11) 특허청, 상표심사기준(2016.8.29. 개정 특허청 예규 제90호)(2016. 8.), 134. 한편, 특허청 상표심사기준(134면)에서는 미등록 품종명칭에 구 상표법 제6조 제1항 제1호가 적용된 사례로 대법원 2002. 11. 26. 선고 2001후2283 판결(등록상표 "Red Sandra"의 등록사정일인 1997. 1. 29.경에는 등록상표의 지정상품을 취급하는 거래계 즉, 그 상품의 생산자, 도매상, 소매상, 품종을 구별하여 장미를 구입하는 수요자 사이에서 등록상표가 특정인의 상품의 출처를 표시하는 식별력이 있는 상표로서가 아니라 장미의 한 품종의 일반적 명칭으로 사용되고 인식되어져 있어 결국 등록상표는 그 지정상품의 보통명칭을 보통으로 사용하는 방법으로 표시한 표장만으로 된 상표에 해당한다고 한 사례)을 소개하고 있다.

사한 상품에 출원한 경우에 한하여 적용하므로, 식물신품종보호법상 등록된 품종명칭과 동일·유사한 상표라 하더라도 해당 작물과 동일·유사한 상품이 아니라면 본호는 적용되지 않는다.12)

3. 품종보호등록출원과 상표출원의 선후원관계

품종등록출원일보다 상표출원일이 앞서는 경우에는 식물신품종보호법 제107조 제9호에 의해 해당 품종명칭이 등록받을 수 없음은 명확하다.13) 반대로 상표출원일보다 품종등록출원일이 앞서는 경우 중 상표출원에 대한 등록여부 결정시를 기준으로 당시 품종명칭이 식물신품종보호법에 의해 등록되어 있는 경우에는 본호가 적용됨에 의문이 없다. 다만, 품종등록출원일이 앞서기는 하지만 상표출원에 대한 등록여부 결정시 등록되어 있지 않은 경우에는 본호가 직접 적용되지는 않지만 상표법상 다른 부등록사유에 해당하면 등록받지 못할 것이며 일단 등록되더라도 그 후에 품종명칭이 등록되는 경우에는 무효사유에 해당하게 될 것이다.

한편, 본호는 상표출원 주체에 대한 예외를 두지 않았으므로 식물신품종보호법상 등록된 품종명칭의 품종보호권자가 자기의 품종명칭을 출원한 경우에도 적용된다고 보는 것이 타당할 것이다.14)

4. 판단기준시

본호에의 해당 여부는 상표등록여부결정을 할 때를 기준으로 판단한다.15)

---

12) 특허청(주 11), 279-280.

13) 다만, 이 경우 품종명칭이 등록을 못 받는다고 하여 상표출원이 반드시 등록된다는 것은 아니다. 예를 들면, 특허법원 2008. 9. 4. 선고 2008허2329 판결은 "아직 국내에서 종자산업법상 정식으로 등록되지 아니한 품종명칭이지만 국내 거래계에서 어느 정도 알려진 외국의 등록된 품종명칭으로서 조만간 국내에서 널리 보급되어 판매될 가능성이 있는 품종에 대하여 품종보호권을 가진 자 또는 품종을 개발하지 아니한 제3자에게 품종의 명칭과 동일 또는 유사한 상표의 등록을 허용할 경우, 일반 수요자나 거래자의 일부 또는 전부가 그 등록상표가 사용된 상품의 품질에 관하여 외국의 등록된 품종으로 오인할 수 있는 경우에는 비록 상표가 선출원된 경우라도 그 등록을 허용하지 아니함이 종자산업법상의 품종명칭의 본래적 성질 및 보호에 합당하다고 할 것"이라고 하고 있다.

14) 특허법원 지적재산소송실무연구회, 지적재산소송실무(제3판), 박영사(2014), 610.

15) 상표법 제34조 제2항["제1항 및 상표등록출원인(이하 "출원인"이라 한다)이 해당 규정의 타인에 해당하는지는 다음 각 호의 어느 하나에 해당하는 결정(이하 "상표등록여부결정"이라 한다)을 할 때를 기준으로 하여 결정한다. 다만, 제1항 제11호·제13호·제14호·제20호 및 제21호의 경우는 상표등록출원을 한 때를 기준으로 하여 결정한다. 1. 제54조에 따른 상표등록거절결정, 2. 제68조에 따른 상표등록결정"]; 특허청(주 11), 281. 2013. 11. 입

Ⅲ. 관련사례

1. 본호 신설 전 품종명칭의 상표등록이 문제된 사례

① 지정상품을 사과, 사과묘목 등으로 하는 "화랑" 상표에 대해, 구 종자산업법에 의한 품종보호를 받기 위하여 출원하는 품종은 1개의 고유한 품종명칭을 가져야 하고(같은 법 제12조, 제26조, 제108조 제1항), 대한민국 또는 외국에 품종명칭이 등록되어 있거나 품종명칭등록출원이 되어 있는 경우에는 그 품종명칭을 사용하여야 하며(같은 법 제108조 제2항), 품종명칭의 등록출원일보다 먼저 상표법에 의한 등록출원 중에 있거나 등록된 상표와 동일 또는 유사하여 오인 또는 혼동할 우려가 있는 품종명칭은 품종명칭의 등록을 받을 수 없고(같은 법 제109조 제9호), 품종명칭이 등록된 경우, 누구든지 등록된 타인의 품종의 품종명칭을 도용하여 종자를 판매·보급·수출 또는 수입할 수 없고, 품종명칭등록원부에 등록되지 아니한 품종명칭을 사용하여 종자를 판매 또는 보급할 수 없으며, 품종명칭등록출원인 또는 그 품종의 승계인은 등록된 품종명칭을 사용하는 경우에는 상표명칭 등을 함께 사용할 수 있는바(같은 법 제112조), 위 규정의 내용에 따르면 같은 법 소정의 품종보호의 대상이 된 품종을 상품으로서 거래하는 경우에 거래계에서는 그 상품에 관하여 등록된 품종명칭 외의 다른 명칭으로 그 상품을 지칭할 수는 없고, 품종명칭으로 등록된 표장을 그 품종의 보통명칭으로 보지 않는다면, 누구든지 그 표장을 그 품종의 상표로 별도로 등록할 수

법예고 되었던 상표법 전부개정법률(안)에는, 상표부등록사유를 공익적 거절사유와 사익적 거절사유로 나누어 사익적 규정이라고 보는 제6호부터 제10호까지의 존재에 관한 판단시점을 '상표등록출원시'로 규정하였던 당시 상표법 규정(제7조 제2항)을, 공익·사익의 구별 없이 '등록여부결정시'로 변경하는 내용[당시 개정안 제34조: "② 제1항에 해당하는지 여부는 상표등록결정 또는 상표등록거절결정의 어느 하나에 해당하는 결정(이하 "상표등록여부결정"이라 한다)시를 기준으로 한다. ③ 제2항의 규정에도 불구하고 제1항 제12호는 상표등록출원을 할 때에 이에 해당하면 적용한다. 다만, 출원인이 해당 규정의 타인에 해당하는지는 상표등록여부를 결정할 때를 기준으로 한다."]이 포함되었으나, 2016년 전부개정 상표법(전부개정 2016. 2. 29. 법률 제14033로 개정된 것, 시행일 2016. 9. 1.)에서는 원칙적으로 부등록사유 판단시점을 '등록여부결정시'로 하면서도 제11호·제13호·제14호·제20호 및 제21호의 경우에는 예외적으로 '상표등록출원시'로 하고 있다. 2013. 11. 입법예고 되었던 상표법 전부개정법률(안)에 대한 설명자료 33-36 참조.
<http://www.kipo.go.kr/kpo/user.tdf?a=user.ip_info.adv_law.BoardApp&board_id=adv_law&cp=1&pg=1&npp=10&catmenu=m04_01_03&sdate=&edate=&searchKey=1&searchVal=상표법&bunryu=&st=&c=1003&seq=12966&gubun=> (2016. 6. 7. 최종방문).

있게 되어, 등록상표와 품종명칭의 오인·혼동을 방지하려는 구 종자산업법 제
108조 제1항 제9호의 취지에 위배되는 결과를 가져오게 되어 부당하므로, 같은
법에 의하여 품종의 명칭으로 등록된 표장은 등록이 됨과 동시에 그 품종을 대
상으로 하는 상품에 대하여 구 상표법 제6조 제1항 제1호의 보통명칭으로 되었
다고 봄이 상당하다고 한 사례[16], ② 장미꽃, 장미묘목 등을 지정상품으로 하는
"Red Sandra"(2001후2283사건) 및 "Kardinal"(2001후2290사건) 상표에 대해, 이 사
건 등록상표의 등록사정일인 1997. 1. 29.경에는 등록상표의 지정상품을 취급하
는 거래계 즉, 그 상품의 생산자, 도매상, 소매상, 품종을 구별하여 장미를 구입
하는 수요자 사이에서 등록상표가 특정인의 상품의 출처를 표시하는 식별력이
있는 상표로서가 아니라 장미의 한 품종의 일반적 명칭으로 사용되고 인식되어
져 있어 결국 등록상표는 그 지정상품의 보통명칭을 보통으로 사용하는 방법으
로 표시한 표장만으로 된 상표에 해당한다고 한 사례,[17] ③ 호밀, 귀리 등을 지

정상품으로 하는 **Musketeer** 상표에 대해, 아직 국내에서 구 종자산업법
상 정식으로 등록되지 아니한 품종명칭이지만 국내 거래계에서 어느 정도 알려
진 외국의 등록된 품종명칭으로서 조만간 국내에서 널리 보급되어 판매될 가능
성이 있는 품종에 대하여 품종보호권을 가진 자 또는 품종을 개발하지 아니한
제3자에게 품종의 명칭과 동일 또는 유사한 상표의 등록을 허용할 경우, 일반
수요자나 거래자의 일부 또는 전부가 그 등록상표가 사용된 상품의 품질에 관
하여 외국의 등록된 품종으로 오인할 수 있는 경우에는 비록 상표가 선출원된
경우라도 그 등록을 허용하지 아니함이 종자산업법상의 품종명칭의 본래적 성
질 및 보호에 합당하다고 할 것이라 한 후, 이 사건 출원상표의 표장과 동일한
표장인 'Musketeer'는 1980년부터 캐나다에 등록된 품종으로서 우리나라에는
1986년경부터 시험재배를 통하여 그 수입 여부가 논의된 바 있고, 구 종자산업
법의 규정에 의한 수입적응성 심의를 하기 위하여 2005년경부터는 파종 및 수
확을 하여 'Musketeer' 품종의 성질 및 특질에 관하여 시험보고되어 학계나 거
래계에서는 그 품종의 품질에 관하여 널리 알려진 바 있으며, 2006. 6. 30.에는
수입적응성 심의인증을 받아 호밀 품종으로서 농협무역에 의하여 'Bluepark'라

---

16) 대법원 2004. 9. 24. 선고 2003후1314 판결.
17) 대법원 2002. 11. 26.선고 2001후2283 판결(이 사건은 구 종자산업법에 의한 품종명칭
　　등록이 되어 있지 않던 표장을 품종명칭으로 한 장미의 품종명칭에 관한 사건인 점에서
　　구 종자산업법에 의하여 품종명칭으로 등록이 된 명칭에 대한 사건인 2003후1314사건과
　　는 구별된다); 대법원 2002. 11. 26. 선고 2001후2290 판결.

는 품종명칭으로 출원등록공고되어, 이 사건 출원상표에 관한 거절사정시인 2007. 3. 29.경에는 종자산업계의 관계기관, 학계, 일부 종자판매 및 공급자에게는 'Musketeer'는 '캐나다에서 등록된 품종으로서, 병해 및 충해에 강하고 생산량이 많은 만생품종으로 봄철 재배에 적합하고, 밭에서 옥수수와 수단그라스의 후작물과 논에서 벼의 후작물로서 이용가능한 것'으로 알려지고 인식된 사실을 알 수 있는바, 원고가 출원한 이 사건 출원상표의 지정상품은 '호밀'에 관하여 품종을 제한하지 않고 있으므로, 'Musketeer'라는 표장을 캐나다에서 개발된 것이 아닌 일반 '호밀'에 사용할 경우 캐나다에서 개발된 'Musketeer' 호밀품종(우리나라에는 현재 'Bluepark'라는 품종명칭으로 등록된 호밀품종)인 것으로 그 품질을 오인할 우려가 있다고 봄이 상당하므로, 이 사건 출원상표는 상표법 제7조 제1항 제11호에 해당한다고 한 사례[18] 등이 있다.

2. 본호가 직접 적용된 사례

2010년 개정 상표법에 의해 본호가 신설된 후 등록된 품종명칭과 동일하거나 유사한 상표에 대해 본호가 적용된 판결례는 아직 없는 것으로 보인다.

Ⅳ. 외국의 입법례

1. 일본

일본 상표법 제4조 제1항 제14호는 "종묘법(평성(平成) 10년 법률 제83호) 제18조 제1항의 규정에 의한 품종등록을 받은 품종의 명칭[19]과 동일 또는 유사한 상표로서 그 품종의 종묘 또는 이것에 유사한 상품 혹은 서비스에 대하여 사용하는 것"을 상표등록을 받을 수 없는 상표로 규정하고 있다.

일본은 1947년 농산종묘법이 제정되면서 구 상표법(대정(大正) 10. 4. 30. 법률 제99호)이 개정(소화(昭和) 22. 10. 2. 법률 제115호)되어 제2조 제1항 제12호에 "농산종묘법 제7조2에 따라 등록된 명칭과 동일 또는 유사하고 동일 또는 유사한 상품에 사용하는 것"을 상표의 부등록사유로 정하였고, 농산종묘법 제8조도 "등록을 받는 종묘의 명칭은 동일 품종 또는 계통의 종묘에 대하여 하나의 명

---

18) 특허법원 2008. 9. 4. 선고 2008허2329 판결, 대법원 2008. 12. 11. 선고 2008후3834 판결에 의해 심리불속행 기각되어 확정.

19) 명칭이기 때문에 문자 또는 숫자로 된 것에 한하며, 기호 또는 도형으로 된 것은 인정되지 않는다. 小野昌延, 注解商標法 上, 靑林書院(2005), 379.

칭으로 하고 다른 품종 또는 계통의 종묘에 관하여 사용되고 있는 명칭, 또는 종묘 혹은 이것에 유사한 상품에 관한 등록상표 또는 실효일부터 1년을 경과하지 않은 상표와 동일 또는 유사한 것이어서는 아니된다"고 규정하고 있었다. 이것이 소화(昭和) 34년(1959년) 상표법에 계수되었지만 소화(昭和) 53년(1978년) 농산종묘법이 '종묘법'으로 개정됨에 따라 지금과 같은 모습으로 개정되었고, 또한 평성(平成) 3년(1991년) 상표법에서 '상품에 관한 상표'와 '서비스에 관한 상표' 사이에도 유사관계가 존재하는 것을 규정함에 따라 상품 '종묘'와 '종묘와 유사한 서비스'도 있을 수 있기 때문에 본호를 서비스표에도 적용하기 위해 '유사한 서비스'라는 용어를 추가한 것이다.[20]

본호의 입법취지는 종묘법에 있어서는 등록품종의 종묘를 업으로서 양도 등 하는 경우의 명칭의 사용의무 및 등록품종 또는 이것에 유사한 품종 이외의 종묘를 업으로서 양도 등 하는 경우에 등록품종의 명칭의 사용금지를 규정(종묘법 제22조)하였기 때문에, 등록품종의 명칭을 그 품종의 종묘 또는 이것에 유사한 상품 혹은 서비스에 대하여 사용하는 상표를 상표등록의 대상에서 제외하고, 당해 명칭에 대하여 특정인에게 독점적사용권이 발생하는 것을 방지하는 것에 있다고 하고, 종묘법에 의해 등록된 품종의 명칭은 일반적으로 보통명칭화 되므로 동법에 의한 등록이 소멸한 후에 있어서도 마찬가지로 상표등록의 대상에서 제외되기 때문에, 가령 동법에 의해 등록을 받은 본인이 출원하여도 등록하지 않는다고 하고 있다.[21]

한편, 일본에서는 종묘법에 의한 육성자권의 존속기간 만료 등으로 등록품종에 해당하지 않게 된 경우에는 본호의 적용은 받지 않지만[22] 이와 같은 경우 당해 품종의 명칭은 등록기간 중 품종등록을 받은 자뿐 아니라 거래상 당해 업

---

20) 小野昌延(주 19), 377.

21) 日本 特許庁, 工業所有権法(産業財産権法)逐条解説 〔第18版〕, 商標法, 1214. (http://www.jpo.go.jp/cgi/link.cgi?url=/shiryou/hourei/kakokai/cikujyoukaisetu.htm)

22) 小野昌延(주 19), 379-380에서는 "이와 달리 본호의 '등록을 받은'이란 '품종등록을 받은 적이 있는 모든 것을 포함'하는 취지라고 하는 견해가 있는데 이와 같은 견해에 따르면 '육성자권의 존속기간 만료 후'에도 본호의 적용은 가능하게 된다."고 하여 이와 다른 견해를 소개하고 있고, 網野誠, 商標 第5版, 有斐閣(1999), 364도 "종묘법에 의한 보호기간 경과 후에 있어서는 본인 이외의 자에 대하여 등록하면 출처혼동이 생길 우려가 있고, 또한 본인의 경우도 보호기간 경과 후는 보통명칭화를 촉진한다고 하면 등록해야 하는 것은 아니다. 상표법 제4조 제1항 제14호는 이와 같은 견지에서 보호기간 경과 후도 포함하여 상표로서 중복등록을 인정하지 않는 것으로 하고, 출처의 혼동품질의 오인을 방지함과 동시에 기간경과 후의 보통명칭화를 기대한 것이다."라고 하여 육성자권의 존속기간 만료 후에도 본호의 적용을 받는다고 해석하고 있다.

계에서 등록품종의 종묘 자체의 일반적인 명칭으로 사용된 결과, 당해 품종의
종묘의 명칭으로서 보통명칭화되거나 혹은 보통명칭화에까지 이르지 않더라도
당해 종묘의 품질을 표시하는 것으로 인정되므로 상표법 제3조 제1항 제1호(상
품 또는 서비스의 보통명칭) 또는 제3호(상품의 산지, 판매지, 품질 등의 표시 또는
서비스 제공의 장소, 질 등의 표시)에 해당하는 것으로 처리하는 것이 특허청의 실
무라고 한다.23)

또한, 본호는 등록품종의 명칭과 출원상표가 저촉하는 경우 등록을 받을 수
없다는 취지만을 정하여 등록 시에서 조정을 하고 있지만, 실무상은 출원품종보
다 출원상표가 선원인 경우에는 출원품종의 명칭이 등록을 받을 수 없고(종묘법
17조 제1항 1호의 해석), 반대로 출원상표보다 출원품종이 선원인 경우는 상표등
록출원이 본호에 의해 거절되어 양자는 선후원으로서 조정되는 것과 같다고 한
다.24)

유사여부의 판단과 관련하여서는 종묘법에 의해 등록되는 명칭은 이미 등
록된 것과 조금만 달라도 좋고, 상표와 같이 유사범위를 넓게 보지 않으며, 종
묘법에 의해 보호되는 것은 명칭이지 도형·기호는 아니므로 외관상의 혼동에
대하여는 상표의 유사여부와 같이 생각할 필요는 없으며 종묘법의 법목적에 반
하지 않는 범위 내에서 유사의 폭을 좁게 해석하고 있다고 한다.25)

2. 미국

미국 연방상표법 제1조 및 제2조26)에 따르면 출원의 대상은 상표이어야 하
며, 동법 제45조27)는 상표란 i) 특정인에 의해 사용되거나, ii) 자기의 상품을 다
른 사람에 의해 제조되거나 판매되는 상품과 구별하고, 출처가 알려지지 않았더

---

23) 小野昌延(주 19), 379-380; 日本 特許庁, 商標審査基準 第3　第4条第1項及び第3項(不登
録事由), 十二 第4条第1項第14号(種苗法で登録された品種の名称)("종묘법 제18조 제1항
의 규정에 의한 품종등록을 받은 품종의 명칭에 대하여는, 그 등록기간이 경과한 후에는
상표법 제3조 제1항 제1호 또는 동항 제3호의 규정에 해당하는 것으로 한다").
24) 小野昌延(주 19), 380.
25) 網野誠(주 22), 364.
26) 15 U.S.C. §§1051 and 1052.
27) 15 U.S.C. §1127 ("The term 'trademark' includes any word, name, symbol, or device, or
any combination thereof (1) used by a person, or (2) which a person has a bona fide in-
tention to use in commerce and applies to register on the principal register established by
this Act, to identify and distinguish his or her goods, including a unique product, from those
manufactured or sold by others and to indicate the source of the goods, even if that source
is unknown.").

라도 상품의 출처를 표시하기 위해 상업에 사용하려는 진정한 의사를 가지고 주등록 출원한 모든 단어, 명칭, 심볼, 장치 또는 이들의 결합을 말한다고 정의하고 있다. 따라서, 연방상표법 제1조, 제2조 및 제45조가 사용태양이나 성질로 인해 출원인의 상품을 식별하는 표장으로 기능할 수 없는 것을 거절할 수 있는 법적근거를 제공한다고 한다.[28]

　　미국특허상표청 상표심사지침에 따르면, 식물, 종자 등을 지정상품으로 하는 상표가 품종명칭(a varietal or cultivar name)을 포함하는 것으로 판단되면, 연방상표법 제1조, 제2조 및 제45조를 근거로 거절해야 한다고 하고 있다.[29] 즉, 미국은 우리나라나 일본처럼 종자산업법(또는 종묘법)에 따라 등록된 품종명칭과 동일하거나 유사한 상표로서 그 품종명칭과 동일 또는 이와 유사한 상품에 대하여 사용하는 상표를 별도의 부등록사유로 규정하고 있는 것이 아니라 상표의 정의규정을 근거로 품종명칭을 포함한 상표출원을 거절하고 있는 것이다.

〈김동준〉

---

28) USPTO, TMEP(April 2016), 1202 ("Thus, §§1, 2, and 45 of the Trademark Act, 15 U.S.C. §§1051, 1052, and 1127, provide the statutory basis for refusal to register on the Principal Register subject matter that, due to its inherent nature or the manner in which it is used, does not function as a mark to identify and distinguish the applicant's goods.").

29) USPTO, TMEP(April 2016), 1202.12 ("If the examining attorney determines that wording sought to be registered as a mark for live plants, agricultural seeds, fresh fruits, or fresh vegetables comprises a varietal or cultivar name, then the examining attorney must refuse registration, or require a disclaimer, on the ground that the matter is the varietal name of the goods and does not function as a trademark under §§1, 2, and 45 of the Trademark Act, 15 U.S.C. §§1051, 1052, and 1127. *See* Pennington Seed, 80 USPQ2d at 1761-62 (upholding the USPTO's long-standing precedent and policy of treating varietal names as generic, and affirming refusal to register REBEL for grass seed because it is the varietal name for the grass seed as evidenced by its designation as the varietal name in applicant's plant variety protection certificate); Dixie Rose Nursery, 55 USPQ at 316 (holding TEXASCENTENNIAL, although originally arbitrary, has become the varietal name for a type of rose; In re HilltopOrchards & Nurseries, Inc., 206 USPQ 1034, 1035 (TTAB 1979) (affirming the refusal to register COMMANDER YORK for apple trees because it is the varietal name for the trees as evidenced by use inapplicant's catalogue); In re Farmer Seed & Nursery Co., 137 USPQ 231, 231-32 (TTAB 1963) (upholding the refusal to register CHIEF BEMIDJI as a trademark because it is the varietal name for a strawberry plant and noting that large expenditures of money does not elevate the term to a trademark; In re Cohn Bodger& Sons Co., 122 USPQ 345, 346 (TTAB 1959) (holding BLUE LUSTRE merely a varietal name for petunia seeds as evidenced by applicant's catalogs)").

<소 목 차>

Ⅰ. 본호의 의의

농수산물 품질관리법 제32조[1]는 상표법과는 별도로 지리적 표시의 등록에

---

1) 제32조(지리적 표시의 등록) ① 농림축산식품부장관 또는 해양수산부장관은 지리적 특성을 가진 농수산물 또는 농수산가공품의 품질 향상과 지역특화산업 육성 및 소비자 보호를 위하여 지리적 표시의 등록 제도를 실시한다. ② 제1항에 따른 지리적 표시의 등록은 특정지역에서 지리적 특성을 가진 농수산물 또는 농수산가공품을 생산하거나 제조·가공하는 자로 구성된 법인만 신청할 수 있다. 다만, 지리적 특성을 가진 농수산물 또는 농수산가공품의 생산자 또는 가공업자가 1인인 경우에는 법인이 아니라도 등록신청을 할 수 있다. ③ 제2항에 해당하는 자로서 제1항에 따른 지리적 표시의 등록을 받으려는 자는 농림축산식품부령 또는 해양수산부령으로 정하는 등록 신청서류 및 그 부속서류를 농림축산식품부령 또는 해양수산부령으로 정하는 바에 따라 농림축산식품부장관 또는 해양수산부장관에게 제출하여야 한다. 등록한 사항 중 농림축산식품부령 또는 해양수산부령으로 정하는 중요 사항을 변경하려는 때에도 같다. ④ 농림축산식품부장관 또는 해양수산부장관은 제3항에 따라 등록 신청을 받으면 제3조 제6항에 따른 지리적 표시 등록심의 분과위원회의 심의를 거쳐 제9항에 따른 등록거절 사유가 없는 경우 지리적 표시 등록 신청 공고결정(이하 "공고결정"이라 한다)을 하여야 한다. 이 경우 농림축산식품부장관 또는 해양수산부장관은 신청된 지리적 표시가 「상표법」에 따른 타인의 상표(지리적 표시 단체표장을 포함한다. 이하 같다)에 저촉되는지에 대하여 미리 특허청장의 의견을 들어야 한다. ⑤ 농림축산식품부장관 또는 해양수산부장관은 공고결정을 할 때에는 그 결정 내용을 관보와

관한 규정을 두고 있는바, 해당 규정에 따라 등록된 타인의 지리적 표시와 동일
·유사한 상표로서 그 지리적 표시를 사용하는 상품과 동일하다고 인정되는 상
품에 사용하는 상표는 비록 상표법 제33조에 의해 식별력이 인정되더라도 상표
등록을 받을 수 없다.

농수산물 품질관리법에서는 상표법에 따라 먼저 출원되었거나 등록된 타인
의 상표(지리적 표시 단체표장 포함)와 같거나 비슷한 지리적 표시는 지리적 표시
의 등록이 거절되도록 규정되어 있었던 반면에(동법 제32조 제9항 제2호[2])), 기존
의 상표법에는 이러한 규정이 없었던바, 이와 관련하여 상표법에서도 농수산물
품질관리법과의 관계를 명시적으로 규정한 것이다.[3]

그리고 농수산물 품질관리법은 한-EU FTA[대한민국과 유럽연합 및 그 회원
국 간의 자유무역협정(Free Trade Agreement — 약칭해서 'FTA')]에서 우리나라의
지리적 표시를 규정하는 대표 법률로서 규정되었는데, 해당 법률에 등록된 품목

인터넷 홈페이지에 공고하고, 공고일부터 2개월간 지리적 표시 등록 신청서류 및 그 부속
서류를 일반인이 열람할 수 있도록 하여야 한다. ⑥ 누구든지 제5항에 따른 공고일부터 2
개월 이내에 이의 사유를 적은 서류와 증거를 첨부하여 농림축산식품부장관 또는 해양수
산부장관에게 이의신청을 할 수 있다. ⑦ 농림축산식품부장관 또는 해양수산부장관은 다
음 각 호의 경우에는 지리적 표시의 등록을 결정하여 신청자에게 알려야 한다. 1. 제6항에
따른 이의신청을 받았을 때에는 제3조 제6항에 따른 지리적 표시 등록심의 분과위원회의
심의를 거쳐 등록을 거절할 정당한 사유가 없다고 판단되는 경우 2. 제6항에 따른 기간에
이의신청이 없는 경우. ⑧ 농림축산식품부장관 또는 해양수산부장관이 지리적 표시의 등
록을 한 때에는 지리적 표시권자에게 지리적 표시 등록증을 교부하여야 한다. ⑨ 농림축
산식품부장관 또는 해양수산부장관은 제3항에 따라 등록 신청된 지리적 표시가 다음 각
호의 어느 하나에 해당하면 등록의 거절을 결정하여 신청자에게 알려야 한다. 1. 제3항에
따라 먼저 등록 신청되었거나, 제7항에 따라 등록된 타인의 지리적 표시와 같거나 비슷한
경우 2. 「상표법」에 따라 먼저 출원되었거나 등록된 타인의 상표와 같거나 비슷한 경우 3.
국내에서 널리 알려진 타인의 상표 또는 지리적 표시와 같거나 비슷한 경우 4. 일반명칭
[농수산물 또는 농수산가공품의 명칭이 기원적(起原的)으로 생산지나 판매장소와 관련이
있지만 오래 사용되어 보통명사화된 명칭을 말한다]에 해당되는 경우 5. 제2조 제1항 제8
호에 따른 지리적 표시 또는 같은 항 제9호에 따른 동음이의어 지리적 표시의 정의에 맞
지 아니하는 경우 6. 지리적 표시의 등록을 신청한 자가 그 지리적 표시를 사용할 수 있는
농수산물 또는 농수산가공품을 생산·제조 또는 가공하는 것을 업(業)으로 하는 자에 대하
여 단체의 가입을 금지하거나 가입조건을 어렵게 정하여 실질적으로 허용하지 아니한 경
우 ⑩ 제1항부터 제9항까지에 따른 지리적 표시 등록 대상품목, 대상지역, 신청자격, 심의
·공고의 절차, 이의신청 절차 및 등록거절 사유의 세부기준 등에 필요한 사항은 대통령령
으로 정한다.
2) 농림축산식품부장관 또는 해양수산부장관은 제3항에 따라 등록 신청된 지리적 표시가
다음 각 호의 어느 하나에 해당하면 등록의 거절을 결정하여 신청자에게 알려야 한다. 2.
「상표법」에 따라 먼저 출원되었거나 등록된 타인의 상표와 같거나 비슷한 경우.
3) 특허청, 국내 지리적 표시제도의 통합화 방안 연구(2011), 154.

들 중에서 한-EU FTA에서 보호되는 지리적 표시에는 64개 품목만이 반영되게 되었다.4) 따라서 한-EU FTA에 의한 지리적 표시와 함께 농수산물 품질관리법상 한-EU FTA에서 보호되는 64개의 지리적 표시에 포함되지 못한 우리나라의 지리적 표시를 해당 협정에서 인정되는 지리적 표시와 동일한 수준으로 보호할 필요성에서 한-EU FTA를 반영한 2011년 개정 상표법은 본호를 신설한 것이다.5)

결국 본호는 농수산물 품질관리법과의 저촉을 피하고, 아울러 농수산물 품질관리법에 따라 등록된 지리적 표시 중 대한민국이 체결하여 발효된 자유무역협정(FTA)에 따라 보호하기로 한 지리적 표시에 반영되지 아니한 지리적 표시도 자유무역협정에 따라 보호의무가 발생한 지리적 표시와 마찬가지로 보호할 필요가 있기에 상표법 제34조 제1항 제19호와 같이 마련된 규정이라고 볼 수 있다.6)

Ⅱ. 본호의 연혁

2011년 일부개정 상표법(2011. 6. 30. 법률 제10811호, 시행 2012. 1. 1.)에서는 한-EU FTA의 합의사항을 반영하기 위하여 협정에 따라 보호되는 타인의 지리적 표시와 동일하거나 유사한 상표의 등록을 거절하는 근거 규정인 구 상표법 제7조 제1항 제17호(현행 상표법 제34조 제1항 제19호)를 신설하면서, 해당 협정에 반영되지 않은 우리나라의 지리적 표시를 한-EU FTA에 반영된 지리적 표시와 마찬가지로 보호한다는 차원에서 본호를 구 상표법 제7조 제1항 제16호로써

---

4) 한·EU FTA와 관련하여 농수산물 품질관리법은 해당 협정에서 우리나라의 지리적 표시를 규정하는 대표법률로 규정되었는데, 한·EU FTA 체결 당시인 2011년 5월의 기준으로 농수산물 품질관리법에 등록된 122개의 품목중에서 한·EU FTA에서 보호되는 지리적 표시에는 64개 품목만이 반영되어 있다. 그리하여 한·EU FTA에 의한 지리적 표시와 함께 농수산물 품질관리법상 해당 협정문에 미반영된 우리나라의 지리적 표시를 동일한 수준으로 보호할 필요성에서 본호 신설의 의미가 있다.

〈농수산물 품질관리법에 등록된 지리적 표시 보호 품목(2011년 5월 기준)〉

	농식품	포도주	증류주	합계
협정문에 반영	63	0	1	64
협정문에 미반영	58	0	0	58
합계	121	0	1	122

5) 최성우·정태호 공저, OVA 상표법, 한국특허아카데미(2012), 277.
6) 상표심사기준(개정 2016. 8. 29. 특허청 예규 제90호) 제5부 제18장 [제도의 취지]; 윤선희, 상표법, 법문사(2015), 277.

신설하였다.[7)]

2013년 일부개정 상표법(2013. 4. 5. 법률 제11747호, 시행 2013. 10. 6.)에서는 "농산물품질관리법"과 "수산물품질관리법"이 "농수산물 품질관리법"으로 통합됨에 따라 본호상의 기존의 문구인 "「농산물품질관리법」 제8조 또는 「수산물품질관리법」 제9조"를 "「농수산물 품질관리법」 제32조"로 수정하였다.[8)]

2016년 전부개정 상표법(2016. 2. 29. 법률 제14033호, 시행 2016. 9. 1.)에서는 우선 조문을 기존의 구 상표법 제7조 제1항 제16호에서 제34조 제1항 제18호로 변경하고, 본호상의 기존의 문구인 "타인의 지리적 표시와 동일하거나 유사한 상표"를 "타인의 지리적 표시와 동일·유사한 상표"로, "그 지리적 표시를 사용하는 상품과 동일하거나 동일하다고 인식되어 있는 상품"을 "그 지리적 표시를 사용하는 상품과 동일하다고 인정되는 상품"으로 각각 수정하여 현행 규정에 이르고 있다.

Ⅲ. 적용요건

1. 농수산물 품질관리법 제32조에 따라 등록된 타인의 지리적 표시와 동일·유사한 상표일 것

농수산물 품질관리법은 상표법과 별개로 농수산물 또는 농수산가공품에 대한 지리적 표시를 등록에 의하여 보호하고 있는데, 본호는 농수산물 품질관리법에 따라 등록된 지리적 표시에 한하여 적용된다.[9)]

본호는 농수산물 품질관리법 제32조에 따라 등록된 '타인'의 지리적 표시에 적용되므로 본인의 지리적 표시에는 적용되지 아니한다. 따라서 농수산물 품질관리법에 따라 등록된 지리적 표시권자가 해당 표장을 상표법상의 지리적 표시 단체표장으로 출원하는 경우에는 본호를 적용하지 아니한다.[10)]

---

7) 「농산물품질관리법」 제8조 또는 「수산물품질관리법」 제9조에 따라 등록된 타인의 지리적 표시와 동일하거나 유사한 상표로서 그 지리적 표시를 사용하는 상품과 동일하거나 동일하다고 인식되어 있는 상품에 사용하는 상표.

8) 「농수산물 품질관리법」 제32조에 따라 등록된 타인의 지리적 표시와 동일하거나 유사한 상표로서 그 지리적 표시를 사용하는 상품과 동일하거나 동일하다고 인식되어 있는 상품에 사용하는 상표.

9) 상표심사기준(개정 2016. 8. 29. 특허청 예규 제90호) 제5부 제18장 1.1.1.

10) 《예시》: 보성녹차 표장에 대하여 영농조합법인 보성녹차연합회에서 「농수산물 품질관리법」에 따라 지리적 표시로 등록(농산물 제1호)을 받고, 상표법에 따라 지리적 표시 단체표장으로 출원하여 등록(44-0000018호)받은 경우[상표심사기준(개정 2016. 8. 29. 특허청 예

본호는 농수산물 품질관리법에 따라 등록된 타인의 지리적 표시와 동일 또는 유사한 상표에 한하여 적용이 된다. 지리적 표시의 개념에 부합하게 사용되는 경우 특정 지역의 지리적 출처를 나타내는 용어도 식별력을 가진다고 볼 수 있으므로, 농수산물 품질관리법에 따라 등록된 지리적 표시는 표장의 유사판단을 할 때에 요부가 될 수 있다.11)

2. 그 지리적 표시를 사용하는 상품과 동일하다고 인정되는 상품에 사용하는 상표일 것

본호에서 규정하는 그 지리적 표시를 사용하는 상품과 '동일하다고 인정되는 상품'이라 함은 그 지리적 표시를 사용하는 상품과 동일한 상품뿐만 아니라, 주요 원재료에서 가공방법 등의 차이가 있는 상품이나, 소비자가 상품의 출처를 같은 생산자에게서 생산된 것이라고 인식하는 상품을 말한다. 다만, 같은 상품이라도 지리적 특성에 따라 서로 다른 품종을 생산하는 경우 동일하다고 인정되는 상품으로 보지 아니한다.12)

본호는 그 지리적 표시를 사용하는 상품과 동일하다고 인정되는 상품(동일한 상품도 포함)에 한하여 적용하여야 하며, 유사한 상품에는 적용하지 아니한다.13) 즉, 지리적 표시는 그 특성상 특정 상품에 한하여 특정 지리적 출처로서 일반 수요자에게 인식되어 있기 때문이다.14)

그리고 본호에서 이와 같이 동일한 상품뿐만이 아니라 '동일하다고 인정되는 상품'에까지 그 적용범위가 확대되는 것은 한-EU FTA 협정문 제10.21조 제1항 나호에서 지리적 표시의 보호범위를 'like good15)(동종상품)'으로 규정한 것

규 제90호) 제5부 제18장 1.1.2].

11) 상표심사기준(개정 2016. 8. 29. 특허청 예규 제90호) 제5부 제18장 1.1.3.

12) 윤선희(주 6), 277;《동일하다고 인정되는 상품 예시》○ 사과 : 홍옥, 후지(부사), 국광, 스타킹, ○ 복숭아 : 백도, 황도, ○ wine : sparkling wine, still wine, ○ 배 : 신고, 황금, ○ 녹차 : 우전, 세작(작설차), 중작.《동일하다고 인정되지 않는 상품 예시》○ 녹차 vs 홍차, ○ 샴페인 vs 위스키, ○ 해남 겨울배추 vs 강원 고랭지배추[상표심사기준(개정 2016. 8. 29. 특허청 예규 제90호) 제5부 제18장 1.2].

13) 상표심사기준(개정 2016. 8. 29. 특허청 예규 제90호) 제5부 제18장 2.1; 이와 관련하여 심사관이 동일하다고 인정되는 상품인지 여부 판단이 어려운 경우에는 상표심사정책과의 상품분류담당관과 협의심사를 하여 의견을 듣도록 한다[상표심사기준(개정 2016. 8. 29. 특허청 예규 제90호) 제5부 제18장 2.2].

14) 박종태, INSIGHT+상표법, 한빛지적소유권센터(2016), 396.

15) 그러나 한-EU FTA 협정문 제10.21조 제1항 나호에서는 "그 상품의 진정한 원산지가 표시되어 있거나 또는 지리적 표시가 번역 또는 음역되어 사용되거나 또는 "종류", "유형",

에 근거하며,[16] 이에 따라 지리적 표시의 상품면에서의 보호범위가 '동일한 상품'보다 다소 넓게 확대되었다고 본다.[17]

Ⅳ. 판단방법 및 상표법상의 취급

1. 판단시점

본호의 적용 여부 및 상표등록출원인이 타인에 해당하는지는 상표등록여부 결정을 할 때를 기준으로 판단한다.[18]

2. 판단시의 유의사항

한편, 심사관은 농수산물 품질관리법에서 아직 등록이 완료되지 않은 경우 본호의 적용 여부에 대한 심사를 보류하였다가 최종 등록여부를 결정하도록 한다.[19]

"양식", "모조품" 등의 표현이 수반되어 사용되는 경우에도 당해 지리적 표시에 나타난 장소를 원산지로 하지 않는 유사상품에 상품의 산지를 나타내는 지리적 표시의 사용"이라고 기술함과 아울러, 해당 조항과 관련된 각주 7)에서는 "모든 상품에 대하여, '유사상품'이라는 용어는 당해 지리적 표시에 나타난 장소를 원산지로 하지 아니하는 포도주에 대하여 포도주의 산지를 나타내는 지리적 표시 또는 해당 지리적 표시에 나타난 장소를 원산지로 하지 아니하는 증류주에 대하여 증류주의 산지를 나타내는 지리적 표시를 사용하는 것에 관한 무역관련 지적재산권에 관한 협정(WTO/TRIPs) 제23조 제1항에 맞게 해석된다."고 기술하여, 국문 협정문에서 영문 협정문상의 용어인 "like good"을 '유사상품'이라고 번역 표기하였는데, 이것은 잘못된 번역표기로서 상표법상 '유사상품'이 아니라 '동종상품'으로 해석하여야 할 것이다[박종태(주 14), 397 및 402 참조].

16) Article 10.21(Scope of Protection)(제10.21조(보호의 범위)) 1. Geographical indications referred to in Articles 10.18 and 10.19 shall be protected against: (b) the use of a geographical indication identifying a good for a like good not originating in the place indicated by the geographical indication in question, even where the true origin of the goods is indicated or the geographical indication is used in translation or transcription or accompanied by expressions such as "kind", "type", "style", "imitation" or the like(1. 제10.18조 및 제10.19조에 언급된 지리적 표시는 다음의 행위에 대하여 보호된다. 나. 그 상품의 진정한 원산지가 표시되어 있거나 또는 지리적 표시가 번역 또는 음역되어 사용되거나 또는 "종류", "유형", "양식", "모조품" 등의 표현이 수반되어 사용되는 경우에도 당해 지리적 표시에 나타난 장소를 원산지로 하지 않는 유사상품에 상품의 산지를 나타내는 지리적 표시의 사용).

17) 국회지식경제위원회, 상표법 일부개정법률안 검토보고서(2011.3), 20.

18) 상표법 제34조 제2항.

19) 상표심사기준(개정 2016. 8. 29. 특허청 예규 제90호) 제5부 제18장 3.2.

3. 적용요건 흠결시의 취급

상표권의 설정등록 전의 상표등록출원에 대한 심사단계에서는 상표등록의 거절이유(상표법 제54조 제3호), 정보제공이유(상표법 제49조) 및 이의신청이유(상표법 제60조 제1항)에 해당한다.

상표권의 설정등록 후에 착오로 상표등록이 된 것이 발견된 때에는 제척기간의 적용이 없는 무효사유에 해당한다(상표법 제117조 제1항 제1호 및 제122조 제1항). 다만, 상표법 제33조 제1항의 경우와 달리 상표등록이 된 후에 본호에 해당하게 되었다고 해서 후발적 무효사유로 되지는 아니한다.[20] 갱신등록신청에 대해서는 실체심사를 하지 아니하므로, 본호에 해당하는 상표라도 갱신등록이 가능하다.

4. 경과규정

2011년 개정 상표법 부칙(제10811호, 2011. 6. 30.) 제1조(시행일)에서 "제7조 제1항 제16호(구 상표법상 조문이고 현행법상으로는 본호에 해당함)의 개정규정은 「대한민국과 유럽연합 및 그 회원국 간의 자유무역협정」이 발효하는 날부터 시행한다."고 규정하였고, 한-EU FTA는 2011. 7. 1.부터 잠정발효되었으므로, 본호에 관한 해당 규정은 2011. 7. 1.부터 시행되었다.

그리고 이상의 2011년 개정 상표법 부칙 제2조(상표등록요건에 관한 적용례)에서 "제7조 제1항 제16호(구 상표법상 조문이고 현행법상으로는 본호에 해당함)의 개정규정은 같은 개정규정 시행 후 최초로 상표등록출원 또는 지정상품의 추가등록출원하는 것부터 적용한다."고 규정하고 있으므로, 본호는 해당 규정의 시행일인 2011. 7. 1. 이후 최초로 상표등록출원 또는 지정상품의 추가등록출원된 것에 대해서만 적용된다.[21]

〈정태호〉

---

20) 상표법 제117조 제1항 제6호 참조.
21) "제34조 제1항의 개정규정(같은 항 제21호의 개정규정은 제외한다)은 이 법 시행 전에 출원된 상표등록출원으로서 이 법 시행 이후 상표등록결정을 하는 경우에도 적용한다."는 2016년 전부개정 상표법 부칙 제4조(상표등록을 받을 수 없는 상표에 관한 적용례) 및 "이 법 시행 전에 종전의 규정에 따라 출원된 상표등록출원에 대해서는 종전의 규정에 따른다."는 동법 부칙 제9조(일반적 경과조치)에 의하여 2016년 전부개정 상표법에서도 이상과 같은 본호에 관한 2011년 개정 상표법의 부칙상의 경과규정이 그대로 적용된다고 볼 수 있다.

> **제34조(상표등록을 받을 수 없는 상표)**
>
> ① 제33조에도 불구하고 다음 각 호의 어느 하나에 해당하는 상표에 대해서는 상표등록을 받을 수 없다.
>
> [제1호~제18호는 앞에서 해설]
>
> 19. 대한민국이 외국과 양자간(兩者間) 또는 다자간(多者間)으로 체결하여 발효된 자유무역협정에 따라 보호하는 타인의 지리적 표시와 동일·유사한 상표 또는 그 지리적 표시로 구성되거나 그 지리적 표시를 포함하는 상표로서 지리적 표시를 사용하는 상품과 동일하다고 인정되는 상품에 사용하는 상표

Ⅰ. 본호의 의의

대한민국이 외국과 양자간 또는 다자간으로 체결하여 발효된 자유무역협정에 따라 보호하는 타인의 지리적 표시와 동일하거나 유사한 상표 또는 그 지리적 표시로 구성되거나 그 지리적 표시를 포함하는 상표로서 해당 지리적 표시를 사용하는 상품과 동일하거나 동일하다고 인정되는 상품에 사용하는 상표는 상표법 제33조가 적용되지 않더라도 본호에 의하여 등록을 받을 수 없다.

2011년 개정 상표법은 '대한민국과 유럽연합 및 그 회원국 간의 자유무역협정(이하, '한-EU FTA'라 함)'의 합의사항[1]을 반영하기 위하여 동 협정에 따라

---

1) 【대한민국과 유럽연합 및 그 회원국 간의 자유무역협정(한-EU FTA)】 제3관 지리적 표시

제10.18조

농산물 및 식품과 포도주에 대한 지리적 표시의 인정

1. 대한민국에서의 농산물 및 식품에 대한 지리적 표시의 등록, 통제 및 보호에 관련되는
   한, 농산물품질관리법을 그 이행규칙과 함께 검토한 후, 유럽연합은 이 법령이 제6항에
   규정된 요소를 충족한다고 결론을 내린다.

2. 유럽연합에서의 농산물 및 식품에 대한 지리적 표시의 등록, 통제 및 보호에 관한 이사
   회규정(EC) 제510/2006호와 그 이행규칙, 그리고 포도주 시장의 공통 체계에 관한 이사
   회규정(EC) 제1234/2007호를 검토한 후, 대한민국은 이 법령이 제6항에 규정된 요소를
   충족한다고 결론을 내린다.

3. 제1항에 언급된 법령에 따라 대한민국에 의해 등록된 지리적 표시로서, 부속서 10-가에
   등재된 대한민국의 지리적 표시에 해당하는 농산물 및 식품의 명세서 요약서를 검토한
   후, 유럽연합은 이 장에 규정된 보호수준에 따라 부속서 10-가에 등재된 대한민국의 지
   리적 표시를 보호할 것을 약속한다.

4. 제2항에 언급된 법령에 따라 유럽연합에 의해 등록된 지리적 표시로서, 부속서 10-가에
   등재된 유럽연합의 지리적 표시에 해당하는 농산물 및 식품 명세서의 요약서를 검토한
   후, 대한민국은 이 장에 규정된 보호수준에 따라 부속서 10-가에 등재된 유럽연합의 지
   리적 표시를 보호할 것을 약속한다.

5. 제3항은 제10.24조에 따라 추가되는 지리적 표시에 대하여 포도주에 대한 지리적 표시
   에 적용된다.

6. (생 략)

제10.19조

포도주·방향포도주 및 증류주에 대한 특정 지리적 표시의 인정

1. 대한민국에서는, 부속서 10-나에 등재된 유럽연합의 지리적 표시는 지리적 표시에 관한
   유럽연합의 관련법에 따라 이러한 지리적 표시를 사용하는 제품에 대하여 보호된다.

2. 유럽연합에서는, 부속서 10-나에 등재된 대한민국의 지리적 표시는 지리적 표시에 관한
   대한민국의 관련법에 따라 이러한 지리적 표시를 사용하는 제품에 대하여 보호된다.

제10.21조

보호의 범위

1. 제10.18조 및 제10.19조에 언급된 지리적 표시는 다음의 행위로부터 보호된다.

   가. 그 상품의 지리적 근원에 대하여 공중을 오인하게 하는 방식으로 해당 상품이 진정
       한 원산지가 아닌 지역을 원산지로 한다고 표시하거나 암시하는 상품의 명명 또는
       소개의 수단을 사용하는 것

   나. 그 상품의 진정한 원산지가 표시되어 있거나 지리적 표시가 번역 또는 음역되어 사
       용되거나 또는 "종류", "유형", "양식", "모조품"이나 이와 유사한 표현이 수반되는
       경우에도, 해당 지리적 표시에 나타난 장소를 원산지로 하지 아니하는 유사상품에 상
       품의 산지를 나타내는 지리적 표시를 사용하는 것, 그리고,

   다. 파리협약 제10조의2의 의미에서 불공정경쟁행위를 구성하는 그 밖의 사용

2. 이 협정은 거래과정에서 자신의 이름이나 영업상 전임자의 이름을 사용할 권리를 결코
   저해하지 아니한다. 다만, 그러한 이름이 소비자를 오인하게 하는 방식으로 사용되는
   경우는 그러하지 아니하다.

3. 양 당사자의 지리적 표시가 동음인 경우, 선의로 사용된 경우에 한하여, 각각의 표시에
   보호가 부여된다. 지리적 표시 작업반은 해당 생산자에 대한 공평한 대우를 보장해야
   할 필요성과 소비자가 오인하지 아니하도록 보장해야 할 필요성을 고려하여 동음의 지
   리적 표시가 서로 구분될 수 있는 실제적인 사용조건을 결정한다. 이 협정을 통해 보호
   되는 지리적 표시가 제3국의 지리적 표시와 동음인 경우, 각 당사자는 해당 생산자에

보호되는 타인의 지리적 표시와 동일하거나 유사한 상표의 등록을 거절하는 근거를 신설하고, 상표법상 규정되어 있는 지리적 표시의 상품에 관한 권리범위를 모두 "동일하거나 동일하다고 인정되는 상품"으로 규정하였고, 2016년 전부개정 상표법부터는 이러한 상품에 관한 권리범위를 "동일하다고 인정되는 상품"으로써 규정하였다.

본호는 한-EU FTA에 의해 보호되는 지리적 표시를 상대국에 출원하여 등록받는 절차를 생략하고, 상호 보호대상 리스트(부속서)를 교환하여 일괄적으로 보호할 수 있는 근거를 신설한 것이라고 할 수 있다.[2]

본호는 직접적으로 한-EU FTA에서 보호의무가 발생한 지리적 표시를 보호하고자 한 것일 뿐만 아니라, 나아가서는 다른 자유무역협정[3] 등에 의하여 보

대한 공평한 대우를 보장해야 할 필요성과 소비자가 오인하지 아니하도록 보장해야 할 필요성을 고려하여 동음의 지리적 표시가 서로 구분될 수 있는 실제적인 사용조건을 결정한다.

4. 이 협정의 어떠한 규정도 대한민국 또는 유럽연합이 원산지 국가에서 보호되지 아니하거나 보호가 중단되거나 또는 그 국가에서 사용되지 아니하게 된 지리적 표시를 보호할 의무를 부과하지 아니한다.

5. 이 조에 따른 지리적 표시의 보호는 지리적 표시의 보호 또는 인정을 위한 출원일 이전에 어느 한 쪽 당사자의 영역에서 출원, 등록되었거나 또는, 그 가능성이 해당 법령에 의하여 규정된 경우, 사용에 의하여 확립된 상표의 계속적인 사용을 저해하지 아니한다. 다만, 해당 당사자의 법령에 그 상표의 무효 또는 취소를 위한 근거가 존재하지 아니하여야 한다. 지리적 표시의 보호 또는 인정을 위한 출원일은 제10.23조 제2항에 따라 결정된다.

2) 이 경우 한-EU FTA에 의하면 지리적 표시의 추가적 보호대상이 TRIPs의 포도주 및 증류주에서 농식품까지 확대된 것이다[특허청, 국내 지리적 표시제도의 통합화 방안 연구 (2011), 153].

3) 예를 들어, 【대한민국과 캐나다 간의 자유무역협정】 제16.10조의 규정은 이하와 같다.

1. 캐나다는 "고려홍삼", "고려백삼", "고려수삼", 그리고 "이천쌀"과 그 각각의 번역어인 "Korean Red Ginseng", "Korean White Ginseng", "Korean Fresh Ginseng", "Icheon Rice"의 지리적 표시에 관하여 이해당사자를 위해 다음의 행위를 방지하는 법적 수단을 규정한다.

가. 그 상품의 지리적 근원에 대하여 공중을 오인하게 하는 방식으로 해당 상품이 진정한 원산지가 아닌 지역을 원산지로 한다고 표시하거나 암시하는 상품의 명명 또는 소개의 수단을 사용하는 것

나. 그 관련 상품의 진정한 원산지가 표시되어 있거나 지리적 표시가 번역 또는 음역되어 사용되거나 또는 "종류", "유형", "양식", "모조품"이나 이와 유사한 표현이 수반되는 경우에도, 해당 지리적 표시에 나타난 장소를 원산지로 하지 아니하는 인삼 또는 쌀에 대하여, 각 경우에 맞게, 이러한 지리적 표시를 사용하는 것, 그리고,

다. 파리협약 제10조의2의 의미 내에서 불공정경쟁행위를 구성하는 그 밖의 사용

2. 한국은 "캐나다 위스키", 그리고 "캐나다 라이 위스키"의 지리적 표시에 관하여 이해당사자를 위하여 다음의 행위를 예방하는 법적 수단을 제공한다.

가. 그 상품의 지리적 근원에 대하여 공중을 오인하게 하는 방식으로 해당 상품이 진

호의무가 발생하는 다른 지리적 표시에도 적용할 수 있도록 하는 근거를 마련한 규정이라고 할 수 있다.[4]

Ⅱ. 본호의 연혁

2011년 일부개정 상표법(2011. 6. 30 법률 제10811호, 시행 2012. 1. 1[5])에서는 한-EU FTA의 합의사항을 반영하기 위하여 협정에 따라 보호되는 타인의 지리적 표시와 동일하거나 유사한 상표의 등록을 거절하는 근거 규정인 구 상표법 제7조 제1항 제17호를 신설하였다.[6]

2016년 전부개정 상표법(2016. 2. 29 법률 제14033호, 시행 2016. 9. 1)에서는 우선 조문번호를 기존의 구 상표법 제7조 제1항 제17호에서 제34조 제1항 제19호로 변경하고, 본호상의 기존의 문구인 "타인의 지리적 표시와 동일하거나 유

정한 원산지가 아닌 지역을 원산지로 한다고 표시하거나 암시하는 상품의 명명 또는 소개의 수단을 사용하는 것

나. 그 증류주의 진정한 원산지가 표시되어 있거나 지리적 표시가 번역 또는 음역되어 사용되거나 또는 "종류", "유형", "양식", "모조품"이나 이와 유사한 표현이 수반되는 경우에도, 해당 지리적 표시에 나타난 장소를 원산지로 하지 아니하는 증류주에 대하여 지리적 표시를 사용하는 것, 그리고

다. 파리협약 제10조의2의 의미 내에서 불공정경쟁행위를 구성하는 그 밖의 사용

3. 이 협정의 발효일 전, 한쪽 당사국의 영역에서 상표가 선의로 출원 또는 등록되거나, 또는 선의로 사용되어 상표권이 취득된 경우, 이 조를 시행하기 위하여 그 당사국에서 채택되는 조치는 이러한 상표가 지리적 표시와 동일 또는 유사하다는 근거로 상표 등록의 적격성이나 유효성 또는 상표의 사용권을 저해하지 아니한다.

4. 당사국은 원산지에서 보호되지 아니하거나, 보호가 중단되거나, 또는 그 지역에서 사용되지 아니하게 된 지리적 표시는 이 조에 따라 보호할 의무가 없다.

5. 당사국은 상표의 사용 또는 등록과 관련하여 이 조에 따라 행하여지는 요청은 보호받는 표시가 부정적으로 사용된 것이 그 당사국내에 일반적으로 알려진 날부터 5년 이내에, 또는 그 상표가 그 당사국내에서 상표등록일까지 공표되고 그 등록일이 부정적 사용이 그 당사국 내에서 일반적으로 알려진 날보다 빠를 경우 등록일 이후 5년 이내에 제출되어야 한다고 규정할 수 있다. 다만, 지리적 표시는 악의로 사용되거나 등록되어서는 아니 된다.

4) 상표심사기준(개정 2016. 8. 29. 특허청 예규 제90호) 제5부 제19장 [제도의 취지]; 윤선희, 상표법, 법문사(2015), 278.

5) 참고적으로 경과규정 부분에서 후술하겠지만 본호는 해당 2011년 개정 상표법 부칙 제1조에서 한-EU FTA의 발효일부터 시행된다고 규정하고 있으므로, 해당 법의 시행일인 2012. 1. 1.이 아니라 한-EU FTA의 발효일인 2011. 7. 1.부터 시행되었다.

6) 대한민국이 외국과 양자간(兩者間) 또는 다자간(多者間)으로 체결하여 발효된 자유무역협정에 따라 보호하는 타인의 지리적 표시와 동일하거나 유사한 상표 또는 그 지리적 표시로 구성되거나 그 지리적 표시를 포함하는 상표로서 해당 지리적 표시를 사용하는 상품과 동일하거나 동일하다고 인식되어 있는 상품에 사용하는 상표.

사한 상표"를 "타인의 지리적 표시와 동일·유사한 상표"로, "해당 지리적 표시를 사용하는 상품과 동일하거나 동일하다고 인식되어 있는 상품"을 "지리적 표시를 사용하는 상품과 동일하다고 인정되는 상품"으로 각각 수정하여 현행 규정에 이르고 있다.

Ⅲ. 적용요건

1. 대한민국이 외국과 양자간(兩者間) 또는 다자간(多者間)으로 체결하여 발효된 자유무역협정에 따라 보호하는 타인의 지리적 표시일 것

본호에서 보호하는 지리적 표시(이하 "본호의 지리적 표시"라 한다)는 한-EU FTA 체결시 양국이 보호하기로 합의한 지리적 표시(협정문 부속서)와 향후 양국이 추가적으로 보호하기로 합의한 지리적 표시뿐만 아니라, 한-캐나다 FTA 등 자유무역협정에 따라 보호의무가 발생하는 다른 지리적 표시에도 적용한다.[7]

본호의 지리적 표시는 국내에서의 등록 여부와 상관없이 보호된다.[8] 다만, 한-EU FTA 제10.21조 4., 한-캐나다 FTA 제16.10조 4. 등에 따라 당해 지리적 표시가 속한 국가에서 보호되지 아니하거나 보호가 중단된 지리적 표시 또는 그 나라에서 사용하지 아니하게 된 지리적 표시에 대하여는 본호를 적용하지 아니한다.[9]

본호는 타인의 지리적 표시에 한하여 적용되므로 본인의 지리적 표시에는 적용하지 아니한다. 따라서 지리적 표시의 정당한 사용자가 해당 표장을 직접 상표 또는 지리적 표시 단체표장으로 출원하는 경우에는 본호를 적용하지 아니한다.[10]

한-EU FTA는 지리적 표시의 보호대상에 농산물과 식품, 포도주, 방향포도주 및 증류주를 포함하고 있으며,[11][12] 향후 지리적 표시에 추가할 품목에 대해 한 쪽 당사자의 요청이 있는 경우에는 부적절한 지체 없이 처리하여야

---

7) 상표심사기준(개정 2016. 8. 29. 특허청 예규 제90호) 제5부 제19장 1.1.1.
8) 박종태, INSIGHT+상표법, 한빛지적소유권센터(2016), 400.
9) 상표심사기준(개정 2016. 8. 29. 특허청 예규 제90호) 제5부 제19장 1.1.2.
10) 상표심사기준(개정 2016. 8. 29. 특허청 예규 제90호) 제5부 제19장 1.1.3.
11) TRIPs의 추가적 보호 대상인 포도주, 증류주에서 더 나아가 농산물과 식품을 포함한 것이다(제10.18조 및 제10.19조).
12) 한-EU FTA 협정문 부속서 10-가, 10-나에는 보호되는 지리적 표시로서 EU의 162개, 대한민국의 64개가 등재되어 있다.

한다.13)

2. 그 지리적 표시와 동일·유사한 상표 또는 그 지리적 표시로 구성되거
나 그 지리적 표시를 포함하는 상표로서 그 지리적 표시를 사용하는
상품과 동일하다고 인정되는 상품에 사용하는 상표일 것

　　본호는 자유무역협정에 따라 보호하는 타인의 지리적 표시와 동일·유사한
상표 또는 해당 지리적 표시가 상표 구성에 표현되거나, 상표의 요부가 아니라
부기적으로 표시된 경우에도 적용한다.14) 여기서 지리적 표시가 상표의 구성에
표현되거나 부기적으로 구성된 경우라 함은 당해 지리적 표시를 그 지역에서의
문자로 표시한 것뿐만 아니라 한글 또는 영어로 번역한 것과 한글, 영어, 로마
자표기법으로 음역한 것을 포함한다(한-EU FTA 부속서 참고).15)

　　상표 구성에서 당해 지리적 표시를 ~종류, ~유형, ~양식, ~모조품 등과 같
이 표현한 경우에도 본호에 해당하는 것으로 본다.16)

　　한편으로 본호에서 규정하는 지리적 표시를 사용하는 상품과 '동일하다고
인정되는 상품'이란 그 지리적 표시를 사용하는 상품과 동일한 상품뿐만 아니
라, 주요 원재료에서 가공방법 등의 차이가 있는 상품이나, 소비자가 상품의 출
처를 같은 생산자에게서 생산된 것이라고 인식하는 상품을 말한다.17) 다만, 같
은 상품이라도 지리적 특성에 따라 서로 다른 품종을 생산하는 경우 동일하다
고 인정되는 상품으로 보지 아니한다.18)

　　본호에서 지리적 표시를 사용하는 상품의 보호 범위는 당해 상품과 동일하
다고 인정되는 상품(동일한 상품도 포함)에 한정되므로 다른 유사상품까지는 적

---

13) 이는 지리적 표시 보호품목을 비교적 자유롭게 확대해 나가고자 하는 의지가 반영된 것
　　이며, 협정문에 반영된 지리적 표시 외에도 추가적인 지리적 표시에 대해서 양 당사자 간
　　의 합의에 의하여 보호가 향후 가능하도록 근거를 둔 것이다[최성우·정태호 공저, OVA
　　상표법, 한국특허아카데미(2012), 274].

14) 박종태(주 8), 401.

15) 《본호에 해당하는 경우 예시》 ○ 해남고구마, Haenam Sweet Potato(영어 번역), Haenam
　　Goguma(로마자 음역), ○ Φέτα ("페따"의 그리스어 표기), Feta(로마자 음역), 페따(한글
　　로 음역)[상표심사기준(개정 2016. 8. 29. 특허청 예규 제90호) 제5부 제19장 1.2.1].

16) 《본호에 해당하는 경우 예시》 ○ 뮌헨style맥주, 로퀴포르트 유형의 캘리포니아 치즈, 노
　　르망디 타입의 서울 치즈, 진도식 홍주 등[상표심사기준(개정 2016. 8. 29. 특허청 예규 제
　　90호) 제5부 제19장 1.2.2].

17) 최성우·정태호 공저(주 13), 276.

18) 박종태(주 8), 402.

용되지 아니한다.[19] 즉, 지리적 표시는 그 특성상 특정 상품에 한하여 특정 지리적 출처로서 일반 수요자에게 인식되어 있기 때문이다.[20]

본호에서 이와 같이 동일한 상품뿐만이 아니라 '동일하다고 인정되는 상품'에까지 그 적용범위가 확대되는 것은 한-EU FTA 협정문 제10.21조 제1항 나호에서 지리적 표시의 보호범위를 'like good[21](동종상품)'으로 규정한 것에 근거하며,[22] 이에 따라 지리적 표시의 상품면에서의 보호범위가 '동일한 상품'보다 다소 넓게 확대되었다고 본다.[23]

---

19) 《본호에 해당하지 않는 경우 예시》 [상표심사기준(개정 2016. 8. 29. 특허청 예규 제90호) 제5부 제19장 1.2.3].

표 장	지정상품
꽁떼(치즈의 지리적 표시)	버터, 발효유
샴페인(포도주의 지리적 표시)	맥주, 보드카

20) 박종태(주 8), 402.

21) 그러나 한-EU FTA 협정문 제10.21조 제1항 나호에서는 "그 상품의 진정한 원산지가 표시되어 있거나 또는 지리적 표시가 번역 또는 음역되어 사용되거나 또는 "종류", "유형", "양식", "모조품" 등의 표현이 수반되어 사용되는 경우에도 당해 지리적 표시에 나타난 장소를 원산지로 하지 않는 유사상품에 상품의 산지를 나타내는 지리적 표시의 사용"이라고 기술함과 아울러, 해당 조항과 관련된 각주 7)에서는 "모든 상품에 대하여, '유사상품'이라는 용어는 당해 지리적 표시에 나타난 장소를 원산지로 하지 아니하는 포도주에 대하여 포도주의 산지를 나타내는 지리적 표시 또는 해당 지리적 표시에 나타난 장소를 원산지로 하지 아니하는 증류주에 대하여 증류주의 산지를 나타내는 지리적 표시를 사용하는 것에 관한 무역관련 지적재산권에 관한 협정(WTO/TRIPs) 제23조 제1항에 맞게 해석된다."고 기술하여, 국문 협정문에서 영문 협정문상의 용어인 "like good"을 '유사상품'이라고 번역 표기하였는데, 이것은 잘못된 번역표기로서 상표법상 '유사상품'이 아니라 '동종상품'으로 해석하여야 할 것이다[박종태(주 8), 397 및 402 참조].

22) Article 10.21(Scope of Protection)(제10.21조(보호의 범위)) 1. Geographical indications referred to in Articles 10.18 and 10.19 shall be protected against: (b) the use of a geographical indication identifying a good for a like good not originating in the place indicated by the geographical indication in question, even where the true origin of the goods is indicated or the geographical indication is used in translation or transcription or accompanied by expressions such as "kind", "type", "style", "imitation" or the like(1. 제10.18조 및 제10.19조에 언급된 지리적 표시는 다음의 행위에 대하여 보호된다. 나. 그 상품의 진정한 원산지가 표시되어 있거나 또는 지리적 표시가 번역 또는 음역되어 사용되거나 또는 "종류", "유형", "양식", "모조품" 등의 표현이 수반되어 사용되는 경우에도 당해 지리적 표시에 나타난 장소를 원산지로 하지 않는 유사상품에 상품의 산지를 나타내는 지리적 표시의 사용).

23) 국회지식경제위원회, 상표법 일부개정법률안 검토보고서(2011.3), 20.

IV. 판단방법 및 상표법상의 취급

1. 판단시점

본호의 적용 여부 및 상표등록출원인이 타인에 해당하는지는 상표등록여부 결정을 할 때를 기준으로 판단한다.[24]

2. 판단시의 유의사항

자유무역협정(FTA)에 따라 보호되는 지리적 표시와 상품 종류를 나타내는 명칭이 결합되어 있는 경우 상품의 종류는 일반명칭이므로 지리적 표시 보호대상이 아니다.[25]

본호에서 규정하는 동일하다고 인정되는 상품의 범위는 상표법 제34조 제1항 제18호에서의 범위를 준용하여 판단한다.[26]

자유무역협정(FTA)에 따라 보호하는 지리적 표시는 상표심사기준에 별첨된 「FTA에 따라 보호되는 지리적 표시 목록」을 참고한다.[27]

한편, 한-EU FTA에서의 지리적 표시의 보호수준과 관련하여서는 지리적 표시의 보호를 위해서 금지되는 행위의 유형으로 ⅰ) 지리적 근원을 허위로 표시함으로써 대중의 오인을 유발시키는 행위, ⅱ) 대중의 오인 가능성이 없는 경우의 지리적 표시의 절대적 보호,[28] ⅲ) 파리협약 제10조의2[29]의 부정경쟁행위

---

24) 상표법 제34조 제2항.

25) 《지리적 표시와 상품 종류가 결합된 경우 예시》 [상표심사기준(개정 2016. 8. 29. 특허청 예규 제90호) 제5부 제19장 2.1].

까망베르 드 노르망디(Camembert de Normandie)	"까망베르"는 치즈의 종류
브리 드 모(Brie de Meaux)	"브리"는 치즈의 종류
에멘탈 드 사부아(Emmental de Savoie)	"에멘탈"은 치즈의 종류
모차렐라 디 부팔라 캄파나(Mozzarella di Bufala Campana)	"모차렐라"는 치즈의 종류

26) 상표심사기준(개정 2016. 8. 29. 특허청 예규 제90호) 제5부 제19장 2.2.

27) (별첨 1) 한-EU FTA에 따라 보호되는 지리적 표시, (별첨 2) 한-칠레 FTA에 따라 보호되는 지리적 표시, (별첨 3) 한-페루 FTA에 따라 보호되는 지리적 표시, (별첨 4) 한-터키 FTA에 따라 보호되는 지리적 표시, (별첨 5) 한-캐나다 FTA에 따라 보호되는 지리적 표시 [상표심사기준(개정 2016. 8. 29. 특허청 예규 제90호) 제5부 제19장 2.3].

28) 한-EU FTA에서 지리적 근원에 대한 대중의 오인 가능성이 없는 지리적 표시에 대하여도 이를 보호하도록 한 것은 TRIPs 제23조와 같으나, 그 보호대상은 TRIPs에서 한정하고 있는 포도주 및 증류주 뿐만 아니라 농산물 및 식품까지 확장하고 있는 것이 특징이다[최성우·정태호 공저(주 13), 274].

29) 제10조의2(부당 경쟁 - 현행법상 용어로 '부정경쟁'에 해당함) 1. 각 동맹국은 동맹국의

를 규정하고 있음을 참조할 필요가 있다.30) 따라서 수요자가 지리적 출처에 대한 오인가능성이 없다고 하여도 본호가 적용될 수 있는 것이다.31)

3. 적용요건 흠결시의 취급

상표권의 설정등록 전의 상표등록출원에 대한 심사단계에서는 상표등록의 거절이유(상표법 제54조 제3호), 정보제공이유(상표법 제49조) 및 이의신청이유(상표법 제60조 제1항)에 해당한다.

상표권의 설정등록 후에 착오로 상표등록이 된 것이 발견된 때에는 제척기간의 적용이 없는 무효사유에 해당한다(상표법 제117조 제1항 제1호 및 제122조 제1항). 다만, 상표법 제33조 제1항의 경우와 달리 상표등록이 된 후에 본호에 해당하게 되었다고 해서 후발적 무효사유로 되지는 아니한다.32) 갱신등록신청에 대해서는 실체심사를 하지 아니하므로, 본호에 해당하는 상표라도 갱신등록이 가능하다.

4. 다른 조문과의 관계

다른 영토나 지역에서 생산된 것으로 오인하게 할 경우, 예컨대 한국에서 생산하는 포도주에 한국산이라고 표시하며 『보졸레』라고 표기하는 경우에도 본호를 적용하며, 별도로 상표법 제34조 제1항 제12호33)를 함께 적용한다.34)

국민에게 부당경쟁으로부터의 효과적인 보호를 보장한다. 2. 공업상 또는 상업상의 공정한 관습에 반하는 모든 경쟁행위는 부당 경쟁행위를 구성한다. 3. 특히 다음과 같은 것은 금지된다. (a) 여하한 방법에 의함을 불문하고 경쟁자의 영업소, 산품('상품'임) 또는 공업상 혹은 상업상의 활동과 혼동을 일으키게 하는 모든 행위, (b) 거래의 과정에 있어 경쟁자의 영업소, 산품('상품'임) 또는 공업상 혹은 상업상의 활동에 관하여 신용을 해하게 할 허위의 주장, (c) 거래의 과정에 있어 산품('상품'임)의 성질, 제조방법, 특징, 용도 또는 수량에 대하여 공중을 오도할('오인하게 할'임) 표시 또는 주장[공업소유권의보호를위한파리협약 국제조약 제707호 관보게재본(1980.5.4), 1464-1465].

30) 상표법은 협정 발효일 이후에 출원된 상표로서 협정문에 반영된 지리적 표시와 저촉되는 상표의 거절 및 무효만을 규정하고 있을 뿐, 해당 지리적 표시와 저촉되는 상표의 사용금지라든가, 협정 발효일 이전의 선사용자의 보호 등은 후술하는 부정경쟁방지법 제3조의2(자유무역협정에 따라 보호하는 지리적 표시의 사용금지 등)에서 별도로 규정하고 있다 [최성우·정태호 공저(주 13), 274-275].
31) 박종태(주 8), 403.
32) 상표법 제117조 제1항 제6호 참조.
33) 상품의 품질을 오인하게 하거나 수요자를 기만할 염려가 있는 상표.
34) 상표심사기준(개정 2016. 8. 29. 특허청 예규 제90호) 제5부 제19장 3.

5. 경과규정

2011년 개정 상표법 부칙(제10811호, 2011. 6. 30.) 제1조(시행일)에서 "제7조 제1항 제17호(구 상표법상 조문번호이고 현행법상으로는 본호에 해당함)의 개정규정은 「대한민국과 유럽연합 및 그 회원국 간의 자유무역협정」이 발효하는 날부터 시행한다."고 규정하였고, 한-EU FTA는 2011. 7. 1.부터 잠정발효되었으므로, 본호에 관한 해당 규정은 2011. 7. 1.부터 시행되었다.

그리고 이상의 2011년 개정 상표법 부칙 제2조(상표등록요건에 관한 적용례)에서는 "제7조 제1항 제17호(구 상표법상 조문이고 현행법상으로는 본호에 해당함)의 개정규정은 같은 개정규정 시행 후 최초로 상표등록출원 또는 지정상품의 추가등록출원하는 것부터 적용한다."고 규정하고 있으므로, 본호는 해당 규정의 시행일인 2011. 7. 1. 이후 최초로 상표등록출원 또는 지정상품의 추가등록출원된 것에 대해서만 적용된다.[35]

결국 본호는 한-EU FTA 발효일, 대한민국이 양자간 또는 다자간으로 체결하는 FTA 발효일 또는 추가적으로 보호하기로 한 지리적 표시 목록의 접수일 이후에 출원하는 상표에 대하여 적용한다.[36]

Ⅴ. 부정경쟁방지법에서의 관련 규정

2011년 개정 상표법에서 본호가 신설됨과 아울러 이러한 본호와 동일자(시행일 : 2011. 7. 1)로 시행된 2011년 개정 부정경쟁방지법(부정경쟁방지 및 영업비밀보호에 관한 법률)[37] 제3조의2[38])도 자유무역협정에 따라 보호하는 지리적 표시

---

35) "제34조 제1항의 개정규정(같은 항 제21호의 개정규정은 제외한다)은 이 법 시행 전에 출원된 상표등록출원으로서 이 법 시행 이후 상표등록결정을 하는 경우에도 적용한다."는 2016년 전부개정 상표법 부칙 제4조(상표등록을 받을 수 없는 상표에 관한 적용례) 및 "이 법 시행 전에 종전의 규정에 따라 출원된 상표등록출원에 대해서는 종전의 규정에 따른다."는 동법 부칙 제9조(일반적 경과조치)에 의하여 2016년 전부개정 상표법에서도 이상과 같은 본호에 관한 2011년 개정 상표법의 부칙상의 경과규정이 그대로 적용된다고 볼 수 있다.

36) 상표심사기준(개정 2016. 8. 29. 특허청 예규 제90호) 제5부 제19장 4.1.

37) 일부개정 2011. 6. 30.(법률 제10810호, 시행 2011. 10. 1).

38) 해당 규정도 역시 한-EU FTA가 발효하는 날부터 시행한다고 2011. 6. 30.자 일부개정 부정경쟁방지법의 부칙에서 규정하고 있으므로, 시행일이 2011. 7. 1.로 본호와 동일하다고 할 수 있다.

의 사용금지 등에 관하여 규정하게 되었다. 2011년 개정 부정경쟁방지법도 이와 같이 자유무역협정(FTA)에 따라 보호되는 지리적 표시의 보호를 규정하면서, 보호의 요건으로써 대중의 오인 여부와는 관련 없이 원산지가 아닌 상품에 대하여 지리적 표시를 사용하는 행위를 금지하고 있으며, 그 보호대상은 포도주 및 증류주 뿐만 아니라 농산물 및 식품에까지 확장하고 있다.[39]

이와 같은 부정경쟁방지법 제3조의2에 따르면, 우선 정당한 권원이 없는 자는 대한민국이 외국과 양자간 또는 다자간으로 체결하여 발효된 자유무역협정에 따라 보호하는 지리적 표시에 대하여는 제2조제1호 라목 및 마목의 부정경쟁행위 이외에도 지리적 표시에 나타난 장소를 원산지로 하지 아니하는 상품(지리적 표시를 사용하는 상품과 동일하거나 동일하다고 인식되는 상품으로 한정)에 관하여, ⅰ) 진정한 원산지 표시 이외에 별도로 지리적 표시를 사용하는 행위, ⅱ) 지리적 표시를 번역 또는 음역하여 사용하는 행위, ⅲ) '종류', '유형', '양식' 또는 '모조품' 등의 표현을 수반하여 지리적 표시를 사용하는 행위를 할 수 없고(부정경쟁방지법 제3조의2 제1항[40]), 위와 같이 지리적 표시를 사용한 상품에 대하여도 인도, 전시 등과 같은 특정한 행위들을 할 수 없다(부정경쟁방지법 제3조의2 제2항[41]).

한편, 국내에서 특정 지리적 표시의 보호개시일 이전부터 해당 지리적 표시에 관한 상표를 사용하고 있을 것과 해당 상표를 사용한 결과 해당 지리적 표시의 보호개시일에 국내 수요자 간에 해당 상표가 특정인의 상품을 표시하는 것이라고 인식되어 있을 것을 모두 만족하는 해당 상표의 사용에 대해서는 지

---

39) 이것은 2011. 7. 1. 발효된 한-EU FTA 협정에 따라 지리적 표시 보호대상의 확대와 강화된 보호 요건을 반영하기 위한 것이다[최성우·정태호 공저(주 13), 567].

40) ① 정당한 권원이 없는 자는 대한민국이 외국과 양자간(兩者間) 또는 다자간(多者間)으로 체결하여 발효된 자유무역협정에 따라 보호하는 지리적 표시(이하 이 조에서 "지리적 표시"라 한다)에 대하여는 제2조 제1호 라목 및 마목의 부정경쟁행위 이외에도 지리적 표시에 나타난 장소를 원산지로 하지 아니하는 상품(지리적 표시를 사용하는 상품과 동일하거나 동일하다고 인식되는 상품으로 한정한다)에 관하여 다음 각 호의 행위를 할 수 없다. 1. 진정한 원산지 표시 이외에 별도로 지리적 표시를 사용하는 행위, 2. 지리적 표시를 번역 또는 음역하여 사용하는 행위, 3. "종류", "유형", "양식" 또는 "모조품" 등의 표현을 수반하여 지리적 표시를 사용하는 행위.

41) ② 정당한 권원이 없는 자는 다음 각 호의 행위를 할 수 없다. 1. 제1항 각 호에 해당하는 방식으로 지리적 표시를 사용한 상품을 양도·인도 또는 이를 위하여 전시하거나 수입·수출하는 행위, 2. 제2조 제1호 라목 또는 마목에 해당하는 방식으로 지리적 표시를 사용한 상품을 인도하거나 이를 위하여 전시하는 행위.

리적 표시 보호의 예외로서 선사용 상표로서의 계속적 사용이 인정된다(부정경쟁방지법 제3조의2 제3항[42]). 이것은 국내에서 FTA에 따른 지리적 표시의 보호개시일 이전부터 사용된 지리적 표시에 관한 상표는 계속 사용할 수 있도록 하여, 국내에서의 선사용자를 보호하고자 하는 것이다.

　이상과 같은 FTA에 따라 보호하는 지리적 표시의 사용 행위에 대해서 부정경쟁방지법은 형사적 구제조치를 규정하지는 않고, 행정적 구제조치(부정경쟁방지법 제7조[43] 및 제8조[44]) 및 민사적 구제조치만을 규정하고 있다(부정경쟁방지법 제4조[45], 제5조[46], 제6조[47], 제14조의2[48] 및 제14조의3[49]).

---

42) ③ 제1항 각 호에 해당하는 방식으로 상표를 사용하는 자로서 다음 각 호의 요건을 모두 갖춘 자는 제1항에도 불구하고 해당 상표를 그 사용하는 상품에 계속 사용할 수 있다. 1. 국내에서 지리적 표시의 보호개시일 이전부터 해당 상표를 사용하고 있을 것, 2. 제1호에 따라 상표를 사용한 결과 해당 지리적 표시의 보호개시일에 국내 수요자 간에 그 상표가 특정인의 상품을 표시하는 것이라고 인식되어 있을 것.

43) 제7조(부정경쟁행위 등의 조사 등) ① 특허청장, 특별시장·광역시장·특별자치시장·도지사·특별자치도지사(이하 "시·도지사"라 한다) 또는 시장·군수·구청장(자치구의 구청장을 말한다. 이하 같다)은 제2조 제1호 가목부터 사목까지의 부정경쟁행위나 제3조, 제3조의2 제1항 또는 제2항을 위반한 행위를 확인하기 위하여 필요한 경우로서 다른 방법으로는 그 행위 여부를 확인하기 곤란한 경우에는 관계 공무원에게 영업시설 또는 제조시설에 출입하여 관계 서류나 장부·제품 등을 조사하게 하거나 조사에 필요한 최소분량의 제품을 수거하여 검사하게 할 수 있다. ② 특허청장, 시·도지사 또는 시장·군수·구청장이 제1항에 따른 조사를 할 때에는 「행정조사기본법」 제15조에 따라 그 조사가 중복되지 아니하도록 하여야 한다. ③ 제1항에 따라 조사 등을 하는 공무원은 그 권한을 표시하는 증표를 지니고 이를 관계인에게 내보여야 한다.

44) 제8조(위반행위의 시정권고) 특허청장, 시·도지사 또는 시장·군수·구청장은 제2조 제1호 가목부터 사목까지의 부정경쟁행위나 제3조, 제3조의2 제1항 또는 제2항을 위반한 행위가 있다고 인정되면 그 위반행위를 한 자에게 30일 이내의 기간을 정하여 그 행위를 중지하거나 표지를 제거 또는 폐기할 것 등 그 시정에 필요한 권고를 할 수 있다.

45) 제4조(부정경쟁행위 등의 금지청구권 등) ① 부정경쟁행위나 제3조의2 제1항 또는 제2항을 위반하는 행위로 자신의 영업상의 이익이 침해되거나 침해될 우려가 있는 자는 부정경쟁행위나 제3조의2 제1항 또는 제2항을 위반하는 행위를 하거나 하려는 자에 대하여 법원에 그 행위의 금지 또는 예방을 청구할 수 있다. ② 제1항에 따른 청구를 할 때에는 다음 각 호의 조치를 함께 청구할 수 있다. 1. 부정경쟁행위나 제3조의2 제1항 또는 제2항을 위반하는 행위를 조성한 물건의 폐기, 2. 부정경쟁행위나 제3조의2 제1항 또는 제2항을 위반하는 행위에 제공된 설비의 제거, 3. 부정경쟁행위나 제3조의2 제1항 또는 제2항을 위반하는 행위의 대상이 된 도메인이름의 등록말소, 4. 그 밖에 부정경쟁행위나 제3조의2 제1항 또는 제2항을 위반하는 행위의 금지 또는 예방을 위하여 필요한 조치.

46) 제5조(부정경쟁행위 등에 대한 손해배상책임) 고의 또는 과실에 의한 부정경쟁행위나 제3조의2 제1항 또는 제2항을 위반한 행위(제2조 제1호 다목의 경우에는 고의에 의한 부정경쟁행위만을 말한다)로 타인의 영업상 이익을 침해하여 손해를 입힌 자는 그 손해를 배상할 책임을 진다.

<정태호>

47) 제6조(부정경쟁행위 등으로 실추된 신용의 회복) 법원은 고의 또는 과실에 의한 부정경
쟁행위나 제3조의2 제1항 또는 제2항을 위반한 행위(제2조 제1호 다목의 경우에는 고의에
의한 부정경쟁행위만을 말한다)로 타인의 영업상의 신용을 실추시킨 자에게는 부정경쟁행
위나 제3조의2 제1항 또는 제2항을 위반한 행위로 인하여 자신의 영업상의 이익이 침해된
자의 청구에 의하여 제5조에 따른 손해배상을 갈음하거나 손해배상과 함께 영업상의 신용
을 회복하는 데에 필요한 조치를 명할 수 있다.

48) 제14조의2(손해액의 추정 등) ① 부정경쟁행위, 제3조의2 제1항이나 제2항을 위반한 행
위 또는 영업비밀 침해행위로 영업상의 이익을 침해당한 자가 제5조 또는 제11조에 따른
손해배상을 청구하는 경우 영업상의 이익을 침해한 자가 부정경쟁행위, 제3조의2 제1항이
나 제2항을 위반한 행위 또는 영업비밀 침해행위를 하게 한 물건을 양도하였을 때에는 제
1호의 수량에 제2호의 단위수량당 이익액을 곱한 금액을 영업상의 이익을 침해당한 자의
손해액으로 할 수 있다. 이 경우 손해액은 영업상의 이익을 침해당한 자가 생산할 수 있었
던 물건의 수량에서 실제 판매한 물건의 수량을 뺀 수량에 단위수량당 이익액을 곱한 금
액을 한도로 한다. 다만, 영업상의 이익을 침해당한 자가 부정경쟁행위, 제3조의2 제1항이
나 제2항을 위반한 행위 또는 영업비밀 침해행위 외의 사유로 판매할 수 없었던 사정이
있는 경우에는 그 부정경쟁행위, 제3조의2 제1항이나 제2항을 위반한 행위 또는 영업비밀
침해행위 외의 사유로 판매할 수 없었던 수량에 따른 금액을 빼야 한다. 1. 물건의 양도수
량, 2. 영업상의 이익을 침해당한 자가 그 부정경쟁행위, 제3조의2 제1항이나 제2항을 위
반한 행위 또는 영업비밀 침해행위가 없었다면 판매할 수 있었던 물건의 단위수량당 이익
액. ② 부정경쟁행위, 제3조의2 제1항이나 제2항을 위반한 행위 또는 영업비밀 침해행위로
영업상의 이익을 침해당한 자가 제5조 또는 제11조에 따른 손해배상을 청구하는 경우 영
업상의 이익을 침해한 자가 그 침해행위에 의하여 이익을 받은 것이 있으면 그 이익액을
영업상의 이익을 침해당한 자의 손해액으로 추정한다. ③ 부정경쟁행위, 제3조의2 제1항이
나 제2항을 위반한 행위 또는 영업비밀 침해행위로 영업상의 이익을 침해당한 자는 제5조
또는 제11조에 따른 손해배상을 청구하는 경우 부정경쟁행위 또는 제3조의2 제1항이나 제
2항을 위반한 행위의 대상이 된 상품 등에 사용된 상표 등 표지의 사용 또는 영업비밀 침
해행위의 대상이 된 영업비밀의 사용에 대하여 통상 받을 수 있는 금액에 상당하는 금액
을 자기의 손해액으로 하여 손해배상을 청구할 수 있다. ④ 부정경쟁행위, 제3조의2 제1항
이나 제2항을 위반한 행위 또는 영업비밀 침해행위로 인한 손해액이 제3항에 따른 금액을
초과하면 그 초과액에 대하여도 손해배상을 청구할 수 있다. 이 경우 그 영업상의 이익을
침해한 자에게 고의 또는 중대한 과실이 없으면 법원은 손해배상 금액을 산정할 때 이를
고려할 수 있다. ⑤ 법원은 부정경쟁행위, 제3조의2 제1항이나 제2항을 위반한 행위 또는
영업비밀 침해행위에 관한 소송에서 손해가 발생된 것은 인정되나 그 손해액을 입증하기
위하여 필요한 사실을 입증하는 것이 해당 사실의 성질상 극히 곤란한 경우에는 제1항부
터 제4항까지의 규정에도 불구하고 변론 전체의 취지와 증거조사의 결과에 기초하여 상당
한 손해액을 인정할 수 있다.

49) 제14조의3(자료의 제출) 법원은 부정경쟁행위, 제3조의2 제1항이나 제2항을 위반한 행위
또는 영업비밀 침해행위로 인한 영업상 이익의 침해에 관한 소송에서 당사자의 신청에 의
하여 상대방 당사자에 대하여 해당 침해행위로 인한 손해액을 산정하는 데에 필요한 자료
의 제출을 명할 수 있다. 다만, 그 자료의 소지자가 자료의 제출을 거절할 정당한 이유가
있는 경우에는 그러하지 아니하다.

> 제34조(상표등록을 받을 수 없는 상표)
> ① 제33조에도 불구하고 다음 각 호의 어느 하나에 해당하는 상표에 대해서는 상표등록을 받을 수 없다.
> [제1호~제19호는 앞에서 해설]
> 20. 동업·고용 등 계약관계나 업무상 거래관계 또는 그 밖의 관계를 통하여 타인이 사용하거나 사용을 준비 중인 상표임을 알면서 그 상표와 동일·유사한 상표를 동일·유사한 상품에 등록출원한 상표

〈소 목 차〉

Ⅰ. 본호의 의의

동업·고용 등 계약관계나 업무상 거래관계 또는 그 밖의 관계를 통하여 타인이 사용하거나 사용을 준비 중인 상표임을 알면서 그 상표와 동일·유사한 상표를 동일·유사한 상품에 등록출원한 상표는 상표법 제33조가 적용되지 않더라도 본호에 의하여 등록을 받을 수 없다.

본호는 타인과의 계약이나 거래관계 등 특정한 관계에 있던 자가 이를 통해 알게 된 타인의 상표를 자기가 출원하는 등 상표등록출원과정에서 신의성실의 원칙에 위반한 상표에 대하여 등록을 불허하기 위한 규정으로, 상표법 제34조 제1항 제13호[1]와 더불어 등록단계에서 모방상표와 상표브로커의 제도 악용 현상 등에 적극 대처함으로써 공정하고 건전한 상거래질서를 확립하고자 한 것이 주된 취지라고 할 수 있으며,[2] 한편으로 공서양속에 위반되는 상표등록출원

---

[1] 국내 또는 외국의 수요자들에게 특정인의 상품을 표시하는 것이라고 인식되어 있는 상표(지리적 표시는 제외한다)와 동일·유사한 상표로서 부당한 이익을 얻으려 하거나 그 특정인에게 손해를 입히려고 하는 등 부정한 목적으로 사용하는 상표.

[2] 박종태, "2014. 6. 11. 시행 법률 제12751호 개정상표법에 대한 소고", 지식과 권리, 대한

에 대한 거절조문인 상표법 제34조 제1항 제4호가 '상표 그 자체 또는 상표가
상품에 사용되는 경우 수요자에게 주는 의미와 내용 등이 일반인의 통상적인
도덕관념인 선량한 풍속에 어긋나는 등 공공의 질서를 해칠 우려가 있는 상표'
로 한정하고 있어 신의칙(信義則)에 어긋나는 상표출원 자체를 거절할 마땅한
조문이 없다는 점을 보완하기 위해 도입한 규정이라고도 할 수 있다.[3]

    즉, 국내에서 상표사용을 준비 중임을 알고 있는 자가 정당한 권원없이 같
은 상표를 먼저 출원한 경우를 상표등록출원과정에서 신의칙에 반하는 상표로
보아 이러한 상표의 등록을 방지하기 위해 본호를 부등록사유에 포함하였고, 이
와는 별도로 방송프로그램 등 타인이 상당한 투자나 노력을 기울여 만든 성과
를 무단으로 출원하여 등록받은 경우 정당한 권리자에게 동의를 받지 아니하고
는 그 등록상표를 사용할 수 없도록 하는 등 상표 사용에 관한 제한 규정[4]을
상표법상 신설하게 되었다.[5]

    본호는 계약 또는 거래 등을 통하여 타인의 상표임을 알면서 그 상표와 동
일 또는 유사한 상표를 동일 또는 유사한 상품에 등록출원한 경우 등록을 받을
수 없도록 하려는 것이며,[6] 이는 타인과 계약 등 특정한 관계에 있던 자가 그
특정한 관계를 원인으로 하여 알게 된 그 타인의 상표를 자신의 상표로 등록출

변리사회, 제17호(2014.12), 295.

 3) 상표심사기준(개정 2016. 8. 29. 특허청 예규 제90호) 제5부 제20장 [제도의 취지]; 윤선
    희, 상표법, 법문사(2015), 278-279.

 4) "상표권자·전용사용권자 또는 통상사용권자는 그 등록상표의 사용이 「부정경쟁방지 및
    영업비밀보호에 관한 법률」 제2조 제1호 차목(그 밖에 타인의 상당한 투자나 노력으로 만
    들어진 성과 등을 공정한 상거래 관행이나 경쟁질서에 반하는 방법으로 자신의 영업을 위
    하여 무단으로 사용함으로써 타인의 경제적 이익을 침해하는 행위)에 따른 부정경쟁행위
    에 해당하는 경우에는 같은 목에 따른 타인의 동의를 받지 아니하고는 그 등록상표를 사
    용할 수 없다(상표법 제92조 제2항)."는 규정의 입법취지는 상표권자 등의 등록상표에 대
    한 사용이 타인의 상당한 투자나 노력으로 만들어진 성과 등을 무단으로 사용하는 결과를
    초래할 경우 등록상표의 사용에 있어 그 타인의 동의를 얻게 함으로써 공정한 상거래 관
    행 및 경쟁질서를 확립하고 부정경쟁방지법과의 조화를 이루고자 하는 것이다[박종태(주
    2), 298].

 5) 산업통상자원위원회, 상표법 일부개정법률안 심사보고서(2014. 5), 3-4.

 6) 애초의 본호의 개정안에서는 "상표에 관하여 정당한 권원을 가진 자와 계약·거래 또는
    그 밖의 관계를 통하여 타인의 상표임을 알면서 그 상표와 동일·유사한 상표를 동일·유
    사한 상품에 등록출원한 상표"라고 되어 있었으나, 해당 조문의 문구 중 '상표에 관하여
    정당한 권원을 가진 자'는 등록주의를 취하고 있는 현행 상표법의 체계상 등록상표의 상
    표권자 등을 의미한다는 점에서, 등록되지 않은 상표를 전제로 하는 해당 조문의 내용상
    적절하지 않은 것으로 보아 현재의 본호의 규정으로 수정되었다[산업통상자원위원회(주
    5), 11].

원하는 것이 거래관계에서 준수하여야 할 신의성실의 원칙을 위반하는 것이라는 점을 고려한 입법이라고 볼 수 있다.[7]

따라서 상표법 제34조 제1항 제13호와 더불어 등록단계에서 모방상표와 상표브로커의 제도 악용 현상 등에 적극 대처함으로써 공정하고 건전한 상거래질서를 확립하고자 하는 것이 본호의 실제적인 입법취지라고 말할 수 있다.[8]

Ⅱ. 본호의 연혁

2014년 일부개정 상표법(2014. 6. 11. 법률 제12751호, 시행 2014. 6. 11.)에서는 신의칙에 반하는 출원의 상표등록을 방지하는 근거 규정으로서 구 상표법 제7조 제1항 제18호를 신설하였다.[9]

2016년 전부개정 상표법(2016. 2. 29. 법률 제14033호, 시행 2016. 9. 1.)에서는 조문번호를 기존의 구 상표법상 제7조 제1항 제18호에서 제34조 제1항 제20호로 변경하여 현행 규정에 이르고 있다.

Ⅲ. 적용요건

1. 동업·고용 등 계약관계나 업무상 거래관계 또는 그 밖의 관계를 통할 것

본호가 적용되는 예를 들면, 동업자가 다른 동업자의 사용을 배제하기 위하여 단독으로 출원하는 경우, 종업원이 회사의 제품 출시 계획을 알고 해당 상표를 미리 출원하여 선점하고자 하는 경우, 대리점 등 업무상 거래관계가 있는 자가 거래대상이 되는 제품의 상표를 선점목적으로 출원하는 경우 등이 이에 해당한다고 볼 수 있다.[10]

여기서 '동업·고용 등 계약관계나 업무상 거래관계'라 함은 문서를 통해 정식으로 동업·고용·거래관계가 이루어진 경우뿐만 아니라, 기타 계약관계나

---

7) 산업통상자원위원회(주 5), 10-11.

8) 박종태, INSIGHT+상표법, 한빛지적소유권센터(2016), 405.

9) 동업·고용 등 계약관계나 업무상 거래관계 또는 그 밖의 관계를 통하여 타인이 사용하거나 사용을 준비 중인 상표임을 알면서 그 상표와 동일·유사한 상표를 동일·유사한 상품에 등록출원한 상표.

10) 박종태(주 8), 406.

거래관계가 증명되는 경우에는 본호에 해당하는 것으로 본다.11)

'그 밖의 관계'라 함은 동업·고용 등 계약관계나 업무상 거래관계에 준하는 일정한 신의관계가 형성된 상태를 말한다.12)13) 따라서 관련 없는 제3자의 영업활동이나 대중매체 등을 통하여 상표의 사용이나 사용 준비 중임을 인지하고 이를 출원하는 경우 등은 이에 해당하지 않는 것으로 본다.14)15) 그러나 동업·고용 등 계약관계나 업무상 거래관계 또는 그 밖의 관계가 상표등록결정시 소멸한 경우라도 계약관계나 거래관계를 기화로 타인이 사용하거나 사용 준비 중인 상표임을 알게 된 경우라면 본호가 적용될 수 있다고 보아야 할 것이다.16)

그리고 본호에서 요구되는 계약관계나 거래관계 등은 타인의 상표를 알게 된 경위를 문제삼는 것이지 그 자체로 독립된 요건이 되는 것이 아니므로, 계약관계 등을 통하여 타인의 상표임을 알게 되면 족한 것이지 본호의 판단시점인 상표등록출원을 한 때에 반드시 계약관계 등이 유지되고 있을 필요는 없을 것이다.17)

2. 타인이 사용하거나 사용 준비 중인 상표임을 알고 있을 것

'타인'이라 함은 출원인과의 관계에서 특정한 신의관계가 형성되어 있는 자로 국내외 자연인, 법인은 물론 법인격 없는 단체나 외국인도 포함한다.18) 따라서 외국 상표권자의 국내 대리인이 국내에서 외국 상표권자에 의해 사용되거나 사용 준비 중인 특정 상표가 아직 국내에 등록되어 있지 않은 것을 알고 상표

---

11) 상표심사기준(개정 2016. 8. 29. 특허청 예규 제90호) 제5부 제20장 1.1.1; 윤선희(주 3), 279.

12) 예를 들면, 과거 신의칙에 위반한 출원사례로 지역 브랜드 공모전의 당선작을 공모전 심사위원이었던 자가 무단으로 출원한 경우, 정부연구과제의 연구책임자가 연구용역에 따라 도출된 정책사업의 핵심명칭을 상표로 먼저 출원한 경우 등의 사례가 있었는데, 이러한 관계가 본호 소정의 '그 밖의 관계'에 해당될 수 있다[박종태(주 8), 406].

13) 그런데 이와 관련하여 계약관계나 업무상 거래관계 등 특정한 관계가 없이 단순히 대중매체 등을 통하여 타인의 상표를 인지하고 이를 출원하였다는 사정만으로 본호를 적용하면 결과적으로 타인의 상표임을 알고 출원하면 어느 경우나 거절된다는 결론에 도달하게 되어 선출원주의를 근간으로 하는 상표법의 근본체계를 무너뜨리고, 특정한 인식도와 부정한 목적이 있는 경우에 한하여 적용되는 상표법 제34조 제1항 제13호 등의 입법취지가 완전히 몰각되어 사문화될 수 있다는 점에서 부당하다는 견해가 있기도 하다[박종태(주 2), 296].

14) 상표심사기준(개정 2016. 8. 29. 특허청 예규 제90호) 제5부 제20장 1.1.2; 윤선희(주 3), 279-280.

15) 그러므로 본호를 통하여 이른 바 '상표브로커'의 상표 선점행위를 전면적으로 금지할 수 있는 것은 아니다[박종태(주 8), 406].

16) 박종태(주 2), 296.

17) 박종태(주 8), 407.

18) 상표심사기준(개정 2016. 8. 29. 특허청 예규 제90호) 제5부 제20장 1.2.1.

등록출원을 한 경우에는 상표법 제34조 제1항 제21호[19]와 아울러 본호가 적용될 수 있을 것이다.[20]

'사용하거나 사용 준비 중인 상표'라 함은 속지주의 원칙상 국내에서 사용 또는 사용 준비 중인 경우에 적용하며,[21] 그 적용요건이 '사용 또는 사용 준비 중인 상표'이므로 상표로 기능하지 않는 드라마 제명이나 저작물에는 적용되지 않는다. 다만, 그 타인이 드라마 제명이나 저작물을 상표로 사용하거나 사용 준비 중인 경우는 본호를 적용할 수 있다.[22][23]

본호는 타인이 사용하거나 사용을 준비 중인 상표임을 알면서 출원한 경우에 적용되나, 계약관계나 업무상 거래관계 또는 그 밖의 관계가 있었다면 대부분 그러한 인식이 가능하므로, 계약관계 등이 입증되면 사용하거나 사용 준비 중인 사실을 알고 있는 것으로 볼 수 있을 것이다.[24]

3. 그 상표와 동일·유사한 상표를 동일·유사한 상품에 출원할 것

본호는 타인이 사용하거나 사용을 준비 중인 상표와 동일·유사한 상표를 동일·유사한 상품에 출원한 경우에 적용한다.[25] 그리고 상표가 동일 또는 유사하다고 하여도 사용되거나 사용 준비 중인 타인의 상표의 상품과 동일 또는 유사한 상품이 아닌 상품에 관한 상표등록출원은 본호의 적용대상이 될 수 없다.[26]

---

19) 조약당사국에 등록된 상표와 동일·유사한 상표로서 그 등록된 상표에 관한 권리를 가진 자와의 동업·고용 등 계약관계나 업무상 거래관계 또는 그 밖의 관계에 있거나 있었던 자가 그 상표에 관한 권리를 가진 자의 동의를 받지 아니하고 그 상표의 지정상품과 동일·유사한 상품을 지정상품으로 하여 등록출원한 상표.

20) 박종태(주 2), 296-297.

21) 따라서 본호에서의 '타인'은 외국인도 포함하나, 본호가 적용되기 위해서는 타인의 상표의 '사용'이나 '사용 준비'가 국내에서 이루어져야 한다. 그러나 본호가 국내로 그 사용 등의 범위를 제한하지 않아 신의성실의 원칙과 관련해서는 속지주의를 배제하여야 한다는 견해도 있을 수 있으나[국회 산업통상자원위원회 송대호, 상표법전부개정법률안 검토보고서(2015. 4), 14], 외국에서만 사용하고자 하는 상표를 국내에서 과보호할 필요가 없으므로 국내에서의 사용 또는 사용 준비를 요한다고 보는 것이 타당할 것이고, 특허청의 상표심사기준의 입장도 국내에서의 사용 또는 사용 준비로 한정하는 입장에 있다[박종태(주 8), 407 및 윤선희(주 3), 280에서도 속지주의 입장에서 사용 요건을 기술함].

22) 상표심사기준(개정 2016. 8. 29. 특허청 예규 제90호) 제5부 제20장 1.2.2; 윤선희(주 3), 280.

23) 따라서 상표로 사용하거나 사용 준비 중인 이상 그 인식도와 무관하게 본호의 적용이 있는 것이지 반드시 특정인의 출처로서 신용이 형성되어 있을 필요는 없다[박종태(주 8), 407].

24) 상표심사기준(개정 2016. 8. 29. 특허청 예규 제90호) 제5부 제20장 1.2.3.

25) 상표심사기준(개정 2016. 8. 29. 특허청 예규 제90호) 제5부 제20장 1.3.

26) 박종태(주 8), 408.

IV. 판단방법 및 상표법상의 취급

1. 판단시점

본호의 적용 여부는 상표등록출원을 한 때를 기준으로 판단한다.[27] 이와 같이 본호의 적용요건에 관한 판단을 상표등록출원을 한 때를 기준으로 판단하는 것은 본호가 출원과정상의 하자를 묻는 것으로 신의성실의 원칙에 반하는 상표등록출원인지의 여부는 출원이라는 사실행위로부터 판단함이 타당하기 때문이다.[28]

2. 판단시의 유의사항

본호는 타인에게 손해를 끼칠 부정한 목적이나 타인의 신용에 편승하여 이익을 얻을 목적이 없어도 적용이 가능하다.[29] 본호에의 해당 여부는 거래관계 등에서 준수하여야 할 신의성실의 원칙을 위반한 것인지에 중점을 두어 판단하되, 선출원주의를 근간으로 하는 상표법 전반의 질서에 비추어 지나치게 확대 해석되지 않도록 주의하여야 할 필요가 있다.[30]

특허청의 심사실무상 본호의 적용 여부를 판단함에 있어서 정보제공이 있는 경우에도 제공된 정보만을 가지고 판단해서는 안 되고, 출원인의 의견도 수렴하여 사실관계를 충분히 확인하고 판단한다.[31]

심사관은 필요하다고 인정되는 경우 「상표·디자인심사사무취급규정」 제101조(심사관 면담)[32]에서 정하는 심사관 면담을 통하여 사실관계를 확인할 수

---

27) 상표법 제34조 제2항 단서.
28) 박종태(주 8), 410.
29) 상표심사기준(개정 2016. 8. 29. 특허청 예규 제90호) 제5부 제20장 2.1.
30) 박종태(주 8), 411.
31) 상표심사기준(개정 2016. 8. 29. 특허청 예규 제90호) 제5부 제20장 2.2.
32) ① 심사관이 신속하고 공정한 심사를 위하여 필요하다고 인정하는 경우와 출원인, 권리자 또는 그 대리인(이하 "당사자"라 한다)의 신청이 있는 경우로서 다음 각 호의 어느 하나에 해당하는 경우에는 당사자를 대면 또는 화상으로 면담할 수 있다. 다만, 제3호의 이의신청이 있는 출원 및 등록과 관련하여 면담하는 경우에는 출원인 또는 권리자와 이의신청인을 동시에 면담하는 것을 원칙으로 한다. 1. 거절이유통지상의 거절이유를 명확하게 하기 위한 경우, 2. 거절이유통지에 대한 의견서 및 보정서의 내용 등을 명확하게 하기 위한 경우, 3. 이의신청심사에서 주장내용을 명확하게 하기 위한 경우, 4. 그 밖에 신속·정확한 심사를 위하여 심사관이 필요하다고 판단하는 경우
② 심사관은 제1항에 따른 면담을 할 때에는 서면, 팩스 또는 전화로 당사자에게 기일을 지정하여 면담을 요청할 수 있다. 다만, 당사자의 신청에 따라 면담할 때에는 당사자

있다.33)

3. 적용요건 흠결시의 취급

상표권의 설정등록 전의 상표등록출원에 대한 심사단계에서는 상표등록의 거절이유(상표법 제54조 제3호), 정보제공이유(상표법 제49조) 및 이의신청이유(상표법 제60조 제1항)에 해당한다.

상표권의 설정등록 후에 착오로 상표등록이 된 것이 발견된 때에는 제척기간의 적용이 없는 무효사유에 해당한다(상표법 제117조 제1항 제1호 및 제122조 제1항). 다만, 상표법 제33조 제1항의 경우와 달리 상표등록이 된 후에 본호에 해당하게 되었다고 해서 후발적 무효사유로 되지는 아니한다.34) 갱신등록신청에 대해서는 실체심사를 하지 아니하므로, 본호에 해당하는 상표라도 갱신등록이 가능하다.

한편으로 본호에 해당하는 상표가 착오로 등록된 경우 기존의 상표권 남용에 관한 대법원 판례의 해석35)에 비추어 본다면, 상표등록이 무효로 되기 전이라도 상표권자가 본호의 타인에 해당하는 자에게 상표권에 기한 권리행사를 하는 것은 상표법을 악용하거나 남용한 것이 되어 상표법에 의한 적법한 권리의 행사라고 인정되기 어려우므로 권리남용에 해당될 수도 있다.36)

가 면담신청 내용을 서면, 팩스 또는 전화로 신청할 수 있다.
③ 제2항에 따라 지정된 면담일자에 부득이한 사유로 면담할 수 없는 경우에는 심사관과 당사자의 합의에 따라서 기일을 변경할 수 있다.
④ 심사관은 제3항에 따라 면담일시의 변경이 있을 때에는 면담대장에 그 사실을 기록하여야 한다.
⑤ 심사과장은 면담대장에 면담에 관한 사항을 기록하여 비치하여야 하며, 심사관은 제1항에 따른 면담을 한 때에는 면담기록서를 작성하여 보관하여야 한다.
⑥ 심사관은 제2항에 따라 면담요청을 받은 자가 면담에 응하지 아니하거나 면담능력이 결여된 경우에는 그 사실을 의견제출통지서 등에 참고사항으로 기재할 수 있다.

33) 상표심사기준(개정 2016. 8. 29. 특허청 예규 제90호) 제5부 제20장 2.3.
34) 상표법 제117조 제1항 제6호 참조.
35) 상표권자가 당해 상표를 출원·등록하게 된 목적과 경위, 상표권을 행사하기에 이른 구체적·개별적 사정 등에 비추어, 상대방에 대한 상표권의 행사가 상표사용자의 업무상의 신용유지와 수요자의 이익보호를 목적으로 하는 상표제도의 목적이나 기능을 일탈하여 공정한 경쟁질서와 상거래 질서를 어지럽히고 수요자 사이에 혼동을 초래하거나 상대방에 대한 관계에서 신의성실의 원칙에 위배되는 등 법적으로 보호받을 만한 가치가 없다고 인정되는 경우에는, 그 상표권의 행사는 가사 권리행사의 외형을 갖추었다 하더라도 등록상표에 관한 권리를 남용하는 것으로서 허용될 수 없고, 상표권의 행사를 제한하는 위와 같은 근거에 비추어 볼 때 상표권 행사의 목적이 오직 상대방에게 고통을 주고 손해를 입히려는 데 있을 뿐 이를 행사하는 사람에게는 아무런 이익이 없어야 한다는 주관적 요건을 반드시 필요로 하는 것은 아니다(대법원 2007. 1. 25. 선고 2005다67223 판결 등).
36) 박종태(주 8), 413.

4. 다른 조문과의 관계

가. 상표법 제34조 제1항 제4호와의 관계

상표법 제34조 제1항 제4호는 상표의 출원·등록과정에서 사회적 타당성이 현저히 결여되어 그 등록을 인정하는 것이 상표법의 질서에 반하는 것으로 도저히 용인할 수 없다고 보이는 경우 등에 적용하고, 단순히 당사자간의 신의칙 위반이 있었다는 이유만으로는 본호를 적용한다.[37]

상표법 제34조 제1항 제4호는 상표 그 자체 또는 상표가 상품에 사용되는 경우 공서양속에 위반되는지 여부를 판단하도록 하고 있으나, 본호는 상표 그 자체나 상품에 사용되는 경우보다는 그 상표를 출원하기까지의 과정을 기준으로 판단한다.[38]

출원상표가 본호뿐만 아니라 상표법 제34조 제1항 제4호에도 해당하는 경우에는 양 조문을 함께 적용한다.[39]

나. 상표법 제34조 제1항 제13호와의 관계

상표법 제34조 제1항 제13호는 모방대상상표가 특정인의 상품을 표시하는 것이라고 인식되어 있는 상표이어야 하나, 본호는 그러한 인식을 요하지 않는다.[40]

상표법 제34조 제1항 제13호는 모방대상상표 사용자와 출원인 사이에 특별한 신의관계를 요하지 않으나, 본호는 신의관계가 필요하다.[41]

상표법 제34조 제1항 제13호는 부정한 목적이 있어야 하나, 본호는 타인의 사용사실이나 사용 준비 중인 사실을 알고 있으면 족하다.[42]

상표법 제34조 제1항 제13호는 상품면에서 제한이 없으나, 본호는 동일·유사한 상품에 한하여 적용한다.[43]

출원상표가 본호뿐만 아니라 제34조 제1항 제13호에도 해당하는 경우에는 양 조문을 함께 적용한다.[44]

---

37) 상표심사기준(개정 2016. 8. 29. 특허청 예규 제90호) 제5부 제20장 3.1.1.
38) 상표심사기준(개정 2016. 8. 29. 특허청 예규 제90호) 제5부 제20장 3.1.2.
39) 상표심사기준(개정 2016. 8. 29. 특허청 예규 제90호) 제5부 제20장 3.1.3.
40) 상표심사기준(개정 2016. 8. 29. 특허청 예규 제90호) 제5부 제20장 3.2.1.
41) 상표심사기준(개정 2016. 8. 29. 특허청 예규 제90호) 제5부 제20장 3.2.2.
42) 상표심사기준(개정 2016. 8. 29. 특허청 예규 제90호) 제5부 제20장 3.2.3.
43) 상표심사기준(개정 2016. 8. 29. 특허청 예규 제90호) 제5부 제20장 3.2.4.
44) 상표심사기준(개정 2016. 8. 29. 특허청 예규 제90호) 제5부 제20장 3.2.5.

다. 상표법 제92조 제2항 및 제119조 제1항 제6호와의 관계

상표법 제92조 제2항[45])에 해당하는 상표가 등록된 경우에 그 상표에 관한 권리를 가진 자가 당해 상표등록일부터 5년 이내에 취소심판을 청구한 경우에는 상표법 제119조 제1항 제6호[46])에 의해서 상표등록이 취소될 수 있는데, 본호에 해당하는 상표가 착오로 등록되어 사용되는 경우에는 사안에 따라 특정한 타인과의 관계에서 부정경쟁방지법 제2조 제1호 차목[47])에 따른 부정경쟁행위에 해당하는 상표등록에 해당할 수도 있으므로, 이 경우 등록된 상표의 사용시 제92조 제2항이 적용될 수 있고, 더 나아가서 본호 소정의 무효사유뿐 아니라 제119조 제1항 제6호의 취소사유에도 동시에 해당할 수 있을 것이다.[48])

5. 경과규정

본호는 2014년 개정 상표법에서 신설되어 2016년 전부개정 상표법에서는 조문번호만 현행법과 같이 바뀐 것인 것이다. 따라서 2014년 개정 상표법 부칙(제12751호, 2014. 6. 11) 제2조(상표등록의 요건 등에 관한 적용례)에서 "제7조 제1항 제18호(구 상표법상 조문번호이며, 현행법상으로는 본호에 해당)의 개정규정은 이 법 시행 후 최초로 출원하는 상표등록출원 또는 지정상품의 추가등록출원부터 적용한다."고 규정하고 있으므로, 본호는 해당 규정의 시행일인 2014. 6. 11. 이후 최초로 상표등록출원 또는 지정상품의 추가등록출원된 것에 대해서만 적용된다.[49])

＜정태호＞

---

45) 상표권자·전용사용권자 또는 통상사용권자는 그 등록상표의 사용이 「부정경쟁방지 및 영업비밀보호에 관한 법률」 제2조 제1호 차목에 따른 부정경쟁행위에 해당하는 경우에는 같은 목에 따른 타인의 동의를 받지 아니하고는 그 등록상표를 사용할 수 없다.

46) ① 등록상표가 다음 각 호의 어느 하나에 해당하는 경우에는 그 상표등록의 취소심판을 청구할 수 있다. 6. 제92조 제2항에 해당하는 상표가 등록된 경우에 그 상표에 관한 권리를 가진 자가 해당 상표등록일부터 5년 이내에 취소심판을 청구한 경우.

47) 그 밖에 타인의 상당한 투자나 노력으로 만들어진 성과 등을 공정한 상거래 관행이나 경쟁질서에 반하는 방법으로 자신의 영업을 위하여 무단으로 사용함으로써 타인의 경제적 이익을 침해하는 행위.

48) 박종태(주 8), 413.

49) "제34조 제1항의 개정규정(같은 항 제21호의 개정규정은 제외한다)은 이 법 시행 전에 출원된 상표등록출원으로서 이 법 시행 이후 상표등록결정을 하는 경우에도 적용한다."는 2016년 전부개정 상표법 부칙 제4조(상표등록을 받을 수 없는 상표에 관한 적용례) 및 "이 법 시행 전에 종전의 규정에 따라 출원된 상표등록출원에 대해서는 종전의 규정에 따른다."는 동법 부칙 제9조(일반적 경과조치)에 의하여 2016년 전부개정 상표법에서도 이상과 같은 본호에 관한 2014년 개정 상표법의 부칙상의 경과규정이 그대로 적용된다고 볼 수 있다.

> **제34조(상표등록을 받을 수 없는 상표)**
> ① 제33조에도 불구하고 다음 각 호의 어느 하나에 해당하는 상표에 대해서는 상표등록을 받을 수 없다.
> [제1호~제20호는 앞에서 해설]
> 21. 조약당사국에 등록된 상표와 동일·유사한 상표로서 그 등록된 상표에 관한 권리를 가진 자와의 동업·고용 등 계약관계나 업무상 거래관계 또는 그 밖의 관계에 있거나 있었던 자가 그 상표에 관한 권리를 가진 자의 동의를 받지 아니하고 그 상표의 지정상품과 동일·유사한 상품을 지정상품으로 하여 등록출원한 상표

〈소 목 차〉

Ⅰ. 본호의 의의

조약당사국에 등록된 상표와 동일·유사한 상표로서 그 등록된 상표에 관한 권리를 가진 자와의 동업·고용 등 계약관계나 업무상 거래관계 또는 그 밖의 관계에 있거나 있었던 자가 그 상표에 관한 권리를 가진 자의 동의를 받지 아니하고 그 상표의 지정상품과 동일·유사한 상품을 지정상품으로 하여 등록출원한 상표는 상표법 제33조가 적용되지 않더라도 본호에 의하여 등록을 받을 수 없다. 그리고 설령 상표가 본호에 해당됨에도 불구하고 심사상의 착오로 잘못 등록될 경우에는 무효심판청구에 의해 그 상표등록이 무효로 될 수 있다.[1]

---

1) 상표법 제117조 제1항 제1호.

국제적인 거래에서 일반적으로 외국에서의 상표권자인 수출업체의 대리점 역할을 하는 수입업체(국내대리점, 총판 등)가 그 수입상품에 사용된 상표를 수출업체의 동의를 받지 아니하고 자국 또는 제3국에 자신의 명의로 출원하는 경우가 종종 있다.2) 그러한 상표등록출원은 상표권을 확보함으로써 수출업체에 의한 대리점 계약의 파기나 거래중단 등을 예방함과 동시에 다른 수입업체에 의한 수입을 배제하여 대리점으로서의 독자적인 지위를 확보할 수 있도록 하기 위해서 이루어지는 것이 일반적이기도 하다.3) 한편으로 수입업체가 수출업체의 대리점으로서의 지위를 벗어나 독자적인 업무를 할 목적으로 그러한 상표등록출원을 하는 경우도 있는데, 이와 같이 출원된 상표가 등록되는 경우 수출업체의 입장에서는 자신의 상표가 다른 사람에 의하여 등록되어 불이익이 많게 될 뿐 아니라, 공익의 견지에서도 출처나 품질의 오인, 혼동을 일으키게 되어 바람직하지 못한 결과가 초래될 것이므로,4) 이러한 국제적인 거래에서의 대리점의 지위에 있는 자의 상표등록은 공정한 국제거래를 해친다는 인식하에 1958년 리스본 개정회의(the Rivision Conference of Lisbon)5)에서 파리협약 제6조의76)을 신설하기에 이르렀다.7)8)

---

2) 조태연, "상표등록 취소심판제도의 이론과 문제점", 상표·의장법의 제문제(지적재산권논문집 Ⅲ), 한빛지적소유권센터(1993. 7), 76.
3) 송영식·황종환·김원오 공저, 상표법, 한빛지적소유권센터(1994), 638.
4) 특허법원 지적재산소송실무연구회, 지적재산소송실무, 박영사(2014), 744.
5) 파리협약은 1883년 체결 이후에 때때로 개정되었다. 개정회의는 1886년 로마, 1890년과 1891년 마드리드, 1897년과 1900년 브뤼셀, 1911년 워싱턴, 1925년 헤이그, 1934년 런던, 1958년 리스본 그리고 1967년 스톡홀름에서 개최되었다. 최종 개정회의는 1980년 제네바에서 첫 번째 회기가, 두 번째 회기는 1981년 나이로비(Nairobi)에서 개최되었고, 세 번째 회기는 1982년 제네바에서 그리고 네 번째 회기는 1984년 2월에서 3월까지 개최되었다[특허청, 지적재산권총론(1997), 648-649].
6) 제6조의7(상표: 소유권자의 허가를 받지 않은 대리인 또는 대표자의 명의의 등록)
1. 일 동맹국에서 상표에 관한 권리를 가진 자의 대리인 또는 대표자가 그 상표에 관한 권리를 가진 자의 허락을 얻지 아니하고 1 또는 2 이상의 동맹국에서 자기의 명의로 그 상표의 등록을 출원한 경우에는 그 상표에 관한 권리를 가진 자는 등록에 대하여 이의 신청 또는 등록의 취소 또는 그 국가의 법령이 허용하는 경우에는 등록을 자기에게 이전할 것을 청구할 수 있다. 다만, 그 대리인 또는 대표자가 그 행위를 정당화하는 경우에는 예외로 한다.
2. 상표에 관한 권리를 가진 자는 위 1항의 규정에 따를 것을 조건으로 그가 허락을 하지 않는 경우에 그 대리인 또는 대표자가 그의 상표를 사용할 것을 저지할 권리를 가진다.
3. 상표에 관한 권리를 가진 자가 본조에 정하는 권리를 행사할 수 있는 적절한 기간은 국내법령으로 정할 수 있다[공업소유권의보호를위한파리협약 국제조약 제707호 관보게재본(1980. 5. 4), 1463].
7) 이상경, 지적재산권소송법, 육법사(1998), 527.
8) 이와 같이 공정한 국제거래를 확보할 필요성에서 파리협약상 해당 규정의 도입에 대한

파리협약 제6조의7은 이상과 같은 대리인 또는 대표자의 상표등록이나 사용에 관하여 상표권자와 그의 대리인 또는 대표자 사이의 관계를 다루고 있는데, 상표권자의 대리인이나 대표자가 상표권자의 허락없이 상표를 출원하여 그의 이름으로 등록하거나 상표를 사용하는 경우에 적용되는 규정이다. 이러한 경우 파리협약 제6조의7은 이와 같은 정당한 상표권자에게 상표등록의 이의신청 또는 상표등록의 취소 또는 국가 법령이 허용하는 경우에는 등록상표를 자기에게 이전할 것을 요구하는 권리까지도 부여하고 있으며,[9] 나아가 상표등록을 완료했는지 또는 등록이 허용되었는지 여부와 관계없이 상표권자에게 그의 대리인이나 대표자가 권한없이 해당 상표를 사용하는 것에 대해서도 저지할 수 있는 권리를 부여한다.[10]

본호는 이상과 같은 파리협약 제6조의7을 반영하여 1980년 개정법에서 처음 도입되었는데, 조약당사국의 정당한 권리자를 보호하기 위한 파리협약상의 규정을 준수하고 공정한 국제거래를 확립하기 위한 규정이라고 볼 수 있다.[11] 즉, 본호는 교역 상대국에 상표권을 가진 자의 대리인 또는 대표자가 그와 동일·유사한 상표를 등록받아 이를 빌미로 독점판매권을 요구하는 등의 불합리를 제거하고, 공정한 국제거래를 확립하기 위한 것으로서 제한적인 범위 내에서 속지주의 원칙에 대한 예외를 인정한 것이다.[12][13]

─────────────

제안은 1934년 런던 개정회의에서도 있었으나, 등록주의와 속지주의 내지 상표독립의 원칙을 고집하는 일본의 반대로 채택되지 않았다. 그리고 1958년 리스본 개정회의에서도 처음에는 이와 같은 일본의 반대로 해당 규정의 도입에 난항을 겪었으나, 파리협약 제6조의7 제1항의 단서를 고려해서 그 내용이 완화되었다는 이유로 일본이 반대를 철회하여 33개국의 찬성에 의해 간신히 해당 규정의 도입이 통과되었다[網野 誠, 商標(第6版), 有斐閣 (2002), 923-924; 小野昌延 編, 注解 商標法(新版)(下卷), 靑林書院(2005), 1178].

9) 여기서 상표권의 이전청구는 심사를 하는데 장기간이 소요되는 사정하에서는 등록을 무효나 취소로 하고 자기가 직접 출원하는 경우보다는 권리자에게 훨씬 유리하고, 이전에 의하여 선출원에 근거한 등록상표를 직접 얻는 것이 제3자의 권리와의 관계상 중요할 수 있기 때문에[특허청 국제기구팀, 산업재산권 보호에 관한 파리협약 해설(2008. 9), 162-163], 이러한 상표권의 이전청구를 취하는 것이 가장 유효한 구제방법이라고 할 수 있다. 그러나 일본 상표법의 파리협약의 비준 과정에서는 특히 이러한 것에 관한 규정을 설정하지 않았으므로, 당사자간의 계약에 의해서 외국의 권리자가 상표등록출원한 일본의 대리인 등에 대하여 이전을 청구할 수 있는 것은 다른 법령상 금지되지 않는 한도내에서 일반적으로 가능할 것이라고 설명하고 있는바[網野 誠(주 8), 925], 우리나라 상표법상으로도 이러한 해석을 참고할 수 있을 것이다.

10) 특허청(주 5), 674.

11) 상표심사기준(개정 2016. 8. 29. 특허청 예규 제90호) 제5부 제21장 [제도의 취지] 및 대법원 2016. 7. 27. 선고 2016후717 판결[2016후724(병합), 2016후731(병합), 2016후748(병합), 2016후755(병합), 2016후762(병합), 2016후779(병합), 2016후786(병합)] 참조.

참고로 본호에 대응되는 규정인 유럽공동체상표법 제8조 제3항14)의 목적을
살펴보면, "상표의 소유자의 대리인 또는 대표자에 의한 그 상표의 허락받지 않
는 출원 행위는 상거래상 상호 협력 협정에서 규정하고 있는 신뢰에 관한 일반
적인 의무에 반하는 것이다. 이와 같이 상표에 관한 권리를 가진 자가 소유한
상표를 대리인 등이 남용하는 것은 특히 상표의 소유자의 상업상 이익에 해를
끼친다. 이것은 출원인이 그 상표의 소유자인 이의신청인과의 관계에서 획득한
지식 및 경험을 활용할 수 있는 지위에 있으므로, 상표의 소유자의 노력 및 투
자로부터 얻어지는 이익을 부당하게 얻기 때문이다. 따라서 법 제8조 제3항의
목적은 상표의 소유자에게 그의 대리인 또는 대표자가 그의 동의 없이 무단으
로 출원한 상표의 등록을 금지하기 위한 권리를 허여함으로써, 상표의 소유자의
상표에 대한 무분별한 도용을 반대하고 상표의 소유자의 정당한 권익을 보호하
고자 함에 있다."고 유럽공동체상표심사기준에서 언급하고 있기도 하다.15)

그리고 역시 본호에 대응되는 규정인 일본 상표법 제53조의216)의 입법취지

12) 최성우·정태호 공저, OVA 상표법, 한국특허아카데미(2012), 508.
13) 즉, 파리협약 제6조의7의 규정은 외국의 상표권이 협약 당사국 국내에서도 효력을 미치
는 것으로 되어 속지주의 원칙의 수정을 한 것이고, 일단 유효한 상표권이 외국에 동일한
내용의 권리가 있다는 이유로 취소 등이 될 수 있다는 점에서 상표독립의 원칙에 대한 예
외라고 볼 수 있다. 그리고 외국에서 채택과 사용하는 것만으로 반드시 등록되었다고 볼
수 없는 상표권에 의해서 협약 당사국내의 상표등록출원이 배제될 수 있다는 점에 근거하
여 등록주의의 수정이라고 보기도 한다[송영식·황종환·김원오 공저(주 3), 153].
14) 유럽공동체상표법 제8조 제3항에 따르면, "상표의 소유자의 대리인이나 대표자가 상표의
소유자의 허락없이 자신의 명의로 출원한 때에는 출원인이 자신의 출원의 정당함을 입증하
지 못하면 상표의 소유자의 이의신청으로 등록이 거절된다."고 규정하고 있다. 즉, 상표의
소유자(the proprietor of the trademark)의 대리인 또는 대표자에게 상표출원행위에 정당한
이유가 없는 한, 그 대리인 또는 대표자가 소유자의 동의 없이 자신의 이름으로 출원한 경
우에는 선행상표의 소유자가 제기한 이의신청에 의해서 그 상표는 등록될 수 없다[유럽공
동체상표심사기준의 이의신청심사기준(OPPOSITION GUIDELINES) Part3 Unauthorised fil-
ing by agents of the TM owner(상표 소유자의 대리인에 의한 권한 없는 출원)(Art.8(3)
CTMR)의 "Ⅰ. PRELIMINARY REMARKS, 1. Origin of Article 8(3) CTMR", p. 3 참조; 특
허청, 유럽공동체상표심사기준(2010.12)에서의 관련 부분 설명내용 참조].
15) 유럽공동체상표심사기준의 이의신청심사기준(OPPOSITION GUIDELINES) Part3 Unauthorised
filing by agents of the TM owner(상표 소유자의 대리인에 의한 권한 없는 출원)(Art.8(3) CTMR)
의 "Ⅰ. PRELIMINARY REMARKS, 2. Purpose of Article 8(3) CTMR", p. 4 참조; 특허청(주 14)
에서의 관련 부분 설명내용 참조.
16) 일본 상표법 제53조의2에 따르면, 등록상표가 파리협약의 동맹국, 세계무역기구의 가맹
국 또는 상표법조약의 체약국에서 상표에 관한 권리(상표권에 상당하는 권리에 한함)를 가
지는 자의 해당 권리에 관한 상표 또는 이것에 유사한 상표로서 해당 권리에 관한 상품
또는 서비스업 또는 이것들에 유사한 상품 또는 서비스업을 지정상품 또는 지정서비스업
으로 하는 것이고, 또 그 상표등록출원이 정당한 이유가 없이 그 상표에 관한 권리를 가진

와 관련해서도 상표권자로부터 동의를 받지 않은 대리인의 상표등록은 사실상 해당 대리인에게 국내시장에서의 독점판매권을 부여하는 것과 같은 결과로 되어 경쟁질서 및 국제적인 도의상으로도 타당하지 않은 것이고, 대리인 등을 근거로 하여 국제적인 영업활동을 전개할 인센티브를 훼손시키는 것으로서 대리인 등에 의한 거래의 원활함을 초래하는 데 반(反)하게 되며, 수요자의 이익 및 국제적으로 성실한 거래관행에 반(反)하는 것이라고 일본 학설상 그 취지가 종합적으로 언급되고 있다.[17] 따라서 일본 상표법에서도 조약당사국의 상표에 관한 권리를 가진 자의 청구에 의해서 그 대리인 또는 대표자 등에 의해 부당하게 이루어진 상표등록을 취소하는 것을 인정하고, 조약당사국에서의 상표에 관한 권리자의 보호를 강화하고자 파리협약 제6조의7을 받아들인 것이라고 볼 수 있다.

　　그런데 본호는 이상과 같이 파리협약 등에서 구체적으로 언급되고 있는 대리인 또는 대표자의 관계에서 "동업·고용 등 계약관계나 업무상 거래관계 또는 그 밖의 관계"로 그 인적 범위를 더욱 확대하였는데, 이는 대리인 또는 대표자뿐만 아니라, 조약당사국의 상표권자와 계약 또는 거래 관계를 통하여 해당 상표가 우리나라에 등록되지 않은 사실을 알고 그 타인의 상표를 출원하는 것도 거래관계에서 준수하여야 할 신의성실의 원칙을 위반하는 것이라는 점을 적극적으로 고려한 취지라고 볼 수 있다.[18]

　　한편으로 대리인 또는 대표자의 명의에 의한 상표등록이었더라도 한번 등록된다면 그것에 기초하여 새로운 신용이 구축되므로, 언제라도 상표등록의 취소가 가능하다고 한다면 이러한 새로운 신용이 현저하게 불안정한 것으로 된다는 점과 대리인 등의 행위에 대한 상표에 관한 권리자 본인의 주의 의무도 있다는

　　자의 승낙을 얻지 않고 그 대리인이나 대표자 또는 해당 상표등록출원일 전 1년 이내에 대리인이나 대표자이었던 자에 의해서 행해진 것인 때에는 그 상표에 관한 권리를 가진 자는 해당 상표등록을 취소하는 것에 관한 심판을 청구할 수 있다고 규정하고 있다. 그런데 일본 상표법에서는 구 법상 해당 규정의 위반시에 우리나라의 구 상표법과 동일하게 상표등록이의신청이유와 상표등록취소심판사유에 모두 해당되는 것으로 규정하고 있었으나, 평성(平成) 8년(1996년) 개정 일본 상표법에서 해당 규정의 위반을 상표등록이의신청 이유로부터 제외하여 현행법상 해당 규정의 위반시에 단지 제척기간 5년(일본 상표법 제53조의3)의 상표등록취소사유로서만 규정하고 있을 뿐이고, 대리인이었던 자의 기간에 관해서도 1년으로 한정하고 있는 것이 그 특색이라고 하겠다[網野 誠(주 8), 924-925 참조].

17) 小野昌延·三山峻司, 新·商標法槪說(第2版), 靑林書院(2013), 535; 平尾正樹, 商標法, 学陽書房(2006), 502; 田村善之, 商標法槪說(第2版), 弘文堂(2010), 97.

18) 국회 산업통상자원위원회 전문위원 송대호, 상표법 전부개정법률안 검토보고서(2015. 4), 12.

점을 고려하였기 때문에, 일본 상표법상 이에 관한 취소심판청구는 상표등록일
로부터 5년이라는 제척기간을 두고 있다고 일본 심판편람상 설명하고 있기도 하
다.[19] 그런데 우리나라의 구 상표법에서도 본호와 관련된 구 상표법 제73조 제1
항 제7호[20]의 취소심판청구에 관하여 일본 상표법과 마찬가지로 5년이라는 제
척기간을 두고 있었는데, 2016년 개정 상표법에서는 본호가 무효사유로 개정되
면서 무효심판청구와 관련하여 5년이라는 제척기간의 적용대상에서 제외되었다.

II. 본호의 연혁

우리나라의 상표법은 파리협약 가입을 계기로 1980년 개정 상표법(1980. 12.
31. 법률 제3326호, 시행 1981. 9. 1.)에서 조약당사국에 등록된 상표 또는 이와 유
사한 상표로서 그 상표에 관한 권리를 가진 자의 대리인이나 대표자 또는 상표
등록출원일 전 1년 이내에 대리인이나 대표자였던 자가 상표에 관한 권리를 가
진 자의 동의를 받지 아니하는 등 정당한 이유없이 그 상표의 지정상품과 동일
또는 유사한 상품을 지정상품으로 하여 상표등록출원을 한 때에는 그 권리자로
부터 상표등록이의신청이 있으면 해당 상표등록출원은 거절하게 되며,[21] 잘못
등록이 되었을 때에는 그 상표에 관한 권리를 가진 자가 당해 상표등록일로부
터 5년 이내에[22] 상표등록취소심판을 청구할 수 있도록[23] 이와 관련된 규정을

---

19) 日本 特許庁 審判部, 審判便覧(第15版)(平成27年(2015年)3月), "53—03 Τ 同盟の一国にお
    ける標章の所有者の代理人または代表'者による商標の不当登録に対する取消審判" 부분 참조.
20) 제73조(상표등록의 취소심판) ① 등록상표가 다음 각 호의 어느 하나에 해당하는 경우에
    는 그 상표등록의 취소심판을 청구할 수 있다. 7. 제23조 제1항 제3호 본문 또는 제53조
    제2항에 해당하는 상표가 등록된 경우에 그 상표에 관한 권리를 가진 자가 당해 상표등록
    일부터 5년 이내에 취소심판을 청구한 경우.
21) 제16조(거절사정 및 거절이유의 통지) ① 심사관은 상표등록출원이 다음 각호의 1에 해
    당한다고 인정할 때에는 그 출원에 대하여 거절사정을 하여야 한다. 4. 조약당사국 영역내
    에서 등록된 상표 또는 이와 유사한 상표로서 그 상표에 관한 권리를 가진 자의 대리인이
    나 대표자 또는 상표등록출원일전 1년 내에 대리인이나 대표자였던 자가 권리자의 승낙을
    받지 아니하는등 정당한 이유없이 그 상표의 상품과 동일 또는 유사한 상품을 지정상품으
    로 상품등록출원을 한 것이라는 이유로 권리자로부터 이의신청이 있을 때.
22) 파리협약 제6조의7에서는 법적으로 불안정한 상태가 오래 지속되는 것을 피하기 위하여
    취소에 관한 권리를 행사할 수 있는 상당한 기간을 국내법으로 정할 수 있도록 하였고, 대
    리인 등의 새로운 신용을 현저하게 불안정하게 할 수 없다는 취지와 대리인 등에 대한 본
    인의 주의의무의 존재도 고려하여 구 상표법상 상표등록취소심판청구의 제척기간을 상표
    등록일로부터 5년 이내로 한정하였다[윤선희, 상표법, 법문사(2015), 670]. 이는 앞서 언급
    한 일본 상표법상 입법 취지와 동일하다고 볼 수 있다.
23) 제45조(상표등록의 취소 사유) ① 상표권자가 다음 각호의 1에 해당할 경우에는 심판에

신설하였다.24)

1990년 전부개정 상표법(1990. 1. 13. 법률 제4210호, 시행 1990. 9. 1.)에서는 조문번호를 기존의 구 상표법 제16조 제1항 제4호에서 제23조 제1항 제3호로 변경하고 규정상의 일부 문구를 수정하였다.25)26)

2001년 일부개정 상표법(2001. 2. 3. 법률 제6414호, 시행 2001. 7. 1.)에서는 구 상표법 제23조 제1항 제3호에서 거절결정을 할 수 있는 근거로서 기존의 이의신청을 하는 경우 외에 정보제공을 하는 경우를 추가하였다.27)

2016년 전부개정 상표법(2016. 2. 29. 법률 제14033호, 시행 2016. 9. 1.)에서는 기존의 구 상표법 제23조 제1항 제3호에서 제34조 제1항 제21호로 조문번호를 변경하여 부등록사유에 포함시키고, 대리인 등의 적용요건에 해당되는 '1년'이라는 기간을 삭제하였으며, 조약당사국의 상표권자 등으로부터 이의신청이나 정보제공이 있는 경우로 해당 규정의 적용을 한정하였던 제한을 삭제하는28) 등

의하여 그 상표등록을 취소하여야 한다. 8. 제16조 제1항 제4호에 해당하는 상표가 등록된 경우에 그 상표의 권리를 가진 자가 당해 상표등록일로부터 5년 내에 취소심판을 청구하였을 때.

24) 송영식·황종환·김원오 공저(주 3), 154.

25) 제23조(거절사정 및 거절이유통지) ① 심사관은 상표등록출원이 다음 각호의 1에 해당하는 경우에는 그 상표등록출원에 대하여 거절사정을 하여야 한다. 3. 조약당사국에 등록된 상표 또는 이와 유사한 상표로서 그 상표에 관한 권리를 가진 자의 대리인이나 대표자 또는 상표등록출원일전 1년 이내에 대리인이나 대표자이었던 자가 상표에 관한 권리를 가진 자의 동의를 받지 아니하는 등 정당한 이유없이 그 상표의 지정상품과 동일 또는 유사한 상품을 지정상품으로 상표등록출원을 한 경우. 다만, 그 권리자로부터 상표등록이의신청이 있는 경우에 한한다.

26) 이와 아울러 잘못 등록이 되었을 경우 상표법 제45조 제1항 제8호에서 상표등록의 취소사유로 규정하고 있던 것을 상표법 제73조 제1항 제7호로 조문번호를 변경하였다(해당 규정의 내용은 "제23조 제1항 제3호 본문에 해당하는 상표가 등록된 경우에 그 상표에 관한 권리를 가진 자가 당해 상표등록일부터 5년이내에 취소심판을 청구한 경우"임).

27) 제23조(상표등록거절결정 및 거절이유통지) ① 심사관은 상표등록출원이 다음 각호의 1에 해당하는 경우에는 그 상표등록출원에 대하여 상표등록거절결정을 하여야 한다. 3. 조약당사국에 등록된 상표 또는 이와 유사한 상표로서 그 상표에 관한 권리를 가진 자의 대리인이나 대표자 또는 상표등록출원일전 1년 이내에 대리인이나 대표자이었던 자가 상표에 관한 권리를 가진 자의 동의를 받지 아니하는 등 정당한 이유없이 그 상표의 지정상품과 동일하거나 이와 유사한 상품을 지정상품으로 상표등록출원을 한 경우. 다만, 그 권리자로부터 상표등록이의신청이 있거나 제22조 제3항의 규정에 의한 정보제공이 있는 경우에 한한다.

28) 이에 대하여 법무부에서는 구 상표법상 권리자의 상표등록이의신청 또는 정보제공 필요를 규정하고 있는 단서를 삭제하는 것은 속지주의 및 선등록주의를 원칙으로 하고 있는 우리 법제에 어울리지 않으며 국내 출원을 하지 않은 외국의 상표권자에 대한 보호가 지나치게 된다는 견해를 제기하기도 하였으나, 상표법 제34조 제1항 제20호에서 국내로 범위를 제한하지 않음에 따라 이미 신의성실의 원칙과 관련하여서는 속지주의를 배제하고

일부 문구들을 수정 및 추가하여 본호와 같은 현행 규정에 이르게 되었다. 이와 같은 본호의 개정의 취지로서는 우선 신의성실의 원칙에 관한 규정인 상표법 제34조 제1항 제20호와 균형을 맞추어 조약당사국에 등록된 상표에 관한 권리를 가진 자와의 사이에 형성된 계속적 계약관계나 특별한 신뢰를 저버린 채 상표출원한 경우 그 등록을 저지함으로써 공정한 국제거래 질서의 확립에 기여하며,29) '1년'이라는 기간을 삭제하는 등 그 적용상의 인적 관계의 범위 및 대상 기간을 확대하고자 하였다.30) 그리고 구 상표법상 부등록사유가 아닌 상표등록 거절결정이유에 관한 조문에서 이 부분을 규정하였던 것 때문에 국민뿐만 아니라 특허청의 심사관도 본호에 관한 이해도가 낮았다는 면을 고려하고, 외국의 입법례를 검토해 본 결과 다수의 국가에서 이를 부등록사유로 규정하고 있으며 이의신청 기간의 도과 등 과오등록된 경우 취소가 아닌 무효심판 사유로 두는 것이 바람직하다는 점을 고려하여31) 2016년 전부개정 상표법에서는 이와 같은 법령의 이해도 제고를 위해 본호를 부등록사유의 조문으로 이전하고,32) 출원상표가 본호에 해당됨에도 불구하고 잘못 등록되었을 경우에는 기존의 상표등록의 취소사유33)(구 상표법 제73조 제1항 제7호)에서 상표등록의 무효사유(현행 상표법 제117조 제1항 제1호)에 해당하는 것으로 변경한 것이다.34) 그리고 이와 같은

　　있으므로 이와 같은 단서를 삭제하는 개정법의 방향은 일관성 면에서 타당하다고 할 수 있으며, 제34조 제1항 제20호를 위반하여 등록된 경우와 마찬가지로 본호를 위반하여 등록된 경우에도 제117조 제1항 제1호에 따라 무효심판의 대상으로 규정하고 있는 것은 신의성실원칙 위반에 대한 동일한 처리라는 점에서 타당하다는 국회에서의 검토 의견에 의하여 이와 같은 제한은 결국 삭제되었다[국회 산업통상자원위원회 전문위원 송대호(주 18), 13-14].

29) 특허청 상표심사정책과, 불합리한 관행제거와 공정한 상표제도 구축을 위한 상표법 전부개정법률(안) 주요내용(2013. 11), 42.

30) 박종태, INSIGHT+상표법, 한빛지적소유권센터(2016), 410.

31) 특허청 상표심사정책과(주 29), 42.

32) 그리고 2014년 6월 11일에 신설된 현행법 제34조 제1항 제20호가 미등록 상표를 대상으로 신의성실원칙 위반의 경우 등록을 받을 수 없도록 하고 있다는 점을 감안하면, 본호가 조약당사국에 등록된 상표를 대상으로 등록거절결정을 하도록 하는 것은 당연한 것으로 볼 수 있다고 부등록사유로의 이전과 관련하여 그 입법취지가 설명되고 있기도 하다[국회 산업통상자원위원회 전문위원 송대호(주 18), 13].

33) 그런데 본호의 규정은 현행 상표법의 경우처럼 상표등록의 거절이유에 해당하므로 법논리적인 측면에서는 무효사유로 하는 것이 타당하지만, 구 상표법상 출원단계에서 등록을 배제하기 위해서는 정당한 권리자가 이의신청이나 정보제공을 하여야 했기 때문에, 이의신청이나 정보제공이 없는 경우에는 거절이유에 해당하지 않는다고 보아 취소사유로 규정하고 있었던 것이다[문삼섭, 상표법, 세창출판사(2004), 985].

34) 특허청상표디자인심사국 상표심사정책과, "Major Contents of Revised Trademark Law(상표법 전부개정 주요 내용)"(2015. 1. 14), 10; 박종태(주 30), 406.

무효사유로의 변경을 하면서 기존의 취소심판청구에서의 5년의 제척기간은 삭제되었으므로, 본호를 근거로 한 무효심판청구 시에 제척기간의 적용은 없게 되었다.

Ⅲ. 적용요건

1. 조약당사국에 등록된 상표에 관한 권리를 가진 자의 등록된 상표와 동일·유사한 상표로서 그 상표의 지정상품과 동일·유사한 상품을 지정상품으로 하여 등록출원한 상표일 것

해당 요건은 우리나라의 수입대리점 등과 같이 동업·고용 등 계약관계 등이 있는 자가 국내에서 출원한 상표가 외국 거래처의 외국에서 소유하는 상표에 관한 권리(상표권에 상당하는 권리에 한함)와 서로 저촉되는 것이어야 한다는 것을 의미한다.[35]

여기서 조약당사국의 '조약'이란 파리협약 제6조의7에 규정된 것과 같은 상표권자의 권리를 서로 동등하게 인정해 주는 조약을 의미하는바, 다자간 또는 쌍무적인 조약도 포함하며, 여기서 '당사국'에는 파리협약의 당사국뿐 아니라 WTO(세계무역기구) 회원국, 상표법조약 등의 체약국을 포함한다.[36]

한편, 본호에서 법문상 조약당사국에 '등록된 상표'라고 되어 있다는 점에서 미등록상표까지를 포함하는 파리협약의 규정과는 차이가 있는 것처럼 보인다.[37] 그러나 실제로 본호 소정의 '조약당사국에 등록된 상표에 관한 권리를 가진 자'는 상표에 관하여 당사국의 상표법에 의하여 배타적 권리를 가진 자를 의

---

35) 송영식 외 6인 공저, 송영식 지적소유권법(하), 육법사(2013), 354.

36) 박종태(주 30), 408.

37) 파리협약 제6조의7의 규정상 '상표의 소유자(Proprietor of a mark)'란 등록주의하의 등록상표의 소유자로서의 상표권자뿐만 아니라 사용주의를 채택하고 있는 국가에서의 선사용자까지를 포함하는 개념이라는 점에서 우리나라의 상표법과 파리조약의 원문과는 차이가 있는 것처럼 보이는 것이다[문삼섭(주 33), 986]. 이것은 앞서 언급한 일본 상표법 제53조의2에서도 '상표에 관한 권리(상표권에 상당하는 권리에 한함)를 가지는 자의 해당 권리에 관한 상표'라고 규정하여 '등록된 상표'라는 용어를 사용하지 않고, 사용주의 국가에서의 상표권에 상당하는 권리를 포함하고 있는 것으로 기술하고 있는 내용을 참조할 필요가 있다. 그리고 여기서 '상표권에 상당하는 권리'라고 단서를 기술함으로서 상표에 관한 질권을 제외한다는 뜻을 명백히 밝히는 것으로 해석되고 있기도 하다[小野昌延·三山峻司(주 17), 536]. 따라서 본호에서도 일본 상표법처럼 사용주의 국가에서의 상표권에 상당하는 권리를 포함한다는 것 등을 기술하는 법개정을 함으로서 해석상의 불필요한 논란이 없도록 하여야 할 것이다.

미하고, 위 규정의 근거가 된 파리조약 제6조의7의 취지와 권리인정의 근거를
달리하는 조약당사국 간의 거래의 형평(상호주의의 원칙) 등을 고려할 때, 이것은
등록주의 국가의 등록된 상표권자와 미국과 같은 사용주의 국가에서 사용에 의
해 독점배타권을 취득한 선사용자를 모두 포함하는 것으로 본다.[38][39] 즉, 파리
협약 제6조의7의 해석상 동맹국 중 1국에서 어떤 사람이 상표의 소유자인지의
여부는 그 국가의 국내법에 따라 결정되어야 한다.[40]

따라서 본호 소정의 '등록된 상표에 관한 권리를 가지는 자'에는 실제적으
로 등록되어 있지 않더라도 그 사용하는 상표에 배타적 권리를 인정받고 있는
자도 포함되는 것이며,[41] 다만, 상표법상 질권 등에 상당하는 것까지는 포함되
지 않는다는 취지라고 해석된다.[42]

그리고 본호의 문리(文理)적인 해석상 '등록된 상표에 관한 권리를 가지는
자'에는 전용사용권자나 통상사용권자도 제외한다는 취지로 해석되는 것인바,[43]

---

38) 송영식 외 6인 공저(주 35), 354; 이상경(주 7), 527-528; 특허법원 지적재산소송실무연구
   회(주 4), 744-745; 특허법원 2008. 6. 4. 선고 2008허7027 판결(확정).

39) 한편, 유럽공동체상표법 제8조 제3항에서는 상표의 소유자의 동의 없이 유럽공동체상표
   로 출원된 "선행 상표(earlier trademark)"일 경우에 적용된다고 규정하고 있다. 따라서 동
   법 제8조 제3항에 근거한 이의신청에서 권리의 속성 등에 관하여 그 권리의 종류를 면밀
   히 판단하는 것이 필요하고, 해당 규정에서 어떠한 제한이 없는 조건 및 실제 소유자의 정
   당한 이익을 효과적으로 보호해야 할 필요의 관점에서 "상표"라는 용어는 넓게 해석되어
   야 하며, 해당 규정에는 등록된 상표에 대하여 독점적으로 그 범위를 제한한다는 항목이
   없기 때문에, 출원중인 상표에 대하여도 포함한다는 것으로 이해된다. 그리고 파리협약 제
   6조의 의미 내에 속하는 미등록된 상표 또는 주지·저명한 상표 역시 동법 제8조 제3항의
   "상표"라는 용어로 포함될 수 있는 것인데, 근원이 되는 국가의 법에서 미등록된 상표에
   대한 권리도 인정하는 범위 내에서는 등록된 상표 및 미등록된 상표 모두가 해당 규정에
   포함될 수 있다고 본다. 결국 이의신청의 근거가 되는 상표는 그 유럽공동체상표(CTM) 출
   원보다 먼저 선행되어야 한다는 것이 동법 제8조 제3항의 법문으로부터 명백하므로, 고려
   되어야 할 시점과 관련된 기준점은 이의신청의 대상이 되는 출원상표의 출원일 또는 우선
   일이다. 우선권에 따라 판단되어야 하는 규칙은 근거가 되는 권리의 종류에 좌우되는데,
   선행하는 권리가 등록에 의해 취득되었다면, 그 출원상표에 선행하는지 여부를 판단하기
   위해 고려되어야 하는 사항은 그 권리의 우선일자인 반면, 선행된 권리가 사용을 근거로
   한 권리라면, 그와 같은 권리가 유럽공동체상표출원의 출원일자 전에 미리 취득된 것이어
   야 한다[유럽공동체상표심사기준의 이의신청심사기준(OPPOSITION GUIDELINES) Part3
   Unauthorised filing by agents of the TM owner(상표 소유자의 대리인에 의한 권한 없는 출
   원)(Art.8(3) CTMR)의 "Ⅲ. SCOPE OF APPLICATION, 1. Kinds of marks covered", p. 6
   참조; 특허청(주 14)에서의 관련 부분 설명내용 참조].

40) 특허청 국제기구팀(주 9), 161.

41) 이에 대한 근거로서 본호의 규율이 대리인 등에 의한 신의칙 위배를 이유로 하는 이상,
   적어도 외국에서의 등록의 유무에 구애될 필요는 없다는 견해도 있다[田村善之(주 17),
   98].

42) 平尾正樹(주 17), 503; 網野 誠(주 8), 927-928.

파리협약 제6조의7의 취지로 보면 전용사용권자를 제외할 필요는 없다고 생각될 수 있지만, 해당 협약에서도 "Proprietor of a mark(상표의 소유자 내지 소유주)"로 되어 있고 'exclusive licensee'는 포함되어 있다는 규정이 없으므로, 문구 그대로 전용사용권자는 제외되는 것으로 해석하는 것이 타당할 것이다.[44]

　　그런데 본호의 대상이 되는 "조약당사국"은 파리협약에서 원래 대리인 등이 출원한 국가(본호에서는 우리나라)가 아닌 다른 국가만을 여기서의 "조약당사국"으로 한정한다는 취지의 규정으로 되어 있었는데, 1958년 리스본 개정회의에서 다른 국가만이 아닌 상표권자가 상표등록을 받고 있는 해당 국가내에서의 대리인 등의 상표등록출원에 대해서도 이의신청 등을 할 수 있게 하여야 한다는 제안에 따라 파리협약 제6조의7 제1항에서 "1 또는 2 이상의 동맹국에서"로 정정되었다고 한다.[45] 따라서 이러한 점만을 비추어 본다면, 본호에서의 "조약당사국"의 적용대상에 대리인 등의 상표등록출원이 이루어진 국가에 해당하는 우리나라도 포함되는 것으로 해석할 수도 있을 것이나, 우리나라에서는 등록상표에 근거한 상표권 이외에는 상표의 소유권(즉, 상표권에 상당하는 권리)의 중복적인 존재는 인정할 수 없는 것이다.[46] 게다가 우리나라에서의 상표권자가 굳이 본호에 의하지 않더라도 대리인 등의 출원상표에 대해서는 상표법 제34조 제1항 제7호(선등록상표와 동일 또는 유사한 출원상표의 등록거절 또는 무효) 등의 위반을 이유로 충분히 해당 출원상표에 대한 등록을 막을 수 있으므로, 우리나라에서의 대리인의 출원상표에 대해서 특별히 본호를 적용할 실익은 없다.[47] 이와 관련하여 파리협약에 관한 해설을 살펴보면, 파리협약의 해당 규정에서 '동맹국'에 대하여 아무런 언급을 하고 있지 않으므로, 대리인 등이 상표등록출원을 한 국가 또는 등록을 받은 국가를 포함하여 동맹국 중 어떤 국가에서든 관계자가 상표에 관한 권리자이면 적용된다고 볼 수는 있지만, 이러한 경우는 그 전제로서 관련 국가가 기존의 선등록상표와의 저촉에 관하여 심사하지 않을 경우 등에만 일어날 수 있다고 언급하고 있다.[48]

---

43) 문삼섭(주 33), 986-987.
44) 田村善之(주 17), 98; 網野 誠(주 8), 928; 유럽공동체상표심사기준의 이의신청심사기준 (OPPOSITION GUIDELINES) Part3 Unauthorised filing by agents of the TM owner(상표 소유자의 대리인에 의한 권한 없는 출원)(Art.8(3) CTMR)의 "Ⅱ. ENTITLEMENT OF THE OPPONENT", p. 5 참조; 특허청(주 14)에서의 관련 부분 설명내용 참조.
45) 網野 誠(주 8), 928.
46) 網野 誠(주 8), 928.
47) 田村善之(주 17), 98; 平尾正樹(주 17), 503; 網野 誠(주 8), 928.

한편, 본호는 "조약당사국에 등록된 상표와 동일·유사한 상표"에 대하여 적용되는 것으로 규정되어 있다. 그런데 파리협약 제6조의7은 "그 표장(the mark)의 등록을 출원한 경우에는"으로 규정되어 있어 외국에서의 상표에 관한 권리자의 상표와 동일한 상표에 한하여 등록을 금지하는 것처럼 보이나, 본호는 조약당사국에 등록된 상표와 유사한 상표를 그 지정상품과 동일 또는 유사한 상품에 출원한 경우에도 적용되는 것으로 규정되어 있으므로,[49] 본호가 파리협약상의 적용범위보다 더욱 확대된 것이라고 해석하는 견해도 있다.[50] 그러나 이것은 일부의 잘못된 견해들에 해당된다고 볼 수 있는데, 세계지식재산기구(WIPO)의 전신인 지식재산권 사무국의 사무국장이었던 Dr. Bodenhausen이 집필한 파리협약에 관한 주해(Guide to the Application of the Paris Convention for the Protection of Industrial Property)에서도 파리협약 제6조의7이 그 목적 및 실질적인 해석상 대리인 또는 대표자의 출원상표가 원권리자의 상표와 동일하지 않고 유사한(not identical but similar) 경우에도 적용된다고 언급하고 있다.[51] 이와 같은 파리협약상의 해석에 따라서 일본 상표법에서도 본호와 동일하게 규정하고 있고,[52] 유럽공동체상표법상의 해석도 이와 같은 파리협약의 해석에 따르는 것이라고 할 수 있다.[53] 그러나 여기서 선출원이나 선등록상표와의 유사 판단기준과

---

48) 특허청 국제기구팀(주 9), 161.
49) 최성우·정태호 공저(주 12), 509; 문삼섭(주 33), 986.
50) 網野 誠(주 8), 927; 박종태(주 30), 408.
51) 특허청 국제기구팀(주 9), 162.
52) 일본의 통설상으로도 파리협약 제6조의7의 문구에서는 상표가 동일한 경우에만 한하는 것처럼 읽혀질 수 있지만 파리협약상의 해당 문구의 취지를 철저하게 고려하여 상표가 유사한 경우에도 포함되어야 한다고 해석하고 있다[小野昌延 編(주 8), 1179].
53) 이와 관련하여 유럽공동체상표법 제8조 제3항에서도 상표의 소유자의 대리인 또는 대표자가 자신의 명의로 그 상표의 등록을 위해 출원할 때 그 유럽공동체상표출원은 등록될 수 없다고만 규정하고 있어, 법규정상으로만 볼 때에는 해당 출원상표가 그 선행상표와 동일하여야 하는 것처럼 기술되어 있으므로, 해당 규정의 문구 그대로의 해석에 따를 경우 대리인 또는 대표자가 원래의 상표의 소유자의 상표와 동일한 상표를 등록할 의도로 출원한 경우에만 해당 규정의 적용이 가능하다는 결론이 도출될 수도 있다. 그러나 해당 규정의 해석과 관련하여 동일한 지정상품 또는 지정서비스업에 관한 동일한 상표에만 해당 규정이 적용되는 것은 해당 규정을 사실상 효력이 없게 할 수 있다는 점이 고려되고 있는데, 그 이유로서는 출원인이 선행상표(earlier trademark) 또는 지정상품 또는 지정서비스업의 명칭에 약간의 수정을 가함으로써, 출원인으로 하여금 해당 규정의 적용을 회피할 수 있게 하여 주기 때문이다. 따라서 그와 같은 경우에는 상표의 소유자의 이익이 심각한 위험에 처하게 되므로, 대리인 또는 대표자에 의한 불공정한 행위로부터 정당한 소유자를 효과적으로 보호해야 할 필요성의 관점에서 해당 규정의 적용범위에 대한 제한적인 해석이 이루어져서는 안된다고 본다. 따라서 해당 규정은 관련된 표장이 동일한 경우 뿐만 아니라, 대리인 또는 대표자에 의해 출원된 표장이 그 표장의 식별력에 실질적으로 영향을 미치지 아니한 범위 내

같은 기본적인 유사범위(이른바 상표 자체의 혼동을 말하는 '협의의 혼동'의 개념)를 더욱 넘어서는 저명상표에 관련된 '광의의 혼동(기업의 혼동 내지 후원관계의 혼동)'의 개념에까지 거절의 범위를 확대하고자 한 것은 아님에 주의하여야 할 것이다.54)

즉, 본호는 문구 그대로 '조약당사국에 등록된 상표의 지정상품과 동일·유사한 상품'을 지정상품으로 하여 등록출원한 상표에 대해서 적용되는 것이다. 그리고 앞서 언급한 바와 같이, 파리협약 제6조의7에서는 상품의 유사에 관한 언급이 없어서 그 해석상 논란의 여지가 있을 수 있으나, 파리협약의 전체적인 해석상 상표의 유사 범위까지의 적용에 관한 원칙에 따라 파리협약 제6조의7에서도 해당 규정의 목적상 당연히 상품이 동일한 것뿐만 아니라 유사한 범위까지 그 적용범위가 인정되는 것이며, 상품의 동일·유사범위에 관계 없이 비유사한 범위에 해당하는 전체 지정상품에까지 적용되는 것은 아니라는 해석에 본호가 근거하고 있다고 볼 수 있다.55) 따라서 본호가 상품의 적용 범위를 유사 범위까지 확대하고 있는 것은 파리협약 제6조의7에서의 해석과 다르다는 일부 견해56)는 이상과 같은 파리협약의 실제적인 해석을 간과한 것이라고 볼 수 있다.

2. 그 등록된 상표에 관한 권리를 가진 자와의 동업·고용 등 계약관계나 업무상 거래관계 또는 그 밖의 관계에 있거나 있었던 자의 출원일 것

가. 동업·고용 등 계약관계 등에 대한 일반적인 해석

본호 소정의 "동업·고용 등 계약관계나 업무상 거래관계 또는 그 밖의 관

에서 약간의 변경, 첨가 또는 삭제되어 선행상표를 실질적으로 나타내는 경우(상표의 유사 범위)에도 적용되어야 한다고 유럽공동체상표심사기준상 해석되고 있다. 그리고 유럽공동체상표법 제8조 제3항은 관련된 지정상품 또는 지정서비스업이 명칭이 엄격하게 동일한 경우 뿐만 아니라, 저촉되는 지정상품 또는 지정서비스업이 매우 밀접하게 관련되거나 상거래의 용어상 동등하다고 볼 경우에도 적용되는데, 결론적으로 중요한 것은 출원인의 지정상품 또는 지정서비스업이 이의신청인으로부터 모종의 "보장된" 품질의 상품으로 인지될 수 있는 것인지에 관한 것을 해당 규정의 적용상의 판단기준으로 보고 있다[유럽공동체상표심사기준의 이의신청심사기준(OPPOSITION GUIDELINES) Part3 Unauthorised filing by agents of the TM owner(상표 소유자의 대리인에 의한 권한 없는 출원)(Art.8(3) CTMR)의 "Ⅳ. CONDITIONS OF APPLICATION, 5. Applicability beyond identical signs – goods and services", p.15 참조; 특허청(주 14)에서의 관련 부분 설명내용 참조].

54) 平尾正樹(주 17), 503-504; 網野 誠(주 8), 927.
55) 小野昌延 編(주 8), 1179.
56) 박종태(주 30), 410.

계57)"는 상표법 제34조 제1항 제20호의 내용과 같다.58) 따라서 동업·고용 등 계약관계나 업무상 거래관계에 따라 본호가 적용되는 예를 상표법 제34조 제1항 제20호에서의 해당 요건과 결부시켜 살펴보면, 동업자가 조약당사국에 등록된 상표에 관한 권리를 가진 다른 동업자의 국내에서의 사용을 배제하기 위하여 단독으로 출원하는 경우, 종업원이 조약당사국에 등록된 상표에 관한 권리를 가진 회사의 국내로의 제품 출시 계획을 알고 해당 상표를 미리 출원하여 선점하고자 하는 경우, 조약당사국에 등록된 상표에 관한 권리를 가진 자의 대리점 등 업무상 거래관계가 있는 자가 거래대상이 되는 제품의 상표를 국내에서 선점목적으로 출원한 경우 등이 이에 해당한다고 볼 수 있다.59)

여기서 '동업·고용 등 계약관계나 업무상 거래관계'라 함은 문서를 통해 정식으로 동업·고용·거래관계가 이루어진 경우뿐만이 아니라, 기타 계약관계나 거래관계가 증명되는 경우에도 본호에 해당하는 것으로 본다.60)

그리고 '그 밖의 관계'라 함은 동업·고용 등 계약관계나 업무상 거래관계에 준하는 정도의 일정한 신의성실관계를 말한다.61) 따라서 관련 없는 제3자의 영업활동이나 대중매체 등을 통하여 인지한 상표를 출원하는 경우에는 이에 해당하지 않는 것으로 본다.62)

한편, 본호의 규정상 이상과 같은 관계가 있거나 있었던 자에 대하여 본호가 적용되는 것이므로 본호의 판단시점인 '상표등록출원을 한 때'를 기준으

---

57) 애초에는 2016년 전부개정안의 법문초안에서 "대리·대표 등 업무상 거래관계"라는 표현으로 되어 있었으나, 대리 또는 대표가 상표권자의 거래 상대방에 해당하는 것으로 오인할 우려가 있으므로 제34조 제1항 제20호와 표현을 통일하여 "동업·고용 등 계약관계나 업무상 거래관계 또는 그 밖의 관계"로 수정하는 것이 바람직하다는 국회 산업자원통상위원회의 검토보고서의 의견에 의해서 현재와 같은 표현으로 이루어진 것임[국회 산업통상자원위원회 전문위원 송대호(주 18), 13].

58) 박종태(주 30), 409.

59) 박종태(주 30), 406.

60) 상표심사기준(개정 2016. 8. 29. 특허청 예규 제90호) 제5부 제21장 1.2.1.

61) 윤선희(주 22), 279.

62) 상표심사기준(개정 2016. 8. 29. 특허청 예규 제90호) 제5부 제21장 1.2.2; 그런데 이와 관련하여 계약관계나 업무상 거래관계 등 특정한 관계가 없이 단순히 대중매체 등을 통하여 조약당사국에 등록된 상표를 인지하고 이를 출원하였다는 사정만으로 본호를 적용하는 것은 결과적으로 타인의 상표임을 알고 출원하면 어느 경우나 거절된다는 결론에 도달하게 되어 선출원주의를 근간으로 하는 상표법의 근본체계를 무너뜨리고, 특정한 인식도와 부정한 목적이 있는 경우에 한하여 적용되는 상표법 제34조 제1항 제13호 등의 입법취지가 완전히 몰각되어 해당 규정이 사문화될 수 있다는 점에서 부당하다고 볼 수 있을 것이다[박종태, "2014. 6. 11.시행 법률 제12751호 개정상표법에 대한 소고", 지식과 권리, 대한변리사회, 제17호(2014. 12), 296 참조].

로63) 계약관계 등이 반드시 유지되고 있을 필요는 없고, 과거에 계약관계 등이 있었던 자도 본호가 적용된다.64) 따라서 조약당사국에 등록된 상표에 관한 권리를 가진 자와의 동업·고용 등 계약관계나 업무상 거래관계 또는 그 밖의 관계가 소멸한 경우라도 그러한 계약관계나 거래관계가 있었던 자 등에 의해 상표등록출원이 이루어진다면 본호가 적용될 수 있다고 보아야 할 것이다.65) 그런데 파리협약 제6조의7에서는 그 인적 대상으로 과거에 대리인 등의 계약관계 등이 있었던 자에 대한 언급이 없으므로, 이와 같은 계약관계 등이 있는 자뿐만이 아니라 과거에 있었던 자까지 그 인적 대상으로 규정하고 있는 우리나라의 상표법에서의 본호가 파리협약보다 외국의 권리자를 더욱 두텁게 보호한다고 볼 수 있다.66) 본호와 같이 과거에 계약관계 등이 있었던 자까지 확대하지 않고 현재의 계약관계 등이 있는 자만으로 그 인적 대상을 한정한다면, 계약관계 등이 있는 자가 계약관계를 해제시키고 바로 상표등록출원을 하게 될 경우에는 본호의 적용에 대한 회피가 쉽게 될 수 있다.67) 한편으로 이와 관련하여 구 상표법상으로는 상표등록출원일 전 1년 이내에 대리인 등에 해당하였을 것이라는 기간면에서의 제한을 두었는데, 이것은 대리인 등의 관계가 종료한 후에도 지나치게 장기간 대리인 등을 구속하는 것은 대리인 등에 해당하였던 자의 상표의 선택에 관한 측면에서 다소 가혹하다고 보았기 때문이다.68) 그러나 2016년 전부개정 상표법에서는 이러한 기간상의 제한을 삭제하였으므로 계약관계 등에 있었던 자의 본호에 해당하는 상표등록출원은 계약관계의 종료 후에도 기간의 제한 없이 계속 본호의 적용대상이 되었는바, 특허청이 이와 같은 상표등록출원에 대한 강력한 근절의 입법취지를 해당 개정 상표법상 본호를 통해 보여주고 있다고 하겠다.

결국 본호와 관련하여 당사자 간의 계약은 본호의 문제가 될 수 있는 출원서가 제출된 때 그 효력이 유지되어야 하는 것은 아니고, 신뢰 및 비밀보장의

---

63) 상표법 제34조 제2항.
64) 상표심사기준(개정 2016. 8. 29. 특허청 예규 제90호) 제5부 제21장 1.2.3.
65) 이와 관련하여 2016년 전부개정 상표법 이전의 구법상으로는 그 등록된 상표에 관한 권리를 가진 자의 '출원일 현재 또는 출원일 전 1년 이내에 대리인이나 대표자이었던 자가 출원한 경우에 한하여 본호가 적용되는 것으로 하고 있었다는 면에서 2016년 전부개정 상표법상의 본호는 그 적용상의 대상기간 면에서 구법에 비해 더욱 확대된 것이라고 볼 수 있다[박종태(주 30), 410].
66) 송영식 외 6인 공저(주 35), 354.
67) 平尾正樹(주 17), 505.
68) 田村善之(주 17), 99.

의무가 여전히 존재하는 것으로 여겨지도록 계약이 실효된 시점에도 어느 정도의 지속성이 있는 상황이라면 출원일 이전에 만기된 계약에도 적용된다고 보아야 하는 것이며, 이와 관련된 본호의 적용에 있어서 핵심적인 근거가 되는 것은 출원인이 그의 지위로 인하여 얻은 노하우와 관계를 이용하여 상표에 관한 권리자와의 만료된 계약관계로 여전히 상업적인 이득을 취할 수 있다는 점과 관련되어 있다고 볼 수 있을 것이다.[69]

　한편으로 2016년 전부개정 상표법 이전의 구 상표법 제23조 제1항 제3호에서의 '대리인이나 대표자 또는 대리인이나 대표자이었던 자'도 본호의 '동업·고용 등 계약관계나 업무상 거래관계 또는 그 밖의 관계가 있거나 있었던 자'에 포함되는 것으로 보아야 할 것이고,[70] 본호는 구 상표법상의 상표등록거절사유인 "조약당사국에 등록된 상표권자의 대리인 또는 대표자가 그 직무를 원인으로 하여 알게 된 상표를 해당 상표권자의 동의 없이 출원하는 것"과 동등한 의미를 부여할 수 있는 것이라는 입법취지를 고려해야 하며,[71] 게다가 실제적으로 파리협약 제6조의7에서 그 인적 대상으로 명문화되고 있는 대리인 또는 대표자의 해석에 관한 문제들이 기존의 구 상표법상으로도 본호의 적용과 관련된 심판이나 소송 등에서 가장 많이 발생하기도 하였으므로, 이에 대해서 구체적으로 검토하는 것이 본호에서 가장 중요한 쟁점이라고 볼 수 있는바, 이에 관한 구체적인 해석은 이하와 같다.

나. 상표에 관한 권리를 가진 자의 대리인 또는 대표자에 대한 해석
(1) 대리인 또는 대표자에 관한 파리협약상의 의미

　본호와 관련된 국제조약인 파리협약 제6조의7에서는 상표의 소유권자의 대리인 또는 대표자가 소유권자의 허락을 받지 않고 그 자신의 명의로 상표등록 출원하거나 상표를 사용하는 경우를 규정하고 있다.[72] 즉, 파리협약 제6조의7은 특별한 상황, 즉, 상표의 소유권자의 대리인 또는 대표자에 의한 상표의 등록 또는 사용(registration or use of the mark)에 관하여 상표의 소유권자(Proprietor of a

---

69) 유럽공동체상표심사기준의 이의신청심사기준(OPPOSITION GUIDELINES) Part3 Unautho-rised filing by agents of the TM owner(상표 소유자의 대리인에 의한 권한 없는 출원)(Art.8(3) CTMR)의 "IV. CONDITIONS OF APPLICATION, 1. Agent or representative relationship", p.11 참조; 특허청(주 14)에서의 관련 부분 설명내용 참조.
70) 상표심사기준(개정 2016. 8. 29. 특허청 예규 제90호) 제5부 제21장 1.2.4.
71) 국회 산업통상자원위원회 전문위원 송대호(주 18), 12.
72) 특허청(주 5), 674.

mark)와 그의 대리인 또는 대표자(his agent or representative) 사이의 관계를 다루고 있다. 따라서 많은 경우 그러한 관계는 계약에 의해 적절히 규율될 것이나 계약이 존재하지 않거나 또는 계약이 이러한 문제에 대해 침묵하고 있거나 부적합한 경우도 있다.[73]

만약 상표의 소유권자의 특정 국가의 대리인 또는 대표자가 자기의 주도로 등록 및 사용의 요건에 적법하게 그 상표를 등록 및 사용함으로써 그 상표를 특정 국가에서 보호받게 하기 위한 필요한 조치를 취한다면 상표의 소유권자의 이익이 되는 경우도 때때로 있을 것이나, 당사자 사이의 계약관계 등이 종료되는 경우에 상표를 사용할 수 있는 배타적 권리에 관하여 중대한 문제가 발생할 수 있다.[74] 파리협약 제6조의7의 적용이 동맹국인 1 국가에서 요구되는 경우 그 국가의 권한있는 당국은 먼저 자기의 명의로 당사국에 상표등록출원을 한 자가 동맹국인 1 국가에서 그 상표의 소유권자의 대리인 또는 대표자로서 간주될 수 있는지 여부를 결정해야 하는데, 해당 규정의 목적에 비추어 "대리인 또는 대표자"는 법적 의미상 좁게 해석되어서는 안 될 것이므로, 해당 규정은 그 상표가 부착된 상품의 판매업자로서 자기의 명의로 그 상표에 대한 출원을 하는 자에게도 적용된다고 본다.[75]

(2) 대리인 또는 대표자에 관한 해석 동향

구 상표법상 본호의 적용 여부를 판단하는 데 기존에 가장 다툼이 많았던 것은 등록상표의 출원인이 상표에 관한 정당한 권리자의 '대리인 또는 대표자'의 지위에 있거나 있었는지의 여부이다. 이것은 구 상표법상 본호의 적용을 회피하기 위하여 상표에 관한 정당한 권리자의 '대리인 또는 대표자'이거나 이었던 자가 특정 상표를 자기의 명의로 출원하지 않고 그와 밀접한 관계에 있는 타인의 명의로 상표등록출원을 하는 경우가 적지 않았기 때문이었으며, 이에 관하여 우리나라의 대법원은 구체적인 판단 법리를 제시하고 있기도 하다.[76]

이와 관련하여 구 상표법에서 명시되었던 '대리인이나 대표자'는 파리협약 제6조의7의 "agent or representative"를 번역한 것으로서 해당 협약에서 유래하고 있는바, 이와 같은 용어의 개념상의 해석은 파리협약 자체로서도 명확하지 않다고 보는데, 굳이 그 의미를 각각 분석해 본다면 'agent'는 법률상의 의미 그

---

73) 특허청 국제기구팀(주 9), 160.
74) 특허청 국제기구팀(주 9), 160.
75) 특허청 국제기구팀(주 9), 161.
76) 구 상표법 제73조 제1항 제7호에 관한 대법원 2013. 2. 28. 선고 2011후1289 판결 등 참조.

대로 해석해야 하고 'representative'는 법률상의 의미보다 광의의 의미로 해석해야 한다는 견해도 있다.[77] 통상의 법령상의 해석처럼 '대리인'은 자연인과 법인을 불문하고 상표에 관한 권리자로부터 대리권을 부여받은 자를 말하고, '대표자'는 법인인 상표에 관한 권리를 가진 자의 대표자를 의미하는 것으로 해석하는 일본에서의 학설도 있지만, 오히려 대리권이나 대표권의 존재를 필수적인 요건으로 하지 않고 넓게 보아 상표권자의 상품을 수입하여 판매하는 자를 지칭한다는 설이 일본에서의 유력한 학설로 인정되고 있다.[78]

　우리나라에서도 구 상표법상 '대리인'이라 함은 대리점, 특약점, 위탁판매업자, 총대리점 등 해외에 있는 수입선(輸入先)인 상표소유권자의 상품을 수입하여 판매, 광고하는 자를 포함하며,[79] 고용관계 그 밖의 계약관계에 의해 상표에 관한 권리자의 영업 및 거래상의 이익을 도모해야 하는 자를 의미한다고 해석되고 있었다.[80] 따라서 이상과 같이 대리인 등의 인정 범위를 넓게 보고 있었던 기존의 구 상표법상의 해석에 비추어 본다면, 2016년 전부개정 상표법에서 '대리인이나 대표자'라는 문구를 삭제하고 "동업·고용 등 계약관계나 업무상 거래관계 또는 그 밖의 관계에 있거나 있었던 자"라는 문구로 개정하였음에도 본호의 실질적인 내용은 구 상표법상의 내용과 크게 달라진 것이 없는 것처럼 보일수도 있다.

　그러나 일본의 통설적인 견해에 의하면, 대리점, 특약점, 총대리점, 위탁판매업자와 같이 어떠한 계속적인 계약관계의 존재가 전제로 되는 자는 '대리인이나 대표자'에 포함되지만, 그와 같은 관계 없이 단순한 '단골손님' 내지 '고객' 관계에 있을 뿐인 자는 포함되지 않는 것으로 해석해야 한다고 언급하면서,[81] 이러한 점은 파리협약 제6조의7을 도입한 리스본 개정회의에서 미국 대표 등이 '대리인 또는 대표자' 외에 '단골손님' 내지 '고객'도 추가할 수 있도록 한 제안이 부결된 것에 비추어 명백하다고 한다.[82][83] 이러한 일본의 통설적인

---

77) 網野 誠(주 8), 930.
78) 小野昌延 編(주 8), 1180.
79) 대법원 1996. 2. 13. 선고 95후1241 판결.
80) 최성우·정태호 공저(주 12), 509.
81) 문삼섭(주 33), 987.
82) 網野 誠(주 8), 930; 小野昌延 編(주 8), 1179.
83) 한편, 이에 관하여 유럽공동체상표심사기준에서는 그와 같은 자가 상표 소유자와 특수한 신뢰의 의무를 가지지 않기 때문에, 상표의 소유자로부터의 단순한 구매자 또는 고객은 유럽공동체상표법 제8조 제3항의 목적상 "대리인 또는 대표자"라고 할 수 없다고 언급하고 있으며, 파리협약의 제6조의7의 초기 법안에는 "또는 고객"이라는 문구가 포함되었으

견해에 따르면, 계약에 기하여 계속적인 법적 관계가 있거나, 적어도 계속적인 거래로부터 관행적인 신뢰관계가 형성되어 외국의 상표권자의 판매체계에 편입된 자가 대리인에 포함된다고 해석될 수 있으며,[84] 일본의 판례도 같은 입장이라고 볼 수 있다.[85]

그런데 우리나라의 2016년 전부개정 상표법에서는 "동업·고용 등 계약관계"가 아니더라도 단순히 "업무상 거래관계 또는 그 밖의 관계"가 있으면 본호가 적용되는 것으로 규정하고 있는바, 앞에서 언급한 '단골손님' 내지 '고객' 관계는 '계약관계'가 존재하지 않더라도 거래 상황에 따라 이와 같은 "업무상 거래관계 또는 그 밖의 관계"에 포함될 수 있다고 충분히 해석될 수 있는 것이다. 따라서 이와 같은 개정 상표법상의 본호는 구 상표법 및 파리협약 제6조의7에서 언급되고 있는 "대리인이나 대표자"의 관계보다 그 인적 대상이 확대된 것이라고 보아야 할 것이며, 이것은 2016년 전부개정 상표법에서 거래상의 신의성실의 원칙에 반하는 상표의 부등록사유인 제34조 제1항 제20호에서의 "동업·고용 등 계약관계나 업무상 거래관계 또는 그 밖의 관계"를 그대로 본호에 규정하여 본호와 해당 규정의 균형을 맞추어 인적 관계의 범위를 확대하려고 한 본호의 입법취지상으로도 그렇게 보아야 할 것이다.[86][87] 게다가 앞서 언급한 바와 같이 특허청

나, 리스본 협정(the Revision Conference of Lisbon)에서 그 명칭이 모호하다는 이유로 명시적으로 거부되었다고 언급하고 있기도 하다[유럽공동체상표심사기준의 이의신청심사기준(OPPOSITION GUIDELINES) Part3 Unauthorised filing by agents of the TM owner(상표소유자의 대리인에 의한 권한 없는 출원)(Art.8(3) CTMR)의 "Ⅳ. CONDITIONS OF APPLICATION, 1. Agent or representative relationship", p. 9 참조; 특허청(주 14)에서의 관련 부분 설명내용 참조].

84) 小野昌延 編(주 8), 1180-1181.

85) 이와 관련된 대표적인 사건에서는 'B사는 본건 상표의 출원 당시에, 미국의 ケーサイト 제품의 독점 수출점인 D사의 고객이며 ケーサイト제품의 단순한 수입판매업자임에 지나지 않았고, 그 이상으로 B사와 D사 또는 미국에서의 상표권자인 Y와의 사이에 B사가 Y의 대리인으로서 ケーサイト제품을 판매하는 법률상의 관계 내지는 특약점, 수입총대리점 등 일본에서 미국 제품을 판매함에 대하여 특별한 계약상 관행상의 관계가 있었다고는 도저히 인정할 수 없고, 그 사이에 각별한 신뢰관계가 형성되어 있었다고도 할 수 없다'고 하여, 해당 B사를 일본 상표법 제53조의2에 규정하는 피고의 '대리인 또는 대표자이었던 자'라고 인정할 수 없다고 판시한 바 있으며(東京高裁昭和58年12月22日判決 無体集15卷3号,832頁, 判時1115号121頁), 이와 동일한 취지의 판결도 존재한다[知裁高判平成23年1月31日裁判所ホームページ(アグロナチュラ事件)].

86) 박종태(주 30), 410.

87) 이것은 2016년 2월 상표법전부개정법률안(대안)(의안번호 : 18506)에 대한 국회 산업통상자원위원장의 제안 내용(의사국 의안과 의안원문)에서의 "3. 대안의 주요내용"에서 "라. 조약국 상표권자의 동의 없는 상표등록을 제한하는 출원인의 범위를 동업·고용 등 계약관계나 업무상 거래관계 또는 그 밖의 관계로 확대함"이라고 명시하고 있는 것을 통해서도

의 상표심사기준에서도 구 상표법상의 '대리인이나 대표자'가 본호의 "동업·고용 등 계약관계나 업무상 거래관계 또는 그 밖의 관계"에 포함된다고 언급하고 있어 본호의 인적 관계의 범위가 구 상표법상의 "대리인이나 대표자"에 대한 해석보다 더욱 넓은 범위에 해당한다는 것을 명확히 뒷받침하고 있다.[88]

한편, 본호에서 규정하고 있는 "동업·고용 등 계약관계"는 '계속적 계약관계'가 있을 것을 요하는 것인데, 이와 관련하여 구 상표법상 조약당사국에서의 상표권자와 국내의 법인 사이에 '거래행위를 위한 교섭단계'에 있었던 것에 불과하고 '계속적 계약관계'는 없으므로 '대리인이나 대표자'의 지위를 부정하는 판단을 한 특허법원 2003. 4. 4. 선고 2002허7667 판결[89] 및 특허법원 2009. 8. 28. 선고 2009허3756 판결[90] 등도 동일한 해석을 보여주고 있다.

본호의 적용과 관련된 인적 관계의 확대에 관한 입법취지를 확인할 수 있다. 그리고 국회에서의 상표법 전부개정법률안 검토보고서에서도 본호에 관해서 "조약당사국의 상표권리자와 '대리·대표 관계' 외에 '동업·고용 등 계약 관계와 업무상 거래 관계'에 있거나 있었던 자가 해당 권리자의 동의 없이 상표등록출원한 경우에도 상표등록을 받을 수 없도록 하려는 것임"이라고 언급하여 이러한 인적 관계의 확대에 관한 입법취지를 분명히 보여주고 있다[국회 산업통상자원위원회 전문위원 송대호(주 18), 11-12].

88) 상표심사기준(개정 2016. 8. 29. 특허청 예규 제90호) 제5부 제21장 1.2.4.

89) '대리인 또는 대표자'라 함은 대리점, 특약점, 위탁판매업자, 총대리점 등 널리 해외에 있는 수입선인 상표소유권자의 상품을 수입하여 판매·광고하는 자를 포함하여 고용관계, 그 밖의 계약관계에 의하여 상표소유권자의 영업거래상의 이익을 도모해야 하는 자를 의미한다. 피고가 대표이사로 있는 다코랜드 주식회사가 원고로부터 원고가 생산하는 인용상표들이 부착된 상품을 국내에 수입·판매하기 위하여 1997. 10. 20.경 원고에게 제품의 카탈로그, 견적서 등의 송부를 요청한 이래 2000. 7. 31.경까지 사이에, 원고와 다코랜드 주식회사는 원고의 "ZOME" 완구류를 다코랜드 주식회사가 국내에 독점적으로 수입·판매하는 문제에 관하여 교섭을 하고 다코랜드 주식회사가 원고로부터 일부 제품을 수입하기도 하였으나 쌍방 간의 견해 차이로 교섭이 결렬되었다. 위 인정 사실만으로는 원고와 상대방 사이에서는 거래행위를 위한 교섭단계에 있었던 것에 불과하고, 그 상대방도 피고가 아닌 다코랜드 주식회사여서 피고를 이 사건 상표등록 출원일 전 1년 이내에 원고의 국내 대리인 또는 대표자이었던 자로 볼 수 없다[특허법원 2003. 4. 4. 선고 2002허7667 판결(확정)].

90) 여기서 '대리인이나 대표자'라 함은 일반적으로 국외에 있는 상표에 관한 권리를 가진 자의 그 상품을 수입하여 판매·광고하는 대리점, 특약점, 위탁판매업자, 총대리점 등을 가리킨다(대법원 2003. 4. 8. 선고 2001후2146 판결). 따라서 대리인이나 대표자가 되기 위하여는 적어도 상표권리자와 어떠한 고용관계나 신뢰를 바탕으로 하는 계속적 계약관계를 전제로 상표권리자의 영업거래상의 이익을 도모해야 하는 자를 의미한다고 할 것이고, 단순히 수입업자로서 그때그때 상표권리자의 상품을 수입하여 판매하고, 그 판매하는 과정에서 상품을 광고함에 그쳤다면, 여기서 말하는 대리인에 해당한다고 볼 수는 없을 것이다. 원고가 제출한 증거에 의하면, 수입업자인 피고가 상표권리자인 원고의 상품을 수입하고 그 독점적 거래를 위한 교섭을 시도한 사실은 인정되나, 이러한 점만으로는 피고가 원고의 대리인 지위에 있었다고 인정하기에 부족하고 달리 이를 인정할 증거를 찾아볼 수 없으며, 오히려 원고가 피고(또는 피고 경영의 회사)와 독점계약이나 대리점계약을 체결한

따라서 이상과 같은 계속적 계약관계 등이 없는 자가 특정한 상표의 제조, 판매에 관련된 상품이 장차 국내에 수입될 것으로 예상하여 아직 국내에 출원되지 않은 외국 신상품의 상표를 자기 명의로 출원하여 두고, 조약당사국의 등록된 상표에 대한 정당한 권리자에 대하여 총대리점으로서의 지위 등의 계약관계를 요구하는 경우 등에서는 사안에 따라 다른 부등록사유인 상표법 제34조 제1항 제13호[91] 등에 의하여 해당 상표의 등록이 거절되거나 무효사유로 될 수 있을 뿐, 본호의 적용은 없다고 할 것이다.[92][93] 그리고 본호의 적용과 관련하여 상표등록출원인이 상표에 관한 권리자와의 대리관계 등과 같은 계약관계가 있으면 족한 것이고, 상표법 제34조 제1항 제13호에서와 같은 부정한 목적이 있을 것을 요하는 것은 아니다.[94]

한편, 본호에 대응되는 규정인 유럽공동체상표법 제8조 제3항에 관한 상표심사기준을 살펴볼 때에, 상표의 소유자와의 상업적인 관계로 인하여 그 상표가 오용되는 것을 방지하고 상표의 소유자의 법적인 이익을 보호하고자 하는 해당 규정의 목적에 비추어 보면, "대리인" 또는 "대표자"라는 용어는 원래의 권리자와 상표등록출원인 간에 계약상의 법률적인 명칭에 관계없이 어느 당사자가 다른 당사자의 이익을 대변하는 어떠한 계약상의 관계에 근거한 모든 종류의 관계를 포함하도록 넓게 해석되고 있다.[95] 따라서 표면적으로 또는 암묵적으로 상

사실이 없을 뿐 아니라 원, 피고 사이에 원고의 상품 공급 내지 판매에 관하여 직접 계약을 체결한 사실조차 없는 점(이는 당사자 사이에 다툼이 없다) 등에 비추어 보면, 수입업자로서 스스로의 이익을 위하여 스스로의 비용으로 원고의 상품을 수입하여 국내에 판매하고 그 판매를 위하여 원고의 상품을 광고하는 정도에 그친 피고가 원고의 영업거래상 이익을 도모할 어떠한 법적 지위에 있었다고 할 수는 없다[특허법원 2009. 8. 28. 선고 2009허3756 판결(심리불속행 기각)].

91) 제34조(상표등록을 받을 수 없는 상표) ① 제33조에도 불구하고 다음 각 호의 어느 하나에 해당하는 상표에 대해서는 상표등록을 받을 수 없다. 13. 국내 또는 외국의 수요자들에게 특정인의 상품을 표시하는 것이라고 인식되어 있는 상표(지리적 표시는 제외한다)와 동일·유사한 상표로서 부당한 이익을 얻으려 하거나 그 특정인에게 손해를 입히려고 하는 등 부정한 목적으로 사용하는 상표.

92) 송영식 외 6인 공저(주 35), 354; 網野 誠(주 8), 930-931; 平尾正樹(주 17), 505.

93) 한편으로 이와 관련하여 파리협약 제6조의7의 도입과 관련된 리스본 회의에서는 대리인 또는 대표자에 의한 등록상표나 사용상표가 당사국에서 주지된(well known) 경우는 파리협약의 제6조의2[표장 : 주지표장(Well-Known Marks)]가 적용되는 것으로 이해되었다[특허청 국제기구팀(주 9), 164].

94) 최성우·정태호(주 12), 509.

95) 유럽공동체상표심사기준의 이의신청심사기준(OPPOSITION GUIDELINES) Part3 Unauthorised filing by agents of the TM owner(상표 소유자의 대리인에 의한 권한 없는 출원)(Art.8(3) CTMR) 의 "Ⅳ. CONDITIONS OF APPLICATION, 1. Agent or representative relationship", p. 8 참조; 특

표의 소유자의 이익에 관한 일반적인 신뢰 및 충성 의무를 출원인에게 부과함
으로써 당사자 간에 위탁 관계를 발생시키는 상거래의 협력 관계의 합의가 있
다면 해당 규정의 목적상 충분하다고 보며, 여기서의 중요한 문제는 출원인에게
상표를 접하게 함으로써 그 상표의 가치를 인지하고 결과적으로 자신의 명의로
등록을 얻고자 촉발시키는 상표의 소유자와의 협력 관계가 있었는지에 관한 것
이라고 유럽공동체상표심사기준상 해석되고 있다.96) 결국 양 당사자 간에 모종
의 합의는 존재하여야 하는데, 출원인이 상표의 소유자와 어떠한 관계를 맺은
바 없이 완전히 독립적으로 행동한다면, 그 출원인은 해당 규정에서 의미하는
대리인 등의 관계가 있는 것으로서 볼 수 없다는 점은 우리나라나 일본에서의
해석과 동일하다고 볼 수 있다.97)

　　그리고 유럽공동체상표법 제8조 제3항과 관련하여 우리나라나 일본에서 대
리인 등의 관계에 관하여 구체적으로 다루고 있지 않은 유럽공동체상표심사기
준상의 해석을 살펴보면, 첫째, 당사자 간에 독점적인 계약에 대한 합의가 있는
지 여부 또는 단순히 비독점적인 상거래 관계인지의 여부는 해당 규정의 목적
에서 중요하지 않다. 둘째, 해당 규정은 상표의 소유자와 전문적인 종사자, 즉,
법정실무자, 변호사, 상표대리인 등과의 사이에서 신뢰 및 비밀보장의 의무를
발생시키는 업무 관계와 유사한 형태에도 적용된다. 셋째, 상표에 관한 권리를
가진 회사 내부의 법적인 대표자 또는 이사는 해당 회사와의 관계에서 업무상
협력 내지 계약관계에 해당하지 않는 것으로 보기 때문에, 이들은 해당 규정에
서 의미하는 대리인 또는 대표자로 볼 수 없는데, 이것은 해당 규정의 목적이
상표의 소유자의 회사 내부에서 발생하는 상표에 관한 침해 행위를 보호하고자
함에 있는 것이 아니기 때문이다. 결국 이상과 같은 내용들은 우리나라에서 본
호의 적용대상에 포함되는 대리인 등의 해당 여부에 관한 구체적인 해석에서
참고할 필요가 있을 것이다.98)

허청(주 14)에서의 관련 부분 설명내용 참조.

96) 유럽공동체상표심사기준의 이의신청심사기준(OPPOSITION GUIDELINES) Part3 Unauthorised
filing by agents of the TM owner(상표 소유자의 대리인에 의한 권한 없는 출원)(Art.8(3) CTMR)
의 "Ⅳ. CONDITIONS OF APPLICATION, 1. Agent or representative relationship", p. 8 참조; 특
허청(주 14)에서의 관련 부분 설명내용 참조.

97) 유럽공동체상표심사기준의 이의신청심사기준(OPPOSITION GUIDELINES) Part3 Unauthorised
filing by agents of the TM owner(상표 소유자의 대리인에 의한 권한 없는 출원)(Art.8(3) CTMR)
의 "Ⅳ. CONDITIONS OF APPLICATION, 1. Agent or representative relationship", pp. 8-9 참조;
특허청(주 14)에서의 관련 부분 설명내용 참조.

98) 유럽공동체상표심사기준의 이의신청심사기준(OPPOSITION GUIDELINES) Part3 Unauthorised

한편, 유럽공동체상표심사기준상에서는 해당 규정에서의 당사자 간의 계약의 형태에 대해서도 상세히 언급하고 있는데, 이러한 내용은 본호에서의 계약관계에 관한 해석에서 중요하게 참고할 필요가 있을 것이다. 즉, 여기서 당사자 간의 계약이 서면 계약서에 의한 형태이어야 한다고 생각할 필요는 없으며, 중요한 것은 실제적으로 맺어진 상거래상의 협력 관계의 종류가 무엇이냐에 있는 것이지 형식적으로 기재된 사항에 있는 것이 아니라는 것이다. 따라서 이와 같이 서면에 의한 계약서가 존재하지 않는 경우라도 당사자가 주고받은 상거래상의 교신서, 대리인에게 팔린 상품에 대한 인보이스(invoice, 송장) 및 판매주문서 또는 신용장 및 기타 은행 서류와 같은 증거를 제출하여 상거래상의 계약이 존재하였음을 주장하는 것이 가능하다고 해석될 수 있다.99) 그런데 상표의 소유자와 상거래상의 계약을 맺고자 하는 출원인의 단순한 의지만으로는 당사자 간에 확정된 계약이라고 볼 수 없으며, 이러한 계약을 희망하는 것에 불과한 출원인이 대리인 등에 해당되지 않는다는 것100)은 앞서 살펴본 우리나라 특허법원 판결에서의 해석과 동일하다고 볼 수 있다.101)

그리고 유럽공동체상표심사기준에 따르면 이상과 같은 계약관계는 대리인 등에 해당하는 자의 출원일 이전에 확정되어져 있어야 하는데, 당사자 간의 계약이 문제되는 출원의 출원일 이후에 형식적으로 이와 같은 계약관계가 결론지어졌다 하더라도, 당사자가 관계된 계약서에 서명하기 전에 이미 거래상 상호 협력의 형태에서 출원인이 이미 상표의 소유자의 대리인, 대표자, 판매인 또는 사용권자 등으로서 활동하고 있다는 증거로부터 연역되어 계약관계의 인정이 도출되는 것도 여전히 가능하다고 본다.102)

---

filing by agents of the TM owner(상표 소유자의 대리인에 의한 권한 없는 출원)(Art.8(3) CTMR)의 "Ⅳ. CONDITIONS OF APPLICATION, 1. Agent or representative relationship", p. 9 참조; 특허청(주 14)에서의 관련 부분 설명내용 참조.

99) 유럽공동체상표심사기준의 이의신청심사기준(OPPOSITION GUIDELINES) Part3 Unauthorised filing by agents of the TM owner(상표 소유자의 대리인에 의한 권한 없는 출원)(Art.8(3) CTMR)의 "Ⅳ. CONDITIONS OF APPLICATION, 1. Agent or representative relationship", pp. 9-10 참조; 특허청(주 14)에서의 관련 부분 설명내용 참조.

100) 유럽공동체상표심사기준의 이의신청심사기준(OPPOSITION GUIDELINES) Part3 Unauthorised filing by agents of the TM owner(상표 소유자의 대리인에 의한 권한 없는 출원)(Art.8(3) CTMR)의 "Ⅳ. CONDITIONS OF APPLICATION, 1. Agent or representative relationship", p. 10 참조; 특허청(주 14)에서의 관련 부분 설명내용 참조.

101) 앞의 특허법원 2003. 4. 4. 선고 2002허7667 판결(확정) 참조.

102) 유럽공동체상표심사기준의 이의신청심사기준(OPPOSITION GUIDELINES) Part3 Unauthorised filing by agents of the TM owner(상표 소유자의 대리인에 의한 권한 없는 출원)(Art.8(3) CTMR)

(3) 대리인 등의 지위에 대한 구체적인 해석

한편, 본호에 관하여 구 상표법상의 기존의 사건들에서 주로 문제가 되었던 것은 조약당사국에 등록된 상표에 관한 권리를 가진 자와 대리인 계약을 체결한 자는 국내 법인인데, 해당 법인의 대표이사 개인 또는 자회사 등의 명의로 국내에서 해당 상표에 대한 상표등록출원이 이루어진 경우에 그 대표이사 개인 또는 자회사를 대리인 등에 해당한다고 볼 수 있는지의 여부라고 할 수 있다.

우선 조약당사국의 상표소유권자의 대리인인 국내 법인의 자회사 역시 상표소유권자에 대한 관계에서는 모회사와 마찬가지로 대리인에 해당한다고 본 대법원 판결을 살펴보면,[103] "구 상표법 제23조 제1항 제3호에서 말하는 '대리인이나 대표자'라 함은 일반적으로 국외에 있는 상표에 관한 권리를 가진 자의 그 상품을 수입하여 판매·광고하는 대리점, 특약점, 위탁판매업자, 총대리점 등을 가리킨다(대법원 1996. 2. 13. 선고 95후1241 판결 참조). 그리고 대리점 등 계약의 당사자가 자신과 법인격은 다르지만 그 소유와 경영을 실질적으로 지배하고 있는 자회사의 명의로 상표등록을 하면 대리점 등이 스스로 상표를 등록한 것과 동일한 결과가 초래되어 위 규정을 잠탈하는 행위를 방지할 수 없게 되고, 나아가 공정한 국제 상거래 질서를 확보하고 수요자 사이에 혼동을 방지하고자 하는 입법 목적을 달성할 수 없는 문제가 있는 것은 원심이 판시한 바와 같지만, 그렇다고 하더라도 계약 등에 의하여 대리인이 된 자가 위 상표법 규정의 적용을 회피하기 위하여 법인을 편의상, 형식적으로 설립하였다는 등의 특별한 사정이 없는 한 별개의 법인격을 가지는 회사가 계약 당사자의 실질적 지배를 받는 관계에 있다는 사정만으로 그 회사를 계약 당사자와 동일시하여 당연히 상표소유권자의 대리인으로서의 지위를 갖게 된다고 할 수는 없다."고 설시하면서, 이 사건에서 모회사가 위 상표법 규정의 적용을 회피하려고 자회사를 형식적으로 설립하였다고 보기는 어려우므로 원심이 자회사가 '모회사의 실질적인 지배를 받는 회사'라는 이유만으로 외국의 상표소유권자의 대리인으로서의 지위에 있었다고 본 것은 잘못이지만, 결론적으로는 대리점 계약 당사자인 모회사와 자회사와의 관계 및 영업형태, 상표사용계약의 체결경위 등을 종합하여 결국 자회사를 상표소유권자의 대리인으로 인정하였다.[104] 즉, 이 사건에 관한 판결

의 "Ⅳ. CONDITIONS OF APPLICATION, 1. Agent or representative relationship", p. 11 참조; 특허청(주 14)에서의 관련 부분 설명내용 참조.

103) 대법원 2003. 4. 8. 선고 2001후2146 판결.

104) 결론적으로 해당 대법원 판결에서는 아래와 같은 사정에 비추어 자회사인 원고가 외국

에서는 결론적으로 계약 명의자가 아닌 자회사도 외국의 상표소유권자와의 사이에 국내에서 해당 상표를 사용하거나 해당 상표가 부착된 제품을 수입·판매하도록 하는 합의가 있었다고 추인하여 버린 것이라고 볼 수 있다.

한편, 최근의 사건으로서 계약 명의자를 대리점 계약의 당사자로 보는 전제에서 회사가 구 상표법상 해당 규정의 적용을 회피하기 위한 수단으로 이용되

의 상표소유권자인 피고에 대한 관계에서는 계약서에 당사자로 표기된 모회사인 한섬과 마찬가지로 해당 규정의 대리인에 해당한다고 판시하였다. 즉, 해당 판결에서는 "이 사건에서 보면, 한섬은 1987. 5. 25. 컴퓨터 도소매 및 프로그램 개발 용역업, 직물의 제조·판매업 및 디자인 개발용역업 등을 목적으로 하여 설립된 회사이고, 원고는 1994. 1. 18. 의류, 구두 및 장신구의 제조·도소매업 등을 목적으로 하여 설립된 회사로서, 두 회사는 본점 소재지, 전화번호, 팩스번호 등이 서로 같고, 한섬 명의로 피고와 사이에 1995. 2. 2. 체결된 독점적 상표계약서에 甲 또는 乙이 한섬을 대표할 권한이 있다고 기재되어 있는데, 그 당시 甲은 한섬과 원고, 한섬의 자회사라는 주식회사 마인에스에이의 각 대표이사 및 한섬의 다른 자회사라는 한섬통신 주식회사의 이사로, 乙은 한섬과 원고, 주식회사 마인에스에이의 각 이사 및 한섬통신 주식회사의 대표이사로 되어 있었고, 위 두 사람은 부부 사이인 사실, 甲은 2000. 7. 30.을 기준으로 할 때 한섬 주식의 30.8%를, 그 해 12. 31.을 기준으로 할 때 원고 주식의 19.1%를 소유한 대주주이고, 한섬은 그 무렵 원고 주식의 32%를 소유한 대주주인 사실, 甲은 이 사건 상표사용계약의 체결에 앞서 1994. 9. 12. 피고에게 보낸 한섬을 소개하는 내용의 서신에서 한섬은 매 시즌마다 각기 다양한 제품을 선보이는 3개의 자회사로 구성되어 있다고 기재하면서, 한섬뿐만 아니라 원고, 주식회사 마인에스에이 등의 설립 시기, 매출액, 직원 수, 대표이사, 이사에 관한 사항을 기재한 '한섬패션그룹(HANDSOME FASHION GROUP)'의 현황을 알리는 자료를 보낸 후 한섬이 계약서상의 상표사용권자가 되어 1995. 2. 2. 피고와 사이에 계약기간을 5년간으로 하여 한섬이 국제 상품 분류 제25류에 속하는 상품에 관하여 피고의 위 상표를 국내에서 독점 사용할 수 있는 권한과 그 상표가 부착된 상품을 배타적으로 공급받을 수 있는 권한 등을 부여받고, 그에 대한 사용료를 지급하기로 하는 내용의 독점적인 상표사용계약을 체결한 사실, 위 계약체결일 무렵 원고, 한섬, 주식회사 마인에스에이가 각각 '타임', '시스템' 및 '마인'이라는 상표로 의류 제품을 제조·판매하여 오고 있었음에도, 그 상표가 부착된 상품을 모두 한섬이 제조·판매하는 것처럼 일반인들에게 소개되고 있었고, 위 계약을 체결한 후 1996. 12. 27.에 이르러 한섬이 'TIME(자회사인 원고를 가리킴)' 명의로 'LOFT'를 상표등록하여 두는 것이 한국에서의 장기적인 'LOFT' 영업에 도움이 될 것이라는 내용의 팩스를 피고에게 보내면서 한섬이 아닌 '원고'를 상표등록 명의자로 하고자 하는 이유를 별도로 설명한 바 없고, 이에 대하여 피고는 '원고'가 상표등록의 당사자로 지정된 것에 대하여는 별다른 의문을 제기하지 아니한 채(그에 대하여 동의하는 의사를 표시한 것은 아님) 원고나 한섬이 이와 같은 결정을 함에 있어 피고와 상의를 하지 아니한 것에 대한 놀라움을 표시한 사실 등이 인정된다. 이와 같은 사실 등에 나타난 한섬과 원고의 관계 및 영업형태, 위 상표사용계약의 체결경위 및 그 뒤의 경과 등 이 사건 상표사용계약과 관련된 모든 사정을 종합하면 그 계약 당시 이미 국내에서 이른바 한섬패션그룹의 일원으로서 의류 등을 제조·판매하고 있었던 원고나 한섬의 다른 자회사도 피고와 사이에 위 계약내용에 따라 한국 내에서 피고의 상표를 사용하거나 피고의 상표가 부착된 제품을 수입·판매하도록 하는 합의가 있었다고 보기에 충분하고, 그렇다면 원고 또한 피고에 대한 관계에서는 위 계약서에 당사자로 표기된 한섬과 마찬가지로 위 법조항의 대리인에 해당하게 된다."고 판시하였다.

는 경우를 법인격 남용의 한 종류에 해당하는 것으로 보아 종전 판례의 경향을 법리적으로 분명히 한 대법원 2011후1289 판결[105]에서는 "'대리인이나 대표자' 라 함은 대리점, 특약점, 위탁판매업자, 총대리점 등 널리 해외에 있는 수입선인 상표소유권자의 상품을 수입하여 판매, 광고하는 자를 가리킨다고 보아야 할 것이다(대법원 1996. 2. 13. 선고 95후1241 판결 참조). 그리고 계약에 의하여 대리점 등으로 된 자와 상표등록을 한 자가 서로 다른 경우에도 양자의 관계 및 영업형태, 대리점 등 계약의 체결 경위 및 이후의 경과, 등록상표의 등록경위 등 제반 사정에 비추어 상표등록 명의자를 대리점 등 계약의 명의자와 달리한 것이 위 상표법 규정의 적용을 회피하기 위한 편의적, 형식적인 것에 불과하다고 인정되는 때에는 위 규정을 적용함에 있어 양자는 실질적으로 동일인으로 보아야 하므로, 그 상표등록 명의자 역시 위 규정에서 말하는 '대리인이나 대표자'에 해당한다고 할 것이다. 따라서 이 사건 등록상표의 등록경위 등 위 독점판매계약과 관련된 모든 사정을 종합하여 보면, 병 주식회사의 대표이사인 정이 개인 명의로 이 사건 등록상표를 출원하여 등록받은 것은 위 상표법 규정의 적용을 회피하기 위한 편의적, 형식적인 것에 불과하다고 인정되므로, 위 규정을 적용함에 있어 양자는 실질적으로 동일인으로 보아야 한다. 따라서 정도 역시 이 사건 등록상표의 출원 당시 비교대상상표의 권리를 가진 을 법인의 대표이사인 갑에 대한 관계에서는 병 주식회사와 마찬가지로 위 규정에서 말하는 대리인에 해당한다고 할 것이다."라고 판시하고 있다.

위와 같은 판결의 의의를 살펴보자면, 종전의 대법원 판결은 해당 판결에서 언급하고 있는 대법원 95후1241 판결과 같이 관련 조항의 입법목적을 달성하기 위하여 "대리인 또는 대표자"의 의의를 넓게 해석하는 경향이 있었다.[106] 그런데 한편으로 조약당사국 상표권자의 대리인인 국내 법인의 대표이사라는 이유만으로 상표권자의 대리인이라는 지위를 함께 가지게 되었다고 볼 수 없다고 판시한 대법원 2002. 8. 23. 선고 2000후2057 판결[107]이 있었으나, 이 판결에서

---

105) 대법원 2013. 2. 28. 선고 2011후1289 판결.
106) 정태호, "최근의 상표 관련 주요 대법원 판례들의 고찰", 지식과권리, 대한변리사회, 제17호(2014. 12), 280.

107) 이 판결의 원심은 'CHESTER FRIED '와 같이 구성된 인용상표(등록번호 제212442호, 등록일 1991. 4. 10.)의 등록권리자인 피고와 주식회사 킹덤이 1993. 3. 16. 그 유효기간을 1993. 2. 22.부터 1998. 2. 22.까지로 하고, 피고가 주식회사 킹덤으로 하여금 체스터 프라이드 프로

는 그 법인의 대표이사가 아니라 상표에 관한 실질적인 사업주체인 법인 자체를 대리인으로 봐야 한다는 원칙적인 내용을 판시한 것에 불과할 뿐이며, 이상과 같은 해당 판결의 사안과 같이 법인은 형식적인 대리인이고 대표이사가 실질적인 사업주체에 해당하는 것까지 포섭하는 판시 내용은 아니다. 따라서 실질적으로 이와 같은 대법원 2000후2057 판결은 해당 판결과 구체적인 사안이 다른 것이라고 볼 수 있을 것이므로, 그 해석상 해당 판결과 저촉되는 것이 아니라고 볼 수 있다.108)

따라서 이상과 같은 대법원 2011후1289 판결은 계약 명의자를 대리점 계약의 당사자로 보는 전제에서 회사가 위 조항의 적용을 회피하기 위한 수단으로 이용되는 경우를 법인격 남용109)의 한 종류에 해당하는 것으로 보아 그 배후에 있는 개인에 대하여도 위 조항의 확대 적용을 허용하여야 한다는 입장을 명확

그램(chester fried program)이라는 이름으로 피고가 미국 등에서 제조하여 판매하는 튀김닭을 한국 내에서 직접 제조판매하거나 제3자로 하여금 제조판매하게 하는 권한 및 이러한 영업과 관련하여 인용상표를 직접 사용하거나 또는 제3자에게 사용하도록 허락하는 권한을 부여하는 내용의 '상표 및 비밀유지 약정'을 체결한 사실, 그런데 주식회사 킹덤의 대

표이사인 원고가 1995. 6. 29. 자신의 명의로 'CFC'와 같이 구성된 이 사건 등록서비스표의 등록을 출원하여 1997. 6. 25. 등록번호 제36799호로 등록을 받은 사실을 인정한 다음, 피고가 구 상표법(1997. 8. 22. 법률 제5355호로 개정되기 전의 것, 이하 같다.) 제73조 제1항 제7호에 의하여 이 사건 등록서비스표의 등록취소를 구하기 위해서는 원고가 피고의 대리인이나 대표자의 관계에 있는 자이어야 하는데, 주식회사 킹덤은 피고와 맺은 '상표 및 비밀유지 약정'으로 인하여 상표 소유권자인 피고의 상품을 국내에 수입하여 판매, 광고하는 자로서 그 대리인(agent)의 지위를 얻게 되었으나, 그 대표이사인 원고가 그로 인하여 상표 소유권자인 피고의 대리인 또는 대표자의 지위를 함께 가지게 되었다고 볼 수 없고, 달리 원고 개인이 이와 같은 지위를 가지고 있었다고 볼 증거가 없으므로, 이 사건 등록서비스표는 구 상표법 제73조 제1항 제7호, 제23조 제1항 제3호에 의하여서는 그 등록이 취소될 수 없다고 판단하였다. 기록과 관계 법규에 비추어 살펴보면, 원심이 원고가 주식회사 킹덤의 대표이사라는 이유만으로는 피고의 대리인 지위를 갖게 된 것이라고 보기 어렵다는 전제 아래 위와 같이 인정, 판단한 것은 옳다.

108) 정태호(주 106), 281.

109) 법인격이 형해화될 정도에 이르지 않더라도 회사의 배후에 있는 자가 회사의 법인격을 남용한 경우, 회사는 물론 그 배후자에 대하여도 회사의 행위에 관한 책임을 물을 수 있으나, 이 경우 채무면탈 등의 남용행위를 한 시점을 기준으로 하여, 회사의 배후에 있는 사람이 회사를 자기 마음대로 이용할 수 있는 지배적 지위에 있고, 그와 같은 지위를 이용하여 법인 제도를 남용하는 행위를 할 것이 요구되며, 위와 같이 배후자가 법인 제도를 남용하였는지 여부는 앞서 본 법인격 형해화의 정도 및 거래상대방의 인식이나 신뢰 등 제반 사정을 종합적으로 고려하여 개별적으로 판단하여야 한다(대법원 2008. 9. 11. 선고 2007다90982 판결 참조).

히 정리한 것이라고 볼 수 있다.[110] 이와 관련해서는 상표권자인 대표이사의 개인적인 별도의 용도로는 상표를 전혀 사용하지 아니하고 오로지 법인의 영업을 위해서만 사용한 경우 등을 해당 조항의 적용을 회피하기 위한 수단의 주요한 근거로서 볼 수 있을 것이다.[111]

결국 본호에 관한 구 상표법상의 문구 그대로 2000후2057 판결과 같이 원칙적으로는 대표이사가 아니라 대리점 등의 계약 당사자인 법인을 대리인 등의 계약관계가 있는 것으로 보아야 할 것이나, 대법원 2011후1289 판결과 같은 사안처럼 법인의 대표이사가 개인 명의로 이 사건 등록상표를 출원하여 등록받은 것이 본호에 관한 규정의 적용을 회피하기 위한 편의적, 형식적인 것에 불과하다고 인정될 경우에는, 현행법상 본호를 적용함에 있어서 해당 대표이사는 등록상표의 국내 출원 당시 조약당사국에 등록된 상표에 관한 권리를 가진 자에 대한 관계에서 대리인 등에 관한 계약관계 등이 있다고 해석될 수 있을 것이다.

이와 관련된 해석에서 유럽공동체상표심사기준에서는 상표등록출원이 계약상의 대리인 명의가 아닌 제3자나 그의 감독하에 있는 자 또는 제3자와 그와

---

110) 이와 관련하여 대법원 2008. 9. 11. 선고 2007다90982 판결에서는 "회사가 외형상으로는 법인의 형식을 갖추고 있으나 법인의 형태를 빌리고 있는 것에 지나지 아니하고 실질적으로는 완전히 그 법인격의 배후에 있는 사람의 개인기업에 불과하거나, 그것이 배후자에 대한 법률적용을 회피하기 위한 수단으로 함부로 이용되는 경우에는, 비록 외견상으로는 회사의 행위라 할지라도 회사와 그 배후자가 별개의 인격체임을 내세워 회사에게만 그로 인한 법적 효과가 귀속됨을 주장하면서 배후자의 책임을 부정하는 것은 신의성실의 원칙에 위배되는 법인격의 남용으로서 심히 정의와 형평에 반하여 허용될 수 없고, 따라서 회사는 물론 그 배후자인 타인에 대하여도 회사의 행위에 관한 책임을 물을 수 있다고 보아야 한다. 여기서 회사가 그 법인격의 배후에 있는 사람의 개인기업에 불과하다고 보려면, 원칙적으로 문제가 되고 있는 법률행위나 사실행위를 한 시점을 기준으로 하여, 회사와 배후자 사이에 재산과 업무가 구분이 어려울 정도로 혼용되었는지 여부, 주주총회나 이사회를 개최하지 않는 등 법률이나 정관에 규정된 의사결정절차를 밟지 않았는지 여부, 회사 자본의 부실 정도, 영업의 규모 및 직원의 수 등에 비추어 볼 때, 회사가 이름뿐이고 실질적으로는 개인 영업에 지나지 않는 상태로 될 정도로 형해화되어야 한다. 또한, 위와 같이 법인격이 형해화될 정도에 이르지 않더라도 회사의 배후에 있는 자가 회사의 법인격을 남용한 경우, 회사는 물론 그 배후자에 대하여도 회사의 행위에 관한 책임을 물을 수 있으나, 이 경우 채무면탈 등의 남용행위를 한 시점을 기준으로 하여, 회사의 배후에 있는 사람이 회사를 자기 마음대로 이용할 수 있는 지배적 지위에 있고, 그와 같은 지위를 이용하여 법인 제도를 남용하는 행위를 할 것이 요구되며, 위와 같이 배후자가 법인 제도를 남용하였는지 여부는 앞서 본 법인격 형해화의 정도 및 거래상대방의 인식이나 신뢰 등 제반 사정을 종합적으로 고려하여 개별적으로 판단하여야 한다."고 판시하고 있는데, 이와 같은 대법원 판결에 따르면 법인격 부인 또는 남용을 인정할 수 있는 사안으로서는 회사가 개인기업적 성격이 큰 경우이거나 회사가 법률적용을 회피하기 위한 수단으로 이용되는 경우 등이 있을 수 있다.

111) 정태호(106), 281.

같은 효과를 미치도록 하는 어떠한 계약을 맺으려는 자의 명의로 이루어짐으로써, 대리인 또는 대표자가 본 규정을 회피하려고 하는 경우에는 대리인 등의 인정에 있어서 훨씬 더 유연한 접근 방식이 채택될 수 있다고 본다.[112) 따라서 상표등록출원인과 계약 명의의 대리인 간의 관계에 관한 성격으로 인하여 이와 같은 출원서가 대리인 자신에 의해 제출된 것과 동일한 효과가 있는 경우라면, 출원인의 명의와 상표에 관한 권리자의 대리인의 명의 간에 분명한 차이가 있음에도 불구하고, 우리나라의 본호와 대응되는 규정인 유럽공동체상표법 제8조 제3항을 적용하는 것이 여전히 가능하다고 본다. 즉, 출원서가 대리인인 회사 명의가 아니라 대리인과 동일한 경제적인 이득을 공유하는 자연인, 예를 들면, 회사의 대표, 또는 법적 대표자 등의 명의로 제출된 사안에서 계약상의 대리인 등에 해당하는 회사가 그와 같은 출원 행위로 인하여 여전히 이득을 취하는 경우라면, 회사의 대표 등에 해당하는 그 자연인은 그 회사가 받는 제한과 동일한 구속을 받는다고 본다.[113)

3. 그 상표에 관한 권리를 가진 자의 동의를 받지 아니할 것

그 상표에 관한 권리를 가진 자의 동의를 받은 경우는 본호가 적용되지 아니하며, 여기서의 동의는 명시적 동의뿐 아니라 묵시적 동의도 포함된다.[114) 이것은 파리협약 제6조의7 제1항에서 대리인 등이 권리자의 허락없이(without the authorization) 상표등록출원을 한 경우에 한하여 해당 규정이 적용된다는 내용에 대응하는 요건이다.[115) 구 상표법상으로는 본호에 대응하는 구 상표법 제23조 제1항 제3호에서 "상표에 관한 권리를 가진 자의 동의를 받지 아니하는 등 정당한 이유 없이"라고 규정하여 파리협약 제6조의7 제1항 본문에서의 '권리자의 허락(동의)'이 해당 조항의 단서 부분에서의 '다만, 그 대리인 또는 대표자가 그

---

112) 유럽공동체상표심사기준의 이의신청심사기준(OPPOSITION GUIDELINES) Part3 Unauthorised filing by agents of the TM owner(상표 소유자의 대리인에 의한 권한 없는 출원)(Art.8(3) CTMR)의 "Ⅳ. CONDITIONS OF APPLICATION, 2. Application in the agent's name", p.11 참조; 특허청(주 14)에서의 관련 부분 설명내용 참조.

113) 유럽공동체상표심사기준에서도 이와 같은 사안에는 그 법인격이 부인의 법리를 적용하고 있다[유럽공동체상표심사기준의 이의신청심사기준(OPPOSITION GUIDELINES) Part3 Unauthorised filing by agents of the TM owner(상표 소유자의 대리인에 의한 권한 없는 출원)(Art.8(3) CTMR)의 "Ⅳ. CONDITIONS OF APPLICATION, 2. Application in the agent's name", p.12 참조; 특허청(주 14)에서의 관련 부분 설명내용 참조].

114) 박종태(주 30), 410; 平尾正樹(주 17), 504.

115) 최성우·정태호(주 12), 509.

행위를 정당화하는 경우'의 하나의 예시인 것처럼 규정되어 있었으나, 2016년 전부개정에 의하여 본호에서 '그 상표에 관한 권리를 가진 자의 동의를 받지 아니할 것'이라는 적용요건으로 규정되어 '정당한 이유'에 관한 문구는 삭제되고 '동의'에 관한 내용만 규정되었다.

　　그런데 이상과 같은 구 상표법상에서의 '정당(正當)한 이유'란 상표에 관한 권리를 가진 자가 명시적이거나 묵시적으로 동의를 하였거나 우리나라에서 그 상표를 포기했거나 그 상표의 권리를 취득할 의사가 없는 경우를 말한다고 해석되고 있어,116) 상표에 관한 권리를 가진 자의 동의를 받지 아니한다는 것은 정당한 이유가 없는 경우의 하나의 예시로서 포함되어 있었다.117) 그리고 이와 관련된 최근의 대법원 판결118)에서도 "'정당한 이유'가 있는 경우란 반드시 상표에 관한 권리를 가진 자가 대리인 등의 상표출원에 명시적으로 동의한 경우에 한정되지 아니하고, 묵시적으로 동의한 경우는 물론 상표에 관한 권리를 가진 자가 우리나라에서 그 상표를 포기하였거나 권리를 취득할 의사가 없는 것으로 믿게 한 경우와 같이 대리인 등이 당해 상표 또는 이와 유사한 상표를 출원하여도 공정한 국제거래질서를 해치지 아니하는 것으로 볼 수 있는 경우를 포함한다."고 판시함으로써119) '동의'를 '정당한 이유'에 관한 하나의 예시로서

---

116) 문삼섭(주 33), 987.

117) 그러나 이러한 우리나라의 구 상표법상의 규정과는 달리 파리협약 제6조의7 제1항은 "일 동맹국에서 상표에 관한 권리를 가진 자의 대리인 또는 대표자가 그 상표에 관한 권리를 가진 자의 허락을 얻지 아니하고 1 또는 2 이상의 동맹국에서 자기의 명의로 그 상표의 등록을 출원한 경우에는 그 상표에 관한 권리를 가진 자는 등록에 대하여 이의 신청 또는 등록의 취소 또는 그 국가의 법령이 허용하는 경우에는 등록을 자기에게 이전할 것을 청구할 수 있다. 다만, 그 대리인 또는 대표자가 그 행위를 정당화하는 경우에는 예외로 한다."고 규정하여 원칙적으로는 동의(허락)를 받지 않은 경우에 해당 규정이 적용되는 것이나 단서에서 예외적으로 정당한 이유가 있는 경우에는 적용되지 않도록 규정하고 있다. 이러한 적용 구조는 앞서 살펴본 일본 상표법 제53조의2 및 유럽공동체상표법 제8조 제3항에서도 동일하게 이루어져 있다. 즉, '동의'와 '정당한 이유'를 각각 별개의 요건으로 규정하여 동의를 받지 않더라도 정당한 이유가 있는 경우에는 해당 규정이 적용될 수 없는 것으로 규정하고 있는 것이다. 그런데 우리나라의 구 상표법상의 규정에는 이상의 파리 협약 제6조의7 제1항의 구조와는 달리 동의를 받는 것이 정당한 이유에 대한 하나의 예시처럼 규정하고 있는 것이 특색이었다.

118) 대법원 2016. 7. 27. 선고 2016후717 판결[2016후724(병합), 2016후731(병합), 2016후748(병합), 2016후755(병합), 2016후762(병합), 2016후779(병합), 2016후786(병합)].

119) 해당 판결에서는 피고(외국 법인)의 국내 총판이었던 원고가 조약당사국에 등록된 피고의 상표와 유사한 이 사건 등록상표들을 출원·등록한 사안에서, 원고는 이 사건 등록상표들을 출원하면서 피고에게 출원 승낙을 요청하거나 피고의 동의를 받았다는 증거를 제출하지 못하였고, 피고가 묵시적으로 동의하였다거나 피고의 대한민국에서의 상표등록의 포기를 신뢰하게 하였다는 등의 정당한 이유가 있다고 볼 수 없다는 이유로 현행법상 본호

해석하고 있다.

　따라서 구 상표법상 정당한 이유가 있는 경우로는 이상과 같은 상표에 관한 권리를 가진 자의 동의 등이 있었던 경우 외에도 상표에 관한 권리를 가진 자가 국내에서의 상표등록을 포기했거나 권리를 취득할 관심이 없음을 믿게 한 경우, 이미 국내에서 등록된 후 오랫동안 사용됨으로써 수요자에게 널리 알려져 주지·저명하게 된 경우[120] 등을 들 수 있고, 단순히 총판계약이나 총대리점계약을 한 것만으로는 이에 해당하지 아니하는 것으로 보았다.[121][122]

　이와 같은 '동의를 받지 아니하는 등 정당한 이유가 없을 것'을 구 상표법상 적용요건으로 포함시킨 이유는 상표권 침해감시의 용이성 또는 구제의 신속성 등을 감안하여 외국의 상표권자가 대리인이나 대표자에게 출원을 권유하였거나 그 출원에 동의를 한 경우 또는 우리나라에서 상표등록을 받을 의사가 없음을 표명한 경우에는 외국 상표권자의 이익을 해할 염려가 없다고 보았기 때문이다.[123]

　그런데 2016년 전부개정 상표법 이후로는 이상과 같은 정당한 이유가 없는 사유로서 상표에 관한 권리자의 동의를 받지 아니할 것만을 명문화하여 정당한 이유에 관한 범위를 동의에 관한 것으로 한정하고 있는 듯이 규정되어 있음에 유의하여야 할 것이다.[124] 따라서 2016년 전부개정 상표법상 조약당사국에 등록된 상표에 관한 권리자와 대리 등과 같은 계약 관계 등이 있는 자가 해당 상

에 대응되는 구 상표법 제23조 제1항 제3호 본문에 해당하여 구 상표법 제73조 제1항 제7호의 상표등록취소 사유에 해당한다고 판단하였다.

120) 이와 관련하여서는 국내에 잘 알려져 있지 않은 외국의 상표를 대리인 등이 국내에서 주지 또는 저명하게 하는 데에 큰 비용 등을 투자한 경우 등을 그 예로 들 수 있다[平尾正樹(주 17), 504].

121) 이상경(주 7), 528; 특허법원 지적재산소송실무연구회(주 4), 746.

122) 이것은 유럽공동체상표심사기준의 해석과 매우 유사하다고 볼 수 있는데, 해당 심사기준에서는 "상표소유권자가 자신의 상표를 포기하였거나 또는 상표소유권자가 예를 들어 상당히 오랜 시간 동안 그 상표의 사용을 중지하는 경우처럼 관련된 국가 내에서 상표에 대한 어떠한 권리를 취득하거나 획득하는 것에 관심이 없다면, 유효하게 정당한 이유의 또 다른 경우가 될 수 있다."고 언급하고 있다[유럽공동체상표심사기준의 이의신청심사기준(OPPOSITION GUIDELINES) Part3 Unauthorised filing by agents of the TM owner(상표소유자의 대리인에 의한 권한 없는 출원)(Art.8(3) CTMR)의 "Ⅳ. CONDITIONS OF APPLICATION, 4. Absence of justification on the part of the applicant", p.14 참조; 특허청(주 14)에서의 관련 부분 설명내용 참조].

123) 최성우·정태호(주 12), 509.

124) 2016년 전부개정 상표법에서 '정당한 이유 없이'를 삭제하고 '동의를 받지 아니할 것'만으로 그 요건을 한정한 것에 대해서는 해당 개정법에 관한 국회에서의 검토보고서나 특허청의 개정 이유에서 그 입법 취지가 전혀 나타나 있지 않다.

표를 국내에 출원하였을 경우에 해당 상표가 등록이 될 수 있기 위해서는 해당 권리자의 명시적이거나 묵시적인 동의가 본호의 적용 예외를 위한 유일한 요건 처럼 되었다.

이상과 같이 상표에 관한 권리자의 동의를 받고 출원을 한 상표에 대하여 본호를 적용하지 않는다는 것은, 국내의 대리인 등과 같은 계약 관계 등이 있는 자가 그 상표에 관한 권리자인 수입선의 명시적이거나 묵시적인 동의를 받고 상표등록출원한 경우에는 이후 분쟁이 발생하더라도 상표권 자체는 소멸되게 하는 일 없이 당사자 간에 합의된 내용에 따라 해결해야 한다는 생각에 그 근거를 두고 있다.[125]

그런데 문제가 되는 것이 바로 '사후적(事後的) 동의'의 인정에 관한 것이라 고 할 수 있는데, 파리협약 제6조의7을 신설한 리스본 개정회의에서는 체코의 대표가 해당 규정에서의 동의는 사전(事前)에 받아야 한다는 것을 명확히 해야 하므로 서면(書面)에 의한 동의만이 그 요건을 만족하는 것으로서 규정해야 한 다고 제안하였으나, 이 제안은 부결(否決)되었으므로 사후적 동의도 인정될 수 있다고 국제적으로 해석되고 있다.[126] 따라서 이러한 해석에 따르면 상표등록출 원할 때에 상표에 관한 권리자의 동의를 받지 않더라도 출원 이후 등록될 때까 지의 사이에 이러한 동의를 받는 경우도 인정될 수 있는 것이고, 한편으로 등록 후의 상표에 관한 권리자와 업무상 계약관계 등이 있는 자의 관계가 악화(惡化) 되어 상표에 관한 권리를 가지는 자가 이미 한 동의를 철회하더라도 출원할 때 에나 등록할 때에 동의가 있었던 이상 해당 상표등록출원은 그 등록이 거절될 수 없게 된다고 일본의 통설상 해석되고 있다.[127] 그러나 우리나라 상표법상 본 호는 2016년 전부개정을 통하여 '상표등록출원을 한 때'를 기준으로 그 적용 여 부를 판단한다고 상표법 제34조 제2항 단서에서 명문화되었으므로,[128] 본호에 관한 상표법 제34조 제2항 단서 그대로의 해석상 출원할 때에 이미 상표에 관 한 권리자의 동의가 있었어야 하며 출원 이후의 사후적 동의는 인정될 수 없는

---

125) 網野 誠(주 8), 929.
126) 小野昌延 編(주 8), 1181.
127) 平尾正樹(주 17), 504.
128) 제1항 및 상표등록출원인(이하 "출원인"이라 한다)이 해당 규정의 타인에 해당하는지는 다음 각 호의 어느 하나에 해당하는 결정(이하 "상표등록여부결정"이라 한다)을 할 때를 기준으로 하여 결정한다. 다만, 제1항 제11호·제13호·제14호·제20호 및 제21호의 경우는 상표등록출원을 한 때를 기준으로 하여 결정한다. 1. 제54조에 따른 상표등록거절결정 2. 제68조에 따른 상표등록결정.

것처럼 해석될 수밖에 없을 것인바, 이렇게 해석될 경우 파리협약의 리스본 개정회의와 관련된 국제적인 해석 등과 저촉되는 면이 있을 수 있다. 그런데 이러한 상표법 제34조 제2항 단서의 문구 그대로의 해석과는 달리 특허청의 상표심사기준에서는 본호의 판단시점과 관련하여 "본호에의 해당 여부는 상표등록출원을 한 때를 기준으로 판단한다.129)"라고 규정하면서도 "상표에 관한 권리를 가진 자의 동의를 받았는지 여부는 상표등록여부결정을 할 때를 기준으로 판단한다.130)"고 규정하고 있어 이에 관하여 그 해석상 혼란을 초래할 수 있다고 보이는바, 향후 이에 대해서는 입법적인 정리가 필요할 것으로 보인다.131)

한편, 참고로 본호에서의 동의와 관련된 유럽공동체상표법상의 추가적인 해석들을 살펴보면, 상표에 관한 권리자의 동의가 없다는 것이 유럽공동체상표법 제8조 제3항의 적용을 위한 필요조건이긴 하지만, 해당 권리자에게 그 대리인이 상표등록출원을 하도록 동의한 바가 없음을 보여주는 증거를 제출하게 해야 하는 것은 아니고, 그 출원이 해당 권리자의 동의 없이 행하여졌다는 단순한 진술만으로 충분한데, 이는 해당 권리자에게 동의가 없음과 같은 "부정적인" 사실을 증명케 하도록 할 수 없기 때문이다. 따라서 이와 같은 경우에는 입증 책임이 전환되어 출원인에게 그 출원이 동의 받은 바 있음을 증명하도록 하게 해야 한다.132)

그리고 유럽공동체상표심사기준상 상표에 관한 권리자의 대리인에 의한 권한 없는 행위로부터 그 합법적인 권리자를 효과적으로 보호해야 할 요청의 관점에서 해당 권리자의 동의가 충분히 명확하고 정확한 경우에만 해당 규정의 적용이 부인되어야 하므로, 해당 권리자가 해당 상표등록출원에 표면적으로는

---

129) 상표심사기준(개정 2016. 8. 29. 특허청 예규 제90호) 제5부 제21장 4.1.

130) 상표심사기준(개정 2016. 8. 29. 특허청 예규 제90호) 제5부 제21장 4.2.

131) 구 상표법 제23조 제1항 제3호상으로는 정보제공이나 이의신청에 의한 상표등록거절결정의 판단시점이 등록결정을 할 때이었으므로, 상표등록출원을 할 때에 이미 동의가 없었더라도 이상과 같은 국제적인 해석이 그대로 적용되어 출원 이후의 사후적 동의가 문제되지 않아 일본의 통설과 같은 해석이 가능할 수 있었으나, 2016년 전부개정 상표법상으로는 본호의 판단시점이 상표등록출원을 한 때로 규정되었으므로 이와 관련된 해석상의 혼란이 생길 수 있는 것이다. 따라서 해당 상표심사기준상의 언급은 구 상표법 제23조 제1항 제3호의 판단시점에 관한 해석을 2016년 전부개정 상표법 제34조 제2항 단서에 대한 고민 없이 그대로 기술한 것으로 보인다.

132) 유럽공동체상표심사기준의 이의신청심사기준(OPPOSITION GUIDELINES) Part3 Unauthorised filing by agents of the TM owner(상표 소유자의 대리인에 의한 권한 없는 출원)(Art.8(3) CTMR)의 "Ⅳ. CONDITIONS OF APPLICATION, 3. Application without the owner's consent", p. 12 참조; 특허청(주 14)에서의 관련 부분 설명내용 참조.

허락한 바 있더라도, 그 상표등록출원이 대리인의 명의로 해도 된다고 명확하게 특정화되어 있지 않다면 해당 권리자의 동의는 충분히 명확하다고 볼 수 없는 것으로 해석된다.[133]

따라서 대리인 등이 상표에 관한 권리자의 상표를 출원할 수 있는 조건이 계약서에 의해 적절히 규정되어 있거나 서신 등과 같은 기타 다른 직접적인 증거에 의해 주어진 것이라면, 그 출원이 해당 권리자에 의해 동의된 것인지의 여부를 판단하기는 일반적으로 쉬운 편이나, 계약서 등이 존재하지 않는 그 외 다른 경우에는 이와 같은 허락이 있었는지에 관한 논점에 불충분하다고 볼 수 있으므로, 원칙으로 묵시적 또는 암시적인 동의의 경우를 포함하기에 충분히 포괄적이라고 하더라도 증거가 해당 권리자의 의도에 관하여 충분히 명확하다면 그와 같은 동의도 유추되어야 하나, 증거가 명시적이거나 또는 묵시적인 허락이 있었는지에 관해서 완전히 묵시적이라면, 동의가 결여되었음이 일단 추정되어야 한다고 본다.[134]

한편, 이상의 내용과 관련하여 대리인 등의 명의로 상표를 출원하고자 하는 의도를 그 대리인에게 통지받은 날로부터 상당한 기간이 경과하였음에도 상표에 관한 권리자가 별다른 조치를 취하지 않았다면, 해당 권리자가 그 상표등록출원에 묵시적으로 동의하였다고 유추하는 것이 가능하나, 그와 같은 경우일지라도 대리인 등의 명의로 출원하고자 한다는 의사표시를 사전에 해당 권리자에게 충분히 명백하게 하지 않았다면, 그 출원이 해당 권리자로부터 허락받은 것이라고 추정하는 것은 가능하지 않을 것이라고 유럽공동체상표심사기준상 해석된다.[135]

---

133) 유럽공동체상표심사기준의 이의신청심사기준(OPPOSITION GUIDELINES) Part3 Unauthorised filing by agents of the TM owner(상표 소유자의 대리인에 의한 권한 없는 출원)(Art.8(3) CTMR)의 "Ⅳ. CONDITIONS OF APPLICATION, 3. Application without the owner's consent", p.13 참조; 특허청(주 14)에서의 관련 부분 설명내용 참조.

134) 유럽공동체상표심사기준의 이의신청심사기준(OPPOSITION GUIDELINES) Part3 Unauthorised filing by agents of the TM owner(상표 소유자의 대리인에 의한 권한 없는 출원)(Art.8(3) CTMR)의 "Ⅳ. CONDITIONS OF APPLICATION, 3. Application without the owner's consent", p.13 참조; 특허청(주 14)에서의 관련 부분 설명내용 참조.

135) 유럽공동체상표심사기준의 이의신청심사기준(OPPOSITION GUIDELINES) Part3 Unauthorised filing by agents of the TM owner(상표 소유자의 대리인에 의한 권한 없는 출원)(Art.8(3) CTMR)의 "Ⅳ. CONDITIONS OF APPLICATION, 4. Absence of justification on the part of the applicant", p.14 참조; 특허청(주 14)에서의 관련 부분 설명내용 참조.

Ⅳ. 판단방법 및 상표법상의 취급

1. 판단시점

본호의 적용 여부는 상표등록출원을 한 때를 기준으로 판단한다.[136] 따라서 등록상표의 출원 당시에 본호에 해당하는 사유가 있는지 여부가 문제로 되는 것이어서 그 등록 이후 상표에 관한 권리자와 국내의 동업·고용 등 계약관계나 업무상 거래관계 등이 있는 자 사이의 계약 위반 등의 사정은 고려할 필요가 없다.[137] 이와 같이 본호의 적용요건에 관한 판단을 상표등록출원을 한 때를 기준으로 판단하는 것은 본호가 출원과정상의 하자를 묻는 것으로 신의성실의 원칙에 반하는 상표등록출원인지의 여부는 출원이라는 사실행위로부터 판단함이 타당하기 때문이다.[138]

2. 판단시의 유의사항

본호는 타인에게 손해를 끼칠 부정한 목적이나 타인의 신용에 편승하여 이익을 얻을 목적이 없어도 적용이 가능하다.[139]

본호에의 해당 여부는 거래관계 등에서 준수하여야 할 신의성실의 원칙을 위반한 것인지에 중점을 두어 판단하되, 속지주의 및 선출원주의를 근간으로 하는 상표법 전반의 질서에 비추어 지나치게 확대 해석되지 않도록 주의하여야 할 필요가 있다.[140]

3. 적용요건 흠결시의 취급

상표권의 설정등록 전의 상표등록출원에 대한 심사단계에서는 상표등록의 거절이유(상표법 제54조 제3호), 정보제공이유(상표법 제49조) 및 이의신청이유(상표법 제60조 제1항)에 해당한다.

상표권의 설정등록 후에 착오로 상표등록이 된 것이 발견된 때에는 제척기간의 적용이 없는 무효사유에 해당한다(상표법 제117조 제1항 제1호 및 제122조

---

136) 상표법 제34조 제2항 단서.
137) 최성우·정태호(주 12), 509.
138) 박종태(주 30), 410.
139) 상표심사기준(개정 2016. 8. 29. 특허청 예규 제90호) 제5부 제21장 2.1.
140) 박종태(주 30), 411.

제1항). 다만, 상표법 제33조 제1항의 경우와 달리 상표등록이 된 후에 본호에 해당하게 되었다고 해서 후발적 무효사유로 되지는 아니한다.[141] 갱신등록신청에 대해서는 실체심사를 하지 아니하므로, 본호에 해당하는 상표라도 갱신등록이 가능하다.

이와 관련하여 2016년 전부개정 상표법 이전의 구 상표법상으로는 심사단계에서 상표에 관한 권리를 가진 자의 상표등록이의신청 또는 정보제공이 있어야만 거절결정이 가능하였으며, 이러한 상표등록이의신청 또는 정보제공이 없어서 상표등록이 된 경우에는 취소심판의 청구에 의한 상표등록의 취소가 가능하였다.[142] 그러나 2016년 전부개정 상표법에 의해서 상표법 제34조 제1항 소정의 다른 부등록사유와 마찬가지로 상표등록이의신청 또는 정보제공에 관계 없이 거절결정이 가능하게 된 것이며,[143] 본호에 해당함에도 불구하고 착오로 상표등록이 된 경우에는 상표등록무효심판의 무효사유에 해당하게 된 것이다.

한편으로 본호에 해당하는 상표가 착오로 등록된 경우 기존의 상표권 남용에 관한 대법원 판례의 해석[144]에 비추어 본다면, 상표등록이 무효로 되기 전이

---

141) 상표법 제117조 제1항 제6호 참조.

142) 참고로 유럽공동체상표법 제8조 제3항에서는 우리나라의 구 상표법상 규정과 유사하게 상표의 소유자에게 그의 허락 없이 출원된 상표에 대하여 이의신청할 경우에만 상기 조항이 적용되고 상표의 소유자에게 권한 없는 등록에 대하여 취소할 수 있는 권리를 허여할 뿐만 아니라, 추가적으로 상표의 소유자로 하여금 그러한 상표의 사용을 금지할 수 있게 하거나 상표의 소유자의 명의로 그 등록의 이전을 청구할 수 있게까지도 한다[유럽공동체 상표심사기준의 이의신청심사기준(OPPOSITION GUIDELINES) Part3 Unauthorised filing by agents of the TM owner(상표 소유자의 대리인에 의한 권한 없는 출원)(Art.8(3) CTMR) 의 "2. Origin of Article 8(3) CTMR" p. 3 참조; 특허청(주 14)에서의 관련 부분 설명내용 참조]. 따라서 유럽공동체상표출원에 대해서 유럽공동체상표법 제8조 제3항을 이유로 이의신청을 제기할 권리는 선행상표의 정당한 소유자에게만 독점적으로 인정되는바, 제3자, 즉, 그들의 사용권자 또는 관련 국내법에 의해 권한을 받은 자의 명의로 제출된 이의신청은 당사자 흠결을 이유로 인정될 수 없으므로, 각하될 것이다[유럽공동체상표심사기준의 이의신청심사기준(OPPOSITION GUIDELINES) Part3 Unauthorised filing by agents of the TM owner(상표 소유자의 대리인에 의한 권한 없는 출원)(Art.8(3) CTMR)의 "Ⅱ. ENTITLEMENT OF THE OPPONENT" p. 5 참조; 특허청(주 14)에서의 관련 부분 설명내용 참조].

143) 따라서 상표심사기준상으로도 2016. 9. 1. 시행 개정 상표법 이전의 구 상표법 제23조 제1항 제3호는 상표등록 이의신청이나 정보제공이 있는 경우에 적용되었지만, 본호는 상표등록의 이의신청이나 정보제공의 유무에 상관없이 적용된다고 언급하고 있다[상표심사 기준(개정 2016. 8. 29. 특허청 예규 제90호) 제5부 제21장 2.2].

144) 상표권자가 당해 상표를 출원·등록하게 된 목적과 경위, 상표권을 행사하기에 이른 구체적·개별적 사정 등에 비추어, 상대방에 대한 상표권의 행사가 상표사용자의 업무상의 신용유지와 수요자의 이익보호를 목적으로 하는 상표제도의 목적이나 기능을 일탈하여 공정한 경쟁질서와 상거래 질서를 어지럽히고 수요자 사이에 혼동을 초래하거나 상대방에

라도 상표권자가 조약당사국에 등록된 상표에 관한 권리를 가진 자에게 상표권
에 의한 권리행사를 하는 것은 상표법을 악용하거나 남용한 것이 되어 상표법
에 의한 적법한 권리의 행사라고 인정되기 어려우므로 권리남용에 해당될 수도
있다.145)

4. 다른 조문과의 관계

가. 상표법 제34조 제1항 제4호와의 관계

상표법 제34조 제1항 제4호는 상표의 출원·등록과정에서 사회적 타당성이
현저히 결여되어 그 등록을 인정하는 것이 상표법의 질서에 반하는 것으로 용
인할 수 없다고 보이는 경우 등에 적용하고, 본호는 상표에 관한 권리를 가진
자의 동의를 받지 않은 경우에 적용한다.146)

상표법 제34조 제1항 제4호는 상표 그 자체 또는 상표가 상품에 사용되는
경우 공서양속에 위반되는지 여부를 판단하도록 하고 있으나, 본호는 상표 그
자체나 상품에 사용되는 경우보다는 그 상표를 출원하기까지의 과정을 기준으
로 판단한다.147)

출원상표가 본호뿐만 아니라 상표법 제34조 제1항 제4호에도 해당하는 경
우에는 양 조문을 함께 적용한다.148)

결과적으로 본호는 상표법 제34조 제1항 제4호로 포섭하기 어려운 신의성
실의 원칙 위반을 전제로 하는 규정이므로, 상표법 제34조 제1항 제4호는 일반
적인 공서양속 조항으로서의 역할을 하고, 본호는 특정 당사자와의 관계에서 신
의성실의 준수 조항으로서의 역할을 담당하여 양자는 상호보완적 관계에 있다
고 할 수 있다.149)

대한 관계에서 신의성실의 원칙에 위배되는 등 법적으로 보호받을 만한 가치가 없다고 인
정되는 경우에는, 그 상표권의 행사는 가사 권리행사의 외형을 갖추었다 하더라도 등록상
표에 관한 권리를 남용하는 것으로서 허용될 수 없고, 상표권의 행사를 제한하는 위와 같
은 근거에 비추어 볼 때 상표권 행사의 목적이 오직 상대방에게 고통을 주고 손해를 입히
려는 데 있을 뿐 이를 행사하는 사람에게는 아무런 이익이 없어야 한다는 주관적 요건을
반드시 필요로 하는 것은 아니다(대법원 2007. 1. 25. 선고 2005다67223 판결 등).
145) 박종태(주 30), 413.
146) 상표심사기준(개정 2016. 8. 29. 특허청 예규 제90호) 제5부 제21장 3.1.1.
147) 상표심사기준(개정 2016. 8. 29. 특허청 예규 제90호) 제5부 제21장 3.1.2.
148) 상표심사기준(개정 2016. 8. 29. 특허청 예규 제90호) 제5부 제21장 3.1.3.
149) 박종태(주 30), 412.

나. 상표법 제34조 제1항 제9호, 제11호 및 제12호와의 관계

조약당사국에 등록된 상표가 국내에서 주지·저명해진 경우에는 그 상표에 관한 권리자의 동의를 받은 경우에도, 제3자가 상표로 사용할 경우 일반수요자로 하여금 출처의 오인·혼동을 일으키게 할 염려가 있으므로 상표법 제34조 제1항 제9호, 제11호 및 제12호를 적용한다.[150]

다. 상표법 제34조 제1항 제13호와의 관계

상표법 제34조 제1항 제13호는 모방대상상표가 특정인의 상품을 표시하는 것이라고 인식되어 있는 상표이어야 하나, 본호는 그러한 인식을 요하지 않는다.[151]

상표법 제34조 제1항 제13호는 모방대상상표 사용자와 출원인 사이에 특별한 신의관계를 요하지 않으나, 본호는 신의관계가 필요하다.[152]

상표법 제34조 제1항 제13호는 부정한 목적이 있어야 하나, 본호는 상표에 관한 권리를 가진 자의 동의를 받지 아니한 것만으로 족하다.[153]

상표법 제34조 제1항 제13호는 상품면에서 제한이 없으나, 본호는 동일·유사한 상품에 한하여 적용한다.[154]

출원상표가 본호뿐만 아니라 제34조 제1항 제13호에도 해당하는 경우에는 양 조문을 함께 적용한다.[155]

라. 상표법 제92조 제2항 및 제119조 제1항 제6호와의 관계

상표법 제92조 제2항[156]에 해당하는 상표가 등록된 경우에 그 상표에 관한 권리를 가진 자가 당해 상표등록일부터 5년 이내에 취소심판을 청구한 경우에는 상표법 제119조 제1항 제6호[157]에 의해서 상표등록이 취소될 수 있는데, 본

---

150) 상표심사기준(개정 2016. 8. 29. 특허청 예규 제90호) 제5부 제21장 3.3.1.
151) 상표심사기준(개정 2016. 8. 29. 특허청 예규 제90호) 제5부 제21장 3.2.1.
152) 상표심사기준(개정 2016. 8. 29. 특허청 예규 제90호) 제5부 제21장 3.2.2.
153) 상표심사기준(개정 2016. 8. 29. 특허청 예규 제90호) 제5부 제21장 3.2.3.
154) 상표심사기준(개정 2016. 8. 29. 특허청 예규 제90호) 제5부 제21장 3.2.4.
155) 상표심사기준(개정 2016. 8. 29. 특허청 예규 제90호) 제5부 제21장 3.2.5.
156) 상표권자·전용사용권자 또는 통상사용권자는 그 등록상표의 사용이 「부정경쟁방지 및 영업비밀보호에 관한 법률」 제2조 제1호 차목에 따른 부정경쟁행위에 해당하는 경우에는 같은 목에 따른 타인의 동의를 받지 아니하고는 그 등록상표를 사용할 수 없다.
157) ① 등록상표가 다음 각 호의 어느 하나에 해당하는 경우에는 그 상표등록의 취소심판을 청구할 수 있다. 6. 제92조 제2항에 해당하는 상표가 등록된 경우에 그 상표에 관한 권리를 가진 자가 해당 상표등록일부터 5년 이내에 취소심판을 청구한 경우.

호에 해당하는 상표가 착오로 등록되어 사용되는 경우에는 사안에 따라 조약당
사국에 등록된 상표에 관한 권리자와의 관계에서 부정경쟁방지법 제2조 제1호
차목158)에 따른 부정경쟁행위에 해당하는 상표등록에 해당할 수도 있으므로, 이
경우 등록된 상표의 사용시에 제92조 제2항이 적용될 수 있고, 더 나아가서 본
호 소정의 무효사유뿐 아니라 제119조 제1항 제6호의 취소사유에도 동시에 해
당할 수 있을 것이다.159)

5. 경과규정

본호는 2016년 전부개정 상표법 이전의 구 상표법 제23조 제1항 제3호가
새롭게 부등록사유로 편입된 규정으로서 "제34조 제1항의 개정규정(같은 항 제
21호의 개정규정은 제외한다)은 이 법 시행 전에 출원된 상표등록출원으로서 이
법 시행 이후 상표등록결정을 하는 경우에도 적용한다."는 2016년 전부개정 상
표법 부칙 제4조(상표등록을 받을 수 없는 상표에 관한 적용례) 및 "이 법 시행 전
에 종전의 규정에 따라 출원된 상표등록출원에 대해서는 종전의 규정에 따른
다."는 동법 부칙 제9조(일반적 경과조치)에 의해서, 동법의 시행일인 2016. 9. 1.
이후에 출원된 상표에 대해서만 본호가 적용되고 그 이전에 출원된 상표에 대
해서는 구 상표법 제23조 제1항 제3호가 적용되어야 할 것이다.

한편 2016년 전부개정 상표법 부칙 제15조 제1항에서 "이 법 시행 당시 조
약당사국에 등록된 상표 또는 이와 유사한 상표로서 그 등록된 상표에 관한 권
리를 가진 자의 대리인이나 대표자 또는 상표등록출원일 전 1년 이내에 대리인
이나 대표자였던 자가 그 상품에 관한 권리를 가진 자의 동의를 받지 아니하는
등 정당한 이유 없이 그 상표의 지정상품과 동일·유사한 상품을 지정상품으로
상표등록출원한 상표(이하 이 조에서 "해당 상표"라 한다)에 해당한다는 이유로 등
록거절결정 또는 거절이유 통지를 받은 경우에 대해서는 제54조(상표등록거절결
정)의 개정 규정에도 불구하고 종전의 규정에 따른다."고 규정하고 있으며, 동법
동조 제2항에서는 "이 법 시행 당시 해당 상표가 상표등록된 경우로서 조약당사
국에 등록된 상표에 관한 권리를 가진 자가 종전의 규정에 따라 해당 상표의 등
록일부터 5년 이내에 취소심판을 청구한 경우에는 제119조 제1항의 개정 규정에

---

158) 그 밖에 타인의 상당한 투자나 노력으로 만들어진 성과 등을 공정한 상거래 관행이나
    경쟁질서에 반하는 방법으로 자신의 영업을 위하여 무단으로 사용함으로써 타인의 경제적
    이익을 침해하는 행위.
159) 박종태(주 30), 413.

도 불구하고 종전의 규정에 따른다."고 규정하고 있다. 해당 부칙상의 규정은 2016년 전부개정 상표법의 시행 당시에 이미 구 상표법 제23조 제1항 제3호에 의한 등록거절결정 또는 거절이유 통지를 받은 경우나 구 상표법 제73조 제1항 제7호에 의해 상표등록취소심판이 청구된 경우에는 구 상표법상의 규정에 따른 다는 당연한 사항을 경과조치로서 주의적으로 규정한 것이라고 볼 수 있다.160)

V. 부정경쟁방지법에서의 관련 규정

파리협약은 제6조의7에서 대리인 등의 상표에 대한 무단등록을 거절하고 그 사용을 금지하도록 한 내용을 하나의 조문으로서 규정하고 있는데, 우리나라 에서는 상표법에서 그 상표에 대한 출원의 거절 및 등록무효를 규정하고, 부정 경쟁방지법(부정경쟁방지 및 영업비밀보호에 관한 법률)에서 그 상표를 사용하거나 그 상표를 사용한 상품을 판매 · 반포 또는 수입 · 수출하는 행위를 부정경쟁행위 로서 각각 별도로 규정하고 있다.

즉, 2016년 전부개정 상표법과 동일자(시행일: 9. 1.)로 시행된 2016년 개정 부정경쟁방지법 제2조 제1호 사목은 "(1) 「공업소유권의 보호를 위한 파리협약」 당사국, (2) 세계무역기구 회원국, (3) 「상표법 조약」의 체약국(체약국) 중 어느 하나의 나라에 등록된 상표 또는 이와 유사한 상표에 관한 권리를 가진 자의 대리인이나 대표자 또는 그 행위일 전 1년 이내에 대리인이나 대표자이었던 자 가 정당한 사유 없이 해당 상표를 그 상표의 지정상품과 동일하거나 유사한 상 품에 사용하거나 그 상표를 사용한 상품을 판매 · 반포 또는 수입 · 수출하는 행 위"를 부정경쟁행위로 규정하고 있다.

결국 상표법상 본호는 대리인이나 대표자를 포함하는 개념으로서 동업 · 고 용 등 계약관계나 업무상 거래관계 등이 있거나 있었던 자가 무단으로 상표등 록받는 것을 금지하고 있으나, 2016년 개정 부정경쟁방지법은 상표법상 본호의 인적 대상보다는 한정된 범위로서 구 상표법에서의 인적 대상과 동일하게 대리 인이나 대표자의 무단사용행위를 부정경쟁행위로 규정하고 있는 것이 특색이라 고 할 수 있다.

〈정태호〉

---

160) 박종태(주 30), 414.

> **제34조(상표등록을 받을 수 없는 상표)**
> [제1항은 앞에서 해설]
> ② 제1항 및 상표등록출원인(이하 "출원인"이라 한다)이 해당 규정의 타인에
> 해당하는지는 다음 각 호의 어느 하나에 해당하는 결정(이하 "상표등록여부
> 결정"이라 한다)을 할 때를 기준으로 하여 결정한다. 다만, 제1항제11호·제13
> 호·제14호·제20호 및 제21호의 경우는 상표등록출원을 한 때를 기준으로 하
> 여 결정한다.
> 1. 제54조에 따른 상표등록거절결정
> 2. 제68조에 따른 상표등록결정

<소 목 차>

Ⅰ. 의의

출원된 상표가 상표법이 정하는 부등록사유에 해당하는지 여부를 판단하는
시적 기준에 관하여는 출원시를 기준으로 하는 경우와 등록여부결정시를 기준
으로 하는 경우가 있다. 상표법은 상표제도에 관하여 엄격한 등록주의를 취하고
있으므로 판단의 최종시인 등록여부결정시(심판이 청구되었다면 심결시로 될 것이
다)를 기준으로 하여 등록요건의 유무를 결정함이 이론상으로 타당하다는 견해
가 통설이다[1].

Ⅱ. 연혁

2016. 2. 29. 법률 제14033호로 개정되기 전 상표법(이하 '2016년 개정 전 상
표법'이라 한다)도 이러한 취지에 따라 등록시주의를 원칙으로 하되 특히 사익조
정이 필요한 같은 법 제7조 제1항 제6호·제9호·제9호의2 및 제10호의 경우에
는 출원 상표가 등록결정 당시에는 위 부등록사유에 해당하더라도 출원시에 이

---

[1] 송영식 외 6인 공저, 지적소유권법, 육법사(2013), 180(김병일 집필부분); 특허법원 지적
재산소송 실무연구회, 지적재산소송실무(제3판), 박영사(2014), 547(김신 집필부분).

에 해당하지 아니한 경우에는 등록을 허용하도록 하는 예외규정을 마련하고 있었다(같은 조 제2항). 또 같은 조 제1항 제7호·제7호의2·제8호·제8호의2의 경우에도 출원시주의에 의한다고 규정하고 있었는데(같은 조 제3항), 이는 출원 당시의 예측가능성을 보호하기 위한 것이라는 견해가 있다.[2] 다만 출원시주의에 의하는 경우에도 타인에 해당하는지 여부에 관하여는 상표등록출원시를 기준으로 하지 않고 등록여부결정시를 기준으로 판단하도록 규정하고 있었다(같은 조 제2항, 제3항).

　　명문의 규정이 없던 2016년 개정 전 상표법 제7조 제1항 제11호 소정의 수요자를 기만할 염려가 있는 상표에 해당하는지 여부의 판단기준시에 대하여, 대법원은 상표등록 여부를 결정하는 등록결정시라고 하고 있었다(대법원 2003. 4. 8. 선고 2001후1884,1891 판결). 반면 같은 항 제12호의 판단기준시에 관하여는, 대법원은 "어떤 상표가 위 규정에 해당하기 위하여는 그 대상상표가 국내 또는 외국의 수요자 간에 특정인의 상표라고 현저하게 인식되어 있는 주지상표이어야 하고, 대상상표가 주지상표인가의 여부는 그 등록상표의 출원 당시를 기준으로 판단하여야 할 것"이라고 판시하여(대법원 2004. 5. 14. 선고 2002후1362 판결) 출원시주의의 입장을 명확히 하였다. 위 제12호의 입법취지가 모방상표 또는 희석화방지를 위한 것이므로 출원시를 기준으로 출원인에게 부정한 목적이 있었는지 등의 요건을 판단하는 것이 타당하다는 견해가 있다.[3]

Ⅲ. 등록결정시 원칙의 확대

　　현행 상표법도 같은 취지에서 등록시주의를 원칙으로 하여 상표등록여부결정시에 제34조 제1항 각호의 부등록사유에 해당되지 아니하여야 함을 전제로 하되, 주로 출원시의 상태에 따라 출원인과 상표주 간의 사익조정이 필요한 같은 조 제1항 제11호·제13호·제14호·제20호 및 제21호의 경우에는 등록여부결정 당시에는 위 부등록사유에 해당하더라도 출원시에 이에 해당하지 아니한 경우에는 등록을 허용하도록 하는 예외규정을 마련하고 있다(제34조 제2항 단서). 다만 출원시주의에 의하는 경우에도 타인에 해당하는지 여부에 관하여는 상표등록출원시를 기준으로 하지 않고 등록여부결정시를 기준으로 판단함은 종전과

---

2) 송영식 외 6인(주 1), 180.
3) 특허법원 지적재산소송 실무연구회(주 1), 547-548.

마찬가지이다.

앞서 본 바와 같이 종전에는 현행 제6호·제7호[4]·제8호(종전 제7호의2)·제9호·제10호(종전 제9호의2) 해당여부의 판단기준 시기는 출원시를 기준으로 하였는데, 현행 상표법에서는 그 판단기준 시기가 등록여부결정시로 통일됨으로써 등록결정시 원칙이 더욱 확대되었다.

〈전지원〉

---

4) 개정의 취지와 관련하여, 출원시에 선출원상표가 없었다면 등록여부결정시에도 선출원 상표가 없을 것임이 논리상 당연하므로 특히 "출원시"로 예외규정을 둘 필요가 없기 때문으로 볼 여지도 있으나, 이론상 출원시에는 비유사상표였는데 등록여부결정시에 거래실정의 변화로 유사상표가 되었다고 평가되는 경우 출원시설에 의하면 등록이 허용될 것인 반면, 등록여부결정시설에 의하면 등록이 거절될 것이므로[송영식 외 6인(주 1), 181, 각주 200 참조] 개정의 실익이 있다고 보인다.

제34조(상표등록을 받을 수 없는 상표)

[제1항~제2항은 앞에서 해설]

③ 상표권자 또는 그 상표권자의 상표를 사용하는 자는 제119조제1항제1호부터 제3호까지 및 제5호부터 제9호까지의 규정에 해당한다는 이유로 상표등록의 취소심판이 청구되고 그 청구일 이후에 다음 각 호의 어느 하나에 해당하게 된 경우 그 상표와 동일·유사한 상표[동일·유사한 상품(지리적 표시 단체표장의 경우에는 동일하다고 인정되는 상품을 말한다)을 지정상품으로 하여 다시 등록받으려는 경우로 한정한다]에 대해서는 그 해당하게 된 날부터 3년이 지난 후에 출원해야만 상표등록을 받을 수 있다.

1. 존속기간이 만료되어 상표권이 소멸한 경우
2. 상표권자가 상표권 또는 지정상품의 일부를 포기한 경우
3. 상표등록 취소의 심결이 확정된 경우

<소 목 차>

Ⅰ. 서설

1. 의의

상표법 제34조 제3항은 일정한 경우에 종전 상표권자에 의한 재등록을 제한하고 있다. 위 조항은 2016. 2. 29. 법률 제14033호로 개정되기 전의 상표법 제7조 제5항 중 조문 번호와 각 호를 체계적으로 정리한 외에는 그 내용은 동일하다.

2. 판단시점

우리 판례는 출원상표가 출원 당시에는 위 조항에 해당하지 않았다고 하더라도 등록당시에 위 조항에 해당하게 되면 등록받을 수 없다고 함으로써 등록결정시를 그 판단시점으로 삼고 있다[1].

Ⅱ. 상표법 제34조 제3항이 상표등록취소심판 청구일 이전에 출원한 상표에도 적용되는지 여부(=소극)

1. 대법원 2002. 10. 22. 선고 2000후3647 판결

대법원은 구 상표법 제7조 제5항은 상표등록취소심결이 확정된 경우에는 취소심결의 확정 이전에 상표권자에 의하여 등록출원된 상표라고 하더라도 그 출원이 심판청구일 이후에 이루어졌을 때에는 그 상표의 등록을 허용하지 않음으로써 등록취소심판제도의 실효성을 확보하고자 하는 규정이므로, 등록취소심판청구일 이전에 상표권자가 등록출원한 상표에 대하여는 원칙적으로 위 규정이 적용되지 아니한다고 판시하였다.

① 상표의 등록심사업무가 신속히 이루어져 취소심판 청구일 전 또는 취소심결이 확정되기 전에 등록결정을 한 경우에는 적법하게 등록될 것이지만, 상표의 등록심사업무가 늦어져 등록심사의 과정 중에 그 심결이 확정된 경우에는 등록이 거절되어야 한다면 상표등록의 심사행정 여하에 따라 그 결론이 좌우되는 불합리한 면이 있게 되어 선의의 출원인에게 불측의 손해를 입히게 될 것이고, ② 위 규정이 "상표등록의 취소심판에 있어 그 청구일 이후에 존속기간의 만료로 인하여 상표권이 소멸하거나, 상표권자가 상표권 또는 지정상품의 일부를 포기하거나, 상표등록 취소의 심결이 확정된 경우에는"이라고 하여 취소심판 청구일 이후에 그 심결이 확정된 경우라면 무조건 그 확정일로부터 3년 이내에는 동일 또는 유사상표를 등록할 수 없다는 취지로 읽혀질 소지가 있으나, 취소심결의 확정은 취소심판 청구를 전제로 하는 당연한 것이어서 위의 문구만을 이유로 그와 같이 해석할 수는 없으므로, 등록거절결정 당시 등록취소심결이 확정되었고 그 확정 전에 출원되었다고 하여 일률적으로 위 규정을 적용하여 상표등록 출원을 거절할 것은 아니므로, 취소심판이 청구되기 전에 출원한 경우에

---

1) 대법원 1990. 7. 10. 선고 89후2267 판결 참조.

상표법 제34조 제3항이 적용되지 않는다고 한 것은 선의의 상표출원인을 보호하기 위한 적절한 해석이라고 할 것이다.

2. 예외 인정 여부

출원인이 등록상표에 대한 취소심판이 있을 것을 예상하고 위 규정의 적용을 회피할 목적으로 출원한 경우에는 예외적으로 상표법 제34조 제3항을 적용하여야 하는지가 문제된다.

(가) 예외적으로 제34조 제3항을 적용하여야 한다는 견해(제1설)

상표법 제34조 제3항의 입법취지 및 상표불사용취소심판에 의한 등록취소를 면하기 위해서는 문제가 된 등록상표를 사용하면 될 것임에도 불구하고 그와 유사한 상표를 출원함으로써 제3자로 하여금 불사용취소된 상표의 사용을 금지하려고 한 상표권자를 보호할 필요가 없다는 입장이다.

이 견해는 판례가 심결확정일 전에 출원한 상표에 대하여도 상표법 제34조 제3항을 적용한 것도 엄밀히 말하면 위 조항을 소급적용시킨 것과 마찬가지이므로 심판청구일 전에 출원된 상표에 대하여도 상표법 제34조 제3항을 예외적으로 적용하는 것은 가능하다고 한다. 이러한 사례가 발생할 수 있는 경우는, 상표권자가 A라는 상표를 사용하고 있지 않으면서도 이와 동일, 유사한 상표를 사용하고 있는 자에게 그 사용금지의 경고를 보내고, 실사용자가 상표권자에게 그에 대한 답변으로 위 상표의 등록을 취소시키겠다고 하자 상표권자가 A에 유사한 A'라는 상표의 등록을 곧바로 출원하는 것과 같은 것이 있을 수 있다.

(나) 예외적인 적용을 할 필요가 없다는 견해(제2설)

상표의 등록출원시에는 상표의 불사용취소심판청구가 실제 행하여지지도 않았고, 언제 행하여질지 알 수도 없는 것이며, 등록상표의 상표권자는 그와 유사한 상표를 출원할 권리가 있고, 굳이 등록된 기존 상표를 사용하지 않고 그와 유사한 상표만을 사용하겠다는 의사로 새로이 상표등록출원을 하는 것이 위법하다고 할 수는 없으며, 예외적으로 상표법 제34조 제3항을 적용한다면 출원인의 주관적인 의사를 기준으로 상표의 등록적격을 따져야 하는 불합리한 점이 생기므로 법적 안정성을 해칠 우려가 있다는 것이다.

(다) 검토

① 출원인이 취소심판이 예정되어 있는 상표를 사용하지 않고 유사한 상표를 새로 출원하는 행위는 비난가능성이 있다고 볼 여지가 있기는 하지만 우리

나라와 상표법제가 유사한 일본의 경우에는 불사용취소심판이 있다고 하더라도 그 취소심판청구를 당한 상표의 상표권자가 새로운 출원을 함에 대하여 아무런 제약을 가하지 않고 있는 점, ② 제3자가 불사용취소심판청구를 제기할 예정이 있다는 것을 알게 되었다는 우연한 사정으로 상표권자의 유사상표를 출원등록 할 권리를 제약할 법적 근거가 없다는 점, ③ 불사용취소심판을 방지하기 위해서는 상표권자가 광고 등의 방법으로 문제가 된 등록상표를 사용하면 되는 것이기는 하지만 실제 상표의 사용을 위해서는 상당한 준비기간이 필요하고, 광고행위 등은 명목상의 사용이라는 이유로 그 사용 자체가 정당한 사용에 해당하지 않게 될 우려가 있는 점, ④ 제3자가 불사용취소심판청구를 할 의도가 있다면 권리자에게 이를 알릴 필요 없이 곧바로 특허심판원에 취소심판청구를 하면되고 그와 같은 청구를 하는 절차가 복잡하다거나 비용이 많이 들지 않을 뿐더러 불사용취소를 면하기 위한 입증책임이 상표권자에게 부여되어 있으므로 불사용취소심판청구인이 미리 입증자료를 준비하여야 하는 것도 아닌 점 등을 종합하면, 상표권자가 불사용취소심판청구가 예정되어 있다는 것을 알고 상표법 제34조 제3항에 의하여 자신이 등록한 상표와 유사한 상표를 사용할 수 없게 되는 것을 방지하기 위하여 새로운 상표등록출원을 하는 행위가 신의성실의 원칙에 반한다거나 권리남용에 이를 정도의 탈법행위에 해당한다고 보기는 어려울 것이다. 따라서 제2설이 타당하다고 생각된다.

Ⅲ. 별도의 원인으로 등록상표가 소멸하고 이에 따라 상표법 제119조 제1항 제3호 사유를 원인으로 한 상표등록취소심결의 효력을 다툴 이익이 없어져 소 각하됨으로써 위 취소심결이 확정된 경우, 그 등록상표와 유사한 상표의 출원에 대하여 위 심결 확정을 근거로 상표법 제34조 제3항이 적용되는지 여부(=소극, 대법원 2004. 2. 26. 선고 2001후2689 판결)

대법원은 구 상표법(1998. 7. 22. 법률 제5355호로 개정되기 전의 것, 이하 같다) 제73조 제1항 제3호 사유를 원인으로 한 상표등록취소심결이 확정된 경우 3년간 그와 동일·유사한 상표의 등록을 금지하고 있는 구 상표법 제7조 제5항은 구 상표법 제73조 제1항 제3호 사유에 의한 상표등록취소심결의 확정에 따라 그 상표권이 소멸하는 경우에만 적용되는 것이고, 별도의 원인으로 등록취소를 구하는 등록상표 자체가 소멸하고 이에 따라 위 제73조 제1항 제3호 사유를 원인으로 상표등록취소심결의 효력을 다툴 이익이 없어져 소가 각하됨으로써 상표등록취소심결이 형식적으로 확정된 데 불과한 경우에는 그와 같은 심결 확정을 근거로 구 상표법 제7조 제5항이 적용될 수 없다고 보아야 한다고 판시하였다.

　즉, 대법원 2001. 11. 10. 선고 98후2696 판결이 97당257호 심결의 취소를 구하는 소를 각하함에 따라 97당257호 심결이 97당157호 심결과 같은 날 확정되었지만, 위 98후2696 판결은, 구 상표법 제73조 제1항 제1호 사유를 원인으로 하는 상표등록취소심결인 97당157호 심결이 확정됨으로써 제○○○호 상표가 소멸함에 따라 피고가 더 이상 97당257호 심결의 효력을 다툴 이익이 없어졌고, 달리 이 사건 소송의 대상인 심결이 외형상 잔존함으로 인하여 피고의 어떠한 법률상의 이익이 침해되었다고 볼 만한 사정이 없다는 이유로 97당257호 심결의 취소를 구하는 소를 각하하였을 뿐, 제○○○호 상표에 구 상표법 제73조 제1항 제3호의 등록취소사유가 있는지 여부에 대하여는 심리·판단한 바 없으므로, 위 97당257호 심결은 제○○○호 상표에 구 상표법 제73조 제1항 제3호의 등록취소사유가 있음을 확정하는 심결에 해당하지 아니하는 것이어서, 97당257호 심결의 확정일이 97당157호 심결의 확정일과 같다고 하더라도, 제○○○호 상표는 97당157호 심결의 확정에 의하여 등록이 취소된 것으로 보아야 하지, 97당257호 심결에 의하여 그 등록이 취소된 것이라고 볼 수는 없다고 판단하였다.2) 그럼에도 불구하고, 원심이 소각하 판결로 심결이 확정되는 경우에 그 소각하 판결의 이유에 관계없이, 그 확정된 심결이 그 심결의 내용 그대로의 효력을 갖는다는 이유로, 제○○○호 상표가 위 97당257호 심결에 의하여 취소된 것으로 볼 수 있다면서, 이 사건 등록상표에 구 상표법 제7조 제5항이 적용된다고 판단한 것은 소각하로 확정되는 심결의 효력에 관한 법리를 오해한 위법이

---

2) 이는 1997. 8. 22. 개정된 상표법이 구 상표법 제73조 제1항 제1호로 상표등록이 취소되었을 경우에 적용되었던 재등록제한을 철폐하면서 제73조 제1항 제1호를 이유로 하는 상표등록취소심판과 제73조 제1항 제3호를 이유로 하는 상표등록취소심판이 동시에 계속 중일 때의 처리에 관한 규정을 두지 않고 있기 때문에 구 상표법의 해석상 어쩔 수 없는 결과이고, 이를 피하기 위해서는 상표등록취소심판청구인이 구 상표법 제73조 제1항 제3호만을 이유로 상표등록취소심판청구를 하거나, 구 상표법 제73조 제1항 제1호의 심판청구를 취하하는 등의 조치를 취했어야만 할 것이다(1997. 8. 22. 개정한 상표법에서는 구 상표법 제73조 제1항 제1호의 취소사유를 삭제하였고, 2001. 2. 3. 개정된 상표법의 부칙에 의하여 위 개정 조항은 구법에 의하여 등록된 상표에 대하여도 미치는 것으로 해석함에 따라 더 이상 구 상표법 제73조 제1항 제1호에 의한 상표등록취소심판을 청구할 수는 없으므로, 그 이후에는 이와 같은 문제가 발생할 여지는 없어졌다).

있다고 판단하였다.

　소송판결의 기판력은 그 판결에서 확정한 소송요건의 흠결에만 미치는 것일 뿐, 소송판결에 의하여 형식적으로 확정되는 심결은 그 내용 그대로의 효과를 갖는 것은 아니고[3]), 소송의 목적물이 특정되지 않았다는 이유로 원고의 청구를 기각하는 판결과 같이 그 판결이유에서 소송물인 권리관계의 존부에 대하여 실질적으로 판단하지 아니한 경우에는 그 권리관계의 존부에 관하여 기판력이 생기지 않는 점 등에 비추어 위와 같은 판시는 정당하다.

〈권동주〉

---

3) 대법원 1997. 12. 9. 선고 97다25521 판결(공1998. 1. 15., 22); 대법원 1996. 11. 15. 선고 96다31406 판결, 上田哲一郎, 訴訟判決と旣判力, 法學敎室(1973. 5.), 140-141 참조.

> **제34조(상표등록을 받을 수 없는 상표)**
> [제1항~제3항은 앞에서 해설]
> ④ 동음이의어 지리적 표시 단체표장 상호간에는 제1항 제8호 및 제10호를 적용하지 아니한다.

<소 목 차>

I. 의의 및 연혁

제34조 제4항은 타인의 지리적 표시와 발음상으로는 같지만 서로 다른 지역을 지칭하는 동음이의어 지리적 표시(제2조 제1항 제5호)는 선출원에 의한 타인의 지리적 표시 등록단체표장 또는 특정 지역의 상품을 표시하는 것이라고 수요자간에 현저하게 인식되어 있는 타인의 지리적 표시 등이 있는 경우에도 지리적 표시 단체표장으로 등록할 수 있도록 규정하였다.

본항은 2004년 개정법(2004. 12. 31. 법률 제7290호)에서 지리적 표시 단체표장 제도가 새로이 도입됨에 따라 신설된 규정이다.

II. 제도적 취지

이 규정은 동음이의어 지리적 표시는 발음상으로는 동일하더라도 전혀 다른 지역을 지칭하는 경우가 있으므로 이 경우 각각의 지리적 표시를 정당한 것으로 보호할 필요가 있기 때문이다. 한편, 본 규정은 제34조 제1항 제14호를 포함하고 있지 않는데, 이는 '부정한 목적'이 있는 경우라면 동음이의어 지리적표시 상호간에도 적용되어야 하는 것이 합당하기 때문이다.

III. 표시의 의무 요건 및 위반의 효과

2 이상의 동음이의어 지리적 표시 단체표장이 등록되어 함께 사용될 경우,

일반 수요자는 이들 표장의 출처에 대해 혼동을 일으킬 수 있으므로 각 단체표
장권자 및 그 소속단체원은 지리적 출처에 대하여 수요자로 하여금 혼동을 초
래하지 아니하도록 하는 표시를 등록단체표장과 함께 사용하여야 한다(제223조).

　　위 제223조 규정을 위반하여 단체표장을 사용함으로써 수요자로 하여금 상
품의 품질에 대한 오인 또는 지리적 출처에 대한 혼동을 초래한 경우에는 상표
등록취소심판의 대상이 된다(제119조 제1항 제8호 나목).

〈김종석〉

제35조(선출원)

① 동일·유사한 상품에 사용할 동일·유사한 상표에 대하여 다른 날에 둘 이상의 상표등록출원이 있는 경우에는 먼저 출원한 자만이 그 상표를 등록받을 수 있다.

② 동일·유사한 상품에 사용할 동일·유사한 상표에 대하여 같은 날에 둘 이상의 상표등록출원이 있는 경우에는 출원인의 협의에 의하여 정하여진 하나의 출원인만이 그 상표에 관하여 상표등록을 받을 수 있다. 협의가 성립하지 아니하거나 협의를 할 수 없는 때에는 특허청장이 행하는 추첨에 의하여 결정된 하나의 출원인만이 상표등록을 받을 수 있다.

③ 상표등록출원이 다음 각 호의 어느 하나에 해당되는 경우에는 그 상표등록출원은 제1항 및 제2항을 적용할 때에 처음부터 없었던 것으로 본다.

1. 포기 또는 취하된 경우
2. 무효로 된 경우
3. 제54조에 따른 상표등록거절결정 또는 거절한다는 취지의 심결이 확정된 경우

④ 특허청장은 제2항의 경우에는 출원인에게 기간을 정하여 협의의 결과를 신고할 것을 명하고, 그 기간 내에 신고가 없는 경우에는 제2항에 따른 협의는 성립되지 아니한 것으로 본다.

⑤ 제1항 및 제2항은 다음 각 호의 어느 하나에 해당하는 경우에는 적용하지 아니한다.

1. 동일(동일하다고 인정되는 경우를 포함한다)하지 아니한 상품에 대하여 동일·유사한 표장으로 둘 이상의 지리적 표시 단체표장등록출원 또는 지리적 표시 단체표장등록출원과 상표등록출원이 있는 경우
2. 서로 동음이의어 지리적 표시에 해당하는 표장으로 둘 이상의 지리적 표시 단체표장등록출원이 있는 경우

〈소 목 차〉

Ⅰ. 의의 및 취지

동일한 요건을 구비하고 있는 둘 이상의 상표출원이 경합되어 있는 경우에 그 권리자를 인정하는 방법론으로는 가장 먼저 출원한 자를 권리자로서 등록하는 선출원주의와 먼저 사용하고 있는 자에게 상표등록을 인정하는 선사용주의가 있다. 사용주의하에서의 등록은 권리의 확인으로서의 성격이 강하므로 이론상 당연히 선사용주의가 채용되나, 등록주의하에서는 심사의 편의와 권리의 안정을 기하기 위하여 선출원주의가 채용되는 것이 일반적이며 우리 상표법 역시 선출원주의를 채택하고 있다(상표법 제35조 제1항).[1][2]

선출원주의는 선출원의 입증·판단이 용이하여 심사가 간편하고 신속한 권리화가 가능하기 때문에 권리의 안정성이 도모되는 장점이 있는 반면, 불사용상표의 보호(저장상표의 범람)로 타인의 상표선택의 자유를 제한하게 되고 사용실적에 의한 상표의 재산적 기능을 부당하게 억압하게 되며 불필요한 출원의 증가로 심사업무 처리에 지연을 초래한다는 단점이 있다.[3] 이에 우리 상표법은 선출원주의를 채용하면서도 사용주의를 가미하여 선출원주의의 단점을 보완하고 있는데, 그 대표적인 예로는 일정한 인지도를 갖춘 미등록 상표의 보호(상표법 제34조 제1항 제9호 내지 제12호), 사용에 의한 자타상품식별력의 인정(상표법 제33조 제2항), 출원시 특례(상표법 제47조), 불사용에 의한 등록취소(상표법 제119조 제1항 제3호) 등을 들 수 있다.

---

1) 윤선희, 상표법(제3판), 법문사(2015), 19.
2) 상표권의 형성 내지 성립에 관하여 사용주의와 등록주의라는 두 사고가 있다. 먼저 사용주의는 사회적 사실로서 현실적으로 사용되고 있는 상표 중에서 식별표지로서의 기능을 영위하여 사회적 이익을 가져오는 것에 대하여 공익상·사익상의 장애가 없는 한 이것을 권리로서 확인하고 법에 의하여 독점배타권으로 보호하는 동시에 그 기능을 촉진하여 형성해 가고자 하는 태도이다. 반면, 등록주의는 현실적으로 사회적 사실로서 존재하는가의 여부를 불문하고 사회적으로 가치 있는 기능을 다하는 상표로서의 필요한 조건을 법으로써 미리 설정하여 놓고, 그 조건에 해당하는 것에 대해서는 그것을 취득하고자 하는 자에 대하여 그 사용의 유무를 불문하고 독점배타권을 부여하고자 하는 주의로 우리의 상표제도가 취하고 있는 태도이다(상표법 제82조 제1항).[윤선희(주 1), 17-18.]
3) 문삼섭, 상표법(제2판), 세창출판사(2004), 41.

Ⅱ. 연혁적 고찰

1. 개정 내역

(1) 1949. 11. 28. 법률 제71호로 제정된 상표법(1949. 11. 28. 시행)

[제3조]

① 동종의 상품에 사용할 동일 또는 유사한 상표에 대한 2이상의 등록출원
   이 경합하였을 때에는 영업상 최선사용자에 한하여 등록한다.

② 최선사용의 사실을 확인하기 곤란한 2이상의 출원에 대하여서는 최선출
   원자를 등록한다. 전항의 출원이 동일에 경합할 때에는 각출원자의 협의
   에 의하여 그중 1인만을 등록하며 협의가 되지 아니 할 때에는 추첨에
   의하여 결정한다.

(2) 1958. 3. 11. 법률 제480호로 개정된 상표법(1958. 3. 11. 시행)

[제3조]

① 동종의 상품에 사용할 동일 또는 유사한 상표에 대한 2이상의 등록출원
   이 경합하였을 때에는 선출원자를 등록한다.

② (삭제)

(3) 1973. 2. 8. 법률 제2506호로 전부개정된 상표법(1974. 1. 1. 시행)

[제13조(선원주의)]

① 동일 또는 유사한 상품에 사용할 동일 또는 유사한 상표에 대하여는 최
   선출원자에 한하여 등록을 받을 수 있다.

② 동일 또는 유사한 상품에 사용할 동일 또는 유사한 상표로서 같은 날에
   2이상의 등록출원이 있을 때에는 출원자의 협의에 의하여 그중 1인만을
   상표등록하며 협의가 성립되지 아니할 때에는 특허국장이 행하는 추첨
   에 의하여 결정된 자만이 상표등록을 받을 수 있다.

③ 상표등록출원이 포기 취하 또는 무효가 되었을 때, 또는 거절 사정이나
   거절의 심결이 확정되었을 때에는 그 출원에 대한 전 2항의 규정의 적
   용에 있어서는 처음부터 없었던 것으로 본다.

(4) 1976. 12. 31. 법률 제2957호로 개정된 정부조직법에 의하여 개정된
    상표법(1976. 12. 31. 시행)

[제13조 (선원주의)]

①, ③ (각 개정사항 없음)

② 동일 또는 유사한 상품에 사용할 동일 또는 유사한 상표로서 같은 날에 2 이상의 등록출원이 있을 때에는 출원자의 협의에 의하여 그중 1인만을 상표등록하며 협의가 성립되지 아니할 때에는 특허청장이 행하는 추첨에 의하여 결정된 자만이 상표등록을 받을 수 있다.

(5) 1980. 12. 31. **법률 제3326호로 개정된 상표법**(1981. 9. 1. **시행**)

[제13조(선원주의)]

①, ② (각 개정사항 없음)

③ 상표등록출원이 포기 취하 또는 무효가 되었을 때, 또는 거절 사정이나 거절의 심결이 확정되었을 때에는 그 출원에 대한 제1항 및 제2항의 규정의 적용에 있어서는 처음부터 없었던 것으로 본다.

(6) 1990. 1. 13. **법률 제4210호로 전부개정된 상표법**(1990. 9. 1. **시행**)

[제8조(선원)]

① 동일 또는 유사한 상품에 사용할 동일 또는 유사한 상표에 관하여 다른 날에 2 이상의 상표등록출원이 있는 때에는 먼저 출원한 자만이 그 상표에 관하여 상표등록을 받을 수 있다.

② 동일 또는 유사한 상품에 사용할 동일 또는 유사한 상표에 관하여 같은 날에 2 이상의 상표등록출원이 있는 때에는 출원인의 협의에 의하여 정하여진 하나의 출원인만이 그 상표에 관하여 상표등록을 받을 수 있다. 협의가 성립하지 아니하거나 협의를 할 수 없는 때에는 특허청장이 행하는 추첨에 의하여 결정된 하나의 출원인만이 상표등록을 받을 수 있다.

③ 상표등록출원이 포기·취하 또는 무효가 된 때 또는 거절사정이나 심결이 확정된 때에는 그 상표등록출원은 제1항 및 제2항의 규정을 적용함에 있어서는 처음부터 없었던 것으로 본다.

④ 특허청장은 제2항의 경우에는 출원인에게 기간을 정하여 협의의 결과를 신고할 것을 명하고 그 기간내에 신고가 없는 때에는 제2항의 규정에 의한 협의는 성립되지 아니한 것으로 본다.

(7) 1993. 12. 10. **법률 제4597호로 개정된 상표법**(1994. 1. 1. **시행**)

[제8조(선원)]

① 내지 ④ (각 개정사항 없음)

⑤ 제73조 제1항 제3호의 규정4)에 해당하는 것을 사유로 하는 등록상표의 취소심판에 있어 그 청구일 이후에 상표권자가 상표권 또는 지정상품의 일부를 포기하거나 상표등록취소의 심결이 확정된 경우에는 포기한 날 또는 그 심결이 확정된 날부터 3월간은 취소심판청구인만이 소멸된 등록상표와 동일 또는 유사한 상표를 그 지정상품과 동일 또는 유사한 상품에 대하여 우선적으로 출원하여 상표등록을 받을 수 있다.

(8) 1997. 8. 22. **법률 제5355호로 개정된 상표법**(1998. 3. 1. **시행**)

[제8조(선원)]

① 내지 ④ (각 개정사항 없음)

⑤ 제73조 제1항 제3호의 규정에 해당한다는 것을 이유로 상표등록의 취소심판이 청구되고 그 청구일 이후에 다음 각호의 1에 해당하게 된 때에는 그 해당하게 된 날부터 3월간은 취소심판청구인만이 상표등록출원을 하여 소멸된 등록상표와 동일 또는 유사한5) 상표를 그 지정상품과 동일 또는 유산한 상품에 대하여 상표등록을 받을 수 있다.

  1. 제43조 제2항 단서6)의 기간이 경과한 경우

  2. 상표권자가 상표권 또는 지정상품의 일부를 포기한 경우

  3. 상표등록 취소의 심결이 확정된 경우

(9) 2001. 2. 3. **법률 제6414호로 개정된 상표법**(2001. 7. 1. **시행**)

[제8조(선출원)]

  ①, ②, ④, ⑤ (각 개정사항 없음)

  ③ 상표등록출원이 포기·취하 또는 무효가 된 때 또는 상표등록거절결정이나 심결이 확정된 때에는 그 상표등록출원은 제1항 및 제2항의 규정

---

4) 제73조 (상표등록의 취소심판)
   ① 등록상표가 다음 각호의 1에 해당하는 경우에는 그 상표등록의 취소심판을 청구할 수 있다.
    3. 상표권자·전용사용권자 또는 통상사용권자중 어느 누구도 정당한 이유없이 등록상표를 그 지정상품에 대하여 취소심판청구일전 계속하여 3년 이상 국내에서 사용하고 있지 아니한 경우
5) 당초 위 개정 당시 "유산한"으로 착오 기재되었다가 1998. 9. 23. 법률 제5576호로 개정된 특허법에 의하여 상표법이 개정되면서 자구수정을 통해 "유사한"으로 바로잡았다.
6) 제43조 (상표권의 존속기간갱신등록출원)
   ② 상표권의 존속기간갱신등록출원은 상표권의 존속기간 만료 전 1년 이내에 출원하여야 한다. 다만, 이 기간 내에 상표권의 존속기간갱신등록출원을 하지 아니한 자는 상표권의 존속기간의 만료 후 6월 이내에 상표권의 존속기간갱신등록출원을 할 수 있다.

을 적용함에 있어서는 처음부터 없었던 것으로 본다.

(10) 2004. 12. 31. **법률 제7290호로 개정된 상표법**(2005. 7. 1. 시행)

[제8조(선출원)]

① 내지 ⑤ (각 개정사항 없음)

⑥ 제1항 및 제2항의 규정은 다음 각호의 1에 해당하는 경우에는 이를 적용하지 아니한다.

　1. 동일하지 아니한 상품에 대하여 동일 또는 유사한 표장으로 2 이상의 지리적 표시 단체표장등록출원 또는 지리적 표시 단체표장등록출원과 상표등록출원이 있는 경우

　2. 서로 동음이의어 지리적 표시에 해당하는 표장으로 2 이상의 지리적 표시 단체 표장등록출원이 있는 경우

⑦ 제5항의 규정은 다음 각호의 1에 해당하는 경우에는 이를 적용하지 아니한다.

　1. 소멸된 지리적 표시 등록단체표장과 동일 또는 유사한 표장으로 그 지정상품과 동일하지 아니한 상품에 대하여 상표등록출원을 한 경우

　2. 소멸된 지리적 표시 등록단체표장과 서로 동음이의어 지리적 표시에 해당하는 표장으로 지리적 표시 단체표장등록출원을 한 경우

(11) 2007. 1. 3. **법률 제8190호로 개정된 상표법**(2007. 1. 3. 시행)

[제8조(선출원)]

① 내지 ④ (각 개정사항 없음)

⑤ 제73조 제1항 제3호의 규정에 해당한다는 것을 이유로 상표등록의 취소심판이 청구되고 그 청구일 이후에 다음 각 호의 어느 하나에 해당하게 된 때에는 그 해당하게 된 날(제3호의 경우 상표등록 취소의 심결에 대하여 소가 제기된 후 소취하나 상고취하로 그 상표등록 취소의 심결이 확정된 때에는 그 취하일을 말한다)부터 6개월간은 취소심판청구인만이 상표등록출원을 하여 소멸된 등록상표와 동일 또는 유사한 상표를 그 지정상품과 동일 또는 유사한 상품에 대하여 상표등록을 받을 수 있다.

　1. 제43조 제2항 단서의 기간7)이 경과한 경우

---

7) 2010. 1. 27. 법률 제9987호로 개정된 상표법(2010. 7. 28. 시행)에서 "상표권의 존속기간 갱신등록출원"은 "상표권의 존속기간갱신등록신청"으로 변경되었으나, 갱신기간(상표법

2. 상표권자가 상표권 또는 지정상품의 일부를 포기한 경우

3. 상표등록 취소의 심결이 확정된 경우

⑥ 제73조 제1항 제3호에 해당한다는 것을 이유로 상표등록의 취소심판이 청구되고 그 청구일 이후에 다음 각 호의 어느 하나에 해당하는 상표등록출원이 있는 경우에는 취소심판청구인만이 상표등록을 받을 수 있다.

1. 상표권의 존속기간 만료로 취소심판이 청구된 등록상표가 소멸되는 경우에 있어서 제43조 제2항 단서의 기간 중 그 소멸된 등록상표와 동일하거나 유사한 상표를 그 지정상품과 동일하거나 유사한 상품에 대하여 상표등록출원한 경우

2. 상표등록 취소의 심결에 대하여 소가 제기된 후 소취하나 상고취하로 그 상표등록 취소의 심결이 확정되어 취소심판이 청구된 등록상표가 소멸되는 경우에 있어서 그 취소심결의 확정일부터 소취하일 또는 상고취하일까지의 기간 중 그 소멸된 등록상표와 동일하거나 유사한 상표를 그 지정상품과 동일하거나 유사한 상품에 대하여 상표등록출원한 경우

⑦ 제1항 및 제2항의 규정은 다음 각호의 1에 해당하는 경우에는 이를 적용하지 아니한다.

1. 동일하지 아니한 상품에 대하여 동일 또는 유사한 표장으로 2 이상의 지리적 표시 단체표장등록출원 또는 지리적 표시 단체표장등록출원과 상표등록출원이 있는 경우

2. 서로 동음이의어 지리적 표시에 해당하는 표장으로 2 이상의 지리적 표시 단체 표장등록출원이 있는 경우

⑧ 제5항의 규정은 다음 각호의 1에 해당하는 경우에는 이를 적용하지 아니한다.

1. 소멸된 지리적 표시 등록단체표장과 동일 또는 유사한 표장으로 그 지정상품과 동일하지 아니한 상품에 대하여 상표등록출원을 한 경우

2. 소멸된 지리적 표시 등록단체표장과 서로 동음이의어 지리적 표시에 해당하는 표장으로 지리적 표시 단체표장등록출원을 한 경우

(12) 2011. 6. 30. **법률 제10811호로 개정된 상표법**(2012. 1. 1. 시행)

제43조 제2항 본문의 기간: 상표권의 존속기간 만료 전 1년 이내) 및 추가갱신기간(상표법 제43조 제2항 단서의 기간: 상표권의 존속기간이 끝난 후 6개월 이내)은 동일하다.

① 내지 ⑥ (각 개정사항 없음)

⑦ 제1항 및 제2항의 규정은 다음 각호의 1에 해당하는 경우에는 이를 적용하지 아니한다.

 1. 동일(동일하다고 인식되어 있는 경우를 포함한다)하지 아니한 상품에 대하여 동일 또는 유사한 표장으로 2 이상의 지리적 표시 단체표장등록출원 또는 지리적 표시 단체표장등록출원과 상표등록출원이 있는 경우

 2. 서로 동음이의어 지리적 표시에 해당하는 표장으로 2 이상의 지리적 표시 단체 표장등록출원이 있는 경우

⑧ 제5항의 규정은 다음 각호의 1에 해당하는 경우에는 이를 적용하지 아니한다.

 1. 소멸된 지리적 표시 등록단체표장과 동일 또는 유사한 표장으로 그 지정상품과 동일(동일하다고 인식되어 있는 경우를 포함한다)하지 아니한 상품에 대하여 상표등록출원을 한 경우

 2. 소멸된 지리적 표시 등록단체표장과 서로 동음이의어 지리적 표시에 해당하는 표장으로 지리적 표시 단체표장등록출원을 한 경우

(13) 2013. 4. 5. **법률 제11747호로 개정된 상표법**(2013. 10. 6. 시행)

 ① 내지 ④, ⑦ (각 개정사항 없음)

 ⑤, ⑥, ⑧ (각 삭제)

(14) 2016. 2. 29. **법률 제14033호 전부개정**(2016. 9. 1. 시행)

[제35조(선출원)]

① 동일·유사한 상품에 사용할 동일·유사한 상표에 대하여 다른 날에 둘 이상의 상표등록출원이 있는 경우에는 먼저 출원한 자만이 그 상표를 등록받을 수 있다.

② 동일·유사한 상품에 사용할 동일·유사한 상표에 대하여 같은 날에 둘 이상의 상표등록출원이 있는 경우에는 출원인의 협의에 의하여 정하여진 하나의 출원인만이 그 상표에 관하여 상표등록을 받을 수 있다. 협의가 성립하지 아니하거나 협의를 할 수 없는 때에는 특허청장이 행하는 추첨에 의하여 결정된 하나의 출원인만이 상표등록을 받을 수 있다.

③ 상표등록출원이 다음 각 호의 어느 하나에 해당되는 경우에는 그 상표등록출원은 제1항 및 제2항을 적용할 때에 처음부터 없었던 것으로 본다.

　1. 포기 또는 취하된 경우

　2. 무효로 된 경우

　3. 제54조에 따른 상표등록거절결정 또는 거절한다는 취지의 심결이 확
　　정된 경우

④ 특허청장은 제2항의 경우에는 출원인에게 기간을 정하여 협의의 결과를
　신고할 것을 명하고, 그 기간 내에 신고가 없는 경우에는 제2항에 따른
　협의는 성립되지 아니한 것으로 본다.

⑤ 제1항 및 제2항은 다음 각 호의 어느 하나에 해당하는 경우에는 적용하
　지 아니한다.

　1. 동일(동일하다고 인정되는 경우를 포함한다)하지 아니한 상품에 대하
　　여 동일·유사한 표장으로 둘 이상의 지리적 표시 단체표장등록출원
　　또는 지리적 표시 단체표장등록출원과 상표등록출원이 있는 경우

　2. 서로 동음이의어 지리적 표시에 해당하는 표장으로 둘 이상의 지리적
　　표시 단체표장등록출원이 있는 경우

2. 개정 내용 검토

　1949. 11. 28. 법률 제71호 제정법에서는 최선사용자에게 상표권을 부여하
는 선사용주의가 채택되었고, 다만 선사용 사실을 확인하기 곤란한 경우에는 선
출원자를 상표권자로 등록하도록 규정되었다. 그러다가 1958. 3. 11. 법률 제480
호 개정으로 선출원주의로 변경되었고, 1973. 2. 8. 법률 제2506호 전부개정으로
동일자 복수출원 경합 시 협의 및 추첨에 의하여 상표권자를 결정하는 규정이
마련되었으며, 1976. 12. 31. 법률 제2957호로 개정된 정부조직법에 의하여 상공
부 '특허국'이 외청인 '특허청'으로 승격됨으로써, 기존 상표법상 특허국이 특허
청으로 변경되었다.

　이후 1990. 1. 13. 법률 제4210호 전부개정법에서는 동일자 복수출원자들의
협의 결과를 특허청장이 정한 기간 내에 신고토록 하고 신고가 없으면 협의 불성
립으로 간주하는 규정이 마련되었고, 1993. 12. 10. 법률 제4597호 개정으로 불사
용에 의한 등록취소심판청구인의 우선출원권에 관한 규정(제5항)이 신설되었으며,
1997. 8. 22. 법률 제5355호 개정으로 불사용에 의한 등록취소심판청구인의 우선
출원권이 인정되는 사유에 심판청구 후 상표권의 존속기간갱신등록출원 기간이
경과한 경우도 추가되었다. 또 2001. 2. 3. 법률 제6414호 개정으로 '선원', '거절

사정'이라는 일본식 용어가 각각 '선출원', '거절결정'으로 변경되었다.

또한, 2004. 12. 31. 법률 제7290호 개정으로 지리적 표시 단체표장 제도가 새로이 도입됨에 따라 선출원주의 규정 중 지리적 표시 단체표장에 필요한 예외규정(제6항, 제7항)이 신설되었고, 2007. 1. 3. 법률 제8190호 개정으로 위 제6항, 제7항은 제7항, 제8항으로 이동되었다. 위 2007. 1. 3. 개정으로 불사용에 의한 등록취소심판청구인의 우선출원기간이 기존의 3개월에서 6개월로 연장되었고, 소취하 또는 상고취하로 상표등록 취소의 심결이 그 취하일보다 소급하여 확정된 때에는 그 취하일로부터 우선출원기간을 기산하도록 제5항이 수정되었으며, 또 취소심판 청구된 등록상표가 상표권 존속기간 만료로 소멸되는 경우인데 그 상표권의 존속기간 추가갱신기간(상표법 제43조 제2항 단서의 기간)에 동일·유사상표등록출원이 있는 때 및 취소심결의 확정일로부터 소취하일 또는 상고취하일까지의 기간 중에 출원이 있는 때에는 불사용에 의한 등록취소심판청구인의 독점출원권이 인정되도록 하는 제6항이 새로이 규정되었다.

그리고 2011. 6. 30. 법률 제10811호 개정으로, 지리적 표시의 권리보호 범위를 동일상품에서 수요자간에 동일하다고 인식되어 있는 상품까지 확대하는 「대한민국과 유럽연합 및 그 회원국 간의 자유무역협정」의 합의사항을 반영하여, 제7, 8항 지리적 표시 단체표장 예외규정이 정비되었다.

한편 2013. 4. 5. 법률 제11747호 개정에 의해, 상표등록출원인이 타인의 선등록상표에 대하여 불사용을 이유로 취소심판을 청구한 경우에는 출원상표와 타인의 선등록 상표의 동일·유사 여부 판단시점을 종전의 출원시에서 상표등록 여부 결정시로 변경하였다. 종전에는 3년간 사용되지 아니한 타인의 선등록상표와 유사한 상표를 출원하여 등록받고자 하는 사람은 먼저 불사용 취소심판을 청구하여 선등록상표를 취소시킨 다음 우선출원기간 내에 상표등록출원을 하여 등록을 받는 방법을 취하여야 했고, 만일 불사용 취소심판 청구인이 여러 명이고 이들이 우선출원기간 내에 상표등록출원을 함으로써 경합될 경우에는 가장 먼저 출원한 사람이 상표등록을 받을 수 있었다. 그러나 실무적으로 일부 상표권자의 경우 상표 불사용 취소심판이 청구되면 제3자와 모의하여 동일한 심판을 청구하게 하여 우선권을 경합시킨 후, 상표권을 포기하고 다음날 그 제3자에게 출원하게 하여 상표등록을 받게 하는 제도 악용 사례가 있었다. 이 경우 상표등록을 진정으로 원하는 불사용 취소심판청구인이 피해를 입을 수밖에 없으므로, 취소심판 청구인들간의 출원경합을 방지하고 종전 제도의 허점을 악용하는 사례를 막기 위해 위 우선출원기간제도를 폐지한 것이다.[8] 이러한 개정으로 먼저 상표등록출원을 한 다음 선등록상표에 대한 불사용 취소심판 청구를 하여 선등록상표를 취소시키고 상표등록결정을 받을 수 있게 되었으므로, 불사용 취소심판제도를 활용하여 자신의 상표등록을 받고자 하는 사람이 보다 안정적으로 목적을 달성할 수 있게 되었고, 그에 소요되는 기간 또한 매우 단축되는 효과가 기대된다.

현행법인 2016. 2. 29. 법률 제14033호 전부개정법에서는 제35조로 조문을 이동하면서 기존에 삭제된 조항번호를 정리하고 용어를 순화하는 등의 개정이 있었다.

Ⅲ. 선후출원간의 판단기준

1. 경합된 타인간의 이일(異日)출원의 처리

동일 또는 유사한 상품에 사용할 동일 또는 유사한 상표에 관하여 다른 날에 둘 이상의 상표등록출원이 있는 경우에는 먼저 출원한 자만이 그 상표에 관하여 상표등록을 받을 수 있다(상표법 제35조 제1항). 이 규정은 우리 상표법이 선출원주의 원칙을 채택하고 있음을 천명하는 것이다.[9][10] 다만, 지리적 표시 단체표장 출원의 경우에는 제5항에서 적용 예외를 규정하고 있다.

선출원인가를 판단하는 기준은 시각이 아니라 날짜이므로, 같은 날 다른 시각에 출원한 경우에는 동일(同日)출원으로 취급한다.[11]

2. 경합된 타인간의 동일(同日)출원의 처리

가. 규정의 내용 및 취지

동일 또는 유사한 상품에 사용할 동일 또는 유사한 상표에 관하여 같은 날에 둘 이상의 상표등록출원이 있는 때에는 출원인의 협의에 의하여 정하여진 하나의 출원인만이 그 상표에 관하여 상표등록을 받을 수 있다(상표법 제35조 제

---

8) 국회 지식경제위원회 상표법 일부개정법률안 검토보고서(2012. 11), 6.
9) 특허청, 조문별 상표법해설(2007), 119.
10) 이때 선출원인이 상표등록을 받기 위해서는 상표법상에 규정된 여타의 다른 등록요건을 갖추어야 함은 물론이다.
11) 특허법원 지적재산소송실무연구회, 지적재산소송실무(제3판), 박영사(2014), 612.

2항 전문). 협의가 성립하지 아니하거나 협의를 할 수 없는 때에는 특허청장이 행하는 추첨에 의하여 결정된 하나의 출원인만이 상표등록을 받을 수 있다(같은 항 후문). 특허청장은 제2항의 경우에는 출원인에게 기간을 정하여 협의의 결과를 신고할 것을 명하고 그 기간 내에 신고가 없는 때에는 제2항의 규정에 의한 협의는 성립되지 아니한 것으로 본다(상표법 제35조 제4항). 다만, 지리적 표시 단체표장 출원의 경우에는 제5항에서 적용 예외를 규정하고 있다.

특허법(실용신안법)이나 디자인보호법에서는 경합되는 출원이 같은 날에 둘 이상 있는 경우 협의에 의하고 협의가 성립하지 않을 경우 선출원, 후출원 모두 등록받을 수 없도록 규정하고 있는 데 비하여(특허법 제36조 제2항, 실용신안법 제7조 제2항, 디자인보호법 제46조), 상표법이 추첨에 의하여 그 중 한 출원에 대하여는 등록을 허용하는 것은, 특허(실용신안)나 디자인의 경우에는 동일출원일에 출원된 복수의 발명(고안)이나 디자인에 대하여 협의가 성립되지 아니하여 등록이 거절된 경우에는 선출원의 지위가 소멸되지 않도록 하는 규정을 두고 있는 반면에(특허법 제36조 제4항 단서, 실용신안법 제7조 제4항 단서, 디자인보호법 제46조 제3항 단서), 상표법에는 이러한 규정이 없어 협의 불성립 시 모두 등록받을 수 없게 하면 선출원의 지위 상실의 효과가 발생하므로(상표법 제35조 제3항), 이들 경합상표보다 늦게 출원한 제3자의 동일·유사한 상표가 등록되는 불합리한 사태가 발생할 수 있기 때문에, 이러한 결과를 방지하기 위함이다.[12] 이러한 규정 태도의 차이는 특허법과 상표법의 입법 목적의 차이에서 기인하는 것이라고 설명되고 있다. 즉, 특허법은 발명자로 하여금 새로운 발명의 내용을 공개하도록 유도하여 중복연구 및 중복투자를 방지함과 아울러 빠른 기술발전을 이룩하도록 함으로써 산업발전을 도모하는 데 그 목적이 있는 반면, 상표제도는 새로운 창작에 의하여 만들어진 것이 아닌, 상표를 사용함으로써 창출되는 상표로서의 가치를 높이는 데 있기 때문에, 추첨을 통하여 상표권자가 될 자를 결정하여도 큰 문제가 되지 않기 때문이라고 보는 것이다.[13] 또한 특허는 그 출원 등록에 신규성을 요하므로, 경합된 선출원들이 모두 거절되더라도 출원공개 후에는 뒤에 출원하는 제3자가 신규성 부정으로 인해 특허를 받을 수 없게 된다는 점을 제도상 차이의 이유로 들기도 한다.[14][15] 같은 취지의 규정을 두고 있는 일본

---

12) 문삼섭(주 3), 695.
13) 윤선희(주 1), 419-420.
14) 사법연수원, 상표법, (2010), 101. 각주 14.
15) 따라서 만일 특허에서는, 동일출원일에 출원된 복수의 발명에 대하여 협의가 성립되지

에서도, 이러한 제도상의 차이는, 창작권[특허권, 실용신안권, 의장권(디자인권)]에 있어서는 등록을 받기 위해 신규성이 필요하여, 협의가 불가능할 때에는 다른 경합출원에 의하여 상호간에 신규성이 부정되는 효과가 남아 기술의 이용이 자유롭게 되는 공중의 이익이 실현되는 반면에, 상표출원에 있어서는 창작성·신규성과 같은 것은 본질이 아니고 상표의 사용으로부터 신용의 축적이 개시되므로, 저촉되는 둘 이상의 상표를 동시에 등록해 주는 것은 불가하지만, 그렇다고 하여 협의가 성립하지 않는 경우에 경합출원인 누구도 등록받을 수 없게 하면 그 후에 같은 상표의 등록출원을 한 제3자는 후원(후출원)임에도 불구하고 상표 등록을 받을 수 있게 되는 불합리가 발생하므로[선원(선출원)주의가 붕괴되므로], 그 해결방법으로 추첨(くじ)이라는 방법이 선정된 것이라고 설명된다.16)

나. 협의 및 추첨의 절차

상표법 제35조 제2항이 규정하는 동일자 출원에 대해서는 담당 심사관은 경합된 출원의 출원인 또는 대리인에게 특허청장 명의로 협의요구서를 송달하여야 한다.17) 상표법 제35조 제4항에 따라 해당 출원인의 협의에 의하여 하나의 상표등록출원을 정하여 신고를 하려는 자는, 경합자 전원이 기명한 후에 서명 또는 날인한 권리관계 변경신고서에 '협의사실을 증명할 수 있는 서류'와 '대리인에 의하여 절차를 밟는 경우에는 그 대리권을 증명하는 서류'를 첨부하여 특허청장에게 제출하여야 하고(상표법 시행규칙 제27조 제1항), 제1항의 규정에 의한 신고서를 제출할 때에는 경합된 출원에 대하여 협의결과에 따른 절차를 동시에 밝아야 한다(같은 조 제2항).

한편 협의의 불성립 또는 협의 불가능의 경우에는 담당 심사관은 '추첨할 날짜, 장소(원칙적으로 특허청), 불참석 시 추첨진행절차'를 기재하여 양 당사자 또는 대리인에게 특허청장 명의로 추첨일자통지서를 송달하여야 한다.18) 특허

아니하여 등록이 거절된 때에 선출원의 지위가 소멸되지 않도록 하는 규정을 두지 않는다면, 이후 제3자가 실질적으로 동일한 발명을 출원할 경우, 그 출원일이 선출원들의 출원공개 전이라면 등록받을 수 있게 되는 반면에, 선출원들의 출원공개 후라면 등록받을 수 없게 되는 불합리한 결과가 발생하므로, 선출원들의 출원공개 여부에 무관하게 제3자의 후출원이 등록받을 수 없도록 선출원의 지위를 유지시킬 필요가 있는 것이다.

16) 小野昌延·三山峻司, 新·商標法槪說, 靑林書院(2009), 435-436; 網野誠, 商標(第6版), 有斐閣(2002), 681.

17) 상표심사기준(2016. 8. 29. 개정 특허청예규 제90호), 307; 상표디자인심사사무취급규정 (2016. 8. 29. 특허청훈령 제851호) 제33조의1 제1항.

18) 상표심사기준(주 17), 307; 상표디자인심사사무취급규정(주 17) 제33조의1 제2항.

청장은 상표법 제35조 제2항 후문의 규정에 의하여 추첨을 할 때에는 심사관 3
인 이상을 참석하게 하여야 한다(상표법 시행규칙 제27조 제1항 전단). 당사자의
배우자나 배우자이었던 자, 친족관계에 있는 경우 또는 친족관계가 있었던 경우
에는 추첨참여 심사관이 될 수 없다.[19]

추첨일은 협의가 불성립되거나 불가능한 날 이후 가능한 빠른 시기로 정하
되 양 당사자(또는 대리인)가 참석가능한 날을 고려하여 정하여야 한다.[20] 추첨
의 진행은 담당 심사과장 또는 심사팀장이 할 수 있고, 추첨의 방식은 제비뽑기
의 방법을 원칙으로 하되 양 당사자가 모두 추첨에 참석한 경우에는 양 당사자
로 하여금 제비를 뽑도록 할 수 있으며, 일방 당사자만 추첨에 참석한 경우에는
참석한 당사자가 제비를 뽑도록 할 수 있다.[21] 제1차 추첨일 통지에 대해 양 당
사자 모두 참석하지 않은 경우에는 제2차 통지를 하고, 제2차 통지 이후에는 담
당 심사과장 또는 심사팀장 등이 지명하는 심사관이 대리하여 추첨할 수 있
다.[22] 추첨결과는 각 경합자에게 서면으로 통지하여야 한다(상표법 시행규칙 제
27조 제1항 후단).

3. 동일인의 복수출원 처리

상표법 제35조는 선후출원 시 출원인이 다른 경우를 전제로 하고 있고, 복
수의 출원의 출원인이 동일인인 경우에 대하여는 규정하고 있지 않다. 따라서
출원인이 동일한 경우에는 선출원주의는 적용되지 않아 다른 거절이유가 없는
한 모두 등록 가능하다.[23] 다만 이 경우에 동일상표이고 지정상품도 동일한 경
우에는 후출원은 1상표 1출원의 원칙(상표법 제38조)에 반하여 거절될 것이다.[24]
참고로 우리 상표법과 같은 취지의 규정을 두고 있는 일본에서도 선원(선출원)

---

19) 상표디자인심사사무취급규정(주 17) 제33조의3 제2항.
20) 상표심사기준(주 17), 307.
21) 상표심사기준(주 17), 308.
22) 상표심사기준(주 17), 308.
23) 윤선희(주 1), 420.
24) 이에 비하여, 특허(실용신안)출원이 동일자 동일인에 의해 복수로 이루어졌고, 그 출원될
    발명(고안)들의 내용이 실질적으로 동일하다고 판단될 경우 판례는 '협의가 불가능한 경
    우'로 보아 복수의 출원 모두 등록될 수 없고, 만일 등록된 경우에는 모두 무효사유를 안
    고 있는 것으로 보고 있다(대법원 1985. 5. 28. 선고 84후14 판결, 대법원 2007. 1. 12. 선
    고 2005후3017 판결). 이러한 판례의 태도에 대하여는 복수의 발명(청구항)을 하나의 출원
    서에 기재하여 출원하는 경우 모두 등록받을 수 있는 다항제의 취지에 비추어 부당하다는
    지적이 있다[정상조·박성수 공편, 특허법주해 I(김관식 집필부분), 박영사(2010), 497-500].

주의 규정(일본 상표법 제8조 제1항)은 선후원 출원인이 다른 경우를 전제로 하는 개념이고, 상표법 제8조의 취지는 출처혼동방지를 위한 것이므로 유사범위내에 있는 타인의 상표권 설정을 금지할 뿐, 동일 출원인간에 있어서는 선원주의는 적용되지 않아, 양 출원모두에 대하여 등록받을 수 있다고 설명되고 있다.[25] 그런데 동일 출원인에 의한 복수의 상표가 유사상표가 아니라 완전히 동일한 상품 또는 역무(서비스업)를 지정상품 또는 지정역무로 하는 완전히 동일한 상표인 경우라면, 이러한 때에는 후원은 등록받지 못한다고 보는 견해가 일반적이고, 특허청도 이러한 경우에는 후원을 거절하고 있다고 하며, 그 이유는 상표법의 정신에 반하기 때문이라든지, 동일 내용의 것에 복수의 독점권이 부여되어서는 안 되기 때문이라고 한다.[26]

대법원도 상표법 제8조 제2항, 제4항[27]의 규정은 서로 다른 사람에 의한 둘 이상의 출원의 경우에만 적용이 될 뿐 동일인에 의한 출원의 경우에는 적용될 여지가 없고, 위 규정에 해당하는지 여부는 등록결정시를 기준으로 판단하여야 할 것이라는 입장을 밝히면서, 출원인 명의는 등록 전까지 변경될 수 있으므로, 원심으로서는 등록결정시를 기준으로 하여 문제된 양 상표(서비스표)가 서로 다른 사람에 의하여 출원되었는지 여부에 관하여 심리하여 사실을 확정하여야 할 필요가 있다고 판시한 바 있다(대법원 2002. 10. 25. 선고 2001후2825 판결).

Ⅳ. 선출원의 요건

1. 상표와 지정상품의 동일 · 유사

어떤 상표가 선출원의 지위에 있다고 하기 위해서는 선출원의 상표와 후출원의 상표가 동일 · 유사하여야 하고 지정상품 또한 동일 · 유사하여야 한다. 그 판단의 기준시점은 등록여부 결정시이다(대법원 2000. 5. 16. 선고 98후2023 판결).[28]

한편 지리적 표시 단체표장등록출원 상호간 또는 지리적 표시 단체표장등

---

25) 平尾正樹, 商標法, 學陽書房(2002), 205; 網野誠(주 16), 678.

26) 平尾正樹(주 25), 205.

27) 2016. 2. 29. 전부개정법으로는 상표법 제35조 제2, 4항이다.

28) 상표 및 지정상품 유사 판단의 기준시점을 출원시로 보느냐, 등록여부 결정시로 보느냐의 차이가 통상적으로는 큰 의미를 가지지 어려울 것이나, 선출원상표가 출원 이후 포기 등으로 말소등록되어 후출원상표의 등록여부 결정시에는 존재하지 않는 것으로 되는 경우에는 선출원상표를 이유로 후출원상표를 선출원주의 위반으로 거절할 수 없다는 점에서 의미가 있다. 위 대법원 판결도 이러한 사안에 관한 것이다.

록출원과 상표등록출원 상호간에는 '동일(동일하다고 인정되는 경우를 포함한다)한
상품'29)인 경우에 한하여 선출원의 지위가 인정된다(상표법 제35조 제5항 제1호).
또 동음이의어 지리적 표시 단체표장등록출원 상호간에는 선출원의 지위가 인
정되지 아니하여 동일한 상품이더라도 모두 등록받을 수 있는데(같은 항 제2호),
다만 지리적 출처에 대한 소비자의 혼동을 방지하기 위한 표시를 함께 사용하
여야 한다(상표법 제223조).30) 이는 지리적 표시 단체표장의 경우에는 지리적 표
시의 특성상 '특정 상품의 지리적 표시'로 수요자들에게 인식되어 있으므로 유
사한 상품에 중복하여 등록될 경우에도 일반 수요자로 하여금 그 상품의 출처
에 관하여 오인·혼동을 일으키게 할 염려가 없고, 동음이의어 지리적 표시는
발음상으로는 동일하더라도 전혀 다른 지역을 지칭하는 것으로서 각각 보호되
어야 할 필요가 있기 때문이다.31)

2. 유효한 출원의 계속

    선출원의 지위는 상표출원이 유효하게 존속하고 있는 경우에 한하여 인정되
고, 상표등록출원이 포기·취하 또는 무효가 된 때 또는 상표등록거절결정이나
거절 취지 심결이 확정된 때에는 그 상표등록출원은 선출원의 지위를 소급적으
로 상실한다(상표법 제35조 제3항). 따라서 선출원의 비교대상상표가 후출원에 대
한 거절결정불복심판의 심결시에 무효로 확정되지 않았다고 하더라도 그 후 무
효로 확정되면 그 등록은 처음부터 없었던 것으로 보는 것이므로, 결국 비교대
상상표의 등록은 후출원에 대한 거절결정불복심판의 심결시에 없었던 것이 되고
(대법원 2002. 1. 8. 선고 99후925 판결), 비교대상상표의 선출원을 이유로 등록상표
의 등록무효심판이 확정된 후 비교대상상표에 대한 등록무효심결이 내려지고 그
대로 확정되었다면, 비교대상상표는 위 등록상표에 대한 관계에서 처음부터 없
었던 것으로 보아야 할 것이고, 비교대상상표가 소급적으로 없었던 것이 되었음

---

29) 원래 '동일한'으로만 규정되어 있었다가 2011. 6. 30. 개정법에서 「대한민국과 유럽연합
    및 그 회원국 간의 자유무역협정」의 합의사항을 반영하여 '동일하다고 인식되어 있는 경
    우를 포함'하도록 개정되었다. 그리고 2016. 2. 29. 전부개정법에서 '동일하다고 인정되는
    경우를 포함'으로 문구를 다듬었다.
30) 제223조 (동음이의어 지리적 표시 등록단체표장의 표시)
    둘 이상의 지리적 표시 등록단체표장이 서로 동음이의어 지리적 표시에 해당하는 경우 각
    단체표장권자와 그 소속 단체원은 지리적 출처에 대하여 수요자가 혼동하지 아니하도록
    하는 표시를 등록단체표장과 함께 사용하여야 한다.
31) 특허청(주 9), 122.

에도 불구하고 선출원되어 유효하게 등록되었음을 기초로 한 위 등록상표의 등록무효심결은 재심사유에 해당한다(대법원 1997. 9. 12. 선고 97재후58 판결).

이와 관련하여 선출원인 비교대상상표에 대한 무효심판이 계속중인 경우에 선출원 상표의 존재를 이유로 한 거절결정에 대한 불복심판절차(또는 등록무효심판)에서 비교대상상표의 선출원 상표로서의 지위를 부인할 수 있는가, 또는 상표법에 의하여 준용되어오던 특허법 제164조 제1항32)33)을 적용하여 비교대상상표에 대한 무효심판절차가 확정될 때까지 거절결정에 대한 불복심판절차를 정지하여야 하는 것인지에 관하여 특허법원 판결34)은 모두 소극적인 결론을 내리고 있다.35) 한편 특허청 심사실무에서는 상표법 제35조 제1항의 규정을 적용함에 있어서 후출원 상표에 대한 상표등록여부결정을 할 때 선출원 비교대상상표가 등록되고 그 등록상표에 대한 무효심판이 계류 중인 경우에는 당해 후출원 상표는 그 무효심판이 확정될 때까지 심사를 보류하고, 선출원 비교대상상표가 상표법 제75조(상표등록료의 미납으로 인한 출원 또는 신청의 포기)에서 규정하는

---

32) 제164조 (소송과의 관계)
　① 심판에 있어서 필요한 때에는 그 심판사건과 관련되는 다른 심판의 심결이 확정되거나 소송절차가 완결될 때까지 그 절차를 중지할 수 있다.

33) 종래 상표법은 다수의 특허법 규정을 준용하는 형식을 유지해옴으로써, 상표법만으로는 상표제도를 쉽게 이해할 수 없다는 불편이 있다는 지적이 있었다. 이에 2011. 12. 2. 법률 제11113호 개정법은 이러한 준용규정을 모두 직접 규정 형태로 바꾸었다.

34) 특허법원 2000. 12. 9. 선고 2000허327 판결(확정), 판시내용은 다음과 같다[이후에도 이러한 특허법원 판결의 태도는, 특허법원 2005. 8. 12. 선고 2004허6545 판결(확정) 등에서 유지되고 있다].
　출원상표가 상표법 제8조 제1항 소정의 선출원상표와 유사한 상표에 해당하는지 여부를 판단함에 있어서 그 선출원상표에 대한 등록무효심판이 확정되지 않은 이상 그 선출원상표의 등록무효를 주장하거나 선출원상표로서의 지위를 부인하여 그와 유사한 상표의 등록을 허용할 수는 없는 것이어서(대법원 2000. 3. 23. 선고 97후2323 판결), 그와 같은 주지·저명성이 인정된다고 하더라도 이 사건 등록상표가 상표법 제8조 제1항의 규정에 해당하는 상표로서 등록을 받을 수 없는 것임에는 변함이 없으므로 이를 내세워 이 사건 심결에 위법이 있다는 주장은 더 나아가 살필 것도 없이 이유가 없다.
　다음으로, 인용상표의 등록무효심판과 관련된 주장에 관하여 보건대, 상표등록무효심판에 준용되는 특허법 제164조 제1항은 심판 또는 소송절차의 중지에 관하여 "심판에 있어서 필요한 때에는 당해 심판사건과 관련되는 특허이의신청에 대한 결정 또는 다른 심판의 심결이 확정되거나 소송절차가 완결될 때까지 그 절차를 중지할 수 있다."고 규정하고 있으므로 이 사건에 있어서와 같이 선출원상표에 대한 등록무효심판이 별도로 특허심판원에 계속 중인 경우에 그 심판의 심결이 확정될 때까지 심판절차를 중지할 것인지 여부는 심판관의 재량에 속하는 사항으로서 그 심결의 확정 전에 내려진 이 사건 심결이 위법하다고 할 수는 없다.

35) 최정열, 2000년도 특허법원 판결 분석 ─ 상표 및 의장관련 사건─, 특허소송연구(제2집), 특허법원(2001), 766-767.

상표등록료의 미납으로 출원이 포기된 경우에는, 상표법 제77조(상표등록료 납부 또는 보전에 의한 상표등록출원의 회복 등)에 따른 등록료 납부에 의해 당해 출원의 회복 가능성을 감안하여 후출원 상표는 상표법 제72조(상표등록료) 제3항 및 제74조(상표등록료의 납부기간 연장)의 규정에 의한 상표등록료 납부기간의 만료일로부터 1년이 경과한 후 등록여부를 결정하고 있다.[36]

3. 상표법 제34조 제1항 제7호와의 관계

상표법 제34조 제1항 제7호[37]와 상표법 제35조 제1항은 상표와 지정상품의 동일·유사를 판단하는 점에서 실무상 주된 쟁점이 일치한다. 다만 2016. 2. 29. 전부개정 전의 구 상표법 제7조 제1항 제7호(현행법 제34조 제1항 제7호)에 의한 유사 여부 판단의 기준시점은 같은 법 제8조 제1항(현행법 제35조 제1항)과 달리 등록여부 결정시가 아니고 등록출원시로서 차이가 있었다. 이에 출원상표가 출원될 당시 선출원상표가 아직 출원 중인 경우(그 후 비로소 등록된 경우), 출원상표가 선출원상표와 동일·유사하다는 이유로 거절결정을 함에 있어서는 구 상표법 제7조 제1항 제7호가 아닌 제8조 제1항이 적용되어야 했다. 이점은 등록무효 사건에서도 마찬가지였다. 즉, 등록상표의 등록출원시에 선출원상표는 아직 출원 중이었고, 그 후 비로소 등록된 경우 등록상표가 선출원상표와 동일·유사하다는 이유로 그 등록을 무효로 하기 위해서는 구 상표법 제7조 제1항 제7호가 아닌 제8조 제1항이 적용되어야 했다. 대법원은 구 상표법 제8조 제1항이 적용될 사안에 구 상표법 제7조 제1항 제7호를 적용한 특허법원 판결을 적용법조의 잘못을 이유로 파기환송해왔다(대법원 2000. 5. 16. 선고 98후2023 판결, 대법원 2004. 11. 12. 선고 2004후2666 판결 등).

그러나 현행법상으로는 제34조 제1항 제7호의 판단기준 시점이 종전의 등록출원시에서 등록여부 결정시로 바뀌어, 위 두 조문의 판단기준 시점이 같아졌다. 이제는 선출원 비교대상상표가 후출원 상표의 등록여부 결정시에 상표등록이 되어 있으면 제34조 제1항 제7호를 적용하고, 출원 중이기는 하나 미등록 상

---

36) 상표심사기준(주 17), 307.
37) 제34조(상표등록을 받을 수 없는 상표)
　　① 제33조에도 불구하고 다음 각 호의 어느 하나에 해당하는 상표에 대해서는 상표등록을 받을 수 없다.
　　　7. 선출원에 의한 타인의 등록상표(등록된 지리적 표시 단체표장은 제외한다)와 동일·유사한 상표로서 그 지정상품과 동일·유사한 상품에 사용하는 상표

태이면 제35조 제1항을 적용하면 될 것이다. 이에 상표법 제35조 제1항의 규정을 적용함에 있어서 동일 또는 유사한 상품에 사용할 동일 또는 유사한 둘 이상의 상표가 각각 다른 날에 출원된 경우, 각 상표가 동일인에 의한 출원인 경우는 다른 거절이유(1상표 1출원 원칙 위반)가 없는 한 등록 가능하나, 타인에 의한 출원인 경우는 가장 먼저 출원한 자의 상표를 제외한 나머지 상표등록출원에 대하여는 상표법 제35조 제1항의 규정에 의하여 거절이유를 통지하고, 최우선 출원이 등록된 후 나머지 출원은 상표법 제34조 제1항 제7호로 거절이유통지를 한 후 거절결정하여야 한다(다만, 최우선 출원이 취하·포기 또는 무효로 되거나 거절결정 또는 심결이 확정된 경우에는 그러하지 아니하다).38)

V. 선출원주의 위반의 효과

선출원주의에 따라 후출원은 거절결정되어야 할 것이고(상표법 제54조 제1항 제3호), 잘못되어 후출원이 등록되더라도 무효사유에 해당한다(상표법 제117조 제1항 제1호). 후출원이 심사관의 착오로 출원공고가 된 경우에는 이의신청 사유가 되고(상표법 제60조 제1항), 심사관은 공고 후라도 후출원 사실을 알게 되면 직권으로 거절결정을 할 수 있다(상표법 제67조 제1항). 이러한 우리 상표법의 태도와 달리 일본 상표법은 선원(선출원)주의 위반, 즉 일본 상표법 제8조 제1항 위반을 등록무효사유로만 규정하고(일본 상표법 제46조 제1항 제1호), 이를 거절이유로는 삼고 있지 않다(일본 상표법 제15조 제1호 — 경합된 타인간의 동일출원에 대한 제8조 제2항 위반은 거절이유로 규정하고 있으나, 경합된 타인간의 이일출원에 대한 제8조 제1항 위반은 거절이유로 규정되어 있지 않다). 출원 중의 상표에는 후원배제권이 없다고 보는 것이다. 그 이유는 제8조 제1항 위반으로 거절해야 하는 경우는 반드시 제4조 제1항 제11호(우리 상표법 제7조 제1항 제7호에 해당한다) 위반으로 되기 때문에 제8조 제1항 위반을 거절이유로 두는 의미가 없는 반면에, 이를 무효이유로 규정하지 않으면 착오로 후원이 먼저 등록된 경우에 그 후원의 등록을 무효로 할 수 없게 되기 때문이라고 설명된다. 한편 일본 상표법 제8조에 대응하여, 발명의 경우 2 이상의 출원이 있는 경우에 최선출원자등록주의를 정하고 있는 일본 특허법 제39조 제1항은 그 위반을 거절이유로도 규정하고(일본 특허법 제49조 제2호), 아울러 등록무효사유로도 규정하고 있다(일본 특허법 제123조

---

38) 상표심사기준(주 17), 306-307.

제1항 제2호). 이러한 특허법의 규정 태도를 보더라도, 상표법에 있어서 제8조 제1항 위반을 거절이유로 하지 않은 이론적 근거는 명백하지 않고, 오히려 합리성이 없다고 할 수밖에 없다는 지적이 있다.39)

선출원주의의 취지는 혼동의 방지라고 하는 공익에 있다고 할 것이므로, 선출원의 권리자의 승낙이 있다고 하더라도 선출원주의 위반의 효과를 벗어날 수 없다고 보아야 한다.40)

선출원주의 위반에는 경합된 타인간의 이일(異日)출원의 경우에 관한 상표법 제35조 제1항 위반뿐만 아니라, 경합된 타인간의 동일(同日)출원의 경우에 관한 같은 조 제2항 위반도 당연히 포함된다.41) 따라서 추첨에서 낙첨된 출원인에 대해서는 상표법 제35조 제2항 및 제4항의 규정에 의한 거절이유를 통지하고, 당첨된 출원인의 출원이 등록된 후에는 낙첨된 출원인의 출원에 대하여 거절결정을 하여야 하나, 다만 낙첨된 출원인의 후출원이 취하, 포기된 경우에는 별도로 거절결정을 할 필요가 없다.42)

〈박태일〉

---

39) 이상의 내용은 小野昌延 編, 注解 商標法(新版, 上卷), 靑林書院(2005), 535 참조.
40) 田村善之, 商標法槪說(第2版), 弘文堂(2001), 13.
41) 특허법원 지적재산소송실무연구회(주 11), 615.
42) 특허청(주 9), 120.

제36조(상표등록출원)

① 상표등록을 받으려는 자는 다음 각 호의 사항을 적은 상표등록출원서를 특허청장에게 제출하여야 한다.

1. 출원인의 성명 및 주소(법인인 경우에는 그 명칭 및 영업소의 소재지를 말한다)

2. 출원인의 대리인이 있는 경우에는 그 대리인의 성명 및 주소나 영업소의 소재지[대리인이 특허법인·특허법인(유한)인 경우에는 그 명칭, 사무소의 소재지 및 지정된 변리사의 성명을 말한다]

3. 상표

4. 지정상품 및 산업통상자원부령으로 정하는 상품류(이하 "상품류"라 한다)

5. 제46조제3항에 따른 사항(우선권을 주장하는 경우만 해당한다)

6. 그 밖에 산업통상자원부령으로 정하는 사항

② 상표등록을 받으려는 자는 제1항 각 호의 사항 외에 산업통상자원부령으로 정하는 바에 따라 그 표장에 관한 설명을 상표등록출원서에 적어야 한다.

③ 단체표장등록을 받으려는 자는 제1항 각 호의 사항 외에 대통령령으로 정하는 단체표장의 사용에 관한 사항을 정한 정관을 단체표장등록출원서에 첨부하여야 한다.

④ 증명표장등록을 받으려는 자는 제1항 각 호의 사항 외에 대통령령으로 정하는 증명표장의 사용에 관한 사항을 정한 서류(법인인 경우에는 정관을 말하고, 법인이 아닌 경우에는 규약을 말하며, 이하 "정관 또는 규약"이라 한다)와 증명하려는 상품의 품질, 원산지, 생산방법이나 그 밖의 특성을 증명하고 관리할 수 있음을 증명하는 서류를 증명표장등록출원서에 첨부하여야 한다.

⑤ 지리적 표시 단체표장등록이나 지리적 표시 증명표장등록을 받으려는 자는 제3항 또는 제4항의 서류 외에 대통령령으로 정하는 바에 따라 지리적 표시의 정의에 일치함을 증명할 수 있는 서류를 지리적 표시 단체표장등록출원서 또는 지리적 표시 증명표장등록출원서에 첨부하여야 한다.

⑥ 업무표장등록을 받으려는 자는 제1항 각 호의 사항 외에 그 업무의 경영 사실을 증명하는 서류를 업무표장등록출원서에 첨부하여야 한다.

〈소 목 차〉

I. 의의 및 취지

상표를 등록하여 사용하려는 자는 상표법에 규정된 일정한 형식을 갖추어 출원서를 한글로 작성하고, 이를 특허청에 제출하여야 하며, 소정의 수수료를 납부하여야 한다.[1][2] 상표등록출원서는 상표출원의 본체라고 할 수 있는 것으로, 상표등록출원의 주체 및 그 절차를 밟는 자를 명확히 하고, 상표를 받고자 하는 취지의 의사표시를 표시하는 서면이다. 상표등록출원서가 제출되면 특허청장은 출원인에게 출원번호를 부여하고, 제출된 날을 출원일로 인정하게 되지만,[3] 출원수수료를 납부하지 않았다든가 출원의 방식이 규정에 위배된 경우에는 보정이 명해지고, 보정이 되지 않으면 당해 출원은 무효가 된다. 출원일은 당해 출원에 관한 선출원요건 판단의 기준시가 될 뿐만 아니라, 상표법상 각종 기간의 기산일의 기준이 되므로, 출원일을 확정하는 것은 대단히 중요하다. 상표등록출원은 서면에 의해서만 가능하고 구두에 의한 출원은 불가능하다.[4]

상표법령이 일정한 양식에 따라 정해진 사항을 기재한 출원서 및 첨부서류를 제출하도록 하는 취지는, 상표권의 설정은 무형의 재산권을 대상으로 하는 것이기 때문에, 절차 전체에 관하여 엄격한 방식주의가 채택되어 있어, 상표의 등록출원에 있어서도 법령에 정한 일정한 방식에 의하여 출원이 이루어져야 하는 것이라거나,[5] 상표권은 독점배타적인 권리이므로, 권리의 내용이나 범위, 권리자 등을 명확하게 해 두지 않으면 제3자에게 불측의 손해를 끼칠 수 있고, 또 권리에 대한 분쟁이 끊이지 않을 우려가 있어, 상표권의 설정을 청구하는 상표등록출원은 소정의 방식에 따라 문서를 제출하는 것에 의하지 않으면 안 된다는[6] 등으로 설명될 수 있다.

---

1) 윤선희, 상표법(제3판), 법문사(2015), 401.
2) 이를 서면주의(문서주의, 상표법 제30조), 양식주의(상표법 제18조), 국어주의(상표법 제37조 제1항 제5호, 상표법 시행규칙 제15조 제1항) 등으로 부를 수 있다[문삼섭, 상표법(제2판), 세창출판사(2004), 692-694, 705].
3) 즉 도달주의를 원칙으로 한다(상표법 제28조 제1항).
4) 사법연수원, 상표법, (2010), 97.
5) 網野誠, 商標(第6版), 有斐閣(2002), 661.
6) 小野昌延 編, 注解 商標法(新版, 上卷), 靑林書院(2005), 478.

Ⅱ. 연혁적 고찰

1980. 12. 31. 법률 제3326호 개정 전까지는 상표등록출원서에 기재할 사항을 상표법에 상세히 규정하지 않고 대통령령으로 위임하였으나, 위 개정법[7]부터 현재와 같이 상표등록출원서에 기재하여야 하는 사항들을 상표법에 상세히 규정하게 되었다.[8] 이후 1990. 1. 13. 법률 제4210호 전부개정법[9]에서는 조문이 제9조로 이동되었고 자구수정이 있었으며, 우선권주장에 관한 사항과 연합상표

---

[7] 1980. 12. 31. 법률 제3326호로 개정된 상표법 제10조 (상표등록출원)
　① 상표등록을 받고자 하는 자는 다음 각호의 사항을 기재한 상표등록출원서를 특허청장에게 제출하여야 한다.
　1. 상표등록출원인의 성명이나 명칭 및 주소나 영업소(법인에 있어서는 그 대표자의 성명도 기재할 것)
　2. 상표등록출원인의 대리인이 있는 경우에는 그 대리인의 성명 및 주소나 영업소
　3. 상표
　4. 지정상품 및 그 구분
　5. 제출연월일
　② 수인이 공동하여 상표등록출원을 하는 경우에는 동업임을 입증하는 서면을 제출하여야 한다.
　③ 단체표장의 등록을 받고자 하는 자는 제1항 제1호 내지 제5호의 사항 이외에 대통령령이 정하는 단체표장의 사용에 관한 사항을 정한 정관을 첨부하여야 한다.
　④ 제1항 내지 제3항 이외에 상표등록출원에 관하여 필요한 사항은 대통령령으로 정한다.
[8] 특허청, 조문별 상표법해설(2007), 128.
[9] 1990. 1. 13. 법률 제4210호로 개정된 상표법 제9조 (상표등록출원)
　① 상표등록을 받고자 하는 자는 다음 각호의 사항을 기재한 상표등록출원서를 특허청장에게 제출하여야 한다.
　1. 출원인의 성명 및 주소(법인인 경우에는 그 명칭·영업소 및 대표자의 성명)
　2. 출원인의 대리인이 있는 경우에는 그 대리인의 성명 및 주소나 영업소
　3. 상표
　4. 지정상품 및 그 류구분
　5. 제20조 제3항에 규정된 사항(우선권주장을 하고자 하는 경우에 한하여 기재한다)
　6. 제출연월일
　7. 기타 상공부령이 정하는 사항
　② 제11조 제1항의 규정에 의한 상표등록을 받고자 하는 자는 제1항 각호의 사항외에 연합하고자 하는 등록상표의 등록번호 또는 상표등록출원의 번호 또는 부호를 기재한 연합상표등록출원서를 제출하여야 한다.
　③ 단체표장등록을 받고자 하는 자는 제1항 각호의 사항외에 대통령령이 정하는 단체표장의 사용에 관한 사항을 정한 정관을 첨부한 단체표장등록출원서를 제출하여야 한다.
　④ 업무표장등록을 받고자 하는 자는 제1항 각호의 사항외에 그 업무의 경영사실을 입증하는 서면을 첨부한 업무표장등록출원서를 제출하여야 한다.

및 업무표장에 관한 사항 기재 항목이 신설되었고, 공동출원시 동업임을 입증하는 서면의 제출 규정은 삭제되었다.[10]

그리고 1993. 3. 6. 법률 제4541호 개정 및 1995. 12. 29. 법률 제5083호 개정으로 각 정부조직변경에 따른 명칭변경이 있었고(상공부령 → 상공자원부령 → 통상산업부령), 1997. 8. 22. 법률 제5355호 개정으로 입체상표제도의 도입에 따라 출원시 그 취지를 기재하도록 되는 한편 연합상표제도의 폐지로 관련 내용이 삭제되었다.[11]

또한 2001. 2. 3. 법률 제6414호 개정으로 상표법조약(Trademark Law Treaty; TLT)[12] 가입에 대비하여 위 조약에 따른 출원서 기재의 간소화를 위하여 출원인이 법인이더라도 대표자 성명의 기재를 출원인에게 요구할 수 없도록 해당 규정을 삭제하고, 출원시 제출연월일 기재 규정도 상표법에서는 삭제하는 한편[13] 각종 신청서에서는 민원인이 원하는 경우에만 기재하도록 개정하였다.[14] 이 외에 정부조직변경에 따른 명칭변경도 있었다(통상산업부령 → 산업자원부령).

나아가 2004. 12. 31. 법률 제7290호 개정으로 지리적 표시 단체표장제도가 새로이 도입됨에 따라 지리적 표시 단체표장등록출원서에 기재하여야 하는 사항들이 신설되었고, 2007. 1. 3. 법률 제8190호 개정으로 상표권으로 보호받을 수 있는 상표의 범위가 색채, 홀로그램, 동작 또는 그밖에 시각적으로 인식할 수 있는 것으로 된 상표에도 확대됨에 따라 이러한 상표인 경우 그 취지를 출원서에 기재하도록 하였다.[15] 이 외에 2008. 2. 29. 법률 제8852호 개정으로 정부조직변경에 따른 명칭변경이 있었다(산업자원부령 → 지식경제부령).

이후 2011. 12. 2. 법률 제11113호 개정법에서,「대한민국과 미합중국 간의 자유무역협정」의 합의사항을 반영하기 위하여 소리·냄새를 상표의 범위에 포함하고, 상품에 대한 정확한 품질정보를 제공할 수 있도록 증명표장제도를 도입

---

10) 특허청, 상표법 조문별 개정 연혁 해설집(2010), 58-59.

11) 특허청(주 10), 59-61.

12) 상표제도를 세계적으로 통일함으로써 각국 상표제도의 차이로 인한 불편을 해소하고 내외국인간의 상표출원과 등록에 관한 업무를 더욱 쉽게 할 목적으로 세계지적소유권기구(WIPO)의 주관 아래에 추진되어 1994. 10. 27. 스위스 제네바에서 개최된 외교회의에서 채택되었고 그 달 28일자로 각 나라의 서명을 위하여 공개되었다[강기중, "상표권존속기간 갱신등록무효심판과 구 상표법 제9조 제1항 제11호의 관계", 정보법 판례백선(I), 박영사(2006), 361. 각주 11].

13) 이와 별도로 제9조의2를 신설하여 출원일 인정에 관한 규정을 새로이 마련하였다.

14) 문삼섭(주 2), 716-717, 각주 3.

15) 특허청(주 8), 128.

하였는바, 상표등록출원에서도 이를 반영하기 위한 개정이 있었다. 또한 2003. 3. 23. 법률 제11690호 개정으로 정부조직변경에 따른 명칭변경이 있었다(지식경제부령 → 산업통상자원부령).

그리고 2013. 7. 30. 법률 제11962호 개정법에서는 대리인의 형태로 '특허법인(유한)'이 반영되었다.

현행법인 2016. 2. 29. 법률 제14033호 전부개정법에서는 제36조로 조문을 이동하면서 용어를 순화하고 조문을 재배치하며 상표 출원 시 표장에 관한 설명서 제출에 관한 규정을 정비하는 등의 개정이 있었다.

Ⅲ. 해설

1. 총설

우리 상표법은 상표의 정의에 관하여 '기호·문자·도형 또는 이들의 결합'으로 규정하고 있다가 그 보호대상을 확대하여 1995. 12. 29. 개정 시에 색채상표의 등록을, 1997. 8. 22. 개정 시에 입체상표의 등록을 각 허용하였고, 2007. 1. 3. 개정 시에 시각적으로 인식할 수 있는 상표 전반으로 상표 등록 허용범위를 확대하였으며, 2011. 12. 2. 개정 시에는 비시각적 상표의 보호까지 인정하기에 이르렀다. 또한 대법원 2012. 12. 20. 선고 2010후2339 전원합의체 판결은 위치상표에 관하여 '기호·문자·도형 각각 또는 그 결합이 일정한 형상이나 모양을 이루고, 이러한 일정한 형상이나 모양이 지정상품의 특정 위치에 부착되는 것에 의하여 자타상품을 식별하게 되는 표장'으로 그 개념을 정의하고,[16] '표장의 전체적인 구성, 표장의 각 부분에 사용된 선의 종류, 지정상품의 종류 및 그 특성 등에 비추어 출원인의 의사가 위치상표로 출원한 것임을 쉽사리 알 수 있는 경우에는 출원된 표장을 위치상표로 파악하여, 이를 전제로 상표의 식별력 유무 및 사용에 의한 식별력 취득 여부를 판단하여야 한다'는 법리를 선언하였다. 이러한 판례에 따라 기타 시각적 상표의 한 가지로 위치상표도 출원·등록받을 수 있음이 분명해졌다. 한편 최근 들어 대법원에서 입체상표의 등록요건을

---

16) 형상위치상표와 모양위치상표의 개념요소로 필요한 '일정한 형상이나 모양'이 결국 기호·문자·도형 각각 또는 그 결합으로 이루어지는 것임을 나타내고, 해당 사건의 사안에서 설시할 필요성이 없었던 색채위치상표는 언급하지 않은 것으로 이해된다[박태일, "위치상표가 상표법상 상표의 한 가지로서 인정될 수 있는지 여부", 사법(제24호), 사법발전재단 (2013), 313].

다룬 주요한 판결이 잇달아 선고되었다. 먼저 대법원 2014. 10. 15. 선고 2012후 3800 판결, 대법원 2014. 10. 15. 선고 2013후1146 판결은 입체상표의 본질적 식별력 및 사용에 의한 식별력 판단기준을 최초로 정립하였고(특히 2012후3800 판결은 입체서비스표에 관하여 다루고 있다), 또한 대법원 2015. 2. 26. 선고 2014 후2306 판결은 입체적 형상과 기호·문자·도형 등이 결합된 상표의 식별력 판 단에 관한 법리를 새롭게 설시하였다. 그리고 대법원 2015. 10. 15. 선고 2013다 84568 판결은 위 2012후3800 판결, 2013후1146 판결의 법리에 따라 입체상표의 사용에 의한 식별력 취득을 최초로 인정하였으며, 나아가 기능성 판단기준을 처 음으로 선언하였다.17)

　　현행 상표법은 우리 상표법이 표장의 구성방식에 제한을 두지 않고 모든 형태의 상표를 인정하고 있음을 보다 분명하게 나타내기 위하여 제2조 제1항 제1호에서 '상표'의 정의를 "자기의 상품(지리적 표시가 사용되는 상품의 경우를 제외하고는 서비스 또는 서비스의 제공에 관련된 물건을 포함한다)과 타인의 상품을 식별하기 위하여 사용하는 표장"으로 규정하고, 같은 항 제2호에서 '표장'이란 "기호, 문자, 도형, 소리, 냄새, 입체적 형상, 홀로그램·동작 또는 색채 등으로서 그 구성이나 표현방식에 상관없이 상품의 출처를 나타내기 위하여 사용하는 모 든 표시를 말한다"고 명시하였다. 나아가 상표법 시행령 제2조는 비전형상표의 심사 효율성을 위해 표장을 "기호, 문자, 숫자, 도형, 도안, 입체적 형상, 이들의 결합 또는 이들에 색채를 결합한 것"(제1호), "단일의 색채, 색채의 조합, 홀로그 램, 연속된 동작 등 시각적으로 인식할 수 있는 것"(제2호), "소리·냄새 등 시각 적으로 인식할 수 없는 것"(제3호)으로 구분하고 있다.

　　위와 같은 상표의 정의 및 표장의 구분에 따라 상표법 시행규칙은 별지 제 3호서식의 상표등록출원서에 [상표 유형]란을 두고, 표장의 구성에 따라 출원인 으로 하여금 ① 일반상표(기호나 문자, 도형 또는 이들을 서로 결합한 상표, 또한 이 들 각각에 색채를 결합한 것), ② 입체상표(3차원적인 입체적 형상으로 구성된 상표),

---

17) 대법원 2014. 10. 15. 선고 2012후3800 판결, 대법원 2014. 10. 15. 선고 2013후1146 판 결의 법리에 대한 상세한 평석은 박태일, "입체상표의 식별력과 사용에 의한 식별력 판단 기준", 올바른 재판 따뜻한 재판 — 이인복 대법관 퇴임기념논문집 —, 사법발전재단(2016), 634-669 참조. 그리고 대법원 2015. 2. 26. 선고 2014후2306 판결에 대한 상세한 평석은 김 창권, "입체적 형상이 포함된 결합상표의 식별력", 대법원판례해설(제104호), 법원도서관 (2015), 235-252 참조. 또한 대법원 2015. 10. 15. 선고 2013다84568 판결에 대한 상세한 평석은 박태일, "입체상표의 식별력 및 기능성 판단기준", 사법(제38호), 사법발전재단 (2016), 311-347 참조.

③ 색채만으로 된 상표(단일 색채 또는 색채의 조합만으로 이루어진 상표), ④ 홀로
그램상표(두 개의 레이저광이 서로 만나 일으키는 빛의 간섭효과를 이용하여 사진용
필름과 유사한 표면에 3차원적 이미지를 기록한 것으로 된 상표), ⑤ 동작상표(일정한
시간의 흐름에 따라 변화하는 동작을 나타낸 상표), ⑥ 그 밖에 시각적으로 인식할
수 있는 상표(일반상표, 입체상표, 색채만으로 된 상표, 홀로그램상표, 동작상표 외에
시각적으로 인식할 수 있는 것으로 이루어진 상표, 예, 위치상표), ⑦ 소리상표(소리만
으로 된 상표), ⑧ 냄새상표(냄새만으로 된 상표), ⑨ 그 밖에 시각적으로 인식할
수 없는 상표(소리상표, 냄새상표 외에 시각적으로 인식할 수 없는 것으로 이루어진
상표) 중 1개를 선택하여 출원하도록 하고 있다.

　　상표의 유형에 따라 출원 시 제출서류, 기재요령, 상표견본 등에 차이가 있
다. 출원서의 상표유형별 기재사항을 정리하면 아래 표와 같다.[18]

구 분	상표견본	설명란 기재	시각적 표현	첨부자료
일반상표	상표견본 1개	임의	불필요	
입체상표	특징을 충분히 나타내는 2장 이상 5장 이하의 도면 또는 입체사진	임의	불필요	
색채만으로 된 상표	단일색채나 색채의 조합만으로 채색된 1장의 도면 또는 사진	필수	불필요	
홀로그램상표	특징을 충분히 나타내는 2장 이상 5장 이하의 도면 또는 사진	필수	불필요	동영상자료(임의)
동작상표	특징을 충분히 나타내는 2장 이상 5장 이하의 도면 또는 사진	필수	불필요	전자적 기록매체 (필수)
소리상표	불필요	필수	필수	소리파일, 악보(임의)
냄새상표	불필요	필수	필수	냄새견본
기타 시각적 상표	특징을 충분히 나타내는 2장 이상 5장 이하의 도면 또는 사진	필수	불필요	동영상자료(임의)
기타 비시각적 상표	불필요	필수	필수	기타 자료(임의)

---

18) 상표심사기준(2016. 8. 29. 개정 특허청예규 제90호), 70-71.

2. 공통된 필수적 기재사항

상표등록출원서에는 ① 출원인의 성명 및 주소(법인인 경우에는 그 명칭 및 영업소의 소재지), ② 출원인의 대리인이 있는 경우에는 그 대리인의 성명 및 주소나 영업소의 소재지[대리인이 특허법인이나 특허법인(유한)인 경우에는 그 명칭, 사무소의 소재지 및 지정된 변리사의 성명], ③ 상표, ④ 지정상품 및 산업통상자원부령으로 정하는 상품류,19) ⑤ 조약에 따른 우선권을 주장하는 경우 그 취지와 최초로 출원한 국명 및 출원의 연월일(상표법 제46조 제3항에 규정된 사항) 및 ⑥ 기타 상표법 시행규칙이 정하는 사항을 기재하여야 한다(상표법 제36조 제1항).

상표법 시행규칙이 정하고 있는 사항은, ⑥-1 상표견본(상표법 시행령 제2조 제3호에 해당하는 표장 즉 소리상표, 냄새상표, 그 밖에 시각적으로 인식할 수 없는 상표만으로 된 경우는 제외한다), ⑥-2 대리인에 의하여 절차를 밟는 경우에는 그 대리권을 증명하는 서류이고, 또 시행규칙은 상표등록출원서의 양식을 정하고 있어 그 서식에 따라야 한다(상표법 시행규칙 제28조 제2항 제1호, 제8호).

3. 임의적 기재사항

이 외에도 출원인은 '기호, 문자, 숫자, 도형, 도안, 입체적 형상, 이들의 결합 또는 이들에 색채를 결합한 것'을 표장으로 하는 상표에 대한 설명서, 지정상품에 대한 설명서, 등록하고자 하는 상표를 한글로 번역하거나 발음을 한글로 표기한 설명서, 견본의 특징을 나타내는 영상을 수록한 전자적 기록매체('단일의 색채, 색채의 조합, 홀로그램, 연속된 동작 등 시각적으로 인식할 수 있는 것'에 해당하는 표장 중 단일의 색채, 색채의 조합, 연속된 동작을 제외한 시각적으로 인식할 수 있는 것을 포함한 상표만 해당한다), 악보('소리·냄새 등 시각적으로 인식할 수 없는 것'에 해당하는 소리 표장을 포함한 상표만 해당한다)를 제출할 수 있다(상표법 시행규칙 제28조 제5항).

또한 상표등록을 하고자 하는 상표가 사용에 의한 식별력을 취득하였음(상표법 제33조 제2항)을 근거로 하는 경우에는, 사용한 상표, 사용기간, 사용지역, 지정상품의 생산·가공·증명 또는 판매량 등, 사용방법 및 횟수, 등록출원한 상표에 대한 소비자 인식도 조사 결과, 그 밖에 사용사실을 증명하는 사항과 그 내용을 증명하는 서류 및 증거물을 제출할 수 있다(상표법 시행규칙 제28조 제7항).

---

19) 현행법에서 종전의 '류구분'을 '상품류'로 바꾸어 규정하였다.

4. 비전형상표의 경우 특별히 요구되는 사항

'단일의 색채, 색채의 조합, 홀로그램, 연속된 동작 등 시각적으로 인식할 수 있는 것'에 해당하는 표장만으로 된 상표 및 '소리·냄새 등 시각적으로 인식할 수 없는 것'에 해당하는 표장을 포함한 상표인 경우에는 그 상표에 대한 설명서를 제출하여야 한다(상표법 제36조 제2항, 상표법 시행규칙 제28조 제2항 제2호).

또한 '소리·냄새 등 시각적으로 인식할 수 없는 것'에 해당하는 표장을 포함한 상표의 경우 시각적 표현(해당 표장을 문자·숫자·기호·도형 또는 그 밖의 방법을 통하여 시각적으로 인식하고 특정할 수 있도록 구체적으로 표현한 것을 말한다)을(상표법 시행규칙 제28조 제2항 제3호), 소리 표장을 포함한 상표의 경우에는 시각적 표현에 합치하는 소리파일을(같은 항 제4호), 냄새 표장을 포함한 상표의 경우에는 시각적 표현에 합치되는 '냄새를 담은 밀폐용기 3통' 또는 '냄새가 첨가된 패치(향 패치) 30장' 중 어느 하나에 해당하는 냄새견본을(같은 항 제5호), 연속된 동작 표장을 포함한 상표의 경우에는 동작의 특징을 나타내는 영상을 수록한 전자적 기록매체를(같은 항 제6호) 제출하여야 한다.

5. 단체표장과 증명표장의 기재 요건

가. 단체표장 일반의 기재 요건

단체표장(상표법 제2조 제1항 제3호: 상품을 생산·제조·가공·판매하거나 서비스를 제공하는 자가 공동으로 설립한 법인이 직접 사용하거나 그 소속 단체원에게 사용하게 하기 위한 표장)의 등록을 받으려는 자는 위에서 본 공통된 필수적 기재사항 외에, 단체표장을 사용하는 소속 단체원의 가입자격·가입조건 및 탈퇴에 관한 사항, 단체표장의 사용조건에 관한 사항, 위 사용조건을 위반한 자에 대한 제재에 관한 사항, 그 밖에 단체표장의 사용에 관하여 필요한 사항을 정한 정관을 단체표장등록출원서에 첨부하여야 한다(상표법 제36조 제3항, 상표법 시행령 제3조 제1항). 또한 정관의 요약서를 제출하여야 한다(상표법 시행규칙 제28조 제1항 제7호).

나. 증명표장 일반의 기재 요건

증명표장(상표법 제2조 제1항 제7호: 상품의 품질, 원산지, 생산방법 또는 그 밖의 특성을 증명하고 관리하는 것을 업으로 하는 자가 타인의 상품에 대하여 그 상품이 품질, 원산지, 생산방법 또는 그 밖의 특성을 충족한다는 것을 증명하는 데 사용하는 표장)의 등록을 받으려는 자는 위에서 본 공통된 필수적 기재사항 외에, 증명하려는 상품의 품질, 원산지, 생산방법이나 그 밖의 특성(이하 '품질 등'이라 한다), 증명표장의 사용조건, 위 사용조건을 위반한 자에 대한 제재, 그 밖에 증명표장 사용에 필요한 사항을 정한 서류(법인인 경우에는 정관을 말하고, 법인이 아닌 경우에는 규약을 말하며, 이하 '정관 또는 규약'이라 한다)와 증명하려는 상품의 품질 등을 증명하고 관리할 수 있음을 증명하는 서류를 증명표장등록출원서에 첨부하여야 한다(상표법 제36조 제4항, 상표법 시행령 제4조 제1항). 위의 품질 등을 증명하고 관리할 수 있음을 증명하는 서류에는 증명하려는 상품의 품질 등에 대한 시험·검사의 기준, 절차 및 방법 등, 증명하려는 상품의 품질 등을 증명하고 관리하기 위하여 필요한 전문설비, 전문인력 등, 증명표장 사용자에 대한 관리·감독 등, 그 밖에 증명하려는 상품의 품질등을 증명하고 관리할 수 있음을 객관적으로 증명할 수 있는 사항이 포함되어야 한다(상표법 시행령 제4조 제2항). 또한 정관 또는 규약의 요약서를 제출하여야 한다(상표법 시행규칙 제28조 제1항 제7호).

다. 지리적 표시 단체표장 또는 지리적 표시 증명표장의 기재 요건

(1) 양자에 공통되는 사항

지리적 표시 단체표장(상표법 제2조 제1항 제7호: 지리적 표시를 사용할 수 있는 상품을 생산·제조 또는 가공하는 자가 공동으로 설립한 법인이 직접 사용하거나 그 소속 단체원에게 사용하게 하기 위한 표장)이나 지리적 표시 증명표장(상표법 제2조 제1항 제8호: 지리적 표시를 증명하는 것을 업으로 하는 자가 타인의 상품에 대하여 그 상품이 정해진 지리적 특성을 충족한다는 것을 증명하는 데 사용하는 표장)의 등록을 받으려는 자는 지리적 표시(상표법 제2조 제1항 제4호: 상품의 특정 품질·명성 또는 그 밖의 특성이 본질적으로 특정지역에서 비롯된 경우에 그 지역에서 생산·제조 또는 가공된 상품임을 나타내는 표시)의 정의와 일치함을 증명할 수 있는 상품의 특정 품질·명성 또는 그 밖의 특성에 관한 서류, 지리적 환경과 상품의 특정 품질·명성 또는 그 밖의 특성과의 본질적 연관성에 관한 서류, 지리적 표시의 대상 지역에 관한 서류를 첨부하여야 한다(상표법 시행령 제5조).

더하여 지리적 표시 단체표장이나 지리적 표시 증명표장의 등록을 받으려는 자는 '지리적 표시의 정의와 일치함을 증명할 수 있는 상품의 특정 품질·명성 또는 그 밖의 특성, 지리적 환경과 상품의 특정 품질·명성 또는 그 밖의 특성과의 본질적 연관성, 지리적 표시의 대상 지역' 및 이해관계자 간의 조정 사항을 지방자치단체의 장이 확인한 사실의 확인서류(외국의 지리적 표시에 대하여 지리적 표시 단체표장등록출원이나 지리적 표시 증명표장등록출원을 하는 경우는 제외한다), 원산지 국가에서 지리적 표시로 보호받고 있다는 사실(외국의 지리적 표시에 대하여 지리적 표시 단체표장등록출원이나 지리적 표시 증명표장등록출원을 하는 경우만 해당한다)을 증명할 수 있는 서류를 첨부하여야 한다(상표법 시행규칙 제28조 제4항 제2호, 제3호).

지리적 표시 단체표장이나 지리적 표시 증명표장의 출원과 관련하여서는 이 외에도, 지리적 표시를 사용할 수 있는 해당 상품의 생산·제조·가공 및 유통 현황(해당 지역 전체, 출원인, 소속 단체원별 현황, 그 밖에 동종 상품의 주요 생산 지역 등으로 구분한다), 출원인이 해당 지역에서 지리적 표시를 사용할 수 있는 해당 상품을 생산·제조 또는 가공하는 자를 대표할 수 있는 자격이나 능력을 가지고 있다는 사실을 기재한 서류 및 그 내용을 증명하는 서류를 제출할 수 있다(상표법 시행규칙 제28조 제6항).

다만 「농수산물 품질관리법 시행규칙」 제56조 제1항 제3호부터 제6호까지의 서류를 산림청장, 국립농산물품질관리원장 또는 국립수산물품질관리원장에게 제출한 경우(2011. 1. 1. 이후에 제출한 경우만 해당한다)에는 상표등록출원서에 해당 사항을 표시함으로써 '지리적 표시의 정의와 일치함을 증명할 수 있는 상품의 특정 품질·명성 또는 그 밖의 특성, 지리적 환경과 상품의 특정 품질·명성 또는 그 밖의 특성과의 본질적 연관성, 지리적 표시의 대상 지역'에 관한 서류의 제출을 갈음할 수 있다. 이 경우 특허청장은 산림청장, 국립농산물품질관리원장 또는 국립수산물품질관리원장에게 해당 서류의 제출 여부를 확인한 후 그 사본을 요청하여야 한다(상표법 시행규칙 제28조 제3항).

(2) 지리적 표시 단체표장에만 적용되는 사항

지리적 표시 단체표장의 등록을 받으려는 자는 단체표장 일반의 기재 사항 외에, 상품의 특정 품질·명성 또는 그 밖의 특성, 지리적 환경과 상품의 특정 품질·명성 또는 그 밖의 특성과의 본질적 연관성, 지리적 표시의 대상 지역, 상품의 특정 품질·명성 또는 그 밖의 특성에 대한 자체관리기준 및 유지·관리 방안을 더 포함하는 정관을 첨부하여야 한다(상표법 제36조 제5항, 상표법 시행령 제3조 제2항). 더하여 지리적 표시 단체표장의 등록을 받으려는 자는 지리적 표시 단체표장의 출원인인 법인이 그 지리적 표시를 사용할 수 있는 상품을 생산·제조 또는 가공하는 것을 업으로 하는 자만으로 구성된 사실을 증명할 수 있는 서류를 첨부하여야 한다(상표법 시행규칙 제28조 제4항 제1호).

6. 업무표장의 경우

업무표장(상표법 제2조 제1항 제9호: 영리를 목적으로 하지 아니하는 업무를 하는 자가 그 업무를 나타내기 위하여 사용하는 표장)의 등록을 받으려는 자는 위에서 본 공통된 필수적 기재사항 외에, 그 업무의 경영사실을 증명하는 서류를 업무표장등록출원서에 첨부하여야 한다(상표법 제36조 제6항).

업무표장의 출원에 있어서 업무표장이 표상할 지정업무는 상품과는 달리 상품류 구분이 별도로 없으므로(심사시스템에서는 제99류로 구분된다) 상표법 제36조 제6항에서 정한 업무의 경영사실을 증명하는 서류에 기재된 사업목적 또는 업무범위 내에서 개별적이고 구체적으로 지정되어야 한다.[20]

여기의 '업무의 경영사실을 증명하는 서류'의 예는 아래와 같다.[21]

출원인	지정업무	업무의 경영사실을 증명하는 서류
대한민국 (대법원장)	○ 법률상의 쟁송을 심판하는 업무	<법원조직법> 제2조 ① 법원은 헌법에 특별한 규정이 있는 경우를 제외한 일체의 법률상의 쟁송을 심판하고 이 법과 다른 법률에 의하여 법원에 속하는 권한을 가진다.
서울특별시 서초구	○ 지방자치단체의 조직 및 행정관리에 관한 업무 ○ 지방자치단체의 환경정비에 관한 업무	<서울특별시서초구행정기구설치조례시행세칙> 제5조 (총무과) 17. 직제에 관한 사항 47. 환경정비 계획수립 및 추진 62. 민방위업무계획의 수립 조정
사단법인 한국다도 총연합회	○ 전통차의 대중화, 현대화, 세계화에 관한 업무 ○ 차에 관한 성분, 효능 연구를 통한 국민건강 증진 업무	<사단법인한국다도총연합회 정관> 제4조 (사업) 본회는 제3조의 목적을 달성하기 위하여 다음의 사업을 한다. 1. 전통차의 대중화, 현대화, 세계화에 관한 추진 사업 2. 차에 관한 성분, 효능을 연구 개발하여 국민건강증진

---

20) 상표심사기준(주 18), 358.
21) 상표심사기준(주 18), 358-359.

7. 부적법한 출원서류의 반려

특허청장은 상표등록출원에 관하여 제출된 서류·견본 그 밖의 물건(이하 '출원서류 등'이라 한다)이 출원의 종류가 불명확한 경우 등 상표법 시행규칙 제25조 제1항 각호가 정하는 사유에 해당하는 경우에는 법령에 특별한 규정이 있는 경우를 제외하고는 반려한다.

특허청장은 상표법 시행규칙 제25조 제1항에 따라 출원서류를 반려하려는 경우에는 출원서류를 제출한 출원인에게 출원서류를 반려하려는 취지, 반려이유 및 소명기간을 적은 서면을 송부하여야 한다. 다만, 해당 상표에 관한 절차를 밟을 권리가 없는 자가 그 절차와 관련하여 제출한 서류인 경우에는 반려이유를 통지하고 즉시 출원서류를 반려하여야 한다(상표법 시행규칙 제25조 제2항). 제2항 본문에 따른 통지서를 수령한 출원인이 소명하려는 경우에는 소명기간 내에 소명서를 제출하여야 하고(같은 조 제3항), 소명기간이 종료되기 전에 출원서류를 반려받으려는 경우에는 서류반려요청서를 제출하여야 한다(같은 조 제4항). 특허청장은 출원인이 소명기간 내에 소명서 또는 서류반려요청서를 제출하지 아니하거나 제출한 소명의 내용이 이유가 없다고 인정되는 경우에는 소명기간이 종료된 후 즉시 출원서류를 반려하여야 한다(같은 조 제5항).

특허청장의 반려처분에 대하여 불복이 있는 때에는 행정심판법에 의한 행정심판이나 행정소송법에 의한 행정소송을 통해 구제받을 수 있다.[22]

〈박태일〉

---

22) 송영식, "특허소송에 관한 문제점", 대한변호사협회지(제122호), 대한변호사협회(1986), 50; 송영식·이상정·황종환·이대희·김병일·박영규·신재호, 송영식 지적소유권법(제2판)(하), 육법사(2013), 334.

〈소 목 차〉

Ⅰ. 의의 및 취지

출원인이 상표등록출원 등의 서류를 제출하는 경우 특허청장은 이들 서류에 대한 방식심사를 하는데, 상표법 제37조는 제출된 서류가 상표등록출원서로서 출원일의 인정과 관련하여 중대한 하자가 있는 경우에는 보완명령을 하여 출원인으로 하여금 당해 하자를 보완하도록 하고 있다.

2001. 2. 3. 법률 제6414호 개정 전까지는 특허청장은 상표법에서 정한 출원요건을 갖추지 아니한 상표등록출원에 관한 서류·견본 기타의 물건이 중대한 하자가 있는 경우 이를 부적법한 서류·견본 기타의 물건으로 보아 그 출원인 또는 제출인에게 그 이유를 명시하여 반려하도록 하였을 뿐(2011. 12. 2. 지식경제부령 제219호로 전부개정되기 전의 구 상표법 시행규칙 제2조, 위 전부개정 상표법 시행규칙에서는 제24조, 2016. 9. 1. 산업통상자원부령 제213호로 전부개정된 상표법 시행규칙으로는 제25조가 이에 해당한다), 보완제도가 없어, 출원인은 관련 서류를 모두 돌려받은 후 이를 다시 작성하여 재출원하여야 하는 불편이 있었다.[1] 이러한 불편을 해소하고 출원인의 편의성을 높이기 위하여 2001. 2. 3. 법률 제6414호 개정 시 상표법 제9조의2를 신설하여 보완제도를 도입하였다. 이는 상표등록출원에 있어 '출원일의 인정'과 관련된 중대한 하자가 있는 경우 특허청장이 바로 당해 출원을 반려하지 않고 보완명령을 통지하여 출원인으로 하여금 하자가 있는 서류만을 보완토록 하고, 그 절차보완서가 특허청에 도달한 날을 출원일로 인정하도록 하며, 보완하지 않는 경우에는 당해 출원을 반려하는 제도이다.[2] 이러한 제9조의2 규정이 현행법인 2016. 2. 29. 법률 제14033호 전부개정법에서 제37조로 이어졌다.

Ⅱ. 입법 연혁 및 보정제도와의 구별

1. 입법 연혁

2001. 2. 3. 법률 제6414호로 신설된 상표법 제9조의2는 상표법조약(Trademark Law Treaty; TLT)[3] 제14조[4]에 따라 규정된 것으로서, 우리나라가 상표법조약에

---

1) 문삼섭, 상표법(제2판), 세창출판사(2004), 847.
2) 특허청, 조문별 상표법해설(2007), 130.
3) 상표제도를 세계적으로 통일함으로써 각국 상표제도의 차이로 인한 불편을 해소하고 내외국인간의 상표출원과 등록에 관한 업무를 더욱 쉽게 할 목적으로 세계지적소유권기구(WIPO)의 주관 아래에 추진되어 1994. 10. 27. 스위스 제네바에서 개최된 외교회의에서 채택되었고 그 달 28일자로 각 나라의 서명을 위하여 공개되었다[강기중, "상표권존속기간 갱신등록무효심판과 구 상표법 9조 1항 11호의 관계", 정보법 판례백선(I), 박영사(2006), 361, 각주 11].
    상표법통일화조약이라고도 부르고, 각종 증명서 요구의 간소화, 다류 1출원, 다건 1통 방식의 채용, 출원분할, 갱신등록의 실체심사금지 및 등록의 동일한 오류정정, 방식심사의 의견진술 등을 내용으로 하고 있다[윤선희, 지적재산권법(제15정판), 세창출판사(2015), 262].
    우리나라는 2002. 11. 25. 가입하였고, 가입일로부터 3개월 후인 2003. 2. 25.부터 발효되었다.
4) (국문조약문) 상표법조약 제14조 예정된 거부에 대한 의견

가입하기 위하여 마련한 규정이다.5) 상표법조약은 25개 조문(Articles)으로 구성되고, 체약당사국6)이 상표등록출원, 출원일 설정, 위임장, 권리의 이전, 주소·명칭의 변경, 등록의 존속기간·갱신 등에 대하여 부과할 수 있는 최대한의 절차적 요건을 규정하고 있다.7) 이러한 상표법조약의 내용을 우리 상표법에 반영하기 위해 2001. 2. 3. 법률 제6414호로 신설된 상표법 제9조의2는 출원일을 인정받기 위한 최대한의 요건과 그 요건을 구비하지 않았을 경우의 보완에 관한 절차를 규정한 것이다.8)

이후 2011. 12. 2. 법률 제11113호 개정법에서 소리·냄새를 상표의 범위에 포함시키면서 제9조의2 제3의2호로 '소리·냄새 상표의 등록출원서에 시각적 표현을 적지 아니한 경우'를 추가하였다.

그러다 현행법인 2016. 2. 29. 법률 제14033호 전부개정법에서 제37조로 조문을 이동하고 용어를 순화하며 조문을 재배치하는 개정이 있었는데, 이때 '소리·냄새 상표의 등록출원서에 시각적 표현을 적지 아니한 경우'는 제37조에 반영하지 않고, 대신 부적법한 출원서류의 반려사유로 삼았다(2016. 9. 1. 산업통상자원부령 제213호로 전부개정된 상표법 시행규칙 제25조 제1항 제10호).

2. 보정제도와의 구별

상표법 제37조에서 정하고 있는 보완제도는 상표등록출원에 있어 출원일의 인정과 관련된 중대한 하자에 대한 것이고, 보완을 하는 경우 그 보완을 하는 날이 출원일로 인정되는 데 비하여, 상표법 제39조 이하의 보정제도는 상표등록출원에 있어 출원일의 인정과는 관계없는 절차상 또는 실체상의 하자와 관련된

관청은 출원 또는 제10조 내지 제13조의 규정에 의한 신청과 관련하여, 그 사안에 따라 합리적인 기한내에 예정된 거부에 대한 의견을 진술할 수 있는 기회를 출원인이나 신청인에게 부여하지 아니하고는 전부 또는 일부를 거부할 수 없다.

(영문조약문) Trademark Law Treaty Article 14 Observations in Case of Intended Refusal An application or a request under Articles 10 to 13 may not be refused totally or in part by an Office without giving the applicant or the requesting party, as the case may be, an opportunity to make observations on the intended refusal within a reasonable time limit.

5) 송영식·이상정·황종환·이대희·김병일·박영규·신재호, 송영식 지적소유권법(제2판)(하), 육법사(2013), 333.

6) 'Contracting Party'를 번역한 것인데, 여기에는 조약에 가입한 국가(State) 외에 정부간기구(intergovernmental organization)도 포함되지만, 국가가 거의 대부분을 차지한다.

7) 이두형·윤종수·이회기, "지적재산권에 관한 국제규범의 논의동향", 국제규범의 현황과 전망—2006년 국제규범연구반 연구보고—, 법원행정처(2006), 358.

8) 특허청(주 2), 129.

내용을 보충하고 정정하는 제도로서 다소 경미한 하자에 대한 것이며, 보정을 하는 경우 보정된 내용대로 원출원일에 출원된 것으로 간주된다는 점에서 상이 하다.9)

Ⅲ. 해설

1. 상표등록출원일의 인정 요건

상표등록출원일은 상표등록출원에 관한 출원서가 특허청장에게 도달한 날로 한다. 다만, 상표등록출원이 ① 상표등록을 받으려는 취지가 명확하게 표시되지 아니한 경우, ② 출원인의 성명이나 명칭이 적혀 있지 아니하거나 명확하게 적혀 있지 아니하여 출원인을 특정할 수 없는 경우, ③ 상표등록출원서에 상표등록을 받으려는 상표가 적혀 있지 아니하거나 적힌 사항이 선명하지 아니하여 상표로 인식할 수 없는 경우, ④ 지정상품이 적혀 있지 아니한 경우, ⑤ 한글로 적혀 있지 아니한 경우의 어느 하나에 해당하는 경우에는 그러하지 아니하다(상표법 제37조 제1항).

위 ① 내지 ⑤의 각 사유는 상표등록출원에 관한 출원서가 특허청장에게 도달한 날을 상표등록출원일로 인정할 수 없는 경우를 제한열거적으로 규정한 것이고, 특허청장은 출원인에 대하여 이 외의 어떠한 사항도 출원일의 인정과 관련한 요건으로 요구할 수 없도록 한 것이다.10) 즉 상표법 제37조 제1항은 상표등록출원일의 인정에 관한 최대한의 요건을 정한 규정이다.

2. 절차보완명령

특허청장은 상표등록출원이 위 1의 ① 내지 ⑤의 어느 하나에 해당하는 경우에는 상표등록을 받으려는 자에게 적절한 기간을 정하여 보완할 것을 명하여야 한다(상표법 제37조 제2항). 이때 특허청장은 1개월 이내의 기간을 정하여 상표등록출원번호, 상품류 구분, 상표등록출원인의 성명과 주소(법인인 경우에는 그 명칭과 영업소의 소재지), 상표등록출원인의 대리인이 있는 경우에는 그 대리인의 성명과 주소 또는 영업소의 소재지[대리인이 특허법인·특허법인(유한)인 경우에는 그 명칭, 사무소의 소재지 및 지정된 변리사의 성명] 및 보완할 사항을 적은

---

9) 특허청(주 2), 130.
10) 특허청(주 2), 130.

절차보완명령서를 상표등록출원인에게 송부하여야 한다(상표법 시행규칙 제31조 제1항).

3. 출원인의 절차보완서 제출 및 출원일의 인정

상표법 제37조 제2항에 따른 보완명령을 받은 자가 상표등록출원을 보완하는 경우에는 절차보완에 관한 서면('절차보완서')을 제출하여야 한다(같은 조 제3항). 절차보완서에는 상표견본을 보완하는 경우에는 '상표견본'을, 출원서를 한글로 기재하지 아니하여 보완하는 경우에는 '한글로 작성한 출원서'를, 대리인에 의하여 절차를 밟는 경우에는 '그 대리권을 증명하는 서류'를 첨부한다(상표법 시행규칙 제31조 제2항).

특허청장은 상표법 제37조 제2항에 따른 보완명령을 받은 자가 지정된 기간 내에 상표등록출원을 보완한 경우에는 그 절차보완서가 특허청에 도달한 날을 상표등록출원일로 본다(같은 조 제4항).

상표법 제37조 제2항의 절차보완명령 및 이에 대한 같은 조 제3항의 절차보완서 제출로써, 출원인은 상표등록출원에 관련된 모든 서류를 다시 작성하여 재출원할 필요 없이 하자가 있는 서류만을 다시 제출하는 것만으로 출원서류상의 하자를 치유받을 수 있게 되고, 다만 이러한 보완을 통해 인정받게 되는 출원일은 하자가 있는 상표등록출원서를 제출한 일자로 소급하지 않고 절차보완서를 제출한 일자로 된다. 이는 제3자의 정당한 이익을 침해하지 않기 위함이다.

4. 절차보완서 미제출시의 취급

특허청장은 상표법 제37조 제2항에 따른 보완명령을 받은 자가 지정된 기간 내에 보완을 하지 아니한 경우에는 그 상표등록출원을 부적합한 출원으로 보아 반려할 수 있다(같은 조 제5항). 상표등록출원에 대한 심사는 그 출원서류가 특허청에 수리되는 것을 전제로 하기 때문에 출원서류 자체가 수리되지 않으면 심사절차는 진행될 수 없으므로,[11] 위와 같이 반려받은 자가 상표등록을 받기를 희망할 경우에는 다시 출원 관련 서류를 준비하여 재출원하여야 한다.[12]

---

11) 송영식 · 이상정 · 황종환 · 이대희 · 김병일 · 박영규 · 신재호(주 5), 332-333.

12) 우리와 비슷한 규정을 두고 있는 일본 상표법에서는 불수리(반려) 제도는 폐지하고 대신 특허청장관이 상표등록출원을 각하할 수 있도록 정하고 있다(일본 상표법 제5조의2 제5항). 여기서 보완을 명한 기간 내 보완이 없는 경우에 당해 상표등록출원을 각하할 것인지 여부는 특허청장관의 재량권에 속하는 것으로 해석된다. 그 이유는 지정된 기간의 마지막

　　한편 특허청장의 반려처분에 대하여 불복이 있는 때에는 행정심판법에 의한 행정심판이나 행정소송법에 의한 행정소송을 통해 구제받을 수 있다.[13] 또한 보완명령을 받은 자가 보완기간이 끝나기 전에 상표등록출원서를 반려받으려는 경우에는 서류반려요청서를 특허청장에게 제출하여야 한다(상표법 시행규칙 제31조 제3항).

〈박태일〉

날의 다음날 보완이 이루어진 때, 그 보완된 상태로 그날을 상표등록출원일로 인정하는 것이 제반사정에 비추어 보아도 아무런 문제가 없다면 각하하지 않고 보완을 인정하여 상표등록출원일을 인정하는 경우도 생각할 수 있기 때문이라고 설명된다[小野昌延 編, 注解商標法(新版, 上卷), 靑林書院(2005), 498].

13) 송영식, "특허소송에 관한 문제점", 대한변호사협회지(제122호), 대한변호사협회(1986), 50; 송영식 · 이상적 · 황종환 · 이대희 · 김병일 · 박영규 · 신재호(주 5), 334.

> **제38조(1상표 1출원)**
> ① 상표등록출원을 하려는 자는 상품류의 구분에 따라 1류 이상의 상품을 지정하여 1상표마다 1출원을 하여야 한다.
> ② 제1항에 따른 상품류에 속하는 구체적인 상품은 특허청장이 정하여 고시한다.
> ③ 제1항에 따른 상품류의 구분은 상품의 유사범위를 정하는 것은 아니다.

<소 목 차>

Ⅰ. 서론

1. 의의

본조 제1항은 '1상표 1출원'의 원칙을 규정하고 있다. 이에 따르면 하나의 상표등록출원에는 하나의 상표만을 출원하여야 하고 복수의 상표를 출원하는 것은 허용되지 않는다. 1상표 1출원의 원칙은 이론상의 요청이라기보다는 상표의 심사 및 등록절차상의 업무상 편의를 도모하고 선행상표의 검색을 용이하게 하며 상표권이 설정된 이후 그 권리거래를 용이하게 하자는 절차상의 요청으로부터 비롯된 것이다.[1]

또한 본조 제1항에 따르면 하나의 상표등록출원에서는 상품류의 구분에 따라 1류 이상의 상품을 지정하여야 한다. 이는 바꾸어 말하면 하나의 상표등록출원에서 여러 류에 걸친 상품을 지정할 수 있다는 의미이기도 하므로, 이 조항은 '다류 1출원'의 근거도 된다. 다류 1출원을 허용하는 취지는 출원인의 출원절차

---

[1] 송영식 외 6인 공저, 송영식 지적소유권법(하)(제2판), 육법사(2013), 314; 윤선희, 지적재산권법(11정판), 세창출판사(2010), 315; 문삼섭, 상표법, 세창출판사(2002), 565.

상의 편의성을 높이기 위한 것이다.

한편, 상표법 제36조 제1항 제4호에 따르면 상품류는 산업통상자원부령인 상표법시행규칙에서 정하도록 되어 있으나, 그 각 상품류에 속하는 구체적인 상품은 본조 제2항에 따라 특허청장이 정하여 고시하도록 되어 있다. 상품류와 달리 그에 속하는 구체적인 상품을 특허청장이 고시하도록 한 것은 상품의 다양한 변화를 신속하게 반영하기 위한 것이다.

마지막으로 본조 제3항은 상품류의 구분은 상품의 유사범위를 정하는 것이 아님을 명백히 하고 있다.

2. 연혁

1997. 8. 22.자 개정 전에는 상표법 제10조 제1항에서 "상표등록출원을 하고자 하는 자는 통상산업부령이 정하는 상품류구분 내에서 상표를 사용할 상품을 지정하여 상표마다 출원하여야 한다."고 하여 1상표 1출원의 원칙을 규정하면서 1류 1출원주의를 취하였다. 그러나 출원인의 출원절차상의 편의성을 높이고 다류 1출원주의를 채택하고 있는 상표법조약(TLT)에 가입하기 위하여 위 개정에 의하여 현재와 같이 다류 1출원주의를 취하게 되었다.[2]

이어 2007. 1. 3.자 개정에 의하여 상표법 제10조 제1항, 제2항에서 하나의 출원서에 상품과 서비스업을 동시에 지정할 수 있도록 명확히 하고 상품 및 서비스업의 변화 양태를 신속하게 반영하기 위하여 산업자원부령으로 정하고 있던 상품 및 서비스업 목록을 특허청장이 정하여 고시하도록 하였다.

2016. 2. 29.자 개정에 의하여 종전의 제10조의 내용이 제38조로 이동하였고, 서비스를 상품에 포함시키고 서비스표를 상표로 일원화함에 따라 하나의 상표등록출원에서 상품과 서비스업을 동시에 지정할 수도 있도록 규정한 부분은 불필요하게 되어 삭제되었다.

3. 입법례

일본에서는 우리나라와 마찬가지로, 상표등록출원은 그 상표를 사용하려는 1 또는 2 이상의 상품 또는 서비스업을 지정해서 '상표마다' 하도록 하여 1상표 1출원의 원칙을 채택하고 있고(일본 상표법 제6조 제1항), 또한 상표법조약에 가입하고 있기 때문에 1출원으로 복수의 상품 및 서비스업의 구분에 속하는 상품

---

2) 특허청, 조문별 상표법해설집(2007), 133.

또는 서비스업을 지정할 수 있도록 하여 다류 1출원주의를 채택하고 있다(일본 상표법 제6조 제2항).

　　미국에서는 규칙으로, 상표등록출원서에 첨부하는 도면은 하나의 상표만을 나타내도록 하고 있고(37 C.F.R. PART 2-RULES OF PRACTICE IN TRADEMARK CASES § 2.52), 상표등록출원서에는 1류 이상의 상품 및/또는 서비스업을 지정할 수 있도록 하고 있으므로(§ 2.22 (a) (8), (9)), 역시 1상표 1출원의 원칙과 다류 1출원주의를 채택하고 있다고 할 수 있다.

　　반면에 영국에서는 상표의 주요부분은 같으나 상표의 동일성에 영향을 주지 않는 식별력이 없는 일부분이 다른 복수의 일련의 상표를 하나의 출원서에 기재하여 등록받을 수 있도록 허용하는데, 이를 '시리즈 상표제도'(a series of trade marks)라고 한다(영국 상표법 §41(2)).[3]

Ⅱ. 1상표 1출원의 원칙

1. 1출원에 1상표만 출원하여야 함

　　상표등록출원은 상표마다 하여야 한다. 이는 하나의 출원으로 동시에 2 이상의 상표를 출원하는 것은 허용되지 않음을 의미한다. 이에 따라 하나의 출원서에 2개의 상표를 표시할 수 없다.

　　출원서에 기재된 상표가 하나의 상표인가 복수의 상표인가를 판단하는 기준에 관하여, 단일의 형태·호칭·관념을 가지는 것만을 1개의 상표로 보아야 한다는 견해가 있으나, 통설은 거래상 하나의 상표로 사용될 수 있고 또 수요자에게 하나의 상표로 일체적으로 인식될 수 있는가에 따라 결정하여야 한다는 입장이고, 실무도 그에 따르고 있다.[4] 따라서 단일 상품에 사용되는 것이고 거래상 하나의 상표로 인정될 수 있는 것이라면 요부가 2 이상 있어도 하나의 상표로 인정될 수 있다.[5] 특허청의 상표심사기준[6]에 따르면 소리, 냄새 등 비시각적 상표를 출원하면서 상표견본란에 문자 등을 기재한 경우에는 1상표 1출원 원칙 위반에 해당하는 것으로 본다(상표심사기준 제2부 제5장 1.1.2 (ii)).

---

3) 문삼섭(주 1), 568.

4) 송영식 외(주 1), 326; 小野昌延 編, 注解 商標法(上卷), 靑林書院(2005), 501(後藤晴男·有阪正昭 집필부분); 小野昌延, 三山峻司, 신·상표법개설, 靑林書院(2009), 395.

5) 송영식 외(주 1), 315.

6) 이하 2016. 8. 29. 개정 상표심사기준(특허청 예규 제90호)에 따른다.

나아가 상표심사기준에 따르면 동일한 출원서 내에서 동일한 상품을 중복하여 기재한 때에는 1상표 1출원의 원칙에 위배되는 것으로 보고 중복 기재된 지정상품을 직권으로 삭제한 후 출원공고결정시 직권보정사항을 통보하도록 하고 있다(상표심사기준 제2부 제5장 1.2).

2. 1상표에 대하여 1출원만 하여야 함

특허청 실무상으로는 본조 제1항의 1상표 1출원의 원칙은 동일인이 1상표에 대하여 1출원만 하여야 하고 복수의 출원을 하여서는 아니 된다는 내용까지 포함하고 있는 것으로 해석하고 있다. 즉 상표심사기준에 따르면, 동일인이 동일한 상표에 대하여 지정상품 전부 또는 일부를 동일하게 기재하여 중복 출원하거나 상표권자가 자신의 등록상표와 동일한 상표를 등록상표의 지정상품 전부 또는 일부에 대하여 중복 출원한 때에는 1상표 1출원 원칙 위반으로 거절하되, 지정상품 일부만 동일한 경우에는 중복상품의 삭제보정을 허용하고 있다(상표심사기준 제2부 제5장 1.1.1 및 1.2).

일본의 학설상으로는, 동일인이 동일 상표를 2 이상 출원하는 것이 금지되는 것은 1상표 1출원의 원칙을 규정한 일본 상표법 제6조 제1항에 근거한 것이 아니라, 조리에 따른 것으로 본다. 즉 동일한 내용의 것에 관하여 동일한 독점권을 2 이상 부여하는 것은 조리상 당연히 허용되지 않는 것이고, 동일인이 동일 상표에 관하여 동일 상품, 서비스업을 지정해서 2 이상의 출원을 한 경우에는 '상표법 제정의 취지에 반한다'는 이유로 거절되는 것이라고 한다.[7]

3. 보정 등 가능 여부 및 판단의 기준시점

1상표 1출원의 원칙을 위반한 출원을 보정이나 출원분할에 의하여 그 위반을 해소할 수 있는지 여부에 관하여, 하나의 출원서에 기재된 복수의 상표를 1개의 상표로 하는 보정은 요지 변경으로서 각하되고 상표별로 출원분할도 할수 없기 때문에 그 위반을 해소할 수 없다는 견해[8]와, 출원의 보정을 할 수 있는 기간 내에 보정을 하거나 2 이상의 출원으로 분할함으로써 최종적으로 1상표만 남기고 다른 상표는 출원에서 제거하여 위반을 해소할 수 있다는 견해가

---

7) 小野昌延 編(주 4), 501.
8) 平尾正樹, 상표법(제1차 개정판), 学陽書房(2006), 216 참조; 박종태, 상표법(제10판), 한빛지적소유권센터(2016), 442면도 상표 자체가 1상표로 인정되지 않는 경우에는 보정이나 분할이 불가능하다는 견해를 취하고 있다.

있다.9) 특허청의 실무상으로는 후자의 견해에 따라 1상표 1출원 원칙 위반은
보정이나 분할 등에 의하여 해소할 있다고 보고 있다(상표심사기준 제2부 제5장
1.3 참조). 그러나 상표법 제45조의 출원분할은 원래 지정상품이 복수인 경우에
상품별로 출원을 분할할 수 있음을 규정한 것이어서 복수의 상표에 대한 1개의
출원을 상표별로 출원분할하는 것을 이 규정에 근거하여 허용할 수 있는지에
관하여 의문이 있다. 다만 1상표 1출원 원칙 위반은 적어도 상표등록출원이 상
표법 제39조 제3호의 '이 법 또는 이 법에 정한 명령으로 정한 방식에 위반된
경우'에 해당한다고 보아 절차의 보정으로 그 위반을 해소할 수 있을 것이다.

　　한편 동일인에 의한 중복출원의 경우에는 선출원이나 선등록이 소멸하면 1
상표 1출원 원칙 위반이 해소된다.

　　보정 등을 허용하는 이상 1상표 1출원의 원칙을 지켰는지 여부는 출원시가
아니라 상표등록여부결정시를 기준으로 판단하여야 한다(상표심사기준 제2부 제5
장 1.3.도 같은 취지이다).

Ⅲ. 상품의 지정

1. 다류 1출원

　　본조 제1항에 따라 하나의 상표등록출원에서 1류 이상의 상품을 지정할 수
있다. 복수의 상품을 지정할 경우 서로 유사한 것이든 비유사한 것이든 상관없
다. 이와 같이 다류 1출원주의를 취하게 되면 출원절차가 간편해지고, 상표의
관리 및 조사가 쉬워진다.

　　반면에, 하나의 상표등록출원에서 지정상품을 복수로 지정한 경우에 거절
이유가 일부 지정상품에만 있는 경우라 하더라도 우리 상표법상 상표등록요건
을 갖춘 지정상품 부분에 관하여는 등록결정하고 상표등록요건을 갖추지 못한
지정상품 부분에 관하여는 거절결정하는 식으로 분리하여 결정하여야 할 근거
가 없으므로, 하나의 출원은 지정상품이 여럿이라 하더라도 일체불가분으로 취
급할 수밖에 없어 일부 지정상품에 관하여 상표등록요건이 갖추어지지 아니한
경우 그것이 보정절차를 통하여 지정상품에서 철회되는 등 보정되지 아니하는
한, 전체 지정상품에 대한 출원에 대하여 하나의 거절결정을 할 수밖에 없다(대
법원 1993. 12. 21. 선고 93후1360 판결 참조). 이러한 경우에는 출원의 분할을 통

---

9) 송영식 외(주 1), 315.

해서도 거절이유를 극복할 수 있을 것이다.

2. 상품류 및 상품

가. 상품류 제도 및 상품 고시

본조 제1항은 상품류의 구분에 따라 1류 이상의 상품을 지정하여 출원하도록 규정하고 있다. 한편 상품류는 상표법 제36조 제1항 제4호에 따라 산업통상자원부령인 상표법시행규칙에서 정하도록 되어 있는 반면, 그 각 상품류에 속하는 구체적인 상품은 본조 제2항에 따라 특허청장이 정하여 고시하도록 되어 있다. 이에 따라 특허청장은 '상품 및 서비스업의 명칭과 류 구분에 관한 고시'를 매년 개정하여 고시하고 있다.

간혹 상품류 제도를 두지 않는 나라도 있으나, 상표의 조사 및 관리 등의 이점 때문에 많은 나라들이 상품류 제도를 채택하고 있다.

상품류에 관하여 우리나라에서는 1998. 3. 1. 이전에는 우리나라 고유의 분류를 채택하였으나 1997. 8. 22. 개정된 상표법을 1998. 3. 1. 시행하면서 상표법시행규칙도 개정·시행하여 니스(Nice)협정에 따른 국제분류를 채택하였다.

우리나라 고유의 분류를 채택하던 구 상표법시행규칙(1998. 2. 23. 개정되기 전의 것)은 별표 제1호에서 상품류 구분을 제1류에서 제53류까지, 별표 제2호에서 서비스업류 구분을 제101류에서 제112류까지 규정하였고, 각 상품류 또는 서비스업류별로 그에 포함되는 상품군 또는 서비스업군을, 또 각 상품군 또는 서비스업군별로 그에 포함되는 상품세목 또는 서비스업세목까지 규정하고 있었다. 그 후 국제분류를 채택하고 각 상품류에 속하는 구체적인 상품은 특허청장이 고시하도록 함에 따라 현행 상표법시행규칙은 별표 제1호에서 상품류 구분을 제1류부터 제45류까지(그 중 제35류부터 제45류까지는 종전의 서비스업에 관한 것이다) 규정하고 있으며, 각 류별로 범위를 정해두고 그 범위에 속하는 상품(서비스 포함)을 예시해 두고 있다. 위 별표에 명시되지 아니한 상품은 니스협정 제1조에 따른 국제분류의 일반주석(General remarks)에 따라 아래의 기준을 적용하여 해당하는 상품류를 구분하도록 하고 있다.

〈상품 관련〉

① 완제품은 그 기능 또는 용도에 따라 분류한다. 다만, 별표 제1호에 명시되지 아니한 상품은 분류 가능한 다른 완제품으로부터 유추하여 해당하는 상품류로 구분한다.
② 다용도 복합기능의 완제품은 그 제품의 주된 기능이나 의도된 용도에 따라 해당하는 상품류로 구분한다.
③ 가공되지 않았거나 부분적으로 가공된 원재료 제품은 그들을 구성하는 원재료가 속하는 상품류로 구분한다.
④ 다른 제품의 일부로 사용되는 제품이 일반적으로는 다른 용도로 사용될 수 없는 경우에는 그 다른 제품이 속하는 상품류로 구분한다.
⑤ 재료에 따라 구분되어야 하는 제품이 여러 가지 재료로 구성된 때에는 주된 재료가 속하는 상품류로 구분한다.
⑥ 어떤 제품을 담기 위해 그 제품에 맞게 만들어진 용기는 그 제품이 속하는 상품류로 구분한다.

〈서비스 관련〉

⑦ 임대서비스업은 임대 대상물로 제공되는 서비스업과 같은 서비스업류로 구분한다. 다만, 임대 관련 금융업은 금융서비스업으로 구분한다.
⑧ 조언, 정보 또는 상담 등을 제공하는 서비스업은 그 조언, 정보 또는 상담의 내용이 속하는 서비스업과 같은 서비스업류로 구분한다.
⑨ 가맹사업(프랜차이즈) 형태의 서비스업은 일반적으로 가맹본부(프랜차이저)에 의해 제공되는 특정 서비스업과 동일한 서비스업류로 구분한다.

1998년 3월 국제분류가 도입된 이후 2001. 2. 3.자 상표법 개정 전까지는 종전의 우리나라 고유 분류에 의하여 등록된 상표의 지정상품에 대하여는 상표권의 존속기간갱신등록출원시에 국제분류에 따른 상품류로 전환하지 않으면 존속기간갱신등록출원에 대하여 거절결정하도록 규정함으로써(2001. 2. 3. 개정되기 전의 상표법 제45조 제1항 제6호) 신 상품분류로의 전환을 유도하고 있었다. 그런데 우리나라가 2001년 가입한 상표법조약 제13조 제4항에서 조약에 규정된 사항 이외의 것을 갱신절차와 관련하여 요구할 수 없도록 규정함에 따라 2001. 2. 3.자 상표법 개정에 의하여 갱신절차와 독립된 상품분류전환등록신청절차를 신설하여 신 상품분류로의 통일을 유도하고 있다. 상품분류전환등록의 신청은 상표권의 존속기간 만료일 1년 전부터 존속기간 만료 후 6월 이내의 기간에 하여야 하고(상표법 제209조 제3항), 그 기간 내에 상품분류전환등록신청을 하지 아니한 때에는 전환등록의 대상이 되는 지정상품에 관한 상표권은 상품분류전환등록신청기간의 종료일이 속하는 존속기간의 만료일 다음날에 소멸한다(상표법 제213조 제1항 제1호).

나. 상품류 구분과 상품 유사와의 관계

본조 제3항은 상품류의 구분은 상품의 유사범위를 정한 것이 아님을 주의적으로 규정하고 있다.

니스협정에서도 국제분류의 효과는 각국이 정하는 것으로 하고, 국제분류는 특정 표장의 보호범위의 평가에 관하여 가맹국을 구속하는 것은 아니라고 규정하고 있다(니스협정 §2(1)).

한편, 상표법시행규칙 별표 제1호 나.항에서는 같은 상품류 구분에 속하는 상품 상호간 또는 서로 다른 상품류 구분에 속하는 상품 상호간의 유사범위에 대한 판단기준은 그 상품의 생산부문, 판매부문, 원료 및 품질, 용도, 수요자의 범위와 상품과의 관계 등(서비스의 경우에는 서비스 제공의 수단, 목적, 서비스 제공과 관련된 물품, 서비스 제공을 받는 수요자의 범위, 서비스업의 업무 등을 말한다)을 고려하여 특허청장이 정하여 고시하도록 규정하고 있다. 이에 따라 특허청장은 '유사상품 심사기준'을 두고 있다.

재판실무를 보면 하급심에서는 상품이 유사하다는 근거로 간혹 상품류 구분이 같다는 점을 들기도 한다. 그러나 대법원은 "상품류 구분은 상표등록사무의 편의를 위하여 구분한 것으로서 상품의 유사범위를 정한 것은 아니므로, 상품구분표의 같은 유별에 속한다고 하여 바로 동일 또는 유사상품이라고 단정할 수 없고, 지정상품의 유사 여부는 대비되는 상품에 동일 또는 유사한 상표를 사용할 경우 동일 업체에 의하여 제조 또는 판매되는 상품으로 오인될 우려가 있는가의 여부를 기준으로 판단하되, 상품 자체의 속성인 품질, 형상, 용도와 생산부문, 판매 부문, 수요자의 범위 등 거래의 실정 등을 종합적으로 고려하여 일반거래의 통념에 따라 판단하여야 한다."라고 일관되게 판시하고 있다(대법원 1997. 2. 14. 선고 96후924 판결, 대법원 2000. 10. 27. 선고 2000후815 판결, 대법원 2002. 10. 25. 선고 2001후1037 판결, 대법원 2009. 7. 9. 선고 2008후5045 판결 등). 다만, 대법원 판례 중에도 상품 유사 여부 판단에서 같은 상품류 구분에 속한다는 점을 부가적으로 고려한 예가 있기는 하다(예컨대, 대법원 1997. 3. 11. 선고 96후795 판결에서는 출원상표의 지정상품 중 '톱니바퀴, 풀리, 베어링' 등과 비교대상상표의 지정상품 중 '조인트, 밸브' 등은 모두 같은 상품류 구분에 속하는 것들로서, 양 상품들의 형상은 서로 다르나, 모두 유사한 재료로 제조되어 산업기계기구, 동력기계기구 등에 부품 내지 부속품으로 사용되고, 그 생산부문, 판매부문, 수요자의 범위 등에 있어서도 공통점이 있어 양 상품들은 거래통념상 유사한 상품에 속한다고 판시하였다).

3. 지정상품의 기재방법

가. 출원서에 상품류의 표시가 필요한지 여부

본조 제1항에서는 상표등록출원할 때 상품류의 구분에 따라 1류 이상의 상품을 지정하도록만 규정하고 있으나, 상표법 제36조 제1항 제4호에서는 상표등록출원서에 '지정상품 및 산업통상자원부령으로 정하는 상품류'를 기재하도록 하고 있다.

이에 따라 특허청 실무상으로 출원서에 지정상품을 표시할 때에는 지정상품란에 '제○류 ○○○, 제○류 ○○○, ○○○'와 같이 상품류마다 지정상품을 구분하여 기재하도록 하고 있다. 나아가 특허청의 상표심사기준에 의하면, 출원서에 기재된 지정상품과 상품류 구분이 니스분류와 맞지 않게 기재된 경우에는 정확한 상품류 구분을 제시하여 거절이유를 통지하고, 그에 따라 정확한 상품류 구분을 보정하면 인정하도록 되어 있다(상표심사기준 제2부 제4장 1.3.2). 그리고 지정상품의 명칭이 모호하여 해당되는 상품류 구분이 명확하지 않은 경우에는 정확한 상품류 구분을 제시하지 않고 거절이유를 통지할 수 있으며, 이 경우 지정상품의 요지 변경이 되지 않는 범위 내에서 명확한 상품 명칭과 정확한 상품류 구분으로 보정하면 인정한다. 또한 지정상품이 다용도상품이어서 2 이상의 상품류 구분에 해당하는 경우 이를 1용도상품으로 한정하여 그에 해당하는 상품류 구분으로 보정하면 인정한다(상표심사기준 제2부 제4장 1.3.3).

대법원도 "출원인이 심사관으로부터 상품('상표'의 오기로 보임)등록출원서에 기재된 지정상품이 상표법시행규칙이 정하는 상품류구분을 따르지 않고 그 유(類)구분이 잘못 표시되었다는 이유로 거절이유를 통지받았음에도 그 의견서 제출기간 내에 상품류구분을 바로잡는 보정을 하지 않은 경우에 심사관은 거절결정을 하고, 출원인이 거절결정에 대한 불복심판을 청구하면서 그 청구일로부터 30일 이내에도 위와 같은 보정을 하지 않았다면 특허심판원은 그 거절결정을 유지하는 심결을 하여야 한다."(대법원 2009. 10. 29. 선고 2009후2258 판결)라고 판시하여 지정상품을 기재할 때 상품류를 잘못 표시하면 거절이유가 된다는 입장이다. 그러나 한편, 상표등록출원 시에 지정상품의 상품류 표시를 잘못하여 출원함으로써 그 유별표시가 상표법시행규칙상의 상품류 구분상의 유별표시와 일치하지 않는다 하더라도 일단 등록이 된 경우에는 그러한 불일치가 상표법

제117조 제1항의 무효사유는 아니므로 그 등록의 효력을 부인할 수 없다(대법원 1991. 5. 28. 선고 91후35 판결 참조).

나. 지정상품의 기재

(1) 상표법시행규칙 별표 제1호의 상품류 구분표상 나열되어 있는 개개의 상품이 아니라 상위 개념의 상품이라 하더라도 일반 수요자나 거래자가 그 명칭이 어떤 상품을 가리키는 것인지를 명확하게 알 수 있을 정도로 개념이 명확한 상품인 경우에는 그 상품의 명칭이 포함하는 하위 개념의 상품들이 다수 존재한다는 이유만으로 등록상표의 지정상품으로서의 효력을 부인할 수 없다는 것이 대법원 판례이다. 예컨대, '향료'는 '향기를 내는 물질'의 보통명칭으로서 일반 수요자나 거래자도 그 명칭이 어떤 상품을 가리키는 것인지 명확하게 알 수 있기 때문에 지정상품으로서의 효력이 있다(대법원 2004. 1. 27. 선고 2002후 1560 판결). 이에 반하여 '전기기계기구, 전기통신 기계기구, 전자응용 기계기구, 전기재료'는 상품구분표에 열거된 추상적 상품종류의 명칭을 그대로 옮긴 것에 불과하여 상표 독점사용권의 대상이 되는 지정상품을 표시한 것으로 보기 어렵고(대법원 1982. 7. 13. 선고 82후1 판결), '전기기구, 전기기기' 역시 상품분류의 추상적인 제목이지 독점사용할 지정상품이라고는 볼 수 없다고 한다(대법원 1980. 9. 9. 선고 79후94 판결).

(2) 현재의 특허청 상표심사기준(특허청예규 제90호로 2016. 8. 29. 개정된 것)은 지정상품의 기재 및 심사에 관하여 다음과 같이 규정하고 있다(상표심사기준 제2부 제4장 1.1, 1.2 및 2.1).

(가) 지정상품은 '상품의 명칭과 류 구분에 관한 고시'에 나와 있는 상품 명칭('정식상품명칭')을 기재하는 것이 원칙이지만, 출원인이 새로운 상품 명칭('비정식상품명칭')도 자유로이 기재할 수 있다. 다만, 비정식상품은 실거래사회에서 독립적인 상거래의 대상이 되고 있어야 하고, 그 명칭은 구체적으로 특정할 수 있을 정도로 명확히 기재하여야 한다.

(나) 독립적인 거래가 가능한 개별·구체적인 상품 명칭을 기재하여야 하지만, 예외적으로 '상품의 명칭과 류 구분에 관한 고시'에서 인정하는 '협의의 포괄명칭' 및 '광의의 포괄명칭'10)을 기재할 수도 있다. 그 밖의 포괄상품을 기재

---

10) 상표심사기준에 따르면 '협의의 포괄명칭'이란 동일 상품류 내 동일한 유사상품군에 속하는 여러 상품을 포함하는 명칭을 말하고, '광의의 포괄명칭'이란 동일 또는 복수의 상품류 내 복수 유사군에 속하는 상품을 포함하는 명칭을 말한다(상표심사기준 제2부 제4장

하는 경우 심사관은 본조 제1항을 적용하여 거절이유를 통지하여야 한다.

(다) 지정상품은 한글로 기재함을 원칙으로 하되 지정상품의 의미를 명확히 하거나 구체적으로 설명할 필요가 있는 경우에는 괄호로 한자 또는 외국어를 병기할 수 있다. 다만, 한자 또는 외국어 표기가 한글표기 상품의 의미와 명확히 다르거나 상품의 범위를 확장시키는 경우에는 본조 제1항에 근거하여 거절이유를 통지한다.

(라) 지정상품의 명칭을 정식상품명칭이 아닌 비정식상품명칭으로 기재한 경우 심사관이 실거래사회에서 해당 상품이 현실적으로 존재하고, 1개의 상품류 및 1개의 유사군코드에만 해당된다고 판단할 경우에는 이를 인정할 수 있다. 다만, 심사관이 비정식상품의 기능·용도 등 속성과 생산·유통 등 거래실태를 알 수 없는 경우에는 본조 제1항에 따라 거절이유를 통지하여 출원인으로부터 지정상품에 관한 설명자료를 제출받아 그 인정 여부를 판단하여야 한다.

(마) 지정서비스업을 도매업, 소매업, 판매대행업, 판매알선업, 상품중개업, 수리업, 수선업, 설치업, 유지관리업 또는 학원경영업 등으로 지정한 경우에는 서비스업의 범위가 불명확한 것으로 보아 거절이유를 통지한다. 이 경우 지정서비스업을 '특정상품에 대한 소매업' 또는 '고시된 포괄상품명칭에 대한 소매업' 등으로 보정하는 경우에는 이를 인정한다.

IV. 본조 제1항 위반의 효과

1. 설정등록 전

가. 거절이유

1상표 1출원 원칙을 위반하여 복수의 상표를 하나의 출원서에 기재하면 거절이유가 된다(상표법 제54조 제3호).

한편 앞에서 본 바와 같이, 현재의 특허청 실무상 동일인이 동일 상품에 대하여 동일 상표를 중복 출원한 때에는 동일 상품을 적법하게 보정하지 않는 한 선출원된 상표를 등록결정한 후에 후출원은 본조 제1항의 규정에 의하여 거절

1.1.3). 예를 들어 동일 상품류(제25류)에 속하며 유사군코드가 다른 상품인 '야구복(G4501), 마고자(G4502), 팬티(G4503)' 등을 포함하는 명칭인 '의류'가 '광의의 포괄명칭'에 해당한다. 동일 상품류(제25류)에 속하며 유사군코드가 G4502로 동일한 '마고자, 두루마기, 동정' 등을 포함하는 '한복'과 같은 명칭은 '협의의 포괄명칭'에 해당한다[박종태, 이지 상표법(제4판), 한빛지적소유권센터(2010), 320 참조].

한다. 상표권자가 자신의 등록상표와 동일한 상품에 대하여 동일 상표를 중복하여 출원한 경우에도 본조 제1항에 의하여 거절하도록 하고 있다.

또한 상표등록출원서에 지정상품의 상품류를 잘못 표시하거나 상품명을 불명확하게 기재한 경우에도 본조 제1항 위반으로 거절이유가 되고 있음은 앞에서 본 바와 같다.

나. 이의신청

출원공고된 후에는 제3자가 1상표 1출원 원칙에 위반된다는 것을 이유로 상표등록이의신청을 할 수 있다(상표법 제60조 제1항 제1호).

2. 설정등록 후

1상표 1출원의 원칙에 위배됨에도 착오로 등록된 경우에는 상표법 제117조 제1항의 상표등록의 무효사유에는 해당하지 않으므로 무효심판에 의하여 무효로 할 수 없다.[11] 1상표 1출원의 원칙은 절차상의 편의를 위한 것이기 때문에 굳이 등록까지 된 마당에 그 등록을 무효로 할 필요까지는 없기 때문이다.

또한 앞에서 본 바와 같이, 상표등록출원시에 지정상품의 상품류 표시를 잘못하여 출원하였다 하더라도 일단 그대로 등록이 된 경우에는 그 등록의 효력을 부인할 수는 없다(대법원 1991. 5. 28. 선고 91후35 판결 참조).

〈성창익〉

---

11) 송영식 외(주 1), 315; 윤선희, 상표법, 법문사(2007), 399; 문삼섭(주 1), 566. 대법원은 1994. 9. 9. 선고 93후1247 판결에서 구 의장법(1990. 1. 13. 전문 개정되기 전의 것) 제9조 소정의 1의장 1출원 원칙에 위배된 의장등록출원은 거절의 이유가 되는 것이기는 하지만, 이 원칙에 위배된 의장등록출원이 잘못하여 등록된 경우에는 의장등록의 무효사유에 해당하지 않으므로 무효심판에 의하여 무효로 할 수는 없다고 판시한 바 있다.

> **제39조(절차의 보정)**
>
> 특허청장 또는 특허심판원장은 상표에 관한 절차가 다음 각 호의 어느 하나
> 에 해당하는 경우에는 산업통상자원부령으로 정하는 바에 따라 기간을 정하
> 여 상표에 관한 절차를 밟는 자에게 보정을 명하여야 한다.
> 1. 제4조제1항 또는 제7조에 위반된 경우
> 2. 제78조에 따라 내야 할 수수료를 내지 아니한 경우
> 3. 이 법 또는 이 법에 따른 명령으로 정한 방식에 위반된 경우

<소 목 차>

Ⅰ. 서론

1. 의의

선출원주의로 인하여 상표등록출원인이 출원을 서두르거나 상표법 지식이 부족하여 출원 과정에 절차적 또는 내용상의 잘못이 생길 수 있다. 이러한 잘못을 이유로 바로 출원을 거절하거나 스스로 출원을 취하한 후에 재출원하도록 하면 출원인 입장에서는 선출원의 지위를 잃게 되고 출원비용도 추가로 드는 등 불이익이 있기 때문에 이를 방지하기 위하여 상표법 제39조(본조) 내지 제41조에서는 기존 출원 절차 내에서 잘못을 보정할 수 있는 제도를 두고 있다.

절차에 관한 보정은 본조에서 규정하고 있고, 상표나 지정상품과 같은 출원 내용상의 불비가 있을 때 이를 보완하는 실체적 보정은 제40조, 제41조에서 규정하고 있다.

이러한 보정 제도와 별도로, 출원서에 출원일의 인정에 영향을 미치는 중대한 하자(상표법 제37조 제1항의 각호)가 있는 경우 특허청장이 그 출원을 반려하는 대신 출원인에게 보완을 명하고 그에 따라 절차보완에 관한 서면이 제출되면 그 서면 제출일을 상표등록출원일로 인정하는 절차의 보완 제도가 있다(상표법 제37조 참조). 보정은 출원일의 인정에 영향을 미치지 않는 상대적으로 경미

한 절차상 또는 실체상의 하자와 관련된 내용을 보충하고 정정하는 제도로서, 보정을 하는 경우 최초 출원시부터 보정된 내용대로 출원된 것으로 본다는 점에서 절차의 보완 제도와 다르다.[1]

절차에 관한 보정은 보정명령의 대상이 되지만 실체에 관한 보정은 보정명령의 대상이 아니라 출원인이 자진해서 하여야 하는 것이다.[2] 다만, 이전에는 상표등록출원서 등에 명백한 오기 등으로 판단되는 사항이 있어도 심사관이 직권으로 정정할 수 있는 근거 규정이 없었으나, 2010. 1. 27.자 개정에 의하여, 상표등록출원서에 지정상품 또는 유(類)구분에 명백한 오기가 있으면 심사관이 출원공고결정을 할 때에 직권으로 보정할 수 있도록 함으로써 출원인의 편의를 배려하였다(2016. 2. 29.자 개정 전의 상표법 제24조의3 제1항 참조. 위 조항에 해당하는 현행 상표법 제59조 제1항은 지정상품 또는 유구분에 한정하지 않고 상표등록출원서에 적힌 사항이 명백히 잘못된 경우에는 직권으로 보정할 수 있도록 하여 직권보정의 범위를 확대하였다).[3]

한편, 절차적 보정에 관한 본조는 출원뿐만 아니라 상표에 관한 그 밖의 절차(예를 들면 상표권 설정등록 후의 심판 또는 재심 청구가 이에 해당할 것이다. 다만, 심판청구서의 보정에 관해서는 상표법 제125조, 제126조 등에서 별도로 정하고 있다.)에 대해서도 적용된다. 그러나 실체적 보정에 관한 제40조, 제41조는 상표권 설정등록 전 단계에만 적용되는 것이다. 특허와 달리 상표의 경우에는 등록 후의 정정심판 제도나 무효심판절차에서의 정정청구제도가 없으므로 출원 단계에서 필요한 실체적 보정이 이루어져야 한다.

2. 연혁

1980. 12. 31.자 개정에 의하여 상표법에 '출원의 보정'이라는 제목의 조항이 신설되었는데, 당시에는 절차의 보정과 실체의 보정에 관하여 동일한 조문에서 규정하고 있었다.

1990. 1. 13.자 개정으로 출원의 보정을 절차의 보정과 실체의 보정으로 나누어 절차의 보정에 관하여는 독립하여 제13조에 규정하고, 실체의 보정은 제14조와 제15조에서 출원공고결정 전의 보정과 출원공고결정 후의 보정으로 나누어 규정하게 되었다.

---

1) 문삼섭, 상표법, 세창출판사(2002), 603.
2) 윤선희, 지적재산권법(11정판), 세창출판사(2010), 319; 문삼섭(주 1), 604.
3) 윤선희(주 2), 319-320.

2001. 2. 3.자 개정에 의하여 특허심판원에서의 절차에 대한 보정명령을 할 수 있는 주체를 심판장에서 특허심판원장으로 변경하였고, 2002. 12. 11.자 개정에 의하여 '명할 수 있다'고 되어 있던 조문을 '명하여야 한다'고 조문을 변경하여 절차에 대한 보정사유가 있을 때에는 의무적으로 특허청장 또는 특허심판원장으로 하여금 보정을 명하도록 하였다.

2016. 2. 29.자 개정에 의하여 절차의 보정에 관한 종전의 제13조가 제39조로 이동하면서 보정기간은 산업통상자원부령으로 정하는 바에 따라 지정하도록 하였다.

Ⅱ. 절차의 보정

1. 절차의 보정을 명하여 하는 경우

특허청장 또는 특허심판원장(이하 '특허청장 등'이라 한다)은 상표에 관한 절차가 아래의 각호에 해당하는 경우에는 상표에 관한 절차를 밟는 자에게 보정을 명하여야 한다.

제1호: 절차가 행위능력 또는 대리권에 관한 규정(상표법 제4조 제1항, 제7조)에 위반된 경우
제2호: 소정의 수수료(상표법 제78조)를 내지 않은 경우
제3호: 절차가 법령에서 정한 방식에 위반된 경우 — 예컨대, 상표를 표시하는 서면의 작성방법이 잘못되었거나 상표등록출원서에 첨부하여야 할 각종 증명서류 등의 흠결이 있는 경우가 이에 해당한다.[4]

2. 보정기간

특허청장 등은 절차의 보정을 명할 때 산업통상자원부령(상표법시행규칙)으로 정하는 바에 따라 기간을 정하여 보정을 명하여야 한다. 상표법시행규칙 제29조는 본조에 따른 보정의 기간은 1개월 이내로 지정하도록 규정하고 있다.

한편, 절차의 보정은 특허청장 등이 명령하지 않더라도 등록여부결정통지서가 송달되기 전까지는 출원인이 자발적으로 할 수도 있다.[5]

---

4) 송영식 외 6인 공저, 송영식 지적소유권법(하)(제2판), 육법사(2013), 324.
5) 平尾正樹, 상표법(제1차 개정판), 学陽書房(2006), 268; 小野昌延, 三山峻司, 신·상표법개

3. 보정의 주체 및 절차

절차의 보정은 출원인 및 그의 적법한 승계인이 할 수 있다. 공동출원의 경우에는 대표자를 선정하여 특허청장 등에 신고한 경우를 제외하고는 공유자 각자가 보존행위로서 전원을 위하여 보정할 수 있다(상표법 제13조 제1항).6)

본조에 따라 절차의 보정을 할 때에는 소정 양식의 보정서(상표법시행규칙 별지 제5호 서식)에 보정내용을 증명하는 서류를 첨부하여 지정된 기간 내에 특허청장 등에게 제출하여야 한다. 예를 들어 행위능력에 관한 규정 위반으로 보정명령을 받은 경우에는 법정대리인이 보정서를 제출하면서 법정대리권을 증명하는 서류를 첨부하여야 한다. 다만, 수수료를 보정하고자 하는 자는 수수료 부족액을 지정된 기간 내에 납부하면 되므로 보정서를 제출하지 않고 소정의 납부서를 제출하면 된다(상표법시행규칙 제32조 제3항).

이와 같은 보정절차는 상표법 제40조, 제41조의 실체적 보정의 경우에도 동일하게 적용된다(상표법시행규칙 제32조 제2항).

4. 보정명령에 대한 불응의 효과

특허청장 등은 본조의 규정에 의한 보정명령을 받은 자가 지정된 기간 내에 그 보정을 하지 아니한 경우에는 상표에 관한 절차를 무효로 할 수 있다(상표법 제18조 제1항).

특허청장 등은 상표에 관한 절차가 무효로 된 경우로서 지정된 기간을 지키지 못한 것이 보정명령을 받은 자가 책임질 수 없는 사유에 의한 것으로 인정되면 그 사유가 소멸한 날부터 2개월7) 이내에 보정명령을 받은 자의 청구에 의하여 그 무효처분을 취소할 수 있다. 다만, 지정된 기간의 만료일부터 1년이 지난 경우에는 그러하지 아니하다(상표법 제18조 제2항).

특허청장 등은 위와 같은 무효처분 또는 그 취소처분을 할 때에는 그 보정명령을 받은 자에게 처분통지서를 송달하여야 한다(상표법 제18조 제3항).

특허청장 등의 무효처분에 불복이 있으면 행정소송으로 그 처분의 취소를

설, 靑林書院(2009), 395; 문삼섭(주 1), 604. 상표심사기준(특허청예규 제90호 2016. 8. 29. 개정된 것) 제3부 제1장 2.3도 같은 취지로 규정하고 있다.

6) 박종태, 상표법(제10판), 한빛지적소유권센터(2016), 451.

7) 2016. 2. 29.자 개정 전에는 14일 이내에 청구하도록 되어 있었는데 위 개정에 의하여 2개월로 늘어났다.

구할 수 있을 것이다.

〈성창익〉

제40조(출원공고결정 전의 보정)

① 출원인은 다음 각 호의 구분에 따른 때까지는 최초의 상표등록출원의 요지를 변경하지 아니하는 범위에서 상표등록출원서의 기재사항, 상표등록출원에 관한 지정상품 및 상표를 보정할 수 있다.

1. 제57조에 따른 출원공고의 결정이 있는 경우: 출원공고의 때까지

2. 제57조에 따른 출원공고의 결정이 없는 경우: 제54조에 따른 상표등록거절결정의 때까지

3. 제116조에 따른 거절결정에 대한 심판을 청구하는 경우: 그 청구일부터 30일 이내

4. 제123조에 따라 거절결정에 대한 심판에서 심사규정이 준용되는 경우: 제55조제1항·제3항 또는 제87조제2항·제3항에 따른 의견서 제출기간

② 제1항에 따른 보정이 다음 각 호의 어느 하나에 해당하는 경우에는 상표등록출원의 요지를 변경하지 아니하는 것으로 본다.

1. 지정상품의 범위의 감축

2. 오기의 정정

3. 불명료한 기재의 석명

4. 상표의 부기적인 부분의 삭제

5. 그 밖에 제36조제2항에 따른 표장에 관한 설명 등 산업통상자원부령으로 정하는 사항

③ 상표권 설정등록이 있는 후에 제1항에 따른 보정이 제2항 각 호의 어느 하나에 해당하지 아니하는 것으로 인정되는 경우에는 그 상표등록출원은 그 보정서를 제출한 때에 상표등록출원을 한 것으로 본다.

<소 목 차>

Ⅰ. 서론

1. 의의

(1) 본조에서는 출원공고결정 등본 송달 전에 상표등록출원서의 기재사항, 상표등록출원상의 상표나 지정상품에 대하여 하는 실체적 보정에 관하여 규정하고 있다.

상표법이 출원의 보정제도를 둔 취지는 앞서 절차의 보정에서 본 바와 같이 재출원으로 인한 선출원 지위의 상실, 재출원 비용 부담 등의 불이익을 방지하고자 하는 것이다. 그러나 한편, 보정의 효과는 출원시로 소급되므로 보정을 무제한으로 허용하면 선출원주의를 침탈하여 제3자에게 예상치 못한 손해를 줄 우려가 있고, 잦은 보정으로 특허청의 심사사무에 번잡을 초래할 수 있으므로 상표법은 실체적 보정을 내용적·시기적으로 제한하고 있다.

이에 따라 상표등록출원에 관한 실체적 보정은 원칙적으로 출원공고 또는 상표등록거절결정의 때까지 하여야 하고 그 후에는 거절결정에 대한 심판 등과 같은 절차에서 제한된 기간 내에만 인정된다. 또한 내용적으로는 최초 출원의 요지를 변경하지 아니하는 범위에서만 허용된다.

(2) 한편, 상표등록출원에서 요지 변경이란 보정에 의하여 최초 출원내용과 보정된 출원내용 사이에 동일성을 인정할 수 없을 정도로 차이가 발생한 경우를 말한다.

그런데 출원되는 상표 자체가 다양할 뿐만 아니라 그 보정의 양상이나 정도도 워낙 다양하다 보니 요지 변경 여부를 판단하는 것은 쉽지 않은 문제이다. 그래서 본조 제2항에서는 상표등록출원의 보정 중에서 요지를 변경하지 아니하는 것으로 보는 경우를 열거하고 있다.

그럼에도 불구하고 실제 상표등록출원 과정에서는 출원의 보정이 요지를 변경하는 것임에도 간과되어 상표권 설정등록에까지 이르는 경우가 간혹 발생할 수 있다. 이러한 경우에 대비하여 본조 제3항에서 후출원인 등 제3자와의 이해 조정을 위한 특별한 규정을 두고 있다.

(3) 실체적 보정은 특허청장 등의 보정명령의 대상이 되지 않고 출원인이 스스로 하여야 한다(보정의 주체는 앞서 절차의 보정에서 본 바와 같다). 다만, 상표등록출원서에 적힌 사항이 명백히 잘못된 경우에는 심사관이 출원공고결정을

할 때에 직권으로 보정할 수 있다(상표법 제59조 제1항).

2. 연혁

1980. 12. 31.자 개정에 의하여 제14조의2로 '출원의 보정'이라는 제목의 조항이 신설되었는데, 당시에는 절차의 보정과 실체의 보정에 관하여 함께 규정하고 있었다. 위 규정이 신설되기 전에 대법원은 상표법에서도 출원 보정에 관한 특허법 규정들을 유추적용할 수 있다고 보고, 유추적용을 함에 있어서 특허법상의 명세서 또는 도면에 해당하는 것은 상표에서는 지정상품을 표시한 출원서 또는 상표견본 자체이며 요지의 변경은 지정상품의 확대나 상표의 중요한 부분을 변경하는 것에 해당한다고 판시한 바 있다(대법원 1976. 6. 8. 선고 75후30 판결 참조).

1990. 1. 13.자 개정에서 기존의 '출원의 보정' 규정에 포괄적으로 규정되어 있던 내용을 분리하여 제13조에 '절차의 보정'에 관한 규정을, 제14조에 '출원공고결정 전의 보정'에 관한 규정을, 제15조에 '출원공고결정 후의 보정'에 관한 규정을, 제16조에 '출원의 요지변경'에 관한 규정을 각 신설하였다.

1997. 4. 10.자 개정에 의하여 종전에 요지 변경의 보정임이 간과되어 등록된 상표의 법적 취급에 관하여 특허법을 준용하던 것을 제16조에 직접 그 내용을 규정하였다.

2016. 2. 29.자 개정에 의하여 종전의 제14조와 제16조가 통합되면서 그 내용이 본조로 이동하였다. 위 개정에 의하여 출원공고결정 전의 보정 대상으로 종전의 지정상품 및 상표뿐만 아니라 상표등록출원서의 다른 기재사항도 명시적으로 포함되게 되었다. 위 개정 전에도 특허청의 상표심사기준상으로는 상표등록출원서의 기재사항에 대하여 법령에서 특별히 보정을 제한하는 규정이 없는 한 상표와 지정상품 보정시기에 보정이 가능하다고 해석하고 있었고, 출원서의 기재사항이 잘못된 경우에는 출원인으로 하여금 자진보정할 수 있도록 심사관이 거절이유통지를 하여야 한다고 규정하고 있었다(2015. 1. 1. 기준 상표심사기준 제3부 제1장 3.3.2 참조).

Ⅱ. 보정의 대상

출원공고결정 전의 보정은 상표등록출원서의 기재사항, 상표등록출원에 관한 지정상품 및 상표에 대하여 할 수 있다(본조 제1항). 앞서 본 바와 같이 2016.

2. 29.자 개정에 의하여 출원공고결정 전의 보정 대상에 상표등록출원서의 기재
사항이 추가되었다. 이에 비하여 출원공고결정 후의 보정 대상으로는 여전히 지
정상품과 상표만 규정되어 있다(상표법 제41조 제1항).

상표등록출원서의 기재사항으로는 권리 구분(상표, 단체표장, 증명표장, 지리
적 표시 단체표장, 지리적 표시 증명표장, 업무표장 등), 출원인, 원출원의 출원번호
(또는 원권리의 등록번호, 국제등록번호), 우선권 주장, 출원시의 특례주장, 상표 유
형(일반상표, 입체상표, 색채만으로 된 상표, 홀로그램상표, 동작상표, 소리상표, 냄새상
표 등), 상표의 설명 등을 예로 들 수 있다.

한편, 마드리드 의정서에 따른 국제상표등록출원의 경우에는 기초출원이나
기초등록된 상표견본을 기초로 출원을 해야 하므로 지정국에서 상표견본의 보
정이 허용되지 않는다.[1] 나아가 그 지정상품의 보정도 거절이유를 통지받은 때
에 한하여 허용된다(상표법 제185조 제1항).

III. 보정의 시기

본조의 보정은 출원공고의 결정이 있는 경우에는 출원공고의 때까지(본조
제1항 제1호), 출원공고의 결정이 없는 경우에는 상표등록거절결정의 때까지 하
여야 한다(본조 제1항 제2호).

다만, 거절결정에 대한 불복심판을 청구하는 경우에는 그 청구일부터 30일
이내에 보정을 할 수 있다(본조 제1항 제3호). 또한, 거절결정불복심판에서 심판
관이 새로운 거절이유를 통지한 경우에도 의견서 제출기간 내에 보정을 할 수
있다(본조 제1항 제4호).

한편, 본조 제1항 제4호에서는 상표법 제123조에 따라 거절결정에 대한 심
판에 준용되는 제55조 제1항·제3항(상표등록거절결정에 앞선 거절이유 통지 및 의
견서 제출 기회 부여에 관한 규정)에 따른 의견서제출기간뿐만 아니라 제87조 제2
항·제3항(지정상품의 추가등록거절결정에 앞선 거절이유 통지 및 의견서 제출 기회
부여에 관한 규정)에 따른 의견서 제출기간 내에도 보정을 할 수 있도록 규정하
고 있다. 그런데 제123조에 따라 준용되는 제87조 제2항·제3항에 따른 의견서
제출기간 내에도 보정을 할 수 있도록 규정한 것은 제87조의 지정상품추가등록
출원의 보정을 염두에 둔 것으로 보인다. 그러나 본조는 그 제1항의 규정내용에

---

1) 상표심사기준(특허청예규 제90호로 2016. 8. 29. 개정된 것) 제3부 제2장 2.2. 참조.

비추어 볼 때 상표등록출원의 보정에 관한 규정이므로 제87조 제2항·제3항에 따른 의견서 제출기간 내의 보정은 지정상품추가등록출원에 관한 부분에서 규정하는 것이 법체계상 타당한 것으로 생각된다.

본조 제2항에서 규정한 기한을 지나서 보정이 이루어진 경우에는 특허청장 또는 특허심판원장은 그 보정서를 부적법한 서류로서 반려하고(상표법시행규칙 제25조 제1항 제13호) 원출원을 기준으로 심사한다.

IV. 보정의 범위

1. 최초 출원의 요지를 변경하지 아니하는 범위 내

가. 요지 변경의 판단기준

출원공고결정 전의 보정은 최초 출원의 요지를 변경하지 아니하는 범위 내에서 가능하다(이는 상표법 제41조의 출원공고결정 후의 보정의 경우에도 마찬가지이다). 보정된 내용이 최초 출원내용과 비교하여 동일성을 상실한 경우까지 보정을 받아들여 보정의 소급효를 인정하여 주면 선출원주의를 침탈할 수 있을 뿐만 아니라 절차가 번잡해지기 때문에 최초 출원의 요지를 변경하지 아니하는 범위 내에서만 보정할 수 있도록 한 것이다.

출원의 요지 변경인지 판단하는 기준에 관하여는 제3자의 출원에 불이익을 미치는 변경인가 아닌가에 따라서 판단하여야 한다는 견해가 유력하다.[2] 그러나 이러한 견해도 실질적으로 유용한 판단의 기준을 제공하지는 않는다. 결국 사회통념에 따라 최초 출원내용과 보정된 출원내용 사이에 동일성이 있는지 여부를 사안별로 판단하는 수밖에 없을 것이다.

학설상 일반적으로 요지 변경으로 드는 경우로는, ① 지정상품을 확대하는 것, ② 상표의 중요부분을 변경하는 것, ③ 최초 출원의 상품류 구분과 다른 구분의 지정상품으로 변경하는 것, ④ 동일 상품류 구분 내라 하더라도 최초 출원의 지정상품을 증가하는 것과 같은 지정의 변경 등이 있다.[3] 이에 반하여 ㉮ 지정상품의 감축, ㉯ 부적당한 표현의 정정, ㉰ 상표의 부기적 부분의 변경, 추가, 삭제 등은 학설상 요지 변경으로 보지 않는 경우들이다.[4] 그러나 본조 제2항에

---

2) 小野昌延, 三山峻司, 신·상표법개설, 靑林書院(2009), 446.

3) 小野昌延, 三山峻司(주 2), 446.

4) 網野誠, 상표(제6판), 유비각(2002), 680-681[平尾正樹, 상표법(제1차 개정판), 学陽書房 (2006), 229에서 재인용].

서 상표의 부기적 부분과 관련해서는 '삭제'만 요지를 변경하지 않는 경우로 들고 있어서, 우리 상표법상으로는 부기적 부분의 '변경'이나 '추가'의 경우에는 '삭제'와는 달리 볼 여지가 있다.5)

본조 제2항에서는 판단상의 혼란을 줄이기 위하여 요지 변경으로 되지 않는 경우를 제1호 내지 제5호에서 명시적으로 열거하고 있다. 이러한 열거는 2016. 2. 29.자 상표법 개정 전에는 예시적인 것으로 볼 여지가 있었다. 그러나 위 개정에 의하여 본조 제3항에서 "상표권 설정등록이 있은 후에 본조 제1항에 따른 보정이 본조 제2항의 각 호의 어느 하나에 해당하지 아니하는 것으로 인정된 경우에는 그 상표등록은 그 보정서를 제출한 때에 상표등록출원을 한 것으로 본다."6)라고 조문이 변경되고 상표법 제42조 제1항에서 "심사관은 제40조 및 제41조에 따른 보정이 제40조제2항 각 호의 어느 하나에 해당하지 아니하는 것인 경우에는 결정으로 그 보정을 각하하여야 한다."라고 조문이 변경되어 결과적으로 본조 제2항의 각 호에서 열거된 경우 외에는 요지 변경에 해당하는 것으로 해석되게 되었다.

결국 2016. 2. 29.자 상표법 개정 후에는 요지 변경인지 여부는 최초 출원 내용과 보정된 출원내용 사이에 동일성이 있는지 여부에 대한 판단이 아니라 본조 제2항 각 호의 어느 하나에 해당하는지 여부에 대한 판단으로 귀착되게 되었다. 이는 요지 변경 여부에 대한 판단상의 혼란을 줄이기 위한 궁여지책으로 보이지만, 자칫하면 실체적 보정의 범위를 지나치게 축소하는 결과를 낳을 위험이 있다.7)

---

5) 상표의 사용과 관련해서는 판례가 부기적 부분을 추가 또는 변경하여 사용하는 경우, 상표의 색상이나 글자꼴을 변경하여 사용하는 경우 등도 동일성 있는 상표의 사용으로 보고 있다(대법원 1992. 10. 27. 선고 92후605 판결, 대법원 2010. 10. 28. 선고 2010후1435 판결 등). 그러나 이는 거래현실을 고려하여 등록상표가 쉽게 취소되지 않도록 동일성 있는 상표 사용을 다소 완화해서 인정하여 주는 것이므로, 상표등록출원의 요지 변경 판단에 그대로 적용할 수는 없을 것이다.

6) 위 2016. 2. 29.자 개정 전에는 제16조 제2항에서 "출원공고결정등본의 송달전에 한 상표등록출원에 관한 상표 또는 지정상품의 보정이 요지를 변경하는 것으로 상표권의 설정등록이 있은 후에 인정된 때에는 그 상표등록출원은 그 보정서를 제출한 때에 상표등록출원한 것으로 본다."고 규정되어 있었고, 제17조에서 "심사관은 상표등록출원에 관하여 제14조의 규정에 의한 보정이 출원의 요지를 변경하는 것인 때에는 결정으로 그 보정을 각하하여야 한다."고 규정되어 있었다.

7) 예컨대, 일본의 하급심 판례 중에는 세로쓰기로 된 '一富士'라는 상표를 완전히 동일한 서체의 가로쓰기로 보정한 것은 요지 변경에 해당하지 않는다고 판단하여 특허청의 심결을 취소한 예가 있는데(東京高判 平9·7·16·判時1629·132), 현행 우리 상표법 제40조 내지 제42조하에서는 이러한 경우는 제40조 제2항 각 호의 어느 하나에 해당하지 아니하여

나. 비교 대상

한편, 상표등록출원에 관한 보정이 수차례 이루어진 경우 각 보정의 요지 변경 여부는 직전 보정내용을 기준으로 하는 것이 아니라 최초 출원내용을 기준으로 한다(상표법 제40조 제1항 참조). 그렇지 않으면 보정을 거듭함에 따라 최초 출원내용과 비교하여 동일성을 상실한 보정내용도 적법한 것으로 인정해야 하는 경우가 생길 수 있는바, 이 경우 보정의 소급효로 인하여 선출원주의를 침탈하게 되고 보정의 남발로 심사사무의 번잡을 초래할 수 있기 때문이다.

직전 보정내용이 아니라 최초 출원내용이 기준이 되므로, 예를 들어 최초 출원서 중의 지정상품 일부를 삭제하는 보정을 한 후 다시 그 삭제된 지정상품을 추가하는 보정은 요지 변경으로 보지 않게 된다(상표심사기준 제3부 제2장 1.1.2 참조).

소리, 냄새 기타 비시각적 상표의 경우 특허청의 상표심사기준은, 출원서에 기재된 시각적 표현을 기준으로 요지 변경 여부를 판단하되, 보호하고자 하는 표장의 실체는 첨부된 소리파일이나 냄새견본 등이므로 소리파일이나 냄새견본을 참고하여 요지 변경 여부를 판단하여야 한다고 규정하고 있다(상표심사기준 제3부 제2장 3.3.1). 이에 따라 시각적 표현 중 오기를 정정하거나 표현을 명확히 하기 위하여 구체적인 내용을 보충하거나 불필요한 부분을 삭제하거나 잘못된 내용을 수정하는 보정은 요지 변경으로 보지 않지만, 첨부된 소리파일이나 냄새견본과 실질적인 동일성이 인정되지 않는 경우는 요지 변경으로 본다.

아래에서는 요지 변경으로 되지 않는 경우를 구체적으로 살펴본다.

2. 요지 변경으로 되지 않는 경우(본조 제2항 각 호)

가. 지정상품의 범위의 감축(제1호)

최초 출원의 지정상품의 일부를 삭제하거나 한정하는 경우를 말한다(상표심사기준 제3부 제2장 1.1.1). 지정상품 한정의 예로는 '비누'를 '인체용 비누' 또는 '비누(인체용은 제외한다)'로 한정하는 경우를 들 수 있다.

대법원은 2007. 11. 16. 선고 2005후2267 판결에서, 출원인이 지정상품과의 관계에서 특허청으로부터 상품의 품질을 오인하게 한다는 등의 이유로 거절이유를 통지받은 후 지정상품에 관하여 종류를 일부 삭제하고 그 용도와 재료를

요지 변경인 것으로 보아 보정이 허용되지 않게 될 것이다.

한정하는 등의 방법으로 지정상품을 감축할 수도 있다고 하면서, 이 경우 출원의 요지를 변경하지 아니하고 그와 같이 유통되는 거래계의 실정이 인정된다면 그와 같은 지정상품의 특정도 가능하다고 판시한 바 있다[지정상품을 방습제,

방미제, 탈취제 등으로 하고   으로 구성된 표장을 상표출원하였는데 특허청으로부터 품질오인의 염려가 있다는 의견제출통지를 받자 지정상품을 '탈취제(녹차와 숯을 원재료로 한 냉장고용에 한함)'라고 보정한 사안에서 탈취제란 단어의 사전적 의미나 실제 거래계에서도 녹차와 숯의 탈취 혹은 방습 기능이 어느 정도 인식되어 있는 사정 등을 참작하여 보정을 적법한 것으로 인정함].

포괄명칭을 그에 속하는 개별상품으로 세분화하는 보정에 관하여는 아래에서 보는 바와 같이 본조 제2항 제5호에 따라 상표법시행규칙에서 별도로 규정하고 있다.

나. 오기의 정정(제2호)

출원인의 실수로 상표나 지정상품, 그 밖의 출원서의 기재사항이 잘못 기재된 경우에 이를 정정하는 경우를 말한다. 예를 들어 기차도형에 '가차'로 잘못 기재되어 '기차'로 정정하는 경우가 이에 해당한다.[8] 출원인이 상표의 유형을 잘못 기재하였음이 명백한 경우에는 소리상표를 냄새상표로, 기타 비시각적 상표를 일반상표 등으로 상표의 유형을 변경(그 반대의 경우도 포함)하는 것은 요지변경으로 보지 않는다(상표심사기준 제3부 제2장 3.3.2).[9]

상표심사기준에 따르면 표장의 정정은 오기임이 객관적으로 명백한 경우에 한하여 정정을 인정하고 지정상품의 정정은 실질적인 내용이 변경되지 않는 경우 출원인의 의사를 존중하여 가급적 인정하도록 되어 있다(상표심사기준 제3부 제2장 1.2). 그러나 오기의 정정과 관련하여 표장(상표)과 지정상품을 달리 취급할 근거는 없다고 생각된다. 표장이든 지정상품이든 그 밖의 출원서의 기재사항이든 간에 오기임이 객관적으로 명백한 경우에 한하여 정정을 인정하고, 오기임

---

8) 박용환, '상표출원의 요지변경', 산업재산권 1호(1995. 11.), 한국산업재산권법학회, 51.
9) 반면에 단순한 상표 유형의 오기가 아니라, 색채만으로 된 상표에 색채를 새로이 결합하거나 색채를 변경하는 경우, 입체·홀로그램·동작·기타 시각적 상표에서 입체를 평면으로, 동작을 홀로그램으로, 정지된 입체를 움직이는 동작으로 변경하는 경우, 소리·냄새·기타 비시각적 상표를 일반·색채·입체상표 등 시각적 상표로 변경(그 반대의 경우도 포함)하거나 소리·냄새·기타 비시각적 상표 상호간에 변경하는 경우는 원칙적으로 요지 변경으로 본다(상표심사기준 제3부 제2장 3.).

이 객관적으로 명백하지 않은 경우에는 이를 표시의 내용과 다르게 정정하는 것은 요지 변경으로 봄이 타당하다.

지정상품을 그대로 둔 채 잘못된 상품류의 표시만을 정정하는 것은 요지 변경에 해당한다고 볼 수 없을 것이다(대법원 2009. 10. 29. 선고 2009후2258 판결도 상품류 구분을 정정하는 보정이 가능함을 전제로 판시하고 있다). 이에 대해서는 신(新)상품의 경우에는 그 상품류 구분을 다른 것으로 보정할 경우 제3자의 이익을 해칠 우려가 있으므로 요지 변경으로 보아야 한다는 견해가 있다.[10)]

다. 불명료한 기재의 석명(제3호)

지정상품이나 그 밖의 출원서의 기재사항의 의미나 내용이 명확하지 않은 경우 한자 또는 영문 등을 부기하여 당해 지정상품 등의 의미를 명료하게 하거나 오해를 해소할 수 있는 최소한도의 설명을 붙이는 것을 말한다. 필요 이상으로 확대 소명하는 것은 요지 변경이 될 수 있다(상표심사기준 제3부 제2장 1.3 참조).

라. 상표의 부기적인 부분의 삭제(제4호)

상표의 구성 중 요부가 아닌 부기적 사항으로서 이를 삭제하더라도 최초 출원의 외관, 칭호, 관념 등에 중요한 영향이 없는 부분을 삭제하는 경우를 말한다.

상표심사기준에 따르면, 상표의 구성 중 부기적 부분에 'KS', 'JIS(일본공업규격)', '특허', '실용신안', '디자인', 'ㅇㅇㅇ박람회', 'ㅇㅇ상 수상', 'ㅇㅇㅇ장관상 수상', 'ㅇㅇ인증' 등의 문자나 기호 또는 상품의 산지, 판매지, 품질 등 성질을 표시하는 문자가 있는 경우에 이를 삭제하는 보정은 원칙적으로 요지 변경으로 보지 않는다(상표심사기준 제3부 제2장 1.4.1). 또한, 상표의 구성 중 부기적 부분에 상표법 제34조 제1항 제1호에서 규정하는 대한민국의 국기, 저명한 국제기관의 명칭 등을 포함하고 있는 경우 이를 삭제하는 것, 상표의 구성 중 '주식회사', '㈜' 등 법인임을 표시하는 문자가 있는 경우 이를 삭제하는 것도 원칙적으로 요지 변경이 아니라고 보고 있다(상표심사기준 제3부 제2장 1.4.2 및 1.4.3). 상표의 구성 중 부기적 부분에 지정상품과 일치하는 상품명을 표시한 경우 이를 삭제하는 것도 요지 변경으로 보지 않는다(상표심사기준 제3부 제2장 1.4.4). 이에 따라 상표심사기준에서는 '요지변경에 해당하지 않는 경우 또는 해당하는 경우 예시'로 아래와 같은 표를 제시하고 있다.

---

10) 小野昌延, 三山峻司(주 2), 446.

최초 출원상표	국기·국가 삭제	『(주)』 삭제	성질표시 삭제	한글 병기
(주) swiss pshop KIDS & GIFT	(주) pshop KIDS & GIFT	pshop KIDS & GIFT	pshop	pshop 피 샵
	요지변경 아님	요지변경 아님	요지변경 아님	요지변경

'부기적인 부분'인지 여부는 식별력 유무뿐만 아니라 상표의 구성에서 차지하는 외형상의 비중도 고려하여야 한다.[11] 이에 따라 상표의 구성상 큰 비중을 차지하는 보통명칭, 품질표시, 현저한 지리적 명칭 등을 나타내는 문자, 도형 또는 기호를 삭제하는 것은 요지 변경으로 보게 된다(상표심사기준 제3부 제2장 2.1.1).

앞서 본 바와 같이 학설상으로는 상표의 부기적 부분의 변경, 추가도 삭제와 마찬가지로 요지 변경으로 보지 않는 견해가 유력하나, 본조 제2항에서는 상표의 부기적 부분의 '삭제'만 요지 변경에 해당하지 않는 것으로 규정하고 있으므로 우리 상표법상으로는 상표의 부기적 부분의 변경, 추가는 최초 출원 상표의 외관, 칭호, 관념 등에 중요한 영향이 없더라도 요지 변경으로 볼 여지가 크다.

한편, 마드리드 의정서에 따른 국제출원의 기초가 되는 출원의 경우에는 부기적 부분의 삭제에 해당하는 보정이라도 요지 변경으로 본다. 위 국제출원에 관한 상표법 제185조 제2항에서 본조 제2항 제4호('상표의 부기적인 부분의 삭제')의 적용을 배제하고 있기 때문이다.

마. 그 밖에 제36조 제2항에 따른 표장에 관한 설명 등 산업통상자원부령으로 정하는 사항(제5호)

본호에 따라 상표법시행규칙 제33조는 다음의 네 경우를 요지 변경이 아닌 것으로 규정하고 있다.

(1) 표장에 관한 설명서의 기재사항을 고치는 경우

(2) 둘 이상의 도면 또는 사진이 서로 일치하지 않거나 선명하지 않은 경우에 그 도면 또는 사진을 수정하거나 교체하는 경우—상표견본의 수정 또는 교체는 동일성이 인정되는 범위 내에서 하여야 함은 물론이다. 동일성이 인정되는

---

11) 박종태, 상표법(제10판), 한빛지적소유권센터(2016), 460.

범위 내에서 견본 전체의 크기를 변경하는 것은 원칙적으로 요지 변경으로 보지 않는다(상표심사기준 제3부 제2장 1.5.2).

(3) '시각적 표현'과 일치하지 아니하는 냄새견본, 소리파일을 시각적 표현에 맞게 수정하거나 교체하는 경우

(4) 포괄명칭을 그 명칭에 포함되는 구체적인 명칭으로 세분하는 경우(포괄명칭을 그대로 둔 채 세분하는 경우를 포함한다) — 예컨대, 천연고무를 생고무, 고무액 등으로 변경하는 경우가 포괄명칭을 그 명칭에 포함되는 구체적인 명칭으로 세분하는 경우에 해당한다.[12] 포괄명칭을 그대로 두고서 그 포괄명칭에 속하는 개별 상품으로 세분화하는 내용의 보정은 종전에는 상표심사기준에서 요지 변경으로 보았으나, 위 개정 상표법시행규칙에 따라 요지 변경이 아닌 것으로 보게 되었다. 예컨대, 지정상품에 '한복'이라는 포괄명칭을 그대로 두고 '두루마기, 마고자, 저고리' 등과 같은 개별 상품을 추가하는 경우가 이에 해당한다.

V. 요지 변경 여부에 따른 보정의 취급

1. 요지 변경에 해당하지 않는 경우

본조 제1항의 보정기간 내에 이뤄진 보정으로서 본조 제2항 각 호의 어느 하나에 해당하는 경우에는 적법한 보정으로 인정되어 그 보정내용대로 최초에 출원한 것으로 보게 된다. 즉 보정의 소급효가 인정된다.

2. 요지 변경에 해당하는 경우

가. 보정의 각하

본조에 따른 보정이 본조 제2항 각 호의 어느 하나에 해당하지 아니하는 것인 경우에는 부적법한 보정으로서 각하된다(상표법 제42조 제1항). 심사관은 보정서가 둘 이상 접수된 경우에는 접수된 순서에 따라 요지 변경 여부를 판단하고, 요지 변경된 보정서가 둘 이상 있는 경우에는 각각의 보정서에 대하여 개별적으로 보정각하통지를 하여야 한다(상표디자인심사사무취급규정 제29조 제4항).

심사관은 위 보정각하결정이 있는 때에는 당해 결정등본의 송달이 있는 날부터 30일을 경과할 때까지는 아래와 같이 보정각하불복심판이 청구될 수 있으므로 당해 상표등록출원에 대한 상표등록여부결정을 하여서는 아니되며, 출원

---

12) 박용환(주 8), 51.

공고할 것을 결정하기 전에 위 보정각하결정이 있는 때에는 출원공고결정도 하여서는 아니된다(상표법 제42조 제2항).

위 보정각하결정에 대해서는 출원인이 상표법 제115조에 따라 그 결정등본을 송달받은 날로부터 30일 이내에 심판을 청구할 수 있다. 심판의 청구가 있은 때에는 심사관은 그 심판의 심결이 확정될 때까지 그 상표등록출원의 심사를 중지하여야 한다(상표법 제42조 제3항).

나. 요지 변경이 간과되어 등록된 경우

본조에 따른 보정이 본조 제2항 각 호의 어느 하나에 해당하지 아니함에도 간과되어 등록에 이른 경우라도 그 자체로 무효사유로 되지는 않고(상표법 제117조 제1항 참조), 그 상표등록출원은 그 보정서를 제출한 때에 상표등록출원을 한 것으로 본다(본조 제3항).

이렇게 출원일이 보정서 제출시로 늦추어짐에 따라 최초의 출원일과 보정서 제출시 사이에 제3자가 동일 또는 유사한 상품에 관하여 동일 또는 유사한 상표를 출원한 경우에는 제3자의 출원이 우선하게 되어 먼저 출원했던 출원인의 상표등록이 무효심판에 의하여 무효로 된다(상표법 제35조 제1항, 제117조 제1항 제1호 참조). 또한 보정서 제출 전에 제3자가 동일하거나 유사한 상표를 그 지정상품과 동일하거나 유사한 상품에 사용하기 시작한 경우에는 일정한 요건을 갖추면 선사용권을 인정받을 수 있다(상표법 제99조 참조).

〈성창익〉

> **제41조(출원공고결정 후의 보정)**
>
> ① 출원인은 제57조제2항에 따른 출원공고결정 등본의 송달 후에 다음 각 호의 어느 하나에 해당하게 된 경우에는 해당 호에서 정하는 기간 내에 최초의 상표등록출원의 요지를 변경하지 아니하는 범위에서 지정상품 및 상표를 보정할 수 있다.
>
> 1. 제54조에 따른 상표등록거절결정 또는 제87조제1항에 따른 지정상품의 추가등록거절결정의 거절이유에 나타난 사항에 대하여 제116조에 따른 심판을 청구한 경우: 심판청구일부터 30일
> 2. 제55조제1항 및 제87조제2항에 따른 거절이유의 통지를 받고 그 거절이유에 나타난 사항에 대하여 보정하려는 경우: 해당 거절이유에 대한 의견서 제출기간
> 3. 이의신청이 있는 경우에 그 이의신청의 이유에 나타난 사항에 대하여 보정하려는 경우: 제66조제1항에 따른 답변서 제출기간
>
> ② 제1항에 따른 보정이 제40조제2항 각 호의 어느 하나에 해당하는 경우에는 상표등록출원의 요지를 변경하지 아니하는 것으로 본다.
>
> ③ 상표권 설정등록이 있은 후에 제1항에 따른 보정이 제40조제2항 각 호의 어느 하나에 해당하지 아니하는 것으로 인정된 경우에는 그 상표등록출원은 그 보정을 하지 아니하였던 상표등록출원에 관하여 상표권이 설정등록된 것으로 본다.

<소 목 차>

Ⅰ. 서론

본조는 출원공고결정 등본 송달 후에 상표등록출원상의 상표나 지정상품에 대하여 하는 실체적 보정에 관하여 규정하고 있다.

심사관의 출원공고는 심사관이 출원내용에 대하여 심사한 결과 거절할 만한 이유를 발견할 수 없는 경우에 하는 것이지만, 심사관의 출원공고가 있는 때

에는 누구든지 2개월 내에 이의신청을 할 수 있고(상표법 제60조), 심사관도 출원공고 후에 거절이유를 발견한 경우 직권으로 거절결정을 할 수 있으므로(상표법 제67조), 출원공고결정 후에도 출원인은 상표나 지정상품에 대하여 보정을 할 필요가 있다.

그러나 출원공고결정 후의 상표 또는 지정상품에 대한 보정은 제3자에게 예상치 못한 손해를 줄 염려가 더 크기 때문에 원칙적으로 인정되지 않고, 통지된 거절이유 등을 해소하기 위하여 예외적인 경우에만 인정된다.

출원공고결정 후의 보정은 출원공고결정 전의 보정과 마찬가지로 최초의 출원의 요지를 변경하지 아니하는 범위에서 해야 하고, 이에 더하여 통지된 거절이유 등에 나타난 사항에 대하여서만 할 수 있다.

2016. 2. 29.자 개정에 의하여 종전의 제15조 및 제16조 제3항이 본조로 이동하면서 보정의 요지 변경 여부는 제40조 제2항 각 호의 어느 하나에 해당하는지 여부에 따르도록 하였다.

Ⅱ. 보정의 대상

출원공고결정 전의 보정과 달리 본조는 출원공고결정 후의 보정의 대상으로 지정상품과 상표만 규정하고 있고 상표등록출원서의 기재사항은 규정하고 있지 않다.

그런데 2016. 2. 29.자 상표법 개정 전에는 출원공고결정 후뿐만 아니라 출원공고결정 전에도 보정의 대상으로 상표등록출원서의 기재사항이 규정되어 있지 않았으나 상표심사기준상으로 법령에서 특별히 보정을 제한하는 규정이 없는 한 상표와 지정상품 보정시기에 출원서 기재사항에 대한 자진보정도 가능하다고 보고 있었다(2015. 1. 1. 기준 상표심사기준 제3부 제1장 3.3.2 참조). 위 개정 후에는 출원공고결정 전의 보정에서만 출원서의 기재사항이 보정대상으로 명시적으로 포함되게 되었으나, 그렇다고 해서 출원서의 기재사항에 대한 출원공고결정 후의 보정을 명시적으로 제한하고 있지도 않고 출원서의 기재사항에 대해서만 그러한 제한을 둘 필연적인 이유도 없으므로 여전히 출원공고결정 후에도 상표와 지정상품 보정시기에 출원서의 기재사항에 대하여 보정할 수 있다고 볼 여지가 있다.

한편, 마드리드 의정서에 따른 국제상표등록출원의 경우에는 국제등록부에

하나의 상표만 존재하기 때문에 지정국마다 '상표'를 보정할 수 없다(상표법 제185조 제4항 참조).[1]

Ⅲ. 보정의 시기

출원공고결정 후의 보정은 다음의 각 기간 이내에 한하여 할 수 있다(본조 제1항 각 호). 이 기간이 지나서 보정이 이루어진 경우에는 특허청장 또는 특허심판원장은 그 보정서를 부적법한 서류로서 반려하고(상표법시행규칙 제25조 제1항 제13호) 원출원을 기준으로 심사한다.

　　제1호: 상표등록거절결정(상표법 제54조) 또는 지정상품의 추가등록거절결정
　　　　　(상표법 제87조 제1항)에 대한 불복심판(상표법 제116조)을 청구한 때
　　　　　에는 심판청구일부터 30일 내
　　제2호: 상표등록출원 또는 지정상품추가등록출원에 대한 심사관의 거절이
　　　　　유의 통지(상표법 제55조 제1항, 제87조 제2항)를 받았을 때는 심사관
　　　　　이 지정한 의견서 제출기간 내
　　제3호: 이의신청이 있는 경우에 심사장이 지정한 답변서 제출기간 내(상표
　　　　　법 제66조 제1항)

Ⅳ. 보정의 범위

출원공고결정 후의 상표 또는 지정상품에 대한 보정은 ① 상표등록거절결정 또는 지정상품의 추가등록거절결정의 이유, ② 상표등록출원 또는 지정상품추가등록출원에 대하여 통지된 거절이유, 또는 ③ 이의신청의 이유에 각 나타난 사항을 극복하기 위해서만 가능하다(본조 제1항 각 호 참조).

또한 앞서 본 출원공고결정 전의 보정과 마찬가지로 '최초 출원의 요지를 변경하지 않는 범위'에서만 가능하고, 상표법 제40조 제2항 각 호에 해당하는 경우에 요지 변경이 아닌 것으로 본다(본조 제2항).

---

[1] 지식재산제도의 실효성 제고를 위한 법제도 기초연구-상표법 조문별 해설서-, 특허청·한국지식재산연구원(2014. 2.), 387.

V. 요지 변경에 해당하는 경우의 보정의 취급

1. 보정의 각하

출원공고결정 후의 보정이 앞서 본 상표법 제40조 제2항의 각 호의 어느 하나에 해당하지 않는 경우에는 심사관은 결정으로 그 보정을 각하하여야 한다 (상표법 제42조 제1항).

출원공고결정 후의 보정각하결정에 대해서는 독립하여 불복할 수 없으나 거절결정이 되었을 경우 상표법 제116조에 따른 거절결정에 대한 불복심판을 청구하는 경우 아울러서 다툴 수 있다(상표법 제42조 제5항).

한편, 상표법 제42조 제2항, 제3항은 보정각하결정에 대한 별도의 불복심판을 전제로 한 규정으로서 2016. 2. 29.자 상표법 개정 전에는 출원공고결정 전의 보정에 대해서만 적용되던 것인데, 위 개정을 하면서 마치 보정각하불복심판이 불가능한 출원공고결정 후의 보정에 대해서도 적용되는 것처럼 규정되어 있다. 이는 입법상의 오류로 보이므로 개정할 필요가 있다.

2. 요지 변경이 간과되어 등록된 경우

출원공고결정 후의 상표 또는 지정상품에 대한 보정이 상표법 제40조 제2항 각 호의 어느 하나에 해당하지 아니함에도 간과되어 받아들여지고 등록에까지 이른 경우에는 그 등록을 무효로 하지는 않고 그 보정을 하지 아니하였던 상표등록출원에 관하여 상표권이 설정된 것으로 본다(상표법 제41조 제3항). 따라서 보정 전의 출원에 무효사유가 있다든지 하면 그에 따라 무효심판을 청구하면 된다.

〈성창익〉

제42조(보정의 각하)

① 심사관은 제40조 및 제41조에 따른 보정이 제40조 제2항 각 호의 어느 하나에 해당하지 아니하는 것인 경우에는 결정으로 그 보정을 각하(却下)하여야 한다.

② 심사관은 제1항에 따른 각하결정을 한 경우에는 그 결정 등본을 출원인에게 송달한 날부터 30일이 지나기 전까지는 그 상표등록출원에 대한 상표등록여부결정을 해서는 아니 되며, 출원공고할 것을 결정하기 전에 제1항에 따른 각하결정을 한 경우에는 출원공고결정도 해서는 아니 된다.

③ 심사관은 출원인이 제1항에 따른 각하결정에 대하여 제115조에 따라 심판을 청구한 경우에는 그 심판의 심결이 확정될 때까지 그 상표등록출원의 심사를 중지하여야 한다.

④ 제1항에 따른 각하결정은 서면으로 하여야 하며, 그 이유를 붙여야 한다.

⑤ 제1항에 따른 각하결정(제41조에 따른 보정에 대한 각하결정으로 한정한다)에 대해서는 불복할 수 없다. 다만, 제116조에 따른 거절결정에 대한 심판을 청구하는 경우에는 그러하지 아니하다.

<소 목 차>

Ⅰ. 서설

1. 의의

보정의 각하란 상표등록출원에 관하여 출원공고결정 전의 보정(상표법 제40조)과 출원공고결정 후의 보정(상표법 제41조)이 상표법 제40조 제2항 각 호의 어느 하나에 해당하지 아니하는 것인 경우에 심사관이 결정으로 그 보정을 인정하지 않는 행정처분이다. 보정각하의 대상은 상표·지정상품의 요지변경이나, 출원공고결정 전의 보정은 출원공고결정 후의 보정에 비하여 폭이 넓고 어느 정도는 자유로우나 출원공고결정 후의 보정은 부득이한 경우에만 보정이 가능하다.[1] 보정의 각하를 한 경우에는 보정 전의 상표등록출원이 심사의 대상이 되고 심사한 결과 원거절이유가 해소되지 않았다고 인정되는 경우에는 동일한 거절이유를 재통지하지 않고 상표등록출원에 대하여 거절결정을 하게 된다.

2. 연혁

1990년 개정 상표법(1990. 1. 13. 법률 제4110호)에서는 보정각하제도를 도입하고, 보정각하결정에 대하여 다툴 수 있는 항고심판제도를 신설하였다.

1995년 개정 상표법(1995. 1. 5. 법률 제4895호)에서는 항고심판제도를 폐지하고 특허심판원을 설립함에 따라 '제80조 제1항의 규정에 의한 항고심판'을 '제70조의 3의 규정에 의한 보정각하결정에 대한 심판'으로, '제78조의 규정에 의한 항고심판'을 '제70조의 2의 규정에 의한 거절사정에 대한 심판'으로 각 변경하였다.

2001년 개정 상표법(2001. 2. 3. 법률 제6404호)에서는 '사정'을 '결정'으로 변경하고, '당해 상표등록출원의 사정'을 '당해 상표등록출원에 대한 상표등록여부결정'으로, '거절사정'을 '거절결정'으로 각 변경하였다.

2016년 개정 상표법(2016. 2. 29. 법률 제14033호)에서는 상표법의 전면 개정으로 조문 위치가 변경되었다. 본조는 개정 전 상표법 제17조가 변경된 것이다.

Ⅱ. 보정각하의 대상

심사관은 '상표등록출원에 관한 출원공고결정 전의 보정(상표법 제40조)이나 출원공고결정 후의 보정(상표법 제41조)이 상표법 제40조 제2항 각 호의 어느 하나에 해당하지 아니하는 것'인 때에 결정으로 그 보정을 각하하여야 한다(상표법 제42조 제1항).

1. 상표법 제40조 제2항 각 호의 의의

상표법 제40조 제2항 각 호는 상표등록출원의 요지변경사항을 규정하고 있다. 상표등록출원의 요지변경이란 출원서·상표를 표시한 서면에 표시한 상표의 본질적인 부분을 변경하거나 지정상품을 확대하는 등 최초의 출원 시와 다르게

---

1) 윤선희, 상표법[제4판], 법문사(2016), 477.

변경하는 것을 말한다.2) 최초 출원 내용과 보정 내용을 비교한 결과 상표 또는 지정상품이 실질적 동일성을 인정할 수 없을 정도로 현저하게 변경되는 것을 원칙적으로 허용하지 않는 것이다. 최초 출원의 요지변경을 허용하는 경우 선출원주의 등 상표등록출원제도의 취지에 반하여 후출원인이나 제3자의 이익을 침해할 우려가 있고, 지나친 보정이 심사절차상 혼란을 일으켜 심사가 지연될 수 있기 때문이다.3) 예컨대, 상표 'SUN'을 상표 'SUN-A'로 보정하거나 상표 'VICTORY'를 상표 '빅토리'로 보정하는 것은 요지의 변경에 해당한다.4)

2. 상표법 제40조 제2항 각 호의 내용

가. 요지변경에 해당하지 않는 경우

(1) 지정상품의 범위의 감축(減縮)

『지정상품의 범위의 감축(減縮)』이란 최초 출원한 상표의 지정상품 일부를 삭제하거나 한정하는 경우를 말하며, 지정상품을 그 범위 내에서 세분화하는 것도 요지변경으로 보지 아니 한다. 최초출원서의 지정상품의 범위를 확대하거나 변경하지 아니하고 그 범위 내에서 지정상품을 추가하는 보정은 요지변경으로 보지 아니하며, 지정상품 일부를 삭제하는 보정을 한 후 다시 최초출원서에 포함된 지정상품을 추가하는 보정은 요지변경으로 보지 아니한다. 예를 들면, 출원상품 '의류'를 '의류, 속옷, 바지'로 보정하는 경우나 출원상품 '김치'를 '김치, 총각김치, 파김치'로 보정하는 경우를 말한다.

(2) 오기(誤記)의 정정

『오기(誤記)의 정정』이란 표장이나 지정상품의 기재가 출원인의 실수로 잘못 표시된 경우에 이를 정정하는 것을 말하며, 표장의 정정은 오기임이 객관적으로 명백한 경우에 한하여 정정을 인정하고, 지정상품의 정정은 실질적인 내용이 변경되지 않는 경우 출원인의 의사를 존중하여 가급적 인정하도록 한다.

(3) 불명료한 기재의 석명(釋明)

『불명료한 기재의 석명(釋明)』이란 당해 지정상품의 의미나 내용을 명확히 하기 위하여 지정상품의 명칭에 한자 또는 영문 등을 부기하는 것을 말하며, 이를 필요 이상 지나치게 길게 부기하거나 잘못 부기하는 경우는 요지변경으로 본다.

---

2) 대법원 1976. 6. 8. 선고 75후30 판결.
3) 문삼섭, 상표법(제2판), 세창출판사(2004), 749-750; 송영식 외 6인 공저, 지적소유권법 (하), 육법사(2013), 325(김병일 집필부분).
4) 윤선희(주 1), 423.

(4) 상표의 부기적(附記的)인 부분의 삭제

『상표의 부기적(附記的)인 부분』이란 상표의 구성 중 부기적인 것에 불과하여 이를 삭제하더라도 상표의 외관·호칭·관념 등에 중요한 영향이 없는 부분을 말하며, 이를 삭제 정정하는 것은 요지변경으로 보지 아니 한다.

예를 들면, ① 상표의 구성 중 부기적인 부분에 『KS』, 『JIS(일본공업규격)』, 『특허』, 『실용신안』, 『디자인』, 『○○박람회 ○○상 수상』, 『○○장관상 수상』, 『○○인증』 등의 문자나 기호 또는 상품의 산지, 판매지, 품질 등 성질을 표시하는 문자가 있는 경우 이를 삭제하는 것은 원칙적으로 요지변경으로 보지 아니 한다. ② 상표의 구성 중 부기적인 부분에 상표법 제34조 제1항 제1호 가목 내지 마목에서 규정하는 국가의 국기(國旗) 및 저명한 국제기관의 명칭 등을 포함하고 있는 경우 이를 삭제하는 것은 원칙적으로 요지변경으로 보지 아니 한다. ③ 상표의 구성 중 『주식회사』, 『㈜』 등 법인임을 표시하는 문자가 있는 경우 이를 삭제하는 것은 원칙적으로 요지변경으로 보지 아니 한다. ④ 상표의 구성 중 부기적인 부분에 지정상품과 일치하는 상품명을 표시한 경우 이를 삭제하는 것은 요지변경으로 보지 아니 한다.[5]

(5) 그 밖에 상표법 제36조 제2항에 따른 표장에 관한 설명 등 산업통상자원부령으로 정하는 사항

상표등록을 받으려는 자는 출원인의 성명과 주소, 출원인의 대리인이 있는 경우에는 그 대리인의 성명 및 주소나 영업소의 소재지, 상표, 지정상품과 그 상품류 구분 등 외에 산업통상자원부령으로 정하는 바에 따라 그 표장에 관한 설명을 상표등록출원서에 적어야 한다(상표법 제36조 제2항).

상표법 제36조 제2항에 따른 표장에 관한 설명 등 산업통상자원부령으로 정하는 사항이란, ① 표장에 관한 설명의 기재사항을 고치는 경우, ② 둘 이상의 도면 또는 사진이 서로 일치하지 아니하거나, 선명하지 아니한 도면 또는 사진을 수정하거나 교체하는 경우, ③ 시각적 표현과 일치하지 아니하는 소리파일 또는 냄새견본을 시각적 표현에 맞게 수정하거나 교체하는 경우, ④ 포괄명칭을 그 명칭에 포함되는 구체적인 명칭으로 세분하는 경우(포괄명칭을 그대로 둔 채 세분하는 경우를 포함한다) 중 어느 하나에 해당하는 사항을 말한다(상표법 시행규칙 제33조).

---

5) 상표심사기준(2016. 9. 1. 기준) 제3부 제2장 1.4.

(6) 기타 요지변경으로 보지 않는 경우

일반상표를 출원하면서 표장의 일부 색채를 변경하는 경우 원칙적으로 요지변경으로 보지 아니한다. 다만, 상표의 외관·호칭·관념 등에 중요한 영향을 미친다고 판단될 경우에는 요지변경에 해당하는 것으로 본다.

상표견본에서 기호·문자·도형 등이 선명하지 않은 경우 동일성이 인정되는 범위 내에서 이를 선명하게 수정하거나, 동일성이 인정되는 범위 내에서 견본 전체의 크기를 변경하는 것은 원칙적으로 요지변경으로 보지 아니한다.

지리적 표시 단체표장의 경우 상표의 주요부가 지리적 표시이므로 이를 제외한 표장의 나머지 부분을 삭제하는 보정은 원칙적으로 요지변경으로 보지 아니한다.[6]

나. 요지변경에 해당하는 경우
(1) 국내상표등록출원

상표의 구성 중 부기적인 부분이 아니라 주요부와 결합되어 있거나 상표의 구성상 큰 비중을 차지하는 보통명칭, 품질표시, 현저한 지리적 명칭 등을 나타내는 문자, 도형 또는 기호를 변경하거나 추가 또는 삭제하는 것은 요지변경으로 본다.

외국어나 한자만으로 된 상표를 한글 음역으로 변경하거나 그 상표의 상하좌우에 한글 음역을 추가 병기하거나, 병기된 상표의 일부를 삭제하는 등 상표의 관념, 호칭에는 실질적인 영향이 없으나 외관에 큰 영향을 주는 경우 요지변경으로 본다.

예를 들면, 최초 출원상표 ‘(주)pshop KIDS & GIFT’에서 ‘(주)pshop KIDS & GIFT’와 같이 국기·국가를 삭제하거나, ‘pshop KIDS & GIFT’와 같이 『(주)』를 삭제하거나, ‘pshop’와 같이 성질표시를 삭제한 경우에는 요지변경으로 보지 아니 한다. 그러나 ‘pshop 피 샵’와 같이 한글 음역을 추가 병기하는 경우에는 요지변경으로 본다.[7]

(2) 국제상표등록출원

표장의 국제등록에 관한 마드리드협정에 대한 의정서에 의한 국제출원(지리적 표시 단체표장을 포함)은 기초출원이나 기초등록된 상표견본을 기초로 출원을

---

6) 상표심사기준(2016. 9. 1. 기준) 제3부 제2장 1.5.
7) 상표심사기준(2016. 9. 1. 기준) 제3부 제2장 2.1.2.

해야 하므로 지정국에서 상표견본의 보정이 허용되지 않고 따라서 상표견본의 변경이 있는 경우 모두 요지변경으로 본다.[8]

다. 비전형상표의 요지변경 여부에 대한 판단[9]

(1) 색채만으로 된 상표

색채만으로 된 상표에 색채를 새로이 결합하거나 색채를 변경하는 경우에는 요지변경으로 본다. 다만, 일반상표를 색채만으로 된 상표로 잘못 출원한 것이 명백한 경우(그 반대의 경우도 포함)에 상표의 유형을 변경하는 것은 요지변경으로 보지 아니 한다.

(2) 입체상표, 홀로그램상표, 동작상표, 기타 시각적 상표

입체상표의 경우에는 정지된 3차원적인 형상, 홀로그램상표의 경우에는 빛의 간섭효과를 이용하여 평면에 나타나는 3차원적인 이미지, 동작상표의 경우에는 움직이는 동적 이미지 등 비전형상표마다 그 표장의 본질적 특징이 있는데, 입체적 형상을 평면으로, 동작을 홀로그램으로, 정지된 입체적 형상을 움직이는 동작으로 변경하는 등 표장의 본질을 변경하는 것은 원칙적으로 요지변경으로 본다. 다만, 출원인이 상표의 유형을 잘못 적었음이 명백한 경우에는 일반상표를 입체상표로, 동작상표를 홀로그램상표 등으로 상표의 유형을 변경(그 반대의 경우도 포함)하는 것은 요지변경으로 보지 아니 한다.

입체적 형상·홀로그램·동작·기타 시각적 상표의 경우 3차원적인 입체적 형상이나 홀로그램, 동작 등의 특징을 나타내기 위하여 2장 이상 5장 이하의 상표견본 제출이 가능하므로 출원인이 상표의 실질적 동일성이 인정되는 범위 내에서 상표견본 일부를 삭제, 변경 또는 추가하는 것은 요지변경으로 보지 아니 한다. 다만, 상표견본을 삭제, 변경 또는 추가함으로써 입체적 형상·홀로그램·동작·기타 시각적 상표의 기본적인 형상이나 이미지가 실질적으로 달라지는 경우에는 요지변경으로 본다.

(3) 소리상표, 냄새상표, 기타 비시각적 상표

소리·냄새·기타 비시각적 상표는 출원서에 적힌 시각적 표현을 기준으로 요지변경 여부를 판단하되, 보호하려는 표장의 실체는 첨부된 소리파일이나 냄새견본 등이므로 소리파일이나 냄새견본을 참고하여 요지변경 여부를 판단하여야 한다. 따라서 시각적 표현 중 오기를 정정하거나 표현을 명확히 하기 위해

---

8) 상표심사기준(2016. 9. 1. 기준) 제3부 제2장 2.2.
9) 상표심사기준(2016. 9. 1. 기준) 제3부 제2장 3.

구체적인 내용을 보충하거나, 불필요한 부분을 삭제하거나, 잘못된 내용을 수정하는 보정은 요지변경으로 보지 않지만, 첨부된 소리파일이나 냄새견본과 실질적 동일성이 인정되지 않는 경우는 요지변경으로 본다.

소리·냄새·기타 비시각적 상표를 일반·색채·입체상표 등 시각적 상표로 변경(그 반대의 경우도 포함)하거나 소리·냄새·기타 비시각적 상표 상호간의 변경도 원칙적으로 요지변경으로 본다. 다만, 출원인이 상표의 유형을 잘못 적었음이 명백한 경우에는 소리상표를 냄새상표로, 기타 비시각적 상표를 일반상표 등으로 상표의 유형을 변경(그 반대의 경우도 포함)하는 것은 요지변경으로 보지 아니 한다.

Ⅲ. 보정각하의 절차

1. 보정각하의 방식

심사관은 출원공고결정 전의 보정(상표법 제40조) 및 출원공고결정 후의 보정(상표법 제41조)에 따른 보정이 상표법 제40조 제2항 각 호의 어느 하나에 해당하지 아니하는 것인 경우 즉 출원인이 제출한 보정서 등이 요지변경에 해당하는 경우에는 결정으로 그 보정을 각하하여야 한다(상표법 제42조 제1항).

보정각하결정은 "① 상표등록출원번호(국제상표등록출원인 경우에는 국제등록번호), ② 상품류 구분, ③ 상표등록출원인의 성명과 주소(법인인 경우에는 그 명칭과 영업소의 소재지), ④ 상표등록출원인의 대리인이 있는 경우에는 그 대리인의 성명과 주소 또는 영업소의 소재지, ⑤ 각하결정의 주문과 그 이유, ⑥ 각하결정 연월일"을 적은 서면으로 하여야 하며 그 이유를 붙여야 한다(상표법 제42조 제4항, 상표법 시행규칙 제34조 제1항). 심사관은 보정각하결정을 한 경우에는 출원인에게 통지하여야 하고, 출원인이 2 이상의 보정서를 제출한 경우 심사관은 접수 순서에 따라 요지변경 여부를 판단하고, 요지를 변경한 보정서가 2 이상일 경우에는 그 각각에 대하여 보정각하결정을 통지하여야 한다.

2. 보정각하결정과 절차의 중지

가. 상표등록여부결정 및 출원공고결정의 불가

심사관은 상표법 제42조 제1항에 따른 각하결정을 한 경우에는 그 결정 등본을 출원인에게 송달한 날부터 30일이 지나기 전까지는 그 상표등록출원에 대한 상표등록여부결정을 해서는 아니 되며, 출원공고할 것을 결정하기 전에 상표법 제42조 제1항에 따른 각하결정을 한 경우에는 출원공고결정도 해서는 아니된다(상표법 제42조 제2항). 여기에서『결정 등본을 송달한 날』이란 결정 등본을 받은 날을 말한다. 심사관이 상표법 제42조 제1항에 따라 보정각하결정을 한 때에는 출원인이 보정각하결정 등본을 송달받은 날부터 30일 이내에 보정각하결정에 대한 불복심판을 청구할 수 있으므로 그 기간에는 해당 출원에 대하여 출원공고결정·거절이유통지 및 등록여부결정을 하지 못하도록 한 것이다. 다만, 출원공고결정 등본이 송달된 후에 한 보정에 대하여 보정각하결정을 한 때에는 독립하여 불복심판을 청구할 수 없으므로(상표법 제42조 제5항 본문) 심사관(심판관)은 심사(심판)를 중지함이 없이 등록여부결정을 할 수 있다.

나. 상표등록출원의 심사 중지

출원인은 상표법 제42조 제1항에 따른 보정각하결정[10]에 대하여 불복할 경우에는 그 결정 등본을 송달받은 날부터 30일 이내에 심판을 청구할 수 있고(상표법 제115조), 이 경우 심사관은 그 심판의 심결이 확정될 때까지 그 상표등록출원의 심사를 중지하여야 한다(상표법 제42조 제3항). 상표등록출원인이 해당 보정각하결정에 대한 불복심판을 청구한 때에는 아직 해당 보정각하처분이 확정되지 않았기 때문에 해당 심결이 확정될 때까지 상표등록출원에 대한 심사를 중지하도록 한 것이다.

3. 보정각하결정에 대한 불복

출원인은 출원공고결정 전의 보정에 따른 보정각하결정에 불복할 경우에는 그 결정 등본을 송달받은 날부터 30일 이내에 심판을 청구할 수 있다(상표법 제115조). 한편, 출원인은 출원공고결정 후의 보정에 따른 보정각하결정에 대하여는 독립하여 불복할 수 없다(상표법 제42조 제5항 본문). 따라서 출원공고된 후 심사관의 거절이유통지를 받은 출원의 보정에 대하여 각하결정한 경우, 출원공고된 후 이의신청이 있는 출원의 보정에 대하여 각하결정한 경우, 출원공고된 후

---

10) 구체적으로, ① 출원공고결정 전이나 거절이유의 통지 전 보정에 대하여 각하결정한 경우, ② 출원공고된 적이 없이 거절이유통지를 받은 출원의 보정에 대하여 각하결정한 경우, ③ 출원공고된 적이 없이 거절결정된 출원(지정상품추가등록출원 및 상품분류전환 등록신청을 포함)에 대하여 거절불복심판이 청구된 후 그 심판청구일부터 30일 이내에 또는 심판관이 직권으로 거절이유를 통지하여 그 의견서제출기간 이내에 제출된 보정에 대하여 각하결정한 경우를 들 수 있다.

거절결정된 출원(이의결정으로 거절된 출원, 지정상품추가등록출원을 포함)에 대하여 거절불복심판이 청구된 후 그 심판청구일부터 30일 이내에 제출된 보정에 대하여 각하결정한 경우에는 심사관(심판관)은 심사(심판)를 중지함이 없이 계속한다. 다만, 상표법 제116조에 따른 거절결정에 대한 심판을 청구하는 경우에는 보정 각하결정에 대한 불복심판을 함께 청구할 수 있다(상표법 제42조 제5항 단서).

4. 위법한 보정각하결정처분의 취소권의 제한

상표법 제42조에 따른 보정의 각하결정은 비록 그 처분이 위법 또는 부당하다고 하더라도 심판에 의한 절차에 의하지 않고는 직권으로 이를 취소 또는 변경하지 못한다. 이는 절차의 흠결이 아닌 실체심사의 흠결에 관한 사항으로 해당 처분에 대한 심판절차가 별도로 마련되어 있어 정식 심판절차에 의해 그 결정처분을 다투도록 한 것이다.

IV. 보정각하의 효과

보정각하결정을 한 경우 해당 보정은 처음부터 없었던 것으로 되므로, 보정 전의 출원상표에 대하여 심사하게 된다.[11] 따라서 심사관은 보정 전의 출원상표를 기준으로 원거절이유가 해소되었는지 여부를 심사하여 원거절이유가 해소되지 못한 경우에는 거절결정을 하여야 한다.

〈박종학〉

---

11) 특허법원 2004. 12. 3. 선고 2004허5801 판결(확정): 거절결정에 대한 불복심판을 청구하면서 서비스표등록출원의 지정서비스업에 대한 보정이 있는 경우에는 거절결정에 대한 불복심판을 보정된 지정서비스업에 의하여 할 것인지 아니면 보정 전의 지정서비스업에 의하여 할 것인지 그 불복심판의 대상을 확정하기 위하여 먼저 그것이 요지의 변경에 해당하는지 여부를 가려야 하는 것이고, 만일 요지의 변경에 해당하는 경우에는 불복심판의 절차와는 별도의 절차에서 보정각하결정을 하고 이에 대한 불복의 유무나 그 결과에 따라 보정이 요지의 변경에 해당하는 것으로 확정되면 보정 전의 지정서비스업으로 판단하고, 요지의 변경에 해당하지 않는 것으로 확정되거나 특허심판원이 요지의 변경에 해당하지 않는다고 판단하는 경우에는 보정된 지정서비스업을 대상으로 불복심판의 당부를 판단하여야 한다.

> **제43조(수정정관 등의 제출)**
> ① 단체표장등록을 출원한 출원인은 제36조 제3항에 따른 정관을 수정한 경우에는 제40조 제1항 각 호 또는 제41조 제1항 각 호에서 정한 기간 내에 특허청장에게 수정된 정관을 제출하여야 한다.
> ② 증명표장등록을 출원한 출원인은 정관 또는 규약을 수정한 경우에는 제40조 제1항 각 호 또는 제41조 제1항 각 호에서 정한 기간 내에 특허청장에게 수정된 정관 또는 규약을 제출하여야 한다.

Ⅰ. 서설

1. 규정의 취지

단체표장등록을 받으려는 자는 상표법 제36조 제1항 각 호의 사항[1] 외에 대통령령으로 정하는 단체표장의 사용에 관한 사항을 정한 정관[2]을 단체표장등록출원서에 첨부하여야 한다(상표법 제36조 제3항).

증명표장등록을 받으려는 자는 상표법 제36조 제1항 각 호의 사항 외에 대통령령으로 정하는 증명표장의 사용에 관한 사항을 정한 서류(법인인 경우에는 정관을 말하고, 법인이 아닌 경우에는 규약을 말하며, 이하 "정관 또는 규약"이라 한다)와 증명하려는 상품의 품질, 원산지, 생산방법이나 그 밖의 특성을 증명하고 관리할 수 있음을 증명하는 서류를 증명표장등록출원서에 첨부하여야 한다(상표

---

1) ① 출원인의 성명 및 주소(법인인 경우에는 그 명칭 및 영업소의 소재지를 말한다), ② 출원인의 대리인이 있는 경우에는 그 대리인의 성명 및 주소나 영업소의 소재지[대리인이 특허법인·특허법인(유한)인 경우에는 그 명칭, 사무소의 소재지 및 지정된 변리사의 성명을 말한다], ③ 상표, ④ 지정상품 및 산업통상자원부령으로 정하는 상품류(이하 "상품류"라 한다), ⑤ 상표법 제46조 제3항에 따른 사항(우선권을 주장하는 경우만 해당한다), ⑥ 그 밖에 산업통상자원부령으로 정하는 사항.
2) 정관(定款)이란 단체나 법인의 조직·활동을 정하는 근본규칙 또는 이 규칙을 적은 서면을 말한다.

법 제36조 제4항).

단체표장등록출원 시에 제출한 정관 또는 증명표장등록출원 시에 제출한 정관 또는 규약과 상품의 특성을 증명하고 관리할 수 있음을 증명하는 서류에 필수적으로 적어야 하는 사항을 빠뜨린 경우가 있을 수 있다. 그와 같이 정관 또는 규약 및 관련 서류에 필수적인 기재사항이 빠진 경우 상표등록이 거절될 수 있으므로, 출원인이 그 정관 또는 규약을 일정기간 내에 보정하는 경우 이를 구제하여 주고자 하는 것이 이 규정을 둔 취지이다.

2. 연혁

종전에는 지정상품 및 표장의 보정에 관한 현행 상표법 제40조와 제41조의 규정을 유추적용 하였으나, 최초 출원 시에 정관의 필수적인 기재사항이 빠진 경우 일정한 기간 이내에 사후적으로 수정·보완하는 것은 종전 상표법의 규정에 의할 경우 최초 상표등록출원의 요지를 변경하는 것으로 해석될 여지가 있었다. 그 이유는 최초 상표등록출원의 요지를 변경하지 아니하는 범위에서 지정상품의 범위의 감축, 오기의 정정 정도의 사항만 보정할 수 있었고 최초 상표등록출원의 요지를 벗어난 보정은 인정하지 않도록 규정되어 있었기 때문이다. 이에 2004년 개정 상표법(2004. 12. 31. 법률 제7290호)에서는 단체표장의 사용에 관한 정관의 내용을 수정·보완한 새로운 내용의 수정정관을 제출할 수 있는 명시적인 규정을 마련하여 출원인의 편의를 도모하였다.

한·미 자유무역협정(FTA)(제18.2조 제2항)을 국내법에 반영하기 위하여 2011. 12. 2. 법률 제11113호로 개정된 상표법에서는 증명표장제도를 신설하였다. 증명표장이란 상품의 품질, 원산지, 생산방법 또는 그 밖의 특성을 증명하고 관리하는 것을 업(業)으로 하는 자가 타인의 상품에 대하여 그 상품이 품질, 원산지, 생산방법 또는 그 밖의 특성을 충족한다는 것을 증명하는 데 사용하는 표장을 말한다(상표법 제2조 제1항 제7호). 증명표장의 사용에 관한 사항을 정한 정관 또는 규약 및 관련 서류의 내용을 수정·보완한 새로운 내용의 정관 또는 규약 및 관련 서류를 제출할 수 있도록 명시적인 규정을 마련하여 출원인의 편의를 도모하였다.

2016년 개정 상표법(2016. 2. 29. 법률 제14033호)에서는 상표법의 전면 개정으로 조문 위치가 변경되었다. 본조는 개정 전 상표법 제17조의2가 변경된 것이다.

Ⅱ. 정관의 기재사항에 대한 심사

1. 단체표장등록을 출원한 경우

상표법 제36조 제3항에서 규정하고 있는 '대통령령으로 정하는 단체표장의 사용에 관한 사항'이란 ① 단체표장을 사용하는 소속 단체원의 가입자격·가입조건 및 탈퇴, ② 단체표장의 사용조건, ③ 단체표장의 사용조건을 위반한 자에 대한 제재, ④ 그 밖에 단체표장 사용에 필요한 사항을 말한다(상표법 시행령 제3조 제1항). 지리적 표시 단체표장의 경우에는 ①~④항 외에 ⑤ 상품의 특정 품질·명성 또는 그 밖의 특성, ⑥ 지리적 환경과 상품의 특정 품질·명성 또는 그 밖의 특성과의 본질적 연관성, ⑦ 지리적 표시의 대상지역, ⑧ 상품의 특정 품질·명성 또는 그 밖의 특성에 대한 자체 관리기준 및 유지·관리방안을 포함한다(상표법 시행령 제3조 제2항).

심사관은 ① 지리적 표시 단체표장등록출원의 경우에 그 소속 단체원의 가입에 관하여 정관에 의하여 단체의 가입을 금지하거나 정관에 충족하기 어려운 가입조건을 규정하는 등 단체의 가입을 실질적으로 허용하지 아니한 경우, ② 상표법 제36조 제3항에 따른 정관에 대통령령으로 정하는 단체표장의 사용에 관한 사항의 전부 또는 일부를 적지 아니한 경우 중 어느 하나에 해당하는 경우에는 그 단체표장등록출원에 대하여 단체표장등록거절결정을 하여야 한다(상표법 제54조 제5호, 제6호).

심사관은 상표법 제36조 제3항에 따른 정관에 대통령령으로 정하는 단체표장의 사용에 관한 사항이 적혀 있는지 여부를 심사한 후 그 전부 또는 일부가 적혀 있지 아니한 경우 상표법 제54조 제6호를 이유로 기간을 정하여 거절이유를 통지하여야 한다. 이 경우 출원인은 산업통상자원부령으로 정하는 기간 내에 거절이유에 대한 의견서를 제출할 수 있다(상표법 제55조 제1항).

2. 증명표장등록을 출원한 경우

상표법 제36조 제4항에서 규정하고 있는 '대통령령으로 정하는 증명표장의 사용에 관한 사항'이란 ① 증명하려는 상품의 품질, 원산지, 생산방법이나 그 밖의 특성(이하 "품질 등"이라 한다), ② 증명표장의 사용조건, ③ 증명표장의 사용조건을 위반한 자에 대한 제재, ④ 그 밖에 증명표장 사용에 필요한 사항을 말한다(상표법 시행령 제4조 제1항).

　또한 상표법 제36조 제4항에 따른 '품질 등을 증명하고 관리할 수 있음을 증명하는 서류'에는 ① 증명하려는 상품의 품질 등에 대한 시험·검사의 기준, 절차 및 방법 등, ② 증명하려는 상품의 품질 등을 증명하고 관리하기 위하여 필요한 전문설비, 전문인력 등, ③ 증명표장 사용자에 대한 관리·감독 등, ④ 그 밖에 증명하려는 상품의 품질 등을 증명하고 관리할 수 있음을 객관적으로 증명할 수 있는 사항이 포함되어야 한다(상표법 시행령 제4조 제2항). 여기서 '객관적으로 증명할 수 있는 사항'과 관련하여 ① 대학 등의 학술·연구기관 또는 시험·검사기관 등의 자료, ② 관련 분야의 석·박사 논문, 전문분야의 교과서·잡지 등에 게재된 자료, ③ 국가·지방자치단체·공공기관 등에서 발간한 정책·업무·연구용역보고서 등의 자료, ④ 신문기사나 방송프로그램에 소개된 자료로서 관련 전문가나 전문기관 등의 평가가 포함되어 있는 자료, ⑤ 기타 사회통념상 객관성이 있다고 인정되는 자료 등은 객관성이 있는 것으로 본다.3)

　특허청장은 증명표장등록출원의 심사에 필요한 경우 '증명하려는 상품의 품질 등에 관한 사항, 증명표장등록출원인이 해당 상품의 품질 등을 증명하고 관리할 수 있는 능력을 갖추고 있는지에 관한 사항, 그 밖에 증명표장등록의 요건에 관한 사항'에 대하여 관계 행정기관이나 상품에 관한 지식과 경험이 풍부한 사람의 의견을 듣거나 자료 제출 등의 협조를 요청할 수 있다(상표법 시행령 제6조).

　심사관은 ① 증명표장등록출원이 상표법 제36조 제4항에 따른 정관 또는 규약에 대통령령으로 정하는 증명표장의 사용에 관한 사항의 전부 또는 일부를 적지 아니한 경우(상표법 제54조 제6호 후단), ② 증명표장등록출원의 경우에 그 증명표장을 사용할 수 있는 자에 대하여 정당한 사유 없이 정관 또는 규약으로 사용을 허락하지 아니하거나 정관 또는 규약에 충족하기 어려운 사용조건을 규정하는 등 실질적으로 사용을 허락하지 아니한 경우(상표법 제54조 제7호)에는 그 증명표장등록출원에 대하여 증명표장등록거절결정을 하여야 한다(상표법 제54조). 심사관이 상표법 제54조에 따라 등록거절결정을 하려는 경우에는 출원인에게 미리 거절이유를 통지하여야 한다. 출원인은 산업통상자원부령으로 정하는 기간 내에 거절이유에 대한 의견서를 제출할 수 있고(상표법 제55조 제1항), 본조에 따라 보정할 수 있는 기간 내에 수정정관 등을 제출하여 거절이유를 해소할 수 있

---

3) 상표심사기준(2016. 9. 1. 기준) 제7부 제3장 3.4.3.(iv).

다. 이 경우 정관과 단체표장의 사용에 관한 사항을 기재한 정관의 요약서 내용
이 서로 불일치할 경우에는 그 부분에 대한 기재가 없는 것으로 본다.

Ⅲ. 수정정관의 제출절차

　　상표법 제43조에 따라 수정된 정관 또는 규약을 제출하려는 출원인은 보정
서에 ① 수정된 정관 또는 규약 1부, ② 정관 또는 규약의 요약서 1부, ③ 대리
인에 의하여 절차를 밟는 경우에는 그 대리권을 증명하는 서류 1부를 첨부하여
특허청장에게 제출하여야 한다(상표법 시행규칙 제35조). 국제상표등록출원에 대
하여 상표법 제43조에 따라 수정정관 또는 수정규약을 제출하려는 자는 국제상
표등록출원에 관한 제출서에 ① 수정정관 또는 수정규약, 단체표장 또는 증명표
장의 사용에 관한 사항을 적은 그 수정정관 또는 수정규약의 요약서 각 1부, ②
대리인에 의하여 절차를 밟는 경우에는 그 대리권을 증명하는 서류 1부를 첨부
하여 특허청장이나 특허심판원장에게 제출하여야 한다(상표법 시행규칙 제88조
제3항).

　　수정정관 또는 수정규약은 상표법 제40조 제1항 각 호 또는 상표법 제41조
제1항 각 호에서 정한 기간 내에 특허청장에게 제출하여야 한다.

〈박종학〉

제44조(출원의 변경)

① 다음 각 호의 어느 하나에 해당하는 출원을 한 출원인은 그 출원을 다음 각 호의 어느 하나에 해당하는 다른 출원으로 변경할 수 있다.

1. 상표등록출원

2. 단체표장등록출원(지리적 표시 단체표장등록출원은 제외한다)

3. 증명표장등록출원(지리적 표시 증명표장등록출원은 제외한다)

② 지정상품추가등록출원을 한 출원인은 상표등록출원으로 변경할 수 있다. 다만, 지정상품추가등록출원의 기초가 된 등록상표에 대하여 무효심판 또는 취소심판이 청구되거나 그 등록상표가 무효심판 또는 취소심판 등으로 소멸된 경우에는 그러하지 아니하다.

③ 제1항 및 제2항에 따라 변경된 출원(이하 "변경출원"이라 한다)은 최초의 출원을 한 때에 출원한 것으로 본다. 다만, 제46조 제1항에 따른 우선권 주장이 있거나 제47조 제1항에 따른 출원 시의 특례를 적용하는 경우에는 그러하지 아니하다.

④ 제1항 및 제2항에 따른 출원의 변경은 최초의 출원에 대한 등록여부결정 또는 심결이 확정된 후에는 할 수 없다.

⑤ 변경출원의 경우 최초의 출원은 취하된 것으로 본다.

<소 목 차>

Ⅰ. 서설

1. 의의

출원의 변경이란 출원의 주체 및 내용의 동일성을 유지하면서 출원의 형식만을 변경하는 것을 말한다. 출원인은 상표등록출원, 단체표장등록출원(지리적 표시 단체표장등록출원은 제외한다) 및 증명표장등록출원(지리적 표시 증명표장등록출원은 제외한다)을 상호간에 다른 출원으로 변경할 수 있다(상표법 제44조 제1항). 아울러 지정상품추가등록출원을 상표등록출원으로 변경하는 것도 가능하다(상표법 제44조 제2항 본문).

2. 취지

변경출원제도는 출원인이 상표법에 대한 지식의 부족으로 출원의 형식을 잘못 적은 경우 이를 바로잡게 함으로써 선출원의 지위를 계속 유지하면서 출원의 형식을 정정할 수 있도록 하여 출원인의 이익을 보호하고 재출원으로 인한 절차 중복이나 비용증가를 방지하기 위한 것이다.

3. 연혁

1973년 개정 상표법(1973. 2. 8. 법률 제2506호)에서 출원의 변경에 관한 조항을 두어 연합상표의 등록출원을 독립의 상표등록출원으로, 독립의 상표등록출원을 연합상표의 등록출원으로 변경할 수 있도록 하였다.

1997년 개정 상표법(1997. 8. 22. 법률 제5355호)에서는 연합상표제도가 폐지되고 다류 1출원등록제도가 시행됨에 따라 연합상표의 등록출원과 독립의 상표등록출원 상호간에 이루어지는 변경출원제도가 폐지되고 출원인이 상표등록출원을 서비스표등록출원으로 변경하거나 서비스표등록출원을 상표등록출원으로 변경하는 제도로 개정되었다.

2007년 개정 상표법(2007. 1. 3. 법률 제8190호)에서는 상표제도에 대한 지식이나 정보의 부족 등으로 출원의 형식이나 방식 등이 적법하지 않은 경우가 다수 발생하고 있으나, 종전에는 변경출원이 상표·서비스표 상호간으로 제한되어 제도의 효과가 반감되고 출원인이 재출원을 하여야 하는 등 불편을 가져오고 있어 상표·서비스표·단체표장 상호간의 변경출원과 존속기간갱신등록출원·지정상품추가등록출원의 상표등록출원으로의 변경을 인정함으로써 변경출원이 인정되는 범위를 확대하여 출원인의 편의를 높였다.

2010년 개정 상표법(2010. 1. 27. 법률 제9987호)에서는 존속기간갱신등록출원을 상표등록출원으로 변경하는 제도가 폐지되었다.

한·미 자유무역협정(FTA)(제18.2조 제2항)을 국내법에 반영하기 위하여 2011. 12. 2. 법률 제11113호로 개정된 상표법에서는 증명표장제도를 신설하였다. 이에 따라 출원인이 증명표장등록출원을 한 경우 상표등록출원이나 단체표장등록출원으로 변경할 수 있는 제도로 개정되었다.

　2016년 개정 상표법(2016. 2. 29. 법률 제14033호)에서는 "상표란 자기의 상품(지리적 표시가 사용되는 상품의 경우를 제외하고는 서비스 또는 서비스의 제공에 관련된 물건을 포함한다)과 타인의 상품을 식별하기 위하여 사용하는 표장을 말한다."라고 상표의 정의에 서비스를 포함함에 따라 서비스표등록출원과 상표등록출원 상호간의 변경출원이 삭제되었다. 또한, 상표법의 전면 개정으로 조문 위치가 변경되었다. 본조는 개정 전 상표법 제19조가 변경된 것이다.

II. 변경출원의 요건

1. 절차적 요건

가. 최초출원이 특허청에 계속 중일 것

　변경출원이 적법한 출원으로 인정받기 위해서는 변경출원 시에 최초출원이 특허청에 계속 중이어야 한다. 따라서 최초출원이 취하, 포기, 거절결정 확정 등으로 인하여 출원절차가 종료된 경우에는 변경출원을 할 수 없다.

나. 변경출원을 할 수 있는 기간 내일 것

　변경출원은 최초출원에 대한 등록여부결정이나 심결확정 전에 하여야 한다. 따라서 최초출원에 대한 등록여부결정이나 심결이 확정된 후에는 변경출원을 할 수 없다(상표법 제44조 제4항). 또한, 지정상품추가등록출원은 그 기초가 된 등록상표에 대하여 무효심판 또는 취소심판이 청구되거나 그 기초가 된 등록상표가 무효심판 또는 취소심판 등으로 소멸된 경우에는 변경출원을 할 수 없다(상표법 제44조 제2항 단서). 무효심판이나 취소심판이 청구된 경우에는 상표권자가 기초가 된 등록상표가 무효나 취소될 경우를 대비하여 이와 동일·유사한 상표를 지정상품추가등록출원한 후에 상표등록출원으로 변경하는 등 상표제도를 악용할 수 있으므로 이와 같은 경우에는 변경출원을 제한하는 것이다.

2. 실체적 요건

가. 변경출원이 가능한 범위

　적법한 변경출원으로 인정받기 위해서는 상표법 제44조 제1항 및 제2항에 따라 상표등록출원, 단체표장등록출원(지리적 표시 단체표장등록출원은 제외한다), 증명표장등록출원(지리적 표시 증명표장등록출원은 제외한다)을 상호간에 다른 출원으로 변경하거나, 지정상품추가등록출원을 상표등록출원으로 변경하려는 것이어야 한다. 최초출원과 변경출원은 표장이나 지정상품 등 출원의 목적물이 동일하여야 한다. 변경출원은 출원내용의 변경이 아닌 출원형식의 변경이기 때문이다.[1] 변경출원은 출원일의 소급효가 인정되는데 목적물이 다른 것까지 출원일의 소급효를 인정하는 것은 제3자에게 예측할 수 없는 불이익을 줄 수 있다. 목적물의 동일은 실질적으로 동일한 것을 의미한다.

그러나 지리적 표시 단체표장등록출원, 지리적 표시 증명표장등록출원 및 업무표장등록출원에 대해서는 변경출원이 인정되지 않는다. 상표법 내에서 출원의 형식만을 변경할 수 있을 뿐, 다른 법 영역으로의 변경출원(상표와 특허·실용신안·디자인 상호간의 변경출원)도 인정되지 않는다.

나. 최초출원의 출원인과 변경출원의 출원인이 동일인일 것

상표법 제44조 제1항은 "출원인은 … 다른 출원으로 변경할 수 있다."라고 규정하여 최초출원의 출원인과 변경출원의 출원인이 출원의 변경 시에 동일인일 것을 규정하고 있다. 최초출원의 정당한 승계인도 변경출원을 할 수 있지만 이 경우 최초출원에 대한 출원인변경신고를 한 후 변경출원하여야 하며, 최초출원이 공동출원인 경우에는 최초출원의 출원인 모두가 공동으로 변경출원을 하여야 한다(상표법 제93조 제2항, 제3항, 제84조 제3항).

Ⅲ. 변경출원의 절차

1. 변경출원서의 제출

상표법 제44조에 따라 상표등록출원, 단체표장등록출원 및 증명표장등록출원(지리적 표시 단체표장등록출원과 지리적 표시 증명표장등록출원은 제외한다) 상호간에 다른 출원으로 변경하거나, 지정상품추가등록출원을 상표등록출원으로 변경하려는 출원인은 상표등록출원서에 "상표에 대한 설명서(상표법 시행령 제2조 제2호[2])에 해당하는 표장만으로 된 상표 및 상표법 시행령 제2조 제3호[3])에 해당하는

---

1) 송영식 외 6인 공저, 지적소유권법(하), 육법사(2013), 330(김병일 집필부분).
2) 단일의 색채, 색채의 조합, 홀로그램, 연속된 동작 등 시각적으로 인식할 수 있는 것.
3) 소리·냄새 등 시각적으로 인식할 수 없는 것.

표장을 포함한 상표만 해당한다), 동작의 특징을 나타내는 영상을 수록한 전자적 기록매체(상표법 시행령 제2조 제2호에 해당하는 연속된 동작 표장을 포함한 상표만 해당한다), 정관 또는 규약의 요약서(단체표장등록출원, 지리적 표시 단체표장등록출원, 증명표장등록출원 및 지리적 표시 증명표장등록출원만 해당한다)"를 첨부하여 특허청장에게 제출하여야 한다(상표법 시행규칙 제36조 제1항). 변경출원에 관하여는 상표등록출원에 관한 절차를 준용한다(상표법 시행규칙 제36조 제2항).

2. 조약에 따른 우선권 주장 및 출원 시의 특례의 적용

상표법 제44조 제3항 단서 규정의 도입취지는 최초출원 시 우선권 주장 및 출원시 특례를 주장하지 못하였거나 그 증빙서류를 출원일로부터 일정기간 이내에 제출하지 못한 경우에도 변경출원 시에 우선권 주장 및 출원 시의 특례나 그 증빙서류 제출을 허용함으로써 출원인의 편의를 높이기 위한 것이다. 변경출원은 실질적으로 출원의 객체가 동일성을 유지하고 있다고 볼 수 있지만 그 출원서의 형식에 변경이 있어 최초출원과는 별개의 출원이므로, 최초출원이 조약에 따른 우선권 주장 또는 출원 시의 특례 절차를 밟았다고 하더라도 변경출원이 이들 절차의 효력을 갖기 위해서는 다시 그에 대한 절차를 밟아야 한다(상표법 제44조 제3항 단서).

상표등록출원서에 조약에 따른 우선권 주장 및 출원 시의 특례의 취지를 적고 그에 필요한 서류를 조약에 따른 우선권 주장의 경우에는 변경출원일부터 3개월 이내에(상표법 제46조 제3항, 제4항), 출원 시의 특례의 경우에는 변경출원일부터 30일 이내에(상표법 제47조 제2항) 각 특허청장에게 제출하여야 한다.

2007. 1. 3. 법률 제8440호로 개정되어 2007. 7. 1.부터 시행된 개정 상표법의 시행 이전에는 분할출원과 달리 변경출원의 경우에는 위와 같은 절차를 규정하고 있지 아니하였다. 이는 변경출원은 실질적으로 출원형식의 변경에 불과하므로 출원의 객체가 동일성을 유지하고 있다는 점에서 일종의 보정과 마찬가지로 취급하여 출원일의 소급효에 대한 예외규정을 두지 않았던 것으로 보인다.

Ⅳ. 변경출원의 효과

1. 적법한 경우

가. 출원일의 소급

(1) 원칙

변경출원이 적법한 경우에는 그 변경출원은 최초에 상표등록출원, 단체표장등록출원(지리적 표시 단체표장등록출원은 제외한다), 증명표장등록출원(지리적 표시 증명표장등록출원은 제외한다) 또는 지정상품추가등록출원을 한 때에 출원한 것으로 본다(상표법 제44조 제3항 본문).

(2) 예외

상표법 제44조 제3항 단서의 규정에 의해 조약에 따른 우선권 주장 및 그 증명서류의 제출(상표법 제46조 제3항, 제4항) 또는 출원 시의 특례의 적용취지의 제출 및 그 증명서류의 제출(상표법 제47조 제2항)의 규정을 적용하는 경우에는 변경출원한 날을 기준으로 적용한다. 이는 최초출원일로 소급하는 경우 변경출원 시 그 기간이 이미 지나서 우선권 주장이나 출원 시 특례적용 절차를 밟을 수 없게 되어 출원인에게 불리하기 때문에 출원인의 편의를 위하여 특별히 규정한 것이다.

나. 최초출원의 취하간주

변경출원이 있는 경우에는 최초에 한 상표등록출원, 단체표장등록출원(지리적 표시 단체표장등록출원은 제외한다), 증명표장등록출원(지리적 표시 증명표장등록출원은 제외한다) 또는 지정상품추가등록출원은 취하된 것으로 본다(상표법 제44조 제5항). 동일한 상표, 단체표장(지리적 표시 단체표장은 제외), 증명표장(지리적 표시 증명표장은 제외) 및 지정상품추가등록출원의 변경으로 인한 이중의 출원상태를 방지하고, 변경출원이 적법한 경우라면 부적법한 최초출원 절차를 유지할 실익이 없기 때문이다.

2. 부적법한 경우

가. 절차적 요건의 위반

변경출원은 최초출원에 대한 등록여부결정 또는 심결이 확정되기 전에 하여야 하므로 이 기간을 경과한 변경출원은 부적법한 변경출원으로 출원인에게 반려한다(상표법 시행규칙 제25조 제1항 제13호).

나. 실체적 요건의 위반

심사관은 변경출원이 최초출원서에 기재된 지정상품의 범위를 실질적으로 확장하는 경우 또는 출원인이나 상표견본이 일치하지 않는 경우 등 부적법한 변경출원으로 인정되는 경우에는 변경출원불인정예고통지를 하여야 한다. 출원인이 의견서 또는 보정서 제출 등을 통해 이를 해소하지 못한 경우에는 변경출원불인정확정통지를 한 후 분할출원과 달리 변경되기 이전의 최초출원으로 심사를 진행한다.[4]

V. 관련문제

1. 변경출원의 보정

변경출원이 절차적 요건과 실체적 요건을 충족한 경우, 변경출원은 통상의 출원으로 보고 그 보정에 대한 적법성을 판단한다.

2. 국제상표등록출원의 특례

국제상표등록출원에 대해서는 상표법 제44조 제1항부터 제4항까지의 규정을 적용하지 아니한다(상표법 제186조).

〈박종학〉

---

4) 상표심사기준(2016. 9. 1. 기준) 제3부 제5장 4.2.

> **제45조(출원의 분할)**
> ① 출원인은 둘 이상의 상품을 지정상품으로 하여 상표등록출원을 한 경우에는 제40조 제1항 각 호 및 제41조 제1항 각 호에서 정한 기간 내에 둘 이상의 상표등록출원으로 분할할 수 있다.
> ② 제1항에 따라 분할하는 상표등록출원(이하 "분할출원"이라 한다)이 있는 경우 그 분할출원은 최초에 상표등록출원을 한 때에 출원한 것으로 본다. 다만, 제46조 제1항에 따른 우선권 주장이 있거나 제47조 제1항에 따른 출원시의 특례를 적용하는 경우에는 그러하지 아니하다.

〈소 목 차〉

Ⅰ. 서설

1. 의의

출원의 분할이란 출원인이 둘 이상의 상품을 지정상품으로 하여 상표등록출원을 한 경우 상표법 제40조 제1항 각 호 및 상표법 제41조 제1항 각 호에서 정한 기간 내에 둘 이상의 상표등록출원으로 분할하는 것을 말한다(상표법 제45조 제1항). 상표등록출원의 분할은 특허·실용신안과 같이 그 내용을 구성하는 발명이나 고안의 분할이 아니라 단순히 상품류가 다른 지정상품을 분할하는 것이다. 따라서 상표 자체를 분할하는 것이 아니므로 최초의 출원이 둘 이상의 요부가 결합한 결합상표라고 하더라도 그 요부별로 분할하는 것을 인정하는 것이 아니다.

2. 취지

상표등록출원을 하려는 자는 상품류의 구분에 따라 1류 이상의 상품을 지정하여 1상표마다 1출원을 하여야 한다(상표법 제38조 제1항). 1상표 1출원의 원칙은 동일인이 1개의 동일한 상표를 2 이상 중복출원하거나 2개의 다른(유사 포함) 상표를 1개로 출원하는 것을 허용하지 않는다는 것으로, 상표의 실체적 등록요건은 아니지만 출원·등록관리 및 심사의 효율성 등 절차상 편의를 위하여 도입된 제도이다.[1] 이러한 1상표 1출원의 원칙을 위반하여 출원하면 상표법 제54조 제1항 제3호 위반으로 상표등록이 거절된다.

그런데 지정상품이 다수 포함되어 있는 상표에 대해서는 그 일부에 선출원 상표의 지정상품과 유사한 것이 포함되어 있는 경우가 있을 수 있다. 그 경우에는 지정상품 중 그 부분을 삭제하는 방법도 있으나, 분명히 예측할 수 없는 경우에는 확실히 등록되리라고 예견되는 지정상품만을 분리하여 별도로 출원하는 것이 편리하다. 본조는 출원심사에서 일부 지정상품에 대해서만 거절이유를 통지받았으나 출원인이 삭제 보정을 원하지 않을 경우 거절이유가 있는 지정상품을 별도로 분할출원하면 거절이유가 없는 나머지 지정상품에 대한 상표는 먼저 등록을 받을 수 있고, 거절이유가 있는 지정상품에 대해서는 그 출원일이 최초 출원일로 소급하기 때문에 선출원의 이익을 계속 유지한 채 의견서 제출 등을 통해 계속 심사를 받을 수 있도록 출원인에게 편의를 제공하기 위해 마련된 것이다.

3. 연혁

1980년 개정 상표법(1980. 12. 31. 법률 제3326호)에서 "상표등록출원이 둘 이상의 상품구분 내의 상품을 지정상품으로 출원한 경우에는 사정의 통지서를 받은 날로부터 30일 이내에 그 지정상품이 속하는 상품구분 별로 이를 분할출원할 수 있다. 다만, 상공부령이 정하는 상품구분 중에 명시된 상품을 지정상품으로 한 경우에는 그러하지 아니하다."라는 규정을 신설함으로써 둘 이상의 상품류 구분에 속하는 상품을 하나의 출원서에 지정하였을 경우에만 제한적으로 출원의 분할제도를 인정하고 동일한 상품류 구분에 속하는 상품을 둘 이상 지정한 경우에는 출원의 분할을 인정하지 않았다.

---

[1] 윤선희, 상표법(제4판), 법문사(2016), 411-412.

1997년 개정 상표법(1997. 8. 22. 법률 제5355호)에서는 다류 1출원제도의 채택과 상표법조약(Trademark Law Treaty)[2]상 분할출원에 관한 규정을 상표법에서 이행하기 위하여 출원의 분할을 광범위하게 허용하여 "출원인은 둘 이상의 상품을 지정상품으로 하여 상표등록출원을 한 경우에는 상표법 제14조 및 제15조의 규정에 의한 보정을 할 수 있는 기간 내에 둘 이상의 상표등록출원으로 분할할 수 있다."라고 개정함으로써 1 상품류 구분에 속하든지 둘 이상의 상품류 구분에 속하든지 간에 출원인의 의사에 따라 자유롭게 출원을 분할할 수 있도록 하였다.

2007년 개정 상표법(2007. 1. 3. 법률 제8190호)에서는 제2항의 '최초의 출원한' 출원이 어느 출원을 말하는지 불명확하여 출원의 분할과 법규정 형식이 유사한 상표법 제45조 제2항과 동일한 형식으로 규정함으로써 그 내용을 명확히 하였다.

2016년 개정 상표법(2016. 2. 29. 법률 제14033호)에서는 상표법의 전면 개정으로 조문 위치가 변경되었다. 본조는 개정 전 상표법 제18조가 변경된 것이다.

Ⅱ. 분할출원의 요건

1. 절차적 요건

가. 최초출원이 특허청에 계속 중일 것

분할출원이 적법한 출원으로 인정받기 위해서는 최초출원이 특허청에 계속 중에 있어야 한다. 따라서 최초출원이 거절결정확정, 등록결정확정, 절차의 무효, 출원의 취하나 포기된 경우에는 분할출원의 대상이 되지 아니하고, 상표등록출원의 등록결정 후 또는 심결확정 후에도 분할출원을 할 수 없다. 하지만, 최초출원의 절차 계속 중에 분할출원이 있는 경우에는 나중에 그 최초출원이 무효, 취하, 포기 또는 거절결정이 확정되어 절차가 종료되더라도 분할출원은 유효한 것으로 인정한다.

나. 상표등록출원의 보정기간 내에 분할하는 것일 것

(1) 상표등록출원인은 출원공고결정 전의 보정기간 내에 분할하는 경우, ① 상표법 제57조에 따른 출원공고의 결정이 있는 경우에는 출원공고의 때까지, ②

---

2) 1994. 10. 27. 채택되어 1996. 8. 1.부터 발효된 조약으로 우리나라에서는 2003. 2. 25.부터 발효되었다.

상표법 제57조에 따른 출원공고의 결정이 없는 경우에는 상표법 제54조에 따른 상표등록거절결정의 때까지, ③ 상표법 제116조에 따른 거절결정에 대한 심판을 청구하는 경우에는 그 청구일부터 30일 이내에, ④ 상표법 제123조에 따라 거절결정에 대한 심판에서 심사규정이 준용되는 경우에는 상표법 제55조 제1항·제3항 또는 상표법 제87조 제2항·제3항에 따른 의견서 제출기간 이내에 각 둘 이상의 상표등록출원으로 분할할 수 있다(상표법 제45조 제1항, 상표법 제40조 제1항 각호).

(2) 상표등록출원인은 출원공고결정 후의 보정기간 내에 분할하는 경우, ① 상표법 제54조에 따른 상표등록거절결정 또는 상표법 제87조 제1항에 따른 지정상품의 추가등록거절결정의 거절이유에 나타난 사항에 대하여 상표법 제116조에 따른 심판을 청구한 경우에는 심판청구일부터 30일 이내에, ② 상표법 제55조 제1항 및 상표법 제87조 제2항에 따른 거절이유의 통지를 받고 그 거절이유에 나타난 사항에 대하여 보정하려는 경우에는 해당 거절이유에 대한 의견서 제출기간 이내에, ③ 이의신청이 있는 경우에 그 이의신청의 이유에 나타난 사항에 대하여 보정하려는 경우에는 상표법 제66조 제1항에 따른 답변서 제출기간 이내에 각 둘 이상의 상표등록출원으로 분할할 수 있다(상표법 제45조 제1항, 상표법 제41조 제1항 각호).

2. 실체적 요건

가. 출원인이 둘 이상의 상품을 지정상품으로 하여 출원하였을 것

상표법 제45조 제1항은 "둘 이상의 상품을 지정상품으로 하여 상표등록출원을 한 경우에는 … 보정을 할 수 있는 기간 내에 둘 이상의 상표등록출원으로 분할할 수 있다."라고 규정하고 있으므로 적법한 분할출원으로 인정받기 위해서는 둘 이상의 지정상품이 하나의 상표등록출원서에 적혀 있어야 한다. 둘 이상의 구분에 걸친 상품을 지정상품으로 지정하여 출원한 경우에는 구분마다 출원을 분할하여 등록받을 수 있다.

나. 최초출원의 상표와 분할출원의 상표가 동일하고, 분할출원의 지정상품이 최초출원의 지정상품 범위 내의 분할일 것

최초출원의 상표와 분할출원의 상표가 동일하여야 한다. 분할출원 시 상표견본을 다시 제출할 필요가 없으므로(상표법 시행규칙 제37조 제1항 괄호부분), 표장이 달라질 가능성은 거의 없으나 출원인이 분할출원하면서 다른 상표견본을 제출할 수도 있으므로 확인할 필요가 있다.

분할출원되는 지정상품은 모두 최초출원의 범위 내에 포함된 것이어야 한다. 최초 상표등록출원의 지정상품이 포괄명칭인 경우 그 포괄명칭 내에 속하는 구체적인 상품으로 분할할 수 있고, 분할된 지정상품이 최초 상표등록출원의 포괄명칭에 포함되는지 여부는 「상품기준」을 참고하여 판단한다. 분할출원에 포함된 지정상품 중 일부라도 최초출원에 포함되어 있지 않다면 그 분할출원은 부적법하다. 새로운 지정상품을 추가하는 분할은 인정될 수 없기 때문이다.

다. 최초출원의 출원인과 분할출원의 출원인이 동일인일 것

상표법 제45조 제1항은 "출원인은 … 분할할 수 있다."라고 규정하여 분할출원을 할 수 있는 자는 최초출원인임을 규정하고 있다. 상표등록출원에 의하여 발생한 권리를 승계한 최초출원의 정당한 승계인도 분할출원을 할 수 있지만 이 경우 최초출원에 대한 출원인변경신고를 한 후 분할출원하여야 한다. 최초출원이 공동출원인 경우에는 최초출원의 출원인 모두가 분할출원하여야 한다. 다만, '분할출원 당시'의 분할출원인과 최초출원인이 동일인이면 되고 분할출원 이후에는 최초출원과 분할출원은 별개의 출원이므로 출원인이 달라도 문제가 되지 않는다.

Ⅲ. 분할출원의 절차

1. 분할출원서 제출 및 최초출원의 보정

상표법 제45조 제1항에 따라 분할출원을 하려는 자는 상표등록출원서에 "① 상표에 대한 설명서(상표법 시행령 제2조 제2호3)에 해당하는 표장만으로 된 상표 및 상표법 시행령 제2조 제3호4)에 해당하는 표장을 포함한 상표만 해당한다), ② 상표법 시행령 제2조 제3호에 해당하는 표장을 포함하는 상표의 경우 시각적 표현(해당 표장을 문자·숫자·기호·도형 또는 그 밖의 방법을 통하여 시각적으로 인식하고 특정할 수 있도록 구체적으로 표현한 것을 말한다), ③ 시각적 표현에 합치하는 소리파일(상표법 시행령 제2조 제3호에 해당하는 소리 표장을 포함한 상표만 해당한다), ④ 시각적 표현에 합치하는 냄새를 담은 밀폐용기 3통 또는 냄새가 첨가된 향패치 30장에 해당하는 냄새견본(상표법 시행령 제2조 제3호에 해당하는 냄새 표장을 포함한 상표만 해당한다), ⑤ 동작의 특징을 나타내는 영상을 수록한 전

---

3) 단일의 색채, 색채의 조합, 홀로그램, 연속된 동작 등 시각적으로 인식할 수 있는 것.
4) 소리·냄새 등 시각적으로 인식할 수 없는 것.

자적 기록매체(상표법 시행령 제2조 제2호에 해당하는 연속된 동작 표장을 포함한 상표만 해당한다), ⑥ 정관 또는 규약의 요약서(단체표장등록출원, 지리적 표시 단체표장등록출원, 증명표장등록출원 및 지리적 표시 증명표장등록출원만 해당한다), ⑦ 대리인에 의하여 절차를 밟는 경우에는 그 대리권을 증명하는 서류를 첨부하여 특허청장에게 제출하고, 분할하려는 상표등록출원을 보정하여야 한다(상표법 시행규칙 제37조 제1항). 분할출원에 관하여는 상표등록출원에 관한 절차를 준용한다(상표법 시행규칙 제37조 제2항).

2. 조약에 따른 우선권 주장 및 출원 시의 특례의 적용

상표법 제45조 제2항 단서 규정의 도입취지는 최초출원 시 우선권 주장 및 출원시 특례를 주장하지 못하였거나 그 증빙서류를 출원일로부터 일정기간 이내에 제출하지 못한 경우에도 분할출원 시에 우선권 주장 및 출원 시의 특례나 그 증빙서류 제출을 허용함으로써 출원인의 편의를 높이기 위한 것이다. 분할출원은 최초출원과는 별개의 출원이므로 최초출원이 조약에 따른 우선권 주장 또는 출원 시의 특례 절차를 밟았다고 하더라도 분할출원이 이들 절차의 효력을 갖기 위해서는 다시 그에 대한 절차를 밟아야 한다(상표법 제45조 제2항 단서).

상표등록출원서에 조약에 따른 우선권 주장 및 출원 시의 특례의 취지를 적고 그에 필요한 서류를 조약에 따른 우선권 주장의 경우에는 분할출원일부터 3개월 이내에(상표법 제46조 제3항, 제4항), 출원 시의 특례의 경우에는 분할출원일부터 30일 이내에(상표법 제47조 제2항) 각 특허청장에게 제출하여야 한다.

Ⅳ. 분할출원의 효과

1. 적법한 경우

가. 출원일의 소급

(1) 원칙

분할출원이 적법한 경우에는 그 분할출원은 최초에 상표등록출원을 한 때에 출원한 것으로 본다(상표법 제45조 제2항 본문). 분할출원은 새로운 출원이기는 하나, 실질적으로는 본래의 상표를 출원할 때에 출원할 의사를 표명한 것이므로, 본래의 출원과 같은 날에 출원된 것으로 취급하는 것이 공평하다.[5]

---

5) 송영식 외 6인 공저, 지적소유권법(하), 육법사(2013), 327(김병일 집필부분).

(2) 예외

상표법 제45조 제2항 단서의 규정에 의해 조약에 따른 우선권 주장 및 그 증명서류의 제출(상표법 제46조 제3항, 제4항) 또는 출원 시의 특례의 적용취지의 제출 및 그 증명서류의 제출(상표법 제47조 제2항)의 규정을 적용하는 경우에는 분할출원한 날을 기준으로 적용한다. 이는 최초출원일로 소급하는 경우 분할출원 시 그 기간이 이미 지나서 우선권 주장이나 출원 시 특례적용 절차를 밟을 수 없게 되어 출원인에게 불리하기 때문에 출원인의 편의를 위하여 특별히 규정한 것이다.

나. 분할출원의 독립성

분할출원은 최초출원과는 별개의 독립된 출원이므로 출원분할 후 최초출원에 대하여 생긴 절차상의 효력을 그대로 승계할 수 없기 때문에 최초출원의 절차 계속 중에 분할출원이 있는 경우에는 나중에 최초출원이 무효, 취하, 포기, 거절 또는 등록결정이 있더라도 이에 영향을 받지 않는다. 따라서 분할된 출원에 대해서는 신규출원으로 보고 처음부터 다시 심사하여야 한다.

다. 재분할출원시 출원일

재분할출원이라 함은 최초출원을 분할하고 그 분할출원을 다시 한번 분할출원하는 것을 말한다. 재분할출원도 분할출원의 요건을 충족하여야 하며, 당해 요건이 충족되는 한 출원일은 최초출원일에 출원한 것으로 본다.[6]

2. 부적법한 경우

가. 절차적 요건의 위반

상표법 제40조 또는 상표법 제41조에 규정된 보정기간이 경과한 후에 제출된 분할출원은 부적법한 분할출원으로 출원인에게 반려한다(상표법 시행규칙 제25조 제1항 제13호).

나. 실체적 요건의 위반

분할출원은 상표등록출원의 일반적인 거절사유가 있는 경우에는 그 등록이 거절될 뿐만 아니라, 분할출원의 요건을 충족하지 못하는 경우에도 그 등록이 거절된다. 분할출원을 통하여 최초출원서에 적힌 지정상품의 범위를 실질적으로 확장하는 경우 또는 출원인이나 상표견본이 일치하지 않는 경우 등 부적법

---

6) 문삼섭, 상표법(제2판), 세창출판사(2004), 757.

한 분할출원으로 인정되는 경우에는 심사관은 분할출원불인정예고통지를 하여야 한다. 다만, 분할출원의 요건을 충족하지 못하는 경우에는 분할출원이 별도의 출원 형식을 갖춘 점을 고려하여 거절결정을 하기보다는 출원일의 소급효가 인정되지 않는 별개의 출원으로 취급될 기회를 보장할 필요가 있다. 그러므로 심사관은 출원인이 의견서 또는 보정서 제출 등을 통해 이를 해소하지 못한 경우에는 분할출원불인정확정통지를 한 후 분할출원한 날에 신규출원한 것으로 보고 심사한다. 이러한 부적법한 분할출원은 출원일이 소급하지 아니하고 분할출원일이 상표등록출원일이 된다.

분할출원불인정예고통지를 받고도 출원인이 분할출원과 함께 최초출원서에 기재된 지정상품 중 분할된 상품을 삭제보정(상표법 시행규칙 제37조 제1항)하지 않는 경우 최초출원과 분할출원을 담당하는 심사관은 각각의 출원에 대하여 상표법 제38조(1상표 1출원)를 적용하여 거절이유를 통지하여야 한다. 다만, 분할출원을 하면서 최초출원의 지정상품을 삭제하지 않았으나 최초출원의 거절결정이 확정된 경우에는 상표법 제38조를 적용하지 않고 분할출원을 그대로 인정한다.

V. 관련문제

1. 상표권의 존속기간갱신등록출원 분할제도의 폐지

상표권의 존속기간갱신등록출원제도가 2010. 1. 27. 법률 제9987호로 개정되어 2010. 7. 27.부터 시행된 개정 상표법에서 상표권의 존속기간갱신등록신청제도로 변경되었다. 개정의 취지는 상표권의 존속기간갱신등록출원제도를 상표권의 존속기간갱신등록신청제도로 간소화하여 기간 내에 상표등록료를 납부하고 존속기간갱신등록신청서를 제출하면 별도의 심사절차 없이 존속기간이 연장될 수 있도록 하여 상표권자 등의 편의를 높이기 위한 것이다. 이러한 상표권의 존속기간갱신등록출원제도의 폐지에 따라 상표권의 존속기간갱신등록출원의 분할제도는 폐지되었다.

2. 국제상표등록출원의 특례

표장의 국제등록에 관한 마드리드협정에 대한 의정서에는 권리이전이 수반되지 않는 출원분할은 허용되지 않으므로 국제상표등록출원에 대해서는 상표법 제45조의 분할출원제도를 적용하지 않는다(상표법 제187조).

3. 지정상품추가등록출원의 분할출원 가능 여부

지정상품추가등록출원은 독립된 하나의 출원이라기보다는 출원인의 선등록 또는 선출원에 상품을 추가하는 종속적인 출원의 속성을 가진다는 점에서 분할출원이 허용되지 않는다. 상표법 제88조 제2항에서도 상표법 제45조를 준용하고 있지 않다.

〈박종학〉

> **제46조(조약에 따른 우선권 주장)**
>
> ① 조약에 따라 대한민국 국민에게 상표등록출원에 대한 우선권을 인정하는 당사국의 국민이 그 당사국 또는 다른 당사국에 상표등록출원을 한 후 같은 상표를 대한민국에 상표등록출원하여 우선권을 주장하는 경우에는 제35조를 적용할 때 그 당사국에 출원한 날을 대한민국에 상표등록출원한 날로 본다. 대한민국 국민이 조약에 따라 대한민국 국민에게 상표등록출원에 대한 우선권을 인정하는 당사국에 상표등록출원한 후 같은 상표를 대한민국에 상표등록출원한 경우에도 또한 같다.
>
> ② 제1항에 따라 우선권을 주장하려는 자는 우선권 주장의 기초가 되는 최초의 출원일부터 6개월 이내에 출원하지 아니하면 우선권을 주장할 수 없다.
>
> ③ 제1항에 따라 우선권을 주장하려는 자는 상표등록출원 시 상표등록출원서에 그 취지, 최초로 출원한 국가명 및 출원 연월일을 적어야 한다.
>
> ④ 제3항에 따라 우선권을 주장한 자는 최초로 출원한 국가의 정부가 인정하는 상표등록출원의 연월일을 적은 서면, 상표 및 지정상품의 등본을 상표등록출원일부터 3개월 이내에 특허청장에게 제출하여야 한다.
>
> ⑤ 제3항에 따라 우선권을 주장한 자가 제4항의 기간 내에 같은 항에 따른 서류를 제출하지 아니한 경우에는 그 우선권 주장은 효력을 상실한다.

<소 목 차>

Ⅰ. 서설

1. 의의

조약에 따른 우선권제도는 공업소유권의 보호를 위한 파리협약(이하 "파리협약"이라 한다)[1]의 근간을 이루는 중요한 제도이다. 조약에 따른 우선권제도는 조약에 따라 우리나라 국민에게 상표등록출원에 대한 우선권을 인정하는 당사국의 국민이 그 당사국 또는 다른 당사국(제1국)에 상표등록출원을 한 후 동일한 상표를 우리나라(제2국)에 상표등록출원을 하여 우선권을 주장하는 경우에는 출원 순위를 판단할 때 그 당사국(제1국)에 출원한 날을 우리나라(제2국)에 상표등록출원한 날로 보는 것을 말한다(상표법 제46조 제1항).

2. 취지

상표에 관하여 각국은 상표독립의 원칙을 취하고 있기 때문에 자국에서 상표를 등록하는 경우 자국에서만 등록상표로 보호되고 외국에서는 원칙적으로 보호되지 않는다. 따라서 상품과 무역의 국제간 거래의 활성화로 인하여 상표를 여러 나라에서 등록받고자 하는 경우 출원인은 개별 국가마다 동시에 출원을 하여야 완벽한 보호를 받을 수 있게 되는데, 이 경우 시간·거리·언어 및 각국의 서로 다른 제도 등으로 사실상 동시 출원이 불가능하므로 상표의 국제적 보호를 도모하기 위한 것이 파리협약에서 마련한 우선권제도이다. 이는 속지주의 원칙에 대한 절차적인 예외로서, 이를 주장한 출원인은 제1국과 제2국(우리나라) 사이에 다른 출원이 있다 하더라도 그러한 사실을 이유로 하여 불이익한 취급을 받지 않게 된다.

3. 연혁

우리나라에서는 1980. 5. 4. 조약 제707호로 파리협약이 발효되었고, 이에 따라 1980년 개정 상표법(1980. 12. 31. 법률 제3326호)에서 우선권 주장 기간을 6개월로 하여 조약에 따른 우선권제도에 관한 규정을 신설하였다. 다만, 그 규정형식은 특허법에 규정되어 있는 조약에 따른 우선권제도를 상표등록출원에 관한 우선권 주장에 준용하는 것이었다.

1990년 개정 상표법(1990. 1. 13. 법률 제4210호)에서는 기존의 특허법 준용규정을 상표법에 직접 규정하는 형식으로 개정하였다.

2011년 개정 상표법(2011. 12. 2. 법률 제11113호)에서는 "조약 및 이에 준하는 것"을 "조약"으로 변경하였다. 복잡한 문장을 간소화하여 그 의미를 명확하게 한 것이다.

---

1) 1883. 3. 20. 파리에서 체결되어 1884. 7. 6. 발효되었다.

2016년 개정 상표법(2016. 2. 29. 법률 제14033호)에서는 상표법의 전면 개정으로 조문 위치가 변경되었다. 본조는 개정 전 상표법 제20조가 변경된 것이다.

Ⅱ. 우선권의 종류[2]

1. 전부우선권(total priorities)

우리나라에 출원한 지정상품 전부에 대하여 우선권을 주장한 상표등록출원을 말하는 것으로 대부분의 우선권 주장은 여기에 해당한다.

심사관은 출원인이 제출한 우선권 주장에 관한 증빙서류를 통하여 상표등록출원이 우선권 주장 요건을 모두 충족하고 있는지를 확인하여야 한다. 특히, 지정상품이 제1국에 출원한 것과 실질적으로 동일한지 상품별로 확인하여야 한다.

우선권 주장을 인정할 수 없는 경우 그 취지와 이유를 적은 우선권주장불인정예고통지를 하고, 정해진 기간 내에 출원인의 의견서·보정서 제출이 없거나 의견서·보정서 제출이 있더라도 인정할 수 없는 경우에는 우선권주장불인정확정통지를 한다.

심사관은 필요한 경우 우선권주장불인정예고통지와 거절이유통지를 별도의 서식으로 동시에 발송할 수 있으며, 출원인은 우선권주장불인정예고통지나 거절이유통지에 대한 의견을 각각 또는 하나의 의견서로 제출할 수 있다.

2. 부분우선권(partial priorities)

우리나라에 출원한 지정상품 일부에 대하여 우선권을 주장한 상표등록출원을 말한다. 조약당사국(제1국)에 동일상표로 출원 또는 등록된 상표의 지정상품에 다른 지정상품을 부가하여 우리나라(제2국)에 출원한 경우 우리나라에 출원한 상표의 지정상품 중 조약당사국에 출원 또는 등록된 지정상품에 대해서는 우선권이 인정되지만 우리나라에 출원한 상표의 지정상품 중 부가된 지정상품에 대해서는 우선권 주장이 인정되지 않는다.

심사관은 우선권을 주장한 상품 이외의 나머지 지정상품에 대해서는 우선권주장 불인정예고통지를 한다. 심사관은 우선권 주장 인정상품과 불인정상품을 구분하여 심사점검표에 적고, 상표법 제35조(선출원)를 적용할 때 해당 지정상품만 우선권 주장을 인정하여 심사한다. 우선권 주장을 인정하지 않는 나머지

---

2) 상표심사기준(2016. 9. 1. 기준) 제2부 제6장 2.

지정상품은 우리나라 출원일을 기준으로 심사한다. 출원인이 출원 시에 제1국 출원에 포함되지 않은 지정상품에 대하여 우선권 주장을 하지 않는다는 취지의 서류를 제출한 경우, 해당 지정상품에 대하여는 별도의 우선권주장불인정예고 통지를 하지 않고 우선권 주장을 불인정하고 심사를 진행한다.

3. 복합우선권(multiple priorities)

2 이상의 서로 다른 제1국 출원을 근거로 하여 2 이상의 서로 다른 지정상품에 대하여 각각 우선권을 주장하여 출원한 것을 말한다. 대부분 1류1출원제도를 채택하고 있는 조약당사국(제1국)에 출원 중인 각류의 같은 상표를 우리나라(제2국)에서 다류1출원제도를 이용한 상표등록출원을 하는 경우 또는 구체적이고 세부적인 지정상품의 기재를 요구하는 나라의 상표등록출원을 기초로 하여 포괄적인 용어의 지정상품 기재를 허용하는 나라에 우선권을 주장하는 경우에 인정된다.

복합우선권 주장이 있는 경우 지정상품별로 우선권이 인정되는 상품(우선일이 빠른 순서에 따라 "우선권1, 우선권2, …" 등으로 구분)과 인정되지 않는 상품을 분류한 후 이를 심사점검표에 기재하고, 상표법 제35조를 적용할 때 각각의 우선권 주장일을 기준으로 심사한다.

우선권 주장이 없는 지정상품에 대해서는 부분우선권과 같이 처리한다.

Ⅲ. 우선권 주장의 요건

1. 우선권 주장을 할 수 있는 자

우선권 주장을 할 수 있는 자는 파리협약, WTO, 상표법조약 등 국제조약이나 우리나라와 체결한 조약에 따라 대한민국 국민에게 상표등록출원에 대한 우선권을 인정하는 당사국의 국민[3]과 파리협약 동맹국 내에 주소 또는 진정하고 실효적인 공업상 또는 상업상의 영업소를 가지고 있는 비동맹국의 국민[4]이다. 대한민국 국민이 조약에 따라 대한민국 국민에게 상표등록출원에 대한 우선권을 인정하는 당사국에 상표등록출원을 한 후 같은 상표를 대한민국에 상표등록출원을 한 경우에도 우선권 주장을 할 수 있다(상표법 제46조 제1항 후단). 대

---

3) 상표법 제46조 제1항 및 파리협약 제4조 A.(1).
4) 파리협약 제3조.

한민국 국민이 영국에 최초로 상표등록출원을 한 다음 그 출원을 기초로 대한
민국에 우선권 주장을 하면서 상표등록출원을 할 수 있는 것이다. 조약이란 파
리협약뿐만 아니라 WTO 등과 같은 다자간협정 및 쌍무협정 등을 통하여 우리
나라 국민에게 상표등록출원에 대한 우선권 주장을 인정하는 것이면 모두 포함
되는 것으로 해석하여야 한다. 또한, 제2국(우리나라) 출원인은 제1국 출원인 또
는 그 승계인이어야 한다. 여기의 승계인은 우선권의 승계인으로서 우리나라에
출원할 권리를 가진 자이어야 한다. 동일인 여부의 판단은 출원 시가 아니라 등
록여부결정 시를 기준으로 하며, 출원인에 따른 우선권 주장 인정 여부는 다음
기준으로 판단한다.

(i) 최초 출원국에 "A"라는 명의로 출원을 하고 중간에 "B"라는 명의로
변경한 후 한국에 "B"라는 명의로 출원하면 우선권 주장 인정
(ii) 최초 출원국에 "A"라는 명의로 출원을 하고 중간에 "B"라는 명의로
변경하였으나 한국에 "A"라는 명의로 출원하면 우선권 주장 불인정
(iii) 최초 출원국에 "A"라는 명의로 출원을 하고 한국에 "B"라는 명의로
출원하면서 한국에서는 우선권을 주장하여 출원할 수 있는 권리를 "B"
에게 양도한다는 증명서류를 제출하는 경우 우선권 주장 인정

2. 출원의 정규성

조약에 따른 우선권은 당사국에서 적법하게 출원된 것만을 기초로 하여 주
장할 수 있다. 적법한 출원이란 각 당사국의 국내 법령 또는 당사국 간에 체결
된 2국간 또는 다국간의 조약에 따라 정규의 국내 출원에 해당되는 모든 출원
을 의미한다.5)

정규의 국내 출원이란 출원의 결과 여부에 관계없이 당해 국가에 출원을
한 날짜를 확정하기에 적합한 모든 출원을 의미한다.6) 우선권의 기초출원이 되
기 위해서는 당해 국가에서 정규의 출원이어야 하지만 그 정규의 출원이란 출
원이 이루어진 국가의 국내 법령에 따라 방식에 관하여 잘못이 없거나, 설령 방
식이 불충분하거나 잘못이 있더라도 그것이 출원이 이루어진 일자를 확정하는
데 충분하다면 정규의 출원으로 보며, 그 출원의 진행결과는 영향이 없다. 그러

---

5) 파리협약 제4조 A.(2).
6) 파리협약 제4조 A.(3).

므로 최초출원이 출원 후에 무효·취하·포기 또는 거절결정을 받은 경우에도 이를 기초로 하여 우선권을 주장할 수 있다.

3. 출원의 최선성

우선권 주장의 기초가 되는 출원은 제1국에서 최초로 한 출원이어야 한다. 예외적으로 최초출원이 아닌 출원(후출원)이 최초출원으로 간주되어 우선권 주장의 근거가 되는 경우가 있을 수 있다. 이 경우는 ① 후출원이 최초출원과 동일한 대상에 대하여 출원된 것이고, ② 최초출원이 공중의 열람에 제공되지 아니하였으며(공개되지 아니하였고), ③ 최초출원이 어떠한 권리도 존속시키지 아니하고, ④ 후출원일 당시 최초출원이 취소, 포기 또는 거절되었어야 하며, ⑤ 최초출원이 당해 국가나 타국에서 아직 우선권 주장의 기초출원이 되지 않았어야 하는 모든 조건을 갖추어야 한다. 이 경우 원래의 최초출원은 우선권 주장의 근거가 될 수 없다.[7]

4. 우선권 주장 및 그 기간

출원인은 우선권을 향유하기 위해서는 정해진 기간 이내에 우선권을 주장하여야 한다. 출원인과 제3자의 이익을 조화롭게 한다는 측면에서 우선권 주장 기간은 6개월이다.[8] 그러므로 우선권을 주장하려는 자는 우선권 주장의 기초가 되는 최초의 출원일부터 6개월 이내에 출원하지 아니하면 우선권을 주장할 수 없다(상표법 제46조 제2항). 이 경우 제1국 출원일 자체는 기간의 계산에 포함되지 않으며(초일 불산입), 마감일이 공휴일인 경우에는 공휴일이 끝난 최초의 근무일까지 연장된다.

5. 출원의 동일성

제2국(우리나라)에 출원한 상표(우선권을 주장하는 출원상표)는 제1국에 출원한 상표(최초 출원상표)와 동일하여야 한다. 이때 어느 범위까지 두 상표가 동일하여야 할 것인지가 문제될 수 있는데, 동일성의 요건은 파리협약의 취지상[9]

---

7) 파리협약 제4조 C.(4).
8) 파리협약 제4조 C.(1).
9) 파리협약 제6조의5 C(2)에는 "본국에서 보호되고 있는 상표의 구성부분에 변경을 가한 상표는 그 변경이 본국에 등록된 형태대로 상표의 두드러진 특징을 변경하지 아니하고 또는 상표의 동일성에 영향을 주지 아니하는 한, 타 동맹국에서 그 변경을 유일한 이유로 하여 거절당하지 않는다."라고 규정하고 있다.

물리적 동일성을 의미하는 것이 아니라 실질적 동일성을 의미하는 것으로 보아야 한다. 상표의 경우 국가마다 부기적인 부분을 달리하여 사용될 필요가 있으므로 각국의 제도상 차이로 인한 불가피한 변경이나 부기적인 부분의 삭제 또는 변경은 동일성을 인정하고, 상표법 제40조 제2항의 요지변경에도 해당하지 않는 것으로 본다.

또한, 제2국(우리나라) 출원과 제1국 출원은 지정상품이 동일하여야 한다. 이 경우 지정상품의 동일성도 지정상품의 실질적 동일성을 의미하는 것으로 각국의 상품 분류 및 인정상품 명칭 등 제도상 차이와 상품거래 실태 등의 차이로 인한 불가피한 변경이나 지정상품의 설명 등 부기적인 부분의 삭제 또는 변경은 동일성을 인정하며, 상표법 제40조 제2항의 요지변경에도 해당하지 않는 것으로 본다. 따라서 제1국 출원의 지정상품이 포괄명칭(의류)인데 제2국(우리나라) 출원의 지정상품은 그보다 세부적인 명칭(한복, 청바지, 반바지)인 경우10)나 제1국 출원시의 외국어로 된 상품명칭을 한글로 번역하여 출원하면서 동일성이 인정되는 범위 내에서 문자 그대로 번역하지 않고 우리나라의 거래실정이나 정식상품명칭에 맞게 수정하여 출원한 경우에는 이를 허용하여야 한다.

Ⅳ. 우선권 주장의 절차

1. 상표등록출원 시 우선권 주장

우선권을 주장하려는 자는 상표등록출원 시 상표등록출원서에 그 취지, 최초로 출원한 국가명 및 출원 연월일을 적어야 한다(상표법 제46조 제3항). 우선권은 제1국에서 정규의 출원을 한 때에 발생하지만 이는 잠재적인 권리에 불과하므로 우선권의 혜택을 받기 위해서는 제2국(우리나라)에 상표등록출원을 할 때 우선권을 주장하여야 하는 것이다.

파리협약은 제2국 출원에 관해서 우선권의 이익을 향유하기 위해서는 우선권 주장을 의무적인 절차로 규정하고 있지만11), 동맹국은 우선권을 신청하는 자에 대하여 최초의 출원에 관한 출원서류(설명서 등 포함)등본의 제출을 요구할 수 있다.12) 다만, 제1국 출원에 관계되는 서류의 등본 제출을 의무사항으로 규

---

10) 문상섭, 상표법(제2판), 세창출판사(2004), 771.
11) 파리협약 제4조 D.(1).
12) 파리협약 제4조 D.(3).

정하고 있지 않고 각 동맹국이 이를 요구할 것인지 여부와 언제까지 제출하여야 하는지 여부는 각 동맹국이 자율적으로 정하도록 하고 있다.

2. 우선권 증명서류의 제출

가. 통상의 상표등록출원

상표등록출원 시 우선권을 주장하는 자는 최초로 출원한 국가의 정부가 인정하는 서류로서 상표등록출원의 연월일을 적은 서면, 상표 및 지정상품의 등본을 상표등록출원일부터 3개월 이내에 특허청장에게 제출하여야 한다(상표법 제46조 제4항). 우선권 주장 취지는 출원인이 출원 시에 반드시 기재하여야 한다. 출원 시에 이를 기재하지 않은 경우 보정서 등을 통하여 우선권 주장을 할 수는 없다. 우선권 주장 취지는 상표등록출원서의 우선권 주장 란에 출원국, 출원번호, 출원일자 등을 기재하도록 하고 있으며, 기재 내용이 잘못된 경우 이를 추후 보정할 수 있고, 우선권 주장 증명서류는 출원일부터 3개월 이내에 제출하면 된다. 상표법 제46조 제4항에 따른 서류의 제출은 「특허법 시행규칙」 별지 제13호 서식의 서류제출서에 따른다. 이 경우 우선권 증명서류의 한글번역문 1부, 대리인에 의하여 절차를 밟는 경우에는 그 대리권을 증명하는 서류 1부를 첨부하여야 한다(상표법 시행규칙 제38조). 우선권을 주장하는 자가 그 제출기간 내에 해당 서류를 제출하지 아니한 경우에는 그 우선권 주장은 효력을 상실한다(상표법 제46조 제5항).

나. 국제상표등록출원

국제상표등록출원을 하려는 자가 파리협약에 따른 우선권 주장을 하는 경우에는 상표법 제46조 제4항 및 제5항을 적용하지 아니한다(상표법 제188조). 따라서 국제상표등록출원을 하면서 파리협약에 따른 우선권을 주장하려는 자는 최초로 출원한 국가의 정부가 인정하는 상표등록출원의 연월일을 적은 서면, 상표 및 지정상품의 등본을 상표등록출원일부터 3개월 이내에 특허청장에게 제출할 필요가 없고 해당 서류를 제출하지 아니한 경우에도 그로 인하여 우선권 주장의 효력이 상실되지 않는다.

V. 우선권 주장의 효과

1. 적법한 경우

우선권 주장이 적법한 경우에는 동일 또는 유사한 상품에 사용할 동일 또는 유사한 상표에 관하여 다른 날에 2 이상의 상표등록출원이 있는 때에는 먼저 출원한 자만이 그 상표에 관하여 상표등록을 받을 수 있다는 상표법 제35조(선출원)를 적용할 때 제1국에 출원한 날을 우리나라에 출원한 날로 본다(상표법 제46조 제1항). 따라서 상표법 제35조 외에 상표법 제34조 등 다른 조문을 적용할 경우에는 출원일을 기준으로 한다.

적법한 우선권 주장의 효과와 관련하여 파리협약은 "우선권 주장을 수반하는 출원(후출원)은 그 기간 중에 행하여진 행위, 즉 당해 상표의 사용으로 인하여 무효로 되지 아니하며 또한 이러한 행위는 제3자의 권리 또는 여하한 개인 소유의 권리를 발생시키지 아니한다."라고 규정하고 있다.[13) 당해 출원과 우선권 주장의 기초가 된 선출원 사이에 출원된 같은 타출원은 먼저 출원되었지만 우선권의 효력에 따라 선출원 등의 적용에 있어서는 후출원이 되어 그 등록이 거절된다.

2. 부적법한 경우

제1국 출원일부터 6개월 이내에 출원하지 않았거나, 출원일부터 3개월 이내에 우선권 주장 증명서류를 제출하지 않은 출원의 우선권 주장은 그 효력을 상실하며, 심사관은 심사점검표에 우선권 주장의 불인정 사유를 적고 상표심사화면에서 우선권 주장의 불인정을 최종 확정입력하는 것으로 처리한다.

우선권 주장이 부적법한 경우의 불이익은 당해 우선권 주장의 효력이 상실됨에 그칠 뿐이고, 우선권 주장이 없는 통상의 상표등록출원으로서는 여전히 유효하므로 우리나라에 실제로 출원한 날을 출원일로 하여 심사하면 된다. 이때 심사관은 우선권의 효력을 인정하지 않는다는 취지 및 그 이유를 통지(우선권불인정예고통지)하여야 한다.

〈박종학〉

---

13) 파리협약 제4조 B.

> **제47조(출원 시의 특례)**
> ① 상표등록을 받을 수 있는 자가 다음 각 호의 어느 하나에 해당하는 박람회에 출품한 상품에 사용한 상표를 그 출품일부터 6개월 이내에 그 상품을 지정상품으로 하여 상표등록출원을 한 경우에는 그 상표등록출원은 그 출품을 한 때에 출원한 것으로 본다.
> 1. 정부 또는 지방자치단체가 개최하는 박람회
> 2. 정부 또는 지방자치단체의 승인을 받은 자가 개최하는 박람회
> 3. 정부의 승인을 받아 국외에서 개최하는 박람회
> 4. 조약당사국의 영역(領域)에서 그 정부나 그 정부로부터 승인을 받은 자가 개최하는 국제박람회
> ② 제1항을 적용받으려는 자는 그 취지를 적은 상표등록출원서를 특허청장에게 제출하고, 이를 증명할 수 있는 서류를 상표등록출원일부터 30일 이내에 특허청장에게 제출하여야 한다.

<소 목 차>

Ⅰ. 서설

1. 의의

출원 시의 특례는 상표등록을 받을 수 있는 자가 일정한 요건을 갖춘 박람회에 출품한 상품에 사용한 상표를 그 출품일부터 6개월 이내에 그 상품을 지정상품으로 하여 상표등록출원을 한 경우에는 그 상표등록출원은 그 출품을 한 때에 출원한 것으로 보는 제도이다.

2. 취지

공업소유권의 보호를 위한 파리협약(이하 "파리협약"이라 한다)에서는 동맹국의 영역에서 개최되는 공식적 또는 공식적으로 인정된 국제박람회에 출품된 상품에 관한 상표에 대하여 각국의 국내 법령에 따라 임시적인 보호를 해 주도록 규정하고 있다.[1] 이는 박람회에 출품한 상품에 사용한 상표에 대해서는 일정기간 선출원주의의 예외를 인정함으로써 박람회에 출품한 자를 보호하기 위한 제도이다. 박람회의 상패·상장 또는 포장과 동일·유사한 표장이 있는 상표는 상표등록을 받을 수 없다고 규정하는 한편, 해당 박람회에서 수상한 자가 그 수상한 상품에 관하여 상표의 일부로서 그 표장을 사용하는 경우에는 예외적으로 상표등록을 받을 수 있도록 하는 규정(상표법 제34조 제1항 제5호)과 더불어 박람회에서 시상한 상패·상장 등의 권위를 보호하고 수요자의 품질오인을 방지하며, 해당 박람회에서 수상한 자가 그 권위에 부응할 만한 이익을 향유할 수 있도록 한 것이다.

3. 연혁

우리나라의 파리협약 가입을 계기로 1980년 개정 상표법(1980. 12. 31. 법률 제3326호)에서 특례 주장의 기간을 6개월로 하여 출원 시의 특례 규정이 신설되었다.

1990. 1. 13. 개정 상표법(1990. 1. 13. 법률 제4210호)에서는 자구를 수정하는 개정이 이루어졌다.

2010. 6. 8. 개정 상표법(2010. 6. 8. 법률 제10358호)에서는 박람회에 출품한 상품에 사용한 상표에 대해 선출원주의의 예외 인정을 위한 특례 주장시 그 취지를 별도의 서면이 아니라 상표등록출원서에 직접 적을 수 있도록 개정되었다.

2016년 개정 상표법(2016. 2. 29. 법률 제14033호)에서는 상표법의 전면 개정으로 조문 위치가 변경되었다. 본조는 개정 전 상표법 제21조가 변경된 것이다.

---

1) 파리협약 제11조 (1).

Ⅱ. 출원 시의 특례 적용요건

1. 출원 시의 특례를 주장할 수 있는 자

출원 시의 특례를 주장할 수 있는 자는 일정한 조건을 갖춘 박람회에 해당 상표를 사용한 상품을 출품한 자 또는 그의 정당한 승계인이어야 한다. 따라서 법인 명의로 박람회에 출품하고 대표자 개인 명의로 출원하는 경우에는 출원 시의 특례를 인정받을 수 없다.

2. 일정한 조건을 갖춘 박람회

출원 시의 특례를 인정받을 수 있는 박람회는 ① 정부 또는 지방자치단체가 개최하는 박람회, ② 정부 또는 지방자치단체의 승인을 받은 자가 개최하는 박람회, ③ 정부의 승인을 받아 국외에서 개최하는 박람회, ④ 조약당사국의 영역에서 그 정부나 그 정부로부터 승인을 받은 자가 개최하는 국제박람회로 한정된다. 정부는 국가기관으로서 중앙정부는 물론 주 정부, 공화국 정부를 포함한다.[2] 지방자치단체는 특별시, 광역시, 특별자치시, 도, 특별자치도, 시, 군, 구 등이다(지방자치법 제2조 제1항). 정부 또는 지방자치단체의 승인은 해당 박람회 개최 자체의 승인을 의미하고 인가, 허가, 면허, 인정, 공인, 허락 등 그 용어를 불문하고 정부 또는 지방자치단체가 권위를 부여하거나 이를 허용하는 일체의 행위를 말한다. 국제공인기관의 공인을 받은 경우에는 정부의 승인을 받은 것으로 보며, 박람회 자체의 개최만을 목적으로 정부의 인가를 받아 설립된 법인이 개최하는 박람회는 정부의 별도 승인이 없더라도 이에 포함된다. 박람회는 전시회, 전람회, 품평회, 경진대회 등 그 용어를 불문한다.

3. 박람회에 출품한 상품 및 상표와 동일

출원 시의 특례를 주장하기 위해서는 해당 박람회에 출품한 상품에 사용한 상표이어야 한다. 따라서 박람회에 출품한 상품에 사용한 상표와 동일하여야 하며 지정상품도 박람회에 출품한 상품과 동일하여야 한다.

박람회에 출품한 상품에 사용한 상표와 유사한 상표를 출원한 경우에는 출원일의 소급효가 인정되지 않고 실제의 출원일을 기준으로 선출원 여부를 판단

---

2) 상표심사기준(2016. 9. 1. 기준) 제2부 제7장 1.1.2.

한다.

4. 출원 시의 특례 주장 및 그 기간

출원 시의 특례는 박람회에 상품을 출품한 때에 발생하지만 이는 잠재적인 권리에 불과하다. 출원 시의 특례를 언제까지 주장하여야 유효한 것으로 인정받을 수 있는지에 대해서는 파리협약에서 명문으로 규정하지 않고 각 동맹국에 일임하고 있다.[3] 우리나라에서 출원 시의 특례를 적용받고자 하는 경우에는 박람회 출품일부터 6개월 이내에 상표등록출원을 할 때 출원 시의 특례를 주장하여야 한다(상표법 제47조 제1항).

Ⅲ. 출원 시의 특례의 절차

1. 출원 시의 특례의 주장방식

우리나라의 경우 상표법 제47조 제2항에 따라 출원 시의 특례를 적용받으려는 자는 그 취지를 적은 상표등록출원서를 특허청장에게 제출하도록 하고 있다. 출원 시의 특례 주장은 상표등록출원 시에만 허용되고 그 외의 경우에는 출원 시의 특례를 적용받을 수 없다. 따라서 상표등록출원 시에 주장하지 않으면 추후 의견서 등을 통하여 이를 주장할 수 없다.

2. 출원 시의 특례와 관련된 증명서류의 제출

가. 통상의 상표등록출원

출원 시의 특례를 적용받으려는 자는 이를 증명할 수 있는 서류를 상표등록출원일부터 30일 이내에 특허청장에게 제출하여야 한다(상표법 제47조 제2항). 출원 시의 특례를 적용받기 위한 증명서류를 제출하려는 경우에는 「특허법 시행규칙」 별지 제13호 서식의 서류제출서를 특허청장에게 제출하여야 한다. 다만, 상표등록출원과 동시에 증명서류를 제출하려는 경우에는 상표등록출원서에 증명서류를 제출한다는 취지를 적음으로써 갈음할 수 있다(상표법 시행규칙 제40조). 만약 출원 시의 특례를 적용받으려는 자가 그 제출기간 내에 해당 서류를 제출하지 아니한 경우에는 출원 시의 특례 주장은 그 효력을 상실한다. 다만, 출원 시의 특례의 효력만을 상실하고 보통의 상표등록출원으로는 여전히 유효

---

3) 파리협약 제11조 (1).

하므로 실제의 출원일에 출원한 것으로 본다.

나. 국제상표등록출원

국제상표등록출원에 대하여 상표법 제47조 제2항을 적용할 경우 "그 취지를 적은 상표등록출원서를 특허청장에게 제출하고, 이를 증명할 수 있는 서류를 상표등록출원일부터 30일 이내에"는 "그 취지를 적은 서면 및 이를 증명할 수 있는 서류를 산업통상자원부령으로 정하는 기간 내에"로 본다(상표법 제189조 제1항). 출원 시의 특례를 적용받기 위한 증명서류를 제출하려는 경우에는 「특허법 시행규칙」 별지 제13호 서식의 서류제출서를 특허청장에게 제출하여야 한다. 다만, 상표등록출원(국제상표등록출원은 제외한다)과 동시에 그 증명서류를 제출할 때에는 출원서에 증명서류를 제출한다는 취지를 적음으로써 서류제출서를 갈음할 수 있다(상표법 시행규칙 제89조). 상표법 제189조 제1항에서 "산업통상자원부령으로 정하는 기간"이란 상표법 제180조 제2항 본문에 따른 국제등록일(대한민국을 사후지정한 경우에는 같은 항 단서에 따른 사후지정일)부터 3개월을 말한다(상표법 시행규칙 제90조).

국제상표등록출원에 대해서는 우선심사에 관한 상표법 제53조 제2항을 적용하지 아니한다(상표법 제189조 제2항).

Ⅳ. 출원 시의 특례의 효과

1. 적법한 경우

출원 시의 특례의 주장이 적법한 경우에는 박람회에 출품한 상품을 지정상품으로 하여 그 상품에 사용한 상표에 대하여 한 상표등록출원은 그 출품을 한 때에 출원한 것으로 본다(상표법 제47조 제1항). 따라서 박람회에 상품을 출품한 때와 상표등록출원한 때 사이에 출원된 다른 출원은 먼저 출원되었지만 출원 시의 특례의 효력에 따라 선출원 등의 적용에 있어서는 후출원이 되어 그 등록이 거절된다. 다만, 우선권 주장과는 달리 상표법 제35조의 규정뿐만 아니라 출원일을 기준으로 판단하는 모든 조문을 적용함에 있어서 박람회 출품일을 기준으로 판단한다.

2. 부적법한 경우

출원 시의 특례의 주장이 부적법한 경우의 불이익은 당해 출원 시의 특례의 효력을 받지 못함에 그칠 뿐이다. 출원인에게 출원 시의 특례불인정예고통지서를 발송하고 의견제출 기회를 주어야 하며, 출원인의 의견(제출된 의견을 불인정하는 경우를 포함한다)이나 보정이 없는 경우 출원 시의 특례불인정확정통지를한다.

출원 시의 특례 주장을 인정하지 않는 경우에도 출원 시의 특례 주장을 수반한 상표등록출원은 출원 시의 특례의 적용이 없는 통상의 상표등록출원으로는 유효하다. 따라서 출원 시의 특례의 주장 기간 내에 상표등록출원을 하지 않았거나 정해진 기간 내에 증명할 수 있는 서류를 제출하지 않은 경우에는 실제출원일에 출원한 것으로 보고 심사하여야 한다.[4]

〈박종학〉

---

4) 상표심사기준(2016. 9. 1. 기준) 제2부 제7장 2.1.

제48조(출원의 승계 및 분할이전 등)

① 상표등록출원의 승계는 상속이나 그 밖의 일반승계의 경우를 제외하고는 출원인 변경신고를 하지 아니하면 그 효력이 발생하지 아니한다.

② 상표등록출원은 그 지정상품마다 분할하여 이전할 수 있다. 이 경우 유사한 지정상품은 함께 이전하여야 한다.

③ 상표등록출원의 상속이나 그 밖의 일반승계가 있는 경우에는 승계인은 지체 없이 그 취지를 특허청장에게 신고하여야 한다.

④ 상표등록출원이 공유인 경우에는 각 공유자는 다른 공유자 전원의 동의를 받지 아니하면 그 지분을 양도할 수 없다.

⑤ 제2항에 따라 분할하여 이전된 상표등록출원은 최초의 상표등록출원을 한 때에 출원한 것으로 본다. 다만, 제46조제1항에 따른 우선권 주장이 있거나 제47조제1항에 따른 출원 시의 특례를 적용하는 경우에는 그러하지 아니하다.

⑥ 다음 각 호의 어느 하나에 해당하는 등록출원은 양도할 수 없다. 다만, 해당 호의 업무와 함께 양도하는 경우에는 양도할 수 있다.

1. 제3조제6항에 따른 업무표장등록출원
2. 제34조제1항제1호다목 단서, 같은 호 라목 단서 및 같은 항 제3호 단서에 따른 상표등록출원

⑦ 단체표장등록출원은 이전할 수 없다. 다만, 법인이 합병하는 경우에는 특허청장의 허가를 받아 이전할 수 있다.

⑧ 증명표장등록출원은 이를 이전할 수 없다. 다만, 해당 증명표장에 대하여 제3조제3항에 따른 증명표장의 등록을 받을 수 있는 자에게 그 업무와 함께 이전하는 경우에는 특허청장의 허가를 받아 이전할 수 있다.

<소 목 차>

Ⅰ. 서론

1. 의의

본조는 상표등록출원의 승계 등에 관하여 규정하고 있는데, 상표권의 이전

등에 관하여 규정한 상표법 제93조와 내용이 비슷하다.

상표등록출원에 따른 권리는 후출원을 배제함과 동시에 장래에 등록을 받게 될 것이라는 하나의 기대권이다.[1] 상표권과 달리 금지청구권이나 손해배상청구권은 없지만 출원인은 출원공고 후에 출원상표를 사용한 제3자가 있는 경우에는 서면으로 경고할 수 있고 설정등록이 되면 그 설정등록시까지의 손실보상금의 지급을 청구할 수 있다(상표법 제58조).

상표법은 상표권과 마찬가지로 상표등록출원도 그 자체의 재산권적 성격을 중시하여 영업과 분리하여 자유롭게 이전할 수 있도록 하고 있다. 반면에 업무표장등록출원이나 단체표장등록출원, 증명표장등록출원 등은 대외적인 신뢰를 보호할 필요가 있기 때문에 그 이전에 제한을 두고 있다.

출원 승계의 효력과 관련하여 본조에서는 상속이나 회사의 합병과 같은 일반승계의 경우에는 출원인변경신고를 하지 않더라도 당연히 상표등록출원이 승계됨을 전제로 하고 있는 반면에, 계약에 의한 양도와 같은 특정승계의 경우에는 출원인변경신고를 효력요건으로 하고 있다.

그리고 상표등록출원은 원칙적으로 지정상품마다 분할하여 이전할 수 있도록 하고, 상표등록출원이 공유인 경우에는 공유자 전원의 동의가 있어야 그 지분을 양도할 수 있도록 하고 있다.

상표등록출원에 의하여 발생한 권리에 대하여 질권을 설정할 수 있는가에 관하여는, 특허를 받을 수 있는 권리의 경우 이전성을 인정하면서도 질권 설정을 금지하고 있음에 비추어(특허법 제37조 제2항), 상표등록출원의 경우에도 그에 준하여 해석해야 한다는 견해가 있다.[2]

2. 연혁

상표법 제정 이후 1990. 1. 13.자 개정 전까지는 상표는 등록 여부를 불문하고 영업과 같이 하지 않으면 이전할 수 없고 출원된 상표의 승계는 그 등록이 없으면 제3자에게 대항할 수 없다는 규정을 두고 있었다. 1973. 2. 8.자 개정에 의하여 상표의 이전이 더 제한되어 상표의 이전은 상속 기타 일반승계의 경우를 제외하고는 그 사유를 일간신문에 공고하여야 하고 공고가 있은 날로부터 30일 후가 아니면 이전할 수 없도록 하였다.

---

1) 송영식 외 6인 공저, 송영식 지적소유권법(하)(제2판), 육법사(2013), 321.
2) 송영식 외 6인 공저(주 1), 322-323.

1990. 1. 13.자 개정에 의하여 상표권의 이전과 별도로 출원의 승계 및 이전에 관한 제12조가 신설되면서 상표등록출원은 영업과 분리하여 자유롭게 이전할 수 있게 되었고, 양도 등에 의한 특정승계의 경우에는 출원인변경신고를 하여야만 승계의 효력이 발생하도록 하였다.

2010. 1. 17.자 개정에 의하여 저명한 국제기관의 명칭 등에 관한 출원 양도 제한 규정이 신설되었고, 2011. 12. 2.자 개정에 의하여 증명표장제도가 신설됨에 따라 증명표장의 출원 이전 제한 규정이 추가되었다.

2016. 2. 29.자 개정에 의하여 종전 제12조의 내용은 큰 변화 없이 본조인 제48조로 이동하였다.

Ⅱ. 출원의 승계

1. 상표등록출원의 승계

가. 영업과의 분리

상표등록출원은 상속, 합병 등의 일반승계는 물론 계약상 양도(매매, 증여 등)와 같은 특정승계에 의하여 승계될 수 있다.

상표등록출원의 경우에는 업무표장이나 단체표장, 증명표장과 달리 원칙적으로 영업과 분리하여 자유롭게 양도할 수 있다. 과거에는 수요자의 출처 혼동·품질 오인 등을 피하기 위하여 영업과 함께 상표등록출원을 양도할 수 있도록 하는 등 그 양도에 일정한 제한을 가하였으나 그 재산권적 성격과 거래 현실을 존중하여 1990. 1. 13.자 개정으로 그러한 제한을 없앤 것이다.

그러나 현행 상표법 아래에서도 공익상의 필요 때문에 상표등록출원의 승계가 제한되는 경우가 있다. 즉, 국제적십자, 국제올림픽위원회 또는 저명한 국제기관이 자기의 명칭, 약칭 또는 표장을 상표등록출원한 경우(상표법 제34조 제1항 제1호 다목 단서), 파리협약의 동맹국 등이 가입한 정부 간 국제기구가 자기의 명칭·약칭, 표장을 상표등록출원한 경우(같은 호 라목 단서), 국가·공공단체 또는 이들의 기관과 공익법인이 자기의 표장을 상표등록출원한 경우(같은 항 제3호 단서)에는 그 등록출원을 양도할 수 없다(본조 제6항 본문 및 제2호). 다만, 그와 관련된 업무와 함께 양도하는 경우에는 공익을 해하지 않으므로 그 양도를 허용한다(본조 제6항 단서). 본조 제6항의 제한을 위반하여 출원을 양도한 경우에는 거절이유가 되고(상표법 제54조 제3호), 등록 후에도 무효사유가 된다(상표법

제117조 제1항 제1호).

나. 공유의 경우

상표등록출원이 공유인 경우에는 각 공유자는 다른 공유자 전원의 동의를 받지 아니하면 그 지분을 양도할 수 없다(본조 제4항). 공유자가 누군가에 따라서 다른 공유자의 영업이나 권리 행사에 큰 영향에 미칠 수 있으므로 상표등록출원에 관한 지분양도는 다른 공유자 전원의 동의를 받도록 한 것이다.

본조 제4항의 제한을 위반하여 지분을 양도한 경우에는 거절이유가 되고(상표법 제54조 제3호), 등록 후에도 무효사유가 된다(상표법 제117조 제1항 제1호). 그러나 본조 제4항은 공익보다 공유자들의 이익을 보호하기 위한 규정이므로, 어느 공유자가 이를 위반하여 지분을 양도한 경우에 그 양도의 효력만 부인하면 충분하고, 출원거절이유나 등록무효사유로까지 삼는 것은 위반의 책임이 없는 다른 공유자들에게까지 불이익을 주는 것이어서 입법적으로 재고할 필요가 있다.[3]

다. 승계의 효력

상표등록출원 중에 출원인에 대한 상속, 합병 등의 일반승계가 있는 경우에는 법률상 당연히 그 출원이 승계되는 효력이 발생한다. 반면에 계약상 양도와 같은 특정승계의 경우에는 출원인변경신고를 하여야 그 효력이 발생한다(본조 제1항). 따라서 이중양도의 경우에는 먼저 출원인변경신고를 한 양수인이 출원 승계인으로 인정받을 수 있다. 다만, 제2 양수인이 상표등록출원이 이미 제1 양수인에게 양도된 사실을 알면서도 이중양도행위에 적극적으로 가담한 경우에는 그 제2 양도가 민법 제103조의 반사회질서 법률행위에 해당하여 무효로 될 것이다(특허법원 2006. 12. 28. 선고 2005허9282 판결은 제2 양수인이 '특허를 받을 권리'의 이중양도행위에 적극 가담한 경우 그 제2 양도는 반사회질서 법률행위로서 무효라고 판시하였던바, 출원의 이중양도의 경우에도 마찬가지일 것이다).

라. 출원인변경신고의 방법

출원인변경신고를 하려는 자는 권리관계 변경신고서(특허법시행규칙 별지 제20호 서식)에 출원인변경의 원인을 증명하는 서류를 첨부하여 그 상표등록출원

---

3) 상표권이 공유인 경우에도 각 공유자는 다른 공유자 모두의 동의를 받지 아니하면 그 지분을 양도할 수 없으나(상표법 제93조 제2항), 그 제한을 위반하여 지분을 양도하였다고 해서 등록무효사유가 되지는 않는다(상표법 제117조 참조).

의 등록 전까지 특허청장에게 제출하여야 한다. 제3자의 동의 또는 승낙 등이 필요한 경우에는 이를 받았음을 증명하는 서류를 첨부하여야 한다(상표법시행규칙 제41조 제1항).

출원인변경신고서에 ① 「상표법조약 규칙」에서 정하고 있는 국제표준서식(한글로 번역된 것에 한한다)에 의하여 작성된 양도증명서 또는 양도문서나 ② 출원인변경을 증명하는 계약서의 사본 또는 발췌본(공증인 또는 공공기관에 의하여 인증된 것에 한한다) 중 어느 하나를 첨부한 경우에는 양도인 또는 양수인만으로 이를 할 수 있다(상표법시행규칙 제41조 제3항).

출원인명의변경절차의 이행을 소로써 구할 수 있는지에 관하여 일본의 하급심 판결 중에는 일본 상표법 및 그 시행규칙상 상표등록출원에 의하여 발생한 권리를 양수한 자 자신이 단독으로 승계인임을 증명하는 서면을 첨부하여 특허청장관에게 신고하면 되는 것이어서 쌍방신청주의가 채택되어 있지 아니하므로 양수인이 양도인을 상대로 출원인명의변경절차의 이행을 구할 여지는 없고, 다만 '승계인임을 증명하는 서면'에 갈음하는 취지에서 상표등록출원에 의해 발생한 권리의 이전청구권이 있음의 확인을 소로써 구하는 것은 가능하다고 한 판결이 있다.[4] 그러나 우리나라의 경우에는 위 상표법시행규칙 제41조 제3항의 반대해석상 위 규정의 요건을 갖추지 못한 경우에는 출원인변경신고는 양도인과 양수인의 공동신고에 의하여야 할 것이므로 출원인명의변경절차의 이행을 소로써 구할 수 있다고 보아야 할 것이다.

한편, 상표등록출원의 상속이나 그 밖의 일반승계가 있는 경우에는 승계인은 지체 없이 그 취지를 특허청장에게 신고하여야 한다(본조 제3항). 그러한 신고가 없으면 심사관 등으로서는 그 일반승계를 알기 어려워서 출원절차의 진행에 지장이 있기 때문이다. 그러나 그 신고를 태만히 한 것에 대한 제재는 규정되어 있지 않다.

2. 업무표장등록출원 등의 승계

가. 업무표장등록출원

업무표장등록출원은 그 업무와 함께 양도하는 경우에 한하여 양도할 수 있다(본조 제6항 제1호).

---

4) 이른바 'チェレーザ' 사건에 관한 동경지재 88. 6. 29. 선고 昭和 56(ワ) 10034 판결[中山 信弘 외 3인 편, 비교상표판례연구회 역, 상표판례백선, 박영사(2011), 129 이하 참조].

본조 제6항 단서에 따라 업무의 양도와 함께 업무표장등록출원을 양도받고
자 하는 자는 권리관계 변경신고서(특허법시행규칙 별지 제20호 서식)에 해당 업
무표장등록출원을 그 업무와 함께 양도하는 것을 증명하는 서류를 첨부하여 특
허청장에게 제출하여야 한다(상표법시행규칙 제44조 제1항).

　　본조 제6항의 제한을 위반하여 출원을 양도한 경우에는 거절이유가 되고(상
표법 제54조 제3호), 등록 후에도 무효사유가 된다(상표법 제117조 제1항 제1호).

나. 단체표장등록출원

　　단체표장등록출원은 원칙적으로 이전할 수 없다. 다만, 법인이 합병된 경우
에는 특허청장의 허가를 받아 이전할 수 있다(본조 제7항).

　　본조 제7항 단서에 따라 단체표장등록출원의 이전허가신청을 하려는 자는
이전허가신청서(상표법시행규칙 별지 제6호 서식)에 ① 법인의 합병을 증명하는
서류(합병 후 존속하는 법인이 상표법 제3조 제2항5)에 따라 단체표장의 등록을 받을
수 있는 자에 해당하고, 단체표장의 사용에 관한 정관의 내용이 합병 전후에 걸쳐서
실질적 동일성을 유지하고 있음을 설명하거나 확인하는 내용이 포함되어야 한다), ②
합병 후 존속하는 법인의 정관(상표법시행령 제3조에 따른 단체표장의 사용에 관한
사항이 포함된 것이어야 한다)을 첨부하여 특허청장에게 제출하여야 한다(상표법시
행령 제8조 제1항, 동시행규칙 제45조 제2항).

　　본조 제7항의 제한을 위반하여 출원을 양도한 경우에는 거절이유가 되고(상
표법 제54조 제3호), 등록 후에도 무효사유가 된다(상표법 제117조 제1항 제1호).

다. 증명표장등록출원

　　증명표장등록출원은 원칙적으로 이전할 수 없다. 다만, 해당 증명표장에 대
하여 상표법 제3조 제3항에 따른 증명표장의 등록을 받을 수 있는 자에게 그
업무와 함께 이전하는 경우에는 특허청장의 허가를 받아 이전할 수 있다(본조
제8항). 따라서 증명표장등록출원의 양수인은 상품의 품질, 원산지, 생산방법 또
는 그 밖의 특성을 증명하고 관리하는 것을 업으로 할 수 있는 자로서 해당 증
명표장을 계속 타인의 상품에 대하여 품질 등의 특성을 증명하는 용도로 사용
하려는 자여야 한다(상표법 제3조 제3항 본문 참조).

---

　5) 상표법 제3조 제2항: "상품을 생산·제조·가공·판매하거나 서비스를 제공하는 자가 공
　　동으로 설립한 법인(지리적 표시 단체표장의 경우에는 그 지리적 표시를 사용할 수 있는
　　상품을 생산·제조 또는 가공하는 자만으로 구성된 법인으로 한정한다)은 자기의 단체표장
　　을 등록받을 수 있다."

증명표장등록출원의 이전허가신청을 하려는 자는 이전허가신청서(상표법시행규칙 별지 제6호 서식)에 ① 증명표장등록출원을 그 증명표장의 업무와 함께 이전함을 증명하는 서류(이전을 받을 자가 상표법 제3조 제3항에 따라 증명표장의 등록을 받을 수 있는 자에 해당하고, 증명표장의 사용에 관한 정관의 내용이 업무를 이전하기 전후에 걸쳐서 실질적으로 동일성을 유지하고 있음을 설명하거나 확인하는 내용이 포함되어야 한다), ② 이전받을 자가 사용할 정관 또는 규약(상표법 제36조 제4항에 따른 것이어야 한다), ③ 상표법시행령 제4조 제1항에 따른 증명표장 사용에 관한 사항을 정한 서류, ④ 상표법시행령 제4조 제2항에 따른 증명하려는 상품의 품질 등을 증명하고 관리할 수 있음을 증명하는 서류를 첨부하여 특허청장에게 제출하여야 한다(상표법시행령 제8조 제2항, 동시행규칙 제45조 제3항).

본조 제8항의 제한을 위반하여 출원을 양도한 경우에는 거절이유가 되고(상표법 제54조 제3호), 등록 후에도 무효사유가 된다(상표법 제117조 제1항 제1호).

3. 절차의 효력 승계

상표에 관한 권리에 관하여 밟은 절차의 효력은 그 상표에 관한 권리의 승계인에게 미친다(상표법 제20조). 따라서 상표등록출원에서 원출원인이 제출한 보정서나 의견서의 효과는 그대로 출원승계인에게 미치고, 원출원인이 거절이유통지나 보정명령을 받은 직후에 출원의 승계가 이루어진 경우에는 출원승계인이 지정된 기간 내에 의견서나 보정서를 제출하여야 한다.6) 다만, 그 승계의 원인이 원출원인의 사망이나 합병에 의한 법인 소멸인 경우에는 절차가 중단되므로(다만, 절차를 밟을 것을 위임받은 대리인이 있는 경우에는 그러하지 아니하다) 그 기간의 진행은 정지되고 상속인 등에게 그 절차의 수계통지를 하거나 상속인 등이 그 절차를 속행한 때부터 전체기간이 새로 진행된다(상표법 제22조, 제26조).

한편, 특허청장 또는 심판장은 상표에 관한 절차가 특허청 또는 특허심판원에 계속 중일 때 상표에 관한 권리가 이전된 경우에는 그 상표에 관한 권리의 승계인에 대하여 그 절차를 속행하게 할 수 있다(상표법 제21조).

---

6) 平尾正樹, 상표법(제1차 개정판), 学陽書房(2006), 262.

Ⅲ. 상표등록출원의 분할이전

상표등록출원은 그 지정상품마다 분할하여 이전할 수 있다(본조 제2항 전단). 다만, 유사한 지정상품은 함께 이전하여야 한다(본조 제2항 후단). 유사한 지정상품을 함께 이전하도록 한 것은 출처의 혼동을 방지하기 위해서다.

본조 제2항 후단의 제한을 위반하여 출원을 양도한 경우에는 거절이유가 되고(상표법 제54조 제3호), 등록 후에도 무효사유가 된다(상표법 제117조 제1항 제1호).

상표등록출원을 분할하여 이전받는 자는 상표등록출원서에 상표법시행규칙 제28조 제2항 각 호(제1호와 제7호는 제외)의 서류와 분할이전에 의한 출원인변경신고서, 분할이전의 원인을 증명하는 서류를 첨부하여 특허청장에 제출하여야 한다(상표법시행규칙 제42조 제1항). 한편 상표등록출원을 분할하여 이전하는 자는 원상표등록출원을 보정하여야 한다(상표법시행규칙 제42조 제2항).

분할하여 이전된 상표등록출원은 출원의 분할(상표법 제45조)과 마찬가지로 최초의 상표등록출원을 한 때에 출원한 것으로 본다(본조 제5항 본문). 다만, 조약에 따른 우선권주장(상표법 제46조 제1항)이 있거나 박람회 출품상표에 대한 출원시의 특례(상표법 제47조 제1항)를 적용하는 경우에는 그러하지 아니하다(본조 제5항 단서). 이러한 경우에까지 최초 출원시에 출원한 것으로 보게 되면 이미 우선권주장 등에 필요한 증명서류 등의 제출기간이 경과되어 오히려 출원인이나 출원승계인에게 불리한 결과가 발생하기 때문이다.

〈성창익〉

> **제49조(정보의 제공)**
>
> 누구든지 상표등록출원된 상표가 제54조 각 호의 어느 하나에 해당되어 상표
> 등록 될 수 없다는 취지의 정보를 증거와 함께 특허청장 또는 특허심판원장
> 에게 제공할 수 있다.

〈소 목 차〉

Ⅰ. 규정의 의의

본조는 누구든지 특허청 또는 특허심판원에 상표등록출원된 상표가 상표법 제54조 각 호의 어느 하나에 해당되어 상표등록될 수 없다는 취지의 정보를 증거와 함께 제출할 수 있도록 한 것인데, 이는 심사관 등이 상표등록출원 심사 시 등에 그러한 정보와 증거를 참고하도록 하여 상표심사 등의 적정성과 내실화를 도모하기 위한 규정이다.

Ⅱ. 연혁

상표에 관한 정보제공에 관하여 상표법이 당초에는 특별히 규정하지 아니하고 있었다가[1] 1997. 8. 22. 법률 제5355호로 개정된 상표법 제22조 제3항에서 정보제공제도를 신설하여 "누구든지 그 상표등록출원이 제23조 제1항[2] 각호의 1에 해당된다고 인정하는 경우에는 그 정보를 증거와 함께 특허청장에게 제공할 수 있다."라고 규정하였다.

---

1) 정보제공제도는 1980. 12. 31. 법률 제3325호로 개정된 특허법 제83조의2 제2항에서 "출원공개가 있는 때에는 누구든지 당해 발명이 제6조·제6조의2 또는 제11조의 규정에 의하여 특허될 수 없다는 취지의 정보를 증거와 함께 특허청장에게 제공할 수 있다."라고 규정하여 처음으로 도입되었으나, 1980. 12. 31. 법률 제3326호로 개정된 상표법에서는 위 특허법 제83조의2의 정보제공제도를 준용하지 않았다.

2) 제23조 제1항은 거절사정(현행 거절결정과 같음)에 대한 규정이다.

그 후 위 조항은 2016. 2. 29. 법률 제14033호로 전부개정된 상표법에서 조문의 위치를 제49조로 옮기면서 "누구든지 상표등록출원된 상표가 제54조 각 호의 어느 하나에 해당되어 상표등록 될 수 없다는 취지의 정보를 증거와 함께 특허청장 또는 특허심판원장에게 제공할 수 있다."라고 내용을 변경하여 규정하였다.

III. 내용

1. 정보제공을 할 수 있는 자

법문상 '누구든지'라고 규정되어 있으므로 정보제공을 할 수 있는 자의 자격에는 제한이 없다. 본조의 입법취지가 상표심사 등의 적정성과 내실화를 도모하는 데 있으므로 이를 위해 정보제공자의 자격에 제한을 가할 이유가 없다. 따라서 자연인, 법인 및 법인격 단체가 제출한 정보제공서류뿐만 아니라 그 존재가 잘못 기재된 정보제공서류라도 정보제공자의 심사에 참고될 수 있다.[3] 다만 해당 상표의 상표출원인은 상표등록을 받기 위하여 상표출원을 한 자이므로 정보제공자로 인정되지 않는다.[4]

2. 정보제공 제출장소, 대상 및 시기

법문상 정보제공자는 특허청 또는 특허심판원에 상표등록출원된 상표에 대하여 등록거절 정보를 제출할 수 있다고 규정되어 있다.

그러므로 특허청에 계속되어 있거나 등록거절결정에 불복하여 특허심판원에 계속되어 있는 상표등록출원을 대상으로 정보를 제공할 수 있다.[5]

상표등록출원된 상표에 대하여 정보를 제공할 수 있으므로 상표등록결정 또는 상표등록거절결정이 확정된 경우, 상표등록출원이 무효, 취하, 포기된 경우에는 본조에 따른 정보제공을 할 수 없다.

3. 제출할 수 있는 정보 및 증거

제출할 수 있는 내용은 출원된 상표가 제54조(상표등록거절결정) 각 호의 어

---

3) 심사지침서—특허·실용신안, 특허청(2007년 추록 반영), 5148.
4) 2007년 조문별 상표법해설, 특허청(2007), 162 참조.
5) 일본은 상표법 시행규칙 제19조 제1항에서 상표등록출원이 있은 때로부터 특허청장관에게 정보 제공을 할 수 있도록 하되 당해 상표등록출원이 특허청에 계속하지 않은 때에는 정보 제공을 할 수 없는 것으로 규정하고 있다.

느 하나에 해당되어 상표등록을 받을 수 없다는 취지를 내용으로 한 정보이다. 따라서 제3자라도 출원된 상표에 대해 상표등록결정을 내려야 한다는 취지를 내용으로 한 것은 본 조의 제출할 수 있는 정보에 해당하지 않는다.

위 정보를 제출하는 자가 위 정보를 제출할 때 상표등록출원이 등록될 수 없다는 이유를 뒷받침하는 증거도 함께 제출할 수 있다. 위 증거에는 다른 상표가 기재된 간행물이나 상표등록출원서 사본, 상표원부 등 통상 상표등록거절결정에 불복한 심판절차 내지 상표등록무효심판절차에서 제출될 수 있는 증거들이 모두 포함된다.[6]

4. 정보 등 제출 절차

상표법 제49조에 따라 심사참고자료를 제출하려는 경우에는 「특허법 시행규칙」 별지 제23호 서식의 정보제출서에 참고자료를 첨부하여 특허청장, 특허심판원장 또는 특허심판장에게 제출하여야 하고 대리인에 의하여 절차를 밟는 경우에는 그 대리권을 증명하는 서류를 첨부하여야 한다.[7]

5. 정보 등 제출 효과

상표법에 심사관, 심판관이 제출된 정보와 증거를 채택할 의무나 그 채부 여부를 정보제공자에게 통지할 의무는 인정되고 있지 않다.[8] 그러나 심사관 또는 심판관은 위와 같은 정보제공절차에 따라 제출된 정보 및 증거를 참고할 것

---

6) 일본은 특허법 시행규칙 제13조의2 등에서 정보제공제도를 규정하고 있는데 실무는 특허요건 판단에 참고가 되는 정보로 간행물, 출원서류, 강연회·설명회의 강연·설명용 원고, 실험성적증명서 등 외에 백화점 등에서 전시나 판매 등이 이루어졌다는 공지사실에 관한 정보는 고려하지 않는 것으로 하고 있다. 이는 그 단계에서는 증인신문 등의 증거조사가 이루어지지 않았고 증거보전의 규정(특허법 제150조)도 준용되지 않아 그와 같은 정보가 제출되더라도 그 사실을 확인하는 것이 곤란하다는 점을 고려한 것이라고 한다, 다만 네덜란드에서는 서면으로 작성된 것이라면 어떠한 정보라도 제출할 수 있지만, 독일에서는 간행물에 한정하고 있다고 한다. 中山信弘 編著, 注解 特許法(上) 第3版(後藤晴男, 有阪正昭 집필 부분), 青林書院(2000), 604-605.

7) 2016. 9. 1. 산업통상자원부령 제213호로 전부 개정된 상표법 시행규칙 제46조. 특허법 시행규칙(2014. 12. 30. 산업통상자원부령 제103호) 제45조는 "법 제63조의2에 따라 정보의 제공을 하려는 자는 별지 제23호 서식의 정보제출서에 간행물 등 증거서류나 대리인에 의하여 절차를 밟는 경우에는 그 대리권을 증명하는 서류를 첨부하여 특허청장에게 제출하여야 한다."라고 규정하고 있다.

8) 우리나라 특허법제에 대한 연혁적 고찰(조문별 특허법해설), 특허청(2007), 385에는 심사관이 해당 정보를 채택할 의무 또는 그 정보를 채택하였는지 유무를 통지할 의무가 없으나 실무상으로 통지하는 것이 일반적이라고 기재되어 있다.

인지 여부 및 그 정보 및 증거를 참고하여 출원상표가 거절결정의 사유에 해당하는지 여부를 자유로이 판단할 수 있다.[9]

6. 정보제공자에 대한 통지 등

심사관 또는 심판관이 제출된 증거를 채택할 의무나 정보제공자에게 그 증거 채택 여부를 통지할 의무가 없다고 보더라도 정보제공이 있는 경우 출원심사가 상표등록거절결정, 상표등록결정 또는 기타의 사유로 종결되는 때에 그 결과 및 제출정보의 활용 여부를 통지하여 주는 것이 바람직하다.

구 상표법 하의 상표디자인심사사무취급규정(2010. 12. 30. 특허청훈령 제683호) 제76조에서도 "심사관은 정보제공이 있는 출원에 대하여 출원공고 또는 의견제출통지 등 제1차 심사결정을 하기 전에 정보제공이 있는 경우에는 출원공고결정 또는 의견제출통지와 동시에, 제1차 심사결정 이후에 제출된 정보제공에 대해서는 최종심사가 종결되는 시점에 그 결과 및 제공된 정보의 활용여부를 정보제공자에게 통지하여야 한다. 다만, 정보제공이 있는 출원에 대한 최종심사 결과가 제1차 심사결과와 일치하지 않을 경우에는 변동된 결과를 정보제공자에게 통지하여야 한다."라고 규정하고 있다.

7. 정보제공자의 지위

상표법 시행규칙에서 정보제공자에게 앞서 본 바와 같은 정보의 활용 여부 등을 통지하도록 되어 있는데, 상표법에서는 본조에서 정보제공자가 특허청장 또는 특허심판원장에게 정보를 제출할 수 있다고 규정하고 있을 뿐이고 그 후의 절차와 관련하여 정보제공자에게 어떠한 법적인 지위를 보장하고 있지 않다.

정보제공자의 법적인 지위를 더욱 보장하여 주기 위하여 제공된 정보의 채택 유무에 대한 통지를 받을 권리, 제공된 정보가 채택되지 않을 경우에 의견서를 제출할 수 있는 권리, 정보제공자에게 당해 출원인의 보정서 및 의견서 등을 교부할 의무 등을 인정할 필요가 있다.[10]

〈윤태식〉

---

9) 디자인보호법 제62조 제4항에서는 "심사관은 디자인일부심사등록출원에 관하여 제55조(정보제공)에 따른 정보 및 증거가 제공된 경우에는 제2항에도 불구하고 그 정보 및 증거에 근거하여 디자인등록거절결정을 할 수 있다"라고 규정되어 있으나 상표법에 그와 같은 내용은 규정되어 있지 않다.

10) 우리나라 특허법제에 대한 연혁적 고찰(주 8), 385.

제 3 장
심 사

제50조(심사관에 의한 심사)
① 특허청장은 심사관에게 상표등록출원 및 이의신청을 심사하게 한다.
② 심사관의 자격에 관하여 필요한 사항은 대통령령으로 정한다.

<소 목 차>

Ⅰ. 서론

1. 의의 및 취지

상표등록출원 및 상표등록이의신청에 대한 심사주의 원칙을 규정한 것이다. 이를 제도적으로 뒷받침하기 위해 상표등록출원 및 상표 등록이의신청에 대한 심사가 적정하게 이루어질 수 있도록 일정한 자격을 가진 심사관에 의하여 심사가 이루어지도록 하여 심사의 전문성 유지와 적실성을 도모하고 있다.

2. 연혁

1949년 제정법(1949. 11. 28. 법률 제71호) 제8조에서 "등록출원은 심사관이 심사하며"라고 하여 심사관에 의한 상표등록출원의 심사주의 원칙에 대해 규정하였으며, 1973년 개정법(1973. 2. 8. 법률 제2506호)에서 출원공고 및 이의신청제도가 신설됨으로써 심사관은 현행 상표법과 동일하게 상표등록출원과 함께 상표등록이의신청도 심사하도록 하고, 또한 심사관의 자격을 대통령령으로 정하도록 규정하였다.

II. 심사관에 의한 심사

1. 심사(제1항)

상표등록출원 및 상표등록이의신청의 심사라 함은 심사관이 특정의 상표등록출원 및 상표등록이의신청에 대하여 상표권을 부여할 것인지 또는 이의신청의 이유가 있는지 여부를 결정하기 위하여 그 내용을 심리, 판단하는 행위로서 상표등록출원 및 이의신청 절차의 핵심이라고 할 수 있다.

심사는 상표등록출원의 자타식별력 유무, 타인의 선출원 또는 선등록상표와의 동일·유사 여부 등에 대한 판단을 통하여 등록결정 또는 거절결정을 하여야 하는 고도의 전문지식과 책임성을 요구하는 것이므로, 이러한 직무의 중요성을 감안하여 특허청장은 일정한 자격을 갖춘 심사관으로 하여금 상표등록출원 및 상표이의신청에 대한 심사를 하도록 하여 심사업무를 적정하고 책임있게 수행할 수 있도록 한 것이다.

가. 심사주의와 무심사주의

이러한 심사의 구체적인 방식과 관련해서는 상표의 등록여부를 결정함에 있어 형식적인 요건만을 심사할 것인지 아니면 실체적 요건에 대해서까지 심사를 하여 상표권을 부여할 것인지에 대해 입법례가 대립되는데 형식적인 요건만을 심사하고 실체적 요건에 대해서는 상표가 등록된 이후 그 상표권에 대하여 다툼이 생겼을 경우에 법원에 의해 비로소 심리를 하게 하는 것을 '무심사주의'라고 하며, 실체적 요건까지도 심사를 하여 상표권을 부여하는 것을 '심사주의'라고 한다.

심사주의하에 있어서는 권리의 유효성에 대하여 특허청의 심사를 거치므로 상표권의 신뢰성과 법적 안정성이 높고 부실권리를 예방할 수 있어 상표권의 유·무효를 둘러싸고 벌이는 분쟁을 사전에 방지할 수 있다. 또한 권리의 존재가 안정되고 재산적 가치를 높게 평가받을 수 있으며, 권리를 행사하는데도 주저할 필요가 없는 등의 장점이 있으나, 심사에 많은 인력과 시간, 비용이 소요되며, 기술의 진보로 심사판단기관인 특허청 심사관의 혁신적인 기술에 대한 판단능력과 외국어 능력, 선행 상표 조사의 어려움 등과 출원급증으로 심사가 적체되므로 권리허여 결정이 지연되어 산업재산권제도의 목적인 산업발전에 역행할 수도 있다.

한편, 무심사주의에서는 출원의 형식적인 사항이나 구비서류가 갖추어져 있는지 여부만을 심사하여 권리를 부여하므로 심사절차에 많은 시간이 들지 않아 신속하게 권리가 부여될 수도 있고, 실체심사를 행하지 않으므로 심사적체의 우려도 없어 심사에 많은 인력과 경비가 투입되지 않아도 된다는 장점이 있다. 그러나 권리의 법적 안정성과 신뢰성, 권리의 유·무효를 둘러싸고 다툼이 잦아질 수 있는 단점이 있다. 즉 실체심사를 하지 않고 권리를 부여하기 때문에 부실권리가 많아질 우려가 있으며 또한 권리를 둘러싼 유·무효의 분쟁이 많이 발생하여 권리의 안정성·신뢰성을 기하기 어려워 산업의 발전을 저해하는 결과까지 초래할 수 있다.

위와 같이 양 제도는 장·단점이 동시에 존재하므로 어떤 제도가 좋다고 단정하기 어려운데, 우리나라는 처음부터 미국, 일본, 영국 등의 국가와 같이 심사주의를 채택하고 있어 상표등록출원에 대해서는 형식적 요건과 실체적 요건 모두를 심사한다.

나. 방식심사와 실체심사

심사의 종류로는 크게 형식적 요건심사(방식심사)와 실체적 요건심사(내용심사)가 있다. 형식적 요건에 대한 심사에 대해서는 상표등록출원, 이의신청서류의 접수부서인 출원과, 등록과의 방식심사담당자에 의해서 1차적인 방식심사가 이루어진 다음 심사국의 각 상표심사관에 의한 최종적인 방식심사가 이루어지는 식으로 업무분담이 이루어지는 반면에, 실체적 요건에 대한 심사에 대해서는 심사국의 각 상표심사관이 업무를 전담한다. 심사의 대상으로는 상표·서비스표·상표서비스표·단체표장·업무표장 등의 신규심사, 마드리드 의정서에 의한 국제출원심사, 분할출원심사, 변경출원심사, 이의신청심사, 취소환송된 출원의 심사 등이 있고, 심사의 형식으로는 보정명령, 의견제출통지, 보정각하결정, 공고결정, 등록결정, 거절결정, 이의결정 등이 있다.

다. 심사의 절차

(1) 출원일의 인정

상표등록출원에 대한 심사는 그 출원서류가 특허청에 수리되는 것을 전제로 하기 때문에 출원서류 자체가 수리되지 않으면 심사절차는 진행될 수 없다.

상표등록출원서의 경우에는 상표법 제37조 제1항 각호에 규정된 각 경우를 제외하고는 출원서가 특허청에 도달된 날을 상표등록출원일로 인정하여야 한다.

　출원일을 인정할 수 없는 경우 반려하기 전에 특허청장은 상당한 기간을 정하여 상표등록출원에 대한 보완을 명하여야 하며, 지정기간 내에 보완을 한 경우에는 절차보완서가 특허청에 도달된 날을 상표등록출원일로 인정하고, 지정기간 내에 보완을 하지 않을 경우에는 당해 상표등록출원은 부적법한 출원으로 반려된다.

(2) 부적법한 출원서류 등의 반려1)

(가) 반려 사유

　특허청장 또는 특허심판원장은 제출된 서류·견본 그 밖의 물건이 다음 각호에 해당하는 경우에는 법령에 특별한 규정이 없는 경우를 제외하고는 반려한다.

1. 출원 또는 서류의 종류가 불명확한 경우
2. 상표법 시행규칙 제13조에 따라 제출하여야 하는 서류를 정당한 소명 없이 소명기간 내에 제출하지 아니한 경우
3. 상표법 시행규칙 제14조를 위반하여 1건마다 서류를 작성하지 아니한 경우
4. 상표법 시행규칙 제15조 제2항 후단에 따른 한글 번역문을 첨부하지 아니한 경우
5. 상표법 시행규칙 제21조 제2항에 따라 제출하여야 하는 서류를 기간 내에 제출하지 아니한 경우
6. 상표법 제37조 제2항에 따라 상표등록출원에 대한 보완명령을 받은 자가 지정기간 내에 보완하지 아니한 경우
7. 다음 각 목의 기간이 지나 제출된 기간연장 신청서인 경우
　가. 상표법 제61조에 따른 상표등록 이의신청 이유 등의 보정기간
　나. 상표법 제115조 또는 제116조에 따른 심판의 청구기간
　다. 특허청장·특허심판원장·심판장 또는 심사관이 지정한 기간
8. 상표법 제213조 제1항에 따라 상표권이 소멸되는 상표에 대하여 상표권의 존속기간갱신등록신청을 하는 경우
9. 상표권의 존속기간갱신등록 또는 상품분류전환등록에 관한 신청, 상표등록에 관한 청구 또는 그 밖의 절차를 밟는 자의 성명(법인의 경우에는 명칭을 말한다) 또는 특허고객번호(특허고객번호가 없는 경우에는 성명과 주소

---

1) 상표법 시행규칙 제25조 참조.

를 말하며, 법인인 경우에는 그 명칭과 영업소의 소재지를 말한다)를 적지 아
니한 경우

10. 시각적 표현을 적지 아니한 경우(영 제2조제3호에 해당하는 표장을 포함한
    상표만 해당한다)

11. 상품분류전환등록신청서에 전환하여 등록받으려는 지정상품을 적지 아
    니한 경우

12. 국내에 주소 또는 영업소를 가지지 아니한 자가 법 제6조제1항에 따른
    상표관리인에 의하지 아니하고 제출한 출원서류등인 경우

13. 상표법 또는 상표법에 따른 명령에서 정하는 기간 이내에 제출되지 아
    니한 서류인 경우

14. 상표법 또는 상표법에 따른 명령에서 정하는 기간 중 연장이 허용되지
    아니하는 기간에 대한 기간연장 신청서인 경우

15. 상표에 관한 절차가 종료된 후 그 상표에 관한 절차와 관련하여 제출된
    서류인 경우

16. 다음 각 목의 어느 하나에 해당하는 신고서 또는 신청서 등이 불명확하
    여 수리(受理)할 수 없는 경우
    가. 「특허법 시행규칙」 별지 제2호서식의 대리인에 관한 신고서(포괄위임
        원용 제한의 경우만 해당한다)
    나. 「특허법 시행규칙」 별지 제3호서식의 포괄위임등록 신청서(변경신청
        서, 철회서)
    다. 「특허법 시행규칙」 별지 제4호서식의 특허고객번호 부여신청서

17. 전자문서로 제출된 서류가 다음 각 목의 어느 하나에 해당하는 경우
    가. 특허청에서 제공하는 소프트웨어 또는 특허청 홈페이지를 이용하여
        작성되지 아니한 경우
    나. 전산정보처리조직에서 처리할 수 없는 상태로 접수된 경우

18. 해당 상표에 관한 절차를 밟을 권리가 없는 자가 그 절차와 관련하여
    제출한 서류인 경우

(나) 반려

특허청장 또는 특허심판원장은 상표법 시행규칙 제25조 제1항에 따라 출원
서류 등을 반려하려는 경우에는 출원서류 등을 제출한 출원인등에 대하여 출원
서류 등을 반려하고자 하는 취지, 반려이유 및 소명기간을 적은 서면을 송부하

여야 한다.

위와 같은 반려 통지서를 송부받은 출원인 등이 소명하고자 하는 경우에는 소명기간 내에 소명서를 제출하여야 하며, 소명기간이 종료되기 전에 출원서류 등을 반려받고자 하는 경우에는 서류반려요청서를 특허청장 또는 특허심판원장에게 제출하여야 하고, 반려요청서를 제출받은 특허청장 또는 특허심판원장은 즉시 출원서류 등을 반려하여야 한다.

특허청장 또는 특허심판원장은 출원인 등이 소명기간 내에 소명서 또는 반려요청서를 제출하지 아니하거나 제출한 소명의 내용이 이유 없다고 인정되는 때에는 출원서류 등을 즉시 반려하여야 한다.

특허청장의 반려 처분에 대하여 불복이 있는 때에는 행정심판법에 의한 행정심판이나 행정소송법에 의한 행정소송을 제기하여 구제를 받을 수 있다.

(3) 형식적 요건의 심사와 보정명령

심사관은 우선 출원절차에 관한 서류가 적법하게 작성된 여부, 즉 형식적 요건에 대하여 심사한 후 이에 불비가 있는 경우에는 상표법 제39조에 의거하여 특허청장 명의로 보정을 명하여야 한다.

(4) 실질적 요건의 심사와 거절결정

심사관은 상표등록출원의 형식적 요건을 심사한 결과 그 요건이 구비된 때에는 그 실질적 요건에 대하여 심사한다. 그 심사 결과 상표등록출원이 상표법 제54조의 거절결정 사유에 해당하는 때에는 거절결정을 하여야 하고, 거절유이유를 발견할 수 없을 때에는 출원공고를 할 것을 결정하여야 한다.

2. 심사관(제2항)

심사관의 자격에 관하여 필요한 사항은 대통령령으로 정하도록 되어있는데 시행령은 심사관을 특허청 또는 그 소속기관의 5급 이상의 일반직 국가공무원 및 일정 자격을 갖춘 6급 일반직 국가공무원 또는 고위공무원단에 속하는 일반직 공무원으로서 국제지식재산연수원에서 소정의 심사관 연수과정을 수료한 자로 한정하고 있다.[2] 이는 심사관의 직무의 중요성을 감안하여 자격을 법령으로 정하였다고 본다.

여기서 심사관이라 함은 특허청에서 특허·디자인·상표 등의 출원을 심사하는 지위에 있는 자가 출원인이 출원한 해당상표 및 출원방식에 대하여 각각

---

2) 상표법 시행령 제9조.

의 법령의 규정에 의하여 등록 여부를 결정하기 위하여 그 내용을 심리·판단하
는 행위를 하는 자를 말한다. 이러한 심사관은 방식심사와 실체심사를 행한다.

그 중 실체심사는 출원된 상표에 대하여 권리허여여부, 등록이의신청, 갱신
등록출원 등을 판단하는 것이므로 고도의 전문지식을 바탕으로 하여야 한다. 이
러한 직무의 중요성을 감안하여 특허청장은 심사관으로 하여금 독립적으로 상
표출원을 심사하게 한 것이다.

가. 심사관의 제척

심사관이 심사하는 과정에서 외부의 간섭을 받는다면 심사의 공정을 기하
기 어렵고 상표권에 대한 불신을 초래할 염려가 있으므로 상표법은 법관 또는
심판관에 준하여 심사관의 제척에 관한 준용규정3)을 두고 있다.

나. 제척의 사유

심사관은 다음에 해당하는 경우에는 당해 출원에 대한 심사로부터 제척된다.
① 심사관 또는 그 배우자나 배우자이었던 자가 사건의 당사자 또는 참가
   인인 경우
② 심사관이 사건의 당사자, 참가인 또는 이의신청인의 친족이거나 친족이
   었던 경우
③ 심사관이 사건의 당사자, 참가인 또는 이의신청인의 법정대리인이거나
   법정대리인이었던 경우
④ 심사관이 사건에 대한 증인·감정인으로 된 경우 또는 감정인이었던 경우
⑤ 심사관이 사건의 당사자, 참가인 또는 이의신청인의 대리인이거나 대리
   인이었던 경우
⑥ 심사관이 사건에 관하여 직접 이해관계를 가진 경우

〈김용덕〉

---

3) 상표법 제71조에 의하여 상표법 제134조 제1호부터 제5호까지 및 제7호를 준용.

제51조(상표전문기관의 지정 등)

① 특허청장은 상표등록출원의 심사에 필요하다고 인정하면 전문기관을 지정하여 다음 각 호의 업무를 의뢰할 수 있다.

1. 상표검색

2. 상품분류

3. 그 밖에 상표의 사용실태 조사 등 대통령령으로 정하는 임무

② 특허청장은 상표등록출원의 심사에 관하여 필요하다고 인정하는 경우에는 관계행정기관이나 상표에 관한 지식과 경험이 풍부한 자 또는 관계인에게 협조를 요청하거나 의견을 들을 수 있다.

③ 특허청장은 「농수산물 품질관리법」에 따른 지리적 표시 등록 대상품목에 대하여 지리적 표시 단체표장이 출원된 경우에는 그 단체표장이 지리적 표시에 해당되는지에 관하여 농림축산식품부장관 또는 해양수산부장관의 의견을 들어야 한다.

④ 제1항에 따른 전문조사기관의 지정기준 및 상표검색의 의뢰에 필요한 사항은 대통령령으로 정한다.

<소 목 차>

Ⅰ. 서설

1. 의의 및 취지

가. 의의

전문조사기관에 대한 상표검색 의뢰란 상표심사업무의 일부인 상표분석 및 검색업무를 외부 전문기관에 위탁처리하는 제도를 말한다.

나. 취지

상표심사를 함에 있어서 상표등록출원의 심사를 촉진하고 심사의 질을 향상하기 위하여 전문조사기관에 상표검색을 의뢰하거나 상표심사와 관련하여 관계 행정기관이나 지식과 경험이 풍부한 관계 전문가에게 협조를 요청하거나 의

견을 들을 수 있도록 하는 내용의 규정이다.

2. 연혁

1973년 개정법(1973. 2. 8. 법률 제2506호) 제15조에서 심사에 관하여 필요하다고 인정할 때에는 정부관계기관에 협조를 요청할 수 있고(제3항), 그 협조요청을 받은 기관의 장은 특별한 사유가 없는 한 심사 협조에 응하여야 한다(제4항)는 내용의 근거규정을 마련하였으며, 이와 병행하여 상표에 관한 지식과 경험이 풍부한 자 또는 관계인의 의견을 들을 수 있도록 하는 규정(제5항)을 별도로 두었으나, 1990년 개정법(1990. 1. 13. 법률 제4210호) 제22조에서는 별개의 항으로 나누어져 있던 정부관계기관에 협조요청을 할 수 있는 내용의 규정과 상표에 관한 지식과 경험이 풍부한 자 또는 관계인의 의견을 들을 수 있는 내용의 규정을 "특허청장은 상표등록출원의 심사에 관하여 필요하다고 인정할 때에는 정부기관이나 상표에 관한 지식과 경험이 풍부한 자 또는 관계인에게 협조를 요청하거나 의견을 들을 수 있다"(제3항)는 내용의 규정으로 통합하였다.

1997년 개정법(1997. 8. 22. 법률 제5355호) 제22조의2 제1항에서 "상표등록출원의 심사를 촉진하기 위하여 필요하다고 인정하는 경우"에는 외부 전문조사기관에 대하여 상표검색을 의뢰할 수 있는 근거규정을 마련하였으며, 2001년 개정법(2001. 2. 3. 법률 제6414호) 제22조의2 제1항에서는 "상표등록출원의 심사에 있어서 필요하다고 인정하는 경우"에는 전문조사기관에 대하여 상표검색을 의뢰할 수 있도록 개정함으로써 외부 전문조사기관에 상표검색을 의뢰할 수 있는 경우를 확대하였다.

2004년 개정법(2004. 12. 31. 법률 제7290호) 제22조의2 제3항에서는 지리적 표시 단체표장제도의 도입과 관련하여 농산물품질관리법 등의 지리적 표시 등록대상품목에 대한 농림부장관 등의 의견청취 규정을 신설하였다

Ⅱ. 상표검색 의뢰

1. 전문조사기관

가. 전문조사기관 지정 연혁

2003년부터 상표전문조사기관을 지정하였고 2006년에는 경쟁체제를 도입하여 현재 한국특허정보원과 윕스가 지정되어 있다.

나. 전문조사기관 지정

(1) 관련규정

상표법 시행령 제10조와 특허청 고시인 '상표·디자인 전문조사기관 지정 및 운영에 관한 요령'에 지정요건이 규정되어 있다.

(2) 상표검색 전문조사기관 지정요건

상표법 시행령에서는 전문조사기관 지정요건으로 1. 상표검색 등 업무에 필요한 장비의 보유 2. 상표검색 등 업무에 관한 전담인력 및 조직의 확보 3. 상표검색 등 업무의 독립성과 공정성을 확보할 수 있는 업무처리기준 4. 상표검색 등 업무와 관련된 비밀의 누설방지를 위한 보안체계를 갖추고 있을 것 등을 지정요건으로 열거하고 있다.[1]

또한 특허청 고시에는 이외에도 자세한 사항이 규정되어 있다.[2]

(3) 전문조사기관 지정 절차

전문조사기관 지정은 전문조사기관의 지정계획이 있는 경우 이의 공고 및 지정신청을 하고,[3] 실태조사를 통하여 신청서 기재 내용을 조사하며,[4] 전문조

---

1) 상표법 시행령 제10조 제1항.
2) 상표·디자인 전문조사기관 지정 및 운영에 관한 요령(2010. 9. 24. 특허청고시 제 2010-15호) 제3조(전문조사기관 지정요건).
상표전문조사기관으로 지정 받고자 하는 자는 다음 각호의 요건을 모두 갖추고 있는 법인으로 한다.
  1. 상표조사업무에 필요한 문헌데이터베이스 및 장비 등을 보유하고 있을 것
    가. 문헌데이터베이스: 한국외국의 상표 및 상품문헌을 자체적으로 데이터베이스로 구축 또는, 이들 문헌을 보유하고 있는 데이터베이스에 상시 접속하여 검색하고 분류할 수 있는 환경
    나. 장비: 전산검색용 장비
  2. 상표조사업무를 수행할 수 있는 전담체계와 조사인력을 구비하고 있을 것
    가. 전담조직과 전용사무실을 구비하고 있을 것
    나. 조사인력은 상표조사업무를 수행할 수 있는 자로서, 정식 고용계약(임시고용, 파견 등 제외)을 통하여 10명 이상을 확보하고 있을 것
    다. 나목에서 규정하는 상표조사업무를 수행할 수 있는 자란 다음 중 어느 하나에 해당하는 자를 말함
    (1) 특허청장이 인정하는 160시간 이상의 상표관련 교육과정을 이수한 자
    (2) 상표조사업무에 1년 이상 종사한 자
    (3) 특허청에서 상표심사관으로 상표심사업무에 1년 이상 종사한 자
  3. 상표조사업무 이외의 업무를 행하는 경우에는 그 업무를 행함으로써 상표조사업무가 불공정하게 되어서는 아니 될 것
  4. 상표조사업무와 관련하여 임직원의 비밀준수가 이루어질 수 있는 체제가 갖추어져 있을 것
3) 동 요령 제4조(전문조사기관의 지정지정계획공고 및 지정신청).
4) 동 요령 제5조(전문조사기관의 실태조사).

사기관 선정위원회를 구성하여 전문조사기관으로서의 적합성 여부를 심의한 후,5) 지정서를 교부한다.6)

2. 상표검색 의뢰 절차

특허청장은 검색이 필요하다고 인정되는 상표등록출원에 대하여는 전문조사기관에 상표검색을 의뢰할 수 있고, 전문조사기관의 장은 특허청장으로부터 상표검색의 의뢰를 받은 경우에는 검색결과를 특허청장에게 신속히 통지하여야 한다.

특허청장은 제2항의 규정에 의한 검색결과가 미흡하다고 인정하는 경우에는 검색범위 등을 정하여 그 전문조사기관의 장에게 재검색을 의뢰할 수 있다.

그 밖에 상표검색 의뢰의 절차에 관하여는 특허청 고시 '상표·디자인 전문조사기관 지정 및 운영에 관한 요령' 제8조 내지 제16조에 자세히 규정되어 있다.

III. 협조요청 및 의견청취(제2항)

특허청장은 상표등록출원의 심사에 관하여 필요하다고 인정하는 경우에는 관계행정기관이나 상표에 관한 지식과 경험이 풍부한 자 또는 관계인에게 협조를 요청하거나 의견을 들을 수 있다.

이를 위하여 특허청에서는 심사자문위원을 두고 있다. 심사자문위원은 업계, 연구기관, 학계 등의 분야별로 안배하여 위촉하고, 위원에 대한 의견문의 대상은 문의 당시 출원 및 기타 상표 정책에 대한 관련사항 등으로서 ① 출원된 내용의 파악 및 상표 분야의 정책결정을 위하여 전문지식이 필요한 경우, ② 출원된 상표 및 상표 정책과 관련하여 당해 분야에서의 실무 경험이 필요한 사항, ③ 기타 심사 및 상표 정책에 대하여 특별히 의견문의가 필요한 경우로 한다.7)

IV. 지리적 표시 단체표장의 특례(제3항)

'농수산물품질관리법'에 따른 지리적 표시 등록대상품목에 대하여 지리적

---

5) 동 요령 제6조(전문조사기관 선정위원회).
6) 동 요령 제7조(지정서 교부 등).
7) 상표·디자인심사사무취급규정 제105, 106조.

표시 단체표장이 출원된 경우 그 단체표장이 지리적 표시에 해당되는지 여부에 대하여 농림축산식품부장관 또는 해양수산부장관의 의견을 필요적으로 듣도록 하는 내용의 규정이다.

2004년 지리적 표시 단체표장제도의 도입을 위한 상표법 개정시에 관계부처인 농림축산식품부 및 해양수산부와의 협의과정에서 신설된 조항으로서 지리적 표시에 대한 심사의 전문성 제고차원에서 현재 지리적 표시 관련 제도를 운영하고 있는 관계부처의 지식·경험을 반영하기 위한 것으로 볼 수 있다. 그런데 동 규정의 적용과 관련하여 유의할 사항은 다음과 같다.

우선 농림축산식품부장관 또는 해양수산부장관의 의견을 필요적으로 청취하도록 되어 있을 뿐, 그 기관과의 합의에 따라 처리한다거나 그 기관의 의견에 구속되는 것은 아니므로, 지리적 표시 단체표장등록출원에 대한 등록여부결정은 심사관이 관계기관의 의견 등을 참고하여 당해 출원이 상표법령 및 심사기준 등이 정한 등록요건에 합치하는지 여부를 판단하여 최종적으로 결정하여야 한다는 점이다.

다음, 지리적 표시의 정의에 합치하는지 여부를 판단하기 전에 이미 필요한 구비서류가 미비하거나 정관의 필요적 기재사항이 누락하는 등의 별도의 명백한 거절사유가 있는 경우에는 당해 절차를 반드시 거칠 필요는 없다는 점이다.

마지막으로 '농수산물품질관리법'에 의한 지리적 표시 등록대상품목은 농림축산식품부장관 또는 해양수산부장관이 고시로 정하도록 되어 있으며, 현재 농수산물품질관리법에 의한 지리적 표시 등록대상품목은 농림부고시 제2002-41호(농산물 및 그 가공품의 지리적표시 등록대상 품목, 2002. 9. 10.)에 의해 원료농산물 101개 품목, 농산물가공품 50개 품목 등 151개 품목으로 되어 있다. 그런데 동 고시 품목의 내용을 구체적으로 보면, "버섯류(느타리버섯, 송이버섯, 싸리버섯, 영지버섯, 표고버섯 등), 화훼류(동양란 등)" 등으로 표기되어 있어 실질적으로는 거의 모든 농산물 및 그 가공품을 대상으로 하고 있음을 주목할 필요가 있다.[8]

〈김용덕〉

---

8) 특허청, 조문별 상표법 해설(2007), 164-165.

> **제52조(전문조사기관의 지정취소 등)**
> ① 특허청장은 제51조제1항에 따른 전문기관이 제1호에 해당하는 경우에는 그 지정을 취소하여야 하며, 제2호에 해당하는 경우에는 그 지정을 취소하거나 6개월 이내의 기간을 정하여 업무의 정지를 명할 수 있다.
> 1. 거짓 그 밖의 부정한 방법으로 전문조사기관의 지정을 받은 경우
> 2. 제51조제4항에 따른 지정기준에 적합하지 아니하게 된 경우
> ② 특허청장은 제1항의 규정에 따라 전문조사기관의 지정을 취소하려고 할 때에는 청문을 실시하여야 한다.
> ③ 제1항의 규정에 따른 지정취소 및 업무정지의 기준 그 밖에 필요한 사항은 산업통상자원부령으로 정한다.

<소 목 차>

Ⅰ. 서설

1. 의의 및 취지

가. 의의

본조는 상표출원의 심사에 있어서 특허청으로부터 상표검색을 의뢰받아 업무를 수행하는 기관인 전문조사기관에 대한 업무정지 및 취소 등의 제재를 규정한 것이다.

나. 취지

전문조사기관은 상표검색 등과 같은 업무를 수행한다. 전문조사기관의 지정에 대해서는 제51조에서 규정하고 있으나, 전문조사기관의 지정취소에 대해서는 규정이 없었다. 따라서 전문조사기관의 지정취소에 대해 명문화할 필요가 생겼다.

2. 연혁

2007년 개정법(2007. 1. 3. 법률 제8190호) 제22조의3으로 본 조항이 신설되었고, 2008년 개정법(2008. 2. 29. 법률 제8852호)에서 담당부서명이 산업자원부에서 지식경제부로 변경되었다가 2013년 개정법(2013. 3. 23. 법률 제11690호)으로 다시 산업통상자원부가 되었다.

II. 전문조사기관의 지정 취소 또는 업무정지

1. 지정취소 또는 업무정지

가. 취소 또는 업무정지 사유

거짓 그 밖에 부정한 방법으로 전문조사기관의 지정을 받은 경우에는 상표법 제52조 제1항 1호의 규정에 의하여 지정이 취소되게 된다. 또한 거짓 그 밖의 부정한 방법으로 전문조사기관의 지정을 받은 경우는 아니라고 하더라도 지정기준에 적합하지 아니하게 된 경우에는 그 지정을 취소하거나 6개월 이내의 기간을 정하여 업무의 정지를 명할 수 있다.

지정기준에 적합하지 아니하게 된 경우로는 당초에는 지정요건을 충족하여 전문조사기관으로 지정되었으나 추후에 지정요건을 갖추지 못하게 된 경우를 의미한다. 예를 들면 문헌 및 장비가 후에 지정요건을 만족하지 못하게 되거나, 전담인력 및 조직에 차질이 생기거나, 추후 변리업을 등록한 자가 임·직원으로 선임되거나, 보안체계가 요건을 만족하지 못하게 되거나 하는 경우 등이 있을 수 있다.

지정기준에 적합하지 아니하게 된 경우 지정취소 및 업무정지의 구체적 기준을 규정하지 않으면 전문조사기관의 지정취소 및 업무정지에 관한 재량권 범위가 넓고 재량권 행사의 기준이 명확하지 않아 임의적 재량 행사 가능성이 있으므로 본조 제3항에서는 전문조사기관의 지정취소 및 업무정지의 기준을 시행규칙으로 위임하여 위반사항 및 위반행위의 횟수 등에 따라 구체적으로 규정하고 있다.[1]

나. 취소절차

특허청장은 전문조사기관의 지정을 취소하려고 할 때에는 청문을 실시하여

---

1) 상표법 시행규칙 제48조.

야 한다. 임의적이고 자의적인 지정취소를 방지하기 위함이다.

2. 효과

업무가 정지된 경우에는 다시 지정을 받는 데 제한이 없다.

〈김용덕〉

> 제53조(심사의 순위 및 우선심사)
> ① 상표등록출원에 대한 심사는 출원의 순위에 따른다.
> ② 특허청장은 다음 각 호의 어느 하나에 해당하는 상표등록출원에 대하여는 제1항에도 불구하고 심사관으로 하여금 다른 상표등록출원에 우선하여 심사하게 할 수 있다.
> 1. 상표등록출원 후 출원인이 아닌 자가 상표등록출원된 상표와 동일·유사한 상표를 동일·유사한 지정상품에 정당한 사유 없이 업으로서 사용하고 있다고 인정되는 경우
> 2. 상표등록출원인이 상표등록출원한 상표를 지정상품의 전부에 사용하고 있는 등 대통령령으로 정하는 상표등록출원으로서 긴급한 처리가 필요하다고 인정되는 경우

Ⅰ. 서설

1. 우선심사의 의의 및 취지

가. 의의

우선심사란 타 출원보다 조기에 권리를 부여함이 필요한 출원에 대하여 산업정책적 차원에서 심사청구 순위에 관계없이 타 출원에 우선하여 심사하는 제도이다.

나. 취지

출원에 대한 심사의 순서는 출원의 순위에 의한다. 그러나 이러한 원칙에 대한 예외를 있는데 본 조 제2항에서 규정하고 있는 우선심사제도가 그것이다.

2. 연혁

상표법 시행규칙에 두고 있던 상표등록출원의 우선심사의 근거를 2010년 개정법(2010. 1. 27. 법률 제9987호) 제22조의4로 법에 명시하게 되었다.

Ⅱ. 우선심사 대상(제2항)

특허청장이 심사관으로 하여금 다른 출원보다 우선하여 출원심사하게 하는 특정출원은 두 부문으로 구별된다. 하나는 상표등록출원 후 출원인이 아닌 자가 정당한 사유 없이 업으로서 상표등록출원된 상표와 동일 또는 유사한 상표를 동일 또는 유사한 지정상품에 사용하고 있다고 인정되는 경우이고, 다른 하나는 상표등록출원인이 상표등록출원한 상표를 지정상품의 전부에 사용하고 있는 등 대통령령으로 정하는 상표등록출원으로서 긴급한 처리가 필요하다고 인정되는 경우이다.

1. 상표등록출원 후 출원인이 아닌 자가 상표등록출원된 상표와 동일·유사한 상표를 동일·유사한 지정상품에 정당한 사유 없이 업으로서 사용하고 있다고 인정되는 경우

심사처리가 장기화되는 경우 상표출원 후 시장에 모방품이 범람해도 출원인은 아직 등록을 받지 못했기 때문에 권리행사를 할 수 없는 문제가 있다.

이에 따라 출원인의 권익보호를 위하여 출원 후 상표출원인이 아닌 자가 업으로서 상표를 사용하고 있다고 인정되는 경우 우선심사를 신청할 수 있도록 하였다. 우선심사를 통하여 빨리 상표등록을 받고 바로 권리행사를 할 수 있도록 하기 위함이다.

한편으로는 본 규정은 제3자가 우선심사청구하는 근거로도 이용될 수 있다. 출원인으로부터 경고를 받았을 경우에 그 출원의 심사가 확정되기 전까지는 제3자의 사용은 계속해서 제재 또는 방해를 받을 우려가 있고 사용을 주저하게 되므로 그 출원에 대한 심사를 조속히 확정지을 필요가 있기 때문이다.

2. 출원인이 상표등록출원한 상표를 지정상품의 전부에 사용하고 있는 등 대통령령으로 정하는 상표등록출원으로서 긴급한 처리가 필요하다고 인정되는 경우

이에 대하여 상표법 시행령 제12조에서 다음과 같이 정하고 있다.

① 상표등록출원인이 상표등록출원한 상표를 지정상품의 전부에 사용하고 있거나 또는 사용을 준비 중인 것이 명백한 경우

② 상표등록출원인이 다른 상표등록출원인으로부터 법 제58조제1항에 따른 서면 경고를 받은 경우(해당 경고와 관련이 있는 상표등록출원에 한정한다)

③「조달사업에 관한 법률 시행령」제18조의2에 따른 5인 이상 중소기업자가 공동으로 설립한 법인이 낸 단체표장등록출원으로 인정되는 경우

④ 상표등록출원인으로부터 출원인 아닌 자가 상표의 사용과 관련한 경고를 받은 경우(해당 경고와 관련이 있는 상표등록출원에 한정한다)

⑤ 타인의 먼저 출원된 상표등록출원으로 인해 법 제35조제1항에 따른 거절이유의 통지를 받은 경우 그 타인의 상표등록출원

⑥ 법 제167조제1호에 따른 마드리드 의정서에 의한 국제출원의 기초가 되는 상표등록출원(마드리드 의정서에 따른 국제등록일 또는 사후지정일이 국제등록부에 등록된 것에 한정한다).

⑦ 조약에 따른 우선권주장의 기초가 되는 상표등록출원(외국 특허청에서 우선권 주장을 수반한 출원에 관한 절차가 진행 중인 경우에 한정한다)

⑧ 상표등록출원의 출원인이 상표권의 존속기간 만료로 소멸한 등록상표의 상표권자와 동일인이고, 표장 및 지정상품이 전부 동일한 경우

Ⅲ. 우선심사 신청

1. 우선심사 신청 대상

우선심사제도가 도입된 2010. 7. 28. 이후 계속 중인 모든 상표출원이 대상이다.

2. 우선심사신청인

다음의 경우에 해당하는 출원인을 제외하고 누구나 우선심사를 신청할 수 있다.[1]

① 국제상표등록출원을 한 경우

② 지정상품추가등록출원을 한 자로서 원출원에 대하여 우선심사신청을 하지 않은 경우

③ 불사용취소심판 청구인이 취소된 상표와 동일·유사한 상표를 출원한 경우 불사용취소심판 청구인이 2명 이상이나, 그 전원이 공동으로 상표등록출원을 하지 않은 경우

3. 우선심사 신청절차

가. 우선심사의 신청인은 「특허법시행규칙」 별지 제22호 서식의 '우선심사신청서'에 다음의 서류 및 물건(그 근거가 되는 물건이 있는 경우)을 첨부하여 특허청 고객서비스과 또는 특허청 서울사무소 출원등록서비스과에 제출하여야 한다.

① 우선심사신청설명서 1통(별표의 우선심사의 신청에 관한 증빙서류 첨부)

② 대리인에 의하여 절차를 밟는 경우 그 대리권을 증명하는 서류 1통

나. 우선심사의 신청인은 특허청으로부터 우선심사의 신청에 대한 접수번호(납부자번호)를 부여받아 「특허료 등의 징수규칙」 별지 제1호 서식에 의하여 우선심사신청료를 국고수납은행에 납부하여야 한다.

4. 우선심사신청의 취하

우선심사신청의 취하는 우선심사결정의 통지가 있는 경우에는 인정하지 않는다. 이는 심사관의 우선심사결정 통지가 있는 경우에는 우선심사신청의 효력이 발생하여 심사관(또는 특허청)은 우선심사신청이 유효한 것으로 보고 심사에 착수하기 때문이다. 우선심사결정 후 우선심사신청을 취하하는 취하서가 제출되면, 우선심사취하서를 인정할 수 없다는 취지를 우선심사신청인(취하인)에게 통지한다.

---

1) 상표등록출원의 우선심사신청에 관한 고시 제3조.

Ⅳ. 우선심사 결정

1. 우선심사 결정 절차

가. 우선심사 여부의 결정기한

우선심사결정업무 담당자(이하 '담당자'라 한다)는 심사사무취급규정 제9조부터 제11조의3까지의 규정에 따른 도형상표 분류일, 상품분류일 및 물품의 가분류일 또는 우선심사신청서를 이송받은 날 중 늦은 날부터 10일 이내에 우선심사여부를 결정하여야 한다.[2] 다만, 심사사무취급규정 제51조의 규정에 의한 보정명령, 제53조의 규정에 의한 보완지시 또는 제54조의 규정에 의한 의견문의를 하는 경우에는 우선심사결정업무 담당자가 지정한 보정기간 등의 만료일 또는 해당서류가 심사관에게 이송된 날 중 늦은 날부터 다시 15일을 기산한다. 이에 소요된 기간은 산입하지 아니한다.

나. 관계기관에 대한 의견문의

담당자는 당해 출원이 고시 제4조에서 규정한 우선심사의 신청대상에 속하는지에 관하여 판단하기 어려운 경우에는 관계기관에 의견문의를 할 수 있다.[3]

다. 우선심사신청의 보완 지시

담당자는 우선심사신청서 및 첨부서류에 보완사항이 있는 경우에는 1월 이내의 기간을 정하여 보완을 지시하여야 한다.[4]

라. 우선심사신청의 보완

우선심사신청의 보완은 우선심사신청 후 우선심사 여부 결정시까지 가능하며, 보완할 수 있는 사항은 특별한 제한은 없다. 다만, 우선심사신청대상 출원이나 우선심사 신청인의 동일성을 변경하는 보완은 인정되지 않는다.

마. 우선심사결정의 통지

담당자는 당해 출원이 고시 제4조에서 규정한 우선심사의 대상에 해당하여 우선심사를 하기로 결정한 경우에는 즉시 우선심사신청인과 출원인에게 우선심

---

2) 상표·디자인심사사무취급규정 제43조.
3) 동규정 제45조.
4) 동규정 제44조.

사결정서를 통지하여야 한다.5)

2. 우선심사 결정 후 절차

가. 우선심사결정 후 처리기간6)

우선심사를 하기로 결정한 출원에 대한 심사는 우선심사결정서 발송일부터 상표의 경우에는 45일 이내에 착수함을 원칙으로 하나 특별한 경우에는 1개월 내에 처리하여야 한다.

나. 우선심사 결과의 통지 등7)

① 심사관은 우선심사를 하기로 결정한 출원에 대한 최종처리결과(등록결정, 거절결정, 취하·포기 등)를 우선심사신청인 및 출원인(출원인이 우선심사신청인이 아닌 경우에 한한다)에게 통지하여야 한다.

② 심사관은 제1항에 따른 통지를 한 후에는 즉시 그 사실을 전산입력하여야 한다.

〈김용덕〉

---

5) 동규정 제49조.
6) 동규정 제50조.
7) 동규정 제51조.

제54조(상표등록거절결정)

심사관은 상표등록출원이 다음 각 호의 어느 하나에 해당하는 경우에는 상표등록거절결정을 하여야 한다.

1. 제2조제1항에 따른 상표, 단체표장, 지리적 표시, 지리적 표시 단체표장, 증명표장, 지리적 표시 증명표장 또는 업무표장의 정의에 맞지 아니하는 경우
2. 조약에 위반된 경우
3. 제3조, 제27조, 제33조부터 제35조까지, 제38조제1항, 제48조제2항 후단, 같은 조 제4항 또는 제6항부터 제8항까지의 규정에 따라 상표등록을 할 수 없는 경우
4. 제3조에 따른 단체표장, 증명표장 및 업무표장의 등록을 받을 수 있는 자에 해당하지 아니한 경우
5. 지리적 표시 단체표장등록출원의 경우에 그 소속 단체원의 가입에 관하여 정관에 의하여 단체의 가입을 금지하거나 정관에 충족하기 어려운 가입조건을 규정하는 등 단체의 가입을 실질적으로 허용하지 아니한 경우
6. 제36조제3항에 따른 정관에 대통령령으로 정하는 단체표장의 사용에 관한 사항의 전부 또는 일부를 적지 아니하였거나 같은 조 제4항에 따른 정관 또는 규약에 대통령령으로 정하는 증명표장의 사용에 관한 사항의 전부 또는 일부를 적지 아니한 경우
7. 증명표장등록출원의 경우에 그 증명표장을 사용할 수 있는 자에 대하여 정당한 사유 없이 정관 또는 규약으로 사용을 허락하지 아니하거나 정관 또는 규약에 충족하기 어려운 사용조건을 규정하는 등 실질적으로 사용을 허락하지 아니한 경우

<소 목 차>

Ⅰ. 규정의 의의와 연혁

1. 의의

상표등록출원에 대한 거절이유를 명시적으로 열거하고 있다.

2. 연혁

1949년 제정법(1949. 11. 28. 법률 제71호) 제9조에서는 심사관은 거절할 이유가 있다고 인정할 때에는 출원인에게 서면으로 거절이유를 통지하여야 하며, 출원인이 거절이유를 통지받은 날부터 40일 이내에 이의서를 제출할 수 있고, 이의서에는 출원의 정정, 거절이유에 대한 이의진술, 새로운 선서와 증명방법을 첨부할 수 있으며, 심사관이 이의서에 대하여 심사한 결과 거절할 것이라고 인정할 때에는 최후거절을 서면으로 통지하여야 한다고 규정하였다. 결국 현행 상표법과 같이 상표등록요건과 별도로 독립된 별개의 근거규정을 두어 거절이유를 구체적으로 명시한 것이 아니라 상표등록요건을 구비하지 못한 출원은 당연히 거절이유를 가진 출원이라는 형식을 취하였다.

1973년 개정법(1973. 2. 8. 법률 제2506호) 제16조에서 비로소 상표등록요건과 별도로 거절이유를 구체적으로 하기 시작하였고 여러번 개정을 거쳐 현재에 이르렀다. "심사관은 상표등록출원이 전항의 규정에 의하여 거절사정을 하고자 할 때에는 출원인에 대하여 거절이유를 통지하고 기간을 지정하여 의견서 제출의 기회를 주어야 한다."고 규정하여 기존의 "이의서"를 "의견서"로 변경하고, "최후거절통지" 절차를 생략하였다.

1980년 개정법(1980. 12. 31. 법률 제3326호) 제16조에서는 "심사관은 상표등록출원이 제1항의 규정에 의하여 거절사정을 하고자 할 때에는 출원인에 대하여 거절이유를 통지하고 기간을 지정하여 의견서 제출의 기회를 주어야 한다."고 규정하여 '前項'을 '제1항'으로 수정하였고, 1990년 개정법(1990. 1. 13. 법률 제4210호) 제23조에서는 "심사관은 제1항의 규정에 의하여 거절사정을 하고자 할 때에는 그 출원인에게 거절이유를 통지하고 기간을 정하여 의견서를 제출할 수 있는 기회를 주어야 한다."고 규정하여 일부 자구를 수정하였다.

2001년 개정법(2001. 2. 3. 법률 제6414호) 제23조에서는 '거절사정'을 '상표등록거절결정'으로 그 용어를 순화하였다.

II. 거절결정의 이유

　　상표등록출원의 거절이유로는 권리객체에 관한 것으로 상표가 법이 정한 표장의 정의에 합치되지 아니하는 경우(제2조 제1항), 자타상품의 식별력을 갖지 못한 경우(제33조), 부등록사유에 해당하는 경우(제34조), 선출원이 존재하는 경우(제35조) 등이 있다.

　　그리고, 권리주체에 관한 것으로는 특허청 및 특허심판원 직원인 경우(제3조 단서) 등이 있다.

　　또한 기타 방식·절차 등에 관한 것으로는 1상표1출원의 규정에 적합하지 않은 경우(제38조 제1항), 상표등록출원의 승계 및 분할이전 등의 규정을 위반한 경우(제48조 2항 후단), 조약당사국에 등록된 상표와 동일·유사한 상표를 그 권리자의 대리인 등이 동의를 받지 아니하는 등 정당한 이유없이 상표등록출원한 경우(제34조 제1항 제21호) 등이 있다.

1. 제1호

　　상표법 제2조 제1항에 따른 상표, 단체표장, 지리적 표시, 지리적 표시 단체표장, 증명표장, 지리적 표시 증명표장 또는 업무표장의 정의에 맞지 아니하는 경우

2. 제2호(조약의 규정에 위반된 경우)

　　해당 상표등록출원이 파리조약, WTO/TRIPs협정, 상표법 조약 등 상표와 관련한 국제조약 규정에 의하여 상표등록을 할 수 없는 것인 때를 말하나, 조약의 의한 상표 부등록 사유는 대체로 상표법에 규정된 경우가 많다.

3. 제3호

　　상표법이나 특허법 등에 의하여 출원자, 출원상표 등에 상표등록에 일정한 제한이 있는 경우나 법정의 부등록 사유가 존재하는 경우로서 구체적으로는 특허청 직원이 상속 및 유증의 경우를 제외하고 상표를 등록받은 경우(제3조 단서), 상표등록의 요건을 갖추지 못한 경우(제33조), 상표법상 등록을 받을 수 없는 상표에 해당하는 경우(제34조), 선출원주의에 위반되는 경우(제35조), 1상표1

출원의 원칙에 반하는 경우(제38조 제1항), 상표등록출원의 분할이전시 유사한 지정상품을 함께 이전하지 아니한 경우(제48조 제2항 후단), 상표등록출원이 공유인 경우 각 공유자가 다른 공유자 전원의 동의를 얻지 아니하고 그 지분을 양도한 경우(제48조 제4항), 양도할 수 없는 업무표장등록출원이나 상표등록출원을 양도한 경우(제48조 제6항), 허가없이 단체표장등록출원이나 증명표장등록출원을 양도한 경우(제48조 제7항, 제8항) 등이다.

4. 제4호

단체표장, 증명표장 및 업무표장의 등록을 받을 수 없는 자

5. 제5호

지리적 표시 단체표장등록출원에 있어서 단체에의 가입이 실질적으로 제한된 경우

6. 제6호

단체등록표장출원에서 그 정관에 대통령령이 정하는 사항의 기재가 없는 경우

7. 제7호

증명표장등록출원의 경우에 그 증명표장을 사용할 수 있는 자에 대하여 실질적으로 사용을 허락하지 아니하는 경우

〈김용덕〉

<소 목 차>

Ⅰ. 규정의 의의와 연혁

1. 의의

상표등록거절결정 절차를 명확히 규정하여, 내용적으로는 상표등록출원이 구체적인 거절이유에 해당할 경우에만, 절차적으로는 출원인에게 거절이유를 통지하고 기간을 정하여 의견서를 제출할 수 있는 기회를 부여한 이후에만, 거절결정할 수 있도록 하는 내용의 강행규정이다. 즉, 상표등록출원에 대한 거절결정은 심사관이 심사한 결과 특정 상표등록출원이 상표법이 정한 명시적인 거절이유에 해당할 경우에만 사전에 출원인에게 구체적인 거절이유를 통지하고 기간을 정하여 의견서를 제출할 수 있는 기회를 반드시 부여하여야 한다는 내용의 규정이다. 따라서 이 규정에 위반하여 명시적인 거절이유에 해당하지 않는 사유로 거절결정하거나 의견서 제출 기회를 부여하지 않고 거절결정하는 것은 그 자체로서 위법한 행위가 된다.

2. 연혁

1949년 제정법(1949. 11. 28. 법률 제71호) 제9조에서는 심사관은 거절할 이유가 있다고 인정할 때에는 출원인에게 서면으로 거절이유를 통지하여야 하며(제1항), 출원인이 거절이유를 통지받은 날부터 40일 이내에 이의서를 제출할 수 있고(제2항), 이의서에는 출원의 정정, 거절이유에 대한 이의진술, 새로운 선서와 증명방법을 첨부할 수 있으며(제3항), 심사관이 이의서에 대하여 심사한 결과 거절할 것이라고 인정할 때에는 최후거절을 서면으로 통지하여야 한다(제4항)고 규정하였다.

1973년 개정법(1973. 2. 8. 법률 제2506호) 제16조에서는 "심사관은 상표등록출원이 전항의 규정에 의하여 거절사정을 하고자 할 때에는 출원인에 대하여 거절이유를 통지하고 기간을 지정하여 의견서 제출의 기회를 주어야 한다."고 규정하여 기존의 "이의서"를 "의견서"로 변경하고, "최후거절통지" 절차를 생략하였다.

1980년 개정법(1980. 12. 31. 법률 제3326호)에서는 "심사관은 상표등록출원이 제1항의 규정에 의하여 거절사정을 하고자 할 때에는 출원인에 대하여 거절이유를 통지하고 기간을 지정하여 의견서 제출의 기회를 주어야 한다."고 규정하여 '前項'을 '제1항'으로 수정하였고, 1990년 개정법(1990. 1. 13. 법률 제4210호) 제23조에서는 "심사관은 제1항의 규정에 의하여 거절사정을 하고자 할 때에는 그 출원인에게 거절이유를 통지하고 기간을 정하여 의견서를 제출할 수 있는 기회를 주어야 한다."고 규정하여 일부 자구를 수정하였다.

2001년 개정법(2001. 2. 3. 법률 제6414호)에서는 '거절사정'을 '상표등록거절결정'으로 그 용어를 순화하였다.

II. 거절결정의 방식과 확정

거절결정은 서면으로 하여야 하고, 거절결정서에 심사관은 상표등록출원번호 및 상표등록출원공고번호(국제상표등록출원인 경우에는 국제등록번호 및 국제상표등록출원공고번호를 말하며, 상표등록출원공고번호 및 국제상표등록출원공고번호는 당해 출원공고가 있는 경우에 한한다), 상품류구분, 상표등록출원인의 성명 및 주소(법인인 경우에는 그 명칭 및 영업소의 소재지), 상표등록출원인의 대리인이 있는 경우에는 그 대리인의 성명 및 주소 또는 영업소의 소재지(대리인이 특허법인인 경우에는 그 명칭, 사무소의 소재지 및 지정된 변리사의 성명), 출원공고 연월일(출원공고가 있는 경우에 한한다) 또는 거절이유통지 연월일, 결정의 주문 및 이유, 결정 연월일을 기재하여야 한다(상표법 시행규칙 제50조).

거절결정에 대하여 불복이 있으면 결정등본 송달일로부터 30일 이내에 심판을 청구할 수 있다(상표법 제116조). 따라서 위와 같은 불복심판청구가 없는 때에는 위 불복기간이 경과한 때에 거절결정은 확정되고, 거절결정 불복심판청구가 있는 때에는 이에 대한 각하결정 또는 기각심결이 확정된 때(기각심결에 대하여 취소를 구하는 소송이 제기된 때에는 위 소송의 취하, 소각하 판결, 청구기각 판결이 확정된 때에 심결도 확정된다)에 거절결정도 확정된다. 거절결정에 대한 불복심판청구가 각하나 기각되지 않고 받아들여지는 경우에는 상표등록결정이 되므로 거절결정 확정의 문제는 생기지 않는다.

Ⅲ. 거절이유의 통지

1. 거절이유의 적시

심사관은 상표등록출원에 대하여 거절결정을 하고자 할 때에는 그 거절결정에 앞서 출원인에게 거절이유를 통지하고 기간을 정하여 의견서 제출의 기회를 주어야 한다. 이 경우 2 이상의 지정상품의 일부 또는 전부에 거절이유가 있는 때에는 심사관은 그 해당 지정상품별로 거절이유와 근거를 구체적으로 밝혀야 한다.

심사관이 거절이유를 발견하는 즉시 거절결정을 한다는 것은 출원인에 대하여 너무 가혹할 뿐만 아니라, 심사관도 그 심사에 전혀 과오가 없다고 보증할 수는 없기 때문에 거절결정을 할 것이라는 예고로서의 거절이유를 통지하여 줌으로써 출원인에게는 변명의 기회를 주어 그 불이익을 스스로 구제할 수 있도록 하고, 한편 심사관에게도 혹 있을 수 있는 과오에 대한 재심사의 기회를 주자는 것이 거절이유 통지의 취지이다.

심사관이 거절이유의 통지를 하면서 해당 지정상품별로 거절이유와 근거를 구체적으로 밝히도록 한 것은, 현행 상표법에 의하면 일부 지정상품에 거절이유가 있는 경우 당해 출원 전체가 거절되어 거절이유가 없는 지정상품도 일괄적으로 거절되는 결과가 초래될 수 있으므로(거절결정의 불가분성)[1] 일부 지정상품

---

1) 대법원 1993. 12. 21. 선고 93후1360 판결.

에 대한 거절사유로 인해 당해 출원 전체가 거절되지 않도록 출원인에게 삭제보정 또는 분할출원할 수 있는 기회를 주는데 주된 목적이 있다.

거절이유의 통지는, 전항 각호에 규정된 이유 중 어느 것에 해당하는지 만이 아니라 구체적인 거절이유를 적시하여야 한다. 따라서 거절이유의 통지에서 표시한 거절이유와 다른 이유로 거절결정을 하기 위해서는 그 새로운 이유에 대하여 다시 거절이유 통지를 함으로써 출원인에게 의견제출의 기회를 부여하여야 한다. 전항에서 들고 있는 각 거절이유는 서로 다른 별개의 거절이유가 되고, 심사관이 본조에 규정된 여러 개의 거절이유를 발견한 때에는 하나의 통지서에 일괄하여 통지하는 것이 원칙이다.

거절이유통지서가 어느 정도 추상적이거나 개괄적으로 기재되어 있다고 하더라도 해당 분야에서 통상의 지식을 가진 자가 전체적으로 그 취지를 이해할 수 있을 정도로 기재하면 충분하고,2) 거절결정의 이유는 적어도 그 주지(主旨)에 있어서 거절이유통지서에 기재된 이유와 부합하여야 하며,3) 그 거절결정의 이유와 다른 거절이유를 발견한 경우가 아니라면 위 거절이유의 통지가 부여되었는지의 여부라는 관점에서 다시 거절이유를 통지하는 것이 필요한지의 여부를 결정하여야 한다는 견해도 있다.4)

2. 의견서 제출기간

거절이유를 통지할 때에는 상표출원인이 거절이유를 검토하여 의견서를 작성하고 제출할 수 있을 정도의 충분한 기간을 정하여야 하고, 사실상 기간을 부여한 것이라고 볼 수 없을 정도로 짧은 기간을 정한 경우에는 거절이유의 통지를 무효로 보아야 한다. 그러나 거절결정을 하기까지의 사이에 상표출원인이 자발적으로 의견서를 제출하거나 충분한 기간이 경과하여 그 기회가 제공된 때에는 위법성이 치유된다고 볼 수 있다.

3. 부적법한 거절이유의 통지

이 규정은 심사의 적정을 기하고 심사제도의 신용을 유지하기 위하여 확보

---

2) 대법원 1997. 4. 11. 선고 96후1217 판결 [공1997, 1452].
3) 대법원 2001. 4. 27. 선고 98후1259 판결.
4) 권택수, "새로운 거절이유에 해당되어 특허출원인에게 의견서 제출 기회를 부여할 필요가 있는지 여부의 판단기준", 대법원판례해설 43호(2002 하반기), 법원도서관(2003. 7), 580-594.

하지 아니하면 안 된다는 공익상의 요구에 기인하는 강행규정에 해당한다.[5] 따라서 거절이유를 통지하지 아니하고 거절결정을 한 경우, 거절이유를 통지하였더라도 거절이유에 대한 의견서 제출의 기회를 주지 않고(의견서 제출기간 경과 전) 거절결정을 한 경우 및 거절이유는 통지하였더라도 그것이 거절결정의 이유와 달라서 결과적으로 거절결정의 이유로 된 사항에 대하여는 의견제출의 기회를 주지 않게 된 경우 등은 본조에 위배된 거절결정으로서 위법하게 된다.

　　거절결정에 대한 불복심판에서, 거절결정의 이유와 다른 이유로 심판청구를 기각할 때에는 그 새로운 거절이유에 대하여 의견제출의 기회를 부여하여야 하고(상표법 제81조), 심사 또는 심판에서 거절이유통지를 하지 아니한 사유에 대하여는 특허청장은 심결취소소송 단계에서 거절결정의 적법사유로 주장할 수 없다.[6]

4. 거절이유통지에 대한 출원인의 조치

　　상표출원인은 거절이유통지를 받고, 심사관이 지적한 거절이유가 수긍되지 않을 경우 그 지정기간 내에 자신의 의견이 담긴 의견서를 제출할 수도 있고, 거절이유가 수긍되는 경우에는 상표등록출원서의 기재사항, 상표등록출원에 관한 지정상품 및 상표를 보정하여 거절이유가 해소되도록 할 수도 있다.

〈김용덕〉

---

5) 대법원 1999. 11. 12. 선고 98후300 판결 [공1999.12.15.(96), 2504].
6) 대법원 2003. 2. 26. 선고 2001후1617 판결 [공2003, 937].

<소 목 차>

Ⅰ. 의의　　　　　　　　　　　　　　　｜　Ⅱ. 해설

Ⅰ. 의의

　　이 조문은 2011. 12. 2. 법률 제11113호로 일부 개정된(2012. 3. 15. 시행) 상
표법에서 신설된 조항으로, 그 전에 상표법 제92조로 특허법 제222조에서 준용
하였던 조문의 내용을 상표법에 직접 규정한 것이다. 2016. 2. 29 법률 제14033
호로 전부개정된(2016. 9. 1. 시행) 상표법에서는 그 전의 제92조의5에서 제56조
로 이동하였다.

　　이는 특허법과 마찬가지로 심사 등에 관한 절차를 신속하고 정확하게 처리
하기 위하여 필요한 서류 등의 제출에 관하여 규정한 것이다.[1]

Ⅱ. 해설

　　이 조항에서 규정하고 있는 서류 등의 제출명령은 심사의 과정에 있어서
서류 등 참고자료를 제출하게 함으로써 심사의 효율성 및 적정성을 높이고자
하는 것이나, 제출명령을 받고 제출하지 아니한 경우 어떻게 제재할 것인가에
관하여는 규정하고 있지 않다.

　　이 조항은 '심판 또는 재심에 관한 절차 외의 절차를 처리하기 위하여'라고
규정하고 있다. 이는 상표법 제133조 제3항은 "심판장은 심판에 관하여 당사자
를 심문할 수 있다"라고 규정하고 있고, 이 규정은 제161조에 의하여 재심의 경

---

[1] 이 조항이 특허법 규정을 그대로 옮겨놓은 것이므로, 특허법에 대한 설명이 상표법에도
그대로 적용된다 할 것이다. 그런 관계로 이하 부분은 정상조·박성수 공편, 특허법 주해
Ⅱ, 박영사(2010), 1127-1128(김기영 집필부분)을 대부분 인용하였다.

우에도 준용되고 있으므로, 이 조항에서는 심판 또는 재심에 관한 절차를 제외한 것이다. 한편, 상표권 등의 침해소송에서의 서류의 제출에 관하여는 상표법 제114조에서, "법원은 상표권 또는 전용사용권의 침해에 관한 소송에서 당사자의 신청에 의하여 다른 당사자에 대하여 해당 침해행위로 인한 손해를 계산하는 데에 필요한 서류의 제출을 명할 수 있다. 다만, 그 서류의 소지자가 그 서류의 제출을 거절할 정당한 이유가 있을 경우에는 그러하지 아니하다."라고 규정하고 있다.2)

구체적으로 심사관이 어떠한 경우에 어떤 서류 또는 물건의 제출을 명할 수 있느냐는 명확하지 않으나, 출원서의 내용이 이해하기 어려운 경우에 그에 대한 설명서나 관련 자료의 제출을 명하는 경우를 생각해볼 수 있을 것이다.3)

〈김기영〉

---

2) 이에 관한 자세한 설명은 상표법 제114조에 대한 해설 참조.

3) 특허법 제222조와 관련하여 서류의 제출을 명하는 경우로는, "(i) 발명의 기술내용이 난해하거나 명세서의 분량이 방대하여 그 발명을 이해하기 곤란한 때에 그 발명에 대한 설명서의 제출을 요구하는 경우, (ii) 명세서에 기재되어 있는 작용 및 효과 등의 확인을 위하여 필요한 모형, 견본 또는 실험성적증명서 등의 제출을 명하는 경우 등"이 들어진다. 특허청, 우리나라 특허법제에 대한 연혁적 고찰 — 조문별 특허법 해설, 2007. 4., 1182 참조.

제57조(출원공고)

① 심사관은 상표등록출원에 대하여 거절이유를 발견할 수 없는 경우에는 출원공고결정을 하여야 한다. 다만, 다음 각 호의 어느 하나에 해당하는 경우에는 출원공고결정을 생략할 수 있다.

1. 제2항에 따른 출원공고결정의 등본이 출원인에게 송달된 후 그 출원인이 출원공고된 상표등록출원을 제45조에 따라 둘 이상의 상표등록출원으로 분할한 경우로서 그 분할출원에 대하여 거절이유를 발견할 수 없는 경우

2. 제54조에 따른 상표등록거절결정에 대하여 취소의 심결이 있는 경우로서 해당 상표등록출원에 대하여 이미 출원공고된 사실이 있고 다른 거절이유를 발견할 수 없는 경우

② 특허청장은 제1항 각 호 외의 부분 본문에 따른 결정이 있을 경우에는 그 결정의 등본을 출원인에게 송달하고 그 상표등록출원에 관하여 상표공보에 게재하여 출원공고를 하여야 한다.

③ 특허청장은 제2항에 따라 출원공고를 한 날부터 2개월간 상표등록출원 서류 및 그 부속 서류를 특허청에서 일반인이 열람할 수 있게 하여야 한다.

<소 목 차>

Ⅰ. 취지와 연혁

1. 제도의 취지

출원공고는 심사관이 등록출원에 대하여 심사한 결과 거절이유를 발견할 수 없는 때에는 그 출원내용을 공고[공중에 공표(公表)]하여 일반공중의 열람에 제공함으로써 심사의 공정성 확보, 상표정보의 제공을 함과 동시에 그 내용에

이의가 있는 때에는 이의신청을 제기할 수 있도록 하여 심사관의 심사의 공정을 기함과 동시에 등록 후에 있어서의 상표분쟁을 미연에 방지하고자 하는 제도이다.[1]

2. 연혁 및 외국의 입법례

가. 연혁

1949년 제정 상표법에서는 출원공고제도와 이의신청제도가 마련되지 않고 심사를 하여 거절이유가 없는 경우 출원공고절차 없이 바로 등록결정하였으나 선진국에서 대부분 출원공고제도를 채택하고 있으며, 상표등록 전에 부실권리의 발생을 예방할 필요가 있어 1973년 상표법 개정에서 출원공고제도를 채택하여 현재까지 운영하여 오고 있다.

나. 외국의 입법례

공고제도와 관련하여 외국의 입법례는 다양한 모습이 있으나 공고시기를 기준으로 '출원공고제도'와 '등록공고제도'로 구분할 수 있으며, 공고기간을 기준으로 짧은국가와 다소 긴 국가로 구분할 수 있다.

대부분의 국가에서는 '출원공고제도'를 채택하고 있는데 반하여 일본, 독일, 스위스, 스웨덴, 덴마크, 노르웨이, 핀란드 등에서는 상표가 등록된 이후 일정한 기간을 두어 공고를 하는 '등록공고제도'를 채택하고 있다.

공고기간과 관련하여 미국, 필리핀, 칠레 등은 우리나라와 같이 공고일로부터 30일간 부여하고 있으나, 대부분의 국가에서는 공고일로부터 2월(프랑스, 스페인, 캐나다 등) 또는 3월(영국, 중국, 호주 등)을 부여하고 있다.[2]

---

1) 대법원 1996. 8. 23. 선고 96후23 판결 [공1996.10.1.(19), 2870].
 "심사관의 출원공고란 심사관이 출원내용에 대하여 심사한 결과 거절할 만한 이유를 발견할 수 없거나 의견서 또는 보정서 제출에 의하여 거절이유가 극복된 경우, 그 출원내용을 공중에 공표하여 이의신청을 할 수 있도록 함으로써 심사의 협력을 구하도록 제도화한 것을 말하고, 심사관의 출원공고 결정에 대하여는 누구든지 30일 이내에 이의신청을 할 수 있고(상표법 제25조), 심사관도 출원공고 후에 거절이유가 발견된 경우 직권으로 거절사정을 할 수 있는 것이다(상표법 제28조)."
2) 문삼섭, 상표법, 세창출판사(2004), 855.

Ⅱ. 법적 성질

1. 공시최고설

민사소송법상의 공시최고개념으로 이해하려는 것으로 출원공고를 함으로써 일반공중에게 일정기간 내에 이의신청의 기회가 부여되고 그 기간 내에 이의신청이 없으면 이의신청을 할 수 있는 기회가 실권되는 효과가 발생한다는 설이다. 그러나 상표등록의 이의신청은 누구나 신청할 수 있으며 특정한 사람에게만 주어지는 것이 아니며, 이의신청의 기회를 상실하더라도 이해관계가 있으면 상표등록무효심판으로 다툴 수 있다는 점에서 이론적인 문제점이 있다.

2. 객관성담보설

출원내용의 공개에 의하여 일반공중에게 이의신청의 기회를 부여함으로써 심사의 합리성과 객관성을 담보하는 것에 출원공고제도의 본질이 있다는 주장이다. 이 설은 이의신청인의 지위를 설명하는 데에는 적합하지만, 이의신청에 관한 결정에 대해서는 불복을 신청할 수 없으므로 그 객관성의 담보기능을 발휘할 수 없다는 점에서 비판을 받고 있다.

3. 공중심사설

출원내용의 공개에 의하여 일반공중에게 심사관의 심사에 관여할 수 있는 기회를 부여하여 심사관의 자의적인 판단을 저지한다는 데 출원공고제도의 본질이 있다는 주장이다. 이 설은 공중은 이의신청을 할 수 있지만 심사의 주체는 심사관이라는 점에서 문제가 있다.

4. 정리

출원공고제도는 결국 이의신청이라고 하는 일반공중의 심사협력을 받아 심사관이 하는 심사의 정확성과 완전성을 도모하기 위한 '공중의 협력에 의한 심사제도의 일환'으로 보아야 한다.[3]

---

3) 문삼섭(주 2), 856-857.

III. 공고 절차

1. 출원공고결정

가. 국내상표등록출원

심사관은 상표등록출원에 대하여 '거절이유를 발견할 수 없는 때'에는 출원공고결정을 하여야 한다. 다만 출원공고결정 전에 한 보정에 대하여 각하결정이 있는 때에는 당해 결정등본의 송달이 있은 날부터 30일을 경과할 때까지는 출원공고결정을 보류하여야 하며,[4] 출원인이 당해 보정각하결정에 대하여 불복심판을 청구한 때에는 그 심판의 심결이 확정될 때까지 그 상표등록출원의 심사를 중지하여야 한다.[5]

나. 마드리드 의정서에 따른 국제상표등록출원

국제상표등록출원에 대해서는 마드리드 의정서의 규정에 의하여 WIPO 국제사무국에의 거절통지 기한이 있으므로 '마드리드 의정서 제2조(1)의 규정에 의한 국제사무국이 의정서 제3조의3에 따른 영역확장(이하 "영역확장"이라 한다)의 통지를 한 날[국제사무국이 영역확장의 통지를 한 후 공통규칙 제28조(2)에 따라 국제등록부 등록사항에 대한 경정통지를 한 경우 그 사항에 관하여는 해당 경정통지를 한 날]부터 14개월 이내에 거절이유를 발견할 수 없는 때에는 출원공고결정을 한다.[6]

2. 결정등본송달 및 출원공고

특허청장은 출원공고결정이 있을 때에는 그 결정의 등본을 출원인에게 송달하고 그 상표등록출원에 관하여 상표공보에 게재하여 출원공고를 하여야 한다.[7]

상표등록출원의 공고일은 상표등록출원이 상표공보에 게재된 날로 한다.[8]

특허청은 출원공고를 위하여 상표공보를 발행하며, 그 공보는 지식경제부령이 정하는 바에 의하여 전자적 매체로 발행할 수 있고, 이 경우 특허청장은

---

4) 상표법 제42조 제2항.
5) 상표법 제42조 제3항.
6) 상표법 제191조.
7) 상표법 제57조 제2항.
8) 상표법 시행규칙 제100조.

전자적 매체로 상표공보를 발행하는 경우에는 정보통신망을 활용하여 상표공보의 발행사실·주요목록 및 공시송달에 관한 사항을 알려야 한다.[9]

3. 열람제공

특허청장은 출원공고가 있는 날부터 2개월간 상표등록출원서류 및 그 부속서류를 특허청에서 공중의 열람에 제공하여야 한다.[10]

4. 출원공고시 게재사항

상표법 시행령 제164의 규정에 따른다.

상표공보에 게재할 사항에는 출원인의 성명 및 주소(법인의 경우에는 그 명칭·영업소 및 대표자의 성명), 표장, 지정상품 및 상품류, 출원번호 및 출원연월일, 출원공고번호 및 공고연월일, 입체적 형상상표, 색채상표, 홀로그램상표, 동작상표 또는 그 밖에 시각적으로 인식할 수 있는 것으로 된 상표의 경우에는 해당 상표임을 나타내는 표시, 지정상품의 추가등록 출원인 경우에는 등록상표의 등록번호 또는 상표등록출원의 번호 등 상표등록과 관련한 기타사항이 공고된다.

공고의 효과에 대해서는 공고결정 전의 경우 요지변경을 하지 않는 범위 내에서 보정이 가능하나 공고결정등본 송달 후에는 보정의 범위 및 시기가 제한된다고 하는 점과 공고 후에는 이의신청의 대상이 된다는 점을 들 수 있다. 한편 상표법에서 출원이 공고가 되면, 출원인은 당해 상표등록출원 공고된 지정상품과 동일하거나 이와 유사한 상품에 당해 상표출원 공고된 상표와 동일하거나 이와 유사한 상표를 사용하는 자에게 서면으로 경고할 수 있고, 당해 출원공고된 상표가 설정등록이 된 후에 당해 상표의 사용으로 인하여 입은 업무상 손실에 상당한 보상금의 지급을 청구할 수 있다(상표법 제58조 제2항). 이를 손실보상 청구권이라 한다. 상표권 존속기간의 기산일은 등록일이 기준이 된다.

출원공고는 출원공고할 것을 결정한 후 출원인에게 공고결정등본을 송달하고 특허청장이 상표등록출원의 내용을 상표공보에 게재함으로써 출원공고가 개시된다. 심사관은 상표등록출원에 대하여 상표법에 규정된 상표등록요건과 부등록요건에 대한심사를 한 후 거절이유를 발견할 수 없을 때는 출원공고할 것을

---

9) 상표법 제221조.
10) 상표법 제57조 제3항.

결정하여야 한다. 다만, 일정 사유에 의해 출원공고결정을 생략할 수 있다(상표법 제57조 제1항). 특허청장은 출원공고결정이 있을 때에는 그 결정의 등본을 상표출원인에게 송달하고 상표공보에 게재하여 출원공고를 하여야 한다(57조 제2항).

5. 출원공고를 생략할 수 있는 경우

2007년 개정법에서는 원출원에 대한 출원공고 후 분할출원된 출원에 대한 심사결과 거절결정할 이유가 없는 경우와 취소환송된 상표등록출원으로서 이미 출원공고된 사실이 있는 상표등록출원의 경우에는 출원공고 없이 바로 등록결정할 수 있는 근거 규정을 마련하였다. 즉 상표법 제24조 제1항 단서(현재의 제57조 제1항 단서)를 신설하여, 다음 각호의 어느 하나에 해당하는 경우에는 출원공고를 생략할 수 있다.

1. 제2항에 따른 출원공고결정의 등본이 출원인에게 송달된 후 그 출원인이 출원공고된 상표등록출원을 제45조에 따라 둘 이상의 상표등록출원으로 분할한 경우로서 그 분할출원에 대하여 거절이유를 발견할 수 없는 경우
2. 제54조에 따른 상표등록거절결정에 대하여 취소의 심결이 있는 경우로서 해당 상표등록출원에 대하여 이미 출원공고된 사실이 있고 다른 거절이유를 발견할 수 없는 경우

IV. 공고의 효과

출원공고의 효과는 다시 출원공고결정의 효과와 공고의 효과로 나눌 수 있다.

1. 출원공고결정의 효과

출원공고결정등본의 송달 후에는 보정의 시기와 대상범위가 제한되며(상표법 제40조, 제41조), 공고 후의 보정에 대한 보정각하에 대해서는 불복심판을 청구할 수 없으며(제42조 제5항), 출원공고결정등본 송달 후의 보정이 요지변경임이 상표권의 설정등록 후에 발견되면 그 상표등록출원은 그 보정을 하지 아니하였던 상표등록출원에 관하여 상표권이 설정등록된 것으로 본다(제41조 제3항).

2. 출원공고의 효과

가. 서면경고 및 손실보상청구권

출원인은 출원공고가 있은 후 당해 상표등록출원에 관한 지정상품과 동일
하거나 이와 유사한 상품에 대하여 당해 상표등록출원에 관한 상표와 동일하거
나 이와 유사한 상표를 사용하는 자에게 서면으로 경고할 수 있다. 다만, 출원
인이 당해 상표등록출원의 사본을 제시하는 경우에는 출원공고전이라도 서면으
로 경고할 수 있고, 이러한 경고를 한 출원인은 경고 후 상표권을 설정등록할
때까지의 기간에 발생한 당해 상표의 사용에 관한 업무상 손실에 상당하는 보
상금의 지급을 청구할 수 있다.[11]

다만, 손실보상청구권은 당해 상표등록출원에 대한 상표권의 설정등록이
있은 후가 아니면 이를 행사할 수 없다.[12]

나. 이의신청

출원공고가 있는 때에는 누구든지 출원공고일부터 2개월 이내에 당해 출원
에 거절이유가 있다는 것을 이유로 특허청장에게 상표등록이의신청을 할 수 있
다.[13]

다. 서류의 열람제공

특허청장은 출원공고가 있는 날부터 2개월간 상표등록출원서류 및 그 부속
서류를 특허청에서 공중의 열람에 제공하여야 한다.[14]

〈김용덕〉

---

11) 상표법 제58조 제1항, 제2항.
12) 상표법 제58조 제3항.
13) 상표법 제60조.
14) 상표법 제57조 제3항.

제58조(손실보상청구권)

① 출원인은 제57조제2항(제88조제2항 및 제123조제1항에 따라 준용되는 경우를 포함한다)에 따른 출원공고가 있은 후 해당 상표등록출원에 관한 지정상품과 동일·유사한 상품에 대하여 해당 상표등록출원에 관한 상표와 동일·유사한 상표를 사용하는 자에게 서면으로 경고할 수 있다. 다만, 출원인이 해당 상표등록출원의 사본을 제시하는 경우에는 출원공고 전이라도 서면으로 경고할 수 있다.

② 제1항에 따라 경고를 한 출원인은 경고 후 상표권을 설정등록할 때까지의 기간에 발생한 해당 상표의 사용에 관한 업무상 손실에 상당하는 보상금의 지급을 청구할 수 있다.

③ 제2항에 따른 청구권은 해당 상표등록출원에 대한 상표권의 설정등록 전까지는 행사할 수 없다.

④ 제2항에 따른 청구권의 행사는 상표권의 행사에 영향을 미치지 아니한다.

⑤ 제2항에 따른 청구권을 행사하는 경우의 등록상표 보호범위 등에 관하여는 제91조, 제108조, 제113조 및 제114조와 「민법」 제760조·제766조를 준용한다. 이 경우 「민법」 제766조제1항 중 "피해자나 그 법정대리인이 그 손해 및 가해자를 안 날"은 "해당 상표권의 설정등록일"로 본다.

⑥ 상표등록출원이 다음 각 호의 어느 하나에 해당하는 경우에는 제2항에 따른 청구권은 처음부터 발생하지 아니한 것으로 본다.

1. 상표등록출원이 포기·취하 또는 무효가 된 경우
2. 상표등록출원에 대한 제55조에 따른 상표등록거절결정이 확정된 경우
3. 제117조에 따라 상표등록을 무효로 한다는 심결(같은 조 제1항제5호부터 제7호까지의 규정에 따른 경우는 제외한다)이 확정된 경우

〈소 목 차〉

Ⅰ. 서론

1. 의의

이 조항은 2001년 개정법(2001. 2. 3. 법률 제6414호, 이하 같다)에 신설된 것으로, 상표등록출원인이 상표권설정등록이 되기 전에 당해 출원상표와 동일하거나 유사한 상표를 사용하는 타인에 대하여 일정한 조건하에 업무상 손실의 보상을 청구할 수 있는 권리를 인정한 조항이다.

특허권, 실용신안권, 디자인권의 대상이 되는 발명, 고안, 디자인은 모두 창작물이므로, 창작자와 그 승계인만이 특허, 실용신안, 디자인의 등록을 받는 것이 가능하고, 모인출원은 거절이유가 된다(특허법 제33조와 제62조, 실용신안법 제11조와 제13조, 디자인보호법 제3조와 제62조 참조). 하지만 상표법은 상표를 창작물로 취급하지 않으므로, 상표를 처음으로 만든 사람이 아니라고 하더라도 그 상표를 사용하고자 하는 사람은 상표를 등록받을 수 있고, 모인출원은 거절이유가 되지 않는다(상표법 제3조와 제55조 참조). 상표가 창작물로 취급되지 않는 점은 상표 출원 후이더라도 마찬가지이다. 그리고 상표법 제82조 제1항은 "상표권은 설정등록에 의하여 발생한다."라고 규정하여 이른바 등록주의를 취하고 있다.

따라서 상표가 실제 사용되고 있거나 상표등록출원이 있더라도, 상표권설정등록이 되기 전에는 그 상표에 대하여 상표법상의 어떠한 배타적 효력도 생기지 않는다. 결국, 출원 중인 상표를 타인이 사용하여 출원인이 업무상의 손실을 본다 하더라도, 출원인은 그 손실의 보상을 받을 수 없는 것이 원칙이다.

그런데 이 조항으로써 상표등록출원인은 상표등록출원시로부터 상표권설정등록시까지 당해 상표에 화체된 신용을 보호할 수 있게 되었다. 따라서 이 조항은 등록주의에 수정을 가하는 중요한 의미를 갖는다.

2. 본조 신설의 경위

이 조항은 우리나라가 마드리드의정서[1] 가입을 앞두고 우리 상표법을 마드

---

1) 마드리드의정서는 마드리드협정이 지니고 있는 문제점을 극복하여 탄력적인 국제등록제도를 창설할 목적으로 '표장의 국제등록에 관한 마드리드협정에 관한 의정서(Protocol Relating to the Madrid Agreement Concerning the International Registration of Marks)'라는 명칭으로 1995. 12. 1. 발효되어 1996. 4. 1. 시행된 조약이다. 마드리드의정서는 2011. 2. 15. 현재 83개국이 가입해 있으며, 우리나라는 2003. 4. 10. 가입국이 되었다.

리드의정서에 조화시키되, 국제상표등록출원에 대해서만 이를 인정할 경우 우리 상표법상 손실보상청구권 관련 조항이 없어 형평에 맞지 않으므로, 국내상표 등록출원에 대해서도 손실보상청구권을 인정하기 위하여 도입한 규정이다. 이 조항은 2001. 7. 1. 이후 최초로 출원되는 상표등록출원 및 지정상품의 추가등 록출원부터 적용되었다(2001년 개정법 부칙 제2조).

가. 마드리드의정서와의 조화[2]

마드리드의정서 제4조(1)(a) 제2문[3]은 지정국관청으로부터 국제사무국에 거절통지가 되지 않거나 거절통지가 사후에 철회된 경우에는, 당해 국제등록에 관한 상표는 국제등록일(또는 사후지정일)로부터 그 상표가 당해 지정국관청에 등록된 것과 동일한 보호를 받는다고 규정하고 있다. 국제등록일은 원칙적으로 국제출원일과 동일한 날이 되므로[4] 거절통보가 없거나 그 거절통보가 사후에 철회된 경우에는, 그 상표는 그 출원일에 소급하여 당해 지정국에 등록된 것과 동일한 보호를 받게 된다. 요컨대, 2001년 개정법 이전의 상표법 하에서는 상표권의 설정등록까지는 상표법상의 어떠한 배타적 권리도 인정되지 않음에 비하여, 마드리드의정서하에서는 등록을 조건으로 출원 시에 소급하여 등록된 것과 같은 정도의 보호를 부여하고 있는 것이다.

우리 상표법에서 상표가 등록되면, 상표권자는 지정상품에 관하여 그 등록 상표를 사용할 권리를 독점하고(제89조), 그 권리의 침해한 자에 대하여는 금지 청구권 등(제107조)과 손해배상청구권(제109조)을 행사할 수 있다. 더욱이 상표권

---

2) 小野昌延 編, 注解 商標法[新版] 上卷, 靑林書院(2005), 578-580(大島 厚 집필부분) 참조.
3) 마드리드의정서 Article 4(Effects of International Registration) (1) (a) From the date of the registration or recordal effected in accordance with the provisions of Articles 3 and 3ter, the protection of the mark in each of the Contracting Parties concerned shall be the same as if the mark had been deposited direct with the Office of that Contracting Party. If no refusal has been notified to the International Bureau in accordance with Article 5(1) and (2) or if a refusal notified in accordance with the said Article has been withdrawn subsequently, the protection of the mark in the Contracting Party concerned shall, as from the said date, be the same as if the mark had been registered by the Office of that Contracting Party.
4) 마드리드의정서 Article 3(International Application) (4) The International Bureau shall register immediately the marks filed in accordance with Article 2. The international registration shall bear the date on which the international application was received in the Office of origin, provided that the international application has been received by the International Bureau within a period of two months from that date. If the international application has not been received within that period, the international registration shall bear the date on which the said international application was received by the International Bureau.

침해에 대하여는 상표법 제230조에 의한 형사상의 구제도 부여된다.

그런데 마드리드의정서 제4조(1)(a)는, 우리나라가 체약국이 되는 경우 국제 등록된 상표에 대하여 국내상표권과 동일한 내용의 보호를 출원일부터 부여할 것을 요구한다. 즉 우리나라를 지정국으로 하는 국제등록출원에서 거절통보가 없거나 거절통보가 사후에 철회된 경우에는 그 상표에 대하여 국제등록일(원칙적으로는 출원일과 동일하다)부터 민사상의 구제로서 금지청구권과 손해배상청구 권을 인정하여야 하고 형사상 구제로서 형벌의 적용을 인정하여야만 한다.

상표권자가 가지는 위 권리 중 먼저 금지청구권에 관하여 보면, 우리나라에 서 국제등록상표에 대한 보호 여부가 확정된 이후에 금지청구권을 출원일에 소급하여 행사하게 한다는 것은 그 성질상 불가능하다. 금지청구권을 출원일부터 행사할 수 있도록 하는 방법을 생각해 볼 수 있으나, 그렇게 하면 심사절차에서 등록요건을 충족하는 것으로 확정되는 경우에는 행사된 금지청구권이 유효하게 되지만, 거절통보되어 우리나라에서의 보호가 인정되지 않는 경우에는 행사된 금지청구권은 당초부터 인정되지 않는 것이어서 행사한 자에게 무과실책임을 부담시키는 등의 조치가 필요하게 된다. 그러나 그러한 결과는 법적 안정성을 해치게 되므로, 금지청구권을 출원일에 소급하여 행사하도록 하는 방법은 이를 채택하기 어렵다.

다음으로, 손해배상청구권을 출원 시에 소급하여 인정하는 것에 관하여 보면, 여기서 인정하게 될 손해배상청구권상의 '손해'는 출원 시부터 등록확정시 까지 발생한 손해를 말하는 것이므로, 등록이 확정된 시점에 당해 기간에 있어 서의 손해를 산정하여 배상을 명하는 것은 이론상으로는 가능하다. 따라서 국제 등록에 관계된 상표에 대하여 출원일에 소급하여 국내등록된 것과 동등한 권리 를 부여한다는 마드리드의정서의 요청은, 손해배상청구권을 출원시에 소급하여 인정하는 것에 의해 일응 만족된다.

그렇지만, 우리나라에서 손해배상청구권은 민법 제750조에 규정된 불법행위 에 기초한 것이고, 불법행위의 성립에는 고의 또는 과실로 인한 위법행위에 기 하여 손해가 발생할 것을 요건으로 한다. 따라서 단순히 출원된 것에 지나지 않 고 후에 등록요건을 구비한 것으로 인정될 것인지 아닌지 아직까지 미정인 상표 를 타인이 사용하였다고 하여 이를 곧바로 과실로 위법행위를 한 것으로 보기에 는 불법행위법상 문제가 있다. 여기서 손해배상청구권 그 자체는 아니지만, 이와 유사하고, 국제적으로는 손해배상청구권을 인정한 것과 다름없다고 보이는 유사한 권리를 창안하게 되었는데, 이것이 바로 이 조항의 손실보상청구권이다.

　끝으로 형사상 구제에 관하여는 개정법에 아무런 언급이 없으나, 명문의 규정이 없는 이상, 설정등록 전에 형사상의 구제를 인정할 수 없음은 명백하다.

　그리고 우리 법체계상의 문제로서, 위와 같은 마드리드의정서로부터 유래된 새로운 권리인 손실보상청구권을 국제등록에 관계된 상표에만 인정할 것인지, 아니면 우리 상표법에 따른 국내상표출원에 있어서도 동일하게 취급하여야 하는지가 문제된다. 조약상 의무로서는 국제등록에 관계된 상표를 출원일에 소급하여 보호하면 충분하다. 그러나 주로 외국인이 권리자가 될 국제등록에 따른 상표를 국내등록에 의한 상표에 비하여 더 두텁게 보호하여 유리하게 취급하는 것은 타당하지 않고, 출원된 상표를 등록 전에 조기에 보호하는 것은 조약과의 조화 문제와는 별개로 상표보호에 있어 나아가야 할 방향이므로, 이 손실보상청구권을 국제등록과 국내등록 모두에 동등하게 인정하게 된 것이다.

나. 출원상표의 조기보호

　이 조항은 마드리드의정서와의 조화를 위해서 도입된 것이긴 하나, 모든 출원에 대하여 이를 인정하게 됨으로써, 결국 상표권설정등록전의 출원상표에 대한 조기보호가 가능하게 되었다.

　일본도 평성(平成)11년(1999년) 법률 제41호로 '설정등록 전의 금전적청구권'이라는 이름으로 우리의 손실보상청구권제도와 유사한 제도를 도입하였다(일본 상표법 제13조의2).[5]

　일본에서 위 개정의 기초가 된 평성(平成)10년(1998년) 11월 26일부 공업소유권심의회 상표소위원회 보고에는 '상표권설정등록 전에 상표법상의 보호를 부여하여야 할 필요성'을 지적하고 있는데, 그 내용은 다음과 같다.[6]

　"상표법은 상표를 사용하는 자의 업무상 신용을 유지하고 향상함으로써 산업의 발달에 기여하는 것뿐만 아니라, 수요자 이익의 보호를 목적으로 한다. 그리고 상표법은 그 법목적을 달성하는 수단으로서 상표권설정등록이라는 행정처

---

5) 일본은 우리나라와 달리 출원공고제도를 평성(平成)8년(1996년) 개정법으로 폐지하였다. 이에 따라 일본 상표법 제13조의2 제1항은 '상표등록출원인은 상표등록출원을 한 후에 당해 출원에 관계된 내용을 기재한 서면을 제시하여 경고를 한 때에는, 그 경고 후 상표권설정등록 전에 당해 출원에 관계된 지정상품 또는 지정역무에 있어서 당해 출원에 관계된 상표를 사용한 자에 대하여, 당해 사용에 의하여 발생한 업무상의 손실에 상당하는 액의 금전의 지급을 청구할 수 있다.'라고 규정하여, 우리나라의 규정과는 약간 차이가 있다.

6) 小野昌延 編(주 2), 580-581 참조.

분을 행하고, 이 상표권을 상표권자가 지정상품 또는 지정역무에 등록상표를 사용할 권리를 독점하는 권리로서 구성한다.

　　그러나 상품·서비스의 라이프사이클이 단축되는 경제적 환경 아래에서는, 광고 등 기업의 경제적 활동을 통하여 상표가 가지는 신용력, 고객흡인력 등이 설정등록전에 발생할 가능성이 있는 경우가 증가하고 있고, 출원단계에 있어서도 일정 정도의 보호를 부여할 필요성이 있다고 생각된다. 특히 상표는 그 대상이 이른바 mark(표장)로 이루어진 것에 지나지 않고, 모방 등이 용이하기 때문에, 상표를 둘러싼 경제환경의 변화를 고려하면, 상표에 화체된 신용력의 훼손 등에 대하여는 신속한 보호가 이루어지는 제도를 구축할 필요성이 크다.

　　그와 같은 조기보호의 필요성의 관점에 입각하면, 법정의 등록요건을 갖추었다고 인정되는지 아닌지를 사후적으로 검토하는 것을 전제로 하여, 상표권설정등록 전이라도 상표법상의 보호를 부여하는 것이 필요하다고 생각한다."

3. 법적 성질

　　손실보상청구권의 법적 성질에 관하여 출원인이 출원부터 상표권의 설정등록에 이르기까지 가지는 권리를 침해한 것에 대한 불법행위 책임의 한 종류라는 견해나 출원된 상표와 동일·유사한 상표를 사용하는 제3자는 어떠한 이익을 향유하게 되고 이는 출원인에게 반환하여야 할 성질의 것이라는 점에서 부당이득청구권의 일종이라는 견해는 찾아보기 어렵고, 입법정책상 개정법에 의해 창설된 특수한 권리로 보는 견해가 다수의 학설로 보인다.[7] 상표권은 설정등록에 의하여 발생하므로 상표등록 전에 동일·유사한 상표를 사용하는 행위를 위법행위라고 할 수는 없는 점, 부당이득반환청구권은 '상대방의 이득'을 반환하는 것이나 손실보상청구권은 출원인의 손실을 지급하는 것인 점 등에 비추어 보면, 상표법이 창설한 특수한 권리로 보아도 무방할 것이다.

　　그리고 상표등록출원에 대한 거절결정이 확정되거나 상표등록이 무효로 되는 경우 손실보상청구권이 소급하여 소멸한다는 이유로 손실보상청구권을 '해제조건부 권리'로 보는 견해[8]와 손실보상청구권은 상표권의 설정등록이 있어야

---

　　7) 문삼섭, 상표법(제2판), 세창출판사(2004), 861-862는 '손실보상청구권은 상표권과는 달리 출원된 상표를 무단으로 사용하는 경우 출원인의 업무상 이익이 상실되므로 그 이익을 보호하기 위한 채권적 권리'라고 한다. 박종태, 이지 상표법(제4판), 한빛지적소유권센터 (2010), 356 참조.
　　8) 문삼섭(주 7), 862.

행사할 수 있다는 이유로 손실보상청구권을 '정지조건부 권리'로 보는 견해9)가 있다. 그러나 정지조건이나 해제조건은 법률행위의 효력의 발생이나 소멸을 장래의 불확실한 사실에 의존케 하는 조건이 당사자의 의사에 따라 부가된 법률행위를 구분할 때 사용하는 기준인데, 손실보상청구권 자체가 당사자의 의사에 따라 생성되는 권리가 아니라 상표법이 창설한 특수한 권리이므로, 이를 당사자의 의사에 따라 조건이 부가된 조건부 권리로 볼 수 있을지는 의문이다.

4. 특허법상의 '보상금청구권제도'와의 비교

특허법 제65조 제2항은 출원공개된 출원발명을 다른 자가 실시할 경우 출원인의 이익을 해할 수 있으므로, 이러한 출원인의 손실을 보전하기 위하여 보상금청구권을 인정하고 있다.

상표법상의 손실보상청구권과 특허법상의 보상금청구권은 상표권설정등록이나 특허권설정등록이 되기 전에 출원인에게 일정한 요건 아래 금전지급청구권을 인정하는 제도라는 점에서 유사하고, 상표법상의 손실보상청구권이 상표권의 설정등록 전에 당해 상표에 화체된 신용에 대한 손실을 보상하는 제도임에 비하여 특허법상의 보상금청구권은 제3자의 실시에 대하여 특허출원공개를 한 특허출원인을 임시적으로 보호하는 조치인 점에서 그 제도의 기본적인 취지가 서로 다르다.10)

Ⅱ. 손실보상청구권의 발생요건

1. 서설

이 조항의 제1항, 제2항을 종합하여 분석하여 보면, 손실보상청구권의 발생요건은 ① 제3자의 상표의 사용, ② 출원인의 제3자에 대한 경고, ③ 제3자의 상표사용으로 인한 업무상 손실의 발생 등 세 가지로 크게 나눌 수 있다.

2. 제3자의 상표의 사용

제3자가 당해 상표등록출원에 관한 지정상품과 동일·유사한 상품에 대하여 당해 상표등록출원에 관한 상표와 동일·유사한 상표를 사용하여야 한다(제58조

---

9) 특허청, 조문별 상표법 해설, 특허청(2007), 184.
10) 문삼섭(주 7), 862-863.

제1항 본문).

이 조항은 상표법 제90조를 준용하고 있지 않다. 그러나 출원상표에 대한 보호가 등록상표에 대한 보호보다 클 수는 없고, 제3자의 사용이 제90조의 규정에 해당하는 경우에는 출원인에게 업무상의 손실이 발생하였다고 보기 어렵다는 점에서 손실보상청구권의 대상이 되지 않는다고 봄이 타당하다.[11]

그리고 지리적 표시 단체표장권의 전용권은 상표법 제89조의 규정에 따라 통상의 등록상표와 동일하게 상표와 상품의 동일범위에 한하나, 금지권은 상표법 제108조 제2항 제1호의 규정에 따라 제3자가 '동일 또는 유사한 표장'을 '동일하다고 인정되는 지정상품'에 대하여 사용한 경우에만 행사할 수 있다. 따라서, 지리적 표시 단체표장 출원의 손실보상청구권도 제58조의 규정에 불구하고 해석상 지정상품과 동일하다고 인정되는 상품을 사용하는 자에 한하여 인정될 수 있다고 보아야 할 것이다.[12]

여기서 상표의 동일·유사 여부와 지정상품의 동일·유사 여부의 개념은 상표부등록사유를 규정한 상표법 제33조 제1항, 선출원의 지위에 관한 상표법 제35조 등에서의 개념과 다르지 않고, '상표의 사용'의 개념은 상표법 제2조 제1항 제11호에서 규정하는 '상표의 사용'과 다르지 않으므로, 이들에 관하여는 각 해당부분에 그 설명을 미룬다.

경고를 한 출원인은 '경고 후 상표권을 설정등록할 때까지의 기간에 발생한 당해 상표의 사용'에 관한 업무상 손실을 청구할 수 있는 것이므로(제58조 제2항), 제3자에 대하여 서면으로 경고를 한 시점부터 당해 출원상표의 설정등록일까지의 제3자의 상표사용이 손실보상청구권의 대상이 된다. 따라서 제3자가 경고를 받은 즉시 상표사용을 중지하는 경우에는 그에 대하여 손실보상을 청구할 수 없다.

실무상으로 경고는 배달증명부 내용증명우편으로 될 것이므로, 그 배달증명에 따른 도달일이 손실보상청구권의 기산일이 될 것이다. 종기(終期)는 상표등록원부에 상표권설정등록이 된 날의 전(前)날이다. 상표권설정등록일부터의 제3자의 사용은 통상의 상표권침해행위가 되고, 손실보상청구권의 대상이 되지 않는다.

---

11) 박종태(주 7), 358.
12) 박종태(주 7), 358.

3. 출원인의 서면에 의한 경고

출원인은 상표법 제57조 제2항, 제88조 제2항, 제123조 제1항에 따른 출원 공고가 있은 후 제3자에게 서면으로 경고하여야 한다(제58조 제1항 본문). 특허청 장은 ① 심사관이 상표등록출원에 대하여 거절이유를 발견할 수 없다고 판단하 여 출원공고결정을 하는 경우(제57조 제2항), ② 심사관이 지정상품의 추가등록 출원에 대하여 거절이유를 발견할 수 없다고 판단하여 출원공고결정을 하는 경 우(제88조 제2항), ③ 상표등록출원이나 지정상품의 추가등록출원에 대하여 출원 공고 없이 거절결정이 내려지고, 그 거절결정에 대한 심판이 청구되어 거절결정 을 취소하는 심결이 내려져 심사관이 출원공고결정을 하는 경우(제123조 제1항) 에는, 이들 상표등록출원에 관하여 상표공보에 게재하여 출원공고를 하여야 하 는데, 원칙적으로 출원인은 이와 같은 출원공고 후 서면으로 경고하여야 한다.

다만, 출원공고 전이라도 출원인은 당해 상표등록출원의 사본을 제시하면 서 서면으로 경고할 수 있다(제58조 제1항 단서).

출원공고제도는 심사의 공정성과 완전성을 기함과 동시에 부실권리의 등록 을 방지하기 위하여 마련된 제도로서, 출원공고가 되더라도 출원상표에 대하여 상표법상의 어떠한 배타적 권리가 부여되는 것은 아니다. 따라서 단순히 상표가 출원되었다는 것에 불과한 출원공고가 있었다는 점만으로 등록상표와 같이 제3 자의 침해행위에 고의나 과실이 있다고 추정하는 것은 타당하지 않다. 여기서 마련된 요건이 바로 '경고'이다. '경고'는 제3자에게 손실보상청구권이 존재함을 고지하여 제3자의 불의타를 방지하기 위하여 도입한 요건이다. 따라서 설령 제3 자가 악의로 출원상표와 동일·유사한 상표를 동일·유사한 지정상품에 사용한 경우라 하더라도 경고를 하지 않으면 손실보상청구권이 발생하지 않는다.13)

그런데 경고의 서면에 '어떤 내용이 담겨야 하는지'에 관하여는 우리 상표 법은 아무런 언급이 없고 해석에 맡겨져 있다.14) 경고를 손실보상청구권의 요건 으로 한 취지를 고려하면, 경고의 서면에는 제3자가 손실보상청구권의 발생을

---

13) 문삼섭(주 7), 863-864.

14) 일본 상표법이 '당해 출원에 관한 내용을 기재한 서면을 제시하여 경고한다.'라고 하여 조문에 이를 명시하고 있는 것과 다르다. 일본에서는 '당해 출원에 관한 내용을 기재하였 다는 것'을 출원된 상표의 구성 및 지정상품 또는 지정역무가 무엇인지 이해될 수 있을 정 도로 표시하여야 하고, 단순히 당해 출원번호를 표시하는 것만으로는 '내용'을 기재하였다 고 보기는 어렵다고 해석하고 있다.

예상할 수 있을 정도의 내용이 포함되어야 한다. 따라서 '제3자가 사용 중인 상표와 유사한 상표가 단순히 출원되었다'는 내용만으로는 유효하다고 하기 어려울 것이고,[15] 적어도 출원번호, 출원상표의 표장과 지정상품이 무엇인지를 알 수 있는 내용이 포함되어야 할 것이다. 경고의 서면에 출원번호만 기재하는 것은 제3자가 상표의 내용을 알기 어려워 유효한 경고라고 보기는 어려울 것이나, 그와 더불어 출원공고된 상표공보까지 첨부하는 경우에는 유효한 경고라고 볼 수 있을 것이다.

이 조항의 '경고'는 앞서 본 바와 같이 상표권설정등록 후에 손실보상청구권을 행사한다는 취지의 통지이고, 상표권침해의 경우와 같이 상표사용의 중지를 요구하는 것은 아니다. 이 경고로써 상표사용의 중지를 구하는 것은, 경고를 받은 제3자가 그 시점에서 사용을 중지하고 그 후 당해 출원이 거절된 경우에는 문제가 생길 수 있으므로, 단순히 통지에 그쳐야 하기 때문이다.

4. 출원인에게 업무상 손실의 발생

출원인이 손실보상청구권으로 제3자에게 청구할 수 있는 것은 '당해 상표의 사용에 관한 업무상 손실에 상당하는 보상금'이다(제58조 제2항).

문언에서 보듯이 손실보상청구권은 '업무상 손실'을 전보하는 것을 목적으로 하기는 하나, 이에는 상표법 제110조의 손해배상액의 추정규정이 준용되지 아니하므로, 입증할 수 있는 현실의 '업무상 손실'만이 전보의 대상이 된다.

'상표 사용에 관한 업무상 손실'은 당해 상표에 화체된 업무상의 신용이 훼손됨으로써 발생한 손실이므로, 손실보상청구권의 기초가 되는 출원상표는 이미 신용이 축적되었음을 전제로 한다. 즉 손실보상청구권은 단순히 출원된 것에 지나지 않는 상표에 관해서는 발생하지 않고, 신용이 화체(축적)된 상표에만 인정된다.

상표에 신용이 화체되는 것은 통상 그 상표가 사용되는 것에 의해 발생하므로, 경고를 할 때 출원인은 이미 그 출원상표를 상당 정도 그 지정상품 사용하고 있어야만 한다. 바꾸어 말하면 경고시까지 사용하지 않은 출원상표에 기하여 경고를 하더라도, 그 시점에는 업무상의 손실이 발생하지 않으므로 손실보상

---

15) 서울고등법원 2009. 9. 3. 선고 2009나28136 판결도 '출원 중인 상표라고만 하여 이 사건 상표와 관련된 서면경고인지 여부도 불명확하다'는 등의 이유로 손실보상청구권을 부정하였다.

청구권의 대상이 없게 된다. 그러나 가령 경고 후 설정등록까지의 기간에 대대적으로 광고선전 등을 포함하여 상표를 사용하는 경우에는, 그 상표에 신용이 화체되었다고 볼 수 있는 시점부터 '업무상 손실'이 발생하고, 그 손실액은 청구의 대상이 된다.

위와 같이 손실보상청구권의 기초가 되는 출원상표는 당해 지정상품에 사용되어야 하는 것이 원칙이라 할 것이나, 저명상표의 경우에는 당해 지정상품에 사용되지 않더라도 상관없을 것이고, 또한 국내에서 사용되지 않더라도 외국에서의 사용에 의해 신용이 화체된 상표에 대해서도 업무상 손실이 인정되어야 할 것이다.

Ⅲ. 손실보상청구권의 행사

1. 손실보상청구권은 상표권의 설정등록 전까지는 행사할 수 없다(제58조 제3항).

이 규정은 보상금청구권에 관한 특허법 제65조 제3항과 같은 취지이다. 즉 등록될지가 미정인 상표에 근거하여 권리행사를 하게 되면, 후에 거절결정 등에 의하여 당해 손실보상청구권이 발생하지 않는 경우에는 부당이득반환이나 손해배상청구 등의 문제가 발생하여, 그 권리관계가 복잡해지게 된다. 그래서 이 규정은 그와 같은 불확정한 출원단계에서의 권리행사를 허용하지 않고, 심사가 완료되고 등록료가 납부되어 등록이 확정된 단계, 즉 설정등록 후에 비로소 권리행사를 인정한 것이다.

2. 한편 손실보상청구권의 행사는 상표권의 행사에 영향을 미치지 않는다(제58조 제4항).

이 규정은 보상금청구권에 관한 특허법 제65조 제4항과 같은 취지로, 동 규정이 가지는 문제점을 그대로 포함하고 있다. 즉 손실보상청구권은 출원 후 경고를 받은 시점부터 설정등록까지의 기간에 관하여 신설된 특수한 권리이므로, 상표권설정등록 후에는 상표권 그 자체를 행사할 수 있다. 그리하여 손실보상청구권의 행사로 상당액이 지급된 대상상품을 제조업자가 소매업자에게 전매한 경우, 상표권자는 그 동일 상품에 관하여 소매업자에 대하여 상표권을 행사할 수 있다. 이것이 보상금청구권에 대한 다수설에 따른 논리이다.

이에 대하여 일본에서는 부정설이 있다. 이 설에 따르면, 제조업자로부터 상표권설정등록 후에 손실보상청구권을 행사하여 이미 '업무상 손실'액을 수령 하였기 때문에, 중복하여 동일상품에 대하여 소매업자의 판매행위를 상표권침 해로서 금지청구하거나 손해배상청구하는 것은 허용되지 않는다고 한다.

그러나 상표의 경우에는 제조업자가 소매업자에게 판매하는 행위와 소매업 자가 일반 수요자에게 판매하는 행위는 각 상표권침해품이 시장에 유통되는 것 에 다름아니고, 그것이야말로 침해의 핵심이므로, 그와 같은 행위는 상표권에 의하여 당연히 금지청구할 수 있다고 해석하여야 할 것이다. 따라서 그와 같은 손실보상청구권의 행사 후 상표권침해행위에 있어서는 본조 제4항의 문언 그대 로 해석하고, 다만 손해배상액에 관하여 손실보상청구권의 지급액을 참작하여 결정하면 될 것이다.

Ⅳ. 손실보상청구권의 소멸

1. 소급적 소멸

앞서 본 바와 같은 요건을 충족하여 일단 발생한 손실보상청구권은, ① 상 표등록출원이 포기·취하 또는 무효가 된 경우(제58조 제6항 제1호), ② 상표등록 출원에 대한 제55조에 따른 상표등록거절결정이 확정된 경우(같은 항 제2호), ③ 제117조에 따라 상표등록을 무효로 한다는 심결(동조 제1항 제5호 내지 제7호의 규정에 의한 경우를 제외한다) 확정된 때에는, 처음부터 발생하지 아니한 것으로 본다.

요컨대, 당해 출원절차에서 상표권설정등록이 되지 않거나, 상표권설정등록 이 되더라도 그 후에 무효심판에 의하여 등록이 무효로 되는 경우에는, 손실보 상청구권은 소급적으로 소멸한다. 다만, 상표권설정등록 후에 무효심판에 의하 여 그 등록이 무효로 되더라도, 상표등록 후 그 상표권자가 제27조의 규정에 의 하여 상표권을 향유할 수 없는 자로 되거나 그 등록상표가 조약에 위반된 경우 (제117조 제1항 제5호), 상표등록이 된 후에 그 등록상표가 제33조 제1항 각 호의 어느 하나에 해당하게 된 경우(제33조 제2항에 해당하게 된 경우를 제외한다)(제117 조 제1항 제6호), 또는 제82조의 규정에 따라 지리적 표시 단체표장등록이 된 후 에 그 등록단체표장을 구성하는 지리적 표시가 원산지 국가에서 보호가 중단되 거나 사용되지 아니하게 된 경우(제117조 제1항 제7호) 등 상표등록 후에 후발적으로 생긴 무효사유에 의하여 그 등록이 무효로 된 경우에는, 손실보상청구권은 소멸하지 아니한다.

이와 같이 손실보상청구권이 소급적으로 소멸하는 결과 설정등록이 되어 일단 권리행사를 하였는데, 등록무효심판에 의하여 상표등록이 무효로 되는 때에는, 상표권자는 제3자에게 손해배상 또는 부당이득반환을 하여야 할 것이다. 다만 출원인은 상표법에서 인정된 권리를 행사한 것이기 때문에 특히 악의적인 경우가 아니라면 손해배상청구권까지 인정되기는 어려울 것이다.

2. 시효에 의한 소멸

본조 제5항은 민법 제766조(손해배상청구권의 소멸시효)의 규정을 준용하고 있다.

민법상의 손해배상청구권은 '피해자나 법정대리인이 그 손해 및 가해자를 안 날로부터 3년간 이를 행사하지 아니한 때'(민법 제766조 제1항) 또는 '불법행위를 한 날로부터 10년이 경과한 때'(민법 제766조 제2항)에 소멸한다. 그런데 본조 제3항은 손실보상청구권의 행사를 상표권의 설정등록 이후로 제한하고 있으므로, 민법 제766조 제1항을 그대로 준용하게 되면, 손실보상청구권은 3년의 단기소멸시효에 걸려 상표권설정등록이 되기도 전에 소멸하게 될 수도 있다.

이에 본조 제5항 제2문은 민법 제766조 제1항의 '피해자나 그 법정대리인이 그 손해 및 가해자를 안 날'을 '당해 상표권의 설정등록일'로 본다고 규정하였다.

V. 기타 준용규정 및 시행

1. 본조 제5항은 손실보상청구권을 행사하는 경우에, 상표법 제91조(등록상표의 보호범위), 제108조(침해로 보는 행위), 제113조(상표권자 등의 신용회복), 제114조(서류의 제출) 및 민법 제760조(공동불법행위자의 책임), 제766조(손해배상청구권의 소멸시효)의 규정을 준용한다.

2. 상표법 제91조 제1항은 '등록상표의 보호범위는 상표등록출원서에 적은 상표 및 기재사항에 따라 정해진다.'라고 규정하고 있고, 같은 조 제2항은 '지정상품의 보호범위는 상표등록출원서 또는 상품분류전환등록신청서에 기재된 상품에 따라 정해진다.'라고 규정하고 있다.

상표에 관하여는 출원시의 상표를 보정하는 경우가 거의 없으므로 특별히 문제될 것은 없다.

그에 비하여 지정상품에 관하여는 출원시부터 심사관의 심사를 거쳐 설정등록이 될 때까지 보정이 이루어져 그 범위가 감축되는 경우가 적지 않다. 보정의 효과는 출원시에 소급하므로, 지정상품의 보호범위는 최종적으로 보정된 상표등록출원서에 의하게 된다. 결국 등록결정시의 상표등록출원서에 기재가 보호범위를 정하는 기초가 된다. 또한 상표권설정등록 후에 무효심판에 의하여 등록이 일부 무효로 되는 경우에는 그 일부무효 후의 지정상품이 상표등록출원서에 기재된 것이 된다.

이상은 지정상품이 감축되는 통상의 경우이지만, 그것이 확장되는 경우에는 상표법 제40조, 제41조가 적용된다. 상표법 제40조 제3항은 '상표권 설정등록이 있은 후에 제1항에 따른 보정(출원공고결정 전의 보정을 말한다)이 제2항 각 호의 어느 하나에 해당하지 아니하는 것으로 인정된 경우에는 그 상표등록출원은 그 보정서를 제출한 때에 상표등록출원을 한 것으로 본다.'라고 규정하고 있다. 이 경우 상표등록출원서의 기재는 확장된 보정의 내용에 의할 것이지만, 보정으로 확장된 지정상품에 관하여는 출원일 자체가 소급하지 않으므로, 확장된 지정상품에 관하여 손실보상청구권을 유효하게 행사할 수 있는가 아닌가는 경고할 때의 지정상품, 당해 보정서의 내용 및 제출시기 등을 종합적으로 고려하여야 할 것이다. 예를 들어 출원인이 출원공고 전에 상표등록출원의 사본을 제시하여 출원상표의 지정상품과 유사하지 않은 상품에 출원상표를 사용하는 제3자에게 경고를 하고, 이후 지정상품의 범위를 제3자의 사용상품까지 확장하는 내용으로 보정서를 제출하였는데, 심사관이 그 보정을 유효한 것으로 보고 출원공고결정을 한 사안에서, 그 후에 출원인의 보정이 요지변경에 해당하는 것으로 확정되면, 위와 같은 사정을 참작하여 손실보상청구권의 유효여부를 판단하여야 할 것이다. 그러나 적어도 경고 전에 보정되고, 보정 후의 지정상품을 기재하여 경고한 경우에는 손실보상청구권은 유효하게 발생한다고 보아야 할 것이다.

한편, 상표권 설정등록 후에 제1항에 따른 보정(출원공고결정 후의 보정을 말한다)이 제41조 제2항 각 호의 어느 하나에 해당하지 아니한 것으로 인정된 경우에는 그 상표등록출원은 그 보정을 하지 아니하였던 상표등록출원에 관하여 상표권이 설정등록된 것으로 본다(제41조 제3항). 따라서 출원공고결정 후의 보정이 요지변경에 해당하는 경우에는 보정으로 확장된 지정상품에 관하여는 상표등록이 소급적으로 무효가 되므로, 보정 후의 지정상품을 기초로 하여서는 손실보상청구권이 발생할 수 없다고 할 것이다.

3. 상표법 제108조(침해로 보는 행위), 제113조(상표권자등의 신용회복), 제114조(서류의 제출), 민법 제760조(공동불법행위자의 책임)에 관하여는, 각 해당 부분의 해설을 참조하기 바란다.

4. 손실보상청구권에 관한 규정은 2001년 7월 1일 이후 최초로 제출되는 상표등록출원 또는 지정상품의 추가등록출원부터 적용된다[상표법(2016. 2. 29. 법률 제14033호) 부칙 제9조, 2001년 개정법 부칙 제3항 참조].

Ⅵ. 이 조항의 문제점

손실보상청구권에 관하여는 배상액의 추정에 관한 상표법 제110조의 규정은 준용되지 아니한다. 따라서 손실보상청구권을 행사할 때 '업무상 손실'을 직접적으로 입증하지 않으면 안 된다.

그러나 상표권침해의 경우에 있어서 그 손해액의 입증은 용이한 일이 아니기 때문에 충분하게 배상을 받지 못하는 사례가 적지 않고, 이러한 문제점을 고려하여 상표법 제110조의 손해액의 추정 규정이 2001. 2. 3. 도입되었는데, 손실보상청구권에 있어서도 '업무상 손실'의 입증의 곤란은 마찬가지이므로, 이 조항의 도입목적인 '상표의 조기보호'를 보다 공고하게 하기 위해서는 손실보상청구권의 행사에 대하여도 상표법 제110조를 준용하는 것이 타당하다.

〈김병식〉

> **제59조(직권보정 등)**
> ① 심사관은 제57조에 따른 출원공고결정을 할 때에 상표등록출원서에 적힌 사항이 명백히 잘못된 경우에는 직권으로 보정(이하 이 조에서 "직권보정"이라 한다)을 할 수 있다.
> ② 제1항에 따라 심사관이 직권보정을 하려면 제57조제2항에 따른 출원공고결정 등본의 송달과 함께 그 직권보정 사항을 출원인에게 알려야 한다.
> ③ 출원인은 직권보정 사항의 전부 또는 일부를 받아들일 수 없는 경우에는 제57조제3항에 따른 기간 내에 그 직권보정 사항에 대한 의견서를 특허청장에게 제출하여야 한다.
> ④ 출원인이 제3항에 따라 의견서를 제출한 경우 해당 직권보정 사항의 전부 또는 일부는 처음부터 없었던 것으로 본다. 이 경우 그 출원공고결정도 함께 취소된 것으로 본다.

Ⅰ. 서론

1. 의의

이 조항은 2010년 개정법(2010. 1. 27. 법률 제9987호, 이하 같다)에 신설된 것으로, 상표등록출원 등에 명백한 오기 등으로 판단되는 사항이 있는 경우 심사관이 출원인에게 보정요구서를 발송하지 아니하고도 직권으로 이를 정정할 수 있도록 함으로써, 출원인의 편의를 높이고 심사절차의 지연을 방지하고자 하는 취지로 도입된 조항이다.

이 조항이 도입되기 전의 상표법하에서는 상표등록출원에 오탈자 등 명백히 잘못 기재된 사항이 있는 경우에도, 이를 정정하기 위해서는 심사관이 출원인에게 의견제출통지서(보정요구서)를 발송하여 출원인으로부터 보정서를 제출

받아 정정하여야만 하였다. 그런데 하루라도 더 빨리 상표등록을 받아 상표권을 향유하고자 하는 출원인의 입장에서 보면, 상표등록출원에 오탈자 등 사소한 잘못만이 있음에도 불구하고 1차로 심사결과를 기다리는 데 몇 개월을 소비하고, 의견제출통지에 따라 보정서를 제출하고 보정의 적법 여부에 대한 심사결과를 기다리는 데 또다시 몇 개월을 보낸다는 것은 여간 불만스러운 일이 아니다.

　출원인에게 그러한 불만이 있다고 하여 심사관이 상표등록출원에 오탈자 등 명백한 잘못 기재된 사항이 있음에도 출원인에게 보정요구를 하지 않고 상표등록출원서의 기재내용대로 상표등록결정을 하기도 어렵다. 왜냐하면, 오탈자 등이 그대로인 채로 상표공보가 발행되면, 제3자가 제대로 심사가 이루어지지 않고 있다고 볼 수도 있기 때문이다.

　이와 같은 문제인식하에, 상표등록에 문제가 없고 단지 명백한 오기 등만이 문제되는 경우에, 심사지연을 방지하고 출원인의 편의를 도모하고자 도입된 규정이 바로 이 조항이다.

2. 본조 신설의 경위

가. 특허법에서의 직권보정제도의 도입

　2009년 개정특허법(2009. 1. 30. 법률 제9381호)은 제66조의2로 직권에 의한 보정 규정을 도입하였다.

　당시 심사관이 특허성 판단에 영향이 없는 단순·명백한 오기만을 지적하여 거절이유를 통지함으로써 심사처리기간이 늦어진다는 불만이 출원인들로부터 제기되었다. 2006년 기재불비만을 이유로 발송된 총 53,714건의 의견제출통지서 중 무작위로 300건을 추출한 후 이를 분석하여 본 결과, 이 중 33건이 직권보정이 가능한 것이었음이 확인되었다.

　이를 해결하는 방안으로 직권보정절차를 마련하지 않고 특허결정서에 명백한 오기가 있다고 단지 첨언하는 방안이 연구되었는데, 이는 ① '명백한 오기'에 대한 각 심사관의 판단기준이 달라 애매한 오기까지도 명백한 오기로 판단하여 특허결정서에 기재할 가능성을 배제할 수 없고, ② 등록공고된 특허청구범위에 오탈자 등이 있는 경우 심사관 및 특허청의 심사품질에 대한 제3자의 신뢰가 저하될 우려가 있으며, ③ 명세서에 존재하는 오기의 보정을 원하는 출원인의 보정기회를 박탈하게 되는 문제가 있고, ④ 등록 후 심사관의 판단과 다르게 권리범위가 해석될 가능성이 있게 되어 바람직하지 않은 것으로 파악되었다.

좀 더 완전한 방안이 되기 위해서는 특허결정 후에 심사관이 지적한 명백한 오기 등을 보정할 수 있는 절차가 마련이 된 후 첨언하는 것이 바람직한 것으로 검토되었다.

이러한 분석결과를 토대로 직권에 의한 보정제도가 도입되었다.

나. 상표법에서의 직권보정제도의 도입

상표등록출원에서도 '지정상품이나 그 유구분' 등에 명백한 오기, 예컨대 '퓨즈를 푸즈로 기재한 경우', '슬리퍼용 안창을 슬리퍼용 안창이라고 기재한 경우' 등이 종종 발견되었고, 이러한 경우 보정을 위해 심사지연이 발생함은 특허출원과 마찬가지였다. 이와 같이 상표등록에 문제가 없고 단지 명백한 오기 등만이 문제되는 상표등록출원에서 심사지연을 방지하고 출원인의 편의를 도모하고자 2010년 개정법에서 직권에 의한 보정제도가 도입되게 되었다.

당초 국회에 제출된 개정안에는 심사관이 직권보정 후 보정된 내용에 대해 출원인에게 통지하여 확인하는 절차로서, 상표등록결정의 등본 송달시 직권보정사항을 출원인에게 통보하도록 하고, 출원인은 직권보정사항에 대한 의견서를 상표등록료 납부시까지 제출하도록 규정하고 있었다. 그런데 직권보정사항에 대한 출원인의 의견서를 상표등록결정 이후에 제출하도록 할 경우 출원인의 동의와 관계없이 상표등록은 성립하게 되는 문제점이 있을 수 있음이 고려되어, 출원공고결정의 등본 송달시에 직권보정사항을 통보하도록 하고, 출원인은 출원공고기간(2개월) 동안 의견서를 제출하는 것으로 수정 입법되었다.

다. 상표법의 2016년 개정

2010년에 도입된 종전 규정에 의할 경우 거절이유가 아닌 단순 오기만 가능할 뿐 아무리 사소한 거절이유라도 거절이유가 있는 사항에 대하여는 직권보정이 불가능하여 직권보정제도의 활용도 및 실효성이 저하된다는 지적이 나왔다.

이에 2016년 개정법(2016. 2. 29. 법률 제14033호로 개정된 것, 이하 같다)은 직권보정의 대상을 종전의 '상표등록출원서에 기재된 지정상품 또는 그 유구분에 명백히 잘못 기재된 내용'에서 '상표등록출원서에 적힌 사항이 명백히 잘못된 경우'로 변경하여 사소한 오탈자 외에 거절이유에 해당하는 기재불비 사항도 명백히 잘못 기재된 경우에는 직권보정이 가능하도록 넓혔다(제1항).

그와 함께 직권보정의 범위를 '거절이유에 해당하지만 명백히 잘못 기재된 내용'으로까지 확대하기 위해 2016년 개정법은 제4항 후문에 '출원공고결정도 함께 취소된 것으로 본다'고 하여 출원인이 직권보정에 동의하지 않으면 출원공고결정도 취소되게 함으로써 심사관이 재심사하도록 규정하고, 종전의 '명백히 잘못 기재된 것이 아닌 사항에 대하여 직권보정이 이루어진 경우 그 직권보정은 처음부터 없었던 것으로 본다'는 규정(제5항)을 삭제하였다.

II. 직권보정사유

1. 상표등록출원서에 적힌 사항이 명백히 잘못된 경우

심사관이 직권으로 보정을 하기 위해서는 상표등록출원서에 적힌 사항이 명백히 잘못된 경우이어야 한다(제59조 제1항).

직권보정의 대상이 되는 것은 '상표등록출원서에 적힌 사항'이다. 상표등록출원서에 기재할 사항에 대하여는 상표법 제36조가 규정하고 있다. 상표등록출원서에는 ① 출원인의 성명 및 주소, ② 출원인의 대리인이 있는 경우에는 그 대리인의 성명 및 주소나 영업소의 소재지, ③ 상표, ④ 지정상품 및 산업통상자원부령으로 정하는 상품류, ⑤ 제46조 제3항에 규정된 사항(우선권을 주장하는 경우만 해당한다), ⑥ 그밖에 산업통상자원부령으로 정하는 사항을 기재하여야 하고(제36조 제1항), 위 사항 이외에 산업통상자원부령으로 정하는 바에 따라 그 표장에 관한 설명을 기재하여야 한다(제36조 제2항). 그에 따라 상표법 시행규칙 제28조 제2항 별지 제3호 서식은 위 사항 이외에 '상표 유형, 도면(사진)의 개수, 상표의 설명, 상표의 시각적 표현' 등을 기재하는 란을 두고 있다.

당초 이 규정이 도입될 당시에는 직권보정의 대상을 '상표등록출원서에 기재된 지정상품 또는 그 유구분'으로 한정하였다. 그러나 '지정상품 또는 그 유구분'뿐만 아니라 '상표'나 '그에 관한 설명' 등에도 오기가 있을 수 있으므로 2016년 개정법에서는 직권보정의 대상을 '상표등록출원서에 적힌 사항' 전부로 확대하였다.

그리고 상표등록출원서에 적힌 사항이 '명백히 잘못된 경우'이어야 한다. '명백히 잘못된 경우'란 그 부분의 앞뒤 문맥으로 판단할 때 달리 해석의 여지가 없어 상표권의 보호범위를 정하는 데 문제가 없는 경우를 말한다. 사소한 오탈자 외에 거절이유에 해당하는 기재불비 사항이 명백히 잘못 기재된 경우까지 포함한다.

특허청 상표심사기준(2016. 8. 29. 특허청 예규 제90호)은 "상품 명칭이 오기임이 분명한 이상 「상품고시」에 등재되어 있는 명칭에만 한정하지 않으며, 동일한 지정상품이 중복으로 기재된 경우에도 오기로 보고 중복된 지정상품 중 하나를 삭제할 수 있으며, 다만 상품류 구분의 보정은 특정 지정상품의 유구분 오기가 아니라 지정상품 전체의 유구분이 잘못 기재된 경우에 한한다."[1]고 예시하고 있다.

2. 기재 내용이 잘못인지 애매한 경우

상표등록출원서 등을 명확하게 기재할 책임은 원칙적으로 출원인에게 있고, 상표법 제39 내지 42조에서 보정할 수 있는 자, 보정이 가능한 기간 및 범위를 엄격하게 정하고 있는 점을 고려할 때, 심사관에 의한 직권보정제도는 출원인에 의한 보정의 예외로서 제한된 범위 내에서 보충적으로 운영되어야 한다.

따라서 직권보정의 대상은 명백히 잘못된 경우로 한정되어야 하고, 일부라도 다른 해석의 여지가 있는 경우에는 직권보정을 하지 않아야 한다.[2]

III. 직권보정절차

1. 직권보정의 시기

심사관은 '출원공고결정을 할 때'에 직권보정을 할 수 있다. 따라서 심사관이 1차심사시 상표등록출원서에 적힌 사항의 명백한 오기 이외에 다른 거절이유가 없는 경우나, 거절이유를 통지한 후 보정서나 의견서 제출로 다른 거절이유는 모두 해소되었으나 여전히 상표등록출원서에 적힌 사항과 관련하여 명백한 오기가 있는 경우 심사관이 이를 직권보정하면서 출원공고할 수 있다.[3]

2. 직권보정 사항의 통지

제1항에 따라 직권보정을 하고자 하는 심사관은 직권보정 사항을 상표법 제57조 제2항에 따른 출원공고결정 등본의 송달과 함께 출원인에게 알려야 하고(제59조 제2항), 출원공고시 상표공보에 그 사항을 게재하여야 한다(상표법 시

---

1) 특허청 상표심사기준(2016. 8. 29. 특허청 예규 제90호) 제3부 제3장 제2항 참조.
2) 정상조·박성수 공편, 특허법 주해 Ⅰ, 박영사(2010), 834(신진균 집필부분).
3) 특허청 상표심사기준(주 1), 제3부 제3장 제1항 참조.

행령 제19조 제2항 제14호). 직권으로 보정할 수 있는 사항이 있는 것으로 인정되는 경우, 심사관은 출원공고결정서에 직권으로 보정되는 사항을 명확하고 구체적으로 기재하여 출원인에게 통지한다. 이때 명백히 잘못된 것으로 인정되는 이유를 구체적으로 부기함으로써 출원인이 직권보정 사항을 받아들일지 여부를 쉽게 결정할 수 있도록 한다.

또한, 직권으로 보정되는 사항의 위치를 기재할 때에는 해당 줄 수 등을 활용하여 구체적으로 명확하게 적시함으로써 출원인이 직권보정의 수용 여부를 결정함에 있어 논란이 발생하지 않도록 유의하여야 한다.

3. 직권보정 사항에 대한 의견서 제출

출원인은 직권보정 사항의 전부 또는 일부를 받아들일 수 없는 경우에는 제57조 제3항에 따른 기간(출원공고를 한 날로부터 2개월간) 내에 그 직권보정 사항에 대한 의견서를 특허청장에게 제출하여야 한다(제59조 제3항). 출원인은 의견서에 받아들일 수 없는 직권보정사항을 특정하여 직권보정사항별로 받아들일지 여부를 취사선택할 수 있다. 출원인이 의견서를 제출한 경우 의견이 제출된 해당 직권보정 사항의 전부 또는 일부는 처음부터 없었던 것으로 간주된다. 이 경우 그 출원공고결정도 함께 취소된 것으로 본다(제59조 제4항).[4] 심사관은 출원공고결정 취소통지를 출원인과 이해관계인(정보제공인, 이의신청인 등)에게 하여야 하며, 해당 출원에 대해 직권보정 전의 내용으로 재심사를 하여야 한다.[5]

Ⅳ. 직권보정의 효과

직권보정이 '상표등록출원서에 적힌 사항이 명백히 잘못된 경우'에 대하여 이루어지고 출원인으로부터 제57조 제3항에 따른 출원공고기간 내에 의견서 제출이 없는 경우에는, 출원 당초부터 직권으로 보정된 내용과 같이 출원된 것으로 본다. 요지변경이 되지 않는 출원인에 의한 보정의 효과는 출원시까지 소급하는데(상표법 제40조 제2, 3항의 반대해석), 직권보정의 경우에도 요지변경이 되지 않는 범위 내에서 이루어지는 것이 원칙이므로 이와 달리 볼 필요가 없기

---

4) 2016년 개정 전에는 출원공고결정이 취소된 것으로 보지 않고 출원인이 의견서 제출을 통해 받아들이지 않는 직권보정 사항은 제외하고(직권보정이 없는 것으로 보고) 상표등록되었다.
5) 특허청 상표심사기준(주 1), 제3부 제3장 제3.3항 참조.

때문이다.

이에 대하여 소급적으로 직권보정 사항이 통지된 날 보정된 것으로 보아야 한다는 견해가 있다.[6] 명백히 잘못 기재된 것이라고 하여도 최초출원명세서에는 없던 내용이므로 출원일로 소급할 수는 없는 것이고, 일반 보정과 같이 취급하여 보정이 이루어진 날, 즉 직권보정이 이루어진 날 보정된 것으로 보는 것이 타당하다고 한다.

한편 직권보정이 요지를 변경하는 정도로 이루어졌음에도 출원인이 제57조 제3항에 따른 출원공고기간 내에 의견서를 제출하지 않아 그대로 상표등록이 된 경우에는 제40조 제3항에 따라 그 상표등록출원은 직권보정이 이루어진 때에 상표등록출원을 한 것으로 보아야 할 것이다. 2016년 개정법 이전의 상표법 제24조의3 제5항은 '직권보정의 대상이 아님에도 직권보정이 이루어진 경우의 처리'에 관하여 "명백히 잘못 기재된 것이 아닌 사항에 대하여 직권보정이 이루어진 경우 그 직권보정은 처음부터 없었던 것으로 본다."라고 규정하고 있었는데, 2016년 개정법은 이 조항을 삭제하고 있으므로, 그와 같이 해석함이 상표권자나 제3자에게 불측의 손해를 주지 않기 때문이다.

〈김병식〉

---

6) 정상조·박성수 공편(주 2), 836.

> **제60조(이의신청)**
>
> ① 출원공고가 있는 경우에는 누구든지 출원공고일부터 2개월 내에 다음 각 호의 어느 하나에 해당한다는 것을 이유로 특허청장에게 이의신청을 할 수 있다.
>
> 1. 제54조에 따른 상표등록거절결정의 거절이유에 해당한다는 것
> 2. 제87조제1항에 따른 추가등록거절결정의 거절이유에 해당한다는 것
>
> ② 제1항에 따라 이의신청을 하려는 자는 다음 각 호의 사항을 적은 이의신청서에 필요한 증거를 첨부하여 특허청장에게 제출하여야 한다.
>
> 1. 신청인의 성명 및 주소(법인인 경우에는 그 명칭 및 영업소의 소재지를 말한다)
> 2. 신청인의 대리인이 있는 경우에는 그 대리인의 성명 및 주소나 영업소의 소재지[대리인이 특허법인·특허법인(유한)인 경우에는 그 명칭, 사무소의 소재지 및 지정된 변리사의 성명을 말한다]
> 3. 이의신청의 대상
> 4. 이의신청사항
> 5. 이의신청의 이유 및 필요한 증거의 표시

<소 목 차>

Ⅰ. 서론

1. 의의

이의신청제도는 1973년 개정법(1973. 2. 8. 법률 제2506호)에서 출원공고제도와 함께 도입된 것으로서, 심사관에 의한 심사의 불완전성을 보완하고 심사의 적절성, 공정성을 도모한다는 취지에서 마련된 제도이다.

출원공고된 상표등록출원에 대하여 이의가 있는 자는 누구든지 출원공고일로부터 2개월 이내에 등록을 받을 수 없는 이유를 들어 이의신청을 할 수 있도

록 함으로써, 심사관의 주관적, 자의적 판단이나 실수 등에 따른 부실권리의 발생을 방지하고 심사의 객관성 및 공정성을 제고하며 상표분쟁을 사전에 예방하는 데 그 제도적 의의가 있다.

2. 본조 신설의 경위 및 연혁

가. 본조 신설의 경위

1949년 제정법(1949. 11. 28. 법률 제71호)에서는 '등록출원은 심사관이 심사하며 거절할 이유가 없을 때에는 등록된다는 사정을 하고 출원인에게 통지하여야 한다.'라고 하여 출원공고나 이의신청제도를 갖추고 있지 않았으나, 1973년경 선진국 대부분이 출원공고제도를 채택하고 있는 점과 상표등록 전에 부실권리의 등록을 예방할 필요가 있다는 점이 고려되어 도입되었다.

나. 연혁

1949년 제정법(1949. 11. 28. 법률 제71호)에서는 출원공고제도와 이의신청절차가 없이 거절이유가 없는 경우 바로 등록결정하는 것으로 규정하였다.

1973년 개정법(1973. 2. 8. 법률 제2506호)에서 출원공고제도와 이의신청제도를 신설하였으나(제17조), 이의신청에 관한 세부적인 절차는 별도의 규정을 두지 않고 특허법의 이의신청에 관한 규정을 준용하는 것으로 하였고(제18조)(다만, 이의신청기간을 특허법과는 달리 출원공고일로부터 30일로 내로 하였다), 1990년 개정법(1990. 1. 13. 법률 제4210호)에서부터 이의신청절차에 관한 규정을 특허법을 준용하지 않고 독자적으로 규정하였다.

1973년 개정법에서는 특허법의 해당규정을 준용한 결과 '출원공고가 있는 때에는 누구든지 출원공고일로부터 30일 내에 특허국에 상표이의신청을 할 수 있다.'라고 하여 상표이의신청을 할 수 있는 이유를 명시적으로 규정하지 않았고[구 특허법(1973. 2. 8. 법률 제2505호) 제84조 제1항 참조], '상표이의신청은 상표이의신청서를 제출하고 그 이유와 증거의 표시를 기재하여야 하며, 이에 필요한 증거자료를 제출하여야 한다.'라고 하여 상표이의신청서의 구체적인 기재사항을 법으로 규정하지 않았다[구 특허법 제84조 제2항 참조].

1990년 개정법에서도 구 특허법과 거의 동일한 내용과 형식으로 규정되어 있다가, 1997년 개정법(1997. 8. 22. 법률 제5355호)에서 '출원공고가 있는 때에는 누구든지 출원공고일부터 30일 이내에 제23조 제1항 각호의 1에 해당한다는 것을 이유로 특허청장에게 상표등록이의신청을 할 수 있다'고 하여 이의신청이유를 법에 명시적으로 규정하고, 상표이의신청서의 기재사항(상표등록이의신청인, 상표등록출원의 출원번호, 해당 상품류구분 및 지정상품, 상표등록이의신청의 취지, 상표등록이의신청의 이유 및 필요한 증거의 표시 등)을 구체적으로 법에 규정하였다.

2001년 개정법(2001. 2. 3. 법률 제6414호)에서는 이의신청서의 기재사항 중 기존의 '상표등록이의신청인 및 그 대리인의 성명과 주소(법인의 경우에는 그 명칭, 영업소 및 대표자의 성명'을 '상표등록이의신청인의 성명 및 주소(법인인 경우에는 그 명칭 및 영업소의 소재지)'와 '대리인이 있는 경우에는 그 대리인의 성명 및 주소나 영업소의 소재지(대리인이 특허법인인 경우에는 그 명칭, 사무소의 소재지 및 지정된 변리사의 성명)'로 구분하였다.

2007년 개정법(2007. 1. 3. 법률 제8190호)에서는 이의신청기간을 종전의 출원공고일로부터 '30일 이내'에서 '2개월 이내'로 확대하고, 지정상품의 추가등록출원에 특유한 거절이유(제48조 제1항 제2호·제4호)를 이의신청이유로 추가하고, 이의신청서에 기재하여야 할 사항을 '상표등록출원의 출원번호, 해당 상품류 구분 및 지정상품, 상표등록이의신청의 취지, 상표등록이의신청의 이유 및 필요한 증거의 표시'에서 '상표등록이의신청의 대상, 상표등록이의신청사항, 상표등록이의신청의 이유 및 필요한 증거의 표시' 등으로 일부 조정하였다.

2016년 개정법(2016. 2. 29. 법률 제14033호)에서는 전부개정으로 법 문장을 원칙적으로 한글로 적고, 어려운 용어를 쉬운 용어로 바꾸며, 길고 복잡한 문장을 간결하게 하는 등 국민이 법 문장을 이해하기 쉽게 정비하면서, 기존의 어려운 문장을 쉬운 문장으로 변경하였다.

3. 비교법적 고찰

가. 유럽공동체[1], 미국[2], 영국[3]은 우리나라와 같이 출원공고 및 이의신청제도를 두어 '등록 전 이의신청제도'를 채택하고 있다. 그리고 스페인이나 다수의 스페인법계 중남미국가에서는 방식심사가 끝난 후 실체심사를 개시하기 전에 출원공개가 이루어지고, 이의신청의 유무를 기다려 실체심사를 진행하는 조기공고 후 실체심사 전 이의신청제도를 채택하고 있다.

---

1) 유럽공동체 상표규정[Council Regulation (EC) 207/2009 of 26 February 2009 on the Community trade mark] Article 8, Article 40 이하 참조.
2) 미국 상표법[Trademark Act(15U.S.C)] §1062. Publication, §1063. Opposition 참조.
3) 영국 상표법[Trademark Act 1994] Part Ⅰ6A 참조.

나. 일본은 평성(平成)8년(1996년)의 상표법 개정으로 출원공고 및 이의신청 제도를 폐지하고 '등록 후 이의신청제도'를 도입하였다. ① 상표출원건수의 증가와 함께 심사처리기간이 장기화되어 국내외로부터 신속한 권리부여의 요청을 받게 되었고, ② 출원공고 및 이의신청제도로서 특허청의 판단이 바뀌는 건수가 전체의 1%에도 미치지 못함에도 남은 99%의 출원이 일률적으로 몇 개월을 기다려야만 하는 상황이었으며, ③ 출원공고 및 이의신청제도가 유지된 상태에서 마드리드의정서에 가입하게 되면, '국제등록일 등으로부터 18개월 이내에 이의신청의 가능성이 있음을 국제사무국에 통지하고,4) 이의신청기간 종료로부터 1개월 이내에 이의신청에 기초하여 거절이유를 통지하여야 한다.5)'라는 규정을 준수하기 어려웠기 때문이라고 한다.6)

일본의 등록 후 이의신청제도하에서는, 상표권의 설정등록 후 일정기간 제3자는 등록취소를 구하는 기회가 부여되고, 이의신청이 있으면 특허청은 스스로 등록처분의 적부를 심사하여 하자가 있는 경우 이를 시정하게 된다.

독일도 1995. 1. 1. 개정을 통하여 종전 '등록 전 이의신청제도'를 '등록 후 이의신청제도'로 변경하였다. 상표법 제41조에 의하여 상표등록공고일로부터 3개월의 기간 내에 선원권이 있는 소유자가 이의신청을 제기할 수 있다.

다. 한편 우리나라는 구 특허법(1997. 4. 10. 법률 제5329호로 개정된 것)에서 5년간 평균 이의신청율이 0.98%에 불과하여 이의신청이 없는 대다수의 출원(99.02%)까지도 심사처리가 지연된다는 문제점이 있다는 등의 이유로 '등록 전 이의신청제도'를 폐지하고 '등록 후 이의신청제도'를 도입하였다가, 구 특허법(2006. 3. 3. 법률 제7871호로 개정된 것)에서 '등록 후 이의신청제도'가 '무효심판'과 중복된다는 이유로 이를 완전히 폐지하고, 특허이의신청에 인정하고 있던 일반대중에 의한 심사기능을 특허무효심판에 도입하기 위하여 등록공고 후 3월까지는 이해관계인뿐만 아니라 누구든지 특허무효심판을 청구할 수 있도록 개정하였다.

---

4) 마드리드의정서 제5조(2)(c)(ⅰ).
5) 마드리드의정서 제5조(2)(c)(ⅱ).
6) 小野昌延 編, 注解 商標法[新版] 下卷, 靑林書院(2005), 1038-1039(淸水徹男, 大西育子 집필부분) 참조.

4. 법적 성격

이의신청의 성질에 대하여 일본에서는, 심사관이 정보제공을 받아 새로운 거절이유를 발견할 기회를 얻음으로써 심사의 완전과 적정을 도모하는 것이라는 설, 신청인의 이익을 보호하기 위한 상표등록을 저지하는 하나의 수단이라는 설 내지는 강력한 공법상의 이의신청권을 인정한 것이라는 설이 있다.[7]

어느 입장을 취하느냐에 따라 이의신청인의 지위의 승계 이전이 가능한지 여부에 대한 판단 등이 달라지게 된다. 심사계속 중인 이의신청사건의 신청인회사를 흡수합병한 회사가 이의신청인의 지위를 승계하였다고 수계신청을 하자 특허청장이 이의신청인 지위는 승계되지 않는다는 이유로 수계신청을 불수리처분한 사례에서, 일본 동경지재나 동경고재는 후설의 입장에서 이의신청인의 지위가 승계된다고 하였으나, 일본 최고재판소는 전설의 입장에서 이의신청인의 지위는 승계되지 않는다고 판시하였다.[8]

우리나라에서는 이와 관련하여 그 제도적 취지가 상표등록심사의 공정성과 완전성을 기함과 동시에 상표분쟁을 사전에 예방하여 부실권리의 등록을 방지하는 데 있다거나[9] 출원공고제도는 출원내용을 공중에 공표하여 이의신청을 할 수 있도록 함으로써 심사의 협력의 구하도록 제도화한 것[10]이라고 하여, 전설의 입장에 있는 것으로 보인다.

생각건대, 이의신청에 대한 결정에 대하여 출원인은 상표법 제116조의 거절결정에 대한 심판청구로서 이의신청인은 상표법 제117조에 따른 상표등록 무효심판의 청구로서 간접적으로 불복하도록 규정하고 있는 상표법 제66조 제6항, 직권에 의한 상표등록거절결정이 있는 경우에는 상표등록이의신청에 대하여 결정을 하지 아니하도록 한 상표법 제67조 제2항, 2 이상의 상표등록이의신청이 있는 경우 하나의 이의신청을 받아들일 때에는 다른 상표등록이의신청에 대해

---

7) 小野昌延 編(주 6), 1039.

8) 小野昌延 編(주 6), 1040-1041.

9) 문삼섭, 제2판 상표법, 세창출판사(2004), 866.

10) 대법원 1996. 8. 23. 선고 96후23 판결은 "심사관의 출원공고란 심사관이 출원내용에 대하여 심사한 결과 거절할 만한 이유를 발견할 수 없거나 의견서 또는 보정서 제출에 의하여 거절이유가 극복된 경우, 그 출원내용을 공중에 공표하여 이의신청을 할 수 있도록 함으로써 심사의 협력을 구하도록 제도화한 것을 말하고, 심사관의 출원공고 결정에 대하여는 누구든지 30일 이내에 이의신청을 할 수 있고(상표법 제25조), 심사관도 출원공고 후에 거절이유가 발견된 경우 직권으로 거절사정을 할 수 있는 것이다(상표법 제28조)."라고 판시하였다.

서는 결정을 하지 아니하도록 한 상표법 제65조 제1항에 비추어 보면, 전설의 입장이 타당하다.

Ⅱ. 이의신청의 적법요건

1. 이의신청인

출원공고된 상표등록출원에 대하여 이의가 있는 자는 누구든지 이의신청인이 될 수 있다(제60조 제1항). 당사자 간에 구체적인 분쟁해결을 주된 목적으로 하는 무효심판제도와는 달리, 특허청이 공중으로부터 의견을 청취하여 심사의 객관성 및 공정성을 제고하여 부실권리의 발생을 방지한다는 제도취지에 따라, 구체적인 이해관계를 가지는 자에 한하지 않고 누구라도 이의신청을 할 수 있다.

특허법원 1998. 11. 19. 선고 98허7189 판결도 "구 상표법(1997. 8. 22. 법률 제5355호로 개정되기 전의 것) 제25조 제1항은 상표출원공고가 있는 때에는 누구든지 출원공고일로부터 30일 이내에 상표등록이의신청을 할 수 있다고 규정하여 이의신청인의 자격에 아무런 제한을 가하고 있지 아니하므로, 가사 이의신청인이 이건 출원상표와 관련된 모방출원을 행한 사실이 있고, 또한 이의신청인의 주관적 목적이 공정경쟁을 위한 것이 아니라고 하더라도 이러한 사실은 이의신청의 적법성에 하등 영향을 미치는 사유들이라고 할 수 없어 이의신청의 위법을 다투는 원고의 주장은 주장 자체로서 이유없다."라고 판시하였다.

자연인, 법인은 물론이고 법인이 아닌 사단 또는 재단은 대표자 또는 관리인이 정하여져 있는 경우에 그 사단 또는 재단의 이름으로 이의신청을 할 수 있으며(상표법 제5조) 재외자는 상표관리인을 통하여 이의신청할 수 있다(상표법 제6조).

2. 이의신청기간

출원공고일로부터 2개월 이내에 이의신청할 수 있다(제60조 제1항). 따라서 출원공고 전에 미리 이의신청을 하거나 출원공고일로부터 2개월을 경과하여 이의신청이 된 경우는 부적법하다.

이의신청기간은 나라마다 다른데, 우리나라와 일본은 2개월이고, 유럽공동체, 영국 및 독일은 3개월이며, 미국은 30일이다.[11] 유럽공동체와 미국에서는

---

11) 小野昌延 編(주 6), 1041; 유럽공동체 상표규정 Article 41; 미국 상표법 1063조 참조.

이를 연장할 수 있다.

3. 이의신청이유

이의신청의 이유는 제54조에 따른 상표등록거절결정의 거절이유에 해당한다는 것(제1호) 또는 제87조 제1항에 따른 추가등록거절결정의 거절이유에 해당한다는 것(제2호)이다.

간단히 보면 제2조 제1항에 따른 상표, 단체표장, 지리적 표시, 지리적 표시 단체표장, 증명표장, 지리적 표시 증명표장 또는 업무표장의 정의에 맞지 아니하는 경우(제54조 제1항 제1호), 조약에 위반된 경우(제54조 제1항 제2호), 제3조(상표등록을 받을 수 있는 자), 제27조(외국인의 권리능력), 제33조부터 제35조까지(상표등록의 요건, 상표등록을 받을 수 없는 상표, 선출원), 제38조 제1항(1상표 1출원), 제48조 제2항 후단, 같은 조 제4항 또는 제6항부터 제8항까지(분할이전 및 양도 제한)의 규정에 따라 상표등록을 할 수 없는 경우(제54조 제1항 제3호), 제3조에 따른 단체표장, 증명표장 및 업무표장의 등록을 받을 수 있는 자에 해당하지 아니한 경우(제54조 제1항 제4호), 지리적 표시 단체표장등록출원의 경우에 그 소속 단체원의 가입에 관하여 정관에 의하여 단체의 가입을 금지하거나 정관에 충족하기 어려운 가입조건을 규정하는 등 단체의 가입을 실질적으로 허용하지 아니한 경우(제54조 제1항 제5호), 제36조 제3항에 따른 정관에 대통령령으로 정하는 단체표장의 사용에 관한 사항의 전부 또는 일부를 적지 아니하였거나 같은 조 제4항에 따른 정관 또는 규약에 대통령령으로 정하는 증명표장의 사용에 관한 사항의 전부 또는 일부를 적지 아니한 경우(제54조 제1항 제6호), 증명표장등록출원의 경우에 그 증명표장을 사용할 수 있는 자에 대하여 정당한 사유 없이 정관 또는 규약으로 사용을 허락하지 아니하거나 정관 또는 규약에 충족하기 어려운 사용조건을 규정하는 등 실질적으로 사용을 허락하지 아니한 경우(제54조 제1항 제7호) 등이 이의신청이유에 해당한다.

지정상품의 추가등록출원의 경우에는 지정상품추가등록출원이 제54조 각 호의 어느 하나에 해당할 경우(제87조 제1항 제1호), 지정상품의 추가등록출원인이 해당 상표권자 또는 출원인이 아닌 경우(제87조 제1항 제2호), 등록상표의 상표권이 소멸하거나 상표등록출원이 포기·취하 또는 무효되거나 상표등록출원에 대한 제54조에 따른 상표등록거절결정이 확정된 경우(제87조 제1항 제3호)가 추가적으로 이의신청이유에 해당한다.

구체적인 해설에 관하여는 해당 부분에 미룬다.

4. 이의신청의 방법

이의신청을 하고자 하는 자는 이의신청서에 필요한 증거를 첨부하여 특허
청장에게 제출하여야 한다. 이의신청서에는 ① 신청인의 성명 및 주소(법인의 경
우에는 그 명칭 및 영업소의 소재지를 말한다), ② 신청인의 대리인이 있는 경우에
는 그 대리인의 성명 및 주소나 영업소의 소재지[대리인이 특허법인·특허법인(유
한)인 경우에는 그 명칭, 사무소의 소재지 및 지정된 변리사의 성명을 말한다], ③ 이
의신청의 대상, ④ 이의신청사항, ⑤ 이의신청의 이유 및 필요한 증거의 표시
등의 사항을 기재하여야 한다(제60조 제2항).

그리고 상표등록이의신청사항을 증명하는 서류, 대리인이 절차를 밟는 경
우에는 그 대리권을 증명하는 서류를 첨부하여야 하며(상표법 시행규칙 제51조
제1항), 소정의 수수료를 납부하여야 한다.

여기서 '이의신청의 대상'은 이의신청의 대상이 되는 출원 건을 특정하는
것으로, 출원번호와 출원일자(상표등록출원의 경우) 또는 국제등록번호와 국제등
록일(사후지정일)(국제상표등록출원의 경우) 등을 기재한다.[12]

'이의신청사항'은 이의신청이 대상이 되는 출원 건이 여러 상품류(또는 지정
상품) 또는 서비스업류(또는 서비스업)로 되어 있는 경우에 이의신청을 하는 상품
류(또는 지정상품) 또는 서비스업류(또는 서비스업)를 구체적으로 특정하는 것으
로, 이의신청을 하는 특정 상품류 또는 서비스업류나 특정지정상품 또는 서비스
업을 기재한다.[13]

'이의신청 이유'는 이의신청을 이유 있게 하기 위해 필요한 주장이나 사실
관계 등을 말하는 것으로, 이의신청 이유에는 통상적으로 이의신청대상 상표등
록출원의 내용 및 절차경위, 해당 상표등록출원이 거절결정되어야 할 법률상의
근거(거절이유) 및 그 거절이유에 해당하는 구체적인 이유 등을 증거자료, 참고
자료 등과 함께 기술한다.[14]

'필요한 증거의 표시'는 이의신청 이유에서 기술한 주장이나 사실관계를 증
명하거나 뒷받침할 수 있는 증인, 감정인 등의 인증과 문서, 검증물 등의 물증

---

12) 상표법 시행규칙 제51조 제1항 별지 제7호 서식 참조.
13) 상표법 시행규칙 제51조 제1항 별지 제7호 서식 참조. 예컨대 '[이의신청사항] 제1류, 제
    3류', '[이의신청사항] 제1류 중 공업용 탈수제, 목재펄프, 부동액'과 같이 기재한다.
14) 특허청, 조문별 상표법 해설, 특허청(2007), 188.

등의 증거방법을 기재하는 것을 말한다. 이의신청과 관련하여서는 주로 선등록 상표 또는 선사용상표의 주지·저명성 등을 입증하기 위하여 서증이 제출되고 있다. 그런데 '필요한 증거의 표시'와 관련하여 이의신청인이 제출하는 증거방 법은 '갑 제1호증, 갑 제2호증'으로, 출원인이 제출하는 증거방법은 '을 제1호 증, 을 제2호증'으로 표시를 하며, 상표법이나 상표심사기준의 내용, 유사한 상 표등록출원에 대한 선심사례, 선판결례 등에 관한 자료는 원칙적으로 당사자들 의 증명을 요하는 증거방법이 아니므로 증거자료와는 구별하여 참고자료로 제 출하는 것이 일반적이다.15)

〈김병식〉

---

15) 특허청(주 14), 188.

제61조(이의신청 이유 등의 보정)

　제60조 제1항에 따른 상표등록의 이의신청인(이하 "이의신청인"이라 한다)은 이의신청기간이 지난 후 30일 이내에 그 이의신청서에 적은 이유와 증거를 보정할 수 있다.

<소 목 차>

Ⅰ. 서론

1. 의의

　이의신청 이유 등의 보정이란, 이의신청서의 내용을 새로이 기재하거나, 추가 또는 변경하는 것을 말한다.

　이의신청의 이유와 증거는 이의신청의 당부를 좌우하는 결정적인 요소로 이에 관한 증거자료 등을 조사하고 수집·정리하는 데에는 상당한 시간이 소요될 수 있다. 그런 이유로 이의신청인이 출원공고일로부터 2개월 이내(제60조 제1항)에 필요한 증거를 첨부하여 이의신청의 이유를 명확히 한 이의신청서를 제출하기 어려운 경우도 종종 있다. 따라서 완전한 이의신청서를 2개월의 이의신청기간 내에 제출하도록 고집하는 것은 이의신청인에게 가혹하고, 이의신청제도를 둔 목적의 달성이라는 측면에서도 좋은 것은 아니다. 다른 한편 무제한으로 이의신청서를 보정할 수 있도록 하는 것은 심사의 지연을 초래하고, 이의신청기간을 출원공고일로부터 2개월로 제한하는 것에 배치된다. 이러한 사정을 고려하여 이의신청 기간이 지난 후 30일 이내에 이의신청서를 보정할 수 있도록 하였다.

2. 연혁

　1973년 개정법(1973. 2. 8. 법률 제2506호)에서는 이의신청제도를 신설하였으나, 이의신청에 관한 세부적인 절차는 별도의 규정을 두지 않고 특허법의 이의신청에 관한 규정을 준용하였다. 그 결과 상표이의신청의 이유를 정정하고자 하는 자는 늦어도 이의신청기간의 경과 후 30일 이내에 하여야 하였고[구 특허법 (1973. 2. 8. 법률 제2505호) 제85조 제1항 참조], 증거방법을 추가 제출하고자 하는 경우에도 마찬가지였다(구 특허법 제85조 제2항 참조).

　1990년 개정법(1990. 1. 13. 법률 제4210호)에서는 이의신청절차에 관한 규정을 특허법을 준용하지 않고 독자적으로 규정하였는데, 현행 상표법과 동일하게 제25조 제1항의 규정에 의하여 상표등록이의신청을 한 자(이하 '이의신청인'이라 한다)는 상표등록이의신청기간의 경과 후 30일 이내에 '상표등록이의신청서에 기재한 이유 및 증거'를 '보정'할 수 있다고 규정하여 그동안 구 특허법에서 2개의 항으로 분리되어 있던 '이유 및 증거'의 보정을 1개의 항으로 통합하여 규정하였다.

Ⅱ. 이의신청 이유 등의 보정요건

1. 보정가능기간

　이의신청인은 이의신청 기간이 지난 후 '30일' 이내에 보정할 수 있다.

　앞서 본 바와 같이 이의신청인의 신청이유와 증거 수집의 어려움을 고려하는 한편, 이의신청서의 보정을 무제한으로 인정하면, 심사의 지연을 초래하고 출원인에게 신청이유나 증거제출에 대한 부담을 가중시킬 뿐만 아니라 이의신청기간을 출원공고일로부터 2개월로 한정하고 있는 취지에도 반한다는 점을 아울러 고려하여, 보정가능기간을 30일로 제한하였다.

　이유와 증거의 보정기간은 제17조 제1항 제1호에 의하여 당사자의 청구 또는 직권으로 30일 이내에서 한 차례 연장될 수 있고, '교통이 불편한 지역에 있는 자'의 경우에는 산업통상자원부령으로 정하는 바에 따라 그 횟수 및 기간이 추가로 연장될 수 있다.

2. 보정대상

　보정의 대상은 '이의신청서에 적은 이유와 증거'이다. 이의신청서의 요지를 변경하는 보정은 이를 허용하지 않는 것이 원칙이나, 이의신청기간 경과 후 30일 이내에 한하여, 이의신청서에 기재된 이유 및 필요한 증거에 관하여는 요지변경을 허용한 것이다.

상표법 제60조 제2항에는 이의신청서에는 '신청인의 성명 등, 이의신청의 대상, 이의신청사항과 이의신청의 이유 및 필요한 증거의 표시'를 기재하여야 한다고 규정하고 있다. 여기서 보정의 대상이 되는 '이의신청서에 적은 이유'가 구체적으로는 무엇을 말하는지 반드시 명확한 것은 아니다.

먼저, 이의신청서에 기재된 '이의신청인 성명 등'과 '이의신청의 대상'은 '이의신청서에 기재한 이유'에 해당하지 않는다. 이 부분은 '이의신청의 취지'에 해당하는 부분으로, 이 부분의 변경은 이의신청의 당사자나 심판의 대상을 변경하게 되어 사건의 동일성을 변경하게 되기 때문이다. 따라서 이의신청인의 추가·삭제·변경, 상표등록출원번호의 변경 등은 허용되지 않는다. 다만 객관적으로 명백한 오기를 정정하는 보정은 요지변경이 아니므로 허용된다.[1]

다음으로, 이의신청서에 기재된 '이의신청의 이유'가 이에 해당함은 명확하다. 상표법 제54조에 따른 상표등록거절결정의 거절이유 및 제87조 제1항에 따른 추가등록거절결정의 거절이유의 어느 하나에 해당한다는 것이 이의신청의 이유가 될 수 있으므로(제60조 제1항), 이에 해당하는 범위 내에서 이의신청인은 그 이유를 보정할 수 있다.

마지막으로 '이의신청사항', 즉, 이의신청을 하는 특정 상품류 또는 서비스업류나 특정지정상품 또는 서비스업을 추가변경하는 것은 어떠한가? 이에 대하여 심사실무는 "이의신청의 대상이 되는 상품류를 추가하거나 변경할 수 있다."라고 하여 '이의신청사항'도 보정의 대상으로 보고 있다. 생각건대, 우리의 심사절차에서 거절결정의 불가분성에 의하여 지정상품을 여럿으로 하여 하나의 출원으로 출원한 경우 그 지정상품 중 일부 지정상품만이 상표등록요건을 결여한 경우라 하더라도 전체 지정상품에 대한 출원 전부를 거절결정하고 있으므로, '이의신청사항'도 '이의신청서에 적은 이유'에 해당한다고 봄이 타당하다.[2]

한편, 이 규정에 의하면 보정의 대상이 '이의신청서에 적은 이유와 증거'로 되어 있으나, 이의신청서에 '본원 상표등록출원은 거절결정되어야 한다'는 이의신청의 취지만을 기재하고 아무런 이유와 증거를 기재하지 않은 경우에도, 이 규정상의 명문규정에 엄격히 구애받지 않고 이의신청의 이유와 증거를 보정할 수 있다.[3]

---

1) 특허청, 조문별 상표법 해설, 특허청(2007), 191; 문삼섭, 제2판 상표법, 세창출판사(2004), 869.
2) 특허청(주 1), 191; 문삼섭(주 1), 869.
3) 특허청(주 1), 191.

3. 보정방법

이의신청에 대한 보정을 하고자 하는 자는 보정서에 보정내용을 증명하는 서류와 대리인에 의하여 절차를 밟는 경우에는 그 대리권을 증명하는 서류를 첨부하여야 한다(상표법 시행규칙 제51조 제2항).

4. 보정요건에 위반한 경우의 처리

이의신청인이 제출한 이의신청서가 이 법 또는 이 법에 의한 명령이 정하는 방식에 위반되거나 수수료를 납부하지 아니한 경우에는 특허청장은 상표법 제39조의 규정에 따라 기간을 정하여 절차의 보정명령을 할 수 있고, 이 경우 이의신청인은 그 기간 내에 보정하여야 한다. 그 기간 내에 보정을 하지 않을 경우에는 상표법 제18조 제1항에 의하여 이의신청에 관한 절차를 무효로 할 수 있다.

〈김병식〉

제62조(이의신청에 대한 심사 등)

① 이의신청은 심사관 3명으로 구성되는 심사관합의체(이하 "심사관합의체"라 한다)에서 심사·결정한다.

② 특허청장은 각각의 이의신청에 대하여 심사관합의체를 구성할 심사관을 지정하여야 한다.

③ 특허청장은 제2항에 따라 지정된 심사관 중 1명을 심사장으로 지정하여야 한다.

④ 심사관합의체 및 심사장에 관하여는 제130조제2항, 제131조제2항 및 제132조제2항·제3항을 준용한다. 이 경우 제130조제2항 중 "특허심판원장"은 "특허청장"으로, "심판관"은 "심사관"으로, "심판"은 "심사"로 보고, 제131조제2항 중 "심판장"은 "심사장"으로, "심판사건"은 "이의신청사건"으로 보며, 제132조제2항 중 "심판관합의체"는 "심사관합의체"로 보고, 같은 조 제3항 중 "심판"은 "심사"로 본다.

Ⅰ. 본조의 의의 및 취지

1. 의의

상표등록이의신청(이하 이 조에서는 "이의신청"이라 한다)은 심사관이 거절이유를 발견할 수 없어 출원공고를 한 상표등록출원에 대하여 이의신청인이 주장하는 이유 및 증거와 이를 반박하는 출원인의 답변을 기초로 하여 상표등록요건을 갖추고 있는지를 다시 심사하는 제도이다.

이 조는 이의신청에 대한 심사 및 결정의 주체에 관한 사항을 명확하게 정하기 위한 규정이다.

2. 취지

이 조는 여러 명의 심사관이 참여하는 합의체를 구성하여 이의신청을 처리

하도록 함으로써 이의신청 심사의 실체적 타당성 및 절차적 공정성을 확보함은
물론 그 결정에 대한 신뢰성을 높이기 위한 것이다.

Ⅱ. 이의신청의 심사 및 결정의 주체

1. 이의신청에 대한 심사·결정의 합의체

이의신청에 대한 심사 및 결정은 심사관 3명으로 구성되는 심사관합의체에
서 담당한다(제1항).

이의신청에 대한 심사는 일단 1차 심사에서 거절이유가 없는 것으로 인정
되어 출원공고된 상표등록출원에 대하여 그 등록 가능성을 다시 판단하는 것이
기 때문에, 1차 심사를 단독의 심사관이 담당하는 것과는 달리, 여러 심사관이
참여하는 합의체를 구성하여 처리하는 것이다.

2. 심사관합의체의 구성

이의신청에 대하여 심사하고 결정할 심사관합의체는 특허청장이 지정하는
심사관으로 구성된다(제2항).

특허청장은 심사관합의체의 심사관 중 이의신청의 심사 및 결정에 관여하
는 데 지장이 있는 사람이 있으면 다른 심사관에게 이를 맡길 수 있다(제4항에
서 제130조 제2항 준용).

이의신청에 대한 심사 및 결정에 있어서 심사관합의체의 합의는 과반수로
결정한다(제4항에서 제132조 제2항을 준용).

심사관합의체의 심사 및 결정에 있어서 합의는 공개하지 않는다. 즉, 심사
관합의체는 합의에 따른 결과로서의 결정은 공개하지만, 그 합의과정의 구체적
인 내용은 공개하지 않는다(제4항에서 제132조 제3항을 준용).

3. 심사장의 지정

심사관합의체의 심사장은 심사관합의체의 심사관 가운데 특허청장이 지정
하는 1명의 심사관이 맡는다(제3항).

심사관합의체의 심사장은 그 이의신청 사건에 관한 사무를 총괄한다(제4항
에서 제131조 제2항을 준용).

〈고재홍〉

> **제63조(이의신청에 대한 심사의 범위)**
> 심사관합의체는 이의신청에 관하여 출원인이나 이의신청인이 주장하지 아니
> 한 이유에 관하여도 심사할 수 있다. 이 경우 출원인이나 이의신청인에게 기
> 간을 정하여 그 이유에 관하여 의견을 진술할 수 있는 기회를 주어야 한다.

〈소 목 차〉

Ⅰ. 본조의 의의 및 취지

1. 의의

이 조는 상표등록이의신청(이하 이 조에서는 "이의신청"이라 한다)에 대한 심사에서 상표등록출원의 등록 가능 여부를 판단하는 데 심사관이 직권으로 그 이유 및 증거를 탐지하여 적용할 수 있는 근거 및 그 절차를 정한 것이다.

2. 취지

원칙적으로 이의신청에 대한 심사는 출원공고된 상표등록출원에 대하여 이의신청인이 제시한 이유 및 증거와 이를 반박하는 출원인의 답변을 근거로 하여 그 상표등록출원이 등록을 받을 수 있는지 여부를 결정하는 것이다.

이 조는 이의신청의 심사에서 상표등록출원에 대하여 심사관이 직권으로 새로운 이유나 증거를 찾아내어 적용할 수 있도록 하여, 흠이 있는 상표등록출원을 다시 한번 걸러내는 것을 목적으로 하는 이의신청제도의 유용성을 담보하기 위한 것이다.

Ⅱ. 이의신청에 대한 심사에서의 직권심사

1. 직권심사의 범위

이의신청에 관한 심사를 할 때에는 출원인이나 이의신청인이 주장하지 아니한 이유에 대하여도 심사할 수 있다. 따라서, 심사관은 이의신청인이 제시한 것과 다른 이유나 증거를 직권으로 찾아서 이의결정의 근거로 삼을 수 있다(전단).

예를 들면, 이의신청인이 상표등록출원이 거절되어야 하는 이유로 타인의 선출원 상표와 유사하다는 이유만을 주장하였더라도, 심사관은 직권으로 표장의 식별력이 없다는 이유를 적용하여 거절결정을 할 수 있다.

2. 직권심사의 절차

이의신청에 관한 심사에서 심사관이 직권으로 새로 찾은 이유나 증거를 적용하려는 경우에는 출원인 및 이의신청인에게 기간을 정하여 그 이유나 증거에 관하여 의견을 진술할 기회를 주어야 한다(후단).

이에 따라, 출원인 및 이의신청인은 심사관이 직권으로 찾아낸 이유나 증거가 적합한지에 관한 의견을 제출할 수 있다.

〈고재홍〉

> **제64조(이의신청의 병합 또는 분리)**
> 심사관합의체는 둘 이상의 이의신청을 병합하거나 분리하여 심사·결정할 수 있다.

Ⅰ. 서론

1. 의의

이의신청의 병합제도는 2 이상의 이의신청에 대한 심사 또는 결정의 중복을 피하여 심사절차의 경제성을 도모함과 동시에 이의결정 간의 모순·저촉을 피하기 위한 것이고, 분리제도는 시간이나 사건의 경과에 따라서는 병합이 이러한 효과나 목적을 달성하기보다는 도리어 심사의 복잡화 및 지연의 원인으로 작용할 수도 있으므로 병합한 것을 분리하여 각각 별개의 절차에 의해 심사, 결정하여 절차의 간명과 촉진을 도모하기 위한 것이다.

2. 연혁

1973년 개정법(1973. 2. 8. 법률 제2506호)에서는 이의신청제도를 신설하였으나, 이의신청에 관한 세부적인 절차는 별도의 규정을 두지 않고 특허법의 이의신청에 관한 규정을 준용하였는데, 구 특허법(1973. 2. 8. 법률 제2505호)에서는 심사관은 2 이상의 이의신청이 있는 경우에는 그 심사나 결정을 병합 또는 분리하여 행할 수 있다고 규정하였다(구 특허법 제89조 참조).

1990년 개정법(1990. 1. 13. 법률 제4210호)에서는 이의신청절차에 관한 규정을 특허법을 준용하지 않고 독자적으로 규정하였는데, 구 특허법(1973. 2. 8. 법률 제2505호) 및 현행 상표법과의 내용상의 차이는 없었다.

2001년 개정법(2001. 2. 3. 법률 제2414호)에서는 '거절사정, 등록사정'을 '거절결정, 등록결정'으로 일부 자구수정을 하였다.

　2016년 개정법(2016. 2. 29. 법률 제14033호)에서는 이의신청의 심사·결정의 주체를 '심사관'에서 '심사관합의체'로 변경하였다.

Ⅱ. 이의신청의 병합, 분리 심사·결정

　심사 또는 결정의 병합은 2 이상의 이의신청을 동일한 심사 또는 결정절차에 의하여 심사를 하고 이의결정을 하는 것을 말하며, 심사의 분리는 병합한 2 이상의 이의신청사건을 각각의 이의신청사건으로 분리하는 것을 말한다.

　심사관합의체는 둘 이상의 이의신청을 병합하거나 분리하여 심사·결정할 수 있다. 이 경우 이의신청에 대한 심사 또는 결정의 병합과 분리는 심사관합의체의 재량이므로 심사관합의체가 복수의 이의신청사건에 대한 심사와 결정을 병합하지 않는다고 하더라도 위법하다고 할 수 없다.

　대법원 1989. 11. 28. 선고 89후469, 89후476 판결도 "동일한 당사자 사이의 어느 등록상표에 대한 등록무효 심판청구사건과 그 사건에서 무효주장의 근거가 된 인용상표에 대한 등록무효심판청구사건이 때를 같이하여 심판의 대상이 되어 있다 하더라도 이들의 심리나 심결을 병합할 것인가 하는 것은 심판관의 재량에 맡겨진 것이고 반드시 병합 심리하여야 한다는 규정은 없는 것이므로, 원심이 심판청구인의 이 사건 등록상표에 대한 등록무효심판청구사건과 피심판청구인이 별건으로 청구한 이 사건 인용상표에 대한 등록무효심판청구사건의 심리를 병합하지 아니하였다 하여 거기에 소론과 같이 법리오해의 위법이 있다 할 수 없다."라고 판시하였다.

　병합요건에 대해서는 별도의 규정이 없으나, 동일한 상표등록출원에 대해서 2 이상의 이의신청인이 2 이상의 이의신청을 한 경우와 동일한 출원인의 동일·유사한 2건 이상의 상표등록출원에 대해서 동일한 이의신청인 또는 2 이상의 이의신청인이 2 이상의 이의신청을 한 경우로서 그 이의신청이유 및 증거자료가 대부분 공통된 경우를 들 수 있다.

　대법원 1982. 9. 1.4. 선고 80후114 판결은 "특허청 항고심판소는 위와 같이 동일 당사자 간의 한 개의 심결에 대하여 이중의 항고심판청구사건을 각 별개의 사건으로 오해하여 동일 당사자 간의 2 이상의 심판사건이라 하여 병합심결의 형식을 취하고 있으나 실용신안법 제29조에 의하여 준용되는 특허법 제120조 제1항에 의하면 심판관은 당사자 쌍방 또는 일방의 동일한 2 이상의 심판에 대하여 그 심리 또는 심결의 병합을 할 수 있다고 규정하고 있는바, 여기서 병합할 수 있는 2 이상의 심판이라 함은 실용신안 등록권자 '갑'에 대한 '을'의 무효심판청구와 '갑'에 대한 '병'의 무효심판청구가 동시에 계속된 때 또는 2개의 실용신안등록권자 '갑'에 대하여 '을'이 각각의 권리에 대한 무효심판청구를 동시에 제기하여 계속된 경우를 의미하는 것이지, 이 사건과 같이 동일한 당사자 사이의 등록 제14277호 실용신안등록무효를 구하는 청구에 대한 1개의 심결에 대하여 중복된 2개의 항고심판청구가 제기된 경우까지 병합심리 또는 병합심결을 할 수 있다는 취지가 아니어서 원심결은 이점 병합심리 또는 병합심결의 법리를 오해하였다 할 것이다."라고 판시하였다.

2건 이상의 이의신청사건을 병합한 경우에는 이의신청사건별로 각각 제출된 증거자료 등이 병합된 이의신청사건에 공통적으로 이용될 수 있으며, 동일한 이의결정문으로 병합된 수만큼의 이의신청사건을 동시에 결정하는 것이 가능하다. 병합한 이의신청사건은 심사관합의체의 재량에 의하여 직권으로 분리할 수 있다.

〈김병식〉

> **제65조(이의신청의 경합)**
> ① 심사관합의체는 둘 이상의 이의신청이 있는 경우에 그 중 어느 하나의 이의신청에 대하여 심사한 결과 그 이의신청이 이유가 있다고 인정할 때에는 다른 이의신청에 대해서는 결정을 하지 아니할 수 있다.
> ② 특허청장은 심사관합의체가 제1항에 따라 이의신청에 대하여 결정을 하지 아니한 경우에는 해당 이의신청인에게도 상표등록거절결정 등본을 송달하여야 한다.

Ⅰ. 서론

1. 의의

이 규정은 이의신청에 대한 결정을 신속하고 효율적으로 진행하기 위하여 마련되었다. 이의신청제도가 신청인의 이익을 보호하기 위하여 신청인에게 상표등록을 저지할 수 있는 공법상 이의신청권을 인정한 것이 아니라, 심사관합의체가 정보제공을 받아 새로운 거절이유를 발견할 기회를 얻음으로써 심사의 완전과 적정을 도모하기 위한 것이라고 보는 유력한 근거가 되는 규정이다. 신청인에게 이의신청권이 있다고 본다면, 둘 이상의 이의신청이 경합된 경우에도 모든 이의신청에 대하여 결정을 하여 줄 의무가 있기 때문이다.

2. 연혁

1973년 개정법(1973. 2. 8. 법률 제2506호)에서는 이의신청제도를 신설하였으나, 이의신청에 관한 세부적인 절차는 별도의 규정을 두지 않고 특허법의 이의신청에 관한 규정을 준용하였는데, 구 특허법(1973. 2. 8. 법률 제2505호)에서는 2 이상의 특허이의신청 중 1 특허이의신청의 이유에 대하여 심사한 결과 신청사유가 성립된 때에는 다른 신청사유 및 증거에 대하여는 특허이의결정을 하지 아니하며, 심사를 요하지 아니하는 이의신청인에 대하여는 거절사정등본을 송달하여야 한다고 규정하였다(구 특허법 제89조 참조).

　1990년 개정법(1990. 1. 13. 법률 제4210호)에서는 이의신청절차에 관한 규정을 특허법을 준용하지 않고 독자적으로 규정하였는데, 구 특허법(1973. 2. 8. 법률 제2505호) 및 현행 상표법과의 내용상의 차이는 없었다.

　2001년 개정법(2001. 2. 3. 법률 제2414호)에서는 '거절사정, 등록사정'을 '거절결정, 등록결정'으로 일부 자구수정을 하였다.

　2016년 개정법(2016. 2. 29. 법률 제14033호)에서는 이의신청의 심사 · 결정의 주체를 '심사관'에서 '심사관합의체'로 변경하였다.

Ⅱ. 이의신청이 경합한 경우의 처리

　심사관합의체는 동일한 상표등록출원에 대하여 둘 이상의 이의신청이 있는 경우에 각각의 이의신청건에 대하여 개별적으로 심사 및 결정을 하거나, 제64조의 규정에 따라 병합하여 심사 및 결정할 수도 있다.

　하지만 심사관합의체는 그렇게 하지 않고 그 중 어느 하나의 이의신청을 심사한 결과 이의신청의 이유가 있다고 인정하여 상표등록거절결정을 하게 될 때에는 다른 이의신청에 대하여는 결정을 하지 않고(제1항), 그 다른 이의신청인에게 인정된 이의신청 이유의 전부 또는 일부를 인용한[1] 상표등록거절결정등본을 송달하는 것으로 처리할 수도 있다.

　이 경우 특허청장은 제1항에 따라 심사관합의체가 이의신청에 대한 결정을 하지 아니한 이의신청인에게도 상표등록거절결정등본을 송달하여야 한다(제2항).

〈김병식〉

---

1) 특허청 상표심사기준(2016. 8. 29. 특허청 예규 제90호) 제6부 제4장 제2.3.3항 참조.

> **제66조(이의신청에 대한 결정)**
>
> ① 심사장은 이의신청이 있는 경우에는 이의신청서 부본(副本)을 출원인에게 송달하고 기간을 정하여 답변서 제출의 기회를 주어야 한다.
>
> ② 심사관합의체는 제1항 및 제60조 제1항에 따른 이의신청기간이 지난 후에 이의신청에 대한 결정을 하여야 한다.
>
> ③ 이의신청에 대한 결정은 서면으로 하여야 하며, 그 이유를 붙여야 한다. 이 경우 둘 이상의 지정상품에 대한 결정이유가 다른 경우에는 지정상품마다 그 이유를 붙여야 한다.
>
> ④ 심사관합의체는 이의신청인이 제60조 제1항에 따른 이의신청기간 내에 그 이유나 증거를 제출하지 아니한 경우에는 제1항에도 불구하고 제61조에 따른 기간이 지난 후 결정으로 이의신청을 각하할 수 있다. 이 경우 그 결정의 등본을 이의신청인에게 송달하여야 한다.
>
> ⑤ 특허청장은 제2항에 따른 결정이 있는 경우에는 그 결정의 등본을 출원인 및 이의신청인에게 송달하여야 한다.
>
> ⑥ 출원인 및 이의신청인은 제2항 및 제4항에 따른 결정에 대하여 다음 각 호의 구분에 따른 방법으로 불복할 수 있다.
>
> 1. 출원인: 제116조에 따른 심판의 청구
>
> 2. 이의신청인: 제117조에 따른 상표등록 무효심판의 청구

〈소 목 차〉

Ⅰ. 서론

1. 의의

이의신청에 대한 결정은 권리의 성부 및 권리의 내용에 직접 영향을 주는 것이므로, 이의신청에 대한 심리와 결정은 공평성·독립성 및 정확성이 담보될 필요가 있다. 이에 따라 이 조항은 상표등록이의신청에 대한 심사와 결정의 시기, 방법, 절차 및 이의결정에 대한 불복여부 등을 구체적으로 규정하고 있다.

2. 연혁

1973년 개정법(1973. 2. 8. 법률 제2506호)에서는 이의신청제도를 신설하였으나, 이의신청에 관한 세부적인 절차는 별도의 규정을 두지 않고 특허법의 이의신청에 관한 규정을 준용하였다.

1990년 개정법(1990. 1. 13. 법률 제4210호)에서는 이의신청절차에 관한 규정을 특허법을 준용하지 않고 독자적으로 규정하였는데, 1개의 항으로 되어 있던 '심사관은 이의신청기간 및 이의신청이유 등의 보정기간 경과 후 결정을 하여야 한다. 다만 제84조 제1항의 기간(이의신청의 기간) 내에 이의신청은 있었으나, 그 이유 및 증거를 제출하지 아니할 경우에는 답변서 제출기회를 주지 않고 각하할 수 있다'[구 특허법(1973. 2. 8. 법률 제2505호) 제86조 제2항 참조]는 규정을 제2항, 제3항의 2개항으로 분리하고, '심사관은 이의신청의 결과 특허출원의 명세서 또는 도면의 보정이 필요하다고 인정할 때에는 제63조 제1항 각 호의 규정에 해당하는 경우(특허청구범위의 감축, 오기의 정정, 불명료한 기재의 석명)에 한하여 그 보정을 명할 수 있다'는 규정(구 특허법 제86조 제4항 참조)이 없는 것을 제외하고는 구 특허법(1973. 2. 8. 법률 제2505호)의 규정과 거의 동일한 내용으로 규정하였다.

1997년 개정법(1997. 8. 22. 법률 제5355호)에서는 결정이유를 붙임에 있어서 2 이상의 지정상품에 대한 결정이유가 다른 경우에는 상품마다 결정이유를 붙여야 한다는 규정을 제7항으로 신설하였다.

2001년 개정법(2001. 2. 3. 법률 제6414호)에서는 '거절사정, 등록사정'을 '거절결정, 등록결정'으로 일부 자구수정을 하였다.

2004년 개정법(2004. 12. 31. 법률 제7290호)에서는 부적합한 이의신청으로 그 흠결을 보정할 수 없거나 이의결정을 할 필요가 없는 경우에는 특허법 제142조(보정불능한 심판청구의 심결각하)를 준용할 수 있도록 제33조를 개정하였다.

2007년 개정법(2007. 1. 3. 법률 제8190호)에서는 종전에는 '이유 및 증거'를 제출하지 아니한 경우에 상표등록이의신청을 각하할 수 있었으나 '이유나 증거'를 제출하지 아니한 경우에 각하할 수 있도록 개정하였다.

2016년 개정법(2016. 2. 29. 법률 제14033호)에서는 종전에 이의신청이유 등의 보정기간 경과 후에 이의결정을 하던 것을 이의신청기간 경과 후에 이의신청에 대한 결정을 하도록 개정하고, 이의신청에 대한 결정에 불복하는 방법을 거절결정에 대한 심판청구 및 상표등록 무효심판의 청구로 명시하였다.

Ⅱ. 심사―출원인의 답변서 제출기회 부여

이의신청은 심사관 3명으로 구성되는 심사관합의체에서 심사·결정한다(제62조 제1항).[1] 특허청장은 각각의 이의신청에 대하여 심사관합의체를 구성할 심사관을 지정하여야 하고(제62조 제2항), 지정된 심사관 중 1명을 심사장으로 지정하여야 한다(제62조 제3항). 이렇게 지정된 심사장은 이의신청서 부본을 출원인에게 송달하고 기간을 정하여 답변서 제출기회를 주어야 한다(제66조 제1항).[2] 이는 상표등록거절결정의 거절이유에 대하여 출원인에게 의견서 제출의 기회를 주는 것과 같이 출원인에게 불이익한 내용의 이의신청이유와 증거에 대하여 항변의 기회를 부여하고자 하는 취지이다. 따라서 답변서 제출 기회를 부여하지 않는 것은 항변의 기회를 박탈하는 것으로 위법하다.

출원인은 이의신청서 부본을 송달받을 권리와 기간 내에 답변서를 제출할 수 있는 권리를 갖고 있으나, 답변서를 제출할 의무가 있는 것은 아니므로 출원인이 기간 내에 답변서를 제출하지 않았다는 사실만으로 출원인에게 불이익한 이의결정이 있게 되는 것은 아니다.

출원인은 답변서 제출기간 내에 상표법 제41조 제1항 제3호의 규정에 의하여 이의신청이유에 나타난 사항에 관하여 최초의 상표등록출원의 요지를 변경하지 아니하는 범위 내에서 지정상품 및 상표를 보정할 수 있다. 이러한 보정이

---

1) 구 상표법(2016. 2. 29. 법률 제14033호로 개정되기 전의 것) 제22조 제1항은 "특허청장은 심사관으로 하여금 상표등록이의신청을 심사하게 한다"고 규정하고 있었는데, 상표심사기준(2014. 12. 30. 특허청 예규 제79호) 제6부 제4장 2.1.1은 "상표등록이의신청에 대하여는 이의신청심사의 전문성과 효율성을 고려하여 이의신청 전담심사관이 이의결정을 담당하도록 한다."라고, 2.1.2는 "이의신청의 이유에 대한 결정은 3인의 심사관으로 구성된 심사관합의체에서 행하되 심사관합의체는 이의결정담당심사관, 심사과장, 심사과장이 지정하는 심사관 1명으로 구성한다."라고 규정하고 있었다. 이를 법률로 규정한 것이다. 한편 등록 후 이의신청제도를 도입한 일본은 3인 또는 5인의 심판관합의체로 하여금 그에 대한 심리 및 결정을 하도록 하고 있다(일본 상표법 제43조의3 참조).

2) 이의신청의 이유나 증거의 보정이 있는 경우에도 같다[특허청 상표심사기준(2016. 8. 29. 특허청 예규 제90호, 이하 '상표심사기준'이라 한다) 제6부 제4장 제2.2.1항 참조]. 한편, 유럽공동체 상표규정 제42조는 출원인이 요청하는 경우, 이의신청인은 출원공개일 전 5년 동안 비교대상상표가 그 지정상품에 실제로 사용되었음을 입증하거나 사용되지 않은 경우 그에 대한 정당한 이유가 있음을 입증하여야 하고, 이러한 입증이 없는 경우, 이의신청은 기각된다고 규정하고 있다. 이의신청제도에도 사용주의적 요소를 도입한 예라고 할 수 있다[문삼섭 저, 상표법(제2판), 세창출판사(2004), 869 참조].

제40조 제2항 각 호의 어느 하나(즉 ① 지정상품의 범위의 감축, ② 오기의 정정, ③ 불명료한 기재의 석명, ④ 상표의 부기적인 부분의 삭제, ⑤ 그 밖에 제36조 제2항에 따른 표장에 관한 설명 등 산업통상자원부령으로 정하는 사항)에 해당하는 경우에는 상표등록출원의 요지를 변경하지 아니한 것으로 보고(제41조 제2항), 이러한 보정이 제40조 제2항 각 호의 어느 하나에 해당하지 아니한 것으로 상표권의 설정등록 후에 인정된 경우에는 그 상표등록출원은 그 보정을 하지 아니하였던 상표등록출원에 관하여 상표권이 설정등록된 것으로 본다(제41조 제3항). 그리고 출원인이 답변서를 제출하는 때에는 답변서에 답변사항을 증명하는 서류와 대리인에 의하여 절차를 밟는 경우에는 그 대리권을 증명하는 서류를 첨부하여야 한다(상표법 시행규칙 제51조 제3항).

출원인의 답변서 제출기간은 제17조의 규정에 의하여 연장될 수 있다.

한편, 심사관이 이의신청에 대한 결정을 함에 있어서 제60조, 제61조 및 제66조가 규정하는 이의신청서, 제출된 증거자료, 답변서와 직권에 의한 조사자료를 종합하여 판단하되, 필요하다고 인정될 때에는 제51조(상표전문기관의 지정 등) 제2항의 규정에 따라 관계 행정기관이나 상표에 관한 지식과 경험이 풍부한 사람 또는 관계인의 의견을 들을 수 있다.3) 그리고 심사관은 이의신청이유 및 증거의 보정기간 경과 후에 제출된 증거서류·답변서 및 기타자료는 불인정하되 직권조사자료로 참고한다.4) 이의결정담당심사관은 출원상표, 지정상품 및 이의신청의 이유 등이 유사한 선행 이의결정이 있을 경우에는 이를 충분히 고려해야 한다. 또한, 진행 중인 이의신청에 대하여 복수의 이의결정담당심사관이 상표, 지정상품 및 이의신청의 이유 등이 유사한 이의신청에 대하여 결정할 경우에는 이의결정담당심사관간에 협의를 거쳐야 하며, 이의결정담당심사관간 협의가 이루어지지 않을 경우에는 과장이 주재하는 심사관합동회의를 거쳐 결정한다.5)

Ⅲ. 이의신청의 취하 및 출원의 취하 등

이의신청이 취하된 경우 이의신청은 처음부터 없었던 것으로 본다. 다만,

---

3) 상표심사기준 제6부 제4장 제2.3.1항 참조.
4) 상표심사기준 제6부 제4장 제1.1.2항 참조.
5) 상표심사기준 제6부 제4장 제2.3.2항 참조.

이의신청심사관은 이의신청인이 제출한 이유 또는 증거가 이유가 있는지를 검토하고, 이유가 있는 경우에는 직권으로 상표등록출원인에게 그 이유를 통지하고 기간을 정하여 의견서를 제출할 수 있는 기회를 주어야 한다. 이는 거절이유가 있는 경우에도 상표등록이의신청인이 출원인과 합의하여 이의신청을 취하함으로써 부실권리가 발생할 수 있는 것을 방지하기 위한 것이다. 한편 이의신청이 제기된 출원이 취하되거나, 이의신청의 대상이 되는 상품이 포기된 경우 이의결정담당심사관은 이러한 사실을 이의신청인에게 통지한다.[6]

Ⅳ. 이의신청에 대한 결정

1. 이의결정이 가능한 시기

심사관합의체는 제60조 제1항의 이의신청기간(출원공고일로부터 2개월 내) 및 출원인의 답변서 제출기간이 경과한 후에 이의신청에 대한 결정을 하여야 한다(제66조 제2항). 구 상표법(2016. 2. 29. 법률 제14033호로 개정되기 전의 것) 제27조 제2항이 이의신청이유 등의 보정기간(이의신청기간이 지난 후 30일 이내)이 지난 후에 하도록 하던 것을 이의신청기간이 지난 후에 하도록 함으로써 기간을 단축하였다. 이해관계인에게는 충분한 이의신청의 기회를 부여하고 출원인에게는 항변의 기회를 부여함으로써 이의신청에 대한 결정을 공정하고 적정하게 하기 위함이다.

2. 이의신청의 각하결정

이의신청인이 이의신청기간 내에 이의신청을 하였으나, 이의신청이유 등의 보정기간(이의신청기간의 경과 후 30일 이내)까지 이의신청의 이유를 기재하지 않거나 이의신청에 필요한 증거를 제출하지 아니한 경우에는 출원인에게 이의신청서 부본통지 및 답변서 제출 기회를 부여할 필요 없이 제61조의 이의신청이유 등의 보정기간이 경과한 후에 결정으로 이의신청을 각하할 수 있다(제66조 제4항). 이 경우 이의신청을 각하함과 동시에 당해 출원에 대하여 등록결정하고 이러한 사실을 당사자에게 통지하되, 다만 직권심사나 정보제공을 통해 거절이유를 발견한 경우에는 상표등록출원인에게 그 이유를 통지하고 의견을 제출할 수 있는 기회를 주어야 한다.[7]

---

6) 상표심사기준 제6부 제4장 제3.1항 참조.
7) 상표심사기준 제6부 제4장 제2.2.2항 참조.

이 규정에 의한 각하사유는 이의신청이유 등의 보정기간 내에 이의신청이유나 증거를 제출하지 아니한 경우로 되어 있으므로, 그 외의 부적법한 이의신청으로 그 흠결을 보정할 수 없거나 이의결정을 할 필요가 없는 경우, 예컨대 이의신청기간 전이나 후에 이의신청서가 제출된 경우, 이의신청의 대상이 되는 상표등록출원의 표시가 없는 경우, 이의신청인이 상표등록출원의 일부 또는 전부를 승계한 때, 이의신청인이 합병에 의하여 소멸된 때 또는 이의신청인이 사망한 때 등에는 제71조, 제128조(보정불능한 심판청구의 심결각하) 규정에 따라 처리하여야 한다.

구 상표법(2007. 1. 3. 법률 제8190호로 개정되기 전의 것)의 경우 '이유 및 증거'를 제출하지 아니한 경우 이의신청을 각하할 수 있도록 되어 있었으나, 주지·저명상표의 경우 주지·저명관련 증거자료가 없으면 실무적으로 이의심사가 불가능하므로, 개정 상표법(2007. 1. 3. 법률 제8190호)은 '이유나 증거'를 제출하지 아니한 경우 이의신청을 각하할 수 있도록 개정하였다.[8]

한편 이의신청 대상 출원의 출원공고결정이 상표법 제59조 제4항에 따라 취소된 경우에는 이의신청을 각하하고, 이 경우 이의신청인이 납부한 이의신청료를 이의신청인의 청구에 의하여 반환한다.[9]

3. 이의결정

가. 결정의 방식

이의신청에 대한 결정은 서면으로 하여야 하며 그 이유를 붙여야 한다(제66조 제3항). 상표등록이의결정서에는 상표등록출원번호(국제상표등록출원인 경우에는 국제등록번호) 및 출원공고번호, 상품류 구분, 출원인 및 이의신청인의 성명 및 주소, 대리인이 있는 경우에는 각각 그 대리인의 성명 및 주소, 결정의 주문 및 이유, 이의결정 연월일이 기재되어야 한다(상표법 시행규칙 제52조).

이의결정의 이유에는 이의신청인과 상표등록출원인 쌍방의 주장요지, 쟁점사항에 대한 심사관 합의체의 판단내용 등을 기재하여야 한다. 결정이유를 붙임에 있어서 2 이상의 지정상품에 대한 결정이유가 다른 경우에는 지정상품마다 결정이유를 붙여야 한다(제66조 제3항 후문).

한편, 심사관은 2 이상의 상표등록이의신청에 대한 결정을 병합하거나 분리

---

8) 박종태, 이지 상표법(제4판), 한빛지적소유권센터(2010), 361.
9) 상표심사기준 제6부 제4장 제3.3항 참조.

할 수 있다(제64조). 또한 원출원에 대한 이의신청 계속 중에 출원인이 이의신청
이유가 있는 상품류나 지정상품을 분할출원하는 경우에는 분할출원에 대해서도
이의결정을 하는 것으로 한다.[10]

나. 결정 등본의 송달

이의신청에 대한 결정이 있는 때에는 특허청장은 그 결정의 등본을 출원인
및 이의신청인에게 송달하여야 한다(제66조 제5항). 이의신청에 이유가 있다고
판단되는 경우 심사관합의체는 결정으로 이의신청을 이유 있는 것으로 함과 동
시에 당해 출원에 대하여 거절결정을 하고 이러한 사실을 당사자에게 통지하고,
이의신청에 이유가 없다고 판단되는 경우 심사관합의체는 결정으로 이의신청을
이유 없는 것으로 함과 동시에 당해 출원에 대하여 등록결정을 하고 이러한 사
실을 당사자에게 통지한다.[11]

송달이라 함은 특허청이 당사자 기타 관계인에게 일정한 서류의 내용을 알
리기 위하여 일정한 방식에 따라 서류를 교부하는 것을 말하는 것으로 일정한
방식에 따르지 아니하는 통지, 고지 등과 구별된다.[12] 이의결정등본은 상표법
제218조, 상표법 시행령 제18조의 규정에 의하여 당사자나 그 대리인이 특허청
또는 특허심판원에서 직접 수령하는 방법, 당사자나 그 대리인이 정보통신망을
이용하여 수령하는 방법 또는 등기우편으로 발송하는 방법에 의하여 송달하고,
송달장소는 송달을 받을 자의 주소나 영업소로 하며, 송달을 받을 자가 정당한
사유 없이 송달받기를 거부하여 송달할 수 없게 되었을 때에는 발송한 날에 송
달한 것으로 본다.

다. 결정에 대한 불복

상표등록이의신청에 대한 결정에 대해서는 직접 불복할 수 없고, 출원인은
상표법 제116조에 따른 거절결정에 대한 심판의 청구로써만, 이의신청인은 상
표법 제117조에 따른 상표등록 무효심판의 청구로써만 각 불복할 수 있다(제66
조 제6항). 이의신청제도는 '심사관의 주관적, 자의적 판단이나 실수 등에 따른
부실권리의 발생을 방지하고 심사의 객관성 및 공정성을 제고하며 상표분쟁을
사전에 예방한다.'라는 공익을 목적으로 하는 제도이므로 이에 대한 불복을 생

---

10) 상표심사기준 제6부 제4장 제2.3.5항 참조.
11) 상표심사기준 제6부 제4장 제2.3.6항 참조.
12) 특허청, 조문별 상표법 해설, 특허청(2007), 195.

각할 수 없기 때문이다.

따라서 이의신청이 이유있다고 인정되어 상표등록출원이 거절결정되면, 출원인은 이에 대한 불복심판을 청구할 수 있을 뿐이고, 이의신청이 이유없다고 인정되어 상표등록출원이 등록결정되면 이의신청인은 상표등록무효심판을 청구하여 다툴 수 있을 뿐이다.

한편, 상표등록무효심판의 경우에는 이의신청과 달리 원칙적으로 이해관계인에 한하여 심판청구가 가능하므로, 이의신청건에 대하여 이의신청이 이유없다고 결정이 될 경우에는 사실상 불복의 기회가 그만큼 제한받게 된다.[13]

〈김병식〉

---

13) 특허청(주 12), 195-196; 문삼섭(주 2), 872.

> **제67조(상표등록 출원공고 후의 직권에 의한 상표등록거절결정)**
> ① 심사관은 출원공고 후 거절이유를 발견한 경우에는 직권으로 제54조에 따른 상표등록거절결정을 할 수 있다.
> ② 제1항에 따라 상표등록거절결정을 할 경우에는 이의신청이 있더라도 그 이의신청에 대해서는 결정을 하지 아니한다.
> ③ 특허청장은 제1항에 따라 심사관이 상표등록거절결정을 한 경우에는 이의신청인에게 상표등록거절결정 등본을 송달하여야 한다.

Ⅰ. 서론

1. 의의

하자있는 상표가 등록되는 것을 사전에 방지하기 위해 출원공고 이후에도 심사관은 이의신청인의 신청이유에 구애받지 않고 이의신청인이 주장하지 않은 이유에 대해서도 직권으로 심사하여 거절이유를 발견하면 거절결정을 할 필요가 있는데, 이 조항은 그러한 경우에 필요한 절차를 규정하고 있다.

2. 연혁

1973년 개정법(1973. 2. 8. 법률 제2506호)에서는 이의신청제도를 신설하였으나, 이의신청에 관한 세부적인 절차는 별도의 규정을 두지 않고 특허법의 이의신청에 관한 규정을 준용하였는데, 구 특허법(1973. 2. 8. 법률 제2505호)에서는 '심사관이 출원공고 후 직권에 의하여 발견한 이유로 거절사정하는 경우에는 특허이의신청이 있더라도 그 특허이의신청의 이유 및 증거에 대하여는 결정을 하지 아니하고 특허이의신청인에게 거절사정등본을 송달하여야 하며, 심사관은 특허출원이 등록사정이 된 후 특허권설정의 등록을 하기 전까지 새로운 거절사정이유가 발견되었을 경우에는 직권으로 거절사정할 수 있으며, 위와 같은 직권에 의한 거절사정에 대한 불복항고심판의 청구가 있을 때에는 특허이의신청도 병합심리할 수 있다.'(구 특허법 제87조 참조)라고 규정하였다.

1990년 개정법(1990. 1. 13. 법률 제4210호)에서는 이의신청절차에 관한 규정을 특허법을 준용하지 않고 독자적으로 규정하였는데, 심사관은 출원공고 후 거절이유를 발견한 경우 직권에 의하여 제23조의 규정에 의한 거절사정을 할 수 있고, 그 경우에는 제25조의 규정에 의한 상표등록이의신청이 있더라도 그 상표등록이의신청에 대하여는 결정하지 아니하고, 이의신청인에게 거절사정등본을 송달하는 것으로 규정하였다. 한편, 상표등록출원이 등록사정이 된 후 상표권설정등록을 하기 전까지 직권으로 거절사정을 할 수 있다는 규정과 직권에 의한 거절사정에 대한 불복심판청구시에는 상표이의신청도 병합심리할 수 있다는 규정은 제외되었다.

2001년 개정법(2001. 2. 3. 법률 제6414호)에서는 '거절사정, 등록사정'을 '거절결정, 등록결정'으로 일부 자구수정을 하였다.

Ⅱ. 직권에 의한 상표등록거절결정

1. 직권심사

심사관은 출원공고 후 거절이유를 발견한 경우 직권에 의하여 제54조의 규정에 의한 상표등록거절결정을 할 수 있다(제67조 제1항). 심사관에 의한 직권심사는 크게 ① 출원공고 후 이의신청 전에 출원공고심사관이 새로운 거절이유를 발견하여 직권으로 의견제출 통지를 하는 경우, ② 이의신청 후 출원공고심사관이 재거절이유를 발견한 경우, ③ 이의신청심사관이 이의신청관련 서류를 검토한 결과 이의신청인이 주장하지 않은 새로운 거절이유를 발견하여 직권으로 의견제출 통지를 하는 경우, ④ 이의신청이 부적법하여 무효처분 또는 각하결정되거나 이의신청인의 의사에 따라 이의신청이 취하되었으나 이의신청인이 제출한 이유 또는 증거 중에 거절이유가 있어서 심사관이 직권으로 그 거절이유를 통지하는 경우1)가 있을 수 있는데, 이러한 4가지 종류에 대하여 모두 직권심사가

---

1) 대법원 1995. 12. 22. 선고 95후1272 판결은 "본원상표에 대하여 이의신청을 제기하였던 인용상표권자인 마아즈 인코포에이티드가 이 사건 거절사정 후에 본원상표의 등록에 하등의 이의가 없다는 의사표시를 하였음에도 원심이 이 사건 거절사정을 취소하지 아니한 것은 잘못이라는 취지이나, 상표등록출원공고에 대한 이의신청은 누구든지 할 수 있는 것이고 심사관은 상표등록출원공고 후 직권에 의해 거절사정할 수도 있는 것이므로, 공익적 부

가능하다.2)

　즉, 심사관은 일단 출원공고한 상표등록출원에 대하여 등록여부의 결정을 하기 전에 새로운 거절이유를 발견한 경우에는 출원공고가 최종처분이 아니므로 당연히 그 새로이 발견한 거절이유로 거절결정할 수 있다. 또한, 이의신청이 비록 형식적인 요건 등을 구비하지 못하여 실체적인 이의신청이유에 대해서는 심사 및 결정을 하지 못하게 되는 경우에도 그 이의신청이유나 증거 중에 당해 상표등록출원이 거절되어야 하는 이유가 있는 경우에는 그 이의신청이유나 증거 중의 이유로 거절결정할 수 있으며, 나아가 심사관이 이의신청인이 주장하지 않은 새로운 거절이유를 발견한 경우에는 그 새로운 거절이유로도 거절결정할 수 있다.3) 이는 부실권리의 등록을 방지하는 것이 공익적으로 요청되기 때문이다.

　그런데 출원공고심사관 또는 이의신청심사관이 출원공고 후 거절이유를 발견하여 직권으로 거절결정을 하고자 하는 경우에는 제55조에 따라 출원인에게 문서로 그 거절이유를 통지하고 기간을 정하여 의견을 제출할 기회를 부여하여야 한다.

2. 직권심사에 의한 거절결정과 이의신청사건의 처리4)

　심사관이 출원공고 후 거절이유를 발견하여 직권에 의하여 상표등록거절결정을 하는 경우, 심사관합의체는 상표등록이의신청이 있더라도 그 상표등록이의신청에 대하여는 결정을 하지 아니한다(제67조 제2항).

　그런데 직권심사가 가능한 네 가지 경우 모두에 대하여 직권심사에 의한 거절결정을 하고 이의신청에 대하여는 결정을 하지 않는 것이 반드시 적정한 것은 아니다.

　즉, 먼저 출원공고 후 이의신청 전에 새로운 거절이유를 발견하여 직권으로 의견제출통지를 하는 경우나 이의신청 후 출원공고심사관이 재거절이유를 발견하여 의견제출통지를 하는 경우에는 출원인이 의견서, 보정서 등을 제출하지 않거나 제출된 의견서, 보정서 등에 따라 재심사하여도 거절이유가 해소되지 않는

등록사유에 해당하는 상표법 제7조 제1항 제7호에 의하여 본원상표의 등록출원을 거절하는 이상 이의신청인이 후에 이의신청과 다른 의사표시를 하였다 하여 반드시 그 등록을 받아주어야 하는 것은 아니라 할 것이다."라고 판시하였다.

2) 특허청, 조문별 상표법 해설, 특허청(2007), 197-198; 문삼섭, 상표법(제2판), 세창출판사 (2004), 871.

3) 특허청(주 2), 198.

4) 특허청(주 2), 198-199.

경우에는 제54조에 따라 거절결정할 수 있다. 그리고 이 경우에는 직권심사에 따른 거절결정과 그 상표등록출원에 대하여 이의신청이 있느냐 없느냐 하는 문제는 직접적으로 아무런 관계가 없으며, 또한 설령 이의신청이 있더라도 출원인의 상표등록출원이 거절결정되어야 한다는 이의신청의 목적이 이미 달성되었으므로, 심사관은 그 이의신청에 대하여는 결정을 할 필요가 없다.

다음으로, 이의신청이 부적법하여 무효처분 또는 각하결정되거나 이의신청인의 의사에 따라 이의신청이 취하되었으나 이의신청인이 제출한 이유 또는 증거 중에 거절이유가 있어서 심사관이 직권으로 그 거절이유를 통지한 후 거절결정하는 경우에는 그 무효처분, 각하결정 또는 이의신청의 취하로 인하여 이의신청은 없거나 종료된 것으로 보아야 하므로 이의결정 자체가 불가능하게 된다.

마지막으로, 심사관합의체가 이의신청 관련 서류를 검토한 결과 이의신청인이 주장하지 않은 새로운 거절이유를 발견하여 직권으로 의견제출통지를 하는 경우에도 법의 문리적 해석으로는 직권거절결정을 하고, 이의신청에 대하여는 결정을 하지 않는 것으로 볼 수도 있다. 그러나 이러한 경우에 이의결정 없이 의견제출통지를 한 새로운 거절이유에 대해서만 심사를 한 후 직권으로 거절결정하는 것은 이의신청제도의 취지나 목적에 비추어 바람직하지 않으므로, 이때에는 이의신청인이 주장한 이의신청이유와 직권으로 의견제출통지를 한 거절이유를 함께 적시하여 이의결정방식을 통하여 거절결정을 하는 것이 타당하다.

3. 직권심사에 의한 거절결정의 송달

특허청장은 제1항, 제2항의 규정에 의하여 이의신청에 대한 결정 없이 상표등록거절결정을 하는 경우에는 이의신청인에게 상표등록거절결정등본을 송달하여야 한다(제67조 제3항).

〈김병식〉

Ⅰ. 규정의 취지와 내용

1. 규정의 취지

상표등록출원에 대하여 심사한 결과 상표법 제54조 각 호에 명시된 거절이
유를 발견할 수 없는 경우에는 상표등록결정을 하여야 한다는 것이 본조의 취
지이다.

2. 규정의 내용

상표등록출원에 대하여 거절결정을 하기 위해서는 상표법 제54조 각 호에
명시된 거절이유가 있어야 하고, 거절이유를 발견할 책임은 심사관에게 있다.
따라서 상표법에 명시된 거절이유를 발견하지 못하거나 심사관이 거절이유를
발견하여 의견제출통지를 하였으나 출원인의 보정 등에 의하여 그 거절이유가
해소된 때에는 등록결정을 하여야 한다. 그 결과 심사관의 입장에서 볼 때 거절
이유가 있는지 여부가 불분명한 경우에는 등록결정을 하여야 할 것이다. 한편,
국제상표등록출원에 대하여는 기간에 대한 특례가 있다(제193조 제1항 참조).

Ⅱ. 연혁

상표법이 1949. 11. 28. 법률 제71호로 제정될 때에는 제8조에 "등록출원은
심사관이 심사하며 거절할 이유가 없을 때에는 등록된다는 사정을 하고 출원인

에게 통지하여야 한다."라고 규정되어 있었다.

그 후 1973. 2. 8. 법률 제2506호로 개정되면서 제18조에서 특허법 제90조를 준용하는 방식으로 바뀌었는데, 그 당시 특허법 제90조는 "심사관은 특허출원에 대하여 거절할 이유를 발견할 수 없을 때에는 특허사정을 하여야 한다."고 규정되어 있었다.

상표법이 1990. 1. 13. 법률 제4210호로 개정되면서 특허법을 준용하지 않고 제30조에 "심사관은 상표등록출원에 대하여 거절이유를 발견할 수 없는 때에는 상표등록사정을 하여야 한다."라는 독자적인 규정을 두었다.

위 규정은 상표법이 2001. 2. 3. 법률 제6414호로 개정되면서 '사정(査定)'이라는 일본식 용어가 '결정'이라는 용어로 바뀌었다. 2016년 개정 시 법률체계를 전반적으로 정비하면서 제68조로 규정되었고 아울러 한글화도 이루어졌다.

Ⅲ. 상표등록결정의 성격과 불복여부

1. 상표등록결정의 성격

상표등록결정은 심사관이 상표등록출원에 대하여 심사한 결과 상표의 등록요건을 갖추어 상표권을 설정등록받을 수 있다는 것을 내용으로 하는 확인행위적 행정처분이다. 상표등록결정을 받은 출원인은 일정한 기간 내에 등록료를 납부하고 상표권의 설정등록을 받을 수 있다(제72조).

2. 불복여부

상표등록결정에 대하여는 출원인뿐만 아니라 반대의 이해관계를 가지는 자라도 불복할 수 없다. 다만, 등록무효사유가 있는 경우에는 상표등록 후 이해관계인이나 심사관이 등록무효심판을 제기할 수 있다.

〈김승곤〉

> **제69조(상표등록여부결정의 방식)**
> ① 상표등록여부결정은 서면으로 하여야 하며, 그 이유를 붙여야 한다.
> ② 특허청장은 상표등록여부결정이 있는 경우에는 그 결정의 등본을 출원인
> 에게 송달하여야 한다.

Ⅰ. 규정의 취지

상표등록여부결정은 상표등록결정과 상표등록거절결정으로 나뉘는데, 모두 다수의 이해관계인에게 영향을 미칠 수 있는 행정처분이므로 객관성과 공평성을 담보하기 위하여 이유를 붙인 서면으로 하도록 하고, 그 결정등본을 출원인에게 송달하도록 규정한 것이다.

상표등록여부결정의 주체는 심사관이나, 결정의 등본을 송달하는 주체는 특허청장으로 구별된다. 결정의 송달은 상표등록여부결정의 효력발생요건임과 동시에 상표등록출원인이 상표권의 설정등록이나 거절결정불복심판청구 등의 후속조치를 취할 수 있는 기회를 제공하기 위한 것이다.

Ⅱ. 연혁

상표법이 1949. 11. 28. 법률 제71호로 제정될 때에는 제8조에서 등록사정을 출원인에게 통지하여야 한다고 규정하였고, 제9조 제4항에서 심사관이 이의서에 대하여 심사한 후 등록출원을 거절할 것이라고 인정할 때에는 최후거절을 서면으로 통지하여야 한다고 규정하였다.

그 후 1973. 2. 8. 법률 제2506호로 개정되면서 제18조에서 특허법 제94조를 준용하는 방식으로 바뀌었는데, 그 당시 특허법 제94조는 "① 사정은 문서로 하여야 하며 이유를 붙여야 한다. ② 특허국장은 사정이 있었을 때에는 사정의 등본을 특허출원인에게 송달하여야 한다."고 규정되어 있었다.

상표법이 1990. 1. 13. 법률 제4210호로 개정되면서 특허법을 준용하지 않고 제31조에 "① 사정은 서면으로 하여야 하며 그 이유를 붙여야 한다. ② 특허청장은 사정이 있는 경우에는 그 사정의 등본을 출원인에게 송달하여야 한다."라는 독자적인 규정을 두었다.

위 규정은 상표법이 2001. 2. 3. 법률 제6414호로 개정되면서 '사정(査定)'이라는 일본식 용어가 '상표등록여부결정' 또는 '결정'이라는 용어로 바뀌었다. 2016년 개정 시 법률체계를 전반적으로 정비하면서 제69조로 규정되었고 한글화도 이루어졌다.

Ⅲ. 규정의 내용

1. 상표등록여부결정의 방식(제1항)

상표등록여부결정은 서면으로 하여야 하는데, 그 서면은 상표등록출원에 대하여 등록결정을 한다는 내용의 상표등록결정서와 이를 거절하는 상표등록거절결정서로 구분된다.

상표법시행규칙 제61조 제2항에 따라, 심사관은 상표등록출원에 대하여 상표등록여부결정을 하려는 경우에는 특허청장에게 이를 보고하고, 다음 각 호의 사항을 적은 상표등록거절결정서나 상표등록결정서를 작성하여 기명한 후 날인하여야 한다.

1. 상표등록출원번호 및 상표등록출원공고번호(국제상표등록출원인 경우에는 국제등록번호 및 국제상표등록출원공고번호를 말하며, 상표등록출원공고번호 및 국제상표등록출원공고번호는 당해 출원공고가 있는 경우에 한한다)

2. 상품류구분

3. 상표등록출원인의 성명과 주소(법인인 경우에는 그 명칭과 영업소의 소재지)

4. 상표등록출원인의 대리인이 있는 경우에는 그 대리인의 성명과 주소 또는 영업소의 소재지(대리인이 특허법인·특허법인(유한)인 경우에는 그 명칭, 사무소의 소재지 및 지정된 변리사의 성명)

5. 출원공고 연월일(출원공고가 있는 경우에 한정한다) 또는 거절이유통지 연월일

6. 결정의 주문과 이유

7. 결정 연월일

결정서에 기재할 이유의 내용과 방식에 대하여 별도의 규정이 없지만, 출원인이 결정의 취지를 이해할 수 없을 정도로 이유 기재가 미비한 경우에는 법에서 요구하는 이유의 기재가 있다고 볼 수 없을 것이다.

2. 송달(제2항)

송달은 도달주의를 원칙으로 하고 있으며, 송달을 받을 자의 주소나 영업소가 불분명하여 송달할 수 없는 때에는 공시송달의 방법을 취하기도 한다.[1]

상표등록결정은 그 등본이 출원인에게 송달된 때에 확정되며, 상표등록거절결정의 경우에는 출원인이 그 등본을 송달받은 날부터 30일 이내에 거절결정에 대한 심판을 청구할 수 있으므로(제116조), 거절결정에 대한 불복심판을 청구하지 않고 위 송달일부터 30일이 경과하면 거절결정이 확정된다.

〈김승곤〉

---

1) 조문별 상표법해설, 특허청(2007. 7.), 205; 문삼섭, 상표법(제2판), 세창출판사(2004), 873.

> **제70조(심사 또는 소송절차의 중지)**
> ① 상표등록출원의 심사에서 필요한 경우에는 심결이 확정될 때까지 또는 소송절차가 완결될 때까지 그 상표등록출원의 심사 절차를 중지할 수 있다.
> ② 법원은 소송에서 필요한 경우에는 상표등록여부결정이 확정될 때까지 그 소송절차를 중지할 수 있다.

〈소 목 차〉

Ⅰ. 규정의 취지

본조는 심사와 소송에서 관련사건이 심사, 심판 또는 소송중인 경우 관련사건의 절차가 완결될 때까지 그 심사 또는 소송의 절차를 중지할 수 있다는 취지의 규정이다. 어느 사건에 대한 판단이나 결론이 다른 사건에 대한 판단이나 결론으로부터 직접적인 영향을 받는 관계에 있는 경우 관련사건들이 서로 모순되지 않고 조화롭게 해결될 수 있도록 하기 위하여 다른 사건에 대하여 진행 중인 절차가 완결될 때까지 심사나 소송의 절차를 중지할 수 있도록 하는 근거규정을 둔 점에 의의가 있다.

Ⅱ. 연혁

1949. 11. 28. 법률 제71호로 상표법이 제정될 당시에는 심사 또는 소송절차의 중지에 관한 규정을 두지 않았다.

상표법이 1973. 2. 8. 법률 제2506호로 개정되면서 제18조에 특허법 제96조를 준용하는 규정을 두었는데, 그 당시 특허법 제96조는 "① 심사에 있어서 필요한 때에는 심결이 확정 또는 소송절차가 완결될 때까지 그 심사의 절차를 중지할 수 있다. ② 소송에 있어서 필요한 때에는 법원은 사정이 확정될 때까지 그 소송절차를 중지할 수 있다."고 규정되어 있었다.

상표법이 1990. 1. 13. 법률 제4210호로 개정되면서 특허법을 준용하지 않고 제32조에 "① 상표등록출원의 심사에 있어서 필요한 때에는 심결이 확정될 때까지 또는 소송절차가 완결될 때까지 그 상표등록출원의 심사의 절차를 중지할 수 있다. ② 법원은 소송에 있어서 필요한 때에는 사정이 확정될 때까지 그 소송절차를 중지할 수 있다."라는 독자적인 규정을 두었다.

위 규정은 상표법이 2001. 2. 3. 법률 제6414호로 개정되면서 '사정(査定)'이라는 용어가 '상표등록여부결정'으로 바뀌었다. 2016년 개정 시 법률체계를 전반적으로 정비하면서 제70조로 규정되었고 한글화도 이루어졌다.

III. 규정의 내용

1. 심사절차의 중지(제1항)

심사절차 중에 있는 당해 사건과 관련 있는 다른 사건이 심판 또는 소송에 계속 중인 경우 필요에 따라 관련사건에 대한 절차가 완결될 때까지 당해 사건의 심사절차를 중지할 수 있다. 조문에는 중지할 수 있는 절차의 대상이 되는 사건이 명확하게 규정되어 있지 않지만 어느 사건에 대한 판단이나 결론이 다른 사건에 대한 판단이나 결론으로부터 직접적인 영향을 받는 관계에 있는 사건으로 한정되어야 할 것이다. 본조의 취지나 절차중지의 남용을 막기 위해서도 중지되는 절차의 범위는 위와 같이 한정되어야 할 것으로 해석된다.[1]

대법원은 위 규정에 대하여 "상표법(1990. 1. 13. 법률 제4210호로 개정되기 전) 제18조에 의하여 준용되는 특허법(1990. 1. 13. 법률 제4207호로 개정되기 전) 제96조 제1항에서, 심사에 있어서 필요한 때에는 심결이 확정 또는 소송절차가 완결될 때까지 그 심사의 절차를 중지할 수 있다고 규정한 것은 임의규정으로서 심사절차를 꼭 중지하여야 하는 것은 아니므로, 이 사건 상표와 유사하다고 한 인용상표에 대한 등록무효심결이 대법원에 계속 중인데도 이 사건 심사절차를 중지하지 아니하고 심사 및 심리를 한 것이 위법하다고 할 수 없다."고 판시[2]하여 위 규정이 심사관이 합리적인 재량에 의하여 절차중지 여부를 결정할 수 있는 임의규정으로 해석하고 있다.

---

1) 심판절차에 관하여 상표법 제151조 제1항은 "① 심판장은 심판에서 필요하면 그 심판사건과 관련되는 다른 심판의 심결이 확정되거나 소송절차가 완결될 때까지 그 절차를 중지할 수 있다."고 규정하여 절차중지에 있어서 사건의 관련성이 요구됨을 명확히 하고 있다.
2) 대법원 1990. 3. 23. 선고 89후2168 판결.

심사관은 필요한 경우 관련사건에 대하여 심사, 이의신청의 절차가 진행 중인 경우에도 그 절차가 완결될 때까지 당해 상표등록출원의 심사절차를 중지할 수 있을 것으로 보인다. 다만, 이 경우에도 절차중지의 필요성이 요구됨은 중언을 요하지 않는다.

2. 소송절차의 중지(제2항)

법원은 필요한 경우 소송절차 중에 있는 당해 사건과 관련 있는 다른 사건에 대하여 상표등록출원, 이의신청 등이 진행 중인 경우에는 상표등록여부결정이 확정될 때까지 그 소송절차를 중지할 수 있다.[3]

위 규정 역시 법원이 합리적인 재량에 의하여 절차중지 여부를 결정할 수 있는 임의규정으로 해석된다.

3. 중지에 대한 불복

특허법 제78조와 달리 상표법 제70조는 절차중지결정에 대하여 불복할 수 없다는 규정을 두고 있지 않다. 하지만 절차의 중지를 할 것인지 여부는 심사관이나 법원이 합리적인 재량에 의하여 직권으로 정하는 것이므로 그 절차를 중지한다는 결정에 대하여 당사자가 불복할 수는 없다고 할 것이다.[4]

〈김승곤〉

---

3) 소송절차에서 심결이 확정될 때까지 당해 소송절차를 중지시킬 수 있다는 규정은 상표법 제151조 제2항.

4) 대법원은 관련사건에 대한 심결이 확정될 때까지 소송절차를 중지하는 결정에 대하여 불복할 수 있는지 여부에 관하여, "상표법 제77조가 준용하는 특허법 제164조 제2항은 "소송절차에 있어서 필요한 때에는 법원은 특허에 관한 심결이 확정될 때까지 그 절차를 중지할 수 있다"고 규정하고 있는바, 법원이 위 특허법 제164조 제2항에 의한 소송절차중지의 결정을 할 것인지 여부는 법원이 합리적인 재량에 의하여 직권으로 정하는 것으로서 그 소송절차를 중지한다는 결정에 대하여는 당사자가 항고(또는 재항고)에 의하여 불복할 수 없다"고 판시하였다(대법원 1992. 1. 15. 자 91마612 결정). 상표법 제70조의 경우에도 위 판시의 취지대로 해석하여야 할 것이다.

제71조(심판 규정의 이의신청 심사 및 결정에의 준용)
　　상표등록출원의 심사 및 결정에 관하여는 제128조, 제134조제1호부터 제5호
까지 및 제7호, 제144조 및 「민사소송법」 제143조, 제299조 및 제367조를 준
용한다.

〈소 목 차〉

Ⅰ. 규정의 취지

　　본조는 상표등록출원의 심사 및 결정에 관하여 필요하지만 이미 상표법과
민사소송법에 있는 규정들을 제3장 심사편의 말미에 준용의 방식으로 적용하기
위한 것이다.

Ⅱ. 연혁

　　상표법이 1973. 2. 8. 법률 제2506호로 개정되면서 제18조에 "특허법 제84
조 내지 제90조·제93조 내지 제96조의 규정은 상표등록출원의 심사에 이를 준
용한다. 다만, 특허법 제84조제1항에서 규정한 이의신청의 기간 2월내를 30일내
로 한다."라는 규정을 두었다. 즉 특허이의신청(그 당시 특허법 제84조), 이의신청
이유의 보정등(동법 제85조), 특허이의신청에 대한 결정(동법 제86조), 특허출원공
고후의 직권에 의한 거절사정(동법 제87조), 증거조사의 비용에 관한 준용규정(동
법 제88조), 특허이의신청의 경합(동법 제89조), 특허사정(동법 제90조), 심판관의
제척, 기피에 관한 준용규정(동법 제93조), 사정이유의 표시등(동법 제94조), 송달
에 관한 위임규정(동법 제95조), 심사 또는 소송절차의 중지(동법 제96조) 등 심사
에 관한 많은 규정들이 준용되고 있었다.
　　상표법이 1990. 1. 13. 법률 제4210호로 개정되면서 준용규정이 대폭 간소

화되어, 제33조에 "특허법 제148조제1호 내지 제5호·제7호 및 동법 제157조, 민사소송법 제133조·제271조 및 동법 제339조의 규정은 상표등록출원의 심사에 관하여 이를 준용한다."고 규정하였다. 즉 특허법에서는 심판관의 제척(그 당시 특허법 148조제1호 내지 제5호·제7호)과 증거조사 및 증거보전(동법 제157조)만이 준용되기 시작하였고, 민사소송법에서는 통역(그 당시 민사소송법 제133조), 소명의 방법(동법 제271조) 및 당사자신문의 보충성(동법 제339조)이 적용되기 시작하였다.

그 후 상표법이 2002. 1. 26. 법률 제6626호로 개정되면서 민사소송법의 개정에 맞추어 제33조의 민사소송법 규정들이 "민사소송법 제143조·제299조 및 동법 제367조"로 바뀌었고, 2004. 12. 31. 법률 제7290호로 개정되면서 제33조의 준용규정으로 보정불능한 심판청구의 심결각하에 관한 규정인 특허법 제142조가 추가되었다.

다시 상표법이 2007. 1. 3. 법률 제8190호로 개정되면서 법률명칭 표시를 '「특허법」', '「민사소송법」'과 같이 변경하고, 특허법이 2006. 3. 3. 법률 제7871호로 개정되면서 특허이의신청제도가 무효심판제도로 통합된 점을 반영하여 특허법 제148조를 준용하는 경우에는 상표등록이의신청의 경우에도 특허법 제148조제1호 내지 제3호 및 제5호가 적용되도록 용어를 정비하는 후단 규정을 신설하였다.

상표법이 2011. 12. 2. 법률 제11113호로 개정되면서 특허법 규정을 준용하지 않고 심판청구에 관하여 상표법에 신설된 조항들을 직접 준용하도록 개정되었다. 2016년 개정 시 법률체계를 전반적으로 정비하면서 제71조로 규정되었고 조문제목이 '심판 규정의 준용'에서 '심판 규정의 이의신청 심사 및 결정에의 준용'으로 변경되었다. 준용되는 상표법의 조항들도 정비된 조항들로 변경되었다.

Ⅲ. 준용되는 규정들

1. 제128조의 준용

부적법한 상표등록출원으로서 그 흠을 보정할 수 없는 경우에는 출원인에게 답변서 제출의 기회를 주지 아니하고 각하할 수 있다. 상표법은 출원인에게 절차의 보정(제39조)과 실체의 보정(제40조, 제41조)을 할 수 있도록 하고 있으나 그 흠결을 보정할 수 없는 때에는 출원인에게 답변서 제출의 기회를 주지 아니하고 각하결정을 할 수 있도록 한 것이다.

2. 제134조제1호 내지 제5호 · 제7호의 준용

상표등록출원의 심사를 담당하는 심사관은 다음 각 호의 어느 하나에 해당하는 경우에는 그 심사에서 제척된다.

1. 심사관 또는 그 배우자나 배우자이었던 사람이 사건의 당사자, 참가인 또는 이의신청인인 경우

2. 심사관이 사건의 당사자, 참가인 또는 이의신청인의 친족[1]이거나 친족이었던 경우

3. 심사관이 사건의 당사자, 참가인 또는 이의신청인의 법정대리인이거나 법정대리인이었던 경우

4. 심사관이 사건에 대한 증인, 감정인이 된 경우 또는 감정인이었던 경우

5. 심사관이 사건의 당사자, 참가인 또는 이의신청인의 대리인[2]이거나 대리인이었던 경우

7. 심사관이 사건에 관하여 직접 이해관계[3]를 가진 경우

제척의 원인이 있는 심사관이 관여한 심사는 절차상의 하자로 무효가 된다.

3. 제144조의 준용

상표등록출원의 심사 과정에서 심사관은 당사자, 참가인 또는 이해관계인의 신청에 의하여 또는 직권으로 증거조사나 증거보전을 할 수 있다(제144조 제1항 준용). 직권에 의한 증거조사는 진실발견을 위하여 직권으로 증거조사를 할 권능을 심사관에게 부여한 것이지 의무는 아니라고 할 것이다.[4]

---

1) 8촌 이내의 혈족, 4촌 이내의 인척, 배우자를 말한다(민법 제777조).

2) 3호와의 관계상 임의대리만을 말하는 것으로 해석된다.

3) 심사관이 상표권에 관하여 전용사용권자, 통상사용권자, 질권자와 같은 지위에 있는 경우와 같이 법률상 이해관계에 국한된다는 것이 우리나라의 일치된 견해이다. 그러나 법률상 이해관계뿐만 아니라 심사관이 당사자인 회사의 주주인 경우 등과 같이 널리 경제적 이해관계를 가지는 경우도 포함된다는 일본에서의 반대 견해도 있다. 정상조, 박성수 공편, 특허법 주해 II, 박영사(2010), 583 참조(박준석 집필부분).

4) 대법원 1989. 1. 17. 선고 86후6, 86후12 판결; 대법원 1992. 3. 31. 선고 91후1595 판결; 대법원 1993. 5. 11. 선고 92후2090 판결; 대법원 1995. 11. 24. 선고 93후114 판결; 대법원 1995. 11. 24. 선고 93후107 판결 등. 다만, 심판에 있어서 심판의 귀추에 영향을 주는 증거는 당사자의 신청 또는 직권에 의하여 증거조사를 하고 심리판단하여야 한다는 판례로는 대법원 1970. 7. 28. 선고 70후26판결.

민사소송법 중 증거조사 및 증거보전에 관한 규정은 제1항의 규정에 의한 증거조사 및 증거보전에 관하여 이를 준용한다. 다만, 심사관은 과태료를 결정하거나 구인(拘引)을 명하거나 보증금을 공탁하게 하지 못한다(제144조 제2항 준용). 민사소송법의 규정 중 어느 조문을 준용하는지에 관하여 구체적으로 규정되어 있지 않으나, 민사소송법 제2편 제3장 증거에 관한 규정의 대부분이 준용되고, 다만 아래의 규정은 준용되지 않는다고 보아야 할 것이다.5)

① 민사소송법 제288조(불요증사실) 중 재판상 자백, 제349조(당사자가 문서를 제출하지 아니한 때의 효과), 제350조(당사자가 사용을 방해한 때의 효과) 및 제369조(출석·선서·진술의 의무)는 심사가 변론주의가 아닌 직권탐지주의를 채택하고 있기 때문에 준용되지 아니한다고 보아야 할 것이다.

② 민사소송법 제299조(소명의 방법) 제2항, 제300조(보증금의 몰취), 제301조(거짓진술에 대한 제재), 제311조(증인이 출석하지 아니한 경우의 과태료 등), 제318조(증언거부에 대한 제재), 제326조(선서거부에 대한 제재), 제351조(제3자가 문서를 제출하지 아니한 때의 제재), 제363조(문서성립의 부인에 대한 제재), 제366조(검증의 절차 등) 제2항, 제370조(거짓 진술에 대한 제재), 제312조(출석하지 아니한 증인의 구인)는 제144조 제2항의 단서인 "심판관은 과태료를 결정하거나 구인(拘引)을 명하거나 보증금을 공탁하게 하지 못한다."는 규정에 의하여 준용되지 아니한다.

③ 민사소송법 제376조(증거보전의 관할)는 제144조 제3항 때문에 준용되지 아니한다.

증거보전 신청은 심사청구 전에는 특허심판원장에게 하고, 심사계속 중에는 그 사건의 심사관에게 하여야 한다(제144조 제3항 준용). 특허심판원장은 심사청구 전에 제1항에 따른 증거보전 신청이 있으면 그 신청에 관여할 심사관을 지정한다(제144조 제4항 준용). 심사관은 제1항에 따라 직권으로 증거조사나 증거보전을 하였을 경우에는 그 결과를 당사자, 참가인 또는 이해관계인에게 송달하고 기간을 정하여 의견서를 제출할 수 있는 기회를 주어야 한다(제144조 제5항 준용). 이는 심사의 적정을 기하여 심사제도의 신용을 유지하기 위하여 준수하여야 하는 공익상의 요구에 기인한 강행규정이라고 할 것이다.6)

---

5) 특허청, 조문별 특허법해설, 특허청(2007), 370.
6) 대법원 1984. 2. 28. 선고 81후10 판결; 대법원 1987. 3. 24. 선고 86후20 판결; 대법원 1989. 5. 23. 선고 86후90 판결; 대법원 1996. 2. 9. 선고 94후241 판결; 대법원 1997. 8. 29. 선고 96후2104 판결; 대법원 1999. 6. 8. 선고 98후1143 판결 등.

4. 민사소송법 제143조의 준용

출원인, 참가자, 이해관계인 등이 우리말을 하지 못하거나, 듣거나 말하는 데 장애가 있으면 통역인에게 통역하게 하여야 한다. 다만, 위와 같은 장애가 있는 사람에게는 문자로 질문하거나 진술하게 할 수 있다(민사소송법 제143조 제1항 준용). 통역인에게는 민사소송법의 감정인에 관한 규정을 준용한다(동법 제143조 제2항 준용).

5. 민사소송법 제299조의 준용

소명은 즉시 조사할 수 있는 증거에 의하여야 한다(민사소송법 제299조 제1항). 심사관은 출원인 등으로 하여금 그 주장이 진실하다는 것을 선서하게 하여 소명에 갈음할 수 있다(동법 제299조 제2항 준용). 위 선서에는 민사소송법 제320조(위증에 대한 벌의 경고), 제321조제1항·제3항·제4항(선서의 방식) 및 제322조(선서무능력)의 규정을 준용한다(동법 제299조 제3항 준용).

6. 민사소송법 제367조의 준용

심사관은 직권으로 또는 당사자의 신청에 따라 출원인 등을 신문할 수 있다. 이 경우 출원인 등에게 선서를 하게 하여야 한다.

〈김승곤〉

제 4 장
상표등록료 및 상표등록 등

제72조(상표등록료)

① 다음 각 호의 어느 하나에 해당하는 상표권의 설정등록 등을 받으려는 자는 상표등록료를 내야 한다. 이 경우 제1호 또는 제2호에 해당할 때에는 상표등록료를 2회로 분할하여 낼 수 있다.

1. 제82조에 따른 상표권의 설정등록

2. 존속기간갱신등록

3. 제86조에 따른 지정상품의 추가등록

② 이해관계인은 제1항에 따른 상표등록료를 내야 할 자의 의사와 관계없이 상표등록료를 낼 수 있다.

③ 제1항에 따른 상표등록료, 그 납부방법, 납부기간 및 분할납부 등에 필요한 사항은 산업통상자원부령으로 정한다.

Ⅰ. 취지

상표등록료의 납부에 관한 규정으로, 상표등록료 납부대상자의 범위를 명확히 하고, 상표등록료 중 상표권의 설정등록료와 존속기간갱신등록료는 2회로 분할하여 납부할 수 있도록 하였으며, 이해관계인은 상표등록료를 납부하여야 할 자의 의사와 관계없이 상표등록료를 납부할 수 있다고 규정하고, 상표등록료, 그 납부방법, 납부기간 및 분할납부 등에 필요한 사항은 산업통상자원부령으로 정하도록 위임하였다.

Ⅱ. 연혁

1949년 제정법(1949. 11. 28. 법률 제71호) 제36조 제2항에서 등록료, 출원청구 기타 절차에 대한 수수료와 그 납부방법에 관하여 대통령령인 시행규칙으로 정한다고 하여 등록료에 관한 규정을 두었다.

1973년 개정법(1973. 2. 8. 법률 제2506호 전문개정) 제40조에서 상표권의 설정의 등록, 등록상표의 지정상품의 추가등록 또는 상표권의 존속기간의 갱신등록을 받고자 하는 자 또는 상표권자는 대통령령이 정하는 바에 의하여 등록료 및 수수료를 납부하여야 한다는 근거규정을 두고, 다만 국가에 속하는 상표권에 대하여는 예외로 하는 예외규정을 두었으며, 등록료는 상표등록이나 상표등록의 지정상품의 추가등록 또는 상표권의 존속기간의 갱신등록을 할 것으로 한다는 사정 또는 심결의 등본을 받은 날로부터 30일 내에 납부하여야 하도록 납부기간을 규정하였고, 납부절차에 관하여 필요한 사항은 대통령령에 위임하였다.

1990년 개정법(1990. 1. 13. 법률 제4210호 전부개정) 제34조에서 국가에 속하는 상표권에 대한 예외규정을 없애고 납부기간에 관하여 보다 효율적으로 운영할 수 있도록 납부기간에 관하여도 부령에 위임하였다.

2010년 개정법(2010. 1. 27. 법률 제9987호)에서는 상표등록료 중 상표권설정등록료와 존속기간갱신등록료에 관하여 종래 존속기간인 10년분 상표등록료를 일괄 납부하도록 하였던 것을 2회 분할납부할 수 있도록 하였다. 2016년 개정법(2016. 2. 29. 법률 제14033호)에서는 법률체계를 전반적으로 정비하면서 제72조로 규정하였다.

Ⅲ. 해설

1. 상표등록료의 의의

상표등록료라 함은 상표권의 설정등록, 존속기간갱신등록 또는 지정상품의 추가등록을 받으려는 자가 국가에 납부하여야 하는 일정한 금액을 말한다. 상표등록료 납부는 상표권 설정등록의 요건[1] 내지 상표권의 발생요건이고, 상표권이 존속하고 있는 동안에는 상표권의 존속요건이며, 상표권의 존속기간갱신등록의 요건이다.

2. 상표등록료의 성질

상표등록료의 성질에 대하여는 특허료 등의 경우와 마찬가지로 여러 견해가 있다. 상표법이 권리주의에 입각하고 있다는 이유로 이를 조세의 일종으로 해석하는 견해[2]), 독점에 대한 보수 내지 대가라고 보는 견해[3]), 전용권 부여에 대한 대가가 아니라 일반 공중의 이익이 희생되는 것을 방지하는 목적을 가진 것이라는 견해[4]), 등록료는 수익과는 관계없고, 또 강제징수 방법도 없어 조세와 다르고, 부여되는 권리의 경제적인 가치와도 관계가 없으므로 대가라 하기도 곤란하며 등록료의 납부는 국가가 독점배타권을 부여하는 것에 대한 조건으로 되어 있으므로 특수한 납부금이고 여러 정책적인 이유가 더해진 수수료에 가까운 성격을 갖는 것으로서 특허료 등과 달리 분납이 인정된다 할지라도 본래는 1회 지급이기 때문에 그 성질은 수수료로 생각해도 좋다는 견해[5]) 등이 있다.

한편, 존속기간갱신등록료의 성질에 관하여는 통상 존속기간갱신등록료가 최초의 설정등록료보다 높게 규정되는데[6]) 이는 수수료로서의 성격 외에 경제적 이익에 맞는 부담이라는 세금적 성격도 있기 때문일 것이라는 견해[7])가 있다.

3. 상표등록료 납부의 법적 성질

상표등록료 납부의 법적 성질에 관하여는 상표법이 상표권에 수반하여 상

---

1) 상표법 제82조 제2항은 「특허청장은 제72조 제3항 또는 제74조에 따라 상표등록료(제72조 제1항 각 호 외의 부분 후단에 따라 분할납부하는 경우에는 1회차 상표등록료를 말하며, 이하 이 항에서 같다)를 낸 경우, 제76조 제2항에 따라 상표등록료를 보전하였을 경우, 제77조 제1항에 따라 상표등록료를 내거나 보전하였을 경우에는 상표권을 설정하기 위한 등록을 하여야 한다.」고 규정하고 있고, 한편 상표권은 설정등록에 의하여 발생한다(상표법 제82조 제1항).

2) 清瀬一郎´ 特許法原理, 巖松堂(1929), 168.

3) 일본 安達의 견해이다.

4) 末弘嚴太郎, 工業所有權法, 일본평론사(1942), 7.

5) 網野誠, 商標[제6판], 有斐閣(1986), 760; 豊崎光衛, 工業所有權法(신판증보), 有斐閣(1980), 435는 이 견해에 해당되는 것으로 보인다.

6) 구체적인 상표등록료 액수에 관해 규정하고 있는 특허료 등의 징수규칙 제5조 제2항 제1호에 의하면 상표권의 설정등록료는 1상품류구분마다 21만 1천원으로 규정되어 있는 반면 같은 항 제3호에 의하면 상표권의 존속기간갱신등록료는 1상품류구분마다 31만원으로 설정등록료 보다 높게 규정되어 있다.

7) 三宅正雄, 商標法雜感, 富山房(1973), 286.

표권자에게 부과하고 있는 법적의무로 보는 견해[8])와 상표등록료를 납부하지 아니한 때에는 상표등록출원이나 지정상품의 추가등록출원 또는 존속기간갱신등록신청을 포기한 것으로 볼 뿐 이행을 강제할 수 없으므로 상표등록료의 납부는 법적의무라고는 볼 수 없고 책무(責務) 또는 간접의무라는 견해[9])가 있다.

4. 납부의 주체

가. 납부의무자(제1항 전단)

(1) 상표법 제72조 제1항은 상표권의 설정등록, 존속기간갱신등록 또는 지정상품의 추가등록을 받으려는 자가 상표등록료를 납부하도록 상표등록료의 납부대상자 내지 납부의무자의 범위를 명확하게 규정하였다.

(2) 특허법 제83조는 특허료 또는 수수료의 감면에 관하여 규정[10])하고 있는 데 반해 상표법에는 상표등록료의 감면에 관한 규정이 없다.[11])

이에 관하여는 상표가 상품이나 서비스의 식별표지라는 본질에서 온 특징으로서 상표법에는 특허에 있어서처럼 발명·고안의 장려라고 하는 요청이 없어 특허료 등과 같은 감면을 특히 인정할 필요가 없기 때문에 상표등록료의 감면에 관한 규정을 두고 있지 아니한 것으로 보는 견해[12])가 일반적인 것으로 보이나, 상표등록출원인과 특허출원인 사이에 차별을 두어야 할 이유가 없다고 하며 상표법이 상표등록료 감면 규정을 두지 않은 것은 입법의 불균형이라고 보는 견해[13])도 있다. 한편 일본 상표법은 우리의 현행 상표법과 달리 상표의 경우에

---

8) 송영식, 지적소유권법 하, 육법사(2008), 190은 이 견해에 해당하는 것으로 보이고, 비록 특허료 납부의무에 관한 것이기는 하지만, 특허법주해 I, 정상조·박성수 공편, 박영사(2010), 856도 이와 같은 견해인 것으로 보인다.

9) 비록 특허료 납부의무에 관한 것이기는 하지만, 김현호, "특허권자의 의무", 발명특허 34권 8호(397호), 52는 이 견해에 해당할 것으로 보인다.

10) 특허법 제83조 제1항 제1호에 의하여 국가에 속하는 특허출원 또는 특허권에 관한 수수료 또는 특허료는 전액 면제되고, 같은 조 제2항에는 '특허청장은 「국민기초생활 보장법」에 따른 의료급여 수급자 또는 산업통상자원부령이 정하는 자가 한 특허출원 또는 그 특허출원하여 받은 특허권에 대해서는 제79조 및 제82조에도 불구하고 산업통상자원부령으로 정하는 특허료 및 수수료를 감면할 수 있다'고 규정되어 있고, 특허료 등의 징수규칙 제7조는 특허료, 실용신안등록료 또는 디자인등록료 등의 감면에 대하여 구체적으로 규정하고 있다.

11) 우리 상표법은 1973년 개정법(1973. 2. 8. 법률 제2506호 전문개정) 제40조에서 등록료에 관하여 규정하면서 국가에 속하는 상표권에 대하여는 예외로 하는 예외규정을 두었으나 1990년 개정법(1990. 1. 13. 법률 제4210호 전부개정)에서 국가에 속하는 상표권에 대한 예외규정을 없앴다.

12) 송영식(주 8), 191은 이 견해에 해당하는 것으로 보인다.

도 국가가 상표등록료 납부주체인 경우에는 적용 예외를 인정[14]하며, 국가와 국
가 이외의 자가 공유관계에 있는 경우의 납부액 산정에 대해서도 법정[15]하고
있다.

나. 이해관계인의 대납(제2항)

(1) 이해관계인은 제1항에 따른 상표등록료를 납부하여야 할 자, 즉 상표권
의 설정등록, 존속기간갱신등록 또는 지정상품의 추가등록을 받으려는 자의 의
사와 관계없이 상표등록료를 납부할 수 있다.

이해관계인이라 함은 당해 상표권의 부등록 내지 소멸에 관하여 법률상 이
해관계를 가진 자를 의미한다. 예컨대 상표권을 양도받기로 예약한 자, 전용실
시권자, 통상실시권자, 질권자, 일반 채권자 등이 이해관계인에 해당하고, 그 외
에도 이해관계인의 범위를 획일적으로 구분하기 곤란하므로 특허청 실무상으로
는 상표등록료를 납부하면 이해관계가 있는 것으로 해석하여 정당 납부한 것으
로 처리하고 있다고 한다.[16] 그러나 납부의무자가 출원을 포기할 의사를 특허청
에 서면으로 명시하는 경우와 같은 경우에는 이해관계인의 대납이 있더라도 위
와 같은 포기를 저지할 수 없을 것이다.

이해관계인의 등록료 납부는 권리이지 법률상 의무는 아니다. 서울고등법
원 1990. 9. 5. 선고 90나3166, 3173 판결은 실용신안법과 관련하여 '구 실용신
안법(1990. 1. 13. 법률 제4209호로 전면개정되기 전의 것) 제23조 제2항은 "실용신
안등록에 관한 이해관계인은 등록료, 출원공고료 및 심사청구료 등의 수수료를
대납할 수 있다"고 규정하고 있지만, 이 규정은 같은 조 제1항과 특허법, 실용
신안법, 의장법 및 상표법에 의한 특허료, 등록료와 수수료의 징수규칙 제7조
제7항이 "실용신안권자는 등록료, 출원공고료 및 심사청구료 등의 수수료를 납
부하여야 한다"고 규정하고 있음에 비추어 볼 때, 이해관계인도 자기의 이익을
위하여 실용신안권자 대신 등록료 등을 납부할 권리가 있다는 취지로 해석될

---

13) 三宅正雄(주 7), 287.

14) 일본 상표법 제40조 제3항은 "(상표등록료에 관하여 규정한) 같은 조 제1항, 제2항의 규
    정은 국가에 속하는 상표권에는 적용하지 않는다"는 취지로 규정하고 있다.

15) 일본 상표법 제40조 제4항은 "제1항 또는 제2항의 등록료는 상표권이 국가와 국가 이외
    의 자가 공유관계에 있는 경우로 지분의 정함이 있는 때에는 제1항 또는 제2항의 규정에
    관계없이, 이들이 규정하는 등록료 전액에 국가 이외의 자의 지분비율을 곱해서 얻은 액으
    로 하고, 국가 이외의 자가 그 액을 납부하여야 한다"고 규정하고 있다.

16) 특허청·한국지식재산연구원, 지식재산제도의 실효성 제고를 위한 법제도 기초연구 —
    상표법 조문별 해설서 — (2014. 12.), 506.

뿐 전용실시권자와 같은 이해관계인에게 등록료 등을 납부할 의무를 부과하는 규정으로 볼 수는 없다'고 판시하였다.

(2) 상표등록료 대납의 법적 성질

상표등록료 대납의 법적 성질에 대하여는 i) 상표등록료 납부채무의 대위변제로 보아 구상권을 인정하려는 대위변제설, ii) 일종의 사무관리로 보아 비용상환청구권을 인정하려는 사무관리설, iii) 상표등록료의 납부가 상표권자의 공법상 의무이므로 공법상 채무의 대위변제라는 공법상 채무의 대위변제설, iv) 민법 제469조가 정한 제3자의 변제 법리를 원용한 상표법상 특수한 제3자의 변제라는 설[17] 등이 있다.

(3) 비용상환청구권의 인정여부 및 그 범위

특허법 제80조 제2항은 「이해관계인은 제1항에 따라 특허료를 낸 경우에는 내야 할 자가 현재 이익을 얻는 한도에서 그 비용의 상환을 청구할 수 있다.」고 규정하여 이해관계인의 비용상환청구의 근거와 범위를 정하고 있다. 한편 일본 상표법 제41조의5는 "① 이해관계인은 납부하여야 할 자의 의사에 관계없이 등록료(갱신등록신청과 동시에 납부하여야 하는 등록료를 제외한다)를 납부할 수 있다. ② 제1항의 규정에 따라 등록료를 납부한 이해관계인은 납부하여야 할 자가 실제로 이익을 얻는 한도에서 그 비용상환을 청구할 수 있다"고 규정하고 있다. 이에 반해, 우리 상표법은 대납한 이해관계인의 비용상환청구권 및 그 범위에 관해 아무런 규정이 없어 우리 상표법하에서도 이해관계인의 비용상환청구권이 인정되는지 여부와 인정된다고 볼 경우 그 범위가 문제된다.

위 (2)항에서 본 바와 같이 이해관계인의 비용상환청구권이 인정되는지 여부와 그 범위의 문제는 이해관계인의 상표등록료 대납의 법적 성질을 어떻게 이해하느냐의 문제와도 관련된다. 생각건대, 비록 상표법에 이해관계인의 비용상환청구권에 관한 명시적인 규정이 없다 하더라도, 이해관계인은 비용상환청구를 할 수 있다고 할 것이고 그 범위는 특허법 등의 관련 규정과의 균형 및 상표등록료 납부가 상표권자 또는 상표권의 설정등록을 받고자 하는 자의 법적의

---

17) 이 견해에 의하면 민법이 정한 제3자의 변제와 상표법이 정한 상표등록료의 대납은, 단지 i) 상표등록료 대납의 경우에는 국가와 상표권자 간의 채권·채무관계가 존재하지 않고, ii) 민법이 정한 제3자의 변제는 변제자가 「자기의 이름으로」 타인의 채무를 변제하는 것인 데 반해, 상표등록료의 대납은 제3자가 「상표권자의 이름으로」 납부한다는 점에서 차이가 있다고 한다(김현호, 특허권자의 의무, 발명특허 34권 8호, 52는 비록 특허료 대납에 관한 것이기는 하지만 상표등록료에 관하여도 같은 입장일 것으로 보인다).

무라기보다는 책무 또는 간접의무의 성격이 있는 점 등을 고려할 때, 상표등록료를 대납한 이해관계인은 상표권자 또는 상표권의 설정등록을 받고자 하는 자가 받은 이익의 전부가 아니라 '현재 이익을 받은 한도'에서만 비용상환청구를 할 수 있다고 보는 것이 상당할 것으로 보인다. 그러나 이해관계인이 상표권자 등의 동의를 얻어 대납한 경우라면 대납한 상표등록료 전액을 비용상환청구할 수 있을 것이다. 입법론으로는 위와 같은 논란을 막기 위해 이해관계인의 비용상환청구권 인정 여부와 그 범위에 관해 명확한 규정을 두는 것이 바람직할 것이다.

5. 분할납부(제1항 후단)

상표권의 설정등록 또는 존속기간갱신등록을 받으려는 자는 상표등록료를 2회로 분할하여 납부할 수 있다. 따라서 상표등록료 중 상표권설정등록료와 존속기간갱신등록료는 등록 후 4년분부터의 특허료를 매년 1년분씩 납부할 수 있는 특허료[18] 등과 달리 일시에 전액 또는 2회로 분할하여 납부하여야 하고, 지정상품의 추가등록료는 일시에 전액을 납부하여야 한다.

이와 같은 상표등록료의 분할납부제는 2010년 개정법(2010. 1. 27. 법률 제9987호)에서 처음 도입된 것으로 종래에는 「특허료 등의 징수규칙」에 따라 등록결정 또는 등록심결의 등본을 받은 날부터 2개월 이내에 상표권 존속기간인 10년분의 상표등록료를 일시에 납부하도록 되어 있었으나, 상표권자 등의 부담을 완화하기 위하여 상표권설정등록료와 존속기간갱신등록료는 2회로 분할하여 납부할 수 있도록 하되, 상표법 제83조 제3항에 '제72조 제1항 각 호 외의 부분 후단에 따라 상표등록료를 분할납부하는 경우로서 제72조 제3항 또는 제74조에 따른 납부기간 내에 2회차 상표등록료를 납부하지 아니한 경우, 제76조 제1항에 따라 상표등록료의 보전을 명한 경우로서 그 보전기간 내에 보전하지 아니한 경우, 제77조 제1항에 해당하는 경우로서 그 해당 기간 내에 상표등록료를 내지 아니하거나 보전하지 아니한 경우의 어느 하나에 해당하는 경우에는 상표

---

18) 특허법 제79조 제1항, 제2항은 특허권의 설정등록을 받으려는 자는 설정등록을 받으려는 날(이하 "설정등록일"이라 한다)부터 3년분의 특허료를 내야 하고, 특허권자는 그 다음 해부터의 특허료를 해당 권리의 설정등록일에 해당하는 날을 기준으로 매년 1년분씩 내야 하며, 특허권자는 그 다음 해부터의 특허료는 그 납부연도 순서에 따라 수년분 또는 모든 연도분을 함께 낼 수 있다고 규정하고 있다. 설정등록 시 내는 특허료를 설정등록료라 하고, 이후 매년 내는 특허료를 특허유지료 또는 연차등록료라 한다.

권의 설정등록일 또는 존속기간갱신등록일부터 5년이 지나면 상표권이 소멸한다.'고 규정하고 있다.

개정 전 상표등록료 납부제도에서는 상표등록시 존속기간인 10년분 상표등록료를 일괄 납부하여야 하였기에 존속기간 도중에 상표 사용의사가 없어져도 그 상표권을 포기할 유인이 없어 상표권자는 필요 없는 상표도 포기하지 아니한 채 그냥 갖고 있는 경우가 많았고 이는 사용하지 않는 상표의 증대를 초래하였었는데, 상표등록료 분할납부제도가 도입됨으로써, 라이프사이클이 짧은 제품에 사용되는 상표나 한 개의 상품을 위해 고안되어 다수 등록된 여러 개의 상표 중 결과적으로 선택되지 못한 상표 등, 더 이상 사용하지 않을 상표에 대하여는 2회차 상표등록료 납부를 계기로 2회차 상표등록료를 납부하고 상표를 계속 유지할지 아니면 포기할지 여부를 검토할 유인을 상표권자에게 줄 수 있게 되었다. 분할납부제도의 도입으로 상표권자는 처음부터 10년간의 등록을 희망하는 상표의 경우에는 일괄납부를, 라이프사이클이 짧은 제품에 사용하는 상표나 한 개의 상품을 위해 고안된 여러 개의 상표 등에 대하여는 분할납부를 선택하여 종래보다 저렴한 요금으로 등록할 수 있게 되었다. 분할납부제도는 요금 납부방법을 다양화한 것에 불과하므로 분할납부제도를 이용하는 때에도 권리 기한 자체가 단축되는 것은 아니고 상표권의 존속기간 자체는 10년으로 변함이 없다.

6. 상표등록료의 납부방법 등(제3항)

상표법 제72조 제3항은 '제1항에 따른 상표등록료, 그 납부방법, 납부기간 및 분할납부 등에 필요한 사항은 산업통상자원부령으로 정한다.'고 규정하여 그 세부사항을 산업통상자원부령에 위임하고 있는데, 여기의 산업통상자원부령은 「특허료 등의 징수규칙」을 의미한다.

가. 상표등록료

특허료 등의 징수규칙 제5조 제2항에 의하면 현재 상표권의 설정등록료는 1상품류 구분마다 21만 1천원이고 2회로 분할납부하는 경우에는 1상품류 구분마다 매회 13만 2천원이며, 지정상품추가등록료는 1상품류 구분마다 21만 1천원, 존속기간갱신등록료는 상표권의 존속기간 만료 전 1년 이내에 존속기간갱신등록신청하는 경우에는 1상품류 구분마다 31만원, 2회로 분할하여 납부하는 경우에는 1상품류 구분마다 매회 19만 4천원이고, 상표권의 존속기간이 끝난 후 6

개월 이내에 존속기간갱신등록신청하는 경우에는 1상품류 구분마다 34만원, 2회로 분할하여 납부하는 경우에는 1상품류 구분마다 매회 21만 3천원이다. 상표등록료는 상품류 구분마다 납부하도록 되어 있다.

분할납부제도를 이용하는 경우에 2회 분할납부액의 합계액이 일괄납부액보다 비싼데, 이는 5년간의 금리나 2회로 나누어 등록료를 납부하는 데 따른 등록원부 관리 사무비용 등의 사정을 고려한 것으로 보인다. 한편 분할납부시 1회차와 2회차 등록료를 같은 액으로 규정하고 있는데, 사용되지 않는 상표를 줄이기 위한 대책으로서 분할납부제도의 이용률을 높이기 위해서는 2회차 등록료를 1회차 등록료보다 비싸게 하는 것도 하나의 방법일 수 있지만, 1, 2회차 등록료가 다르면 상표권이 10년마다 갱신될 경우, 비싼 등록료와 싼 등록료가 상호 적용되어 요금체계가 부자연스럽게 된다는 문제점도 있어 1, 2회차 등록료를 같은 액으로 한 것으로 보인다.

한편 존속기간갱신등록료가 설정등록료보다 높게 규정되어 있는데, 이와 같은 점에서 상표등록료에는 수수료로서의 성격 외에 경제적 이익에 맞는 부담이라는 세금적 성격도 있다고 보는 견해[19]도 있다.

나. 납부방법 및 납부기간
(1) 특허료 등의 징수규칙 제8조 제7항

특허료 등의 징수규칙 제8조 제7항은 상표등록료의 납부방법 및 납부기간에 관하여 다음과 같이 규정하고 있다.

상표등록료, 지정상품추가등록료 및 상표권의 존속기간갱신등록료는 다음 각 호에서 정하는 바에 따라 납부하여야 한다. 다만, 「상표법」 제74조에 따라 납부기간을 연장하려 할 때에는 그 납부기간 경과 전에 등록료납부기간의 연장신청을 하여야 한다.

1. 상표등록료(「상표법」 제72조 제1항 후단에 따라 분할납부하는 경우의 1회차 상표등록료를 포함한다)는 등록결정 또는 등록심결의 등본을 받은 날부터 2개월 이내에 납부하여야 하며, 「상표법」 제72조 제1항 후단에 따라 분할납부하는 경우의 2회차 상표등록료는 상표권의 설정등록일부터 5년 이내에 납부자번호를 부여받아 납부자번호를 부여받은 날의 다음날까지 납부하여야 한다.

---

19) 三宅正雄(주 7), 286.

2. 지정상품추가등록료는 등록결정 또는 등록심결의 등본을 받은 날부터 2개월 이내에 납부하여야 한다.

3. 상표권의 존속기간갱신등록료(「상표법」 제72조 제1항 후단에 따라 분할납부하는 경우의 1회차 존속기간갱신등록료를 포함한다)는 「상표법」 제84조 제2항에서 정하는 기간[20] 내에 접수번호를 부여받아 접수번호를 부여받은 날의 다음날까지 납부하여야 하며, 「상표법」 제72조 제1항 후단에 따라 분할납부하는 경우의 2회차 존속기간갱신등록료는 상표권의 갱신등록일부터 5년 이내에 납부자번호를 부여받아 납부자번호를 부여받은 날의 다음날까지 납부하여야 한다.

(2) 위 조문은 상표등록료와 존속기간갱신등록료를 분할납부하는 경우 1회차 납부분의 납부기간은 일괄납부의 경우와 마찬가지이나 2회차 납부분의 납부기간은 따로 납부시기를 정하지 않고 '설정등록일(갱신등록료의 경우에는 갱신등록일)부터 5년 이내'라고 규정하여 존속기간의 중간점까지를 기한으로 하였는데, 이는 납부시기를 빠른 단계에서 탄력적으로 인정하여 상표권자에게 편의를 주기 위한 것이다.

(3) 종래에는 납부안내서에 의해 먼저 등록료를 납부하고 상표등록료 납부서를 작성한 후 서류첨부용 영수증과 함께 제출하는 선납제였으나, 1999. 1. 1. 전자출원제도 시행 이후에는 납부자가 상표등록료 납부서를 특허청에 먼저 제출한 후 접수증을 교부받아 접수증에 기재되어 있는 접수번호를 납부자번호로 하여 접수번호를 부여받은 날의 다음 날까지(다만, 납부일이 공휴일 또는 토요휴무일에 해당하는 경우에는 그날 이후의 첫 번째 근무일까지) 국고수납은행에 납부하는 후납제로 변경되었고, 2005. 7. 1.부터는 등록결정서 송부시 '납입고지서 및 영수증'을 함께 송부하도록 하여 금융기관에 바로 등록료를 납부할 수 있도록 하였다.[21]

〈박민정〉

---

20) 상표법 제84조 제2항: 존속기간갱신등록신청서는 상표권의 존속기간 만료 전 1년 이내에 제출하여야 한다. 다만, 이 기간에 상표권의 존속기간갱신등록신청을 하지 아니한 자는 상표권의 존속기간이 끝난 후 6개월 이내에 할 수 있다.
21) 특허청(주 16), 506.

제73조(상표등록료를 납부할 때의 일부 지정상품의 포기)

① 다음 각 호의 어느 하나에 해당하는 자가 상표등록료(제72조 제1항 각 호 외의 부분 후단에 따라 분할납부하는 경우에는 1회차 상표등록료를 말한다)를 낼 때에는 지정상품별로 상표등록을 포기할 수 있다.

1. 둘 이상의 지정상품이 있는 상표등록출원에 대한 상표등록결정을 받은 자
2. 지정상품추가등록출원에 대한 지정상품의 추가등록결정을 받은 자
3. 존속기간갱신등록신청을 한 자

② 제1항에 따른 지정상품의 포기에 필요한 사항은 산업통상자원부령으로 정한다.

<소 목 차>

Ⅰ. 취지

종래의 실무는 상표등록여부결정 통지서 송달 이후 상표등록료를 납부할 때까지 일부 지정상품을 포기하고자 하여도 일부 지정상품의 포기는 보정에 해당되기 때문에 허용할 수 없다는 입장을 취하고 있었다. 따라서 상표등록료에 대한 부담 등으로 출원인이 등록결정된 일부 지정상품을 포기하고자 하여도 일부 지정상품만을 포기할 수 없는 문제점이 있었는데 이 조문은 이러한 문제점을 해결하기 위하여 도입된 것이다.

Ⅱ. 연혁

2001년 개정법(2001. 2. 3. 법률 제6414호)에서 신설된 조문이다.

2010년 개정법(2010. 1. 27. 법률 제9987호)에서는 상표등록료에 대해 분할납부제도가 도입됨에 따라 일부 지정상품을 포기할 수 있는 '상표등록료를 납부하는 때'라 함은 1회차 상표등록료를 말한다는 내용이 추가되었다.

2016년 개정법(2016. 2. 29. 법률 제14033호)에서는 법률체계를 전반적으로 정비하면서 제73조로 규정하였다.

III. 해설

상표법 제73조는 상표등록여부결정 통지서 송달 이후 상표등록료에 대한 부담 등으로 출원인이 등록결정된 일부 지정상품을 포기하고자 하여도 일부 지정상품만을 포기할 수 없는 문제점을 해결하기 위하여 둘 이상의 지정상품이 있는 상표등록출원에 대한 상표등록결정을 받은 자, 지정상품추가등록출원에 대한 지정상품의 추가등록결정을 받은 자 또는 존속기간갱신등록신청을 한 자가 상표등록료를 납부하는 때에는 지정상품별로 포기할 수 있도록 규정하여, 등록료 납부시 상표등록을 원치 않는 일부 지정상품의 포기를 통해 상표등록료를 절감시킬 수 있도록 하였다. 다만, 상표등록료를 분할납부하는 경우에는 1회차 상표등록료를 말한다고 규정되어 있으므로 2회차 상표등록료를 납부하는 때에는 일부 지정상품만을 포기할 수 없다.

〈박민정〉

> **제74조(상표등록료의 납부기간 연장)**
> 특허청장은 제72조 제3항에 따른 상표등록료의 납부기간을 청구에 의하여 30일을 넘지 아니하는 범위에서 연장할 수 있다.

<소 목 차>

Ⅰ. 취지 및 연혁 | Ⅱ. 해설

Ⅰ. 취지 및 연혁

상표등록료의 납부기간을 일정 기간 연장할 수 있도록 한 규정이다.

1973년 개정법(1973. 2. 8. 법률 제2506호 전문개정)에서 등록료 및 수수료에 관한 제40조의 제4항으로 납부기간 연장에 관한 규정을 신설하였다. 1990년 개정법(1990. 1. 13. 법률 제4210호 전문개정) 제35조에서 상표등록료의 납부기간 연장에 관하여 독립된 조문으로 규정하였다.

2016년 개정법(2016. 2. 29. 법률 제14033호)에서는 법률체계를 전반적으로 정비하면서 제74조로 규정하였다.

Ⅱ. 해설

특허청장은 제72조 제3항에 따른 상표등록료의 납부기간을 청구에 의하여 30일을 넘지 아니하는 범위에서 연장할 수 있다.

상표법 제72조 제3항의 위임에 근거한 특허료 등의 징수규칙 제8조 제7항에 의하면, 상표등록료, 분할납부하는 경우의 1회차 상표등록료 및 지정상품추가등록료는 등록결정 또는 등록심결의 등본을 받은 날부터 2개월 이내에 납부하여야 하고, 상표권의 존속기간갱신등록료는 상표법 제84조 제2항에서 정하는 기간1) 내에 접수번호를 부여받아 접수번호를 부여받은 날의 다음날까지 납부하여야 하며, 상표등록료(또는 존속기간갱신등록료)를 분할납부하는 경우의 2회차

---

1) 상표법 제84조 제2항: 존속기간갱신등록신청서는 상표권의 존속기간 만료 전 1년 이내에 제출하여야 한다. 다만, 이 기간에 존속기간갱신등록신청을 하지 아니한 자는 상표권의 존속기간이 끝난 후 6개월 이내에 할 수 있다.

상표등록료는 상표권의 설정등록일(또는 갱신등록일)부터 5년 이내에 납부자번호를 부여받아 납부자번호를 부여받은 날의 다음날까지 납부하여야 하는데, 이 등록료 납부기간을 특허청장이 연장청구에 의하여 30일을 넘지 아니하는 범위에서 연장할 수 있도록 한 것이다.

납부기간의 연장을 청구할 수 있는 사람에 대하여는 따로 규정이 없으나 상표등록료의 납부 주체인 상표권의 설정등록, 지정상품의 추가등록 또는 상표권의 존속기간갱신등록을 받으려는 자 및 이해관계인 모두 연장을 청구할 수 있을 것으로 보인다.

특허료 등의 징수규칙 제8조 제7항 단서에 의하면, 상표법 제74조에 따라 납부기간을 연장하려 할 때에는 그 납부기간 경과 전에 등록료납부기간의 연장신청을 하여야 한다. 따라서 상표등록료 납부기간 연장청구는 그 납부기간이 경과되기 이전에만 할 수 있다. 만약 상표등록료 납부기간이 경과된 이후에도 상표등록 연장청구를 할 수 있다고 한다면 이는 이미 만료된 기간을 다시 부활시키는 결과가 되므로 납부기간 경과 전에만 납부기간 연장신청을 허용하는 것이다.

다만, 상표법 제72조 제3항 또는 제74조에 따른 납부기간 내에 상표등록료의 일부만을 내지 아니한 경우에는 특허청장의 보전명령에 의해 그 보전명령을 받은 날부터 1개월 이내에 내지 아니한 금액의 2배의 범위에서 산업통상자원부령으로 정하는 금액을 내고 상표등록료를 보전할 수 있다(상표법 제76조).

특허법, 실용신안법 및 디자인보호법에는 상표법과 같은 납부기간 연장에 관한 규정은 없으나 상표법과 달리 특허법 제81조, 특허법 제81조를 준용하는 실용신안법 제20조, 디자인보호법 제82조에서 각 등록료 납부기간이 지난 후에도 6개월 이내에 등록료를 추가납부할 수 있는 추가납부 제도를 두어 출원인 등을 더 강하게 보호하고 있다. 이는 상표출원은 설사 무효 또는 포기간주 되더라도 신규성이 문제되지 않고 선출원의 지위가 상실되므로 동일한 상표를 재출원하면 그 사이에 제3자의 선출원이 없는 한 다시 등록을 받을 수 있지만, 특허·실용신안 및 디자인 출원의 경우에는 일단 무효 또는 포기된 것으로 취급되면 동일한 권리를 재취득할 수 있는 길이 차단되어 있다는 점을 고려한 것으로 보인다.

〈박민정〉

제75조(상표등록료의 미납으로 인한 출원 또는 신청의 포기)

　다음 각 호의 어느 하나에 해당하는 경우에는 상표등록출원, 지정상품추가등록출원 또는 존속기간갱신등록신청을 포기한 것으로 본다.

1. 제72조 제3항 또는 제74조에 따른 납부기간에 해당 상표등록료(제72조제1항 각 호 외의 부분 후단에 따라 분할납부하는 경우에는 1회차 상표등록료를 말한다. 이하 이 조에서 같다)를 내지 아니한 경우
2. 제76조 제1항에 따라 상표등록료의 보전명령을 받은 경우로서 그 보전기간 내에 보전하지 아니한 경우
3. 제77조 제1항에 해당하는 경우로서 그 해당 기간 내에 상표등록료를 내지 아니하거나 보전하지 아니한 경우

<소 목 차>

Ⅰ. 취지

　　이 조문은 상표등록출원이나 지정상품추가등록출원 또는 상표권의 존속기간갱신등록신청의 상표등록료를 제72조 제3항 또는 제74조에 따른 납부기간에 내지 아니한 경우의 법적 효과를 선언한 것이다.

　　상표등록료를 미납한 경우에 권리가 발생되지 않는 것은 당연하지만, 당해 상표등록출원이나 지정상품추가등록출원 또는 상표권의 존속기간갱신등록신청이 법적으로 어떠한 상태가 되는가에 논란이 있을 수 있으므로 이를 명확히 한 것이다.

Ⅱ. 연혁

　　1973년 개정법(1973. 2. 8. 법률 제2506호 전문개정)에서 제41조(등록료 미납으로 인한 출원의 포기)로 신설되었다가, 1990년 개정법(1990. 1. 13. 법률 제4210호 전부개정)에서 제36조로 변경되었다.

　　2002년 개정법(2002. 12. 11. 법률 제6765호)에서 상표등록료의 보전규정 도입

에 따라 상표등록료 납부시점이 보전기간 이내인 경우에는 상표등록출원 등을 포기한 것으로 보지 아니하는 것으로 개정되었다.

2010년 개정법(2010. 1. 27. 법률 제9987호)에서 분할납부제도가 도입됨에 따라 상표등록출원 등을 포기한 것으로 보는 상표등록료는 상표법 제34조 제1항 후단에 따라 분할납부하는 경우에는 1회차 상표등록료를 말한다는 내용이 추가되었다.

2016년 개정법(2016. 2. 29. 법률 제14033호)에서는 법률체계를 전반적으로 정비하면서 제75조로 규정하였다.

III. 해설

제72조 제3항 또는 제74조에 따른 납부기간에 해당 상표등록료를 납부하지 아니한 경우, 제76조 제1항에 따라 상표등록료의 보전명령을 받은 경우로서 그 보전기간 내에 보전하지 아니한 경우, 제77조[1] 제1항에 해당하는 경우로서 그 해당 기간 내에 상표등록료를 내지 아니하거나 보전하지 아니한 경우의 어느 하나에 해당하는 경우에는 상표등록출원이나 지정상품의 추가등록출원 또는 상표권의 존속기간갱신등록신청은 포기한 것으로 간주한다.

상표등록료를 분할납부하는 경우 2회차 상표등록료에 관하여는 특별한 출원이나 신청이 없어 미납시 포기한 것으로 볼 출원이나 신청이 없기 때문에 이

---

1) 제77조(상표등록료 납부 또는 보전에 의한 상표등록출원의 회복 등)
① 다음 각 호의 어느 하나에 해당하는 자가 책임질 수 없는 사유로 제72조 제3항 또는 제74조에 따른 납부기간 내에 상표등록료를 내지 아니하였거나 제76조 제2항에 따른 보전기간 내에 보전하지 아니한 경우에는 그 사유가 소멸한 날부터 2개월 이내에 그 상표등록료를 내거나 보전할 수 있다. 다만, 납부기간의 만료일 또는 보전기간의 만료일 중 늦은 날부터 1년이 지났을 경우에는 상표등록료를 내거나 보전할 수 없다.
  1. 상표등록출원의 출원인
  2. 지정상품추가등록출원의 출원인
  3. 존속기간갱신등록신청의 신청인 또는 상표권자
② 제1항에 따라 상표등록료를 내거나 보전한 자(제72조 제1항 각 호 외의 부분 후단에 따라 분할하여 낸 경우에는 1회차 상표등록료를 내거나 보전한 자를 말한다)는 제75조에도 불구하고 그 상표등록출원, 지정상품추가등록출원 또는 존속기간갱신등록신청을 포기하지 아니한 것으로 본다.
③ 제2항에 따라 상표등록출원, 지정상품추가등록출원 또는 상표권(이하 이 조에서 "상표등록출원등"이라 한다)이 회복된 경우에는 그 상표등록출원등의 효력은 제72조제3항 또는 제74조에 따른 납부기간이 지난 후 상표등록출원등이 회복되기 전에 그 상표와 동일·유사한 상표를 그 지정상품과 동일·유사한 상품에 사용한 행위에는 미치지 아니한다.

조문에서 '제72조 제1항 각 호 외의 부분 후단에 따라 분할납부하는 경우'는 1회차 상표등록료만을 의미하고 2회차 상표등록료를 납부하지 아니한 경우는 이에 해당하지 아니한다. 2회차 상표등록료를 납부하지 아니한 경우의 효과에 관하여는 상표법 제83조 제3항에서 상표권의 설정등록일 또는 존속기간갱신등록일부터 5년이 지나면 소멸하는 것으로 별도로 규정하고 있다.

헌법재판소 2002. 4. 25. 선고 2001헌마200 결정은 납부기간 내에 특허료를 추가납부하지 아니한 때에는 특허권의 설정등록을 받고자 하는 자의 특허출원은 이를 포기한 것으로 보며, 특허권자의 특허권은 납부할 기간이 경과한 때에 소급하여 그 특허권이 소멸된 것으로 보는 특허법 제81조 제3항을 준용하고 있는 구 실용신안법(2001. 2. 3. 법률 제6421호로 개정되기 전의 것) 제34조에 관하여 '실용신안권의 등록료 납부기한을 1회 6개월간 유예할 뿐 등록료 미납시 실용신안권을 소멸시키면서도 다른 사후적 구제수단을 두지 않은 구 실용신안법 제34조가 입법형성권의 한계를 벗어난 것이라거나 과잉금지의 원칙을 위반한 것이라 할 수 없고, … 법은 납부기간 후에도 6월의 추가납부기간을 두어 납부기간 내에 등록료를 납부하지 않은 실용신안권자에게 권리구제수단을 부여하고, 이 사건 조항이 정하는 실용신안권의 소멸사유에 해당하는 경우 실용신안권이 소멸된다는 것을 명시적으로 규정하고 있을 뿐 아니라, 비록 법이 정하는 절차는 아니라고 하더라도 실용신안권의 등록과 동시에 반드시 교부하도록 되어 있는 실용신안등록증에는 등록료 납부의무와 그 불이행시 실용신안권의 소멸이라는 법적 효과를 고지하고 있고, 실용신안권 설정등록 후 처음으로 납부하게 되는 4년차분 등록료를 납부기간 내에 납부하지 않는 경우에는 미리 미납사실과 권리소멸을 예고하는 사전통지를 하는 등 행정실무상으로도 절차적인 면을 보완하고 있으므로 실용신안권을 소멸시키기 전에 미리 사전통지나 권리소멸의 예고를 하지 않았다고 하여 적법절차의 원칙에 어긋난다고 할 수는 없다'는 취지로 판시한 바 있다.

현재 특허청은 등록료 미납으로 인한 권리소멸방지를 위하여 '권리소멸예고통지제도'를 2001. 1.부터 신규설정등록, 상표갱신등록출원 및 연차등록료까지 확대하여 우편 통지함으로써 권리자의 착오 또는 부주의로 인한 산업재산권의 소멸을 최대한 방지토록 하고 있고, 특허청 홈페이지를 통하여 소멸예고안내를 제공함으로써 민원인들이 자신의 권리가 소멸예고 상태에 놓여 있는지를 알 수 있도록 하였으며, 특허청에 접수된 등록관련 신청서류에 대한 등록업무처리

현황을 인터넷을 통하여 즉시 조회할 수 있는 서비스를 제공하고 있다.[2]

　　한편 유럽특허청(EPO) 심판소의 T14/89는 특허권자가 등록료 납부기한을 지키지 못하여 특허권이 소멸되자 지정기간 해태가 본인의 현저한 부주의 때문이 아니라는 이유를 들어 심판을 청구한 사건인데, 이 사건에서 심판소는, "특허권자의 입장에서 유럽특허청이 등록료 납부기간 만료일을 특허권자에게 통보하여 줄 것이라고 기대하는 것은 있을 수 있으며 그러한 통보가 없었다는 것은 법해석의 일반적 원칙의 하나인 신의성실의 원칙에 입각해서 볼 때 유럽특허청도 특허권의 소멸에 대하여 부분적인 책임이 있다고 판단된다. 따라서 유럽특허청은 유럽특허조약 제122조의 규정에 의한 특허권자의 특허권 재등록 신청을 받아들여야 한다."라고 설시하였다.[3]

　　특허법 제81조, 특허법 제81조를 준용하는 실용신안법 제20조, 디자인보호법 제82조에는 각 등록료 납부기간이 지난 후에도 6개월 이내에 등록료를 추가 납부할 수 있는 추가납부 제도를 규정하고 위 추가납부기간 및 그 후의 보전기간 이내에 보전하지 아니한 때에는 출원 등을 포기 내지 소멸된 것으로 보도록 규정하고 있는데, 상표법은 이에 대응하는 규정이 없고 다만 상표법 제84조 제2항에서 '존속기간갱신등록신청서는 상표권의 존속기간 만료 전 1년 이내에 제출하여야 한다. 다만, 이 기간에 존속기간갱신등록신청을 하지 아니한 자는 상표권의 존속기간이 끝난 후 6개월 이내에 할 수 있다.'고 규정하여 존속기간갱신등록신청에 관하여만 6개월의 유예기간을 두고 있다. 위 특허법 제81조, 실용신안법 제20조, 디자인보호법 제82조와 상표법 제84조는 '산업재산권의 존속을 위해 정해진 요금 납부에 대하여는 적어도 6개월의 유예기간(period of grace)이 인정되어야 한다'는 파리협약 제5조의2(Article 5bis) 제1항에 부합한다.

　　상표등록료 미납[4]을 이유로 상표등록료 납부서가 불수리되어 출원 등이 포기간주됨에 따라 출원인 등이 행정심판을 제기한 사건이 종종 있어 왔지만, 상표권설정등록료 납부서 불수리 통지는 사실행위에 불과하며 행정심판법상 청구인의 권익을 구체적으로 침해하는 공권력의 행사로서의 처분에 해당하지 아니

─────────────

2) 박해식, 실용신안등록료 불납을 이유로 한 특허청장의 실용신안권 소멸등록에 대하여 말소 당시의 실용신안권자에게 회복신청권이 있는지 여부, 대법원판례해설 43호(2002년 하반기), 법원도서관(2003), 179.

3) 손진홍, 유럽특허청 심결의 최근 동향, 외국사법연수논집(28), 법원도서관(2008), 303.

4) 상표등록의 보전에 관한 구 상표법 제36조의2가 2002. 12. 11. 법률 제6765호로 신설되기 전에는 상표등록료 부족 납부를 이유로 한 상표등록료 납부서의 불수리가 주로 문제되었다.

한다.5)

한편, 실용신안등록료 불납을 이유로 한 특허청장의 실용신안권 소멸등록이 불법 또는 착오로 인한 경우 말소 당시의 실용신안권자에게 회복신청권이 있는지가 문제된 대법원 2002. 11. 22. 선고 2000두9229 판결에서 대법원은 '실용신안권이 불법 또는 착오로 소멸등록되었다 하더라도 실용신안권자의 실체상의 권리관계에는 직접 영향이 있다고 할 수 없고, 따라서 실용신안등록원부 소관청인 특허청장이 소멸등록된 실용신안권의 회복신청을 거부하는 경우 그 거부로 인하여 실용신안권자의 실용신안권 자체에는 아무런 실체적 권리관계의 변동을 초래하지 아니한다고 할 것이나, 실용신안권이 소멸등록된 상태에서는 실용신안권자로서는 자신의 권리를 실용신안등록원부에 표창하지 못하고, 나아가 실용신안권을 처분하거나 담보로 제공하는 등 등록을 필요로 하는 일체의 행위를 할 수 없게 되어 권리행사에 중대한 지장을 받게 되므로, 실용신안권의 소멸등록의 회복은 실용신안권자의 권리관계에 직접 변동을 일으키는 행위라고 할 것이어서 실용신안권자는 이해상대방을 상대로 그의 신청에 의하여 불법 또는 착오로 말소된 실용신안권 등록의 회복을 청구할 수 있는 외에, 실용신안권이 특허청장의 직권에 의하여 불법 또는 착오로 소멸등록된 경우에 특허청장에 대하여 그 소멸등록된 실용신안권의 회복등록을 신청할 권리가 있다고 보아야 한다.'고 판시한 바 있다.6)

〈박민정〉

---

5) 중앙행정심판위원회 1999. 10. 18.자 1999-5709 재결은 '행정심판법 상의 취소심판청구는 행정청의 위법 또는 부당한 처분의 취소를 청구하는 것으로서 여기서 처분이란 행정청이 행하는 구체적 사실에 관한 법집행으로서의 공권력의 행사 또는 그 거부와 그밖에 이에 준하는 행정작용을 의미하는 바, 위 인정사실에 의하면 청구인은 상표법 제34조의 규정에 의한 기간 내에 상표권 설정등록을 위한 상표설정등록료를 납부하지 아니한 사실이 분명하고, 그러한 경우에는 상표법 제36조의 규정에 의하여 상표등록출원을 포기한 것으로 간주되므로, 피청구인의 상표설정등록료불수리통지는 상표등록출원을 포기하였음을 확인한 사실행위에 불과할 뿐 행정심판법상 청구인의 권익을 구체적으로 침해하는 공권력의 행사로서의 처분에 해당되지 아니한다 할 것이다.'라고 한 바 있다.
6) 이에 관한 자세한 내용은 박해식(주 2) 참조.

제76조(상표등록료의 보전 등)

① 특허청장은 상표권의 설정등록, 지정상품의 추가등록, 존속기간갱신등록을 받으려는 자 또는 상표권자가 제72조 제3항 또는 제74조에 따른 납부기간 내에 상표등록료의 일부를 내지 아니한 경우에는 상표등록료의 보전(補塡)을 명하여야 한다.

② 제1항에 따라 보전명령을 받은 자는 그 보전명령을 받은 날부터 1개월 이내(이하 "보전기간"이라 한다)에 상표등록료를 보전할 수 있다.

③ 제2항에 따라 상표등록료를 보전하는 자는 내지 아니한 금액의 2배의 범위에서 산업통상자원부령으로 정하는 금액을 내야 한다.

<소 목 차>

Ⅰ. 취지

종래 상표권의 설정등록, 지정상품의 추가등록, 존속기간갱신등록을 받으려는 자 또는 상표권자가 그 등록료 납부기간 또는 연장된 납부기간 내에 상표등록료를 납부하였으나 상표등록료의 일부가 부족하게 납부된 채 납부기간이 경과되어 버린 경우에 그 부족한 금액을 추가로 납부하여 처리할 수 있는 규정이 없어 그 상표등록출원, 지정상품의 추가등록출원, 존속기간갱신등록출원을 포기한 것으로 간주되었고, 이에 대하여 상표권자 및 상표등록출원인 등이 행정심판, 행정소송을 제기하는 경우가 많이 있었다. 이 조문은 상표권의 설정등록, 지정상품의 추가등록, 존속기간갱신등록을 받으려는 자 또는 상표권자가 납부한 상표등록료가 일부 부족한 경우에는 특허청장이 상표등록료의 보전명령을 하도록 하고 보전기간 내에 상표등록료를 보전한 경우에는 상표법 제75조에 의하여 상표등록출원이나 지정상품의 추가등록출원 또는 존속기간갱신등록신청을 포기한 것으로 보지 아니함으로써 출원 또는 신청의 효력이 지속되도록 하여 출원인 또는 상표권자의 의사에 반하는 권리의 상실을 방지할 수 있도록 하였다.

Ⅱ. 연혁

2002년 개정법(2002. 12. 11. 법률 제6765호)에서 상표등록료의 보전제도를 최초로 도입하며 신설되었다.

2009년 개정법(2009. 5. 21. 법률 제9678호)에서 보전명령을 받은 사람들의 경제적 부담을 덜어주고 가산금을 효율적으로 규율하기 위하여, 종래 '납부하지 아니한 금액의 2배'를 납부하여야 하는 것으로 규정되어 있던 것을 '납부하지 아니한 금액의 2배의 범위에서 지식경제부령으로 정하는 금액'을 납부하여야 하는 것으로 개정하였다.

2016년 개정법(2016. 2. 29. 법률 제14033호)에서는 법률체계를 전반적으로 정비하면서 제76조로 규정하였다.

Ⅲ. 해설

1. 보전명령(補塡命令)(제1항)

특허청장은 상표권의 설정등록, 지정상품의 추가등록, 존속기간갱신등록을 받으려는 자 또는 상표권자가 제72조 제3항 또는 제74조에 따른 납부기간에 상표등록료의 일부를 내지 아니한 경우에는 상표등록료의 보전을 명하여야 한다. 보전(補塡)은 '부족한 부분을 보태어 채움'의 의미를 갖고 있다. 납부기간 내에 상표등록료를 납부하였으나 그 액이 부족한 경우 보전명령을 하여 부족액을 납부할 기회를 부여하도록 하는 것이다.

2. 보전기간(제2항)

상표등록료를 보전할 수 있는 기간은 그 보전명령을 받은 날부터 1개월 이내이다. 권리의 불확정 상태가 장기화되는 것을 막기 위하여 법정기간으로 규정하였다.

3. 납부금액 및 납부방법(제3항)

제2항에 따라 상표등록료를 보전하는 자는 내지 아니한 금액의 2배의 범위에서 산업통상자원부령으로 정하는 금액을 납부하여야 한다. 고의적인 납부지

연을 방지하기 위하여 납부기간을 경과하여 상표등록료를 보전하는 경우에 가산금을 납부하도록 하였다.

　　여기서 산업통상자원부령은 특허료 등의 징수규칙을 의미하는데, 특허료 등의 징수규칙 제8조 제9항 단서는 '특허료 또는 등록료의 납부기간 또는 추가 납부기간을 경과하여 보전하는 때에는 부족하게 납부된 금액의 100분의 3에 상당하는 금액을 가산하여 납부하여야 한다.'고 규정하여 '부족하게 납부된 금액의 100분의 3에 상당하는 금액'의 가산금을 납부하도록 하고 있다.

〈박민정〉

제77조(상표등록료 납부 또는 보전에 의한 상표등록출원의 회복 등)

① 다음 각 호의 어느 하나에 해당하는 자가 책임질 수 없는 사유로 제72조 제3항 또는 제74조에 따른 납부기간 내에 상표등록료를 내지 아니하였거나 제76조 제2항에 따른 보전기간 내에 보전하지 아니한 경우에는 그 사유가 소멸한 날부터 2개월 이내에 그 상표등록료를 내거나 보전할 수 있다. 다만, 납부기간의 만료일 또는 보전기간의 만료일 중 늦은 날부터 1년이 지났을 경우에는 상표등록료를 내거나 보전할 수 없다.

1. 상표등록출원의 출원인
2. 지정상품추가등록출원의 출원인
3. 존속기간갱신등록신청의 신청인 또는 상표권자

② 제1항에 따라 상표등록료를 내거나 보전한 자(제72조 제1항 각 호 외의 부분 후단에 따라 분할하여 낸 경우에는 1회차 상표등록료를 내거나 보전한 자를 말한다)는 제75조에도 불구하고 그 상표등록출원, 지정상품추가등록출원 또는 존속기간갱신등록신청을 포기하지 아니한 것으로 본다.

③ 제2항에 따라 상표등록출원, 지정상품추가등록출원 또는 상표권(이하 이 조에서 "상표등록출원등"이라 한다)이 회복된 경우에는 그 상표등록출원등의 효력은 제72조 제3항 또는 제74조에 따른 납부기간이 지난 후 상표등록출원 등이 회복되기 전에 그 상표와 동일·유사한 상표를 그 지정상품과 동일·유사한 상품에 사용한 행위에는 미치지 아니한다.

<소 목 차>

I. 취지

상표등록출원 또는 지정상품의 추가등록출원의 출원인, 존속기간갱신등록신청의 신청인 또는 상표권자가 책임질 수 없는 사유로 납부기간을 도과하여 출원 내지 신청 등이 포기 간주된 경우를 구제하기 위하여 마련된 규정으로서, 상표등록출원 또는 지정상품의 추가등록출원의 출원인, 존속기간갱신등록신청의 신청인 또는 상표권자가 책임질 수 없는 사유로 납부기간 내에 상표등록료를 내지 아니하였거나 보전기간 내에 보전하지 아니한 경우에는 그 사유가 소멸한 날부터 2개월 이내에 그 상표등록료를 내거나 보전할 수 있도록 하고, 그 경우에는 출원 또는 신청을 포기하지 아니한 것으로 보는 것이다.

　그리고 상표등록출원등이 회복될 경우 그 상표등록출원등의 효력은 상표등록출원등이 포기된 것으로 믿고 상표등록출원등이 회복되기 전에 그 상표와 동일하거나 유사한 상표를 그 지정상품과 동일하거나 유사한 상품에 사용한 행위에는 미치지 아니하도록 하여 제3자의 사용행위를 보호하도록 하였다.

Ⅱ. 연혁

　2001년 개정법(2001. 2. 3. 법률 제6414호)에서 제36조의2(등록료 납부에 의한 상표등록출원의 회복 등)로 신설되었다가, 2002년 개정법(2002. 12. 11. 법률 제6765호)에서 상표등록료 보전제도가 제36조의2로 신설되면서 상표등록출원의 회복 등에 관한 조문은 제36조의3으로 변경되었고, 위 2002년 개정법에서는 상표등록료 보전제도의 신설에 따라 상표등록출원인 등이 책임질 수 없는 사유로 보전기간 이내에 보전하지 아니한 경우에도 그 사유가 종료한 날부터 14일 이내에 보전할 수 있다는 내용 등이 추가되었다.

　2010년 개정법(2010. 1. 27. 법률 제9987호)에서는 분할납부제도의 도입에 따라, 분할납부하는 경우에는 상표등록출원등을 포기하지 아니한 것으로 보는 상표등록료를 납부하거나 보전한 자는 1회차 상표등록료를 납부하거나 보전한 자를 말한다는 내용이 추가되었다.

　2016년 개정법(2016. 2. 29. 법률 제14033호)에서는 법률체계를 전반적으로 정비하면서 제77조로 규정하였다.

Ⅲ. 해설

1. 상표등록료의 납부 또는 보전에 의한 상표등록출원등의 회복(제1항, 제2항)

　상표등록출원 또는 지정상품의 추가등록출원의 출원인, 존속기간갱신등록신청의 신청인 또는 상표권자가 책임질 수 없는 사유로 납부기간을 도과하여 출원 내지 신청 등이 포기 간주된 경우를 구제하기 위하여, 제72조 제3항 또는

제74조에 따른 납부기간 내에 상표등록료를 내지 아니하여 상표등록출원이나 지정상품의 추가등록출원 또는 존속기간갱신등록신청을 포기한 것으로 보게 되는 경우에 일정한 요건하에 상표등록출원이나 지정상품의 추가등록출원 또는 존속기간갱신등록신청을 포기하지 아니한 것으로 보도록 하였다.

상표법 제77조에 의하여 상표등록출원등을 회복하기 위하여는, ① 제72조 제3항 또는 제74조에 따른 납부기간 내에 상표등록료를 내지 아니하였거나 제76조 제2항에 따른 보전기간 내에 보전하지 아니한 것이 상표등록출원 또는 지정상품의 추가등록출원의 출원인, 존속기간갱신등록신청의 신청인 또는 상표권자가 책임질 수 없는 사유에 의할 것, ② 그 사유가 소멸한 날부터 2개월 이내에 그 상표등록료를 내거나 보전할 것, ③ 납부기간의 만료일 또는 보전기간의 만료일 중 늦은 날부터 1년이 지나지 아니하였을 것을 요건으로 한다.

위와 같은 요건을 둔 이유는 상표권의 관리는 상표권자의 자기 책임하에서 행해야 한다는 점 및 포기한 것으로 보는 출원 또는 신청의 회복을 무기한 인정하면 제3자에 과도한 부담을 주게 되는 점 등을 고려한 것으로 보인다.

'책임질 수 없는 사유'란 천재지변 기타 불가피한 경우 및 사회생활상 요구되는 상당한 주의를 기울였음에도 상표법 제72조 제3항 또는 제74조에 따른 납부기간 내에 상표등록료를 납부할 수 없었던 경우를 말한다. 상표등록출원 또는 지정상품의 추가등록출원의 출원인, 존속기간갱신등록신청의 신청인 또는 상표권자가 게을리하여 포기·소멸된 권리는 사회에 환원되어 공유되어야 할 것이므로 공익과 사익의 형평성을 유지하기 위하여 본인에게 책임이 있는 경우는 회복 대상에서 배제된다. 참고로 대법원 2004. 3. 12. 선고 2004다2083 판결은 소송행위의 추후보완에 관한 민사소송법 제173조 제1항과 관련하여 '민사소송법 제173조 제1항 소정의 당사자가 책임질 수 없는 사유라고 함은 당사자가 그 소송행위를 하기 위하여 일반적으로 하여야 할 주의를 다하였음에도 불구하고 그 기간을 준수할 수 없었던 사유를 가리키는 것이다'라고 판시한 바 있다.

제77조 제2항은 상표법 제72조 제1항 각 호 외의 부분 후단에 따라 분할하여 낸 경우에는 상표등록출원 등을 포기하지 아니한 것으로 보는 상표등록료를 내거나 보전한 자는 1회차 상표등록료를 내거나 보전한 자를 말한다고 규정하고 있는데, 이는 2회차 상표등록료의 경우에는 특별한 출원이나 신청이 없어 포기한 것으로 볼 출원이나 신청이 없기 때문에 상표등록료 미납으로 인한 출원 또는 신청의 포기에 관한 상표법 제75조에서도 2회차 상표등록료를 규율대상에

서 제외한 것에 상응하는 규정이다. 2회차 상표등록료 미납의 효과에 관하여는 상표법 제83조 제3항에서 상표권의 설정등록일 또는 존속기간갱신등록일부터 5 년이 지나면 소멸하는 것으로 별도로 규정하고 있다.

2. 상표권 등의 효력 제한(제3항)

제2항에 따라 상표등록출원, 지정상품추가등록출원 또는 상표권(이하 이 조에서 "상표등록출원등"이라 한다)이 회복된 경우에는 그 상표등록출원등의 효력은 제72조 제3항 또는 제74조의 규정에 의한 납부기간이 지난 후 상표등록출원등이 회복되기 전에 그 상표와 동일·유사한 상표를 그 지정상품과 동일·유사한 상품에 사용한 행위에는 미치지 아니한다.

상표등록출원등이 회복된 경우 그 상표등록출원등이 포기된 것으로 보아 소멸된 것으로 믿고 그 상표와 동일·유사한 상표를 그 지정상품과 동일·유사한 상품에 사용한 제3자가 불측의 피해를 입을 수 있는데, 이러한 제3자를 보호하기 위하여 상표등록료 납부기간 또는 보전기간 경과 후 상표등록출원등이 회복되기 전까지 그 상표와 동일·유사한 상표를 그 지정상품과 동일·유사한 상품에 사용하는 행위에는 상표권 등의 효력이 미치지 아니하도록 한 것이다.

이 조항에 의하여 상표권 등의 효력이 미치지 아니하는 '사용행위'의 범위에 관하여는, 이 조항의 취지상 효력이 제한되는 '사용행위'를 '선의의 제3자의 사용행위', 즉 상표등록출원 또는 지정상품의 추가등록출원의 출원인, 존속기간 갱신등록신청의 신청인 또는 상표권자가 책임질 수 없는 사유로 제72조 제3항 또는 제74조에 따른 납부기간 내에 상표등록료를 내지 아니하였거나 제76조 제2항에 따른 보전기간 내에 보전하지 아니하였음을 알지 못한 제3자의 사용행위로 한정하여 해석하여야 한다는 견해[1]와 법조문에 상표권 등의 효력이 미치지 아니하는 '사용행위'를 '선의의 제3자의 사용행위'로 제한하는 규정이 없는 이상 위와 같이 제한하여 해석하는 것은 다소 무리가 있다는 견해가 있다. 현행법의 해석으로는 후자의 견해가 타당하다고 생각한다.

〈박민정〉

---

[1] 비록 특허권에 관한 것이기는 하지만, 특허법주해 I, 정상조·박성수 공편, 박영사(2010), 870은 상표권에 관하여도 같은 입장일 것으로 보인다.

> **제78조(수수료)**
> ① 상표에 관한 절차를 밟는 자는 수수료를 내야 한다. 다만, 제117조제1항 및 제118조제1항에 따라 심사관이 무효심판을 청구하는 경우에는 수수료를 면제한다.
> ② 제1항에 따른 수수료, 납부방법, 납부기간 또는 그 밖에 필요한 사항은 산업통상자원부령으로 정한다.
> ③ 제84조제2항 단서에 따른 기간에 존속기간갱신등록신청을 하려는 자는 이 조 제2항에 따른 수수료에 산업통상자원부령으로 정하는 금액을 더하여 내야 한다.

<소 목 차>

Ⅰ. 취지

본조는 수수료의 납부에 관한 규정이다. 수수료는 국가 또는 공공단체의 역무를 이용하는 이용자로부터 징수하는 공적 역무에 대한 반대급부 또는 보수를 말하며 수익자부담의 원칙에 따라 특정 역무에 대하여 특정 이용자로부터 징수한다는 점에서 일반 조세와 다르다.

상표법상 수수료는 상표에 관한 출원·청구 기타 절차를 밟는 자로부터 징수하는 공과금으로서 출원료, 보정료, 이의신청료, 심판청구료 등이 있다.

Ⅱ. 연혁

상표법이 1949. 11. 28. 법률 제71호로 제정되면서 제36조 제2항에 등록료, 출원청구 기타 절차에 대한 수수료와 그 납부방법 기타 본법에 규정이 없는 사항에 관하여서는 상표법시행규칙으로써 정한다고 규정하였다.

상표법이 1973. 2. 8. 법률 제2506호로 개정되면서 제40조에 "① 상표권의 설정의 등록, 등록상표의 지정 상품의 추가등록 또는 상표권의 존속기간의 갱신등록을 받고자 하는 자 또는 상표권자는 대통령령이 정하는 바에 의하여 등록표 및 수수료를 납부하여야 한다. 다만, 국가에 속하는 상표권에 대하여는 예외로 한다. ② 이해관계인은 등록료 및 수수료를 대납할 수 있다. ③ 제1항의 규정에 의한 등록료는 상표등록이나 상표등록의 지정 상품의 추가등록 또는 상표권의 존속기간의 갱신등록을 할 것으로 한다는 사정 또는 심결의 등본을 받은 날로부터 30일내에 납부하여야 한다. ④ 특허국장은 전항의 등록료의 납부기간을 청구에 의하여 30일을 한하여 이를 연장할 수 있다. ⑤ 등록료 및 수수료의 납부절차에 관하여 필요한 사항은 대통령령으로 정한다.”고 규정하였다.

　　상표법이 1990. 1. 13. 법률 제4210호로 개정되면서 제37조에 상표등록료와 분리하여 “① 상표에 관한 출원·청구 기타의 절차를 밟는 자는 수수료를 납부하여야 한다. 다만, 제71조제1항 및 제72조제1항의 규정에 의하여 심사관이 청구하는 무효심판에 관한 수수료는 그러하지 아니하다. ② 제1항의 규정에 의한 수수료·그 납부방법 및 납부기간등에 관하여 필요한 사항은 상공부령으로 정한다.”고 규정하였다.

　　그 후 정부부처의 명칭변경에 따라 1993. 3. 6. 법률 제4542호로 상표법이 개정되면서 ‘상공부령’을 ‘상공자원부령’으로 변경하였다.

　　본조 제3항은 상표법이 1995. 12. 29. 법률 제5083호로 개정되면서 신설되었고, ‘상공자원부령’은 ‘통상산업부령’으로, 2001. 2. 3. 법률 제6414호로 개정되면서 ‘통상산업부령’이 ‘산업자원부령’으로, 2008. 2. 29. 법률 제8852호로 개정되면서 ‘산업자원부령’이 ‘지식경제부령’으로 바뀌었고, 2010. 1. 27. 법률 제9987호로 개정되면서 “제43조제2항 단서의 규정에 의한 기간내에 상표권의 존속기간갱신등록출원을 하고자 하는 자는 제2항의 규정에 의한 수수료에 지식경제부령이 정하는 금액을 가산하여 납부하여야 한다.”는 문구가 “제43조제2항 단서에 따른 기간에 상표권의 존속기간갱신등록신청을 하려는 자는 제2항에 따른 수수료에 지식경제부령으로 정하는 금액을 더하여 납부하여야 한다.”라는 문구로 바뀌었다. 이는 존속기간갱신등록신청제도의 도입에 따른 것이다. 2013. 3. 23. 법률 제11690호로 개정되면서 제2항의 ‘지식경제부령’이 ‘산업통상자원부령’으로 명칭변경이 있었다.

　　2016년 법률체계를 전반적으로 정비하면서 제78조로 규정되었고, 관련 조항도 정비된 조항으로 변경되었다.

Ⅲ. 내용

1. 수수료 납부의무(제1항)

상표에 관한 출원·청구 기타의 절차를 밟는 자는 국가가 제공하는 역무에 대하여 반대급부로서 수수료를 납부하여야 한다. 상표법상 수수료는 상표등록료를 제외하고 납부하는 각종 출원료, 신청료, 보정료, 절차보완료, 신고료, 이의신청료, 심판청구료 등의 모든 요금이라고 할 수 있다. 다만, 심사관이 하자를 발견하여 상표등록의 무효심판이나 상표권의 존속기간갱신등록의 무효심판을 청구하는 경우에는 수수료를 납부할 의무가 없다(제1항 단서).

2. 수수료 납부방법 등(제2항)

수수료의 액수, 납부방법, 납부기간 등에 관하여는 산업통상자원부령인 '특허료 등의 징수규칙'의 제5조(상표등록료 및 상표 관련 수수료), 제6조(그 밖의 수수료), 제8조(납부방법 등)에 자세히 기술되어 있다.

3. 수수료 납부방법 등(제3항)

상표법이 1993. 12. 10. 법률 제4597호로 개정되기 전에는 제43조 제2항(현재 제84조 제2항)이 "② 상표권의 존속기간갱신등록출원은 상표권의 존속기간 만료전 1년이내에 출원하여야 한다."라고만 규정되어 있다가, 위 법률로 개정되면서 제43조 제2항 단서에 "다만, 이 기간내에 상표권의 존속기간갱신등록출원을 하지 아니한 자는 상표권의 존속기간의 만료후 6월이내에 상표권의 존속기간갱신등록출원을 할 수 있다."라는 문구가 추가됨으로써 갱신등록출원의 유예제도가 신설되었다. 갱신기간을 유예하는 대신 갱신등록료를 가산하여 납부하도록 한 것이다.[1]

〈김승곤〉

---

1) 제84조제2항 본문에 따라 상표권의 존속기간 만료 전 1년 이내에 존속기간갱신등록신청하는 경우의 존속기간갱신등록료는 1상품류구분마다 31만원이고, 제84조제2항 후단에 따라 상표권의 존속기간이 끝난 후 6개월 이내에 존속기간갱신등록신청하는 경우에는 1상품류 구분마다 34만원으로서 그 가산금액이 고액은 아니다[특허료등의징수규칙 제5조 제2항 3호].

제79조(상표등록료 및 수수료의 반환)

① 납부된 상표등록료와 수수료가 다음 각 호의 어느 하나에 해당하는 경우에는 해당 호의 구분에 따른 상표등록료 및 수수료는 납부한 자의 청구에 따라 반환한다.

1. 잘못 납부된 경우: 그 잘못 납부된 상표등록료 및 수수료
2. 상표등록출원 후 1개월 이내에 그 상표등록출원을 취하하거나 포기한 경우: 이미 낸 수수료 중 상표등록출원료 및 우선권주장 신청료. 다만, 다음 각 목의 어느 하나에 해당하는 경우에는 그러하지 아니하다.
   가. 분할출원, 변경출원, 분할출원 또는 변경출원의 기초가 된 상표등록출원
   나. 제53조에 따른 우선심사의 신청이 있는 출원
   다. 제180조제1항에 따라 이 법에 따른 상표등록출원으로 보는 국제상표등록출원
3. 제156조에 따라 보정각하결정 또는 거절결정이 취소된 경우(제161조에 따라 재심의 절차에서 준용되는 경우를 포함하되, 심판 또는 재심 중 제40조제1항 각 호 및 제41조제1항제1호에 따른 보정이 있는 경우는 제외한다): 이미 낸 수수료 중 심판청구료(재심의 경우에는 재심청구료를 말한다. 이하 이 조에서 같다)
4. 심판청구가 제127조제2항에 따라 결정으로 각하되고 그 결정이 확정된 경우(제161조에 따라 재심의 절차에서 준용되는 경우를 포함한다): 이미 낸 수수료 중 심판청구료의 2분의 1에 해당하는 금액
5. 심리의 종결을 통지받기 전까지 제142조제1항에 따른 참가신청을 취하한 경우(제161조에 따라 재심의 절차에서 준용되는 경우를 포함한다): 이미 낸 수수료 중 참가신청료의 2분의 1에 해당하는 금액
6. 제142조제1항에 따른 참가신청이 결정으로 거부된 경우(제161조에 따라 재심의 절차에서 준용되는 경우를 포함한다): 이미 낸 수수료 중 참가신청료의 2분의 1에 해당하는 금액
7. 심리의 종결을 통지받기 전까지 심판청구를 취하한 경우(제161조에 따라 재심의 절차에서 준용되는 경우를 포함한다): 이미 낸 수수료 중 심판청구료의 2분의 1에 해당하는 금액

② 특허청장 또는 특허심판원장은 납부된 상표등록료 및 수수료가 제1항 각 호의 어느 하나에 해당하는 경우에는 그 사실을 납부한 자에게 통지하여야 한다.

③ 제1항에 따른 상표등록료 및 수수료의 반환청구는 제2항에 따른 통지를 받은 날부터 3년이 지나면 할 수 없다.

Ⅰ. 취지

본조는 출원인, 상표권자 등이 이미 납부한 상표등록료와 수수료는 정당하게 납부된 것으로 보고 원칙적으로 반환하지 않지만, 잘못 납부되거나 상표등록출원 후 1개월 이내에 해당 상표등록출원을 취하하거나 포기한 경우 등에는 납부한 자의 청구에 따라 이미 납부된 상표등록료와 수수료를 반환한다는 취지의 규정이다.

Ⅱ. 연혁

상표법이 1963. 3. 5. 법률 제1295호로 개정되면서 제28조에서 "기납한 특허료는 이를 반환하지 아니한다."는 그 당시 특허법 제70조를 준용하였다.

1973. 2. 8. 법률 제2506호로 개정되면서 상표법 제42조에서 "이미 납부한 특허료는 이를 반환하지 아니한다. 다만, 납부한 특허료가 착오로 인하여 납부되었을 때에는 그 납부된 날로부터 6월내에 납부한 자의 청구에 의하여 반환한다."는 당시 특허법 제78조를 준용하는 것으로 바뀌었다. 위 특허법 규정은 1980. 12. 31. 법률 제3325호로 개정되면서 "이미 납부한 특허료·출원공고료 및 심사청구료등의 수수료는 이를 반환하지 아니한다. 다만, 납부한 특허료·출원공고료 및 심사청구료등의 수수료가 착오로 인하여 납부되었을 때에는 그 납부된 날로부터 5년내에 납부한 자의 청구에 의하여 이를 지체없이 반환한다."로 바뀌어 예산회계법상의 국가에 대한 금전채권의 소멸시효기간과 같이 5년으로 변경하였다.

그 후 상표법이 1990. 1. 13. 법률 제4210호로 개정되면서 제38조에 "납부된 상표등록료 및 수수료는 이를 반환하지 아니한다. 다만, 상표등록료 및 수수료가 착오로 인하여 납부된 때에는 그 납부된 날부터 5년이내에 납부한 자의 청구에 의하여 이를 지체없이 반환하여야 한다."라는 독자적인 규정을 신설하였다.

1993. 12. 10. 법률 제4597호로 개정되면서 상표법 제38조의 단서 중 "착오로 인하여 납부한 때"를 "잘못 납부된 경우"로 바꾸고, 회계처리 등의 신속을 기하기 위해 반환청구기간을 1년으로 감축하였다.

2001. 2. 3. 법률 제6414호로 개정된 상표법에서는 제38조 단서 중 "그 납부된 날부터 1년 이내에 납부한 자"를 "납부한 자"로 바꾸고, 제2항과 제3항, 즉 "② 특허청장은 상표등록료 및 수수료가 잘못 납부된 경우에는 그 사실을 상표등록료 및 수수료를 납부한 자에게 통지하여야 한다. ③ 제2항의 규정에 의한 상표등록료 및 수수료의 반환은 그 잘못 납부된 사실을 통지받은 날부터 1년이 경과한 때에는 이를 청구할 수 없다."는 규정들이 신설되었다.

2007. 1. 3. 법률 제8190호로 개정되면서는 제38조 제1항이 "납부된 상표등록료와 수수료는 이를 반환하지 아니한다. 다만, 다음 각 호의 어느 하나에 해당하는 경우에는 납부한 자의 청구에 의하여 이를 반환한다. 1. 상표등록료와 수수료가 잘못 납부된 경우 2. 상표등록출원(분할출원, 변경출원, 분할출원 또는 변경출원의 기초가 된 상표등록출원 및 제86조의14제1항의 규정에 따라 이 법에 따른 상표등록출원으로 보는 국제상표등록출원을 제외한다) 후 1개월 이내에 해당 상표등록출원을 취하하거나 포기한 경우 이미 납부된 수수료 중 상표등록출원료"라고 하여 상표등록출원 후 1개월 이내에 해당 상표등록출원을 취하하거나 포기한 경우에는 납부한 출원 수수료를 반한청구할 수 있도록 하였다. 위 규정의 신설에 따라 제2, 3항에도 대응되는 개정이 이루어졌다.

2007. 5. 17. 법률 제8458호로 개정되면서 상표법 제38조 제3항의 반환청구기간을 3년으로 연장하였다.

상표법이 2010. 1. 27. 법률 제9987호로 개정되면서 제38조 제1항에서 상표등록출원 후 1개월 이내에 출원의 취하·포기시 우선권주장 신청료를 반환대상에 포함하되 우선심사 신청료는 반환대상에서 제외한다는 내용이 추가되었다.

2016년 법률체계를 전반적으로 정비하면서 제79조로 규정되었고, 관련 조항도 정비된 조항으로 변경되었다. 아울러 상표등록에 대한 심판청구 취하 등의 경우 수수료의 반환 근거규정으로서 제79조 제1항 제3호 내지 제7호를 신설하였다.

Ⅲ. 내용

1. 상표등록료와 수수료 중 반환대상

출원인, 상표권자 등이 납부대상에 착오를 일으켜 잘못 납부한 경우에는 납부한 상표등록료와 수수료를 반환받을 수 있다. 예컨대, 출원이 등록결정되지 않은 것을 등록결정된 것으로 잘못 알고 납부한 경우 또는 출원이 등록결정된 후 납부기간이 경과한 것을 모르고 납부한 경우, 상표권의 존속기간이 만료된 것을 존속하고 있는 것으로 착오하여 납부하는 경우, 납부금액을 잘못 알고 과납한 경우 등이 있을 수 있다.1)

또한, 출원인이 상표등록출원 후 1개월 이내에 해당 상표등록출원을 취하하거나 포기한 경우 이미 납부된 수수료 중 상표등록출원료와 우선권주장 신청료를 반환받을 수 있다. 다만, 분할출원, 변경출원, 분할출원 또는 변경출원의 기초가 된 상표등록출원, 우선심사의 신청이 있는 출원 및 제180조 제1항에 따른 국제상표등록출원의 경우에는 반환대상에서 제외된다.

위와 같이 상표등록료와 수수료를 반환하는 것은 관련 역무가 제공되지 않았기 때문이며, 특히 출원인이 상표등록출원 후 1개월 이내에 해당 상표등록출원을 취하 또는 포기한 경우 이미 납부된 출원료 등을 반환하는 것은 출원인이 수수료 포기부담으로 인해 조기에 출원을 취하 또는 포기하지 못하는 것을 방지하기 위한 것이다.

한편, 개정법에서는 제79조 제1항 제3호 내지 제7호를 신설하여 보정각하결정 또는 거절결정이 취소된 경우에는 이미 낸 수수료 중 심판청구료 전액을, 심판청구에 대한 각하결정이 확정된 경우, 심리의 종결을 통지받기 전까지 심판에 대한 참가신청을 취하한 경우, 심판에 대한 참가신청이 결정으로 거부된 경우, 상표등록에 대한 심판 청구 후 심리의 종결을 통지받기 전까지 그 심판청구를 취하한 경우에는 이미 낸 수수료 중 심판청구료의 2분의 1에 해당하는 금액을 납부한 자의 청구에 의하여 반환되도록 하여 수수료 반환 대상의 범위를 확대하였다.

---

1) 특허청, 조문별 상표법해설, 특허청(2007), 225; 정상조·박성수 공편, 특허법 주해 Ⅰ, 박영사(2010), 881(김운호 집필부분).

2. 특허청장의 통지

특허청장은 납부된 상표등록료와 수수료가 제1항 단서의 반환대상에 해당하는 때에는 이를 납부한 자에게 통지하여야 한다. 통지의 상대방은 자신의 이름으로 상표등록료와 수수료를 납부한 자이다.

3. 납부자의 반환청구 및 기간

제1항 단서의 반환사유가 있으면 납부자에게 반환청구권이 생긴다. 반환대상인 상표등록료와 수수료는 납부자의 청구에 따라 반환한다(제1항). 반환청구는 특허청장의 통지를 받은 날부터 3년 이내에 하여야 한다. 위 기간은 소멸시효로 해석되며 국가재정법 제96조 제2항의 국가에 대한 금전채권의 소멸시효인 5년에 대해서는 특칙이다. 위 반환청구권에 대하여는 민법상의 소멸시효의 규정이 적용될 것이다.

〈김승곤〉

> **제80조(상표원부)**
>
> ① 특허청장은 특허청에 상표원부를 갖추어 두고 다음 각 호의 사항을 등록한다.
>
> 1. 상표권의 설정·이전·변경·소멸·회복·존속기간의 갱신·제209조에 따른 상품분류전환(이하 "상품분류전환"이라 한다)·지정상품의 추가 또는 처분의 제한
> 2. 전용사용권 또는 통상사용권의 설정·보존·이전·변경·소멸 또는 처분의 제한
> 3. 상표권·전용사용권 또는 통상사용권을 목적으로 하는 질권(質權)의 설정·이전·변경·소멸 또는 처분의 제한
>
> ② 제1항에 따른 상표원부는 그 전부 또는 일부를 전자적 기록매체 등으로 작성할 수 있다.
>
> ③ 제1항 및 제2항에서 규정한 사항 외에 등록사항 및 등록절차 등에 관하여 필요한 사항은 대통령령으로 정한다.

Ⅰ. 서론

1. 개요

제80조는 산업재산권 등록원부의 하나인 상표원부의 비치 및 원부에 등록할 사항에 관하여 규정하고 있다. 원부란 산업재산권 또는 그에 관한 권리관계 등 법령에 정해진 소정의 등록사항을 기재하기 위해 특허청에 비치한 공부(公簿)를 말하며, 상표원부란 상표에 관한 권리의 설정·변경·소멸 기타 상표권에

관련된 권리관계를 등재하는 공부를 말한다.1)

　　제80조 제1항은 상표원부에 등록할 수 있는 사항에 관한 규정이고, 제2항은 상표원부의 전부 또는 일부가 자기테이프 등으로 작성될 수 있는 근거를 마련한 규정이며, 제3항은 기타의 등록사항과 절차를 대통령령으로 위임한 규정이다.

　　이와 같이 상표원부에 등록할 사항을 규정하고 있는 것은, 상표권에 관한 중요한 사항을 일정한 양식을 구비한 등록원부에 등록하여 일반 공중에 공시함으로써 거래의 안전을 도모하고 상표에 관한 권리의 존속이나 내용에 관하여 선의인 제3자를 보호하기 위하여 필요하기 때문이다.

2. 등록의 효과

　　상표등록원부에 등록된 사항은, 부동산등기부등본과 같은 공신력을 가지지는 않으나 권리의 실체관계에 부합할 것이라는 추정력과 형식적 확정력은 인정된다. 따라서 실체관계에 부합하지 않는 등록이 있을 경우 반증을 통해 위와 같은 추정력을 뒤집을 수 있다. 상표원부의 등록사항은, 등록이 효력발생요건으로 되는 것, 제3자에 대한 대항요건으로 되는 것, 그리고 단순히 공시적 효과만 있는 것으로 나누어 볼 수 있다.

3. 상표원부의 종류

　　상표원부에는 상표등록원부와 상표신탁원부가 있고, 등록을 받은 상표를 표시하는 서류는 상표원부의 일부로 본다[특허권 등의 등록령(이하 '령'이라 한다) 제9조 제5항]. 따라서 령 제3조 제4항에 따른 판결 또는 심결의 요지를 등록한 경우, 그 원본은 상표등록원부의 일부로 볼 수 있다. 령 시행규칙에는 상표등록원부(제8호서식), 상표권분할이전에 관한 서류(제9호서식), 상표권분할에 관한 서류(제10호서식)의 서식을 규정하고 있다.

　　상표등록원부는, 권리란, 상표등록란, 상표권자란, 전용사용권자란, 통상사용권자란, 상표첨부란으로 구분되어 있고, '권리란'에는 출원연월일, 출원번호, 우선권, 원출원연월일, 원출원번호, 공고연월일, 공고번호, 등록결정(심결)연월일, 상품류 구분 수, 재출원의 특례, 중복국내상표권의 취지, 중복국제등록기초 상표권의 국제등록번호, 상표권의 취지, 상표의 설명, 비시각적 상표의 시각적 표현, 상표법 제33조 제2항 해당 여부의 표시, 상표권 설정등록일, 존속기간(예정) 만

---

1) 조문별 상표법 해설, 특허청(2007. 7.), 227.

료일, 지정상품 또는 지정서비스업, 비엔나 분류코드가 등록사항으로 기재될 수 있다(령 제3조 제4항, 별지 제8호서식).

Ⅱ. 등록사항(제1항)

1. 등록사항의 성격

제80조 및 령 제3조 제4항은 상표권과 관련된 사항 중 상표원부에 등록할 수 있는 사항을 열거하고 있는데, 이러한 등록사항이 제한적인 것인지 아니면 예시적인 것인지에 관하여 논란이 있을 수 있다.[2] 상표원부의 공시적 기능을 생각한다면 거래의 안전을 위해 예시적 규정으로 해석하는 것이 바람직할 수 있을 것이나, 령 제29조 제1항에서, 등록을 신청한 사항이 등록할 수 있는 것이 아닌 경우 특허청장은 등록 신청이나 촉탁을 반려하도록 규정하고 있는 점에 비추어 보면 제한적 규정으로 해석하여야 할 것이다. 따라서 제80조 제1항에 규정된 사항 이외의 사항은 등록원부에 등록할 수 없고, 설령 등재되었다 하더라도 어떠한 효력이 있다고 보기 어렵다.

2. 등록사항의 구체적 내용

가. 상표권의 설정·이전·변경·소멸·회복·존속기간의 갱신·제209조의 규정에 의한 상품분류전환·지정상품의 추가 또는 처분의 제한(제1호)

(1) 상표권의 설정

상표권은 설정등록에 의하여 발생한다. 상표권의 설정등록은 상표출원에 대하여 등록결정이 있거나, 거절결정에 대한 취소심결이 있는 경우에 특허청이 직권으로 하는 신규등록으로서, 2개월 이내에 상표등록료를 납부한 후 설정등록을 할 수 있고, 령 제29조 제1항에 규정된 불수리 사항[3]에 해당하지 않아야 한다.

---

2) 조문별 상표법 해설(주 1), 1414.
3) 1. 등록을 신청한 사항이 등록할 수 있는 것이 아닌 경우
  2. 신청할 권한이 없는 자가 신청한 경우
  3. 신청서가 방식에 맞지 아니한 경우
  4. 신청서에 적힌 권리의 표시가 등록원부와 맞지 아니한 경우
  5. 신청서에 적힌 등록의무자의 표시가 등록원부와 맞지 아니한 경우. 다만, 신청인이 등록권리자 또는 등록의무자의 상속인이나 그 밖의 일반승계인인 경우는 제외한다.
  6. 신청서에 적힌 사항이 등록의 원인을 증명하는 서류와 맞지 아니한 경우
  7. 신청서에 필요한 서류를 첨부하지 아니한 경우
  8. 등록에 대한 등록면허세, 인지세, 등록료 또는 등록수수료를 납부하지 아니한 경우

(2) 상표권의 이전

상표권의 이전은 상표권의 권리귀속관계가 변동하는 것으로서, 상속 기타 일반승계의 경우를 제외하고 상표권의 이전을 등록하지 아니하면 그 효력이 발생하지 않는다(제96조).

상표권의 이전은 일반적인 재산권의 이전과 마찬가지로 특정승계와 일반승계, 전부승계와 일부승계로 나누어 볼 수 있는데, 상표권의 일부 지분만 양도한 경우 상표권의 공유관계가 발생하며 각 공유자는 다른 공유자의 동의를 얻지 아니하면 그 지분을 양도할 수 없다(제93조 제2항). 이는 특허권(특허법 제99조 제2항), 실용신안권(실용신안법 제28조), 디자인권(디자인보호법 제96조 제2항) 등과 마찬가지로 공유지분의 처분을 제한한 것인데, 지식재산권의 공유자는 아무리 작은 지분을 가진다 하더라도 그 실시에 제한이 없어서 새로이 공유지분을 취득하는 자의 사업능력에 따라 다른 공유자에게 미치는 영향이 크기 때문이다.

또한, 상표권은 지정상품마다 분할하여 이전할 수도 있으나 유사한 지정상품은 함께 이전하여야 하는데(제93조 제1항), 유사한 지정상품에 관한 상표권의 귀속주체가 달라짐으로써 발생할 수 있는 분쟁을 예방하기 위한 것이다.

(3) 상표권의 변경

상표권의 내용이 변동하는 경우, 전용사용권 또는 통상사용권의 범위가 변동하는 경우, 질권의 채권액, 변제기, 존속기간, 이자 또는 지연손해금, 순위 등이 변동하는 경우 그 내용은 변경등록의 대상이고, 등록하지 않으면 효력이 발생하지 않는다(제96조).

(4) 상표권의 소멸

상표권은 존속기간의 만료(제83조), 포기(제101조), 상표권자의 사망 후 3년 이내 상속인의 상표권이전등록의 불이행(제106조 제1항), 상품분류전환등록의 불이행(제213조), 상표등록의 취소(제119조), 상표등록의 무효(제117조) 등의 사유로 소멸되는데 상표권의 소멸도 등록사항이나, 포기에 의한 소멸만 효력발생요건으로 규정하고 있다(제96조).

(5) 상표권의 회복

상표등록료의 납부기간에 이를 납부하지 아니한 때에는 상표등록출원이나 지정상품의 추가등록출원 또는 상표권의 존속기간갱신등록신청은 포기한 것으로 보지만(제75조), 자기가 책임질 수 없는 사유의 발생으로 등록료 납부기간 이내에 등록료를 납부하지 못한 경우에는 그 사유가 없어진 날부터 14일 이내에 등록료를 추가납부할 경우 권리를 회복할 수 있고(제77조), 이러한 상표권 회복은 상표원부의 등록사항이나 상표법 제96조에는 회복을 효력발생요건으로 규정하고 있지 않으나 효력발생요건으로 규정하는 것이 바람직할 것이다.

  (6) 상표권의 존속기간의 갱신

  상표권의 존속기간의 갱신이란 등록된 상표권의 존속기간을 일정한 절차에 따라 연장해주는 제도로서(제84조), 등록만 한 채 사용하지 않는 상표에 대한 독점력을 해제하기 위해 존속기간갱신등록출원을 요구하지만, 상표를 계속 사용하는 한 특정상표에 대한 상표권자의 이익과 일반인들의 신뢰를 모두 보호할 필요가 있기 때문에 다른 지식재산권과는 달리 갱신제도를 두고 있다.

  (7) 상품분류전환

  상품분류전환등록이란 1998년 3월 1일 전에 구 한국상품분류에 따라 상품을 지정하여 상표권의 설정등록·지정상품의 추가등록 또는 상표권의 존속기간 갱신등록을 받은 상표권자가 당해 등록상표의 지정상품을 상품분류전환등록신청 당시의 산업자원부령이 정하는 국제상품분류(Nice Classification)에 따라 상품분류를 전환하여 등록하는 제도이다.[4]

  (8) 지정상품의 추가

  상표권은 특정한 표장을 지정상품에 독점적으로 사용할 수 있는 권리이므로 동일한 표장이라 하더라도 지정상품과 다른 상품에 표장을 사용하는 경우 상표권의 효력이 미치지 아니한다. 따라서 새로운 지정상품에 이미 등록된 표장을 상표권으로 등록하기 위해 새로운 상표권을 설정할 수도 있으나 번거로움을 피하기 위해 이미 등록된 상표권에 지정상품만 추가할 수 있는 제도를 두었다. 지정상품의 추가는 상표권자 또는 상표등록출원 중인 상표의 출원인이 자기의 등록상표 또는 출원 중인 상표에 할 수 있다.

  (9) 상표권의 처분의 제한

  계약에 의하여 상표권의 처분을 제한한 경우에는 이러한 내용을 등록하여야 이에 반하는 처분에 대하여 대항할 수 있다. 민사집행법상 처분의 제한인 압류, 가압류, 가처분이나, 국세징수법상의 체납처분(압류) 등의 권리행사 제한도 등록원부의 등록사항이다.

---

  4) 조문별 상표법 해설(주 1), 230.

나. 전용사용권 또는 통상사용권의 설정·보존·이전·변경·소멸 또는 처분
　　의 제한(제2호)

(1) 전용사용권의 설정

전용사용권자는 전용사용권의 범위(기간, 지역, 내용) 내에서 등록상표를 그
지정상품에 대하여 독점배타적으로 사용할 수 있고, 침해자에 대하여 직접 금지
청구나 손해배상청구를 할 수 있으며, 전용사용권을 설정한 상표권자는 전용사
용권자의 허락 없이 등록상표에 대한 사용·수익행위를 할 수 없다. 상표법은
전용사용권의 설정 등에 관한 사항은 효력발생요건으로 규정하고 있었으나(구
상표법 제56조 제1항 제2호), 한미 FTA에 따라 2011. 12. 2. 법률 제11113호에 의
하여 대항요건으로 개정하였다(제100조). 그러나 한미 FTA가 발효된 2012. 3.
15. 이전에 설정된 전용사용권에 대하여는 구법이 적용된다(부칙 제3조). 전용사
용권설정등록을 신청할 때에는 신청서에 설정할 전용사용권의 범위를 기재하여
야 하고, 등록의 원인에 대가 또는 대가의 지급방법이나 지급시기에 관한 사항
을 정하고 있는 경우에는 그 사항을 기재할 수 있다(령 제38조 제1항).

(2) 통상사용권의 설정

통상사용권의 설정은 등록하여야 제3자에게 대항할 수 있다(제100조). 통상
사용권은 전용사용권만큼의 강한 권리는 아니지만, 상표권을 양수하거나 전용
사용권을 설정받으려고 하는 자의 입장에서는 상당한 권리의 제한이 될 수 있
으므로 대항요건으로 규정한 것이다. 통상사용권설정등록을 신청할 때에도 신
청서에 설정할 통상사용권의 범위를 기재하여야 하고, 등록의 원인에 대가 또는
대가의 지급방법이나 지급시기에 관한 사항을 정하고 있는 경우에는 그 사항을
기재할 수 있다(령 제37조 제1항).

(3) 사용권의 보존

사용권의 보존등록은 법정통상사용권을 대상으로 한다. 법령의 규정에 의
한 통상사용권은 등록하지 않아도 상표권자 또는 전용사용권자에 대하여는 대
항할 수 있으나, 법정통상사용권의 이전·질권의 설정 등은 등록하지 않으면 제
3자에게 대항할 수 없다. 따라서 법정통상사용권을 이전하거나 이에 대하여 질
권을 설정함에 있어 대항요건을 구비하기 위해서는 법정통상사용권 자체가 미
등록인 상태로는 불가하므로 보존등록을 하게 되는 것이다.[5]

---

5) 조문별 상표법 해설(주 1), 231.

(4) 전용사용권 또는 통상사용권의 이전·변경·소멸 또는 처분의 제한

전용사용권 또는 통상사용권 설정계약을 체결할 때, 그 이전·변경·소멸 또는 처분을 제한하는 약정을 하는 경우가 많은데, 이러한 제한은 등록하지 않으면 제3자에 대항할 수 없다(제100조 제1항). 소멸의 경우 포기에 의한 소멸만 대항요건이므로, 사용기간이 만료되면 별도의 등록 없이도 대항할 수 있다.

다. 상표권·전용사용권 또는 통상사용권을 목적으로 하는 질권의 설정· 이전·변경·소멸 또는 처분의 제한

상표권 등을 목적으로 하는 질권의 설정, 이전, 변경 또는 처분의 제한도 등록원부의 등록사항이다. 질권을 설정할 때에는 신청서에, ① 질권의 목적인 권리의 표시, ② 채권액, ③ 등록의 원인에 존속기간·변제기·이자·위약금 또는 배상액에 관한 사항을 정하고 있는 경우, 민법 제334조 단서에 따른 약정이 있는 경우 또는 그 채권에 조건을 붙인 경우에는 그 정하고 있는 사항이나 조건, ④ 상법 제59조에 따른 유질계약이 있는 경우 그 내용, ⑤ 채무자의 성명 및 주소(법인인 경우에는 그 명칭 및 주된 영업소의 소재지를 말한다)에 관한 사항을 기재하여야 한다(령 제40조 제1항). 또한 일정한 금액을 목적으로 하지 아니하는 채권을 담보하기 위하여 질권의 설정등록 또는 변경등록을 신청하는 경우에는 신청서에 그 채권의 가액(價額)을 적어야 하고(령 제40조 제2항), 질권의 설정등록 또는 변경등록을 신청하려는 자가 상법 제59조에 의한 유질계약 사항을 적은 경우에는 등록의무자의 처분승낙서를 첨부하여야 한다(령 제40조 제3항).

3. 기타 등록사항 및 절차(제3항)

제1항 및 제2항에 규정된 것 이외의 구체적인 등록사항은 령 제3조 제4항에서 규정하고 있다. 종전 상표권등록령에서 규정하던 사항을 특허권, 실용신안권, 디자인권에 관한 것을 모두 통합하여 권리와 등록사항과 함께 2011. 12. 2. 대통령령 제23344호로 「특허권 등의 등록령」으로 통합하였다. 이에 따른 등록사항으로는, ① 법 제117조 제1항, 제118조 제1항, 제119조 제1항, 제120조 제1항, 제121조 및 제214조 제1항에 따른 심판의 확정심결, ② 법 제157조 제1항에 따른 재심의 확정심결, ③ 법 제162조 제1항에 따른 특허법원의 확정판결, ④ 특허법 제162조 제7항에 따른 대법원의 판결, ⑤ 법 제197조에 따라 설정등록을 받은 상표권의 경우에는 제1호부터 제4호까지의 사항 외에 「표장의 국제등

록에 관한 마드리드협정에 대한 의정서」 제2조(1)에 따른 국제등록부에 등록된 사항 등이 있다.

Ⅲ. 등록의 종류

상표원부에의 등록은 다음과 같이 분류 기준에 따라 여러 가지로 나누어 볼 수 있다.

1. 등록의 형식에 따른 분류

등록의 형식에 따라 주등록과 부기등록으로 나눌 수 있다. 부기등록에는 '등록 명의인의 표시 변경 또는 경정(경정), 질권의 이전, 일부가 말소된 등록의 회복'이 있는데, 부기등록의 순위는 주등록의 순위에 따르고, 부기등록 간의 순위는 그 등록된 순서에 따른다(령 제7조 제1항). 상표권 외의 권리 변경이나 등록의 경정(등록 명의인의 표시 경정은 제외)은 등록에 이해관계가 있는 제3자가 없는 경우 또는 이해관계가 있는 제3자의 승낙서나 그에 대항할 수 있는 재판의 등본을 신청서에 첨부하여야 부기등록할 수 있다(령 제7조 제2항).

2. 등록의 내용에 따른 분류

등록의 내용에 따라 신규기입등록, 변경등록, 경정등록, 말소등록, 회복등록으로 나눌 수 있다. 변경등록은, 등록 명의인의 표시 변경(령 제7조 제1항 제1호), 상표권이나 상표권에 관한 권리 변경(령 제8조 제1항 제1호), 상표권 외의 권리 변경(령 제7조 제2항 제1호), 상표사용권의 변경(령 제15조 제7항), 주소 변경(령 제34조) 등과 같이 적법하게 등록된 사항이 변경된 경우에 행해진다. 이와 달리 등록된 사항이 실제와 일치하지 않는 등 오류가 있는 경우에 당사자의 신청 또는 직권으로 이를 바로 잡기 위해 행해지는 것이 경정등록이다. 말소등록은 상표권의 포기(령 제43조), 상표권자의 사망(령 제44조), 가등록의 말소(령 제46조), 예고등록의 말소(령 제47조) 등과 같이 등록된 사항이 소멸하는 경우에 행해진다. 그러나 실제로는 권리관계가 존재함에도 등록이 위법하게 말소되거나 멸실된 경우에는 회복등록이 행해진다(령 제11조, 제18조, 제27조).

3. 등록의 효력에 따른 분류

등록의 효력에 따라 본등록, 가등록, 예고등록, 명령에 의한 등록, 촉탁에 의한 등록으로 나누어 볼 수 있다. 신규기입등록, 변경등록, 회복등록, 말소등록, 경정등록은 모두 본등록에 속하고, 상표권이나 상표권에 관한 권리의 설정, 이전, 변경 또는 소멸에 관하여 청구권을 보전하려는 경우 또는 상표권 등이 시기부(시기부)이거나 정지조건부(정지조건부)인 경우와 그 밖에 장래에 확정될 것인 경우에 가등록이 행해지는데, 가등록을 한 사항에 대하여 본등록을 한 경우에 그 본등록의 순위는 가등록의 순위에 따른다(령 제8조). 예고등록은, 등록 또는 마드리드 의정서 제2조(1)에 따른 국제등록의 원인이 무효나 취소라는 이유로 등록·국제등록의 말소 또는 회복의 소가 제기된 경우, 상표법 제117조 제1항, 제118조 제1항, 제119조 제1항, 제120조 제1항, 제121조 및 제214조 제1항에 따른 심판의 청구가 있는 경우, 법 제157조 제1항에 따른 재심의 청구가 있는 경우, 법 제162조 제1항에 따라 특허법원에 소가 제기된 경우, 특허법 제162조 제7항에 따라 대법원에 상고가 제기된 경우에 행해지는데(령 제6조 제4항), 관계자에게 주의를 촉구하는 의미 외에 특별한 효과는 없다.[6]

Ⅳ. 등록의 절차

1. 분류

등록은 특허청에 구비된 등록원부에 등록사항을 기재함으로써 이루어지는데, 등록원부는 전산정보처리조직으로 작성하고 자기디스크 등의 전자적 정보저장매체로 보존한다(령 제10조). 등록은 특허청장의 직권에 의한 것, 신청에 의한 것, 촉탁에 의한 것으로 나눌 수 있다.

직권에 의한 등록은, 상표권의 설정 및 소멸(포기에 따른 소멸은 제외), 심판 또는 재심에 의한 명세서나 도면의 정정 또는 정정의 무효나 재심에 의한 정정의 회복, 상표권의 상품분류전환 및 국제등록기초상표권에 관하여 국제등록부에 등록된 사항, 혼동으로 인한 전용사용권·통상사용권 또는 질권의 소멸, 령 제3조에 따른 등록사항(확정심결, 확정판결, 대법원 판결, 국제등록부 등록사항)에 대하여 행해지는데, 심판 등 일정한 사항은 특허심판원장 또는 국제사무국의 통

---

6) 小野 昌延, 注解 商標法 下卷, 靑林書院(2005), 1415(中村 仁 집필부분) 참조.

지가 있는 경우에만 등록된다(령 제14조).

　　직권에 의한 등록 외에는 신청에 의한 등록이 일반적인데, 특별한 규정이 없는 한 등록권리자와 등록의무자가 공동으로 신청하여야 한다. 그러나 ① 신청서에 등록의무자의 승낙서를 첨부하였을 때, 령 제22조 제1항 제1호에 따른 서류에 등록의무자의 등록 승낙 의사표시가 적힌 경우(령 제15조 제2항), ② 판결에 의한 등록(령 제15조 제3항), ③ 상속, 법인의 합병이나 그 밖의 일반승계에 따른 등록(령 제15조 제4항), ④ 등록 명의인의 표시 변경 또는 경정 등록(령 제15조 제5항), ⑤ 상표권의 이전등록 시 신청서에 「상표법 조약」 제11조(1)(b)에 따른 서류, 「상표법에 관한 싱가포르 조약」 제11조(1)(b)에 따른 서류로서 산업통상자원부령으로 정하는 서류를 첨부하였을 때(령 제15조 제6항), ⑥ 상표사용권의 등록, 변경 및 말소 신청 시 「상표법에 관한 싱가포르 조약」 제17조(1) 또는 제18조(1)에 규정된 서류로서 산업통상자원부령으로 정하는 서류를 첨부하였을 때(령 제15조 제7항), ⑦ 법 제94조에 따른 상표권의 분할에 의한 등록(령 제15조 제8항), ⑧ 가등록 시 신청서에 가처분명령의 정본(정본)이나 등록의무자의 승낙서를 첨부한 경우(령 제15조 제9항), ⑨ 령 제40조 제1항 제3호의2 및 같은 조 제3항에 따라 등록된 질권의 실행에 따른 권리의 이전등록, ⑩ 등록원부의 멸실 후 회복등록(령 제18조) 등에서는 권리자 또는 의무자만으로 신청할 수 있다.

2. 신청서의 제출

　　상표원부에 등록을 원하는 자는 신청서를 작성하여 제출하여야 하는데, 신청서에는 등록번호(국제상표인 경우에는 국제등록번호), 등록의 목적이 상표권 외의 권리에 관한 것인 경우에는 그 권리의 표시, 신청인의 성명(법인인 경우에는 그 명칭), 주소(법인인 경우에는 본점 또는 영업소 소재지), 법 제29조에 따른 고유번호, 신청인의 대리인이 있는 경우에는 그 대리인의 성명[대리인이 특허법인·특허법인(유한)인 경우에는 그 명칭] 및 대리인번호(대리인번호가 없는 경우에는 대리인의 주소 또는 법인의 영업소 소재지), 등록의 원인, 그밖에 다른 규정에 따라 적어야 할 사항(령 제29조 제2항), 상표권 및 그밖의 상표에 관한 권리의 등록을 할 경우에는 상품류 구분, 지정상품, 등록권리자가 외국인인 경우에는 그 국적을 기재하여야 한다(령 제20조 제3항). 그리고 등록의 원인을 증명하는 서류, 등록의 원인에 대하여 제3자의 허가·인가·동의 또는 승낙이 필요한 경우에는 그 허가·인가·동의 또는 승낙을 받았음을 증명하는 서류, 등록의 원인이 상속이거나

일반승계인 경우 신청인이 등록권리자 또는 등록의무자의 상속인이나 일반승계
인일 때에는 그 사실을 증명할 수 있는 서류, 대리인이 등록을 신청하는 경우에
는 그 대리권을 증명하는 서류, 신청인이 외국인인 경우에는 국적을 증명할 수
있는 서류, 신청인이 법인인 경우에는 법인임을 증명하는 서류, 신청인의 인감
증명서 등의 서류를 첨부하여야 한다(령 제22조).

등록권리자가 둘 이상인 경우 등록의 원인에 지분에 관한 사항을 정하고
있을 때에는 신청서에 그 지분을 적을 수 있고, 분할금지약정이 있는 경우에는
신청서에 그 약정을 기재할 수 있다(령 제26조).

신청에 의한 등록은 접수번호 순에 따르고, 직권에 의한 등록은 등록의 원
인이 생긴 순서에 따른다. 다만, 상표권(국제등록기초상표권은 제외)의 설정등록,
지정상품의 추가등록, 상표권의 존속기간갱신등록신청은 등록료를 납부한 납부
서가 접수된 순서에 따른다. 다만, 특허청장이 부여한 납부자번호(이하 "지정납부
자번호"라 한다)로 등록료를 납부하는 경우에는 등록료의 수납 정보가 특허청 전
산정보처리조직의 파일에 기록되는 순서에 따라 등록하여야 한다(령 제28조).

3. 상표원부의 작성방법(제2항)

상표원부의 전부 또는 일부를 자기테이프 등으로 작성할 수 있도록 한 규
정이다.

등록원부의 작성방법은 1977년까지 장부식 원부를 사용하다가, 1978년부터
는 카드식 원부를 사용하였으며, 1990. 9. 1. 자기식 원부를 도입하여 1994년 1
월 1일부터 전면 실시하고 있다.[7]

4. 신청서의 반려와 보정

특허청장은 등록신청이, ① 등록을 신청한 사항이 등록할 수 있는 것이 아
닌 경우, ② 신청할 권한이 없는 자가 신청한 경우, ③ 신청서가 방식에 맞지
아니한 경우, ④ 신청서에 적힌 권리의 표시가 등록원부와 맞지 아니한 경우,
⑤ 신청서에 적힌 등록의무자의 표시가 등록원부와 맞지 아니한 경우, ⑥ 신청
서에 적힌 사항이 등록의 원인을 증명하는 서류와 맞지 아니한 경우, ⑦ 신청서
에 필요한 서류를 첨부하지 아니한 경우, ⑧ 등록에 대한 등록면허세, 인지세,
등록료 또는 등록수수료를 납부하지 아니한 경우에 해당하면 등록 신청이나 촉

---

7) 조문별 상표법 해설(주 1), 232.

탁을 반려하여야 한다. 다만, 그 신청의 흠이 보정(補正)될 수 있는 것으로서 보정안내서를 발송한 날부터 1개월 이내에 그 흠결의 전부를 보정하였을 때에는 그러하지 아니하다. 위 보정기간은 연장할 수 없으며, 보정기간 중에는 다시 보정할 수 있다. 다만, 상표권의 존속기간갱신등록신청에 관하여는 법 제39조에 따른다(령 제29조).

〈강경태〉

> **제81조(상표등록증의 발급)**
> ① 특허청장은 상표권의 설정등록을 하였을 경우에는 산업통상자원부령으로 정하는 바에 따라 상표권자에게 상표등록증을 발급하여야 한다.
> ② 특허청장은 상표등록증이 상표원부나 그 밖의 서류와 맞지 아니할 경우에는 신청에 의하여 또는 직권으로 상표등록증을 회수하여 정정발급하거나 새로운 상표등록증을 발급하여야 한다.

Ⅰ. 취지와 연혁

'상표등록증'이란 일정한 표장에 관하여 상표권이 설정등록되었다는 사실을 증명하는 서면으로서, 상표등록원부에 등록된 사항을 상표등록증 서식(상표법시행규칙 별지 제6호서식부터 제9호서식까지)에 기재하여 상표권자에게 발급된다. 상표등록증은 그 자체에 어떠한 권리가 화체되어 있는 권리증서는 아니므로, 상표등록증의 양도에 의하여 상표권이 이전하는 효력은 발생하지 아니하고, 단지 이에 기재된 자가 상표등록권자임을 행정관청이 증명하여 주는 일종의 공적 증서에 불과하다.[1]

1949년 제정법(1949. 11. 28, 법률 제71호)은 상표등록증에 대하여 제13조에서 상표가 등록된다는 사정을 통지한 날부터 90일 이내에 상표등록부에 등록함과 동시에 그 등록증을 출원인에게 교부하도록 하였으나, 1973년 개정법(1973. 2. 8, 법률 제2506호)에서 제6조에 '상표등록증의 발급' 규정을 두고 등록료의 납부가 있을 때에는 상표원부에 상표권설정등록을 하고 그 등록증을 발급하도록 규정하였다. 1990년 개정법(1990. 1. 13, 법률 제4210호)은 상표등록증이 상표원부와 부합되지 아니할 경우에 정정교부하거나 새로운 상표등록증의 교부에 관한 조항을 신설하였다. 2004년 개정법(2004. 12. 31, 법률 제7290호)은 디자인보호법의 개정에 따른 일부개정으로 지리적 표시 단체표장 등록을 인정하였다.

---

1) 문삼섭, 상표법(제2판), 세창출판사(2004), 891, 각주 10.

Ⅱ. 상표등록증의 발급(제1항)

상표등록증은 상표권을 신규설정등록을 한 때에 발급하여 교부하지만, 상표등록증이 상표원부와 부합되지 않게 되었을 때에는 신청에 의하여 또는 직권으로 등록증을 회수하고 정정발급할 수 있고, 분실 또는 훼손되었을 때에는 신청에 의하여 재발급할 수도 있다.

등록증에는 상표등록증, 서비스표등록증, 상표·서비스표등록증, 단체표장등록증, 지리적 표시 단체표장등록증, 업무표장등록증이 있고, 그 서식에 대하여는 상표법시행규칙 제55조(상표등록증은 상표법시행규칙 별지 제8호서식, 단체표장등록증은 별지 제9호서식, 지리적 표시 단체표장등록증은 별지 제10호서식, 증명표장등록증은 별지 제11호서식, 지리적 표시 증명표장등록증은 별지 제12호서식, 업무표장등록증은 별지 제13호서식)에 규정되어 있다.

상표법 시행규칙 제56조는 상표권자 등의 신청에 의하여 '휴대용 상표등록증'을 발급할 수 있도록 규정하고 있고(제1항), 휴대용 등록증이 상표등록원부 또는 그 밖의 서류와 부합하지 아니한 경우에는 신청에 따라 또는 직권으로 휴대용 등록증을 회수하여 정정발급하거나 새로운 휴대용 등록증을 발급하도록 규정하고 있는데(제2항), 이 경우 휴대용 등록증을 정정발급할 때에는 휴대용 등록증의 등록사항란에 그 정정사항을 적은 후 날인하여 발급하여야 한다. 휴대용 상표등록증의 서식에 대하여는 상표법시행규칙 별지 제21~32호에 규정되어 있다.

Ⅲ. 정정발급 또는 재발급(제2항)

상표등록증이 상표원부와 부합되지 아니할 때에는 신청 또는 직권으로 새로운 상표등록증을 발급하여야 하며, 정정발급하거나 새로운 상표등록증을 발급하는 경우에는 이미 발급된 상표등록증을 회수하여야 한다.

〈강경태〉

사 항 색 인

상표법 주해 Ⅰ

초판발행   2018년 3월 1일

편집대표   정상조
펴낸이   안종만

편   집   전은정
기획/마케팅   조성호
표지디자인   조아라
제   작   우인도 · 고철민

펴낸곳   (주) **박영사**
               서울특별시 종로구 새문안로3길 36, 1601
               등록 1959. 3. 11. 제300-1959-1호(倫)
전   화   02)733-6771
f a x   02)736-4818
e-mail   pys@pybook.co.kr
homepage   www.pybook.co.kr
ISBN   979-11-303-3178-2   94360
               979-11-303-3177-5   94360(세트)

정 가   64,000원